中国图书馆年鉴 2017

ZHONGGUO TUSHUGUANNIANJIAN

中国图书馆学会
国家图书馆 编

NLCPH
國家圖書館出版社
National Library of China Publishing House

图书在版编目(CIP)数据

中国图书馆年鉴. 2017/中国图书馆学会，国家图书馆编. --北京：国家图书馆出版社，2018.5
ISBN 978-7-5013-6409-1

Ⅰ.①中… Ⅱ.①中… ②国… Ⅲ.①图书馆事业—中国—2017—年鉴 Ⅳ.①G259.2-54

中国版本图书馆 CIP 数据核字(2018)第 060569 号

书　　名	中国图书馆年鉴 2017
著　　者	中国图书馆学会 国 家 图 书 馆　编
责任编辑	高　爽　张　颀　唐　澈　金丽萍

出　　版	国家图书馆出版社(100034　北京市西城区文津街 7 号) (原书目文献出版社　北京图书馆出版社)
发　　行	010—66114536　66126153　66151313　66175620 66121706(传真)　66126156(门市部)
E-mail	nlcpress@nlc.cn(邮购)
Website	www.nlcpress.com ——→投稿中心
经　　销	新华书店
印　　装	北京鲁汇荣彩印刷有限公司
版　　次	2018 年 5 月第 1 版　2018 年 5 月第 1 次印刷

开　　本	889×1194(毫米)　1/16
印　　张	40　彩插：2.5
字　　数	1300千字

书　　号	ISBN 978-7-5013-6409-1
定　　价	380.00元

编 辑 说 明

1.《中国图书馆年鉴》是反映中国图书馆事业年度发展状况的大型资料工具书。首卷出版于1996年,反映1990年至1995年间的情况。自1999年始,编辑出版周期为隔年一卷,包括1999年卷、2001年卷、2003年卷以及2005年卷。自2006年卷起,改为每年编辑出版一卷。

2.《中国图书馆年鉴》自2007年卷起,由中国图书馆学会、国家图书馆联合主办,编纂工作由国家图书馆研究院《中国图书馆年鉴》编辑部主持。

3.《中国图书馆年鉴2017》反映2016年中国图书馆界的发展状况。

4.《中国图书馆年鉴2017》的动态性信息由全国各省、自治区、直辖市图书馆学会,中国图书馆学会各分支机构及所属各专业委员会,相关专业机构或教学研究机构提供。年鉴的统计资料来自文化部、地方文化行政部门、专业协作组织、中国图书馆学会高校图书馆分会以及有关专业机构。年鉴的参考性、指南性资料,由年鉴编辑部组织整理编辑,并得到中国图书馆学会编译出版委员会图书馆学期刊与年鉴编辑出版专业委员会的指导。专文由年鉴编纂工作委员会确定选题、特邀作者撰写。

5.《中国图书馆年鉴2017》正文采用分类编辑法。全文由图书馆活动图辑、纪事、专文、图书馆事业、学术研究与活动、法律法规与政策性文件、专业文献、统计资料、年度大事记、综合索引等几大部分构成。

《中国图书馆年鉴》主办与编纂单位

《中国图书馆年鉴》编纂工作委员会

《中国图书馆年鉴》编辑部

编辑部联系方式:

地　　址:北京中关村南大街 33 号　国家图书馆研究院《中国图书馆年鉴》编辑部

邮　　编:100081

电　　话:(010)88544057

电子邮箱:zgtsgnj@nlc. cn

联 系 人:程　鹏　王旭东

本卷特约专文作者（按姓氏笔画排列）

刘婷婷　李　纯　李西宁　肖　雪　樊振佳

本卷撰稿人（按姓氏笔画排列）

丁　辰　万行明　马　丽　马　骏　马兰芳　马红月　马丽军　马秀峰　马咏欣
马婷婷　丹正佳　亢丽芸　仇晓春　公丽香　扎西卓玛　文一叶　毛　静
牛庆银　王　阳　王　波　王　玮　王　茜　王　彬　王　琳　王　琼　王　霞
王天津　王宁静　王伯秋　王秀香　王国强　王英华　王晓琪　韦绍芬　邓小妩
付丽萍　代　言　代海燕　包冬梅　包格根　卢云辉　伏　琰　伦志军　刘　冬
刘　芳　刘小花　刘良玉　刘迎风　刘俊杰　刘春林　刘洁云　刘洁萍　刘峻明
刘鹏飞　匡秄衡　吕晓佩　孙小满　孙敬梅　孙德强　孙慧明　安嘉璐　朱　强
朱本军　许　莉　许静华　齐海晶　严　真　何先进　何杰锋　何润楠　何瑞华
初　虹　吴　华　吴　荇　吴汉华　宋　昕　宋　靖　宋姬芳　宋福燕　张　利
张　英　张　虹　张　野　张　晶　张小野　张少宏　张世彤　张伟云　张建荣
张律叶　张倩竹　张惠君　张毅宏　李　一　李　抒　李　娇　李　娜　李　浩
李　莉　李　蓓　李叶霞　李正红　李凯翔　李青远　李柳情　李彩霞　李望博
李盛福　李维杰　李景贤　李德胜　杨　凡　杨　丹　杨　华　杨　帆　杨　杰
杨　敏　杨昕昕　杨海珑　沈艾飞　陈　丽　陈　洁　陈　慧　陈小萍　陈有志
陈思文　陈敏仪　陈韶华　武锦丽　武巍泓　范华秀　林宏磊　果　青　罗　欢
金仙花　金美丽　金凇卉　金晓明　金铁龙　周毛却　郑江平　施　静　段蓓虹
赵　燕　赵冬梅　赵青杏　赵悦阳　赵新萍　郝继英　骆建成　唐晓应　夏　勉
夏　媛　徐世芳　秦江月　耿　卫　贾　睿　贾　蔷　郭　毅　郭华丽　钱舒屏
顾　勇　高　歌　高冰洁　曹　静　曹有禄　曹国强　梁金平　黄　艳　黄维茜
黄媛媛　傅　亮　储　兰　喻　乐　彭　彦　彭　燕　董　莹　董　隽　董春花
蒋　娟　谢佳新　韩延彬　靳艺星　雷兰芳　鲍国葆　蔡彤霞　蔡雨燕　蔡洪涛
蔡淑敏　樊　晶　樊志峰　潘红梅　潘桂利　潘雅茵　霍彩玲　戴　哲　魏　进
魏　微

◆ 10 月 26 日，出席 2016 年中国图书馆年会开幕式的领导为“2016 年最美基层图书馆”颁奖

◆ 10 月 26 日，出席 2016 年中国图书馆年会开幕式的领导为获“2016 年中国图书馆榜样人物”荣誉者颁奖

◆ 2 月 4 日，“书香筑梦　金猴送福——国家图书馆 2016 年迎春晚会”在国图艺术中心举行。此次活动是国家图书馆首次以晚会形式向读者拜年

◆ 4 月 12—13 日，国家图书馆主办的“第六届全国文献采访工作研讨会”在湖北武汉召开

◆ 4月15日，文化部部长雒树刚出席国家图书馆举办的“永远的怀念——任继愈先生百年诞辰纪念展”开幕式并致辞

◆ 6月21日，国家图书馆馆长韩永进在“民族记忆　精神家园——国家珍贵古籍特展”开幕式上致辞

◆ 6月22日，中宣部副部长景俊海在国家图书馆主持召开《中华传统文化百部经典》调研工作会议

◆ 6月29日—11月30日，“红色记忆——纪念中国共产党成立九十五周年馆藏文献展”在国家典籍博物馆举办，北京展览路第一小学的学生参观展览

◆ 7月29日，国家图书馆举办“不朽的大师——纪念汤显祖、莎士比亚、塞万提斯逝世400周年”国图公开课特别活动

◆ 9月23日，第十一届国家图书馆艺术节在国图艺术中心举行

◆ 11月12—20日，“中国—南亚图书馆管理与服务高级研修班”在国家图书馆举办

◆ 12月29日，中国文化中心数字图书馆上线仪式在国家图书馆举办

◆ 5 月 11 日，“网络书香 · 数字图书馆建设与服务”宣传推广项目（广西站）系列活动在广西壮族自治区图书馆启动

◆ 6 月 30 日，第六次全国县以上公共图书馆评估定级试评估工作启动

◆ 6 月 11 日，中国图书馆学会与国家古籍保护中心联合举办的“创客 @ 图书馆——‘我与中华古籍’创客大赛作品展”全国巡展在福建拉开帷幕，并陆续在 12 个省的 100 多家图书馆展出

◆ 7 月 20 日，“中国图书馆学会 2016 年秘书长联席会议暨《中国图书馆年鉴》编纂工作会议”在甘肃兰州召开

◆ 8 月 1 日，“2016 年全国基层文化队伍示范性培训——第一期全国县级图书馆馆长培训班”在辽宁沈阳开班

◆ 8 月 31 日，中国图书馆学会第二届全国图书馆未成年人服务论坛在河南郑州开幕

◆ 1 月 2 日，2016 年度首都图书馆“乡土课堂”正式开讲

◆ 2016 年 6 月，首都图书馆“阅读北京”专区落户台湾

◆ 8 月 29 日，“我的数字生活——2016 首都图书馆数字资源展览”开展

◆ 12 月 3 日，首都图书馆“法韵书香”法律文化宣传志愿项目荣获第三届中国青年志愿服务项目大赛银奖

◆ 12 月 10 日，首都图书馆举办“坐上贝格尔号——驶向书中的博物世界”主题展

◆ 4 月 22 日，朝阳区首个“城市书房”在朝阳区西坝河东里正式开放

◆ 4 月 22 日，西城区“阅读推广 +”成立暨第一届代表大会举行，同时，位于西华门大街 4 号的文化地标性特色阅读空间“西华书房”正式亮相

◆ 11 月 10 日，“百年书香梦　助力副中心”通州区图书馆建馆 100 周年纪念活动举行

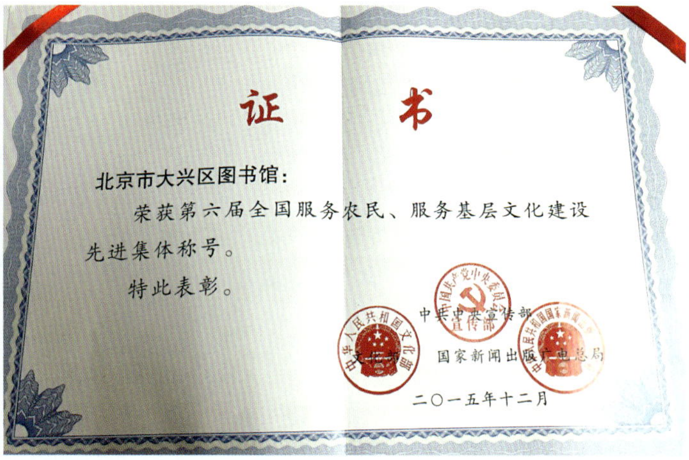

证　书

北京市大兴区图书馆：

荣获第六届全国服务农民、服务基层文化建设先进集体称号。

特此表彰。

中共中央宣传部

文化部

国家新闻出版广电总局

二〇一五年十二月

◆ 2016 年 1 月，大兴区图书馆荣获“第六届全国服务农民、服务基层文化建设先进集体”称号

◆ 4 月 22 日，清华大学图书馆北馆（李文正馆）落成典礼举行

◆ 9 月 9 日，北京交通大学图书馆举办第十三届书香杯活动颁奖、图书文化周启动暨建校 120 周年校庆活动

◆ 1 月 6 日，“天津市数字图书馆推广工程专题培训班”在天津图书馆举办

◆ 1 月 28 日，文化部督导小组到天津市古籍保护中心督查工作

◆ 5 月 27 日，“大国工匠第一人”高凤林为天津市高职院校师生讲述“工匠精神”

◆ 3 月 26 日，天津图书馆第一届理事会成立

◆ 6 月 30 日，“让阅读插上声音的翅膀——纪念中国共产党成立 95 周年诗文朗诵会” 在天津图书馆举办

◆ 11 月 16 日，“中国—南亚图书馆管理与服务高级研修班” 学员在天津图书馆参观交流

◆ 12 月 24 日，“书香满津城　悦读惠万家” 读书活动展示比赛在天津图书馆举行

◆ 5 月 29 日，河北省图书馆举办“我和图书馆有个约会”宣传推广活动

◆ 6 月 16 日，“创客@图书馆——‘我与中华古籍’创客大赛作品展”在河北省图书馆开展

◆ 9 月 25—27 日，“2016 年度河北省、市公共图书馆馆长联席会议”在唐山召开

◆ 10 月 23 日，2016 年度燕赵少年读书系列活动之“穿越千年时光　感受诗经之美”主题知识竞赛总决赛在沧州举办

◆ 6 月 19 日，科特迪瓦政府文化和法语国家事务部长向河北省图书馆赠书

◆ 6 月 5 日，河北省首例针对 0—3 岁家庭开展的亲子阅读服务——唐山市图书馆“阅读起点”项目启动

◆ 2016 年，廊坊市图书馆新设两家 24 小时街区自助图书馆

◆ 1 月 23 日，山西省图书馆举办少儿英语新年话剧表演

◆ 1 月 9 日，“国家级古籍修复技艺传习中心山西传习所揭牌仪式”在山西省图书馆举行

◆ 6 月—11 月，山西省图书馆举办“发现山西”系列专题讲座并发布主题书签

◆ 10 月 13 日，“山西省图书馆地方文献专题征集新闻发布会”召开

◆ 4 月 22 日，阳泉市图书馆举行“2016 全民读书月启动仪式暨城区社区图书流动站全覆盖授牌仪式”，实现省内首家图书流动站全覆盖

◆ 3 月 13 日，晋城市 2016 年全民阅读月启动

◆ 4 月，大同市图书馆联合邮政局开展“全民阅读”纪念邮票发行、发售活动

◆ 8 月 15 日，"朔州市图书馆 2016 年暑期文化志愿者总结表彰大会"召开

◆ 12 月 1 日，太原市图书馆在新华书店举行"书香太原——你读书，我买单，免费借书"活动

◆革命老区左权县开展"红色的魅力"全民阅读活动

◆ 5 月 23 日，内蒙古自治区图书馆馆长应邀赴俄罗斯参加莫斯科中国文化中心举办的"品读中国"活动并现场赠书百余册

◆ 5 月 28 日，内蒙古自治区图书馆代表团参观访问蒙古国国家图书馆

◆ 9 月 30 日，内蒙古自治区图书馆举办喜迎国庆“青少年百日阅读之星”颁奖晚会

◆ 内蒙古自治区图书馆 24 小时街区图书馆内部环境

◆ 4 月 23 日，呼和浩特市图书馆“青城文化讲坛”举办邓九刚“一带一路上的呼和浩特——茶叶之路经济带上的呼和浩特”讲座

◆ 4 月 23 日，以“书香校园——我因阅读而改变”为主题的大学生读书征文活动颁奖仪式在乌兰察布市图书馆举行

◆ 5 月 7 日，由通辽市 8 所各级公共图书馆共同承办的“通辽市民族文化研究专家学术研讨会”在市民族文化宫举行

◆ 7 月 23 日，阿拉善盟图书馆举办暑期少儿手工制作比赛

◆ 4 月 24 日，辽宁省图书馆举办“听书　品戏　看经典”阅读体验活动

◆ 6 月 15 日，辽宁省文化厅领导在辽宁省图书馆调研

◆ 12 月 14 日，辽宁省公共、高校图书馆联盟启动仪式在沈阳举行

◆ 9 月 18 日，“铭记历史　强军强国”纪念“九一八事变”85 周年系列活动在辽宁省图书馆启动

◆ 10 月 15 日，辽宁省图书馆举办“触摸阅读　感知温暖”国际盲人节特别活动

◆ 12 月 27 日，辽宁省图书馆学会 2016 年学术年会举行颁奖仪式

◆ 8 月 18 日，丹东市第六届少儿故事大赛结束

◆ 5 月 26 日，辽阳市图书馆举办“聚襄平　品红楼——红学专家与读者座谈会”

◆ 8 月 17 日，“川苏冀桂吉五省（区）图书馆学会第十五届学术研讨会”在长春召开

◆ 5 月 25 日，“2016 年度长春市协作图书馆工作会议”在长春市图书馆召开

◆ 9 月 23 日，长春市图书馆 24 小时自助图书馆投入使用

◆ 9 月 23 日，长春市图书馆举办“阅读从图书馆出发”活动

◆ 10 月，“长春市首届市民换书集市”在长春市图书馆举办

◆ 4 月 23 日，延边图书馆举办“让古籍中的文字活起来”图片展

◆ 9 月 26 日，延边图书馆举办朝鲜族传统手工艺品展览

◆ 10 月 14 日，小朋友们在延边图书馆少儿 3D 数字体验馆体验 3D 互动

◆ 4 月 20 日，长春工业大学图书馆举办第二届“书香奖”颁奖仪式

◆ 12 月 2 日，北华大学图书馆举办“追寻激情岁月 畅想书香北华”纪念“一二·九”文艺汇演暨获奖读者表彰大会

◆ 5 月 25 日，黑龙江省图书馆理事会成立

◆ 6 月 28 日，哈尔滨市虹桥第一小学学生参加黑龙江省图书馆举办的“图书馆日”主题活动

◆ 8 月 23 日，黑龙江省文化厅等单位联合举办“阅读助力人生”黑龙江省第二届农民朗诵演讲比赛

◆ 2 月 1 日，“同筑中国梦　共度书香年——上海图书馆 2016 年新春专题展”开幕

◆ 4 月 23 日，“《全民阅读》特种邮票首发仪式”在上海图书馆举行

◆ 5 月 19 日，“2016 长三角地区公共图书馆读者服务学术交流会”在上海市宝山区图书馆召开

◆ 5 月 31 日，已故瑞典藏书家罗闻达无偿捐赠的又一批 1118 种 1340 册“罗氏藏书”入藏上海图书馆

◆ 6 月 21—24 日，“第三届图书馆微服务经验交流会”在上海市嘉定区图书馆召开

◆ 12 月 20 日，上海图书馆举行新馆开馆二十周年座谈会

◆ 7 月 6—8 日，“第八届上海国际图书馆论坛”在上海图书馆举办

◆ 7 月 28 日，江苏省图书馆学会举办“信息时代　数字未来——2016 年数字图书馆业务技能竞赛”培训班

◆ 10 月 28—29 日，“2016 年中国图书馆年会卫星会议——图书馆服务体系新模式学术研讨会”在浙江温州召开

◆ 8月17日，中国图书馆学会藏书与阅读推广专业委员会工作会议在浙江省台州市图书馆召开

◆ 4月23日，浙江省公共图书馆“4·23图书馆之夜”系列活动启动

◆ 4月23日，“文澜读书夜话——浙江卫视名嘴、作家、文化人侃读书”活动在浙江图书馆举办

◆ 5月17日，第十二届浙江省未成年人读书节启动仪式暨“戏曲阅读经典”大赛决赛在绍兴举行

◆ 6 月 17 日，“浙江省古籍保护成果展”开幕

◆ 5 月 25 日，“2016 年度浙江省公共图书馆馆长培训班”开班仪式在宁波举行

◆ 10 月 20 日，浙江省文化厅领导参观浙江省“十二五”公共数字文化建设展

◆ 2016 年，温州市图书馆建设的温州 24 小时“城市书房”点亮各城区

◆ 5 月 15 日，杭州图书馆科技分馆（滨江区图书馆）正式开馆

◆ 2016 年 12 月底，杭州市拱墅区图书馆新馆全面对外开放

◆ 9 月 28 日，衢州市图书馆改扩建工程——中国儒学馆建成开放

◆ 4 月 29 日，安徽省图书馆与省直机关工委共同举办 2016 年度“优秀图书漂流阅读活动”放漂仪式

◆ 5 月 14 日，湘鄂赣皖公共图书馆联盟在安徽省图书馆举办“梨园雅韵——湘鄂赣皖地方戏曲文化解读”专题讲座

◆ 8 月 13 日，安徽省图书馆开展“如何让孩子爱上阅读”少儿假期主题阅读活动

◆ 8月19日，“2016新安·利群阳光助学行动”在安徽省图书馆举办

◆ 9月20日，安徽省图书馆与俄罗斯联邦楚瓦什共和国国家图书馆结成友好图书馆

◆ 9月29日，安徽省图书馆省政府政务服务中心服务点成立

◆ 4月23日，“共读最美家书家训——纪念百年情书《与妻书》书就105年”演出活动在福建省图书馆举办

◆ 5月14日，东南周末讲坛创办十周年纪念活动在福建省图书馆举办，该讲坛于2016年年底被中宣部评为“基层理论宣讲先进集体”

◆ 10 月 19 日，“福建与俄勒冈两省州友好交往暨霍纳馆员交流计划执行 20 年纪念活动”在晋江举办

◆ 10 月 19 日，福建省图书馆学会 2016 年学术年会在晋江召开

◆ 11 月 4 日，“中华典籍创意元素暨创意作品（产品）展”亮相第九届海峡两岸（厦门）文化产业博览交易会，文化部领导莅临参观

◆ 5 月 27 日，由晋江市图书馆等单位联合举办的第二届“人文之旅 · 非遗之光”少儿夏令营在武夷山市开营，30 名营员体验武夷山、晋江两地非遗文化

◆ 10 月 12—17 日，厦门 2016 年“春雨工程——全国文化志愿者边疆行活动”志愿者在青海省开展“大讲堂”“大展台”等系列活动

◆ 9 月 12 日，中国社会科学院等 5 家单位向江西省宁都县图书馆捐资捐书

◆ 12 月 23 日，在 2016 年江西图书馆年会上，“全民阅读先进单位”受到表彰

◆ 8 月 1 日，江西省图书馆新馆举行开工奠基仪式

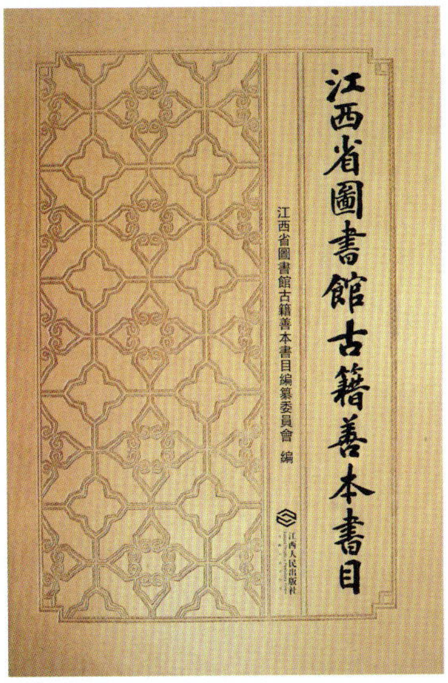

◆ 2016 年，《江西省图书馆古籍善本书目》获全国优秀古籍图书奖一等奖

◆ 新余市图书馆新馆外景

◆ 4 月 20 日，“第十二期《全国古籍普查登记目录》审校人员培训班暨第十二期山东省古籍保护培训班”开班仪式在曲阜举行

◆ 6 月 26 日，湖南图书馆湘图讲座之“爱阅部落”举办“关于国学热的另类思考”主题讲座

◆ 11 月 19 日，“铭记历史，不忘初心再长征”——2016 湖南省公共图书馆讲座联盟巡讲活动在湖南图书馆启动

◆ 4 月 7 日，湖南省少年儿童图书馆举办“亲子绘本宴《这是一本书》”活动，孩子们手举自己制作的手工书

◆ 9 月 7 日，凤凰县图书馆流动图书车开展“书香凤凰　文化湖南·让阅读成为习惯”活动

◆ 6 月 13—14 日，“2016 年全国图书馆参考咨询联盟馆员培训及经验交流会议”在广东省立中山图书馆召开

◆ 6 月 15—17 日，“《社区图书馆服务规范》培训班”在广东省立中山图书馆举办

◆ 9 月 26—28 日，“2016 年阅读推广青年论坛”在东莞市举行

◆ 12 月 7—9 日，“广东图书馆学会 2016 年学术年会”在广州市黄埔区图书馆新馆召开，出席会议的领导、嘉宾与最美馆员获奖者合影

◆ 4 月 23 日，“崇文佛山 · 全民阅读”2016 世界读书日暨全民阅读活动启动仪式在佛山市图书馆启动

◆ 11 月 20 日，首届广佛肇清云韶六市图书馆联合年会在广州图书馆举办

◆ 11 月 20—23 日，“创客空间：图书馆里的创造力——人人参与的创客空间”国际学术研讨会在广州图书馆举办，嘉宾现场参与“创客空间与社区教育”专题讨论

◆ 12 月 20 日，为纪念深圳图书馆开馆 30 周年，深圳图书馆举办馆史展

◆ 12 月 28 日，“三馆一园”（河源市图书馆、市博物馆、市档案馆、先贤园）开馆揭牌仪式在河源市图书馆新馆举行

◆ 11 月 28 日，广西图书馆学会第十次会员代表大会在南宁召开

◆ 12 月 30 日，广西壮族自治区桂林图书馆新馆试运行

◆ 9 月 23 日，百色市图书馆正式开馆，结束百色市没有市级图书馆的历史

◆ 11 月 8—11 日，海南省图书馆协会举办“2016 海南图书馆员在职专业培训班”

◆ 8 月 27 日，三亚市图书馆举办 2016 年少儿暑期阅读活动之"悦读存折"颁奖仪式及小读者暑期阅读分享会

◆ 5 月 23 日，海南省定安县图书馆在县第二小学开展 2016 年"童声回顾经典"——少年儿童成语故事大奖赛活动

◆ 3 月 25 日，重庆图书馆第一届理事会第一次会议召开

◆ 3 月 26 日，2016 年"重庆高中生英语作文写作竞赛"在重庆图书馆举办

◆ 4 月 26 日，重庆市文化委员会、市高级法院、重庆图书馆、渝北区法院领导共同为重庆图书馆知识产权法律分馆揭牌

◆ 6 月 21 日，“阅读推广人”培育行动——阅读推广基础理论专题培训班（重庆站）在重庆图书馆举办

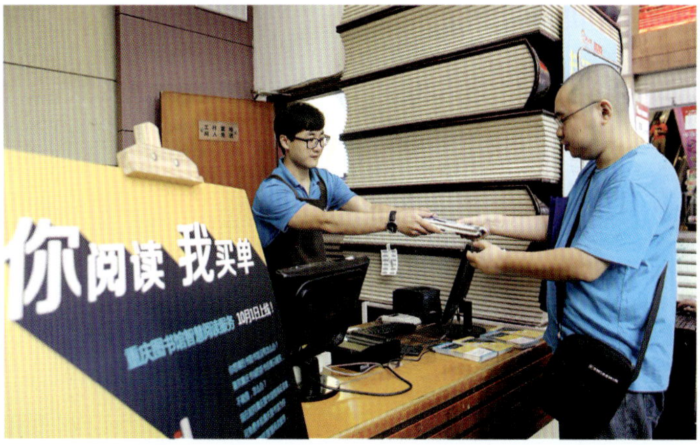

◆ 10 月 1 日，重庆图书馆“你阅读　我买单”智慧阅读服务在重庆书城正式上线

◆ 3 月 30 日，四川省藏文古籍编务院捐赠《西藏大藏经甘珠尔》仪式在四川省图书馆举行

◆ 8 月 11 日，国家图书馆、四川省文化厅领导共同为国家级古籍修复技艺传习中心四川传习所揭牌

◆ 4 月 28—29 日，“2016 年四川省高校图书馆建设发展研讨会”在南充西南石油大学举行

◆ 11 月 1 日，“2016 年贵州省公共图书馆基础业务培训班(第二期)”在贵州民族大学图书馆开班

◆ 11 月 4—5 日，2016 年贵州图书馆“青年馆员论坛——图书馆业务管理竞赛”在贵州省图书馆举办，与会领导为一等奖获得者颁奖

◆ 1 月 15 日，云南省图书馆 2016 年全民阅读推广月系列活动启动

◆ 1 月 22 日，文化部督导组对西部唯一的国家级古籍修复中心——云南省图书馆进行工作督导

◆ 3 月 28—30 日，2016 年全国省级及副省级市公共图书馆参考咨询工作会议在云南省图书馆召开

◆ 4 月 12—15 日，云南省图书馆学会第七次会员代表大会在云南省图书馆举行

◆ 10 月 15 日，“国家珍贵古籍系列讲座第 27 站——国宝《神策军碑》传奇”在陕西省图书馆举办

◆ 3 月 24 日，“甘肃省第四届图书馆出版社文化论坛及新书现采会开幕式”在甘肃省图书馆举行

◆ 9 月 21 日，在 2016 甘肃省图书馆学会年会上，举行“甘肃省第三届图书馆学情报学学术成果评奖”颁奖仪式

◆ 10 月 20 日，“甘肃省图书馆建馆百年纪念大会”在兰州举行

◆ 4 月 14 日，新疆维吾尔自治区图书馆主办的"民族团结始于心，书香万里始于行"系列活动之诗文朗诵会在阿瓦提县武装部举行

◆ 4 月 22 日，"第二届新疆版图书展示交易暨馆配图书订货会"在乌鲁木齐启动

◆ 4 月 22 日，新疆数字图书馆自治区总工会分馆开馆仪式举行

◆ 4 月 23 日，新疆维吾尔自治区图书馆与新疆人民广播电台联合举办"阅读陪伴一生"系列活动

◆ 8 月 21 日，新疆维吾尔自治区图书馆"书香新疆 · 丝路创想"文创作品亮相第四届丝路文博会

◆ 9 月 28 日，由新疆维吾尔自治区图书馆、自治区图书馆学会承办的“西北五省（区）图书馆第十三次科学讨论会”在乌鲁木齐召开

◆ 10 月 31 日—11 月 3 日，“书香新疆与科技创新——新疆图书馆事业发展论坛”在哈密地区图书馆举办

◆ 6 月 28 日，新疆大学图书馆举行阿不来提 · 阿不都热西提图书捐赠仪式

◆ 9 月 12 日，中国图书馆学会公共图书馆分会在北京召开 2016 年工作会议，这是该分会成立后召开的第一次工作会议

◆ 8 月 25 日，“第八届中国图书馆馆长与国际出版社高层对话论坛”在北京举行

◆ 2 月 25 日，国家科技图书文献中心以国家许可方式购买 Wiley 出版社回溯期刊数据库全国开通仪式在北京举行

◆ 12 月 1 日，国家科技图书文献中心兰白试验区服务站成立

◆ 11 月 9—11 日，全国科学院联盟文献情报分会 2016 年工作会议在广州召开

◆ 11 月 9 日，中国图书馆学会专业图书馆分会区域信息服务工作委员会在广东省科技图书馆成立

◆ 11 月 24 日，“广东企事业单位专利竞争情报培训班暨传播利用站点授牌仪式”在广东省科技图书馆举行

◆ 4 月 22 日，中国社会科学院图书馆到国家图书馆调研古籍管理与保护工作

◆ 12 月 30 日，国家哲学社会科学文献中心正式上线运行

◆ 9 月 19—20 日，“2016 年全国知识组织与知识链接学术交流会”在武汉召开

◆ 11 月 16 日，中国科学技术信息研究所举办胡正寰院士“将先进的零件制造技术转化为生产力——我的毕生追求”主题报告会

◆ 2016 年，中国地质图书馆为纪念建馆 100 周年，编辑出版《中国地质调查百年画卷》

◆ 2016 年，中国地质图书馆为纪念建馆 100 周年，在馆内举办章鸿钊实物展

◆ 4 月 22 日，中国计量科学研究院举办“书香计量　文化与科研同行”主题活动

◆ 2016年7月，计量文化特色大型图书馆——中国计量科学研究院昌平院区图书馆建成开馆

◆ 7月19—20日，全国党校系统图书馆工作会议召开，会上为全国党校“三大文库”建设优秀成果、先进单位颁奖

◆ 12月2日，“2016年华东地区省级（副省级）党校、行政学院系统信息化和图书馆科学发展合作会议”在福建龙岩古田召开

China
Library Yearbook

中国图书馆年鉴 2017

目录

纪事

专文

图书馆事业

学术研究与活动

法律法规与政策性文件

专业文献

统计资料

年度大事记

纪事

十二届全国人大常委会第二十五次会议表决通过《中华人民共和国公共文化服务保障法》

“本法所称公共文化服务，是指由政府主导、社会力量参与，以满足公民基本文化需求为主要目的而提供的公共文化设施、文化产品、文化活动以及其他相关服务。”12月25日，十二届全国人大常委会第二十五次会议在北京人民大会堂闭幕。会议经表决，通过了《中华人民共和国公共文化服务保障法》（以下简称公共文化服务保障法）。该法是继文物保护法、著作权法、非物质文化遗产法颁布实施和电影产业促进法出台以来，文化领域的又一部重要的基础性法律。

制定公共文化服务保障法，是党中央提出的明确要求，也是全国人大代表多次提出的议案，十二届全国人大常委会把它列入立法规划的第一类项目。2014年4月，全国人大教科文卫委员会牵头，成立了由中宣部、文化部、新闻出版广电总局、国家发改委、财政部、国务院法制办公室等有关部门负责同志组成的领导小组，正式启动立法工作。2016年4月25日，第十二届全国人大常委会第二十次会议召开，公共文化服务立法工作正式进入全国人大常委会审议程序。在经过三次常委会审议之后，这部公共文化领域的基本法最终在本次会议上获得通过。

公共文化服务保障法分总则、公共文化设施建设与管理、公共文化服务提供、保障措施、法律责任、附则6章，共65条，将于2017年3月1日起正式施行。

公共文化服务保障法构筑起了我国公共文化服务基本法律制度体系的框架，为进一步加强公共文化服务管理和保障提供了法律依据。法律建立的主要制度包括：基本公共文化服务标准制度、公共文化服务设施免费或优惠开放制度、公共文化服务公示制度、公众参与的公共文化服务设施使用效能考核评价制度、公共文化资金使用监督和公告制度、公共文化机构资产统计报告制度、公共文化机构开展服务情况的年报制度等。这些重要制度是构建现代公共文化服务体系的重要支撑。

公共文化服务保障法明确了政府在公共文化服务中的主导责任，对督促各级政府依法履职尽责，进一步加大公共文化服务保障力度将产生重要作用。法律明确规定了政府在公共文化设施建设及在公共文化服务组织、管理、提供、保障中的职责。如在财政保障方面，明确县级以上人民政府应当根据公共文化服务的事权和支出责任，将公共文化服务经费纳入预算，安排公共文化服务所需资金等。同时，法律还明确了政府推动基本公共文化服务均等化，促进城乡、区域均衡协调发展和保障特殊群体文化权益的责任。值得一提的是，公共文化服务保障法进一步明确了政府的法律责任，规定地方各级政府和县级以上人民政府有关部门未履行保障职责的，由其上级机关或监察机关责令限期改正，或依法给予处分。

公共文化服务保障法还对公共文化设施建设和管理以及服务提供等方面做出一系列规定，对提高公共文化设施的建设和管理服务水平将起到重要推动作用。

本次全国人大常委会会议闭幕后，在由全国人大常委会办公厅举办的新闻发布会上，全国人大常委会委员、全国人大教科文卫委员会主任委员柳斌杰，文化部党组成员、部长助理于群分别就公共文化服务保障法的相关问题回答了记者提问。

柳斌杰表示，公共文化服务保障法是文化立法的一个重大突破，整个过程体现了民主立法、科学立法、依靠人民群众立法。在当前的法律体系当中，文化领域的立法是一个短板，下一步全国人大还将加紧进行文化产业促进法、公共图书馆法等法律的制定和著作权法、文物保护法的修订工作。

于群就提升公共文化服务效能和鼓励社会力量参与公共文化服务等方面的问题进行了阐释。他表示，下一步，文化部将积极做好法律的贯彻落实工作。一是加快研究出台与之相衔接、相配套的文化法规和政策；二是加强依法行政，推动各级文化部门和公共文化机构依法开展公共文化服务；三是配合全国人大，加强对地方各级政府履行保障职责、公共文化设施管理使用等情况的督察。（《中国文化报》2016年12月26日第1版报道，记者李晓林）

我国首个国家级全民阅读规划发布

国家新闻出版广电总局12月27日发布《全民阅读“十三五”时期发展规划》（以下简称《规划》，《规划》及其说明全文见03—04版），这是我国首个国家级全民阅读规划。

从2006年开始，经过各地各部门和社会各界坚持不懈地倡导和推动，全民阅读活动不断深入开展，社会影响日益深远。为服务全面建成小康社会大局，建立全民阅读工作长效机制，形成全民参与共建共享局面，在过去10年工作的基础上，结合国家“十三五”规划纲要等要求，总局制定了《全民阅读“十三五”时期发展规划》，明确全民阅读工作的指导思想、基本原则、主要目标、重点任务及时间表、路线图等，以进一步推动全民阅读工作常态化、规范化，共同建设书香社会。

《规划》期限为2016年到2020年，编制的主要目标是：各类全民阅读活动蓬勃开展，全民阅读氛围更加浓厚，全民阅读理念更加深入人心，优质阅读内容供给能力显著提升，全民阅读基础设施建设更加完善，阅读推广人队伍更加壮大，各类阅读推广机构不断涌现，全民阅读法制化建设取得积极进展，全民阅读工作体制机制更加健全，基本形成与全面建成小康社会发展要求相适应的以人为本、面向基层、惠及群众、兼顾重点的全民阅读推广服务体系，推动国民素质和社会文明程度显著提高。《规划》编制基于4个基本原则：坚持政府主导，社会参与；坚持重在内容，提升质量；坚持少儿优先，保障重点；坚持公益普惠，深入基层。

《规划》提出了9项重点任务，包括举办重大全民阅读活动，加强优质阅读内容供给，推动全民阅读深入基层、深入群众，大力促进少年儿童阅读，保障困难群体、特殊群体的基本阅读需求，完善全民阅读基础设施和服务体系，提高数字化阅读的质量和水平，组织引导社会各方力量共同参与，加强全民阅读宣传推广。《规划》具有4个主要特点：贯彻落实中央关于全民阅读的重要精神，充分借鉴10年来全民阅读工作的好经验好做法；科学界定全民阅读工作的范围；以具体工程和项目为载体带动各项工作；充分发挥各部门开展全民阅读工作的积极性、主动性。

（《中国新闻出版广电报》2016年12月28日报道，记者孙海悦）

《全民阅读促进条例》公开征求意见

国家新闻出版广电总局近日根据国务院立法工作计划起草了《全民阅读促进条例》（征求意见稿）。为增强立法透明度、提高立法质量，征求意见稿向社会公开征求意见。

征求意见稿分为总则、全民阅读服务、重点群体阅读保障、促进措施和法律责任5章。

征求意见稿提出，国家促进全民阅读，应当遵循公益性、基本性、均等性、便利性的原则。国务院和地方各级人民政府应当依法保障公民参加全民阅读活动的权利。国家重点扶持边远地区、贫困地区、少数民族地区的全民阅读工作，重点保障未成年人尤其是农村留守儿童等群体的基本阅读需求，加大对城市社区、农村地区等基层出版物发行网点、阅读设施建设和服务的投入，促进全民阅读均衡协调发展。国家建立全国全民阅读工作协调机制，负责统筹各部门、各单位、各社会团体和各种社会力量的协调合作，共同促进全民阅读。

征求意见稿提出，应当建立和完善精品出版物、原创出版物的创作生产引导机制，鼓励和支持各种优秀出版物的出版。加强和完善出版物发行网点的规划和建设，各级人民政府应当通过各种方式，鼓励和支持实体书店、书报亭等发行单位在促进全民阅读工作中发挥作用。科学规划、合理布局，有计划地建设覆盖城乡、实用便利、服务高效的各类全民阅读设施，支持和保障全民阅读设施的免费开放和运营、阅读指导和服务使用。广播电台、电视台、报刊出版单位、互联网信息服务提供者和通信运营商应当积极宣传报道全民阅读活动。各级人民政府应当建立阅读推广人队伍，鼓励和支持教师、公务员、大学生、新闻出版工作者等志愿者加入阅读推广人队伍。

关于重点群体阅读保障，征求意见稿提出，国务院新闻出版广电行政部门和国务院教育行政部门应当根据未成年人身心发展状况和实际情况，制订未成年人阅读促进计划、实施方案和未成年人阅读分类指导目录。重点保障农村留守儿童、低收入家庭儿童、福利院儿童等特殊儿童群体的基本阅读需求，鼓励学校、全民阅读设施管理单位及阅读推广人对其进行定期阅读指导和服务，提供必要的阅读资源，解决其阅读方面的特殊困难。各级人民政府应当根据需要和实际情况，在少数民族居民相对集中的区域，加强具有民族特点的双语阅读资源和全民阅读设施建设，组织开展全民阅读活动。各级人民政府和有关部门应当有针对性地向视听障碍人士提供特殊阅读资源、设施与服务，提供盲文出版物、有声读物等。

此外，征求意见稿还提出，公民、法人和其他组织捐赠财产用于全民阅读服务的，依照相关法律规定享受相应的税收方面的优惠。国家定期开展全民阅读状况调查，调查结果作为修订全民阅读规划、完善全民阅读服务的重要参考依据。各级人民政府应当建立全民阅读需求征询制度和公民参与的全民阅读服务评价制度，健全民意表达和监督机制。（《中国新闻出版广电报》2016年2月17日报道，记者孙海悦）

文化部等五部门出台《关于推进县级文化馆图书馆总分馆制建设的指导意见》

文化部、国家新闻出版广电总局、国家体育总局、国家发展和改革委员会、财政部五部门近日印发《关于推进县级文化馆图书馆总分馆制建设的指导意见》（以下简称《意见》），着力推进县域公共文化资源共建共享和服务效能提升。《意见》提出，到2020年，全国具备条件的地区因地制宜建立起上下联通、服务优质、有效覆盖的县级文化馆、图书馆总分馆制，广大基层群众享受的基本公共文化服务内容更加丰富，途径更加便捷，质量显著提升，均等化水平稳步提高。

2月17日在京举行的媒体座谈会上，文化部公共文化司副司长陈彬斌表示，《意见》的出台是落实党的十八届三中全会精神，推动基层文化体制机制改革、提高公共文化服务效能的一项重要举措。其针对目前县级文化馆图书馆服务能力不强、县域内公共文化资源缺乏整合、城乡公共文化服务发展不均衡等突出问题，是在充分总结和吸收各地十几年实践经验的基础上形成的。

《意见》提出，要坚持政府主导、改革创新、强化基层、实事求是原则，由省级文化行政部门牵头、有关部门参与，由县级人民政府具体组织实施，大力推进县级文化馆、图书馆总分馆制建设，发挥县级总馆在县域公共文化建设中的中枢作用，通过分馆把优质公共文化服务延伸到基层农村，增加公共文化产品和服务供给。

“总分馆制的核心要义是让分散、独立的文化馆、图书馆形成组织体系，从本质上说是文化馆、图书馆管理体制和运行机制的变革。”国家公共文化服务体系建设专家委员会主任委员、北京大学教授李国新说，《意见》明确要求发挥县级人民政府在总分馆制建设规划、组织和推进方面的统筹作用，明确了主导力量和责任主体，标志着总分馆制建设由“职业行为”上升为“政府行为”，为全面深化总分馆制建设奠定了坚实的保障基础。

《意见》明确总分馆制的功能定位与运行机制，通过县级文化馆总分馆制，整合县域内群众文化艺术资源，加强对县域内文化活动、文艺创作、文艺辅导、送戏下乡、队伍培训以及演出器材设备调配等方面的统筹。通过县级图书馆总分馆制，整合县域内的公共阅读资源，实行总馆主导下的文献资源统一采购、统一编目、统一配送、通借通还和人员统一培训。《意见》强调因地制宜推进总分馆制建设，根据地方实际情况，在试点基础上积极稳妥推进；鼓励企业、社会组织和其他社会力量，依法依规有序参与总分馆制建设；创新服务方式和手段，采取“订单”服务方式，实现供需有效对接。（《中国文化报》2017年2月20日报道，记者屈菡）

全国首部地级市图书馆法规《东莞市公共图书馆管理办法》颁布

《东莞市公共图书馆管理办法》（以下简称《办法》）将于2017年3月1日起施行，成为我国第一部地级市图书馆立法。此前，我国共有12个省、市颁布了地方性图书馆法规或政府规章，但尚未有地级市的图书馆法规出现。

2001年，东莞市提出实施“文化新城”战略，作为文化新城“三城”建设之一的“图书馆之城”建设在全市铺开，图书馆事业得到了快速发展，并取得了显著成效，东莞图书馆进入了国内一流图书馆的行列，实现了全市32个镇（街）24小时自助借阅服务全覆盖，形成了“一馆办证，多馆借书；一馆借书，多馆还书”的服务模式，较好地实现和保障了公众的基本文化需求。但随着经济社会的进一步发展，东莞市图书馆事业发展也出现了一些新情况、新问题，制约了图书馆事业的进一步发展。2015年东莞市获得地方立法权，为促进东莞市公共图书馆事业的快速发展，构建覆盖城乡、普遍均等的公共图书馆服务体系，推进公共文化服务均等化，正式启动了公共图书馆立法工作，组织起草了《办法》，并于2016年12月30日经东莞市人民政府同意颁布，将于2017年3月1日实施。

《办法》共分5章57条，除按照立法惯例设置了总则、法律责任和附则外，重点就公共图书馆的设立与管理、公共图书馆的服务与用户权益等方面进行了规范。《办法》起草体现出4方面东莞特色：一是根据东莞外来人口多、流动性大、素质参差不齐的现状，《办法》在“公共图书馆服务与用户权益”方面充分体现了“普遍、平等、免费”服务的先进理念；二是根据东莞特殊的行政架构，《办法》明确了市、镇（街）、村（社区）三级架构的公共图书馆总分馆体系，进一步强化了镇街分馆的统筹职能，在指标设定上，从“每千人建筑面积”“人均图书藏书量”“年人均入藏文献”等方面分市、镇两级设定目标值，有效促进镇级图书馆带动村（社区）图书馆的发展；三是有别于其他图书馆法规，《办法》单列提出并强调了“数字公共空间服务”和“延伸服务”等特色、亮点服务，符合现代公共图书馆发展的趋势；四是《办法》强调公共图书馆应当通过服务点、图书流动车、24小时自助图书馆以及图书自助服务站等多种方式提供延伸服务，不断满足公众日益增长的知识信息需求。

此前，《中华人民共和国公共文化服务保障法》于2016年12月获得通过，并将于2017年3月1日起施行。在国家推进公共文化服务法治化规范化的大背景下，《东莞市公共图书馆管理办法》的出台，进一步明确具体地规范了公共图书馆设立、管理、服务和体系建设，在地方公共文化领域立法上先行一步，必将有力促进东莞市公共图书馆事业发展，推动基本公共文化服务标准化均等化，切实保障人民群众的基本文化权益。

（广东省文化厅公众服务网2017年1月16日报道）

中国文化中心数字图书馆上线

12月29日，中国文化中心数字图书馆正式上线提供服务。文化部对外文化联络局局长谢金英、国家图书馆馆长韩永进出席仪式并分别致辞。文化部对外文化联络局局长助理郑浩，国家图书馆副馆长魏大威、孙一钢以及来自文化部、国家图书馆相关部门的负责同志参加活动。

仪式上，谢金英和韩永进共同签署《中国文化中心图书馆合作建设协议书》，并共同启动中国文化中心数字图书馆。谢金英表示，文化部对外文化联络局与国家图书馆将进一步密切合作，不断丰富资源种类、更新资源内容，将中国文化中心数字图书馆打造成为功能多样、内容丰富的中华文化展示平台。韩永进表示，中国文化中心数字图书馆上线不仅拓展了中国文化中心图书馆的数字化、信息化服务内容和方式，更好地服务于文化外交战略，也有利于国图更好地发挥自身在对外文化交流中的作用。

海外中国文化中心是我国官方驻外文化机构，中心图书馆向驻在国公众提供文献服务，介绍中国的历史、文化、发展和当代社会生活，是文化交流的重要阵地。中国国家图书馆是国家总书库、国家书目中心、国家古籍保护中心、国家典籍博物馆、国家数字图书馆，对外履行有关文化交流职能。国家图书馆秉承“传承文明、服务社会”的宗旨，在传承与弘扬优秀传统文化和建设现代公共文化服务体系中发挥着重要作用。为提升海外中国文化中心图书馆服务能力，文化部外联局与国家图书馆于2015年签署战略框架协议，合作共建海外中国文化中心数字图书馆。

中国文化中心数字图书馆（http://library.cccweb.org）是一个功能多样、内容丰富的中华文化展示平台，以中国文化元素为基调，传统与现代相结合，页面风格简洁大方，层次分明，栏目展示图文并茂，用户体验方便快捷。根据资源内容设立专栏，以主题分类、资源导航、资源推荐等形式为用户提供检索、浏览、在线阅读等一站式资源信息服务。中国文化中心数字图书馆针对文化中心定位和信息服务需求，汇聚反映中国历史、文化、发展和当代社会生活的数字资源，全面弘扬民族文化，树立国家形象；资源种类丰富、内容多样，首批提供的资源包括200种古籍、1220种现当代图书、20种最新期刊、300幅图片、1000余种音视频、62个网络资源、10个精品展览等，资源总量超过2200种，数据量超过2TB；突出中国文化特色，保障数字资源高质量和高品质，提供具有中国文化特色的各类资源，更好地服务于海外民众。中国文化中心数字图书馆正式上线后，将面向所有驻外中国文化中心提供服务，向海外民众传播中国文化，提升中华文化的凝聚力和辐射力。

国家图书馆将充分发挥自身的专业优势和资源优势，本着加强交流、全面合作、逐步推进、重在实效的原则，与文化部外联局一起为中国文化中心图书馆提供图书文献采选与加工、图书馆自动化系统建设、图书馆业务培训与现场指导等服务，提高中国文化中心图书馆的专业化水平；与中国文化中心共同举办展览、讲座等文化活动，让中国文化中心的用户充分感受中华文化魅力，不断提升国家文化软实力。（国家图书馆网站2016年12月30日报道）

高校图书馆助力“双一流”建设开展活动

2016年高校图书馆知识服务与创新应用高级研修班

9月18—21日，2016年高校图书馆知识服务与创新应用高级研修班在长沙举办，此次活动由清华大学图书馆、武汉大学图书馆和同方知网数字出版集团联合主办，近400名高校图书馆界专家学者围绕“双一流”环境下图书馆资源建设、学科服务与评价、创新技术、创新知识服务等主题进行热烈探讨。

教育部学位与研究生教育发展中心主任王立生指出，学科是大学的基础，通过抓学科建设、评价学科来促进整个高等教育的发展是一项值得探索的工作；为满足“双一流”建设的需求，正在进行的第四轮学科评估工作在指标体系和参评模式上都采取大量创新性措施。清华大学图书馆副馆长窦天芳则表示，图书馆只有注重技术与服务的深度融合，实现突破创新，才能助力“双一流”建设。湖南大学图书馆馆长郑章飞认为，图书馆可以从知识服务与素质教育两个维度切入。同方知网教育与文化知识管理公司总经理徐海庚表示，图书馆应利用海量资源优势，借助协同创新平台为抓手，嵌入科研教学过程，提供真正的知识服务，支撑科研创新，助力“双一流”建设。

针对“双一流”战略催生的图书馆服务创新需求，同方知网在会上集中发布中国知识基础设施工程（CNKI）协同研究知识管理与服务平台（CRKMS）、全球学术快报、创业学苑、机构知识库建设平台（CIRP）、数字资源使用分析系统（DRAS）、专利检索与分析系统等多项创新技术成果。（摘编自人民网2016年9月22日报道，原作者熊旭、李依环）

2016年中国图书馆年会会前会（南京）

10月24日，2016年中国图书馆年会会前会（南京）在南京航空航天大学将军路校区图书馆召开，会议主题为“双一流”背景下高校图书馆的发展与图情学科点建设。此次会议由中国图书馆学会主办，南京航空航天大学图书馆承办，来自全国20多个省市的高校、公共图书馆代表参加会议。南京航空航天大学图书馆党总支书记高斌致欢迎词。

武汉大学中国科学评价研究中心创始人、武汉大学信息管理学院博士生导师邱均平教授做题为“中国研究生教育及学科专业评价的意义、做法与结果分析”的学术报告，他以“图书情报与档案管理”专业为例，从评价目的与意义、指导思想与原则、对象与指标体系、数据来源与处理、评价结果与分析、评价结论与启示等方面对我国研究生教育及学科评价进行深入系统分析。东南大学图书馆教研室主任、研究馆员袁曦临在“置身阳光和阴影之间——从教育部第四次学科评估看高校图书馆办学科点的优势与劣势”报告中，回顾东南大学图书情报与档案管理硕士学科点的办学历史，阐述学科评估的要求，分析学科的优势与劣势，并对学科点办学提出几点思考。南京乐致安信息技术有限公司副总经理赵荣荣的“以学科发展服务支持‘双一流’建设——乐致安探索与实践”报告，介绍了乐致安公司作为信息技术企业，以学科发展服务支持高校“双一流”建设的方法和经验。南京航空航天大学图书馆发展研究室主任、副研究馆员邹小筑的“面向需求，学术引领，服务创新——高校图书馆学科点特色发展思考”报告，探讨“双一流”背景下图书馆的机遇与挑战，阐述我国高校图书馆图情学科点现状，从师资、科研、生源、培养方式等方面对高校图书馆图情学科点建设进行深入分析，并提出对策和思考。

此次会议是中国图书馆学会为探寻高校图书馆助力“双一流”建设的服务创新路径，明确新形势下图书馆学、情报学学科点建设与高校图书馆转型发展的互动关系而主办的，旨在探索新环境下高校图书馆资源建设、创新知识服务，寻觅加强图情学科点建设的方法、途径，进一步提升图书馆在高校“双一流”建设中的重要作用。

（摘编自中国图书馆学会网站 2016 年 10 月 26 日报道）

2016 高校图书馆支撑科研评价和科研管理专题研讨会

10 月 28 日，同济大学图书馆和同方知网（北京）技术有限公司共同主办的 2016 高校图书馆支撑科研评价和科研管理专题研讨会在上海举行。200 余名高校图情界专家学者围绕高校科研评价趋势探索、引文数据应用探索、科研管理实践探讨、科研评价案例分享等主题展开讨论。

同济大学图书馆馆长陈欣指出，在当前“双一流”建设和教师考核评价制度改革背景下，图书馆在绩效评估、科研评价等方面大有作为，应面向不同行业、学科/学院、人才、课题等，开展专利分析报告、学科/学院竞争力分析报告、人才评价、职称评聘、专题情报分析等个性化服务。暨南大学图书馆馆长史小军分享该馆服务于学科建设的实践工作，并提出：只有坚持合作、凸显特色，具备学科服务意识及能力，紧密围绕学科建设的需求与动向，主动融入科研，将资源、服务与环境三者并重，才能提供高水平、深层次的学科服务，助力“双一流”、高水平的大学建设。此外，黑龙江大学信息管理学院院长马海群、浙江大学图书馆副馆长黄晨、山东大学图书馆副馆长程蓓、青岛科技大学图书馆馆长李明、华中科技大学图书馆副馆长袁青、同济大学图书馆副馆长何青芳等多位专家学者，围绕高校科研评价与科研管理，从科研评价趋势、引文数据应用、科研管理实践、科研评价案例分享等多方面对图书馆的服务工作展开论述。同方知网教育与文化行业公司总经理徐海庚对 CNKI 二十余年的发展以及未来工作做介绍，着重介绍以协同创新为核心的协同研究知识管理与服务平台。

（摘编自中国新闻出版广电网 2016 年 11 月 3 日报道，原作者王炳炎）

“双一流”建设中的数据分析与应用论坛

11 月 9 日，由 Clarivate Analytics（原汤森路透知识产权与科技事业部）举办的“双一流”建设中的数据分析与应用论坛在南京召开，来自全国高校图书馆、科研管理部门的近 200 名相关负责人参加会议。Clarivate Analytics 中国区大学及生命科学市场销售总监胡大龙、南京大学图书馆副馆长邵波先后致辞。

论坛邀请 7 名专家做专题报告，围绕“双一流”建设的机遇与挑战、探索与实践、Clarivate Analytics 如何助力高校“双一流”建设以及基于客观数据的应用分享等话题进行深入探讨和交流。专题报告包括：江苏省教育厅教育评估院副院长杨权海“统筹协调　推进‘双一流’建设——江苏高校 ESI 学科综合实力与发展分析”，Clarivate Analytics 全球副总裁 Emmanuel Thiveaud“世界一流大学与世界一流学科建设中的机遇与挑战”，清华大学图书馆副馆长范爱红“ESI/Incites 数据分析在学科服务和管理决策中的探索与实践”，同济大学图书馆馆长陈欣“高校科研评价实践与展望——以同济大学图书馆实践为例”，南京工业大学图书馆馆长赵乃瑄“以信息评估为基础的图书馆学科建设实践探索”，华北水利水电大学张琳“期刊影响因子可以用来评价科学家个人成就吗？——基于挪威

1000位生物学家的实证分析”，苏州大学学科建设办公室主任沈明荣“苏州大学学科建设的数据分析与可能对策”。（摘编自中国图书馆学会高等学校图书馆分会网站2016年11月12日报道）

“双一流”建设中情报分析助力学科决策与发展研讨会

12月13日，由河北大学、河北省高等学校图书情报工作委员会主办的“双一流”建设中情报分析助力学科决策与发展研讨会在保定市召开。河北大学副校长李军凯、Clarivate Analytics客户经理杨志强出席开幕式并致辞。河北大学、燕山大学、河北师范大学等省内国家一流大学建设行列中的11所高校图书馆、学科建设部门、科研管理部门、发展规划部门以及相关学科负责人70余人出席此次会议。

同济大学发展规划研究中心主任助理张端鸿、上海财经大学科研处处长徐龙炳分别做题为“世界一流大学竞争力解读”和“‘双一流’建设与科研管理”的专题报告，为河北省高校建设“一流大学”和“一流学科”提供很好的借鉴。Clarivate Analytics公司通过翔实的数据，对省内12所“双一流”建设高校的实力与现状进行分析，为今后决策学科布局和预测学科发展态势提供参考。此次研讨会的召开，推进省内高校在多部门合作背景下充分利用情报数据支撑新型学科服务，从而支持“双一流”建设。（摘编自河北大学新闻网2016年12月19日报道）

第五批《国家珍贵古籍名录》和第五批“全国古籍重点保护单位”正式公布

国务院于2016年3月27日正式印发《关于公布第五批国家珍贵古籍名录和第五批全国古籍重点保护单位的通知》（国发〔2016〕22号），批准颁布第五批《国家珍贵古籍名录》899部和“全国古籍重点保护单位”14家。这899部《国家珍贵古籍名录》，有汉文古籍754部、少数民族文字古籍131部和其他文字古籍14部。

从2014年1月开始，文化部组织开展第五批国家珍贵古籍名录和第五批全国古籍重点保护单位的申报工作。各省、自治区、直辖市人民政府及各有关部门高度重视，积极参与申报工作，全国各省、市级古籍保护中心共有7381部古籍申报第五批《国家珍贵古籍名录》，22个古籍收藏单位申报“全国古籍重点保护单位”。评审工作从2014年5月开始，历时近两年时间，先后经过文化部、国家古籍保护中心组织开展的初步整理、专家评审、现场考察和全国古籍保护工作部际联席会议专题审议、文化部网站公示等环节后，最终确定入选的国家珍贵古籍名录和全国古籍重点保护单位名单。这批入选的古籍均是从一、二级古籍内选定的具有重要历史、思想和文化价值的珍贵古籍，其中收录13457片甲骨文、13种简帛文献、28种南北朝到五代时期敦煌遗书、60种宋元善本和拓本、652种明清善本拓本及舆图；收录的131部少数民族文字古籍珍品，包括藏文、西夏文、蒙古文、察合台文、彝文、满文、东巴文、水文、古壮文、布依文等10种民族文字；收录的14种外文古籍，包括拉丁文、意大利文、英文等多种文字。

第五批《国家珍贵古籍名录》具有以下几个特点：一是名录申报范围扩大，如香港中文大学文物馆申报8部珍贵的宋元名拓，这是香港地区首次申报《国家珍贵古籍名录》，之前曾收入澳门地区申报的古籍；二是汉文古籍中不乏珍品，如《赵城金藏》残失的“黍”字号一卷、清雍正四年内府铜活字印本光绪间描润本《钦定古今图书集成》、南三阁《四库全书》26部等；三是随着全国古籍普查登记工作不断推进，珍贵的民族文献典籍数量日益增多，本批西藏自治区有100余家古籍收藏单位申报400余部古籍，包括公共图书馆和寺庙，成为第五批《国家珍贵古籍名录》的一大亮点。

保护好中华古籍，对促进文化传承、联结民族情感、弘扬民族精神、维护国家统一及社会稳定具有重要作用。自2007年1月国务院办公厅颁布《关于进一步加强古籍保护工作的意见》（国办发〔2007〕6号）以来，国务院先后公布五批《国家珍贵古籍名录》和“全国古籍重点保护单位”，累计12274部古籍入选国家珍贵古籍名录，180家单位入选“全国古籍重点保护单位”，带动全国19个省份开展省级《珍贵古籍名录》评审工作，推动古籍分级保护制度的建立，促进被命名单位的古籍存藏环境显著改善。

为配合开展第五批《国家珍贵古籍名录》和第五批“全国古籍重点保护单位”的宣传推广工作，2016年6月至8月，在国家图书馆举办“国家珍贵古籍特展”，主要展示《国家珍贵古籍名录》中收录的珍贵古籍，宣传普及古籍知识，增强公众古籍保护意识，弘扬中华优秀传统文化。

（国家图书馆网站2016年5月25日报道）

2016 年中国图书馆年会在安徽铜陵召开

10 月 26—27 日，2016 年中国图书馆年会——中国图书馆学会年会·中国图书馆展览会在安徽省铜陵市举行。此次年会由文化部指导，中国图书馆学会和铜陵市人民政府主办，国家图书馆（国家古籍保护中心）、文化部全国公共文化发展中心、中国古籍保护协会和安徽省文化厅协办。文化部党组成员、部长助理兼办公厅主任于群，安徽省副省长谢广祥，国家图书馆名誉馆长周和平，国际图联主席多纳·希德以及来自全国各级各类图书馆工作者、有关专家学者，文化部相关司局和直属单位，各省（区、市）文化厅（局）和公共文化处有关负责人，部分国家公共文化服务体系示范区创建城市市长和文化局长，以及企业代表和特邀嘉宾 3000 多人参加会议。此次年会主题为“创新中国：技术、社会与图书馆”，包括开闭幕活动、工作论坛、学术活动、展览会等重要内容。

文化部公共文化司副司长陈彬斌主持开幕式。中共铜陵市委书记李猛、谢广祥、多纳·希德、于群先后致辞。随后，于群宣布年会开幕。

开幕活动中，举行了“2016 年最美基层图书馆”和“2016 年中国图书馆榜样人物”风采展示仪式以及第二批国家公共文化服务体系示范区颁牌仪式。25 家单位进入“2016 年最美基层图书馆”风采展示活动名单，分别是：北京市西城区白云驿站阅读空间，辽宁省大连市甘井子区图书馆，吉林省白山市抚松县图书馆，黑龙江省伊春市金山屯区图书馆，上海市长宁区天山路街道图书馆，江苏省无锡市江阴市图书馆，浙江省宁波市镇海区图书馆，安徽省铜陵市枞阳县（黄镇）图书馆，江西省景德镇市乐平市图书馆，山东省济宁市曲阜市图书馆（孔子图书馆），湖北省武汉市汤湖图书馆，湖南省娄底市涟源市图书馆，广东省“悠·图书馆”（深圳市罗湖区），广西壮族自治区来宾市象州县图书馆，四川省绵阳市北川羌族自治县图书馆，贵州省毕节市大方县图书馆，云南省保山市隆阳区图书馆，陕西省渭南市韩城市司马迁图书馆，甘肃省平凉市庄浪县图书馆，青海省西宁市大通回族土族自治县图书馆，新疆维吾尔自治区阿勒泰地区布尔津县图书馆，新疆生产建设兵团第八师石河子市图书馆，中国科学院兰州文献情报中心（中国科学院兰州图书馆），上海市晋元高级中学图书馆，海南省国营八一总场职工书屋。

15 名同志进入“2016 年中国图书馆榜样人物”风采展示活动名单，分别是：天津图书馆天津市古籍保护中心办公室副主任万群，河北省沧州市图书馆馆长、支部书记宋兆凯，山西省朔州市图书馆馆长张猛，内蒙古自治区赤峰市图书馆馆长刘淑华，福建省龙岩图书馆馆长陈鸿雁，河南省安阳市内黄县马上乡微光书苑负责人李翠利，海南省保亭黎族苗族自治县图书馆馆长梁惜文，重庆市云阳县图书馆馆长方宗建，西藏自治区图书馆副馆长旦增卓玛，宁夏图书馆社区服务部副主任李志麒，国家图书馆社会教育部主任汤更生，中山大学校长助理、图书馆馆长程焕文，中国医科大学附属盛京医院图书馆馆长杨华，北京工业职业技术学院图书馆馆长张兆忠，中共山西省委党校图书馆馆长王齐刚。

国家图书馆馆长韩永进在开幕活动中做题为“创造出中华文化新的辉煌”的嘉宾演讲。演讲就中华民族的文化辉煌、中国共产党的文化自觉以及大国崛起的文化准备 3 个方面问题进行了深入的分析和阐述，并指出要实现“夺取全面建设小康社会新胜利，实现中华民族的伟大复兴”的中国梦，首先要实现中华文化的伟大复兴，创造出中华文化新的辉煌。为此，必须从战略上思考和谋划加强文化建设的路径。

根据中央有关精神，此次年会继续围绕转变政府职能、创新办会方式、拓展服务内容、建立长效机制等方面进行探索和实践，搭建行业组织、图书馆、研究机构和相关企业之间的互动交流、合作共赢的服务平台。会议呈现 6 个方面的特点：

一是彰显创新主题。此次年会是中国图书馆学会首次承接政府转移职能主办的会议，也是首次在中部地级城市举办，参会人数和参与单位数量再创新高。“创新中国：技术、社会与图书馆”这一年会主题，凸显图书馆在创新中的价值。年会期间，文化部组织3个工作论坛，即创意文化产品开发培训班暨论坛、国家公共文化服务体系示范区创建工作论坛和公共图书馆评估定级论坛，就相关工作进行深入研讨，对下一步工作做出具体安排。中国图书馆学会组织的学术活动包括4个主题论坛，分别以图书馆服务创新趋势与能力建设，公共图书馆发展的新理念、新经验、新视野，图书馆学科服务的创新与发展，双创背景下图书馆服务新模式为题；25个分会场，涵盖阅读推广、服务创新、标准化建设、总分馆制建设、数字图书馆建设、古籍保护等图书馆创新发展的多方面内容。与会专家、学者就图书馆建设发展的前沿问题、热点问题进行深入探讨。在闭幕活动中，邀请网易公开课负责人就公开课的资源建设和传播做题为“公开·创新·改变——网易公开课的技术探索与实践”的演讲。同期，中国图书馆学会还召开相关分支机构的工作会议和2016年“书香城市（区县级）发现活动专家研议会”。

此外，通过在江西景德镇市、江苏南京市分别召开以“构建现代公共文化服务体系进程中的主题图书馆建设”和“‘双一流’背景下高校图书馆的发展与图情学科点建设”为主题的会前会，在浙江温州市召开以“图书馆服务体系新模式”为主题的会后会以及分支机构工作会议等其他配套学术活动，搭建多层次、多维度的学习交流体系。

二是展示图书馆人的风采。在“2016年最美基层图书馆”和“2016年中国图书馆榜样人物”风采展示活动中，北川羌族自治县图书馆馆长唐成、上海市晋元高级中学图书馆馆长刘璇、深圳市罗湖区图书馆馆长师丽梅，中山大学图书馆馆长程焕文、河南省内黄县马上乡微光书苑负责人李翠利现场参加了“讲我们的故事”活动，先后讲述自己热爱图书馆事业，运用新的理念和手段，全心全意为读者服务的感人事迹，引发广大图书馆工作者的强烈共鸣。

三是促进图书馆事业与相关产业融合发展。由中国图书馆学会统筹策划的年会展览会于10月25至27日在铜陵市体育中心举办。此次展览会顺应“会展一体化”的国际化办展思路，将展览与年会其他议程有机结合，充分整合各方面信息和资源，同时注重互动体验。规划面积12000平方米，有效布展面积7500平方米，与去年展览会有效布展面积3054平方米相比增加一倍多。事业展区集中展示全国文化信息资源共享工程、数字图书馆推广工程、中华古籍保护计划以及铜陵市等地方图书馆事业发展成果，企业展区聚集包括图书馆数字资源、技术和应用软件、古籍保护技术与装备等图书馆行业上下游的相关企业，全方位展示图书馆事业发展成就和相关产业的前沿产品。

四是突出文化惠民。年会不仅是行业的盛会，还突出文化惠民，打造“群众的文化盛宴”。年会期间，铜陵市组织了“阅读从我开始”，关爱农民工、关爱留守儿童文化服务，“文明阅读、美好家乡”读书月等一系列文化惠民活动，举办以“铜的故事——一座城市的文化记忆”为主题的文化之夜活动。此外，“专业创新，注重互动体验”是此次年会的一个亮点，主办方在年会现场设置各种互动体验区，让观众通过赏心悦目的可观性、趣味性体验，激发阅读兴趣，感受文化魅力。

五是加强对外交流。此次年会邀请国际图联主席多纳·希德女士、秘书长杰拉德·莱特内先生和美国、日本等国家以及我国港澳台地区图书馆界的嘉宾参会。同时，还举办国外图书馆协会组织的论坛，如美国高校图书馆的创新服务和技术等，有效促进中外图书馆界的交流与合作。

六是宣传力度大且方式多样化。中央电视台、中央人民广播电台、《人民日报》《光明日报》《中国文化报》、人民网、光明网、央视网以及安徽和铜陵当地媒体对此次年会进行了深度报道及广泛宣传，光明网和国家图书馆网站首页制作了年会专题。同时，顺应“互联网+”发展方向，创新宣传方式，打造全媒体宣传态势。通过扫码，中国图书馆学会官方微信关注人数瞬间增长800多人。开、闭幕活动通过央视网、2016年中国图书馆年会官方网站、中国图书馆学会官方微信进行网络直播，代表们现场积极转发链接，海内外更多的专家学者和图书馆工作者同步分享年会盛况。（**摘编自中国图书馆学会网站、国家图书馆网站**）

中国图书馆学会第九届理事会分支机构组成

(一)学术研究委员会

1. 图书馆学基础理论专业委员会
2. 目录学专业委员会
3. 图书馆史研究专业委员会
4. 图书馆法律与知识产权研究专业委员会
5. 图书馆管理专业委员会
6. 图书馆员研究专业委员会
7. 图书馆统计与评价专业委员会
8. 资源建设与共享专业委员会
9. 用户研究与服务专业委员会
10. 数字图书馆研究与建设专业委员会
11. 信息组织专业委员会
12. 古籍整理与文献保护专业委员会
13. 地方文献研究专业委员会
14. 图书馆建筑与设备专业委员会
15. 少数民族图书馆专业委员会

(二)图书馆学教育委员会

1. 教育研究委员会
2. 教育统计委员会
3. 教育评鉴委员会
4. 教育培训委员会
5. 教育交流与合作委员会

(三)阅读推广委员会

1. 阅读文化研究专业委员会
2. 推荐书目专业委员会
3. 藏书与阅读推广专业委员会
4. 图书馆与社会阅读专业委员会
5. 阅读与出版专业委员会
6. 儿童与青少年阅读推广专业委员会
7. 大学生阅读推广专业委员会
8. 经典阅读推广专业委员会
9. 数字阅读推广专业委员会
10. 阅读与心理健康专业委员会
11. 图书评论与阅读推广专业委员会
12. 图书馆讲坛与培训专业委员会
13. 社区与乡村阅读推广专业委员会
14. 科普阅读推广专业委员会
15. 残疾人阅读专业委员会
16. 阅读推广理论研究专业委员会
17. 民族文献阅读推广专业委员会
18. 阅读史研究专业委员会
19. 图书馆与家庭阅读专业委员会
20. 图书馆展览与文创专业委员会
21. 新媒体阅读推广专业委员会

(四)编译出版委员会

1. 图书馆学著作编辑出版专业委员会
2. 图书馆学期刊与年鉴编辑出版专业委员会
3. 数字出版与推广专业委员会
4. 图书馆学文献翻译出版委员会
5. 图书馆馆藏开发与出版专业委员会

(五)交流与合作委员会

(六)公共图书馆分会

1. 图书馆创新工作委员会
2. 图书馆政策研究工作委员会
3. 图书馆标准化工作委员会
4. 图书馆“一带一路”工作委员会
5. 城市图书馆工作委员会
6. 基层图书馆工作委员会
7. 特色图书馆工作委员会
8. 图书馆社会化工作委员会
9. 图书馆扶贫工作委员会
10. 图书馆区域协作工作委员会
11. 图书馆绩效评估工作委员会
12. 图书馆志愿服务工作委员会
13. 图书馆创意工作委员会
14. 图书馆青年工作委员会

(七)高等学校图书馆分会

(八)专业图书馆分会

1. 学术工作委员会

2. 教育培训工作委员会
3. 交流合作工作委员会
4. 青年工作委员会
5. 区域信息服务工作委员会

(九)中央国家机关图书馆分会

1. 资源建设委员会
2. 用户服务委员会

(十)医学图书馆分会

(十一)高职院校图书馆分会

1. 学术研究专业委员会
2. 文献资源建设专业委员会
3. 人力资源建设专业委员会
4. 读者服务与信息素养教育专业委员会
5. 综合工作专业委员会

(十二)中小学图书馆分会

1. 中小学云图书馆建设与发展专业委员会
2. 民族地区学校图书馆建设专业委员会
3. 书香基地建设专业委员会

(十三)军队院校图书馆分会

(十四)党校图书馆分会

(十五)团校图书馆分会

(十六)未成年人图书馆分会

1. 婴幼儿服务专业委员会
2. 儿童服务专业委员会
3. 青少年服务专业委员会
4. 特殊儿童服务专业委员会
5. 未成年人服务指导与研究专业委员会
6. 未成年人活动专业委员会
7. 未成年人服务与社会合作专业委员会
8. 图画书阅读服务专业委员会
9. 未成年人数字阅读服务专业委员会
10. 资源建设与服务专业委员会

(十七)工会图书馆分会

2016 年中国图书馆屡获国际大奖

厦门大学图书馆和中国国家图书馆获得 2016 年 IFLA-BibLibre 国际图书馆营销奖

近日，国际图书馆协会联合会（IFLA）管理与营销组和法国 BibLibre 公司共同揭晓 2016 年 IFLA-BibLibre 国际图书馆营销奖评选结果。该奖项主要用于表彰那些实施富有创意且以结果为导向的营销项目或活动的机构，2002 年公布第一届评奖结果，2016 年为第 13 届。在此届国际图书馆营销奖评选中，国际图联共收到来自 26 个国家 71 家机构的申请，奖项申请语言有 6 种。

厦门大学图书馆获得此届评奖的第二名，获奖项目是“圕·时光”（Tuan Time）。自 2013 年起，厦门大学图书馆就开始为每一位毕业生准备一件礼物：收集整理学生的图书馆使用记录，如阅读记录、进馆次数、最喜欢的座位等数据，配上文字、手绘画面和音乐，制作成一个清新文艺的个人电子账户。该馆“圕·时光”网站名中的“圕”这个单字是“图书馆”三字的合并写法，读作“Tuan”，传达出图书馆既是藏书馆舍又是灵魂栖所的概念。每位毕业离校的同学都能永久登录“圕·时光”，在上面看到自己的“圕故事”。毕业生们被图书馆员的创意和付出所感动，纷纷在微博、微信等社交媒体进行分享，获得广泛关注和好评。

中国国家图书馆获得此届评奖的前十名，获奖项目为“M 地铁·图书馆”（Metro-library）。2015 年 1 月 12 日，北京首家地铁图书馆——“M 地铁·图书馆”在地铁 4 号线国家图书馆站正式开馆。“M 地铁·图书馆”项目是由京港地铁和国家图书馆共同创意发起的大型公益项目，旨在依托地铁这一公众交通出行平台，尝试拓宽新的公益文化服务渠道，推送国家图书馆的优质资源，弘扬优秀传统文化，促进全民阅读，让乘客在地铁日常出行中多一个阅读的平台和场所。该馆定期组织各类主题活动，传播信息、知识和文化，同时在新媒体环境下，在地铁列车车厢内定期向公众重点推荐部分可免费阅读的精品电子书籍。这里是“每个人的阅读驿站”，乘客即读者，读者即乘客。地铁图书馆是大众阅读的一个新体验，也是公共文化服务的一种新形式，它不仅是对公共文化服务普遍均等、社会化、数字化的很好解读，更是实实在在的行动。地铁图书馆首期推出的是“我们的文字”主题文化活动。此次活动通过地铁站内的广告灯箱、站内环境、地铁列车以及国家典籍博物馆内的实体展示等多种形式，全方位地向社会公众展示中国 30 余种民族文字以及文字的传承、传播、文化、民俗等，乘客还可通过扫描地铁车厢内二维码并完成注册后，免费在线全文阅读 10 本推荐图书。（摘编自 E 线图情 2016 年 3 月 28 日报道和国家图书馆网站 2015 年 1 月 12 日报道）

内蒙古图书馆“彩云服务”获 2016 年美国图书馆协会国际图书馆创新项目主席大奖

2016 年 6 月 27 日，在美国图书馆协会（ALA）举行的国际图书馆人欢迎会上，内蒙古图书馆“彩云服务”创新项目被给予充分肯定，并被授予“2016 年美国图书馆协会国际图书馆创新项目主席大奖”，成为 2016 年该协会评选出的 5 个获奖项目之一。该馆馆长李晓秋赴美参加 ALA 年会并领奖。获奖证书上写道：“彩云服务”项目①针对图书馆图书流通率趋低的状况，采用高度创新、彰显读者决策采购的采访流程；②与书店及读者社区建立战略合作关系，创多方共赢：增加书店的售书额；彻底改变图书馆服务模式，增强图书使用率，并最大限度地提高读者满意度；③利用云服务和移动技术打造实体与虚拟共享空间，集成整合网络资源从而推动阅读及图书馆馆藏的使用；④构建可仿效的服务模式，为在全国营造以读者为主的阅读氛围做出贡献。

内蒙古图书馆推出的“彩云服务”，就是运用云服务理念，打造“云图书馆”。通过与各出版发行机构搭建的云平台，将图书馆和所有出版发行机构的资源与服务集成整合，扩充资源总数，并提供联合编目、资源共享、图书外借等一系列基于动态数据的云服务，让图书馆和各出版发行机构成为“云图书馆”的服务终端，直接为读者服务。读者可以在任何地方的任一书店直接下单借书，这不仅极大地满足广大读者的文化需求，同时也促进机构间互惠互利和资源的共建共享。（内蒙古图书馆）

专　文

图书馆空间再造与国内创客空间建设研究综述

李西宁　刘婷婷(山东省图书馆)

近年来，随着信息技术的快速发展，读者的需求日益多元化，传统的信息服务已无法满足读者需求，这对图书馆的建设与发展提出更高的要求，因此图书馆服务亟须转型与升级。长期以来，图书馆在空间布局上主要以满足文献储存和借阅的需求为主。然而随着社会的发展，图书馆不再是简单的文献流通中心，而是具备保存人类文化遗产、开展社会教育、传递科学情报、开发智力资源、提供文化娱乐等多个职能的文化交流中心。图书馆要想提供多元化的服务，就必须在空间构建上进行创新，因此图书馆空间再造理论成为当今图书馆发展的一个重要研究课题。

图书馆通过理论创新与实践，不断丰富图书馆空间再造理论的研究内容并拓展其外延。在此过程中，创客空间建设成为图书馆空间再造研究的一个重要内容。创客空间不仅成为图书馆一大亮点，为图书馆的改革与创新提供了新的动力，还带动了整个社会关于大众创业、万众创新的热情。从创客空间兴起至今，国内图书馆对其理论研究与建设实践已取得丰硕成果，并在发展中不断完善。

1　图书馆空间再造理论简述

1.1　研究背景

互联网的崛起，使得图书馆在空间理念、空间形态、空间技术等方面都发生了巨大转变，这就使得图书馆在建设和发展中面临了更多的机遇和挑战[1]。首先，互联网环境使得图书馆更新了空间理念，不再局限在传统的封闭、固有的格局内，而是尽可能做到平等、开放、合作、共享、创新，进行空间再造之变革。其次，互联网的发展使得图书馆的空间形态发生了变革，不再是单一的纸质图书的存储空间和流通空间，而是逐渐形成实体空间与虚拟空间共存的复合空间。再次，互联网涉及的移动通信、无线网络、嵌入式系统等技术[2]，为图书馆空间变革与再造提供了全新技术支撑，使得图书馆可以为读者提供书目检索、图书借阅、电子阅读以及咨询服务等，从而更新了服务方式，拓展了服务空间。

除了外部环境的影响，自身发展的需求也在不断推动着图书馆进行空间再造变革。“图书馆是一个生长着的有机体。”[3]图书馆必须不断地进行自我革新与创造，才能适应时代的发展，满足读者的需求。尤其是在飞速发展的当今社会，图书馆更需要改革传统空间格局，及时进行服务转型与升级，才能寻求新的突破与发展。此外，图书馆一切服务的本质是为了推广阅读、传播知识，图书馆进行空间再造有利于全民阅读的推广。

1.1.1　“以人为本”思想

用户至上、服务第一是图书馆服务的核心理念和精髓，图书馆空间再造、空间设计是对图书馆服务的规划，必须遵循以人为本的思想理念[4]。首先，图书馆进行空间再造必须时刻把读者的需求放在第一位，一切工作以读者需求为出发点和落脚点。其次，在进行空间设计和再造建设时，一方面要尽量满足读者的多元化需求，另一方面要注重空间组合及使用的灵活性，以期为读者带来不同的体验。细节设置上也要站在读者角度进行考虑，尽可能为读者提供便利。再次，检验图书馆空间再造工作是否成功也应以能否满足读者需求为唯一标准，读者满意度是衡量图书馆一切服务工作的标尺。

1.1.2　“第三空间”理论

“第三空间”是由美国学者爱德华·索亚提出的一个概念，他认为相对于物质形式的“第一空间”和意识形式的“第二空间”，当代城市兼具第三性，在社会学意义上称为“第三空间”[5]。继星巴克成为“第三空间”的创举后，图书馆作为城市“第三空间”的价值开始突显。国际图联主席艾伦·泰塞指出，图书馆应成为城市的文化中心和象征[6]。图书馆作为城市的文化场所，为其提供了文化空间、知识空间和交流空间；作为城市的休闲场所，进行社会教育、提倡阅读、开展休闲娱乐等活动[7]。因此，应从设计、环境、人员、设施、服务等多方面对图书馆进行空间再造，着力打造作为城市“第三空间”的图书馆。

1.2 研究内容

1.2.1 概念梳理

空间是与时间相对的一种物质客观存在形式，宇宙空间、网络空间、思想空间、数字空间、物理空间等都属空间的范畴。在传统的认知中，图书馆空间仅包含图书存储空间、阅览空间、检索空间等。然而随着图书馆职能的拓展，图书馆构建了学习共享空间、创新空间等。图书馆空间存在多维功能与价值的体现，尤其是近年来图书馆作为城市文化空间的价值日益显现[8]。因此，图书馆空间是为履行其公共服务职能、满足读者需求而构建的各种实体空间和虚拟空间的复合空间。

空间再造这个概念来源于建筑学，本意是把旧建筑物的内部空间进行重新改造而使原建筑物具有另外一种功能[9]。而图书馆空间再造，是指在图书馆原有空间格局的基础上，对图书馆的空间形态和空间组合进行优化或改造，不断完善图书馆的空间布局，以满足读者需求，促进图书馆的长期发展。

1.2.2 实现途径

第一，物理空间再造。

图书馆在进行物理空间再造时，应遵循以下设计原则：①动静分区原则：即需要安静环境的学习、阅览区域必须与活跃的研讨、交流区域分隔开，以满足不同读者的需求；②使用便捷分区原则：即在新空间布局时，考虑读者的使用习惯，将常用服务设置到离用户最近的区域，节省用户时间成本；③用户流分区原则：即整个空间布局应尽量考虑用户人流进入后的路径，将用户密集使用的空间分布在人流路径最方便的位置；④复合分区原则：即满足用户的复合型需求，提供一站式服务，尽量减少用户在各业务区域流动的时间，提高服务体验；⑤模块分区原则：即空间注重开放性、灵活性、自主性，可以根据用户需求快速进行模块组合，实现多元服务功能[10]。

图书馆在进行物理空间再造时，可采取以下构造策略：①按照动静分区要求，可将图书馆空间进行有效的分隔和合理的布局，使各种分区互不干扰，必要时应在某些空间增加吸音材料，减少噪音，如影视欣赏空间、报告厅等；②按照使用便捷要求，如开设书吧空间，可以将其设置在采编业务工作区最近距离的位置，方便用户随时进行新书推荐和借阅；③按照用户流分区要求，将咨询和借还区、自助服务区放在一层；将24小时自习区放在一层，并且是有单独通道的区域，方便管理；将展示空间和信息发布点设置在人流密集的位置，方便信息传达和文化宣传等；④按照复合分区要求，将学科服务咨询区放置在学科文献阅览区的做法，就是将学科咨询服务与学科图书借阅融合在一起，保障学科服务的专业化，拓展服务深度；⑤按照模块分区要求，可在文化活动空间配置可移动的投影、音响、桌椅等设备，可以根据用户参与的数量和活动内容，进行随意组合，在大的空间区域也可以设置折叠隔断，空间可大可小，突出开放、灵活、弹性的特征。

第二，虚拟空间再造。

在信息技术时代，图书馆必须加强数字资源建设，才能满足现代读者的需求。因此图书馆进行虚拟空间再造，不仅是图书馆自身发展的需求，也是信息社会发展的客观要求。尤其是公共图书馆应该积极与高校图书馆或科研机构的专业图书馆进行合作、共享资源，加强自身的数字资源建设，建立资源共享服务平台，从而实现虚拟性阅读空间的再造[11]。

图书馆虚拟空间的建设，主要包括图书馆网站的建设和虚拟馆藏空间的建设。首先，现代图书馆是集传统图书馆、虚拟图书馆于一体的复合图书馆，是数字时代图书馆的门户，是读者进行交流的窗口和纽带。虚拟图书馆的建设，使得图书馆不再单一地以实体图书馆空间为中心，而是以网络空间为中心；以利用网络提供的庞大的数字化信息为中心，而不再以传统的纸质印刷书籍为中心，这些变化都在很大程度上为读者获取知识和信息提供了方便[12]。其次，图书馆虚拟馆藏空间主要是指图书馆网络信息系统通过馆藏资源数字化、网络信息采集、第三方资源订购等方式形成数字化馆藏，对数字资源进行有序化管理和资源的整合，同时建立完整的书目系统供用户查阅[13]。目前，图书馆主要通过整合原有数字资源、建立新的特色数据库、引进新的数字资源、建设新的数字资源服务平台等，来加强虚拟馆藏建设。

第三，服务空间再造。

服务空间再造应以物理空间再造为基础进

行。图书馆传统服务空间是以图书资料的储藏空间和书刊借阅、阅览空间为主，其核心服务是书刊的借阅。在现代社会，图书馆的服务工作还是应该以人为本，在进行空间改造时进行严密的规划布局，尽可能为读者阅览提供便利条件[14]。此外，图书馆的改造工程不仅要“以人为本”，更重要的是要“以用为本”，以满足读者使用需求为根本宗旨[15]。图书馆应该把供给侧结构性改革作为传统图书馆服务空间再造工作的指导方针，进行转型升级[16]。图书馆进行服务空间改造，一方面，要围绕传统的图书借阅服务展开，另一方面，又要超越传统服务空间，为现代社会的读者创造文化环境，增加单纯服务空间[17]。

服务空间再造还应在虚拟空间再造的基础上进行。虚拟服务空间可以充分利用新媒体技术，为读者提供丰富的数字信息资源以及多种个性化、快捷化的图书馆服务。基于计算机网络的数字化信息资源管理和服务系统构成了图书馆虚拟服务空间，为读者提供自动化书刊借阅服务、各种信息检索服务、数字化参考咨询服务、门户发布和管理、个性化信息服务等[18]。图书馆的许多用户逐渐从对图书馆物理服务空间的使用转移到虚拟服务空间的使用中，成为图书馆传统空间服务的重要补充。虚拟服务空间打破了传统图书馆服务上的时空限制，使得其在时间和空间上都获得了拓展和延伸，对于图书馆的发展有重要的意义。

1.2.3 评估体系

只有具备完善的评估运行机制和评估保障体系，图书馆空间再造工作才能顺利地进行，并通过建设与评估相结合，才能实现图书馆空间的优化发展和转型升级。纵观国内外图书馆空间改造成功的案例，全部具有完备的评估机制及有效的评估结果，因此其他图书馆的空间改造也应以此为借鉴。

美国东北大学图书馆建立了由评估人力资源体系、评估方法技术体系和评估指标体系组成的三位一体空间再造评估体系[19]。评估人力资源体系是指该评估体系配备了专业的评估人员，评估方法技术体系是指该评估体系中采用专业的方法或技术去收集用户的空间使用信息，比如问卷调查法、专场会议、访谈法等，评估指标体系是指设置客观的评估指标来考察图书馆的空间价值。图书馆空间改造的评估工作不是一劳永逸的，而是通过多次评估完成，每一次评估都会为之后的改造工作指明方向，每一次的改造工作也为评估提供依据，从而推动图书馆改造工作的不断发展。美国戴顿大学图书馆在工作中注重日常数据的积累与挖掘运用、强调空间再造和服务整合、促进专业馆员的交流与合作，从而推动服务的不断优化和发展[20]。美国北卡罗来纳州立大学格林斯伯勒分校图书馆空间评估体系虽然较为完善，但是缺乏与院系的沟通，忽视了教研人员的空间需求[21]。我国台湾地区的中小型图书馆也进行了空间改造运动，他们成立了专门的专家委员会对图书馆的空间改造情况进行评估，这些专家包括图书馆学、管理学、文学、史学和建筑学等领域的学者，非常值得借鉴[22]。

2 国内图书馆创客空间建设研究现状

2.1 研究背景

在当前信息社会中，人们的创新意识空前高涨，因此不再只满足于消费者的角色，还向往承担制造者角色，这种转向激发了人们参加“DIY（Do It Yourself）活动”的热情和探索新知的勇气，创客运动由此而生。创客运动的兴起带动了创客空间的发展，并受到了社会的广泛关注。2012年6月，美国图书馆协会在夏季年会上专门设立分会场讨论图书馆服务新创举——“创客空间”；2013年8月，新加坡外交部巡回大使陈庆珠在第79届国际图书馆协会联合会（IFLA）大会开幕致辞中提出图书馆要成为创新工场的改革思路[23]；2014年9月，我国国务院总理李克强在主持召开国务院常务会议时，提出“大众创业，万众创新”[24]。在全球创新意识常态化背景下，在国家对创新的引导及支持下，国内图书馆界掀起一场创客空间建设的浪潮[25]。

2.1.1 定义

“创客”一词来源于英文单词 hacker 或者 maker，指的是一类不以赢利为目标，努力把创意转变为现实的人。他们将分享和传播知识作为崇高信仰，将为全人类创造美好生活作为人生价值去追求。坚守创新、不断实践、乐于分享、追求美好是创客们的主要特质[26]。

“创客空间”的英文名称很多，常用的有 makerspace、hackerspace、hackspace、hacklab、creative space 等。“创客空间”的提出及其概念出自著名的《创客杂志》，“它是一个真实存在的物理场所，一个具有加工车间、工作室功能的开放交流的实验室、工作室、机械加工室”。在大学、社区中心、成人教育等机构中或工厂里，经常会设有创客空间。创客空间里的人们因着共同的兴趣爱好而聚到一起，尽管有着各自不同的经验和背景，但他们却能够在创客空间里共享资源和交流知识，在科学、技术、数码或电子艺术等领域进行合作或创造，最终将自己的创意变为现实[27]。

“创客空间”的含义体现在以下三个层面上：①在环境层面上，创造一种分享的环境使所有人共享资源；②在精神层面上，指的是一种合作、创新、分享的人生理念；③在功能层面上，能促进知识更新和大众学习。

2.1.2 特点

第一，创客空间具有开源性。创客空间的开源性指开源软件代码和开源硬件。开源硬件包括电路原理图、材料清单、设计图等，延伸着开源软件代码的定义，并且都使用开源许可协议。

第二，创客空间具有共享性。《连线》前主编 Chris Anderson 就曾说到“我们正处于 DIT 时代，而不是 DIY 时代，更多的不是 Do it yourself，而是 Do it together”。创客空间营造了一个非正式学习环境，让拥有创新理念的人聚在一起，相互探讨和学习，并分享彼此的知识和资源，促成创新和合作。

第三，创客空间具有创造性。创客作为一种新型生产者，介于手工作坊和大规模生产之间。创客空间是一个创新型的工作空间，可以通过手动或是机械创造实现免费和快速的研发，动手动脑创造是创客空间的一大特色[28]。

2.1.3 建设意义

第一，在图书馆层面上有利于图书馆转型。图书馆一直承担着文化传承、知识传播以及针对某一具体项目提出改进建议或获得信息素养培育等职能，在以“三网融合”为标志的第三次工业革命浪潮的推动下，图书馆不应仅仅定位为用户获取、利用和评价信息资源的实体，更应提供面向创新创业的媒体、工具与技术服务方案[29]。创客空间更新了图书馆传统服务的概念，增加图书馆新的服务形式；创客空间提高了图书馆空间的利用率，避免资源浪费；创客空间为图书馆打造了多媒体信息空间，以应对信息数字化的挑战；创客空间极大地激发了图书馆用户创新能力，履行开发社会智力的职责；创客空间促使图书馆员由单一的图书馆管理员转化为多技能讲师，实现图书馆进行社会教育的职能。因此，创客空间为图书馆的转型提供了一个良好的契机。

第二，在用户层面上有利于促进非正式学习。创客空间是一个集创新、实验、学习等核心功能于一体的开放式“工场”（Workshop），能够激发参与者动手实践和自主学习的潜能。MAKE 杂志的创办人 Dale Dougherty 认为，创客运动是学习方式的转变：非正式超越正式（Informal over Formal）、经验超越信息（Experience over Information）、合作超越对抗（Collaboration over Competition）、内生超越外生（Intrinsic over Extrinsic Reward）[30]。创客空间的学习模式有别于传统教育模式，营造的是一种非正式学习氛围，这不仅有利于大众学习的开展，还有利于社会素质教育的扩展。一方面，现在的图书馆用户在进行创新活动时仍存在着一些障碍，比如信息资源或 3D 打印设备的缺乏，创客空间可以提供相应的资源让用户使用和交流，不仅可以满足用户需求，还可以加强用户之间的沟通，同时促进大众素养的提升。另一方面，图书馆用户在创客空间更容易接受新知识，更容易激发创造力，实现创新。

第三，在社会发展层面有利于推动社会进步。图书馆进行创客空间建设，在一定程度上促使图书馆成为社会创新实践的活动中心，也便于图书馆面向社区成员提供更接地气、更有针对性、更具体化的服务项目。从中观的角度看，公共图书馆构建创客空间有助于打造和谐社区[31]。首先，对于图书馆自身来讲，创客空间可以促进图书馆服务转型升级，提升服务社会的能力。其次，对于用户来讲，创客空间可以为他们创造新知识交流和学习的环境，从而促进他们自身的全面发展。最后，对于社会来讲，创客空间有助于社会成员素质提升，图书馆服务能力增强，进而使整个社会的创新能力得到加强，并促进社会的安定。因此，图书馆运行创客空间对图书馆、人民大众以及整个社会都具有价值，能实现社会效益最大化。从宏观角度看，图书馆建设创客空间有助于推动社会进步。

2.1.4 影响因素

第一，创客空间的资源设备。资源设备是运行创客空间的基础条件。首先，资金是创立创客空间必不可少的条件，用来改造空间、构建基础设施、购买设备工具、培训专业馆员等。其次，馆舍空间是开展创客空间必要的载体。再次，就是创客空间的硬件资源，如用于制造数字模型的数控机床（CNC Machines）、热胶枪（Hotglue gun）、激光切割机（Laser Cutte）、开源硬件平台（Arduino）、3D打印机（3D Printer）等各种工艺制作设备，以及一些软件如Sketchup、多媒体制造设备等[32]。

第二，创客空间的外在环境。创客空间运行成功的一个重要因素就是它所处的环境，对于高校图书馆或公共图书馆来说，环境就是图书馆所在的社区。图书馆创客空间的运行离不开社区人员的参与，否则创客空间内建立的基础设施以及购进的设备及工具，就会失去自身价值，创客空间的项目也会大打折扣。而且，图书馆所在地区的政策环境以及群众的认可度，也都影响着创客空间的运行。

第三，创客空间的服务团队。图书馆创客空间的服务团队是新知识、新工艺的传播者。首先，服务人员要具备专业的服务能力和良好的服务态度，其次服务人员要具有接受新知识的素养。创客空间的服务人员，不仅要为用户提供基本的资源和服务，还要为用户提供解答和咨询，并启发用户的创新能力。在创客空间的服务团队中，还应包括各个领域的技术专家、教育人员，或热衷奉献的志愿者等。

第四，创客空间的创客项目。创客空间的创客项目需要严格的设计和规划，力求最大限度提高资源设备的利用率，给用户提供最好的体验。创客项目的设计为创客空间的有效运行提供指导，并根据图书馆的发展理念、不同用户的喜好以及外在环境，设置不同的内容，来满足不同用户的需求。密歇根大学的UM3D旨在打造一个跨学科的创客空间，横跨艺术、建筑、工程等领域，而上海图书馆也是通过设计好的创客项目来吸引用户。因此创客项目的设置对创客空间建设非常重要。

第五，创客空间的合作机制。创客空间的成功运行离不开图书馆、学校、研究所、社区等各机构之间的合作。一方面，创客空间通过协作提高资金、资源、技术、人力之间的利用率，以期耗费最少的资源收获最大的效益。另一方面，创客空间相关的各机构之间的合作，可以有力推动创客空间的发展，进而促进图书馆的发展。因此，合作是创客空间发展的有力保障。

2.2 建设实践

2.2.1 图书馆创客空间发展脉络

本文以中国知网的期刊数据库为检索平台，以“创客空间”并含“图书馆”为主题词对2013—2016年间发表的文章进行主题检索，共检索到200篇，其中2013年5篇，2014年18篇，2015年54篇，2016年123篇。由此可见，我国图书馆创客空间建设研究始于2013年。但在此之前，创客空间已在我国开始萌芽。2010年，我国首个创客空间——“新车间”在上海成立。随后，北京、深圳、杭州等地都进行了创客空间的尝试，如北京的“GK Fab”“YFF”“Flam ingo EDA Open Space”，广州的“HTG”“HackerSpace @ GZ”，深圳的“SZD IY”“柴火”，成都的“Tinymake”“I成都”，南京的“南京创客空间”，常州的“Largo”等[33]。2012年，中国科学院文献情报中心改造原有的“学习共享空间”，建立“创意空间”[34]，利用馆内各种资源，与科技孵化器企业合作，重新活化竞争情报服务。2013年5月27日，上海图书馆将一个约800平方米的专利标准检索工具阅览室改造成“创·新空间”并正式投入使用，开创国内公共图书馆创建创客空间的先河[35]。我国公共图书馆创客空间建设正式拉开帷幕。2014年中国图书馆年会上设立“缔造图书馆新服务·新空间·新体验”分会场，上海图书馆“创·新空间”服务团队唐良铁在会上做介绍[36]。2014年，长沙市图书馆“新三角创客空间”成立[37]。2015年，创客空间写入政府《关于发展众创空间推进大众创新创业的指导意见》中[38]。

2016年，大量图书馆加入创客空间建设队伍，并相互间展开学习交流，使得创客空间建设研究在短时间内得到迅速提升并不断完善。4月23日，深圳图书馆开设创客空间并在世界读书日当天向市民开放。11月14日，国家图书馆培训中心等单位经过将近11个月的筹备，在北京共同主办“开启未来新形态——图书馆创客研习营”活动，国内外有图书馆创客研究和运营经验的优秀团队在此次活动中充分交流与分享了图书馆创客空间的建设与服务经验。11月20日，“创客空间：图书馆里的创造力”国际学术研讨会在广州举办，此次会议由广州图书馆、中山大学图书馆等联合主办，来自美国、英国、丹麦、加拿大、新加坡等国家与地区的嘉宾和国内相关专家、知名创客共聚一堂，就图书馆创客空间与创客教育共同进行探讨。

近年来，各地图书馆创客空间的设立，不仅吸引更多人走进图书馆、学习运用创业创新所需要的工具，而且实现与社会同一或不同群体的人进行对话和交流的愿望。社会在发展、科技在进步、读者需求也在不断变化，而创办创客空间，无疑是图书馆在转型升级中选择的新挑战。

2.2.2　专业图书馆和公共图书馆的创客空间

2012 年，我国第一个专业图书馆的“创意空间”是由中国科学院文献情报中心与科技孵化器企业合作建立的。该空间将情报中心图书馆的信息资源、技术工具、数据分析能力以及企业的资源整合在一起，为创意人员提供研讨教室、学习共享空间、培训教室等，大力支持项目开发、技术孵化、创意孵化[39]。2013 年，我国首个公共图书馆创客空间“创・新空间”在上海图书馆成立，内设阅读区、专利标准服务区、IC 共享区、创意设计展览区和全媒体交流体验区等五大功能区，既提供传统图书馆文献、数据信息阅读与检索服务，又与新车间等上海著名创客机构合作，提供 3D 打印、多媒体展示及培训活动。如今，该空间已成为上海文化创意产业信息中心和中小企业公共服务示范平台的服务窗口，吸引大批来自浙江大学、同济大学等高校的师生或企业用户[40]。2014 年，长沙市图书馆建立“新三角创客空间”，面向市民及青少年举办创艺生活、小小创想家等创意活动[41]。2015 年，成都图书馆建立“阅创空间”，以引进大学生创业者为主，首批入驻 4 家企业，该空间还与“创・新空间”合作，为创客提供项目认证服务[42]。2016 年，深圳图书馆为青少年读者着力打造创意交流与实践空间，该空间从国际最新的教育理念出发，引进一整套的创客文化服务体系，包括 3D 打印、手工机床、机器人实训等，并融合最新的 STEAM（科学、技术、工程、艺术、数学）课程内容，为青少年读者提供一系列免费的创客教育和服务。

2.2.3　大学图书馆的创客空间

紧跟“大众创新、万众创业”的浪潮，创客运动已在我国高校兴起[43]。高校创客空间一般设置在学院，以社团或学院为组织形式，开展跨学科创新活动，如清华大学的“i. Center”、中国美术学院的“洋葱胶囊”、浙江大学的“云造”等[44]。2015 年，先后有 3 所大学图书馆建立创客空间：①三峡大学图书馆、库 X 咖啡合作共建“大学生创客空间”，整合图书馆的硬件场所、大学的优质项目和库 X 咖啡的运营经验等优势，打造集创造性、实践性、互动性和跨学科于一体的创客空间[45]；②天津大学图书馆建立“长荣健豪文化创客空间”，基于现代通信、计算机、印刷技术、物流体系等技术，建立远程网络印刷服务体系，为大学生提供集创新与创业、线上与线下、孵化与投资于一体的开放式自主服务平台[46]；③上海交通大学建立“交大・京东创客空间”，整合该校强大的学术背景、优秀的师资力量与京东的品牌资源，以“京东派”为桥梁，创建高校与社会资源结合的产学研生态链，为创业项目提供支持，助力品牌孵化，联合京东智能硬件事业部，实现智能新品发布与推广。

3　结论与展望

近年来国内图书馆对创客空间的关注度不断上升，在理论和实践领域都取得一定的成果。但从整体而言，理论研究还停留在表面，研究内容有待深化，而实践研究也尚未完善，缺乏建设模式。因此，对图书馆创客空间建设提出以下几点建议：加大政策扶持力度，积极宣传创客文化；发挥图书馆联盟作用，探索构建多元化创客服务体系；加强多方合作，构建众创信息生态圈；利用线上资源，建立创客在线交流平台；提高馆员素质，注重创客空间体验式设计。

创客空间是图书馆实现服务升级转型的重要途径，因此图书馆应积极利用自身优势，结合图书馆发展的外部因素，建立服务社会、服务大众的创客空间，推动图书馆的长效发展。

参考文献

[1] 蒋萌，武群辉.“互联网 + ”环境下图书馆空间再造模式内涵与结构研究[J]. 图书馆学刊，2016(1).

[2] 吴吉义，李文娟，黄剑平，等. 移动互联网研究综述[J]. 中国科学：信息科学，2015，45(1).

[3] 阮冈纳赞. 图书馆学五定律[M]. 北京：书目文献出版社，1988.

[4] 林肖锦. 公共图书馆空间再造研究[J]. 图书情报导刊，2015，25(7).

[5] 黄继刚. 爱德华·索雅的空间文化理论研究[D]. 济南:山东大学,2009.
[6] 廖小梅. 城市图书馆与城市文化建设概说[J]. 图书馆论坛,2010,30(5).
[7] 鲍甬婵. 图书馆:城市的"第三空间"[J]. 图书馆论坛,2011,31(5).
[8] 张兴. "文化空间"视域下的图书馆空间研究述评[J]. 山东图书馆学刊,2017(2).
[9] 刘小凤. 国内图书馆空间再造研究进展[J]. 山东图书馆学刊,2017(3).
[10] 史艳芬,徐咏华,刘玉红. 图书馆空间布局与功能维度的战略规划研究——以同济大学图书馆为例[J]. 图书情报工作,2017,61(6).
[11] 鲍盛华. 数字图书馆模式下阅读的空间再造[J]. 图书馆学研究,2012(6).
[12] 廖小梅. 新馆建设浪潮中的图书馆物理空间观念变革——城市图书馆空间变奏曲之一[J]. 图书馆,2010(6).
[13][18] 李广建. 数字时代的图书馆网络信息系统[M]. 北京:北京图书馆出版社,2006.
[14] 石薇芬. 图书馆建筑空间功能再造[J]. 科技创新导报,2011(28).
[15] 明月辉. 基于图书馆空间"转换与重构"问题的解读[J]. 四川图书馆学报,2015(1).
[16] 曹丽娜,于春宏,李若,等. 供给侧改革推进高校图书馆服务的转型升级[J]. 内蒙古科技与经济,2016(19).
[17] 肖珑. 后数图时代的图书馆空间功能及其布局设计[J]. 图书情报工作,2013,57(20).
[19] 董国华. 美国东北大学图书馆空间再造评估体系研究[J]. 图书馆学研究,2014(23).
[20] 郑琳. 戴顿大学罗斯奇图书馆空间评估及整合研究[J]. 图书馆学研究,2014(24).
[21] 强菁,黄扶敏. 美国高校图书馆空间评估研究及启示[J]. 图书馆建设,2015,248(2).
[22] 李超平,黎娇,刘杰. 台湾小型图书馆空间改造运动研究[J]. 国家图书馆学刊,2014,23(6).
[23] 孔祥辉,孙成江. 公共图书馆创客空间服务研究[J]. 图书馆学研究,2013(21).
[24] 李克强主持召开国务院常务会议部署进一步扶持小微企业发展推动大众创业万众创新,决定全面建立临时救助制度为困难群众兜底线救急难[EB/OL]. [2015-01-10]. http://www.gov.cn/guownyuan/2014-09/17/content_2751902.htm.
[25] 黄艳华. 国内图书馆创客空间建设及服务研究述评[J]. 图书馆学研究,2016(8).
[26] 陶蕾. 图书馆创客空间建设研究[J]. 图书情报工作,2013,57(14).
[27] 尤越,贾苹. 图书馆创客空间发展实践研究及建议[J]. 图书馆杂志,2015,34(5).
[28] 张晓桦. 国内外图书馆创客空间研究综述[J]. 国家图书馆学刊,2016(1).
[29] 李柯达. 那些创客大佬在深圳 Maker Faire 上说了什么?[EB/OL]. [2014-04-16]. http://www.forbeschina.com/review/201404/0032180.shtml.
[30] 李红培,鄢小燕. 美国图书馆 Makerspaces 实践案例及启示[J]. 图书馆学研究,2013(15).
[31] Samtani H. Meet the makers: can a DIY movement revolutionize how we learn[J]. SchoolLibrary Journal,2013(6).
[32] 宋甫,吴跃伟,韩晓雪,等. 我国图书馆创客空间理论研究与实践发展综述[J]. 图书情报知识,2015(6).
[33] 陶蕾. 创客空间——创客运动下的图书馆新模式探索及规划研究[J]. 现代情报,2014,34(2).
[34] 陶蕾. 图书馆创客空间建设研究[J]. 图书情报工作,2013,57(14).
[35] 2014 中国图书馆学会年会第 18 分会场:缔造图书馆新服务·新空间·新体验[EB/OL]. [2014-10-16]. http://www.lsc.org.cn/c/cn/news/2014-10/16/news_7507.html.
[36] 长沙图书馆新馆年底开放[EB/OL]. [2014-03-14]. http://travel.sina.com.cn/china/2014-03-14/0913252910.shtml.
[37] 国务院办公厅关于发展众创空间推进大众创新创业的指导意见[EB/OL]. [2015-03-11]. http://www.gov.cn/zhengce/content/2015-03/11/content_9519.htm.
[38] 百度百科. 创客[EB/OL]. [2013-04-06]. https://baike.baidu.com/item/创客/84167.
[39] 续穆,卫俊杰. 基于"创·新空间"的图书馆服务策略研究[J]. 公共图书馆,2014(4).
[40] 王佳韵,邓雅琴. 科技+文化+创意"把长沙创客的家搬进图书馆"[N]. 中国文化报,2015-04-08(2).
[41] 梁娜. 成都图书馆·阅创空间:孵化创意的平台[N]. 中国文化报(数字报),2015-09-30(2).
[42] 唐晓阳. 中美图书馆创客空间建设比较研究[J]. 图书情报工作,2015(24).
[43] 段浩,陈颖. 中国创客空间地图与发展模式[J]. 中国工业评论,2015(7).
[44] 张元媛. 省内首家创新型大学生创客空间落户三峡大学[N]. 三峡晚报,2015-08-12(A10).
[45] 文创空间落户天津大学[N]. 山西青年报(数字报),2015-10-31(8).
[46] 上海交大—京东创客空间启动京东派助力校园创业[N]. 新民晚报,2015-11-25(A15).

2014—2016 年国内图书馆学研究热点综述

肖　雪（南开大学商学院信息资源管理系）

信息社会环境成为图书馆学研究的绚丽背景，既有数据挖掘、人工智能、社交媒体等信息技术在信息组织、信息服务中的应用创新，也有开放共享、泛在互联、信息自由等理念对图书馆权利、阅读推广价值观、开放获取等的滋润渗透，为图书馆发展路向的探讨奠定坚实基础。鉴往而知来，图书馆史与图书馆学史研究交相辉映；理论指导实践、实践反哺理论，图书馆学理论的深入、阅读推广理论的觉醒与实践的发展变化互为表里；规划指导发展，多业态融合为探讨图书馆前行之路提供更为多元的思路。

1　图书馆学基础理论研究

1.1　图书馆史与图书馆学史

图书馆史与图书馆学史在国家社科基金后期资助项目“中国图书馆史”、国家社科重大项目“中国图书馆学史”的推动下，产生了颇有影响的研究成果，尤其在理论层面更加深入。在图书馆史的理论研究上，肖希明探讨“国史”与“图书馆史”融合的历史分期方式，将现当代图书馆史划分为六个阶段[1]；韩永进指出应将古代藏书史纳入中国图书馆史研究的范畴，编撰我国图书馆通史[2]；冯云指出口述历史对图书馆史研究的意义[3]。从断代史研究角度来看，吴稌年研究成果丰硕，以系列文章的形式对 1910—1960 年的中国图书馆事业进行了全景式扫描[4—15]；周群通过对 1938—1946 年《新华日报》的报道进行主题分析，总结了这一时期我国图书馆事业发展特色[16]；谢欢指出学界应重视 1949—1966 年的图书馆史研究[17]；余明霞对“大跃进”时期的农村图书馆建设历史进行了解读[18]；龚蛟腾对改革开放后的图书馆事业发展进行了历史回顾[19—20]。对图书馆学人的研究阶段集中于民国时期，谢欢将 20 世纪 30 年代以来的学人研究分为四个时期，归纳出六个特点[21]；赵元斌梳理了今人对民国时期图书馆学人的研究成果，并列出民国时期学人简表[22]。除了群像的勾画外，在个体学人的研究上涉及更加广泛，包括沈祖荣[23]、吴光清[24]、徐燮元[25]等学人，及对图书馆学有贡献的业外人士王云五[26]、张舜徽[27]、钱稻孙[28]等。

在学科发展史研究上，王余光提出需要关注和解决“古代图书馆学”的称谓、中国图书馆学史的分期和写法问题[29]；傅荣贤提出要同时注重历史史实描述与当代价值揭示，从而将过去的思想传统转变为现时的智慧资源[30]；罗贤春分析随着近代文化变迁而发展的图书馆学思想[31]；张慧丽对中国图书馆学史研究对象与研究内容进行探讨[32]。

1.2　图书馆的未来发展

图书馆的未来发展是图书馆学人长期关注的主题，在大数据、人工智能、物联网、泛在信息社会、MOOC 等新技术、新趋势的引领下，图书馆又走到机遇与危机并存的十字路口，未来的发展趋向与定位成为学界和业界探讨的焦点，不少学术大家在此问题上立言立功，涌现出大量的研究成果。从全局视野来看，吴建中提出“第三代图书馆”的概念[33]，指出到 2025 年图书馆将演变为知识中心、学习中心、交流中心，向支持人类学习和创造知识环境的方向发展[34]。韩永进指出我国图书馆事业应积极开展的工作领域，以全球视野指出应联合国内外各方力量，共同推进全球图书馆行业创新发展[35]。

从技术发展前景来看，刘炜归纳出五个基本判断：网络成为公共设施、云即服务、万物皆数字、万物互联、体验为王，由此带来的新技术应用将渗透到图书馆的所有方面[36]；曲蕴等对将要引入到图书馆的关键信息技术进行了分析和预估[37]；魏大威认为万物互联将催生公共图书馆的新业态[38]；朱强等用“8A”理论对泛在图书馆进行定义，并指出图书馆应进行的模式转型[39, 40]。从大数据视角来看，基于书籍内容的知识发现、价值挖掘和服务模式创新是其为图书馆展现的最具颠覆性的前景[41]，图书馆应树立大数据思维[42]，加快数字化和数据化进程，执行数据获取、共享、重用的政策，支持数据治理[43]；上海图书馆的可视化数据服务[44]、基于数据仓库的流通分析[45]在一定程度上展示了数据管理的魅力。从人工智能视角来看，智慧图书馆是应对信息技术革命的未来方向，情景感知技术是其中的关键技术[46]，上海大学图书馆从感知、计算和交互三个层次的技术实现具有启发意义[47]。

从社会教育方式变革的角度来看，MOOCs浪潮中图书馆一方面应为在线开放课程服务[48]，扮演版权顾问、信息素养培训师、多媒体制作指导师、学习场所提供者、课程内容提供者五种主要角色[49]，针对用户需求、版权限制、资源形态和商业企业的挑战思考应对策略[50]，关注和利用开放教育资源，开展嵌入式服务和移动图书馆服务，建设教学参考系统[51]。另一方面，则是在图书馆自身的信息检索课中顺应MOOCs趋势，利用互动共享的在线教学平台，优化教学方式和质量[52, 53]。

1.3 图书馆权利

以2005年图书馆学界发出“走向权利时代”的呼声为节点，至2015年已走过十年时光，当此之际，图书馆权利的研究在回顾反思的基础上，结合新的时代环境变化，在理论和实证层面进一步深入。在理论层面，程焕文扫描了图书馆权利思潮的十年发展，认为相关研究方兴未艾，但实践仍困难重重[54]；柯平对过往研究的回顾指出应建立立体的研究框架，基于公民权利观的图书馆权利应与图书馆员权利相区别[55]；魏建琳指出图书馆权利研究存在研究空洞化与泛权利化思维倾向，深层原因在于本土化的欠缺[56]。在回顾的同时是理论研究的深化，蒋永福等指出图书馆权利实质是图书馆责任，包括道德权利和法定权利，与图书馆社会责任是两个不同的概念[57]；姜浩天指出图书馆权利是一种在伦理和法律上有限度的权利[58]。从国际视野来看，美国国会图书馆（ALA）《图书馆权利法案》所宣示的图书馆权利意涵实质是思想言论自由[59]；从国内情形来看，我国图书馆权利思想肇始于近代，为当代的思想传承和弘扬提供了有益的启示[60]，梯度服务[61]、总分馆制建设[62]、弱势群体服务[63]是实现图书馆权利的有效路径。

在实证层面，对图书馆的用户权利性规范[64]、图书馆法规[65, 66]进行的调查，既指出其中的不足，也提炼出图书馆职业集团内部已形成共识的图书馆权利中未被社会契约承认的内容；对海外案例的分析显示出图书馆互联网权利面临着诸多挑战，我国应从内容、实施和保障层面予以应对[67]；对两起图书馆危机公关事件进行的分析指出保障和维护图书馆自身权利应注重的内容[68]。

2 图书馆事业发展与管理研究

2.1 公共图书馆法制建设

公共图书馆事业在公共文化服务体系大发展、大繁荣的背景中，取得长足进步，地方公共文化相关法规体系[69]不断取得新进展，《公共图书馆法》立法进程持续数年[70]，2015年进入到“征求意见”阶段，成为当年中国图书馆年会的重要议题，《图书馆论坛》《国家图书馆学刊》《图书馆建设》等期刊均开辟专题，通过专家笔谈的方式各抒已见，提供多角度的思考。研究者普遍认可其在法律文本撰写思想、对公共图书馆法律定位及建设布局思想上的变化[71]，但也指出应增强专业性和严谨性[72]，从体现现代图书馆服务理念、明确公共图书馆职责、区别《博物馆条例》[73]、纳入民办图书馆[74]、确立与读者法律关系[75]、构造公共图书馆法的阶层[76]等多方面对该法的修订完善提出多条有建设性的意见，在民办图书馆纳入的问题上提出不同观点[77—80]，颇具启发性。对地方性图书馆法规的立法进程、条文解读也具有一定的影响，尤其是《广州市公共图书馆条例》在搁置七年后终于在2015年获得通过，其与其他图书馆地方性法规相较而言的理念和内容创新[81]引发多角度的分析和解读[82]，提出城市图书馆服务体系建设的“广州路径”[83]，对图书馆事业将发挥保障、促进、规范和提升作用[84]。

2.2 “十三五”时期的公共图书馆事业发展展望

2014—2016年是图书馆从“十二五”到“十三五”过渡时期，战略规划意识的增强推动各馆纷纷制定和发布“十三五”规划，规划思想、结构等问题成为讨论的焦点。柯平所领导的课题组在此方面着力甚多，研究非常深入，对图书馆“十三五”战略规划的必要性、制定原则、规划编制、战略管理工具、实践案例、科学性评价[85—89]都有探讨。当然，其他研究者对规划背景[90]、编制维度[91]、规划文本[92]、不同图书馆的规划文本解读[93—96]、规划效用[97]等的研究也很有见地。对于“十三五”时期的图书馆事业发展，李国新提出公共图书馆在此期间应完成的重要任务[98]；刘炜从技术变革的角度指出“下一代图书馆系统”需应对从资源到空间、从业务到服务的各种挑战[99]；王世伟重点探讨了图书馆标准化工作的三个着力点[100]；陈传夫认为图书馆应围绕“全面建成小康社会”目标调整发展方式，提出2016—2020年图书馆事业常态化转型发展理念[101]。

2.3 政府购买公共文化服务背景中的图书馆发展

社会力量参与公共文化服务为公共图书馆事业的发展动力、体制机制、发展观念带来了新思想[102]，被视为文化发展的理性选择[103]，图书馆+、PPP模式、政府购买服务、跨界融合等成为热门关键词。公共图书馆应借此跨界拓展核心业务，同时要厘清专业发展与服务发展的界限，坚持图书馆公共文化服务机构的主体地位，推动跨界融合发展规范化[104, 105]，提高自身竞争力，灵活运用各种PPP模式[106]。目前，社会力量参与公共图书馆服务体系建设在北京西城、深圳福田、江苏江阴等地初见成效[107]，但也存在购买和承接主体不清、图书馆干预过多、忽略公众参与性、服务网点无统一管理制度等问题[108]，需要不断完善。

2.4 公共图书馆法人治理

2013年《中共中央关于全面深化改革若干重大问题的决定》中明确提出图书馆等文化事业单位建立法人治理结构，意味着我国自21世纪初开始的图书馆法人治理实践从试点转向全面推行。在此情况下，图书馆法人治理结构的研究更侧重理论与实践互动，结合试点经验，梳理法人治理的组织架构、运行机制、存在问题与实施难点，提出建立法人治理制度的策略建议成为研究的重要主题。法人治理结构的核心要素，一是决策层建立理事会制度，二是管理层实行行政首长负责制，三是管理和运行实现“章程化”[109]，公共图书馆法人治理改革进程将包含参与型理事会、监督型理事会、决策型理事会和法定型理事会等不同发展阶段[110]。从深圳、上海、温州等地的实践来看，理事会制度已取得了一定成效，但在顶层设计、配套制度建设、与现有管理体制衔接、理事会定位、理事培训、决策的专业化支撑等方面还存在诸多不足[111—113]；从全国情况来看，图书馆法人治理结构的建立及运行也普遍存在着缺乏立法层面的依据、政府与图书馆权责不清、理事会定位与作用存疑等障碍[114]，应重点解决关联制度配套衔接不够、实践基础薄弱的问题[115]。

3 阅读推广研究

3.1 阅读推广的理论研究觉醒

阅读推广的实践发展呼唤理论层面的拓深，范并思鲜明地提出应建立对阅读推广的理论自觉[116]、管理自觉[117]，对阅读推广的定义、目标、理论特征以及它与图书馆服务和核心价值的关系等基础理论问题及发展趋势进行了鞭辟入里的分析[118]，认为阅读推广是一种新型的、介入式的图书馆服务，目标可概括为引导、训练、帮助和服务，面向全体公民，重点是特殊群体[119]；于良芝指出阅读推广的本质是图书馆职业对其用户的阅读行为或潜在用户的非阅读行为进行专业化干预的过程，其试图影响的通常是休闲阅读行为[120]；谢蓉等人则认为专业阅读与休闲阅读的界限很难截然区分，馆藏推介和读者发展是图书馆阅读推广的目标[121]；周佳贵则认为阅读推广目标应定位于激发读者阅读兴趣[122]。存在争鸣的主题还有阅读概念和阅读推广的价值观[123]，阅读概念的界定与辨析成果较多[124—126]，可大致划分为使命说、实践说、休闲说和学科类等类别[127]；阅读自由与教化作用的抉择成为阅读推广价值观的重要议题[128]。

3.2 阅读推广研究分支的热点主题

在阅读推广研究的分支领域里，研究成果异彩纷呈，宫梅玲等在抑郁症阅读疗法书方研究上将理论与实践有机的融合[129]，特点突出；李常庆等对动漫阅读推广服务[130—132]，束漫对阅读障碍症群体[133—135]，肖雪对老年群体[136—138]的阅读行为及其推广的研究都具有一定的体系性。伴随着对全民阅读立法的热烈探讨和各种实践行动，研究者对阅读立法的由来、进展[139]、法规条文[140]、立法得失反思[141]、对阅读推广的影响[142]等均进行探讨。阅读推广成效评估备受关注，夏立新等从组织维、资源维、用户维三个角度构建全民阅读评估标准体系框架，将阅读资源的生产、传递及利用均纳入评估内容[143]，在此基础上，探索制定《武汉市全民阅读综合评价指标体系（试行版）》[144]；姚显霞指出单个阅读推广活动、单位一阶段阅读推广活动和某区域阅读推广活动在评价对象、角度、内容、指标等都有所不同，应有不同的评价体系[145]。阅读社群研究凸显为新的研究开拓点，对读书会的演进、功能、现状[146—148]进行初步分析，提出基于平台建设和数据挖掘两种角度的策略思路[149—151]，但尚未深入，未来还有充分开展的空间。

3.3 阅读推广研究的方法创新

阅读研究中实证色彩愈加浓厚，案例研究法、问卷调查法、深入访谈法均被普遍采用，大样本的问卷调查实施较多，实验法的运用有亮点，宫梅玲以此方法验证面向失恋抑郁大学生群体的阅读疗法书方的有效性[152]，袁曦临等以此方法研究纸质阅读与数字阅读的加工模式差异及对读者认知的不同影响[153, 154]；社会网络分析法运用到对读者互动行为[155]、数字阅读社群推广[156]的研究之中，眼动研究在学前儿童绘本重复阅读[157]、专利阅读行为中的运用[158]，基于大数据对读者阅读行为和服务的分析[159]、阅读数据统计错觉的思考[160]等均具有一定的新意。

4 信息资源建设研究

4.1 数据库商霸权行为与数字资源建设

数据库商持续不断的涨价行为超过图书馆的承受能力，引发图书馆界的强烈反弹，以程焕文的博文《十问数字出版商》为引，以《图书馆论坛》设立“程焕文之问”专题研讨专栏为推动，研究者们对施行多年的大宗交易模式进行反思，展开热烈讨论。研究剖析“程焕文之问”的本质所指[161]，列举数据库商的霸权行为及其影响[162, 163]，从数据商销售策略、版权保护、数据库产品开发成本、新兴市场性质、图书馆电子期刊标的等多角度分析其成因[164]，指出图书馆应采取的应对策略[165]。对数字资源与纸质资源建设关系问题也有更深切的体悟，程焕文警示我们注意数字资源建设中面临的资源垄断、讹诈、壁垒、同质和阅读退化等困境，指出图书馆应特别重视纸本资源建设，强化特色资源访求和建设能力，可谓振聋发聩[166]；而对数据库商的访谈则反映事件另一方的声音[167]，反映出购销双方的博弈与和解之意[168]。

4.2 开放获取

对开放获取的研究热度不减，学术图书、学位论文的开放获取成为新的关注点。开放获取图书存在三种模式，未来发展会更积极，我国应在政策、平台、目录建立、图书发现、开放和整合利用等方面做好前瞻性研究[169, 170]。学位论文的强制性开放获取[171]、整合利用[172]对高校和图书馆而言具有重要意义，应建立相关政策，并应进行相关技术应用[173]或共享平台构建[174]的试验。

在开放获取的深入发展中，政府介入的作用日益凸显[175]，应制定国家层面的受公共资助研究成果的开放存取政策，及强制性的以自存档为主导的开放存取政策，并制定相应的惩罚性措施[176]。对我国中文核心期刊[177]、科研教育机构[178]、图书馆[179]及开放获取知识库[180]的调查都显示出当前还存在较多不足，利用各种OA活动中包含的弱关系可以促进OA资源共享[181]。

5 信息组织研究

5.1 关联数据的应用研究

关联数据为图书馆资源的深化组织和开放利用提供有效途径，图书馆界积极投身其中，提出关联数据的不同应用方式和技术方法。在应用方式上，提出基于关联数据的专家系统库构建[182]、图书馆信息挖掘与揭示[183]、自动问答[184]、文献版本关系发现[185]等思路；在技术方法上，提出对书目数据RDF/XML序列化的方法和操作步骤[186]，探讨和实践关联数据URI设计规范[187]，对关联数据的W3C标准应用方法进行了详细分析[188]，提出一种基于统计学习方法进行关联数据集间实体识别及链接构建的方法[189]。上海图书馆的家谱关联数据服务平台的开发实践，展现了关联数据应用方式与技术方法的结合[190—192]。分类法与书目数据格式在新环境中的转变受到重视，贾君枝对分类法的关联数据实现进行详尽的展示[193]；从MARC到BIBFRAME的书目格式关联数据化发展引发对BIBFRAME的核心类演变[194]、关联数据模型、需求与用例、工具与服务[195]、在中文书目数据中的应用范式[196]、发展未来[197]等方面的探讨。

5.2 本体构建与应用研究

以用户标签为代表的大众分类法（Folksonomy）和以传统叙词表为代表的主题词表都具有自身特点及固有局限，融合互补成为本体构建的新思路[198]，白华指出可在大量标签数据的支持下提取知识框架[199]，采用标签—概念映射和集成技术来予以实现[200]；邱璇等则是通过构建不同的形式背景并叠置运算进行转换，抽取概念模型来构建两者融合的本体[201]；陈丽娜以计算机学科为例，提出并尝试基于《中国图书馆分类法》和“豆瓣读书”标签的混合本体构建方法[202]。此外，徐坤等利用专家调查法构建科学数据本体[203]；司莉针对多语言本体构建提出基于语义编码的多语言本体映射途径[204]。

在本体的应用方面，肖希明等提出基于本体的公共数字文化资源整合中的语义互操作模型[205]；司莉等提出基于多语言领域本体的知识挖掘框架[206]；张洋提出基于资源本体[207]和基于用户信息[208]的馆藏资源语义体系构建理论框架与语义层次结构模型；王颖提出基于本体的国史知识检索平台的构建思路与关键技术实现方案[209]。

6 图书馆服务创新研究

6.1 科研数据管理服务

数据管理在近年来成为图书馆尤其是高校图书馆新的服务选择，被视为图书馆事业新的发展机遇。数据管理需要各利益方在“尽可能地开放，尽责任地封闭”前提下，采取协调一致的行动，图书馆应设立科学数据管理部门、开展相关业务培训、提供相关指导工具、发挥枢纽作用协同利益相关机构共同参与[210]，执行数据获取、数据共享、数据重用政策[211]，制定科学的管理规范，积极整合分布式数据，推出 E-learning 服务[212]。在数据管理服务模式上，研究者提出嵌入学科科研工作流不同阶段[213]、基于数据管理不同工作环节[214]、基于国际权威机构数据治理框架[215]等不同模式，比较分析数据管理测评的三个能力成熟度模型[216]。在数据管理的实践研究中，对国外的实践介绍较多，国内主要有国家图书馆数据管理与分析平台[217]、参与科研数据管理的元数据应用实践[218]。

6.2 数字人文

数字技术与人文学科的融合开启数字人文的研究进程，对数字人文的研究演化路径[219]、国外图书馆实践及启示[220-221]等进行分析，对依托图书馆建设的数字人文实践项目进行研究，在古籍开发与应用的创新[222]、基于关联数据实现的家谱数字人文服务[223]、徽州文书分类整理与研究[224]上有一定进展。对图书馆而言，数字人文是数字图书馆拓展服务边界的有益尝试，提出了面向数字人文的图书馆科研支持服务内容[225]，可在四个方面开展实践：分类汇总整理并展示来自全球的数字人文数据库、工具软件或平台，开展数字人文数据集建设，新增数字人文咨询，成立数字人文相关部门[226]；李建伟构想了科技与艺术体验共融的图书馆新模式[227]；数字人文也给图书馆带来了挑战，文化冲突、数字内容保存与知识产权是面临的主要问题[228]。

参考文献

[1] 肖希明.“国史”与“图书馆史”融合的历史分期——现当代中国图书馆史分期探讨[J]. 中国图书馆学报，2015(3).

[2] 韩永进. 关于中国图书馆史研究的几点思考[J]. 中国图书馆学报，2015(4).

[3] 冯云. 口述历史对图书馆史研究的意义探讨[J]. 图书馆建设，2015(10).

[4] 吴稌年，顾烨青. 1950 年代的中国图书馆事业：国民经济恢复阶段(1949—1952)[J]. 高校图书馆工作，2015(1).

[5] 吴稌年，顾烨青. 1950 年代的中国图书馆事业：整顿巩固、重点发展、提高质量、稳步前进阶段(1953—1956)(一)[J]. 高校图书馆工作，2015(2).

[6] 吴稌年，顾烨青. 1950 年代的中国图书馆事业：整顿巩固、重点发展、提高质量、稳步前进阶段(1953—1956)(二)[J]. 高校图书馆工作，2015(3).

[7] 吴稌年，顾烨青. 1950 年代的中国图书馆事业：跃进再跃进，服务广开展，研究难深入(1957—1959)(一)[J]. 高校图书馆工作，2015(4).

[8] 吴稌年，顾烨青. 1950 年代的中国图书馆事业：跃进再跃进，服务广开展，研究难深入(1957—1959)(二)[J]. 高校图书馆工作，2015(5).

[9] 吴稌年，顾烨青. 1950 年代的中国图书馆事业：跃进再跃进，服务广开展，研究难深入(1957—1959)(三)[J]. 高校图书馆工作，2015(6).

[10] 吴稌年，顾烨青. 新中国图书馆事业：调整、巩固、充实、提高阶段(1960—1966 年 5 月)(一)[J]. 高校图书馆工作，2016(2).

[11] 吴稌年，顾烨青. 新中国图书馆事业：调整、巩固、充实、提高阶段(1960—1966 年 5 月)(二)[J]. 高校图书馆工作，2016(3).

[12] 吴稌年，顾烨青. 1910—1960 年代的图书馆学概论类成果研究[J]. 图书馆，2016(7).

[13] 吴稌年，顾烨青. 新中国图书馆事业：调整、巩固、充

实、提高阶段(1960—1966年5月)(三)[J]. 高校图书馆工作,2016(4).
[14] 吴稌年,顾烨青. 新中国图书馆事业:调整、巩固、充实、提高阶段(1960—1966年5月)(四)[J]. 高校图书馆工作,2016(5).
[15] 吴稌年,顾烨青. 新中国图书馆事业:调整、巩固、充实、提高阶段(1960—1966年5月)(五)[J]. 高校图书馆工作,2016(6).
[16] 周群. 1938—1946年我国图书馆事业发展实证研究——基于《新华日报》"图书馆"刊文分析[J]. 图书馆建设,2015(7).
[17] 谢欢. 存史观变:图书馆史领域的"十七年史"研究[J]. 图书馆建设,2015(3).
[18] 余明霞. 我国"大跃进"时期农村图书馆建设特点解读[J]. 图书馆建设,2015(8).
[19] 龚蛟腾. 改革开放后图书馆事业的复兴与开拓[J]. 图书馆,2015(2).
[20] 龚蛟腾. 改革开放后图书馆事业的复兴与开拓(续)[J]. 图书馆,2015(3).
[21] 谢欢. 中国图书馆学学人研究宏观考察[J]. 中国图书馆学报,2016,42(6).
[22] 赵元斌. 民国图书馆学人综论[J]. 图书馆,2015(11).
[23] 吴稌年,高荣. 沈祖荣对新图书馆运动的启蒙与宣传[J]. 图书馆,2015(4).
[24] 周余姣. 图书馆界的林语堂:吴光清[J]. 图书馆论坛,2016(12).
[25] 顾烨青. 早期留美图书馆学人——徐燮元[J]. 中国图书馆学报,2014(3).
[26] 许欢. 王云五先生图书馆学贡献述评[J]. 图书馆,2015(11).
[27] 王余光,钱昆. 张舜徽先生学术思想对图书馆学的影响[J]. 图书馆论坛,2015(4).
[28] 刘甲库,杨雪晶. 学人钱稻孙的图书馆履痕述略[J]. 大学图书馆学报,2014(4).
[29] 王余光. 试论中国图书馆学史研究中的几个问题[J]. 图书馆论坛,2015(4).
[30] 傅荣贤. 史实描述和价值揭示:中国古代图书馆学思想史研究的两个维度[J]. 图书情报知识,2015(3).
[31] 罗贤春,姚明. 近代文化变迁中的图书馆学思想[J]. 图书情报知识,2015(5).
[32] 张慧丽. 中国图书馆学史研究对象及研究内容探究[J]. 图书馆,2015(11).
[33] 吴建中. 走向第三代图书馆[J]. 图书馆杂志,2016(6).
[34] 吴建中. 从未来看现在——图书馆发展的下一个十年[J]. 图书馆建设,2016(1).
[35] 韩永进. 变革与创新——关于中国图书馆事业未来发展的思考[J]. 图书馆杂志,2016(8).
[36] 刘炜,周德明. 从被颠覆到颠覆者:未来十年图书馆技术应用趋势前瞻[J]. 图书馆杂志,2015(1).
[37] 曲蕴,杨佳,李妍. 图书馆信息技术应用趋势分析[J]. 图书馆杂志,2015(1).
[38] 魏大威,李春明,温泉,等. 万物互联背景下我国公共图书馆新业态发展思考[J]. 中国图书馆学报,2014(6).
[39] 朱强,别立谦,姚晓霞,等. 面向泛在信息社会的国家战略及图书馆对策研究(上)[J]. 大学图书馆学报,2014(6).
[40] 朱强,别立谦,姚晓霞,等. 面向泛在信息社会的国家战略及图书馆对策研究[J]. 大学图书馆学报,2015(1).
[41] 陈超. 图书馆如何迎接大数据时代?[J]. 图书馆杂志,2014(1).
[42] 苏新宁. 大数据时代数字图书馆面临的机遇和挑战[J]. 中国图书馆学报,2015(6).
[43] 顾立平. 数据治理——图书馆事业的发展机遇[J]. 中国图书馆学报,2016(5).
[44] 杨佳,梁永平. 创新型可视化数据服务——上海图书馆的实践[J]. 图书馆杂志,2015(2).
[45] 宋歌笙,刘靓洲. 基于数据仓库的上海图书馆流通分析报告实践[J]. 图书馆杂志,2015(2).
[46] 王建新,丁家友. 情景感知系统在智能图书馆中的应用研究[J]. 图书馆杂志,2015(7).
[47] 康晓丹. 构建第三代图书馆的技术思考——以上海大学图书馆为例[J]. 大学图书馆学报,2014(1).
[48] 王友富. 我国在线开放课程的发展及图书馆与图书馆学人的作为[J]. 大学图书馆学报,2015(6).
[49] 秦鸿. MOOCs的兴起及图书馆的角色[J]. 中国图书馆学报,2014(2).
[50] 傅天珍,郑江平. 高校图书馆应对MOOC挑战的策略探讨[J]. 大学图书馆学报,2014(1).
[51] 龚晓林,张丹. MOOC环境下高校图书馆教参资源建设探讨[J]. 图书情报知识,2015(6).
[52] 陆和建,姜丰伟. 新信息环境下高校信息检索课教学方式的优化策略[J]. 大学图书馆学报,2015(2).
[53] 刘恩涛,李国俊,邱小花,等. MOOCs对高校图书馆的影响研究[J]. 图书馆杂志,2014(2).
[54] 程焕文. 权利的觉醒与庶民的胜利——图书馆权利思潮十年回顾与展望[J]. 图书馆建设,2015(1).
[55] 柯平. 从理性思考到科学证明——图书馆权利研究的回顾与前瞻[J]. 图书馆建设,2015(12).
[56] 魏建琳. 刍议图书馆权利内容研究的困境与出路[J]. 图书馆建设,2015(12).
[57] 蒋永福,盖佳宁. 关于图书馆权利的重新认识[J]. 图书馆建设,2015(12).

[58] 姜浩天.图书馆权利的限度[J].图书馆建设,2015(5).
[59] 魏建琳.历史语境下图书馆权利意涵、实质的再思考[J].图书馆建设,2016(4).
[60] 于厚海.20世纪初我国社会教育背景下图书馆权利思想探源[J].图书馆建设,2015(2).
[61] 夏冬泓.图书馆权利视角下高校图书馆梯度服务探讨[J].图书馆,2016(9).
[62] 张岩.从图书馆权利视野论总分馆建设[J].图书馆建设,2015(12).
[63] 赵冰,杨玉麟.公共图书馆弱势群体图书馆权利保障研究[J].图书馆建设,2015(8).
[64] 付立宏,杨超凡.高校图书馆用户权利性规范比较分析[J].图书馆建设,2016(10).
[65] 李艳丽.我国图书馆地方性法规之读者权利保护研究[J].图书馆建设,2016(9).
[66] 丁鑫.基于公共图书馆法规文献的图书馆权利内容分析[J].图书馆论坛,2015,35(12).
[67] 田金萍.基于海外案例的图书馆互联网权利探析[J].图书馆建设,2016(8).
[68] 刘潇,束漫.危机公关视角下的图书馆权利研究[J].图书馆建设,2015(6).
[69] 冯佳.地方公共文化相关法规与公共图书馆发展[J].中国图书馆学报,2014(6).
[70] 刘小琴.《公共图书馆法》立法进程[J].图书馆建设,2016(1).
[71] 杨玉麟.对《公共图书馆法(征求意见稿)》的认可及其缺憾[J].图书馆论坛,2016(3).
[72] 刘兹恒.《公共图书馆法(征求意见稿)》应增强专业性和严谨性[J].图书馆论坛,2016(3).
[73] 李国新.关于《公共图书馆法(征求意见稿)》修改完善的思考[J].图书馆建设,2016(1).
[74] 王子舟.《公共图书馆法(征求意见稿)》是值得欢迎的一部良法[J].图书馆论坛,2016(3).
[75] 刘澍.公共图书馆与读者法律关系新论——兼论《公共图书馆法(征求意见稿)》的修改[J].图书馆论坛,2016(4).
[76] 刘澍.论公共图书馆法的法律体系——以阶层构造论为视角[J].图书馆论坛,2016(8).
[77] 王子舟.民间图书馆应该纳入《公共图书馆法》的理由[J].国家图书馆学刊,2015(3).
[78] 柯平.应将民办图书馆的公共服务纳入"公共图书馆法"范畴[J].国家图书馆学刊,2015(3).
[79] 翟建雄.关于民办图书馆暂不入法的几点思考[J].国家图书馆学刊,2015(3).
[80] 郭斌.立法——民营图书馆的发展保障[J].国家图书馆学刊,2015(3).
[81] 潘燕桃,张琳.创新的法规内容 先进的立法理念——《广州市公共图书馆条例》与我国其他地方图书馆条例的内容比较[J].图书馆论坛,2015(8).
[82] 李国新.我国地方性公共图书馆立法的新进展[J].图书馆论坛,2015(8).
[83] 刘洪辉.以实现均等化为目标推动城市公共图书馆服务体系建设——有感于《广州市公共图书馆条例》颁布[J].图书馆论坛,2015(8).
[84] 方家忠.保障 促进 规范 提升——论地方立法对广州市公共图书馆事业的作用[J].图书馆论坛,2015(8).
[85] 柯平.从发展规划到战略规划——图书馆"十三五"规划的战略性[J].晋图学刊,2016(1).
[86] 贾东琴,柯平,邹金汇.我国公共图书馆"十三五"规划的战略思考[J].图书馆,2015(10).
[87] 柯平,邹金汇,宫平.战略管理工具在公共图书馆"十三五"规划中的应用[J].图书馆,2015(10).
[88] 李东来,柯平,冯玲,等.我国公共图书馆"十三五"战略规划的实践论析——以东莞图书馆为例[J].图书馆,2015(10).
[89] 柯平.图书馆规划制订的科学性评价[J].国家图书馆学刊,2016(1).
[90] 刘芳.公共图书馆"十三五"发展的战略思考[J].图书与情报,2015(6).
[91] 王世伟.公共图书馆"十三五"规划编制的多维度思考[J].图书馆杂志,2014(8).
[92] 张若冰,李丹,王秀香.我国图书馆中长期战略规划文本研究[J].国家图书馆学刊,2016(1).
[93] 申晓娟.国家图书馆"十三五"发展规划概要[J].数字图书馆论坛,2016(11).
[94] 曲蕴,金晓明,宾锋,等.上海图书馆"十三五"发展战略规划解读[J].图书馆杂志,2016(1).
[95] 陈有志,杨西美.从"十二五"发展到"十三五"规划——以湖南省普通高校图书馆为例[J].图书馆,2016(8).
[96] 魏大威.数字图书馆推广工程"十三五"规划思考[J].图书馆杂志,2015(6).
[97] 方家忠.图书馆发展规划的效用问题[J].国家图书馆学刊,2016(1).
[98] 李国新.公共图书馆事业发展思考[J].国家图书馆学刊,2015(5).
[99] 刘炜.关于"下一代图书馆系统"的思考[J].国家图书馆学刊,2015(5).
[100] 王世伟.图书馆标准化工作的三个着力点[J].国家图书馆学刊,2015(5).
[101] 陈传夫,冯昌扬,陈一.面向全面小康的图书馆常态化转型发展模式探索[J].中国图书馆学报,2016(1).
[102] 吴建中.社会力量办公共文化是大趋势[J].图书馆

论坛,2016(8).
[103] 王子舟.社会力量参与公共文化服务体系建设是文化发展的理性选择[J].图书馆杂志,2015(11).
[104] 霍瑞娟."图书馆+":专业服务跨界融合发展的探索[J].图书馆杂志,2016(8).
[105] 张岩.充当行业砥柱,构建"图书馆+"发展新模式[J].国家图书馆学刊,2015(4).
[106] 王培培,吴瑞丽.PPP模式应用于公共图书馆服务体系建设研究[J].图书情报知识,2016(4).
[107] 张若冰,申晓娟,李丹.社会力量参与公共图书馆服务体系建设现状简析[J].国家图书馆学刊,2015(4).
[108] 杨丰全.PPP模式在公共图书馆中的应用探析[J].图书馆建设,2016(4).
[109] 李国新.公共图书馆法人治理:结构·现状·问题·前瞻[J].图书与情报,2014(2).
[110] 王冬阳.试论公共图书馆法人治理结构建设的几个发展阶段[J].国家图书馆学刊,2014(3).
[111] 肖容梅.深圳图书馆法人治理结构试点探索及思考[J].中国图书馆学报,2014(3).
[112] 叶汝强,马春,胡皓达.上海图书馆理事会运行实践、成效与问题分析[J].图书馆杂志,2016(11).
[113] 崔丽,肖厚忠.公共图书馆法人治理探索——以浦东图书馆为例[J].图书情报工作,2016(12).
[114] 霍瑞娟.公共图书馆法人治理结构现状调研及思考[J].中国图书馆学报,2016(4).
[115] 李国新.公共图书馆法人治理:结构·现状·问题·前瞻[J].图书与情报,2014(2).
[116] 范并思.阅读推广的理论自觉[J].国家图书馆学刊,2014(6).
[117] 范并思,王巧丽.阅读推广的管理自觉[J].图书馆论坛,2015(10).
[118] 范并思.公共图书馆阅读推广的发展趋势[J].图书馆杂志,2015(4).
[119] 范并思.阅读推广与图书馆学:基础理论问题分析[J].中国图书馆学报,2014(5).
[120] 于良芝,于斌斌.图书馆阅读推广——循证图书馆学(EBL)的典型领域[J].国家图书馆学刊,2014(6).
[121] 谢蓉,刘炜,赵珊珊.试论图书馆阅读推广理论的构建[J].中国图书馆学报,2015(5).
[122] 周佳贵.图书馆阅读推广的价值观策略[J].图书馆杂志,2015(4).
[123] 田磊.关于图书馆阅读推广几个问题的思考[J].国家图书馆学刊,2016(2).
[124] 王波.阅读推广、图书馆阅读推广的定义——兼论如何认识和学习图书馆时尚阅读推广案例[J].图书馆论坛,2015(10).
[125] 凌美秀.伽达默尔哲学诠释学视野中的"阅读"[J].图书馆杂志,2014(11).
[126] 肖雪.阅读认知:多学科视野的观照与启迪[J].图书馆,2016(6).
[127] 王丹,范并思.图书馆阅读推广基础理论流派及其分析[J].大学图书馆学报,2016(4).
[128] 周佳贵.图书馆阅读推广的价值观策略[J].图书馆杂志,2015(4).
[129] 宫梅玲,孙燕,徐海军.抑郁症阅读疗法单方体例初探——以《生命的重建》为例[J].大学图书馆学报,2014(2).
[130] 李芙蓉,李常庆.美日公共图书馆动漫阅读推广活动探析[J].中国图书馆学报,2014(6).
[131] 张劼圻,李常庆.体系分类法下漫画分类的相关问题[J].图书馆理论与实践,2015(3).
[132] 王念祖,李常庆.我国台湾地区漫画图书馆空间布局研究——以台北市立图书馆中仑分馆(漫画馆)为例[J].图书馆论坛,2015(5).
[133] 束漫,孙蓓.图书馆"阅读障碍症"群体服务的理论与实践[J].中国图书馆学报,2014(4).
[134] 束漫,宋双秀.公共图书馆"读写困难症"儿童服务的推广问题研究[J].图书馆杂志,2015(10).
[135] 宗何婵瑞,束漫.基于PAPA角度探讨加拿大公共图书馆"读写困难症"群体服务[J].图书馆杂志,2015(10).
[136] 肖雪.国外图书馆协会老年服务指南的质性研究及对我国的启示[J].中国图书馆学报,2014(5).
[137] 肖雪,张伟.我国老年人阅读行为调查[J].国家图书馆学刊,2014(6).
[138] 肖雪.老年人的阅读图景与公共图书馆服务创新[M].北京:国家图书馆出版社,2016.
[139] 肖容梅.我国阅读立法的由来、进展及分析[J].国家图书馆学刊,2016(1).
[140] 韩彬.阅读立法中的公共图书馆阅读推广[J].图书馆论坛,2016(12).
[141] 付伟棠.我国阅读立法的得失与展望——以《深圳特区全民阅读促进条例》的两个文本为例[J].图书馆,2015(6).
[142] 张麒麟.国外阅读立法对阅读推广的影响研究[J].图书情报工作,2015(23).
[143] 夏立新,李成龙,孙晶琼.多维集成视角下全民阅读评估标准体系的构建[J].中国图书馆学报,2015(6).
[144] 夏立新,李成龙,孙晶琼.全民阅读综合评价指标体系构建的探索——以《武汉市全民阅读综合评估指标体系(试行版)》为例[J].图书情报知识,2015(4).
[145] 姚显霞.阅读推广活动评价评述及其总体框架构建

[J]. 大学图书馆学报,2016(2).
[146] 向剑勤. 读书会的演进及其功能探析[J]. 图书情报工作,2016(5).
[147] 向剑勤. 美国公共图书馆读书会工具包服务[J]. 图书馆论坛,2016(6).
[148] 曹桂平. 我国高校图书馆读书会现状与发展对策探讨[J]. 图书情报工作,2015(2).
[149] 王真,李明真. 基于社交网络的高校数字图书馆阅读社区构建研究[J]. 河南图书馆学刊,2016(9).
[150] 文意纯. 微阅读时代"深阅读"推广模型研究[J]. 图书馆理论与实践,2016(7).
[151] 张玖莉,赵静. 数字图书馆阅读社区的 MOOCs 实现[J]. 图书馆,2015(1).
[152] 宫梅玲,于学美,冀宝苹,等. 失恋引发的大学生抑郁障碍阅读疗法书方分析及配伍[J]. 大学图书馆学报,2016(2).
[153] 袁曦临. 网络数字阅读行为对阅读脑的改造及其对认知的影响[J]. 图书馆杂志,2016(4).
[154] 袁曦临,王骏,刘禄. 纸质阅读与数字阅读理解效果实验研究[J]. 中国图书馆学报,2015(5).
[155] 张泸月. 高校移动阅读推广活动中读者互动行为研究——基于社会网络分析视角[J]. 图书情报知识,2016(3).
[156] 吴志强,张嘉宝,杨承铸. 基于用户社会网络的数字信息资源阅读推广服务研究[J]. 信息资源管理学报,2015(4).
[157] 沙振江,化慧,卢章平,等. 学前儿童绘本重复阅读的眼动研究[J]. 图书馆论坛,2016(11).
[158] 王秀红,袁银池,金玉成. 用户专利文献阅读兴趣及其拓扑结构研究[J]. 图书情报工作,2016(19).
[159] 徐强,杨佳. 阅读大数据——图书馆联合体的创新型数据服务探索[J]. 图书馆理论与实践,2015(5).
[160] 刘军华. 国民阅读统计转型及大数据融合的方法逻辑——基于阅读焦虑下数据错觉思考[J]. 图书馆,2016(9).
[161] 李明理."程焕文之问"的数据库垄断观解读[J]. 图书馆论坛,2015(3).
[162] 李慧. 我国英文学术型数据库市场的垄断特征分析[J]. 图书馆论坛,2015(9).
[163] 孙瑞英,徐盛. 对数据商霸权行为的抵制研究——兼作答"程焕文之问"[J]. 图书馆论坛,2015(6).
[164] 王春生."程焕文之问":原因与出路——对外文期刊数据库采购工作的思考[J]. 图书馆论坛,2015(5).
[165] 赵艳枝. 图书馆退出电子期刊大宗交易的风险评估及对策研究[J]. 图书馆理论与实践,2016(3).
[166] 程焕文,黄梦琪. 在"纸张崇拜"与"数字拥戴"之间——高校图书馆信息资源建设的困境与出路[J]. 图书馆论坛,2015(4).
[167] 肖鹏. 重建津梁:数据商眼中的"程焕文之问"[J]. 图书馆论坛,2016(5).
[168] 王丽娜. 外刊数据库垄断趋势下的购销博弈[J]. 图书馆工作与研究,2016(10).
[169] 朱本军,龙世彤,肖珑,等. 图书开放获取模式及整合利用研究[J]. 大学图书馆学报,2015(5).
[170] 魏蕊. 科技类开放获取学术专著元数据元素集的构建[J]. 图书情报工作,2015(2).
[171] 李国俊,邱小花,季淑娟,等. 国外高校硕博士学位论文强制性开放获取研究[J]. 大学图书馆学报,2015(1).
[172] 李秋实,宋仁君,张雅男,等. 国际开放获取学位论文资源的整合利用研究[J]. 大学图书馆学报,2015(5).
[173] 张毅,李欣. 基于 API 技术的学位论文开放获取研究与实践[J]. 情报杂志,2015(4).
[174] 刘丹,李欣,于亚秀,等. 面向社会的学位论文信息开放获取与共享平台建设[J]. 图书馆,2014(1).
[175] 夏蓓丽. 国外开放存取发展中的政府介入行为分析与借鉴[J]. 图书情报知识,2015(5).
[176] 张耀坤,李倩,郑雅青. 基于循证政策方法的我国公共资助研究成果开放存取政策制定[J]. 中国图书馆学报,2014(3).
[177] 刘晓霞,张新鹤. 我国学术期刊参与开放获取的调查研究[J]. 图书情报知识,2015(1).
[178] 张新鹤,徐速. 我国科研教育机构对开放获取的认知与态度[J]. 图书馆论坛,2015(12).
[179] 张新鹤. 我国图书馆参与学术信息资源开放获取的调查研究[J]. 图书与情报,2014(5).
[180] 金永成,李文潇. 近年国内外开放获取期刊发展产生的新问题[J]. 情报杂志,2016(10).
[181] 李静,盛小平,魏春梅. 弱关系视角下开放获取资源共享行为的实证研究[J]. 图书馆论坛,2015(2).
[182] 张永娟,孙晓丽,管兴华,等. 基于关联数据的专家系统库的构建[J]. 图书馆杂志,2015(5).
[183] 刘爱琴,王慧满,尚珊. 基于关联数据的图书馆信息挖掘与揭示[J]. 图书馆,2016(9).
[184] 欧石燕,唐振贵. 面向图书馆关联数据的自动问答技术研究[J]. 中国图书馆学报,2015(6).
[185] 梁美宏,曾建勋. 基于书目关联数据的文献版本关系发现研究[J]. 图书情报工作,2016(9).
[186] 索传军,王新. 书目数据 RDF/XML 序列化方法研究[J]. 国家图书馆学刊,2016(3).
[187] 许磊,夏翠娟,刘炜,等. 关联数据 URI 设计规范探讨[J]. 国家图书馆学刊,2016(5).
[188] 夏翠娟,金家琴. 从关系数据库到关联数据:W3C 标准应用探析[J]. 图书馆杂志,2015(5).

[189] 高劲松,周习曼,梁艳琪.面向关联数据的实体链接发现方法研究[J].中国图书馆学报,2016(6).
[190] 夏翠娟,刘炜,陈涛,等.家谱关联数据服务平台的开发实践[J].中国图书馆学报,2016(3).
[191] 夏翠娟,张磊.关联数据在家谱数字人文服务中的应用[J].图书馆杂志,2016(10).
[192] 夏翠娟,刘炜,张磊,等.基于书目框架(BIBFRAME)的家谱本体设计[J].图书馆论坛,2014(11).
[193] 贾君枝,赵洁.DDC关联数据实现研究[J].中国图书馆学报,2014(4).
[194] 胡小菁.BIBFRAME核心类演变分析[J].中国图书馆学报,2016(3).
[195] 刘炜,夏翠娟.书目数据新格式BIBFRAME及其应用[J].大学图书馆学报,2014(1).
[196] 李勇文.书目框架(BIBFRAME)在中文书目数据中的应用范式探讨[J].图书情报工作,2016(2).
[197] 王景侠.书目格式的关联数据化发展及其启示:从MARC到BIBFRAME[J].图书馆杂志,2016(9).
[198] 张云中,张丛昱.利用《中分表》与大众分类法构建本体:基于融合的视角[J].情报科学,2016(10).
[199] 白华.从用户标注中抽取本体框架与知识组织系统创新研究[J].图书馆建设,2016(1).
[200] 白华.利用标签—概念映射方法构建多元集成知识本体研究[J].图书情报工作,2015(17).
[201] 邱璇,李端明,张智慧.基于FCA和异构资源融合的本体构建研究[J].图书情报工作,2015(2).
[202] 陈丽娜.基于混合本体的文献分类研究——以计算机学科为例[J].图书馆理论与实践,2016(3).
[203] 徐坤,蔚晓慧,毕强.基于数据本体的科学数据语义化组织研究[J].图书情报工作,2015(17).
[204] 司莉,辛娟娟.多语言领域本体构建研究——以珞珈山植物本体为例[J].图书馆论坛,2016(2).
[205] 肖希明,完颜邓邓.基于本体的公共数字文化资源整合语义互操作研究[J].国家图书馆学刊,2015(3).
[206] 司莉,李鑫.基于多语言领域本体的知识挖掘研究[J].图书馆论坛,2016(2).
[207] 张洋,江小敏.基于资源本体的馆藏资源语义体系构建研究[J].图书情报知识,2016(5).
[208] 张洋,张海静.基于用户信息的馆藏资源语义化研究[J].图书情报知识,2015(1).
[209] 王颖,张智雄,孙辉,等.基于本体的国史知识检索平台构建研究[J].图书情报工作,2015(16).
[210] 黄如花,赖彤.利益相关者视角下图书馆参与科学数据管理的分析[J].图书情报工作,2016(3).
[211] 顾立平.数据治理——图书馆事业的发展机遇[J].中国图书馆学报,2016(5).
[212] 孙继周.E-Science环境下高校图书馆开展科学数据管理与共享的路径研究[J].图书馆,2016(5).
[213] 陈秀娟,吴鸣,胡卉.嵌入科研工作流的图书馆数据管理服务——以化学学科为例[J].图书馆论坛,2016(3).
[214] 熊文龙,李瑞婻.基于科学数据管理的图书馆数据服务研究[J].图书情报工作,2014(22).
[215] 包冬梅,范颖捷,李鸣.高校图书馆数据治理及其框架[J].图书情报工作,2015(18).
[216] 叶兰.研究数据管理能力成熟度模型评析[J].图书情报知识,2015(2).
[217] 张宁,李雪.国家图书馆数据管理与分析平台建设[J].国家图书馆学刊,2016(6).
[218] 黄如花,邱春艳.图书馆参与科学数据管理中的元数据应用实践研究[J].图书与情报,2014(5).
[219] 柯平,宫平.数字人文研究演化路径与热点领域分析[J].中国图书馆学报,2016(6).
[220] 张舵,吴跃伟.国外图书馆支持数字人文的实践及启示[J].图书馆杂志,2014(8).
[221] 杨滋荣,熊回香,蒋合领.国外图书馆支持数字人文研究进展[J].图书情报工作,2016(24).
[222] 欧阳剑.面向数字人文研究的大规模古籍文本可视化分析与挖掘[J].中国图书馆学报,2016,42(2).
[223] 夏翠娟,张磊.关联数据在家谱数字人文服务中的应用[J].图书馆杂志,2016(10).
[224] 王蕾.徽州文书、徽学研究与数字人文[J].图书馆论坛,2016(9).
[225] 曾小莹.数字人文背景下的图书馆:作用与服务[J].图书与情报,2014(4).
[226] 朱本军,聂华.跨界与融合:全球视野下的数字人文——首届北京大学“数字人文论坛”会议综述[J].大学图书馆学报,2016(5).
[227] 李建伟.科技与艺术体验共融的未来图书馆新模式[J].大学图书馆学报,2015(2).
[228] 朱娜.数字人文的兴起及图书馆的角色[J].图书馆,2016(12).

2014—2016 年国外图书馆学研究热点综述

樊振佳　李　纯（南开大学商学院信息资源管理系）

图书馆学，在国际学术界对应于 Library and Information Science 学科或学科群。以 *Journal of Documentation*、*Library Quarterly*、*Journal of Librarianship and Information Science*、*Library Trends*、*Journal of Academic Librarianship*、*IFLA Journal* 等为代表的一批国际性知名刊物成为该学科成果的重要载体。本文基于对以上相关学术刊物在 2014—2016 年期间成果的归纳发现，图书馆学研究在国际范围内整体保持平稳发展态势，传统研究方向诸如基础理论、信息行为、信息素养、用户研究与图书馆服务等主题仍然具有很高的关注度。与此同时，部分新的研究领域诸如数据管理/管护、文化遗产、社交媒体应用、信息社会问题等主题以及 IFLA 及其所属机构开展的有关“信息获取包容性”“通用素养”“ICT 公共接入”“文化遗产”等议题的广泛讨论，并对图书馆在其中的关键角色做的系统梳理[1]。上述这些议题在不同程度上引起图书馆学界的高度关注，逐渐成为国外图书馆学研究热点和发展动向。

1　基础理论

基础理论研究是图书馆学领域始终关注的话题。随着图书馆信息职业的发展和所处环境的变迁，对基础理论的更新和探索一直是具有较高关注的热点领域。

1.1　有关信息及相关概念的基础讨论

围绕数据、信息、知识、文献等基本概念及其关系，是图书馆学领域存在争议却又无法回避的基础理论问题。Thellefsen[2] 针对 Belkin 提出的信息概念进行重新审视，指出 Belkin 的信息概念及其传播交流理论存在不足，例如缺乏对社会方面因素的关照，并且无法有效解释信息到知识的转化过程。Tomáš[3] 则从视障用户角度出发，从认识论上探讨信息的概念及其相关问题。Yu[4] 围绕上述概念问题，从方法论角度对以往信息定义开展评述，以“数据”的概念作为逻辑推理的起点，进而推演出信息、知识、作品、文献等其他概念。针对 Data-Information-Knowledge-Wisdom（DIKW）金字塔模型，Bosancic[5] 分析知识获取过程中的信息概念及其作用。上述讨论为图书馆学基础概念框架提供新的理论依据，同时也在图书馆信息职业人才培养及课程设置等方面具有创新性的参考意义。

1.2　对其他学科理论和方法的借鉴

采用其他学科理论或方法审视图书馆学基础理论问题，有助于丰富图书馆学学科视角和理论来源。Gorichanaz 等人[6] 提出“文献现象学”（Document phenomenology）的概念，将其作为整体性分析的框架用于图书馆学研究领域。Trace[7] 采取民族志（Ethnomethodology）研究方法对日常生活中的文献意义进行考察。Widdersheim 和 Koizumi[8] 运用哈贝马斯的“公共领域”理论，对公共图书馆的公共领域做概念化建模研究，从解释现象学视角，采用话语分析途径对图书馆学领域的研究成果进行分析。Drabinski[9] 基于图书馆职业实践对图书馆职业的专业主义开展分析。

1.3　图书馆职业定位及其核心价值

针对图书馆职业问题，结合新的语境做出解读或反思是业界和学界面临的共同需求。Grenersen 等人[10] 考察传统萨米词表与文献和文献学概念的关系问题。Lundh 和 Dolatkhah[11] 将阅读视为对话式的文献工作，并从图书馆学专业视角论述这种命题的可行性。Bawden 和 Robinson[12] 探讨信息与理解增进（Gaining of understanding）的关系。此外，Bawden[13] 对信息的逻辑与组织问题的重新审视针对信息在物理、生物和社会科学领域的不同意义，Gnoli 和 Ridi[14] 从整体性视角考察信息的概念，并尝试构建上述不同领域中信息概念之间的对话。Greenall 和 Sen[15] 根据图书馆部门工作人员的反思性实践调研，借助反思性实践和写作这两个工具分析图书馆工作中的困境，并构建解决对策。Hicks[16] 通过对图书馆员的专业身份和服务的话语分析为图书馆职业的专业地位辩护。

在图书馆核心价值问题方面，Sturges[17]指出追求自由与民主是图书馆界的目标，强调言论自由的重要性，这种自由不能因为其他外界因素影响而给予限制。Knox[18]探讨知识自由与阅读效果的后现代主义视角的关系，社会责任和多样性作为图书馆核心价值重要体现，却在图书馆核心价值教育中日趋边缘化。Roberts 和 Noble[19]通过对图书馆学语境下有关社会责任和多元化的讨论，号召在实际行动中增强这方面的教育。Elmborg[20]明确支持终身学习作为图书馆核心价值的探讨。在大数据和关联数据时代背景下，面对隐私保护的悖论，将隐私保护纳入重新考察图书馆核心价值的讨论也是必要的[21]。

1.4　图书馆组织管理

图书馆作为动态发展的组织机构，其自身的管理问题同样是图书馆学研究热点之一。对于馆员自身的技术接受研究，图书馆对 Web 2.0 工具的使用最需要探讨的就是图书馆员的意识和接受度，有 35 个国家的 101 位图书馆员运用 Web 2.0 进行知识管理参与调研[22]。Mokhtari[23]旨在探讨高校图书馆员组织上的不发声状态和该状态的影响因素，选取伊朗北部的 118 名高校图书馆馆员进行样本分析，研究结果总结了对于图书馆员组织方面沉默状态的积极和消极的影响因素。Matarazzo 和 Pearlstein[24]关于领导力的研究表明，世界经济在各个范围内的波动会对信息职业产生影响，图书馆领导层的人员流动率上升，这要求新领导要有足够的能力来控制信息服务的可持续发展，有抱负的信息行业领导人的存在是至关重要的，且领导者须扮演多重角色来带领组织达到成功。Walker 与 Calvert[25]结合赫兹伯格的动机理论，针对新西兰中学图书馆馆员开展调研，分析中学图书馆员职业选择的影响因素，例如弹性工作时间可以更好地实现工作/家庭平衡和工作自身的自由度与多样性都是吸引人们就业的原因，同时也指出工资待遇和工作环境成为制约新人入职的主要因素。

2　信息社会问题

信息社会是图书馆职业存在和发展的现实环境，诸如信息与知识自由、图书馆与政治、信息贫困等话题是国外图书馆学近些年持续高度关注的热点议题。

2.1　信息公平

针对信息公平问题，Oliphant[26]利用话语分析的思路，对图书馆学中的社会正义话题进行探讨。Mathiesen[27]借用社会公平的概念框架来分析图书馆信息服务中存在的问题。针对信息超载现象，Benselin 和 Ragsdell[28]研究发现几乎各个年龄段的人都会面临信息超载的困扰，但年轻人通常是由于素养导致，而老年人却往往受限于技术因素。该文发现技术采用与年龄的关联，也探讨工作角色、信息超载、技术影响与可获取信息数量的关系问题。信息获取与问题解决的不对等关系，Kumbier 和 Starkey[29]面向残障人士公平与图书馆的关系话题，指出在制度、信仰、实践等方面影响信息获取的因素，并呼吁全社会构建包容的信息环境。

2.2　政治语境下的图书馆

关于图书馆与政治关系，Börjesson[30]探讨和解释与信息政策关联的文献学观点，并据此说明文献观点是如何与信息实践的政治和制度环境进行互动的。关于图书馆在政治生态中的角色，Merklen[31]以法国市郊公共图书馆经常遭遇的政治冲突事件为例，质问图书馆的政治机构属性，并探讨公共图书馆如何在政治空间中寻求生存。基于图书馆核心价值这一议题，Pun[32]系统梳理了从 20 世纪 60 年代至今的中国图书馆界的审查制度，分析知识自由（Intellectual Freedom）这一理念在中国图书馆界的影响。Satgoor[33]对南非图书馆信息服务 20 年的发展做系统梳理，并认为这是民主化的关键时期。Hart 和 Nassimbeni[34]描述南非图书馆转型过程中的政治、进程和承诺，用实例分析“所有人更好的生活”（Better Life for All）这一理念在图书馆领域的实践活动。Campbell[35]采用观察法研究政治动乱中乌克兰图书馆的角色，用一手资料剖析图书馆在具体政治生态中的角色。

2.3　图书馆对弱势群体服务

面向社会弱势群体的信息服务，Vårheim[36]利用挪威北部城市案例分析公共图书馆在难民整合过程中的角色及其机制。Johnson 和 Griffis[37]探讨农村社区利用社会资本对公共图书馆利用的影响。Yu 等学者[38]从个体层面出发，对信息主体的信息贫富状况构建概念化的工具，并据此对其信息贫富状况实施整体性测量。Buchman 和 Tuckerman[39]针对弱势闲散（即不处于上学、工作、培训状态）的青少年群体，借助社会资本等理论，讨论该群体处于信息弱势地位的技术和素养现状，以及相关的结构因素，并据此提出由政府或第三部门负责的补救性素养教育。Rankin[40]以英国公共图书馆面向青少年服务为主题，分析由于对儿童和家庭的政治政策因素的复杂性，而导致的面向图书馆所产生的服务挑战，指出图书馆应主要在提供社会资本、家庭支持和育儿方面扮演关键角色。同样在公共图书馆领域，Prendergast[41]面向儿童图书馆员和残障儿童父母开展调研，分析如何培育和提升儿童素养的策略。

3 信息行为

信息行为研究备受图书馆学及相关学科的关注，例如图书馆学领域重点集中在信息搜寻和用户研究，而通信领域集中于通信者及其通信过程，由此形成的众多理论模型在发生多元解释力的同时，也面临对话和整合的必要。整体而言，针对已有的信息行为理论与模型的修正或应用性研究仍然是该领域成果的主要表现形式。结合特定情境或影响因素，归纳总结不同群体的信息搜寻行为模式或构建新的模型（如 Chowdhury 等人的研究[42]），逐渐成为该领域的热点。

3.1 理论模型构建与修正

信息行为由于其涉及因素复杂性，不同学者基于不同视角提出多元化的经典理论模型。信息行为理论模型的构建与修正方面，Savolainen[43]重点从情感和认知两个方面的因素着手，在理论层面比较 Kuhlthau 和 Nahl 的信息搜寻与利用模型。信息行为综合模型的概念增长[44]、从行动计划和模式视角探索信息搜寻和查询策略[45]以及针对福利工作者的信息实践，尝试对“Information Bricolage”[46]这一术语进行概念化，基于此对信息行为建模。

3.2 信息搜寻行为

关于信息搜寻行为的影响因素，针对数字化移动设备和 APP 构成的信息获取与使用环境，Burford 与 Park[47]探讨移动平板设备对年轻人信息行为的影响，充分考虑设备因素在信息行为过程中扮演的重要角色，对信息行为理论和模型中起到扩展作用。通过文献回顾、德尔菲法和焦点小组研究方法，将时间因素引入信息行为研究设计。此外，有研究通过对现实生活中“慢动作”（Slow Movement）在信息行为理论和实践层面的考察，在传统信息行为研究领域之外实现了有益的探索，对信息管理和信息素养指导都具有指导意义[48]。Kim 等人[49]对使用社交媒体开展信息搜寻过程中的个人差异开展研究。此外，结合网络环境或社交媒体平台开展用户信息行为影响因素的研究也是该主题的热点话题。例如，利用网页日志分析的手段研究威尔士报纸在线用户信息行为[50]、社交媒体的信息偶遇和隐性知识分享行为[51]。

3.3 搜索任务

任务是信息行为研究的关键情境。在学习任务情境下，Heinström 等人[52]考察学习者个性和学习方法对信息搜寻行为的关系问题。任务复杂度和困难度是交互式信息检索实验设计时需要重点关注的两大因素，Wildemuth 等人[53]针对交互式信息检索语境下任务设计的复杂度和困难度做了分析性评述，特别是在如何测试、观察和控制复杂度和困难度方面，作者做了深入梳理。Saastamoinen[54]重点探讨任务类型和复杂度对真实任务情境下的工作任务的影响。

3.4 面向特定领域或群体的信息行为

特定领域的信息需求或信息行为影响因素探索，也是该领域的热点之一。例如探索人文学科领域学者在信息需求方面的角色模型[55]；特别是音乐信息搜索领域，Lavranos 等人[56]将音乐信息搜寻行为与作曲创造力结合起来，系统地进行概念分析和文献综述。Rousi 等人[57]以 Tarasti 的音乐符号学理论（Theory of Musical Semiotics）为基础，通过音乐信息来源和抽象程度对音乐信息进行分类，为不同类型音乐信息搜寻行为的解释提供理论参考。

特定群体的信息行为同样是该领域的热点话题。例如，Lloyd 等人[58]利用健康素养框架理解慢性病患者的健康信息行为；Dulayami 和 Robinson[59]针对沙特阿拉伯公司内部的知识分享行为，分别从个体和集体层面考察影响因素；Wu 和 Cai 研究中国青少年网络信息查询行为[60]，Sabbar 和 Xie 针对美国学者使用非英语材料过程中的信息行为，探索语言在信息搜寻语境下的角色[61]；Dankasa[62]研究天主教神职人员日常生活信息需求等。

总体来看，信息检索的研究正逐渐向非传统领域拓展。例如，采用后评价方式针对交互信息检索中模拟工作任务情境的利用情况开展研究[63]；采用实证研究对交互信息检索评价的次序效应进行研究[64]；感知的自我效能与交互视频检索[65]等。

4 信息素养

信息素养，是图书馆学长期关注并持续保持高热度的领域之一。作为社会信息传递的重要存在形式，图书馆具有责无旁贷的信息素养培育和提升职能，图书馆职业和图书馆员对用户信息素养的提升起着关键作用。

4.1 信息素养理论

在信息素养理论层面，Stordy[66]针对素养的不同种类开展逻辑分析，将元素养、信息素养、数据素养等相关概念纳入统一讨论框架，并归纳不同素养概念之间的区别和关联关系，对于厘清信息素养及相关概念基本脉络具有理论价值。Pilerot[67]将信息素养领域的部分文献和命题展示出来，实现信息素养研究与实践有机结合。Forster[68]采用现象图式学的视角对信息素养研究的方法论做了系统梳理。Pinto和Sales[69]采取实证途径，通过学生的态度数据来分析信息素养在不同学科学生之间的差异，从学科差异入手揭示信息素养差别的内在机理。McNicol[70]针对课堂信息素养教育现实问题，构建未来课堂信息素养教育的理论框架，具有很强的理论参考价值。Spiranec等人[71]用批判性视角考察参与性环境（Participatory Environments）下的信息素养问题。Gullbekk[72]采用案例研究方法反思学术交流过程中的信息素养问题。

信息素养研究通常与图书馆用户的信息行为密切相关。以“图书馆焦虑”（Library Anxiety）为例，McPherson[73]在西印度大学莫纳分校选取150名大学生作为考察样本，经过研究发现，图书馆焦虑与信息素养技能缺乏、图书馆经验不足、图书馆空间及馆藏布局等因素相关。关于信息素养的伦理问题，Yu等人[74]通过信息素养案例研究，提出克服质性数据采集过程中存在的时间和伦理限制的策略。

4.2 信息素养教育

信息素养教育方面，相关课程开发始终是图书馆业务和学界关注的热点。例如，Moselen和Wang[75]以奥克兰大学的图书馆员职业发展项目为例，探讨将信息素养教育整合到学术课程的作法，对于高校图书馆员职业素养提升具有很强的参考价值。同样是针对相关课程开发问题，McKinney[76]以一项5年课程项目评价为例，集中探讨信息素养与基于质询的学习（Inquiry-based Learning）的关系，从学习方式创新的角度拓展信息素养教育的视野。Togia等人[77]以希腊教育体系的量化研究为手段，从教师的视角研究信息素养在中等教育（Second Education）中的角色和问题，改变传统研究中以教育对象为主要视角的研究途径，相关结论有助于更加全面理解信息素养实践并制定相应的教育方案。Forster[78]提出一个经验框架，以期为基于证据的信息素养教育干预提供理论参考。Pilerot[79]面向跨学科研究领域的博士生群体，基于他们的实践活动来探讨信息素养基本框架，并据此提出信息素养的完善对策。Macy和Coates[80]采取比较研究途径，针对印第安纳大学和普渡大学的商业和公共卫生领域本科及研究生数据素养教育存在的现实问题，提出跨学科的信息素养课程设置建议。

通过实际案例分析信息素养提升策略，Barratt-Pugh和Rohl[81]以西澳洲的一个家庭信息素养项目为例，该项目旨在通过图书馆赠书活动驱动家庭的信息素养整体提升，具有良好的实践意义。面对儿童美术教育中的视觉素养问题，Lopatovska[82]指出该素养并不仅仅旨在呈现漂亮的图景，而是综合信息素养的整体培养。Raish和Rimland[83]从雇主认知视角出发，考察图书馆员应具有的关键信息素养技能和数字能力。

4.3 数据素养等新素养形态

数据素养，在大数据时代成为科研工作者和图书馆员等不同社会主体的关键素养。与信息素养有密切关联同时又具有自身独特的素养结构要求，Koltay[84]专题撰文为数据素养寻求“名分”。此外，Koltay还与其他学者[85]合作撰文探讨在科研2.0环境下信息素养的转型问题，数据意识、数据技能、数据伦理等科研数据管理方面的素养要求得以重点突出。

5 数据管理与服务

作为图书馆支持学术研究的新趋势，研究数据服务（Research Data Services）在图书馆具体业务中扮演着日益重要的关键角色。

5.1 数据管理基础理论

Poole[86]细致梳理数字管护的概念体系，将数据、研究机构、数字管护职业、数据生命周期、元数据、数据共享与复用、学术交流、基础设施及相关标准等概念整合在同一个概念体系中，全景展现该领域的概念及其关联关系。针对直播电子音乐的传送，Boutard[87]尝试对其意义重现、创意过程和数字管护过程进行分析。Sturges[88]对期刊数据共享政策以及利益相关者对数据共享的观点和实践做了调查，发现大部分期刊缺乏数据共享政策或不一致问题，并据此构建了共享政策模型框架。

数据组织一般包括文件命名与重命名、格式、管理、版本控制与数据文档（元数据标准）等内容，其中元数据是研究重点。例如 Chao[89]提出了数据实践和管理词汇表（Data Practices and Curation Vocabulary，DPCVocab），包括科研数据实践、数据和管理这三种类型。该词汇表适用于科研数据实践、数据类型、管理活动与角色的功能性，支持数据管理人员、数据生产者、系统开发商以及与数据基础设施和服务相关的其他利益相关者之间的交互与合作。

5.2 图书馆数据管理职能

从图书馆职业与图书馆员的角度出发，探索科研数据管理在图书馆的定位、图书馆员对科研数据管理服务的认知、图书馆和信息专业人员在服务中发挥的作用等。如 Cox 等人[90]在 2014 年的调查表明，图书馆提供有限的数据管理服务，包括开放获取及政策、版权、数据引用、资源再利用的意识、外部数据源等。图书馆目前正在参与数据管理政策制定和服务设计，并作为将来优先开展的重要组成部分，数据管理咨询和培训正在兴起。2016 年，Cox 等人[91]指出科研数据管理从不同利益相关者视角出发会得出见仁见智的观点，由此折射出这一领域的复杂性，因此为拟从事科研数据管理的新人提出课程培训等方面的建议。Tenopir[92]调查显示，部分图书馆提供的数据管理服务仍处在规划阶段。这些服务是原有的传统信息咨询服务的拓展和升华，只有少数图书馆参与数据管理计划、科研数据存储等数据管理活动当中，图书馆员可以通过校内外的学术研讨会或专业会议等计划来提升自己的服务能力。高校图书馆在数字数据创造、数据收集和数据管理过程中发挥重要作用[93]，信息专业人员将会参与到科研过程中，不仅仅是作为图书馆员的身份，而是作为科学文献、数据、信息、知识专家，帮助科研人员构建基础设施和满足数据管理需求。此外，从教师与科研人员的角度出发，了解科研人员对数据管理活动的认知与担忧、使用行为、实践现状、服务需求等。Kiel[94]采取案例研究方法对维多利亚大学图书馆的数字管护、数字素养和图书馆角色进行分析，总结该图书馆的业务焦点、面临挑战和成功经验，对其他高校图书馆相关项目规划与实施具有启示意义。调查[95]表明，教师还没有形成数据管理的最佳实践，他们并没有把图书馆作为数据管理的专业机构，或者将其作为存储科研数据的最佳场所；图书馆员和科研人员共同合作使图书馆在科学创造和科学共享工作流程、学术交流模式以及基础设施建设方面发挥重要作用。综上可知，科研数据管理服务在图书馆刚刚起步，无论是图书馆员还是科研人员还存在认知的问题，尚未形成有效的服务模式和最佳实践，图书馆员需要通过多种途径了解科研人员的需求，潜入科研一线过程开展针对性的服务。

5.3 数据管理与服务案例分析

针对不同领域的数据管理实践案例分析也是热点之一。Douglass[96]采用网络调查法对在政府机构工作的科学家目前的数据管理实践、管理数据的工具和政策通过 DataONE 平台进行在线调查，政府机构主要是在自己的网站而不是在可以促进共享的数据门户网站上发布数据。Si[97]调查发现 50 所高校开展科研数据服务，包括科研数据介绍、数据管理指南、数据存储、数据管理培训、数据管理参考和资源推荐等方面。Hickson 等人[98]为探索研究者最新的数据管理活动，以在格里菲斯大学运行的一个项目为例开展研究，该项目运用（A-COM-B）概念框架去理解研究者的行为，结果表明态度是决定干预策略修改行为的关键因素。Sesartic 和 Töwe[99]总结了数据服务和对数据管理的整体方法，并以瑞士的一所大学图书馆为例开展研究，该图书馆为概念性问题提供支持，提供有关数据发布和长期保存的培训与服务，并与研究人员建立合作关系，以推动相互学习的进程，应对新的挑战。Karcher 等人[100]主要聚焦于 QDR 如何处理定性数据共享的两个关键挑战，一是数据共享方面的约束，以保证参与者能够遵守版权法；二是处理这些数据的特性以及它们与出版物之间的关系。最后，得出有关未来定性数据的存储、共享和再利用的发展方向的结论。

6 用户研究与图书馆服务

图书馆服务是图书馆学和图书馆职业长期关注的核心话题。其中，以用户为中心的服务又是该领域普遍关注的核心话题，面向服务的用户研究和基于用户研究的图书馆服务相辅相成。

6.1 面向服务的用户研究

用户认知与态度是用户研究最常关注的领域。例如，基于英国青少年用户的认知状态，Shenton 等人[101]探究其对网络信息评估的可能倾向，通过对 82 位 16—18 岁用户在线问卷调查，分析出年轻人评估信息的可能倾向于不假思索地接受他们所看到的大部分东西。在阅读动机[102]研究中，国际学生评估项目（PISA）评估全球 70 多个国家 15 岁人群的阅读素养，发展中国家阅读评估得分低于发达国家，发展中国家的学生比发达国家的学生阅读动机更强，青少年有阅读动机时阅读效果更好且阅读时间更长，建议图书馆通过提供各式各样的材料、良好的读写和阅读对话环境，鼓励学生自主选择阅读材料，以增强学生的阅读动机。

面向农村或特定区域的图书馆服务，Uzuegbu[103]的研究重申了精准信息服务投送到农村社区的重要性，该研究在非洲的撒哈拉沙漠以南地区进行广泛的审查和描述性分析，探索多种信息传送渠道对当地村民的作用，并总结了 6 大传播渠道，如主流媒体、教育等，而公共图书馆则有望成为农村地区信息服务的中心。公共图书馆在促进家庭阅读中的角色，有研究[104]展示公共图书馆开展的一些优秀实践案例，及其在促进家庭阅读特别是父母和孩子阅读中所发挥的作用。在乡村地区，乡村图书馆在乌干达中学生阅读习惯培养中起到作用[105]。乌干达农村社区图书馆[106]推广阅读文化，与社会有机结合，强调用批判的眼光看待社区图书馆角色和功能，并提出了参考性的实施框架。与之相类似的是，以肯尼亚乡村小学生为例，关于阅读习惯、阅读资源与学业成就的关系也得到进一步讨论[107]。

6.2 开放获取服务

保证开放获取是图书馆信息职业的追求目标之一。开放式获取是保障每位社会成员对知识享有平等的权利，旨在减少知识鸿沟。德国国家科技图书馆[108]采用新的标引与检索方式开发视听媒介的网络平台，优化对科学视频的检索，将实现通过情景、声音、文本和图像识别，针对计算机动画、讲座和会议录像的自动视频分析。通过线上调查，Shuva 和 Taisir[109]对孟加拉学院读者的信息意识和对开放式期刊的使用进行调查，并基于开放获取运动背景，探讨了掠夺式开放获取期刊的问题，并提出图书馆应成为开放获取的中心。Singh[110]研究了开放式获取数据库在印度的发展，研究表明，印度的数据库也在 Web 数据库排序中得到了体现，在高等教育和研究机构中，开放获取知识库的发展呈上升趋势。作为共享科学的代表，知识库是图书馆对科学研究的重要贡献。Mamtora[111]通过重点关注查尔斯达尔文大学（澳大利亚）、香港大学和马来亚大学 3 个个体机构，为亚洲—大洋洲地区的开放获取知识库提供经验和指导方针。加纳[112]为研究机构知识库现存主要问题而做的准备，却因信息通信技术的昂贵和不可预知性受到阻碍。诈骗和欺诈的猖獗也让非洲许多科学家对互联网产生了警惕。

6.3 新语境下的图书馆服务创新

利用社交媒体开展图书馆服务是新媒体时代图书馆的重要手段。例如，Kim 和 Sin[113]针对图书馆员和学生读者之间在图书馆社交媒体使用方面的差距展开分析，为图书馆利用社交媒体更好地发挥服务效用提供评价参考。澳大利亚大学图书馆[114]采用社交媒体的案例研究，以 Twitter 和 Facebook 为例，梳理社交媒体采纳的影响因素。加拿大公共图书馆采用微博提供服务的调查[115]、针对高校图书馆推特内容文本分析[116]等也都是该方向研究的典型代表。

此外，为了应对高等教育不断变化的教学理论和实践，图书馆设计者应创新设计图书馆学习空间支持课堂之外的学习，支持交互式的、安静的独立学习空间[117—118]与创客空间[119]。

7 文化遗产保存与数字人文

文化遗产、历史文献的保存并通过数字化手段保存和提供利用是图书馆的重要工作。通过数字化手段可以突破传统图书馆侧重于印刷物或者出版作品收藏的局限性，使得印刷形态之外的文化遗产可以进入图书馆管护范围之内，更好地服务于知识传承和交流。

7.1 文化遗产保存

数字资源的长期保存问题是文化遗产保存的首要问题。牙买加的特色馆藏与原生数字遗产案例[120]表明，构建文化遗产内容管理的可行机制是必需的。Solodovnik 和 Budroni[121]指出明确定义政策和数据管理计划是数字对象管理的需要。Sheffield[122]实现对保存概念的拓展，将传统意义的保存延伸至对未开发历史的管理范畴。

图书馆领域文化遗产保存实践探索方面，Roy[123]采用综述方式展示了图书馆在原住民文化遗产保护方面所做的探索及其取得的成就。Marty[124]从图书馆、档案馆和博物馆这三类涉及文化遗产的组织入手，分析其各自的内外部需求，构建解决文化遗产组织中的数字融合和信息职业问题的对策。

针对图书馆特色馆藏情况评估问题，弗兰德斯遗产图书馆基金会开发了图书馆评估通用程序（UPLA）模型[125]，用于评估损伤的程度和图书馆资料的可访问性。Mindel[126]重点论述数字化馆藏服务的图像处理过程中采用的方法和注意事项。

7.2 数字人文

数字人文和图书馆学都关注记录信息的研究与实践，这使得二者拥有共同的研究旨趣并存在共同的认识论基础[127]。图书馆职业和图书馆员由于长期关注信息的获取和保存并拥有显著优势，因而在数字人文领域扮演重要角色。基于图书馆实践，探索图书馆在数字人文研究的角色，例如资源与服务、交流空间、虚拟网络平台提供者等。此外，信息组织与检索作为图书馆学领域的重要内容，可以为数字人文结构化知识库构建提供坚实的支持。

此外，印度手稿遗产数字化的国家使命项目（NMM）[128]、印度公共图书馆的孟加拉文艺复兴遗产[129]、非洲文化遗产[130]、阿尔及利亚国家图书馆[131]等项目均已超出原有的数字资源保存范畴，如何对用户需求做出迅速反应，并选取更加有效的数字化手段满足用户需求成为新的挑战，故而关注焦点也集中在用数字人文等学术手段使技术创新和文化遗产保护与传承有机结合。

参考文献

[1] Bradley F. "A world with universal literacy": The role of libraries and access to information in the UN 2030 Agenda[J]. IFLA Journal, 2016, 42(2).

[2] Thellefsen T, Sørensen B, Thellefsen M. The information concept of Nicholas Belkin revisited-some semeiotic comments[J]. Journal of Documentation, 2014, 70(1).

[3] Tomáš Stodola J. The concept of information and questions of users with visual disabilities: An epistemological approach[J]. Journal of Documentation, 2014, 70(5).

[4] Yu L. Back to the fundamentals again: A redefinition of information and associated LIS concepts following a deductive approach[J]. Journal of Documentation, 2015, 71(4).

[5] Bosancic B. Information in the knowledge acquisition process[J]. Journal of documentation, 2016, 72(5).

[6] Gorichanaz T, Latham K F, et al. Document phenomenology: A framework for holistic analysis[J]. Journal of Documentation, 2016, 72(6).

[7] Trace C B. Ethnomethodology: Foundational insights on the nature and meaning of documents in everyday life[J]. Journal of Documentation, 2016, 72(1).

[8] Widdersheim M M, Koizumi M. Conceptual modelling of the public sphere in public libraries[J]. Journal of Documentation, 2016, 72(3).

[9] Drabinski E. Valuing professionalism: Discourse as professional practice[J]. Library Trends, 2016, 64(3).

[10] Grenersen G, Kemi K, et al. Landscapes as documents: The relationship between traditional Sámi terminology and the concepts of document and documentation[J]. Journal of Documentation, 2016, 72(6).

[11] Lundh A H, Dolatkhah M. Reading as dialogical document work: Possibilities for library and information science[J]. Journal of Documentation, 2016, 72(1).

[12] Bawden D, Robinson L. Information and the gaining of understanding[J]. Journal of Information Science, 2016, 42(3).

[13] Bawden D. Logic and the organization of information[J]. Journal of Documentation, 2014, 70(4).

[14] Gnoli C, Ridi R. Unified theory of information, hypertextuality and levels of reality[J]. Journal of documentation, 2014, 70(3).

[15] Greenall J, Sen B A. Reflective practice in the library and information sector[J]. Journal of Librarianship and Information Science, 2016, 48(2).

[16] Hicks D. Advocating for librarianship: The discourses of advocacy and service in the professional identities of librarians[J]. Library Trends, 2016, 64(3).

[17] Sturges P. Limits to freedom of expression? The problem of blasphemy[J]. IFLA Journal, 2015, 41(2).

[18] Knox E. Intellectual freedom and the agnostic-Postmodernist view of reading effects [J]. Library Trends, 2014, 63(1).

[19] Roberts S T, Noble S U. Empowered to Name, Inspired to Act: Social Responsibility and Diversity as Calls to Action in the LIS Context [J]. Library Trends, 2016, 64(3).

[20] Elmborg J. Tending the garden of learning: Lifelong learning as core library value[J]. Library Trends, 2016, 64(3).

[21] Campbell D G, Cowan S R. The paradox of privacy: Revisiting a core library value in an age of big data and linked data[J]. Library Trends, 2016, 64(3).

[22] Islam M A, et al. Library adoption of knowledge management using Web 2.0: A new paradigm for libraries [J]. IFLA Journal, 2014, 40(4).

[23] Mokhtari H. What makes academic librarians organizationally silent?[J]. IFLA Journal, 2016, 42(3).

[24] Matarazzo J M, Pearlstein T. Leadership in disruptive times[J]. IFLA Journal, 2016, 42(3).

[25] Walker L, Calvert P. "So what made you decide to become a school librarian?" Reasons people currently working in New Zealand school libraries give for their choice of employment[J]. Journal of Librarianship and Information Science, 2016, 48(2).

[26] Oliphant T. Social justice research in library and information sciences: A case for discourse analysis [J]. Library Trends, 2015, 64(2).

[27] Mathiesen K. Informational justice: A conceptual framework for social justice in library and information services[J]. Library Trends, 2015, 64(2).

[28] Benselin J C, Ragsdell G. Information overload: The differences that age makes[J]. Journal of Librarianship and Information Science, 2016, 48(3).

[29] Kumbier A, Starkey J. Access is not problem solving: Disability justice and libraries [J]. Library Trends, 2016, 64(3).

[30] Börjesson L. Beyond information policy: Conflicting documentation ideals in extra-academic knowledge making practices [J]. Journal of Documentation, 2016, 72(4).

[31] Merklen D. Is the library a political institution?: French libraries today and the social conflict between Démocratie and République [J]. Library Trends, 2016, 65(2).

[32] Pun R. The value of intellectual freedom in twenty-first-century China: changes, challenges, and progress[J]. Library Trends, 2016, 64(3).

[33] Satgoor U. Celebrating libraries in 20 years of democracy: An overview of library and information services in South Africa[J]. IFLA Journal, 2015, 41(2).

[34] Hart G, Nassimbeni M. Libraries and a "Better Life for All": the politics, processes, and promises of the South African LIS transformation charter[J]. Library Trends, 2016, 65(2).

[35] Campbell A. Ukrainian libraries at a time of political unrest: Observations from a Ten-Day journey[J]. Library Trends, 2015, 63(4).

[36] Vårheim A. Trust and the role of the public library in the integration of refugees: The case of a Northern Norwegian city[J]. Journal of Librarianship and Information Science, 2014, 46(1).

[37] Johnson C A, Griffis M R. The effect of public library use on the social capital of rural communities [J]. Journal of Librarianship and Information Science, 2014, 46(3).

[38] Yu L, Zhou W, Yu B, et al. Towards a comprehensive measurement of the information rich and poor: Based on the conceptualization of individuals as information agents [J]. Journal of Documentation, 2016, 72(4).

[39] Buchanan S, Tuckerman L. The information behaviours of disadvantaged and disengaged adolescents [J]. Journal of documentation, 2016, 72(3).

[40] Rankin C. Library Services for the Early Years: Policy, Practice, and the Politics of the Age[J]. Library Trends, 2016, 65(1).

[41] Prendergast T. Seeking Early Literacy for All: An Investigation of Children's Librarians and Parents of Young Children with Disabilities' Experiences at the Public Library[J]. Library Trends, 2016, 65(1).

[42] Chowdhury S, Gibb F, Landoni M. A model of uncertainty and its relation to information seeking and retrieval (IS&R)[J]. Journal of Documentation, 2014, 70(4).

[43] Savolainen R. The interplay of affective and cognitive

factors in information seeking and use: Comparing Kuhlthau's and Nahl'smodels[J]. Journal of Documentation, 2015, 71(1).

[44] Savolainen R. Conceptual growth in integrated models for information behaviour[J]. Journal of Documentation, 2016, 72(4).

[45] Savolainen R. Information seeking and searching strategies as plans and patterns of action: A conceptual analysis[J]. Journal of Documentation, 2016, 72(6).

[46] Lea French R, Williamson K. The information practices of welfare workers: Conceptualising and modelling information bricolage[J]. Journal of Documentation, 2016, 72(4).

[47] Burford S, Park S. The impact of mobile tablet devices on human information behaviour[J]. Journal of Documentation, 2014, 70(4).

[48] Poirier L, Robinson L. Informational balance: slow principles in the theory and practice of information behaviour[J]. Journal of Documentation, 2014, 70(4).

[49] Kim K S, Sin S C J, Tsai T I. Individual differences in social media use for information seeking[J]. The Journal of Academic Librarianship, 2014, 40(2).

[50] Gooding P. Exploring the information behaviour of users of Welsh Newspapers Online through web log analysis[J]. Journal of Documentation, 2016, 72(2).

[51] Panahi S, Watson J, Partridge H. Information encountering on social media and tacit knowledge sharing[J]. Journal of Information Science, 2016, 42(4).

[52] Heinström J, Sormunen E, Kaunisto-Laine S. Spanning information behaviour across the stages of a learning task: Where do personality and approach to studying matter? [J]. Journal of Documentation, 2014, 70(6).

[53] Wildemuth B, Freund L, G. Toms E. Untangling search task complexity and difficulty in the context of interactive information retrieval studies[J]. Journal of Documentation, 2014, 70(6).

[54] Saastamoinen M, Järvelin K, et al. Queries in authentic work tasks: the effects of task type and complexity[J]. Journal of Documentation, 2016, 72(6).

[55] Al-Shboul M K, Abrizah A. Information needs: Developing personas of humanities scholars[J]. The Journal of Academic Librarianship, 2014, 40(5).

[56] Lavranos C, Kostagiolas P A, Martzoukou K, et al. Music information seeking behaviour as motivator for musical creativity: Conceptual analysis and literature review[J]. Journal of Documentation, 2015, 71(5).

[57] Rousi A M, Savolainen R, Vakkari P. A typology of music information for studies on information seeking[J]. Journal of Documentation, 2016, 72(2).

[58] Lloyd A, Bonner A, Dawson-Rose C. The health information practices of people living with chronic health conditions: Implications for health literacy[J]. Journal of Librarianship and Information Science, 2014, 46(3).

[59] Dulayami S T H, Robinson L. The individual and the collective: Factors affecting knowledge sharing in Saudi Arabian companies[J]. Journal of Documentation, 2015, 71(1).

[60] Wu D, Cai W. An empirical study on Chinese adolescents' web search behavior[J]. Journal of Documentation, 2016, 72(3).

[61] Sabbar C, Xie I. Language in the information-seeking context: A study of US scholars using non-English sources[J]. Journal of Documentation, 2016, 72(1).

[62] Dankasa J. Mapping the everyday life information needs of Catholic clergy: Savolainen's ELIS model revisited[J]. Journal of Documentation, 2016, 72(3).

[63] Borlund P. A study of the use of simulated work task situations in interactive information retrieval evaluations: A meta-evaluation[J]. Journal of Documentation, 2016, 72(3).

[64] Clemmensen M L, Borlund P. Order effect in interactive information retrieval evaluation: An empirical study[J]. Journal of Documentation, 2016, 72(2).

[65] Albertson D, Ju B, et al. Perceived self-efficacy and interactive video retrieval[J]. Journal of Documentation, 2016, 72(5).

[66] Stordy P. Taxonomy of literacies[J]. Journal of Documentation, 2015, 71(3).

[67] Pilerot O. Connections between research and practice in the information literacy narrative: A mapping of the literature and some propositions[J]. Journal of Librarianship and Information Science, 2016, 48(4).

[68] Forster M. Phenomenography: A methodology for information literacy research[J]. Journal of Librarianship and Information Science, 2016, 48(4).

[69] Pinto M, Sales D. Uncovering information literacy's disciplinary differences through students' attitudes: An empirical study[J]. Journal of Librarianship and Information Science, 2015, 47(3).

[70] McNicol S. Modelling information literacy for classrooms of the future[J]. Journal of librarianship and information science, 2015, 47(4).

[71] Spiranec S, BanekZorica M, Kos D. Information Literacy in participatory environments: the turn towards a critical literacy perspective[J]. Journal of Documentation, 2016, 72(2).

[72] Gullbekk E. Apt information literacy? A case of interdisciplinary scholarly communication[J]. Journal of Documentation, 2016, 72(4).

[73] McPherson M A. Library anxiety among university students: A survey[J]. IFLA Journal, 2015, 41(4).

[74] Yu H, Abdullah A, Saat R M. Overcoming time and ethical constraints in the qualitative data collection process: A case of information literacy research[J]. Journal of Librarianship and Information Science, 2014, 46(3).

[75] Moselen C, Wang L. Integrating information literacy into academic curricula: A professional development programme for librarians at the University of Auckland[J]. The Journal of Academic Librarianship, 2014, 46(2).

[76] McKinney P. Information literacy and inquiry-based learning: Evaluation of a five-year programme of curriculum development[J]. Journal of Librarianship and Information Science, 2014, 46(2).

[77] Togia A, Korobili S, Malliari A, et al. Teachers' views of information literacy practices in secondary education: A qualitative study in the Greek educational setting[J]. Journal of Librarianship and Information Science, 2015, 47(3).

[78] Forster M. Developing an "experience framework" for an evidence-based information literacy educational intervention[J]. Journal of Documentation, 2016, 72(2).

[79] Pilerot O. A practice-based exploration of the enactment of information literacy among PhD students in an interdisciplinary research field[J]. Journal of Documentation, 2016, 72(3).

[80] Macy K V, Coates H L. Data information literacy instruction in Business and Public Health: Comparative case studies[J]. IFLA Journal, 2016, 42(4).

[81] Barratt-Pugh C, Rohl M. Evaluation of family literacy programs: A case study of Better Beginnings, a library-initiated family literacy bookgifting program in Western Australia[J]. Library Trends, 2016, 65(1).

[82] Lopatovska I, Hatoum S, et al. Not just a pretty picture: Visual literacy education through art for young children[J]. Journal of Documentation, 2016, 72(6).

[83] Raish V, Rimland E. Employer perceptions of critical information literacy skills and digital badges[J]. College & Research Libraries, 2016, 77(1).

[84] Koltay T. Data literacy: in search of a name and identity[J]. Journal of Documentation, 2015, 71(2).

[85] Koltay T, Špiranec S, Karvalics L Z. The shift of information literacy towards research 2.0[J]. The journal of academic librarianship, 2015, 41(1).

[86] Poole A H. The conceptual landscape of digital curation[J]. Journal of Documentation, 2016, 72(5).

[87] Boutard G. Co-construction of meaning, creative processes and digital curation: the transmission of music with live electronics[J]. Journal of Documentation, 2016, 72(4).

[88] Sturges P, Bamkin M, Anders J H S, et al. Research data sharing: Developing a stakeholder-driven model for journal policies[J]. Journal of the Association for Information Science and Technology, 2015, 66(12).

[89] Chao T C, Cragin M H, Palmer C L. Data Practices and Curation Vocabulary (DPCVocab): An empirically derived framework of scientific data practices and curatorial pro-cesses[J]. Journal of the Association for Information Science and Technology, 2015, 66(3).

[90] Cox A M, Pinfield S. Research data management and libraries: Current activities and future priorities[J]. Journal of Librarianship and Information Science, 2014, 46(4).

[91] Cox A M, Pinfield S, Smith J. Moving a brick building: UK libraries coping with research data management as a 'wicked' problem[J]. Journal of Librarianship and Information Science, 2016, 48(1).

[92] Tenopir C, Sandusky R J, Allard S, et al. Research data management services in academic research libraries and perceptions of librarians[J]. Library & Information Science Research, 2014, 36(2).

[93] Jørn N H, Hjørland B. Curating research data: the potential roles of libraries and information professionals[J]. Journal of Documentation, 2014, 70(2).

[94] Kiel R, et al. The library in the research culture of the university: A case study of Victoria University Library[J]. IFLA Journal, 2015, 41(1).

[95] Whitmire A L, Boock M, Sutton S C, et al. Variability in academic research data management practices: Implications for data services development from a

faculty survey[J]. Program: Electronic Library and Information Systems, 2015, 49(4).
[96] Douglass K, Allard S, Tenopir C, et al. Managing scientific data as public assets: Data sharing practices and policies among full-time government employees [J]. Journal of the Association for Information Science and Technology, 2014, 65(2).
[97] Si L, Xing W, Zhuang X, et al. Investigation and analysis of research data services in university libraries [J]. The Electronic Library, 2015, 33(3).
[98] Hickson S, Poulton K A, Connor M, et al. Modifying researchers' data management practices: A behavioural framework for library practitioners[J]. IFLA Journal, 2016, 42(4).
[99] Sesartic A, Töwe M. Research data services at ETH-Bibliothek[J]. IFLA Journal, 2016, 42(4).
[100] Karcher S, Kirilova D, Weber N. Beyond the matrix: Repository services for qualitative data[J]. IFLA Journal, 2016, 42(4).
[101] Shenton A K, et al. Information evaluation and the individual's cognitive state: Some insights from a study of British teenaged users [J]. IFLA Journal, 2014, 40(4).
[102] Adkins D, Brendler B M. Libraries and reading motivation: A review of the Programme for International Student Assessment reading results [J]. IFLA Journal, 2015, 41(2).
[103] Uzuegbu C P. Effective information service delivery to rural dwellers in Sub-Saharan Africa: Whose job?[J]. IFLA Journal, 2016, 42(1).
[104] Ramos A M, Inês Vila. The role of public libraries in promoting reading within the family [J]. IFLA Journal, 2015, 41(4).
[105] Dent V F, Geoffrey D G. The rural library's role in Ugandan secondary students' reading habits [J]. IFLA Journal, 2015, 41(1).
[106] Stranger-Johannessen E. Promoting a reading culture through a rural community library [J]. IFLA Journal, 2014, 40(2).
[107] Mugambi F N. Exploring reading habits and academic success in rural Kenya [J]. IFLA Journal, 2015, 41(4).
[108] Neumann J, Plank M. TIB's Portal for audiovisual media: New ways of indexing and retrieval TIB [J]. IFLA Journal, 2014, 40(1).
[109] Shuva N Z, Taisir R. Faculty members' perceptions and use of open access journals: Bangladesh perspective[J]. IFLA Journal, 2016, 42(1).
[110] Singh P. Open access repositories in India: Characteristics and future potential [J]. IFLA Journal, 2016, 42(1).
[111] Mamtora J, et al. Open access repositories in the Asia Oceania region: Experiences and guidelines from three academic institutions [J]. IFLA Journal, 2015, 41(2).
[112] Bossaller J, Atiso K. Sharing science: The state of research institutional repositories in Ghana [J]. IFLA Journal, 2015, 41(1).
[113] Kim K S, Sin S C J. Use and evaluation of information from social media in the academic context: Analysis of gap between students and librarians[J]. The Journal of Academic Librarianship, 2016, 42 (1).
[114] Palmer S. Characterizing university library use of social media: A case study of Twitter and Facebook from Australia [J]. The Journal of Academic Librarianship, 2014, 40(6).
[115] Cavanagh M F. Micro-blogging practices in Canadian public libraries: A national snapshot[J]. Journal of Librarianship and Information Science, 2016, 48 (3).
[116] Al-Daihani S M, Abrahams A. A text mining analysis of academic libraries' tweets[J]. The Journal of Academic Librarianship, 2016, 42(2).
[117] Cha S H, Kim T W. What Matters for Students' Use of Physical Library Space?[J]. The Journal of Academic Librarianship, 2015, 41(3).
[118] Liu X Y, Library H. The exploration of the third space service in library[J]. Journal of Academic Library & Information Science, 2016(5).
[119] Zhang Y J. Research on the cooperative construction of library makerspace[J]. Journal of Academic Library & Information Science, 2015.
[120] Smart C A. Born fi dead? Special collections and born digital heritage [J]. IFLA Journal, 2015, 41 (3).
[121] Solodovnik I, Budroni P. Preserving digital heritage: At the crossroads of Trust and Linked Open Data [J]. IFLA Journal, 2015, 41(3).
[122] Sheffield R T. More than acid-free folders: Extending the concept of preservation to include the stewardship of unexplored histories [J]. Library Trends, 2016, 64(3).
[123] Roy L. Indigenous cultural heritage preservation: A review essay with ideas for the future [J]. IFLA Journal, 2015, 41(3).

[124] Marty P F. Digital convergence and the information profession in cultural heritage organizations: Reconciling internal and external demands[J]. Library Trends, 2014, 62(3).

[125] Capiau S, et al. The universal procedure for library assessment: A statistical model for condition surveys of special collections in libraries [J]. IFLA Journal, 2015, 41(2).

[126] Mindel D. Approaches and considerations regarding image manipulation in digital collections[J]. IFLA Journal, 2016, 42(3).

[127] Koltay T. Library and information science and the digital humanities: perceived and real strengths and weaknesses[J]. Journal of Documentation, 2016, 72(4).

[128] Sahoo J, Mohanty B. Digitization of Indian manuscripts heritage: Role of national mission for manuscripts[J]. IFLA Journal, 2015, 41(3).

[129] Das A K. Legacy of the Bengal Renaissance in public library development in India [J]. IFLA Journal, 2015, 41(4).

[130] Peters D, et al. The digital library in the re-inscription of African cultural heritage [J]. IFLA Journal, 2015, 41(3).

[131] Boulahlib M, Ghamouh N. Cultural Heritage digitization projects in Algeria case study of the National Library [J]. IFLA Journal, 2015, 41(3).

图书馆事业

国家图书馆

综述

2016年是国家图书馆的“创新发展年”。一年来，国家图书馆完成全年工作任务，获“中央国家机关先进基层党组织”“文化部直属机关先进基层党组织”“青少年中华传统文化教育基地”“公共文化设施学雷锋志愿服务示范单位”等荣誉称号，为促进现代公共文化服务体系建设、传承弘扬中华优秀传统文化做出新贡献。

一、馆藏规模持续增长，国家文献信息资源保障能力稳步提升

（一）国家文献战略储备库项目进展顺利

国家文献战略储备库项目被列入国家“十三五”规划纲要的重大文化工程。文化部领导高度重视项目建设，多次做出重要批示。根据部领导指示精神，国家图书馆进一步完善项目管理机制，馆班子坚持每月听取工程专项汇报，建立信息专报制度。目前，已完成项目用地收储、岩土层初步勘察、规划条件确定及市政配套规划设计等工作；与河北省承德县人民政府签订战略合作意向书和项目用地协议，总规划面积约275.8亩（其中：协议预留土地约123.3亩，河北省国土资源厅和国土资源部批准有偿划拨面积约152.5亩）；开展可行性研究，赴国内6地9家、国外4国8家机构实地调研，了解同类项目建设经验，研究确定战略储备库功能定位及总体业务规划；落实部党组指示精神，与承德县人民政府就项目市政配套设施规划、建设情况及责任清单进行协商，确定项目市政配套的“七通一平”工作，落实双方下一步工作分工和进度安排；完成建筑设计招标第一阶段设计方案和技术建议征集评审。

（二）文献采集工作有序推进

稳步开展文献缴送工作，全年图书全品种缴送率74.1%，中文期刊、报纸缴送率分别为95.8%和70.6%，外文期刊、报纸缴送率分别为96.8%和100%，音像制品和电子出版物缴送率分别为53.4%和98.7%，全年采访各类古籍及特藏文献17094种30869册；续订119个中外文数据库；完成59966种文献、981小时视频资源的数字化加工，缩微文献数字化转换393万页，采集37.45TB网络信息资源；采集东北抗日联军、中国远征军、当代重要学者等约251小时口述资源；积极拓展文献补藏渠道和方式，补藏文献7632种；江瀚日记并诗文集、杨廷宝工作日记、石云山革命文献、熊健金石文献及柴德赓、许勇三手稿等捐赠入藏。全年共入藏各类型文献127.85万册（件），馆藏文献总量达3646万册（件），数字资源总量达1323.35TB。

（三）文献信息资源整合揭示不断拓展

制定《国家图书馆文献资源整合工作方案》和《数字馆藏元数据加工规范》，初步建立“中国记忆”项目资源建设与揭示标准体系；制作书目数据74.47万余条，累计保存元数据2.5亿条，开展口述资料元数据编目试验；编制《国家图书馆外文文献资源RDA本地政策声明暨书目记录操作细则》，并开展测试；推进特色资源库建设，开展民国报纸史料、民国图片资源库建设，完成8000个古籍动漫素材资源制作，建设“2016年新春专题”等21个专题网站；开展国图公开课关联数据建设，探索基于关联数据的知识组织和知识发现；通过“文津搜索系统”实现元数据整合3亿条；实现40万条已发布的馆藏自建数字资源与ALEPH系统中纸质文献的关联和整合揭示。

（四）文献信息资源保存保护水平稳步提升

修复完成各类纸质文献2635册（件），其中包括馆藏3件早期印刷佛经中的2件、“天禄琳琅”古籍50册等珍贵文献，启动馆藏西夏文献的系统修复工作；自主研制的民国时期文献脱酸剂和脱酸系统已申报国家专利；全年完成125.3TB数字资源长期保存；完善优化一期综合布线、安防布控、漏水报警等

系统设备,维修改造古籍馆区安防系统,馆藏文献存藏条件显著改善;完成南区古籍中转库文献的搬迁及文津街馆区库房调整、腾退,进一步完善库房布局;深入开展缩微胶片保存保护研究,推进缩微品库房科学化管理;以满分成绩通过国家级古籍修复中心验收,以91.7分的成绩通过古籍保护科技文化部重点实验室验收和文化部重点实验室研究项目验收。

二、充分发挥国家典籍博物馆职能,推动中华优秀传统文化传承弘扬

(一)举办中国共产党成立九十五周年及红军长征胜利八十周年系列纪念活动

进一步挖掘珍贵典籍内涵,揭示社会主义核心价值观与中华优秀传统文化的深刻联系,以纪念中国共产党成立九十五周年及红军长征胜利八十周年为主题,精心策划举办"红色记忆——纪念中国共产党成立九十五周年馆藏文献展""传承红色基因　弘扬长征精神——长征途经省份文化系统老干部书画作品展"等线上线下专题文献展览,吸引27万人次参观,得到刘延东、贾庆林等领导同志的高度肯定;举办"念念不忘　必有回响"长征主题诗会;策划推出国图讲坛"纪念长征胜利80周年——父辈的长征"系列讲座,"从大革命到抗战""抗战时期中国共产党的干部培养"等专题讲座;支持湖北省图书馆、武汉图书馆等举办专题展览。

(二)国家典籍博物馆服务效益不断凸显

举办"民族记忆　精神家园——国家珍贵古籍特展""永远的怀念——任继愈诞辰100周年纪念展""喜迎G20——西泠印社系列作品邀请展""启蒙与批判——清末民国新闻漫画展""赤子的世界——纪念傅雷夫妇逝世五十周年展"等19场专题展览,吸引110万人次参观,为重要领导、外宾及各部委、文化机构等提供公益讲解近200场,在全国5地举办巡展;"甲骨文记忆展"走出国门,作为"中国船艺术节"的重头戏在墨西哥展出三个月,受到当地社会公众热烈欢迎;挂牌成立"青少年中华传统文化教育基地",与200余家中小学校合作举办"走进典籍博物馆大课堂"系列活动,共举办讲座33场、典籍博物馆大课堂20场,深入推进博物馆资源与学校教育融合发展;推进文化创意产品开发,《十竹斋》笔记本获全国博物馆文化创意产品联展"文博传承奖";淘宝"国图旺店"上线试运行。

(三)创新举措推动传统文化典籍整理出版与传播推广

启动《中华优秀传统文化百部经典》编纂工作,成立由袁行霈先生领衔的编纂工作委员会,聘请专家学者担任顾问,建立编纂工作机制,召开7次编委会,确定两批43种书目和撰稿人,召开两次书稿审读会;从馆藏中辑录文献制作4册《中国五千年的航天梦》,搭载"长征七号"成功飞天,并作为我国首部"飞天典籍"正式归藏国家图书馆;编辑出版《中国珍贵典籍史话丛书》《古本戏曲丛刊六集》《中国社会科学院近代史研究所藏"满铁剪报"类编:第一辑》等文献整理成果,"中国历史人物传记资源数据库"等11个项目被列入"十三五"国家重点图书出版规划,《东亚同文书院中国调查手稿丛刊》等2个项目获2016年度国家出版基金资助,《历代赋学文献辑刊》等7个项目获2016年度国家古籍整理出版基金资助,《中国图书馆史》获2016年国家社科基金后期资助,《清代家集丛刊》荣获2015年度全国优秀古籍图书奖一等奖,"珍贵古籍数字资源应用平台"项目列入首批"新闻出版产业示范项目";策划"国家传统文化典籍整理工程",目前财政部已初步完成项目评审。

三、服务品牌影响力持续扩大,国家级公共文化服务阵地作用充分发挥

(一)面向国家立法与决策的服务能力显著增强

全年共举办部级领导干部历史文化讲座14场,参加讲座的部级领导近2000人次,其中《中国古代物质文化》和《文艺复兴的欧洲经验》两场讲座的内容直接报送中央领导并得到重要批示;完成"两会"服务任务,组织编制"两会"专题资料、"两会"专题文献信息专报,舆情报送工作取得突破性进展,并多次得到全国人大领导的表扬;出版《南海诸岛图籍录》3卷,收录南海诸岛文献313种、图片876张,较为全面地呈现了文献所载南海诸岛情况,为维护国家主权提供文献依据;应用新媒体技术创新立法决策服务内容及形式,开发"图智"APP,以电子触控技术为基础、智能交互移动设备为载体,为用户提供个性化信息资源及服务;依托国家图书馆人民法院分馆,协助最高人民法院建设"中国法院数字图书馆";向国务院

办公厅报送《新书推荐》12期，推荐图书564种，获得国办领导的充分肯定；召开"国家图书馆部委分馆馆长联席会议暨国家图书馆立法决策服务平台服务年会"。全年共完成党政军文献信息专题咨询1913件，比2015年增长14.3%。

（二）面向世界科技强国建设的服务实践不断深入

筹备建设国家图书馆科学评估中心；组织编制《京津冀协同创新分析报告》；举办"开启未来新形态——图书馆创客研习营"，以主题演讲、工作坊、分享会、参观、互动体验等形式，与图书馆界和相关机构学员共同探讨图书馆创客服务的现状与未来；全年共完成各类信息咨询9808件，其中论文查证3523件、科技查新275件，馆际互借与文献传递系统接收文献传递、馆际互借、国际互借请求44161件，满足率85%，为科研院所和高等院校开展科研教育工作提供文献支撑。

（三）面向社会公众的服务效益稳步提升

到馆服务继续拓展，全年办理读者证卡50.76万张；接待到馆读者563.99万人次，比2015年增长10%；文献流通近2475.61万册次，比2015年增长7.3%；解答咨询104.46万件，比2015年增长2.5%。社会教育活动有声有色，国图公开课全年共制作完成课程43讲，约4892人次参与录制，累计发布视频超过1000场，通过20家网络平台开展4次直播活动，全年网站总点击量745万次；举办展览、讲座、培训、艺术普及等社会教育活动4395场，接待参观2592批次，惠及公众共计173.43万人次；"文津图书奖"评选与推广活动入选"2016年文化志愿服务示范活动典型案例"。远程服务丰富多彩，国家图书馆网站获2016年度文化部政府网站群绩效评估"年度最佳奖"和"快速发展奖"，全年网站访问量超过13亿次，手机访问量1771.9万次；对"国家数字图书馆"APP进行改版，移动端完成57个专题资源的建设和发布；数字电视服务实现内容日更新，互联网电视用户达4000万人，遍布世界130个国家；国家图书馆微博粉丝超过20.5万，官方微信关注约10.9万，获评首届"大众喜爱的50个阅读微信公众号"；"M地铁·图书馆"项目入围国际图书馆协会联合会2016年度国际图书馆营销奖。特殊群体服务不断深入，继续开展"关爱夕阳"老年课堂服务，提供12个系列的主题课程，组织多项阅读活动，反响热烈；少年儿童图书馆提供暑期延时服务，举办"童音诵古韵·经典有新声"全国少儿诗词在线诵读活动，累计收到来自26个省份的诵读作品4800余份；针对残障人士的特殊需求，推进"国家图书馆网站多媒体动画"项目；与宁夏回族自治区监狱管理局、山东大学等机构合作共建"中国特殊群体社会治理大数据联合实验室"，针对监狱民警和服刑人员特殊需求，筹建"特殊群体帮教阅读平台"。

（四）策划举办主题活动反响热烈

春节期间，联合380余家图书馆开展"网络书香过大年"活动，94万人次参与；4月23日，联合全国图书馆共同开展"世界读书日　在图书馆读书"全民阅读推广活动，举办"第十一届文津图书奖颁奖暨国图公开课一周年特别活动"，第十一届"文津图书奖"评出获奖图书10种，推荐图书57种，在全国120余家图书馆举办获奖图书巡展，国图公开课正式推出"文明的对话"栏目，第一期节目"中埃文化沙龙"上线；在2016年"科技活动周"期间，联合部分高新技术机构及企业，开展"数字知识获取新形态"科技体验活动；8月，联合中国机器人产业联盟等机构举办"机器人创想"科技体验活动，吸引读者3万余人。

四、大力推进重点文化工程建设，以项目带动事业发展

（一）中华古籍保护计划全面推进

"中华古籍保护计划"被纳入国家"十三五"规划纲要。全年主要工作一是完成第五批《国家珍贵古籍名录》和"全国古籍重点保护单位"名单评选上报，并由国务院正式公布，899部古籍、14家古籍收藏单位被纳入保护范围。二是完成全国1218家古籍收藏单位的普查登记工作，普查登记数据达200余万条，出版《全国古籍普查登记目录》9部10册，囊括24家收藏单位；"全国古籍普查登记基本数据库"更新数据13万余条，新增42家单位普查数据7万余条；启动《中华古籍总目》(水文卷)编纂工作。三是继续推进"中华古籍数字资源库"项目，发布1.7万种古籍数字资源，启动2016年度《赵城金藏》、"平馆藏书"缩微胶片数字化项目。四是多渠道开展古籍保护宣传推广，筹备"中华古籍保护计划"十周年纪念活动；举办"我与中华古籍"创客大赛，共征集参赛作品300余件(套)，评出获奖作品21件(套)。五是继续开展古籍

修复、整理与出版，启动“山西省国家珍贵古籍修复项目”，与曲阜市文物局就孔府文献的保护、整理和出版签署战略合作框架协议书。六是加大古籍保护人才培养力度，全年举办培训班19期，培训758人次；增设8家国家级古籍修复技艺传习所；举办首期“全国佛教古籍保护管理研修班”“全国道教古籍保护管理研修班”。

（二）民国时期文献保护计划深入实施

“民国时期文献保护计划”被列入国家“十三五”规划纲要。全年主要工作一是5项“国家社科基金抗日战争研究专项工程”项目获批立项，其中以国家图书馆为第一牵头单位的“日本战犯审判文献征集、整理与数据库建设”“日本对华调查档案资料整理和数字化”已顺利启动。二是与中国科学院文献情报中心等7家机构签订普查登记协议。三是继续推进《民国时期文献总目（图书卷）》编纂工作。四是完成海外藏日本细菌战罪行档案数字化征集1.1万拍。五是首发出版《丸之内审判文献汇编》《伯力审判庭审记录》《二战日军战史资料汇编》3种重要文献，全年整理出版民国时期文献16项682册，新立项29项。六是继续开展专题数据库建设和民国图书缩微胶片数字化项目，启动220万页民国图书缩微胶片数字化工作。七是开展文献保护研究，完成“民国时期文献脱酸研究与脱酸设备研制”项目验收并结项。八是举办“民国时期文献保护计划”宣传推广吉林站、辽宁站、黑龙江站系列活动暨民国时期文献保护工作培训班。

（三）数字图书馆推广工程顺利开展

全年主要工作一是开展全国性资源共建共享，279家图书馆参加2016年资源联建工作；通过专网向全国各级公共馆共享数字资源超过140TB。二是开展面向少数民族地区和贫困地区的帮扶工作，向少数民族地区推送民语资源180GB，向贫困地区图书馆推送定制化数字资源1.8TB。三是进一步拓展数字图书馆服务及宣传推广渠道，新增63家移动阅读平台分站，在湖南、西藏、云南等六地举办“春雨工程·网络书香”阅读推广活动及“网络书香·数字图书馆建设与服务”宣传推广活动，向贫困地区以及边疆、少数民族地区提供数字文化志愿服务，“网络书香”数字图书馆阅读推广活动西藏行服务入选“2016年基层文化志愿服务活动典型案例”；为全国公共图书馆提供25次网络讲座直播服务。四是强化人才队伍建设，举办培训23期，培训900余人次，协助14省开展推广工程区域培训工作，推广工程在线学习平台正式上线服务。

五、广泛开展业务研究与协作，行业引领作用进一步发挥

（一）围绕事业发展需要开展支撑研究

受文化部委托，围绕社会各界以及国务院法制办关于《公共图书馆法（征求意见稿）》的意见与建议开展支撑研究；开展全国公共图书馆事业发展、图书馆标准化、古籍保护、图书馆文献缩微复制、公共数字文化建设等多项“十三五”规划编制及支撑研究，“推动文化文物系统文化创意产品开发研究”被纳入全国文化系统2016年度重点调研选题，《公共图书馆立法支撑研究报告》《我国公共文化机构建立法人治理结构调研报告》分别被评为全国文化系统2015年度“十佳调研报告”和“优秀调研报告”，《我国文化场馆语言文字使用情况调查及对策研究报告》获教育部优秀调研报告二等奖；组织编纂《中国图书馆年鉴》《中国图书馆事业发展报告》；依托全国图书馆标准化技术委员会、全国文献影像技术标准化技术委员会，推动图书馆标准规范体系建设，全年共申请立项标准制修订项目10项，其中国家标准2项、行业标准6项、标准化研究项目2项，正式发布2项国家标准和3项行业标准。

（二）依托业务合作平台深化行业协作

全国联合编目中心成员馆达2150家，用户达2722家，数据总量1356万余条，全年上传数据近10.9万条，下载数据1019万条；全国图书馆文献缩微复制中心启动首批5家图书馆的数字缩微建设协作，依托新疆图书馆开始探索民语文献的缩微抢救；依托数字图书馆推广工程，在山东、四川、广西等地举办全国图书馆参考咨询协作网培训班，在北京、哈尔滨等地举办全国省级公共图书馆决策咨询服务协作平台培训班；全国图书馆讲座联盟全年累计完成平台主讲人和讲座数据约5000条；举办“第十一届文津图书奖获奖图书”“‘我与中华古籍’创客大赛”“我们的文字展”及“永远的怀念——任继愈诞辰100周年纪念展”等全国巡展。

（三）全力支持行业组织发展

继续为中国图书馆学会、中国古籍保护协会、中国文献影像技术协会等图书馆行业组织发展提供全方位支持与保障。经中国科协科技社团党委批复，成立中国图书馆学会党委，韩永进同志任党委书记；开展中国图书馆学会第九届理事会分支机构组建工作；承接文化部县以上公共图书馆评估定级职能，组织研制评估指标体系，在全国5省（市）8家单位开展试评估工作，被中国科协列为全国学会试点工作典型案例，上报中央主管领导；适应市场形势，参加文化部公共文化司“全国县级图书馆馆长培训采购项目”磋商谈判并胜出，在辽宁、四川和安徽3省培训县级图书馆馆长604人；组织召开2016年中国图书馆年会、第二届全国图书馆未成年人服务论坛、第十届全民阅读论坛、2016年海峡两岸档案暨缩微学术交流会等重要学术会议，开展“阅读推广人”培育行动；召开中国古籍保护协会一届三次常务理事会和一届二次理事会；召开中国文献影像技术协会2016年度第一次常务理事会，筹备协会换届事宜，完成全国文献影像技术标准化技术委员会第六届委员会换届工作，召开新一届委员会成立大会和分会主任及秘书长工作会议。

六、不断开拓国际及港澳台交流与合作领域，国际影响力日益彰显

（一）继续实施“海外中华古籍调查暨数字化合作”

完成“海外中华古籍书目数据库”一期建设，累计完成包括美国、加拿大、西班牙、日本4个国家30家单位24万条书目数据，开展二期数据加工，完成数据31.66万条；推进海外中华古籍数字化及出版合作，出版《美国哈佛大学哈佛燕京图书馆藏善本方志书志》、英国国家图书馆和英国阿伯丁大学图书馆藏《永乐大典》等重要文献；实现法国国家图书馆藏全部敦煌写本的数字化回归；完成对西班牙、葡萄牙等重点国家及地区的调研，初步摸清两国存藏中华古籍情况。

（二）加强国际及港澳台图书馆交流与合作

配合国家“一带一路”等重大战略，积极与其他国家和地区图书馆开展交流合作，全年共接待来访56批次、469人次，组织出访30批次、105人次，参加境外展览及商议办展6场次，在国际图书馆及相关事务中发挥积极作用。与埃及亚历山大图书馆、阿尔及利亚国家图书馆、葡萄牙国家图书馆、马其顿国家图书馆、匈牙利国立塞切尼图书馆等签署合作备忘录；继续推动中日韩数字图书馆项目、国家数字图书馆澳门科技大学合作馆等项目；与伊朗国家图书馆与档案馆合作举办“美丽的伊朗”图片展，与澳大利亚国家图书馆共同举办“大清世相：中国人的生活，1644—1911”展览；成立国际图联保存保护中国中心领导小组，获得2017年亚洲及大洋洲地区国家图书馆馆长会议主办权；继续推进海外文化中心图书馆建设，完成“中国文化中心数字图书馆”网站建设，为30余个海外中国文化中心图书馆提供数字资源服务；与法国国家图书馆共建“中法文化门户”主题网站；主办“中国—南亚图书馆管理与服务高级研修班”，来自南亚6国、我国西北3省的15位图书馆高级管理人员参加研修。

七、全面提高综合管理水平，营造事业发展良好环境

（一）内部管理更加规范高效

坚持民主集中制，重大事项充分讨论，科学决策，全年共召开馆务会58次、馆长办公会69次，上会讨论议题175项。2016年国家图书馆财政资金总体预算7.6亿元，其中当年预算6.66亿元，当年预算支出6.59亿元，实际执行进度为98.99%；确定文献开发、数字资源开发、文创产品开发3项重点创收方向，全年创收达17499万元，实现全年收支平衡。完成国家图书馆一期维修改造工程竣工结算；加强审计监督，制定出台《国家图书馆内部审计工作暂行规定》，按时完成国家图书馆及馆属企业的“营改增”工作，开展馆属企业及出版社内部审计、项目结项审计工作；前移审计监督关口，推动审计监督向事前、事中监督转变；制定《国家图书馆项目支出绩效评价暂行办法》，配合文化部开展书刊资料购置项目绩效评价，自主开展运行经费项目和典籍博物馆展览专项绩效评价；成立国家图书馆内部控制建设工作领导小组，以开展内部控制基础性评价为契机，推动内部控制体系的建立健全与实施；进一步完善行政管理规章制度，针对公文管理、活动管理制定出台专门文件；修订《国家图书馆国有资产管理办法》，完成资产管

理系统升级工作，圆满完成资产清查工作；加强馆属企业监管，增设社会效益考核和经济效益考核指标，制定《馆属企业使用国家图书馆无形资产及品牌使用指导意见》，馆属企业及出版社年度营业总收入20978万元，上缴馆方4253万元，在企业收入平稳快速增长同时实现了对馆方良好回报。

（二）人才队伍建设及科研工作扎实推进

加强干部队伍建设与管理，完成11名处级干部职务调整，71人次科级干部聘任、调整工作，完成64名处级干部的"三龄两历一身份"审核工作。多渠道补充紧缺岗位人才，通过招收应届毕业生、接收军队转业干部和遴选优秀劳务派遣人员进入事业编制等方式，引进各类急需人才58名。完成2016年度职称评审工作，推荐晋升各系列高级职称14人，通过晋升或转任副研究馆员55人。注重高层次人才培养，5人获文化系统优秀人才荣誉称号，2人获全国范围优秀人才荣誉称号；选派1人作为第八批援藏干部，赴西藏自治区图书馆工作；扎实推进员工培训工作，举办全员培训31场，参训人员2350人次；根据文化部对部系统文艺工作者大规模轮训工作安排，组织595人参加培训。支持和鼓励员工结合业务工作开展科研，全年获省部级以上科研项目5项，获资助经费475万元；立项资助馆级科研项目39项，资助经费81万元；审批立项文津出版基金资助项目3项，资助金额9万元。

（三）宣传推广工作不断创新

继续推进重大活动与重点工程的全方位、多媒体、立体化宣传推广，全年开展集中宣传活动36次，配合媒体完成采访拍摄60余次，媒体关于国家图书馆工作原发报道1900余条，网络媒体转载9200余条；进一步加强与光明网、央视新闻中心等重要媒体合作，策划在《光明日报》推出"来自国家图书馆的报告"系列报道，在《人民日报》（海外版）、《光明日报》《中国文化报》等平面媒体刊发整版及开辟国家公祭日等专栏报道共计13个，中央电视台、北京电视台、光明网等广电和网络媒体专题专访报道13个；积极主动向文化部报送工作信息，向文化部报送工作信息100余条，全年被采用信息评分位居直属单位第一，其中《国图研发成功国内首台批量文献脱酸处理设备》《国家图书馆国家文献战略储备库工程可行性研究工作全面展开》等信息和简报得到雒树刚部长与杨志今副部长批示。积极利用微博、微信、微刊、微视频等新媒体方式，创新开展宣传推广活动，组建国家图书馆"微传播"团队，吸纳各部处40人参加。

（四）软硬件平台及基础设施运行平稳

建设"国家图书馆网络高清互动直播平台"，具备视频内容直播、点播、文档播放、互动交流，以及用户管理、客户端播放控制、直播监控及统计等功能，为国家图书馆大型活动提供全程直播服务；完成ALEPH系统、统一用户管理系统、办公自动化系统、多媒体展示系统等应用系统的运行监控和定期巡检；开发文津搜索系统移动端；升级改造档案管理系统；完成存储系统、软硬件及附属设备的管理工作；提升网络安全管理，查处阻断病毒文件4208个、垃圾邮件97万封、攻击740万次，按上级单位和相关单位要求，开展11次网络安全检查核查；部署文化部视频会议及财务专网；完成数图体验区项目终验和异地灾备项目招标。

（五）安全保卫坚实有力

深入贯彻落实上级机关关于安全工作的指示精神，加大安全教育、宣传、检查力度，对新入馆员工及馆内多个部处进行安全授课及实操培训，全年共培训员工2600余人次。圆满完成全年重要展览、国内外领导人参观，以及古籍善本外运回迁的安保任务。完善技防设施，检修报警点位5000余个。严格日常管理，做好到馆用户的安检工作，全年无一起重大安全责任事故。

（六）后勤服务工作精细务实

圆满完成全馆及各类重要活动的供电、供水、空调、医务、收发、保洁、车辆管理等服务保障任务，车队安全行驶31.27万公里；积极稳妥推进馆属职工宿舍物业管理、供热采暖改革和公务用车、办公用房改革等相关工作；落实冷却塔隔音降噪、新能源汽车充电桩建设、馆区大门改造、退还职工承租平房宿舍租赁保证金4件实事；积极应对极端恶劣天气，完成"7.20"突发特大暴雨等抢险任务，确保馆区汛期安全；组织春秋季电力设备检修、一线员工健康证体检和全体员工体检工作；进一步加强对物业公司和食堂的监督管理与工作考核。（国家图书馆研究院）

年度工作

【国家数字图书馆体验在第十三届中国国际网络文化博览会开展】 1月7—9日，此次博览会在北京开幕。国家图书馆作为参展单位之一，紧扣博览会“双创时代，网文天下”的主题，设计并搭建“国家数字图书馆体验区”。体验区分“进无止境　数字图书馆建设成果惠及全民”“开拓创新　助力现代公共文化服务体系建设”“融合发展　共谋‘十三五’建设新篇章”“蓄力生长　各地数字图书馆百花竞放”“‘大智移云’互动体验区”5部分，全面展示国家数字图书馆及数字图书馆推广工程建设成果以及对未来“互联网+文化”发展的展望；还通过视频展播和自主体验等方式，让观众了解大数据、智慧图书馆、移动阅读和云服务等未来图书馆发展主题。现场还为观众提供了“微信打印”趣味互动服务。文化部部长雒树刚、国家文物局局长刘玉珠、文化部部长助理于群等领导和嘉宾莅临体验区。展会期间，约有5000人次参观体验区。（国家图书馆办公室）

【国家图书馆春节系列活动发布】 1月22日，“同筑中国梦　共度书香年”——国家图书馆春节系列活动发布。国家图书馆馆长韩永进、常务副馆长陈力，文化部办公厅副主任喻剑南，国家图书馆馆长助理孙一钢以及在京主要媒体记者60余人参加活动。此次春节活动以楹联拜年为主题，重点打造数字资源“大礼包”，通过行业联动、全国联动，将优秀文化资源送到基层、送到百姓身边，共享文化新年。“大礼包”囊括了7种楹联文化古籍电子书、100副精选楹联、50讲国图公开课、100场社会文化讲座、500条文津经典诵读等数字资源。国家图书馆还通过手机门户，官方微博、微信，“掌上国图”，数字图书馆推广工程网站等多种平台开展丰富多样的读者互动活动，同时举办国家典籍博物馆楹联文化展览、国图艺术中心公益晚会、馆长拜年、“猜灯谜”“春节汉字达人”“国图春节瞬间摄影大赛”以及少年儿童馆“填福字、写春联、讲故事”等一系列活动，共同烘托出国家图书馆贺新春、送祝福、普及传统文化、丰富群众生活的主题。（国家图书馆办公室）

【“大清世相:中国人的生活1644—1911”展览开幕】 2月5日，由国家图书馆和澳大利亚国家图书馆主办的此次展览在澳大利亚国家图书馆隆重开幕。澳大利亚总理马尔科姆·特恩布尔(Malcolm Turnbull)及其夫人，驻澳大利亚大使马朝旭等中澳两国有关领导，国家图书馆常务副馆长陈力、澳大利亚国家图书馆馆长安妮-玛丽·施沃特里奇(Anne-Marie Schwirtlich)等各界人士近500人参加活动。展览分为圣治、文风、红尘、番邦、变迁5部分，全面反映了17至20世纪清王朝的皇家社会与百姓生活。展览共展示160余件珍贵文献，其中88件来自国家图书馆，涉及舆图、样式雷、金石拓片、年画、汉文和少数民族文字古籍等。（国家图书馆办公室）

【《中华古籍保护计划“十三五”时期规划纲要》编制审议会议召开】 2月24日，此次会议在国家图书馆召开。文化部公共文化司副司长陈斌彬、白雪华出席会议并讲话，国家图书馆副馆长、国家古籍保护中心副主任张志清主持会议，省级图书馆馆长和古籍保护专家代表20余人参会。会上，张志清对《中华古籍保护计划“十三五”时期规划纲要》（以下简称《纲要》）编制工作进展及主要内容进行说明，陈斌彬介绍了文化部文化类规划的制订情况及古籍保护工作未来发展趋势。与会专家和各单位负责人结合党中央关于“十三五”时期规划制订的具体要求及自身工作实际，对“中华古籍保护计划”机制完善、资金投入、人才培养、宣传利用等方面进行讨论。（国家图书馆办公室）

【“聚力协作共推广　继往开来绘蓝图——数字图书馆推广工程建设五年间”主题展开展】 3月7日，由国家图书馆主办的此次主题展在国家图书馆总馆北区拉开序幕。展览分为“进无止境　数字图书馆建设成果惠及全民”“开拓创新　助力现代公共文化服务体系建设”“融合发展　共谋‘十三五’建设新篇章”“蓄力生长　各地数字图书馆百花竞放”4部分，以图文并茂的形式，利用多媒体视频展播，集中展现了“十二五”时期推广工程建设进展以及服务惠民成效，同时，从特色资源建设、基层与特殊群体服务、新媒体与科技创新、科学管理与社会化合作等方面，展示了全国各级各地图书馆在数字图书馆建设与服务中取得的成果。国家图书馆还联合天津、江西、陕西、安徽、广东5地图书馆开展巡回展出，以此方式扩大数字图书馆宣传效果，进一步提升数字图书馆推广工程的社会影响力。（国家图书馆办公室）

【中国国家图书馆成为2017年亚洲及大洋洲地区国家图书馆馆长会议主办馆】 3月9—11日，第24届亚洲及大洋洲地区国家图书馆馆长会议（CDNLAO）在新西兰国家图书馆召开，馆长助理汪东波率团参会。会上，中国国家图书馆被一致推选为2017年亚洲及大洋洲地区国家图书馆馆长会议主办馆。本届会议的主题是“国际合作为图书馆附加价值”，共有来自17个国家的26名正式代表参会。各成员国代表宣读了本国的国家报告，并通过第23届亚洲及大洋洲地区国家图书馆馆长会议纪要。汪东波分别会见日本、韩国、新加坡和澳大利亚等国的国家图书馆馆长，并介绍2017年CDNLAO会议的主题策划和会议筹备计划等情况。会议期间，代表团还访问了新西兰国家图书馆和惠灵顿市立公共图书馆。（国家图书馆办公室）

【台湾古籍保护学会向国家图书馆捐赠王伯沆先生《冬饮丛书》】 3月14日，台湾古籍保护学会向国家图书馆捐赠王伯沆先生《冬饮丛书》14函54册，向中国古籍保护协会捐赠林庆彰先生《经学研究论著目录》9册。台湾古籍保护学会会长林登昱，国家图书馆副馆长、中国古籍保护协会会长刘惠平出席捐赠仪式。刘惠平代表国家图书馆接受捐赠，并向林登昱先生颁发捐赠证书。王伯沆是晚清民初时期蜚声海内外的国学大师，一生积极弘扬国学，在经学、诗词、书法方面造诣深厚。此次台湾古籍保护学会向国家图书馆捐赠的《冬饮丛书》包括王伯沆先生《批注四书集注》《批校红楼梦》等手抄圈点批校本，为宣纸彩色套印、线装珍藏版。林庆彰先生为当今台湾知名学者，长期研究传统经学，并编纂经学相关目录。台湾古籍保护学会的慨然捐赠，将进一步充实丰富国家图书馆馆藏，积极推进海峡两岸文化交流工作。（国家图书馆办公室）

【古籍保护学科建设研讨会在南京召开】 3月16日，此次研讨会在南京艺术学院图书馆召开。国家图书馆副馆长、国家古籍保护中心副主任张志清，南京艺术学院校长刘伟冬出席会议，上海图书馆、复旦大学等近20家单位的40余名专家参加。会议首先听取国家图书馆古籍馆、复旦大学、中山大学、天津师范大学和南京艺术学院在古籍修复人才培养和古籍保护专业硕士人才培养方面的经验交流报告，并就古籍保护学科的专业设置、课程设置、教学实践、学生就业等问题进行讨论。专家们踊跃发言、积极建言献策，提出许多宝贵建议。会议最后就古籍保护学科基础课程设置和学生就业问题达成共识，国家古籍保护中心将积极为高校与用人单位搭建沟通桥梁，共同推进高校古籍保护人才就业，真正实现学有所用。此次会议的召开对古籍保护学科专业、师资队伍、教材课程等基础建设具有重要的指导意义，对古籍保护专业今后的学科发展将起到里程碑的作用。（国家图书馆办公室）

【“中华传统文化百部经典”编纂工作全面启动】 4月，在中宣部支持指导下，由文化部委托国家图书馆组织实施的国家重点文化工程“中华传统文化百部经典”编纂工作全面启动。该套书由著名学者、中央文史馆馆长袁行霈担任编纂委员会主任。着眼中华优秀传统文化的创造性转化、创新性发展，从浩如烟海的传统文化典籍中精选100部具有代表性的经典书目，涵盖政治、经济、文化、社会、历史、生态等内容，采取大众化、品读导读的方式，萃取精华，赋予新意，深入浅出地进行解读，推动传统经典普及传播，更好地服务当代、面向未来。（国家图书馆办公室）

【刘奇葆到国家图书馆调研】 4月8日，中共中央政治局委员、中央书记处书记、中宣部部长刘奇葆到国家图书馆调研，强调要深入学习贯彻习近平总书记关于传承弘扬优秀传统文化的重要指示精神，坚守中华文化立场，秉持客观科学礼敬的态度，坚持创造性转化、创新性发展，用时代精神激活优秀传统文化生命力，推动中华文化现代化。刘奇葆在国家图书馆考察传统文化典籍保护和普及工作，参观近年来出版的优秀图书和出版走出去精品展，了解数字阅读情况，并与专家学者进行深入交流。刘奇葆强调，传统文化典籍浩如烟海，把其中具有代表性的经典选取出来进行准确通俗的解读，对于推动传统文化普及传播很有必要。要服务当代、面向未来，精心组织编纂一批传统文化经典，以社会主义核心价值观为引领进行大众化阐释，让其中的精华闪亮起来，帮助人们更好领略传统文化经典的魅力。（国家图书馆办公室）

【“我与中华古籍”创客大赛启动】 4月13日，由国家图书馆（国家古籍保护中心）与中国图书馆学会共同主办的“我与中华古籍”创客大赛活动发布会在国家图书馆举行。活动分为创意元素征集和大赛两个主环节。3月15日，创意元素征集环节正式启动，主办方通过网络平台，向全国各图书馆、藏书楼、相关机构和个人征集包括竹简、舆图、古代文化名人、钤印、著名典籍、造纸、藏书楼、书法、古籍装帧等在内的多个种类的图片、图案。征集到的元素经评委筛选，最终形成本次大赛的创意元素，参赛人员可免费利用元素进行设计创意，形成参赛作品。大赛环节于4月23日世界读书日正式启动，共设置平面创意、产品创意、多媒体创意和其他创意等竞赛单元。全国图书馆工作者、古籍保护工作者、专业艺术院系、创客团队、设计专业人员、社会大众和相关单位均可登录中国图书馆学会网站，根据主办方选出的古籍创意元素进行自由设计、创作。此次大赛将中国古典文化与当代创客精神完美结合，在全国图书馆界尚属首次，具有开创性意义，对于各地图书馆开展后续文化创意活动具有一定的引领作用。（国家图书馆办公室）

【第六届全国文献采访工作研讨会在武汉召开】 4月12—13日，由国家图书馆和中国图书进出口（集团）总公司联合主办的此次研讨会在湖北省武汉市召开，以“数字时代文献资源建设新思路”为主题，探讨数字时代采访模式的新变化，力求对文献资源建设工作的发展起到总结和推动的作用。会上，武汉大学信息管理学院教授肖希明、厦门大学图书馆馆长萧德洪、南京图书馆副馆长许建业和中国科学院文献情报中心资源建设部主任赵艳分别做题为“近年来我国信息资源建设研究的热点问题”“数字资源馆藏发展的几点考虑”“跨界·融合·创新：从出版新变化谈馆藏资源建设的因应之策”和“从采购到开放出版资助的资源建设模式转换”的大会报告。全国文献采访领域的300余位专家及代表参加会议。（国家图书馆办公室）

【任继愈先生百年诞辰纪念活动开幕】 4月15日，任继愈先生百年诞辰纪念活动在国家图书馆开幕。纪念活动包括举办“永远的怀念——任继愈先生百年诞辰纪念展”和“永远的怀念——任继愈先生百年诞辰纪念会暨学术研讨会”，出版《永远的怀念——任继愈先生百年诞辰纪念文集》等。文化部党组书记、部长雒树刚，文化部党组成员、部长助理兼办公厅主任于群，文化部原副部长、国家图书馆名誉馆长周和平，国家图书馆馆长韩永进出席活动开幕式。开幕式后，与会嘉宾参观了在国家图书馆一号展厅展出的“永远的怀念——任继愈先生百年诞辰纪念展”。该展览展期为一个月，以图文并茂的形式，辅以任继愈先生的代表性著作，主持编纂的大型文化工程，个人的批示、题字、档案以及赠送给国家图书馆员工的礼物等进行展示，全面、深入展示任继愈先生的成长历程、各个时期的精神风貌、突出的学术成就以及对中国图书馆事业和中华民族文化复兴的卓越贡献。随后，全国宗教学界、哲学界、历史学界以及国内外图书馆界的专家学者100余人参加了“永远的怀念——任继愈先生百年诞辰纪念会暨学术研讨会”。（国家图书馆办公室）

【“世界读书日　在图书馆读书”全民阅读推广活动举办】 4月23日，在汤显祖、莎士比亚和塞万提斯逝世400周年之际，国家图书馆联合全国图书馆共同开展“世界读书日　在图书馆读书”全民阅读推广活动。其中，“第十一届文津图书奖颁奖暨国图公开课一周年特别活动”在国家图书馆举行，通过揭晓文津图书奖、获奖作者现场讲演等活动，拉近好书与读者、作者与读者之间的距离，倡导和服务全民阅读。第十一届文津图书奖共收到各方推荐书目1500余种，全国有68家图书馆担任联合评审单位。经过推荐、初评、终评等程序，共评选出获奖图书10种（含特别推荐图书1种），推荐图书57种。10种获奖图书包括：《老子绎读》（特别推荐）《“523”任务与青蒿素研发访谈录》《逝年如水：周有光百年口述》《失书记·得书记》《征程：从鱼到人的生命之旅》《草木缘情：中国古典文学中的植物世界》《癌症·真相：医生也在读》《星际穿越》《爸爸的画》《这就是二十四节气》。该活动同步通过国家图书馆官网、中国新闻网进行网络直播，全国15家省市图书馆通过“数字图书馆推广工程”网络平台开展直播；全国30余家图书馆同日举办“第十一届文津图书奖获奖及推荐图书展览”。（国家图书馆办公室）

【国家图书馆国家文献战略储备库项目签约仪式在河北省承德县举行】 5月17日，此次签约仪式在河北省承德县举行。国家图书馆与河北省承德县人民政府签署了加强公共文化服务体系建设的战略合作意向书和国家图书馆国家文献战略储备库建设工程项目用地协议。国家图书馆馆长、党委书记韩永进，常务副馆长陈力，副馆长、党委副书记魏大威，副馆长张志清、王军；承德市委书记周仲明、市长常丽虹等领导出席签约仪式。签约仪式结束后，国家图书馆领导一行实地踏勘了项目选址地块，听取可行性研究报告编制单位负责人汇报，并与承德县主要负责人现场交流项目用地规划及周边配套路网建设等事宜。国家图书馆国家文献战略储备库项目位于承德县下板城镇大杖子村龙王沟地块，规划建设存储库区、业务加工区、配套用房等，具备文献存储、数字化加工、纸质文献保护修复等功能，于2015年11月获国家发改委审批立项。目前，正在全面推进可行性研究工作。（国家图书馆办公室）

【国家典籍博物馆“青少年中华传统文化教育基地”授牌仪式举行】 5月18日，此次授牌仪式在国家典籍博物馆举行。中国关心下一代工作委员会事业发展中心常务副主任李雷刚，国家图书馆馆长、国家典籍博物馆馆长韩永进，北京石油附小校长肖英等出席活动并分别致辞。中国关心下一代工作委员会事业发展中心向国家典籍博物馆颁发“青少年中华传统文化教育基地”牌匾。国家典籍博物馆自开馆以来，始终将面向青少年群体提供文化教育服务作为重要的工作职责，并策划了“名家带你走进样式雷”等“走进典籍博物馆大课堂”系列活动。此次与关工委事业发展中心合作设立教育基地，就是为了将传统典籍文化与实践教育模式相结合，以寓教于乐的形式，让更多的孩子了解、感受中华传统文化的深邃魅力，让古籍中的文字活起来。（国家图书馆办公室）

【“民族记忆　精神家园——国家珍贵古籍特展”开展】 6月8日，在文化遗产日前夕，由文化部、国家文物局主办，国家图书馆（国家古籍保护中心、国家典籍博物馆）承办的此次展览在国家典籍博物馆预展。展览分为“珍贵古籍书香中国”“浩瀚典籍　历史智慧”“古籍保护任重道远”三大部分。“浩瀚典籍　历史智慧”作为展览的主体部分，紧扣习近平总书记关于弘扬中华优秀传统文化的系列讲话精神，按照经史子集四部排列，展示了以十三经及其注疏作品为代表的儒家经典，以纪传、编年、典制、谱牒等题材为代表的史学名著，以先秦百家、国粹技艺为代表的子部珍籍，以汉赋唐诗、宋词元曲、明清小说为代表的文学遗产。展览单列民族融合与对外交流两个单元，展示了《国家珍贵古籍名录》中珍贵的民文古籍和西文古籍。展览一大亮点是首次展出三件世界印刷史上标志性珍贵文献，其中五代后唐天成二年（927）刻本《佛说观弥勒菩萨上生兜率天经一卷》（简称《弥勒上生经》）仅比咸通九年《金刚经》晚59年，为国内已知有纪年的最早雕版印刷品；另两件分别为晚唐五代刻本《金刚般若波罗蜜经一卷》、五代北宋初刻本《弥勒下生经一卷》。这三件刻本弥补了中国作为雕版印刷术发明的故乡却无早期实物的遗憾。（国家图书馆办公室）

【“红色记忆——纪念中国共产党成立九十五周年馆藏文献展”开展】 6月29日，由国家图书馆主办的此次展览在国家典籍博物馆开展。展览旨在通过大量珍贵文献史料再现中国共产党光辉的建设发展历程，大力弘扬爱国主义精神、长征精神，讴歌中华民族实现伟大复兴中国梦的奋斗历程。展览展出珍贵馆藏文献325种340余册（件），特色鲜明、亮点纷呈。其中包括六大至十八大的党章，《群众》《新华日报》《解放日报》等数十种中央机关报，《西行漫记》等红军长征专题文献，马克思恩格斯手稿、左联五烈士手稿等。此外，《新青年》创刊号、阮章竞在太行山时期的一些手稿等文献都是首次在国家图书馆展出。展览上特别展出多种伪装本，如伪装成“灯塔小丛书”的中共七大党章，从中可以感受到当时斗争环境的险恶，充分体现伪装本在革命战争年代不同历史时期为传播马列主义、宣传中国共产党方针政策方面发挥的重要作用。（国家图书馆办公室）

【国家典籍博物馆首次派员参加米兰国际博物馆协会】 7月3—10日，中国国家图书馆副馆长、国家典籍博物馆常务副馆长李虹霖率代表团一行5人应邀赴意大利、奥地利进行访问。访问期间，代表团出席了2016米兰国际博物馆协会第24届大会，这是国家典籍博物馆成立后首次派员参加该项国际会议。会议期间，代表团参加了国家和国际委员、地区联盟以及附属组织会议，李虹霖代表中国国家图书馆同与会同行就展览策划、交换合作、文创开发等业内共同关注的问题进行沟通与交流，并立足实际馆情，对“甲骨文记忆”等展览进行了介绍和推广，引起业界的热烈反响。（国家图书馆办公室）

【“全国古籍普查登记工作调研会议”在京举办】 8月12日，此次调研会议在京举办，文化部公共文化司副司长陈彬斌，国家图书馆副馆长、国家古籍保护中心副主任张志清及各省、自治区、直辖市古籍保护中心主任参加会议。张志清介绍了全国古籍普查登记工作现状，各省级古籍保护中心代表介绍辖区内古籍普查现状、“十三五”期间完成古籍普查登记工作目标及时间规划。此次会议明确要集中主要力量，在古籍保护部际联席会议成员单位所涉及的相关行业系统范围内完成古籍普查，除了少数不具备条件的、偏远的民族地区或宗教行业之外，其他应全面完成。大部分省份表示2017年年底可基本完成古籍普查工作，其他省份在2018—2020年间也将完成古籍普查工作。2018年后，国家古籍保护中心的普查工作重心将转移到《全国古籍普查登记目录》和《中华古籍总目》的编纂出版工作上。为了保证古籍普查登记工作的顺利完成，国家古籍保护中心将加大对志愿者服务的支持、对审校人员的培养力度及对编纂出版的督促和支持。（国家图书馆办公室）

【《古本戏曲丛刊》第六集出版暨《丛刊》文献及文化意义座谈会召开】 8月22日，此次座谈会在国家图书馆召开。国家图书馆馆长韩永进与中国社会科学院文学研究所研究员刘跃进共同为《古本戏曲丛刊》第六集揭幕。《古本戏曲丛刊》是迄今为止最大的戏曲作品总集，收集留存于世的绝大部分戏曲孤本与珍本。《古本戏曲丛刊》第六集作为该丛刊的最新成果，由国家古籍保护中心资助，中国社会科学院文学研究所组织编纂，于2016年3月正式出版。第六集收录清代顺治到乾隆时期的传奇和戏曲别集77种，共计109种剧目。所收剧目中，《昊天塔》《埋轮亭》《钟情缘》《百子图》《蟠桃会》等皆为孤本。全书沿用前五集的开本和形态，制作成线装17函180册。（国家图书馆办公室）

【“第一期全国佛教古籍保护管理研修班”在京开班】 9月2日，由文化部、国家宗教事务局主办，国家古籍保护中心、中国佛教协会承办的此次研修班在北京灵光寺开班，文化部公共文化司副司长陈向红，国家宗教事务局业务一司司长王健，国家图书馆馆长、国家古籍保护中心主任韩永进，中国佛教协会副会长宗性法师等出席开班式并分别讲话，来自中国佛教协会、地方佛教协会、佛教院校及各大寺庙等47家单位的60余位学员参加培训。本次培训邀请国家图书馆副馆长、国家古籍保护中心副主任张志清，国家图书馆研究馆员、佛教文献研究专家李际宁、林世田，国家级非物质文化遗产项目古籍修复技艺代表性传承人杜伟生等专家为学员授课，并举办“佛教古籍保护与利用”专题研讨会。（国家图书馆办公室）

【《国家图书馆与西藏自治区文化厅关于全面支援西藏图书馆建设战略框架协议》签署】 9月10日，在拉萨召开的第五次全国文化系统对口支援西藏工作会议上，国家图书馆副馆长魏大威代表国家图书馆与西藏文化厅负责人共同签署《国家图书馆与西藏自治区文化厅关于全面支援西藏图书馆建设战略框架协议》。根据协议，“十三五”期间，国家图书馆将从馆藏建设、数字图书馆建设与服务、古籍保护、阅读推广、人才培养、文创产品开发等方面支持西藏各级图书馆建设。会议期间，国家图书馆还向西藏地区图书馆赠送图书1万册，古籍修复设备10套，县以上图书馆每馆数字资源4TB。（国家图书馆办公室）

【国家图书馆举办纪念"九一八事变"85 周年东北抗日联军专题成果发布会】 9月18日，此次发布会与"不朽的抗联——中国记忆项目东北抗日联军专题资源建设成果展"在国家图书馆同时举办。国家图书馆馆长韩永进、副馆长李虹霖出席活动，抗联老战士代表、抗联后辈代表、抗联研究领域专家应邀出席活动并发言。发布会上，东北抗联老战士日记手稿、口述音频等一批珍贵文献入藏国家图书馆，《我的抗联岁月——东北抗日联军战士口述史》《最危险的时刻——东北抗联史事考》和《请把我埋在战斗过的地方——追寻远去的抗联》3 部书首发。"不朽的抗联——中国记忆项目东北抗日联军专题资源建设成果展"在国家图书馆总馆北区同期举办，该展览通过图文、视频、实物等形式，介绍东北抗联的斗争历程，展览现场播放受访老战士口述视频，展出抗联战士日记、公文包等珍贵文献和历史文物。（国家图书馆办公室）

【长征七号运载火箭首飞搭载中华典籍交接仪式在国家图书馆举行】 9月26日，交接仪式在国家图书馆举行。仪式上，中国运载火箭技术研究院与国家图书馆双方领导签署《长征七号运载火箭首飞搭载中华典籍交接证书》，国家图书馆将 2 册典籍和 5 张读者卡回赠中国运载火箭技术研究院。为做好此次搭载工作，国家图书馆以"中国人的航天梦"为主题，精心选取馆藏甲骨拓片、古籍善本、《国家珍贵古籍名录》书影和任继愈先生著作《老子绎读》节选，制成精美的特制线装典籍。甲骨拓片、古籍善本上记载了自古以来华夏先贤关怀宇宙的飞天梦想；《国家珍贵古籍名录》体现了当代中华儿女以保护古籍、传承文明为己任的坚定信念和不竭动力；任继愈先生一生四次译注《老子》，《老子绎读》搭载升空，象征着古今两位国家图书馆馆长跨越时空的对话。同时搭载的还有国家图书馆专门为此次活动设计的国家图书馆读者卡。（国家图书馆办公室）

【"日本战犯审判文献征集、整理与数据库建设"开题会在国家图书馆举行】 10月18日，在远东国际军事法庭开庭 70 周年之际，国家社科基金抗日战争研究专项工程"日本战犯审判文献征集、整理与数据库建设"开题会在国家图书馆举行。"日本战犯审判文献征集、整理与数据库建设"项目是在原有基于民国时期文献保护计划"日本战犯审判"资料的搜集、整理工作基础上的进一步延伸。通过这项工作的开展，将首次以日本战犯审判文献为主体，以数据库形式，将散存于世界各地的日本战犯审判文献进行最全面的集中聚合、整理、研究，建立一个资源丰富、功能齐全、获取开放、使用便捷的资源库，实现日本战犯审判文献的集中式整理和一站式检索，通过全文检索和智能化处理对档案资料、图书报刊、影音资源、照片海报、函稿日记等各类文献进行全方位揭示、多维分类和关联聚合，最大限度地便捷学者使用。（国家图书馆办公室）

【《丸之内审判文献汇编》《伯力审判庭审记录》《二战日军战史资料汇编》新书发布】 10月18日，发布仪式在国家图书馆举行。国家图书馆馆长、党委书记韩永进出席仪式并致辞，仪式由国家图书馆常务副馆长陈力主持。三部历史文献在内容上极大地补充了"对日战犯审判史料系列"专题文献，是对日本战犯审判文献整理工作的拓展与延伸，也是国家社科基金抗日战争研究专项工程"日本战犯审判文献征集、整理与数据库建设"的第一批成果。《伯力审判庭审记录》全 5 册，是国内首次公开出版汇集中、英、俄、德、日语种的伯力审判庭审记录。《丸之内审判文献汇编》全 18 册，该文献汇编了盟军总司令部设立特别军事法庭，审判原日本联合舰队总司令丰田副武、原俘虏情报局长官田村浩的庭审记录、法庭证据与法庭判决等审判相关材料。《二战日军战史资料汇编》全 30 册，是国内首次公开出版二战日本陆海军战史档案资料，涉及日军战前的政策战略、战争计划与各主要战场的具体作战情况，涵盖日本在太平洋战场的所有方面。（国家图书馆办公室）

【"甲骨文记忆展"在墨西哥开幕】 10月22日，由中国国家图书馆与中外文化交流中心、墨西哥中国文化中心共同主办的"甲骨文记忆展"，作为墨西哥阿卡普尔科"中国船"艺术节中国主宾国活动揭幕展，在阿卡普尔科圣迭戈历史博物馆开幕。展览展出中国国家图书馆馆藏精品甲骨复制品 10 件，内容涉及祭祀、天气、生育、战争等诸多主题，从甲骨文的发现及制作、

历史传奇、殷商社会等方面向墨西哥人民揭开甲骨文神秘面纱。（国家图书馆办公室）

【刘延东参观国家珍贵古籍特展和纪念中国共产党成立95周年馆藏文献展】 10月31日，中共中央政治局委员、国务院副总理刘延东在参观国家图书馆“民族记忆　精神家园——国家珍贵古籍特展”和“红色记忆——纪念中国共产党成立95周年馆藏文献展”时强调，要深入学习贯彻落实党的十八届六中全会精神，落实好习近平总书记系列重要讲话精神，加强古籍和革命历史文献的发掘整理和保护利用，助推实现中华民族伟大复兴中国梦。文化部副部长杨志今，国家图书馆名誉馆长周和平，文化部有关司局、国家图书馆负责同志一同参观展览。（国家图书馆办公室）

【“中国—南亚图书馆管理与服务高级研修班”在北京举办】 11月12—20日，受文化部委托，国家图书馆举办了此次研修班。研修班以“互联网时代的图书馆新发展”为主题，共有14名中外学员参加，其中3名中国学员分别来自云南省、青海省、新疆维吾尔自治区，11名外国学员分别来自阿富汗、孟加拉国、马尔代夫、尼泊尔、巴基斯坦、斯里兰卡国家图书馆。国家图书馆馆长韩永进、副馆长孙一钢、文化部外联局局长助理王晨、外联局亚洲处副处长赵歆等出席开班仪式，国家图书馆常务副馆长陈力、副馆长魏大威、孙一钢以及来自美国、英国、丹麦等国的专家学者为学员授课。（国家图书馆办公室）

【“日本对华调查档案资料整理和数字化”开题会在国家图书馆召开】 11月15日，国家社科基金抗日战争研究专项工程“日本对华调查档案资料整理和数字化”开题会在国家图书馆召开，将建立“日本对华调查档案资料”数据库，为抗战研究增添新的史料整理成果。为加强日本对华调查档案资料的整理、研究和利用工作，服务国家内政外交大局和抗战研究，国家图书馆申请立项该课题。按项目规划，国家图书馆将建立一个“日本对华调查档案资料”数字化服务平台，并从东亚同文书院和满铁调查报告开始，对馆藏日本对华调查资料进行全面整理和数字化，同时还将联合国内外相关文献收藏单位，进行相关资料搜集、整理和数字化加工，建立专题数据库。同日首发的《东亚同文书院中国调查手稿丛刊》（200册）由国家图书馆出版社出版，这是国内东亚同文书院中国调查手稿的第一次集中面世。（国家图书馆办公室）

【国家图书馆（国家古籍保护中心）与曲阜市文物局签署战略合作框架协议书】 11月18日，国家古籍保护中心中华优秀传统文化实践基地挂牌暨国家图书馆（国家古籍保护中心）与曲阜市文物局战略合作框架协议书签约仪式在山东曲阜举行。国家图书馆馆长、党委书记、国家古籍保护中心主任韩永进，国家图书馆副馆长、国家古籍保护中心副主任张志清，济宁市委常委、市委秘书长李长胜，曲阜市委书记刘东波、副市长褚福梅等出席仪式。仪式上，韩永进、李长胜共同为国家古籍保护中心中华优秀传统文化实践基地揭牌。张志清代表国家图书馆（国家古籍保护中心）与曲阜市文物局签署战略合作框架协议书。根据协议，双方将在孔府藏书出版、孔府档案揭示、优秀传统文化传承发展、古籍保护人才培养等方面开展系统化合作，并将其纳入“中华古籍保护计划”框架中。（国家图书馆办公室）

【“太古遗韵——中国古琴文化研讨会”在京举行】 11月18日，由国家图书馆（国家典籍博物馆）主办的此次研讨会在北京举行，研讨会旨在进一步加深公众对古琴文化的认识和了解，邀请国内知名古琴名家和学者20余人，就典籍中的古琴文化内涵、古琴在中华传统文化中的作用以及古琴文化的传承与现状进行交流探讨。由国家典籍博物馆举办的“太古遗韵——中国古琴文化大展”于同日进行预展并于22日正式开展。展览从古琴历史的演变及斫琴技艺等不同角度出发，其间穿插文雅逸事、著名琴曲、传世名琴等介绍，图文并茂地讲述中国历代名琴、琴家、琴主的传奇故事。展览还展示了国家图书馆藏文献中琴文化的相关内容，展品包括琴论、琴制、琴艺等文献资料，以及历史上著名古琴实物、复制品等。值得一提的是，由国家图书馆收藏的一件当今极为罕见的木质铁皮衣仲尼式琴首次面向公众展出，当年，江南常熟瞿氏第二代瞿镛正是得到这把铁琴和一个铜剑，才有了铁琴铜剑楼这个藏书楼名字。（国家图书馆办公室）

【"再遇芥子园——《芥子园画传》与当代绘画名家对话展"开展】 12月20日，国家图书馆（国家典籍博物馆）携手中国美术家协会共同主办的此次展览在国家典籍博物馆开展。本次展览得到中央美术学院、北京画院等机构的支持，引入开放的策展理念，建构了一个在"芥子园"中穿越古今的对话模式，是一次激活传统、面向未来的展览实践，也是从中华文化艺术宝库中萃取精华、推动传统文化创造性转化的有益尝试。此次展览集中展出国家图书馆所藏《芥子园画传》的十几种珍贵中外文版本，详细梳理了《芥子园画传》的源流脉络。展览还展出20世纪以来任伯年、吴昌硕、齐白石、黄宾虹、傅抱石等艺术家基于传统的创造，以及当下艺术家在传承中演进的中国画作品，甚至还展出其他媒介材料和不同形态的当代艺术作品。展览深度解读《芥子园画传》在绘画艺术上的津梁作用，古今辉映，拉近观众与历史文化和绘画艺术的距离。（国家图书馆办公室）

公共图书馆

综述

2016年，全国公共图书馆系统全面贯彻党的十八大和十八届三中、四中、五中、六中全会精神，深入学习贯彻习近平总书记系列重要讲话精神，紧紧围绕“五位一体”总体布局和“四个全面”战略布局，坚持社会主义先进文化前进方向，坚持以读者为中心的工作导向，攻坚克难，开拓创新，公共图书馆事业发展改革不断取得新的进展，“十三五”时期各项任务开局顺利，在满足城乡居民基本公共文化需求，保障人民基本文化权益方面发挥重要作用。

一、公共图书馆服务体系顶层设计不断完善，进一步提升服务效能与服务水平

2016年，全国公共图书馆继续深入贯彻落实中办、国办《关于加快构建现代公共文化服务体系的意见》，把标准化均等化作为重要制度设计和工作抓手，切实推进基本公共文化服务标准化均等化建设。12月25日，《中华人民共和国公共文化服务保障法》颁布，进一步将公共文化纳入法制化、规范化轨道，有力推动公共图书馆法制化标准化建设进程。首次由中国图书馆学会公共图书馆评估定级标准研制专家组承担的“文化部第六次全国县以上公共图书馆评估定级标准”编制完成，共形成《省级(副省级)图书馆等级必备条件和评估标准》《地市级图书馆等级必备条件和评估标准》《县级图书馆等级必备条件和评估标准》《省级(副省级)少年儿童图书馆等级必备条件和评估标准》《地市级少年儿童图书馆等级必备条件和评估标准》《县级少年儿童图书馆等级必备条件和评估标准》二类三级六套评估标准。完成制定各级公共图书馆业务规范，发布《流动图书车载装置通用技术条件》等推荐性行业标准。由深圳图书馆牵头联合东莞图书馆等共同研制的全国文化行业标准《社区图书馆服务规范》(WH/T 73—2016)施行；上海市普陀区图书馆服务标准化试点项目(国家级)于8月通过全国中期评估检查；苏州市图书馆标准化服务试点项目被评为2016年度国家级服务业标准化试点项目；浙江省国内首个省级公共图书馆地方服务标准《公共图书馆服务规范》(DB33/T 2011—2016)和首个规范乡镇街道图书馆的地方性标准《宁波市乡镇(街道)图书馆建设与服务规范》发布实施；广州图书馆组织制定《广州市公共图书馆服务规范》《广州市公共图书馆文献信息资源剔除规定》等配套制度，制定并实施《广州市公共图书馆统一借阅规则》，实现全市公共图书馆服务标准化；深圳市《公共图书馆统一服务技术平台应用规范》《公共图书馆RFID技术应用业务规范》分别于1月22日、3月9日由深圳市市场监督管理局发布施行；《东莞市公共图书馆管理办法》于12月13日经市政府十五届第166次常务会议审议通过并公布，自2017年3月1日起施行。

2016年，作为“十三五”规划开局之年，全国公共图书馆事业稳步发展，国家、省、市、县四级公共图书馆系统已经基本建成。截至2016年年底，全国共有公共图书馆3153个，比上年增加14个。其中少儿图书馆122个，增加9个。全国公共图书馆从业人员57208人，增加786人，其中：具有高级职称的人员6153人，占10.8%；具有中级职称的人员18699人，占32.7%。全国公共图书馆实际使用房屋建筑面积1424.26万平方米，增长9.4%；图书总藏量90163万册，增长7.5%；电子图书88798万册，增长6.9%；阅览室座席数98.6万个，增长8.3%；计算机21.16万台，供读者使用的电子阅览终端13.49万台，增长6.5%。全国平均每万人公共图书馆建筑面积103平方米，增加8.3平方米；全国人均图书藏量0.65册，增加0.04册；全年全国人均购书费1.56元，增加0.13元。全年全国公共图书馆发放借书证5593万个；总流通人次66037万，增长12.1%；书刊文献外借册次54725万，增长7.5%；外借人次24892万，增长7.8%。全年举办各种读者活动14万次，增长22.3%；参加读者7138万人次，增长20.8%[①]。2016年2

① 数据源自《中华人民共和国文化部2016年文化发展统计公报》。

月，上海图书馆东馆建设项目正式立项落户浦东，将进一步完善上海公共图书馆服务体系顶层设计和设施的空间布局；上海公共图书馆系统平均每个月举办的活动超过2万场，涵盖讲座、展览、读书会、科普等各种类型，公共图书馆服务正从单一图书借阅向多元文化服务转变，功能日益宽广和精深；上海市文化广播影视管理局组织开展上海市第六届街道（乡镇）图书馆（简称"街镇图书馆"）评估考核。浙江全省公共图书馆人均借阅量1.1册（件），比2015年增加36%。12月30日起，广州全市91个公共图书馆借书证实行统一借阅规则和通借通还。甘肃省公共图书馆实际使用面积较上年增加4.856万平方米，其中甘肃省图书馆扩建项目9月通过主体结构验收，甘州区图书馆新馆1月试运行，陇南市图书馆新馆工程建设完工，定西市图书馆新馆12月正式开放，敦煌市图书馆等11家县区级图书馆新馆正在新建或改扩建中。江苏省张家港市少年儿童图书馆4月正式对外开放。

二、切实推进县级图书馆总分馆制建设，不断完善公共图书馆服务网络建设，提升公共文化服务效能

2016年，全国公共图书馆积极贯彻落实文化部《关于推进县级文化馆、图书馆总分馆制建设的指导意见》，将县级图书馆的优质资源输送到农村，公共文化资源进一步向基层倾斜。北京市文化局颁布《北京市基层图书服务资源整合实施方案》和《北京市基层图书服务资源整合实施管理办法》，把益民书屋整合到公共图书馆服务体系中，推动基层图书资源整合，强化供需对接，提升服务效能。上海市中心图书馆总分馆体系机构成员达到273家，服务点达到308个，"一卡通"有效读者证达到390万张，文献流通量6600万余册次，成为全球城市图书馆最大的单一集群系统。重庆市加快推进全市公共图书馆总分馆建设，把公共图书馆一卡通业务系统升级到云平台。浙江省县级图书馆乡镇分馆已达557个，杭州图书馆推进以县级图书馆为中心的总分馆制建设工作被列入中央"深改组"重点工作任务之一。广东省文化厅先后下发《广东省文化厅关于申报2016年图书馆、文化馆总分馆试点建设项目的通知》《广东省文化厅关于做好2016年图书馆、文化馆总分馆建设试点工作的通知》，正式启动县域总分馆建设试点工作；广东流动图书馆二期工程建设工作继续推进，共建成分馆90家；东莞市进一步完善总分馆体系，全市现有村（社区）基层服务点达320个；佛山市公共图书馆服务体系发展迅速，联合图书馆（包括智能图书馆）、汽车图书馆、数字图书馆、电视图书馆构成立体、多维的公共文化服务网络，联合图书馆成员馆发展至140家，比上年增长79%。黑龙江省哈尔滨市经过10年努力，形成以市图书馆为总馆、区级图书馆为中心分馆、社区图书馆为基层馆的图书馆总分馆三级服务体系，覆盖全市7个区以及40多个街道（乡镇）和社区。河北省廊坊市积极探索市县两级图书馆总分馆制，制订试点建设方案。

三、积极推进国家重点文化工程建设，努力实现公共数字文化精准服务与有效服务

国家公共文化数字平台强化支撑作用，按照发挥共享工程公共数字文化总枢纽、主阵地的定位要求，不断加强顶层设计，国家平台和省级平台建设有序推进。2016年，发布数字资源云目录15603条，接入文化应用211个，累计服务5439万人次，逐步发挥工作协作、资源汇聚、服务集成功能。数字图书馆推广工程建设实现"十三五"时期工程建设的良好开局。全国共有40家省级图书馆和483家地市级图书馆开展数字图书馆推广工程建设，在资源建设、基础设施提升、服务推广及实施保障等方面成果显著，取得良好的社会反响。全国各级公共图书馆积极推进国家重点文化工程建设，进一步推广数字化服务。"北京市文化信息资源共享工程信息内容传输服务平台"建成，全市24家区级以上图书馆全部加入数字图书馆推广工程建设。"文化上海云"于3月正式上线，成为全国第一个实现省级区域全覆盖的公共文化数字化服务平台，覆盖全市400多家图书馆等文化机构，集合全市主要的公共文化活动信息，实现公共文化服务供需精准对接。广东省基本完成省内省、市、县（区）三级公共电子阅览室管理系统客户端的部署，在全国18个采用相同管理平台的省份中注册站点数量、安装客户端电脑数量、上机服务人次三项统计数据均排名第一。浙江省举办"十二五"公共数字文化建设展，全省公共电子阅览室建设工作完成8个开发区电子阅览室（示范点）建设，新增安吉县等16个图书馆联通全省虚拟网，单向连通率达到93%。辽宁省图书馆"数字文化驿站"服务项目覆盖全省40%县区，服务人口近1500万，获评省直机关2016年第三

季度最佳实事。江苏省由南京图书馆牵头，100 家公共图书馆参与共建共享的省重点公共数字文化项目“江苏省少儿数字图书馆”项目全面实施，这也是目前国内最大的少儿数字图书馆项目；常州市电视图书馆项目通过第二批国家公共文化服务体系示范项目验收。宁夏回族自治区依托“文化共享工程·中国文化网络电视”在全区设立 500 个试点，将优秀文化资源送到清真寺、敬老院等；数字图书馆推广工程联建工作参建馆全区覆盖率达到 67%。江西省依托“数字图书馆推广工程”，开通国家图书馆到江西省的光纤专网，实现联通覆盖全省各节点的虚拟网络。

四、扎实推进全民阅读国家战略，阅读推广活动丰富多彩，形成品牌效应

十八届五中全会把“倡导全民阅读”“推动国民素质和社会文明程度显著提高”列为“十三五”时期的重要工作。12 月 17 日，《全民阅读“十三五”时期发展规划》发布，这是我国制定的首个国家级全民阅读规划，将进一步推动全民阅读工作常态化、规范化，共同建设书香社会。2016 年，是中宣部等 11 个部委倡导和开展全民阅读 10 周年，全国各级公共图书馆全民阅读工作以群众需求为导向，进一步夯实全民阅读主阵地，不断创新全民阅读服务方式，广泛开展丰富多彩的阅读活动。北京市公共图书馆共举办全民阅读活动 6712 次，240.5 万人次参加；第三届“阅读之城——市民读书计划”为市民推出 2016 年“请读书目”；首都图书馆起草制定《北京市基层图书馆(室)书目选配办法》等多份指导性文件，旨在实现搭建一个阅读平台，推荐一批优秀图书，组建一支基层“领读者”队伍，打造一个阅读活动品牌，推广一批示范基层图书馆的活动目标。上海市 302 家公共图书馆全年举办各类阅读活动 2.6 万场次，595 万人次参与，为推动全民阅读做出积极贡献；上海图书馆着力打造移动数字阅读服务，加大微信、微站和手机客户端数字阅读推广力度，在原有电子书“微阅读”品牌基础上，推出电子期刊“微文堂”品牌。重庆图书馆积极推进全民阅读与科技深度融合，2016 年市民数字阅读率居全国前列。浙江省组织全省 98 家公共图书馆开展 2016 年度全省公共图书馆全民阅读节十大系列活动，精心策划 2000 多场别具特色的活动。《深圳经济特区全民阅读促进条例》自 4 月 1 日起施行，这是国内阅读推广领域第一部运用特区立法权制定的法规，也是深圳彰显“全球全民阅读典范城市”典范作用的具体体现。黑龙江省第九届全民读书月在省图书馆启动，发布黑龙江省全民阅读第二批推荐书目。吉林省首届“书香之家”颁奖晚会暨书香吉林摄影大赛颁奖仪式在吉林省图书馆举行，启动 2016 年吉林省全民阅读活动，颁布实施《吉林省全民阅读促进条例》，组织开展“百万图书送基层、百万书卡送农家”“巡讲百乡千村、惠及百万农民”等活动。广州图书馆联合广州市电车公司推出全国首条公交“阅读专线”。5 月 8 日，全民阅读社会化发展“江阴模式”研讨会在江苏省江阴市举行，江阴市“三味书咖”城市阅读联盟建设获与会专家高度评价。

五、大力弘扬中华优秀传统文化，加大中华优秀古籍保护和宣传推广力度，为我国古籍保护事业推进提供助力

2016 年 3 月，国务院发布《“十三五”规划纲要》，将“中华古籍保护计划”列入文化重大工程，对古籍保护工作提出更新、更高的要求。3 月 27 日，国务院印发《关于公布第五批国家珍贵古籍名录和第五批全国古籍重点保护单位的通知》(国发〔2016〕22 号)，正式公布第五批《国家珍贵古籍名录》(899 部)和全国古籍重点保护单位(14 家)名单。在新获第五批“全国古籍重点保护单位”称号的 14 家单位中公共图书馆共 5 家，分别是江苏省泰州市图书馆、河南省开封市图书馆、河南省南阳市图书馆、安徽省芜湖市图书馆、江西省景德镇市图书馆。截至 3 月底，全国共有 12274 部古籍被列入《国家珍贵古籍名录》，180 家单位被命名为“全国古籍重点保护单位”。9 月，国家图书馆(国家古籍保护中心)“全国古籍普查登记基本数据库”“中华古籍资源库”向社会发布。国内首部地方性古籍保护法规《镇江市古籍保护办法》被列入市政府 2016 年政府规章立法计划项目并完成起草。北京市古籍保护中心增补首都图书馆入选第五批《国家珍贵古籍名录》善本图像 10 部，完成全国古籍普查平台数据审核与整理 1955 条。上海图书馆获上海市文化广播影视管理局颁发的可移动文物修复资质；申报的《碑刻传拓及拓片装裱技艺》入选第 5 批上海市非物质文化遗产代表性项目，赵嘉福被认定为该项目的市级代表性传承人。天津市古籍保护中心组织 22 家公私藏书单位联合编纂《中华古籍总目·天津卷》，编纂工作基本完成，天津图书馆承担的《海

峡两岸中华古籍保护论文著作索引(2011—2015)》编目工作完成定稿。由国家古籍保护中心主办、广东省古籍保护中心承办的"册府千华——广东省藏国家珍贵古籍特展"于4月在广东省立中山图书馆开幕。湖南省完成全省古籍普查登记工作,23部古籍入选国务院颁布的第五批《国家珍贵古籍名录》;"国家级古籍修复技艺传习中心湖南传习所"6月在湖南图书馆成立。《宁夏图书馆馆藏精品集萃》出版。江西省图书馆编纂的《江西省图书馆古籍善本书目》获全国优秀古籍图书奖一等奖,《国家珍贵古籍江西珍本丛刊》影印出版。4月26日至5月8日,由国家古籍保护中心主办,云南省图书馆、澜沧县图书馆承办的全国第四期少数民族古籍修复技术培训班在澜沧县图书馆举办,这是国家古籍保护中心第三次在云南省举办全国性的少数民族古籍修复技术培训班。由福建省图书馆编辑的《福建省图书馆藏稀见书目书志丛刊》出版发行,该书入选"中华古籍保护计划成果"。辽宁省图书馆《辽宁省图书馆古籍普查登记目录》《第一批辽宁省珍贵古籍名录图录》出版,与沈阳师范大学签署"合作培养古籍保护与修复方向研究生"协议,创新人才培养方式。

六、继续推进公共文化事业单位法人治理结构建设,进一步提升管理水平和服务效能,增强活力

2016年,全国各级公共图书馆围绕中央关于构建现代公共文化服务体系的总体部署,按照政事分开、管办分离的要求,以促进公共文化事业发展为目标,继续积极推动公共文化机构建立以理事会为主要形式的法人治理结构建设,以进一步提升管理水平和服务效能,增强活力,为人民群众提供更加优质高效的公共文化服务。上海图书馆以文化部2015—2016年度国家公共文化服务体系制度设计研究课题"治理路径下的公共图书馆理事会模式探索与实践"为抓手,加强理事会工作总结和研究,为国家公共文化服务体制机制改革积累有益的探索经验。3月,作为天津市首家由国家事业单位登记管理局直接联系的法人治理结构建设试点单位,天津图书馆成立第一届理事会,标志着天津市事业单位推进法人治理结构建设试点工作取得阶段性成果。河北省唐山市丰南区图书馆作为文化部全国首批10家决策型法人治理结构试点单位,顺利通过国家验收。浙江省两个国家级试点单位浙江图书馆和温州市图书馆理事会分别以第一名、第二名的成绩通过文化部验收,理事会在图书馆运行中发挥的作用逐步显现;温州市图书馆理事会参与组建"温州市图书馆发展基金会",吸纳社会资本参与图书馆城市书房建设;杭州余杭区、西湖区,宁波海曙区、镇海区、慈溪市江北区、象山县等17家图书馆相继成立理事会。黑龙江省、哈尔滨市图书馆理事会相继成立。江苏省盐城市、连云港市图书馆先后成立理事会;苏州图书馆理事会于12月成立,著名阅读推广专家、南京大学教授徐雁任第一届理事会理事长。江西省靖安县图书馆理事会成立并召开第一次理事会议。(上海图书馆　金晓明)

年度工作

北京市

【概况】 2016年，北京市共有公共图书馆5073个，其中市级图书馆1个，区级图书馆23个，街道级图书馆165个，乡镇级图书馆182个，社区级图书馆1386个，村级图书馆3316个。公共图书馆文献总藏量3968.2万册（件）。公共图书馆文献购置费9859.3万元，新增图书199.9万册、报刊2.56万种、电子视听文献7.97万件、其他文献22.7万册、其他电子资源121.09TB。全年发放借书证16.2万个，书刊外借1454.8万册次，接待读者1713.5万人次。北京市公共图书馆“一卡通”成员馆发展到181个，通借通还成员馆达到129个。“一卡通”办理读者卡14.7万个，还书696.2万册次，借书753.3万册次。24小时自助图书馆165台，办理读者卡6179个，借书22.9万册次，还书33.1万册次。数字文化社区300个，共享工程基层点4295个。北京市区县图书馆用于政府信息公开查询场所面积约为1017平方米，座席550个，专用计算机91台，接收文件1.8万份，收存政府信息总量达9.8万份，接待读者查询3444人次，网上查询3427人次。

北京市文化局颁布《北京市基层图书服务资源整合实施方案》和《北京市基层图书服务资源整合实施管理办法》，把益民书屋整合到公共图书馆服务体系中，推动基层图书资源整合，强化供需对接，提升服务效能。各级公共图书馆结合地区实际，制订工作方案，进一步规划基层图书室网点布局，配送文献资源，组织阅读活动。首都图书馆依据职责分工，起草了相关文件与资金保障方案，制定《北京市基层图书馆（室）书目选配办法》和推荐书目。6月8日，组织召开北京市基层图书服务资源整合工作专题会议，向各区图书馆馆长介绍相关工作进展情况，了解各区现状与工作思路，就实施管理办法和预算方案征求意见。9月18日，组织召开公共图书馆馆长工作会议，全面部署、推进基层图书服务资源整合工作。旨在实现搭建一个阅读平台，推荐一批优秀图书，组建一支基层“领读者”队伍，打造一个阅读活动品牌，推广一批示范基层图书馆的活动目标。

广泛开展京津冀三地图书馆间的交流合作。2016年1月，河北省图书馆“杂技之光”展览在首都图书馆巡展，参观读者16469人次。首都图书馆、河北省图书馆、中国新闻文化促进会签署合作协议，固安幸福图书馆成为首都图书馆和河北省图书馆的分馆。“朝阳·宝坻书法美术摄影艺术联展”在朝阳区图书馆开幕，展出两地艺术家创作的书法、美术、摄影作品150件。西城区第二图书馆廊坊市永清县韩村镇杨家营村阅读空间隆重揭牌。9月，燕山图书馆在河北省保定市唐县罗庄乡岸上村举行燕山图书馆分馆揭牌仪式。10月，为加强跨区域文化产业合作，促进馆际间资源互补及交流，门头沟区图书馆到张家口市涿鹿县图书馆参观交流。11月，通州区图书馆与天津市武清图书馆、河北省廊坊图书馆共同签订《图书馆交流战略合作意向书》。

积极开展全民阅读活动。全市各级图书馆坚持开展讲座、展览、送书、诵读等阅读活动，面向读者推荐图书、引导阅读。特别是在图书馆服务宣传周、世界读书日、科技周、社会科学普及周以及节假日期间，全市各级图书馆广泛开展阅读体验活动，普及科学知识。朝阳区图书馆获评全民阅读示范基地，平谷区图书馆获得2015年度全民阅读活动先进单位奖，西城区白云驿站被评为2016年全国最美基层图书馆。全市各级图书馆全年共举办全民阅读活动6712次，240.5万人次参加。第六届北京换书大集，以首都图书馆为主会场，中国科学院文献情报中心、北京大学图书馆、朝阳区图书馆等18家图书馆为分会场举办换书活动，1.9万名市民交换图书6万余册。第三届“阅读之城——市民读书计划”，引导市民互荐好书、撰写书评，并通过形式多样的阅读活动交流阅读体验。在广泛征集推荐意见基础上，结合图书馆借阅排行榜、各阅读推广机构的评选书单，邀请专家进行评审，继续为市民推出2016年“请读书目”。北京市红领巾读书活动完成“心有榜样”红领巾讲故事比赛、“书香溢我家”家庭情景剧比赛、第四届“我的藏书票”设计比赛、《童眼看京城》电子书制作等活动。

积极推进国家重点文化工程建设，推广数字化服务。全市24家区级以上图书馆（含房山文化活动中心和燕山图书馆）已全部加入数字图书馆推广工程建设。2016年发布首都图书馆数字图书馆推广工程数字资源在线展览，通过展览让读者能够全面了解数字资源情况，更容易获取需要资源，提升数字资源使用量和使用范围。全年向国家数字图书馆推广工程提交2万条政府公开信息数据，对100个政府事业机关网站的数据进行收集和整理。建成“北京市文化信息资源共享工程信息内容传输服务平台”，对基层服务点的数据广播共计572.1GB，包括电子期刊、图书、视频等。完成数字文化社区高清交互平台数据更新发布，其中视频资源2008.18小时、演出信息293条、电子图书10559册。对北京市文化信息资源共享工程网站进行改版，包括一级版块9个、二级版块13个，共计约9000个页面。上传视频108场次，主要栏目为首图讲坛讲座类视频，包括特别策划、乡土课堂、尚读沙龙、生活课堂、社科讲堂等讲座内容，并将这些资源同步上传至北京市数字文化社区网站。

推进古籍保护工作。北京市古籍保护中心开展面对市属单位的古籍普查与调研工作，共调研联系8家单位，为相关单位普查登记古籍、鉴定古籍、修复古籍、冷冻除虫。开展古籍数字化工作，全年完成馆藏善本古籍和合作单位古籍整理项目所需文献数字化扫描加工97662拍、修图5100拍，同时完成网络数据备份。古籍珍善本图像数据库测试更新及修复，对阅读插件进行更新，增补首都图书馆入选第五批《国家珍贵古籍名录》善本图像10部，完成全国古籍普查平台数据审核与整理1955条。开展“梦回临川四百年——汤显祖戏曲文献展”古籍宣传推广活动。编辑印制2015年《北京市古籍保护工作专刊》。开展北京市社科基金课题“北京市古籍藏书历史与现状”课题研究工作，调研古籍藏书单位数十家，撰写调研报告90篇。

重点加强面向基层图书管理员的培训工作。2016年4—8月，首都图书馆与东城、西城、朝阳、海淀区图书馆合作，面向基层图书管理员举办业务培训班10期，共计培训556人次。培训班每期5天，邀请业界具有较高学术水平和实际工作经验的专家授课，内容涵盖互联网+图书馆服务创新、基层图书馆阅读活动组织与推广、新技术服务等10门课程。各区图书馆在开展对员工继续教育培训的同时，也面向辖区内基层图书馆（室）管理员开展业务培训，例如海淀区、朝阳区图书馆为本馆员工和基层管理员培训ALEPH系统操作；通州区图书馆为基层管理员举办每人5天的集中业务培训；怀柔区、密云区图书馆在基层管理员培训课程中，增加资源整合工作的内容。（北京市图书馆协会）

【首都图书馆概况】 2016年，首都图书馆围绕“加强基础建设年”的总体目标，各项事业稳步发展。截至2016年年底，总藏量达808.32万册（件），数字资源总量达242.28TB。其中新购藏量36.9万册（件），新购数字资源4.96TB。全年总流通525.23万人次，持证读者量达47.38万人，书刊文献外借235.33万册次。举办讲座、展览等各类文化活动695场，共计78.51万人次参与。首都图书馆官网、一卡通等各类网站点击量总计2486.85万次。成功申请北京市社会科学基金项目“北京地区碑拓资料整理与研究”课题。

完善馆藏文献资源体系建设，促进实体资源与数字、网络资源优势互补。持续稳步推进自建数据库建设工作，挖掘馆藏文献价值，启动黑胶唱片数字化项目。通过多种新媒体形式，优化、拓展服务手段，提升资源使用率。“首都图书馆”“首图北京记忆”“首图数字图书馆”等微信公众号和服务号运营良好。进一步拓展各项经典文化品牌价值，策划树立全新的服务品牌，启动“阅读北京”首都市民阅读系列文化活动。

持续推动各项国家文化惠民工程建设。完成共享工程基层服务点的数据广播763GB，完成数字文化社区高清交互平台数据更新发布，公共电子阅览室社会化合作推广项目服务效果显著，向数字图书馆推广工程提交100个政府事业机关网站信息，2万条政府公开数据。

统筹全市公共图书馆体系建设，推动部署全市基层图书服务资源整合。研究制定《北京市基层图书服务资源整合实施方案》等多份指导性文件；完成《北京市基层图书服务现状调研报告》，为实际整合工作提供参考；策划“阅读北京·十佳优读空间——百姓身边的基层图书室”推优活动。建立北京市公共图书馆文化志愿服务总队，起草《北京市公共图书馆文化志愿服务管理办法》等规范性文件。

推动京津冀地区公共图书馆交流与合作，促进区域文化互动融合。组织召开京津冀图书馆合作发展研讨会，探讨京津冀联盟工作重点和合作方式。完成中国图书馆学会公共图书馆分会的组建工作，组织召开工作会议，承办中国图书馆学会年会公共图书馆分会主题论坛。

发挥文化交流窗口的作用。与文化部、驻华使馆合作，承办“秘鲁记忆：1890—1950”摄影展、乌拉圭当代艺术展等多项文化交流展览。启动“阅读北京”对台文化交流项目，“阅读北京”专区落户台北市立图书馆和高雄市正修科技大学图书馆，与正修科技大学图书馆、东海大学图书馆签订合作框架协议。创建“一带一路”沿线国家图书馆合作交流项目。作为首批文化创意产品开发试点单位，成立首都图书馆文化创意工作小组。（首都图书馆　贾蔷）

【“悦读阅美——2015 年请读书目主题展”开展】 1 月 1 日，由北京市文化局、首都图书馆联盟共同主办的此次主题展在首都图书馆正式开展。展览既是第二届“阅读之城——市民读书计划”主题活动的成果展示，也是 2016 年度主题活动的起点。现场提供 30 册实体图书的阅览和通过二维码扫描获取的电子图书试读版；还设有荐书台，市民可通过填写《图书推荐表》参与此次主题活动，推荐好书、撰写书评，分享阅读体验。（首都图书馆　贾蔷）

【首都图书馆“乡土课堂”2016 年度正式开讲】 1 月 2 日，“乡土课堂”2016 年度开讲仪式暨新闻发布会在首都图书馆举行。北京史研究会会长李建平、秘书长张蒙、理事袁长平，首都图书馆馆长常林和副馆长陈坚出席开讲仪式。仪式上，陈坚总结 2015 年“乡土课堂”所取得的成果。李建平发布 2016 年“乡土课堂”讲座计划，其中“北京绿色发展”和“寻访皇家艺术”是 2016 年“乡土课堂”重点推出的两大系列讲座。（首都图书馆　贾蔷）

【首都图书馆荣获“全国科普教育基地（2015—2019 年）”称号】 2 月 22 日，首都图书馆荣获由中国科学技术协会授予的“全国科普教育基地（2015—2019 年）”称号。首都图书馆于 2008 年被命名“北京市科普教育基地”和“朝阳区科普教育基地”，并于 2010 年被评为“全国科普教育基地（2010—2014 年）”。（首都图书馆　贾蔷）

【京剧表演艺术家孙毓敏向首都图书馆赠书仪式】 3 月 17 日，此次捐赠仪式在首都图书馆举行。北京交响乐团党委书记黄海燕，首都图书馆馆长常林、副馆长陈坚，北京市戏曲艺术教育基金会秘书长叶黛珠等出席仪式。仪式上，孙毓敏向首都图书馆捐赠图书 24 种 84 册、音像制品 14 种，常林为其颁发捐赠证书。（首都图书馆　贾蔷）

【“阅读北京”专区落户台湾】 2016 年，“阅读北京”专区正式落户台北市立图书馆和高雄市正修科技大学图书馆。专区内提供赠书 200 余种，以及可使用多种自建资源数据库的访问权限和专门制作的《北京公园开放记》电子展览和讲座。6 月 22—30 日，首都图书馆馆党委书记肖维平率团赴台湾参加“北京文化周”，分别与高雄市正修科技大学图书馆、台中市东海大学图书馆签订双方合作框架协议。（首都图书馆　贾蔷）

【“北京国际经济贸易资料中心”落户首都图书馆】 7 月 20 日，此次启动仪式在首都图书馆举行。北京市文化局副局长庞微，中国国际贸易促进委员会北京市分会副主任、北京国际经济贸易学会会长张钢，首都图书馆党委书记肖维平、中国国际商会国际事务部部长赵振格等领导出席启动仪式，共同签署《北京国际经济贸易资料中心共建协议书》。“北京国际经济贸易资料中心”由北京市贸易促进会、首都图书馆合作共建，是全国首家由贸促机构和省级图书馆共建的专业类公共资料中心。（首都图书馆　贾蔷）

【京津冀图书馆合作发展研讨会在首都图书馆召开】 12 月 9 日，京津冀图书馆联盟在首都图书馆召开此次研讨会，首都图书馆、天津图书馆、河北省图书馆代表，以及国家图书馆、北京大学、北京市图书馆协会的专家共计 40 余人出席会议。会上，三地图书馆介绍“十三五”规划，结合馆情特色就京津冀联盟 2017 年重点工作给出规划和意见。会议就京津冀图书馆联盟合作发展模式和 2017 年的重点工作进行研讨，就

议事规则、联盟秘书处组建、2017 年年会活动举办等事项原则上达成一致意见。（首都图书馆 贾蔷）

【书香邮票首发】 4 月 23 日是第 21 个“世界读书日”，恰逢中央倡导和开展全民阅读十周年，中共东城区委宣传部与中国邮政集团公司北京市分公司共同在东城区第一图书馆举办“全民阅读”特种邮票首发式。东城区委宣传部副部长方芳、东城区人民政府副区长王中华、中国邮政集团公司北京市分公司副总经理范小荣、中国图书馆学会秘书长霍瑞娟、中文在线数字出版集团股份有限公司董事长童之磊、东城区文化委纪委书记杨春兰等领导与到场的 200 多名府学小学、景山小学、雍和宫小学的家长和师生们共同见证“全民阅读”特种邮票首发。（东城区第一图书馆）

【第十三届科举制与科举学国际学术研讨会在京举行】 5 月 28—29 日，由北京市东城区文化委员会、中华炎黄文化研究会科举文化专业委员会、故宫博物院故宫学研究所、孔庙和国子监博物馆等单位共同主办，北京市东城区第一图书馆承办的第十三届科举制与科举学国际学术研讨会在北京召开。开幕式于 5 月 28 日上午在故宫博物院报告厅举行，来自海内外的专家学者 100 余人参加会议。北京市东城区委常委、宣传部宋甘澍部长宣布开幕，东城区文化委员会主任王伟东、中华炎黄文化研究会常务副会长张希清、厦门大学教育研究院院长刘海峰和台湾暨南国际大学荣誉教授徐泓先生先后致辞，中华炎黄文化研究会科举文化专业委员会主席团主席、中国人民大学历史系毛佩琦教授主持大会。开幕式后 6 位专家做大会主题报告。（东城区第一图书馆）

【公共文化建设战略合作签约仪式在东城区第一图书馆举行】 11 月 3 日，北京市东城区人民政府与北京演艺集团公共文化建设战略合作签约仪式东城区第一图书馆举行。文化部公共文化司司长张永新，中央文化管理干部学院党委书记周庆富，北京市委宣传部常务副部长王海平，北京市文化局副局长王鹏，东城区委书记张家明，东城区委副书记、区长李先忠，北京演艺集团党委书记、董事长康伟等出席会议。东城区人民政府与北京演艺集团签订《公共文化建设战略合作协议》，东城区文化委员会与北京京演文化发展有限公司签订《东城区基层文化单位购买基本公共文化服务（试点）》项目合同书。北京演艺集团将针对试点单位（北新桥街道文体中心、东直门街道文体中心、东华门街道文体中心、龙潭街道文体中心）开展“菜单式”“订单式”的各项规范化与标准化服务，并将逐渐推广到东城区 17 个街道。（东城区第一图书馆）

【东城区第二图书馆开展居民图书捐赠活动】 1 月 26 日，为了让居民家中闲置的书籍得到充分的利用，东城区第二图书馆采编部举办了居民捐赠图书征集活动。征集图书以北京地方史志、文史资料、名人传记、地区民间文献为主。此次捐书活动得到广大居民及读者的积极相应，截至 2 月底，已有 13 位捐赠者捐赠图书近 330 册。采编部将所有捐赠图书逐一进行筛选，并根据业务流程进行图书加工，符合上架要求的纳入正式馆藏，永久保存。（东城区第二图书馆）

【西城区领导参加西城区第一图书馆志愿服务】 3 月 2 日，西城区领导卢映川、王旭、郑然、沈桂芬、姜兆春来到西城区第一图书馆参加文化志愿服务。区委书记卢映川一行在接受志愿服务岗前培训后，进行了图书整理排架、引导读者进行文献检索及图书借还服务，时长近 2 小时。卢书记表示，通过志愿服务了解了图书馆基础业务，体会了图书馆工作人员的辛苦，以后会经常到图书馆参与文化志愿服务。（西城区第一图书馆）

【西城区“阅读推广＋”联盟成立】 4 月 22 日，西城区“阅读推广＋”成立暨第一届代表大会举行，同时，文化地标性特色阅读空间“西华书房”正式开业亮相。作为 2016 年“书香西城”建设的两大举措，西城区阅读推广资源不仅再次得到扩充和丰富，资源共享大平台建设也由此进入一个新阶段。“阅读推广＋”成为区域内各级各类组织开展阅读推广工作的协作平台和资源共享平台，成为西城区文化建设的智库，将开展各种与阅读相关的专题沙龙、志愿活动、公益讲座、展览、培育读书社群等全民阅读活动，推动阅读空间建设，开发和培训阅读推广人和阅读推广志愿者，助力“书香西城”建设。西华书房是西城区大力推进构建现代公共文化服务体系、将文化融入城市建设和民生改善的重点文化举措之一，也是构筑“记忆西城、书香西城、艺术西城、时尚西城”蓝图的公益阅读项目。（西城区第一图书馆）

【中、德“图书馆的可持续性发展”学术研讨会在西城区第一图书馆举行】 6月6日，由西城区第一图书馆、北京德国文化中心·歌德学院（中国）、西城区图书馆管理协会共同举办的此次会议在京召开。西城区第一图书馆馆长阎峥、西城区图书馆管理协会会长郭斌、歌德学院图书馆馆长任宣丽，以及西城区公共阅读空间、西城区阅读推广联盟、各区图书馆、街道和社区图书馆共计60余人出席研讨会。德国柏林洪堡大学图书馆与信息学院佩特拉·豪克博士在会上借助大量的实例，讲解一个“绿色”图书馆的创意如何得以贯彻。在自由问答时间，听众们积极提出自己的看法和疑问，与豪克博士就图书馆的建设和发展进行交流。（西城区第一图书馆）

【西城区第二图书馆荣获“全国社会科学普及教育基地”荣誉称号】 4月7日，2016年北京市社科普及工作会议召开。西城区第二图书馆等单位被全国社会科学普及工作经验交流组委会授予“全国社会科学普及教育基地”荣誉称号。西城区第二图书馆常年带领专家深入机关、学校、社区、武警部队、敬老院进行科普讲座与宣传，举办法源寺丁香诗会、世界读书日、科普月（周）、灯谜讲座与灯谜竞猜、“诗书画印社区行”、牛街大众读书会、科普知识图片展等各类型读者活动。曾荣获北京市图书馆“全民阅读”优秀组织奖、北京市红领巾读书活动示范单位、西城区科普宣传先进单位、西城区文明单位等荣誉称号。（西城区第二图书馆）

【西城区少儿图书馆“共享阳光残障人读书会”获中图学会第二届全国图书馆未成年人服务案例一等奖】 8月31日—9月1日，西城区少儿图书馆馆长樊亚玲及3名馆员参加中图学会在河南省郑州市举办的主题为“阅读与成长”的第二届全国图书馆未成年人服务论坛。论坛中，西城区少儿图书馆“共享阳光残障人读书会”荣获第二届全国图书馆未成年人服务案例一等奖。与会期间，参会人员还聆听国外阅读领域知名专家所做的精彩报告；与图书馆界同人围绕着相关阅读活动案例进行探讨。（西城区少儿图书馆）

【朝阳区图书馆荣获“首都拥军优属拥政爱民模范单位”称号】 1月，朝阳区图书馆荣获北京市双拥工作领导小组办公室、北京市民政局、北京市人力资源和社会保障局、北京卫戍区政治部授予的“首都拥军优属拥政爱民模范单位”荣誉称号。朝阳区图书馆以共建文化强区为目标，以军地丰厚的文化资源为依托，以激活文化软实力为着眼点，以丰富共同的精神家园、培育当代革命军人核心价值观为落脚点，坚持不懈开展文化拥军工作。30多年来，先后荣获国家军民共建社会主义精神文明先进单位、首都军（警）民共建精神文明先进单位、首都军（警）民共建精神文明标兵单位、朝阳区“双拥共建创新奖”、朝阳区爱国拥军模范单位。（朝阳区图书馆）

【朝阳区首个城市书房开门迎客】 4月22日，在第21个世界读书日到来之际，朝阳区首个“城市书房”于朝阳区西坝河东里正式开放。书房内有4000册图书，其中有大量的盲文书籍，涵盖中医理论、养生等方面。为了方便盲人阅读，书房还配置了4台带有盲人辅助功能的电脑设备。（朝阳区图书馆）

【朝阳区图书馆荣获“全民阅读示范基地”称号】 11月，朝阳区图书馆被中国图书馆学会授予“全民阅读示范基地”称号。这是继2012、2014年被评为全民阅读工作优秀组织奖和先进单位奖后，朝阳区图书馆获得的又一殊荣。朝阳区图书馆把做好区域全民阅读工作为己任，以培养阅读素养、增强人文底蕴为目标，打造“书香朝阳”品牌，建立阅读推广长效机制。读书活动始终坚持“文化惠民”的原则，在充分利用馆内资源、广泛吸引社会力量参与服务中开展。（朝阳区图书馆）

【朝阳区图书馆荣获“2011—2015年北京市法治宣传教育先进集体”称号】 11月，朝阳区图书馆被北京市法治宣传教育领导小组办公室、中共北京市委宣传部、北京市人力资源和社会保障局、北京市司法局评为“2011—2015年北京市法治宣传教育先进集体”。朝阳区图书馆于1996年成立法律资料阅览室，并于2002年12月1日在原有法律阅览室的基础上成立朝阳区法律资料服务中心，次年又将图书馆广场命名为朝阳普法广场。该中心有藏书1万余册，报纸30余种，杂志60余种；建立法律资料专题数据库，具有法律条文快速检索、全文显示及打印功能。法律资料服务中心成立以来，开展系列讲座、组织重要节点日普法宣传、送法进军营、创办司法考试学习园地等形式多样的活动。（朝阳区图书馆）

【海淀区图书馆北部新馆开始试运营】 7月10日，海淀区图书馆北部新馆开始对外试运营。新馆藏书80万册，座位1200个。为了给读者提供舒适的阅读空间，图书馆采用大开间、通透的格局，最大限度方便读者使用。投入使用的自助借还系统，使图书借还方式更加多样化，既可以手工借还，也可自助借还，方便不同读者的需求，借阅手续更加便捷。该馆的建成，在一定程度上弥补了北部地区公共文化设施不足的现状。（海淀区图书馆）

【丰台区“书香进军营”阅读推广活动正式启动】 7月28日，丰台区文委走进军营，与北京武警总队九支队共同开展“书香进军营”阅读推广共建活动。6月，丰台区文委应部队阅读需求，投入近32万元协助建立图书室，包括制作书架、购买适合官兵阅读的书籍。活动现场，丰台区文委主要领导及部队领导共同为图书室揭牌，文委为部队赠送图书200册，以此祝贺图书室正式开放，鼓励官兵开展阅读。部队向丰台区文委赠送锦旗“阅读伴军营军地心相系，共建结硕果，共筑中国梦”，并邀请丰台区文委领导观摩军事科目演练，参观部队荣誉室。（丰台区图书馆）

【石景山区图书馆中部战区警卫营图书分馆正式成立】 12月，石景山区图书馆中部战区警卫营图书分馆正式挂牌成立。挂牌仪式上，石景山区图书馆向部队官兵赠送了图书。随后由人民文学出版社编辑部主任陈彦瑾、中国航天员中心科研员黄永虎为战士们做题为“一带一路战略文化的意义”“长征精神中的苦难辉煌”主题讲座。石景山区已在驻区部队建设10个图书分馆、18个图书流通站，每年更换图书近5000册。（石景山区图书馆）

【门头沟区图书馆推出全市首台“微信微图”】 12月，为方便广大读者，门头沟区图书馆联合北京科美乾坤智能技术有限公司在门头沟区政府机关、行政单位、影剧院、部队、医院等公共场所设置了10台“微型图书借书机”，并推出北京市首家可与该“微图机”对接使用的微信平台。“微信微图”供读者使用手机微信在微型图书借书机上操作，读者可用微信钱包支付借书证押金，继而实现在“微图机”上借书。后台管理技术人员负责把实体借书证快递到读者手中。“微信微图”在为读者提供24小时就近便捷服务的同时，极大地满足广大读者的借阅需求。（门头沟区图书馆）

【房山区文化活动中心成立】 2月21日，根据房山区文化委员会总体安排，在整合房山区图书馆、文化馆、电影放映中心服务职能的基础上设立北京市房山区文化活动中心，加挂北京市房山区图书馆、北京市房山区文化馆牌子。整合后原房山区图书馆为房山区文化活动中心所属的图书服务部，保留原图书馆基本职能。（房山区图书馆）

【北京阅读季“亲子阅读月”于通州区图书馆闭幕】 2月5日，北京阅读季“亲子阅读月”在通州区图书馆举行闭幕活动，特别举办优秀儿童作品绘画展及系列阅读互动体验。绘画展上的作品，选自全市各区县各项活动中的优秀作品，现场由艺术家带领孩子们一同观展，与孩子们分享观展的心得与体会。本届“亲子阅读月”系列活动，以“共沐书香　阅读成长”为主题，通过开展“亲子共读”“亲子共绘”等活动，为北京市幼儿家庭营造读书氛围，培养家庭亲子阅读习惯，提高孩子读书兴趣，实现家长与孩子共同阅读。本次活动以通州区为起点，经过近一年的持续推广，覆盖全北京各大城区。（通州区图书馆）

【通州区图书馆迎建馆百年】 11月10日，“百年书香梦，助力副中心”通州区图书馆建馆100周年纪念活动暨国家数字图书馆移动阅读平台通州分站开通启动仪式在通州区图书馆举行。

从1916年京兆通县通俗图书馆落成，该馆从坐落在潞河公园的一间房舍，几经搬迁，逐渐发展壮大，成为大运河畔近2万平方米的功能完备的现代化中型图书馆。馆庆期间举办“百年通图，邀您同行”“名家领读，同悦书香”、精品馆藏陈列展等一系列纪念活动，出版发行一系列书籍、照片集、故事集锦等特色文化作品。

国家数字图书馆移动阅读平台通州分站的数字图书馆移动阅读平台定位于公益阅读，集合海量正式版权的电子图书、期刊，以WAP网站服务形式，集搜书、评书、看书、藏书于一身，通过简版、彩版、触屏版三个版本界面，为拥有多种操作系统的智能手机、平板电脑等移动终端用户提供知识化、个性化、区域化的移动服务，实现用户随时随地随身阅读。（通州区图书馆）

【顺义区图书馆成立文化志愿者分队】 12月9日，经过两个月的筛选、考核，共有20名热心读者成为首批图书馆志愿者正式成员，参加顺义区图书馆文化志愿者分队成立启动仪式暨培训活动。顺义区图书馆工作人员就志愿服务工作日常规范及相关条例对志愿者们进行详细介绍，具体内容包括志愿服务时长认证、签到请假制度、优秀志愿者评比、工作准则及服务内容等。各个部门的负责人还与志愿者进行了面对面的交流。（顺义区图书馆）

【大兴区图书馆荣获“第六届全国服务农民服务基层文化建设先进集体”称号】 1月，在中宣部、文化部、新闻出版广电总局举办的第六届全国服务农民服务基层文化建设先进集体评选表彰活动中，大兴区图书馆荣获“第六届全国服务农民服务基层文化建设先进集体”称号。大兴区图书馆以群众需求为导向，按照公益性、基本性、均等性、便利性的要求开展服务工作。形成“服务设施完善，服务网络密集；运行管理规范，培训检查到位；工作亮点频现，社会关注提升”的良性工作局面。并在此基础上，打造“书香新区”读书节、“蓓蕾行动”亲子阅读工程、“百场讲座进基层”“大兴记忆”等一批品牌读书活动。（大兴区图书馆）

【昌平区图书馆雪绒花、圣学分馆揭牌成立】 10月11日，昌平区图书馆雪绒花分馆、圣学分馆举行揭牌仪式，同时成立的还有北七家宏福分馆、回龙观回+分馆，至此昌平区图书馆分馆数量已达24个，遍布20个镇、街道以及北方企业集团。雪绒花分馆以儿童亲子阅读活动为主，穿插手工、故事会和户外活动。昌平区图书馆除提供阅读指导外，还为雪绒花分馆配备数字图书馆和少儿数字学习一体机等设备。圣学分馆是崔村镇大辛峰村村民徐继新创办的公益爱心图书馆，此次纳入昌平区图书馆分馆管理，将民办文化服务纳入公共文化服务体系，弥补乡村文化服务的不足，是对农村和偏远地区文化服务建设的有益尝试。（昌平区图书馆）

【平谷区图书馆荣获“2015年全民阅读先进单位奖”】 2016年9月1日，平谷区图书馆荣获中国图书馆学会颁发的“2015年全民阅读先进单位奖”。2015年，平谷区图书馆结合“第五届北京阅读季活动方案”“北京市红领巾读书活动方案”“北京市全民阅读活动方案”，开展主题为“同读·同悦·同逐梦”全民阅读系列活动，营造阅读环境和氛围。全年举办各类讲座、培训、展览等活动共计222场次，受众达10万人次。（平谷区图书馆）

【怀柔区图书馆启动文化志愿者招募工作】 11月，怀柔区图书馆志愿服务公益实践基地启动志愿者招募工作，陆续推出志愿服务项目。该公益实践基地以增强图书馆公共文化资源开放性和提高服务质量为目的，弘扬“奉献、友爱、互助、进步”志愿精神，不仅为热爱书籍、热心公益的居民和读者朋友们提供展现自我、奉献力量的平台，也努力推动着怀柔文化事业的发展。加入团队后，志愿者们将参与到图书馆服务中来，协助图书馆工作人员完成多样性活动和工作，包括整理书籍，解答读者咨询，指导读者借阅图书，组织策划各种读书阅览、知识讲座和交流座谈等。（怀柔区图书馆）

【密云区图书馆举办“书香密云　全民阅读”工作成果展】 1月11日，为了集中展示“书香密云　全民阅读”活动取得的成果，充分展现“书香密云”的社会风貌，激励全区人民积极参与全民阅读的热情，密云区图书馆举办的“文化密云书香浓——密云图书馆‘书香密云　全民阅

读'工作成果展"正式开展。此次展览以大量工作图片为主，文字介绍为辅，再现活动瞬间，引发读者共鸣。（密云区图书馆）

天津市

【概况】 2016 年，天津市共有市级公共图书馆 2 个，区级公共图书馆 29 个，公共图书馆建立分馆共计 39 个。馆舍总面积 26.4 万平方米，阅览座席 1.5 万个，文献总藏量 1806.1 万册，其中图书 1600.1 万册、古籍 58.6 万册、报刊 96.2 万件、视听文献 29.3 万件（套）、缩微制品 1 万件（套），开架书刊 860.1 万册，拥有电子图书 911.4 万册。全年新增藏量 110 万册，新增电子图书 198.7 万册，接待读者 851.5 万人次，书刊文献外借 875.8 万册次。

全年为读者举办讲座、展览、培训班等各种活动 2498 场次，134.6 万人次参与。其中：讲座 1433 场，17 万人次；展览 480 场，114.6 万人次；读者培训 585 次，3 万人次。各图书馆通过官方网站、微博、微信等方式向读者提供服务，年网站访问量总计 1205 万页人次。年文献购置费 4972.2 万元。志愿者服务队伍 135 个，共计 3408 人。流动图书馆全年书刊借阅 21.8 万人次，52.8 万册次。

全市市区两级公共图书馆实现通借通还。天津图书馆全年为通借通还成员馆配送图书（含设备）57 次，合计 15 万册。在图书馆宣传服务周期间，各成员馆联合设计、制作展板，图文并茂地向广大读者展示各个成员馆的概况、地址及开馆时间、通借通还的相关服务规则等相关信息，受到广大读者的欢迎。

创新优化馆员培训模式，天津图书馆与天津师范大学合作研发的"天津市图书资料专业人员培训平台"正式上线，平台利用"互联网 +"，采用线上和线下相结合的方式开展馆员继续教育培训，为图书资料专业人员提供了更丰富、更具针对性的学习内容和更灵活、更便捷的学习方式。2016 年累计上线 18 门课程，共计 92 学时，平台自上线以来，全市共有 1323 人报名参加了培训。

共建共享文化资源，天津图书馆联合全市 10 家区级公共图书馆共同筹备完成国家图书馆数字资源联合建设项目，并举办"政府公开信息数据规范与审核"培训班。天津图书馆与各区公共图书馆联合，开展"海津讲坛下基层"服务，全年共举办系列讲座 33 讲，万余市民受益。天津图书馆通过数字图书馆，将讲座资源引入企业，丰富企业职工的文化生活，实现图书馆讲座与企业文化活动的首次整合。

积极推进地方特色资源建设，全国文化信息资源共享工程地方特色资源《天津物质文化遗产》系列专题片（一期）已完成 34 集专题片的拍摄制作工作，并通过项目专家组验收。《天津物质文化遗产》系列专题片（二期）经过调研及专家论证、资料搜集整理，各子系列专题片文案撰写工作已全面展开。《天津文化》系列专题片拍摄项目已经通过文化部全国公共文化发展中心组织的项目评审并获得批准立项。《津沽文化》37 集系列专题片已通过文化部验收。

古籍保护工作稳步推进。天津市古籍保护中心组织全市 22 家公私藏书单位联合编纂《中华古籍总目·天津卷》并已基本完成。申报《国家珍贵古籍名录》和全国古籍重点保护单位，天津图书馆和天津师范大学图书馆两家藏书单位的 8 种善本古籍入选第五批《国家珍贵古籍名录》。积极开展可移动文物普查，天津图书馆按时完成第一批可移动文物，即"馆藏古籍"的核查、书目数据校对及上传书目数据工作，共计 31000 条。天津市古籍修复中心全年修复古籍共计 21 种 108 册。天津图书馆承担《海峡两岸中华古籍保护论文著作索引（2011—2015）》编目工作，进行搜集、筛选、整理，整合有效书目数据 5000 多条，2016 年已经完成 50 万字的定稿。（天津市图书馆学会　刘良玉）

【天津市数字图书馆推广工程专题培训班在天津图书馆举办】 1 月 6—8 日，天津图书馆在海河教育园馆区举办此次培训班，来自全市 22 个公共图书馆的馆长、部门主任和技术人员共 80 余人参加培训。此次培训特邀国家图书馆副馆长魏大威、国家图书馆数字图书馆推广工程办公室主任曹宁、天津市文化广播影视局社文处处长朱义海、天津图书馆馆长李培等业内专家，就国家数字图书馆建设"十三五"规划和发展方向、数字图书馆推广工程资源建设与服务、天津市《关于加快构建现代公共文化服务体系的实施意见》、天津市公共图书馆服务建设工作等专题进行深入讲解，为天津市未来数字图书馆建设和

公共文化服务体系建设明确任务、指明方向。（天津图书馆）

【文化部督导小组到天津市古籍保护中心督查工作】 1月28日，由文化部公共文化司处长张剑、首都图书馆馆长倪晓建、中央档案馆研究馆员晁健、中山大学图书馆副研究馆员潘美娣、国家古籍保护中心办公室保护组组长杨照坤一行5人组成的督导检查组，来到天津市古籍保护中心进行督导检查工作。按照文化部对全国12家国家级古籍修复中心开展第二轮督导工作的要求，督导以“以评促建”为目的，旨在促进各保护中心更好地开展工作。督导组从检查修复方案入手，关注修复工作的科学化、规范化，对天津市古籍保护中心场地设施、近年来的古籍修复成果及修复人员工作面貌进行实地考察。督导组成员对天津市古籍保护中心的软件硬件设施建设、人员培养、科研创新等方面工作给予一致认可和高度评价。（天津图书馆）

【天津图书馆第一届理事会成立】 3月26日，天津图书馆理事会成立大会在天津图书馆文化中心馆区四楼会议室召开。天津市文化广播影视局主要负责同志出席会议并向理事会理事颁发聘书。作为天津市首家由国家事业单位登记管理局直接联系的法人治理结构建设试点单位，天津图书馆第一届理事会的成立标志着天津市事业单位推进法人治理结构建设试点工作取得阶段性成果，同时也是全面深化文化事业体制改革，加快构建现代公共文化服务体系的一次积极探索。成立大会之后召开的第一次理事会议审议并表决通过《天津图书馆章程》和《天津图书馆年度报告制度》《天津图书馆信息公开制度》，提名并通过理事会秘书人选，天津图书馆法人治理结构正式投入运行。天津图书馆第一届理事会共由13名理事和2名监事组成，人选面向社会公开遴选产生，涵盖政府职能部门、业界专家、知名学者、读者代表、图书馆管理层和职工代表，其中社会代表占理事总数1/3，真正实现公共事业由公众管理、社会监督。（天津图书馆）

【第六届“牵手残疾人　走进图书馆”公益活动在天津图书馆文化中心馆举行】 4月22日，本次公益活动在天津图书馆文化中心馆举行。活动中，市残联、天津图书馆有关领导向参加活动的残疾人读者捐赠图书、有声读物和多媒体播放器。天津图书馆的志愿者们分别引导视力、肢体残障读者前往视障读者服务区和中文借阅区进行参观。（天津图书馆）

【天津图书馆警备区分馆正式成立】 8月5日，天津警备区政治部与天津图书馆双拥共建协议签订暨分馆揭牌仪式举行。天津警备区政治部主任王天力，天津市委宣传部副部长、市文明办主任于景森，天津警备区后勤部副部长任立本，天津市文化广播影视局副局长金永伟，天津图书馆馆长李培等军地领导出席仪式。天津警备区政治部、直属队部分官兵代表近百人参加揭牌仪式。王天力与于景森共同为天津图书馆警备区分馆揭牌，军地双方签订双拥共建协议。仪式过后，参会领导到分馆参观。（天津图书馆）

【“中国—南亚图书馆管理与服务高级研究班”学员赴天津图书馆参观交流】 11月16日，由文化部外联局指导、国家图书馆主办的此次研究班学员对天津图书馆文化中心馆区进行参观，参观团包括巴基斯坦、孟加拉国、阿富汗、马尔代夫等南亚8国及国内西部3省的图书馆高级管理人员及专业人员。天津图书馆工作人员对他们进行热情接待，通过英语向客人介绍天津图书馆的历史沿袭和文化中心馆区的建筑特色、建筑理念，并带领客人重点参观了古籍修复室、音乐图书馆、少儿服务区等区域。（天津图书馆）

【天津市公共图书馆通借通还系统正式全线开通】 12月20日，“书香润津城”阅读推广活动暨全市公共图书馆通借通还系统全线开通仪式在天津空港经济区文化中心举行。天津市20个区级图书馆与天津图书馆实现通借通还服务，真正达到“一卡在手，全市通读”的美好愿望。全市通借通还服务体系的建成，有效地整合了公共图书馆的文献资源，提升公共图书馆的整体服务能力，遍布全市的服务网络，使读者可以更加充分、便捷地利用图书馆的文献资源，也为今后推动公共文化服务向均等化、普遍化方向发展奠定坚实的基础。（天津图书馆）

【天津市“书香满津城　悦读惠万家”　读书

活动展示比赛在天津图书馆举行】 12月24日，由天津市文化广播影视局主办，天津图书馆、天津市图书馆读者协会共同承办，各区图书馆协办的2016年度天津市“书香满津城 悦读惠万家”读书活动展示比赛决赛在天津图书馆举行。此次读书活动展示比赛由全市19个区级图书馆推荐参赛团队，以“书香满津城 悦读惠万家”为主题，以推动全民阅读，促进社会和谐，分享读书感悟为主线，通过演讲、情景剧、诗朗诵、曲艺等形式多样的表现形式，体现天津市民热爱读书、崇尚文明、追求梦想的深刻内涵。（天津图书馆）

【天津图书馆网上读者荐书栏目开通】 12月28日，天津图书馆网上读者荐书栏目开通。读者可通过点击天津图书馆主页“书目检索”中的“读者荐书”进入，“图书推荐”中列举多个网站为读者提供大量的图书信息，读者可以在不同的网站上完成信息注册，并按照“荐书规则”提交新书信息，工作人员将及时汇总荐购信息安排采购。“读者荐书”栏目在方便读者了解馆藏信息的同时，通过简化操作提高读者荐书的成功率。图书推荐成功到采购上架提供阅览需要10—20个工作日。天津图书馆在文化中心馆二楼“新书阅览专区”设“荐购图书专架”，新书到馆后及时为读者提供阅览服务。读者荐书栏目中“信息反馈”将及时发布新书到馆信息。（天津图书馆）

【天津市少年儿童图书馆举办2016年“大田杯”天津市中小学生“好书伴我成长”读书系列活动】 本次读书系列活动以“诚实从我做起”为主题，内容包括征文、绘画、书法、主题演讲比赛。活动于2016年3月启动，9月结束，天津市共有18个区及经济技术开发区、大港油田的1076所中小学校，总计74.8万中小学生参与。参赛的中小学生年龄为6—18岁，涉及小学至高中、职校各年级、各年龄段。主办方还将优秀征文、优秀书法绘画编辑出版《“好书伴我成长”（九）获奖作品集》一书。（天津市少年儿童图书馆）

【泰达图书馆开展全民阅读推广系列活动】 2016年，泰达图书馆组织开展迎新春文化惠民服务套餐、征春联送祝福、世界读书日、纪念建党95周年、纪念红军长征胜利80周年等大型阅读推广活动6次；提出“创新服务增长点”的理念，先后举办2015中国好书展、奥运火花收藏展、新中国大型中外文艺演出节目单收藏展及各类专题书展、图片展等20多次，打造“专精特、中小微”大众展览平台；全年播放《国学复兴——中国的智慧》等系列公益讲座48场、周末电影近百场，丰富了阅读推广活动内容；注重发掘培育潜在的阅读群体，利用图书馆网站、刊物及微信公众号等平台，推荐各类新书104期724种；协助“滨海读心书友会”面向社会举办《中国古代经史子集》《家庭建档与家风养成》等大型公益讲座11次，有效发挥公共文化服务主阵地作用；广泛开展国学经典诵读、系列专题研修、书画艺术鉴赏等群众性文化活动，为全社会增添浓郁的文化氛围。深入开展“泰达信息素养公开课”，举办“互联网+背景下的信息素养提升”“一带一路平台推介”等专题讲座、培训等39场，服务各类人员1700多人次，实现服务效能转型升级，培育打造泰达图书馆知名服务品牌。（泰达图书馆）

【和平区少年儿童图书馆承办第五届“和平杯”全国读书漫画大赛】 7月，由中国新闻漫画研究会、中国图书馆学会、天津市文化广播影视局、中共天津市和平区委员会、天津市和平区人民政府联合主办，天津市和平区少年儿童图书馆、天津·和平全国读书大赛组委会承办的第五届“和平杯”全国读书漫画大赛启动。截至11月，共收集作品千余件，入围作品300件，评选出一等奖1名、二等奖2名、三等奖3名，以及优秀奖、童星奖等奖项。精选出百余幅佳作制成展牌在全市各区县图书馆、学校、老人院、福利院等地进行巡展。（和平区少年儿童图书馆）

【和平区少年儿童图书馆承办第十届“和平·枫叶杯”全国连环画创作大赛】 7月，由中国图书馆学会、中国新闻漫画研究会、中共天津市和平区委、天津市和平区人民政府等联合主办，天津市和平区少年儿童图书馆、天津·和平全国读书大赛组委会承办第十届“和平·枫叶杯”全国连环画创作大赛启动。大赛借助中国图书馆学会平台开展宣传，受到社会各界的广泛参与。共收到来自全国30余个省、市、自治区的稿件1000

余幅。经过来自上海、北京、天津等地专家评委的评选，最终共评选出92件获奖作品，其中包括一等奖2名、二等奖4名、三等奖6名以及优秀奖、童星奖、最佳脚本改编奖等奖项。（和平区少年儿童图书馆）

【河西区图书馆《西岸阅读》获中图学会“阅读刊物的阅读推广实例”优秀奖】 9月，河西区图书馆阅读刊物《西岸阅读》在中国图书馆学会阅读推广委员会“阅读刊物的阅读推广实例”征集活动中荣获优秀奖。《西岸阅读》由河西区图书馆于2014年创刊，出版方式为纸质版与电子版，栏目包括“馆内动态”“书香河西”“悦读万象”“新书速递”“书海拾趣”“图林撷英”等版块，不仅是河西区图书馆阅读推广的重要阵地，同时也是读者认识、了解和利用图书馆的一扇重要窗口，是传播和推广科学阅读方法的重要平台。（河西区图书馆）

【南开区图书馆“你读书·我买单”阅读推广大使招募活动深受好评】 4月23日世界读书日到来之际，南开区图书馆举办“你读书·我买单”全民阅读推广活动进机关、进社区活动。“你读书，我买单”千名“阅读推广大使”招募活动是南开区图书馆构建公共文化服务体系，推广全民阅读活动深入开展的重要实践。此举将“选书权”交给读者，读者仅凭身份证，签订协议书，就可成为区图书馆“阅读推广大使”，即可借阅图书，读者借阅的新书将由区图书馆购置，“大使”还书后统一加工上架。此外，还搭建了公共文化服务的“社会大平台”，视书店为图书馆的外借部，“大使”不仅可以在区图书馆借阅新书，还可在书店借书，而且在书店买书还可以享受八折优惠，活动深受读者好评。（南开区图书馆）

【武清区图书馆古籍文献影像数据库上线】 12月，武清区图书馆古籍文献影像数据库与读者见面。图书馆从读者需求的角度出发，与数据库互联网企业联合，利用中央专项资金，对所藏武清籍历史年代学家刘坦抄本共22函17种192册21748页进行古籍文献影像数据库制作。包括文献整理、扫描、图像处理、添加水印、书目信息著录、目次信息著录、图像转换PDF、数据质检、数据验收、成品数据管理等环节。武清区图书馆通过专业的发布系统，使读者能够全面且方便地查阅馆藏古籍全文，促进了古籍的保护和传播，满足社会对古籍的学习研究和阅读需要，开启互联网+古籍保护的新模式。读者只需登录武清区图书馆网站（www.tjwqlib.cn），点击“古籍文献影像数据库”模块，便可以浏览、检索刘坦抄本全文及相关史料。（武清区图书馆）

【香港汉荣书局向河东区图书馆捐赠图书】 11月15日，香港汉荣书局向河东区图书馆赠阅台版图书1400余册。民盟市委专职副主委兼秘书长郭维丽、民盟市委社会服务部部长于志远、中共天津市河东区文化和旅游局党组书记姚莉、中共天津市河东区委统战部副部长吕昀轩、河东区图书馆馆长吴方出席捐赠仪式，河东区图书馆副馆长季鹏主持活动。汉荣书局精心挑选和选配的图书包括生活百科、经济管理、历史、文学、艺术等各学科门类，为促进两岸同胞交流和推广中华文化产生积极的影响。（河东区图书馆）

河北省

【概况】 2016年，《河北省文化事业发展“十三五”规划》正式印发。省学会组织专家调查研究，完成《河北省公共文化服务保障条例》立法调研项目。省图书馆、省学会联合全省公共图书馆，启动《河北省公共图书馆“十二五”事业发展蓝皮书（2011—2015）》的编纂工作。深入开展国家级公共文化服务示范区和示范项目创建活动，廊坊市以中部省份第一名的好成绩顺利通过国家级第二批示范区评审验收。

省级公共文化设施建设取得重大突破。张家口市图书馆新馆开工建设。实施贫困地区村综合文化服务中心工程，在45个国家级贫困县的450个村建成符合标准的综合文化服务中心示范点。截至2016年年底，全省公共图书馆总计170个（一级馆21个、二级馆29个、三级馆45个）。总建筑面积69.78万平方米，阅览座席38971个。文献总藏量4405.17万册，公共数字化文化资源总量达到1270TB。年度经费总投入39431.67万元，年度文献资源购置费3647.99万元。从业人员2153人，拥有计算机6816台，年度总流通2390.64万人次，年文献外借量37.75万册次。组织各类讲座、培训4094次，举办展览1040次。初步形成以公共图书馆等为骨干的公共文化设施网络。

2016年，全省公共图书馆总建筑面积增加56.60%，年度经费增加34.73%，从业人员增加16.06%，保障条件得到改善。总流通人次增加67.46%，全省各级图书馆服务能力显著提升。公共文化建设先进典型不断涌现。廊坊市积极探索市县两级图书馆总分馆制，制订试点建设方案。唐山市丰南区图书馆作为文化部全国首批10家决策型法人治理结构试点单位，建立健全理事会议事制度等各项配套规章制度，建立以公益目标为导向、内部激励机制完善、外部监管制度健全的现代化管理体制，顺利通过国家验收。沧州市图书馆馆长宋兆凯被中国图书馆学会评为“2016年中国图书馆榜样人物”。（河北省图书馆学会）

【河北省图书馆举办“阅读塑造人生　书香润泽生活”系列宣传推广活动】 自4月23日“世界读书日”起，省图书馆开展以“阅读塑造人生　书香润泽生活”为主题的系列宣传推广活动。活动内容包含“今天您可以借10本书”“让图书回家”逾期还书免责、“你选书，我买单”——图书馆·读者·书店互动体验、“数字阅读”体验、“爱诵”志愿者诵读艺术团成立仪式暨“阅读点亮梦想”经典诗文诵读会、“2016燕赵公私藏书展”“2016公私藏书与经典阅读论坛”“河北省读书会创新与实践论坛”“河北省图书馆馆训征集”“我爱阅读”主题摄影征集、“我的阅读感悟”征集、绘本故事会、公益讲座等70余项。（河北省图书馆）

【“河北省读书会创新与实践论坛”举办】 5月29日上午，河北省图书馆在多功能厅举办“河北省读书会创新与实践论坛”。来自省内19家民间读书会的50余位代表参加此次论坛。这些代表中既有专家学者、商界精英，又有中小学校长、教师，书店经营者，在校大学生，甚至还有全职妈妈。省新闻出版广电局公共服务处处长丁欣、省图书馆副馆长冉华分别致辞。来自省内和北京的12位读书会代表先后发言，畅谈各自读书会创办的初衷及发展的历程、理念及愿景。（河北省图书馆）

【“我和图书馆有个约会”宣传推广活动举办】 5月29日晚，“我和图书馆有个约会”宣传推广活动在省图书馆阳光大厅举办，近300名嘉宾、读者和馆员参加。活动揭晓以“阅读塑造人生　书香润泽生活”为主题的系列宣传推广活动中的若干奖项，包括“我爱阅读”主题摄影征集活动和“我的阅读感悟”征集活动获奖名单，对“2015年度河北省图书馆阅读达人”进行表彰。活动现场还举行河北省图书馆APP正式上线仪式。（河北省图书馆）

【河北省图书馆馆训正式公布】 为更好地继承和弘扬百年冀图文化，省图书馆自3月起向社会广泛征集馆训。经过遴选和专家论证，确定河北省图书馆的馆训为“守正启智　修学求是”，并在“我和图书馆有个约会”宣传推广活动上正式公布。河北省图书馆将按照这八个字的要求，坚守传承中华优秀文化传统、弘扬社会主义核心价值观，通过服务为大众开启科学、智慧之门，通过对文献典籍的整理、揭示来引导公众读书、治学，追求真、善、美，实现知行合一。（河北省图书馆）

【河北省图书馆举办“记忆·传承·活化‘创客@图书馆’暨非遗展示”宣传推广活动】 6月16日，此次宣传推广活动在省图书馆阳光大厅启动。活动由国家古籍保护中心、中国图书馆学会主办，河北省图书馆（河北省古籍保护中心）、河北省图书馆学会承办。主要活动内容包括“创客@图书馆——‘我与中华古籍’”创客大赛作品展、文房雅玩展览、非遗技艺展示三部分。在非遗技艺展示中，读者免费观赏到古籍修复技艺展示、武强年画制作技艺展示、碑帖传拓技艺展示、线装书制作技艺展示及无级剪纸技艺等精彩纷呈的非遗技艺。（河北省图书馆）

【科特迪瓦政府文化代表团到省图书馆参观访问】 6月19日，科特迪瓦文化和法语国家事务部部长莫里斯·班达曼、非洲发展银行外交官（部长夫人）马蒂尔德·班达曼、法语国家事务和文化合作司司长弗洛郎·加拉迪、文化和创意产业司长吕茜·库阿西一行到省图书馆参观访问。莫里斯·班达曼部长将签名本个人著作*Maurice Bandaman*：*L'ETAT Z'HEROS ou La* *guerre des Gaous* 赠予该馆。（河北省图书馆）

【河北省图书馆召开京津冀协同发展服务平台二期资源建设专题研讨会】 6月30日，省图书馆特别邀请河北省社会科学院、省委党校、省发改委协同办、省委政策研究室等单位和部门7名专家以及国研网3名技术专家参加京津冀协同发展主题馆资源建设研讨会。研讨会对服务平台二期建设的发展方向、目标用户资源需求等方面进行分析和研究，在资源内容建设和采集来源以及服务平台数据分析功能等方面达成共识。省图书馆京津冀协同发展主题馆自2015年7月8日正式开馆，京津冀协同发展服务平台同时上线。（河北省图书馆）

【全国少儿诗词在线诵读活动中河北省成绩斐然】 9月，由国家数字图书馆推广工程主办，全国各级公共图书馆共同举办的“童音诵古韵，经典有新声”2016年全国少儿诗词在线诵读活动获奖名单揭晓，其中沧州市的王健茗小朋友和秦皇岛市的王孙一丹小朋友获得“诵读小达人”荣誉称号，邢台市李凌萱、沧州市穆盈杉和蔡婧依、沧州市东光县孙菡等4位小朋友获得“幸运小诗童”荣誉称号。活动参与人数居全国前列。（河北省图书馆）

【河北省图书馆与武汉大学信息管理学院签署战略合作协议】 8月25日，省图书馆与武汉大学信息管理学院战略合作签约仪式在省图书馆四楼澄怀轩举行，省图书馆党委书记、馆长李勇和武汉大学信息管理学院副院长黄如花共同签署《河北省图书馆—武汉大学信息管理学院战略合作协议》。双方一致同意在专业人才培养、学术理论研究、事业发展实践等不同层级、不同方向上开展不同形式的全面战略合作。（河北省图书馆）

【河北省数图推广工程数字资源建设与利用培训班举办】 11月1—2日，省图书馆在石家庄举办本次培训班。各市馆主管领导和技术骨干以及95个县级图书馆馆长，共计110余人参加。此次培训班邀请国家图书馆数字资源部推广工程建设协调组组长邵燕担任授课讲师，分别讲解“数图推广工程数字资源建设概况”“基层图书馆数字资源利用”“数图推广工程宣传与推广”等几个主题，对河北省各市、县级图书馆普遍关注的数字资源共享和利用、移动数字阅读开展、基层图书馆数字资源服务开展等内容做重点讲解，并结合数图推广工程服务品牌和经典案例对宣传推广服务开展进行生动诠释，并在培训现场向参会单位发放推广工程数字资源硬盘和资源服务宝。（河北省图书馆）

【石家庄市图书馆加快构建总分馆服务网络】 2016年，石家庄市图书馆新建正定、平山2个分馆，分馆总数达到13个，初步形成以市图书馆为总馆，县（市）区图书馆为分馆的服务网络。全年13个分馆累计接待读者20万余人次，办理新证5000余个，借阅册次6万余册。在市馆的组织推动下，各馆还分别开展不同的读者活动，如正定图书馆与西关小学等学校开展“经典诵读”、春节“猜灯谜”“4·23”世界读书日宣传暨全民阅读活动、“我爱阅读”征文等活动。灵寿分馆组织“我们的中国梦——文化进万家”“迎新年读者趣味运动会”“三八”妇女节彩妆讲座等活动。新乐分馆着力打造“新乐市公益书画大讲堂”文化品牌。（石家庄市图书馆）

【承德市图书馆开展科普教育活动】 5月14—20日全国“科技宣传周”期间，承德市图书馆举办“绿色生活　变废为宝”废旧物品制作活动，头道牌楼小学的孩子们踊跃参与，利用生活常用废旧物品精心制作各种精美的工艺品。5月22日上午，承德市图书馆作为市科学教育普及基地，在市消防支队举办“走进消防支队——体验式安全知识讲座”，22个家庭近50人参与活动，认真听消防员现场操作授课，共同参观体验消防车、消防服等设施，了解消防员工作制度及生活方式，最后孩子们还将活动中所见所闻用画笔绘制成图，相互介绍交流。（承德市图书馆）

【张家口市图书馆建立冬奥会特色文献数据库】 2016年，张家口市图书馆建成冬奥会特色文献数据库。该资源库整合中国知网（CNKI）中心网站的底层数字资源，依托CNKI机构数字图书馆平台，展示冬奥会的相关报道、举办地特色文化、赛事赛况、体育名将、历届冬奥会等文化资源。将冬奥会资源整合聚类并自动推送给读者，不仅增加公众对冬奥会知识的了解，也是张家口市民俗文化、历史沿革、名人名事、特色景观等地方特色文化的展示平台，成为张家口市的“特色文化名片”。（张家口市图书馆）

【秦皇岛市图书馆开展“无障碍电影进社区”惠民活动】 3月30日，秦皇岛市图书馆联合市残联和河东街道办事处举办无障碍电影进社区活动的首次专场，播放电影《垂直极限》，辖区30多名视障人士免费感受电影艺术的魅力。在不干扰正常节目声音和对白的情况下，将影片中重要的人物表情、动作、场景等视觉信息，用语言插入解释与描述，让盲人可以完整地欣赏电影。一同观看无障碍电影的还有20余名助残志愿者，他们戴上眼罩与视障人士一同体验盲人的感受，以便更好地沟通和服务。这些特殊电影是秦皇岛市图书馆从中国盲文出版社和北京红丹丹视障文化服务中心“心目图书馆”引进的。该馆盲人阅览室自2003年成立以来，始终坚持“一切为了盲人读者”的服务理念，不断创新服务方式，推出盲人读书机、盲人电脑、视频助视器、盲文学习机免费外借等服务措施，吸引盲人读者广泛参与，使他们通过参与活动走出家庭，融入社会，共品书香。（秦皇岛市图书馆）

【唐山市图书馆开展未成年人专项服务】 “阅读起点”项目是唐山市图书馆针对0—3岁婴幼儿家庭开展的亲子阅读服务，在河北省内属首例。该馆免费向0—3岁婴幼儿家庭发放“阅读大礼包”，同时配套开展“家长微课堂”活动。根据幼儿阅读特点，细化阅读分级，将故事会分为0—3岁和4—6岁两场，坚持每周日上午在3D故事区举办“幼儿课堂”绘本故事会。除了讲故事外，还组织与绘本内容相关的手工活动。另外专门开设“家长开放日”，每周四家长可以进入儿童借阅区，为孩子代借代还。在新馆二楼儿童文献借阅区安装摄像头，并在楼道内安装显示屏，家长在外面就可以清楚地看到孩子的情况，解除家长的担忧与顾虑。（唐山市图书馆）

【“保定故事大讲堂”揭牌】 8月26日，由保定市委宣传部、市文广新局、保定日报社、保定广播电视台等单位主办的“保定故事大讲堂”在保定市图书馆举办揭牌仪式和新闻发布会，“保定故事创作中心”也正式挂牌成立，并在保定市图书馆设立投稿箱。首场讲座邀请中国关汉卿研究会副秘书长谢美生讲解“保定这块热土走出的世界文化名人关汉卿”。“保定故事创作中心”除组建大讲堂之外，还组建保定故事作家群，邀请熟悉保定人文历史、经典传奇的学界泰斗、腹有诗书的市民大众，加入“保定故事”的挖掘、创作，用通俗易懂、声情并茂的语言、影像等方式向更多人推介保定，让保定历史文化滋润百姓生活，让先进文化占领思想阵地。（保定市图书馆）

【沧州市图书馆推进分馆和城市书吧建设】 2016年，沧州市图书馆建成开放“爱可儿”少儿城市书吧等4个城市书吧，至此市区分馆和城市书吧总数达到7个，有效扩大服务半径，实现与市馆总馆图书的通借通还。“爱可儿”少儿城市书吧与“爱可儿”感觉统合训练基地联合创办，可为读者提供少儿图书借阅、少儿读者证办理、图书续借、亲子文化休闲等多项服务，并不定期举办少儿阅读推广活动。该馆联合“7+”投资有限公司共同打造的“7+”城市书吧正式开放后推出“悦读人生·品游天下”读者沙龙活动，吸引大批读者前来读书、休闲。浮阳城市书吧建筑面积500余平方米，共有藏书14000余册。化建城市书吧建筑面积158平方米，共有藏书10000余册。书吧内都配备自助借还机、自助办证机和电子屏、电子借阅机等电子设备，并实现Wi-Fi全覆盖。所有城市书吧均属分馆，实现与沧州市图书馆总馆通借通还，并定期更新图书，读者可享受与市馆同标准的阅读服务。（沧州市图书馆）

【沧州市图书馆开展狮城读书月暨建馆60周年系列活动】 9月22日，2016狮城读书月暨纪念沧州市图书馆建馆60周年系列活动在沧州市图书馆开幕。此次读书月以“共享阅读快乐　打造书香狮城”为主题，共举办全民阅读活动120余场次。推出“我与图书馆的故事”征文、沧州市图书馆卡通形象征集、“送给60岁的你”主题微视频征集、“聚焦阅读·印象沧图”摄影作品征集等活动；策划举办全民阅读活动成果展、沧图讲座回顾展和自行车文化图文展3场特色文化展览；推出“书海导航”好书推荐书目，并在馆内相关服务区及各分馆设立“好书推荐”专架；

同时，在全市范围内举办“书香暖心·我是你的眼”大学生志愿朗读、“图书馆在身边”分馆阅读和“书香狮城拼图”等一系列主题阅读活动；还开展小记者看沧图、“尚书童”阅读嘉年华系列、“阅读之星”评选、“穿越千年时光　感受诗经之美”主题知识竞赛决赛和“创客空间”亲子体验等一系列少儿阅读推广活动。其间，专门针对残障读者和留守儿童等特殊群体，开展残障读者体验、“阅读，永不孤独——小读者手拉手”等特殊群体体验活动。（沧州市图书馆）

【邢台市图书馆开展“书库寻宝”活动】　2016年暑假期间，邢台市图书馆同时开展了“书库寻宝”与读者培训活动。活动当天，首先举办“要找的图书在哪里——图书分类与排架”读者培训活动，使读者了解图书排架规则，文献检索方式。培训结束后开始“书库寻宝”活动，读者利用刚刚学到的知识检索、查找所需文献，并按排架规则迅速从书架获取。读者通过参与培训和寻宝活动，熟悉图书馆、了解图书馆，为今后更好地利用图书馆资源打下坚实的基础。（邢台市图书馆）

【邯郸市图书馆规范志愿者活动】　2016年，邯郸市图书馆利用馆微信公众号等社交媒体广泛传播志愿者招募信息，分批对志愿者进行上岗培训，同时为每位志愿者建立规范档案，进行科学管理。例如，7月14日，举办爸爸妈妈讲故事活动而面向全市招募志愿者的信息一发布，就吸引了包括公务员、银行职员、大学教师等在内的众多社会各界人士报名参与，爸爸妈妈们精心准备，临场发挥出色，得到小读者和家长的喜爱与认可。该馆还为大、中学生提供社会实践平台，在寒、暑假期间招募学生志愿者300余人，假期结束后为每一位志愿者开具社会实践证明，表彰其中的优秀学生志愿者50人并颁发证书。（邯郸市图书馆）

山西省

【山西省图书馆概况】　2016年，读者到馆人次、借还图书册次、读者证办理数量三大基本指标平稳增长。全年接待读者310万人次，借还书刊206万册次，直属分馆和流通站借还图书34257册，办理读者证33395个。

品牌服务社会效益放大和延伸。一是文源讲坛系列讲座内容和形式创新，效益和影响扩大，全年举办讲座148场，与九三学社山西省委员会建立长效的合作关系，与山西省社科联达成合作协议，并挂牌成立“山西省社科宣传普及基地”；二是晋图系列信息专刊广受好评；三是“两会”服务方式创新，依托丰富的馆藏资源和网络化现代信息技术手段，以互联网+的思路，打造“两会”后台数字化信息保障服务平台；四是文化志愿者队伍壮大，初步组建成立山西省图书馆志愿者新媒体中心，新注册志愿者团队4个，挂牌成立高校志愿者实践基地2个，安排3100人次参与图书馆志愿服务，组织志愿者举办各类活动39场。

公益活动社会效益和社会影响拓展。一是举办公益展览12场，观展人数12300余人；二是全年开展基层文化队伍培训20次，接受培训340人次；三是面向少儿读者，在儿童阅读日、世界读书日、图书馆服务宣传周、全民读书月等特定时间组织专题活动，举办公益活动194次，面向视障读者，举办山西省图书馆盲人读者优秀征文颁奖暨座谈会、山西省视障文化服务和阅读推广培训班，建立山西省图书馆视障读者交流微信群，推出“我是你的眼——阅享人生”读书栏目116期，推出现场口述电影特殊教育学校，开展盲人计算机免费培训班等活动。春节之际，通过共享工程免费为农民工提供购票平台，文化志愿者发起“青春漂流　文化惠民——关爱农民工子女”活动，组织省内3所高校30余名在校大学生走进位于吕梁山腹地的中阳县塔上村，开展志愿者活动。

公共数字文化建设工作提档升级。一是2016年项目申报中，在项目经费、联合参与项目建设馆站数量、项目申报通过率方面均创历史之最，4个参评项目全部一次性通过专家评审；二是通过线上、线下的方式，广泛推广山西地方特色文化，为广大读者及基层群众开展互联网服务、移动数据平台服务和配送光盘等文化服务。

古籍保护工作有突破。一是借助“中华古籍保护志愿服务宣传推广活动·山西行”活动，帮助全省公共图书馆、高校、文博、宗教和医药卫生系统的18家单位整理登记古籍及民国线装书14159种109529册、雕版7种1854块，同时帮助壶关、武乡、平顺和阳城县图书馆整理古籍

6000余册，出版《山西省图书馆古籍普查目录》；二是“国家级古籍修复技艺传习中心山西传习所”在山西省图书馆挂牌成立，同时正式启动“山西省国家级珍贵古籍修复项目”。地方文献专题征集全面实施，制定《山西省图书馆地方文献专题征集方案》，通过召开新闻发布会、媒体发布启事等措施，对外广泛开展地方文献专题征集活动，宣传活动成效显著；与此同时，积极探索专题化陈列、专题化服务、专题化研究工作，设置傅山专题、阎锡山专题、家谱专题、考古专题4个专题区。

定点文化精准扶贫工作取得阶段性成果。制订实施方案，明确任务、细化责任，完成神池县虎鼻乡上、下山口村综合文化活动场所建设并配备设施设备，对村医疗卫生服务站条件进行改善，实现全村移动局域网络文化服务全覆盖，向神池县虎鼻学校捐赠电脑20台，解决过去难以开展电脑教学的难题。（山西省图书馆　梁金平）

【“国家级古籍修复技艺传习中心山西传习所”揭牌仪式在山西省图书馆举行】 1月9日，本次揭牌仪式在山西省图书馆举行。国家图书馆副馆长、国家古籍保护中心副主任张志清，国家古籍保护中心主任助理王红蕾，山西省文化厅副厅长张健，山西省图书馆领导班子成员、业内专家等出席揭牌仪式。传习所采用“名师带徒”的培训形式，特聘国家图书馆资深古籍修复专家胡玉清为传习所导师，手把手传授古籍修复技艺，为山西省培养高水平的古籍修复人才。（山西省图书馆　李德胜　李望博）

【2016年数图推广工程“网络书香过大年”活动启动】 山西省图书馆于农历丙申年猴年期间，联合省内多家实施数字图书馆推广工程的市、县图书馆，共同开展2016年推广工程“网络书香过大年”活动，使数字图书馆服务更好地惠及社会公众。内容包括“趣味春联拼拼看·南腔北调诵新春”“资源探索乐园”“电子明信片送祝福”“新春资源大礼包”等在线活动。山西省图书馆通过网页飘窗、网站新闻及微信公众号平台等网络新媒体平台进行线上宣传，并加工制作多块展板放置在馆内不同位置，以方便到馆读者扫码参加活动。（山西省图书馆　梁金平　李望博）

【全国人大常委会副委员长沈跃跃莅临山西省图书馆视察指导工作】 4月14日，全国人大常委会副委员长、全国妇联主席沈跃跃莅临山西省图书馆视察指导工作。沈跃跃观看了漆画“二十四孝”山西廉政文化精品剧照、山西著名剪纸艺术家康冬云的精彩剪纸表演以及“廉政文化进家庭”剪纸艺术作品展，在报告厅听取了正在开讲的古籍家训讲座。参观期间，山西文化厅副厅长张健结合山西地方文化特色就“孝文化”及家风建设向沈跃跃做详细介绍。（山西省图书馆　梁金平　李望博）

【山西省图书馆盲人读者优秀征文颁奖暨座谈会举行】 4月22日，本次颁奖仪式在山西省图书馆举行。馆长魏存庆、副馆长赵谓炯为“闻书香，论健康”盲人读者主题征文活动的16名获奖作者颁发荣誉证书。王正、马冰茹、靖老黑等获奖读者，结合学习生活、工作经历，分享获奖心得，讲述通过读书丰富精神世界，带给自己的正能量。魏存庆介绍全年盲人读者活动安排，重点推介省图视障读者交流微信群等针对性服务，希望更多盲人朋友能够走进图书馆，享受优质贴心的视障读者服务。（山西省图书馆　梁金平　李望博）

【山西省图书馆签署“毛里求斯中国文化中心分馆”框架协议】 4月28日，山西省图书馆与毛里求斯中国文化中心、山西省投资集团晋非经贸公司签署在毛里求斯中国文化中心合作建设“山西省图书馆分馆”框架协议。此次海外分馆项目的实施，是山西省服务国家外交大局，将山西文化优势与海外中国文化中心阵地优势、国有企业资金技术优势结合起来，合力推动山西文化“走出去”的创新举措。山西省图书馆派出专业人员指导业务建设与管理，提供反映山西历史文化的图书和数字资源以及必要设备，以协助建立健全分馆的日常运行制度和机制，促进分馆工作的开展。山西投资集团晋非经贸公司结合毛里求斯“晋非经贸合作区”发展实际，为分馆建设提供必要的经费支持。三方依托“山西省图书馆分馆”项目，共同组织开展图书阅读、文化讲座、非遗展示、文艺演出等丰富多样的活动，以促进晋非两地文化交流与合作。（山西省图书馆　梁金平　李望博）

【全国公共文化巡讲暨山西省公共图书馆馆长和业务骨干培训班开班】 4月28日，由文化部公共文化司、山西省文化厅主办，山西省图书馆承办的此次培训班在山西省委党校学术交流中心开班。中国图书馆学会副理事长刘小琴，国家行政学院社会和文化教研部教授程萍，江苏省苏州市图书馆原馆长、研究馆员邱冠华和浙江大学信息资源管理系副教授李超平为参训学员分别做题为“现代公共文化服务体系建设与图书馆发展”“领导艺术与沟通协调”“公共图书馆宣传推广与阅读促进”和“公共图书馆管理实务”的讲座。（山西省图书馆　梁金平　李望博）

【山西省委宣传部向省图书馆捐赠《重读抗战家书》】 7月1日，中国共产党建党75周年之际，山西省委宣传部向省图书馆捐赠《重读抗战家书》96册，让读者有机会在一封封感人的抗战家书中重温抗战历史，在充满热度的文字中感受抗战英雄的坚定信仰。中共中央宣传部宣传教育局将32封抗战英烈家书编辑整理成书。这些家书从中国国家博物馆、中国人民革命军事博物馆、中国人民抗日战争纪念馆、中国人民大学博物馆、雨花台烈士纪念馆、茅山新四军纪念馆、聊城傅斯年陈列馆等单位的馆藏中遴选而出，时间跨度从1934年至1945年。（山西省图书馆　梁金平　彭燕）

【国家古籍保护中心在山西省图书馆开展“山西地区早期刻本佛经”讲座活动】 7月2日，由国家古籍保护中心组织的本次讲座在山西省图书馆举行。国家图书馆副馆长、国家古籍保护中心副主任张志清，国家图书馆研究馆员李际宁，清华大学科学技术史暨古文献研究所研究员刘蔷参加培训活动。张志清主持本次活动，国家古籍保护中心和山西古籍保护中心40余名工作人员参加培训。山西省文化厅副厅长张健还在活动期间会见全体来宾。培训活动中，李际宁、刘蔷围绕山西省图书馆和曲沃县图书馆所藏的22件佛教典籍实物，从字体、纸张、版式及版本递传与流变等方面，深入浅出地讲解鉴赏佛教经典的方法，强调校勘在了解经典和版本优劣方面的重要性。（山西省图书馆　李德胜　彭燕）

【“山西省基层文化队伍示范性培训暨全省基层公共数字文化建设培训班”在太原开班】 8月23—24日，本次培训班在太原市开班。山西省文化厅公共文化处处长张晴结合“互联网+”浪潮，系统论证了公共数字文化建设的重要意义。山西省图书馆馆长魏存庆从“现代、开放、创新、人文、人本、合作、共享”等公共图书馆发展的理念出发，对三大文化惠民工程进行深入解读。文化部全国公共文化发展中心资源建设部处长助理吴哲、培训保障部处长刘刚，省文化厅财务处副处长王晓龙、公共文化处副处长刘泉水分别就“文化共享工程地方资源项目申报与建设要求”“公共数字文化建设与服务”“山西公共文化服务机构免费开放模式”“公共文化服务体系建设与数字化服务”等与基层公共数字文化建设密切相关的问题进行深入的讲解。（山西省图书馆　李德胜　彭燕）

【山西省视障文化服务和阅读推广培训班在太原举行】 9月20—22日，由中国盲文出版社、中国盲文图书馆、山西省图书馆和山西省残联共同举办的本次培训班在山西太原举办。培训班以“阅读推广和视障服务”为主题，来自全省11个地市县级公共图书馆馆长、盲人阅览室业务骨干及残联、盲人协会主席近60名代表参加了培训。中国盲文图书馆、中国盲文出版社总编辑助理沃淑萍，中国盲文图书馆数字资源部主任唐李真，山西省残联党组成员、副理事长温万一，山西省残联组织联络部主任石东风，山西省图书馆馆长魏存庆，副馆长赵谞炯等领导和嘉宾出席开班仪式。本次培训主要包括信息无障碍与阅读推广、盲用辅助产品使用方法、中国盲文图书馆盲文数字图书馆资源内容及使用方法、无障碍电影制作等视障文化服务与阅读推广相关业务知识的学习。（山西省图书馆　李德胜　彭燕）

【山西省图书馆召开地方文献专题征集新闻发布会】 10月13日，山西省图书馆地方文献专题征集新闻发布会召开，重点介绍了本次专题征集的目的和意义、文献征集的总体方案以及纸质文献、数字多媒体文献的捐赠要求和文献征集办法与接收方式。王海勇在会上将自己参与编著的《图证——抗战十四年老报刊收藏图鉴》《中共早期党报图录》等珍贵文献赠予山西省图书馆。新华网（山西）、人民网等中央驻晋30多

家媒体对此进行了报道。（山西省图书馆　梁金平　彭燕）

【山西省首个“社会科学普及宣传基地”在山西省图书馆授牌】　12月25日，山西省社会科学界联合会首个“社科普及宣传基地”授牌仪式在山西省图书馆报告厅举行。省社科联党组书记王蕾与省文化厅副厅长张健共同为社科普及宣传基地揭牌。王蕾向山西省图书馆馆长魏存庆颁发了证书。该基地的成立实现山西省社科界科普宣传资源优势与山西省图书馆“文源讲坛”品牌传播力量的强强联合，有助于使具有山西特色、山西风格、山西气派的文化与学术成果产生更深远的影响力。（山西省图书馆　李德胜　彭燕）

【太原市图书馆概况】　2016年，太原市图书馆全年文献总流通人次45.93万人次，书刊文献外借31.56万册次；全年新增藏量36.34万册；开展讲座48场次、培训34场、展览61场次。网站访问量160.1万人次。各项业务指标均达到年初预定目标。

2016年春节前夕，在美术馆分馆举办现场速写楹联和赠送活动；在市群艺馆分馆图书阅览室，分别设立17万书虫力荐的20本“每年都会重读一遍”专架书籍、《人民日报》推荐的100本“值得一读再读的书”专架，免费提供电子阅览、网上查询资料及“心相印，书相承”爱心捐书活动、图书漂流活动，丰富了假日期间的读者文化生活。同时，利用数字网络开展“网络书香过大年”活动，为广大读者免费发放数字阅览证，设计制作新春活动的专题网页，链接国家图书馆新春活动专题页面，使读者在线听取讲座、赏展览，参与游艺活动。

利用“4·23”世界读书日系列活动，搭建创新阅读平台。牵头成立由太原市图书馆联合公共图书馆、国企书店、私人书吧、民间读书组织等24家单位组成的全国首家以公共图书馆为主体、社会阅读力量参与的“太原市全民阅读推广联盟”；在省内，首家向市民推出书香品牌——“书香太原”标识；推出以《目送》《平凡的世界》等30本经典图书为代表的“2016年书香太原市民阅读书目”；在全省首家推出“书香太原”城市阅读地图，通过阅读地图市民可以轻松地找到阅读好去处，活动当天发放地图800余张。

7月，太原市图书馆筹备策划“真人图书馆、讲师选拔活动”，面向全市市民，通过广泛选拔、招募等多种方式，邀请各行各业经历丰富的人来讲述自己的故事，已有22本“真人图书”顺利开讲。“真人图书”招募活动将常年持续进行，太原市图书馆将根据招募到的“真人图书”精心整理成书单，分门别类地形成真人图书库，每周一期安排借阅活动。

加大古籍保护宣传力度，提升公众古籍保护意识。2016年，太原市图书馆以“书香两节”“4·23”世界读书日、“图书馆服务宣传周”为契机，开展“古籍传统文化魅力”系列体验活动，“活字印刷”体验、“中华古籍保护计划成果展”“太原市图书馆古籍珍贵名录图录成果展”及古籍有奖知识问答、古籍线装书制作体验活动等。另外，还将馆藏古籍珍贵文献及相关资料、照片进行分类整理，并对古籍普查、古籍整理、再版工作、队伍建设、名录申报和宣传展示等方面的相关资料进行完善和收集。

开展数字资源建设，助力数图推广工程。经过不断修改完善，2014年元数据仓储和政府公开信息两大项目的建设已于8月通过国家图书馆验收并结项；联系数据外包服务，与数据外包商开展合同签订、数据规范、加工制作等多项工作的沟通与督导，开展2015年政府公开信息项目资源建设；同时做好2016年资源联建项目的申报工作，开展预算提交及项目报备；不断完善“晋阳文献资源库”建设，提高自建资源存储量，补充完善“晋阳文献”的图片和视频数据，共修改完善视频资源775条、图片资源206条。（太原市图书馆　张建荣）

【大同市图书馆建立御锦源老年日间照料中心图书分馆】　1月，建立御锦源老年日间照料中心图书分馆，这是大同市图书馆对外服务创新中的又一次延伸。该分馆也是即华北星城、魏都新城分馆、晋商银行分馆成立之后，开设的第四家社区图书馆分馆。该分馆藏书3100余册，报纸26种，杂志35种。使社区周边的老年人不出小区便能走进图书馆看书读报，真正意义上方便读者、服务读者。（大同市图书馆　赵新萍）

【长治市图书馆概况】　2016年，长治市图书馆上架畅销图书、期刊、报纸等纸质文献3万多册，新办理读者证4413张，全年接待读者35万人次。

1月15日，“普及健康知识，推广健康文化”主题健康大讲堂首讲在长治市图书馆二楼多功能报告厅内开讲。1月21日，设在长治市图书馆三楼的长治市政协文史资料馆正式对外开放，这是长治市政协和长治市图书馆实行全民共享的新模式。筹建期间，为丰富馆藏，该馆将馆内多种珍贵地方文献资料精选充实其中，并先后接受长治市政协捐赠各类文史图书资料1485册。资料馆全年共收藏各类地方文史资料1184种、4000余册。联合中国知网、万方数据、博看网、有声有色等国内知名数字资源阅读平台，先后在4月、6月开展了两次大型的数字阅读推介与用户体验活动。6月1日，该馆流动图书车正式进入东方360社区服务点，为社区居民快捷办理读者证，提供优质便捷的图书馆服务。6月3日，举办了“传承中华文明，弘扬民族文化”古籍知识公开课。（长治市图书馆　马丽军）

【朔州市图书馆“家庭图书馆”启动仪式举行】 7月11日，“家庭图书馆”启动仪式在朔州市文化艺术中心举行，首批入选16个家庭，每家每两个月享受市图书馆定向配书外，还能享受馆内数字资源远程访问权等多项服务举措。“家庭图书馆”是朔州市图书馆为有效推动全民阅读，拓展与延伸图书馆职能的一项新举措，其建设思路就是让图书馆搬到爱书、爱阅读的普通家庭，通过“家庭图书馆”带动家庭成员、邻居、亲戚、朋友等开展读书活动，形成“图书馆+家庭”的阅读服务体系。（朔州市图书馆　李凯翔）

【阳泉市图书馆概况】 2016年上半年，新增社区流动图书站27家。历时4年建设，实现阳泉市城区社区流动图书站全覆盖，覆盖社区46家，流动图书近1万册。满足了城区社区居民读新书、读好书的需求。阳泉市图书馆在现有官方网站、微博、微信的平台基础上，利用新媒体平台制作视频类栏目“阳图微视”，使主题活动更加生动形象。截至目前，微信关注人数增加至2642人，网站累计访问浏览流量12.67万余次。政府信息公开平台累计公开各类信息30余条。

1月，该馆派专人赴郊区坡头村开展送书“三下乡”活动；春节前夕到平定县西岭村开展“书香墨韵入农家”写春联、送春联活动；“4·23”世界读书日期间，建立阳泉市看守所流动图书站，并邀请山西工程技术学院副教授孔晓莉为女性在押人员开展公益讲座，有效推进图书馆服务均等化；12月上旬，深入盂县南苌池村盲人志愿者张富斌家，继续扶持农村非营利性图书馆，为其更换图书200册，同时宣讲十八届六中全会精神以及残障人士相关政策。“八一”建军节前夕，阳泉市图书馆与市群众艺术馆的工作人员前往中国人民解放军驻平定县程家某部，设立流动图书站点。（阳泉市图书馆　樊晶　王宁静　李维杰）

【中共中央宣传部部长刘奇葆到洪洞县农家书屋进行调研】 6月17日，中共中央政治局委员、书记处书记、中宣传部部长刘奇葆在山西省委、省政府领导陪同下，来到洪洞县秦壁村农家书屋进行调研。刘奇葆询问关于农家书屋图书的借阅情况及建设情况，洪洞县图书馆馆长张兴河做了详细的解答。（洪洞县图书馆　刘洁云）

内蒙古自治区

【内蒙古自治区图书馆概况】 2016年，内蒙古自治区图书馆加工入藏中文图书44877种84662册，蒙古文图书4279种7783册。接受书、报、刊等文献资料缴送共计289册，接受赠书897册。接待阅览和借阅读者51.23万人次，流通图书48.11万册次，办理读者借阅证33491个。新建分馆11个。组织开展系列读书活动50余次。继续深入为自治区“两会”代表服务，提供蒙汉文《“两会”专题资料汇编》、精品图书，供代表参考查阅。如期完成各项数字资源建设工作。古籍库工程改造已进入设施设备安装调试阶段。组织相关工作人员积极参与各级各类课题的申报，提升自治区图书馆学术研究水平。24小时馆外街区自助借还向读者开放，拓展馆外服务功能。全年举办20场公益知识讲座，累计接待听众近万人次。举办各类展览11场，累计接待观众近万人次。同时，积极利用主流媒体、网站、微信公众平台、微博、馆前广场LED大屏等新媒体平台加强对外宣传，提升图书馆对外影响力，最大限度发挥图书馆公共文化服务的社会效能，举办的各类活动新闻媒体报道50余篇，中央电视台新闻频道多次报道。网站、微信公众平台、微博和户外LED大屏发布各类活动信息500余条。

“数字文化走进蒙古包”工程、“彩云服务”借阅模式自实施以来取得的良好效果有目共睹，接待蒙古国国家图书馆以及国内的四川、江苏、陕西、深圳、青海等业界考察学习团近50批次。自治区宣传部授予“彩云服务”和“数字文化走进蒙古包”工程“全区宣传思想文化工作创新奖”。“彩云服务”借阅模式的推广，不仅为我国公共服务产业的创新发展提供有益借鉴，也得到世界图书馆界的认可，在2016年美国图书馆协会（ALA）年会上获得“美国图书馆主席国际创新奖”。（内蒙古自治区图书馆学会　包格根）

【内蒙古自治区图书馆代表团应邀出访俄罗斯和蒙古国】 5月23日，围绕国家实施的“一带一路”重大战略决策，内蒙古自治区图书馆应莫斯科中国文化中心、蒙古国国家图书馆邀请出访俄罗斯、蒙古国，开展文献收藏调查和学术研讨活动，举办草原精品图书展和创新服务项目的座谈，与蒙古国国家图书馆就“数字文化走进蒙古包”项目的推广合作达成协议。这次访问加强该馆与俄罗斯、蒙古国图书馆界的业务交流与合作，同时也扩大该馆在国外的影响力和知名度。（内蒙古自治区图书馆学会　包格根）

【举办《中华古籍总目·蒙文卷》编纂研讨会暨第五期民族古籍普查培训班】 7月25—30日，由国家古籍保护中心主办，内蒙古自治区古籍保护中心、鄂尔多斯市图书馆承办的本次培训班在鄂尔多斯市图书馆举办。这次培训由国家图书馆、内蒙古自治区图书馆、内蒙古社科院图书馆的知名专家授课，全区参加研讨和培训的学员共有106人。（内蒙古自治区图书馆学会　包格根）

【内蒙古自治区图书馆组织举办全区数字图书馆推广工程和文化信息资源共享工程培训班】 此次培训班于7月29—31日举办，来自全区12个盟市图书馆、104个旗县区图书馆的馆长、业务负责人和自治区图书馆相关人员共157人参加培训。内蒙古自治区图书馆为每个基层图书馆下发4TB的基层数字图书馆资源盘、1TB的资源服务宝和1TB的中国文化网络电视机顶盒各一台。现场确定责任人并签订责任状，确保资源下发到位并发挥应有作用。（内蒙古自治区图书馆学会　包格根）

【蒙古国国家图书馆馆长访问内蒙古自治区图书馆】 8月1日，蒙古国国家图书馆馆长阿·南斯勒玛一行4人到内蒙古自治区图书馆进行学术访问。期间，参观“数字文化走进蒙古包——赛罕区金河镇碾格图移动加油站”，实地考察设备运行与使用情况。蒙古国国家图书馆与自治区图书馆建立友好关系和业务往来已有20余年，两馆保持频繁的人员互访和业务交流活动。本次访问考察团重点考察“数字文化走进蒙古包”项目，并给予高度赞赏，双方就“数字文化走进蒙古包”蒙古国建设项目达成合作协议。（内蒙古自治区图书馆学会　包格根）

【“数字文化走进蒙古包”工程应邀参加“第四届乌兰巴托·内蒙古文化周”展览】 8月18日，“感知中国·蒙古行——第四届乌兰巴托·内蒙古文化周”在蒙古国首都乌兰巴托开幕，内蒙古图书馆的“数字文化走进蒙古包”工程应邀参加文化周展览。中宣部副部长崔玉英，内蒙古自治区党委常委、宣传部部长乌兰，中国驻蒙古国大使邢海明，蒙古国教育文化科学体育部副部长云·奥特根巴雅尔，蒙古国记协主席嘎拉日德等一行来展区观展，内蒙古图书馆长李晓秋在现场对“数字文化走进蒙古包”工程做详细介绍。（内蒙古自治区图书馆学会　包格根）

【呼和浩特市图书馆概况】 馆址位于呼和浩特市回民区公园东路14号，占地面积3500平方米，建筑面积8000平方米。现设流通部、期刊部、阅览部、采编部、自学部、少儿部、计算机部、业务办公室、共享工程支中心等，阅览席位609个。全年365天开馆，为社会提供文献借阅、信息咨询、讲座论坛、展览交流等全方位、多层次的文化信息服务。2016年新购图书4788种13971册；“我最喜爱的童书”活动购书30种7393册；接受读者捐赠图书200余册。接待读者近20万人次，为少儿读者及特殊群体办理12770个读者证（免押金），新增读者率同比上涨90%以上，图书流通41.25万册次。（内蒙古

自治区图书馆学会　包格根）

【包头市图书馆概况】 2016年，日均接待读者3000多人次，年接待120多万人次，办理读者卡近1.7万张，图书借还125万册次。全年免费为读者提供蒙汉图书借阅，报刊、古籍、地方文献阅览，无线网络服务，公益讲座及特殊群体服务等40余个基础服务项目，走出一条以阵地服务为基础、公益活动为特色、数字化远程服务为支撑、辐射基层服务为抓手的特色化发展道路。秉持“与时俱进、普惠公众”的办馆思路，对原有馆舍进行功能布局调整改造，实现集“公益性、知识性、教育性、休闲性”于一身的现代化图书馆的目标。获得2016年中国图书馆年会学术征文优秀论文组织单位奖、五星级文化助盲志愿服务团队、自治区助残先进集体、包头市五一劳动奖等多项荣誉，收到赠送锦旗7面，主阵地服务被《中国文化报》等新闻媒体进行100余次宣传报道。

建立残障读者之家微信群，目前群成员共计60人，线上共同分享诗歌赏析、教学讲座、图书馆活动通知等。开办为期20天的盲人电脑培训班。通过培训，学员们能熟练地运用电脑，学会使用滴滴打车、美团、淘宝等手机软件，为他们的衣食住行提供诸多方便。为小读者与妈妈们搭建“妈妈帮”平台，通过妈妈帮助孩子、孩子辅助妈妈、妈妈相互帮助，组建了一个孩子和妈妈共同学习、成长的“互动平台”。全年组织线下活动17次，参与人数近600名；线上通过“妈妈帮”微信群，共同分享生活中的育儿经、亲子阅读中的感受和困惑，现群里共有妈妈129人。建立为少年儿童提供学习国学的“中华传统文化美育堂”，主要针对3—12岁的少年儿童，围绕中华传统文化、传统节日、国学等方面开展活动。全年举办活动4期，参与人数达400余人。（内蒙古自治区图书馆学会　包格根）

【呼伦贝尔市图书馆概况】 2016年，举办各种主题展览8次，观展3万人次。举办党的十八届六中全会精神专题展览，驰宏矿业、神宝集团、老年大学等分馆、流动站巡回展出等各类专题展览。在“4·23”世界读书日当天启动“书香内蒙古　亮丽风景线”2016草原阅读季。

呼伦贝尔文化讲坛是呼伦贝尔市图书馆主办的大型公益讲座平台，2013年开讲，不定期举办，2016年共举办12期，听众达到2500人。该讲坛采取形式多样的讲座方式，邀请专家、学者亲临讲座现场，到部队、学校等单位开展讲座，讲座内容丰富多彩，得到社会各界的广泛关注和好评。娅日桂少儿公益服务品牌举办29场活动，近千人参与。以开展各类形式新颖、参与积极性高的文化活动为主，如元旦、寒假、春节“快乐阅读、展现少儿风采”主题系列活动、“小贝壳快乐银屏”“美丽草原我的家”“我的数码智能宠物”征文比赛活动等。（内蒙古自治区图书馆学会　包格根）

【呼伦贝尔市图书馆举办馆庆60周年专题展览】 “回首过去　立足今天　展望未来——呼伦贝尔市图书馆发展历程回顾展”专题回顾展在图书馆二楼大厅正式展出。展览通过16张展板、各个不同历史时期珍贵的老照片，以图文并茂的形式，全面展示图书馆60年的发展历程，从而进一步提升图书馆的管理与服务水平，推动今后的图书馆工作更好更快的发展。（内蒙古自治区图书馆学会　包格根）

【呼伦贝尔市图书馆一行6人赴蒙古国东方省中心馆进行友好访问】 9月8日，由呼伦贝尔市文化新闻出版广电局调研员王迎春为团长的呼伦贝尔市图书馆访问团一行6人赴蒙古国东方省中心馆进行友好访问。访问团参加东方省中心图书馆2016年度阅读颁奖典礼，参加“中俄蒙”图书展销活动和“中蒙图书馆发展学术研讨会”，与来自蒙古国肯特省、苏和巴托省、东方省中心图书馆的同人进行学术交流。呼伦贝尔市图书馆蒙古文文献中心主任哈斯塔娜做“有关呼伦贝尔市图书馆蒙古文图书古往今来的发展情况暨中蒙两国图书馆发展方向”的报告。（内蒙古自治区图书馆学会　包格根）

【通辽市图书馆概况】 2016年，全年借阅各类图书17.8万册次，接待各类读者21.3万人次。继续开展“您选书　我买单”阅读推广活动，每周为盲文读者送书上门。编制《决策内参》《绿色风》，免费赠送给各类用户。举办新书推荐发布会、本土文学研讨会，书法、绘画、摄影展及各类专题书展等丰富多彩的读者活动。

该馆数字化建设可以简称为“一库一网三平台”，即建立一个包括音频、视频、文本、图画、动画等各种各样的多媒体资源海量的数字资源库；“一网”就是通过数字图书馆虚拟网把各级图书馆虚拟连接起来，通过虚拟网我们可以加工、制作、传递、组织、保存。“三平台”就是优秀中华文化展平台、信息服务平台、对外文化交流平台。同时，又投入300余万元初步建立通辽市数字图书馆，引进RFID系统，升级改造图书馆应用管理平台，信息服务平台。引进图创软件，将全部馆藏进行数据转换，从传统磁条向无线射频转换。建立数字资源库，启动“通辽记忆”“科尔沁艺术”特色数据库，总共约20TB，丰富了数字资源库的内容，提升数字化程度。购置24小时自助办证机1台、24小时自助还书机1台、自助还书机3台、书目查询机2台、清洁杀菌机2台、报纸期刊阅读机1台。馆内实现无线网络全覆盖，免费上网。各楼层设立电子阅读机，读者可用手机扫描二维码进行下载，离线阅读，并尝试将电子阅读机外放，如飞机场、车站、政府办公楼等，拓展服务对象。开通手机网站、微信公众号平台账号。图书馆现代化建设满足了读者的需求。（内蒙古自治区图书馆学会　包格根）

【通辽市图书馆承办“草原魂·成吉思汗文化系列展——像、画、箴言展”】 2016年，通辽市图书馆与通辽成吉思汗族谱文化研究会联合承办首届“草原魂·成吉思汗文化系列展——像、画、箴言展”，展出的作品包括以多种表现形式的成吉思汗像（画）40幅、蒙汉双语书写的成吉思汗箴言、本土知名书法爱好者书法作品80幅，特别是北京魏香春将自己珍藏的复制的蒙古帝国玉玺申请参展。更值得一提的是有来自美国的三位世界蒙古学研究专家专程观看展览。这次展览让更多的人了解“成吉思汗文化”的内涵和寓意，了解源远流长的蒙古文化。（内蒙古自治区图书馆学会　包格根）

【赤峰市图书馆概况】 赤峰市图书馆位于赤峰市松山区锦山路南段赤峰文博中心A区中段，博物馆仿古建筑群西侧，建筑面积8000平方米。职工编制40人。现有馆藏书刊59.9万册（件），电子文献25万册，电子期刊10000多种，视听资料数千集。藏有《四部丛刊》《中国文化史丛书》《清实录》《四库全书》《蒙古源流》《黄金史纲》等经典文献。

2016年购进电子图书借阅机、电子期刊借阅机、电子读报机、云图有声图书馆、3D影院、太空音乐椅、VR多媒体视听座椅等，实现设施智能化、管理自动化、资源数字化。所开展的业务工作主要有蒙汉文图书外借、报刊阅览、自学阅览、少儿外借、少儿阅览、电子阅览、业务培训、各类讲座、展览、网站建设等。建立“赤峰市图书馆总分馆服务体系”，现有分馆34个。

先后获国家二级图书馆、全国文化系统先进集体、自治区“巾帼文明岗”、全国社会科学普及基地和“2016年数字图书馆业务技能竞赛”优秀组织奖等集体荣誉。馆长刘淑华先后荣获赤峰市“三八红旗手”、赤峰市“五一劳动模范”、自治区“三八红旗手”、自治区“五一劳动模范”“2016中国图书馆榜样人物”称号。（内蒙古自治区图书馆学会　包格根）

【锡林郭勒盟图书馆概况】 2016年，该馆进一步完善馆内自动化管理系统，通过网络平台、微信等现代化技术为读者提供在线咨询，实现借、阅、询一体化服务，在图书馆与读者之间形成网络互动。同时，建立和完善读者信息库，及时将图书馆的工作动态、近期活动安排、新书上架等信息反馈给读者，使服务工作更加高效、便捷。充分借助计算机技术和图书馆管理软件来提升图书馆各项业务工作管理。目前，已全面实现图书采编、流通、检索自动化管理，图书馆的各项内部统计都已实现电脑操作、有序化管理。建立馆藏书目数据库已有三年，为了确保数据库数据安全与规范，对数据库进行经常性的、制度性的维护，同时做好服务器、工作机、公共查询检索机、读者用电脑的维护保养工作。截至11月，共接待读者3.6万余人次，解答读者咨询840余人次，图书报刊流通量3.4万余册次。（内蒙古自治区图书馆学会　包格根）

【乌兰察布市图书馆概况】 新馆坐落在集宁新区格根西街10号，建筑面积8400平方米。设有密集型书库、儿童阅览室、老年阅览室、电子阅览室等；阅览座席720个，其中儿童阅览座席

100 个。馆藏文献 42 万余册，其中汉文图书 27 万余册、蒙文文献 6900 余册、线装书 6800 余册、民国文献 800 余册、地方文献 100 多种、盲文文献 400 余册、电子图书 15 万册。年订阅期刊 514 种、报纸 137 种。业已搭建起“数字图书馆”“文化资源共享工程”硬件平台。配备计算机 120 余台，网络宽带 100M，存储能力 67TB，服务器数量 8 台，各阅览室和读者休闲区均实现了无线网络覆盖。设有电影图书馆、音乐图书馆、移动图书馆、少儿多媒体图书馆、触摸型阅读机、24 小时电子图书自助借阅机及 1 台自助办证（借阅证）机。2016 年全年图书借阅 2.68 万人次、5.89 万册次，移动图书馆点击量 271.29 万次，电子书阅读下载量 5804 次，接待到馆读者 16.84 万人次。（内蒙古自治区图书馆学会　包格根）

【鄂尔多斯市图书馆概况】 该馆现有馆藏纸质文献 60 多万册，其中中文普通图书近 15.5 万种、40 多万册，蒙文图书近 1 万种、3 万册，工具书 1 万多种、2 万余册，古籍 2 万多种，少儿图书 2 万余册、少儿报纸 20 种、少儿期刊 67 种，盲文文献 600 多册，地方文献 2 万多册，收集、征集鄂尔多斯市文化名人手稿、书画 200 多幅（本），中文报纸 230 多种，期刊 780 多种。2016 年，新增图书 8000 多种、27000 多册。拥有数字文献资源总量 53TB。在立足基本馆藏的情况下，加强古籍文献、地方文献、蒙文文献等特色文献建设，进一步提升图书馆自身的竞争力和影响力。大力拓展延伸服务，开展了图书馆“第三文化空间”——音乐图书馆 + 百年新诗陈列馆、汽车图书馆、总分馆体系建设、城市街区 24 小时自助图书馆建设、24 小时室内自助智能图书馆建设、“图书馆 + 书院”模式、“图书馆 + 微服务”模式、图书馆走进“两会”服务、多功能全方位信息化平台服务等服务。（内蒙古自治区图书馆学会　包格根）

【巴彦淖尔市图书馆概况】 2016 年，该馆接待读者 20.96 万人次，图书借阅 17.47 万册次，发放借阅证 4411 个。全年共采购图书 6261 册，其中蒙文图书 598 册，民族地方文献 1317 册，盲文图书 96 册，“三区人才建设”共建点图书 941 册；征订报纸 52 种 87 份，期刊 411 种 551 份。举办“迎新春、剪窗花”活动，新春猜谜有奖活动，面向基层深入开展全民阅读“七进”活动等一系列读者活动；开展为“三下乡”活动点、某通讯部队、康泰老年公寓等单位团体送图书送期刊的公益活动；到 7 个旗县区草原书屋、农家书屋开展业务培训。举办以“真诚你我，阅读相伴”为主题的读者座谈会，与各窗口服务部室的读者代表座谈。举办“4·23”阅读巴彦淖尔座谈会，庆祝“典藏巴彦淖尔”文献陈列室成立一周年，开展为期一周的图书馆服务宣传周活动，倡导全民阅读。出版图书馆内部刊物参考文摘，编辑全市图书馆系统《图书馆工作动态》简报，充分利用微信公众平台、展板、LED 显示屏等方式宣传图书馆工作。（内蒙古自治区图书馆学会　包格根）

【乌海市图书馆概况】 2016 年，该馆以“爱读书、乐生活”为主题，逐步推进乌海市“大漠湖城书香飘”全民阅读活动深入开展，展示乌海的文化形象和文化品位，为全民阅读活动的开展提供强有力的组织保证，为打造书香乌海奠定基础。全年到馆读者 10.07 万人次，借阅图书 8.18 万册次。完成数字图书馆服务器的调试验收工作，乌海市图书馆门户网站建成；购入国内知名企业清华同方、超星、博看的电子图书、电子期刊、名家讲座等数字资源。新购置图书 5100 多册，已全部上架。（内蒙古自治区图书馆学会　包格根）

【阿拉善盟图书馆概况】 2016 年，该馆在保障日常图书借阅工作的基础上，结合法定节日，在“第 20 个世界读书日”、纪念“建党 95 周年、红军长征胜利 80 周年”等特殊时间点，针对各类读者人群，先后举办“快乐游戏、智慧成长”亲子手工制作，“闹元宵·猜灯谜”，蒙古文“快乐阅读”儿童百科知识竞赛等 30 项形式多样、卓有成效的读者活动，各类专题展览 11 期，寒暑假优秀电影选播、节日主题电影选播 150 余场，并定期推出新书书目推荐和主题图书专架，吸引 5000 余人次读者参与。

全年入藏新书 5677 册，其中蒙文新书 1546 册。订购期刊 551 种，电子期刊 2000 种。新办借阅证 1089 张（累计办证达 8129 张），向读者推荐新书介绍专栏 60 期，新建流动图书点 3

个，新签订流动服务协议 12 份。各服务窗口总流通 10.2 万人次，咨询 1.29 万人次，书刊文献外借 9.01 万人次、10 万册次；馆外图书流动服务点配送图书 6196 册次、流通 9324 人次。举办“阿拉善文化讲堂”9 期，受众 1000 余人次。为读者提供自助办证、借还服务的全天候、无障碍开放的 24 小时街区自助图书馆，集先进的 RFID 技术、网络技术及自动控制技术于一体，可容纳 300 余册图书，为读者提供自助办证、借还服务的图书馆。2016 年微信公众平台经过升级，粉丝数量较 2015 年呈现爆发式增长，截至目前粉丝数量达到 1660 人。微信发布信息 190 余条，每条点击量都在 100 次以上，累计全年发布信息点击量达到 5 万余次。录制剪辑文化大讲堂视频 5 期时长 20 小时，并上传微官网，供读者观看。“数字文化走进蒙古包”工程建设进展顺利，第一批设备已运送到位。（内蒙古自治区图书馆学会　包格根）

辽宁省

【辽宁省图书馆概况】 2016 年，辽宁省图书馆启动法人治理机制调研工作及全省图书馆联盟建设工作。国家重点文化建设工程古籍保护工作、数字图书馆建设工程均取得成效及进展，出版《辽宁省图书馆古籍普查登记目录》《第一批辽宁省珍贵古籍名录图录》。配合辽宁省文化厅，开展第四批《辽宁省珍贵古籍名录》的申报、评审工作。辽宁 59 部古籍入选第五批《国家珍贵古籍名录》，3 家单位入选第五批“全国古籍重点保护单位”。启动全省小微古籍修复室建设工作，选定 4 家市级图书馆作为试点单位，配置设备，进行人员培训。与沈阳师范大学签署《合作培养古籍保护与修复方向研究生》协议，创新人才培养方式，从而解决辽宁省古籍保护人才短缺问题。全年完成古籍数字化 10 万拍。在数字图书馆建设上，进一步完善图书馆网站、微信功能，实现读者自助在网站与微信平台上进行“数字读者”的免费注册功能，在微信平台上推出“统一检索”“数字读者注册”“每周易读”和“我要去辽图”等服务功能，并与辽宁“城市服务”成功对接。2016 年，省图书馆“数字文化驿站”被省直机关工委评为第三季度最佳实事。

2016 年在做好全民阅读、文化助残、参考咨询、志愿服务的基础上，全面推进图书馆文化扶贫和援建工作、积极打造新颖的少儿活动。持续开展“百万图书万里行”活动，打造“流动服务到您身边”品牌活动，流动图书馆深入贫困县、乡、村、镇，累计行程 2000 多公里，免费发放科普图书 10000 余册。少儿部开展“绘本阅读”“辽图国学坊”“玩具总动员”“我爱涂涂画”“童阅乌托邦”“奇思童年亲子共欢，妙享阅读与书同眠”等特色活动。“童阅乌托邦”少儿公益活动文化志愿服务被文化部评为 2016 年百个文化志愿服务示范活动典型案例之一。

陆续开放多媒体服务区、保存本阅览室和众创空间，新馆开放面积增加近 6000 平方米。全年接待读者 242 万人次，办理读者证 35823 个，外借文献 117.98 万册次。全年举办读者活动 1491 场次，其中讲座 76 次、展览 43 次。完成中外文图书采购 63013 种、178182 册。订购中外文报刊 5435 余种。声像资料 1604 种，征集地方文献 1944 种。续订数据库 40 个。

积极开展培训工作，承办全国培训 4 次，举办全省培训 7 次，累计培训图书馆从业人员 1518 人。组织馆内工作人员集中培训 5 次，送派 99 名业务工作人员参加中央文化管理干部学院培训。（辽宁省图书馆　刘芳）

【辽宁省公共图书馆文化志愿服务管理人员培训班举办】 1 月 13—14 日，由辽宁省图书馆主办的“辽宁省公共图书馆文化志愿服务管理人员培训班”在辽宁大剧院开班，来自 102 家单位的 110 名学员参加培训。省图书馆副馆长姚杰主持开班仪式，培训班邀请文化部全国公共文化巡讲活动专家组李蓁，省文化厅副巡视员康尔平做专题讲座。在培训班上向学员们分享近年来志愿服务的成功案例，此外，优秀志愿者与学员对文化志愿服务工作进行了深入的交流。（辽宁省图书馆　刘芳）

【文化部副部长杨志今莅临辽宁省图书馆】 5 月 6 日，文化部副部长杨志今一行莅临辽宁省图书馆视察指导工作。在省文化厅副厅长杨世涛，省图书馆馆长王筱雯的陪同下，先后视察了辽宁省图书馆少儿天地、特殊群体服务中心、新书坊、多媒体服务区及 24 小时自助图书馆等对外服务窗口。（辽宁省图书馆　刘芳）

【辽宁省图书馆参加莫斯科中国文化中心第四届"品读中国"读书周活动】 5月23日，"品读中国"读书周开幕式在莫斯科文化中心礼仪大厅举行。莫斯科文化中心副主任李峙、辽宁省文化厅副厅长杨世涛等人出席活动。辽宁省图书馆在活动中举办"中国汉字发展史图片展"，工作人员陈浮现场挥毫泼墨，让俄罗斯人民从中感受到中国传统文化的魅力。（辽宁省图书馆　刘芳）

【辽宁省图书馆推出无障碍版网站】 辽宁省图书馆为方便残障人士和老年人使用图书馆信息资源，推出无障碍操作版网站。无障碍网站包括视觉辅助和语言辅助两个板块，视觉辅助通过辅助工具可实现文字和网页的放大和缩小，语言辅助功能可以通过鼠标点击网站上的文章，并可根据需要调节语速。无障碍网站的推出，为特殊群体提供了信息获取和利用的均等机会。（辽宁省图书馆　刘芳）

【全国公共图书馆文化志愿服务规范化建设培训班举办】 8月22—26日，辽宁省图书馆承办的2016年全国公共图书馆文化志愿服务规范化建设培训班在沈阳开班，来自全国公共图书馆的文化志愿服务管理人员和业务骨干64人参加培训。培训班围绕公共图书馆文化志愿服务规范化建设主题，邀请国家图书馆社会教育部主任汤更生、中国社会科学院青年人文社会科学研究中心研究员沈杰等专家现场授课。此次培训通过政策分析、理论研究、案例分享、经验交流、体验式教学的形式，推动文化志愿服务的规范化建设。（辽宁省图书馆　刘芳）

【辽宁省图书馆众创空间对外开放】 8月28日，辽宁省图书馆众创空间正式开放。众创空间服务面积620平方米，分为智能会议区、创客办公区、智汇学习区、创新实践踏区、智能输出区、资料查阅区和分享讨论区7个功能区，可以容纳160人同时工作。空间配有智能会议、无纸化办公的多人互动讨论桌，进行动画、影视创作及boxx图形处理工作站。（辽宁省图书馆　刘芳）

【全省数字图书馆推广工程馆长培训班】 9月26—29日，2016年全省数字图书馆推广工程馆长培训班在丹东举行。来自辽宁省各市、县（区）公共图书馆的120位馆长参加培训。辽宁省图书馆馆长王筱雯、副馆长卢丹，丹东市文化广电局副局长李悦昌出席开班仪式。培训班采取专家讲解与学员代表交流的形式进行培训，促进了全省各级公共图书馆数字资源建设工作的发展。（辽宁省图书馆　刘芳）

【辽宁省图书馆举办纪念中国工农红军长征胜利80周年系列活动】 10月16—31日，辽宁省图书馆举办纪念中国工农红军长征胜利80周年系列活动。17日，500余名中、小学生在"伟大的征程"实景展区进行"重走长征路"体验活动。"长征热血铸国旗"主题讲座于当天同时开讲。22日，500名观众参与"长征颂"诗歌诵读会活动。在省馆举办的"伟大的征程——纪念中国工农红军长征胜利80周年"主题展览以历史图片、党史资料、音影像资料配以军史模型，多层面、多视角、全方位再现中国共产党领导下的工农红军艰苦卓绝的光辉历程。（辽宁省图书馆　刘芳）

【辽宁省图书馆举办全省首届少年儿童阅读推广论坛】 12月5—6日，辽宁省图书馆与辽宁省图书馆学会在沈阳联合举办"享·阅读"辽宁省首届少年儿童阅读推广论坛。省内各市少年儿童图书馆、部分公共图书馆及中小学图书馆等14家单位40余人参加为期两天的论坛。（辽宁省图书馆　刘芳）

【辽宁省图书馆"童阅乌托邦"项目入选2016年全国基层文化志愿服务活动百个典型案例】 辽宁省图书馆"童阅乌托邦"少儿公共公益活动文化志愿服务项目入选2016年全国基层文化志愿服务活动典型案例。该项目整合多种阅读资源，拥有成熟规范的运行机制及相对稳定的志愿者团队，主要面向3到8岁少儿读者及其家庭提供文化志愿服务，举办"指间创意阅读""四维绘本阅读""辽图国学坊""玩具总动员""幼儿戏剧游戏"五项常规活动。（辽宁省图书馆　刘芳）

【沈阳市图书馆启动春之韵助读服务】 为倡导全民阅读，引导公众树立"阅读是一种生活方式"的理念，沈阳市图书馆、沈阳市新华书店于4月19日启动"春之韵"助读服务。即你阅读、我买单。只要持有沈阳市图书馆读者借书证，关注沈阳市图书馆的微信公众号并绑定读者证号，按照《“春之韵”助读服务读者须知》的要求，在系统里提交信息后，读者即可无偿把书店图书带走，阅读后按时归还到沈阳市图书馆“春之韵”助读服务窗口即可。（沈阳市图书馆采编部）

【“星期六剧场”三年惠民演出超百场】 8月20日，沈阳市图书馆举办“星期六剧场”三周年超百场纪念演活动。“星期六剧场”现已成为沈阳市的一个新文化地标，从专业艺术家到普通市民都可以成为舞台的主角，来自50个民营剧团的几百名普通市民登台表演。节目包括京剧、评剧、大鼓、相声、小品、评书、话剧、乐器和歌舞等。央视新闻联播先后4次报道“星期六剧场”的演出盛况，辽沈各大强势新闻媒体，一直追踪报道沈阳市图书馆“打造第三空间”推出“星期六剧场”艺术惠民的成果。该剧场不仅在沈阳演出，还远赴深圳交流演出，并先后在锦州、鞍山、抚顺、辽阳、本溪进行慰问演出。（沈阳市图书馆　张世彤　杨杰）

【大连市图书馆概况】 2016年，大连市共有公共图书馆13个，其中市级2个，区县图书馆11个。馆舍总面积13.72万平方米，阅览座席8340个，藏书总量1303.05万册（件），年流通人次759.04万人次。调整大连市数字图书馆“一卡通”流通策略，自4月22日起，“一卡通”读者借书数量由6本增加到10本。至年末，“一卡通”工程拥有中心馆1个，成员馆19个（区域公共馆14个，专业分馆5个），持证读者61.4万人，文献资源582.6万册，年流通总量185万册。

4月22日，大连市图书馆学会策划、组织大连地区“全民阅读，社会书香——2016年全市图书馆系列读书活动”，组织大连市图书馆学会会员参加中国图书馆学会及其阅读推广委员会举办的第四季“馆员书评”活动、“2016年中国图书馆年会”“大学生阅读推广专业委员会工作会议”和辽宁省图书馆举办的“辽宁省公共图书馆中文图书数据审校与应用培训班”“辽宁省图书馆学会第八次会员代表大会会议暨2016年学术年会”等各类活动31次，其中国家级活动20次，省级活动11次。获得馆员书评第四季征集活动“优秀组织奖”、“全民阅读”优秀组织奖、“辽宁省图书馆学会2014—2016年度先进学会”。大连市甘井子区图书馆获得“2016年中国最美基层图书馆”称号，这是该馆建馆以来首获的全国性奖项。（大连市图书馆学会）

【鞍山市首家24小时自助图书馆投入运行】 鞍山市图书馆24小时自助图书馆于4月20日开始投入运行，鞍山地区公共图书馆身份证注册读者均可24小时到馆借书、还书、看书。24小时自助图书馆设在鞍山市图书馆一楼，面积100平方米左右，配备图书1万余册，设有阅读桌椅，满足不同读者的借阅需求。（鞍山市图书馆学会）

【鞍山市首个微型图书馆投入运行】 8月，鞍山市图书馆与鞍山市公共行政服务中心完成“一卡通”图书馆分馆共建协议，鞍山首个微型图书馆亮相公共行政服务中心大厅。微型图书馆内置图书300余册，主要提供自助借书、自助还书、自助续借等服务。微型图书馆内配备的所有图书在全市“一卡通”成员馆系统内均可实现“通借通还”。（鞍山市图书馆学会）

【抚顺市图书馆举办百万图书万里行进乡村活动】 7月7日，抚顺市图书馆与辽宁省图书馆合作开展“百万图书万里行之相约书海，图书进乡村”活动，辽宁省图书馆的流动图书车开进了抚顺市金马村大集。工作人员为前来咨询的读者推荐种植、养殖技能方面的书籍，免费发放农业资料1000余册，期刊1000余册。《抚顺日报》《抚顺晚报》、抚顺电台、电视台均对活动进行了报道。（抚顺市图书馆学会）

【本溪市开展第十一届十大藏书家评选活动】 4月23日，第十一届十大藏书家颁奖联谊会在本溪市图书馆举行。图书馆通过与媒体合作，向市民宣传、介绍这些藏书家，激发民众的读书求知热情，为建设文明城市助推加力。十大藏书家评选活动于2015年10月中旬启动。通过对每位申报者的藏书数量、藏书质量、藏书管理以及利用藏书取得的成果进行深入的调研和比较，评选出王志华、杨卫东等10位藏书家。（本溪市图书馆　张虹）

【丹东市图书馆建立第一家村级分馆】 丹东

市图书馆在凤城市大梨树村建成丹东市第一家村级分馆。4—5 月，丹东市图书馆组织人力集中为分馆分编加工上架图书 9520 种 11489 册，为图书室建成标准化分馆和日后的开馆服务奠定坚实的基础，同时将分馆建设触角延伸到了村级农家书屋，为丹东市探索市、县（区）、书屋三级总分馆建设积累宝贵经验。（丹东市图书馆 时新）

【锦州市图书馆推出读书创新活动】 7 月 10 日，锦州市图书馆与锦州新闻广播联合推出《听，是谁在读书》栏目。栏目每两周一期，每期分享一本好书；每周日中午 11：00—12：00 进行直播，主持人是锦州市图书馆的杨婧和锦州新闻广播的沈晴。往期节目全部收录在锦州市图书馆微信公众平台的《悦读悦听》栏目中。（锦州市图书馆）

【营口市图书馆文化助盲荣获国家级荣誉称号】 2016 年营口市图书馆被中国助残志愿者协会、中国盲文图书馆授予全国“五星级文化助盲志愿服务团队”称号。营口市图书馆以“盲文及盲人有声读物阅览室”为主阵地为盲人读者提供文化服务，同时在营口市特殊教育学校成立分馆，培训优秀的志愿服务队伍。通过“迎新春盲人电脑知识竞赛”“盲人读者联谊会”“盲人读者阅读体验”等经典服务开展了一系列的助盲活动。（营口市图书馆）

【阜新市第六届全民读书节暨分享阅读读书交流会】 4 月 23 日，由阜新市委宣传部，市文广新局主办，阜新市图书馆承办的本次读书交流会在阜新市图书馆共享大厅举行。阜新市副市长海淑兰、市政协副主席崔文成参与活动并点亮启动球。仪式上图书馆评出的 10 名阅读之星受到表彰，5 位代表不同年龄阶段的阅读爱好者分享自己的阅读故事和读书心得，仪式结束后，200 余名青少年读者以“图书去旅行、阅读伴成长”为主题，进行现场图书交换活动。（阜新市图书馆 周晓军）

【盘锦市图书馆《万卷楼悦读》被中国图书馆学会评为“2016 阅读刊物·阅读推广实例”三等奖】 在中国图书馆学会阅读推广委员会举办的“2016 年阅读刊物·阅读推广实例”征集活动中，《万卷楼悦读》（季刊）荣获三等奖。该刊创刊于 2016 年，由盘锦市图书馆主办，设有“辽河口文化”“人物访谈”“万卷赏读”“文心拾贝”“人人悦读”等栏目。刊物在传扬地域文化、营造鹤乡学习氛围上发挥了积极作用。（盘锦市图书馆）

【辽西五市第二十一届图书馆学学术研讨会在朝阳市召开】 9 月 12—14 日，本次研讨会在辽宁省朝阳市燕都国际酒店召开。辽宁省图书馆副馆长、辽宁省图书馆学会副理事长杜希林，辽宁省图书馆学会办公室主任、学会副秘书长徐向东，朝阳市社科联、科协、民间组织管理局以及朝阳市文广新局的领导出席会议。研讨会由朝阳、锦州、阜新、盘锦、葫芦岛五市图书馆共同主办，朝阳市图书馆承办，北京超星数图信息技术有限公司协办。来自五市公共图书馆的馆长、获奖论文作者及各系统图书馆工作者 95 人参加会议。研讨会共征集论文 85 篇，经过辽宁省图书馆学会学术委员会评选，评出一等奖 14 篇、二等奖 17 篇、三等奖 20 篇，其中有 5 篇论文在大会上进行了交流。会议邀请辽宁省红山文化研究院副院长、朝阳市文化局原局长孟昭凯做“红山文化”讲座。（朝阳市图书馆学会）

吉林省

【吉林省图书馆“心文化·心悦读”引领少儿读者回归绿色阅读】 3 月 27 日，“心文化·心悦读”公益大讲堂活动在吉林省图书馆少儿活动室拉开序幕。此次活动是吉林省图书馆响应中宣部等部门《关于开展全民阅读活动的倡议书》，充分发挥图书馆阅读基地的作用，联合心文化传播志愿者协会共同开展的。活动中，吉林电视台著名主持人唐赫作为活动推广大使做倡导发言，用古人的经典名句诠释读书的益处。古典文学教授张婧从为什么阅读经典、如何阅读经典等方面进行讲解。孩子们跟随志愿者孙厚飞老师诵读《诗经》《笠翁对韵》，感受浓浓的古韵遗风。活动最后，由国家二级心理学咨询师马玲对家长和孩子存在的心理问题进行解惑答疑。此项活动引领少儿回归绿色阅读，诵读经典，滋养心灵。（吉林省图书馆）

【2016 世界读书日“阅读改变人生”暨“为爱献声”文化助残活动在吉林省图书馆举行】 4 月 13 日，为丰富全省残障人士的精神文化生活，共享公共文化成果，吉林省残联阅读分会携手省残疾人作家协会、省盲人协会、长春市盲人协会、省朗诵艺术专业委员会、省图书馆等单位，在省图书馆开展“阅读改变人生”暨“为爱献声”文化助残活动。省委宣传部、省残联、省新闻出版广电局、省图书馆、吉林省全民阅读协会等部门领导出席活动，部分残障人士及其亲友、省残联宣传文化工作者代表、省残疾人新闻宣传促进会的同志共 180 人参加活动。活动中，视障读者在省图书馆工作人员的引导下参观视障阅览室，翻阅盲文图书和大字版图书，借助专业读屏软件上网浏览生活资讯，体验阅读快乐。四平市残联副理事长张文娟做四平盲文图书馆开展盲人阅读工作经验介绍。省委宣传部、省残联、省全民阅读协会、省图书馆领导相继发言，表达对残疾人阅读推广工作的重视。随后举行“为爱献声”主题朗诵会。省朗诵艺术家协会专业老师和盲人代表同台互动，合作朗诵残疾人自创作品和名家精品，最后以一首《芬芳誓言》完美诠释“用温暖的声音呼唤和传递爱与力量”的信念，将整场朗诵会推向高潮。“为爱献声”大型公益活动持续至 10 月中旬结束。（吉林省图书馆）

【大型读书报告会“《吉林工匠》与吉林文化”在吉林省图书馆举行】 4 月 23 日，由吉林省文化厅主办，吉林省图书馆、文化共享工程吉林省分中心、吉林省数字图书馆推广工程承办的本次读书报告会在吉林省图书馆报告厅举行，吉林省文化厅、省文联有关领导、铁匠田先、织匠高女士及 300 余名读者参加报告会。《吉林工匠》是著名文化学者、省文联副主席、省政府参事曹保明先生历经数十年田野调查，从吉林省各地挖掘出来的不同历史时期工匠们的生活纪实，具有重要的历史价值和文献价值。该书全面展示吉林工匠传奇的创业故事和历史，被列入“吉林省全民阅读丛书”，是极具代表性的吉林地域文化和乡土文化教材。讲座中，曹保明先生呼吁与会者多倾听工匠的故事，了解吉林工匠的历史，尊重工匠、支持工匠，并积极参与挖掘、整理、保护和传承吉林省工匠文化和工匠精神的行动中。现场听众还获得由省图书馆赠送的曹保明先生亲笔签名的新书，幸运地成为该书的首批读者。（吉林省图书馆）

【文化部副部长杨志今视察吉林省图书馆】 5 月 9 日，文化部副部长杨志今一行在吉林省政府副秘书长苏衡、省文化厅厅长马少红、副厅长张辰源等陪同下莅临省图书馆视察。杨副部长一行视察省图书馆展览区、自修区、阅览区、书店、报告厅等阅览服务区域和电控室、中控室、书库等安全管理区域，对省图书馆设计理念、建筑风格、服务能力、安全管理等工作给予肯定，并要求充分发挥省馆龙头作用，全方位开展好各项业务工作，在全省公共文化事业发展中做出表率。（吉林省图书馆）

【学生书房揭牌仪式暨“作家进校园”活动在长岭县前进乡中心校举行】 5 月 20 日，吉林省图书馆在长岭县前进乡中心校建立学生书房，“作家进校园”活动也随即展开。在简短的学生书房揭牌仪式结束后，著名儿童文学作家芷涵为师生们带来一场名为“轻轻一翻，打开一个鲜亮的世界”的精彩讲座，以妙趣横生的互动游戏开始，围绕“语文的意义”这一话题，分享自己的写作体会和阅读感悟，引起师生的强烈共鸣。省图书馆为学生书房送去首批图书、期刊 500 本。（吉林省图书馆）

【吉林省首届“书香之家”颁奖晚会暨书香吉林摄影大赛颁奖仪式在省图书馆举行】 6 月 14 日下午，吉林省首届“书香之家”颁奖晚会暨书香吉林摄影大赛颁奖仪式在省图书馆举行。本次活动由吉林省宣传部、省新闻出版广电局主办，省全民阅读协会、省图书馆等单位承办。颁奖晚会上还启动 2016 年吉林省全民阅读活动。此次活动包括颁布实施《吉林省全民阅读促进条例》，举办《吉林省全民阅读促进条例》专题晚会，百万图书送基层、百万书卡送农家活动，“巡讲百乡千村、惠及百万农民”活动，组织全民阅读推广人志愿者团队，“书香吉林”主题书展，“书香吉林”公益广告征集，“书香家庭”“阅读达人”系列评选，“优秀便民书店”“吉版好书”推荐，“名师大讲堂”主题阅读交流，“吉林长白”全民阅读高峰论坛，神圣长白大学生诗歌艺术节第二季，农村少年儿童阅读时间，书香校园建设，“一本书的力量”征文，纪念长征胜利80周年“长征精神中国魂”主题文艺作品征集及全省巡演等系列活动。（吉林省图书馆）

【第十四期《全国古籍普查登记目录》审校人员培训班举办】 6月14日，由国家古籍保护中心主办、吉林省古籍保护中心承办的本次培训班在长春开班。国家古籍保护中心办公室主任助理王红蕾，国家古籍保护中心庄秀芬，复旦大学博士生导师、全国古籍保护专家委员会专家吴格，吉林省古籍保护中心主任、省图书馆馆长赵瑞军，省图书馆党委书记、副馆长吴爱云，以及来自吉林、黑龙江、山西三省各古籍收藏单位的39名学员参加开班仪式。培训班共10天，内容包括全国古籍普查登记工作介绍、古籍普查登记目录出版流程及审校常见问题、古籍普查登记目录整理规范及审校要求等。（吉林省图书馆）

【吉林省图书馆“热爱图书馆，共建书香社会”征文表彰大会举行】 7月7日，吉林省图书馆“热爱图书馆，共建书香社会”征文表彰大会在大报告厅召开。省文化厅厅长马少红、省新闻出版广电局副局长周刚、省作家协会副主席孙喜军出席大会。参加活动的还有400多名来自吉林、黑龙江、辽宁、河北、山东、陕西、湖南、安徽、重庆等地的获奖代表、读者代表和图书馆员工。会上宣读“全民阅读倡议书”；山东省作协会员、东营胜利油田尹希东，吉林油田钻井小学五年三班刘博文同学代表参赛者发言；吉林省全民阅读协会会员、吉林人民广播电台教育广播“美丽阅读”主持人静言分享读书感悟。15名获奖代表上台领取获奖证书。省文化厅厅长马少红发表重要讲话，对省图书馆征文工作取得的成绩给予充分肯定，对做好推动全民阅读、建设书香社会各项工作提出针对性、操作性很强的指导意见。（吉林省图书馆）

【吉林省“扶贫大讲堂”在安图县启动】 8月5日，由吉林省文化厅主办、吉林省图书馆承办的吉林省“扶贫大讲堂”在安图县正式启动。延边州领导、省直包安图县驻村干部、安图县相关部门及各乡镇村干部参加活动。启动仪式结束后，吉林省文联副主席、省政府参事、著名文化学者曹保明做题为“掌握民情了解民愿　扎实推进精准扶贫”的讲座，从安图县悠久历史和文化资源入手，结合习总书记的“精准扶贫”理念，挖掘、剖析安图县自身文化中极具有地方特色的资源和可开发利用的项目。省图书馆馆长赵瑞军向安图县赠送光盘。在未来三年，“扶贫大讲堂”系列公益讲座将通过实地讲学、发放光盘等形式，将优秀的文化信息资源输送到省内贫困地区，为培育新风尚、传授新知识、打造新型农民搭建平台。（吉林省图书馆）

【吉林省图书馆举办全省公共数字文化建设暨馆员能力素质提升班结束】 11月6—19日，吉林省图书馆在武汉大学信息管理学院举办本次培训班，分两期对全省近170名公共图书馆馆员进行培训。武汉大学信息管理学院图书情报界资深学者陈传夫、黄如花、肖希明、冉从敬、司莉、吴丹等为学员授课。课程的精心设置，细节的精心安排，参观的精心讲解，使得培训丰富多彩，学员们不仅学到前沿的理论知识，更体会到如何提升服务能力和服务质量；不仅领略到图书馆专业专家的大家风范，收获专业知识，同时也是全省公共图书馆界的一次大融合。（吉林省图书馆）

【吉林省图书馆“农民工子女阅读基地”项目列入2016年全民科学素质建设资助扶持重点项目】 在吉林省全民科学素质实施工作办公室组织开展的2016年全民科学素质建设重点项目资助扶持工作中，吉林省图书馆“农民工子女阅读基地”项目被列入资助扶持重点项目。农民工子女阅读基地创建于2011年年初。依托该阅读基地，省图书馆连续举办六届农民工子女书画展，建立65个农民工子女学生书房，每周日下午由大学生志愿者为农民工子女做公益辅导，同时联合大学生志愿者、吉林省华益爱心志愿者协会，定期举办零用钱、文体用品和图书等爱心捐助活动，受众20余万人，为农民工子女提供贴心服务，营造温馨快乐的成长平台。（吉林省图书馆）

【长春市图书馆编制出台《长春市图书馆“十三五”建设发展规划》】 长春市图书馆依托行业标准研究，根据图书馆自身特色，结合公共图书馆发展趋势，编制出台《长春市图书馆“十三五”建设发展规划》。该规划提出市图书馆的发展愿景——“涵养城市文化　引领阅读风尚”，明确“打造城市的知识信息中心，市民的学习交流中心，百姓的文化休闲中心”的建设目标，并提出5个使命。规划经长春市图书馆理事会审议通过，于2016年5月正式印发。市图书馆以此规划为蓝图，推动事业又快又好发展，更好地满足广大市民的文化需求。（长春市图书馆　王英华）

【长春市协作图书馆工作会议召开】 5月25日，2016年度长春市协作图书馆工作会议在长春市图书馆文化讲堂召开。市图书馆副馆长吴锐主持会议，馆领导班子、中层干部，长春市各县（市、区）图书馆馆长、业务副馆长及相关技术人员，社区图书馆代表等近80人参会。市图书馆馆长谢群在会上做题为“推进协作图书馆服务体系建设，提高整体服务效能”的主旨报告，报告从协作图书馆发展历程、协作图书馆的4种经验模式、制约协作图书馆发展的问题以及未来协作图书馆发展策略4个方面做深入的讲解。市图书馆副馆长朱亚玲详细解读《长春市图书馆分馆管理规范（征求意见稿）》。市文化广电新闻出版局公共文化处处长朱向阳肯定协作图书馆的发展成果，对未来发展提出希望和要求。会议对长春市协作图书馆可持续发展起到积极推动作用。（长春市图书馆　王英华）

【2016年长春市民读书节举办】 9月23日至10月22日，第四届长春市民读书节举办。开幕式当天，在长春市图书馆一楼大厅举办以推广数字“听阅读”为核心的别具一格的开幕仪式，并开启长春市图书馆流动服务车、24小时自助图书馆服务，发布《2016年长春市民阅读倡议书》及《2016年长春市民荐读书单》，启动长春市图书馆新媒体服务矩阵，矩阵包括改版后的长春市图书馆数字图书馆网站、移动阅读APP与微信公众平台、微博、QQ群、短信等平台。读书节期间，长春市图书馆联合少年儿童图书馆及县（市、区）图书馆共举办多达16类90余项阅读推广活动。（长春市图书馆　王英华）

【长春市图书馆“城市热读”讲座被评为2016年全国“终身学习品牌项目”】 “城市热读”讲座是长春市图书馆推进全民阅读的重点文化项目，致力为市民终身学习开辟课堂，助力市民综合素养的全面提升。2016年共举办讲座51场，馆内举办48场，深入基层讲座3场，受众达万余人次。除在馆内文化讲堂举办现场讲座外，还通过网站播放、光盘制作和出版实体书等实现讲座内容的再转播，为市民深入学习和研究提供拓展的空间，取得良好的社会效益，在长春市民学习生活中发挥积极作用。在全民终身学习活动周工作小组、中国成人教育协会开展的“终身学习品牌项目”遴选展示活动中被评选为2016年“终身学习品牌项目”。（长春市图书馆　王英华）

【长春市图书馆举办“小树苗”亲子阅读活动】 长春市图书馆“小树苗”亲子阅读系列活动下设有“小树苗”亲子故事屋、“小树苗”亲子手工坊、“小树苗”亲子阅读沙龙、“小树苗”亲子阅读讲堂、“小树苗”数字阅读活动、“小树苗”亲子荐购、“小树苗”假日影院、“小树苗”社会实践活动、“小树苗”图书角、“小树苗”音乐沙龙等项目。2016年共举办小树苗亲子阅读活动165次，近6000人次参与。“小树苗”已经在长春大地生根发芽，受到越来越多市民的关注，影响力不断扩大。（长春市图书馆　王英华）

【长春市图书馆馆刊《品读》获中国图书馆学会阅读推广委员会2016年“阅读刊物的阅读推广实例”一等奖】 2016年，长春市图书馆阅读推广刊物《品读》出版正刊6期，增刊1期。刊物阅读量逐步增加，品牌影响力不断扩大，是该馆阅读推广工作的一个重要平台与载体。在中国图书馆学会阅读推广委员会举办的2016“阅读刊物的阅读推广实例”征集活动中，《品读》阅读推广实例荣获一等奖。（长春市图书馆　王英华）

【延边图书馆组织开展关爱双留家庭活动】 延边图书馆成立心理咨询中心，以“生命教育”“亲子教育”“考生教育”“家庭教育”“团队训练”“人际关系”等为主题，开动幸福课程，积极开展亲情教育活动。1月26日，延边图书馆心理咨询中心在延吉市公园街道开展“老少一家亲，共享天伦乐”关爱双留家庭活动，来自街道辖区内的26个“双留家庭”参加活动。26个家庭分成3组团队，通过团队之间互助、各个团队竞争的方式，让老人与孩子参与到游戏中来。延边图书馆心理咨询中心负责人、延边州心理咨询

研究会会长李明善还对孩子们进行了心理测试。（延边图书馆　金仙花）

【延边大学美术学院校外实践教学基地落成仪式在延边图书馆举行】 7月21日上午9点，本次仪式在延边图书馆举行。延边大学美术学院院长金东云、党委副书记朴雨龙、副院长金镇一，延边图书馆馆长金勇进、党总支副书记朴长浩出席落成典礼。金东云与金勇进代表双方签署和交换校外实践教学基地共建协议书，并共同为基地揭牌。落成仪式结束后，领导和来宾参观校外实践教学基地，对基地的实用性以及建设规模给予高度评价。此次落成仪式标志着高校与企事业单位合作、互利共赢的局面基本打开，在今后的合作过程中，双方本着优势互补、共同提高的宗旨开展合作。（延边图书馆　金凇卉）

【首届"悦读杯"《我与阅读》大众摄影颁奖礼在延边图书馆举行】 8月5日上午，由延边图书馆主办，延边摄影家协会、延边大学美术学院、延边凤凰图片社联合承办的首届"悦读杯"《我与阅读》大众摄影颁奖礼在延边图书馆举行。延边州文广新局副局长崔红女、出版管理处处长李铁柱，延边摄影家协会主席李钟杰、副主席金光永、于长馨，延边大学美术学院院长金东云，延边图书馆副馆长崔哲、党总支副书记朴长浩等领导出席颁奖礼。本次摄影展于2016年5月全面启动，借助新闻媒体、网站、微信等多种形式面向社会广泛征集作品，以摄影的手段，让大众去发现身边的阅读身影，积极主动投身到读书的行列，倡导全民阅读，并将这一良好的习惯普及到人们的日常生活当中。截至7月1日，共征集作品200余组。其中作品《闹市里的看书人》（组图）获得一等奖，《孜孜不倦》等2幅作品获得二等奖，《贫不学俭》等3幅作品获得三等奖，《书海寻觅》等6幅作品获得优秀奖。另外，本次展览除展出获奖作品外，还展出43幅优秀作品。（延边图书馆　金凇卉）

【延边图书馆举办朝鲜族传统纸工艺品展览】 9月26日，延边图书馆与延边大学美术学院传统手工艺室共同举办朝鲜族传统手工艺品展览。纸工艺是朝鲜民族特有的传统手工艺，韩纸作为其主原料，通常以构树皮为主材料制成。由于构树树皮的纤维很长，做成纸张后有足够的韧性，因此利用韩纸制作的手工艺品也具有坚固耐用的特色，除了质地轻巧外，制作成各种外型精美的生活用品也令人爱不释手，是兼具美观和实用的观光纪念品。展览共展出包括灯具、相框、饰品盒、茶盘、名片盒等10多种作品50余件。（延边图书馆　金凇卉）

【延边图书馆成立图书馆理事会】 12月9日，延边图书馆理事会成立大会在延边图书馆二楼会议室召开。会议由延边图书馆馆长金勇进主持，理事候选人及全馆职工参加会议。延边图书馆学会秘书长、图书馆党总支副书记朴长浩解读理事会章程，宣读理事会实施方案。金勇进宣读理事候选人基本情况，按照大会程序审议通过了11名延边图书馆第一届理事会理事。成立大会结束后，在四楼会议室召开了理事会第一届一次会议。会上金勇进向各位理事介绍延边图书馆概况、读者活动、图书馆基础业务及其未来发展趋势以及目前面临的问题。各位理事会成员对图书馆工作提出意见和建议，并纷纷表态将在自己的工作范畴内给予支持和协助。会上还按照程序选举产生理事长1名、常务副理事长1名，理事9名。（延边图书馆　金仙花）

【桦甸市图书馆开展农家书屋创新工作】 2016年，桦甸市图书馆创新巩固农家书屋工程实施成果，进一步夯实农家书屋规范化建设和管理。一是抓政策落实。按照省、市要求，切实加大村级农家书屋图书的补充力度，为全市156个行政村补充图书17472册。二是抓载体活动。按照《吉林省农民阅读季活动》通知要求，围绕"送、种、品"这一主题，面向农民、贫困群体、进城务工人员、未成年人等群体，组织开展送书入户、阅读巡讲、主题演讲等关注贫困学生、农民工子女、老年人的农民阅读季系列活动12项。三是抓素质提升。切实加强基层图书馆（室）专业人员队伍培养。主办和协办两期基层管理员培训班。全市166个村级农家书屋、社区图书室、各乡镇文化站长共计370余人参加培训。四是抓检查指导。以省新闻出版局督导检查为契机，落实责任，采取措施，集中对全市156个行政村近三年补充图书的管理和使用情况进行全面检查，进一步规范村级农家书屋的建设。深

入金沙镇、红石镇、东兴林场等，累计开展基层针对性辅导16次。（桦甸市图书馆　黄艳）

黑龙江省

【概况】 2016年，黑龙江省共有公共图书馆108个。馆舍建筑总面积达29.63万平方米，阅读座席23447个。总藏量1926.02万册。财政拨款3.36亿元。专项购书经费2128.30万元，新购藏量127.05万册，其中报刊25670种。从业人员1664人，专业技术人员1374人，其中中级职称682人、副高级职称288人、正高级职称76人。有效借书证69.61万个。书刊文献外借309.72万人次、646.78万册次，总流通人数985.98万人次。计算机5946台（其中电子阅读室终端数3837台），图书馆网站访问量达1261.97万页次。组织各类讲座1191次，参加人数14.71万人次；举办展览638个，参观人数98.07万人次；举办培训班856个，培训人数4.47万人次。

在2016年中国图书馆年会上，伊春市金山屯区图书馆被命名为“2016年最美基层图书馆”。哈尔滨市南岗区图书馆荣获由中国图书馆学会命名并颁发的“全民阅读示范基地”荣誉奖牌，以及2016年书香城市（区县级）发现活动“书香城市”荣誉称号。（黑龙江省图书馆学会秘书处）

【当代著名作家王蒙做客“龙江讲坛”】 1月10日，文化部原部长、当代著名作家王蒙在黑龙江省图书馆报告厅做客“龙江讲坛”，进行“永远的阅读”专题讲座。400余位听众聆听讲座。这是他第四次应邀来“龙江讲坛”进行讲座。（黑龙江省图书馆学会秘书处）

【中国首位战地女记者张郁廉生平事迹展在黑龙江省图书馆展出】 1月18日，由黑龙江省图书馆举办的“白云飞渡：中国首位战地女记者张郁廉生平事迹照片展”启动仪式在省图书馆大厅举行。张郁廉之子、新加坡艺术家孙宇立，广东人民出版社《白云飞渡——中国首位战地女记者张郁廉传奇》一书的责任编辑李怀宇，萧红纪念馆葛洪伟，以及张郁廉的亲属及读者百余人参加活动。张郁廉1914年出生于哈尔滨，从小被寄养于白俄家庭，燕京大学毕业，俄语娴熟，后从事新闻工作，是中国首位战地女记者。（黑龙江省图书馆学会秘书处）

【黑龙江省图书馆“智慧书房”投入使用】 3月1日，黑龙江省图书馆“智慧书房”在群力新城服务中心正式投入使用，投放图书600余册，持有省图书馆读者证的读者可自助借还。此外，还安放报刊阅读机和公共文化一体机各一台。报刊阅读机内共有1000种期刊、220种报纸；公共文化一体机内装有学习窗口、文娱乐园、生活百科、民族文化、龙江文化等多个门类的数字资源，可直接通过本机阅读，亦可手机下载。（黑龙江省图书馆学会秘书处）

【2016年世界读书日暨黑龙江省第九届全民读书月启动】 4月23日上午，本次启动仪式在黑龙江省图书馆大厅举行。省委宣传部、省文明办、省文化厅、省新闻出版广电局、共青团黑龙江省委、省妇联、省社科联、省军区政治部、省边防总队等相关领导及军人代表、学生代表、社会群体等各界代表500余人出席。启动仪式由黑龙江省图书馆馆长高文华主持，省文化厅党组书记、厅长张丽娜讲话并宣布启动第九届全民读书月活动。新闻出版广电局副局长朱德宝公布黑龙江省全民阅读第二批推荐书目。与会领导为2015年度黑龙江省优秀阅读推广人颁发证书。张丽娜为黑龙江省图书馆创新构建的传统文化社会教育基地“龙江书院”揭牌。省委宣传部文艺处处长黄锦秋为收藏有大量与萧红有关的文献资料、题词字画、印章剪纸等文献的萧红文学馆揭牌。共青团黑龙江省委副书记陈苏启动省图书馆“图书馆日”项目，并为虹桥第一小学、宣庆小学发放“龙图书包”。省社科联副主席王宏宇启动“黑龙江省数字文化惠农服务年”活动。省文明办创建处处长姚丹开通“黑龙江省数字图书馆微信公众平台”。省军区政治部副主任吴其海大校、省边防总队政治部宣传文化处处长张仲凯中校、省妇联宣传部部长郭晓红为风华中学、二十中、空军部队3个图书漂流点授书。（黑龙江省图书馆学会秘书处）

【黑龙江省图书馆理事会成立】 5月25日，黑龙江省图书馆理事会成立大会在省图书馆报告厅隆重举行。大会由省文化厅副厅长马军主持，省军区副司令员刘文东少将，省委宣传部副部长、省政府新闻办主任刘红岩，省文化厅副厅长韩慧峰，省委宣传部改发办副主任赵福义，及省财政厅、省发改委、省人社厅、省编办的理事代表和向社会公开招募的各界理事代表莅临参加会议，黑龙江省各地市公共图书馆代表、省图书馆全体馆员200余人参加本次盛会。省图书馆馆长高文华做省图书馆理事会筹备工作报告，与会领导为15名理事颁发聘书，理事代表黑龙江大学信息管理学院院长马海群发言，韩慧峰做总结讲话。会后，新聘任的理事又召开第一届理事会第一次会议，选举产生第一届理事会理事长、副理事长、监事人选，审议并通过《省图书馆理事会章程》及其配套制度，听取高文华的工作汇报并提出建设性建议。（黑龙江省图书馆学会秘书处）

【黑龙江省图书馆开展“图书馆日”主题活动】 黑龙江省图书馆将“青少年阅读推广”作为2016年阅读推广工作的主题，精心策划了“图书馆日”主题活动项目，针对虹桥一小四年级学生和宣庆小学二、三、四年级学生共设计了8场“图书馆日”活动，整合全馆力量打造青少年阅读服务品牌。活动内容包括图书馆普及、叶贴画制作、古籍线装书装订、拓片制作、少儿阅读体验、家长课堂等。首次“图书馆日”主题活动于6月14日在省图书馆启动。11月18日，举办“图书馆日”主题活动交流会，总结2016年的活动经验，与校方、媒体、志愿者等社会各方共谋2017年的工作发展。（黑龙江省图书馆学会秘书处）

【2016年黑龙江省地市图书馆馆长工作会议召开】 6月21日，本次工作会议在省图书馆召开，来自哈尔滨等13个地市图书馆以及黑河文管办、绥化市文广新局、省农垦总局图书馆、黑龙江边防总队宣传处、省军区政治部宣传处等单位的有关领导40人参加会议。大会分主旨报告、构建公共文化服务体系经验交流、业务研讨3部分内容。省图书馆馆长高文华做题为“公共文化服务的重点任务”主旨报告，副馆长张大尧对“全省边疆数字文化长廊建设与服务”“公共数字文化惠农服务”“结对子、种文化”三大工作任务进行部署，副馆长毕洪秋以“阅读推广品牌建设之龙图探索”为题做主旨报告。经验交流阶段，大庆市图书馆馆长施连德和绥芬河市图书馆馆长孙伟卢分别做“打造公共文化服务平台 推进全民阅读活动开展”“书香润边城——绥芬河市图书馆公共文化服务体系建设工作汇报”专题报告。（黑龙江省图书馆学会秘书处）

【数字图书馆推广工程“全国副省级以上公共图书馆决策咨询服务培训”在黑龙江省图书馆举办】 由国家图书馆主办，黑龙江省图书馆承办的此次培训于6月22日举办，全国50多个省市的80多名代表参加为期两天的培训。文化部政策法规司副司长王建华主讲“法治中国建设与‘十三五’期间文化立法”，北京大学图书馆副馆长肖珑主讲“高校图书馆研究与决策服务体系建设”，上海社会科学院研究院王世伟主讲“决策参考要素分析及报告撰写”，黑龙江省图书馆研究馆员焦芳梅主讲“图书馆咨询服务与特色数据库建设”，国家图书馆副研究馆员田贺龙主讲“图书馆决策咨询服务信息源发现与利用”，国家图书馆研究馆员张曙光主讲“图书馆决策咨询服务规划与产品实现”，国家图书馆副研究馆员谢德智主讲“图书馆决策咨询服务工具系统的选择与设计”。（黑龙江省图书馆学会秘书处）

【黑龙江省启动“结对子、种文化”工作】 自7月12日始，黑龙江省图书馆立足优势资源、强化技术支撑、依托覆盖广泛的服务网络，在省文化厅统筹指导下，深入开展“结对子、种文化”志愿服务活动，在全省范围内累计结成帮扶对子900个，直接受益人群10万余人次，为提升公共文化服务效能和公共数字文化服务水平发挥示范引领作用。活动开展以来，省馆已经走过伊春、黑河、牡丹江、佳木斯、双鸭山、鹤岗、鸡西7个地市的所有县乡村，累计行程3万多公里，完成15个边境县便民服务中心与海关口岸，40个机场车站，11个边防团，261个武警边防基层单位（含187个边防派出所），80个边境农场、林场，30个旅游景区，497个中心村，158个乡镇的“结对子、种文化”工作任务，实现公共文化资源辐射服务全省基层人民群众。（黑龙江省图书馆学会秘书处）

【黑龙江省古籍保护中心全省古籍调研工作

结束】 8—10月，黑龙江省古籍保护中心在全省范围内开展古籍保护工作督导调研活动。调研人员调研9家公共图书馆、5家高校图书馆、15家潜在古籍收藏单位，其中，博物馆、档案馆5家，寺庙5家、清真寺2家，还走访3位民间古籍收藏家。通过此次走访，调研组目验线装书3000余种40000余册，其中古籍2000余种31000余册，分编著录古籍200余种4600余册，修改书目数据100余条。（黑龙江省图书馆学会秘书处）

【黑龙江省古籍保护中心召开古籍普查工作推进会议】 9月7日，黑龙江省古籍保护中心组织召开“哈高校及科研院所图书馆古籍普查工作推进会议”。哈尔滨师范大学、黑龙江省委党校、黑龙江祖国医药研究所等10家单位的图书馆领导和古籍部主任出席会议。会议介绍全省古籍普查工作的进展情况；通报古籍普查数据提交及省中心的审校情况；就古籍数字化、古籍保护、古籍文创产品开发以及全省古籍保护下一步工作思路等内容展开研讨。（黑龙江省图书馆学会秘书处）

【黑龙江省图书馆龙江书院正式开院】 9月28日，黑龙江省图书馆龙江书院举办开院活动，省图书馆领导、龙江书院授课教师、龙江书院支持合作伙伴等30多位嘉宾和部分媒体参加此次活动。书院内部空间分为经典文献阅览、国学讲堂、禅茶香道、琴棋书画4个功能区，开设龙江文化、龙江技艺、国学吟诵、茶道、书法、古琴、棋艺等课程。（黑龙江省图书馆学会秘书处）

【黑龙江省图书馆组织2016年中国图书馆年会第11分会场】 10月27日，2016年中国图书馆年会第11分会场——“图书馆法律与知识产权”论坛在安徽铜陵体育中心第二会议室举行。此分会场由中国图书馆学会学术研究委员会图书馆法律与知识产权专业委员会主办，黑龙江省图书馆、黑龙江大学信息管理学院承办。分为主旨报告、会议发言2个阶段。论坛分别由图书馆法律与知识产权研究专业委员会主任、黑龙江省图书馆馆长高文华和专委会副主任、黑龙江大学信息管理学院院长马海群主持，7位发言人在会上做专题发言。北京大学信息管理系李国新教授，武汉大学信息管理学院图书馆学系副主任冉从敬教授以及马海群分别做题为“对公共文化立法几个问题思考”“数据权利博弈：产权、主权、与霸权”“图书馆阅读推广中的制度规范”主旨报告。会议还邀请与本领域相关的4位年会征文获奖者进行大会发言。（黑龙江省图书馆学会秘书处）

【民国时期文献保护计划宣传推广活动在黑龙江省举办】 11月30日，“民国时期文献保护计划”宣传推广活动——黑龙江站启动仪式在黑龙江省图书馆举行。此次活动由国家图书馆、中国图书馆学会及黑龙江省文化厅联合主办，省图书馆、省图书馆学会承办。中国图书馆学会副理事长、国家图书馆常务副馆长陈力，黑龙江省文化厅副厅长韩慧峰，中国图书馆学会秘书长霍瑞娟，省图书馆学会理事长、省图书馆馆长高文华，副馆长毕红秋等领导和嘉宾，及来自全省各类图书馆的130余名民国文献编目工作人员出席启动仪式。启动仪式由高文华主持，陈力致辞，并与霍瑞娟代表国家图书馆和中国图书馆学会向省图书馆、省图书馆学会颁发感谢状。随后，领导和嘉宾参观“民国时期文献保护计划”系列展览。“民国时期文献编目工作研修班”分别由陈力讲授“民国时期文献保护计划”概况，黑龙江省地方志办公室研究室原主任、编审柳成栋讲授“黑龙江民国文献的开发与利用”，国家图书馆研究馆员刘小玲和朱芊分别讲授“民国图书的著录”和“民国资料、图书的标引”，国家图书馆副研究馆员延卫平主讲“全国联合编目系统民国时期图书联机上载与馆藏编制”。（黑龙江省图书馆学会秘书处）

【哈尔滨市图书馆召开总分馆三级服务体系建设十周年表彰总结大会】 6月20日，哈尔滨市图书馆总分馆三级服务体系建设十周年表彰总结大会在市图书馆召开，市图书馆领导、中心分馆馆长、基层图书馆馆长、共建单位负责人、社区分馆馆员及辅导部全体工作人员90余人参加会议。市图书馆党委书记李冬梅对总分馆三级服务体系十年建设进行总结和分析。香坊小学校分馆王健和阿城区河东街道王卫东分别做社区分馆如何开展读者活动及日常业务工作经验交流。会议对哈尔滨市图书馆总分馆三级服务体系建设中表现突出的12家单位及5名优秀馆员进行表

彰。(黑龙江省图书馆学会秘书处)

【哈尔滨市图书馆文化助盲志愿服务团队再获殊荣】 11月29日，国际残疾人日和国际志愿者日前夕，中国助残志愿者协会、中国盲文出版社和中国盲文图书馆联合在京举办文化助盲志愿服务经验交流活动暨首届文化助盲志愿者骨干师资培训班。来自全国各地公共图书馆、盲校的上百位志愿者骨干代表参会。哈尔滨市图书馆被中国助残志愿者协会、中国盲文出版社和中国盲文图书馆联合评为五星级文化志愿服务团队，吴玉杰同志被评为五星级文化助盲志愿者。(黑龙江省图书馆学会秘书处)

【哈尔滨市图书馆理事会成立】 12月28日，哈尔滨市图书馆理事会成立大会在市图书馆三楼报告厅召开。哈尔滨市图书馆的11位理事和100余名市图书馆馆员参加大会。会议由市文化广电新闻出版局文化处处长齐旭光主持，市图书馆馆长李冬梅代表理事会筹备组做工作汇报，齐旭光宣读关于哈尔滨市图书馆理事会成立批复的文件以及选聘理事名单，市文化广电新闻出版局党组成员、副局长王胜祥向理事代表颁发聘书。成立大会结束后召开第一届理事会第一次会议，选举产生第一届理事长、副理事长、监事。审议并表决通过《哈尔滨市图书馆理事会章程》《哈尔滨市图书馆审计和绩效评估制度》《哈尔滨市图书馆信息公开制度》等文件，听取李冬梅的工作报告和财务报告，王胜祥做总结讲话。(黑龙江省图书馆学会秘书处)

【创客空间——大庆市图书馆服务新方式】 3月，大庆市图书馆创客空间正式投入运行，这是东北三省第一家公共图书馆创客空间。以“交流、共享、开发、创造”为主旨，以各类创新实践项目为载体，以丰富的馆藏文献资源为支撑，举办创意沙龙、研讨、培训和路演等活动。创客空间占地面积近1000平方米，有会议室5间，可容纳4—20人进行不同规模的研讨和交流；电子培训室1间；展示体验区主要设置3D打印展示、馆内数字资源展示、高科技设备展示等，还建立了创客空间网站。(黑龙江省图书馆学会秘书处)

上海市

【概况】 2016年，上海市文化广播影视管理局组织开展上海市第6届街道（乡镇）图书馆（简称“街镇图书馆”）评估考核。经对全市16个区94家申报优秀馆的街镇馆进行复评认定，其中嘉定区安亭镇等40家街镇图书馆分别被评定为十大最佳示范图书馆、十大最具影响力图书馆、十大最有人气图书馆、十大读者最满意图书馆。2016年，上海市公共图书馆行业在全社会营造“多读书、读好书、善读书”的良好氛围，培养市民优良的阅读习惯。全市302家公共图书馆全年举办各类阅读活动2.6万场次，595万人次参与，为推动全民阅读做出积极贡献。10月，文化部发布《文化部关于表彰2016年度文化部优秀专家的决定》（文人发〔2016〕29号），上海图书馆馆长、上海科学技术情报研究所所长陈超获“文化部优秀专家”称号。

上海市中心图书馆加强业务协作，“一卡通”流通量持续增长。截至2016年年底，“一卡通”全年完成新办读者证30.08万张，有效读者证超过390万张；文献流通量6600万余册次（借还），同比增长5.62%；文献入藏量2717.64万册，同比增长8.72%。其中，办理少儿“一卡通”读者证4.14万张，同比增长14.25%；“一卡通”少儿读者有效证144.17万张；“一卡通”少儿图书借还册次2088.45万册，同比增长14.73%；“一卡通”少儿图书入藏284.21万册，同比增长15.68%。完成全市“预约借书”与读者证免押金工作调研及阶段性推进工作，“新办证，查信用，免普通外借押金”活动向试点街镇延伸，信用记录良好的上海常住市民已无办证门槛。

积极推进上海市文化共享工程、数字图书馆推广工程、公共电子阅览室三大文化工程建设。完成2017年文化共享工程地方资源建设项目组织申报；《申城社区传统文化课程》系列专题片等5个申报项目获“全国公共文化信息资源共享工程2016年度地方资源建设项目立项评审会”专家评审立项；《上海港码头号子》专题片等4个2013年度地方资源建设项目全部通过“全国文化信息资源共享工程地方资源建设项目2016年验收工作”验收；“上海社区创新‘互联网+’服务模式打造基础公共文化服务创新平台”“文化中国——‘爱上海’微视频采集”被文化部全国公共文化发展中心审核评定为全国50佳公共文化创新服务案例。根据《文化部办公厅关于开展

2016年中央补助地方公共数字文化建设专项资金申报工作的通知》要求，组织上海各区（县）图书馆完成数字图书馆推广工程专项资金申报工作；根据国家图书馆要求，组织上海各区（县）图书馆开展2016年上半年数字图书馆推广工程实施情况中期检查。根据文化部全国公共文化发展中心通知要求推行《公共电子阅览室标准规范》及上海公共电子阅览室平台与国家中心平台的对接工作，进一步拓展全市公共电子阅览室平台系统的覆盖范围。

上海市古籍保护中心继续重点开展未编古籍的整理编目和数据审校以及文献修复人才的培养。3月27日，国务院正式批准颁布第5批《国家珍贵古籍名录》，上海地区共有7家单位111种古籍入选，其中上海图书馆91种（汉文古籍85种、其他文字古籍6种）、复旦大学图书馆9种、华东师范大学图书馆5种、上海师范大学图书馆1种、中国科学院上海生命科学研究院2种、上海辞书出版社2种、上海图书公司1种。5月，"第2期全国传拓技术高级培训班"在全国重点文物保护单位上海嘉定孔庙举行，来自全国各省市图书馆、高校图书馆及文博系统的26名学员参加培训；7月，接受复旦大学图书馆2015级古籍保护方向专业硕士生两个批次共11人到古籍保护中心人才培训基地进行为期4周的实习。全年完成修复古旧文献1602册67212叶/张，其中家谱645册66840叶、古籍16册1260叶、善本古籍整理修复装订182册40页。西文精平装修复40册4743张、碑帖142件1702.2平方尺、字画装裱74幅、委托制作各类仿真460件、证书等其他修复制作43件。2016年，上海图书馆国家级文献修复中心获文化部与国家古籍保护中心督导通报表扬；上海图书馆获上海市文化广播影视管理局颁发的可移动文物修复资质；该馆申报的《碑刻传拓及拓片装裱技艺》入选第5批上海市非物质文化遗产代表性项目，该馆碑刻传拓及拓片修复专家赵嘉福被上海市文化广播影视管理局正式认定为该项目的市级代表性传承人。

上海图书馆"上海之窗"在缅甸达贡大学图书馆、乌兹别克斯坦撒马尔罕东方外国语学院孔院、加拿大维多利亚图书馆、美国肯塔基大学图书馆、埃及开罗中国文化中心、泰国曼谷中国文化中心、美国加州大学伯克利分校、韩国釜山市民图书馆、古巴圣地亚哥省艾薇拉·卡佩图书馆新开窗9家，累计赠书2013种2367册；对已有"上海之窗"增补图书3708种4188册。截至2016年年底，上海图书馆在全球6大洲66个国家和地区的138家机构开设"上海之窗"，共计捐赠图书93274册。同时开通10059种电子书、227种工具书、30种报纸、7563种在中国发行的全文期刊以及包括"中华家谱"和"上海图书馆开放数据一览"等在内的多个上海图书馆自建数据库。2016年，响应国家"一带一路"发展战略，着力推动"上海之窗"在沿线国家落地，通过向境外图书馆及藏书机构捐赠由中国国内出版的正式出版物，举办主题活动，全方位对外介绍中国文化，成为助推"一带一路"建设的有力抓手，得到沿线国家公共图书馆的广泛关注、高度评价和积极参与，目前分布在"一带一路"中的"上海之窗"已有28个国家共45个图书馆和研究机构。（上海市图书馆学会秘书处）

【《格致书院课艺》影印版"上图首发"】 1月26日，上海图书馆历史文献中心、上海科学技术文献出版社联合主办的《格致书院课艺》影印出版首发座谈会在上海图书馆善本阅览室召开。座谈会邀请上海社会科学院教授熊月之、马学强，华东师范大学教授谢俊美，复旦大学教授章清、上海大学教授陶飞亚等专家，就《格致书院课艺》的史料价值、学术价值以及影印出版的意义等展开探讨。上海科学技术文献出版社以上海图书馆所藏《格致书院课艺》底本影印出版，为这批课艺汇辑刊行距今100多年后的首次再版。（上海市图书馆学会秘书处）

【2016上海名家新春书籍插图作品展】 2月1日，展览在上海图书馆"上海客堂间"开幕。本次展览由上海图书馆中国文化名人手稿馆和上海市美术家协会书籍设计艺术工作委员会共同主办。展览集中展出50余幅上海插图艺术家、国画家、油画家、连环画家、漫画家和作家，如贺友直、俞晓夫、金宇澄、张嵩祖、韩伍、戴逸如、范生福等创作的书籍插图作品手稿，包括《聊斋志异》《儒林外史》《欧也妮·葛朗台》《高老头》《娜娜》《夏娃日记》《繁花》等名作的插图。展柜中还展出《古代文学作品选评》《上海滩图说·新上海角落头》《苏东坡》等插图

艺术家的书籍实物。(上海市图书馆学会秘书处)

【上海图书馆推出"美展、美音、美图、美食"2016年春节文化活动】 2016年新春期间，上海图书馆策划了以"精英荟萃迎新年"为主题，"美展、美音、美图、美食"为核心内容的展览和讲座。该馆携手李苦禅纪念馆和李燕工作室，邀请猴画大家李燕举办"百猴献瑞——李燕画猴迎春展"，从2月1—15日，展出80余件生动活泼的猴系列国画精品佳作。此为"美展"。属猴的钢琴家孔祥东于2月11日（大年初四）做客上海图书馆，拉开"上图讲座""精英荟萃迎新年专题之一·大家讲坛"首讲序幕——"I Music I Love I Share"。此为"美音"。2月12日（大年初五），从事图像学研究的学者、英国伦敦大学学院博士倪亦斌，以"岁朝迎新　吉祥如意——中国传统艺术中的吉祥文化"为主题，解读与普及吉祥寓意的源流知识。此为"美图"。2月13日（大年初六）举办的"上海老味道：舌尖上的乡愁"讲座，是作家、美食家沈嘉禄送上的一场诗意解读。此为"美食"。(上海市图书馆学会秘书处)

【经典的力量——莎士比亚在中国馆藏文献展】 4月20日，该展览在上海图书馆开幕。展览不仅展出晚清民国以来多种莎士比亚文献的中文译本、国内演出照片和研究书籍，也有徐家汇藏书楼所藏的近代外文莎士比亚著作展出。此次还特别在上海客堂间展出学者王元化的莎剧研究手稿与藏书票、诗人屠岸翻译莎士比亚十四行诗的手稿、英国皇家剧团演出说明书以及上海图书馆首发的《莎士比亚十四行诗》线装珍藏本。(上海市图书馆学会秘书处)

【上海图书馆藏数字资源上线免费开放】 4月23日起，上海图书馆通过上图馆藏数字资源开放平台（http://wrd2016.library.sh.cn），在互联网上免费开放部分馆藏数字资源，方便读者远程访问阅览。家谱作为上海图书馆最成熟和有一定影响力的特色馆藏文献，率先推出面向数字人文的"华人家谱总目——上图家谱知识服务平台"，不仅揭示家谱的文献特征，还深度揭示家谱中包含的姓氏、人、地、时、事等内容，便于读者更好地利用家谱，并且支持知识发现和用户交互信息，鼓励读者参与图书馆数据生成与更新的业务流程。(上海市图书馆学会秘书处)

【《全民阅读》特种邮票上海图书馆首发】 4月23日，上海图书馆与中国邮政集团公司上海市分公司共同举办《全民阅读》特种邮票上海首发活动，旨在通过邮票这一特殊的文化媒介在全社会掀起"多读书、读好书"的良好舆论氛围和文明风尚。首发式上，上海图书馆党委书记叶汝强、馆长吴建中，中国邮政集团公司上海市分公司市场部总经理曹积书，邮票设计师史渊，上海故事会文化传媒有限公司总编辑、《故事会》社长夏一鸣等为《全民阅读》大版邮票、《全民阅读》特种邮票纪念封、《全民阅读》特种邮票纪念戳等揭幕。中国邮政集团公司上海市浦东新区分公司、徐汇分公司，邮迷、读者等100余人参加首发式。(上海市图书馆学会秘书处)

【中华铁笔会向上海图书馆捐赠《徐璞生篆刻》钤拓印谱】 4月28日，《徐璞生篆刻》钤拓印谱捐赠仪式在上海图书馆举行，上海图书馆副馆长周德明、历史文献中心主任黄显功、中华铁笔会会长徐梦嘉、静安区文史馆馆长杨继光等出席捐赠仪式。徐璞生号琢斋，系海上篆刻名家，20世纪40年代即跻身上海印坛，其作品端庄朴茂，风格独树。《徐璞生篆刻》一书系其弟子徐梦嘉等人结集其金石作品，由国宝鲁庵印泥制作技艺传习所共同钤制，限量钤印60部，弥足珍贵。(上海市图书馆学会秘书处)

【上海图书馆举办《鲁拜集》专题文献展览】 5月31日，上海图书馆联合民间收藏家共同举办的"鲁拜集：一部经典的无数面目版本展"，在上海图书馆徐家汇藏书楼开幕。《鲁拜集》又名《柔巴依集》，是波斯天文学家、数学家欧玛尔·哈亚姆所做的四行诗集。1859年由爱德华·菲茨杰拉德译成英语在英国出版，此后在欧洲引起了巨大轰动，成为世界文学名著。据2009年菲茨杰拉德诞辰200周年时统计，仅据菲氏英译版为原本翻译的版本就有650个，有70种语言。此书在西方的图书插图史、图书装帧史上堪称是空前之作，其众多善本是各国收藏家争相搜求的对象，在文学史、图书史、艺术史上具有重要地位。本次展览由上海图书馆和收藏家共同提供展品，以版本概念策划展览，“第一版”共展出1910年私人定制桑德斯基手工制作版在内的《鲁拜集》共40余件。如杜拉克、瑞内、维德、苏利文等诸多名家插画的版本在沪是首次集中展出。（上海市图书馆学会秘书处）

【上海图书馆中西文化交流研究资料教学与研究基地揭牌】 5月31日，上海图书馆中西文化交流研究资料教学与研究基地成立仪式在徐家汇藏书楼举行。上海图书馆与复旦大学文史研究院、复旦大学中华文明国际研究中心、上海大学历史系、上海社会科学院宗教研究所、上海师范大学光启国际学者中心、同济大学欧洲思想文化研究院基督教文化研究所和中国科学院自然科学史研究所首批7家学术机构合作成立教学与研究基地，以建设国内和世界著名的中西文化交流研究资料服务中心、资源中心，上海与国内重要的促进中西文化研究的学术交流中心，向公众传播中西文化交流历史知识的宣传教育场所以及培养中西文化研究专业人才为目标。同时，通过合作，更好地揭示、开放、利用上海图书馆馆藏的近500年来出版的中西文化交流文献，为研究者提供更为及时、高效的服务。（上海市图书馆学会秘书处）

【又一批“罗氏藏书”入藏上海图书馆】 5月31日，来自已故瑞典藏书家罗闻达无偿捐赠的1118种1340册“罗氏藏书”入藏上海图书馆。这是继2010年上海图书馆整体引进罗闻达珍藏的1551种西文汉学文献后的又一批“罗氏藏书”，是罗闻达捐赠给上海图书馆共计4991种5698册图书的一部分。这批藏书以西文汉学工具书、参考书为主，其中既有多语种的各类字典、辞书，也有近半个世纪以来欧美日等地汉学家关于中西文化交流的著作、汉学期刊、学术会议论文集，还有欧美各大收藏机构相关的藏品目录和历年来各大拍卖行、旧书商相关主题的图录等，是中西文化交流的文献专藏，具有很高的学术价值。（上海市图书馆学会秘书处）

【上海图书馆“家风家训”系列讲座获“上海培育和践行社会主义核心价值观最佳基层案例奖”】 6月，由上海图书馆讲座中心报送的上海图书馆“家风家训”系列讲座入选“上海培育和践行社会主义核心价值观最佳基层案例奖”。该评奖活动由中共上海市委党校、新华社上海分社、中共上海市委党校第三分校和上海支部生活杂志社共同主办。上海图书馆讲座中心携手上海市精神文明建设委员会办公室和上海市妇女联合会，从2015年3月起举办了8场家族文化系列讲座，累计到场听众2200余人次。通过摄录、制作视频，免费向全国170家图书馆和上海市中心图书馆、东方信息苑、大学、高级中学、监狱等基层单位发送讲座光盘，扩大家风家训讲座活动的受众面。（上海市图书馆学会秘书处）

【第三届图书馆微服务经验交流会】 6月22日，此次交流会在上海市嘉定区图书馆召开。交流会由上海图书馆（上海科学技术情报研究所）、嘉定区文化广播影视管理局共同主办，嘉定区图书馆承办，并得到中国图书馆学会阅读推广委员会数字阅读推广专业委员会、中国图书馆学会图书馆员研究专业委员会及上海市图书馆学会等单位的支持。上海图书馆副馆长刘炜，嘉定区宣传部副部长、嘉定区文化广播影视管理局局长闫加伟等领导出席会议。交流会以“新媒体　新阅读”为主题，邀请全国在公共图书馆“微服务”的创新和发展过程中有成功经验的城市，会同全国各地近80家图书馆、120多名图书馆同人，以及上海市中心图书馆各区县、街道图书馆130多名同人，共同探讨“微时代”中现代公共文化服务体系建设的成功经验。（上海市图书馆学会秘书处）

【《上海年鉴(1854)》(英文版)整理出版暨《上海年鉴》创刊20周年学术研讨会】 6月28日，研讨会在上海图书馆召开，会议由上海市地方志办公室、上海图书馆、上海书店出版社联合主办，周振鹤、熊月之、周育民、朱华等专家学者围绕“文化融合之路——早期年鉴编纂及其文献价值”主题展开讨论。上海文史、档案、图书、历史研究部门、《上海年鉴》老同志代表和区县方志机构、专业年鉴机构等代表50余人参加会议。《上海年鉴（1854）》整理成果由一函二书组成，一册《上海年鉴（1854）》系原文重印，一册《〈上海年鉴（1854）〉研究》汇集相关研究文章8篇。北华捷报馆编纂的全英文版《上海年鉴（1854）》源于上海图书馆2010年引进的“罗氏藏书”，据复旦大学资深教授周振鹤考

证，该书为目前中国所存最早的年鉴。（上海市图书馆学会秘书处）

【第 3 届“上海图书馆版画日”系列活动】 为纪念鲁迅逝世 80 周年、诞辰 135 周年，第 3 届“上海图书馆版画日”系列活动于 8 月 17 日启动。上海文化界和上海市中心图书馆的代表等 100 余人参加开幕式。开幕仪式上，3 位版画家倪建明、杨忠义、张扬分别向上海图书馆中国文化名人手稿馆捐赠版画和藏书票。本次“上海图书馆版画日”系列活动共举办 2 个版画展：雕刻水墨：倪建明版画作品展和 2016 上海图书馆版画收藏展；2 个藏书票展：书房宠物——杨忠义、张扬藏书票展和在静安区图书馆举行的方寸之间溢书香——徐鸿兴藏书票展。还举办 1 场版画研讨会和 3 本版画、藏书票画册在“上图首发”。（上海市图书馆学会秘书处）

【2016 书香·上海之夏名家新作系列讲座】 该系列讲座于 8 月 17—24 日举行，集中推出 16 场讲座，内容涵盖经济、文化、文学、科普、音乐和宗教等，20 多位来自国内外的学者、作家在上海图书馆登场讲演，吸引 4400 多人次观众到现场听讲。讲座内容有张乐平的儿子张慰军携画家谢春彦等共同分享“阅读‘三毛’的现实意义”，上海音乐学院教授陶辛带来“梁祝的命运——中外交响音乐赏析”，台北“故宫博物院”原院长周功鑫分享“中华文化如何普及化”的研究成果，美国作家朱诺·迪亚斯带来“我们的脊梁就是桥，高墙之年移民的未来”，中国比较文学的创始人乐黛云讲述“三代教书人，一脉家国情——国学大师汤一介的家族往事”等。（上海市图书馆学会秘书处）

【2016 上海科普插图家科技书籍插图作品展】 8 月 17 日，该展览在上海图书馆“上海客堂间”开幕。此次插图作品展由上海图书馆中国文化名人手稿馆和上海市美术家协会书籍设计艺术工作委员会共同主办。此次展览挑选韩鹤松、高峰、王峥、侯强华等近 10 位上海科普插图家的 40 余幅作品进行展出。这些插图曾经刊登于《少年科学》《儿童百科图谱》等优秀科普书刊上。作品内容包罗万象，涵盖动植物、建筑、船舶、家电原理、航天等主题。插图的表现手法则不拘泥于传统手绘，还展示了使用电脑创作的插图，代表科技插图的发展方向。（上海市图书馆学会秘书处）

【《碑帖观止》“上图首发”及出版成果展】 9 月 7 日下午，《碑帖观止》“上图首发”在上海图书馆近代目录厅举行。上海图书馆副馆长何毅、周德明共同为 12 种出版物揭幕，上海科学技术文献出版社和载道文化公司（北京）发展公司共同向上海图书馆捐赠本套图书。上海图书馆历史文献中心联合出版制作方共同举办的“碑帖观止——上海图书馆藏善本碑帖还原再造出版首期成果展”也同时展出。《碑帖观止：中华碑帖善本还原再造丛书》是上海图书馆与国家图书馆、故宫博物院、国家博物馆等机构联合参与的中国传统文化精品工程，由上海图书馆所属的上海科学技术文献出版社等多家出版社联袂推出。上海图书馆有 12 种善本碑帖纳入首批出版之列。此次展示的《南朝无名氏瘗鹤铭》《北魏崔敬邕墓志铭》《隋龙藏寺碑》《隋常丑奴墓志》《隋董美人原石初拓本》《欧阳询虞恭公碑》《唐张从申李玄靖碑》《米芾章吉老墓志铭》《黄庭坚青原山诗刻石（上）》《黄庭坚青原山诗刻石（下）》《王献之、仇英洛神赋十三行轴图》《颜真卿争座位帖》均为国内碑帖中的稀见版本。（上海市图书馆学会秘书处）

【“菲德尔就是菲德尔”影像展】 9 月 26—30 日，该展览在上海图书馆近代文献展厅举行。此次展览由古巴共和国驻上海总领事馆主办。影像展共展出 87 幅照片，按时间顺序排列，从 1959 年 1 月 8 日菲德尔·卡斯特罗在解放队伍进入哈瓦那市当日向古巴人民发表讲话开始。一部分照片展示的是菲德尔·卡斯特罗在不同场合的领袖风采，另一部分则是古巴人民及国际代表与卡斯特罗的交流场景，其中包括与宇航员加加林和作家海明威的谈话、春天在甘蔗地里与农民一起劳动等场景。本次影像展是在上海举行的庆祝中古两国建交 56 周年主要活动，也是在古巴及世界其他地方举行的庆祝菲德尔·卡斯特罗诞辰 90 周年的活动之一。（上海市图书馆学会秘书处）

【《杨宽著作集》（第 1 辑）出版座谈会】 9 月 28 日，由上海图书馆、上海博物馆、复旦大学历史学系、上海社科院历史所、上海历史学会、上海人民出版社联合主办的“杨宽著作集”出版座谈会在上海图书馆举行。主办方的吴建中、杨志刚、黄洋等专家学者，杨宽长子杨善群、三子杨师群及《杨宽著作集》整理者贾鹏涛等与会讨论。杨宽历任上海市文物保管委员会主任秘书、古物整理处处长，上海博物馆馆长，中国先秦史学会第一二三届副理事长等。在杨宽 70 余年的学术生涯中，出版专著 10 余部，发表论文 360 余篇，研究范围涵盖中国上古史、中国古代科技史、度量衡史、古史分期、古代农民战争、重要历史人物、历史地理、文物考古、学术文化、陵寝都城制度等方面。会上，上海人民出版社还向上海图书馆赠送此次发行的全套《杨宽著作集》（第 1 辑）。（上海市图书馆学会秘书处）

【伟大的史诗——纪念长征胜利 80 周年馆藏文献展】 10 月 1 日，由上海图书馆主办的该展览在近代文献目录大厅开幕。展览展示多件珍贵的馆藏资料，包括图书报刊，红军长征时期的新闻报道与长征结束后的采访实录，红军将士的亲历记和回忆录，布告、手稿等，这些稀见的原始文献是红军长征史实的珍贵记录。尤其是《西行漫记》《密勒氏评论报》等外文文献中对于红军长征的描写，折射出当时外国人视角中的红军与长征。（上海市图书馆学会秘书处）

【2016 年上海市中心图书馆职工读书荐书活动】 10 月 20 日，由上海图书馆主办，各中心图书馆分馆、全国文化信息资源共享工程上海市分中心协办的 2016 年上海市中心图书馆职工读书荐书活动以优秀作品诵读分享会的形式在上海图书馆闭幕。经过评审和观众的现场投票及打分，最终评选出一等奖 3 名、二等奖 5 名、三等奖 8 名。来自静安区图书馆的顾青、虹口区图书馆的陈嫣和闵行区图书馆的翁怿纯获得一等奖。作为 2016 年第 18 届上海读书节“示范引领项目”，这次活动前后历时 5 个月，共收到 15 个市、区级图书馆及 20 个街（镇）图书馆的读书笔记 279 篇。活动分为读书笔记评比和优秀笔记诵读评比两大部分。经特邀外聘专家评审，有 28 篇作品入围优秀笔记，前 16 名作品参加优秀作品诵读分享会。（上海市图书馆学会秘书处）

【琼林济美——上海图书馆翁氏藏书与文献精品展】 11 月 7—16 日，该展览在上海图书馆举行，集中展示明清两代门第鼎盛，于近代政治、文化等方面有重要影响的常熟翁氏家族的相关文献资料。开幕式上，翁同书六世孙翁以钧向上海图书馆捐赠翁同书手稿等翁氏家族文献。展览分为“翁氏藏书”和“翁氏文献”两大板块。“翁氏藏书”，是指明代以来生活在江苏常熟之翁氏家族中翁咸封一支的藏书。本次展览遴选 2000 年上海图书馆所收翁氏藏书的珍品 27 种（包括碑帖 2 种）进行原件展示，这也是上海图书馆首次以家族文献为主题举办的精品文献年展。“翁氏文献”指与常熟翁氏家族研究相关的各类文献，遴选其中 54 种予以展出，包括翁心存、翁同书、翁同龢及其子侄孙辈的往来尺牍、档案、诗文、家族资料等珍稀文献。展览期间还安排两场公益讲座，分别由谢俊美、翁以钧主讲。同时推出一部由上海图书馆专业人员编纂的研究性精品文献图录《翁氏藏书与翁氏文献》，邀请专家学者在上海图书馆召开专题学术研讨会；举办宋刻本《长短经》《翁同龢日记》稿本的影印出版首发式。（上海市图书馆学会秘书处）

【中国知识和产品在西方的传播和影响国际学术研讨会】 12 月 10 日，研讨会在上海图书馆徐家汇藏书楼举行。研讨会由上海图书馆中西文化交流研究资料中心、复旦大学历史系联合主办，与会专家学者就如何更好地开展中国知识和产品在西方的传播与影响的研究开展了讨论。会议同时推出持续两个月的“西文书籍里的中国：中国知识和产品在西方的传播和影响馆藏文献展”，集中展出徐家汇藏书楼馆藏的有关西文图书，一共 40 余件，其中有的是集中反映中国知识与产品在欧洲传播过程的珍贵文献，包括《马可·波罗游记》的拉丁文初版（1483 年版，1949 年复制本），囊括多种早期访华游记的《十二至十五世纪亚洲行记》（1735），被喻为“欧洲中国热圣经”的《中华帝国全志》（1735）等；有的是和特定的中国知识或产品相关的文献，如威廉·钱伯斯的《中国建筑、家具、服装和器物的设计》（1757）、《东方园艺论》（1772），卜弥格的《中医概述》（1686），初版于 1671 年的《咖啡、中国茶、巧克力的调制饮用方法》等。（上海市图书馆学会秘书处）

【上海图书馆新馆开馆 20 周年庆祝活动】 12 月 17 日，为纪念上海图书馆新馆开馆 20 周年，上海图书馆和上海市作家协会在该馆多功能厅共同推出一台大型诗歌朗诵会，由刘安古、陈少泽、赵静等艺术名家，上海图书馆朗诵团团员们，外国友人以及该馆“东方书院”的师生共同演绎。12 月 20 日，举行座谈会，上海图书馆历任领导及读者代表、志愿者代表、退休职工代表、在职职工代表等百余人参加会议，上海图书馆党委书记叶汝强、馆（所）长陈超出席并讲话。老领导王鹤鸣、马远良等分别发言，在回顾当时新馆开放的亲身经历以及 20 年来转型发展的同时，更对上海图书馆未来的创新发展提出了希望。座谈会上，为进馆工作 30 年的员工代表颁发荣誉证书，并播放“上海图书馆新馆开馆 20 周年”专题片。（上海市图书馆学会秘书处）

江苏省

【概况】 截至 2016 年年底，省、市、县（市、区）三级共有公共图书馆 109 个（含独立编制的少儿图书馆 7 个），其中省级馆 1 个、副省级馆 1 个、市级馆 15 个、县级馆 92 个。实际使用总建筑面积为 116.18 万平方米，其中书库面积 16.54 万平方米、书刊阅览室面积 19.85 万平方米、电子阅览室面积 2.72 万平方米。阅览室座席共 54037 个，其中少儿阅览室座席 14936 个。实体文献总藏量 7601.50 万册，其中普通图书 6664.76 万册、古籍 345.58 万册、报刊 425.53 万件、试听文献 112.05 万件（套）、缩微制品 5.69 万件（套）。电子图书总量 5863.25 万册。2016 年新增实体文献 584.30 万册（件），新增电子图书 1256.06 万册，购买报刊 7.88 万种。获财政拨款总经费 99158.6 万元，其中专项购书经费 15375.7 万元。省馆获财政拨款总经费 15681.7 万元，其中专项购书经费 4500 万元。全省发放有效借书证 1100.11 万个，总流通 6488.59 万人次，书刊文献外借 2887.51 万人次、5088.06 万册次。组织各类讲座 3393 次，听众 64.55 万人次；举办各类展览 1237 个，观展读者 384.34 万人次；举办各类培训班 2086 个，培训 10.38 万人次。共有计算机 10586 台，电子阅览室终端 6009 个，图书馆网站总访问量 5015.94 万页人次。共有从业人员 3439 人，包括专业技术人员 2347 人，其中具有中级职称 1038 人、副高级职称 307 人、正高级职称 48 人。

阅读推广活动形成品牌效应。5 月 8 日，全民阅读社会化发展“江阴模式”研讨会在江阴市政府决策中心举行。2016 年，“三味书咖”城市阅读联盟新增 3 个阅读联盟服务点：“假如我有一个花店——新华社区分馆”“澄江街道文定社区分馆”“青年广场分馆”，目前共建成 8 家阅读联盟点分馆网络。5 月，文化部公共文化司领导及国家公共文化服务体系建设专家委员会专家对江阴市总分馆制建设以及全国首创“三味书咖”城市阅读联盟的推进情况实地考察和专题论证，给予高度评价。无锡市梁溪区图书馆牵头成立“梁溪区阅读推广公益联盟组织”，该联盟共有近 30 家成员单位，涵盖以梁溪区社工协会、梁溪区盲人协会、杨柳风学堂、德邻青少年阅读驿站、新华书店、凤翔实验学校等为代表的各机构、学校、图书企业、文创企业与其他各界社会力量。其中，由梁溪区图书馆担任会长单位，将与各成员单位以“联结阅读力量，创变阅读价值”为主题，致力于提升民众阅读能力，积极引入社会力量推广全民阅读，促进社会阅读资源的整合与共享。

公共数字文化建设进一步加强。启动并全面实施省重点公共数字文化项目——“江苏省少儿数字图书馆”项目。完成了网站、微信、APP、触摸大屏、PAD 等服务平台建设，自“4·23”世界读书日以来，全省共举办活动 160 多场，服务读者超过 10 万人次。该项目由省馆南京图书馆牵头，全省 100 家公共图书馆共建共享，读者服务辐射全省，是公共文化服务的一次组织创新与服务创新，是国内最早的省级少儿数字图书馆项目。

文化共享工程不断向前推进。2016 年完成文化部全国公共文化发展中心文化共享工程地方资源建设立项申报工作，成功申报“江苏民间技艺（一）”项目，数据库完成后将成为全省记录江苏民间艺人和非物质文化遗产的最大数据库。配合国家图书馆“网络书香过大年”活动组织策划 2016 年江苏省“金猴迎春　书香过年”活动，发动全省各馆积极参与，参与人数与网页点击率居全国第一。配合文化部与国家图书馆完成“4TB 数字资源下基层”活动。按照国家图书馆要求向全省 17 个市级图书馆配发国家数字图书馆推广工程标准规范用书。配合文化共享工程举办全省少儿绘画大赛。

古籍普查阶段性成果显著。国务院正式批准颁布第五批《国家珍贵古籍名录》899 部和第五批古籍重点保护单位 14 家。江苏此次入选 82 部，达全国总量 9%。截至 2016 年年底，我国已公布《国家珍贵古籍名录》12274 部，"全国古籍重点保护单位" 180 家。江苏省共有 1295 部古籍入选《国家珍贵古籍名录》，达到全国总量的 10.6%；有 21 家古籍收藏单位入选"全国古籍重点保护单位"，达全国总量的 11.67%，在全国同级范围均名列前茅。目前全省已完成古籍普查工作的单位达 27 家，古籍普查数据总量达 8 万余条。南京图书馆参与由江苏省政府、省委宣传部主持的重大文化工程"江苏文脉整理与研究"，并作为主要参与单位承担"书目篇"的研究任务。课题组将以江苏省古籍保护中心为牵头，全省 42 家古籍收藏单位为资源依托，各高校和相关单位专业人员为力量，分解任务到单位和个人，根据既定工作方案，继续推进全省古籍书目收集整理、书志撰写、专题提要撰写等任务，并尝试江苏经籍志书目古籍数据平台的开发。力争为江苏文化资源的挖掘、江苏历史文化的研究奠定坚实的文献基础。（江苏省图书馆学会　李浩　董莹　储兰）

【江苏省 82 部珍贵古籍入选第五批《国家珍贵古籍名录》】 国务院正式批准颁布第五批《国家珍贵古籍名录》899 部和第五批古籍重点保护单位 14 家。江苏此次入选 82 部，达全国总量 9%。其中南京图书馆入选 63 部，达到全国总量 7%，在全国同级范围继续保持前列，江苏省泰州市图书馆入选全国古籍重点保护单位。此次南京图书馆入选的古籍版本类型丰富，既有珍贵的宋元刻本，刻印精美的内府刻本，亦有名家题跋，名人稿本。其中较有代表性的有《魏书》一百十四卷，北齐魏收撰，宋刻宋元明递修本；《樵风乐府》不分卷，清郑文焯撰，稿本；《清庵先生中和集》前集三卷后集三卷，元李道纯撰，元蔡志颐辑，清影元抄本，丁丙跋；《圣学心法》四卷，明成祖朱棣撰，明永乐七年（1409）内府刻本；《书史会要》九卷《补遗》一卷，明陶宗仪撰，明洪武张宗权等刻本，丁丙跋。其中清影元抄本《清庵先生中和集》被选为五批名录代表性成果，参加 6 月 8 日在北京举办的"民族记忆　精神家园——国家珍贵古籍特展"。南京图书馆同时被选中参展的还有此前已入选前四批国家珍贵古籍名录的馆藏珍贵宋刻本《咸淳临安志》。（江苏省图书馆学会）

【南京图书馆召开首届南京图书馆理事会第三次工作会议】 3 月 29 日，南京图书馆召开首届南京图书馆理事会第三次工作会议。省文化厅党组成员、副厅长裴旭，省文化厅党组成员、副厅长、南京图书馆理事会首任理事长方标军，南京图书馆馆长徐小跃，南京图书馆党委书记、副馆长韩显红，全体理事、监事和管理层成员参加会议。会议由方标军主持。会议共有四项议程，徐小跃代表管理层向理事会汇报《南京图书馆事业发展"十三五"规划》《南京图书馆 2016 年工作要点》和《南京图书馆 2016 年经费预算情况》，各位理事分别发表意见，上述文件均经审议并通过。方标军就本届理事会成员调整做了通报，因工作岗位调动，方标军不再担任南京图书馆理事会理事长，由裴旭担任理事长；根据《南京图书馆章程》，南京图书馆新任党委书记韩显红增选为理事，原党委副书记赵厚洪因退休自然免职，由新任党委副书记姚俊元接任理事。方标军对南京图书馆法人治理结构改革一年多来的工作进行简要总结。最后新任理事长裴旭讲话。（江苏省图书馆学会）

【南京图书馆"陶风采——你选书我买单"服务正式推出】 "4·23"世界读书日当天，南京图书馆"陶风采——你选书　我买单"服务在南京新华书店旗舰店新街口店、南京凤凰国际书城同时推出。为确保服务顺利进行，南京图书馆专门派工作人员在现场进行流程指导及相关技术保障。经统计，23、24 日两天，两家书店共有 304 位读者参与，完成 937 册图书的购买及借阅手续。"陶风采"服务是该馆今年的重点工作之一，是南京图书馆进行全民阅读推广、为读者提供优质服务的重大创新举措。4 月 26 日，南京图书馆"惠风书堂"开业，读者可在馆内进行荐购借阅。（江苏省图书馆学会）

【海峡两岸第三届玄览论坛在南京举行】 8 月 26 日，由南京图书馆与台湾汉学研究中心共同发起并连续举办的该论坛在南京举行。本次论坛敬邀国家图书馆、佛光山文教基金会联合主办，两岸著名图书馆馆长与专家学者、高校知名教授、出版社社长及造诣精深的佛学界人士出席此次论坛，他们围绕“让书写在古籍里的文字活起来”主题发表演讲，并直接与图书馆读者、高校学生及社会各界人士进行现场交流互动，让学者、出版者、图书馆员、读者进行零距离对话，期望能结合两岸图书馆界珍贵资源，营造全民阅读氛围，全面提升图书馆的影响力。为延续前两届玄览论坛的丰硕成果，进一步拓宽跨界合作交流领域，论坛邀约14位专家学者围绕主题分5场发表演讲，子题为“一带一路与人文交流”“创新出版与文化传承”“中华古籍与文创价值”“佛学典籍与文化融合”“经典研究与教育推广”。（江苏省图书馆学会）

【南京图书馆“国学馆”正式开放】 10月12日，南京图书馆举办“国学馆”“少儿馆”（0—6岁）开馆仪式，正式对外免费开放。省文化厅党组书记、厅长徐耀新，省文化厅副厅长、党组成员裴旭，南京图书馆馆长徐小跃，南京图书馆党委书记韩显红，南京图书馆领导班子其他成员参加仪式。徐小跃主持开馆仪式。开馆仪式结束后，徐耀新、裴旭在徐小跃、韩显红及相关部门同志的陪同下参观新开放的国学馆。国学馆位于南京图书馆四楼北面，总面积约4000平方米，资源丰富，开放性强，可为读者提供全方位、多层次的服务。（江苏省图书馆学会）

【江苏省少儿数字图书馆正式提供服务】 江苏省少儿数字图书馆自“4·23”世界读书日起正式为全省少儿读者提供全免费服务。本着“拥抱数字阅读，关注少儿读者”的服务宗旨，江苏省少儿数字图书馆作为“互联网+”时代数字阅读的积极推动者，有责任让更多的少儿读者适应不断变化的数字环境，培养更高的阅读热情。作为江苏省文化厅指导下的重点公共数字文化建设项目，江苏省少儿数字图书馆由省馆南京图书馆牵头，全省100家公共图书馆参与，目前共采购资源11种。该项目是国内最早的省级少儿读者数字服务项目，未来将在全省少儿读者服务工作中发挥重大作用，通过该项目将会吸引全省更多少年儿童走进图书馆、利用图书馆。江苏省少儿数字图书馆的建设目标是到2017年全省实现少儿注册读者达100万，全省少儿读者线上访问和线下阅读体验人次达1000万，各类数字阅读推广活动3000场，参与人数超过30000人。（江苏省图书馆学会）

【南京、镇江、扬州三地图书馆合作共建资源共享】 根据江苏省人民政府《宁镇扬同城化发展规划》，为推动三地公共图书馆密切合作，实现三地读者对文献资源、参考咨询、精品活动等共享，金陵图书馆、镇江市图书馆、扬州市图书馆于4月15日在金陵图书馆正式签署合作协议。5月图书馆服务周期间“合作联盟”的第一次活动——“环球图书馆之旅”大型图片展在金陵图书馆文心展厅展出。“合作联盟”将通过一系列的举措，整合宁镇扬公共图书馆文献信息资源，共享阅读推广等活动成果，积极构建公共图书馆区域间合作交流，有效促进宁镇扬公共图书馆一体化发展，为三地广大读者提供更好的公共图书馆专业服务。（金陵图书馆）

【金陵图书馆“心惦图”公益心理咨询广场启动】 4月23日下午，“心惦图”公益心理咨询广场正式在金陵图书馆启动。“心惦图”公益心理咨询广场是金陵图书馆和南京心理咨询行业协会等共同发起的大型公益心理咨询活动，项目结合金陵图书馆丰富的馆藏图书资源和南京心理咨询行业协会强大的专业心理咨询师队伍，旨在通过阅读等方式，帮助市民读者纾解情绪困扰，达到身心平衡、健康。金陵图书馆党总支书记焦翔、南京长江书院院长阎增耀以及南京心理咨询行业协会各成员单位的数十位心理咨询师出席启动仪式。（金陵图书馆）

【埃塞俄比亚政府文化代表团访问金陵图书馆】 5月24日下午，埃塞俄比亚文化旅游部部长阿伊莎·穆罕默德（Aisha Mohanmmed）、国家档案和图书馆馆长易卜拉欣·寇莎（Abrham Chosha）率政府文化代表团莅临该馆参观考察。金陵图书馆馆长董群、党总支书记焦翔，副馆长尹士亮等馆领导对来宾的到访表示热烈而诚挚的欢迎，参观结束后，中埃双方就双方进一步的文化交流与合作深入交换意见，双方表示两国将在图书馆领域开展更为深入的交流与合

作，使两国人民建立起更加深厚的友谊。（金陵图书馆）

【金陵图书馆签署“一带一路”公共图书馆联盟倡议】 11月30日，“第十届深圳海洋文化论坛”在深圳大梅沙国际水上运动中心开幕。金陵图书馆受邀参加此次活动，并在现场签署了《“一带一路”公共图书馆之深圳·长三角地区联盟倡议》。同时，来自全国各地的海洋文化研究学者以及十余家图书馆代表，围绕“一带一路文献建设”进行了热烈而深入的探讨。（金陵图书馆）

【全省基层公共数字文化建设培训班举办】 8月3日，由江苏省公共数字文化建设中心、常州市文广新局主办，常州市图书馆承办的江苏省基层公共数字文化建设培训班落幕。来自全市各级公共图书馆、乡镇街道文化站、文体站等单位的负责人83人参加培训。江苏省文化厅公共文化处原处长束有春、南京图书馆业务管理部副主任梁雯雯、南京图书馆力博软件工程师袁勇、广州图创技术主管雷伟等专家学者进行专题授课。本期培训班涉及少儿数字图书馆服务与推广、中国文化网络数字电视互动终端资源内容及安装使用、公共电子阅览室管理软件及操作等内容。（常州市图书馆　丁辰）

【2016年度苏锡常镇图书馆馆长交流会召开】 10月23日，由常州市图书馆主办的图书馆馆长交流会在该馆召开，无锡图书馆党支部书记、馆长钱菲菲，镇江图书馆党支部书记、馆长褚正东，苏州馆副馆长徐晓霞等10多位图书馆领导参加了此次会议。会议就苏州、无锡、常州、镇江4个城市的公共图书馆发展现状及未来规划做全方位的交流，并对新形势下图书馆事业发展中出现的新问题做深层次的探讨。会后，4馆领导参观了常州市首家24小时自助图书馆“常图驿站”，并观摩在民元里一号举办的“彩虹姐姐故事会”和“百年芳菲——祖孙三代乱针绣艺术精品展”。（常州市图书馆　钱舒屏）

【无锡市图书馆承办2016年全省基层公共数字文化建设培训班（无锡班）】 8月8—10日，由江苏省公共数字文化建设中心主办，无锡市文广新局协办，无锡市图书馆承办的本次培训班在华美达广场酒店举办，全市各市（县）、区文广新（文体、教育文体）局文化科负责人、各级图书馆、文化馆公共数字文化建设工作负责人、各乡镇（街道）文化站负责人近120人参加培训。省文化厅公共文化处原处长束有春、南京图书馆业务管理部副主任梁雯雯、泰兴市图书馆馆长周晓季、无锡市图书馆信息服务中心主任蔡健，为学员分别做“公共文化服务体系建设中的‘四化’问题”“江苏省少儿数字图书馆服务与推广”“总分馆建设案例分享”“无锡市数字图书馆建设与服务”专题报告。汉雅星空文化科技、中科力天有限公司派员前来开展“中国文化网络数字电视互动终端资源内容与安装使用”“公共电子阅览室管理软件及操作”专题培训。此外，学员们还赴江阴图书馆实地参观学习。（无锡市图书馆）

【无锡市图书馆首次参展文博会】 10月19—23日，第六届中国（无锡）国际文化艺术产业博览交易会在无锡太湖国际博览中心举办。无锡市图书馆首次参展，开展多项主题展览和互动体验活动，展示图书馆风采，首推“新书直借”服务，逾千人参观，省文化厅党组书记、厅长徐耀新和市委常委、宣传部长王国中等领导亲临现场。（无锡市图书馆）

【宜兴市图书馆古籍普查工作完成】 2016年，宜兴市图书馆正式启动古籍保护工作，完成馆藏一万多册古籍编目。通过承办省古籍保护工作培训班，及与金陵科技学院联系学生来馆实践的形式，分两批次共15天左右的时间，对宜兴4家图书馆古籍进行全面普查编目，摸清馆藏历史文献的家底，形成数据目录共3237条。这次古籍普查工作共整理出乾隆六十年以前的善本如明万历刻本《锦帆集》、明崇祯刻本《三国志》、清康熙刻本《六书通》及珍贵地方文献《嘉庆荆溪县志》《光宣宜荆续志》《荆溪词初集》《阳羡名陶录》等，总计138多种763册（件）。（宜兴市图书馆）

【苏州图书馆理事会成立】 12月1日，苏州图书馆理事会成立大会召开，著名阅读推广专家、南京大学教授徐雁任第一届理事会理事长。苏州图书馆理事会由13名理事和1名监事组成，涵盖政府职能部门、业界专家、知名学者、读者代表、图书馆管理层和职工代表，其中社会代表约占理事总数的二分之一。成立大会之后召开苏州图书馆理事会第一次全体会议，会议审议并表决通过《苏州图书馆章程》《苏州图书馆理事会专业委员会办法》，设立苏州图书馆理事会文献资源建设咨询专业委员会、阅读推广指导专业委员会和绩效评估考核专业委员会。（苏州图书馆）

【苏州图书馆标准化服务试点项目】 苏州图书馆标准化服务试点项目被评为 2016 年度国家级服务业标准化试点项目。试点工作围绕苏州市公共图书馆实际情况，初步建立苏州市公共图书馆服务标准体系，涉及 3 大分体系、19 个子体系、106 个标准，在服务对象、服务时间、服务内容、服务设施、服务资源等方面规范公共图书馆的服务。该标准体系涵盖公共图书馆所有的业务环节，收录有关的国家标准、行业标准、地方标准和相关规范性文件等。（苏州图书馆）

【阅读推广基础工作专题培训班在苏州图书馆举办】 5 月 24—26 日，由中国图书馆学会主办，苏州图书馆、苏州市图书馆学会承办的 2016 年“阅读推广人”培育行动——阅读推广基础工作专题培训班在苏州图书馆举办，来自全国各级各类图书馆的 350 余人参加培训。此次培训课程设置主要针对图书馆在阅读推广工作中的基础工作和要点，既有工作概述等理论层面的课程，也有读书会的运营和培育等实践课程，包括“阅读推广工作概述”“阅读推广项目的策划”“读书会的运营和培育”“图书馆讲坛的设计”“图书馆阅读推广基础工作”等。苏州图书馆也在培训班上展示多年来的阅读推广成果。（苏州图书馆）

【张家港市少年儿童图书馆建成并正式对外开放】 4 月 23 日，全国首个按照分层服务理念布馆的少儿图书馆——张家港市少年儿童图书馆正式对外开放。少儿馆改造工程 2014 年 9 月开始，2015 年 6 月 1 日对外试运行。改造后的市少儿图书馆面貌焕然一新，童趣盎然，建筑面积 12500 平方米，藏书 35 万册，实行免证入室、免费阅览、免费办证，突出了分级阅读、动静结合、借阅一体、环境激励四大特点。

同日，由市邮政局、市文广新局主办，市少年儿童图书馆承办的全国首家以“阅读”为主题的少儿阅读邮局在市少年儿童图书馆成立。少儿阅读邮局是一个体验式、开放式平台，主要开展亲子阅读、弘扬亲情文化、传授集邮知识、推广画信比赛等一系列活动。（张家港市少年儿童图书馆）

【南通市图书馆手机读者证投入使用】 10 月 1 日，南通市图书馆推出“手机读者证”，读者只需在图书馆三楼大厅自助借还设备上扫描读者证二维码即可借书。“手机读者证”将二维码技术与读者身份信息相结合，使其具备与实体读者证相同的功效。今后，读者只需在手机微信中关注南通市图书馆，或者安装南通市图书馆的最新 APP，通过读者身份的初始认证，即可生成一张专属的手机读者证。读者使用自助借还设备进行借书操作时，无须在设备上放置读者证，只需拿出手机，调出自己的“手机读者证”，让自助设备“扫一下”便可轻松借书。（南通市图书馆）

【靖江市图书馆开通微信期刊阅览室】 2016 年 1 月，靖江市图书馆推出移动互联新形态阅读产品——“微信期刊阅览室”，为广大读者和粉丝提供即时阅读。“微信期刊阅览室”无须下载应用，随时随地，打开微信即可阅读。该馆针对大众人群优选出深受读者喜爱的期刊资源，其中不乏《三联生活周刊》《看天下》《第一财经周刊》等热门刊物。“微信期刊阅览室”具备目录预览、字号调节、前后篇文章跳转等功能。（靖江市图书馆）

【泰州市图书馆入选第五批“全国古籍重点保护单位”】 2016 年 5 月，国务院正式发布第五批“全国古籍重点保护单位”名单，全国共有 14 家古籍收藏单位入选，泰州市图书馆是本次江苏省唯一获批单位。6 月 21 日，泰州市图书馆馆长沈俊受邀参加在国家图书馆举办的第五批“全国古籍重点保护单位”和入选第五批《国家珍贵古籍名录》部分代表颁牌颁证仪式，文化部副部长杨志今为泰州市图书馆授牌。（泰州市图书馆）

【连云港市图书馆召开推动图书馆事业发展

座谈会】 4月1日，连云港市图书馆邀请社会各界专家学者召开推动图书馆事业发展座谈会，中央文献研究室原秘书长郑德兴、国家图书馆原馆员郑培珍及连云港市知名专家学者参加座谈。与会专家提出，连云港市图书馆的建设要与国内外图书馆主动对接，学习引进好的办馆理念；图书馆服务要扎根基层，接好地气，能够吸引市民，积聚人气；图书馆发展要汇聚民智，广泛征集社会各方的意见和建议，要凝聚民力，争取社会各界的支持；图书馆要办出特色，围绕本市重要历史文化如《西游记》《镜花缘》、徐福、孝文化，重要历史人物如沈云霈等，加强地方文献的建设工作。专家们还对图书馆创办知名论坛、建设读者沙龙、开展志愿者服务、馆藏文献数字化等提出许多切实可行的建议和思路。（连云港市图书馆　公丽香）

【连云港市社科界首届学术大会——市图书馆学会学术研讨会暨学术报告会召开】 11月26日，此次研讨会在连云港市图书馆二楼多功能厅召开。全市各级各类图书馆领导、图书馆学会理事、会员、相关从业人员120余人参加会议。研讨会共评选出论文一等奖5篇、二等奖8篇、三等奖11篇、优秀组织奖4个。连云港市图书馆学会常务理事、学术委员会主任、连云港市师范高等专科学校图书馆馆长陈秀卫做论文综述，3位论文作者进行学术交流。会议特邀南京图书馆副馆长、研究馆员许建业做学术报告，报告主题为“图书馆融合发展与创新服务的探索和思考”，内容主要包含公共数字文化发展背景、公共数字文化建设中图书馆的定位与任务、江苏省公共数字文化建设与服务概况、“十三五”时期图书馆融合发展与创新服务的探索与思考等方面。（连云港市图书馆　亢丽芸）

浙江省

【概况】 截至2016年年底，浙江省共有县（市、区）以上公共图书馆102个，其中省级图书馆1个、市级图书馆11个、少儿图书馆5个、县（市、区）以上图书馆85个。从业人员3616人，其中专业人员2156人、正高职称52人、副高职称289人、中级职称995人。全省公共图书馆馆舍面积105.64万平方米，阅览座席6.49万个，其中少儿阅览室座席1.61万个、盲人阅览室座席1340个。共有计算机1.16万台，电子阅览室终端7063个。藏书总量6969.15万册，电子图书34179万，新增藏量710.71万册，新增电子图书2965万册，购买报刊8.40万种。财政拨款总经费106823.2万元，其中专项购书经费18034.3万元。总流通9788.47万人次，同比增长23.2%。书刊文献外借2705.86万人次、6520.17万册次。组织各种讲座4403场次，听众67.78万人次；展览2199场次，观展读者556.32万人次；培训4752场次，16.79万人次。图书馆网站访问量6403.93万人次。全省每万人公共图书馆建筑面积188.99平方米，比上年增加17.33平方米；人均藏书1.25册，比上年增加0.12册；人均购书经费3.52元，比上年增加0.31元。

公共文化服务标准化水平不断提高。初步构建起以省定标准为主体，地方标准为基础，行业标准和项目为补充的公共文化服务标准化体系。全省各市、县全部制定出台贯彻落实现代公共文化服务体系的实施意见，省级公共图书馆地方服务标准《公共图书馆服务规范》（DB33/T 2011—2016）和规范乡镇街道图书馆的地方性标准《宁波市乡镇（街道）图书馆建设与服务规范》发布实施。积极参与全国公共图书馆标准化工作，浙江图书馆成为中国图书馆学会公共图书馆分会图书馆标准化工作委员会挂靠单位。浙江图书馆和德清县图书馆参与文化部第六次公共图书馆评估标准的预研工作并完成评估定级试评估工作。

法人治理结构试点工作深入开展。两个国家级试点单位浙江图书馆和温州市图书馆理事会分别以第一名和第二名的成绩通过文化部验收。浙江图书馆重大人事、财务及发展规划、工作计划通过理事会研究确定，决策管理和监督保障更加科学规范。温州市图书馆理事会参与组建“温州市图书馆发展”基金会，吸纳社会资本参与图书馆建设，为城市书房、城市书站、城市书吧的选址和建设方案出谋划策。2016年，又有杭州余杭区、西湖区、建德市图书馆、宁波海曙区、镇海区、慈溪市江北区、象山县图书馆、温州龙湾区、瑞安市、文成县图书馆、嘉兴嘉善县图书馆、绍兴图书馆、舟山普陀区图书馆、台州市、椒江区、路桥区图书馆等17家图书馆成立理事会。

公共文化服务体系示范区（项目）创建工作

顺利推进。嘉兴市、余杭区“乡镇综合文化站服务效能提升工程”“电视图书馆绍兴模式”均以高分通过第二批国家示范区（项目）验收。

服务网络建设不断完善。目前全省已有乡镇分馆557个。杭州图书馆推进以县级图书馆为中心的总分馆制建设工作被列入中央“深改组”重点工作任务之一。2016年，杭州图书馆新建环保分馆、城市学分馆和城市书房，拱墅区图书馆打造运河书房，江干区新建8个24小时智能图书馆“钱塘书房”。桐庐县图书馆开展“公共图书进民宿”服务。温州市图书馆继续完善“城市书网”公共文化服务体系，新建鹿城区智慧谷、瓯海区国大科技园等10个城市书房，全面覆盖4个行政区；新建、合建流动图书室26个，新增集体借书点27个。温州市少年儿童图书馆新增4个分馆。台州市建成并开放“市民书吧”20个，建成乡镇（街道）图书分馆42个。嘉兴市图书馆已累计建成1个总馆、2个区分馆、12个乡镇（街道）分馆、32个村（社区）分馆、323个图书流通站（包括农家书屋）、8个24小时自助图书馆和1个汽车图书馆。丽水市公共图书馆共建有分馆31个、城市书房4个。青田图书馆建成“悦读书屋”“机关书屋”等特色书屋。景宁图书馆的“庄稼书屋”和云和图书馆的“云上五天”各具特色。

全民阅读活动丰富多彩。组织开展2016年度全省公共图书馆全民阅读节系列活动，98家图书馆围绕“图书馆之夜”、第十二届浙江省未成年人读书节、“全家共读一本书”、公布“阅读之星”、评选“读者最喜爱的乡镇(街道)图书分馆”、评选“优秀阅读推广人”、发布浙江省公共图书馆2015年度阅读报告、开展“图书馆就在我身边”征文、数字阅读大闯关、“图书馆随手拍”摄影大赛等10个主题，精心策划了2000多场别具特色的活动。

公共数字文化建设有序推进。举办“十二五”公共数字文化建设展，展示浙江省“十二五”期间公共数字文化在网络、资源、人才培养、基层服务等方面的成果。举办公共数字文化论坛，赴安徽省开展“数字文化走亲”活动，举办浙皖文化走亲系列——专题片摄制实战培训。开展数字资源联合建设项目，组织宁波、舟山、嘉兴、衢州市级馆实施数字化加工联合采购。完成《浙江学堂》专题片和《浙江文化名人》专题片出版。推进全省开发区公共电子阅览室建设工作，完成8个开发区电子阅览室（示范点）建设。新增安吉县图书馆、长兴县图书馆、江山市图书馆等16个图书馆联通全省虚拟网，单向连通率达到93%。与国家图书馆联动，组织全省公共图书馆开展“网络书香过大年”活动，全省参与群众达5万余人次。

古籍保护工作进一步加强。组织开展第三批省级重点古籍保护单位和珍贵古籍名录评选工作，3家单位被列为省级重点古籍保护单位，184部古籍被列入浙江省珍贵古籍名录。全省共计完成古籍普查32万条236万册，完成率为94.4%。开展“国家级古籍修复技艺传习中心浙江传习所”传习工作。继续与省艺术职业技术学院合作办学，并与中国美术学院艺术设计职业技术学院达成人才培养合作意向。加强古籍保护宣传，举办“浙江省古籍保护成果展”等展览、讲座、修复体验活动10场，宣传古籍保护工作和知识。（浙江省图书馆学会秘书处）

【杭州拱墅区图书馆等一批新馆开馆】 2016年12月底，位于北城街55号的杭州拱墅区图书馆新馆全面对外开放，使用面积6000平方米，设有文献借阅室、少儿阅览室、报刊阅览室、电子阅览室、休闲书吧、运河书房（24小时自助借阅空间）、报告厅等公共服务区域；阅览座位500余个，现有藏书约42万册，是文化部命名的一级图书馆和杭州市主城区首家区级公共图书馆。位于原址的场馆现为拱墅区图书馆非物质文化遗产文献分馆。

5月15日，位于滨江区泰安路200号的滨江区文化中心滨江图书馆暨杭州图书馆科技分馆新馆正式启用。该馆由杭州图书馆与滨江区社发局合作运营，总建筑面积7000平方米，位于滨江区文化中心六、七、八楼，馆藏图书20余万册，阅览席位788个。馆内布有少儿图书借阅区、成人图书借阅区、报刊阅览区、多媒体体验区、电子阅览区等服务区域，提供科技设备体验、影音鉴赏、图书自助借还、公益培训、讲座展览、科技咨询等多种服务项目。

9月28日，位于衢州市新桥街79号的衢州市图书馆改扩建工程——中国儒学馆建成开放。该馆总投资1.2亿元，总建筑面积10105平方米，儒学典藏8800册，馆内功能布局体现智能化管理、休闲型阅览的特点，是衢州儒学文化展示平台、儒学文化传承推广中心和儒学典籍收藏中心。主体部分是《东南阙里·儒风天下》主题陈列馆，并设有吴为山塑孔子雕像馆、最美衢州人展馆、儒学文献典藏馆、孔子学堂（培训室）等，提供图书阅览、报刊阅览、VR体验、讲座展览、移动图书馆、儒学培训与传播等多种服务。(浙江省图书馆学会秘书处)

【浙江图书馆举办“拍曲读文”昆曲艺术系列讲座】 1月10日，“文澜讲坛·幽兰讲堂——‘拍曲读文’昆曲艺术系列讲座”启动，近500名听众亲临活动现场，感受昆曲的魅力。“拍曲读文”是由浙江昆剧团和浙江图书馆联合举办的系列昆曲赏析与介绍讲座。在启动仪式上，浙江昆剧团向浙江图书馆赠送《一代宗师周传瑛》《十五贯文集》《传世盛秀——一百出折子戏》等图书。该系列讲座首讲邀请著名昆剧表演艺术家、国家一级演员、第三届中国戏剧“梅花奖”得主、享受国务院特殊津贴的“巾生魁首”汪世瑜老师为听众讲述昆曲之美。(浙江省图书馆学会秘书处)

【中国图书馆学会公共图书馆分会图书馆标准化工作委员会挂靠浙江图书馆】 4月14日，中国图书馆学会九届常务理事会审议通过《中国图书馆学会第九届理事会分支机构组成建议情况》。根据此方案，中国图书馆学会第九届理事会共设置17个分支机构，其中公共图书馆分会为本届新设立。9月12日，公共图书馆分会召开2016年第一次工作会议并正式组建完成，浙江图书馆馆长徐晓军当选为分会副主任。该分会共设14个工作委员会，其中标准化工作委员会挂靠浙江图书馆，由徐晓军任主任。图书馆标准化工作委员会的宗旨是：通过标准的制定和推行，实现图书馆服务人口全覆盖，助力现代公共文化服务体系建设取得突破性进展；努力改善我国图书馆标准化工作国际化程度偏低的现状，提高国际参与度和话语权。(浙江省图书馆学会秘书处)

【浙江省公共图书馆“4·23图书馆之夜”活动举办】 4月23日晚，浙江省公共图书馆“4·23图书馆之夜”系列活动启动仪式在浙江图书馆举办。浙江图书馆馆长徐晓军，读者代表、公益阅读推广人曹骏共同开启此次活动，同时举行专家讲座、大咖分享阅读心得、现场经典剧目表演等21场活动，有7000人次参与。本次活动由省文化厅主办，全省95家公共图书馆联合行动，在图书馆广场、大厅、阅览区域等场所，通过作品人物再现、读者互动、文艺活动等多种形式，营造和谐、充满趣味的阅读文化空间。各图书馆根据活动主题，策划了图书馆快闪之夜、传统文化之夜、图书馆奇妙夜、大小书虫图书馆狂欢夜、今“阅”无眠等特色活动。(浙江省图书馆学会秘书处)

【浙江举办首届“读者最喜爱的乡镇(街道)图书分馆”评选活动】 为了对全省公共图书馆乡镇(街道)分馆建设中的典型案例进行挖掘、梳理，展示浙江省近年来公共文化服务体系建设在基层取得的成果，2016年4—8月，由浙江省文化厅主办，浙江省图书馆学会承办首届“读者最喜爱的乡镇（街道）图书分馆”评选活动。从阅读环境、开放时间、藏书情况、服务质量、流通人次、借阅册次、活动组织、读者满意度等方面进行综合考量，经过网络票选和专家评审，温州鳌江图书馆等10家图书馆当选为首届“读者最喜爱的乡镇（街道）图书分馆”。(浙江省图书馆学会秘书处)

【浙江文化通获首批省级网上文化家园项目荣誉称号】 2016年4月，由浙江省委宣传部、省委网信办联合主办的首批省级网上文化家园项目名单公布，浙江文化通APP、微信公众号项目成功入选。浙江文化通包括APP客户端和微信公众号，是在浙江省文化共享工程领导小组、浙江省文化厅领导下，浙江省公共财政投入建设，由浙江图书馆主办，为全省广大读者提供全方位、公益性移动数字文化服务和各类文化活动信息。浙江文化通于2013年11月开通上线，APP客户端除包含与浙江网络图书馆数据相通的数字阅读资源外，还专门购置了适合移动终端阅读的专用电子资源，包括百万电子书以及百余种精品人文杂志。截至2016年年底，APP客户端用户达11.9万人以上，访问量达1000万次以上。(浙江省图书馆学会秘书处)

【浙江图书馆60+阅读计划启动】 4月23日起，“书香传家，阅读继世——浙江图书馆60+阅读计划”启动。该计划主要面向年龄在60岁以上热爱阅读的中老年群体，推出的服务主要有：设立60+阅读专区、文献专架，为60+读者提供电子助视仪、手持式LED放大镜、老花镜、听书机等阅读辅助设施设备。另外还为60+读者专门制作阅读简报，并陆续推出晨读会、数字阅读培训、电影沙龙、专场讲座、书法摄影培训体验等多形式活动，全年共举办活动26场。（浙江省图书馆学会秘书处）

【浙江省第十二届未成年人读书节在绍兴图书馆启动】 5月17日，由浙江省文化厅主办，浙江图书馆、绍兴市文化广电新闻出版局承办，绍兴图书馆执行承办的第十二届浙江省未成年人读书节启动仪式暨“戏曲阅读经典”大赛决赛在绍兴举行。本届未成年人读书节作为浙江省公共图书馆全民阅读节的系列活动之一，为纪念我国戏曲家汤显祖和英国戏剧家莎士比亚逝世400年，以“戏曲之旅从阅读开始”为主题，采取省、市、县（区）三级联动形式。从4月开始，全省图书馆、各县（区）馆陆续开展以“欣赏一部戏曲动漫”“组织一场地方戏曲讲座”“举办一场戏曲元素展览”“分享一批戏曲名著”“举行一场戏曲比赛”为主要内容的“五个一”活动。“戏曲阅读经典”大赛作品征集活动经过近3个多月的层层选拔及作品的精心录制，11个地市级图书馆最终选送入围决赛故事作品22个。在绍兴决赛现场，越剧、婺剧、绍剧、昆曲等各色剧种齐上阵一决高低。经过专家评委的现场打分，分别评选出小学组、中学组获奖者。（浙江省图书馆学会秘书处）

【2016全省公共图书馆馆长培训班在宁波镇海举行】 5月24—27日，由浙江省文化厅主办，浙江图书馆、浙江省图书馆学会、浙江艺术职业学院承办，宁波镇海区图书馆协办的本次培训班在宁波镇海举行。来自全省各市县区公共图书馆馆长近100人参加培训。培训紧紧围绕社会力量参与图书馆建设这一主题，组织了4场专题讲座、3次分组讨论交流和1次现场参观。专题讲座包括浙江省文化厅公共文化处副处长仲建忠的“图书馆工作思考”，上海社科院研究员、公共文化研究专家巫志南的“法人治理与图书馆社会化”，浙江大学公共管理学院副教授李超平的“合作与双赢——联合社会力量提升图书馆服务”，宁波市图书馆馆长徐益波的“凝聚社会力量，传播音乐文化——宁波音乐图书馆案例分享”。培训班还举行浙江省从事图书馆工作30年及以上人员证书颁发仪式，浙江图书馆馆长徐晓军、副馆长刘晓清代表省文化厅为各地区代表颁发荣誉证书。（浙江省图书馆学会秘书处）

【浙江省举办古籍保护成果展】 6月13—26日，“浙江省古籍保护成果展”在浙江图书馆举办，从五个方面展现浙江省这十年来古籍保护工作的成效。此次成果展既有浙江图书馆镇馆之宝《文澜阁四库全书》，有装帧和刻印俱佳的《永乐北藏》以及浙江省现存最早的印刷品——雷峰塔经卷，还有明末清初大思想家黄宗羲、朱舜水的年谱稿本。现场还展示小微古籍库房模型，让参观者对全省古籍保存条件改造成果有直观感受。中国美术学院“紫竹斋”传统水印木刻工作室受邀在现场举行传统木刻技艺展示和观众雕版印刷体验活动，浙江图书馆修复人员进行拓碑演示，并辅导观众体验。（浙江省图书馆学会秘书处）

【浙江省首个省级公共图书馆地方服务标准发布】 浙江省首个省级公共图书馆地方服务标准——浙江省《公共图书馆服务规范》（DB33/T 2011—2016）由浙江省质量技术监督局批准发布，6月26日起正式实施。该服务规范规定了全省各级公共图书馆的设施设备、服务资源、服务内容、服务效能、服务管理和服务监督六大块内容，明确各级公共图书馆服务内容、标准和应具备的基本服务条件以及政府需要提供的保障底线。（浙江省图书馆学会秘书处）

【《图书馆研究与工作》公开出版发行】 2016年7月，由浙江图书馆主办，浙江省图书馆学会、浙江省高等学校图书情报工作委员会协办的《图书馆研究与工作》（CN33-1398/G2）正式公开出版，结束了该刊35年内部刊物的历史，实现浙江图书情报杂志零的突破。该刊为大16开，96页，每月10日出版并公开发行。常设栏目有“学术论坛”“探索与创新”“阅读推广”“工作研究”“文献考论”等。（浙江省图书馆学会秘书处）

【2016年浙江省公共图书馆"百名教授回乡走进百家文化礼堂"启动】 9月24日，该启动仪式在德清县莫干山镇紫岭村文化礼堂举行。浙江省文化厅副巡视员任群、中共浙江省委宣传部党教处处长顾承甫、浙江图书馆馆长徐晓军、浙江图书馆党委书记雷祥雄等领导以及紫岭村村民近100人参加仪式。德清县图书馆与紫岭村文化礼堂签署一对一服务协议。启动仪式结束后，德清县图书馆乡贤教授程民先生主讲"毛泽东写作艺术与毛泽东思想"。为充分发挥全省公共图书馆的文化服务功能，为农村文化礼堂提供公共图书馆各类服务，全省100家公共图书馆联合行动，在百个文化礼堂同时举行"百名教授回乡走进百家文化礼堂"活动，开展国学讲座，传承红色记忆，培育孝道礼仪，倡导全民阅读，弘扬传统文化。（浙江省图书馆学会秘书处）

【《浙江省公共图书馆2015年度阅读报告》发布】 2016年，为深入研究了解浙江省全民阅读情况，浙江图书馆以2015年全省100家公共图书馆的外借数据为基础，形成《浙江省公共图书馆2015年度阅读报告》。报告显示，2015年，全省持证读者1403万人，其中有173.5万人从图书馆借出各类文献（含图书、期刊、多媒体资料等）4837万册（件），人均27.9册（件）；其中纸质图书4594.19万册，人均26.5册。按当年浙江省常住人口5539万计算，人均0.83册。以借出图书书价计算，2015年全省读者借出图书累计价值11亿元，是当年全省公共图书馆购书经费的7.3倍。以借出图书页数计算，全省读者全年阅读量超过78亿页，按每100页厚度折合0.75厘米计算，阅读"厚度"超过585公里，相当于杭州到武汉的直线距离。该报告的发布，是浙江图书馆首次将全省公共图书馆借阅情况纳入研究范围，方便各地区读者阅读情况的对比，也为更好地了解浙江省读者的阅读情况提供了图书馆的视角和可参考的数据。除全省总报告外，各个地区的分报告也同时发布。（浙江省图书馆学会秘书处）

【"数字天堂"——浙江省"十二五"公共数字文化建设展在浙江图书馆举办】 10月14—20日，该展览在浙江图书馆举办。本次展览分国家篇、浙江篇和新技术互动展示区三大篇章，全面展示浙江省社会公众可获得的公共数字文化服务与产品，展现公共数字文化建设取得的成效，呈现数字文化提升公众品质生活的场景。展览活动期间，文化部全国公共文化发展中心、国家图书馆、浙江省文化厅领导以及参加"公共数字文化论坛"的全国各省市图书馆馆长及代表们莅临观展，万余位读者参观展览，并积极参与现场体验活动。（浙江省图书馆学会秘书处）

【"公共数字文化论坛"在浙江图书馆举行】 10月18—19日，由浙江图书馆和北京大学信息管理系共同主办的"公共数字文化论坛"在浙江图书馆举行。来自海内外公共图书馆、博物馆、互联网企业等近150位代表进行跨界交流。论坛围绕"公共数字文化：新理念、新思维、新服务"的主题，以多元化的视角分别设置具有指导性、实践性和研究性的议题，重点交流各地公共数字文化建设经验，探讨公共数字文化服务的创新思路，分析和展望"十三五"期间公共数字文化发展的趋势，探索公共数字文化理论研究路径。论坛由主会场和3个分会场组成，开展29场学术交流。（浙江省图书馆学会秘书处）

【"辛亥革命与浙江"主题展览在浙江图书馆举办】 2016年10月10日是辛亥革命105周年纪念日，浙江是辛亥革命重要策源地之一，为了缅怀先烈的功绩，浙江图书馆在10月10—30日举办"辛亥革命与浙江"主题展览，展览分为3部分：钱江风云、革命与光复、社会变革。主题展览设有线下展览同时还制作了主题网页在线上展览，为使活动丰富有趣，在浙江网络图书馆增加互动环节，设计了阅读闯关答题，也可以通过浙江文化通APP、浙江文化通微信公众号进行答题，还可以通过扫描二维码答题。（浙江省图书馆学会秘书处）

【浙江省数字图书馆推广工程暨全省公共图书馆阅读推广培训班在杭州举办】 11月23—26日，此次培训班在杭州举办，全省各级公共图书馆同行近100人参加培训。浙江图书馆党委书记雷祥雄、腾讯大浙网项目总监陈骏、东莞图书馆活动部主任莫启仪等主讲8场主题讲座，分别从阅读品牌打造、新媒体发展、数字阅读等方面开展培训。（浙江省图书馆学会秘书处）

【浙江图书馆“触摸天堂”获第三届中国青年志愿服务项目大赛金奖】 12月3日，在共青团中央、中央文明办、民政部、水利部、中国残疾人联合会、中国志愿服务联合会等单位共同主办的第三届中国青年志愿服务项目大赛上，浙江图书馆组织的“触摸天堂——阅读文化助盲志愿服务项目”从4000多个项目中脱颖而出，荣获阳光助残组金奖。该馆秉承公益原则、平等理念，致力于残障人士的文化阅读推广服务，全力打造“触摸天堂——阅读文化助盲志愿服务项目”，开展文化助盲志愿服务累计时长达9945小时，被评为五星级文化助盲志愿服务团队。该服务项目实施内容包括盲文点字书制作、有声读物录制、举办“心阅”读书会、文化助盲宣传推广等。（浙江省图书馆学会秘书处）

【2016年浙江省古籍保护工作研讨会召开】 12月26—27日，本次研讨会在杭州召开。全省52家主要古籍藏书单位的80多位分管领导、业务负责人和部分一线业务骨干参加会议。国家古籍保护中心办公室副主任王雁行、省文化厅公共文化处处长倪巍、省古籍保护中心主任徐晓军出席开幕式。会议组织4场主题报告：王雁行介绍《中华古籍保护计划“十三五”时期规划纲要》的编制过程和主要内容，清华大学图书馆研究馆员刘蔷介绍古文献整理、研究工作和成果，国家古籍保护中心办公室赵文友介绍国家古籍保护中心在古籍数字化工作的实践，中国科学院文献情报中心研究员罗琳围绕6种“四库系列丛书”的整理、出版过程分享在文献整理工作中的方式方法。会议还邀请云和县图书馆、缙云县图书馆、衢州市博物馆和绍兴市图书馆在大会上介绍各单位在古籍库房建设、古籍修复工作和文献整理出版等方面的先进经验。（浙江省图书馆学会秘书处）

【杭州图书馆推出双“悦”服务】 1月1日，杭州图书馆在借阅服务上创新性推出双“悦”服务，即“悦读”服务和“悦借”服务。“悦读”服务的核心是“你看书我买单”，直接由书店现场提供图书加工、外借服务，读者在书店直接选购、现场借阅自己喜爱的图书，实现图书上市时间和阅读时间的无缝对接。“悦读”服务从新华书店庆春路1个营业点，扩展到新华书店2个营业店和1个民营书店，全年累计有4.9万人次从书店直接借走18.65万册图书。“悦借”服务的上线则将图书馆打造成一个“图书淘宝”。该项目借助互联网与物联网技术打造借阅O2O平台，市民可在线完成图书借阅，同时，图书馆通过与邮政合作，提供图书快递上门。“悦借”服务推出数天，网上借书已达1.3万余册。杭州图书馆还将“悦读”和“悦借”服务相结合，读者不仅可以在“悦借”服务平台上借到图书馆的藏书，也可以借到新华书店的新书。（浙江省图书馆学会秘书处）

【杭州图书馆承接杭州市政府为民办实事项目“城乡智慧文化工程”】 杭州图书馆承办了杭州市文广新局提出建设2016年“为民办实事”项目“城乡智慧文化工程”。主要内容包括实现全市各社区（行政村）图书室（农家书屋）免费覆盖无线网络和建设杭州智慧文化服务平台两项内容。该项目旨在提高城乡智慧文化服务水平，推进杭州的智慧城市建设。目前，免费无线网络已覆盖1500个社区（村）公共文化场地，有效优化了社区、村公共文化场地网络建设，极大地满足了基层群众对Wi-Fi上网的需求。杭州智慧文化服务平台于12月20日正式上线发布，为市民提供文化动态信息获取、多媒体在线播放、文献阅读服务、活动报名、活动直播、投票、在线学习、知识服务等一站式服务。（浙江省图书馆学会秘书处）

【杭州图书馆与全球十余家友好图书馆合作举办“寻常·杭州”展】 2016年，杭州图书馆以G20峰会为契机，与全球十余家友好图书馆合作举办“寻常·杭州”展。自7月初开始，“寻常·杭州”世界巡展活动拉开帷幕，G20峰会期间达到高潮，仅意大利米兰公共图书馆一地，15天展期内即吸引4500余名观众，其中4个图书馆举办了盛大的开幕仪式，在世界各地掀起“杭州热”。（浙江省图书馆学会秘书处）

【杭州少年儿童图书馆承办全国少年儿童故事大赛】 4—9月，由中国图书馆学会未成年人图书馆服务专业委员会、杭州市西湖读书节组委会联合主办，杭州少年儿童图书馆承办的中国图书馆学会2016全国少年儿童阅读年系列活动之“童声里的红色记忆”全国少年儿童故事大赛在全国举办。12个省（市）36家公共图书馆参与，共开展分会场活动340场，23234人参加，杭州少年儿童图书馆荣获“2016全国少年儿童阅读年”系列活动优秀组织奖。（浙江省图书馆学会秘书处）

【宁波市发布全国首个规范乡镇街道图书馆地方性标准】 9月21日，全国首个规范乡镇街道图书馆的地方性标准《宁波市乡镇（街道）图书馆建设与服务规范》发布实施，主要包括资源保障、运营管理、服务提供和绩效评价4个部分。（浙江省图书馆学会秘书处）

【2016年“书香城市（区县级）”论坛在宁波召开】 11月18日，由中国图书馆学会主办的本次论坛在宁波召开，来自全国各个城市（区县级）文化主管单位负责人、图书馆馆长等100余人参加论坛。19个城市入围2016年“书香城市（区县级）”发现活动，在宁波读书周开幕式上对19个入围城市进行表彰授牌。同时举办以“阅读与社会可持续发展”为主题的书香城市论坛，以推广书香城市（区县级）的创新理念和先进做法，向全国推荐共享阅读推广的先进典型。（浙江省图书馆学会秘书处）

【2016年中国图书馆年会卫星会议在温州召开】 10月28—29日，2016年中国图书馆年会卫星会议“图书馆服务体系新模式”研讨会在温州召开。本次会议由中国图书馆学会主办，浙江省图书馆学会、温州市图书馆、温州市图书馆学会承办。主题为“图书馆服务体系新模式”。中国图书馆学会秘书长霍瑞娟，国家公共文化服务体系建设专家委员会主任、北京大学信息管理系教授李国新，北京文化局副巡视员、首都图书馆原馆长倪晓建等专家学者出席会议，来自全国各级各类图书馆工作者近200人参加会议。倪晓建和李国新分别做题为“创新与发展中的图书馆”和“打通公共阅读最后一公里的新突破”的主旨报告。案例分享会上，温州市图书馆副馆长仇杨坪、杭州图书馆馆长助理何瑜英、张家港市图书馆馆长缪建新分别介绍各自馆在探索地方公共阅读服务模式上的创新思路和具体做法。参会代表们还与案例主讲者和专家进行现场互动，交流探讨分馆建设在人力资源配置、志愿者管理机制、社会化合作等方面的具体经验。会议组织参会代表实地参观温州市区数家风格各异的城市书房，亲身感受“温暖明亮的阅读之灯”，加深对全天候开馆、无人值守、自助服务模式的直观认识。（浙江省图书馆学会秘书处）

【温州24小时城市书房点亮各城区】 2016年，温州市图书馆继续完善“城市书网”公共文化服务体系，新建鹿城区智慧谷、大南、五马、洞头区市民活动中心等10家城市书房，全面覆盖4个行政区；制订城市书房图书物流配送方案、借阅设备巡检暂行条例、年度绩效考核标准等文件，取得“城市书房”注册商标，申请实用新型专利，与市标准研究院合作制定《城市书房服务规范》的地方标准文件，推进城市书房项目建设的标准化。全年15家城市书房接待读者101万人次，外借图书49.5万册，办理借书证2万余张，图书外借率达230%。12月12日晚7点，在大南街道联合广场上举行了2016年新建城市书房点灯仪式，省文化厅副厅长刁玉泉、温州市人民政府副市长苗伟伦等领导与数百名市民一起见证。为答谢社会力量的帮助，温州市文广新局首次设立城市书房建设突出贡献奖和2016城市书房公益设计奖。（浙江省图书馆学会秘书处）

安徽省

【概况】 截至2016年年底，安徽省共有各级公共图书馆122个，比2015年增加3个。文献总藏量2162万册（件），其中图书1766.8万册（件）；古籍62.63万册（件），其中善本4.42万册（件）。电子图书3819.5万册，新增电子图书501万册。当年购买报刊33063种。总流通1994万人次，书刊文献外借938万人次，1682万册次。公用房屋建筑总面积44.4万平方米，其中书库面积7.87万平方米、阅览室面积13.7万平方米、书刊阅览室面积10.26万平方米、电子阅览室面积2.11万平方米。阅览室座席35580个，其中少儿座席9447个、盲人阅览座席1375个。计算机7549台，电子阅览室终端5514台。流动图书馆（车）书刊借阅75.25万人次、112.93万册次。组织各类讲座2137场，参加34.3万人次。举办展览757场，参观114万人次。举办各类培训班775期，培训64703人次。开展基层培训辅导25744人次。志愿服务队伍 125 支，志愿者 4394 人。分馆数量 1433 个。2016 年，安徽省公共图书馆事业发展依托文化信息资源共享工程、数字图书馆推广工程、公共电子阅览室建设计划和中华古籍保护计划的服务平台，积极构建数字化公共文化服务体系，初步形成资源丰富、服务快捷、技术先进、稳定可靠的分布式服务网络，实现把公共数字文化送到人民群众手中。（安徽省图书馆学会　武巍泓）

【安徽省图书馆着力推进重点文化工程建设】 2016 年，安徽省图书馆继续加大三大重点数字工程建设和中华古籍保护计划的建设力度，全面提升重点文化工程建设水平。文化信息资源共享工程：完成全国文化信息资源共享工程地方资源建设项目《安徽非遗》《安徽古建筑》等 4 个地方资源共计 42 集文化专题片的建设任务；有序推进《大江淮》《新四军在安徽》老战士口述历史的建设工作。数字图书馆推广工程：根据数字图书馆国家中心要求，完善数字图书馆推广工程安徽省运维平台的部署；数字图书馆推广工程 2015 年度资源联建项目，包括政府公开信息数据加工 2 万条，地方志和行业志数字化 3.56 万页，安徽家谱数字化 17.79 万页。公共电子阅览室建设计划：组织完成国家公共数字文化工程培训及服务推广活动；全年联合省内部分市县图书馆举办公共数字文化工程技术培训 9 场，在凤阳、青阳、池州、岳西、颍上、歙县、石台、亳州等市县图书馆举办面向乡镇、村图书馆分馆的区域培训，以及覆盖全省（市、区）各级图书馆的服务推广和公共数字文化技术培训，952 名学员参加培训；公共电子阅览室全年接待上机读者 1.42 万人次，服务机时 3.09 万小时。中华古籍保护计划：与中国古籍保护协会合作举办“2016 年中华古籍保护志愿服务宣传推广活动·安徽行”活动，招募来自安徽大学和安徽师范大学的志愿者共 49 人，分赴安庆、黄山、蚌埠、无为、绩溪 5 个站点；省中心古籍普查平台全年完成 16719 部古籍的拓展级普查，向国家中心同步提交 1739 条，省平台数据流量为 54477 条，全省 21 家藏馆至此全部完成古籍普查任务，共计普查登记古籍 62308 部，全省古籍普查任务总体完成 97.5%；国家级古籍修复中心安徽传习所正式挂牌，省馆 8 名古籍修复人员向古籍修复国手潘美娣先生拜师。（安徽省图书馆学会　武巍泓）

【安徽 4 部古籍入选第五批《国家珍贵古籍名录》】 3 月 27 日，国务院正式公布第五批《国家珍贵古籍名录》和“全国古籍重点保护单位”。其中，安徽省有 4 部古籍入选名录，即安徽省图书馆、安徽师范大学图书馆、安徽博物院、安徽省九华山文物馆各有 1 部珍贵古籍入选，包括 2 部明代刻本、1 部明代抄本及 1 部清初抄本；另有皖西学院图书馆、芜湖市图书馆、歙县博物馆 3 家古籍收藏单位入选第五批“全国重点古籍保护单位”。至此，安徽省共有 274 部古籍入选《国家珍贵古籍名录》，9 家古籍收藏单位挂牌“全国重点古籍保护单位”。（安徽省图书馆学会　武巍泓）

【安徽省三大数字文化工程技术培训班举行】 4 月 17 日，由国家图书馆、全国公共文化发展中心、安徽省文化厅指导，安徽省图书馆、青阳县文化广电新闻出版局、青阳县图书馆承办的全国三大数字文化工程技术培训开幕式在青阳县举行，来自全省各市、县（区）的图书馆代表 200 多人参加培训。培训班邀请国内图书馆学知名专家学者，围绕数字图书馆推广工程联合建设、数字资源的版权管理以及摄影技巧入门等方面的内容开展业务培训。浙江图书馆刘晓清副馆长做“移动阅读的融合和发展”专题讲座。6 月 29 日，在池州举办培训，111 名学员参加。通过培训，对促进安徽省数字图书馆数字资源联合建设工作，促进公共数字文化体系发展起到积极的推动作用。（安徽省图书馆学会　武巍泓）

【安徽省公共图书馆阅读推广联盟工作会议在青阳召开】 4 月 18 日，安徽省公共图书馆阅读推广联盟工作会议在青阳县召开。省文化厅公共文化处处长何颂冰及安徽省公共图书馆阅读推广联盟成员馆馆长参加会议。会上，联盟成员馆馆长就联盟 2016 年度阅读推广活动的开展和《安徽省公共图书馆“十三五”发展规划》进行座谈，对联盟下一步工作提出许多建设性的意见和建议。省图书馆馆长易向军部署联盟 2016 年度系列活动，省文化厅公共文化处处长何颂冰在会议上强调要充分发挥联盟工作在构建安徽省现代公共文化服务体系建设中的重要作用。（安徽省图书馆学会　武巍泓）

【"全民阅读"特种邮票首发仪式在安徽省图书馆举行】 为纪念"世界读书日"，中国邮政发行了"全民阅读"特种邮票。4月23日上午，由安徽省新闻出版广电局、中国邮政集团公司、安徽省文化厅主办，中国邮政合肥分公司、省图书馆承办的"全民阅读"特种邮票首发仪式举行，省委宣传部副部长、省新闻出版广电局局长车敦安及省图书馆、省邮政公司的有关领导出席首发仪式。以全民阅读为主题发行特种邮票在我国尚属首次，本次"全民阅读"特种邮票的发行，将集邮与读书有机结合在一起，为全民阅读营造了良好的社会氛围。(安徽省图书馆学会 武巍泓)

【安徽省图书馆举办"梨园雅韵——湘鄂赣皖地方戏曲文化解读"专题讲座】 为弘扬湘鄂赣皖传统戏曲文化，增强四省公共图书馆之间的交流与合作，5月14日上午，湘鄂赣皖公共图书馆联盟特邀四省戏曲名家——龚国光、黄新德、王阳娟、彭青莲在安徽省图书馆同台开讲"梨园雅韵——湘鄂赣皖地方戏曲文化解读"专题讲座。王阳娟、彭青莲、龚国光、黄新德分别展现和介绍了湘剧、楚剧、赣剧、黄梅戏的艺术魅力和特色。(安徽省图书馆学会 武巍泓)

【2016年"中华古籍保护志愿服务宣传推广活动·安徽行"启动】 7月18日上午，由中国古籍保护协会发起，安徽省图书馆、省古籍保护中心主办的本次活动启动仪式在安徽省图书馆主楼多功能厅举行。中国古籍保护协会秘书长梁爱民在启动仪式上致辞。"中华古籍保护志愿服务宣传推广活动"是一项全国性古籍保护公益活动，旨在通过鼓励高校志愿者参加古籍保护宣传推广活动，推动各地古籍保护工作的深入开展，使古籍保护与社会参与理念融合并为社会公众所接受；在高校大学生中倡导奉献社会的责任意识，培育古籍保护的后备力量。此次志愿活动分为志愿者招募、志愿者培训、志愿服务工作实施和总结表彰4个阶段。安徽省古籍保护中心分别在安徽大学、安徽师范大学两所高校的文学院、历史学院、徽学中心等相关院系进行古籍保护志愿者招募工作，得到校方领导的大力支持及高校学子的积极响应。经过遴选，共录取49名学生志愿者。浙江图书馆陈谊博士担任本次志愿者培训的授课专家。(安徽省图书馆学会 武巍泓)

【安徽省图书馆与俄罗斯楚瓦什共和国国立图书馆结为友好图书馆】 为进一步推进中俄文化交流，应俄罗斯联邦楚瓦什共和国文化部邀请，9月20日，安徽省文化厅厅长袁华率省文化代表团赴该国进行文化交流，参加安徽省图书馆与楚瓦什共和国国立图书馆友好图书馆揭牌仪式和楚瓦什共和国国立图书馆中国信息中心开幕活动。在揭牌仪式上，安徽省图书馆馆长胡敏和楚瓦什国立图书馆馆长斯塔利科娃代表双方图书馆正式签署交流合作协议，就加强馆际资源共享、基础业务建设、人才培养等方面的合作交流达成共识。胡敏向楚瓦什共和国国立图书馆中国信息中心赠送俄文版《习近平治国理政》《孙子兵法》等书籍及安徽省图书馆自主拍摄制作的234集专题片《徽风皖韵看安徽》数字资源。斯塔利科娃向代表团详细介绍了馆藏中国图书、网络资源和中文网站建设情况。代表团一行考察楚瓦什国立图书馆，详细了解图书馆馆藏、读者活动和古籍保护等基本情况。(安徽省图书馆学会 武巍泓)

【国家级古籍修复技艺传习中心安徽传习所揭牌暨拜师仪式在安徽省图书馆举行】 10月14日上午，该仪式在省图书馆主四楼多功能厅举行。国家中心正式批准在安徽省图书馆设立安徽传习所，并聘请上海图书馆原副研究馆员潘美娣担任传习所导师。在本次仪式上，国家古籍保护中心办公室主任助理王红蕾首先宣读了"关于成立国家级古籍修复技艺传习中心安徽传习所"的批复文件，国家古籍保护中心副主任、国家图书馆副馆长张志清与安徽省文化厅副厅长丁光清共同为传习所揭牌。张志清发表讲话，对安徽省中华古籍保护计划实施以来取得的成绩给予充分肯定，并对今后的古籍保护工作做全面的部署和展望。(安徽省图书馆学会 武巍泓)

【数字图书馆推广工程2016年资源联建培训班(中部地区)在合肥举办】 11月15—18日，由国家图书馆主办、安徽省图书馆承办的此次培训班在合肥举办。来自中部地区86个图书馆的95位数字资源联合建设项目相关人员参加培训。此次培训班在课程设计上，主要围绕推广工程资源联建工作这条主线，安排推广工程2016年数字资源联合建设项目解读、推广工程资源的共享与利用等系列具有针对性、专业性和实用性的课程。除课堂教学外，培训班还开展了互动研讨、经验分享等活动。为提升培训效果，培训班首次设置业务技能竞赛环节，通过以赛代培的方式进一步深化学员对推广工程及资源联建工作的认识，提高业务技能。（安徽省图书馆学会　武巍泓）

【国家公共数字文化建设工作培训班(安徽地区)在安庆举办】 12月6—9日，由文化部全国公共文化发展中心、国家图书馆、安徽省文化厅指导，文化共享工程安徽省级分中心、安庆市文化广电新闻出版局主办，安庆市图书馆承办的此次培训班在安庆举办。文化部全国公共文化发展中心及安徽省图书馆馆长、安庆市文广新局等领导出席开幕式并讲话。来自全省各市、县（区）图书馆馆长同人和技术骨干近220人参加此次培训。培训班邀请文化工程项目主管单位骨干解读“文化共享工程数字资源建设任务与要求”，讲解“数字图书馆推广工程资源建设总体规划及项目要点”“短片的创作与美学”等课程。为借鉴高校图书馆数字资源建设成功经验，主办方还邀请安徽大学图书馆研究馆员林泽明与大家分享“高校图书馆数字资源建设与服务”。安徽省图书馆副馆长许俊松回顾了省级分中心资源建设10年来的成果，并对安徽省公共数字文化项目建设进行工作部署。（安徽省图书馆学会　武巍泓）

【2016年湘鄂赣皖四省公共图书馆联盟工作会议在安庆召开】 12月8—9日，本次工作会议在安庆召开。四省联盟省级图书馆馆长、副馆长及相关工作人员出席会议。安徽省图书馆馆长胡敏首先做湘鄂赣皖四省公共图书馆联盟2016年度工作报告及2017年活动计划安排。与会人员对四省联盟工作进行了充分研讨，回顾了联盟成立以来在讲座、展览、馆员交流学习、专题培训等方面的创新实践和取得成绩，也提出了存在的不足和改进方向，对联盟下一步工作进行积极谋划并达成共识。（安徽省图书馆学会　武巍泓）

【湘鄂赣皖公共图书馆联盟“十三五”时期图书馆讲座运作模式及服务创新学习班在安徽省图书馆举办】 12月15—16日，由湘鄂赣皖公共图书馆联盟主办、安徽省图书馆承办的此次学习班在安徽省图书馆举行，来自四省联盟成员馆的28位馆员参加此次培训。上海图书馆讲座中心吴敏、国家图书馆社会教育部曹丽萍、浙江图书馆单骅等分别以“图书馆讲座热的冷思考”“图书馆里的创造力——图书馆讲座工作的实践与思考”“公共图书馆品牌讲座规范流程探讨”为题，向学员讲述了讲座工作从主题策划、现场技术保障与互动、听众互动与反馈到宣传报道等各环节的思考、设计、注意事项等，使参训者对如何办好讲座有了更深的认识。（安徽省图书馆学会　武巍泓）

【安徽省图书馆获得多个奖项】 9月，由安徽省委宣传部、合肥市人民政府等部门联合主办的2016年黄山书会在合肥举行，本届黄山书会组委会评出安徽省十大“最美阅读空间”，安徽省图书馆名列榜首。10月，2016年中国图书馆年会在安徽铜陵举办。在此次年会上，安徽省图书馆承办了“中国图书馆学会公共图书馆分会图书馆社会化工作专业委员会工作座谈会”“双创背景下图书馆服务新模式”分会场主题论坛和以“创新发展·携手共赢”为主题的安徽省公共图书馆阅读推广联盟成果展；分别荣获“我与中华古籍创客大赛优秀组织奖”“2016年中国图书馆展览会优秀展示奖”“2016年馆员书评第四季征集优秀组织奖”及员工个人三等奖。12月，在省文化厅召开的“全省文化系统办公室主任暨宣传信息工作培训会”上，省图书馆再次被评为“全省文化宣传信息工作先进单位”，这已是连续3年获此荣誉。2016年，省图书馆分别向省文化厅报送信息106条，向“省直机关单位文明大展台”“企鹅媒体平台”发送信息91条；省图书馆“安图动态”发布信息425条，“全省公共图书馆阅读推广联盟”网站发布信息1424条，微博450条，微信72期；向《图书馆报》《安徽商报》、合肥电视台等媒体发稿110篇。（安徽省图书馆学会　武巍泓）

【中国图书馆学会阅读推广委员会图书馆与家庭阅读专业委员会第一次工作会议暨图书馆家庭阅读推广研讨会在合肥召开】 10月24日，合肥市图书馆承办的本次会议在安徽饭店召开。来自深圳、上海、厦门、宁波、西安等全国各地图书馆界专家学者、代表、志愿者40余人出席，与会代表围绕图书馆家庭阅读发展思路等主题进行了充分交流。会议承办方还组织与会代表〗参观了合肥市图书馆悦书房·24小时阅读空间、口袋图书馆等。（安徽省图书馆学会 武巍泓）

【合肥市少年儿童图书馆参与第六次全国县以上公共图书馆试评估工作】 6月30日，在文化部召开的第六次全国县以上公共图书馆评估定级试评估工作会议中，合肥市少儿图书馆被选为试评估的单位之一，也是唯一参与试评估的市级少儿图书馆。在各级领导的全程指导下，合肥少儿馆按照试评估标准，完成任务分解、材料整理、资料上传、自评估等准备工作。8月11—12日，由文化部组织的试评估专家武汉大学黄如花教授等一行9人来到合肥市少儿馆进行实地访查、现场评估。专家组对少儿馆进行全面的审核和考核，充分肯定了合肥少儿馆在业务工作上所取得的成绩，同时也指出存在的不足。（安徽省图书馆学会 武巍泓）

【长丰县图书馆新馆试运行】 9月28日，长丰县图书馆新馆进入试运行阶段。新馆建筑面积近5000平方米，藏书10余万册，全年365天免费对外提供服务，馆内Wi-Fi、中央空调全覆盖。新馆共三层，一层为数字资源区，设有电子阅览室、影音室。二层为服务区，引入系列现代智能设备，如自助办证机、自助借还机、查询检索机、电子读报机、馆员工作站等，设有成人借阅室、报刊阅览室、少儿阅览室等。该馆每本图书都嵌有智能芯片，读者凭借书证可在合肥市图书馆联盟成员馆间实现馆际通借通还。三层为综合服务区，设有陈列展览区、古籍阅览室、地方文献室、盲人阅览室、草莓资料专题库等，读者休闲区的沙发、健身设备等则为读者打造出时尚、贴心与温暖的城市第三空间。（安徽省图书馆学会 武巍泓）

【亳州市图书馆新馆正式对外开放】 5月1日，亳州市图书馆新馆正式对市民开放。新馆建筑面积1.8万平方米，高度31.8米，分为地上七层，地下一层，其中，第一层为少儿借阅室、电子阅览室、残障人阅览室、基本书库、过刊库、学术报告厅；第二层为报纸期刊阅览室、社会科学图书借阅室、工具书阅览室、地方文献室、政府信息查询点；第三层是中医药博物馆；第四层为社会科学图书借阅室、自然科学图书借阅室；第五层为读者自修室。共有馆藏纸质图书48万余册，电子图书23万余册，报纸55种，中文期刊600余种。此外还拥有中国知网、万方数据库、华为墨香报纸库、行知阅读电子图书、中华古籍电子书等数字资源。（安徽省图书馆学会 武巍泓）

【亳州市公共图书馆联盟成立】 5月12日上午，亳州市公共图书馆联盟成立大会在亳州职业技术学院图书馆召开。亳州职业技术学院副院长陈群、亳州市文旅局办公室主任张明及来自蒙城、涡阳、利辛及亳州市谯城区县（区）图书馆馆长出席会议。亳州市图书馆馆长杜建华首先介绍联盟成立的背景并宣读《亳州市公共图书馆联盟倡议书》，会议审议通过了《亳州市公共图书馆联盟章程》，组建亳州市公共图书馆联盟组织架构。（安徽省图书馆学会 武巍泓）

【蚌埠市图书馆获得多个奖项】 2016年3月，蚌埠市图书馆被评为2015年度蚌埠市“双拥模范单位”，这也是该馆连续第3次获得这一殊荣。7月，被中共蚌埠市委、市人民政府评为“第十六届蚌埠市文明单位”。9月，被中国图书馆学会评为“2015年全民阅读先进单位”。（安徽省图书馆学会 武巍泓）

【淮南市少儿图书馆泰迪绘本馆挂牌成立】 7月11日，淮南市少儿图书馆泰迪绘本馆正式挂牌成立。该馆联合社会力量建立绘本馆，恪守公益性服务原则，坚持国家免费开放政策。泰迪绘本馆的建成为少儿馆网点工程拉开帷幕，计划在“十三五”期间努力发展到100家。（安徽省图书馆学会 武巍泓）

【全椒县智能图书馆开放】 9月18日，全椒县新建成的智能图书馆对外免费开放。该智能图书馆整合网站、微博、微信等平台，全馆百兆光纤Wi-Fi全覆盖，建立标准智能化业务管理系统和资源存储发布共享平台，实现读者自助借还图书、自助办证服务功能。数字共享平台使得全县14个分馆实现城乡公共图书服务一体化，让全椒县 20 万农业人口通过智能图书馆网系统实现远程免费阅读。智能图书馆建筑面积 5572 平方米，分上、下二层，内设 8 个免费开放功能区。现有纸质图书 15 万册、电子图书 40 万册，报刊杂志 260 种、电子期刊 1600 余种，数字资源 20TB32 套。全年日均开放服务时间 8 小时，对外服务窗口 8 个，阅览座席 800 个，读者使用的计算机数量包括一体机共 50 台。还设有地方文献室、数字体验馆、亲子电子工坊、书画艺术展厅等特色设施。（安徽省图书馆学会　武巍泓）

【天长市图书馆第一届理事会成立】 11 月 21 日下午，天长市图书馆理事会成立大会举行。天长市图书馆第一届理事会由政府业务主管部门代表、社会人士代表、图书馆代表共 12 人组成。在理事会成立后召开的第一次会议上，选举产生理事长、副理事长、秘书长，审议通过《天长市图书馆理事会章程》《天长市图书馆年度报告制度》《天长市图书馆信息公开制度》等文件。与会代表听取了天长市图书馆馆长王震所做 2016 年度工作报告及自助图书馆建设工作汇报。（安徽省图书馆学会　武巍泓）

【金寨县图书馆被评为“读者心目中最美安徽公共图书馆”】 12 月 8—9 日，安徽省公共图书馆阅读推广联盟 2016 年度工作会议在安庆市召开，大会通报了安徽省公共图书馆阅读推广联盟“读者心目中最美安徽公共图书馆”“我为安徽献计策・热点问题大家谈”系列活动评选结果。金寨县图书馆从全省 100 多家公共图书馆中脱颖而出，被评为安徽省 2016 年度“读者心目中最美安徽公共图书馆”。（安徽省图书馆学会　武巍泓）

【芜湖市图书馆荣获“全国古籍重点保护单位”称号】 7 月，文化部公布第五批《国家珍贵古籍名录》和“全国古籍重点保护单位”，芜湖市图书馆荣获“全国古籍重点保护单位”。该馆古籍书库总面积 1196 平方米，设有标准古籍库房、古籍阅览室、阿英藏书陈列室、王莹资料陈列室、洪镕资料陈列室等。现有古籍 42000 册，其中珍贵古籍善本 3412 册。近年来，该馆积极做好古籍普查、名录申报、人才培训、古籍数字化建设等工作，制定了《古籍部工作目标》《古籍部工作职责》《古籍部岗位职责及要求》《安全综合治理工作管理制度》《文献阅览室阅览规则》等一系列工作管理制度，通过古籍保护规划的认真实施，不断提高古籍资源收藏质量，为公众提供方便快捷的古籍文献服务，发挥古籍在学术研究和文化建设方面的积极作用。（安徽省图书馆学会　武巍泓）

【文化部验收组实地考核验收安庆市示范区创建工作】 4 月 27—29 日，文化部公共文化司副司长陈向红等文化部第六验收组一行，实地检查验收安庆市创建国家公共文化服务体系示范区工作。在 27 日下午召开的验收汇报会上，安徽省文化厅副厅长丁光清主持汇报会并介绍安庆市示范区创建检查情况，安庆市副市长黄杰做创建工作情况汇报。会后，验收组观看了安庆市创建国家公共文化服务体系示范区专题片，审阅创建相关档案材料，详细了解和考评安庆市创建工作。4 月 28 日，验收组一行深入桐城市图书馆、文化馆、大关镇综合文化站、安庆市美术馆、黄梅戏博物馆等公共文化服务单位，对安庆市公共文化服务均等化建设、基层群众文化需求和公共文化服务效能等情况进行实地查看。4 月 29 日，陈向红代表验收组就安庆市创建工作检查验收情况进行反馈，高度评价安庆市在示范区创建过程中，工作具有前瞻性，措施得力接地气，实现了公共文化跨越式发展，形成一系列有效的经验和做法，对引领和促进本地区经济社会发展起到积极的推动作用。（安徽省图书馆学会　武巍泓）

【安庆区域公共图书馆协作工作座谈会在安庆市图书馆召开】 10 月 9 日，本次座谈会在安庆市图书馆召开，来自安庆市、县、区的 11 个公共图书馆的馆长齐聚一堂，就深化馆际合作、开展图书馆协同服务、推进数字资源的共建共享等问题进行了交流。会上，安庆市图书馆曹元勋馆长提出安庆区域公共图书馆协作“在馆藏文献、数字资源、项目建设、人才队伍和活动开展”五个方面进行合作共建的措施和目标的五大倡议，得到与会馆长们的积极响应，共同在倡议书上签字并谋划下一步的工作。（安徽省图书馆学会　武巍泓）

【池州市图书馆举办“声音点亮梦想”数字有声读物图书馆启用仪式】 10 月 15 日，在第 33

届国际盲人节到来之际，池州市残联和池州市图书馆联合举办“声音点亮梦想”数字有声读物图书馆启用仪式。有声读物图书馆收藏池州市残联和池州市图书馆为提高盲人读者使用数字阅读资源和享受阅读的能力，针对盲人读者的听书特点而购买的有声读物，内容涉及文学、军事、少儿、音乐、生活、艺术、国学和教育等 20 多种类，有声读物时长达 12 万分钟，有声图书 10 万余集，以触摸屏形式提供听书服务，支持远程访问下载使用，为盲人读者们听书带来极大的方便，让他们通过声音感受阅读带来的快乐。（安徽省图书馆学会　武巍泓）

【池州市图书馆荣获安徽省“读者心目中的最美安徽公共图书馆”荣誉称号】 12 月 9 日，由安徽省公共图书馆阅读推广联盟牵头组织、全省各市、县公共图书馆共同参与、历时 5 个月的“读者心目中的最美安徽公共图书馆”系列发现活动落下帷幕，池州市图书馆榜上有名，获“读者心目中的最美安徽公共图书馆”称号。（安徽省图书馆学会　武巍泓）

【文化部财政监督检查调研组赴青阳检查调研专项支付资金使用情况】 5 月 16 日，文化部财政监督检查处处长唐莹一行，到青阳县检查调研文化领域专项支付资金的使用情况。省文化厅财务处、池州市文广新局及青阳县相关领导陪同调研。在青阳县图书馆，唐莹一行实地察看了图书馆报刊阅览室、电子书工坊、少儿阅览室、盲人阅览室、贝贝国学体验室等，听取图书馆负责人对近年来青阳县图书馆开展的活动以及 2013—2015 年间中央和省、市文化专项支付资金的使用管理情况的汇报。调研组一行通过实地查看，认为青阳文化领域专项支付资金的使用情况良好，免费开放工作扎实有效。（安徽省图书馆学会　武巍泓）

【宣城市图书馆新馆开馆】 4 月 22 日，宣城市图书馆新馆开馆仪式隆重举行。宣城市图书馆新馆建设是宣城市“十二五”重点工程，在建设过程中得到了各级领导和社会各界的关心与支持，倾注了建设单位劳动者的辛勤与汗水。宣城市图书馆新馆是一座集文献存储、信息服务、学习交流、文化休闲等多功能于一体的现代图书馆，总建筑面积达 25507 平方米。新馆建筑设计紧扣“宣城元素”，体现“山水诗乡、多彩宣城”主题，整个建筑设计充满江南风情、彰显宣城文化地域特色。新馆在试开放阶段，外借部于 2 月 23 日对外开放，少儿图书馆于 2 月 18 日对外开放。（安徽省图书馆学会　武巍泓）

【宁国市吴志辉家庭荣获第二届全国“书香之家”称号】 8 月 16 日，国家新闻出版广电总局公布了第二届全国“书香之家”推荐活动入选家庭名单，宁国市吴志辉家庭荣获全民阅读“书香之家”称号。吴志辉为安徽省林业系统目前最年轻的正高级工程师，享受省政府特殊津贴，曾获“安徽青年科技奖”，一家三口都是图书馆的忠实读者，家庭藏书量丰富，人均藏书量达 400 册，多以专业书籍和人文历史类为主，读书氛围浓郁，曾获宁国市“五好文明家庭”和安徽省首届“书香之家”称号。（安徽省图书馆学会　武巍泓）

【宁国市图书馆第一届理事会成立】 11 月 4 日，宁国市图书馆第一届理事会成立大会在三楼报告厅举行，第一届理事会理事候选人和社会各界代表共计 41 人参加本次大会。大会表决通过《宁国市图书馆理事会章程》、“理事会建议候选人名单”和“选举办法”等文件，选举产生 13 名理事会理事。在随后召开的理事会第一次会议上，选举文旅委工会主席帅昌明担任宁国市图书馆第一届理事会理事长。宁国市图书馆理事会的成立标志着宁国市文化事业单位法人治理结构改革工作迈出了实质性的一步。（安徽省图书馆学会　武巍泓）

【绩溪县图书馆开展古籍普查工作】 8 月，经过安徽省古籍保护志愿者近一个月的辛勤劳动，绩溪县图书馆古籍普查活动结束。普查数据显示，绩溪县图书馆共有民国元年（1912）前的线装古籍 803 部，其中经部 154 部、史部 253 部、子部 203 部、集部 143 部、类丛部 47 部、新学 3 部；此次还普查绩溪地方文献 92 部，对研究传承绩溪地方文化具有十分重要的意义。（安徽省图书馆学会　武巍泓）

【黄山市举办首届图书馆系统业务知识技能

大赛】 1月12—13日，黄山市首届图书馆系统业务知识技能大赛在市图书馆举办。本次比赛由市图书馆学会主办，来自市图书馆及全市各县、区图书馆及黄山职业技术学院图书馆的30名馆员报名参加此次比赛。比赛为期两天，分为初赛、复赛两个阶段。初赛为笔试，主要考核馆员的综合理论知识、专业知识和黄山市情等，成绩排在前十名的馆员进入复赛；复赛分为图书编目上机操作和馆员应急服务知识问答两部分。选手们经过一番激烈角逐，最终评选出一等奖1名、二等奖2名、三等奖3名和优秀奖并颁发荣誉证书。（安徽省图书馆学会　武巍泓）

福建省

【概况】 2016年，福建省有县级以上的公共图书馆90个，总建筑面积39.73万平方米，阅览室座席总数32602个，文献总藏量3051.02万册（件），总流通量2603.50万人次，书刊文献外借2658.77万册次，门户网站总访问量6987.42万页次，从业人员1409人。

福建省公共图书馆应用“互联网+”提升图书馆服务，创新服务模式、服务内容，打造图书馆服务新业态。20多家图书馆普通图书全面采用RFID技术管理，实现图书自助借还。多家图书馆通过电话预约、网上预约、QQ预约、网上续借、在线阅读、网上参考咨询、微信等方式提供服务，并设置无障碍通道、开展残障人士上门服务、语音提示服务，实现读者服务方式多元化。福建省图书馆开发公共数字文化服务终端“文化一点通”，有效打通公共文化服务“最后一公里”。各图书馆陆续开通手机图书馆、微信图书馆等新技术服务，开展丰富多彩的数字体验活动，图书馆服务更加普惠便捷。各级图书馆在服务中探索新技术与图书馆工作的有机结合，推动全省现代公共文化服务体系建设实现新跨越。

全省公共图书馆服务体系建设进一步推进，服务质量和服务水平明显提高。各级图书馆建设分馆617个，共有流动图书车17辆，流动服务书刊借阅154.86万人次、248.77万册次；延伸服务向纵深发展，深入乡镇、农村、社区、部队、学校等，高效地将图书馆服务送到读者身边。

全省图书馆互联互动、资源整合、共建共享进一步加强，社会效益显著。2016年，福建省图书馆学会倡议全省各级各类图书馆共同成立“读吧！ 福建”全省图书馆阅读推广联盟，首批联盟成员馆69家。开展全省联动展览、讲座以及各类读者活动数场，形成全省联动布局、资源整合、共建共享的阅读推广新局面。厦门市图书馆持续几年联合闽南地区图书馆开展区域图书馆联动工作、建立“展览资源共建共享联盟”，有效推进厦漳泉同城化建设，加强图书馆间交流与合作。福建省图书馆联合全省公共图书馆以及教育系统大、中、小学校组织开展第二届全省“读吧！ 福建”世界读书日全民阅读及读书征文、第11个文化遗产日活动、开展“同筑中国梦，共度书香年”等数场重要节假日全省联动大型活动，取得良好社会效益，进一步拓展图书馆职能和拓宽图书馆服务辐射范围。（福建省图书馆）

【福建省图书馆举办世界读书日阅读推广活动】 4月23日上午，由福建省文化厅等主办，福建省图书馆承办的“读吧！ 福建”2016年世界读书日阅读推广系列活动启动仪式在省少儿图书馆广场举行。在启动仪式上通过首届“读吧！福建”读书征文活动颁奖暨第二届全民阅读及读书征文活动启动、“读吧！ 福建”阅读推广联盟成立倡议、“福建作家文库”作品征集倡议活动暨首批福建作家作品捐赠、福建省图书馆和福建广播电视大学教育合作协议签订及课程启动等环节，政府和社会共同倡导全民阅读，推动书香社会建设。同日下午，福建省图书馆联合海峡之声交通906广播电台、福建首个专门助盲志愿服务团队“橄榄树”举办“声音温暖城市　阅读点亮智慧——志愿者与盲人同颂经典”活动，邀请志愿者们与盲人共同诵读经典。（福建省图书馆）

【“共读最美家书家训·百年情书——纪念《与妻书》书就105年情景史诗沙龙”在福州举办】 4月23日晚，福建省图书馆福州正谊书院与福建省实验闽剧院、海峡之声汽车生活广播交通906、福州一中等单位合办本次演出活动，这是一场集诗、歌、戏、乐、朗诵等艺术表演形式于一体的多媒体情景史诗沙龙。福建省文化厅原厅长陈秋平、省图书馆馆长郑智明、省图书馆原副书记陈吟等出席活动。活动受到市民与各大媒体的欢迎，接待人数近300人，吸引《福建日报》、中国新闻网、福建电视台海博TV等多家

媒体关注和刊发相关报道，并给予高度好评。（福建省图书馆）

【《福建省图书馆藏稀见书目书志丛刊》出版暨闽台藏书文化研讨会在福州举行】 4月28日，由福建省古籍保护中心（福建省图书馆）、国家图书馆出版社主办的本次研讨会在福州正谊书院举行。该书由福建省图书馆编纂，2016年4月由国家图书馆出版社正式出版发行。福建省文化厅党组成员、副厅长陈吉，国家图书馆出版社副社长殷梦霞，台湾古籍保护学协会会长林登昱，福建省档案馆巡视员林真，福建省社科院台湾文献信息中心副主任邓达宏，福建省方志委调研员凌文斌以及省内专家、公共和高校图书馆馆长与古籍部负责人等40余人参加研讨会。该书共收录省图书馆馆藏闽籍公、私藏书的书目和题跋、金石目录等20种，大多为首次公开出版。其中，既有公藏书目，如《福建鳌峰书院藏书目录》等，又有著名藏书家的私家藏书目录，如郑杰《注韩居书目》、陈寿祺《陈朴园藏书目录》、杨浚《冠悔堂书目》、林则徐《林少穆先生云左山房书目》和陈宝琛《闽县螺洲陈氏赐书楼书目》等，各具特色。与会人员还共同见证福建省图书馆、国家图书馆出版社签署《闽茶文献丛刊》出版协议。（福建省图书馆）

【东南周末讲坛创办10周年纪念活动在福建省图书馆举办】 5月14日，由福建省社科联、福建省图书馆联合创办的东南周末讲坛在福建省图书馆举办“东南周末讲坛创办十周年纪念活动”，省政府副秘书长赖碧涛代表省政府到场祝贺。省社科联党组书记、副主席冯潮华出席并讲话。省社科联党组成员、副主席缪建萍介绍东南周末讲坛创办十周年工作情况，省图书馆馆长郑智明畅谈东南周末讲坛十年经验与体会，文史专家卢美松代表主讲人发言，读者陈颖代表听众发言。活动播放讲坛发展十周年历程的宣传片，举行东南周末讲坛标志揭牌、为志愿者代表披挂绶带和赠书仪式。国内中西文明传播研究著名学者、文明传播学派创始人、北京师范大学毛峰教授做“东南周末讲坛创办十周年专题讲座——龙马飞腾：中国传统文化的当代复兴”。活动向参与读者500余人发放《滋润心灵的声音：东南周末讲坛创办十周年纪念册》、讲坛名家书签等，同期举办“东南周末讲坛创办十周年回顾图片展”。（福建省图书馆）

【福建省古籍保护工作表彰会在福州召开】 6月21日上午，福建省文化厅在福州举行全省古籍保护工作表彰会，分别对“十二五”期间全省古籍保护工作先进集体和先进个人予以表彰。来自各图书馆的代表暨获奖者，以及省内各媒体记者等共120余人参加会议。福建省文化厅党组成员、副厅长陈吉、社文处处长马强及省厅有关领导，福建省古籍保护中心主任（福建省图书馆馆长）郑智明和党总支副书记陈吟等出席表彰会。会上表彰近年来在古籍保护工作中表现优异的集体和个人，授予福建省图书馆等16家单位“全省古籍保护工作先进单位”称号，授予许建平等23人“全省古籍保护工作先进个人”称号，并颁发荣誉证书。（福建省古籍保护中心办公室）

【福建与俄勒冈两省州友好交往暨霍纳馆员交流计划执行20年纪念活动在晋江举办】 10月19日下午，福建省图书馆在晋江举办“福建与俄勒冈两省州友好交往暨霍纳馆员交流计划执行20年”纪念活动，以“一座谈会、一纪念画册、一图片展”的方式，重温两省州图书馆界彼此认知、相互学习、共同成长的交流历程，展望未来。活动特邀两省州参与霍纳馆员交流计划的图书馆员和一直致力于两省州图书馆界友好往来的嘉宾20人出席。福建省文化厅副厅长陈吉会见美国客人，赠送亲笔书法和由其主编的《沈觐寿书法艺术》一书。与会人员观看两省州图书馆界友好交往纪念画册和近30年的影像专辑，并回忆各自互访交流的成果与收获。会后，与会人员参观“书香架起友谊桥——福建与俄勒冈两省州图书馆友好交往暨霍纳馆员交流计划执行20年纪念”图片展。MaryKay Dahlgreen馆长还带来俄勒冈州长Kate Brown亲笔信，充分肯定两省州图书馆自建立姊妹馆以来，特别是霍纳馆员交流计划执行后双方取得的积极成果，期待两省州图书馆能进一步合作以保证双方的友好合作关系在将来得到进一步发展。（福建省图书馆）

【福建省图书馆东南周末讲坛获中宣部基层理论宣讲先进集体荣誉称号】 11月4日，中央宣传部办公厅印发《关于表彰基层理论宣讲先进集体、个人和优秀理论宣讲报告的决定》，对全国 32 个“基层理论宣讲先进集体”和 32 名“基层理论宣讲先进个人”进行表彰，“东南周末讲坛”获“基层理论宣讲先进集体”荣誉称号，为福建省唯一受到表彰的先进集体。（福建省图书馆）

【福建省图书馆携中华典籍创意元素暨作品(产品)首次亮相文博会】 11 月 4—7 日，第九届海峡两岸（厦门）文化产业博览交易会（以下简称“海峡两岸文博会”）在厦门举办。由国家图书馆（国家古籍保护中心）、福建省文化厅主办，福建省图书馆（福建省古籍保护中心）、国家图书馆出版社承办的“中华典籍创意元素暨创意作品（产品）展”亮相文博会。“中华典籍创意元素暨创意作品（产品）展”是中华古籍首次亮相海峡两岸文博会，也是国内古籍主要的公藏机构——图书馆首次参加文博会。文化部党组成员、副部长丁伟在福建省委常委、宣传部长高翔，福建省文化厅党组书记、厅长石建平等领导的陪同下，参观指导此次展览。将古籍创意元素、作品、产品进行三位一体展示是展览的主要特点，展览展出国家图书馆的中华典籍文创产品和国家图书馆出版社的带文创元素的古籍影印出版物两大系列作品，其中，中华典籍文创产品主要包括国家图书馆庆赏昇平系列、十竹斋系列、甲骨文系列、三山五园系列、芥子园系列以及典博文房等六大系列文创，涵盖办公用品、生活用品、邮品、展览衍生品及电子产品等六大类。福建省图书馆利用馆藏资源制作宋《宣和北苑贡茶录》龙团凤饼挂饰、磁性书签、折叠包挂等文创，并同新出版的《玉枕兰亭序玉版十三行合册》《多宝塔碑》《福建省图书馆藏稀见书目书志丛刊》《民国时期福建华侨史料汇编》共同展出。（福建省图书馆）

【2016 年全国公共文化巡讲福建培训班在福州举办】 11 月 23—27 日，由文化部公共文化司、福建省文化厅主办，中央文化管理干部学院和福建省图书馆联合承办的“2016 年全国公共文化巡讲福建培训班”在福州开班。全省各设区市、平潭综合实验区、福建省图书馆、省少年儿童图书馆以及新疆、西藏、宁夏三省公共文化干部 120 人参加培训。福建省文化厅副厅长陈吉、文化部公共文化司原巡视员刘小琴、文化部信息中心总工程师祝孔强、福建省图书馆馆长郑智明等出席开班仪式。培训期间，新疆、西藏、宁夏学员还实地观摩考察福建省公共文化服务单位管理、运行和服务情况，与福建专业人员互动学习。（福建省图书馆）

【福建省少年儿童图书馆开展“悦读暖家行动”】 5 月 14 日下午，由福建少年儿童出版社、福建省少年儿童图书馆主办，海峡阅读研究中心、海峡悦读学堂协办的“悦读暖家行动”启动仪式在福建省少年儿童图书馆举办。活动将阅读推广进万家，每月招募 30—50 组 3—12 岁儿童的家庭作为“悦读暖家行动”成员，以加入时“集体宣誓”、进行时“阅读指导”、完成时“成果验收 + 额外奖励”的形式，推动成员家庭落实“悦读暖家行动”开展，完成 30 天家庭阅读成长计划，并通过后期探访跟踪，督促家庭成员已养成的阅读意识和陪伴意识延续到日常生活中。活动每月举办一期，每期按“启动仪式 + 30 天执行记录跟踪指导 + 成果分享会”的方式循环进行。截至 12 月底，已举办 6 期，210 余个家庭由此逐渐养成每日共读的习惯。《福建日报》《海峡都市报》、腾讯网、海峡网和百道网等媒体进行报道。（福建省少年儿童图书馆）

【厦门市图书馆图书荐购平台开通】 1 月 23 日，挑心仪好书让厦图买单——图书荐购平台开通上线活动在中山路新华书店举行。图书荐购平台是 2016 年厦门市图书馆推出的图书借阅新模式，只要持有厦门地区公共图书馆借书证的读者，根据厦门市图书馆的图书收藏原则、购书范围和借阅规则，就可以在书店挑选所需图书，并在书店直接办理借阅手续，借期满后，将所“借”图书直接还回该馆总服务台。图书荐购平台开通当天，读者共借书 57 种 78 册，借书金额合计 1958.8 元。图书荐购平台开通一个月，137 名读者已在新华书店借阅新书 561 册。厦门电视台、《厦门日报》等媒体进行采访报道。该馆还将读者荐购图书地点由新华书店中山路店拓展到厦门新华书店永同昌分店等 4 个服务网点。（厦门市图书馆）

【厦门市图书馆“世界读书日”系列纪念活动

启动】 2016年“世界读书日”恰逢莎士比亚、汤显祖、塞万提斯等世界文学巨匠逝世400周年。厦门市图书馆以“阅读无界品读经典”为主题，开展“阅读”主题个性化明信片定制、“全民阅读”纪念邮资封市（区）图书馆集章、“走近莎士比亚”莎剧经典赏析讲座、展览等一系列活动。4月23、24日，读者关注图书馆微信公众号参与“阅读”主题个性化明信片现场定制活动。明信片以“莎士比亚、汤显祖”等元素为设计背景，读者现场将照片上传至厦图微信，即可即刻打印邮寄，以新潮方式包装文化，体味经典作品魅力。读书日当天，该馆还携手全市其他9家公共图书馆向到馆读者赠送限量版“全民阅读”纪念邮资封，读者集齐10个馆共10个纪念邮戳，即有好礼相送。同日上午，该馆特邀第十届中国大学生莎剧比赛最佳导演获得者、厦门理工学院外国语学院副教授、“厦理巴人”话剧队指导老师刘芭老师为读者带来“走近莎士比亚”莎剧经典赏析讲座，百余名听众听讲。“厦理巴人”话剧队还带来《仲夏夜之梦》话剧片段表演，让听众身临其境地领略莎士比亚戏剧的深邃内涵和无穷魅力。（厦门市图书馆）

【厦门市图书馆举办首届晨昇公益文化节暨残障人士无障碍化推进论坛】 5月15日，厦门市图书馆联合厦门市国傲晨昇义工服务中心在二楼报告厅联合举办首届晨昇公益文化节暨残障人士无障碍化推进论坛，厦门市残疾人就业管理中心、厦门市聋人协会、集美大学法学院、海桥公益商学院、残障人士代表、爱心企业如宸鸿科技等百人参加。在厦门市图书馆志愿者引导下，残障人士首先参观图书馆，了解图书馆丰富资源和各种无障碍服务措施。论坛上，该馆副馆长曾兴德介绍图书馆多年来坚持开展送书上门、送阅读服务上门等各项文化助残服务，并提出将与相关机构和群团组织开展更多的合作，为残障人士搭建与社会交流的更广阔的平台。副馆长曾兴德代表市图书馆向残障人士代表颁发免押金的“爱心借阅证”。厦门市残疾人就业管理中心主任彭胜辉、厦门市聋人协会会长林劲松、中华海峡两岸身障文创艺术协会理事长陈土金及各界人士对残障人士就业现状做专题报告，共同探讨残障人士就业现状、改善方法和发展道路。（厦门市图书馆）

【厦门市图书馆首部抗战主题口述资料制作完成】 7月初，厦门市图书馆首部以抗战为主题的口述视频资料《厦门抗战记忆——浴血四日》制作完成，并纳入“厦门记忆”自建数据库视频系列之一，提供读者查阅。2015年是抗日战争胜利70周年，为还原历史真相、为后人厘清抗日战争期间日军入侵厦门的历史史实，厦门市图书馆以馆藏抗战资料为基础，邀请厦门文史专家参与，组织征集、整理并抢救性地对抗日战争厦门战役进行全媒体的口述历史影像记录。《厦门抗战记忆——浴血四日》从策划到正式出品，历时近一年，期间先后组织专家学者进行4次审核修改后定稿。该片片长1小时，以厦门文史专家为主诉人，讲述厦门军民浴血抵抗日军入侵厦门的全过程，中间穿插历史文献、图片以及从意大利、日本征集的影像资料，其他厦门抗战亲历者的回忆片段等。力求通过国内外最新发现的第一手资料，全面再现厦门抗战史，使亲历者的讲述成为一个真人图书馆和一部厦门的重要历史文献。（厦门市图书馆）

【“春雨工程——厦门文化志愿者边疆行”活动在青海举办】 10月12—17日，在厦门市文广新局的指导和局党组成员、副巡视员叶细致的带领下，2016年“春雨工程——全国文化志愿者边疆行”活动厦门文化志愿者一行8人在青海地区开展等系列活动。活动以“大讲堂”“大展台”为载体，结合厦门市图书馆总分馆建设及技术提升图书馆服务方面的实践经验，开展图书馆延伸服务、新技术在图书馆创新服务中的应用和图书馆阅读推广案例展示3场业务培训讲座。“大展台”通过在青海省海西州图书馆、西宁市图书馆及各分馆举办“海之灵秀、山之敦厚——鼓浪屿老别墅与福建土楼建筑”图片展览文化交流活动，向居住在青藏高原的广大干部群众展示福建本土文化的闽南古民居建筑艺术与中国域外建筑艺术合璧的杰作，为了解福建闽南建筑艺术和风土人情提供一个展示的窗口。2016“春雨工程——厦门文化志愿者边疆行”系列活动是厦门市与青海地区首次大规模的公共文化暨图书馆业务交流活动，对丰富和活跃青海地区市民的文化生活、促进边疆地区公共图书馆的发展起到积极作用。（厦门市图书馆）

【晋江市空间书屋分馆成立】 2016年8月，该馆与空间书屋书店签订共建共享协议，晋江市图书馆空间书屋分馆正式挂牌成立，实现“图书馆+书店”的新型合作模式。该馆调拨内容涉及文学、历史、哲学、经济、自然科学等多个领域的1.2万册图书进驻该分馆，市民无须消费即可凭市图书馆的借书证借阅图书。同时空间书屋内设“你选书我买单”图书现采专区——“新书借阅区”，读者在此区域内挑选的图书可当场办理外借手续，由晋江市图书馆“买单”，而市民看中的图书也将成为晋江图书馆馆藏。在借阅、销售图书之外，空间书屋提供咖啡、饮品、简餐、艺术展览、主题活动、创客交流等特色服务，致力于为爱书之人打造一个风格文艺、环境优雅、氛围浓厚、集多种功能于一体的阅读场所。（晋江市图书馆）

【24小时自助图书馆覆盖晋江全市】 2016年，晋江市在紫帽镇、金井镇等地设置的3台24小时自助图书馆开通试运行。这是晋江市继2014、2015年着力打造的“一公里半径”城市图书馆群之后，进一步扩大“一公里半径”服务范围，实现全市19个镇（街道）、1个经济开发区全覆盖，为市民阅读提供更大的便利。一年来共办证4106张，借还图书49.08万册，平均每台借阅1.4万册。（晋江市图书馆）

【晋江市图书馆成为福建首家加入OCLC的公共图书馆】 2016年7月，该馆正式与全球最大的电子图书馆——联机计算机图书馆中心（OCLC）签订战略合作协议，成为福建省首家加入OCLC的公共图书馆。加入OCLC成为其成员馆，购买4项服务，通过其中的FirstSearch基本组数据库包，国内读者可以方便快捷地从OCLC近2万所一流成员图书馆中获取信息，特别是满足教育、科研用户对高质量的硕士博士论文和文章的需求。同时，通过OCLC WorldCat联机联合目录数据库，该馆可为读者提供与全球1万多所图书馆实现馆际互借的申请服务和对全球近2万所图书馆馆藏文献的代检代查服务。根据合作协议，该馆馆藏将陆续上传到OCLC最大的书目记录数据库WorldCat上，随着馆藏书目信息的不断上传，该馆的馆藏文献将在全球范围内得到充分共享，闽南文化遗产将在全世界范围内广泛地流传。（晋江市图书馆）

江西省

【概况】 截至2016年年底，江西省共有县以上公共图书馆112个，其中省级1个、市级11个、县级100个。总建筑面积达42万平方米，阅览室座席35232个。全年获得财政拨款2.3亿元，其中新增藏量购置费2319万元。从业人员1538人，其中在编人员1326人。文献资源（不含电子文献）总藏量2258万册（件），纸质图书年入藏量97万册，电子文献年入藏量82万册，数字资源总量达906TB，其中自建数字资源总量135TB。总流通达1400万人次，书刊文献外借1200万册次，举办讲座、培训活动共1947场次，展览1091场。

依托文化工程，资源建设成效显著。一是依托“文化共享工程”，全省搭建文化共享工程省、市、县、乡、村五级服务网络共18333个服务点。二是依托“数字图书馆推广工程”，配合国家图书馆开展推广工程资源联合建设工作，开通国家图书馆到江西省的光纤专网，实现联通覆盖全省各节点的虚拟网络。三是依托“古籍保护工程”，进一步完善全省古籍普查登记管理体制和工作机制，全面开展古籍普查登记任务，江西省古籍总藏量约为89582部，截至2016年年底，已初步完成71家单位70812条书目登记，其中省图书馆编纂的《江西省图书馆古籍善本书目》获全国优秀古籍图书奖一等奖；承办“创客@图书馆——‘我与中华古籍’创客大赛”江西巡展活动；开展古籍修复和数字化工作，修复古籍48种77册3769叶，缩微拍摄54卷32030拍，完成影印出版《国家珍贵古籍江西珍本丛刊》；充分运用现代传播技术手段和传统传播方式，加强优秀古籍的宣传推广力度与资源共享，省图书馆与抚州市图书馆联合影印出版汤显祖的《玉茗堂书经讲意》一书，献礼“汤显祖、莎士比亚逝世400周年”文化活动，传承赣鄱优秀传统文化。（江西省图书馆学会　谢佳新）

【江西书院文化主题讲座巡讲活动正式启动】 1月9日，江西书院文化主题讲座巡讲活动正式启动。此次活动由江西省公共图书馆讲座与展览联盟着力打造，在全省公共图书馆全面开展。活动主题是“共话书院文化，同传赣鄱书香”，首场讲座特邀江西文化研究院秘书长陈政以“书院的前世今生”为题，在江西省图书馆的赣图大讲堂开讲。陈政老师从官方书院的丽正书院到集贤书院，从中国最早的民间书院到各朝代书院等多方面，详细讲述中国书院的创办与兴盛情况。既谈到书院的兴衰演进，又介绍大量与书院有关的翔实历史背景，令听者受益匪浅。（江西省图书馆学会　谢佳新）

【中文传媒与江西省图书馆达成共建赣版出版物样书库协议】 3月4日上午，中文天地出版传媒股份有限公司与江西省图书馆共建赣版出版物样书库合作协议签约仪式在江西省图书馆举行。江西省出版集团党委委员、中文天地出版传媒股份有限公司总经理傅伟中，江西省文化厅副巡视员丁跃出席签约仪式，中文天地出版传媒股份有限公司副总经理徐建国与江西省图书馆馆长周建文代表双方签约。此次合作意在充分发挥双方资源优势，全面收藏赣版出版物，构建完善的赣版出版物典藏机制，最大限度满足社会各界对江西地方文献的阅读需求。根据合作协议，中文传媒所属出版社自2016年1月开始，将当年新出赣版出版物样书每种两册赠送给省图书馆，此外，中文传媒还向该馆赠送部分2016年以前出版的赣版出版物样用于典藏。（江西省图书馆学会　谢佳新）

【江西省图书馆举办“聚力协作共推广　继往开来绘蓝图——数字图书馆推广工程建设五年间”成果展览】 3月10日，由国家图书馆主办、江西省图书馆承办的“聚力协作共推广　继往开来绘蓝图——数字图书馆推广工程建设五年间”成果展览在江西省图书馆展厅展出。此次展览分为进无止境数字图书馆建设成果惠及全民、开拓创新助力现代公共文化服务体系建设、融合发展共谋“十三五”建设新篇章及蓄力生长各地数字图书馆百花竞放4部分。展览以图文并茂的形式，集中展现“十二五”时期数字图书馆推广工程建设进展以及服务惠民成效，介绍数字图书馆推广工程在加快构建现代公共文化服务体系方面所做出的努力，呈现“十三五”重要战略机遇期数字图书馆推广工程的建设思路；同时，从特色资源建设、基层与特殊群体服务、新媒体与科技创新、科学管理与社会化合作等方面，汇集展示全国各级、各地图书馆在数字图书馆建设与服务中取得的累累硕果。（江西省图书馆学会　谢佳新）

【江西省9部古籍入选第五批《国家珍贵古籍名录》】 3月27日，中华人民共和国国务院下发《国务院关于公布第五批国家珍贵古籍名录和第五批全国古籍重点保护单位名单的通知》（国发〔2016〕22号），批准公布第五批《国家珍贵古籍名录》（共899部古籍）和第五批“全国古籍重点保护单位”（共14个单位）。江西省有9部古籍入选第五批《国家珍贵古籍名录》（其中抚州市临川区图书馆1部、抚州市黎川县图书馆1部、乐平市图书馆2部、江西省图书馆5部），景德镇市图书馆入选第五批“全国古籍重点保护单位”。（江西省图书馆学会　谢佳新）

【江西省图书馆打造讲座同步直播平台】 2016年，江西省图书馆及各设区市图书馆统一安装视频会议同步录播系统，对赣图大讲堂讲座进行现场录制，同步直播和储存整理。在4月23日和5月15日分别与鹰潭市图书馆、抚州市图书馆进行讲座视频同步直播一次。该系统的引进使赣图大讲堂讲座受众直接增加，服务范围由南昌一地扩展到省内各设区市；同时，视频会议同步录播系统也成为各馆相互之间交流讲座资源、展示本地特色文化的平台。（江西省图书馆学会　谢佳新）

【2016年江西省古籍保护工作会议在萍乡召开】 5月27日，由江西省古籍保护中心主办，萍乡市图书馆承办的2016年全省古籍保护（培训）工作会议在萍乡召开。江西省图书馆学会古籍保护部成员、有关高校图书馆、省博物馆、各设区市公共图书馆、省直管县及省级以上古籍重点保护单位分管古籍工作的馆领导及古籍普查工作骨干69人参会。会上，江西中医药大学图书馆狄碧云、庐山图书馆馆长刘庐松、景德镇市图书馆副馆长陆宇红、萍乡市图书馆副馆长贺卫兵和与会代表分享他们古籍保护工作方面的经验。江西省古籍保护中心副主任、省图书馆副馆长何振作做2016年全省古籍保护（培训）工作报告。期间，会议还进行“全国古籍普查登记平台”古籍数据导入的实际操作、古籍书影拍摄的要求与相关规范的培训，并就今后如何做好全省

的古籍保护工作进行讨论座谈。（江西省图书馆学会　谢佳新）

【江西省图书馆新馆开工建设】 8月1日，江西省文化中心项目开工动员大会在省行政中心会议中心召开，标志着江西省图书馆新馆正式开工建设。省委常委、常务副省长毛伟明在动员大会上宣布开工令，省委常委、省委宣传部部长陈俊卿到会讲话，会议由副省长殷美根主持，省政协副主席李华栋出席会议，江西省图书馆领导班子成员、中层干部等参加会议。大会结束后，江西省图书馆领导班子成员及全体中层干部前往红谷滩新馆项目施工现场举行开工奠基仪式。新馆选址在南昌市红谷滩新区凤凰洲，占地94.6亩，建筑总面积达95000余平方米。（江西省图书馆学会　谢佳新）

【2016年江西省公共数字文化建设培训班在南昌举办】 11月7日上午，由江西省文化厅主办，江西省图书馆承办的此次培训班在南昌举办。江西省文化厅副巡视员丁跃出席会议并发表讲话。全省各设区市、县（市、区）文化局局长、各设区市文化局社文科科长以及各设区市、县（市、区）图书馆馆长等近250人参加此次培训班。文化部全国公共文化发展中心研发推广部处长陈移兵、国家图书馆数字资源部推广工程建设协调组组长邵燕、中国索引学会副理事长叶艳鸣、东北师范大学计算机科学与信息技术学院讲师陈昊琳、安远县文化局局长赖德新等专家学者分别做题为“公共数字文化服务体系的建设与应用”“面向‘十三五’的数字图书馆推广工程”“数字图书馆建设发展趋势”“第六次全国公共图书馆评估筹备情况”“公共数字文化服务+电商经验”的主题讲座。同时，超星、CNKI等全国知名数据资源商对目前新技术典型应用案例进行详细介绍和解析。（江西省图书馆学会　谢佳新）

【2016年江西省公共图书馆工作会议在南昌召开】 12月23日，本次工作会议在南昌召开。省文化厅副巡视员丁跃出席会议并讲话，会议由省文化厅社文处副处长涂为民主持，各设区市及省直管县文化局分管领导、全省各级公共图书馆馆长共200余人出席会议。会议向第六届“读好书”活动先进单位、2016年全省古籍保护工作先进单位、公共数字文化服务先进单位颁发奖牌，向全省公共图书馆十佳阅读推广人颁发获奖证书，并由2016中国最美基层图书馆——乐平市图书馆馆长邹晓玲、庐山图书馆馆长刘庐松、会昌县图书馆馆长钟冬莲等做基层图书馆建设、公共文化服务、图书馆创新服务等经验交流。（江西省图书馆学会　谢佳新）

【靖安县图书馆理事会成立并召开第一次理事会议】 1月15日，靖安县图书馆理事会成立大会在该馆一楼会议室举行。靖安县文广新局党组书记、局长吴萍出席成立大会，文广新局党组副书记王武松主持会议。会上，王武松介绍靖安县图书馆理事会筹备组建工作的基本情况。理事会由专家、读者代表、非营利法人代表、编制、财政、审计等部门人员共计11人组成，文广新局党组副书记王武松任理事会理事长，县图书馆馆长窦莉莉任副理事长。成立大会之后，召开首届理事会第一次理事会议，审议并通过《靖安县图书馆理事会章程》。（江西省图书馆学会　谢佳新）

【新余市图书馆新馆开馆】 2016年2月初，新余市图书馆新馆开馆运行。新馆坐落于仰天东大道，是一个集传统图书馆和数字图书馆于一体的现代化复合型图书馆。主要分为三大区域：公共活动区，包括咨询办证大厅、数字阅读体验区、文化展览厅、读者书店、读者沙龙、咖啡吧、少儿阅读服务、视障听障服务、多功能报告厅（负一楼）等；文献借阅区，包括报刊阅览、图书借阅、电子阅览、自习服务、数字图书馆服务等；文献存储区，包括基础书库、地方文献库、傅抱石主题库、古籍库、过刊库等。（江西省图书馆学会　谢佳新）

【赣州市图书馆举办全市古籍保护培训班】 6月30日—7月2日，赣州市古籍保护培训班在赣州市图书馆举行，来自全市各县（市、区）图书馆、博物馆、院校图书馆、中学图书馆、纪念馆等单位的古籍分管领导及古籍保护人员参加培训。江西省古籍专家、省图书馆副馆长何振作受邀做“古籍版本鉴定”专题授课，就古籍版本鉴定的18种情况进行阐释，结合省馆实际情况，配以书影，做深入浅出、细致入微、内容丰富的讲解。南康区图书馆副馆长郑忠发从古籍普查实践操作着手，介绍古籍普查的基础知识，结合古籍普查目录登记原则和古籍普查登记目录著录细则等讲解古籍登记、著录的具体标准和要求。（江西省图书馆学会　谢佳新）

【鹰潭市图书馆艺海拾贝少儿图书阅览室正式开放】 8月29日上午，鹰潭市图书馆艺海拾贝少儿图书阅览室揭幕仪式在鹰潭市语言艺术学校·艺海拾贝语言创意中心举行。艺海拾贝少儿图书阅览室是经鹰潭市语言艺术培训学校·艺海拾贝语言创意中心向鹰潭市图书馆申请并与该馆共同建设的少儿图书阅览室。鹰潭市文化广电新闻出版局局长黄顺茂和鹰潭市图书馆馆长雷鸿璋共同为阅览室揭幕。（江西省图书馆学会　谢佳新）

山东省

【概况】 截至2016年年底，山东省共有公共图书馆153个，其中省级图书馆1个、副省级图书馆1个、计划单列市图书馆1个、市级图书馆15个、县（市、区）级图书馆135个（其中日照市岚山区、聊城市东昌府区、莱芜市莱城区图书馆正在筹建）。

经费投入继续增长。2016年全省公共图书馆财政拨款5.5亿元，比上年增长4%，其中购书经费9302.4万元，人均0.94元。

设施建设日渐完善。总馆舍建筑面积93.6万平方米，比上年增长9.7%，日照、淄博、滨州等地建成开放的新馆成为当地新的地标和亮点。阅览室座席57809个，其中少儿阅览室座席13111个。计算机11000台，其中可供读者使用的计算机6822台。

服务群众效益提升。总藏书量5095万册，持证读者285万人，比上年增长35%。总流通人次3686万人次，文献外借3036万册次，分别比上年增长25%、14.5%。全年为读者举办各种活动10335次，其中讲座6601次、展览1337次。

人才队伍保持稳定。全省专业人员共计2796人，其中高级职称418人、中级职称1088人。通过举办山东省第七届公共图书馆业务竞赛，涌现出一大批高素质的青年图书馆员。

尼山书院渐入佳境。全省各地活动方式和内容不断丰富，乡村和社区儒学讲堂建设如火如荼，截至2016年年底已达9400多个。

数字资源更加丰富，海疆文化长廊建设模式进一步健全完善，“光明之家”盲人数字图书馆实现全省特教系统视障学生服务的全覆盖。（山东省图书馆　王彬）

【山东省2016年度特色资源建设立项评议交流会在日照召开】 1月20—21日，本次交流会在日照召开。国家图书馆孙承鉴、曹宁，全国公共文化发展中心薛鑫卉，中央电视台导演杨笑山，山东省图书馆副馆长李西宁、周玉山，山东省图书馆业务辅导部、数字资源部、计算机中心负责同志等出席会议。全省17个地市公共图书馆馆长、分管馆长及技术骨干等参加会议。会上，国家图书馆、文化部公共文化发展中心与会专家分别介绍国家数字图书馆推广工程2016年度资源联建工作和全国公共文化发展中心2016年度特色资源建设工作计划及申报要求。17个地市与会同志分别陈述各市图书馆2016年拟建特色资源项目情况。与会专家现场对申报项目逐个进行点评，并从申报国家项目的角度提出意见和建议。

21日上午，召开由各市图书馆分管馆长和技术骨干参加的特色资源建设项目交流座谈会，针对与会专家意见，对申报2016年度特色资源建设项目再次进行详细的安排和部署。当天，还召开全省第七届图书馆业务竞赛筹备工作座谈会，对竞赛的整体工作安排进行座谈研究。会后，全体与会人员参观日照市图书馆新馆。（山东省图书馆学会　王玮）

【2016年山东省公共图书馆长联席会议在淄博市召开】 3月17日，本次会议在淄博召开，省文化厅、省图书馆、淄博市政府等有关单位领导以及全省17个地市图书馆馆长等共计40余人参加会议。会议部署2016年全省公共图书馆重点工作，表彰全省公共图书馆讲座联盟先进单位并就图书馆工作进行座谈交流，探讨今后各项工作思路。省文化厅副厅长李国琳做重要讲话并做题为“2016年公共文化、非遗、文化创新相关重点工作”的讲座。明确指出山东省“十三五”时期现代公共文化服务体系建设主要目标和七大任务以及2016年的主要任务，今后将继续统筹城乡公共文化资源配置。“十三五”时期，公共

图书馆年开展流动图书服务不少于 12 次；县级人均藏书量（含公共图书馆、乡镇综合文化站、农家书屋藏书）不少于 1.8 册（件）。山东省图书馆馆长冯庆东对省图书馆 2015 年工作进行总结，并对 2016 年全省公共图书馆重点工作进行部署。（山东省图书馆学会　王玮）

【第二届全省图书馆新媒体、新技术、新服务展示交流会举办】 3 月 18—20 日，由山东省图书馆学会、山东省图书馆主办，淄博市图书馆承办的本次交流会在淄博市召开。山东省图书馆、淄博市文广新局等有关部门领导，来自全省 17 市县（区）公共图书馆代表及行业知名厂商参展代表 260 余人参加。国家图书馆副馆长魏大威做题为“国家数字图书馆的创新与发展”主旨报告，武汉大学信息管理学院教授陆伟做题为“信息服务前沿技术”专题报告。淄博市图书馆、青岛市黄岛区图书馆、烟台经济技术开发区图书馆、济宁市图书馆等公共图书馆代表围绕数字环境下的读者服务、资源建设等工作做典型交流发言。十余家参展商代表分别就目前图书馆界主流的技术应用、设备研发及未来图书馆信息化的发展大势等做交流。

会后，所有与会代表参观淄博市图书馆新馆和“数字图书馆推广工程暨图书馆新媒体、新技术展览会”。同期举行的“图书馆新媒体、新技术、新服务读者体验日”吸引大批市民和读者前来感受网络时代新媒体、新技术为图书馆服务带来的切身体验。（山东省图书馆学会　王玮）

【第十一届全省读书朗诵大赛暨首届“奎虚图书奖”落幕】 4 月 24 日，由山东省文化厅主办，山东省图书馆学会、山东省图书馆、山东广播电视台广播经济频道承办，17 个市图书馆协办的第十一届全省读书朗诵大赛落幕并举行颁奖典礼，首届“奎虚图书奖——我最喜爱的鲁版书”颁奖典礼同步举行。此次朗诵大赛以“品味书香　分享精彩——阅读从图书馆出发”为主题，结合“纪念中国共产党成立 95 周年”“纪念长征胜利 80 周年”活动展开。大赛于 3 月中旬启动，17 个市图书馆积极响应联动，报名选手 1 万余人。4 月 23 日在省图书馆进行了决赛。全省读书朗诵大赛自 2005 年以来已连续举办十一届。首届“奎虚图书奖——我最喜爱的鲁版书”于 1 月启动。经过全省 18 家出版社自荐和 18 家图书馆推荐，从 2014—2015 年度山东省内出版图书中产生 366 种初评书目，再经过读者投票，从中产生 256 种入围书目，专家评审委员会对入围书目进行评议，结合图书的投票排名，最终评选出 10 种优秀图书和 30 种推荐图书。4 月 24 日对获奖出版社和作者进行颁奖。“奎虚图书奖”是在省图书馆倡导下，由全省图书馆及读者、专家、媒体共同围绕建设学习型社会和倡导全民阅读举办的公益性优秀图书奖项。（山东省图书馆学会　王玮）

【全省 2016 年度古籍保护工作会议在省图书馆召开】 6 月 16 日，本次会议在山东省图书馆召开，来自全省 17 地市图书馆、省直及各大高校图书馆的古籍保护工作负责人以及“全国古籍重点保护单位”与“全省古籍重点保护单位”负责人等 48 人参加会议。会议对 2015 年度古籍保护工作先进单位 43 家和先进个人 72 人进行表彰，并通报省级修复站点申报评选情况、古籍修复“小导师”培训计划、《中国古籍保护协会会员招募通知》。（山东省图书馆学会　王玮）

【全省数字图书馆业务技能竞赛培训班在枣庄举行】 为促进全省公共图书馆数字化服务工作，更好地协助各级公共图书馆了解和参与中国图书馆学会举办的“2016 年数字图书馆业务技能竞赛”。8 月 4—5 日，全省图书馆数字化创新服务研讨会暨 2016 数字图书馆业务技能竞赛培训班在枣庄举行。山东省图书馆、枣庄市文广新局、市图书馆等单位领导出席开班仪式。培训班由山东省图书馆主办、枣庄市图书馆协办，同方知网（北京）技术有限公司山东分公司承办，特邀国家图书馆信息网络总工程师王乐春、浙江省图书馆副馆长刘晓清、同方知网公共服务事业部总经理成鑫、安徽省图书馆数字资源加工部程强等专家进行现场授课。主要讲授数字图书馆的建设与发展趋势、技术驱动与服务创新探索、国家公共文化数字支撑平台在山东的建设与应用、公共文化服务平台建设与服务、图书馆如何进入视频制作领域等课程，并围绕数字化创新服务与 2016 年数字图书馆业务技能竞赛进行深入交流与讨论。来自全省 17 地市图书馆馆长以及相关技术骨干、各区（市）图书馆馆长近百人参加培训。通过本次培训，提升全省公共图书馆数字资源建设的技能，对全省图书馆数字化服务创新将是一次有力的推动。（山东省图书馆学会　王玮）

【山东省第七届公共图书馆业务竞赛举行】 9月27—29日，由山东省文化厅主办，省图书馆承办的该业务竞赛举行。本次业务竞赛在筹备之初就确立“全民阅读、服务效能、数字化、规范化”为主题的竞赛内容。在项目内容上有较大调整，设立了“图书馆业务知识”和“图书馆阅读服务”两项竞赛内容。竞赛前期，各地各级公共图书馆积极组织、筹备、举办各种形式的选拔赛，累计400余名专业人员参与竞赛选拔活动。竞赛报名工作于7月底完成，全省17地市和省馆共计18个代表队参加，报名选手54人，其中男选手18人、女选手36人；平均年龄30.4岁（上届平均年龄30.1岁）；硕士研究生15人，本科39人（上届研究生10人，本科42人，专科2人）。经过紧张的预赛和精彩的决赛，最终有10支代表队，28名个人脱颖而出，分获团体和个人单项奖。此次竞赛从策划、筹备到举办历时近一年，成为近年来山东公共图书馆界的一大盛事。（山东省图书馆学会　王玮）

【山东省尼山书院孔子公开课视频首发式暨孟子公开课成功举办】 11月12日，山东省尼山书院孔子公开课视频首发式暨孟子公开课在山东省图书馆国学分馆举办。首发仪式上，山东省图书馆副馆长李西宁对孔子公开课的相关情况进行总结与回顾。山东文化传媒有限公司执行董事林凡军介绍孔子公开课光盘的出版情况。随后，尼山书院向山东省文化馆、济南市图书馆、济南市历下区图书馆以及读者代表赠送孔子公开课光盘。首发式结束后，孟子公开课第十一讲开课，省政协原副主席、山东师范大学副校长、山东师范大学齐鲁文化研究院王志民教授为与会嘉宾及读者做题为“孟子与邹鲁之风”的讲座。（山东省图书馆学会　王玮）

【山东省少年儿童图书馆元旦试开放】 山东省少年儿童图书馆（以下简称省少儿馆），位于济南市英雄山路231号，是山东省内首家专门面向0—16岁少年儿童与家长提供服务的省级公共文化服务设施，总面积达6000余平方米，入藏各类少儿书刊文献26万余册。此外，省少儿馆提出“0岁入馆”的服务理念，并设有经典阅览室、港台图书阅览室以及报告厅、展厅、孔孟讲堂、舞蹈室等场所，提供延伸服务，最大限度满足少年儿童读者阅读需求。1月1日，省少儿馆试开放，元旦3天假期共接待4000余名小读者和家长，办证近千张。试开放期间举办的“百本经典绘本展”“国粹润童心——戏剧知识及原创图画书展”“全国少儿书画征集赛获奖作品展”等活动也吸引众多小读者和家长驻足。省少儿馆试开放受到大众网、山东卫视、《齐鲁晚报》等诸多媒体关注报道。（山东省图书馆学会　王玮）

【南澳州同人访问山东省少年儿童图书馆】 4月7日，经省图书馆邀请，澳大利亚南澳州图书馆馆长Alan Smith，澳大利亚著名儿童作家Phil Cummings访问省少年儿童图书馆，带来有关儿童阅读、图书馆阅读推广的精彩讲座。南澳州政府发展部副首席执行官Alex Reid，省图书馆馆长冯庆东、副馆长李西宁等出席活动。Phil Cummings先生分别为4—7岁儿童和7—10岁儿童开展一场绘本故事会，为青少年儿童讲述绘本故事及其创作过程，还就如何为儿童讲述绘本故事和儿童阅读推广做了精彩分享。他结合其参与的南澳州儿童阅读推广项目，对做好儿童阅读推广提出建议，并重点介绍南澳州正全力推动的“爸爸阅读（Dads read）”阅读推广活动。南澳州图书馆馆长Alan Smith做关于南澳州阅读推广措施的主题讲座，强调阅读重要性以及图书馆在阅读推广中的责任。他还向该馆赠送有关南澳州立图书馆开展阅读推广活动的视频、图书等资料。（山东省图书馆学会　王玮）

【《济南阅读地图》面世】 4月23日“世界读书日”期间，由中共济南市委宣传部、济南市文化广电新闻出版局策划，济南市图书馆、济南出版社、中共济南市委讲师团联合出品的《济南阅读地图》正式发布。今年“世界读书日”，济南市图书馆一改往日较为传统的宣传模式，精心策划了一系列以读书为主题的活动，包括发布《济南阅读地图》，举办“名人与读书”大型图片展、市图书馆馆藏古籍地方文献珍本巡展，发放济南市图书馆移动图书馆电子阅读卡，《济南史话》赠书仪式等主题活动，旨在让阅读变得更为时尚与便利。其中，《济南阅读地图》历时3个月完成，展现了济南地区各公共图书馆及分馆、24小时自助图书馆、书店书吧、阅读基地等的主要地理位置和特征，共计69个标注点，彰显济南独特的文化内涵和气质。拿着这张地图，不仅能找到市区所有传统图书馆及其分馆，对于近年济南创新建成的24小时自助图书馆、实体书店等文化场所的位置，也能了然于胸。（山东省图书馆学会　王玮）

【济南市“书香泉城·数字阅读进网咖”活动正式启动】 由济南市文化广电新闻出版局主办、济南市图书馆、各县（市）区文广新局承办的济南市“书香泉城·数字阅读进网咖”试点工作，于8月12日正式启动。此次数字阅读进网咖活动是济南市“书香泉城·全民阅读”活动的延伸和拓展，是提高市图书馆文化资源利用率，丰富网吧等互联网上网服务企业服务内容的双赢之举。本次活动将在全市17家互联网上网服务行业转型升级示范单位先期开展试点工作，并逐步扩大试点范围。该活动充分利用“网咖”这一新兴业态的服务网络，在网咖的计算机桌面上设置济南市图书馆数字资源专用页面，前来网咖休闲娱乐的市民群众可以方便、快捷地使用图书馆馆藏数字资源，共享公共文化服务建设发展成果，让随时随地阅读成为可能，为建设书香泉城做出新贡献。（山东省图书馆学会　王玮）

【青岛市图书馆举办首届读者节】 世界读书日期间，青岛市图书馆在全民阅读活动中以创新的思维寻求突破，举办了为期1个月的青岛市图书馆第一届读者节。在读者节期间，该馆联动10区市图书馆共同举办文化讲座、艺术展览、惠民服务、国学普及、小贝壳快乐营、数字资源培训等8大版块共计164场公益文化活动。活动考虑到了各个阶层和年龄段不同读者的信息需求，量身定做，个性化服务，让所有读者都从中收益，文化惠民达20000余人次。该馆今后将在每年4、5月举办读者节。（山东省图书馆学会　王玮）

【青岛市图书馆举行理事会成立揭牌仪式暨第一届理事会第一次会议】 12月24日，青岛市图书馆举行理事会成立揭牌仪式暨第一届理事会第一次会议。青岛市文广新局、青岛市编委办、青岛市财政局、青岛市图书馆、中科院海洋研究所图书馆、青岛画院、青岛市委党校等单位有关领导以及青岛市图书馆各部室主任参加揭牌仪式。揭牌仪式后，青岛市图书馆理事会召开第一届理事会会议。会上，理事会审议并通过《青岛市图书馆理事会章程(草案)》、青岛市图书馆2015年工作总结、青岛市图书馆2016年工作打算、《青岛市图书馆2015年经费决算情况说明》以及《青岛市图书馆2016年经费预算情况说明》等。本次会议的召开，标志着青岛市文化事业单位法人治理结构试点工作迈出实质性的一步。（山东省图书馆学会　王玮）

【临沂市图书馆“流动图书馆”进校园启动】 4月11日上午，由临沂市图书馆与临沂市第四实验小学联合举办的“连艺芬芳”连环画史话展暨临沂市图书馆“流动图书馆”进校园启动仪式在临沂市第四实验小学举行。本次活动为学生介绍连环画的发展史、种类和优秀作品，旨在让学生通过连环画图文并茂的表达方式，在读、玩、看的过程中，自然而然地对中国的传统文化、红色经典有所了解。连环画进校园活动充分利用连环画的启迪教育功能，以寓教于乐的方式，指引青少年正确看待社会，善待周围的事物，对社会青少年素质教育工作有着非常现实的辅助教育意义。（山东省图书馆学会　王玮）

【淄博市图书馆成立“稷下书院”】 2月16日，“稷下书院”成立揭牌捐书仪式暨“文化名城讲坛”系列讲座之“齐文化与孔子”在淄博市图书馆多功能报告厅举行。中共淄博市委副书记于海田出席并与山东省政协原副主席、齐鲁文化研究中心首席专家王志民教授为“稷下书院”揭牌，副市长张庆盈主持仪式。“稷下书院”是淄博市着力打造的综合性齐文化文献资料中心，它的成立标志着淄博市又建立起一个齐文化研究交流平台，成立“稷下书院”，也是为了配合淄博市文化名城建设，汇总古今中外相关齐文化文献资料，收储各地齐文化研究成果，集中打造一处综合性的齐文化文献资料中心，为弘扬优秀传统地域文化、打造独具特色的城市文化品牌，提供资料支持和智力保障。揭牌仪式后，王志民与山东省齐文化研究基地首席专家、山东理工大学齐文化研究院原院长、淄博职业学院稷下研究院院长宣兆琦首先捐赠自己精心研究撰写的多部学术专著。随后，王志民做“齐文化与孔子”专题讲座，来自市局机关、市直及区县各文化单位的260余人聆听讲座。（山东省图书馆学会　王玮）

【淄博市图书馆召开家谱征集工作座谈会】

12月16日，“淄博市图书馆家谱征集工作座谈会”在市图书馆五楼会议室举行。市图书馆及来自全市五区三县的家谱爱好者、捐赠者70余人参加。会上介绍多年来淄博市图书馆家谱征集、收藏的有关情况，宣读全市家谱征集倡议书，随后举行淄川寫桥王氏、高青齐东张氏、临淄北金召王氏、章丘章东柏氏、利津郭氏、博兴贾氏等家族向图书馆捐赠家谱仪式；部分会议代表先后发言，对市图书馆的家谱征集工作提出了很好的建议。会上，中国家谱研究中心驻山东省谱牒搜集联络员张立辉，因多年来积极协助淄博市图书馆家谱征集工作，被评为2016年度淄博市图书馆“优秀志愿者”；高青齐东张氏家族在座谈会现场捐赠了全长10米、高2.5米，图表形式的家谱卷轴版。座谈会后，与会人员参观“追溯家谱历史——馆藏精品家谱展”和淄博市图书馆新馆。

近年来，经过广泛征集，社会各界人士热心捐赠，市图书馆馆藏家谱已由原来的几十种发展到200余种。77个姓氏共206种家谱按拼音顺序整齐陈列在四楼的地方文献·参考文献阅览室中，供市民浏览参阅、寻根溯源。除馆藏纸质家谱外，还有近2T的数字家谱资源，家谱数据库也正在建设中。家谱已逐渐成为淄博市图书馆馆藏特色。（山东省图书馆学会　王玮）

【济宁、枣庄两地图书馆相继开通电视图书馆】 济宁市图书馆、枣庄市图书馆积极与广电部门携手，相继开发“电视图书馆”项目，并先后于4月22日世界读书日期间举行开通仪式。枣庄“电视图书馆”现有10个栏目，拥有5000余种数字资源。济宁市电视图书馆项目是济宁市智慧城市建设的重要组成部分，该项目利用山东有线在济宁地区的广电网络线路优势，为图书馆打造7×24小时的宣传平台，济宁市图书馆馆藏的电子图书、视频资源以及图书馆馆情动态、社会活动等能实时地面向全市140万户家庭发布。让普通大众可以不用学会相对复杂的电脑操作，在不采购电脑、智能手机的情况下也能通过山东有线高清双向机顶盒实现阅读与学习。

“电视图书馆”是图书馆在资源发布渠道上的一次创新与尝试，也是图书馆电子资源阅读的一种新方式，该项目的开发不仅是对读书渠道的拓展，更是对现有阅读形式的补充。（山东省图书馆学会　王玮）

【枣庄市图书馆举办视障学生集体阅读活动】

在“六一”国际儿童节来临之际，5月24日，枣庄市图书馆为市特教学校视障学生举行集体阅读体验活动，枣庄市特教学校的20余名视障学生在老师的带领下来馆“光明之家视障数字阅览室”参加集体阅读。该阅览室设在图书馆一楼，配有盲文书籍、盲用有声读物，内容涵盖教育、文学、艺术、法律、经济等多个门类，室内设有盲人专用电脑、盲用读屏软件、盲文点显器、扩视软件、一键式智能阅读机、听书郎、手持式电子助视器、盲文学习机等设备。特教学校的视障学生在馆工作人员的耐心引导下进行盲文阅读、利用各种读屏软件和听书设备进行一次愉快的阅读体验。（山东省图书馆学会　王玮）

【威海市文登区图书馆《文登古籍通考》出版发行】 由文登区图书馆编纂、文登区地方文化研究促进中心策划统筹的《文登古籍通考》由黄海数字出版社正式出版。全书共计30万余字，图文并茂，采用当今流行的纸质图书配数字光盘形式公开发行。本书出版之际，适逢区图书馆建馆60周年，这是文登古籍研究工作的阶段性成果展示，是图书馆工作人员向古老“文登学”文化献上的厚礼。文登区图书馆现藏古籍1800多种3.57万册，在山东省县级公共图书馆藏中位居第一，是“山东省古籍重点保护单位”和“全国古籍重点保护单位”，连续多年获评“山东省古籍保护工作先进单位”。《文登古籍通考》即以区图书馆馆藏传统文化典籍为主，对文登古籍收藏、研究工作首次进行的大规模整理、挖掘、编辑项目，全书分5个章节，分别从历代藏书情况、古籍保存情况、珍藏善本叙录、古籍研究、古籍目录大全等方面着手，力求全面展现文登古籍的历史与研究现状。（山东省图书馆学会　王玮）

【潍坊市图书馆开通“潍 V”无卡借书】 为解决广大读者在使用图书馆中的诸多不便，潍坊市图书馆开通了“潍 V”无卡借书服务。读者只要“一机在手”就可以将书借回家。此外，“潍 V”智慧图书馆还开通检索图书、图书续借、在线挂失、新书通报等服务。只要将“潍 V”客户端下载到手机，打开“潍 V”客户端，点击更多，选择图书馆功能，绑定读者证（默认密码为持卡人身份证后 6 位），生成借书码；其次在图书馆自助借还机上点击借书，选择二维码借书，就能实现借书功能，对读者使用图书馆提供了新颖、便捷、高效的服务方式。（山东省图书馆学会　王玮）

河南省

【2015 年度河南省公共图书馆服务经验交流会在南阳召开】 1 月 14—16 日，南开大学信息资源管理系教授柯平，南阳市文广新局副局长贾廷选，河南省图书馆馆长孔德超，副馆长申少春以及全省市、县公共图书馆馆长及业务骨干 184 人参加会议。孔德超在讲话中概述 2015 年全省公共图书馆的总体情况，并对如何进一步做好图书馆工作提出目标和建议。申少春主持会议并就全省数字图书馆推广工程虚拟网建设、基层图书馆数字资源提升及服务活动、公共电子阅览室管理信息系统部署等工作进行说明。柯平做“公共图书馆评估理论与实践创新”为主题的学术报告。（河南省图书馆学会　严真　马秀峰　伏琰）

【第二届河南省采编业务学术研讨与经验交流会在河南省图书馆召开】 9 月 27 日，此次交流会在河南省图书馆召开。会议由河南省图书馆学会主办。邀请上海交通大学副馆长李芳、《图书馆杂志》编辑部常务副主编金晓明，以及来自全省 40 余所高校图书馆和公共图书馆的代表和各出版社代表共计 100 余人参加会议。本次会议旨在更好地开展图书馆资源建设工作，搭建工作经验交流平台，以提升采编人员的综合业务能力，促进图书馆、出版社与馆配商之间的交流与互动。有效地推动河南省高校图书馆以及公共图书馆的采编业务实践和学术研究进展。（河南省图书馆学会　严真　马秀峰　伏琰）

【公共图书馆业务培训班在新乡市举办】 11 月 10 日，河南省图书馆学会联合新乡市图书馆，在新乡市举办公共图书馆业务培训班。来自全市各县（区）的 60 多名图书馆从业人员参加培训。由周九常、苏全有、秦珂、崔波 4 位组成的专家团队为培训班进行授课。培训班上，专家们分别做题为“最美图书馆及其建设”“未来图书馆的新趋向”“我国图书馆界对数字版权合理使用制度的立法研究与评价”“文化经典，提升文化自信”的讲座。（河南省图书馆学会　严真　马秀峰　伏琰）

【2016 年河南省公共图书馆服务经验交流会暨第六次公共图书馆评估培训班在开封召开】 11 月 29—30 日，在开封召开“2016 年河南省公共图书馆服务经验交流会暨第六次公共图书馆评估培训班”，河南省文化厅公共文化处调研员张德祥、开封市文广新局副调研员丁卫卫、河南省图书馆副馆长申少春、开封市图书馆馆长马慧萍以及全省市、县图书馆馆长及业务骨干 172 人参加会议。会议总结 2016 年全省公共图书馆工作，肯定河南省各级公共图书馆在第五次全国公共图书馆评估中所取得的成绩，并对评估中存在的问题提出建议和改进方向。会议特邀成都理工大学图书馆原馆长叶艳鸣和河南省图书馆副馆长申少春做“评估定级与数字图书馆建设”“第六次评估的相关问题”专题讲座，与会馆长及业务骨干就各馆服务工作及评估准备工作进行了现场交流。（河南省图书馆学会　严真　马秀峰　伏琰）

【平顶山市图书馆馆员在“信息时代　数字未来——2016 年数字图书馆业务技能竞赛”中取得佳绩】 9 月，平顶山市图书馆组成参赛队伍，参加了由中国图书馆学会主办的“信息时代　数字未来——2016 年数字图书馆业务技能竞赛”。该馆李丽丽代表华中地区在安徽铜陵举办的 2016 年中国图书馆年会现场决赛中取得三等奖的成绩。（河南省图书馆学会　严真　马秀峰　伏琰）

湖南省

【湖南图书馆概况】 2016 年，湖南图书馆文献藏量 460 万余册，到馆读者 310 余万人次，文献外借 316 万册次，新增办证 3.6 万个，数字资源访问量 1283 万次。举办各类阅读文化推广活动388场，讲座261场、展览48场。湘图百姓课堂开设251门课程，累计培训10.7万人次。湖南图书馆官方网站年点击2478万次。湘图志愿者服务队现有注册志愿者3568人，各类志愿者服务时长计19万小时。成立国家级古籍修复技艺传习中心湖南传习所，举办培训班2期。申报的课题《内源驱动的基层图书馆可持续发展机制研究》获得2016年国家哲学社科基金项目立项。（湖南图书馆　段蓓虹）

【湖南图书馆举办2016年新春文化庙会】 湖南图书馆2016年新春文化庙会以“同筑中国梦　共度书香年”为主题，从1月30日起，持续到2月26日。活动内容在保留传统的写春联、做剪纸活动的基础上，特邀国家级非物质文化遗产，湖南省唯一的手工木版水印年画隆回滩头木板年画传承人钟建桐先生，为读者现场展示年画这一文化瑰宝的制作过程，以及门神“点睛”、金猴献瑞等年画的制作工艺；同时还推出“湖湘绝艺画里嘉年”邵阳滩头年画展览，读者在展览现场可以亲手参与滩头年画的制作，充分体验这一非物质文化遗产的独特魅力。此次是湖南图书馆举办的第十届新春文化庙会，还推出百姓课堂、湘图讲坛、湘图展览等一系列活动，让广大市民在欢乐祥和的新春气氛里品书香、过大年。（湖南图书馆　夏勉）

【湖南图书馆启动馆藏“文革”资料数字化工作】 3月，湖南图书馆启动对馆藏“文革”资料的整体清查、评估工作，重点对湖南地区的资料进行数量统计和内容分析，共计2000余册，约10万页，并按行业、地区、人物、事件等细分出十余个大类和上百个小类。通过大规模的文献查阅与对比分析，对全国各图书馆、档案馆及部分国外相关研究机构与个人等收藏、整理“文革”资料的近况进行梳理，对湖南图书馆馆藏的文献价值进行初步评估。下半年，撰写《湖南图书馆藏“文革”资料数字化方案》，联系和走访了青苹果数据公司，进行初步实验和测试，“文革”资料的数字化工作正式启动。（湖南图书馆　许莉）

【湖南图书馆加入湖南智库联盟并提供服务】 湖南智库联盟是由湖南省人民政府参事室发起成立的独立智库联合体，主要任务是研究经济社会发展中面临的理论与实践问题，服务党政决策。3月2日，湖南图书馆与湖南智库联盟签署合作协议，商议在资源共享、协同创新的基础上，共同为湖南省党政决策和经济发展提供咨询服务。同期开通“党政机关信息服务平台”，向智库联盟开放海量数字资源。4月，该馆受省委宣传部委托，以社科规划办委托课题的形式，对湖南省的社会经济热点舆情进行综合分析，报送《湖南省社会经济热点舆情综合报告》，受到宣传部的肯定。10月，受省政府督查室委托对全省产业园区、示范区、基地进行调查研究，对存在的问题进行分析研判，形成《湖南省产业园区、示范区、基地调查报告》呈送省领导，受到省政府督查室的肯定。（湖南图书馆　陈思文）

【湖南图书馆启动电子书刊借阅系统】 为加快推动全民阅读，营造书香社会，湖南图书馆于2016年3月启动电子书刊借阅系统服务项目，购置30余台电子书刊借阅机，借助互联网和智能终端设备，为市民学习、党政决策提供便捷的移动阅读服务。目前已在省人大、省委办公厅、省政府办公厅、省政协、宣传部、组织部、高铁站、机场等20余家党政机关和交通枢纽安设电子书刊借阅机，还将在条件成熟的城市社区、政务大厅、商场超市、部队驻地分批配送。该项目极大地拓展了湖湘市民的阅读空间，开启图书借阅新时代。（湖南图书馆　喻乐）

【湖南图书馆举办地方戏剧知识进校园系列活动】 为了普及地方戏剧知识，帮助青少年更好地了解优秀的传统文化，湖南图书馆编辑出版《湖南地方戏剧知识读本》一书。自5月起，该馆依托“湖南地方戏剧资源库”，联合湖南省戏剧家协会，开展“走近经典　戏韵三湘——湖南地方戏剧知识进校园”系列活动。先后邀请十余位戏剧名家为主讲嘉宾，为全省100余所大、中、小学学校的音乐教师和大学生举办湘剧、花鼓戏地方戏剧知识讲座培训。到现场参加地方戏剧知识培训的师生2000余人，另有10000余名戏剧爱好者通过手机视频直播形式参加培训。新华社、人民网、文化部网、湖南卫视、《潇湘晨报》《长沙晚报》、红网等136家媒体对该系列活动进行了广泛报道，其中新华社手机客户端转载报道阅读数达20.7万次，收到较好的社会反

响。（湖南图书馆　杨敏　宋靖）

【《湖南抗战老兵口述录》获全国优秀社会科学普及作品奖】 5月，2016年湖南省社科普及主题活动周启动式在常德举行，会议对2015年全国优秀社科普及专家、基地、读物、工作者等进行了表彰，湖南图书馆编著的著作《湖南抗战老兵口述录》荣获"全国优秀社会科学普及作品"奖项，该馆副馆长邹序明参会领奖并发言。《湖南抗战老兵口述录》一书是湖南图书馆国民口述史项目的重要阶段性成果，辑录了工作团队耗时4年、行程数千公里采访的87位抗战老兵的口述内容，是湖南抗战史乃至中国抗战史的重要补充资料，其最大的史料价值在于，以亲历抗战的中下层军官和士兵的口述史料为基础，全方面、多维度反映抗日战争时期三湘大地上社会政治、经济、文化、民生、战争的全貌。该书出版发行后，引发社会的广泛关注，曾入选湖南省第五届"三湘读书月"社科类特别推荐书目，获得"第五届湖南省优秀社科普及读物"称号。（湖南图书馆　匡耔衡）

【湖南图书馆成立国家级古籍修复技艺传习中心湖南传习所】 6月，该传习所在湖南图书馆成立，并举办两期古籍修复培训班，共培训6名外馆学员。在长达两个多月的培训中，传习所老师认真负责、毫无保留地向外馆同行们传授自己的工作经验与技术，使他们快速熟悉、适应了古籍修复工作，并且在传习所老师的指导和湖南图书馆修复人员的共同努力下，高质量地完成了学员带来求助的《致贵州提督田兴恕手札》的修复工作，受到同行的广泛好评。（湖南图书馆　刘冬）

【台湾古籍保护学会会长林登昱一行来湖南图书馆参观交流】 6月3日，台湾古籍保护学会会长林登昱一行3人来到湖南图书馆参观交流，湖南省古籍保护中心主任、湖南图书馆馆长张勇，省古籍保护中心副主任、副馆长雷树德和文献研究所所长寻霖等接待来宾。交流过程中，张勇介绍了湖南省的古籍保护工作情况；林登昱介绍了台湾古籍保护学会的性质、宗旨、任务及成立过程等，参观了湖南图书馆的古籍修复室、古籍阅览室及古籍展览，并表示希望今后能与湖南省古籍保护中心在业务领域加强交流与合作，共同促进古籍保护工作，进而传播中华传统文化。（湖南图书馆　彭彦）

【举办湖南省文献信息资源共建共享协作网工作会议暨联合在线咨询平台培训班】 11月11日，本次会议在湖南图书馆召开。湖南图书馆副馆长邹序明、长沙理工大学图书馆馆长陈寿祺、湖南农业大学图书馆副馆长周治淼、长沙市图书馆副馆长龙耀华、长沙市商贸旅游职院图书馆馆长吴笑，以及11家成员单位的咨询员出席会议。会议由邹序明主持，他回顾了协作网的发展历程，通报协作网近段工作，强调联合在线咨询服务的重要意义。湖南图书馆信息服务部主任李月明对联合在线咨询服务进行具体部署，李青远就新平台进行培训和演示。随后，各成员单位围绕协作网工作机制进行热烈讨论，并商议协作网下一阶段的工作，决定联合在线咨询服务从12月1日起恢复运行。（湖南图书馆　李青远）

【湖南省公共图书馆联盟巡讲"铭记历史，不忘初心再长征"】 11月19日，"铭记历史，不忘初心再长征"——湖南省公共图书馆讲座联盟巡讲活动在湖南图书馆正式启动，此次巡讲由湖南省公共图书馆联盟为纪念红军长征胜利80周年精心策划组织，特邀毛泽民烈士外孙曹耘山和开国中将韩伟之子韩京京两位红色革命家后人亲述先辈长征路上的故事。巡讲历时两个月，分别在湖南图书馆、株洲市图书馆、衡阳市图书馆、郴州市图书馆为广大读者带来4场高品质的讲座，受到当地听众朋友的热烈欢迎。（湖南图书馆　陈韶华）

【2016年全国地方文献工作研讨会在湖南图书馆召开】 11月26日，由中国图书馆学会学术研究委员会地方文献研究专业委员会（以下简称"专委会"）主办，湖南图书馆、省图书馆学会承办的现代公共文化服务体系下的地方文献工作研讨会在湖南图书馆召开，专委会委员以及来自全国各级图书馆的300余位专家学者参加会议。湖南省文化厅党组副书记、副厅长禹新荣，中国图书馆学会学术委员会副主任、南开大学博士生导师柯平，专委会主任、湖南图书馆馆长张勇出席开幕式并致辞。会议由专委会副主任、湖

南图书馆副馆长雷树德主持，其中学术研讨会由江西省图书馆副馆长、专委会委员何振作主持，吉林省图书馆党委书记、副馆长、专委会委员吴爱云，广东省立中山图书馆副馆长、专委会副主任倪俊明和雷树德分别做主题报告，2016 年中国图书馆年会征文一等奖论文作者窦鹏、程倩倩进行了论文交流。此次会议为全国的地方文献工作者搭建了一个优质的交流平台，对促进全国地方文献工作的发展具有积极的意义。（湖南图书馆　王彬）

【2016 年湖南省市（州）公共图书馆（中心馆）馆长联席会议召开】 11 月 27 日，由湖南图书馆承办的本次会议召开。省文化厅公共文化处处长颜喜、公共文化处主任科员叶建武、湖南图书馆领导班子、湖南省少年儿童图书馆党总支书记杨柳及全省 14 个市（州）公共图书馆（中心馆）的馆长参加会议。会议由湖南图书馆党委书记、副馆长伍艺主持。颜喜在会议中着重就公共图书馆 2017 年的工作做重要讲话并代表省文化厅宣读《湖南省公共图书馆服务成果评奖活动结果通知及表彰》。湖南图书馆馆长张勇、湖南少年儿童图书馆党总支书记杨柳分别通报本馆 2016 年工作总结和 2017 年工作计划。湖南省公共图书馆参考咨询联盟、讲座联盟分别汇报了相关工作。各市（州）馆馆长交流了工作经验。（湖南图书馆　王茜）

【《湖南文献概论》正式出版】 11 月，《湖南文献概论》由岳麓书社正式出版发行。该书对湖南文献的定义及类型进行了归纳，对湖南文献的发展历史及现状进行了总结，对湖南文献今后的发展趋势进行了预测。湖南图书馆在地方文献工作及研究方面一向具有优势，早在建馆之初即极为注重湖南先贤著述的收集和利用，经过近百年的建设与发展，已形成独特的湖南文献收藏体系，为社会各界提供高质量的湖南地方文献服务。但至今缺少一部紧密结合湖湘文化及湖南文献的著作。有鉴于此，在中国图书馆学会学术研究委员会地方文献研究专业委员会的倡议与指导下，湖南图书馆拟编纂一部既能体现当前图书馆界地方文献理论与实践研究成果，又能系统反映湖湘文化及湖南文献发展与现状的著述，并于 2016 年完成。该书不仅是一部湖南文献工作者从事地方文献工作的专业教材，同时也是专家学者、社会大众了解湖南文献的历史、现状及发展规律的学术专著。（湖南图书馆　李娇）

【湖南弘文知识社区和移动终端版正式上线】 湖南图书馆开发的湖南弘文知识社区和移动终端版是国家公共文化数字支撑平台建设内容之一。2016 年，该项目经过近一年的建设，社区和手机 APP 端运行正常、稳定。通过食湖南、游湖南、影湖南、戏湖南、舞湖南、忆湖南、谱湖南等栏目的设置，全方位展示湖湘特色资源，同时通过百科知识、知识圈等资源入口提供各类数字资源。（湖南图书馆　杨丹）

【湖南图书馆推出外国语文献阅读与分享计划】 湖南图书馆外国语文献阅读与分享计划以“打造品牌、加强合作、创新推广、聚焦主题”为引领，以突出服务与交流为主线，以“外文之窗”与“E 路前行”两个栏目为媒介，以搭建读者外文文献需求与图书馆服务的桥梁，旨在帮助读者找到合适的外文文献，提高读者的外语技能。2016 年，契合该馆“十三五”发展规划的要求，注重活动的系列化与连续化，如像外国人一样说英语系列、前途带你看世界、小语种系列、少儿专场等。全年累计举办外文之窗活动 10 场，E 路前行活动 56 场，参与活动读者 3 万余人次。（湖南图书馆　刘小花）

【湖南图书馆开展“湘阅一生”综合阅读推广活动】 2016 年，湖南图书馆将女子、艺术、老年三大专题馆的阅读推广活动进行内容优化，打造成“湘阅一生”综合阅读推广文化服务品牌，根据分龄分众、优化创新的原则，结合女性、老年群体的特点和需求，有针对性地将各馆活动整合成“优雅学堂”“爱阅部落”“爱育课堂”“创享空间”“国学品读”5 个主题板块开展特色阵地活动，内容涉及女性礼仪、阅读沙龙、家庭教育、书画艺术、养生保健、网络知识学习等。8 月，“湘阅一生”还全新策划真人图书馆系列活动，推出如“逆袭：女博士音乐梦想之旅”“里约大冒险”“当长沙遇到西雅图 2”等活动。全年共举办各类型讲座展览及活动 129 场，参与读者达 2.55 万人次。（湖南图书馆　黄媛媛）

【湖南省少年儿童图书馆概况】 2016年，湖南省少年儿童图书馆拥有纸质文献资源70万余册（件），电子文献资源111万多种，各类数字资源总量达51.2TB，自建资源总量达31.61TB。全年完成文献采购216余万元（码洋）。下库新书202批，分编加工图书2万余种、7万余册。办理读者证3861个，外借9.89万人次、37.75万册次，阅览约25万人次、76万册次。（湖南图书馆 段蓓虹）

【湖南省开展少年儿童系列读书活动】 12月4日上午，由省委宣传部、省文明办、省文化厅、省教育厅等部委联合主办的“书香湖南”2016年全省少年儿童“光荣与梦想——纪念建党95周年、红军长征胜利80周年”知识竞答决赛暨系列读书活动颁奖仪式在湖南音乐厅隆重举行。本次读书活动以“主题阅读”“网络答题”“现场知识竞答”“三湘少年儿童阅读之星评选”“主题书籍捐赠”为主要内容。活动自5月开展以来，全省14个市州相关部委转发文件到各县（市）区，依托当地文广新局和图书馆具体组织实施，取得良好的社会效果。14个市州120多个县（市）区共有79.8万余名少年儿童参加此次活动，开展各种形式的主题读书活动3200余场。（湖南省少年儿童图书馆 金铁龙）

【湘潭市图书馆“智慧空间”开馆】 9月24日，湘潭市图书馆（少儿馆）“智慧空间”正式对外开放。“智慧空间”内设有“体感互动学英语”“虚拟拍照”“3D涂鸦海洋馆”“书法学习体验中心”四大主题活动。开放当天，很多家长就带着孩子来此感受科技创新的奇妙，以及科技设备带来的惊喜。参观读者达到1000余人。（湘潭市图书馆 沈艾飞）

【湘潭文化讲坛】 “湘潭文化讲坛”由湘潭市委宣传部、市社科联主办，湘潭市图书馆（少儿馆）、市图书馆学会、市民俗文化学会、市民间文艺家协会承办。每月1期，2016年举办12期，2000余人次参加。邀请中共湘潭市委副秘书长、中国作家协会会员赵志超，中国明史学会理事、湘潭市政协委员何歌劲，湘潭地方文化专家唐徽，湘潭大学教授何崇恩，湘潭读山诗社社长刘安定等老师讲课。文化讲坛内容涉及湘潭的人文地理、风物名胜，如“民主革命的杰出斗士——秋瑾”“天下第一廉——毛泽东”“湘潭名人家规家训”等，为了解湘潭历史文化进程，宣传社会主义核心价值观提供了一个很好的平台。（湘潭市图书馆 沈艾飞）

【韶山毛泽东图书馆举行纪念毛泽东主席诞辰123周年暨建馆20周年全国红藏名家捐赠座谈会】 12月27日，该座谈会在韶山毛泽东图书馆举行。来自北京、河北、河南、山西、陕西、山东、吉林、湖南等地的13位全国知名红色收藏家，齐聚伟人故里韶山，共同寻觅红色之源，畅谈红色收藏人生，共商深入交流与合作大计。座谈会上，各位红色藏家们向该馆捐赠135种（册）价值15万元的藏品。（韶山毛泽东图书馆 蒋娟）

【郴州市首个公益儿童图书馆对外开放】 1月16日，位于东风路人武部大楼二楼的春苗书屋公益儿童图书馆正式对外开放，它是郴州市图书馆春苗书屋项目组筹资建立的市内首个公益儿童图书馆。馆内拥有各类藏书15000余册，以快乐阅读、亲子阅读、推广阅读为宗旨，由郴州市的文化志愿者团队负责日常事务，每周开放49小时。书屋除了开展图书借阅外，还在每周五和周六晚上举行亲子读书会活动，为所有的家长和小朋友搭建一个学习、交流、成长的平台。（郴州市图书馆 郭华丽）

【郴州市图书馆举办“郴州抗战老兵影像展”】 9月3日是中国人民抗战胜利71周年纪念日，为弘扬爱国主义和民族精神，宣传郴州抗战老兵和抗战史，该馆在一楼大厅举办“郴州抗战老兵影像展”。展览汇集照片100多幅，充分展示了那一时期的战争历史，激发人们的爱国热情。（郴州市图书馆 郭华丽）

【凤凰县图书馆完成古籍目录编制和普查工作】 凤凰县图书馆是湖南省县级图书馆古籍藏量最多的图书馆之一。近年来，馆里加大对古籍工作的投入力度，对馆藏古籍开展抢救性冰冻杀虫、除尘、除霉、清理、修复等工作，派出古籍管理专职人员多次参加国家、省、州各级举办的古籍保护、古籍普查、古籍修复、古籍编目等培训。设立古籍书库和樟木书柜，装备了防紫外线窗帘、恒温空调、防盗监控设施，古籍保护成绩显著，被凤凰县列为县级文物保护单位。2016年，在湖南省古籍保护中心的支持和帮助下，完成馆藏古籍3049种17540册的清理归并、分类编目和古籍普查等工作。经专家鉴定，馆藏有《慎一庐藏书目录》《平黔纪略》《三礼考注》《道光十六年镇筸兵勇滋事查办情形并苗疆善后章程》等国家级善本12部、省级6部。下一步计划积极申报《国家珍贵古籍名录》和《湖南省珍贵古籍名录》，采集书影，对古籍进行数字化处理，为出版馆藏古籍图录做准备。（凤凰县图书馆　张律叶）

【凤凰县图书馆创新民族地区留守儿童阅读推广服务】 凤凰县图书馆科学部署做实事，采取点面结合、以点带面、上下联动、借力社会等举措，定期开展针对留守儿童的阅读推广活动。2016年，相继在凤凰县文化广场、文昌阁小学、木里乡、千工坪乡新坪村等地举办或参与共享工程春节演播、"你读书，我买单"公益读书、"我的书屋·我的梦""春雨工程·网络书香边疆行"、流动书车进苗乡、"关爱留守儿童，传播爱心火种"、暖冬献爱心等活动16次，参与人数1.23万人，发放资料5360份，办理借阅证200张；为留守儿童捐赠图书630册；捐赠文体用品和防寒物质价值2万元。凤凰县图书馆代表选手龙婷、刘奕、周秋伶3位同学的征文获国家新闻广电总局举办的"'我的书屋·我的梦'农村少年儿童阅读实践活动"优秀作品奖；该馆申报的"创新民族地区留守儿童阅读推广服务"项目获湖南省文化厅"公共图书馆服务成果"三等奖。（凤凰县图书馆　张律叶）

广东省

【概况】 截至2016年年底，广东省共有市县（区）级以上公共图书馆145个，其中县级图书馆117个。全省公共图书馆馆舍总面积130.1万平方米，从业人员4207人，其中高级职称288人、中级职称1401人。全省公共图书馆购书经费31694.33万元，比2015年增长44.6%，全省人均购书费2.88元；2016年购书639.61万册，全省公共图书馆总藏量共计11035万册，增长22.9%，全省人均藏书量1.003册；计算机总数达14891台，其中电子阅览室终端达到7729台。全省公共图书馆累计发放有效借书证640万个，比上一年增长8.8%，总流通（年外借）达到1849.8万人次，书刊文献外借5619万册次，增长31.5%；组织各类读者活动3万多次，参与读者1514.7万人次。

广东省文化厅先后下发《广东省文化厅关于申报2016年图书馆、文化馆总分馆试点建设项目的通知》（粤文公〔2016〕15号），《广东省文化厅关于做好2016年图书馆、文化馆总分馆建设试点工作的通知》（粤文公〔2016〕53号），省财政专门拨款1100万元，正式启动县域总分馆建设试点工作。省厅委托省馆组织专家分批深入各试点县（市、区）的基层镇、村了解情况，对第一批县域总分馆试点单位进行现场指导、督导验收，第二批试点正有序推进中。

广东流动图书馆二期工程建设工作继续推进，2016年新建浈江、赤坎2个分馆，并为其采购新书2.2万余册。现有广东流动图书馆共90个，全年接待读者737.4万人次，办理读者证5.8万个，外借图书176.3万册次。在江门、肇庆、揭阳举办粤东、西、北分片业务培训班，各地基层图书馆共举办近百场基层巡回展览，观展读者9万人次。（广东图书馆学会　何杰锋）

【广东省立中山图书馆概况】 2016年，累计馆藏总量达730万册。全年完成中外文图书编目近13万种。共接待进馆读者约483万人次，平均每天服务读者约1.6万人次。书刊借还约239.7万册次。办理各类读者卡27986个。门户网站主页全年访问量114.1万人次，OPAC访问176万人次。

建成"报图览粤——清末民初画报中的广东"多媒体资源库并免费对外开放。全省古籍普查工作全面开展，共完成古籍普查登记数据8.4万条，并完成第二批广东省古籍重点保护单位和珍贵古籍名录评审工作；举办全国古籍普查审校人员培训班一期和文献修复培训班两期，设立南京艺术学院"文物鉴赏与专业教学实践基地"。承担建设的孙中山多媒体数据库二期等4个项目全部获得验收通过，基本完成省内省、市、县（区）三级公共电子阅览室管理系统客户端的部署。组织协调完成广东省2016、2017年度的共享工程地方特色资源和数图推广工程数字资源联建项目的申报工作。

全年举办讲座、展览、培训等读者活动 827 场。其中少儿活动多达 610 场，吸引近 43 万名少儿读者及家长参与，并组织省内 27 个公共图书馆巡展“中图少儿展览”71 场；联合 15 个地级市、33 个市县区公共图书馆共同开展“21 天阅读挑战书”活动，促进全省少儿阅读推广工作。该馆的中图少儿创客空间引入 3D 打印、手工机床、机器人实训等活动，建立科学、技术、工程、艺术、数学等主题阅读与体验平台，释放青少年的想象力和创造力。组织举办全省大型活动如：首届全国听障朗诵大赛暨“品味书香、共享幸福”活动、首届全国聋人读书征文大赛启动仪式、第六届广东省盲人诗歌散文朗诵比赛、第六届“图书馆杯广东全民英语口说大赛”、第五届广东省英语电影配音大赛。

完成《广东省图书馆馆际互借与文献传递调研报告》和《广东省图书馆馆际互借与文献传递协议书（讨论稿）》。升级改版广东省文献资源共建共享协作网网站，外包开发“全国图书馆参考咨询联盟”微信服务平台以及移动门户网站。

该馆首次获得全国联编中心的全部奖项，即“分中心组织优秀成果展示”“数据监督阵地”“中心数据基础”3 项集体奖和“优秀质量监控员”个人奖。（广东图书馆学会　何杰锋）

【广东流动图书馆建设】 2016 年，广东省立中山图书馆建成浈江、赤坎 2 个流动图书馆，广东流动图书馆已建成 90 个分馆，年购书经费 500 万元。此外，为配合“县域总分馆试点工作”，将 10 月下达的部分购书经费用于第一批试点单位中的 9 个分馆，共采购新书 9.1 万余册；同时采购《民国稿抄本》各 60 套配送流动分馆。全年总流通人数 737.41 万人次，阅览 1308.43 万册次，咨询件数 21.78 万件，外借办证 58253 个，外借 176.28 万册次。全年在粤东西北 14 个地市行政区域范围内 90 个公共图书馆举办“宝岛台湾摄影展”等 15 个展览巡展。截至 12 月 31 日，各馆共举办 100 场基层巡展，吸引约 12.67 万人次读者进馆观展，扩大了展览效益。（广东省立中山图书馆）

【广东省立中山图书馆开展古籍出版和数字化工作】 出版《海外广东珍本文献丛刊》《广东省政府公报》《民国葡萄牙驻广州总领事馆档案》《民国稿抄本》（第一辑）等多种文献；《黄埔军校史料汇编》（第五辑）、《广东民国年鉴丛编》《广东省立中山图书馆藏容庚先生稿抄批校本丛刊》《海南全书》《郑师许文集》等项目正在编辑中。2016 年 6 月，《中国古籍珍本丛刊·广东省立中山图书馆卷》与《容庚藏名人尺牍》双双荣获 2015 年度全国优秀古籍图书二等奖。（广东省立中山图书馆）

【广东省立中山图书馆开展古籍文献宣传工作】 广东省立中山图书馆广东省古籍保护中心，联合省内多家公共图书馆，在全省范围内开展“册府千华——广东省藏国家珍贵古籍特展”“书香古韵——中华古籍之魅力”等多项古籍保护宣传活动，先后在省馆、梅州市剑英图书馆、惠州市慈云图书馆、江门市新会区景堂图书馆、澳门科技大学图书馆等地举办古籍特展、修复技艺演示活动等 16 场。5—10 月，省馆与澳门科技大学图书馆、澳门中央图书馆联合举办“墨香古韵——岭南碑刻拓片展”暨读者体验工作坊，并派出古籍修复专业人员，在澳门科技大学图书馆、澳门何东图书馆举办碑帖传拓技艺读者体验活动。（广东省立中山图书馆）

【广东地方特色数字化资源建设】 自 2011 年以来，全国文化信息资源共享工程建设通过中央财政资金鼓励各省进行地方特色资源建设申报建设，广东省立中山图书馆负责具体落实省级相关工作。2016 年度，完成地方特色资源建设项目验收工作，文化部全国公共文化发展中心组织专家对部分已建成地方资源建设项目进行网络验收和现场验收，包括岭南文化系列——孙中山多媒体数据库二期在内的 4 个项目全部通过；组织开展 2014、2015 年度地方特色资源建设项目的建设工作，其中 2014 年项目“报图揽粤——清末民初画报中的广东”已完成建设并提交验收，2015 年“广东历史文化名街、名镇专题片一期”项目已完成 10 集专题文化片（260 分钟）的制作；组织申报 2016、2017 年度地方特色资源建设项目申报工作，《广东地方戏剧》系列专题片等 5 个项目申报成功，建设经费总金额为 415 万元。（广东省立中山图书馆）

【广东省立中山图书馆开展特色少儿阅读推广】 2016年，广东省立中山图书馆共策划举办610场少儿活动，较2015年增长302场，吸引近43万名少儿读者及家长参与。每月继续推广周六故事会、"星星树"英文阅读会、"星星的家"少儿系列讲座、"中图少儿分享沙龙""玩转图书馆""赏电影·读原著"等原有少儿活动品牌，并将阅读与音乐、美食、心理等相融合，创办"中图少儿创意阅读营"；与探索自然相结合，创办"探世界"活动；与创造思维相结合，创办"中图少儿创客空间"；与微电影、摄影相结合，创办"微电影阅读营"；与图书馆文化与历史相结合，创办"图书馆导赏"活动；与知名作家相结合，创办"作家说经典"活动，为不同年龄、不同需求的少儿读者提供了多层次、多样化的阅读、体验与交流的平台。（广东省立中山图书馆）

【2016年广东省公共图书馆馆长培训班在广州举办】 5月17—19日，广东省文化厅在广东省立中山图书馆举办此次培训班，来自全省各地市、县（市、区）公共图书馆馆长、副馆长共150余人参加培训。广东省文化厅公共文化处副处长毛凌文主持培训班，并对2016年公共图书馆重点工作进行讲解布置。副巡视员王莉出席开班仪式，副厅长陈杭出席培训班结业仪式并做总结。此次图书馆馆长培训班邀请中山大学图书馆馆长程焕文、南开大学信息资源管理系教授柯平、东莞图书馆馆长李东来、佛山市图书馆馆长屈义华、浙江省嘉兴市图书馆馆长章明丽和国家图书馆数字资源部主任曹宁等知名专家学者担任授课老师。他们分别讲授"公共图书馆发展趋势""公共图书馆服务社会化探索与实践""《关于加快构建现代公共文化服务体系的意见》解读及实施""公共图书馆的理念与服务""嘉兴市现代公共图书馆服务体系建设的探索""互联网+环境下数字图书馆的资源建设与服务"6个专题的课程。（广东省立中山图书馆）

【2016年广东省图书馆学情报学业务知识学习班在广州举办】 5月24—27日，广东省中心图书馆委员会在省立中山图书馆举办此次学习班。来自全省各类型图书馆、科研情报单位、资料室等机构约100人参加培训。此次培训内容丰富、实用性强、师资力量强大。设置"大数据思维下数据库的利用""文献信息编目""图书馆阅读推广""是工作总结，还是学术论文？——如何提高论文的学术性""广东省科技报告体系建设及科技创新文献资源推介""网络信息获取与利用"等课程。香港公共图书馆高级馆长陈惠吟、馆长朱宝仪、馆长助理黄可欣，中山大学教授、资讯管理学院副院长陈定权，中山大学副教授武琳，广东省科技情报学会信息资源中心副主任何静，广东省立中山图书馆采编部主任潘咏怡以及华南理工大学图书馆老师侯林丽等来自粤、港地区公共或高校图书馆界的专家和业务骨干担任讲师。（广东省立中山图书馆）

【全国图书馆参考咨询联盟馆员培训及经验交流会在广东省立中山图书馆召开】 此次会议于6月13—14日召开。来自全国部分省市28家单位约60名参考咨询员参加此次会议。广东省立中山图书馆馆长刘洪辉、原副馆长莫少强，省中心图书馆委员会办公室主任伍清霞以及超星公司副总经理徐贵水担任此次会议的授课老师，分别讲授"《图书馆参考咨询服务规范》解读""'互联网+'时代数字参考咨询的发展趋势及联盟平台的对策""全国图书馆参考咨询联盟平台总结与计划"以及"全国图书馆参考咨询联盟平台功能与答题技巧"等课程。

会上为获得"2015年广东省文献资源共建共享服务奖"和"2015年广东省文献资源共建共享优秀服务奖"的单位及个人颁发荣誉证书。（广东省立中山图书馆）

【图书情报知识系列讲座2016年在广东省立中山图书馆继续开讲】 8—11月，广东省中心图书馆委员会继续与广东省科学技术情报学会共同举办图书情报知识系列公益讲座。此次系列讲座共有10讲，来自广东省公共、教育、科研三大系统图书情报单位的工作人员及读者近1400人参与。广州少儿图书馆副馆长魏文涛、广东工业大学华立学院工商管理讲师齐铁臣、东莞职业技术学院图书馆技术部主任钟远薪、广州体育学院图书馆副研究馆员练六英、广东省科技图书馆副研究馆员王燕、东莞大岭山镇图书馆副研究馆员陆其美等专家分别以"从自助借还设备谈公共图书馆转型模式""个人科学研究工作中的情报管理”“交互改变一切——从虚拟现实窥探数字图书馆未来”“移动互联网环境下个人信息知识的积累与管理”“联合社会力量，图书馆开展科普活动的实践与探究——以广东省科技图书馆为例”“基于O2O模式的图书馆服务创新与思考”等主题，分享他们的专业意见和建议。广东省立中山图书馆办公室副主任史江蓉、《图书馆论坛》副主编刘洪、少儿部主任宋玲以及华南理工大学图书馆老师王庆涛等分别讲授“公共图书馆宣传推广”“研究，撰写，发表与交流——编辑视角的学术科研四部曲”“少儿阅读推广的实践与思考”“浅谈公共文化服务体系建设中图书馆定位问题”等课程。（广东省立中山图书馆）

【广州图书馆概况】 广州图书馆履行中心馆职责，统筹全市服务体系建设。2016年，围绕“建设以人为中心、一流的国际大都市图书馆”总目标，贯彻落实《广州市公共图书馆条例》《广州市“图书馆之城”建设规划（2015—2020）》《广州图书馆2016—2020年发展规划》，服务效益继续稳居国内公共图书馆前列。完成3600万元文献购置费的使用，文献采访81.1万册（件），累计藏书789.5万册（件）。全年接待公众访问739.7万人次，同比上涨20.2%；外借文献787万册次（自助续借、自助图书馆、分馆与服务点服务量另计），同比增长4.4%；自助续借304.8万册次，同比增长15.7%；自助图书馆、分馆与服务点外借文献58.3万册次，同比增长65.2%；新增注册读者33.5万人，同比增长7.7%，累计注册读者124万人；外借159.1万人次（自助续借服务量另计），同比增长6.2%；自助续借53.4万人次，同比增长30%；自助图书馆、分馆与服务点外借11.4万人次，同比增长39.6%。为公众提供咨询服务117.6万条，同比增长30.4%；网站首页点击量841.1万次，同比增长18.3%；数字资源下载、浏览量4496.6万篇、册次，同比增长25.5%。移动图书馆功能不断完善，APP下载2.4万次、点击703.7万次。微信公众平台粉丝量29.1万人，居国内公共图书馆首位；微博粉丝量2.9万人，微博传播指数（BCI）周榜排名保持国内图书馆前五位，配合馆内的各种大型活动开展微博直播、有奖征集微活动、微访谈等。举办公众活动1743场，参加活动公众145.8万人次，同比分别增长38.2%、28.7%。举办第十届“在阅读中成长——广州市青少年十年阅读系列活动”等大型综合活动。统筹全市公共图书馆联动开展首届主题为“阅读，让花城更美好”的“广州读书月”活动。“广州数字图书馆”上线并完成终验。

组织制定《广州市公共图书馆服务规范》《广州市公共图书馆文献信息资源剔除规定》等配套制度，协助局制定第三方评估机制；协助局启动广州市公共图书馆统一标志征集工作；支持和指导区域总分馆服务体系建设，协助起草《广州市公共图书馆总分馆服务体系建设试点方案（2016—2017）》；制定并实施《广州市公共图书馆统一借阅规则》，实现全市公共图书馆服务标准化。推动实现越秀区图书馆并入大集群系统。完善市、区两级公共图书馆通借通还物流网络，实现全市每周一次的通借通还物流频次，全市通借通还达90.8万册次，同比增长60.9%。推进13个直属分馆建设，其中与社会力量合建分馆2个，完成分馆专业化改造4个；优化20个流动图书馆服务点布局，新增服务点2个、撤销服务点2个；加强宣传推广，7台自助图书馆服务点增设灯箱。联合广州市电车公司推出全国首条公交“阅读专线”。

推进主题创客空间建设，青少年创客空间建成开放。举办首届创新创客大赛、“瓶行宇宙”等社会创新系列大型活动，打造本土创新创客交流互动平台。举办“创客空间：图书馆里的创造力——人人参与的创客空间”国际学术研讨会。

2016广佛肇清云韶六市图书馆联合年会在广州图书馆召开。该馆成为中国图书馆学会公共图书馆分会城市图书馆工作委员会挂靠单位，并承办2016年中国图书馆年会“城市图书馆实践的最佳案例”第23分会场。

该馆被广东省委宣传部等授予“最美阅读空间”和“书香岭南”全民阅读活动“优秀阅读推广组织”称号。（广东图书馆学会　何杰锋）

【广州少年儿童图书馆概况】 2016年，广州少儿馆新增注册读者7.2万人，同比增长25%；借书53万人次，同比增长60%；外借文献541万册（件），同比增长127%。主阵地场馆年度日均外借文献1.6万册（件），单日峰值31544册（件）。建设读者“NFC手机借阅系统”和“阅读积分有礼”平台。发布《2016年度广州少年儿童图书馆阅读报告》。“小悦悦”全媒体咨询机器人平台共提供咨询服务170多万人次。

着重梳理馆外服务点的规章制度，初步完成《校园智慧图书馆建设和管理、服务办法》《汽车图书馆应急预案》《联合分馆管理办法》《流通点考核办法》等15个制度修订。为分馆配书近19万册，实现与12个区馆少儿图书的通借通还。新开设罗仙小学等5个分馆；新增神山五小、荔湾区育星和平幼儿园、白云机场亲子悦读馆3个流通点。新建四中、鸿图苑等7个校园智慧图书馆，配送图书近3万册，并实现20个智慧图书馆联盟学校间通借通还。汽车图书馆新增石华书院服务点。年采购经费946.1万元，同比增长110%。

全年开展阅读推广活动1674场、109万人次参与，同比分别增长275%、69%。持续开展“广州读书月”“羊城之夏”暑期青少年系列活动等全市性大型读书活动。通过征集感言和祝福、图片实物展览、纪念文集、优秀读者和志愿者等评选、新业务发布等回顾与展望的形式开展20周年馆庆系列庆祝活动，还自编自导自演《新少图之光》宣传MV。全年纸媒、电视和网络媒体对该馆报道942次，为上年同期的2倍。

该馆牵头成立广州市图书馆学会未成年人服务专业委员会，中国图书馆学会未成年人分会图画书阅读服务委员会落户该馆。（广东图书馆学会　何杰锋）

【深圳图书馆概况】　2016年，深圳图书馆新办读者证8.27万张，接待到馆读者410.2万人次，日均接待读者13107人次；文献外借服务总量431.6万册次，同比增长12.42%；全市240台自助图书馆借还文献230.1万册次，同比上升14.57%，受理预借请求20.25万个，成功配送预借图书19.2万册次，同比上升21.09%，成功率达到94.86%；网站访问量196.8万人次，同比增长20.23%；数据库馆外访问58.86万人次，同比增长28.22%。

全年举办读者活动1422场，参与读者227.3万人次，同比分别增长7.24%和11.86%。新浪官方微博发布累计7466条，粉丝总数14.48万人；微信公众号订阅用户总数达10.85万人，同比上升96.8%，互动消息总量达17.07万条。策划实施纪念开馆三十周年系列活动。世界读书日、图书馆服务宣传周、深圳读书月等重要节点期间，策划开展数百场活动。

参与制定的《公共图书馆统一服务技术平台应用规范》（SZDB/Z 168—2016）和《公共图书馆RFID技术应用业务规范》（SZDB/Z 169—2016）获深圳市市场监督管理局审批通过发布并施行。完善“图书馆之城”统一服务体系采编工作协调机制，深圳图书馆、深圳大学城馆和区馆共9个馆加入联合编目平台。编制深圳市标准《公共图书馆统一服务书目质量控制规范》。5月26日，支付宝城市服务—图书馆服务正式上线，市民可以通过其菜单，检索深圳图书馆及“图书馆之城”馆藏书目、发现自助图书馆、进行手机阅读、查询活动和借阅信息、实现移动支付。上线半年以来访问量达13.6万人次，移动支付2.8万次、74.7万元。

馆总藏量888.6万册。全年采购数据库40个，新增数据库子库18个。牵头成立“市区公共图书馆数字资源联合建设小组”，因地制宜采取联合采购经费分担、统一采购多馆使用、单馆采购协调授权三种模式，完成“中国知网”“博云随书光盘云数据库”“正保会计及医学视频数据库”联合建设工作，市区公共图书馆数字资源共建共享取得实质性进展。加强“深圳记忆”项目建设，丰富地方文献资源。

完成“图书馆之城”大数据应用平台EasyLod的系统研发，优化数据挖掘策略和统计分析功能，已投入使用，并于12月向全市其他图书馆开放应用。

“深圳文献港”启动III期工程，即“统一资源发现与获取云服务平台”“深圳学者知识库及云服务平台”“馆际互借服务平台”建设。10月31日，“统一资源发现与获取云服务平台”通过专家验收。

由深圳图书馆牵头，联合东莞图书馆等共同研制的全国文化行业标准——《社区图书馆服务规范》（WH/T 73—2016）5月1日起实施。《深圳经济特区全民阅读促进条例》4月1日起施行。该条例的通过及其实施标志着深圳已进入全民阅读工作依法促进的阶段，也是深圳彰显“全球全民阅读典范城市”典范作用的具体体现。它是我国全民阅读立法的一个创举。

2016年，国际室内设计协会（IIDA）及美国图书馆协会（ALA）联合公布ALA/IIDA图书馆室内设计大奖获奖名单，深圳图书馆集阅读、活动与展示功能于一体的城市经典阅读空间“南书房”项目获得2016年度WINNER大奖。（广东图书馆学会　何杰锋）

【深圳图书馆举办开馆30周年系列活动】 2016年12月20日是深圳图书馆开馆30周年纪念日。深圳图书馆策划组织纪念开馆30周年系列活动，包括编纂、出版《深圳图书馆志（1986—2016）》《我和深圳图书馆》征文集、《深圳图书馆馆藏古籍图录》，策划推出“深圳图书馆30年馆史展”“深圳图书馆全民阅读展”，拍摄深圳图书馆宣传片，举办“图书馆与城市发展——深圳图书馆开馆30周年社会各界人士座谈会”“回顾与展望——深圳市‘图书馆之城’事业发展专家座谈会”等。（深圳图书馆）

【东莞图书馆概况】 2016年，东莞全市各镇（街）分馆新增读者证3.99万余个，书刊文献外借261.6万册，接待读者727.96万余人次，均较去年同期有所提升。市馆共接待读者315.74万人次；新办理读者证3.2万余个；外借书刊文献248.16万册次。图书馆网站点击量达到363.56万余人次，东莞学习中心各平台访问量达1644.28万次；东莞图书馆移动客户端累计下载安装量达2.68万人次；微博发布699条，粉丝累计5761个；官方微信发布333条，粉丝累计4万个。馆新增文献入藏4.89万余种、13.74万余册。

举办各类活动800余次，参与读者近60万人次。积极推进2016东莞第十二届读书节工作。于“4·23”世界读书日前后组织开展第三届骑行系列活动、“悦读·在路上”、第四届“幸福悦读　知识共享换书、晒书、捐书系列活动”等；围绕“扫码看书、百城共读”开展名人宣传海报制作工作。组织儿童故事大王比赛、第七届漫博会分会场等重点少儿活动。完成漫画图书馆空间升级改造。

制订《2016“体系提升年”工作方案》，重点开展以下方面工作：①加强镇统筹村（社区）图书馆职能，进一步完善总分馆体系，全年共发展基层服务点10个，全市现有村（社区）基层服务点达320个；松山湖分馆加入服务体系。②启动“十三五”重点工作2016年服务到户工程，登记服务到户示范家庭333个，开展服务915次。③加强总分馆之间的业务沟通和交流，先后召开两次馆长例会。④强化公共电子阅览室管理，全市各分馆公共电子阅览室全年接待读者上机53.82万人次，上机总时长73.37万小时。⑤推进分馆24小时图书馆的管理，全年各分馆24小时自助借书量为11万余册，还书量为12.84万余册。

组织开展“公共图书馆卓越绩效管理标准化研究”“信息与文献——图书馆影响力评估的方法和流程”“我国图书馆标准规范体系构建研究”等科研项目。出版《东莞图书馆规范管理工作手册》（2015年版），启动编印《东莞图书馆组织文化手册》。（广东图书馆学会　何杰锋）

【东莞图书馆举办“促进动漫阅读与创作”读者活动】 8月18—22日，第八届中国国际影视动漫版权保护和贸易博览会在东莞举行。东莞图书馆作为分会场，以“新空间·漫生活”为主题，立足于“促进动漫阅读与创作”分会场定位，共策划了23项丰富多彩的动漫活动，参与读者达到6.25万人次。（东莞图书馆）

【佛山市图书馆概况】 2016年，佛山市公共图书馆服务体系发展迅速，联合图书馆（包括智能图书馆）、汽车图书馆、数字图书馆、电视图书馆构成立体、多维的公共文化服务网络，为市民提供触手可及的服务。2016年年底，佛山市联合图书馆成员馆发展至140个，比上年增加62个，增长79%。除佛山市图书馆外，另有普通成员馆43个（禅城区16个、南海区14个、顺德区1个、高明区3个、三水区9个），智能图书馆93个（含移动智能图书馆1个），馆外新书借阅点3个，涵盖公共图书馆、街道图书馆、村居图书馆、学校图书馆、部队图书馆等不同类型的图书馆，馆藏总量达482万余册。在“二代身份证免押金借阅服务”的推动下，联合图书馆全年新增办证11.8万个，累计办证69万个，市民持证率达14.3%；新增文献80万册，同比增长47.8%；年流通468万余册次，同比增长55.44%。修订《佛山市联合图书馆规则汇编》，促进佛山市联合图书馆资源建设与服务规范化、标准化。新增 64 个智能图书馆。佛山市图书馆汽车图书馆升级为移动智能图书馆并正式投入使用，成为国内首个 RFID 移动智能图书馆。

佛山市馆图书购置经费共计 1000 万元，较 2015 年增长 11.1%。新书借阅模式效益显著，通过该模式采购图书 56668 册、音像制品 2364 盒，约占购书总数量的 19.7%，使用经费约占购书经费的 22%。数据库采购经费总额高达 278.17 万元。佛山市联合图书馆数字资源共建共享平台已建成 38 个外购商业数据库、34 个试用数据库、13 个自建数据库，资源容量达 100TB，年访问量近 100 万人次，同比增长 215%。自世界读书日起，佛山市联合图书馆借阅数量升级为 10 本。佛山市馆业务数据迎来爆发式增长，全年办证量达 5.7 万个，累计办证 37.5 万个；流通量达 255 万册次，同比增长 54%。

佛山市馆全年开展活动 1361 场，与上年同比增长 36.8%，总参与达 61 万人次。“蜂蜂故事会”“南风讲坛”“斑比探索学园”“馆园合作”系列活动、“玩具馆”系列活动、“慢生活俱乐部”“科普小达人”系列活动等继续深化与馆外社会资源的合作，拓展活动的深度与广度。开设线上“讲故事”平台，还将活动带进校园、社区、联合图书馆。微信公众号本年度发送图文信息 1052 条，阅读量 75.5 万次，累计关注人数 3.8 万人。微博本年度发送图文信息 234 条，阅读量 24.47 万次，累计关注人数 1.04 万人。

佛山市图书馆被授予“佛山市社会科学普及示范基地”称号；佛山市智能图书馆被广东省文化厅评为“2016 年广东省公共文化研讨会优秀案例”；在中国图书馆学会阅读推广委员会、广东图书馆学会主办的 2016 年“阅读推广青年论坛”上，《“阅读报告第二发——最美的时光在佛图”佛山市图书馆 2015 年阅读报告》获评“最佳微文案”，《阅·历》系列海报获评“最佳海报”，视频作品《城市的善意》获评“优秀音视频”。（广东图书馆学会　何杰锋）

【佛山市图书馆自主创新建设国内首个 RFID 移动智能图书馆】 1 月 12 日，由佛山市图书馆自主创新建设的国内首个 RFID 移动智能图书馆正式投入使用，在中国陶瓷产业总部迎来开通服务后的首批读者。该移动智能图书馆首次在国内采用将 RFID 技术的智能图书馆与传统汽车图书馆相结合的方式组合，由汽车大巴、RFID 自助终端设备、智能监控设备、宣传及服务窗口等几个部分集成在一辆 12 米汽车大巴上，配置 3000 多册纸质图书、自助借还书机、门禁监控及电子读报机等设施。（佛山市图书馆）

【珠海市图书馆概况】 2016 年共接待读者 90.4 万人次，办理借书证 8402 个。图书外借 67 万册次、22.4 万人次。图书馆网站点击 42.3 万人次。

新建珠海市第一强制隔离戒毒所图书流动站和珠海市第一看守所图书流动站。在全市各社区和一些特别场所共建立 63 个图书流动站。举办 3 次共享工程系列培训讲座，来自各基层图书馆（室）的工作人员共 120 余人次参加培训。举办 4 次数字图书馆推广工程系列讲座，培训共 150 余人次。

采购新书 25330 种，约 7.4 万册。藏书总量已达 114 万册。试点开展“你选书，我买单”读者自主采购借阅服务活动。电子资源包括电子图书 120 万册，科技电子期刊 9000 多万篇，人文期刊 8000 种，视频资源 23000 部。引进 Interlib3.0 图书馆自动化管理软件。新增自助借还书机。珠海历史名人多媒体数据库二期项目已通过国家立项。珠海市文物保护数据库建设新增文保目录 6 个，视频制作 1 部；珠海市非物质文化遗产数据库新增非遗目录 6 个，非物质文化遗产项目视频短片 2 部。（广东图书馆学会　何杰锋）

【中山市图书馆概况】 2016 年，中山市图书馆积极推进市、镇（区）、行政村（社区）三级公共图书馆总分馆体系建设。市文广新局制定《中山市公共图书馆总分馆服务体系建设方案》；召集 24 个镇区宣传文体服务中心负责人召开总分馆工作会议，落实建设方案；下拨资金购置业务系统授权及相关设备，从市、镇、村（社区）三个层级协同发力，全面推进现代公共图书馆服务体系建设。中山市馆在总分馆建设中发挥龙头带动作用，软硬件建设双管齐下，一是重点参与建设标准的制定，并起草落实《中山市公共图书馆分馆建设标准》《中山市公共图书馆总分馆业务规范》《中山市图书馆总分馆一卡通实施办法和借阅规则》，规范总分馆业务管理；二是采购新的总分馆业务管理系统，完成统一业务平台搭建；三是在分馆和综合文化服务中心图书室之间每月定期流转图书，提高图书利用率，并进行跟踪督查、业务培训。逐步实现市、镇、村三级公共图书馆图书通借通还一卡通服务。在全市共举办5期业务培训班，对分馆、基层图书馆（室）、农家书屋等管理员进行系统的专业培训。全年各分馆、服务点服务总流通逾288.4万人次，书刊文献外借96.4万册次、36.1万人次。

推进新馆功能布局和各专项设计。建成全市第一个24小时城市街区自助图书馆。年内新购图书18万册、数据库资源6个，更新数据库资源5个，新增资源共计20TB。组织策划“市民选书、政府买单”活动。申报国家数字图书馆推广工程2016年度数字资源联建——元数据仓储项目并获批准。

以纪念孙中山诞辰150周年的主题为重点，组织开展相关讲座、展览、知识问答、孙中山印记随手折等系列活动。

引进和共享展览资源，与上海、珠海、江门等地图书馆合作办展。国庆期间与杭州图书馆、孙中山故居纪念馆在杭州联合举办盛大的“孙中山先生卫士队长的传奇人生——姚观顺将军纪念展览”，展出一批珍贵历史文献、文物及照片。（广东图书馆学会　何杰锋）

广西壮族自治区

【广西壮族自治区图书馆第4年开展“两会”服务】 2016年是广西壮族自治区图书馆开展“两会”服务的第4年。1月22—29日，该馆派出信息咨询员进入代表驻地、会议现场，为代表提供全方位的信息咨询服务：编辑制作《参考·借鉴——广西图书馆信息专题汇编（一）》和《参考·借鉴——广西图书馆信息专题汇编（二）》共二册，《聚焦海绵城市》专题信息和《聚焦“美丽广西　清洁乡村”》专题信息，供代表和委员参考；提供电子图书借阅机和移动图书馆平台，超过100万册电子图书和3亿多条中外文文献元数据等海量数字资源的移动图书馆平台，深受代表、委员的欢迎。（广西图书馆学会）

【第九次广西壮族自治区、市级公共图书馆馆长培训班】 3月23—25日，本次培训班在梧州举办。广西壮族自治区文化厅副厅长严霜、公共文化处处长沈国明参加培训班并做重要讲话。来自自治区图书馆、自治区桂林图书馆及全区15家市级公共图书馆的馆长及相关人员26人参加培训班。会上，对2015年全区公共图书馆的工作进行全面总结，并对2016年的工作做规划。研讨焦点主要集中在资金不足、馆舍硬件设置落后、专业人才尤其是数字资源建设及网站建设等方面人才稀缺、公共图书馆体制及服务理念有待创新等方面。培训班还组织学员参观梧州市图书馆正在装修的新馆舍。（广西图书馆学会）

【广西5部古籍入选《第五批国家珍贵古籍名录》】 3月，国务院下发《关于公布第五批国家珍贵古籍名录和全国古籍重点保护单位名单的通知》（国发〔2016〕22号），正式公布第五批《国家珍贵古籍名录》和“全国古籍重点保护单位”。广西有5部古籍入选该名录，其中，广西壮族自治区图书馆3部，广西壮族自治区桂林图书馆1部，广西民族大学图书馆1部。此次广西入选的古籍版本类型丰富，既有独特的少数民族古籍抄本，如广西图书馆的《送五海壹科》《鲁班唱》《入□(坛)初开唱》3部古壮字古籍；也有珍贵的明清时期刻本、稿本，如广西民族大学图书馆的（宋）朱熹撰明正统十二年（1447）司礼监刻本《四书集注二十八卷》和桂林图书馆的(清)符曾撰稿本黄雨斋批《春凫诗稿不分卷春凫残稿一卷》。其中，广西民族大学图书馆首次入选，是广西壮族自治区古籍普查又一新的成果。目前，广西共有73部珍贵古籍入选《国家珍贵古籍名录》，其中广西图书馆有21部；全区有广西壮族自治区图书馆、广西师范大学图书馆、广西壮族自治区桂林图书馆、柳州图书馆4家单位入选全国古籍重点保护单位。（广西图书馆学会）

【广西壮族自治区图书馆“壮族三月三”民俗文化宣传活动】 4月8—9日，广西“壮族三月三”民族节日到来之际，广西壮族自治区图书馆整合资源，利用馆藏文献，依托品牌项目举办“壮族三月三”民俗文化服务系列活动，讲民俗、展图书、听山歌、观技艺、亲体验，让读者感受到浓郁的民族节日气氛。其中“壮族三月三”馆藏文献专题展、“织壮锦”和“绣香包”、壮乡歌韵“三月三”歌友沙龙等活动深深吸引来自广西教育学院、广西外国语学院等在邕高校的大学生和热心读者积极参与。（广西图书馆学会）

【广西壮族自治区公共图书馆阅读推广理论与实践高级研修班在上海图书馆举办】 7月18—24日，广西壮族自治区图书馆主办、广西壮族自治区桂林图书馆合办、上海图书馆学会承办的广西公共图书馆阅读推广理论与实践高级研修班在上海图书馆成功举办，全区“三区”县级公共图书馆的馆长、业务骨干以及广西图书馆部分中层干部共51人参加了此次培训。（广西图书馆学会）

【广西壮族自治区图书馆“光影榭”周末电影沙龙十周年】 8月13日下午，由广西壮族自治区图书馆、广西图书馆读者协会主办，广西时空网影音俱乐部、南宁发条熊影像工作室协办的“光影榭”周末电影沙龙十周年分享活动在广西壮族自治区图书馆一楼大厅举行。广西壮族自治区文化厅公共文化处领导、广西图书馆读者协会领导、文化志愿者、成员单位代表和协会会员、热心影迷、读者、新闻媒体齐聚一堂，共同享受一场欢乐的视听盛宴。“光影榭”电影沙龙是由自治区图书馆和广西时空网影音俱乐部联合举办的免费影片放映公益活动，每周六7点半开播，自2006年6月始创，至2016年8月共举办了500多期，参与人数达6.8万多人次，并荣获2013年度文化部、中央文明办评选的“文化志愿者基层服务年”示范项目奖，取得良好的社会效益。（广西图书馆学会）

【广西壮族自治区召开古籍保护工作会议】 11月2日，自治区古籍保护中心在南宁召开2016年广西古籍保护工作会议暨《古籍普查登记目录》审校工作培训班。来自全区39家古籍收藏单位的分管领导、古籍普查工作业务负责人共72位代表参加会议。会议就“2017年完成古籍普查登记工作存在的难点与对策”“古籍保护工作经验交流与工作建议”等议题进行分组座谈交流，并就《古籍普查登记目录》审校工作流程和具体要求进行培训。（广西图书馆学会）

【曹文轩到广西壮族自治区少年儿童图书馆为孩子们指导阅读】 5月13日，第53届意大利博洛尼亚国际童话书展上获得素有“儿童文学的诺贝尔奖”之称的“国际安徒生奖”的著名儿童文学作家曹文轩老师，来到广西壮族自治区少年儿童图书馆，为孩子们上了一堂生动有趣的阅读课。（广西图书馆学会）

【广西壮族自治区桂林图书馆举办“图书馆集群管理系统培训班”】 4月24—29日，广西壮族自治区桂林图书馆举办本次培训班。来自融水、融安、三江3个县级公共图书馆和来自桂林市机电工程学校图书馆的17名业务骨干参加培训。本次培训班为期5天，培训以讲授和操作相结合的方式进行，让学员在授课教师的指导下通过实际操作广西桂林图书馆建立的Interlib测试系统，了解该集群系统各个子系统的功能，熟悉系统的各项操作，从而对系统有一个全面的了解。（广西图书馆学会）

【广西壮族自治区桂林图书馆举办传拓技术跟班培训】 4月23日—5月1日，广西壮族自治区桂林图书馆在榕湖分馆举办传拓技术跟班培训。本次培训旨在传承传拓技艺，帮助市、县各级图书馆培养传拓人才，加强古籍保护工作。培训班围绕传拓技术在古籍保护工作中的重要性，讲授碑帖的源流、拓本的种类、拓片的采集、保存的方法、拓片保存中应注意的问题等相关知识。培训采取边授课边操作的方式，让学员在实践中掌握理论，在理论中感悟实践。来自广西壮族自治区内13个市、县图书馆的21名从事古籍保护的工作人员参加培训。（广西图书馆学会）

【广西壮族自治区桂林图书馆举办“桂林e文化——民风民俗　文化情”摄影大赛】 广西壮族自治区桂林图书馆“桂林e文化”特色应用系统于2016年1月完成专家认证。为推广特色应用，举办“民风民俗　文化情”摄影大赛，征集到的摄影作品，经甄选后用于“桂林e文化”资源建设，在后续的服务推广中向读者进行展示、传播、交流。本次摄影大赛历时3个月，共征集到摄影作品1619幅，其中风光类作品1025幅、人文类作品594幅。经相关专家评审，评选出风光类作品一等奖3幅、二等奖5幅、三等奖10幅、入围奖38幅；人文类作品一等奖3幅、二等奖 5 幅、三等奖 10 幅、入围奖 23 幅；根据各市县图书馆组织的情况，评选出优秀组织奖 5 名。（广西图书馆学会）

【广西壮族自治区桂林图书馆新馆进入试运行阶段】 12 月 30 日，广西壮族自治区桂林图书馆新馆正式启动试运行开放，桂林文新广局领导及机关工作人员，桂林部分县级图书馆代表、高校图书馆代表，项目设计、施工、监理等单位代表参加启动仪式。新馆位于桂林市临桂新区，馆舍占地面积 2.4 万平方米，建筑面积 3.15 万平方米，建筑总高度 35 米，整个空间宽敞明亮。新馆建筑外观形象展示桂北民居特有的汉唐遗韵，大气、简洁、对称，体现桂林文化特色和历史内涵，同时以现代建筑科技和材料展现科技、人文、现代、大气的时代风貌。试运行期间开放 2—3 层区域，包括中文图书阅览区、报刊阅览室、精品展厅以及数字化自主学习中心、个性化学习空间和休闲阅览交流空间；结合馆藏特点、地方特色，设立旅游阅览室、“创意・空间”主题活动室等专题空间，为读者提供中文图书、报刊借阅、信息资源查询、数字图书馆服务，以及旅游阅览、3D 打印体验、VR 体验、创新创意服务、精品展览等新型主题服务。（广西图书馆学会）

【广西壮族自治区桂林图书馆 2016 年度地方特色资源建设稳步推进】 广西桂林图书馆以项目为抓手，依托广西本土地方资源，深入挖掘历史、山水、民俗等背后的文化特色，加快地方特色资源建设，自建地方特色资源的存量和质量均有提高。2016 年，在全国文化信息资源共享工程的地方资源建设项目方面，完成《壮歌行——壮乡群英谱》等 3 个已建项目的国家验收、《抗战桂林》等 3 个项目的区内验收，稳步建设《桂林古迹（二）》等 6 个在建数字资源项目，积极申报《桂林古村落》等新建项目。12 月底，该馆制作的《广西红色历史文化之：八桂将帅录》八集系列专题片在广西卫视每周一集播出。申报的公共文化数字支撑平台项目进展顺利，严格按照建设任务书与申报书要求组织支撑平台建设实施工作。（广西图书馆学会）

【南宁市图书馆提出公共服务体系“一网四级”】 2016 年，南宁市图书馆正式提出“城乡一体化联合图书馆四级网点试点”建设项目，以实现南宁市图书馆与区域内 13 个公共图书馆和 12 个村级公共服务中心图书室的业务集群管理、一卡通用和文献通借通还，并在此基础上探索实现市、县、乡、村四级图书馆网络资源共享、服务共享、文献信息服务全覆盖、无死角。全年完成上林县西燕镇西燕社区、江南区江南街道新屋村等 10 个建设点的图书调拨工作。（广西图书馆学会）

【北部湾区域图书馆服务联盟正式成立】 12 月 26 日，北部湾区域图书馆服务联盟正式成立，南宁市 14 家公共图书馆与北海市图书馆、北海市少年儿童图书馆、合浦县图书馆共 17 家公共图书馆实现通借通还、资源共享。当天，由 20 名南宁市文化名人、市民组成的“读者体验团”乘高铁从南宁出发前往北海，体验南宁—北海两地图书馆借阅一卡通的便利。南宁市图书馆对该活动进行了全程在线直播。该项目是南宁市图书馆公共文化服务方式上的一次大胆尝试与创新，为促进广西北部湾地区公共文化服务的均等化、同城化和一体化发展，构建一群四带七城“大文化”的发展格局奠定了良好基础。（广西图书馆学会）

【柳州市图书馆开展年度读书征文活动】 年度读书征文评选是柳州市图书馆近年来着力打造的公益文化活动品牌。2016 年，市图书馆进一步厘清了活动品牌定位，全面提升活动的权威性及社会影响力。第三届年度读书征文活动征集到的读者征文 205 篇，评出“柳州市图书馆 2016 年度读书评委会奖”“少儿奖”“市民卡大众评审奖”“柳州市图书馆 2016 年度读书征文美文奖”四种不同奖项，75 位来自各行各业的征文作者获奖。（广西图书馆学会）

【“八桂历史文化名城:北海篇”系列专题片进展顺利】 “八桂历史文化名城：北海篇”系列专题片（第一期）项目于 2016 年年底完成摄制工作，第二期项目已通过文化部评审，即将开始摄制。该项目是由北海市图书馆与桂林图书馆联合申报、由北海市图书馆具体实施的文化部全国文化信息资源共享工程项目，共三期 20 集，旨在首次以高清视频方式全面系统地展示作为海上丝绸之路始发港之一的北海悠久丰富的历史文化，展示北海市在“一带一路”建设中蕴含的深厚文化底蕴，让更多人了解北海历史文化、民俗和风情，对于推进北海市文化建设发展具有重要意义。（广西图书馆学会）

【北海市少年儿童图书馆举办第一届科普儿童剧比赛】 10月14日晚，由中共北海市委宣传部、市文化新闻出版广电局、市科学技术局主办，北海市少年儿童图书馆承办的“我爱你 红树林”北海市第一届科普儿童剧比赛在人民剧场举行。本次比赛旨在宣传保护红树林湿地的科普知识，增强少年儿童爱护环境的意识，营造创建全国文明城市氛围，彰显北海独特魅力。所有参赛剧目均以市少年儿童图书馆自主编撰的科普绘本《谢谢你！红树林》为蓝本进行再创作。此次比赛角逐出一等奖2名、二等奖3名、三等奖5名，优秀组织奖10名，整场演出获得群众的一致好评。北海电视台、《北海日报》《北海晚报》、北海365、北海100进行了跟踪报道。（广西图书馆学会）

【百色市图书馆正式开馆】 9月23日，百色市图书馆正式开馆，结束了百色市没有市级图书馆的历史。馆址位于百色市文化科技中心B区，馆舍面积13000平方米，馆内纸质图书藏量近27万册、电子图书20万册、年度报纸期刊1385种、非书资源2000种、数据库资源10种。内设成人部、少儿部和24小时自助图书馆三部分，共24个功能室。截至12月31日，读者证总办证量为8625张，接待读者16.81万人次，文献借还2.32万人次、11.12万册次；共举办57场读者活动，其中7场展览、12场培训、3场讲座，活动参与人数1.5万余人次。（广西图书馆学会）

海南省

【海南省图书馆24小时自助图书馆免费对外试运行开放】 2月23日，海南省图书馆24小时自助图书馆免费对外试运行开放。24小时自助图书馆在结构上由自动化设备及RFID电子标签识别系统构成，在功能上集阅览、查询、预约、借书、还书等功能为一体，通过与图书馆的网络对接，实现数据实时交互的自助借还系统与服务。24小时自助图书馆藏书7000余册，涵盖文学、历史、地理、军事、法律、自然科学等多种门类；设有4台可上网电脑，供读者免费使用。读者凭有效读者借阅证即可进入24小时自助图书馆享受图书自助借还、图书阅读服务，还可利用手机等移动设备，通过电子书下载设备，扫描省图书馆各类资源APP二维码，阅读或下载百万图书、期刊。（海南省图书馆）

【举办海南省图书馆馆藏苏东坡古籍暨珍贵文献展】 2月28日至3月10日，海南省图书馆、海南省古籍保护中心在省图书古籍区举办“海南省图书馆馆藏苏东坡古籍暨珍贵文献展”，接待读者2000余人。本次展览展出省图书馆馆藏古籍《宋大家苏文忠公文钞》（明刻本）、珍贵文献《注东坡先生诗》（影印宋嘉定六年淮东仓司刻本）、《施顾注东坡先生诗》（影印宋嘉定六年刻景定三年补刻本）、《东坡集》（影印宋刻本）、《王状元集百家注分类东坡先生诗》（影印宋建安黄善夫家塾刻本）等15种有关苏东坡版本的古籍、线装书和苏东坡手书影印本，并将省古籍保护中心编写制作的100份《馆藏苏东坡文献目录》赠送给参观读者。（海南省图书馆）

【举办海南省图书馆馆藏博鳌亚洲论坛文献展】 3月16—31日，在2016年博鳌亚洲论坛年会隆重召开之际，为营造氛围，让读者群众更全面深入地了解博鳌亚洲论坛，举办海南省图书馆馆藏博鳌亚洲论坛文献展，吸引800余人观看。此次展览展示博鳌亚洲论坛数据库、博鳌亚洲论坛研究文献、博鳌亚洲论坛工作文献三个部分的电子资源、图书文献70余种，多方面展示博鳌亚洲论坛成立15年来，有力服务中央整体外交、扛起国家战略的海南担当，以及在“论坛效应”带动下，海南经济社会发展取得的长足进步。（海南省图书馆）

【海南省图书馆首家椰树下小书屋开放】 4月13日，海南省图书馆首家“椰树下小书屋”在五指山水满乡正式开放。文化部全国公共文化发展中心、海南省文化广电出版体育厅、五指山市政府、市文化广电出版体育局、海南省图书馆、各公益机构的领导及相关人员、海口市的爱心家庭参加开放仪式。省图书馆利用其配套的少儿数字资源，举办少儿科普知识竞赛活动；结合图书、电子资源中有关中国传统茶文化的知识和五指山独具特色的旅游元素，通过实地茶园体验，开展水满茶文化体验之旅活动，将阅读融入体验之中，使参与者在阅读和实地体验中，了解五指山特色文化资源、水满茶文化，感受当地文化之美；组织海口市的爱心家庭与水满乡当地家庭互助结对，两个家庭的孩子结伴组成阅读互助小伙伴，一起共同阅读、成长。水满乡“椰树下小书屋”由海南省图书馆和五指山市政府、市文体局共同援建。（海南省图书馆）

【海南省图书馆举办“王选的世界——当代毕昇的心路历程”专题讲座】 5月29日下午，海南省图书馆举办本次专题讲座。海南省文化广电出版体育厅、海南省图书馆、海南师范大学、海南省作家协会、海南中学、海口七中、海南师范大学新教育杂志社的领导嘉宾及100余名读者参加活动。北京大学计算机科学技术研究所王选纪念室主任、副研究员丛中笑讲述王选院士的人生历程，以通俗科普的方式讲解汉字激光照排技术的原创性和先进性，展现该技术引发中国印刷技术革命的非凡历程，以及使汉字和中华文明在信息时代得以传承延续的伟大意义。丛中笑还向海南省图书馆、海南中学、海口七中赠送专著《王选传》《王选的故事》等。（海南省图书馆）

【海南省图书馆举办全省公共电子阅览室培训班暨公共文化服务与推广交流会】 7月26—29日，海南省图书馆、文化共享工程海南省分中心举办“2016年海南省公共电子阅览室培训班暨公共文化服务与推广交流会”，海南省文化广电出版体育厅、省图书馆的相关领导，全省23个市县的文化广电出版体育局、图书馆、乡镇文化站（边疆万里数字文化长廊建设示范单位）及合作共建部队图书流动站（文化驿站）等单位的负责人，共80余人参加活动。文化部全国公共文化发展中心副主任罗云川做“公共数字文化的建设与发展”主题报告，传达文化部在重点文化惠民工程建设的有关精神，总结全国公共数字文化建设工作，交流各地的做法及先进经验，并对海南省下一步需要开展和完善的公共数字文化建设提出建议。省文体厅副巡视员陈良通报海南省文化共享工程和公共电子阅览室建设情况及在公共文化建设上存在的不足。本次培训除专题讲座外，还组织学员实际操作公共数字文化一体机、中国文化网络电视互动播出终端等设备，填写调查问卷、交流工作经验和下一步工作规划及意见建议。（海南省图书馆）

【海南省图书馆举办“仲夏阅之梦”系列阅读活动】 8月26—27日，海南省图书馆举办“仲夏阅之梦”系列阅读活动。活动分集体阅读、分组阅读、家庭阅读三大板块，针对不同年龄阶段的小读者，开展持续24小时不间断的53场互动活动。活动内容有椰树下童年故事会，小读者聆听老师讲《11只猫》的故事；小科普大世界，小读者与化学老师零距离感知神奇的化学世界；跨越海洋的对话，小读者和潜水专家面对面互动，一起探寻海洋的奥秘；少儿职业体验，小读者在娱乐中体验长大后的生活世界；家庭阅读，50组家庭在图书馆内支起帐篷，亮起灯光，小读者在各自的帐篷里听家长讲述书中的故事，共同度过“图书馆之夜”；集体晨读，一组家庭带领着小读者一起晨读；制作梦想卡，小读者在卡片上写下心愿，珍藏在梦想箱中，约定一年后开启。省图书馆同时向小读者赠送精美书籍。（海南省图书馆）

【边疆万里数字文化长廊海南省首批示范点开放仪式举行】 5月11日上午，在昌江黎族自治县十月镇宣传文化站，举行海南省首批6个市县边疆万里数字文化长廊建设示范点之一“十月田镇示范点”开放仪式。海南省图书馆馆长李彤、昌江县人民政府副县长卓上雄出席仪式并为示范点揭牌。县文化广电出版体育局领导、十月田镇领导及省图书馆、县图书馆、省求是全民阅读俱乐部昌江分部的相关领导干部和黎族群众、十月田镇中小学生等100余人参加示范点开放仪式。开放仪式上，县文体局、县图书馆组织黎族同胞表演黎族特色舞蹈，省图书馆开展“地方文化知识有奖答题”和“乐儿科普知识大挑战”读者活动。省图书馆、县图书馆、省求是全民俱乐部昌江分部还向示范点赠送新书。“十月田镇示范点”藏书6000多册，内设图书阅览室、公共

电子阅览室、道德讲堂、多媒体播放室等服务区域，并建党员干部现代远程教育服务终端。（昌江县图书馆）

【昌江县图书馆少儿阅览室重新装修后正式对外开放】 7月25日，昌江黎族自治县图书馆少儿阅览室经过近3个月的重新装修改造，正式对外开放。少儿阅览室采用明快、清新、可爱的色调风格装修，迎合少年儿童的阅读心理，满足孩子天性活泼好动需求，营造轻松舒适的阅读环境。新少儿阅览室面积125平方米，设纸质阅读区、电子阅读区、亲子阅读区、主题活动区、数字共享空间五个区域，配8台电脑一体机、1台歌德少儿学习一体机，收藏藏纸质图书5660册、原版漫画绘本663种、点点有声伴读绘本500种、少儿报刊54种、少儿纸质绘本100余册。（昌江县图书馆）

【屯昌县图书馆举办"书香童年"系列文化活动】 8月20日，屯昌县图书馆在县体育馆举办"书香童年"系列文化活动，活动内容有经典诵读、主题演讲、读书征文。在经典诵读、主题演讲环节，来自屯昌县向阳小学、屯昌小学的20多名学生分别进行诵读和演讲，评委现场打分并公布成绩，根据评分成绩排名选出一、二、三等奖和优秀奖。读书征文环节，评委根据文章是否紧扣主题、用词恰当、逻辑严密、标引精确等方面进行评分，最终在30多篇作品中评选出一等奖1篇、二等奖3篇、三等奖5篇、优秀奖6篇。屯昌县图书馆为在本次活动中获奖的学生和指导老师颁发荣誉证书及奖金。（屯昌县图书馆）

【琼海市图书馆举办共享工程基层服务点技术骨干培训班】 7月7—8日，琼海市图书馆举办"2016年琼海市文化信息共享工程基层服务点技术骨干暨公共文化一体机管理员培训班"，来自各镇社会事务服务中心（文化站）负责人、管理员及琼海市第一批边疆万里数字文化长廊建设站点管理人员共44人参加培训。培训班邀请海南省图书馆、文化共享工程海南省分中心、昌江县图书馆、屯昌县图书馆的老师为学员讲授"新闻写作趣谈""摄影技术及地方特色资源收集""边疆万里数字文化长廊设备维护与使用"等内容。（琼海市图书馆）

【琼中县举办共享工程基层服务点技术骨干暨农家书屋管理员培训班】 10月26—28日，由琼中黎族苗族自治县文化广电出版体育局主办、县图书馆承办的"琼中县文化共享工程基层服务点技术骨干暨农家书屋管理员培训班"在县党校举行，全县文化共享工程基层服务点技术骨干和农家书屋管理员79人参加培训。县文体局局长龙朝雄，海南省图书馆黄玉华、李克淞，《海南日报》主编罗孝平分别为学员讲授"建好农家书屋　服务琼中县精准扶贫""图书馆自动化建设""计算机及网络基础""新闻写作"等内容。本次培训班还组织学员到县图书馆公共电子阅览室上机操作业务流程。培训结束后，县图书馆分批到各文化共享工程基层服务点、农家书屋跟踪检查和现场业务指导，完善其日常管理，提高服务水平，为琼中县精准扶贫提供文化保障。（琼中县图书馆）

重庆市

【概况】 2016年，重庆市县以上公共图书馆共43个，馆舍面积合计30.9万平方米，阅览座席24575个，从业人员920人；年新增藏量购置费为2861.1万元，年新增数据资源购置费1097万元，总藏量达1441.834万册（件），书刊文献借阅471.33万人次、1026.17万册次。

重庆市公共图书馆一卡通工作继续深入开展。一卡通文献供应量达到235.04万册，持证读者突破29.5万人，全年外借59万人次、218.08万册次。全市34个公共图书馆加入重庆市公共图书馆讲座展览联盟，开展巡讲54场、巡展61场。

重庆市文化共享工程继续稳步推进，完成中央转移支付重庆公共数字文化工程2016、2017年（首批）专项经费申报，总经费4469.188万元。重庆市2013、2014年度16个地方特色资源建设项目通过文化部验收。全市32家公共图书馆2015、2016年推广工程资源联建项目顺利建设；走进27个区县推广"蒲公英梦想书屋"品牌，全年共建设蒲公英梦想书屋11所；加快"国家公共文化数字支撑平台"和"中国文化网络电视"两大项目建设，依托重庆广电网络电视台，打通基于IPTV的数字文化资源传输渠道，实现全市超100万用户覆盖。

重庆市古籍和民国文献保护工作扎实开展，

完成全市 42 家区县图书馆、高校图书馆、博物馆、寺庙等古籍收藏单位的古籍普查登记出版工作；编纂出版《重庆市北碚图书馆等八家收藏单位古籍普查登记目录》（1 套 1 册）与《西南大学图书馆古籍普查登记目录》（1 套 1 册）。在国务院公布的第五批《国家珍贵古籍名录》中，重庆市入选 10 部，其中：重庆图书馆 9 部，西南大学图书馆 1 部。完成《巴渝文献总目》的全部收集编撰工作。重庆图书馆成功申报民国项目 1 项；完成《重庆图书馆藏民国时期未刊书丛编》的整理出版以及馆藏民国文献数字化招标工作和民国文献回溯建库工作。

2016 年，重庆各级图书馆在世界读书日、图书馆服务宣传周、科技活动周、文化遗产宣传月、重庆读书月等大型宣传活动及节假日期间，精心组织展览、讲座等形式多样、内容丰富的活动，取得广泛社会影响。全年组织公益讲座 1535 场，参与人数 27.2 万人次；举办展览 806 场，参观人数达 221.9 万人次。（重庆图书馆）

【重庆图书馆概况】 2016 年，重庆图书馆全年共接待到馆读者 219.13 万人次，外借 33.59 万人次、105.50 万册次。数字资源总量突破 118.4TB，其中自建资源 61.7TB。新办读者证 3.65 万个，累计办证 32.85 万个。

文化体制改革探索进入新阶段。3 月，理事会举行第一次会议，审议通过《重庆图书馆章程》，正式参与到图书馆决策与监督中，工作步入正轨。8 月，该馆被列为全国文创开发试点单位，启动文创产品开发及文创空间建设，探索文化产业与公共文化融合发展的新道路。

“互联网 + 图书馆”科研成果落地惠民。该馆 2015 年度国家文化科技提升计划项目“公共文化服务类大数据分析试验系统与应用示范”于 2016 年通过验收，成果逐步落地：春节期间，大数据互动体验区开放，通过直观方式科普大数据理念及技术应用；10 月，“你阅读　我买单智慧阅读服务”在重庆书城上线，市民可到书店去第一时间把新书借回家。2016 年市“两会”信息服务将参考文献送上云端，通过微信共享“两会”专题资料及图书馆资源。首次举办无障碍智能手机培训，帮助视障读者享受文化与科技融合发展的成果。

全年共举办全民阅读推广活动 214 场、讲座（含巡讲）120 场、展览（含巡展）74 场。2016 年，该馆首次在重庆读书月活动中担当联络协调，以 4 月 23—24 日世界读书日开局，创下 2 天接待 5 万市民的新纪录，并动员全市 35 家公共图书馆参与，影响力辐射全市。以 12 月 3—4 日“行走的图书”活动收官，背包客的新颖形式再掀全民阅读热潮。其间还承办 2016 年“阅读推广人”培育行动——阅读推广基础理论专题培训班、全民阅读项目评审、年度十大渝版图书评选等，保持全民阅读氛围持续升温。

对外文化交流成果丰硕。“重庆之窗——中国图书角”走出去，6 月进驻俄罗斯叶利钦图书馆，12 月走进白俄罗斯明斯克州图书馆，并进一步深化合作，与俄合办“共同记忆：中苏抗战岁月图片展”。与各国领事馆合作把文化活动引进来，与美领馆合办的第二届全市高中生英语写作竞赛再度引起全市高中生热烈反响；与德领馆联合推出的德国古典文化周为市民引入多元化文化享受；日本驻重庆领事馆总领事星山隆来访，双方达成初步合作意向。

2 月，荣获国务院农民工工作领导小组颁发的“全国农民工工作先进集体”称号，成为全国唯一一家获此殊荣的图书馆，也是全市文化系统唯一获奖单位。8 月，荣获中宣部、中央文明办等 7 部委联合颁发的“全国公共文化服务设施学雷锋志愿服务首批示范单位”称号。10 月，荣获共青团中央、中央综治办等 12 部委联合颁发的“全国青少年维权岗”。12 月，视障服务在第三届中国青年志愿服务项目大赛上摘得银奖。（重庆图书馆）

【重庆图书馆召开第一届理事会第一次会议】 3 月 25 日，重庆图书馆第一届理事会第一次会议在重庆图书馆六楼会议室召开。会议由重庆市政协常委、重庆图书馆理事会理事长黎小龙主持，12 名理事参会。会议介绍重庆图书馆历史沿革与运行状况，投票选举市文化委党委委员、副巡视员谢宾任副理事长。谢宾副理事长简要介绍重庆图书馆法人治理结构改革来龙去脉，传达市文化委对将理事会工作做“实”做“细”，让改革切实推动事业发展的决心。会议还审议通过《重庆图书馆章程》《重庆图书馆 2015 年工作总结》和《重庆图书馆 2016 年工作要点》。来自不同行业的理事们结合自身平台和资源，积极

寻找与图书馆工作的结合点，为图书馆业务开展和解决经费困难提供思路与合作机会。（重庆图书馆）

【2016"重庆高中生英语作文写作竞赛"活动举办】 3月26日，"重庆高中生英语作文写作竞赛"在重庆图书馆四楼多功能厅拉开帷幕。重庆图书馆副馆长张波，美国驻成都总领事馆文化领事助理林海蒂（Heidi Hartman），文献信息中心主任李成文，以及丽贝卡·戈登（Rebekah Gordon）、帕特里克·金（Patrick King）和丹·斯隆（Dan Sloan）等学者出席开幕式。此次活动是美国驻成都总领事馆与重庆图书馆继2015年成功创办该赛事后进行的第二次合作，旨在促进广大中学生英语学习热情的同时，增强其英语写作能力。共吸引来自重庆一中、南开中学、巴蜀中学、重庆外国语学校等主城108名高中一、二年级同学踊跃报名参与。最后，来自西南师大附中的涂潇睿摘得桂冠，南开中学蔡向濛和韩士超分别位居第二名和第三名。所有参加竞赛的选手均获得盖有美国总领事馆印章的参赛证书以资鼓励。（重庆图书馆）

【重庆图书馆出席俄叶利钦总统图书馆"第六届国际科学与实践大会"】 4月15日，重庆图书馆学术文化代表团一行4人赴俄罗斯圣彼得堡参加在叶利钦总统图书馆举办的"第六届国际科学与实践大会"。本届会议主题为"法律与信息：理论与实践问题"，来自莫斯科、北京、重庆等地及白俄罗斯、阿塞拜疆等俄联邦国家政府机构、科研领域、图书馆及其他提供对外信息查询服务机构的150余名专家、管理人员及代表参加会议。莫斯科俄罗斯国家图书馆以及中国国家图书馆的代表通过视频会议出席本次大会。大会讨论"获取数字信息时存在的问题""远程获取、使用档案资料信息""版权与数字图书馆"等议题，俄罗斯联邦通信信息技术和大众传媒总监控部、俄罗斯学院通讯院士，俄罗斯联邦警卫局负责人以及俄罗斯图书馆协会主席等专家学者分别做主题发言。重庆图书馆研究员王祝康代表重庆做"公共图书馆自建特色数据库版权管理探析"报告，并现场回答与会代表相关问题。会后，代表团与部分与会代表就数字水印等版权保护问题进行深入探讨交流。（重庆图书馆）

【重庆图书馆知识产权法律分馆正式成立】 4月26日，重庆图书馆知识产权法律分馆开馆仪式暨重庆法院知识产权司法保护新闻发布会在重庆两江新区知识产权法庭举行。这是全国第一家由基层法院与公共图书馆跨界合作建立的知识产权法律专业分馆，也是重庆图书馆在"馆院合作"创新模式基础上的再创新。知识产权法律分馆的设立，是强强联合，也是共建双赢，既满足建设学习型、创新型、服务型法院的需求，也是重庆图书馆开门办馆、延伸服务范围、实行总分馆制的一次有益探索和大胆尝试。该馆面积约130平方米，拥有法律文献特别是知识产权法律方面的纸质文献4000余册，自助图书借还机1台，同时配备8台电脑，提供中国法律法规全文数据库、北大法宝、中外专利数据库在内的30余个专业数据库查询，数字资源总量达到80TB。（重庆图书馆）

【重庆市10部珍贵古籍入选第五批《国家珍贵古籍名录》】 5月，国务院下发《关于公布第五批国家珍贵古籍名录和第五批全国古籍重点保护单位名单的通知》（国发〔2016〕22号）。第五批《国家珍贵古籍名录》共收录139家藏书单位的899部珍贵古籍，"全国古籍重点保护单位"共14家。此次重庆市共有10部珍贵古籍入选《国家珍贵古籍名录》，其中重庆图书馆9部，西南大学图书馆1部。至此，重庆市累计共有266部古籍入选《国家珍贵古籍名录》，其中重庆图书馆有217部，西南大学图书馆有24部；全国古籍重点保护单位4家。（重庆图书馆）

【重庆图书馆携手重庆市区域性公共图书馆联盟赴西藏昌都开展文化资源数字援助活动】 5月16—18日，由重庆图书馆副馆长张波带队的重庆图书馆（文化共享工程重庆市分中心），携10家重庆市区域性公共图书馆联盟成员馆一行13人赴西藏昌都市图书馆开展文化资源数字援助活动。在与昌都市文化局共同召开的工作交流座谈会上，向昌都市图书馆赠送图书11800册（码洋20万元），并与昌都市文化局签订援助意向协议。会上，双方对下一步具体文化援藏方式进行探讨。随后，重庆图书馆界对昌都市图书馆进行参观走访，对图书排架、借还书系统提出改进指导意见。重庆图书馆向昌都市图书馆授予"蒲公英梦想书屋——重庆市文化共享工程乡村留守儿童关爱行动”牌匾，并将在后期援助活动中加大对青少年群体的阅读指导和绘本捐赠。（重庆图书馆）

【第六次全国县以上公共图书馆评估定级试评估(重庆站)结束】 8月15—16日，由文化部、中国图书馆学会委托的评估专家组赴重庆市南岸区图书馆、重庆图书馆开展试评估工作，听汇报、看实地、查资料、问情况，两馆工作得到试评估专家组高度评价。专家组由评估标准研制专家组组长、南开大学信息资源管理系教授柯平担任组长，四川省图书馆原馆长李忠昊、陕西省图书馆原馆长谢林、贵阳市图书馆馆长郭春作为成员。8月16日，来自全市19个区县20个公共图书馆的代表齐聚重庆图书馆，与专家组交流探讨评估标准、技术平台和评估工作。重庆各级公共图书馆已组织梳理专家组反馈意见，并制定改进实施方案，积极准备正式评估。（重庆图书馆）

【重庆图书馆携手俄罗斯叶利钦总统图书馆推出“共同记忆:中苏抗战岁月”图片展】 10月18日，本次图片展在重庆图书馆展览厅开幕。俄罗斯叶利钦总统图书馆后备中心主任 Vladimir Levkin、展览部主任 Denis Soloviev，重庆市文化委党委委员、副巡视员席华，市文化委国际合作处处长王皞，重庆图书馆党委书记、馆长任竞出席仪式。展览以图文形式再现战时中苏并肩迎击日本军国主义、共同捍卫世界及远东和平自由这一基本史实。参展的238张图片中有40多张源自俄罗斯叶利钦总统图书馆的珍藏，均是首次在国内出现。其中，最为珍贵的是1939年6月中苏签订的《关于1亿5千万美金信用借款条约》中、英、俄文版原件，苏联外交部部长莫洛托夫在苏德战争爆发时的俄文演讲原稿，以及苏联援助中国的SB2轰炸机、B15战斗机机型图片等。（重庆图书馆）

【重庆图书馆国家文化科技提升计划项目通过文化部验收】 由重庆图书馆党委书记、馆长、研究馆员任竞担任课题主持人的科研项目“公共文化服务类大数据分析试验系统与应用示范”，获得2015年度国家文化科技提升计划项目立项资助，于2016年10月18日通过文化部文化科技司验收。该项目以“图书馆大数据分析试验系统”研发应用为主要任务，成果可概括为“3+2+1”，即3个子系统、2个创新应用及1个科普窗口。2016年春节期间，科普窗口——大数据互动体验区正式开放。10月1日，创新应用之一“你阅读　我买单　智慧阅读服务”在重庆书城上线。服务建立在重庆图书馆、重庆新华书店“馆店合作”的基础上，通过软件平台连通双方业务系统，市民可凭重庆图书馆读者证，到书店去选书，第一时间把自己想看的书借回家，借此解决读者借阅新书难的问题。项目的另一创新应用——城市E动阅读系统也在筹备中，届时将在商圈、轻轨等人流密集区域部署“e站阅读”终端机，利用无线Wi-Fi、移动3/4G互联网络、借助二维码扫描、触屏等技术，依托云计算、大数据分析，实现馆藏数字资源“走出去”。（重庆图书馆）

【重庆图书馆第8个“重庆之窗”在白俄罗斯明斯克州立普希金图书馆正式落成】 12月15日，设立于白俄罗斯明斯克州立普希金图书馆的“重庆之窗”正式落成并面向白俄罗斯市民开放，这是重庆图书馆继英国、泰国、贝宁、德国、哈萨克斯坦、西班牙、俄罗斯等国家和地区之后设立的第8个“重庆之窗”。重庆图书馆向白俄罗斯明斯克州立普希金图书馆赠送反映重庆及中国历史文化、经济发展、社会风貌及汉语学习等中俄文双语图书150册。中国驻白俄罗斯大使馆文化处处长张宏伟作为特邀嘉宾出席赠书暨“重庆之窗”成立仪式。重庆市文化委员会公共文化服务处副处长张畅和明斯克州立图书馆馆长克尼什尼科娃共同为“重庆之窗”剪彩，重庆图书馆副馆长张波和克尼什尼科娃互赠图书并代表重庆图书馆接受明斯克州立图书馆感谢证书。仪式后，两馆正式签订合作协议，互相介绍本地公共图书馆事业发展状况，围绕下一步合作计划深入交换意见。随后，重庆图书馆代表团一行参访白俄罗斯国家图书馆。（重庆图书馆）

【2016年渝东南“少年儿童爱心图书接力服务”传递活动暨渝东南公共图书馆联盟学术研讨会举行】 5月18日，由黔江区图书馆主办的本次活动在该馆举行。来自酉阳、秀山、黔江、彭水渝东南片区4个图书馆的馆长和职工近40人

参加会议。会上，各区县馆对总分馆制的可行性、存在的困难以及具体实施办法进行激烈探讨。研讨会结束后，参会代表来到黔江区箐华小学开展渝东南“少年儿童爱心图书接力服务”传递活动，孩子们从4位馆长手中接过爱心图书。此次活动共传递儿童绘画、绘本、童话、音乐等方面爱心图书2000余册。（重庆图书馆）

【《重庆市北碚图书馆等八家收藏单位古籍普查登记目录》正式出版】 2016年，重庆市古籍普查推出最新成果，由重庆市古籍保护中心主编的《重庆市北碚图书馆等8家收藏单位古籍普查登记目录》作为“中华古籍保护计划”和“全国古籍普查登记目录”系列丛书重要成果，正式由国家图书馆出版社出版。这是重庆市古籍保护中心继《重庆市三十三家收藏单位古籍普查登记目录》之后出版的第二批古籍普查成果。该登记目录共收录八家收藏单位的古籍文献5767部，其中不乏珍贵善本，如宋宝佑二年（1254）刻元明递修本《致堂读史管见》三十卷（北碚图书馆藏）、清康熙四十二年（1703）一隅草堂刻本《香山诗集》四十卷（重庆三峡医药高等专科学校藏）等。（重庆图书馆）

四川省

【概况】 截至2016年年底，四川省、市、县（市、区）三级共有公共图书馆203个，其中一级馆33个、二级馆53个、三级馆43个。实际使用总建筑面积近60万平方米，其中书库面积约12.5万平方米，阅览室面积约19.7万平方米。馆藏纸质文献总计3500多万册，年新增190万册；电子图书总计2261万册，年新增约403万册，自建电子资源减少1.3万册，外购电子资源增加230万册，机构间免费共享电子资源增加近175万册。

各馆不仅重视硬件设施和馆藏资源建设，更重视人才队伍培养和服务水平的提高。全省从业人员共2371人，与2015年相比增加4.8%。其中专业技术人员1402人（研究馆员12人、副研究馆员123人）。全年参加学习培训共6964人次。各级图书馆还通过事业单位公开招聘和校园招聘等方式，不断提高从业人员素质。

读者服务方面，全年接待读者2358万人次，与2015年相比增加约348万人次。举办各类读者讲座3525次、展览1111个、培训班1476个。各图书馆网站访问量3900多万次。122个流动图书车全年书刊借阅140多万人次、242万册次。（四川省图书馆　徐世芳）

【汉藏文化交流项目研讨会在北川举行】 3月8日，由文化部、全国公共文化发展中心主办，四川省文化厅、省图书馆、北川羌族自治县人民政府承办的本次研讨会在新北川宾馆召开。文化部全国公共文化发展中心主任李宏、四川省文化厅副厅长向华全、北京大学教授李国新、清华大学教授杨永恒、上海图书馆馆长吴建中、上海社科院研究员巫志南、南开大学教授徐建华等领导专家，四川、西藏、云南、青海、甘肃五省区文化共享工程中心负责人及四川省图书馆汉藏文化交流工作组成员共计50余人参加会议。会上，省图书馆馆长何光伦、馆长助理谭发祥分别就汉藏文化交流探索实践取得的成绩和工作启示做介绍，通报《四川省汉藏文化交流项目五年规划（2016—2020）》。同时，西藏、云南、青海、甘肃四地的省图书馆就各省（区）文化交流开展情况做了说明。与会专家针对汉藏文化交流的开展及后期规划进行学术研讨，并就如何更好地开展汉藏文化交流提出意见和建议。（四川省图书馆　李彩霞）

【“通往和谐之路——美中交往史，1784—1979年”图片展在四川省图书馆开展】 3月25日，四川省图书馆与美国驻成都总领事馆共同举办的本次图片展开幕式在省馆举办。四川省人民政府外事侨务办公室、省文化厅、成都市人民政府外事侨务办公室和四川国际文化交流中心的代表及百余名读者参加开幕式并观看展览。该图片展展期为3月25日至4月18日，通过70余张历史照片，展示商人、移民、企业家、外交官、探险家和学生等各种形象。（四川省图书馆）

【四川省藏文古籍编务院捐赠《西藏大藏经甘珠尔》仪式在省图书馆举行】 3月30日，四川省藏文古籍编务院向国家图书馆、四川省图书馆捐赠《西藏大藏经甘珠尔》仪式在省馆举行。四川省藏文古籍编务院降洛堪布代表该院分别向国家图书馆、四川省图书馆捐赠《西藏大藏经甘珠尔》（1套128册），国家图书馆副馆长、国家古籍保护中心主任张志清，四川省图书馆馆长何光伦代表受赠单位接受捐赠并向四川省藏文古籍编务院颁发收藏证书。（四川省图书馆　何先进）

【四川省图书馆开展系列活动庆祝建党 95 周年】 6 月 27 日，为纪念中国共产党成立 95 周年，四川省图书馆开展以“弘扬主旋律，凝聚正能量，永远跟党走”为主题的庆祝活动。活动分庆祝大会和文艺会演两个部分。庆祝大会上，全体党员重温入党誓词，牢记责任使命。文艺会演内容包括“颂歌献给党”合唱比赛、“我与新馆共成长”演讲比赛、“展风采迎党庆”才艺展示和“两学一做”知识竞赛 4 个部分。此次庆祝活动让广大党员在活动中受到教育，深化了“两学一做”学习教育。（四川省图书馆）

【国家级古籍修复技艺传习中心四川传习所在四川省图书馆揭牌】 8 月 11 日，“国家级古籍修复技艺传习中心四川传习所”揭牌暨拜师仪式在省图书馆举行。国家图书馆馆长、国家古籍保护中心主任韩永进，四川省文化厅厅长郑晓幸，省图书馆馆长何光伦，故宫博物院资深修复师、非遗传承人徐建华等出席揭牌拜师仪式。仪式上，韩永进为国家级古籍修复技艺传习中心四川传习所导师徐建华、导师助理袁东珏等颁发聘书，并与郑晓幸一起为传习所揭牌。随后举行拜师仪式，来自省图书馆、四川大学图书馆、成都杜甫草堂博物馆的 17 位古籍修复学员向导师徐建华先生献花、敬茶、行拜师礼。韩永进介绍了国家级古籍修复技艺传习中心成立的始末。（四川省古籍保护中心）

【四川省图书馆举办中文图书机读目录格式和图书分类培训班】 9 月 20 日，全国联合编目中心四川分中心举办的全省公共图书馆第一届中文图书机读目录格式和图书分类培训班在省图书馆举行开班仪式，来自全省各市（州）、县（区）公共图书馆以及省图书馆相关业务人员近 200 人参加培训。此次培训邀请国家图书馆研究馆员曹玉强、万爱雯分别就图书分类主题标引、中文普通图书 CNMARC 书目数据的基本规则和具体著录方式进行授课。23 日，举行结业考试并为合格学员颁发国家图书馆、全国图书馆联合编目中心结业证书。（四川省图书馆）

【四川省视障文化服务与阅读推广培训班在成都举办】 由中国盲文图书馆与四川省残疾人联合会、省图书馆联合举办的为期 4 天的本次培训班于 11 月 12 日在成都结束。此次培训班以“阅读推广与视障文化服务”为主题，全省各地（市）级公共图书馆视障阅览室负责人、盲人协会主席共计 50 余人参加培训。培训班邀请中国盲文图书馆的老师进行授课，主要内容有中国盲文图书馆视障文化服务经验与盲用产品、无障碍电影讲解、信息无障碍与阅读推广、盲人数字图书馆资源内容及使用方法等。浙江图书馆报刊文献服务部主任屠雷激在培训中分享了该馆视障文化服务创新案例。同时，培训班还邀请视障读者代表罗佳来分享自己的阅读故事。（四川省图书馆　王晓琪）

【四川省图书馆召开文化志愿服务支队年终总结大会】 12 月 24 日，2016 年四川省图书馆文化志愿服务支队年终总结大会暨优秀志愿者表彰大会在省馆举行。青年志愿者代表成都理工大学志愿服务站邓邵文、老年志愿者王秀文、亲子志愿者代表泡桐树小学六年级曹钘雯分别谈了作为志愿者的心得与感受，表达对图书馆和志愿服务的热爱。馆领导为 2016 年优秀志愿者服务团队以及优秀志愿者获得者颁发证书。大会还揭晓“书香四川，志愿者在行动”摄影大赛获奖名单。（四川省图书馆文化志愿服务支队）

【阿坝州图书馆举办新书推荐及展览活动】 1 月 20 日，阿坝州图书馆全体工作人员在马尔康城区推出以宣传“图书馆对外服务窗口”“新书图书推荐”及“数字图书馆服务平台和共享工程特色地方资源数据库服务平台”“优秀图书杂志展览”为主题的图书展览活动。图书展以《阿坝州年鉴》等地方文献为基础，展出《中国民族年鉴》、人物传记以及多种杂志。（阿坝州图书馆）

【地方文献数字资源平台建设暨地方文献交换研讨会在雅安召开】 3 月 24 日，本次研讨会在雅安市召开，来自四川省 15 个地市（州）公共图书馆、15 个县（区）公共图书馆馆长及业务骨干近 90 人参加研讨会。会议邀请成都图书馆馆长助理王骢做“地方特色资源建设”专题报告，与会人员还共同商讨了建设全省地方文献资

源数据库共建共享平台的必要性和可行性。此次研讨会交换各馆地方文献 2000 余册。（雅安市图书馆）

【泸州市少儿图书馆举办 2016 少年儿童阅读年启动仪式暨“留守儿童读书之家”挂牌仪式】 4 月15 日，泸州市少儿图书馆在纳溪区大渡口镇中心小学举办“泸州市 2016 少年儿童阅读年”启动仪式暨“留守儿童读书之家”挂牌仪式。市图书馆、市少儿馆馆长吴原原向大渡口镇中心小学“留守儿童读书之家”赠送图书及网上读书卡；社会企业四川书之缘向 3 名特困留守儿童捐助爱心资金；市少儿馆“故事大王”优秀选手走进校园讲述精彩故事；最后，全体师生参观了“青少年文明行为规范”图片展览。（泸州市图书馆）

【眉山市图书馆在咖啡馆设立阅读点】 4 月29 日，由眉山市图书馆推出的“咖啡图书馆”在盖丽广场“白未咖啡”“SPR 咖啡”正式运行，吸引大批读者光顾咖啡馆。该馆在两家咖啡馆设立馆外阅读点，免费为咖啡馆订阅精品期刊 30 种，并选配畅销图书 200 册在咖啡馆实行开架阅览，并负责图书的定期更换。通过这种形式，打破图书馆固定场所的限制，把咖啡馆由单纯的休闲场所打造成一个能够提供阅读体验的馆外图书服务点。（眉山市图书馆）

【巴中市图书馆举办秦巴大讲堂之农家书屋图书管理员培训班】 8 月 10 日，由巴中市图书馆主办、巴州区图书馆承办的秦巴大讲堂之农家书屋管理员培训班在巴州区金碑乡综合文化站举办，来自全乡 11 个农家书屋的图书管理员 30 余人参加培训。巴州区图书馆馆长李长春以“农家书屋管理员的基本素养”为题，对农家书屋管理员的基本素质、地位与岗位职责进行讲解，并现场教授图书分类、编目、上架等知识。讲座结束后，巴中市、区图书馆工作人员参观了金碑乡居委会农家书屋，对该书屋免费开放工作进行指导。（巴中市图书馆　杨海珑）

【《丹珠尔》藏文经典文献入藏甘孜州图书馆】 12 月 29 日，由中共德格县委、德格县人民政府向甘孜州图书馆捐赠德格印经院藏文经典文献《丹珠尔》仪式在甘孜州图书馆举行。甘孜州图书馆长期致力于民族文化的保护和传承工作，成立“康巴藏学文献中心”，多渠道、多方式地加大藏文文献的收集力度。此次接受德格县捐赠的珍贵文献《丹珠尔》共 213 函，这些文献的收集、整理，为民族文献的保护和传承做出积极贡献。（甘孜州图书馆）

贵州省

【概况】 截至 2016 年年底，贵州省共有公共图书馆 95 个，其中省级馆 1 个、州市级馆 9 个、区县级馆 84 个、专业图书馆 1 个。从业人员 1026 人。总藏书量 1252 万册，总面积 26.86 万平方米，阅览室座席总数 16523 个，计算机总数 4532 台。全年举办各类读者讲座 1436 次，参加培训 32.04 万人次。

贵州是多民族地区。共享工程贵州省分中心利用公共数字文化平台，制作完成地方资源建设项目“水族马尾绣”“彝族铃铛舞”“台江姊妹节”等 6 个多媒体数据库和高清专题片并已通过共享工程国家中心验收；2015 年度申报的地方资源建设项目在经过国家中心评审后，《贵州安顺屯堡》《贵州古法造纸技艺之印江》《贵州苗族独木龙舟节》等 5 个专题片项目获得立项。

贵州数字图书馆经过 6 年多的建设，数据总量超过 80TB；引进 25 个数字资源库进行试用，不断丰富资源内容，满足不同层次用户的阅读需求；完成与国家图书馆联合建设的数字图书馆推广工程资源建设项目。中央电视台《新闻联播》曾播出“我国文化整体实力步入快速发展轨道”的专题报道，报道以贵州数字图书馆服务偏远山区、让这里的干部群众能够方便快捷地获取国家数字图书馆和贵州数字图书馆丰富的数字资源为鲜活事例，充分展现广大基层群众切切实实地共享到文化改革发展的成果。（贵州省图书馆学会秘书处）

【举办 2016 年贵州省公共图书馆基础业务培训班】 5 月 15 日—6 月 16 日，11 月 30 日—12 月 31 日，两期为期一个月的 2016 年贵州省公共图书馆基础业务培训班在省图书情报专业人才中心举办，共培训学员 93 人。此培训班由省图书馆和省图书馆学会共同主办，是迄今举办的为期最长的业务培训班。培训期间，邀请华东师范大学信息管理学教授范并思、四川大学原副馆长王嘉陵、云南图书馆馆长王水桥、苏州图书馆原馆长邱冠华、贵州民族大学副校长韦维给学员面对面授课，得到基层馆员的好评。（贵州省图书馆学会秘书处）

【举办贵州省古籍修复技术培训班】 10月，为期一个月的贵州省古籍修复技术培训班在省图书馆举办，来自全省22家古籍收藏单位的33名学员参加培训。期间，邀请武汉大学教授刘家真、复旦大学图书馆资深古籍修复专家黄正仪和云南省图书馆少数民族古籍修复专家杨利群为学员授课，内容包括理论讲授和实践操作，以古籍修复实践操作为主。尤其值得一提的是，此次培训首次开设少数民族古籍修复实践课程，为贵州省民族古籍的保护和修复工作打下扎实的基础。（贵州省图书馆学会秘书处）

【数字图书馆推广工程2016年西部地区省市级馆长培训班在贵阳举办】 8月8--11日，由国家图书馆主办，贵州省图书馆、贵阳孔学堂数字图书馆承办的本次培训班在贵阳孔学堂举办。来自13个省及所辖市级已实施推广工程的图书馆馆长共192人参加培训。国家图书馆数字资源部主任曹宁、信息技术部副主任邢军、研究院副院长申晓娟，南京图书馆副馆长许建业分别讲授“面向‘十三五’的数字图书馆推广工程”“推广工程移动阅读建设与服务”“公共图书馆‘十三五’事业发展思考”“图书馆融合发展与创新服务的探索与思考”；贵州省图书馆副馆长刘梅、重庆图书馆副馆长张波、云南省楚雄州图书馆馆长黎建宾、玉林市图书馆馆长谢朝容、绵阳市图书馆馆长冯小平分别就本单位数字图书馆推广工程建设情况做经验交流。在分组讨论阶段，培训学员对数字图书馆推广工程建设、人才培养、资金分配与使用等存在的问题畅所欲言，建言献策，并表示要加强与国家图书馆及各馆间的交流与合作，共创西部地区图书馆的美好未来。培训期间，还举办“聚力协作共推广　继往开来绘蓝图——数字图书馆推广工程建设五年间”成果展，设置在培训会场外的展板、视屏和体验区便于学员观看、体验。（贵州省图书馆学会秘书处）

云南省

【云南省图书馆概况】 2016年，云南省图书馆外借书刊87.8万册次，免费接待读者286.5万人次，新办读书证10988个，新建5个图书分馆、2个馆外图书流通点、2个全民阅读示范点，各项均创下历史新高。

深化免费开放，创新服务，提升服务。实施一批创新型服务项目，建成省内首个图书馆“创客文化空间”；在西南地区正式建成首个“数字阅读体验区”；实施“读者选书，图书馆买单”，放宽读者办卡的年龄条件和图书借阅限制，设置自助借还书机、自助办证机；开通官方微信公众平台订阅号，推行“微信图书馆”服务；完成相关阅览室和公共服务空间的搬迁整合和升级改造，开辟还书绿色通道。打造一批服务品牌，继续开展“云南省委宣传部舆情信息直报点”“普洱茶文化图书馆”“云南文化大讲堂”、公共文化展览、参考咨询等品牌服务；创办“少儿英语读书会”。延伸服务范围，开展“新春全民阅读推广月”“世界读书日系列活动”“公共图书馆服务宣传周系列活动”“贯彻落实文化部2016年阅读推广工作方案系列活动”“中秋节文化服务系列活动”“纪念中华人民共和国建国67周年和红军长征胜利80周年系列活动”等阅读推广活动共100多项。为各类特殊群体提供高质量人性化服务，全年接待盲人读者500多人次；全年接待未成年读者27.4万人次，外借少儿书刊13.21万册次，开展各类少儿读者活动200多次；继续关注服刑劳教人员等特殊群体。

加强业务建设，提高效能，增强专业能力。馆藏资源不断丰富，馆藏结构不断优化。地方文献工作水平进一步提高。发挥省级馆的示范引导作用，加强基层培训，促进全省图书馆学术繁荣。提前完成文化部第六次公共图书馆评估定级各项准备工作。

深入实施公共数字文化工程，推动全省现代公共文化服务体系建设取得新进展。文化共享工程完成多项特色资源项目的建设、验收以及下一年度资源申报等工作，培训基层人员12707人次。公共电子阅览室、边疆万里数字文化长廊、中国文化网络电视和数字图书馆推广工程建设均取得新突破，省馆建设的西南地区首个数字阅读体验区入选数字图书馆推广工程优秀案例。

深入实施全省古籍保护计划，促进优秀文献典籍传承体系建设。全省古籍普查登记工作快速推进并获得文化部表彰，古籍修复工作水平全面提升，古籍出版与研究工作成果丰硕。省馆古籍数字化建设成绩显著，全年数字化加工馆藏善本1467册、图像178348幅、云南本地碑刻拓片1392份。在国务院公布的第五批《国家珍贵古籍名录》(899部)中，云南省共有12部古籍入选，其中云南省图书馆4部、云南大学图书馆4部、楚雄彝族文化研究院3部、石林彝族自治县民族图书馆1部，全省累计235部古籍入选第五批《国家珍贵古籍名录》。

深化内部改革，综合管理水平明显提高，获得多个奖项。在全面深化干部人事制度和分配制度改革的同时，不断强化综合管理，各项工作齐头并进共同发展，并编制完成《云南省图书馆“十三五”发展规划》。获得中央宣传部等11个部委联合表彰的2016年宣传推选学雷锋志愿服务“最佳志愿服务项目”“文化部2016年基层文化志愿服务活动典型案例”“文化部2016年文化志愿服务团队”“五星级文化助盲志愿服务团队”“全省文化系统文化宣传信息工作先进单位”“舆情信息工作先进单位”“昆明市文明单位”等多项荣誉。(云南省图书馆)

【云南省图书馆打造省内首个图书馆“创客文化空间”】 1月1日，云南省图书馆在少儿阅览室举办“创客文化空间”活动，40位不同年龄段的学生及其家长现场参加制作模型等丰富多彩的活动。“创客文化空间”包括文化、教育、创客类型等系列讲座和培训。省馆于每周六下午在少儿阅览室固定开展创客文化活动，并专门设置“创客空间活动微信群”，随时与读者保持联系和沟通。通过此项活动，力图将省馆打造成云南省第一家面向公众开放的图书馆创客交流中心及先锐创客教育示范基地，形成新的特色服务品牌，充分发挥公共图书馆作为“城市教室”的社会职能。(云南省图书馆学会　金美丽)

【云南省图书馆放宽读者办卡条件】 为倡导全民阅读，建设书香社会，给读者借阅书刊提供更多的便利，省馆修改完善了读者办卡指南，进一步放宽读者办卡的年龄条件和图书借阅限制，于2016年1月1日起正式施行。其亮点是：取消少儿借阅卡办卡的最低年龄限制，实现阅读伴随孩子成长；取消对少儿图书借阅的限制，成人借阅卡也可借阅少儿图书，为家长、幼教工作者引导孩子阅读、培养孩子良好的阅读习惯创造条件；统一除外借现刊以外的其余书刊借期，方便读者借还；在原有借阅卡基础上，新增研究型借阅卡，为开展课题查询、项目研究的读者提供借阅文献的便利。新的读者办卡指南施行后，受到读者的欢迎与好评，少儿图书流通量显著增加，读者卡的办理也有一定增长。(云南省图书馆)

【云南省边疆万里数字文化长廊建设培训班在普洱举办】 1月19—22日，由云南省文化厅主办的“2015年云南省边疆万里数字文化长廊建设培训班”在普洱市举办，来自全省8个边境州（市）、25个边境县的文化局局长及图书馆馆长、104个乡镇文化站站长近200人参加培训。培训班上，省文化厅公共文化处处长李友仁强调边疆万里数字文化长廊建设工作的重要意义，并就如何做好具体实施工作、推动现代公共文化服务体系建设进行安排部署。省图书馆馆长王水乔为学员做题为“从农民网培学校到边疆万里数字文化长廊建设”的培训。为进一步提高边境乡镇基层服务点的工作质量和服务水平，此次培训针对基层工作人员容易遇到的问题进行重点授课，为下一步开展好边疆万里数字文化长廊建设工作打下坚实的基础。(云南省图书馆　陈洁)

【2016年全国省级及副省级市公共图书馆参考咨询工作会在云南省图书馆召开】 3月28—30日，由国家图书馆主办、云南省图书馆承办的2016年全国省级及副省级市公共图书馆参考咨询工作会议在昆明召开。国家图书馆馆长助理汪东波、云南省图书馆馆长王水乔到会致辞，国家图书馆立法决策服务部主任卢海燕、省馆副馆长朱庆华主持会议。来自全国各省级及副省级市公共图书馆的分管领导、业务骨干共50余人参加会议。会议对2015年全国图书馆参考咨询协作网、全国省级公共图书馆决策咨询服务协作平台工作进行了总结。国家图书馆参考咨询部主任王磊介绍2016年全国省级公共图书馆“参考咨询协作网”与“决策咨询服务协作平台”工作规划。桂林图书馆副馆长曹旻等分别做经验交流。会议还围绕参考咨询和决策咨询等议题进行了分组讨论。(云南省图书馆)

【云南省图书馆建立首个全民阅读示范点】 3月28日，省馆与昆明市五华区第一幼儿园合作建立的“云南省图书馆全民阅读示范点”在幼儿园正式挂牌，这是省馆建立的首个全民阅读示范点。幼儿时期是阅读能力培养和阅读习惯养成的重要时期，培养儿童的早期阅读能力十分重要。倡导全民阅读，建设书香社会，应从幼儿抓起，重视开展对幼儿的阅读指导，让幼儿感受图书的魅力，激发他们的读书兴趣，从小培养孩子的读书习惯，使阅读伴随成长，这是省馆与一贯重视幼儿阅读兴趣培养的五华区第一幼儿园的共识。通过建立全民阅读示范点，以此为纽带，充分利用双方的资源优势，共同开展全民阅读活动，助推“书香云南”建设。（云南省图书馆）

【云南省图书馆与省女子一监开展图书分馆建成十周年活动】 2016年4月23日是第21个“世界读书日”，也是省馆在云南省第一女子监狱成立图书分馆十周年的纪念日。为进一步增强广大服刑人员的阅读意识，提高服刑人员的文化知识水平，4月21日，双方共同开展了“世界读书日”暨图书分馆建馆十周年庆祝活动。省馆馆长王水乔、省女子一监监狱长倪丽宏和省馆部分工作人员、省女子一监警察、服刑人员代表共300余人参加活动。活动当天，省女子一监服刑人员新岸艺术团以图书分馆成立十年中的读书故事为主要内容，编排了一台特殊的舞台剧，充分展现服刑人员在图书分馆阅读中所获得的启迪、成长与进步，以及在阅读中真诚悔悟、积极改造的正能量。同时，配合“世界读书日”的到来，省馆与省女子一监还在服刑人员中开展主题为“共享书香　明理知礼”的读书征文活动，共收到服刑人员稿件300余篇，评选出其中20篇优秀作品现场进行分享交流。活动中，省女子一监向省馆赠送写有“十年携手塑灵魂　书香狱园促新生”的锦旗，以此感谢省馆十年来对监狱服刑人员的关爱及对女子一监图书分馆建设所做出的积极贡献。（云南省图书馆学会　金美丽）

【云南省图书馆开展2016年图书馆服务宣传周系列活动】 5月23日—6月3日，省馆开展以“书香云南——阅读引领未来”为主题的图书馆服务宣传周系列活动。此次系列活动内容丰富、形式多样，不仅有古籍修复技艺现场观摩体验活动、普洱茶文化图书馆“西双版纳的古茶山及当地民族文化”公益讲座、“云南文化名人著作展”等活动，还开展“送盲文图书上门服务”、开放24小时街区自助借还图书馆、开辟“还书绿色通道”以及限时免除读者文献逾期使用费等活动。值得一提的是，服务宣传周期间适逢“六一”国际儿童节，重点推出了针对少年儿童的多项活动，如“六一”创客PARTY活动、“乐桃桃”幼儿学习课程线上活动、青少年心理健康教育讲座、“童书集市”“我爱大自然”儿童集体绘画等，受到广大少儿读者及家长的欢迎和好评。此外，还开展了数字体验区读者培训、借助公共电子阅览室平台展示介绍馆藏数字资源、向到馆读者发放公共数字文化工程宣传资料等一系列数字阅读推广活动。（云南省图书馆　杨昕昕）

【云南省图书馆举办2016年阅读推广系列活动】 5—12月，云南省图书馆开展以“书香云南——阅读是一种生活方式”的2016年阅读推广系列活动。此次系列活动主要包括“阅读从图书馆出发”系列、“让古籍中的文字活起来——云南省图书馆馆藏古籍善本多媒体展示”“铭记历史，精彩阅读”暨“读经典　看经典　赏经典——云南省青少年红色经典阅读演讲比赛”“快乐童年、健康成长——云南省图书馆少儿连环画快乐阅读”“阅读点亮生活”特殊群体文化服务、“民族团结一家亲——藏区数字阅读服务”“阅读助力贫困地区公共文化服务体系建设”“优秀图书资源推介”8大主题、18个项目。活动具有以下几个特点：一是紧扣纪念建党95周年、红军长征胜利80周年、“十一”国庆节等主题，积极开展红色文化宣传推广和红色经典图书阅读；二是依托省馆丰富的数字文化资源，利用文化共享工程和数字图书馆平台提供公共数字文化服务和数字资源阅读推广，以及为藏区、贫困地区开展公共文化服务等；三是以展览、演讲、文化沙龙、创客空间等新颖多样的活动形式，开展青少年阅读推广服务；四是开展专门针对特殊群体的文化服务活动，进一步保障公共图书馆服务的均等性。（云南省图书馆　杨昕昕）

【缅甸图书馆代表团到云南省图书馆参观访问】 9月26日上午，缅甸图书馆代表团一行到云南省图书馆参观访问。在中国国家图书馆国际交流处副处长马静、云南省图书馆馆长王水乔的陪同下，代表团先后参观了云南省图书馆展厅、数字体验区、特色馆室、善本阅览室、外文图书借阅室、古籍修复中心等服务窗口和业务部门，王水乔介绍了省馆馆藏资源、特色服务品牌、古籍保护工作等情况。双方还就如何在新的国际图书馆发展趋势下，结合中缅接壤的地理优势，在馆藏书籍交流、人员互访、员工培训等方面加强合作进行交流探讨。（云南省图书馆）

【“书香云南”图书荐购闪借活动正式启动】
10 月 24 日上午，“书香云南”图书荐购闪借活动启动仪式在新华书店昆明书城举行。云南省图书馆馆长王水乔、云南新华书店集团有限公司副总经理许悦出席仪式并揭牌。图书荐购闪借活动是省馆与云南新华书店共同为满足广大读者的个性化阅读需求而开展的一项公共文化创新服务。这项活动是自 2007 年省馆与昆明各大书店开展的图书荐购活动的升级版，是一种“读者选书，图书馆买单”的新型服务模式。今后，读者荐购的图书在昆明书城就可以办理借阅手续，既极大方便了读者借阅，也大大缩短了图书采购的时间，能够第一时间满足读者的学习和借阅需求。启动仪式结束后，短短两个小时内就有 10 余名读者荐购闪借图书 20 余册，还有很多市民对活动内容进行咨询。读者普遍认为，该活动方便、快捷，能够第一时间把心仪的图书借回家，是文化惠民的实在体现。（云南省图书馆）

【《护国运动文献史料汇编》《云南抗战文献史料选编》正式出版】 《护国运动文献史料汇编》和《云南抗战文献史料选编》均是云南省图书馆获得的民国时期文献保护计划立项的文献整理出版项目。《护国运动文献史料汇编》以馆藏大量护国运动文献史料为基础，共收录 45 种文献，总计 500 余万字，分为 10 卷本影印出版。这批文献绝大多数出自护国运动亲历者手笔，内容丰富，形式多样。《云南抗战文献史料选编》遴选馆藏中有关云南抗战的文献，共分为 9 种 11 册，以原书影印的方式收录有关滇军出滇抗战、血战滇西、入越受降以及滇缅铁路、公路、中印公路等当时的文献 30 余种。既有战场实录、防空实录等文字资料，也有战地照片汇成的图册；既有战事亲历者的专著，也有反映抗战期间云南地方情况的期刊，时代特色鲜明。两套书的整理出版，为历史研究者和广大读者提供了第一手资料，具有较高的文献价值与学术价值。（云南省图书馆）

【云南省图书馆着力建设省级科普教育基地】
10 月 14 日，云南省图书馆在昆明市黑林铺昭宗小学举办“创客文化空间进校园”专场活动，为该校学生带去一场精彩的 3D 打印笔体验活动，使同学们体验到科学带来的无穷乐趣。这次活动也是省馆坚持开展科普教育、建设省级科普教育基地的重要内容。自省馆被省政府命名为“云南省科学普及教育基地”以来，一直充分利用自身优势和条件，不断创新服务方式，坚持常年开展科普教育活动，不断增强科普服务能力，通过举办“云南文化大讲堂”系列公益讲座、青少年创客文化空间、全民阅读推广、青少年心理健康咨询系列讲座等活动，积极打造科普服务品牌。其中，“云南文化大讲堂”创办以来，至今已接待各界听众 7 万多人次，受到读者的热烈欢迎，成为全省公共图书馆界知名讲座品牌；作为全省第一家面向公众开放的图书馆创客交流中心、创客教育示范基地，青少年创客文化空间通过完善的活动服务体系，举办了丰富多彩的创客活动，成为省馆特色服务品牌的新亮点；青少年心理健康系列家庭教育讲座坚持每月开展，向社会普及科学的现代家庭教育理念，为广大青少年及家长提供心理健康教育及咨询服务，受到各界广泛赞誉。同时，抓住“世界读书日”“全民读书月”“省科普宣传周”“图书馆服务宣传周”“全国科普日”“文化三下乡”等契机，针对不同群体精心策划、认真组织，积极开展一系列形式多样、丰富多彩、贴近社会、贴近基层、贴近百姓的全民阅读宣传推广活动，取得良好的社会效益，使省馆真正成为群众心中的科普教育阵地。（云南省图书馆学会　金美丽）

【全国少数民族古籍保护整理出版工作培训班学员到云南省图书馆参观交流】 11 月 2 日上午，由国家民委全国少数民族古籍整理研究室主办的“全国少数民族古籍保护整理出版工作培训班”学员一行 70 余人到省馆参观交流。期间，省馆馆长王水乔做题为“云南省图书馆古籍保护与整理研究工作”的主旨报告，全面介绍省馆近年来在古籍普查登记、古籍修复、数字化建设、整理研究与出版等方面工作。学员们实地参观了古籍数字化加工现场及国家级古籍修复技艺中心云南传习所，详细了解省馆少数民族古籍修复工作特别是藏文古籍、彝文古籍的修复情况。通过此次参观交流，加强了省馆与全国少数民族古籍保护工作之间的联系，为下一步的合作奠定良好基础。（云南省图书馆）

【“春雨工程 2016 年汉藏文化交流活动志愿者香格里拉行”举行】 12 月 17—21 日，由文化部全国公共文化发展中心和云南省文化厅主办，云南省图书馆暨文化共享工程云南省分中心、迪庆州文体广新局、文化共享工程迪庆州支中心承办的本次活动在迪庆藏族自治州举行。文化部全国公共文化发展中心主任李宏、云南省图书馆馆长王水乔、迪庆藏族自治州文体广新局副局长李映怀等领导，云南省、迪庆州图书馆相关人员和汉藏文化交流方面的专家、志愿者、学员等 100 多人参加启动仪式。“十三五”期间，全国公共文化发展中心将依托公共数字文化服务网络，重心下移，将“边疆万里数字文化长廊”服务模式拓展至藏区基层，以西藏、云南、四川、甘肃、青海五省藏区联合实施的“汉藏文化交流活动”为基础，以乡镇为重点，提升藏区乡镇公共文化服务水平。活动期间，举办藏区业务骨干培训班，迪庆州一市两县一区图书馆、文化馆工作人员 50 多人参加培训，省馆副馆长肖贵中、迪庆州藏学专家白玉先等分别授课。此外，还举行向藏区基层文化站配送资源等活动。（云南省图书馆）

【楚雄州图书馆建成彝族文献管理系统】 2016 年，为进一步加快全州公共文化服务体系示范区创建工作，妥善解决彝族文献古籍保护与开发利用之间的矛盾，楚雄州图书馆依托州内彝族古籍文献资源开发了一套彝族文献管理系统。该系统拥有针对彝族文献的查询、阅读、分类和管理等诸多功能，以文本、图片、视频、音频等形式囊括楚雄彝族的政治、经济、文化、历史、宗教等全方位近 160 万条信息。该系统符合读者阅读习惯，有较好的用户体验，为广大读者查询、运用彝族文献资料提供了一条便捷的渠道，同时也为彝族文献古籍数字化建设做出有益的探索。（云南楚雄州图书馆　代海燕）

【宾川县图书馆开展 2016 年傈僳族文化传承培训活动】 8 月 15—21 日，为保护和传承本地区的民族民间传统文化，宾川县图书馆联合宾川县傈僳族学会开展了 2016 年傈僳族文化传承培训活动。此次培训地点选在傈僳族居民聚集的大营镇菇村村委会宝丰寺村，特别邀请县内长期从事傈僳族文化研究的专业人士担任授课教师，授课内容包括“傈僳族文字”“傈僳族传统乐器——芦笙、竹笛的基本技法”“傈僳族传统技艺——火草布纺织技术”等，参加培训的学员约 60 人。课外师生积极沟通和互动，载歌载舞，气氛十分活跃。此次培训促进了傈僳族文化在地区的良好传承，让年轻一代傈僳族同胞热爱自己的民族文化，让其他民族了解傈僳族文化，从而进一步繁荣全县群众文化生活。（宾川县图书馆　孙敬梅）

【开远市图书馆“边读边绘”主题活动获第二届全国图书馆未成年人服务案例二等奖】 5 月 16 日至 7 月 10 日期间，中国图书馆学会面向全国开展图书馆未成年人服务优秀案例征集活动，共收到材料 232 份，有效案例 214 个，最终选定一等奖案例 10 个、二等奖 15 个、三等奖 20 个。开远市图书馆“边读边绘”主题活动获二等奖。获奖案例在 9 月 1 日中国图书馆学会举办的第二届全国图书馆未成年人服务论坛及分会场进行展示和交流，发言题目为“从绘本打开阅读之门——‘边读边绘’主题活动”。（开远市图书馆　李蓓）

【建水县举办图书漂流活动】 12 月 21 日，由建水县直机关工委、建水县文化体育和广播电视局主办，建水县图书馆承办的“墨香古城·上善建水·书香机关·引领阅读”图书漂流活动启动。县委、人大、政府、政协相关领导及干部职工代表共 400 多人参加启动仪式。活动内容包括：在县直机关单位开展爱心捐赠“一本书”，心得体会“一篇稿”，支部讨论“一次会”，重点推荐“一批书”的“四个一”活动；由县图书馆挑选党的理论著作及国学、历史、文学等类别图书 600 余册率先在县委、人大、政府、政协大楼相关单位开展图书漂流，吸引不少机关干部和职工前来阅读。此次图书漂流活动有利于干部职工养成读书学习的良好习惯，促进其文化素养的提

升，从而推进机关文化建设。（建水县图书馆　潘红梅）

陕西省

【概况】 2016年，陕西省有公共图书馆111个（含少儿图书馆3个），其中省级馆1个，副省级馆1个，地、市级馆7个，县级馆102个。从业人员共计2123人，其中高级职称83人、中级职称565人。全省公共图书馆总藏量1626万册，其中图书1351.23万册，古籍56.88万册（其中善本5.38万册），报刊153.53万册，视听文献、缩微制品16.24万册（件），其他48.12万册（件）。全年总流通人数1155.63万人次，书刊文献外借411.06万人次、707.49万册次。组织各类讲座1694次，参加人数22.68万人次。举办展览899个，参加人数115.18万人次。举办培训班1278个，参加人数8.56万人次。开展基层培训辅导14.78万人次。实际使用公用房屋建筑面积27.33万平方米，其中书库面积5.78万平方米，阅览室面积8.9万平方米。阅览室座席21703个，其中少儿阅览室座席5435个。计算机5836台，供读者使用电子阅览室终端4129个，图书馆网站访问量4599.97万页次。有流动图书车97辆，流动服务书刊借阅62.25万人次、89.51万册次，建立分馆82个。全省各级财政拨付公共图书馆的总经费共计341434万元，专项购书经费共计31275万元。（陕西省图书馆　王阳　万行明）

【基础设施建设】 2016年，陕西省图书馆扩建工程全面推进，11月底完成主体封顶；新馆的人员编制、经费需求及文献准备等相关方案已上报省文化厅，自动化建设工作正在调研和建设方案拟定中。延安市图书馆新馆的报刊阅览室等部分功能区局部对外开放。山阳县图书馆新馆工程建成并开放。宝鸡市陈仓区图书馆新馆建设工程进入搬迁前的内部装修及设备准备阶段。咸阳、宝鸡、商洛3个市级图书馆和洛川、石泉、平利、洋县、镇巴等地县级图书馆新馆建设进展顺利。府谷县政府决定将1.8万平方米的原县粮食交易中心大厦整体划拨给县图书馆，从而使该馆有望成为西部地区面积最大的县级图书馆。（陕西省图书馆　王阳　万行明）

【文献资源建设】 2016年，陕西省图书馆文献采购经费为1200万元，全年现采中外文图书、视听资料72810种，预订中外文图书、视听资料2900种。2015年12月1日至2016年11月30日的统计年度内，共计入藏中外文图书、期刊、报纸及视听资料72655种206744册/份/件。山阳县图书馆为适应新馆开馆的需要，多方筹集资金100万元，新购各类图书6万余册。在地方文献征集方面，省馆征集1293种1882册，接收地方出版物呈缴图书2129种4789册，达到出版量的80.2%；音像制品呈缴118种158份，达到出版量的84.3%。各级公共图书馆依托全省地方文献征集协作网，通过征集、交换、呈缴、赠送等形式不断丰富本馆地方文献入藏种类。38个基层图书馆向省馆交换地方文献60次，共计955种1364册；省馆向27个基层图书馆交换文献39次，共计1010种1381册。在地方特色资源建设方面，省馆建设完成“丝绸之路·文物古迹篇”“陕甘宁边区红色记忆·革命旧址、遗址、纪念地库”2个数据库；策划和申报地方资源数据库建设项目4项，其中3项通过文化部2017年地方资源立项；同时依托文化共享工程和数字图书馆推广工程资源建设项目，指导带动基层图书馆开展资源建设工作，西安、咸阳、宝鸡、铜川、延安、富平、定边、佳县、华州等市、县图书馆申报的12个项目通过文化部评审立项。商洛市商州区图书馆联合商洛市图书馆、洛南图书馆、丹凤图书馆制作完成三集历史文献纪录片《商山四皓》。在数字资源建设方面，省馆新增3个数据库，数字资源浏览下载量达到484.476万篇（册）次。在数字资源服务推广方面，省馆举办“冰雪奇幻之旅”“发现最美微春天”“10万机关干部读电子图书”等活动，在西安公交五公司建立“陕图电子图书公交五公司阅读点”。西安图书馆新增电子图书2万余册，自建“西安非物质文化遗产”等4个数据库，自建及外购数字资源总量达63.38TB，并且可以通过移动数字阅读平台进行移动阅读。户县图书馆购买130万部数字图书和电子触摸屏，并与图书馆微信公众平台对接，方便读者下载阅览。（陕西省图书馆　王阳　万行明）

【阵地服务及品牌建设】 2016年，根据陕西公共图书馆服务联盟的统一安排，全省公共图书馆积极承办、落实联盟各项主题阅读推广活动，全年组织多样化、个性化活动3894场次，其中自主开展活动3261场次，参与人数总计196万余人次，同比去年活动场次增幅35%、参与人次增幅20%。省馆全年策划、举办阅读推广活动85场次，参与人数20万余人次，同比去年场次增幅30%、人次增幅94%。策划组织的“学在陕图”公益课堂活动项目举办11期56场次的系列培训分享课程，培训学员近6000人次；“陕图讲坛”举办讲座63场，参与听众19020人次；“陕图展览”举办27场，观众7.7万余人次。西安图书馆策划组织“天禄讲坛”讲座25场，组织“天禄画卷”展览6次，开展“天禄学苑”读友会25场，编辑出版《天禄集英》杂志2期；联合西安市城区内的新华书店、嘉汇汉唐书城、万邦书城开展“你读书　我买单”活动。户县图书馆品牌活动“故事大王”活动案例被西安市图书馆学会评为“一等奖”，关中—天水经济区公共图书馆联盟评为“三等奖”。延安市图书馆与市、区作协、文联联手打造“中山书院大讲堂”公益讲座品牌活动及“中山杯”系列阅读推广活动项目。宝鸡市金台区图书馆联合宝鸡市社科联、民盟宝鸡市委、市国学研究会推出“国学大讲坛”公益讲座。安康市图书馆创办“安康人周末读书会”等互动读书沙龙。汉中市图书馆创立的“一心读书会”举办阅读分享会13期，参与读者2100人次。岐山县图书馆策划举办弘扬岐山特色文化为目的的“周文化系列”优秀图书推荐展览活动。渭南市临渭区图书馆依托区、乡（镇办）、村（社区）图书室相结合的阅读服务圈及“渭南市城市书房信达馆”组织开展读书活动。华州区图书馆开展“快乐暑期　阅读夏令营”“彩虹姐姐讲故事”“华州大讲堂”等活动。这些品牌活动均受到广大读者的好评，在一定程度上推动当地全民阅读活动的开展。（陕西省图书馆　王阳　万行明）

【参考咨询服务工作】 2016年，全省22个公共图书馆为本地“两会”提供服务。省馆全年为陕西省委宣传部报送舆情信息293期；承接课题150项，提供文献原文1976篇；编辑《决策参考》《资料汇编》《图书馆资讯》；首次联合部分市、县（区）图书馆编辑“两会”专题资料。西安图书馆通过中国政府公开信息整合服务平台西安站开展政府公开信息服务工作，并在国家公共文化服务体系示范项目创建过程中与所辖县（区）公共图书馆签署《西安市公共图书馆联合参考咨询服务合作协议》。全省16个市、县（区）图书馆为读者编辑专题资料，如石泉县图书馆《科技宣传册》、临潼区图书馆《临潼民俗节日》、乾县图书馆《乾县图书馆地方文献资料目录》等，扩展参考咨询内容。（陕西省图书馆　王阳　万行明）

【未成年人及弱势群体服务】 省馆依托陕西公共图书馆服务联盟、数字图书馆工程和共享工程网络平台，在全省举办“联盟（西北地区）少儿阅读推广基础理论专题培训班（基础级）”“我与父母一起阅读”少儿绘画比赛、“大众美育馆——小画笔，画世界”少儿图文创作征集活动；省馆少年儿童分馆全年开展“蒲公英绘本故事屋”“蒲公英小剧场”、科普讲座、才艺展示、科学魔法秀、小小经典戏剧节等少儿阅读活动64场。西安图书馆举办“童心飞扬，快乐成长”文艺会演、“与圣贤为友　与经典同行”诵读、“小荷读书会”等活动55场。延安市图书馆举办首届“中山杯”少儿绘画大赛，举办“小精灵儿童乐园”“小夫子国学馆经典诵读”“贝贝熊绘本乐园”“中山童心小课堂”等品牌阅读活动，并在少儿阅览区建成全省首家创客空间。高陵区图书馆开展“听图书讲故事”亲子阅读活动。

省馆全年购置无障碍电影66部，心理辅导105人次，帮助读者查找下载资料112.8G，电脑培训104人次；开展“声音志愿者”视障读者读书会、“用心看电影”金秋盲童观影、“绘声听影”第三期国际盲人节无障碍观影等各类主题文化活动10场。户县图书馆举办“2016年盲人阅读与互助活动”；为戒毒所特殊人员、消防队、预备役三团和武警中队战士、学校留守儿童、敬老院老人等特殊人群开展主题服务。临潼区图书馆在小金中心小学开展“关爱山区留守儿童”图书捐赠活动。陇县图书馆为县养老中心温水敬老院送书100余本。宜川县图书馆积极开展公益助残送书上门服务活动。洛南县图书馆为贫困山区60多名小学生送去价值5000多元的学习用品。（陕西省图书馆　王阳　万行明）

【馆外延伸服务】 省馆各馆外分馆全年接待

读者 16.73 万人次，外借图书 10.49 万册次，办证 184 张；举办“陕西省公共图书馆服务联盟及陕西省图书馆馆外分馆读者服务工作第二期培训班”；做好 24 小时街区自助图书馆人员培训和业务管理工作，更换配送图书 1060 册，全年借书 1407 人次、2159 册次。咸阳图书馆与某部队、武警咸阳支队指挥营签订合作协议，设立图书流动车服务点。延安市图书馆 25 个流动书屋、56 个流动服务点全年接待读者 11 万余人次。蓝田县图书馆推行总分馆制，扶持 69 个文化示范点工作，建立 6 个分馆。西安市临潼区图书馆、渭南市临渭区图书馆、华阴市图书馆各建立 3 个、2 个、1 个分馆。韩城市司马迁图书馆、富平县图书馆建立 24 时自助图书馆。省文化厅从 2013 年开始向县级图书馆配发流动图书车，至 2016 年已配发 90 辆，在全省县级图书馆的配发比例达 88.24%。（陕西省图书馆　王阳　万行明）

【体系化建设】 陕西公共图书馆服务联盟稳步发展，截至 2016 年 12 月底，加盟成员馆总量达 107 个，在全省公共图书馆中占比达 96.3%；95 个公共图书馆加入联合编目，在全省公共图书馆中占比达 85.5%；通过联盟计算机统一平台开展文献流通服务的成员馆有 87 家，联盟读者证持证累计 17 万张，外借图书 158 万册，联盟成员馆完成书目数据回溯建库并可提供外借服务的图书累计达到 362 万余册（不含省馆）。“西安市公共图书馆集群信息化管理平台”列入第三批国家公共文化服务体系示范项目并进入全面实施阶段，长安、临潼、蓝田、户县等 9 个区（县）图书馆和 4 个村、社区、机关、学校图书馆已纳入图创集群自动化管理系统。省文化厅选择富平县、旬邑县、定边县、汉中市汉台区 4 个县（区）实施县域公共图书馆总分馆制建设试点工作，至年底，除定边县外，其他 3 个县（区）总分馆均已挂牌对外开放。（陕西省图书馆　王阳　万行明）

【文化信息资源共享工程建设】 全国文化系信息资源共享工程陕西省分中心对汉中、安康、商洛 3 市所辖贫困地区的公共电子阅览室进行提档升级建设。资源项目建设方面，完成品牌化、系列化布局，形成秦腔秦韵系列、陕甘宁边区红色系列、陕西当代艺术系列、陕西帝王陵系列、陕西历史文化名城名镇名村系列、陕西宗教文化系列等建设框架。通过文化部申报立项的新建、联建、续建地方特色资源项目 12 个，居全国首位。完成“陕甘宁边区红色记忆多媒体资源库——延安精神库”“话说陕商”2 个多媒体资源库建设并通过文化部全国公共文化发展中心验收。督导组织包括“春运网购火车票，共享工程帮您忙”免费为农民工购买火车票、“大众美育馆——小画笔，画世界”少儿图文创作征集等全省性大型主题文化活动 8 次，累计服务 18 万人次。举办全省文化共享工程县级支中心师资培训班、技术培训班等，培训全省 107 个市县文化局及市县级支中心技术骨干 300 余人。组织参与“社区公共文化服务”“历届群星奖获奖精品展演直播”等网络培训 36 场，参加培训 11 万余人次。首次在互联网上全程直播全国第十七届群星奖的展演活动，利用公共一体机、机顶盒等新设备，组织全国文化系统互动活动。在技术创新方面，研发新版“陕西省文化共享工程基层综合管理信息系统”并已进入测试运行阶段。“全国文化信息资源共享工程文化微播平台”建设通过文化部文化科技司专家验收会评审，荣获国家文化创新工程项目。与福建省分中心联合申报的科技提升项目“‘一带一路’文化共享机制和演示系统研究”获得文化部验收结项。西安市支中心申报以世界级非遗项目长安鼓乐为主题的文化专题片获得正式立项，另有 2 个项目通过国家公共文化发展中心的立项评审公示。（陕西省图书馆　王阳　万行明）

【数字图书馆推广工程建设】 省馆积极配合国家图书馆数字图书馆推广工程工作，推进资源联合建设项目在陕西地区的实施。省馆与西安、宝鸡、咸阳、铜川、渭南、延安、安康、商洛 8 个市级图书馆和安康市汉滨区少儿图书馆的硬件设备均已到位，省内虚拟专网搭建完成；向国家图书馆提供《陕西老照片》《民国陕西报刊》《陕西地方志》等大量图片、视频资源及相关元数据。先后举办“图书馆公开课”“数图推广工程宣传员”“数图推广工程特色资源建设”等培训班。配合和参加推广工程组织的主题活动，并将活动推广到全省各地市。完成全省公共图书馆申报 2016 年度推广工程的数字资源联合建设项目经费预算，获得该项目经费525万元。协助省内公共图书馆制作特色数据库建设的方案，全省提交申报项目7个。开通中国政府公开信息整合服务平台西安分站并发布信息3000余条。（陕西省图书馆　王阳　万行明）

【古籍保护工作】 依托陕西省古籍保护中心加快全省古籍普查登记工作，派员赴西北大学、陕西师范大学、省社科院图书馆、陇县图书馆等单位督导古籍普查工作；组织陕西师范大学历史文献学专业13位研究生帮助三原县图书馆等5家单位完成古籍普查登记工作。全省72家古籍存藏单位约11万条数据，已提交登记目录57家8.97万条数据，完成全省古籍普查总任务量约82%，其中公共图书馆已基本完成古籍普查登记目录。审核并向国家古籍保护中心提交第一批22家公共馆普查登记目录900余条。初审登记目录数据10604条，复审登记目录数据13385条。组织全国第四期古籍修复技术与工作管理研修班。启动省馆馆藏《古今图书集成》的修复保护项目，召开修复保护研讨论证会，邀请胡泊、刘建民、张建国3位专业人员讲授古籍修复技术。省馆修复古籍7287页（其中包括修复保护《古今图书集成》5171页），回溯修复保护碑帖拓片2526张；馆藏《汉书一百卷》《西山先生真文忠公读书记甲集三十七卷丁集二卷》等5部古籍入选第五批《国家珍贵古籍名录》。（陕西省图书馆　王阳　万行明）

【人才建设】 依托全省专业技术人员继续教育培训基地、陕西公共图书馆服务联盟、陕西省图书馆学会、共享工程陕西分中心等机构，完成8期公需课、3期专业课的培训任务，培训学员2148人次。举办联合编目、地方文献建设、西北五省（区）图书馆少儿阅读推广基础理论、新进人员图书馆学基础知识、图书馆创客研习营等7期培训班，培训来自266家单位的学员365人次。完成10期“三区”人才专项培训，培训学员893人。（陕西省图书馆　王阳　万行明）

【陕西省启动县域公共图书馆总分馆制试点工作】 2月24日，省文化厅下发《关于开展县域公共图书馆总分馆制试点工作的通知》，并启动试点单位遴选工作。最终确定咸阳市旬邑县图书馆、渭南市富平县图书馆、榆林市定边县图书馆、汉中市（汉台区）图书馆等4个区县级图书馆为试点单位。4月28日，省文化厅委托省馆组织专家对4馆的实施方案进行评审，从宏观设计、组织领导、资金筹措、制度规范、文献流转、工作宣传等方面对各县（区）的实施方案进行点评，提出建议和意见。会上，省文化厅分别与试点4县（区）签订《县域公共图书馆总分馆制试点工作目标责任书》。评审会议的召开，标志着县域公共图书馆总分馆制建设试点工作在陕西省正式启动。（陕西省图书馆　王阳　万行明）

【陕西省公共图书馆联盟“你读书我买单”馆店联合服务读者推广项目宝鸡经验交流会召开】 11月29—30日，陕西省公共图书馆联盟“你读书我买单”馆店联合服务读者推广项目宝鸡经验交流会在宝鸡市图书馆召开，全省各级公共图书馆馆长、业务负责人及市县新华书店经理共60余人参加会议。会上，省图书馆馆长助理范广峰介绍全国“你选书　我买单”馆店合作情况及服务项目，宝鸡市图书馆馆长刘掌全和宝鸡市新华书店经理李维忠分别介绍宝鸡馆店合作经验。市县图书馆馆长和市县新华书店经理们进行面对面交流座谈，从项目成效、服务流程、存在问题等畅谈意见和建议。省图书馆馆长马民玉从图书馆基础设施建设、年新增藏量、年购书费等方面介绍全省公共图书馆事业发展情况。省新华出版传媒集团总经理范新坤从回顾与感谢、机遇与应对、期待与成功三个层面对馆店合作寄予希望。最后，省图书馆、省新华出版传媒集团联合发出《加强馆店合作助推全民阅读倡议书》。（陕西省图书馆　王阳　万行明）

【全省公共图书馆现场工作会暨2016年陕西公共图书馆服务联盟工作会议召开】 12月27—30日，本次会议在富平县召开。省文化厅副厅长顾劲松、省文化厅公共文化处副处长张智林、省图书馆馆长马民玉等领导出席会议。来自全省各地市文化行政主管部门负责人以及各市县（区）108个公共图书馆的馆长150余人参加此次会议。顾劲松在会上做重要讲话，马民玉做“‘十二五’全省公共图书馆事业发展工作报告”。全国第六次公共图书馆评估试评估专家组成员、东北师范大学硕士研究生导师陈昊琳博士做“第六次公共图书馆评估标准解读”，叶艳鸣、雷向欣做题为“第六次评估与图书馆数字化建设”“县域公共图书馆总分馆制智能实现”的专题报告；县域公共图书馆总分馆制4个试点县（区）进行工作经验交流及专家质询与点评；安康市图书馆馆长李焕龙做“图书馆阅读推广与媒体合作”经验介绍。会上，对2016年联盟工作先进单位及个人进行表彰和奖励。（陕西省图书馆　王阳　万行明）

【陕西省图书馆推出“纪念陈忠实先生专题”在线资源】 4月29日，在陈忠实先生逝世当天，省馆策划“纪念陈忠实先生专题”，和读者一起在阅读中缅怀一代文学巨擘。通过全省公共图书馆联盟平台征集陈先生在图书馆界活动的照片，并做好相应文献、照片的整理、注释，最后上传入库。在多方努力下，“我们身边的陈忠实——纪念陈忠实先生专题”于4月29日下午5点前在省图网站成功上线。据统计，4月30日零点前，本专题访客量已超过3000人次。（陕西省图书馆　王阳　万行明）

【陕西省图书馆举办馆藏《古今图书集成》修复保护研讨论证会暨第四期古籍修复技术与工作管理研修班开班典礼】 5月9日，此次会议在省馆举办。国家古籍保护中心副主任、国家图书馆副馆长张志清，国家古籍保护中心主任助理王红蕾，陕西省古籍保护中心主任（省馆馆长）马民玉等领导参加研讨论证会。修复馆藏清雍正四年铜活字本《古今图书集成》（以下简称《集成》）是国家级古籍修复技艺传习中心陕西传习所成立以来的一项重要工作，为广泛征求业内专家意见，进一步完善修复方案，此次会议邀请国家级非物质文化遗产传承人、北京故宫博物院研究员徐建华，古籍修复保护专家、国家图书馆研究馆员张平，国家级古籍修复技艺传习导师、天津图书馆副研究馆员万群，清华大学古文献研究所研究员刘蔷及北京大学图书馆、浙江图书馆、辽宁省图书馆、甘肃省图书馆、宁波天一阁博物馆等《集成》收藏单位的部门负责人参加会议。陕西传习所导师万群介绍省馆馆藏《集成》的修复方案、前期修复成果以及水渍、污渍处理，书衣用纸等需要商讨、解决的问题。各位专家提出修复意见，进一步明确下一步修复工作思路。

5月9日至6月17日，由国家古籍保护中心主办的第四期古籍修复技术与工作管理研修班在省馆举办。来自全国17个省（直辖市）、19家单位的22名学员参加培训。研修班历时40天，除安排古籍整理、古籍修复等理论课外，其他均为古籍修复实际案例讲解以及具体修复实践课程。（陕西省图书馆　王阳　万行明）

【陕西省图书馆首届理事会、监事会成立】 2016年，围绕法人治理结构试点工作，起草《陕西省图书馆章程》，确保法人治理相关措施落实到位。5月13日，省委改革专项督察组第四小组赴省馆，就推进公益性文化事业单位法人治理结构试点工作和《加快构建现代公共文化服务体系实施意见》的落实情况开展督查调研。7月12日，召开《陕西省图书馆章程（征求意见稿）》论证会。8月1日，陕西省图书馆首届理事会、监事会成立大会在省馆举行。省文化厅厅长刘宽忍、副厅长顾劲松，省编办副厅级督查专员王崇文，省事业单位管理局局长王矿林等领导，以及省馆首届理事会、监事会成员和图书馆员工等近180人参加成立大会。（陕西省图书馆　王阳　万行明）

【陕西省图书馆承办第四届陕西省阅读文化节】 由省文化厅主办、省馆承办的主题为“秦风文韵　诗意陕西”的第四届陕西省阅读文化节于9月28日至10月28日举办。省馆组织开展以国学为核心内容的经典图书推介、经典教育讲座、读书交流、传统文化展示交流、国学音乐赏析、视频展播、经典诵读、知识竞赛、文艺会演等文化活动。策划举办“石渠书榜”之“老陕最爱读的二十本书”、第二季“寻找最美阅读空间，绘制陕西阅读地图”“读古典诗词，展绘画才华”绘画作品征集展览等活动共计28场次，参与人数达10万余人次。中新社、《陕西日报》《西安日报》、人民网、新华社等多家媒体以较大篇幅集中报道了此次阅读文化节的相关活动。（陕西省图书馆　王阳　万行明）

【西安市公共图书馆集群信息化管理平台列入第三批国家公共文化服务体系示范项目并进入全面实施阶段】 “西安市公共图书馆集群信息化管理平台”是第三批创建国家公共文化服务体

系示范项目，项目从2015年6月开始，为期两年。2016年7月，该项目正式列入第三批国家公共文化服务体系示范项目并进入全面实施阶段，长安、临潼、蓝田、户县等9个区县图书馆和4个村、社区、机关、学校图书馆已纳入图创集群自动化管理系统。根据平台建设要求，目前已完成西安市所有区县公共图书馆数据转入系统的工作，实现统一读者数据库认证登录，全市已基本形成以西安图书馆为中心，区县图书馆为骨干，街道与社区图书馆、自助图书馆为网点的公共图书馆网络体系，实现资源共享和通借通还。自助办理读者证1.32万张，自助借还图书27.72万册/次。（陕西省图书馆　王阳　万行明）

【宝鸡市召开2016年全市公共图书馆馆长联席会暨业务培训会】 3月28日，宝鸡市图书馆与陈仓区图书馆联合举办的此次会议在陈仓区召开。宝鸡市图书馆领导班子、各部室主任、各县区馆长和市、县图书馆业务骨干等60余人参加会议并听取专题讲座。会议传达学习中央及省、市有关会议精神，总结全市图书馆2015年工作，安排部署2016年工作任务。会议对宝鸡市"馆点线"制服务体系建设、农家书屋建设、评估定级和公共文化体系示范区的复检工作及"书韵飘香古陈仓——你阅读我买单"服务活动等工作进行总结，并邀请省图书馆和北京超星电子集团专家分别就读者活动组织策划、新时期数字图书馆建设等做专题辅导。（陕西省图书馆　王阳　万行明）

【咸阳市公共图书馆联盟暨全市培训会议召开】 3月30—31日，咸阳市公共图书馆联盟暨全市业务培训会议在长武县图书馆召开，来自全市公共图书馆的负责人和业务骨干等40余人参加会议。会上，各馆签订《咸阳市公共图书馆馆际互借协议》《咸阳市公共图书馆地方文献共建共享合作协议》和《咸阳市公共图书馆数字资源共建共享协议》；邀请省馆少儿分馆主任孙红侠做"少儿图书馆少儿活动案例解析"专题讲座，从不同角度就少儿阅读活动开展流程的策划、组织、宣传等方面工作做详细讲授；同时邀请超星公司师晓玉讲授"新媒体视角下的公共图书馆阅读服务"。（陕西省图书馆　王阳　万行明）

【铜川市公共图书馆一体化建设案例入选《中国公共文化政策研究实验基地观察报告(2015—2016)》】 铜川市图书馆案例研究《地方公共图书馆区域一体化建设模式探究——以铜川市图书馆为例》入选《中国公共文化政策研究实验基地观察报告（2015—2016）》。该报告作为我国公共文化政策实践领域最权威的年度研究成果之一，主要反映近年来我国图书馆、博物馆、文化馆（站）、文艺院团等公共文化行业的最新进展，以及基层文化单位的体制改革、服务创新、发展绩效等重大理论和现实问题。（陕西省图书馆　王阳　万行明）

【县域总分馆制建设培训班在汉中市举办】 7月12—13日，省图书馆在汉中市图书馆举办全市图书馆总分馆制建设培训班，汉中市11个县、区的图书馆馆长及负责人、乡镇社区文化站站长和部分农家书屋的管理员共80余人参加培训。省图书馆发展研究部主任万行明、借阅部主任张革联分别做"公共文化服务体系建设与县域图书馆总分馆制构建策略""县域图书馆总分馆制建设实施路径"专题报告。各县区图书馆就总分馆制建设工作进行了交流。（陕西省图书馆　王阳　万行明）

【关中—天水经济区公共图书馆联盟第七次联席会议在蓝田县召开】 11月3—5日，关中—天水经济区公共图书馆联盟第七次联席会议在蓝田县图书馆召开，20个公共图书馆的60余名代表参会。会议向获得阅读推广优秀案例的9个单位颁发获奖证书，其中蓝田县图书馆的阅读推广案例"快乐书虫"被评选为优秀案例三等奖。此次会议加强了联盟成员馆之间的合作、发展与创新，同时也对新形势下公共图书馆发展的新技术、新理念进行探讨，为联盟成员馆的下一步发展指明方向。（陕西省图书馆　王阳　万行明）

甘肃省

【概况】 2016年，甘肃省政府办公厅分别印发《甘肃省推进基层综合性文化服务中心建设实施方案》和《甘肃省"十三五"公共文化服务体系建设规划》，为甘肃公共文化建设的健康发展提供政策保障。平凉市、张掖市、酒泉市等也先后出台《关于加快构建现代公共文化服务体系的实施意见》和《保障标准》。省文化厅向省人大上报《甘肃省公共文化保障条例》和《甘肃省公共图书馆条例》的立法申请，并已正式列为立法调研项目。2016 年是甘肃省图书馆建馆一百周年，同时也是甘肃公共图书馆事业的一百年，省图书馆举行建馆百年纪念大会。

全省公共图书馆业务建设成效显著。截至 2016 年年底，甘肃省共有县以上公共图书馆 103 个，其中省级馆 1 个、市级馆 17 个、县区馆 85 个。少儿图书馆 4 个，其中市级少儿馆 2 个、县区级少儿馆 2 个。从业人员 1450 人，专业技术人员 817 人，其中馆员 358 人、副研究馆员 83 人、研究馆员 11 人。实际使用总建筑面积 26.77 万平方米，其中书库面积 5.08 万平方米、书刊阅览室面积 4.55 万平方米、电子阅览室面积 1.26 万平方米。阅览室座席 20158 个，其中少儿阅览室座席 5336 个、盲人阅览室座席 562 个。全省公共图书馆藏书总量 1393.95 万册（件），其中普通图书 1060.02 万册、古籍 52.09 万册（含善本 9.669 万册）、报刊合订本 203.04 万册、视听文献 11.19 万件、缩微文献 0.41 万件、电子图书 242.83 万册。2016 年新增纸质文献总量 61.44 万册，新增电子图书 34 万册，订购报刊 1.77 万种。年度财政拨款总经费 27323.5 万元，其中购书专项经费 2091.6 万元。实际使用新增藏量购置费 2017.3 万元，新增数字资源购置费 581.9 万元。全省累计发放有效借书证 35.98 万个，总流通 724.3 万人次，书刊文献外借 618.83 万册次。组织各类讲座 1118 场次，参与人数 22.02 万人次；举办展览 387 场次，参观人数 50.68 万人次；举办各种类型的培训班 376 个，培训人员 2.93 万人次。全省公共图书馆拥有计算机 5175 台，其中供读者使用的电子阅览室终端 3320 台，网站访问量 278.02 万页次。

各级党委、政府和文化部门对图书馆的支持力度逐年加大，2016 年财政拨款增幅明显。中央财政负担的公共图书馆免费开放经费的 80%全部足额到位；甘肃省财政负担的 10%经费也全部足额到位；地方财政负担的另外 10%经费尚有部分县区不能足额落实。年度财政拨款总额 27323.5 万元，较 2015 年增加 4467.8 万元，同比上涨 19.55%。其中购书专项费 2091.6 万元，比 2015 年度增加 356.5 万元，同比上涨 20.55%。甘肃省图书馆购书经费较上年增加 100 万元，达到 1200 万元。虽然财政拨款总额有了明显的增幅，但经费结构还需明晰完善，数据显示，2016 年全省有 8 个市州级图书馆、45 个县区级图书馆没有单列购书专项经费。

基础设施不断完善。作为省列重大项目之一的甘肃省图书馆扩建项目进展顺利，已完成主体封顶，通过主体结构验收，内外装修完成项目招标，智能化工程施工单位招标资格预审完成，截至 2016 年年底完成投资 8400 余万元。庆阳市图书馆的新馆建设项目已完成立项、可研、规划、环评、选址评审、设计、地勘招标等工作，土地得到省国土厅批复。天水市图书馆新馆建设项目进入征地阶段。甘南藏族自治州图书馆、临夏回族自治州图书馆新馆进入内外装修阶段。新成立的陇南市图书馆的工程建设已经完工，但尚未开馆。武威市图书馆、张掖市图书馆、酒泉市图书馆尚处于有馆无舍阶段。定西市图书馆正式建成开放，建筑面积 8619 平方米，阅览座席 680 个。甘州区图书馆新馆试运行，建筑面积 10038.5 平方米，阅览座席 500 个。敦煌市图书馆、瓜州县图书馆、天祝县图书馆等 11 个县区级图书馆正在新建或改扩建中。全省公共图书馆实际使用面积较上年增加 4.86 万平方米。

公共文献资源保障能力继续提升。2016 年新增纸质文献总量 61.44 万册，较 2015 年增加 6.31 万册，增幅 11.45%；新增电子图书 34 万册，较 2015 年减少 15.24 万册，减幅 30.95%；电子文献的入藏减幅明显。省图书馆 2016 年入藏印刷型新书 4.51 万种 12.13 万册，其中地方出版物 1629 种 3477 册（件）；订购印刷型报刊 4074 种 5548 份；视听资料 2425 种 2347 件，累计馆藏量 436.97 万册（件）。纸质文献年入藏量超万册的图书馆有兰州市、金昌市、白银市、天水市、庆阳市、嘉峪关市少儿馆、敦煌市、武山县、凉州区、甘州区、肃州区、正宁县、文县等 13 个图书馆。在数字资源建设方面，省图书馆继续订购中国知网（CNKI）期刊全文数据库、万方知识资源库等 18 个数据库、44 个子库；更新“西北地方文献资源数据库”“四库全书研究资源数据库”“甘肃地方文献联合目录”以及馆藏书目数据库等 20 多个自建数据库数据。“甘肃省知识文化服务平台”继续为基层图书馆提供数据库远程信息文献检索、浏览、下载服务，年下载量 3 万篇。白银市图书馆继续完善“红军会宁会师暨长征途经白银史料专题馆藏”“资源枯竭城市转型专题”“丝绸之路沿线省市信息”等数据库。天水市图书馆继续更新“伏羲文化”和“天水石窟文化”2 个特色专题数据库。全省公共图书馆目前可供利用的数字资源总量达到 400TB。

基础服务与品牌服务并进，读者服务水平得到进一步提升。全省所有的公共图书馆都实现基本服务免费开放。结合每年度的“全民阅读活动”“世界读书日”“图书馆服务宣传周”“全民读书月”以及寒暑假期和各个节日，全省各级公共图书馆因地制宜，开展了诸如读书节、报告会、演讲会、读书征文比赛、少儿绘画书法比赛等形式多样的阅读推广活动。省图书馆的“周末名家讲坛”“传统文化公益讲座”“书画名家讲座”等听众日益广泛，年举办讲座 80 余场次。兰州市图书馆承办的第 12 届“兰州读书节”在近半年的时间里，开展了“金城大讲堂”名家讲座、“孝心少年践孝行”征文大赛等 11 项文化活动，参与城乡居民近 10 万人次。天水市图书馆策划的“书香天水读书节”已连续举办 5 届，“陇右讲堂”已举办 63 讲，开办“伏羲讲堂”，举办“天图杯”少儿百科知识大赛 2 届。白银市图书馆开展“书香之城”建设、优秀读者评选、“我心中的图书馆”少儿美术作品展、父亲节感恩演讲比赛、庆祝建党 95 周年少儿手抄报比赛、红色经典电影巡演等活动，探索学校教育、家庭教育和图书馆社会教育有效结合的阅读推广方式。平凉市图书馆全年周末不间断开展科普大讲堂、家庭教育讲坛、道德讲堂等主题公益讲座 4 期 120 余场次。庆阳市图书馆举办“春节网络楹联文化展”、纪念红军长征胜利 80 周年图片展、制作红军长征系列电子图书专栏等系列主题活动。甘州区图书馆打造“书香甘州”全民阅读品牌，编发《张掖阅读》8 期 7000 余份，出版《甘州书声》《袁定邦诗文集》《甘州区图书馆馆藏古籍图录》等书籍，举办第 14 届全国民间读书年会，启动“缅怀圣贤——万人经典诵读”系列活动，举办青少年国学经典诵读营 18 场次，举办“甘州讲堂”10 场次。敦煌市图书馆的“敦煌读书节”已举办 4 届。麦积区图书馆“阅读促发展，书香满麦积”春节系列读者活动举办 5 届，“麦积区读书节”举办 4 届，“让我们在阅读中健康成长”系列阅读推广活动已举办 7 届。陇西县图书馆举办“书香中国”和“关爱生命、关注安全”图片展览。陇南市武都区图书馆开展“少儿陶艺大赛”“青少年书签藏书票设计大赛”“读书报告会”“情系长征路专题摄影展”等一系列读者活动。临夏回族自治州图书馆开展“精准扶贫”送书下乡活动。

参考咨询、决策信息服务等深层次读者服务工作领域逐步拓展，读者服务能力得到进一步加强。省图书馆依托丰富的馆藏资源，为国家社科基金重大项目、省部级社科项目、科研和企事业单位、社会大众等提供检索咨询服务 133 项，解答各类信息咨询 4.5 万余条。编辑《决策参考》等专题资料，定期向省委、省政府等领导机关寄送；编辑《西北研究通讯》《四库全书研究论著提要目录》等二、三次文献，为相关领域的研究者提供服务。为全国图书馆参考咨询联盟文献咨询与传递服务工作传递原文 400 余篇，继续开展中国政府公开信息整合服务平台甘肃分站建设工作，采集著录甘肃省级政府各机构及市级主要政府机构网站公开信息 3 万余条。白银市图书馆围绕市委、市政府中心工作，确定园区开发、文化旅游、生态文明建设、城镇化等主题，编印《图情信息参考》12 期，送发有关部门和单位。

加强为特殊群体服务，以少儿群体、视障人群、老年群体、进城务工人群为重点，深化特殊群体服务。省少儿图书馆全年举办亲子同乐故事会、少儿才艺大比拼、少儿绘画书法比赛等活动 60 场次。依托甘肃省图书馆学会少儿工作委员会，在全省范围内组织举办“2016 全省少年儿童阅读年”系列活动暨“全省少年儿童红色记忆主题摄影大赛”和“红色记忆——优良传统代代相传”之“寻访红色记忆”征文比赛活动，收到征文 2100 多篇，参赛摄影 300 多幅，评选优秀作品推荐参加全国的活动，25 人次获得全国一、二、三等奖。兰州市少儿图书馆举办“2016 暑期缤纷季”系列少儿绘本讲座、亲子阅读和经典吟诵活动。嘉峪关市少儿图书馆开展以“我们的节日”为主题的系列活动，包括“迎新年——馆长赠书”“庆新春——经典诵读”“春节元宵灯谜竞猜”“欢乐六一——绘本剧表演”等；结合地方特色举办“少儿阅读推广——故事屋之讲述嘉峪关自己的故事”活动，引导少年儿童了解家乡、热爱家乡；举办“我与少儿图书馆主题征文”“图书荐购”“青少年心理健康咨询面对面”“交换一本好书，分享一份快乐”等7项全民阅读活动。白银区少儿图书馆联合德慧智幼儿园、金钥匙幼儿园开展幼儿绘画大赛、读书演讲、“六一”文艺会演等，举办“拥抱春天，追逐梦想”“反家庭暴力法专题知识”讲座活动。漳县图书馆举办“书香校园”征文竞赛颁奖仪式暨庆“六一”文艺会演。山丹培黎图书馆举办“2016少年儿童阅读年”系列活动。全省有25个图书馆建立了盲文阅览室或阅览专架，占全省图书馆总数的24.3%，拥有盲文图书1.75万册。省图书馆“阳光工程”继续为盲人读者开通服务热线，配备专车免费接送来馆阅览并提供免费午餐，全年共接待盲人读者1307人次；春节期间举行“盲人读者座谈会暨联欢会”；年内推出“阳光影院”，播放无障碍电影15场次；与中国盲文图书馆、甘肃省残疾人联合会共同主办“甘肃省视障文化服务与阅读推广暨国家通用盲文培训班”，省市盲协主席、副主席、各市州公共图书馆馆长80余人参加培训；盲人阅览室被甘肃省残联、共青团甘肃省委授予“全省志愿助残阳光团队”荣誉称号，被中国盲人助残志愿者协会、中国盲文图书馆授予“五星级文化助盲志愿者服务团队”，徐双定、郑文霞两人被授予“五星级文化助盲志愿者”称号。省图书馆的“农民工之家”除提供传统的图书阅览、上网等服务外，还为农民工免费提供劳动保障、用工信息、法律维权等方面的咨询服务，以及安全生产知识宣传和消防安全知识培训等。

馆外服务网络不断拓展。省图书馆新建宕昌县新城子藏族乡拉界村图书流通站，分馆、流通站总数达到70个，全年配送图书60万册次，借阅图书70余万册次；图书流动车定期开进陇桥学院、兰州市消防支队及各中队、兰州石化学院、西固公园等地现场为读者服务，全年共出车76次，借阅图书3.63万册，发放宣传资料3.2万余份。全省总计有流动图书车59辆，各馆因地制宜地开展了送书进机关、进学校、进军营、进社区、进乡村等活动。省图书馆、兰州市图书馆、嘉峪关市图书馆、张掖市甘州区图书馆等拥有24小时自助图书馆9台；移动图书馆、电子图书借阅机、触摸媒体服务、微信公众平台、微博服务等新媒体服务在各级图书馆逐渐普及，图书馆服务向着智能化、网络化和无边界迈进。2016年全省流动服务书刊借阅38.89万人次，借阅书刊58.62万册次。

图书馆法人治理结构逐步推行。在创建国家公共文化服务体系示范区工作的推动下，张掖市的甘州区、肃南县、民乐县、高台县、临泽县、山丹县6个县区图书馆均起草《图书馆章程》，成立理事会，成为全省第一个完成图书馆法人治理结构改革试点的市（州）。12月26日，平凉市图书馆理事会成立，成为完成法人治理结构改革的首个市级图书馆。截至目前，全省已有1个市级馆、7个县级馆建立了图书馆理事会制度。

继续推进文化信息资源共享工程建设。在地方特色资源建设方面，2013年度《西和乞巧文化》专题片等4个项目通过发展中心验收；2014年度《甘肃名城》等4个专题片基本完成拍摄制作；2015年度《甘肃名城（省级）》《甘肃非物质文化遗产（省级）》等4个专题片完成稿本撰写，正在加紧拍摄制作；2016年共享工程甘肃省分中心申报的《甘南藏区寺院文化》《甘肃传统民俗文化》等7个专题片项目获批立项；全年拍摄《周末名家讲坛》37部、《书画研究院书法讲座》11部、《国学讲座》12部，完成编辑制作视频资源39部。在甘肃省公共数字文化支撑平台建设方面，硬件设备和五大基础软件完成安装调试与试运行并通过项目验收；特色应用系统初步完成系统框架研发。重点开展汉藏文化交流工作，举办“2016年春雨工程汉藏文化交流培训班”和“2016年甘肃省汉藏文化交流研讨会”，为藏区基层文化单位培训110多人；派专人对多个共享工程县级支中心和基层服务点进行设备维护、检修和升级，配发共享工程国家中心、国家图书馆以及省图书馆遴选出的优秀文化数字资源，提高藏区基层文化单位的公共文化服务能力。按照文化部全国公共文化发展中心有关“中国文化网络电视入站试点服务”文件要求，完成两当县132个基层服务点试点工作，实现两当县文化共享工程中国文化网络电视全覆盖。在资源服务方面，完成全省各市（州）、县（区）图书馆和各有关单位的数字资源宝申领工作，分批次向各单位配发1TB的文化共享工程优秀数字资源。

数字图书馆推广工程进展顺利。完成2015—2016年度数字图书馆推广工程资源联合建设项目——“甘肃省元数据仓储”建设任务，统筹全省各市（州）、县（区）图书馆开展资源联合建设工作；全省有 5 个图书馆、4 个县（区）图书馆分别获得 2016、2017 年数字图书馆推广工程互联互通工作立项。完成 2016 年地方图书数字化、地方报纸数字化及篇名识别、地方少数民族语言书刊数字化等 11 个数字图书馆推广工程资源联合建设分项目的任务报备工作和经费申报工作。制订《甘肃省数字图书馆推广工程数字资源提升工作实施方案》，采购 4TB 容量的移动硬盘，完成资源封装和拷贝，分批次配发至全省各县级以上公共图书馆和有关单位，提升全省图书馆数字资源供给能力。举办“甘肃省公共数字文化建设培训班”“数字图书馆推广工程资源建设培训班”和“甘肃省数字图书馆推广工程资源联合建设培训班”3 期，培训学员 330 人次。

公共电子阅览室建设有序进行。按照国家中心的统一要求，通过现场部署和远程部署，完成省、市（州）、县（区）、乡镇（街道）、村（社区）700 余个公共电子阅览室管理信息系统与网络安全系统部署工作。甘肃省公共电子阅览室社会化合作工作采取资源导航平台建设与资源访问终端部署相结合的方式同步开展，2016 年继续与省教育厅、省残联、省军区、省武警边防总队以及省内有关基层单位深入开展合作共建工作，完成资源导航平台研发和资源访问终端招标采购及数字资源预装。边疆万里数字文化长廊建设自 2015 年启动实施以来，在全省边疆地区新建 20 个乡镇基层服务点和 80 个数字文化服务点，加强与省军区和省武警边防总队的合作，联合开展边疆文化资源的共建共享工作。举办“甘肃省公共电子阅览室信息网络安全系统及管理信息系统培训班”1 期，来自全省 14 个市（州）图书馆、86 个县（区）图书馆、甘肃矿区图书馆及少儿图书馆的馆长和技术人员共 110 余人参加培训。

中华古籍保护计划稳步推进。2016 年全省古籍普查进入扫尾阶段，省古籍保护中心全年先后赴天水市图书馆、甘谷县图书馆、武山县图书馆等单位开展普查督导和培训辅导，重点督促省博物馆、武威博物馆等收藏大馆的普查工作，同时做好与可移动文物普查的对接工作，有效推进文博系统古籍普查进度。省图书馆通过第一次全国可移动文物普查验收。截至 2016 年年底，已有 30 家收藏单位完成古籍普查工作，在线提交平台数据 5.2 万条，涵盖 56 万册古籍，完成全省汉文古籍存藏量的 80%以上。在古籍普查成果编辑出版方面，已经有 5 家收藏单位的 4 册普查登记目录签订了出版协议，《甘肃省四家高校图书馆古籍普查登记目录》已由国家图书馆出版社出版，另有 10 家单位的普查登记目录即将启动出版工作。在珍贵古籍名录和古籍重点保护单位的申报评选工作方面，敦煌研究院、兰州大学图书馆、西北师范大学图书馆、西北民族大学图书馆、甘谷县图书馆、张掖市甘州区博物馆 6 家收藏单位的 13 部珍贵古籍入选第五批《国家珍贵古籍名录》，全省五批入选总数达 296 部。在古籍人才培养方面，继续加强国家级古籍保护人才培训基地建设，承办“第五期全国古籍修复技术与工作管理研修班”，来自全国 9 个省（区、市）的 20 名研修班学员参加了为期 40 天的培训。国家古籍修复技艺传习中心甘肃传习所继续开展师带徒修复实践，全年修复珍贵古籍 66 种 492 册 28297 叶，其中包括修复善本《绎史》42 册；甘肃传习所导师师有宽获得 2016 年度“陇原骄子”提名奖。配合丝绸之路（敦煌）国际文化博览会文化年展《华夏文明在甘肃》展出馆藏珍贵古籍 4 函。经过多方协调，《文溯阁〈四库全书〉数字化与影印出版实施方案》获准实施并全面启动。

图书馆员岗位培训和继续教育工作依托省图书馆学会、省高校图工委、共享工程甘肃省分中心、省古籍保护中心和中科院兰州文献情报中心等机构展开。全年累计举办面向图书情报从业人员的各类培训班、研讨班、报告会等 52 期（场）次，5832 人次。省图书馆继续教育中心与武汉大学合作开办在职人员攻读图书情报专业硕士学位研究生班，招收研究生 17 人；与北京大学、四川大学合办的远程教育学历班在校学生 90 人，年内毕业 23 人。（甘肃省图书馆学会 董隽）

【甘肃图书馆情报界讲座展览联盟 2016 年度工作会议暨周末名家讲坛十周年座谈会召开】 4 月 20 日上午，本次会议在省馆召开，联盟各成员单位的 40 多名代表参加会议。会议审议并通过该联盟 2015 年工作总结与 2016 年工作要点，表彰 2015 年度先进单位及先进工作者。各馆代表就讲座展览情况做交流发言，还就图书馆讲座展览工作面临的新情况、新问题进行探讨。周末名家讲坛十周年座谈会上，特邀兰州大学历史文化学院教授张克非、西北师范大学传播学院教授杨光祖发言，邀请兰州市城关区机关工委王启帆、省商务厅退休干部张德宝代表听众发言。（甘肃省图书馆学会　李娜）

【《全民阅读》特种邮票首发仪式在甘肃省图书馆举行】 4月23日上午，作为2016年世界读书日系列活动之一，中国邮政集团公司《全民阅读》特种邮票首发仪式在省馆举行。中华全国集邮联合会副会长王新中等领导以及省馆员工、读者、集邮爱好者等共计3000余人参加首发仪式。仪式由省馆副馆长许新龙主持，省文联工委书记、省书协副主席刘满才致辞，中国邮政集团公司甘肃省集邮公司副总经理王波宣读《全民阅读》特种邮票发行通告，王新中和省馆副馆长李芬林共同为《全民阅读》特种邮票揭幕。现场还特别展出由兰州市集邮协会为此次活动征集的30框邮集。（甘肃省图书馆学会　李娜）

【甘肃省春雨工程汉藏文化交流培训班在甘南举行】 7月26—29日，2016年甘肃省春雨工程汉藏文化交流培训班在甘南藏族自治州举行，由省文化厅、共享工程省分中心主办，甘南藏族自治州文广新局协办，甘南州图书馆承办。来自甘南州各市、县图书馆馆长、技术人员以及所辖各街道、乡镇文化站工作人员共100余人参加培训。此次培训根据文化部全国公共文化发展中心汉藏文化交流研讨会的有关会议精神和共享工程省分中心《2016年春雨工程汉藏文化交流活动实施方案》开展，培训内容根据全省藏区基层单位工作调研和工作需求设置，主要培训计算机基础知识、办公自动化软件应用和网络基础知识等，同时邀请汉藏文化学者讲授汉藏民族传统文化，开展文化研讨。（甘肃省图书馆学会　李娜）

【视障文化服务与阅读推广暨通用盲文培训班在兰州举办】 8月10—11日，中国盲文图书馆、甘肃省残疾人联合会与省图书馆共同主办的“甘肃省视障文化服务与阅读推广暨国家通用盲文培训班”在兰州举办。省、市盲协主席、副主席及各市（州）公共图书馆馆长80余人参加培训。中国盲文图书馆副馆长张学超致辞，充分肯定甘肃省残疾人文化事业所取得的显著成效，并就下一步如何开展视障文化服务提出建议。培训期间进行视障文化服务与阅读推广相关业务内容的学习，包括视障文化服务与阅读推广、信息无障碍与阅读、中国盲文图书馆数字资源服务、盲用阅听辅助产品及大字本图书服务等内容。省图书馆、省盲协、浙江图书馆在培训班上分享各自在视障文化服务领域的优秀服务案例。（甘肃省图书馆学会　李娜）

【第五期全国古籍修复技术与工作管理研修班在甘肃省图书馆举办】 8月3日至9月9日，由国家古籍保护中心主办、甘肃省古籍保护中心承办的第五期全国古籍修复技术与工作管理研修班在省图书馆举办。研修班为期6周，内容包括名师授课、学术讲坛与修复实践课程。邀请国家级古籍修复技艺传习中心山东省传习所及中山大学传习所导师潘美娣、甘肃传习所导师师有宽、上海传习所导师邢跃华3位老师授课；省图书馆研究馆员易雪梅、兰州大学历史学院教授杜斗城、敦煌研究院文献研究所所长马德分别做专题学术报告；组织学员参观了文溯阁《四库全书》藏书馆。在9月9日举行的研修班结业典礼上，国家图书馆副馆长、国家古籍保护中心副主任张志清，中国古籍保护协会副会长、省图书馆馆长郭向东先后致辞，师生代表先后发言。此次培训是国家古籍保护人才培训甘肃基地设立后承办的第三期全国修复培训班。通过近三年初级班、提高班和研修班的工作实践，甘肃培训基地逐步提高设施条件，完善工作流程，积累培训经验，打造良好口碑。（甘肃省图书馆学会　李娜）

【甘肃省图书馆举办建馆百年系列纪念活动】 2016年，甘肃省图书馆迎来百年华诞。省文化厅、省图书馆围绕“百年甘图　世纪华章”的主题在兰州举办建馆百年系列纪念活动。10月20日上午，建馆百年纪念大会在宁卧庄宾馆大礼堂举行。省委常委、省委宣传部部长梁言顺，省人民政府副省长夏红民，国家图书馆常务副馆长、中国图书馆学会副理事长陈力，省内各相关厅局的领导和省内外图书情报界的专家学者出席大会。纪念大会由省委宣传部副部长、省文化厅厅长孙伟主持。省图书馆馆长郭向东介绍省图书馆的百年发展历程；陈力代表国家图书馆、中国图书馆学会致贺词；夏红民代表省委、省政府做重要讲话，对几代图书馆人百年的不懈努力给予肯定，对如何进一步提高图书馆工作水平，开创甘肃省图书馆事业发展的新局面提出五点要求。

会后，在由中国图书馆学会主办、省图书馆承办的“一带一路”沿线省、市、区图书馆馆长论坛中，上海图书馆馆长吴建中应邀做题为“新丝路，新作为——谱写‘一带一路’图书馆建设新篇章”的主旨报告。国家古籍保护中心、中国图书馆学会在全国巡回举办的“国家珍贵古籍系列讲座”（甘肃站）活动在省图书馆同期举行，中国社会科学院学部委员、西夏文化研究中心主任史金波做题为“寻觅西夏珍贵古籍”的讲座，梳理甘肃省西夏文古籍的收藏和保护状况；国家图书馆古籍馆研究馆员李际宁以“新世纪以来新发现的重要佛教典籍”为题，分享其参与国家古籍普查和保护、参与佛教古籍和敦煌遗书定级工作的经历体验。为配合建馆百年纪念活动，省图书馆还在主馆区举办“甘肃省图书馆百年馆史图文展”“馆藏古籍、书画珍品展”“馆藏仿真历代名画展”3 个展览，编辑出版《百年记忆——甘肃省图书馆 100 年》《文溯四库》《我与甘肃省图书馆》3 本纪念文集。新华网、人民网、《甘肃日报》、甘肃电视台、《甘肃经济日报》《兰州晨报》《兰州晚报》《西部商报》、每日甘肃网等 20 多家新闻媒体对此次纪念活动进行了宣传报道。（甘肃省图书馆学会　李娜）

【兰州市图书馆承办第十二届兰州读书节】 由兰州市委宣传部、市直机关工委等单位主办，兰州市图书馆承办的第十二届兰州读书节于 4 月 29 日至 6 月 24 日举办。围绕“书香溢金城·阅读筑梦想”的主题，重点开展了“金城大讲堂”名家讲座、“孝心少年践孝行”征文大赛、“我们的节日——端午”诗歌诵读比赛、“职工书屋”管理员评选、“残障读者阅读推广”“新媒体、新技术、新阅读——移动图书馆和 24 小时街区自助图书馆开放”“好书大家读”“阅读书目推荐”“海峡两岸书画作品进万家”义卖展览、大型图片展等 11 项文化活动。市、区、县各级图书馆联动，参与各项活动的城乡居民近 10 万人次。（甘肃省图书馆学会　董隽）

【平凉市图书馆开展全国助残日主题活动】 5 月 13 日，平凉市图书馆在第 26 个全国助残日即将到来之际，在平凉剧院广场开展“关爱残障人士，让爱洒满人间”主题系列活动。向前来参加活动的残障读者发放残疾人教育条例、残疾人就业条例、残疾人保障法等内容的宣传资料；介绍图书馆残疾人阅览室服务项目、图书种类、特色活动等，并为残障读者办理了免押金借书卡一批。同时，该馆争取平凉市残联以及社会力量支持，补充拐杖、轮椅等设施设备。拓展残疾人阅览室服务功能，由专人为残障读者开展图书借阅、同步阅读辅导和参考咨询等系列爱心服务。（甘肃省图书馆学会　李娜）

【天水市图书馆举办丝绸之路与甘肃文化渊源讲座】 7 月 1 日，天水市图书馆邀请省文化厅副厅长周奉真到馆做题为“丝绸之路与甘肃文化的渊源”的讲座，从国家文化战略发展到甘肃文化建设做详细讲解，使听众全面了解甘肃文化发展的历史、现状与未来。来自天水市文化和旅游局的干部职工以及院校学生 180 多人聆听讲座。（甘肃省图书馆学会　李娜）

【白银市推进图书流动站建设】 7 月 16 日，绿洲文化沙龙文友、陌上书会白银分站书友、吴晓波白银书友会等读书群体的爱心文友们通过众筹的方式，以“情怀起家，真诚为道，以诚为本，分享美好”为宗旨，在西区繁华的苹果街中开办“半间书吧”，这也是白银市图书馆设立的第 38 家图书流通站。该馆为书吧提供对外免费借阅的书籍达 2500 册，每 3 个月更换一次。书吧开放时间是 11 点到 22 点，每天平均接待读者近百人，集图书馆、茶馆、咖啡馆于一体。其阅览服务属于公益性质，读者可以现场阅览或办理借阅，还可以不定期参加书吧开展的读书交流活动。（甘肃省图书馆学会　李娜）

【第十四届全国民间读书年会在张掖市甘州区举办】 7 月 18 日，张掖市甘州区图书馆承办的第十四届全国民间读书年会在甘州区举办。张掖市、甘州区主要领导，著名作家王稼句，南京大学信息管理学院教授、中国阅读学会研究会会长徐雁以及来自当代中国书香社会建设领军人士、全国各地阅读刊物代表、民间藏书家代表、知名读书代表等共计140余人参加读书年会。会议期间，举办了讲座、书画笔会、自由恳谈等一系列书香文化活动。（甘肃省图书馆学会　李娜）

【敦煌市图书馆新馆首次亮相】 12月10日上午，敦煌市图书馆特邀央视《百家讲坛》主讲人、清华北大总裁班EMBA特聘教授赵玉平博士到馆内报告厅，做题为“传统文化与现代领导艺术”的专题讲座；同时，3D影视资料厅为少儿读者播放3D影片《精灵旅社》。这是敦煌市图书馆新馆首次为市民提供服务。活动通过“书香敦煌”微信平台和电话联系等方式限额报名，参加读者达400人。（甘肃省图书馆学会　李娜）

【定西市图书馆正式建成开放】 12月21日上午，定西市图书馆建成开馆仪式隆重举行，来自省图书馆、定西市文广化系统各单位和各县区图书馆的100多人参加活动。省图书馆党委书记魏孔俊、定西市委书记张令平共同为该馆揭牌。新建成的定西市图书馆是全省建成并开放的第10个地市级图书馆，馆址位于定西市新城区市文化艺术中心，总面积8619平方米，投资近1亿元。共设阅览座席680个，全馆服务区实现无线网络全覆盖，大厅设有24小时提供服务的电子图书借阅机、电子报刊阅读机、少儿触摸屏一体机等现代化阅读设施。目前，向广大市民和读者正式开放的有综合阅览室、图书外借室、视障阅览室、地方文献阅览室、少儿图书馆、亲子阅读中心、少儿活动中心、数字图书馆中心等16个服务窗口。（甘肃省图书馆学会　李娜）

青海省

【青海省人大代表来青海省图书馆视察】 1月5日，青海省人大常委会副主任苏宁率省人大科教文卫委员会委员、省人大代表来青海省图书馆视察改扩建建设项目。青海省文化和新闻出版厅副厅长周斌、公共文化处处长边振刚、青海省图书馆馆长张景元等领导陪同。（青海省图书馆　蔡淑敏）

【青海省图书馆召开2016年地方资源建设项目专家论证会】 2月24日上午，青海省图书馆召开本次论证会。会议邀请省电视台专题部主任张秋良、省三江源办公室高级工程师李发祥、青海民族大学民俗教授唐仲山三位专家。会议由青海省图书馆馆长张景元主持，青海省文化和新闻出版厅副厅长周斌等相关领导参加论证会。论证会上，三位专家认真听取项目实施背景，审阅项目申报书，提出具有专业性的意见建议。专家们提出要不断提高专业队伍建设，增加项目多样性，质量带动数量，丰富民族文化资源数据库，提高三江源关注度，深入了解生态链，处理好人与自然的关系；认为数字资源应该发挥其专业作用，提高文化的传承性与连续性，从唐蕃文化入手关注藏汉文化相关性，印证从文化碰撞到文化和谐的伟大过程，推动非物质文化遗产保护建设，推进公共文化建设。专家们的点评非常到位，使省馆项目成员对项目核心概念有了更明确的认识，对项目研究的重点环节和思路有了更明确的把握。（青海省图书馆　蔡淑敏）

【青海省图书馆2016年“三区”人才培训工作拉开序幕】 根据青海省文化和新闻出版厅和青海省图书馆2016年“三区”人才支持项目图书馆业务培训计划的安排，“三区”人才培训工作拉开序幕。青海省图书馆下大力气落实“大文化立管、新理念办馆、数字化强馆”的工作方针，以“实用、快捷、高效”为目标，研究策划并制定培训内容和方式，积极与建设高端、人才集齐、延伸服务宽泛的外省图书馆建立友好合作关系，加快馆员培训工作步伐和计划的落实。2016年4月，青海省图书馆与四川省图书馆签订“友好图书馆”协定，同时签署馆员培训、互派馆员、文化交流协议，开启两馆友好往来的新纪元。此次，两批赴四川省图书馆参加专业培训人员按馆里统一部署和安排并依照各自所从事的工作专业在对口岗位授课、跟班学习。经过一周理论联系实际的培训，收获颇丰。（青海省图书馆　蔡淑敏）

【青海省副省长程丽华到青海省图书馆视察指导工作】 8月18日，青海省副省长程丽华在省政府办公厅、省住建厅、省财政厅、省文化新闻出版厅、省编委领导同志陪同下到省图书馆实地视察新馆项目建设进度情况。程丽华认真听取省图书馆新馆建设总体情况汇报，询问开馆存在的困难和问题。并指出，新馆建设是青海省重点文化基础设施项目，是全省公共文化服务体系建设的标志性工程，也是全省人民群众和文化工作者热切期盼的民心工程。新馆建成投入，对展示青海省形象、提升文化内涵、满足全省人民精神文化需求必将产生深远影响。（青海省图书馆　蔡淑敏）

【青海省图书馆新馆开馆试运行】 12 月 29 日，青海省图书馆举行新馆开馆试运行仪式。历经 3 年的改扩建，与旧馆相比，新馆新增服务功能和设施近百项，成为青海省全民阅读、百姓休闲学习的重要场所和信息枢纽及精神文明建设的窗口。此次新馆开馆也是青海省图书馆有史以来第三次建馆。为配合新馆开馆，国家古籍保护中心、青海省文化和新闻出版厅、青海省图书馆还专门举办了“册府千华——馆藏精品古籍展览”，难得一见的馆藏古籍精品，涵盖了元、明、清以及近代馆藏字画、古籍善本、碑帖拓片及地方方志等 100 多件。（青海省图书馆　蔡淑敏）

【湟源县图书馆概况】 湟源县图书馆始建于 1978 年，馆舍建筑面积为 690 平方米，使用面积为 375 平方米，其中书库面积 105 平方米，阅览室面积 45 平方米，阅览座席数 30 人，电子阅览室 45 平方米。全馆编制 6 人，均为大专以上文化程度，中级职称。截至 2016 年年底，馆藏总量为 4 万余册。电子阅览室终端为 30 个，网站 1 个，拥有 10TB 的优秀数字资源；年累计办理借书证 789 个，年总流通人次为 18396 人次，流通图书 27886 册次。（湟源县图书馆　张英）

【海南藏族自治州图书馆概况】 海南藏族自治州图书馆（以下简称“海南州图书馆”）成立于 1978 年，为海南州文化体育广电局所辖的区（科）级公益性事业单位。新馆馆址在海南州共和县恰卜恰镇城北新区。现有在编人员 10 名，其中副高职称 2 名，中级职称 5 名；财政聘用人员 9 名。大专以上学历 17 名；馆内有党支部、馆务会、工青妇等组织。2016 年，新设图书馆流动服务点各 2 个，赠书 1000 余册。至此图书流动点达到 18 个，截至 10 月，接待读者达到 49000 余人次，图书阅读达 6 万人次，办理读者证可达 1200 余个。

开展“倡导全民阅读，建设书香海南”系列活动。海南州图书馆在海南州电视台和海南州第一民族高级中学分别设立了图书流动服务点，各摆放图书 500 册，受到欢迎。至此，海南州图书馆在全州范围共设立图书流动点达到 18 处。

4 月 23 日，海南州图书馆在恰卜恰镇香巴拉广场举办 21 届世界读书日宣传活动。利用图书服务流动车，举办了优秀图书展阅，有奖知识问答；为优秀读者发放了奖品等活动。此次活动展出图书 500 多册，阅览人次 1000 余人次，为在馆内借书图书数量较多者分为一、二、三等和纪念奖，共有近 200 名读者分别获奖。悬挂了“倡导全民阅读，建设书香海南”为主题的横幅；发放了专门制作的介绍海南州图书馆新馆的精美的彩页宣传册。据统计，有 1000 多人次参与了本次活动。（海南州图书馆　丹正佳）

【祁连县图书馆概况】 祁连县图书馆成立于 1984 年，新馆于 2013 年 9 月投入使用，建筑面积为 1160 平方米，馆内设有图书室、成人阅览室、儿童阅览室、共享工程电教室、资料室等。有阅览席座 122 座，藏书量 22641 册，其中地方文献 652 册；文化信息资源共享工程设备 1 套；计算机 35 台；年订阅报纸 17 种，杂志 107 种，内容涵盖文学、艺术、科技、儿童读物等；年读者流通 4000 余人次，图书流通 3000 册次；在学校、部队、各大宾馆、汽车站、医院等场所设立“便民阅览架”29 个，“便民阅览室”7 个，年读者流通量达 61000 人次，文献流通达 67500 册次；电子阅览室读者流通量达 4200 人次。（祁连县图书馆　曹静）

【海西州图书馆举行蒙文版《大藏经》及《梅力更庙蒙文诵经集成》图书捐赠仪式】 12 月 15 日，内蒙古传统文化教育推广协会会长郭惠珍女士向海西州图书馆捐赠价值 12 万元的蒙文版《大藏经》共 400 册；内蒙古佛协副主席、内蒙古梅力更庙主持孟和巴图活佛捐赠价值 1 万元的《梅力更庙蒙文诵经集成》一套。此次捐赠的《大藏经》和《梅力更庙蒙文诵经集成》，不仅对蒙古族文化研究、宗教文化研究具有重要的学术参考价值，同时也丰富图书馆的馆藏特色，提升德都蒙古文献中心藏书的层次，为民族文化发展增添新的活力。（海西州图书馆　马丽）

【青海省格尔木市图书馆新建5个图书馆流动站】 2016年，青海省格尔木市图书馆新建格尔木市清真寺图书流动站、格尔木市昆仑幼儿园图书流动、格尔木市雷达营图书流动站、青海盐湖科技开发有限公司职工图书流动站及格尔木市西藏路街道图书流动站5处，流动图书、期刊共计2650册，总价值10000元。（青海省格尔木图书馆　马兰芳）

【黄南州图书馆被评为全省2015年度“两馆”免费开放绩效考评优秀图书馆】 2016年，青海省文化和新闻出版厅对全省2015年度享受免费开放补助资金的55个文化馆、49个图书馆进行绩效考评，黄南州图书馆被评为优秀图书馆。（黄南州图书馆　董春花）

【黄南州图书馆免费安装图书、期刊、少儿阅读机】 通过政府采购的17台触摸式电子图书、期刊借阅机及少儿一体机分别安装在黄南州委、州政府、州人大、州政协、州财政局、州中国农业发展银行、州文体广电局、州图书馆、州职业学校、民族高中、州中学、州幼儿园、龙树画院、热贡画院、坎布拉景区等地并投入使用。电子图书、期刊借阅机内装3000多册正版图书及期刊，内容涵盖精品推荐、经典名著、生活保健、经管理财、成功励志、政治法律、文学艺术、亲子育儿等十个领域，并根据当地特点加入藏文图书、期刊。阅读机的安装使用，极大地满足黄南州藏族同胞学习、阅读需求。（黄南州图书馆　董春花）

【泽库县文化图书馆举办寺庙、牧家书屋图书发放仪式活动】 3月22日，泽库县文化图书馆举行寺庙、牧家书屋图书发放仪式。全县64个行政村每村发放图书98册、价值4197.2元，共发放图书6272册，价值达26.86万元；全县18个寺院每座寺院发放图书122册、价值2736.5元，共发放图书2196册，价值达4.93万元。寺庙和牧家书屋合计发放图书8468册，总价值达31.79万元。寺庙书屋、牧家书屋不但为当地牧民群众发家致富提供智力支持，而且较大地丰富牧民群众的精神文化生活。（泽库县图书馆　周毛却）

【玉树州图书馆开展上门办证活动】 3月9日—4月11日，玉树州图书馆借阅部工作人员分别走进玉树州委州政府、州民政局、州教育局、州委组织部、州藏医院、州广播电视台、州地税局、州民族二高、玉树市纪委等41个单位，开展阅读推广和上门办理借书证活动，期间共计办理借书证901张，发放宣传资料1000余份，宣传面达2500余人次，广泛动员各年龄阶段、各学历层次、各职业类别的市民积极参与全民阅读活动，并已初步建立起覆盖玉树州各机关、学校、社区的读者群体。（玉树州图书馆　扎西卓玛）

宁夏回族自治区

【概况】 截至2016年年底，宁夏共有公共图书馆27个，其中：银川市8个、石嘴山市4个、吴忠市6个、固原市7个、中卫市2个。中文图书总藏量为417.2万册，订阅报刊7139种。全年总流通277.8万人次，书刊文献外借404.8万册次。全年举办各类读者阅读推广活动284场，近16万人次参加；举办展览20场，观众近3万人次；举办讲座78场，近4万人次参加；举办培训40场次，近2000人次参加。

基础设施不断完善，服务能力进一步提升。宁夏图书馆完成提升综合服务能力项目，对馆舍进行改造和装修，升级数字化服务设备及网站改版，优化11个开放式功能服务区，方便读者“零门槛”进入。海原图书馆面积达3283平方米的新馆交付使用，按照县级公共图书馆二级功能定位的要求，建设图书馆业务和管理自动化系统，实现一卡通网上借阅，为广大人民群众借阅书籍、网上阅读及查询提供便利。

读者服务形式多样，注重品牌活动的推广宣传。宁夏图书馆形成讲座品牌“塞上讲坛”，并引入合作品牌“朔方人文大讲堂”，为读者持续推送精品讲座；携部分市、县（区）馆开展全国性的“网络书香过大年”和“同筑中国梦·共度书香年”等春节楹联主题活动，银川市、中卫市、吴忠市、海原县、盐池县等市、县（区）馆还举办猜灯谜闹元宵活动；举办“张贤亮的故事”主题沙龙并同时举办“张贤亮个人纪念展”，展示张贤亮先生的生平和作品，彰显本土人文特色。银川市图书馆开展“书香银川·银川书香”全民阅读活动暨“银川读书日”系列活动，包括“书香银川·百姓讲堂”讲座、图书交换与捐赠活动、精品图书优惠展销、数字图书馆知识宣传等内容；与银川市文广局、银川日报社、银川晚报社合办品牌活动“开卷有益读书沙龙”；开展读书月暨“4·23”世界读书日系列活动等。银川市兴庆区图书馆的“书香银川·悦读精彩”新年读书节、银川市金凤区图书馆的“书香金凤·金凤书香”全民阅读活动、银川市西夏区图书馆的“书香润泽西夏·知识点亮人生”等主题品牌阅读推广活动已崭露头角。石嘴山市图书馆推出“星海湖文化大讲堂”“国学大讲堂”“道德大讲堂”等人文内涵丰富的讲座品牌，成立星海湖诗词诵读会，鼓励读者抒写歌颂石嘴山风情、书香石嘴山等内容的原创诗词，收集原创作品并举办各类主题诗词诵读会。红寺堡图书馆的“罗山诗词传承社”“马成义书法绘画室”“红寺堡全民阅读”3项特色品牌活动成为这个贫困地区图书馆的文化亮点。同心县图书馆开展第二届“书香之家”评选活动，建立家庭阅读的单元。贺兰县图书馆开展迎新春文化惠民“五下乡”活动，免费为群众书写春联860副，发放期刊1000多册，光盘120张，极大地丰富群众的节日文化生活；开展“书香贺兰”全民阅读进学校、进社区、进企业、进军营活动。

发展延伸服务，拓展社区服务阵地。宁夏图书馆发展社区服务点共计51个。各市级图书馆进一步落实总分馆制度，实现资源共建共享。银川市建立以市馆为总馆，兴庆、金凤、西夏3个区馆为分馆，22个街道中心馆为服务点的银川市公共图书馆总分馆服务体系。吴忠市确定以市馆为总馆，利通区图书馆为分馆，4个社区、4个乡镇和2个书店为三级馆的总分馆制模式。石嘴山市图书馆购置图书流动服务平台，采取公交化管理，定时定点深入21个图书流动网点，开展图书“七进”活动，延伸服务功能，为惠农区、大武口区及各社区、军营、监狱和机关等图书室及流动服务点送书10000余册。各县（区）图书馆立足本馆，完善农家书屋建设，将服务点延伸到居民社区、学校等地，以活动促学习，实现文化下乡。贺兰县图书馆建立社区“四点半”学堂，为学生课后学习交流打造平台。银川市金凤区图书馆在金凤区第五小学建立图书流通点，为该校送去图书1000本，这是辖区内第3个以区图书馆为总馆、学校图书室为分馆的图书流通点，除方便学生阅读外还定期开展活动。海原县图书馆深入全县17个乡镇、1个管委会，对全县185家农家书屋（卫星数字农家书屋171家）的管理运行情况进行摸底调查，完成138家卫星数字农家书屋的改造升级，完成率87.3%。同心县图书馆开展春节“文化三下乡”活动，依托流动图书车，先后到全县各乡镇（管委会）30多个行政村、3个敬老院、武警同心县中队和同心消防中队开展流动服务、捐书助读活动。

加强特殊群体服务，保障平等阅读权利。切实为未成年人、老年人、残疾人以及外来务工人员提供丰富多彩的活动。如银川市图书馆“共享阳光·爱心助盲”志愿服务活动开展盲人诗歌朗诵会、关注盲童心理健康讲座、盲人象棋比赛、盲人义诊按摩等大型爱心助盲活动；举办银川市首届青少年创客大赛，开展为期一个月的以“阅读与游戏构建儿童未来成长力”为主题的第三届“喜阅童书节·儿童读书月”和“共享读书乐”送书到校园、第14届“暑期荣誉小馆员”暨“首届暑期荣誉小馆员业务技能大赛”、2016年少儿寒暑假电影展映活动等；举办以“敬老爱老·全民行动”为主题的“敬老月”活动，包括“老年读者谜语有奖竞猜”“重阳节送温暖”等主题活动。贺兰县图书馆举办2016年“美丽贺兰、炫彩喷泉”小学生手绘作品大赛。

提供专业的参考咨询、地方文献服务以及“两会”服务。2016年，宁夏图书馆通过全国图书馆参考咨询联盟平台传递文献22595篇次，实时咨询163人次，在全国图书馆参考咨询联盟优秀服务奖评选中获得组织和个人三等奖；接收地方文献专题咨询127项，获捐移民局收藏的宁夏扶贫扬黄灌溉文件图纸、政策汇编等共5000多盒（册）地方文献档案资料；开展“两会”服务，现场咨询并免费发放《资政参考》（两会特刊）和《读讯》（10期）各500份。中卫市图书馆筹建中卫作家著作馆。中宁县图书馆全面启动枸杞文献数据库建设。吴忠市图书馆制作的《吴忠市方志》通过国家图书馆验收，《回族文化》和《吴忠记忆》2个特色数据库基本完成。

文化共享工程建设稳步推进。截至2016年年底，已经完成建设1个省级分中心、4个市级支中心、20个县级支中心、192个乡镇及2266个基层服务点。在资源建设方面，征集和自建地方特色视频资源约300集，建设地方特色数据库

5个，均已通过文化部全国公共文化发展中心（以下简称公共文化发展中心）验收，并为读者和基层群众提供服务。在平台建设方面，完成中西部贫困地区公共数字文化服务提档升级和公共文化服务云平台相关建设任务。在服务方面，一是获得公共文化发展中心项目，利用“文化共享工程·中国文化网络电视”在宁夏设立500个试点，将优秀文化资源送到清真寺、敬老院等；二是开展文化共享工程和公共电子阅览室人员培训与服务推广，邀请国家图书馆和公共文化发展中心及业界专家在宁夏银川市、中卫市、青铜峡市三地举办培训班3期，共培训学员300多人；三是组织全区市、县级支中心参加公共文化发展中心组织的“小画笔·画世界”少儿图文征集、“年味中国”音频及摄影作品征集、“文化年货带回家”等活动，其中“小画笔·画世界”少儿图文征集活动宁夏分中心选送作品500多套作品，有120套作品晋级参加全国评比；四是丰富基层的数字资源和服务手段，向公共文化发展中心申请30个资源服务宝，配送到市、县图书馆和部分社区为读者提供服务。各市、县级支中心也组织电子商务、农村劳动技能等培训班。

数字图书馆推广工程工作再上新台阶。联建工作由1个省级公共图书馆（宁夏图书馆），3个地市级图书馆（银川市、吴忠市、中卫市）参与建设，参建馆全区覆盖率为67%，参建项目6个。宁夏图书馆获拨2016年度数字图书馆推广工程专项资金217万元，其中大数据整合项目专项经费20万元，该经费主要用于银川市、吴忠市、石嘴山市、中卫市4个市级馆的数字图书馆推广工程统一用户系统的平台搭建；基层图书馆互联互通项目75万元，用于完成银川市西夏区、平罗县、青铜峡市、固原市原州区和海原县5个基层馆的网络互联互通建设；资源联合建设项目经费62万元，用于建设图书馆地方文献数字化1万页、图书馆公开课100讲、数字图书馆专题资源库1个、政府公开信息2000条。开展“网络书香过大年”活动。在银川、中卫、青铜峡分别举办“宁夏数字图书馆推广工程、文化共享工程馆员培训班”“全区公共数字文化建设培训班”“第六次公共图书馆评估定级标准分析解读”培训班。组织“网络书香讲坛”在线培训及区域性数字图书馆专题培训。

中华古籍保护计划稳步推进。完成宁夏图书馆、宁夏博物馆等在内的20家收藏单位的古籍数据平台录入工作，正在进行数据审核工作；出版《宁夏图书馆馆藏精品集萃》。（宁夏图书馆学会　吕晓佩）

【宁夏各市、县（区）图书馆开展“4·23”读书主题活动】　“4·23”世界读书日期间，宁夏各市、县（区）图书馆举行各具特色的读书主题活动，引导市民爱上阅读，让读书成为一种生活习惯、生活态度。银川市图书馆除举行银川市第三届市民图书交换大集、你买书我买单、馆藏精品图书展示、精品图书优惠展销等活动外，还开展数字悦读趣味体验、“亲子趣多多”系列活动之“为爱起航——儿童意外事故急救知识讲座”、“开卷有益”读书沙龙之“春光正好，一起观鸟”活动，吸引众多市民参与，营造“书香银川”的浓厚氛围。吴忠市启动“书香吴忠·全民阅读”活动，吴忠市图书馆举行建馆60周年珍藏图书展，并为利通区胜利镇永昌社区、扁担沟中心小学等捐赠图书。隆德县图书馆除了在世界读书日期间举办以“点燃读书热情、共建书香隆德”为主题的宣传活动以及“好书伴我成长”征文颁奖晚会外，还举办“书香伴我成长·阅读圆我梦想”主题宣传、“培养下一代读书习惯”专题活动、“书香家庭”评选、倡议全县人民捐赠图书、“一城书香一城梦”书友会等系列活动，一直持续到9月底。永宁县图书馆联合社会力量举办“亲近图书馆、亲近图书、亲近阅读”系列主题活动，组织读者体验电子图书借阅机，添加县图书馆微信公众号，进行海量数字资源免费移动阅读。平罗县图书馆开展以“阅读，从图书馆出发”为主题的读书活动，为读者免费发放《平罗县志》《平罗歌谣》等图书300余册。青铜峡市图书馆组织全市中小学生开展以“让阅读成为习惯，让思考伴随人生”为主题的有奖读书征文活动。银川市西夏区图书馆举办“书香西夏·阅读助力人生”读书演讲比赛。盐池县图书馆召开“阅读——从经典开始”主题座谈会，从事不同职业的读者畅谈自己的阅读体会；为看守所服刑人员送去图书、杂志300余册。另外，中卫市、石嘴山市图书馆，银川市金凤区、兴庆区图书馆等也开展丰富多彩的阅读主题活动，倡导人们多读书、读好书。（宁夏图书馆学会）

【宁夏图书馆表彰150名优秀读者】 1月26日，宁夏图书馆举行2015年度读者座谈会暨优秀读者表彰会，康丽华等外借册数居前、汪钰人等阅览次数居前、张子太等对图书馆工作给予大力支持与帮助的150位优秀读者受到表彰。座谈会上，6位优秀读者代表畅谈多年来在图书馆读书学习的感受，并针对读者服务工作提出许多建议。这些意见和建议为宁夏图书馆今后进一步创新服务方式、提升服务水平、满足读者多元化需求提供参考和依据，馆长韩彬表示将尽快予以落实、改进和完善。（宁夏图书馆学会）

【宁夏图书馆完成提升综合服务能力改造项目】 3—8月，“宁夏图书馆提升综合服务能力改造项目”完成，于8月15日向读者重装开放。该项目获拨中央财政专项资金1000万元，图书馆自筹资金200万元，共计1200万元。该馆对馆舍中承担主要服务功能的二、三楼层进行改造、装修，将各功能阅览室连为一体。读者使用面积由1.1万平方米增加到1.6万平方米，阅读席位由800多个增加到1200多个。阅览环境也更为开放、宽敞、明亮、舒适，实现智能、便捷的一站式阅览。更重要的是读者与图书不再被墙隔离，不再有距离感，读者可以自由地在各个阅览区借阅、学习。另外打破传统布局，将原来的电子阅览席位分散在各个图书阅览区域，方便读者在阅读图书的时候随时上网查。网络宽带出口也由100兆提升至300兆，实现图书馆无线网络100%覆盖。（宁夏图书馆学会）

【宁夏图书馆举办张贤亮个人纪念展及主题沙龙活动】 9月27日，著名作家张贤亮先生逝世两周年纪念日，宁夏图书馆特举行“张贤亮的故事”大型展览及主题沙龙活动。张贤亮是中国当代著名作家，自1955年即移居宁夏。其代表作有《灵与肉》《绿化树》《男人的一半是女人》等，创建了镇北堡西部影城、老银川一条街。他曾3次获得全国优秀小说奖，多次获得全国性文学刊物奖，9部小说被改编成电影电视搬上银幕。张贤亮生前的助理吴惟珺和镇北堡西部影城员工王芳介绍他们所了解的张贤亮，并与读者畅谈张贤亮的生平事迹，引发现场读者的浓厚兴趣。张贤亮个人纪念展从生平介绍、著作陈列、书法作品、宁夏镇北堡西部影城展和慈善活动展等5个方面全方位展现张贤亮的个人经历、精神气质、主要作品、书法艺术等，吸引较多读者前来观看，很多读者通过展览更为详尽深入地了解张贤亮先生及其作品。（宁夏图书馆学会）

【宁夏图书馆举办评估定级培训讲座】 10月11日上午，宁夏图书馆在一楼报告厅举办评估定级培训讲座，来自全区部分市、县（区）图书馆的相关负责人及宁夏图书馆全体职工参加培训。由文化部组织的全国县以上公共图书馆第六次评估定级工作于2017年开展。培训特邀此次评估专家组成员、东北师范大学计算机科学与信息技术学院信息管理系讲师陈昊琳做“第六次公共图书馆评估定级标准分析解读”专题讲座，就第六次评估标准制定的背景、过程及评估中需注意的问题，新修订的《县以上公共图书馆第六次评估定级工作评估标准》的主要内容、特点及具体指标做介绍，重点解读新指标的主要变化、增减情况、指标分值与分布情况、评估中需注意的问题等，同时对全新的信息化平台评估方式及如何通过信息化平台上传材料作指导。宁夏图书馆馆长韩彬在总结讲话中指出，此次讲座对宁夏图书馆即将开展的评估工作起到重要的指导作用。全体工作人员要充分认识第六次公共图书馆评估的重要意义，各部室要紧密围绕评估指标体系内容进行工作安排和制订年度计划，力争在2017年全国公共图书馆评估定级工作中展现本馆发展新面貌，并借助评估定级这一契机，实现宁夏图书馆发展再上新台阶。（宁夏图书馆学会）

【银川市图书馆举办“阅读与游戏构建儿童未来成长力”专家论坛】 4月16日，由银川市图书馆、喜阅童书馆联合举办的“阅读与游戏构建儿童未来成长力”专家论坛在市图书馆举办。此次论坛是第三届“喜阅童书节·儿童读书月”系列活动之一。论坛上，宁夏知名作家赵华，宁夏大学教授、青少年儿童阅读推广人张玲，喜阅童书馆馆长欧然，回民第一实验小学校长陈春，大风车幼儿园园长郭亚超，银川市妇联少儿部部长张萍霞共同探讨、推广“阅读是游戏”的儿童阅读理念，通过游戏化阅读与操作，为儿童阅读插上想象与创造的翅膀。现场还展示了精美有趣的儿童绘本图书，吸引众多孩子阅读。（宁夏图书馆学会）

【银川市图书馆理事会成立】 7月19日上午，银川市图书馆理事会成立大会在行政中心召开，自治区党委宣传部、自治区文化厅、银川市委宣传部、银川市编办、银川市文广局等相关区市领导、理事候选人、银川市图书馆全体职工及分馆部分职工代表共90余人参加会议。会上，宣读银川市图书馆理事会筹备进展情况及第一届理事会理事候选人情况说明、《银川市图书馆理事会章程（草案）》和《银川市图书馆理事会选举办法（草案）》。全体参会人员表决通过《章程》和《选举办法》。随后经投票选举，产生银川市图书馆理事会第一届理事共11人，包括2名政府部门代表、2名社会人士代表、1名文化名人代表、1名图书馆行业代表、3名图书馆代表以及2名读者代表；选举产生银川市图书馆理事会第一届领导班子，包括理事长1名、副理事长1名、执行理事1名、秘书长1名。与会领导向新当选的理事颁发银川市图书馆理事会会员证及荣誉证书。新当选的理事长刘文锦代表银川市图书馆第一届理事会发言。（宁夏图书馆学会）

【银川市图书馆阅读推广活动冬日送书香】 11月26日，银川市图书馆开展"书香银川"暨"银川读书日"全民阅读推广系列活动，内容包括图书交换与捐赠、"书香银川周末讲堂"两场讲座、"植物主题"亲子悦读会、"你买书我买单"等活动。"书香银川周末讲堂"两场讲座中，中国智慧工程研究会国学教育专业特聘讲师代国宁主讲"给孩子不一样的教育"，他从生活中与孩子相处的细节入手，讲解亲子陪伴的重要性以及如何给孩子不一样的教育；育心经典家庭教育实践指导师张兰天主讲"国学经典的系统性与根本性"，解读如何正确认识国学经典，找到学习国学经典的正确方法，达到亲子学习的目的。当天的"植物主题"亲子悦读会上，图书馆馆员与现场60多位孩子及其家长共同分享了馆藏以植物为主题的绘本故事，受到孩子们的喜爱。（宁夏图书馆学会）

【银川市兴庆区图书馆启动农家书屋图书进农户试点】 3月7日，银川市兴庆区图书馆在掌政镇镇河村举办农家书屋图书进农户试点启动仪式。鉴于目前农家书屋存在门庭冷清、读书氛围不足等问题，区图书馆改变以往只是把书刊送到农村书屋的做法，精选农民喜欢阅读的图书直接送到农户家里。试点工作主要是发动村委领导班子及村民小组负责人担任图书管理员，负责给村民挑选、发放、登记所喜欢的书籍；区图书馆负责组织、协调、监督农家书屋15个流通点每个季度的图书互换流动工作，并专门为镇河村农民精心挑选并赠送涉及农业、文学、种植等方面的期刊200本。区图书馆希望通过此项活动，充分发挥农家书屋图书资源的作用，为村民读书提供便利条件。（宁夏图书馆学会）

【银川市金凤区等3县(区)图书馆"六一"送书送爱心】 "六一"期间，银川市金凤区图书馆工作人员到宁夏儿童福利院，开展小鬼当家系列之"一米阳光助成长"主题活动。此前，该馆微信平台发布《招募爱心人士共同传递温暖的倡议书》，呼吁社会各界人士持续关注残障儿童，伸出援手，为他们带去"一米阳光"。100余人积极响应并组成爱心团队，为宁夏儿童福利院孤残儿童带去社会各界捐献的物资，还为孩子们送去300本画册。中卫市中宁县图书馆为车路新村王庄子移民小学学生送去450册价值6000余元的少儿类新书，中卫市文化旅游局、中宁县团委、中宁县教育局、中宁县爱心协会等单位一同捐赠衣物和学习用品。海原县图书馆将精心挑选的300余册少儿类图书送到海原回民小学学生手里，内容涵盖文学、历史、科普、学科辅导、百科知识等方面，为孩子们送去最美好的节日礼物。（宁夏图书馆学会）

新疆维吾尔自治区

【概况】 截至2016年年底，新疆维吾尔自治区共有各级公共图书馆107个，文献总藏量1418万册。图书馆从业人员978人，其中高级职称93人、中级职称332人、初级职称223人。全年举办各类读者活动1306场，参加13.05万人次；举办展览349场，观众52.36万人次；举办讲座734场，参加6.07万人次，举办培训879次，参加4.22万人次。

读者服务的广度和深度不断加大。结合每年度的全民阅读活动、世界读书日、图书馆服务宣传周活动，全疆各级各类图书馆因地制宜，开展丰富多彩的主题活动，吸引越来越多的读者走进图书馆、利用图书馆。如自治区图书馆在昌吉州图书馆举办的“书香新疆·全民阅读”活动启动仪式及《回族史诗》主题报告会，参与第二届新疆版图书展示交易暨馆配图书订货会，开展的“阅读伴我成长·世界读书日校园行”“民族团结始于心，书香万里始于行”诗文朗诵会、自治区总工会分馆开馆等系列活动，充分发挥图书馆在公益性社会教育、文化传播等方面的职能，向市民宣传世界读书日的有关知识，宣扬多读书、读好书。

在自治区图书馆的带动与引领下，乌鲁木齐市图书馆开展每年一度的“天山读书月”系列文化活动；伊犁州图书馆举办“书香新疆·全民阅读”悦读分享活动；巴州图书馆读书日举办“你选书，我买单”公益荐书活动；和田地区图书馆开展“书香和田·全民阅读”从图书馆出发活动；哈密地区开展“倡导全民阅读，建设书香哈密”系列活动；博州图书馆联合分馆、社区举办“美在博州，美在书香”读书日活动；塔城地区举办的“书香塔城”诗歌朗诵大赛；阿瓦提县图书馆推出2016年“读书日暨读书节”荐读活动等。

开展文化下基层活动，发挥图书馆的整体效益，惠及更多群众。2016年，各级图书馆通过送书下乡、进社区、进学校、进军营等活动营造良好的大众阅读氛围。如阿勒泰地区举办的“警民一家亲”下基层活动；昌吉州图书馆举办的“送图书进社区”活动；木垒县图书馆开展的“图书进学校”活动；巴州图书馆举办的“书香警苑·警民共建”活动；库尔勒图书馆举办的“七进四送”下基层活动；温宿县图书馆开展的社区法律有奖知识竞赛活动等。

为进一步使馆藏文献资源利用最大化，各级公共图书馆还在基层设立分馆或图书流动站作为读者服务的延伸活动。如新疆维吾尔自治区图书馆在原有分馆的基础上分别在自治区总工会、新疆边防总队等地新设分馆和数字图书馆分馆。各地州图书馆也纷纷建立基层图书流通点，实现馆藏信息资源的共享。如乌鲁木齐市图书馆建立的达坂城区东沟乡分馆，并协助中国乌鲁木齐SOS儿童村建立图书室；和田地区图书馆进夜市建立图书流动点；库尔勒市图书馆在英下乡其兰巴格社区设立分馆；奇台县图书馆在武警中队建立图书流动服务点等。

关注未成年人，关注弱势群体，图书馆充分发挥其教育引导功能，保障公民的阅读权利。如自治区图书馆到乌鲁木齐儿童福利院举办“送温暖·献爱心”活动，并给孩子们送去喜爱的图书；巴州图书馆开展的送温暖进特教学校活动；阿克苏地区图书馆进福利院开展的“送图书、讲座下基层”活动；昌吉州图书馆开展的六一文化扶贫活动；额敏县图书馆开展的亲子阅读活动；和静东归县图书馆举办的少儿书画、手工技艺大赛活动等。

“创客@图书馆——‘我与中华古籍’创客大赛”巡展亮相新疆。该巡展由中国图书馆学会和国家古籍保护中心联合主办，在全国精选十几家省级馆承办，新疆展于6月11日在新疆大学图书馆正式拉开帷幕，6月8日布展当天就吸引新疆大学师生及读者近100人参观。同时，为提高广大读者对中华优秀传统文化的认知度，自治区图书馆学会、新疆古籍保护中心还在全疆范围内组织发动包括地州图书馆、高校馆在内的近10家图书馆同步举办展览，以扩大展览的辐射范围。承办单位主要有：克拉玛依市图书馆、伊犁州图书馆、阿克苏地区图书馆、巴州图书馆、昌吉州图书馆等。（新疆维吾尔自治区图书馆学会　赵燕）

【2016年“书香新疆·全民阅读”活动启动】 4月22日，由自治区文化厅、昌吉州文化体育广播影视局主办，自治区图书馆、昌吉州图书馆承办的书香新疆·书香昌吉“阅读，从图书馆出发”自治区2016年全民阅读启动仪式在昌吉州图书馆举行。自治区文化厅公共文化处副处长李朝阳致辞，自治区图书馆馆长历力宣读自治区2015年度“全民阅读”活动先进集体、先进个人的表彰决定。民盟中央委员、自治区政协委员、民盟新疆区委专职副主委尤江斌同志代表民盟中央为昌吉州图书馆赠书1447册，价值28.5万新台币。启动仪式现场展出“全疆公共图书馆免费开放成果展”，反映全疆各地州、县（市）公共图书馆自2011年免费开放以来，通过展览、讲座，各类读者活动，深入基层，推送服务到最后一公里，送到“学校、企业、机关、社区、军营、农牧村、边境口岸”，真真切切让基层百姓感受到人人享受公益平等服务的文化权益。（新疆维吾尔自治区图书馆学会　赵燕）

【国家珍贵古籍系列讲座新疆站巡讲启动】 7月31日，由中国图书馆学会、国家古籍保护中心主办，新疆图书馆、新疆图书馆学会、乌鲁木齐市图书馆共同承办的国家珍贵古籍系列讲座新疆站巡讲在乌鲁木齐市图书馆举办。讲座特邀国家图书馆研究馆员、全国古籍保护工作专家委员会委员、北京市民族古籍整理出版规划小组办公室顾问黄润华老师，文学博士、副研究馆员、国家图书馆古籍馆敦煌文献组组长刘波老师赴疆做"高昌馆课"及"晚唐五代敦煌佛典的制作与修复"专题讲座。（新疆维吾尔自治区图书馆学会　赵燕）

【"2016年全疆图书馆、文化馆馆长培训班"在阿瓦提县开班】 8月4日，由自治区文化厅策划主办，自治区图书馆、自治区文化馆承办的"2016年全疆图书馆、文化馆馆长培训班"在阿克苏地区阿瓦提县正式开班，来自全疆14个地州（市）文体广新局主要领导、图书馆馆长、文化馆馆长，全国第四次文化馆评估一级馆馆长及相关直属单位负责人共计110人参加培训。座谈会上设置"基于知识空间的全民阅读推广体系建设""公共图书馆区域联盟平台的共建与共享"两个主题培训，并对《2016年书香新疆·全民阅读活动评比标准及细则》进行详细解读；文化馆分会场上，针对"文化馆协会筹建"等内容进行讨论。（新疆维吾尔自治区图书馆学会　赵燕）

【"网络书香·数字图书馆建设与服务"宣传推广项目（新疆站）系列活动——全疆图书馆馆长及业务骨干高级研讨班启动】 9月7日，研讨班在克拉玛依市图书馆正式启动，来自全区各级公共图书馆、部分高校、科研图书馆的馆长及业务骨干共120余人参加研讨和培训。活动由新疆维吾尔自治区图书馆、新疆维吾尔自治区图书馆学会、克拉玛依市图书馆共同承办，为期4天，至9月9日结束，主要包括图书馆馆长及业务骨干高级研讨班、数字图书馆体验活动两方面内容。研讨班上，来自国家图书馆和上海图书馆的专家学者对有关数字图书馆资源创新与建设、软硬件建设、图书馆发展趋势、管理服务等课程做详细讲解。随后参观数字图书馆体验区，实地体验电视图书馆、移动阅读平台、少儿数字图书馆、残疾人数字图书馆、盲人图书馆以及中国政府公开信息整合服务平台等。（新疆维吾尔自治区图书馆学会　赵燕）

【"2016年春雨工程——新疆部分基层骨干培训班"举办】 10月18—24日，培训班在苏州图书馆开班。此次培训是中央新疆工作座谈会后，文化部全国公共文化发展中心为进一步加强新疆地区公共文化建设、提升新疆基层文化骨干业务素质而举办的第五次援疆培训，来自全疆各级公共图书馆、文化馆和乡镇文化站的馆长和业务骨干39名学员参加培训。培训特邀专家学者就杭州市文化共享工程与服务、公共数字文化的建设与发展、国家有关推动新疆地区公共文化发展的政策和措施等专题为大家做详细解读；采取"理论联系实地"的培训形式，在面授之余，组织全体参培学员赴浙江图书馆、杭州图书馆、嘉兴市图书馆及其乡镇服务点、苏州图书馆实地考察，使学员受益匪浅。（新疆维吾尔自治区图书馆学会　赵燕）

【"书香新疆与科技创新——新疆图书馆事业发展论坛"暨"解读公共图书馆第六次评估定级文件"培训班在哈密举办】 10月31日—11月3日，来自全区各级公共图书馆和部分高校、科研图书馆的馆长及业务骨干共98人参加论坛和培训。此次培训由自治区文化厅、新疆社科联、哈密地区文化体育广播影视局主办，新疆维吾尔自治区图书馆、新疆维吾尔自治区图书馆学会、哈密地区图书馆承办，也是新疆社科联2016年年会设立的分会场之一。培训包括"书香新疆与科技创新——新疆图书馆事业发展论坛"及"解读公共图书馆第六次评估定级文件"培训班两方面内容。由新疆维吾尔自治区图书馆馆长历力，新疆维吾尔图书馆学会秘书长丛冬梅、南开大学图书馆学博士、中国图书馆学会公共图书馆评估课题组成员陈昊琳、超星集团副总经理张黎等分别对有关图书馆发展趋势、民族文化创新与建设、公共图书馆区域联盟平台共建与共享、全民阅读推广数字图书馆资源创新与建设以及公共图书馆评估定级等内容做精深讲解。期间，学会特邀自治区党校刘仕国教授带来"'自治区深入贯彻落实习近平总书记关于新疆工作总目标再动员会议'精神学习"专题讲座，就当前新疆社会发展

形势，对文件精神进行专业解读。（新疆维吾尔自治区图书馆学会　赵燕）

【新疆维吾尔自治区图书馆概况】 2016年，新疆维吾尔自治区图书馆在保障二期改扩建工程稳步推进的前提下，不断创新服务模式，提升服务水平，丰富服务内容，实现工程期间“业务不停、服务不断”的总目标，全年共接待读者16.9万人次，书刊借阅18万册次，网站访问量4.6万次，数字资源访问量13.2万次，移动图书馆点击量达433余万次，新建分馆6个。文献资源建设方面，完成图书采购14514种47011册；呈缴、捐赠图书3734册；订购报纸404种，期刊2432种；新增数字资源29TB。

创新活动方式，打造品牌服务。开展“书香乡村万里行”文化下基层活动，为英艾日克乡驻村工作点村民赠送图书7678册以及各类数字资源光盘、口袋书等，并指导驻村点图书馆流通站业务工作；联合各地州市（县）图书馆举办以“民族团结始于心，书香万里始于行”为主题的双语诗文朗诵会；举办“书香新疆·丝路创想”自治区图书馆文化创意展，并现场展出以古籍文献为创作元素的各种文创产品，推介数字图书馆与移动图书馆服务。同时，自治区图书馆在本届文博会中还荣获“最佳展位奖”；展现“昆仑讲坛”“六进”效益，邀请农业大学专家为农牧民举办讲座，受到当地群众的欢迎。

创新读者服务模式，开展丰富多彩的全民阅读系列，旨在努力营造民族团结、书香新疆的文化氛围，让优秀书籍成为连接各族人民心与心和情感沟通的纽带，让全民阅读传递建设和谐新疆的正能量。举办2016年“书香新疆·全民阅读”活动启动仪式暨“全疆公共图书馆免费开放成果展”“书香万里行诗文朗诵会”系列活动；开展数字阅读推广活动，向广大市民推介移动图书馆、开通自治区总工会职工网上图书馆、组织全疆开展“网络书香过大年”春节系列活动等；组织我与中华古籍“创客大赛”巡展，该馆荣获“优秀组织奖”；举办优秀图书推荐系列活动，开展“爱心赠书”“你选书，我买单”系列活动、国家图书馆“文津奖”图书展，承办第二届新疆版图书展示交易暨馆配图书订货会等；少儿活动精彩纷呈，举办青少年寒假阅读推广活动、“阅读少年最美丽”主题讲座，开展“书香佳苑，爱心之旅”和以“团结友爱·欢乐童心”为主题的“六一”儿童节系列活动，举办征文、绘画及“我的藏书票”设计比赛，发挥图书馆第二课堂的作用；拍摄“书香之城”微视频，提升图书馆的社会影响力。经努力，自治区图书馆荣获自治区文化厅2016年“书香新疆·全民阅读”先进单位称号。

开展自治区“两会”信息服务，为“两会”编纂《决策与参考——2016年自治区两会专题资料汇编》《自治区文化工作会议专题资料汇编》，并在会议驻地提供内容丰富的数字资源及移动图书馆服务，赢得代表委员的赞誉；编撰《咨询研究参考》《东部看新疆》共60期专题文献；建立全疆参考咨询服务联盟及启动全疆公共图书馆地(州、市)情概况数据库建设。

古籍保护工作深入开展。继续推进普查登记工作，完成《新疆地区古籍文献联合目录》《新疆维吾尔自治区图书馆古籍普查登记目录》《新疆大学图书馆等五家收藏单位古籍普查登记目录》及《新疆维吾尔自治区入选国家珍贵古籍名录图录》出版工作；完成自治区图书馆第十批少数民族古籍文献征集工作；完成汉文古籍及少数民族古籍修复23册，1900余叶；加强古籍修复人才培养工作，自治区图书馆专门派遣一名古籍部工作人员赴广州中山大学进行为期一年的古籍修复学习。

文化共享工程、数字图书馆推广工程建设工作成效显著。纪录片《新疆味道》（十五集），于2016年9月16日22:00时，在中央电视台9套播出，腾讯视频独家全网播出，总播放量达2501万次，成为全国文化共享工程资源建设优秀案例。2016年，新增资源建设总量达29TB，其中视频4485小时、图片3950幅；顺利完成2015年度中央补助地方公共文化服务体系建设专项资金建设项目的公开招标（共享工程资源建设项目1404万元、推广工程资源联建项目425万元）；统筹全疆各地、州（市）级图书馆完成2016、2017年度公共文化服务体系建设专项建设经费的申报工作，获批2016年度立项经费1996万元；完成全疆公共电子阅览室567个点的系统升级和边疆万里数字文化长廊880个点的安装部署。

自治区图书馆近年来高度重视科研工作，2016年先后申报“新疆国家农村信息化示范省建设工程”中的分课题“多语种民族特色文化信息资源处理及共享服务平台”项目，以及与中国科学院新疆分院文献信息中心联合申请的“中亚科技文献信息资源集成共享平台”建设项目，现已立项并在进行中。

2016年“同筑中国梦共度书香年”楹联文化展在新疆地区8个地州28家图书馆相继举行。此次活动由国家图书馆、中国图书馆学会主办，新疆维吾尔自治区图书馆学会组织承办，汇集40幅楹联作品，以“赏析传统佳联与展示反映当代小康创作联”为主，介绍楹联起源、特点和文化内涵。展期从2016年1月31日持续到2016年2月22日。

积极策划编制《新疆维吾尔自治区图书馆“十三五”发展规划》。新疆维吾尔自治区图书馆承载着全疆文化发展的期望，在紧跟落实国家民族团结政策、“一带一路”战略以及公共文化建设政策的基础上，充分把握全疆多民族服务、多元文化交融的特点，精心准备、科学规划，为进一步建成促进全疆文化、经济、社会发展具有重要支撑功能的省级中心图书馆和业务龙头馆，加强对2016—2020年的发展做出科学布局。（新疆维吾尔自治区图书馆学会　赵燕）

【自治区主席雪克来提·扎克尔听取自治区图书馆二期改扩建工程工作汇报】 3月24日，自治区主席雪克来提·扎克尔听取自治区图书馆馆长历力就二期改扩建工程进展情况、工程建设资金等问题的专题汇报，并对自治区图书馆事业发展、二期改扩建工程等做出重要指示。他指出，自治区图书馆作为全区图书馆行业的中心馆、龙头馆，定位要准确，要通过自治区图书馆事业的发展，充分体现出新疆的文化氛围、知识水准及新疆人不断追求知识、探索知识的精神风貌。同时，要不断创新发展，办馆方针要符合时代发展和社会需求，让图书馆人和使用图书馆的人共同研究图书馆的快速健康发展之路，让图书馆成为一个有品位、有内涵、有知识的高雅场所。（新疆维吾尔自治区图书馆学会　赵燕）

【新疆数字图书馆边防总队分馆揭牌暨文化人才培训协议签约仪式举行】 4月19日，该仪式在边防总队指挥中心会议室举行，由自治区文化厅党组副书记、厅长穆合塔尔·买合苏提与边防总队党委书记、政治委员刘献宝为数字图书馆揭牌，随后与总队党委常委、政治部主任温乐晨签订警地文化人才培训协议书，自治区文化厅公共文化处处长李强，自治区图书馆党委书记艾尔肯·买买提向官兵赠送图书。近年来，边防总队和自治区文化厅保持良好的合作关系，在边境县市启动“边境万里数字文化长廊”建设项目，为部队官兵和基层群众提供内容健康的公益性互联网服务，这对打造边境文化的铜墙铁壁，维护国家文化安全有着重要意义。（新疆维吾尔自治区图书馆学会　赵燕）

【新疆数字图书馆自治区总工会分馆正式开馆】 4月22日，自治区图书馆与自治区总工会举行新疆数字图书馆自治区总工会分馆（职工网上图书馆）启动仪式。仪式上，自治区图书馆与自治区总工会签订战略合作协议，共同开发服务读者和职工的阅读平台。自治区图书馆将为自治区总工会在新疆工会网建立数字图书馆网页，并在自治区总工会官方微信公众号“职工e家”置入链接，为用户提供电子书、馆藏资源、数字资源等共享服务，新疆各族职工可登录网站或微信平台随时随地获取自治区图书馆的数字资源。签约仪式后，自治区图书馆特邀自治区党校民族宗教理论政策教研部教师阴帅，一起走进新疆工会干部学校，为各族读者做题为“促进民族团结，共圆祖国梦想”的专题讲座。（新疆维吾尔自治区图书馆学会　赵燕）

【“阅读伴我成长”世界读书日校园行暨全疆少年儿童征文、绘画大赛启动】 4月22日，由自治区图书馆、自治区关工委联合举办的“阅读伴我成长”世界读书日校园行暨全疆少年儿童征文、绘画大赛启动仪式在新疆教育学院实验小学举行。活动中，自治区图书馆党委书记艾尔肯·买买提、新疆教育学院实验小学校长田征为自治区图书馆实验小学少儿分馆揭牌。在学生代表“让阅读伴我成长”的倡议声中，嘉宾领导与孩子们共同在签名板上留下阅读寄语，铭记阅读的重要性。（新疆维吾尔自治区图书馆学会　赵燕）

【新疆维吾尔自治区图书馆举办“书香万里行·诗文朗诵会”系列活动】 “书香万里行·诗

文朗诵会”系列活动是自治区图书馆开展“全民阅读”的重要举措之一。4月13—22日，自治区图书馆先后走进新疆军区阿瓦提武装部、阿瓦提文化艺术中心、英艾日克乡也克力村、英艾日克乡帕万拉村和新疆文化艺术学校、哈密市伊州区陶家宫镇中心小学开展“民族团结始于心，书香万里始于行”诗文朗诵会。活动以民族团结为核心内容，携手新疆朗诵艺术协会专业团队，运用维—汉双语的表现手法，以专业朗诵水准向基层各族群众传递本土作家原创作品和反映本地风土人情的作品，营造出各族人民同声朗诵美丽诗篇，共同分享阅读之美的良好氛围，惠及民众1000余人。11月10日，自治区图书馆携手阿克苏地区图书馆、阿克苏军分区独立营、新疆朗诵艺术协会共同举办“民族团结一家亲”诗文朗诵会。（新疆维吾尔自治区图书馆学会　赵燕）

【新疆维吾尔自治区图书馆举办“民族团结大家庭　知识童年我来绘”六一儿童节百米长卷绘画比赛】 5月28日，由自治区图书馆、新疆科技馆、品味1065乌鲁木齐旅游音乐广播主办的“民族团结大家庭　知识童年我来绘”六一儿童节百米长卷绘画比赛在新疆科技馆展厅一楼举行，这也是自治区图书馆“团结友爱·快乐童心”庆六一系列活动之一，旨在让孩子们用自己的天真、手中的画笔去绘出他们心中民族团结的美好蓝图。活动现场，120名参赛儿童围绕活动主题进行绘画，对于绘画的形式没有限定，参赛儿童可现场自由选择擅长的绘画方式进行比赛。比赛结束后，现场评委评选出一等奖3名，二等奖5名，三等奖10名，奇思妙想奖、最佳创意奖、最佳视觉奖、最佳潜力奖各4名。（新疆维吾尔自治区图书馆学会　赵燕）

【新疆维吾尔自治区图书馆开展“民族团结始于心·书香万里始于行”走基层系列活动】 活动由自治区图书馆、昌吉州图书馆、昌吉州各县市图书馆联合举办，自6月21日至28日总共历时7天，面向昌吉州五县两市基层乡镇村、社区开展公共文化服务推送活动。活动以“加强民族团结·振奋民族精神”“光辉历程，伟大成就——庆祝中国共产党建党95周年”主题展览和“共促民族团结进步　共建美好幸福家园”去极端化专题讲座等内容为主，同时由自治区、昌吉州两级图书馆向每个县市赠送图书300余册，价值10000余元，本次活动惠及全州各族群众10000余人。2016年以来，自治区图书馆从大处着眼、从小处入手，多措并举，真正实现以现代化为引领的目的。（新疆维吾尔自治区图书馆学会　赵燕）

【新疆维吾尔自治区图书馆首次参加丝绸之路新疆文化创意产业博览会】 8月18—21日，第四届丝绸之路新疆文化创意产业博览会在红光山国际会展中心举办。自治区图书馆作为首次参展单位，以“书香新疆　丝路创想”为主题的创意空间最终荣获“最佳展位奖”。展厅现场，自治区图书馆展出的古籍文献以及依托古籍文献为创作元素设计的各种文创作品吸引大量市民驻足围观。同时，专门配置有2台灌装有数字图书馆推广工程资源提升活动4TB资源的一体机、歌德电子书借阅机、阅报器等电子设备，通过多种方式为广大市民推介移动数字图书馆、新型阅读平台和模式的介绍与推广、专题特色数字资源，将更便捷、更丰富、更智能、更高效的图书馆产品和服务带到全疆各族人民的身边。（新疆维吾尔自治区图书馆学会　赵燕）

【新疆维吾尔自治区图书馆在吐鲁番举办图书专业知识培训班】 10月20日，此次培训班在吐鲁番地区图书馆开课，来自吐鲁番市公共图书馆、学校图书馆、9个乡（镇、场）文化站的50余名学员参加培训。培训内容包括免费开放服务政策解读、计算机编目工作、公共图书馆阅读推广服务、图书馆机房日常管理与设备维护、图书馆参考咨询工作概述、舆情信息服务案例解析、公共图书馆二次文献开发与制作、网络信息资源检索与利用、新疆维吾尔自治区图书馆“两会”服务工作探索与实践等9个与吐鲁番图书馆的实际需求相契合的课程。同时，自治区图书馆还与吐鲁番地区图书馆签订新疆公共图书馆参考咨询服务联盟协议，为该馆提供免费网上参考咨询和文献传递服务。（新疆维吾尔自治区图书馆学会　赵燕）

【乌鲁木齐市图书馆概况】 2016年，乌鲁木齐市图书馆拥有持证有效读者2.53万人次，阅览、自习等读者25.2万人次，外借书刊30.59

万册次；馆内外组织活动237场，参加人数3.39万人次，全年累计接待读者42.29万人次。新增“民族团结”“高考填报志愿”“两学一做”等图书专架，方便读者查找；开通随书光盘服务，在图创系统随书光盘下载功能开通后制作《随书光盘下载说明》，方便读者查阅和下载随书光盘。进行全面环境布置，标识规划；购置图书专用消毒设备，定期为图书及公共区域消毒，确保到馆读者的卫生安全。同时，增加品牌文化活动场次，吸引大量市民走进图书馆，丰富读者文化生活，营造更舒适、自由、安全的学习空间。（乌鲁木齐市图书馆　马婷婷）

【乌鲁木齐市图书馆举办2016年“迎新春·我与图书馆共成长”读者座谈会】 1月24日，座谈会在乌鲁木齐市图书馆六楼报告厅举行。乌鲁木齐市委宣传部、乌鲁木齐市文化局领导，乌鲁木齐市图书馆工作人员以及来自社会各界50余位读者参加座谈。会上，市图书馆馆长靳艺星介绍2015年市图书馆在资源建设与读者服务工作中所取得的各项成绩，副馆长陈建就读者关心和反映的众多问题进行回复，并就如何更好地为读者服务，问计于读者。最后，对2015年度市图书馆优秀读者、热心图书馆公益事业的单位及个人进行颁奖。（乌鲁木齐市图书馆　宋福燕）

【市民向乌鲁木齐市图书馆踊跃捐书】 2月24日，乌鲁木齐市图书馆工作人员上门收取韩国女士金荣乐捐赠的3229册图书。韩女士是首尔人，在乌鲁木齐生活8年。这些图书都是她从韩国邮购或带来的韩文精装书籍，内容涵盖世界名著、百科全书、社会故事、教育教材等方面，共折合人民币约20万元。近年来，乌鲁木齐市市民向图书馆平均每年捐赠图书500册左右，有的将收藏的上百本图书一并捐赠。市图书馆对捐赠图书加以甄别后，入馆藏或转捐给社区图书馆、农牧区学校等有需要的地方。（乌鲁木齐市图书馆　王琼）

【乌鲁木齐市图书馆达坂城区东沟乡分馆揭牌】 4月1日，乌鲁木齐市首家乡村图书馆——乌鲁木齐市图书馆达坂城区东沟乡分馆举行揭牌仪式，乌鲁木齐市委常委、宣传部长魏毅，市人大常委会副主任斯拉木·努尔苏力，市政协副主席吾提库尔·阿不都热合曼等出席揭牌仪式。该分馆馆舍面积185平方米，拥有由市委宣传部、市科协、市图书馆、乌鲁木齐晚报社、新疆青少年出版社等多家单位分别捐赠的9组书架、10张阅览桌、72把座椅及12000册图书、60种期刊、30种报纸、70个阅览座席、10台电脑的电子阅览室以及一套投影仪、功放机、音箱等设备，服务于7680户东沟乡各族农民。（乌鲁木齐市图书馆　靳艺星）

【乌鲁木齐市图书馆举办首场“阅享生活·读书会”】 4月30日，乌鲁木齐市图书馆“阅享生活·读书会”首场活动在图书馆六楼综合活动室成功举办读书会。通过预约报名方式，每期限定30人。首期读书会主题为“阅读的魅力”，特邀知名国学专家蔡厚淳老师与近40余名读者积极互动。此后，读书会也将从读者中招募“阅享人”，担任读书会的组织者和主持人。（乌鲁木齐市图书馆　付丽萍）

【乌鲁木齐市图书馆举办首期“亲子绘本阅读·故事会”活动】 6月14日，乌鲁木齐市图书馆国学经典诵读亲子读书班第三十三期公益讲座特邀全国知名家庭亲子教育专家朱芳宜座客国学讲堂做题为“如何说孩子才会听，怎样听孩子才肯说”的专题讲座，来自各幼儿园、各儿童绘本馆的老师及家长、市民群众400余人聆听讲座。朱老师以独特的视角、全新的理念，结合生活实际案例和他自身教育孩子的经验，教育家长们应该如何做父母，并教育和引导自己的子女，反响十分热烈。（乌鲁木齐市图书馆　刘俊杰）

【喀什地区图书馆建立流动图书服务站】 2月4日，继喀什机场边检站、边防支队、武警机动支队、东湖社区、下坂地建管局等流动服务站建立后，喀什地区图书馆与喀什教育矫治局（戒毒所）签订《关于在喀什教育矫治局（戒毒所）建立喀什地区图书馆流动服务点的协议》，由喀什地区图书馆向喀什教育矫治局免费提供书刊600余册，包括维文图书300册、维文期刊100册、汉文图书200册，并送去70张音视频光碟，计划每半年更换一批新书，提供集体办证、免收押金等服务。喀什地区图书馆累计已建立1个分馆、7个流动服务站，在一定程度上延伸阅读覆

盖面，弥补本馆工作人员不足、馆舍面积小、设施陈旧等问题。（新疆维吾尔自治区图书馆学会　赵燕）

【吐鲁番图书馆举办丝绸之路文化展】 4月23日，展览在吐鲁番市人流较多的青年路步行街举行。展览以“丝绸之路”“吐鲁番图书馆免费开放”“书香中国”“知识就是力量”“国学经典”为主题，向大家展示文化的魅力，通过各种形式让人们对丝绸之路文化产生更深的理解和领悟。（新疆维吾尔自治区图书馆学会　赵燕）

【和田地区图书馆在和田夜市设立图书漂流站】 8月25日，和田地区图书馆与和田市市场管理服务中心签订流通点协议，并在和田夜市设立图书漂流站，和田地区图书馆馆长储鑫与市场管理服务中心主任曹卫军共同为漂流站揭牌。此次活动，和田地区图书馆共捐赠书籍、期刊850册，数字化资源2TB；提供流通汉文图书80册，维文图书、儿童汉文图书200册，儿童维文图书130册，共计410册。（新疆维吾尔自治区图书馆学会　赵燕）

【阿克苏地区图书馆举办庆祝建党95周年“党的光辉历程”图片展】 7月1—31日，图片展在阿克苏职业技术学院举办。本次展览共分为四大版块36张图片，主要包括新民主主义革命时期、社会主义建设时期、改革开放和社会主义现代化建设新时期、跨世纪发展时期和全面建设小康社会时期五部分内容。展览通过图文并茂的形式，直观地展现95年来中国共产党从无到有、从弱到强直至走向胜利的光辉历程。从历史的角度全面阐释共产党是富有革命创造精神的党，集中反映全国各族人民在党的领导下，正以前所未有的胆略和气魄，为实现中华民族伟大复兴而奋勇前进。（新疆维吾尔自治区图书馆学会　赵燕）

【库尔勒市图书馆“双语故事妈妈”志愿服务项目在第二届志愿服务项目大赛中取得佳绩】 11月19日，库尔勒市图书馆“双语故事妈妈”志愿活动团队凭借坚持不懈的努力，在库尔勒市文明办、市志愿服务协会启动的第二届“大爱无疆·志愿同行”志愿服务项目大赛的121份申报项目书中脱颖而出，荣幸地成为18个入围项目中的一个，并在终审中获得金奖。该项目团队创建于2015年，随着活动的深入，越来越多的读者自发地扮演起故事妈妈的角色与馆员一起走进社区、乡村、孤儿院、学校，截至2016年年底，该团队已巡讲42场，给近万个孩子带来阅读的教育和妈妈的陪伴。（新疆维吾尔自治区图书馆学会　赵燕）

高校图书馆

综述[①]

2016年，高校图书馆的总文献资源购置费继续增加，但纸质资源购置费持续减少，电子资源购置费继续增长。高校图书馆馆舍面积扩大，有128所高校图书馆在建新馆。人才队伍素质进一步提升，研究生学历馆员的比例持续升高，数字化设施建设也迈上新台阶，但馆际数字化建设水平差距较大。高校图书馆的文献传递量在继续增长。高校图工委积极贯彻落实《普通高校图书馆规程》，引导高校图书馆制定"十三五规划"，出版《高校图书馆发展蓝皮书》，并开展系列活动。中国图书馆学会高等学校图书馆分会密切配合高校图工委的工作，举办高校图书馆发展论坛、新任馆长培训班等活动。中国高等教育文献保障系统(CALIS)稳步转型，积极探索可持续发展路径，完善与创新图书馆业务环境与服务平台。中国高校人文社会科学文献中心(CASHL)的资源建设保持平稳，文献服务覆盖范围进一步扩大，运营服务体系更为完善。

一、2016年高校图书馆基本统计数据

(一)文献资源购置费

2016年，共有830所(2015年为771所)高校图书馆在"教育部高校图书馆事实数据库"中填报数据。年度总经费的平均值[②]约为610.4万元(2015年的平均值约为567.7万元)，与去年相比增加42.7万元。中位值[③]约为314.1万元(2015年的中位值约为296.0万元)，标准差[④]约为856.3万元(2015年的标准差约为741.0万元)。极差[⑤]约为8370.5万元(2015年的极差约为6002.0万元)，2016年的极差比2015年更大，表明我国高校图书馆年度总经费的差距依然巨大，投入极不均衡，而且不均衡状况呈现出年度差异。年度总经费的具体分布情况见表1。

表1　2016年高校图书馆总经费分布

年度经费(万元)	百分比	向上累积百分比
<10	1.4%	1.4%
10—49.99	6.4%	7.8%
50—99.99	11.0%	18.8%
100—149.99	9.2%	28.0%
150—199.99	9.1%	37.1%
200—499.99	26.3%	63.4%
500—999.99	20.0%	83.4%
1000—1999.9	10.3%	93.7%
2000及以上	6.3%	100.0%

① 文中统计数据均来自"教育部高校图书馆事实数据库"，网址：http://www.scal.edu.cn:18080。

② 平均值指的是各高校图书馆填报的有效数据之和除以填报有效数据的高校图书馆的数量所得到的值。

③ 中位值指的是将有效数据从高到低排序，排在最中间的高校图书馆所填报的值。

④ 标准差指的是各高校图书馆填报的有效数据偏离平均数距离的总平均数，它能描述出各高校图书馆填报此项数据集合的离散程度。

⑤ 极差是指在各高校图书馆填报的有效数据中，最大值与最小值之差，也能描述数据离散度。

共有830所高校图书馆提交有效的2016年度文献资源购置费数据。文献资源购置费的平均值约为529.5万元(2015年为490.2万元),明显高于往年,延续2008年以来的持续走高趋势,见图1。中位值约为271万元,众值[①]为10万元(2015年为200万元),标准差为754.6万元(2015年为659.2万元)。

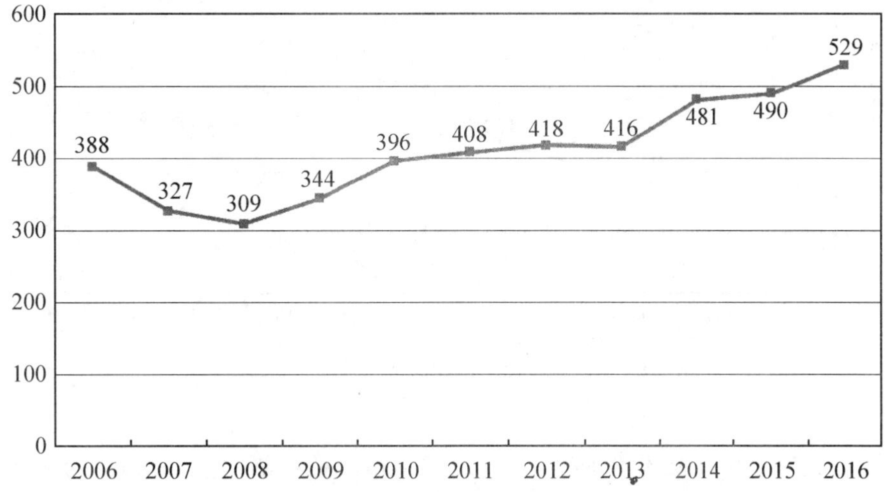

图1　2006—2016年高校图书馆馆均文献资源购置费(万元)

共有830所高校图书馆提交有效的2016年度纸质文献资源购置费,总数约为21.95亿元,较2015年增加3.88亿元,总经费增长主要是因为提交数据的高校图书馆总量增加。均值约为264.1万元(2015年约为252万元),纸质文献资源购置费出现小幅上升,明显低于2006年纸质文献购置费的平均值。近10年纸质文献购置费的均值分布情况见图2。中位值约为170.0万元(2015年约为167.7万元)。

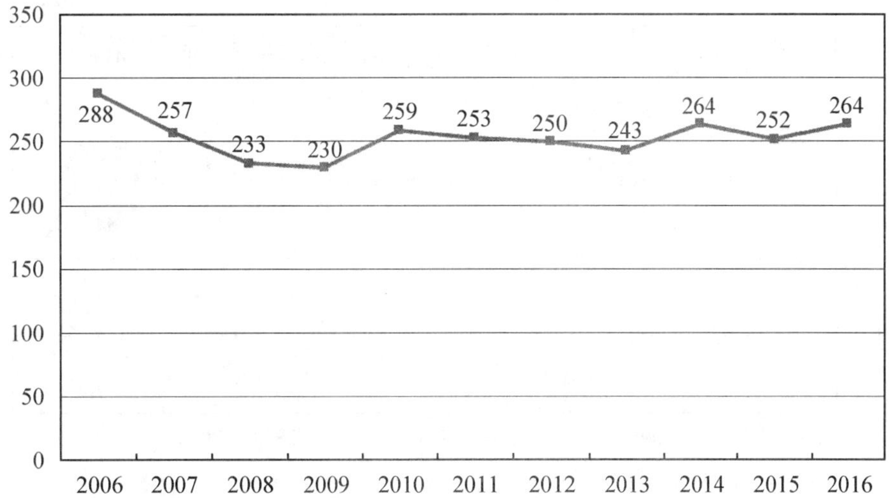

图2　2006—2016年高校图书馆馆均纸质文献资源购置费(万元)

共有762所高校图书馆提交有效的电子资源采购费,电子资源的总采购费用约为21.98亿元(2015年为16.5亿元),电子资源采购总费用大幅增长与提交有效数据的图书馆的数量增加有关,也与各馆实际采购费用增长有关。电子资源采购费的平均值约为288.1万元(2015年约为251.4万元),约占馆均文献资源购置费的54.4%(2015年约为51.3%),所占比例较2015年升高约3.1个百分点,且平均值逐年升高,延续2006年以来的持续走高趋势,历年比较状况见图3。中位值约为95.8万元(2015年约为88.4万元)。众值约为5万元,标准差约为471.5万元,最小值仅为7641元,最大值为4169.1万元,两者相差5456.3倍(2015年相差是963702.1倍),高校图书馆电子资源采购费用的离散度很大,馆际差别显著。

---

① 众值指的是各高校图书馆填报的有效数据中,出现频次最高的值。

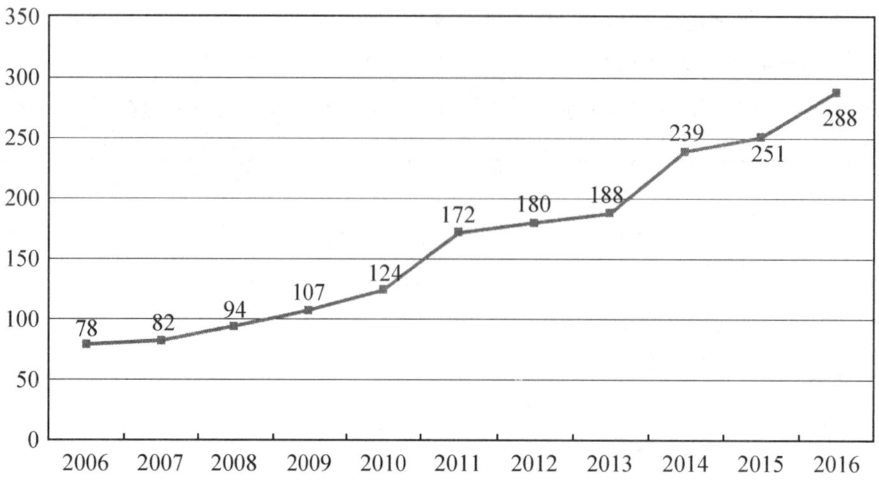

图 3　2006—2016 年高校图书馆馆均电子资源购置费(万元)

(二)馆舍面积

共有 792 所高校图书馆提交有效的 2016 年度馆舍面积的数据,建筑总面积约为 1976 万平方米(2015 年为 1681.7 万平方米)。馆均约为 2.49 万平方米,与 2015 年的 2.41 万平方米相比略有上升。标准差约为 1.78 万平方米,高于 2015 年的 1.74 万平方米。中位值约为 2.1 万平方米,众值为 2.1 万平方米,标准差和众值基本相等。从 2006 年到 2010 年,高校图书馆的馆均建筑面积呈持续增长趋势,但 2011 年开始增长缓慢,高校图书馆进入建筑面积的平稳增长时期,具体分布见图 4。

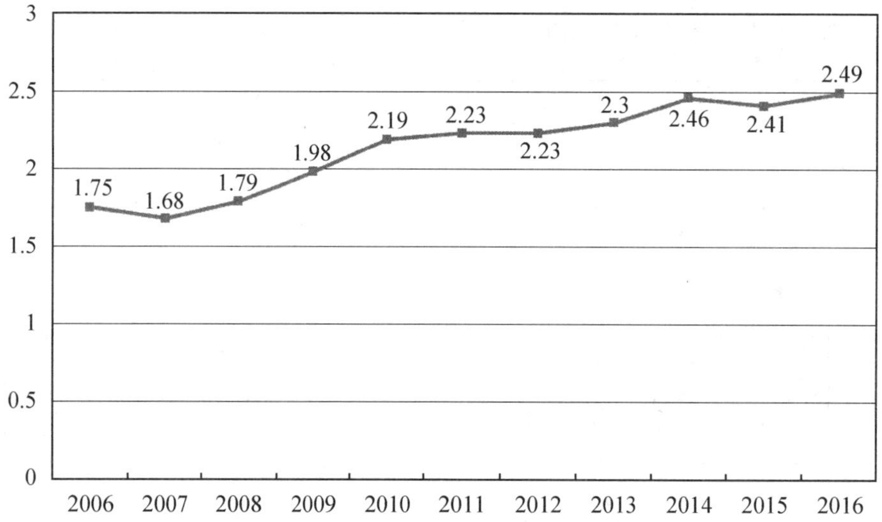

图 4　2006—2016 年高校图书馆馆均建筑面积(万平方米)

2016 年,共有 128 所高校图书馆填报有效的在建馆舍数据,设计建筑面积的总和约为 308.9 万平方米(2015 年约为 295.2 万平方米)。馆均约为 2.41 万平方米(2015 年约为 2.44 万平方米),较 2015 年略有减少。中位值是 2.03 万平方米,众值是 2 万平方米,标准差为 1.6 万平方米。2010 年以后,呈现出一定幅度的升降趋势,但稳定在 2.2 万平方米至 2.5 万平方米的范围内,具体分布见图 5。

(三)人力资源

"教育部高校图书馆事实数据库"中各馆自报的数据表明,2016 年,尽管馆舍面积和馆藏数量持续增长,但馆均在编职工人数处于下降状态,这意味着图书馆员的工作效率持续提高,高校图书馆聘请更多的合同制职工和临时职工。与此同时,图书馆为读者提供服务的平均人力成本继续降低,高校图书馆员的工作压力日益加大。

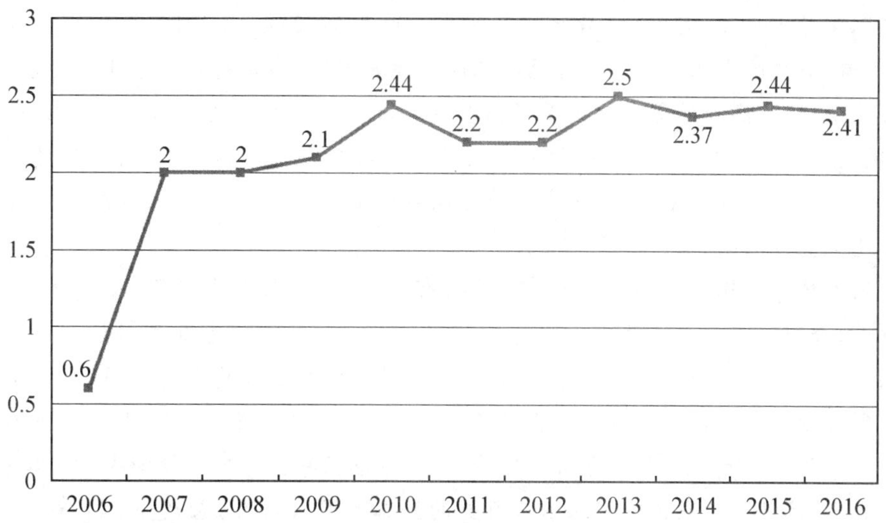

图5　2006—2016年高校图书馆馆均在建新馆设计建筑面积(万平方米)

2016年,共有860所高校图书馆提交有效的在编员工数据。在编员工总人数为33246人,馆均约为38.7人(2015年为37.7人),中位值为26.5人,众值为18人,标准差为35.1人,这些说明高校图书馆在编员工的数量相差较大。总的看来,在编员工人数的最大值和最小值相差较大。

共有858所高校图书馆提交有效的获得博士学位的员工数量,其中573所高校图书馆没有获得博士学位的员工,表明博士在高校图书馆仍处于稀缺状态。285所高校图书馆有获得博士学位的员工,拥有博士学位的总人数为834人(2015年为695人),平均到提交数据的高校图书馆,每馆拥有博士0.97人(2015年为0.95人),中位值和众值都是0人,标准差为2.16人。在提交数据的图书馆中,有66.8%的高校图书馆没有博士,有13.9%的高校图书馆仅有1名博士,有7.5%的高校图书馆有2名博士,有6%的高校图书馆有3—4名博士,仅有5.9%的高校图书馆有博士5名及以上。

共有859所高校图书馆提交在编硕士学位员工的信息,其中102所高校图书馆没有在编硕士学位员工,757所高校图书馆有在编硕士学位员工,硕士学位在编员工总人数为8687人(2015年为7183人),平均每馆拥有硕士10.11人(2015年为9.85人),中位值为6人,众值为0人,标准差为12.59人。仍有11.9%的高校图书馆没有硕士,有18.3%的高校图书馆拥有1—2名硕士,有19.1%的高校图书馆拥有3—5名硕士,有18.2%的高校图书馆拥有6—10名硕士,有10.3%的高校图书馆拥有11—16名硕士,拥有硕士17人及以上的图书馆占20%。这些数据表明硕士学历员工正成为高校图书馆人才招聘的主要对象和开展知识服务的生力军。各馆具有硕士研究生学历的员工人数总体上保持稳定增长,这说明图书馆员工的学历结构正在提升,硕士研究生学历员工成为高校图书馆馆员的主要群体。

共有856所高校图书馆提交有效的本科学历员工数据,共有本科学历员工16101人,本科学历员工的总人数是硕士学位员工总人数的1.85倍(2015年是1.87倍),平均每所高校图书馆拥有本科学历员工18.8名(2015年是18.4名),这些表明:本科学历员工仍是高校图书馆的主力,但其所占比例正在减小,相对于硕士员工的数量优势正在逐渐减弱。有7所高校图书馆无本科学历员工,占填报数据的高校图书馆的0.8%。有37.1%的高校图书馆有1—10名本科员工,有26.7%的高校图书馆有11—20名本科员工,有17.1%的高校图书馆有21—30名本科员工,有13.6%的高校图书馆有31—50名本科员工,仅有4.7%的高校图书馆有本科员工超过50名。本科学历员工最多的为武汉大学图书馆,总人数达到130人,较2015年净减少4人。

共有856所高校图书馆提交有效的大专学历在编员工数据,总人数为5386人。有94所高校图书馆无大专学历员工,所占比例为11.0%。在有大专学历员工的高校图书馆中,有1—2名大专学历员工的高校图书馆占23.2%,有3—7名大专学历员工的高校图书馆占34.8%,有8—15名在编大专学历员工的高校图书馆占21.8%,有在编大专学历员工超过15人的仅占9.2%。

共有855所高校图书馆提交有效的大专以下学历员工数据,总人数为1881人,其中有41%的高校图书馆无大专以下学历员工。有1—5名大专以下员工的占47.1%，比2015年的47.5%下降0.4个百分点。从整体上看，高校图书馆的人力资源结构正在向高学历化、多学科化和专业化的方向发展，在入选"985工程""211工程"的高校的图书馆表现得相当明显，t值检验[①]发现，"985工程"高校图书馆的在编员工，学历层次总体上高于"985工程"之外的"211工程"高校。从总体情况看，我国高校图书馆的人力资源结构正在朝高学历的方向转型，但发达城市重点高校图书馆的人力资源结构的转型速度明显快于欠发达城市的非重点高校图书馆。

共有875所高校图书馆提交合同制职工人数的有效数据，总人数为6573人，平均每所图书馆有合同制职工7.5人；合同制职工人数的中位值是3人，众值是0人，标准差为11.74人。这些表明：合同制职工是高校图书馆用人的一个趋势，一些比较简单的工作可能会交给更多的合同制职工。

共有857所高校图书馆提交临时工人数的有效数据，总人数为3921人，平均每所图书馆拥有4.6人，略低于2015年的4.8人、2014年的5.4人。高校图书馆拥有临时工人数的中位值和众值均为0人，标准差是9.9人。共有875所高校图书馆填报有效的勤工助学人数，总人数为24133人，馆均27.6人，中位值为12人，众值为0人，标准差是49.3人。这些数据表明高校图书馆勤工助学的人数相差很大。通过观察近几年的数据，可以看出单所重点高校图书馆的勤工助学总人数明显高于单所普通高校的勤工助学总人数，单所"985工程"高校图书馆的勤工助学人数明显高于单所非"985工程"高校的图书馆勤工助学人数。

共有860所高校图书馆提交在编职工性别结构方面的有效数据[②]，在编男职工总人数为10964人，占在编职工总数的32.98%，平均值为12.8人，2015年为12.6人，2014年为13.5人，2013年为14人，2012年为14.6人，中位值是9人，众值是4人，标准差为12.2人，这些表明高校图书馆的男性员工总比例正在逐渐减少，高校图书馆员工的女性化趋势正在逐渐加强。高校图书馆在编女职工总人数为22173人，占在编职工总数的66.69%，平均值为25.8人，2015年为25.3人，2014年为27.1人，2013年为27人，2012年为28人，中位值是18人，众值是6人，标准差为24.0人，高校图书馆在编女职工人数的比例处在稳定状态。总的看来，高校图书馆在编职工总人数正处在持续减少状态，如果考虑到高校图书馆每年新进员工的因素，则可以推断出高校图书馆每年新进员工的男女性别比例已经严重失衡，如果不加以人工干预，若干年后，高校图书馆的男性员工将更加稀缺，可能只分布在水电工、系统维护等需要体力的技术性岗位。

（四）数字化设施

在网络环境下，数字化设施的装备情况和数字化、网络化服务水平，已经成为图书馆的核心能力之一，读者关注度高、期望值大，各校也十分重视。"教育部高校图书馆事实数据库"中各馆自报的数据表明，2016年，全国普通高校图书馆均已装备各种数字化、网络化设施，但是整体服务绩效有待提高，馆际服务水平差距极大，仍有一些馆在数字化、网络化服务方面作为不大。

共有836所高校图书馆提交电脑拥有量的有效数据，共有电脑（含笔记本电脑）约16.84万台。馆均电脑台数为201台，2015年为214台，2014年为231台，2013年为242台，2012年为257台，中位值为141台。

共有832所高校图书馆提交服务器台数的有效数据，总台数为11518台，馆均13.84台，（2015年馆均值为14.2台，2014年馆均值为14.2台），中位值为8台，众值为2台，标准差是21.7台。

共有358所高校图书馆提交扫描数据量的有效数据。扫描加工文献总量约为16040万页，2015年为2144.6万页，2014年为27767.6万页，2013年为3929.7万页。馆均约为44.8万页，2015年为6.3万

① t值检验指的是对不同类型高校图书馆某项数据的平均值差别的显著程度进行比较，如果两类高校图书馆填报数据的总方差相等，则说明两者的平均值区别不显著；如果两类高校图书馆填报数据的总方差不等，则说明两者的平均值有显著差别。

② 由于有6所高校图书馆未提供在编男性职工或在编女性职工的数据，但提供了在编职工总人数，无法判断这6所高校图书馆在编职工性别，故在编男职工与在编女职工的总人数小于在编职工总人数。

页，2014 年为 90.2 万页，2013 年馆均值为 46.8 万页，2012 年馆均值为 178.9 万页。2014 年，高校图书馆扫描数据量最高的为江南大学图书馆，扫描数据量已经突破亿页，而在 2015 年，各高校图书馆的扫描数据量基本保持在百万页，这些说明高校图书馆的扫描数据量变动较大。

共有 826 所高校图书馆提交向外传递文献的有效数据，总量约为 207.3 万篇，2015 年总量为 137 万篇，2014 年总量为 199 万篇，2013 年总量为 654.5 万篇。平均每馆传递 0.25 万篇，2015 年平均每馆传递 2.5 万篇，2014 年平均每馆传递 0.2 万篇，2012 年平均每馆传递 0.26 万篇，标准差为 23.1 万篇，表明各馆向外传递文献的数量差别很大。有 4.7%的高校图书馆向外传递文献超过 1 万篇，2015 年向外传递文献超过 1 万篇的高校占 10.7%，2014 年向外传递文献超过 1 万篇的高校占 4.9%，2013 年向外传递文献超过 1 万篇的高校占 5%，2012 年向外传递文献超过 1 万篇的高校占 8.2%；有 6.9%的高校图书馆向外传递文献在 1000 篇到 1 万篇之间，而 2014 年在这个数量区间的高校图书馆有 14.1%，2014 年在这个数量区间的有 9.3%，2013 年有 9.8%。高校图书馆的文献传出量大，表明高校图书馆之间的文献资源共享能力强，各馆间对文献资源的需求量大。

共有 825 所高校图书馆提交文献传入的有效数据，总量约为 1354.27 万篇。平均每馆传入 1.64 万篇，标准差为 11.5 万篇，表明各馆传入文献的数量差别很大，资源需求惊人，传出文献明显少于传入文献，说明高校图书馆通过非高校图书馆的资源平台获取大量文献。

二、2016 年高校图书馆的协同进步与资源共享

高校图书馆的宏观协调和指导工作主要由教育部高等学校图书情报工作指导委员会（简称“高校图工委”）和中国图书馆学会高校图书馆分会（简称“高校图书馆分会”）来开展。两会在教育部和中国图书馆学会的领导下，紧密依靠委员和会员，充分发挥交流信息、推广经验、激发创新、指导发展的桥梁和纽带作用，努力为事业的发展集思广益、探索方向、出谋划策、上传下达、凝聚力量、协同推进。

两大图书馆联盟——CALIS 和 CASHL 则继续承担资源共建共享的大本营作用，克服各种困难，努力为全国高校提供文献保障。

（一）高校图工委的工作进展

4 月 14 日，教育部高教司副巡视员张爱龙，教学条件处处长李静、调研员张庆国、副处长都昌满，来到北京大学图书馆，调研教育部高校图书情报工作指导委员会、中国高等教育文献保障系统（CALIS）的工作。图工委主任、北京大学图书馆馆长朱强，图工委秘书长、北京大学图书馆副馆长陈凌，以及京津地区的部分图工委委员，参加工作汇报。

6 月 2 日，由教育部高等学校图书情报工作指导委员会信息技术应用工作组主办的“新一代图书馆管理系统的发展现状与趋势”研讨会在重庆大学图书馆召开。近 30 家国内外高校图书馆、数据商的代表参加会议，5 位馆长和 2 位数据商代表做专题报告，全体代表参与讨论，分享高校图书馆管理系统升级换代的经验，归纳图书馆管理系统的发展趋势。

7 月 21—22 日，由教育部高等学校图书情报工作指导委员会主办，西南交通大学图书馆承办的第四届教育部高等学校图书情报工作指导委员会第四次工作会议在四川省成都市召开。图工委委员、高职高专分委员会委员，各省、自治区、直辖市高校图工委秘书长等 90 余人参加会议。教育部高教司张爱龙副巡视员张爱龙畅谈我国高等教育改革发展的形势和图工委的任务，对图工委的工作进行指导，各工作组分别报告工作进展和工作计划，6 位委员围绕会议主题“高校图书馆十三五规划”做学术报告，全体委员分成 5 组讨论高校图书馆如何制定“十三五规划”和贯彻落实《普通高校图书馆规程》。

9 月 12—14 日，由教育部高等学校图书情报工作指导委员会信息素养教育工作组主办、江苏大学图书馆承办的全国高校信息素养教育研讨会在镇江举行。来自全国 30 个省 200 余所高校的近 350 名代表参加会议。

9 月 20—22 日，由教育部高等学校图书情报工作指导委员会文献资源建设工作组、东北师范大学图书馆联合主办的“第十二届全国高校图书馆文献资源建设研讨会”在长春市举行。会议以“学术交流新生态与图书馆转型”为主题，从文献资源建设切入，涵盖图书馆发展规划、人才培养、组织管理、技术提

升、空间拓展、开放获取等热点问题，进行跨文化、跨地区的学术交流与研讨，来自美国、希腊、日本和中国的15位专家做学术报告。

9月28—29日，由教育部高等学校图书情报工作指导委员会、中国图书馆学会高等学校图书馆分会和上海交通大学图书馆主办，河南大学图书馆承办的第九届全国图书馆管理与服务创新论坛在河南大学举办。来自全国83所高校的200余位图书馆界专家学者与会，围绕论坛主题——“提升品质 增强效益 规划未来”，深入探讨图书馆管理与服务创新的新理念和新探索，为图书馆事业增强效益、提升品质建言献策，规划未来的发展之路。论坛由5个专家报告和1个主题报告、2场主题发言和大会优秀征文主题报告交流三个板块组成。

11月3—4日，由教育部高等学校图书情报工作指导委员会读者服务创新与推广工作组主办，上海交通大学图书馆和北京师范大学图书馆承办的第二届全国高校图书馆服务案例创新大赛暨研讨会在北京师范大学图书馆召开。会议旨在深入推进高校图书馆读者服务工作创新，促进高校图书馆在服务创新的理念、内容、方法、手段和经验等方面的交流与分享，来自全国百余所高校图书馆的200余名图书馆员参加会议。大赛共产生一等奖5名、二等奖10名、三等奖15名、单项奖10名。

11月，图工委秘书处和CALIS管理中心联合成立工作组，收集“高校图书馆事实数据库”运行中的常见问题，着手开发兼具统计和评估功能的新系统。

12月，教育部高等学校图书情报工作指导委员会编纂的《高校图书馆发展蓝皮书(2015)》作为“中国教育报告·发展与质量”系列报告之一，由高等教育出版社出版。

教育部高等学校图书情报工作指导委员会秘书处做好各类通知的审核、定稿、盖章、分发、发布工作，维护教育部高等学校图书情报工作指导委员会网站和高校图书馆事实数据库的运营。解答各项关于事实数据填报和高校图书馆发展问题的咨询。秘书处所属的《大学图书馆学报》编辑部稳健运行，完成大量审稿工作，收稿2075篇(2015年为1912篇)，退稿1924篇(2015年为1822篇)。进行形式革新，增加版权页、分类号、DOI号。不断充实学报网站和APP，出版6期。4月16日，《大学图书馆学报》编辑部主办、南京大学信息管理学院承办的“《大学图书馆学报》五届二次编委会暨国际视野中的大学图书馆发展研究高端论坛”在南京大学仙林校区信息管理学院召开，20余位编委会成员出席会议。编委们围绕大学图书馆的全球化发展新趋势、大学图书馆创新发展的探索与实践这两个主题进行报告和讨论，编辑部汇报《大学图书馆学报》上一年度的情况和新变化。4月25日，教育部学位中心评估处发布“全国第四轮学科评估工作正式启动”，《大学图书馆学报》为“图书情报与档案管理”类6种国内期刊之一。在中国知网和万方数据公司发布的影响因子年报中，《大学图书馆学报》的影响因子均位居图书馆学情报学期刊第二名。

(二)CALIS的工作进展

2016年，高等教育文献保障系统(CALIS)管理中心的工作指导方针可简略概述为“行稳致远”，即一方面保证现有服务的稳定运行，完成每年的运维服务目标，不断完善、提升原有服务的质量与水平；另一方面大力开展新服务研发以及可持续发展机制改革探索，为CALIS持续推动高校图书馆发展奠定基础。

1. 基础服务平稳运行，服务水平稳中有升

2016年，高等教育文献保障系统(以下简称CALIS)继续坚持“基础服务公益化”的原则，全力保障与高校图书馆基础业务密切相关、服务面最广的联机合作编目、文献传递与馆际互借、统一认证、资源发现(e读与外文期刊网)、应用软件云服务(SaaS)等。各项服务稳中有升，新服务建设与新型共享联盟获得突破。

截至11月30日，馆际互借与文献传递用户馆数达1297家。在大力推动全国各省级文献传递与馆际互借服务发展的情况下，CALIS传递中心的传递量(不计各全国中心、地区中心和省级中心传递量)有所下滑，共完成约7万笔，全国范围实体书的馆际互借继续维持在约1.5万册。分析其原因，除了各校购买的资源更加丰富之外，与CALIS自2015年10月起，为提高文献补贴经费效益，改变补贴政策有关。如新的政策取消了东部等较为发达地区的文献传递补贴(避免与地方文献经费共享重复补贴)，但外

文图书实体书全国范围的馆际互借费用有所上涨，导致整体文献传递与馆际互借单笔服务平均补贴费升高，因经费总额限制，总量有所下降。

联机编目用户的馆数增长到1237家。编目书目数据年增量为32.85万条，月均下载量增长到约130万次，并全面实施RDA编目。新版资源发现系统（e读2.0）整合的学术文献资源数量较上一年增长0.2亿条，达到2.9亿条。

2016年CALIS管理中心举办高职高专图书馆发展研讨会、高校学科服务业务研讨会、引进数据库培训周、各类业务培训等共计12场，并组织2场120馆次264人的业务资格认证考试。9月22日，在CALIS的推动与参与下，中国高校机构知识库联盟（CHAIR）成立，成立仪式在重庆大学举行，标志着不靠国家经费支持的第一个新型共享联盟建设获得突破。

2. 明确定位，稳步转型，积极探索可持续发展路径

2016年，经过多方交流、论证与研究，CALIS对自身的定位和转型方向愈加清晰。CALIS开始从传统的项目建设与服务管理机构向集前沿研究、新技术研发、人才培养与普遍服务于一体的综合性、平台性机构发展。与此同时，CALIS在机制设计上开始进行创新性实践，由纯粹的公益服务向公益性、非营利性以及市场化服务的多元组合方向发展。

同其他行业一样，高校图书馆也正在经历一场深刻的、剧烈的变革，转型与创新正在成为行业发展的主旋律。重新明确自我定位，以自身转型带动高校图书馆行业创新与发展是CALIS当前发展中要解决的首要问题。

CALIS是教育部"九五""十五"和"三期""211工程"中投资建设的高等教育公共服务平台。在未来的发展中，CALIS将坚守这一定位，继续作为引领高校图书馆发展方向、促进高校图书馆整体发展的公共基础设施和共享信息平台而存在。在具体实践过程中，CALIS将传统的项目建设与服务管理机构重新定位为集前沿研究、新技术研发、人才培养与普遍服务于一体的综合性平台性机构。

CALIS"三期"项目建设结束后项目建设经费变运维经费，而运维经费并不包含支撑新的研究与服务建设。CALIS必须要转变自身运作机制，建立可持续发展的新机制，践行由纯粹的公益服务向公益性、非营利、市场化服务的多元组合发展的路线。在坚持国家投资建设成果与运维经费所支撑的公益性"普通服务"之上，新研发产品和服务开始尝试其他的服务机制。2016年，CALIS的查收查引系统进行了非营利机制的尝试。查收查引服务是高校图书馆的重要服务之一，虽然开展此项服务的图书馆总量不少，但是占比并不高。因此，"查收查引系统"没有免费服务，而是以远低于市场售价的价格向有需求的图书馆销售。销售回笼的资金用于进行系统的升级和运维，从而很好保证系统的可用性、扩展性以及服务的及时性、有效性，受到用户馆的极大好评。

3. 推陈出新，完善与创新图书馆业务环境和服务平台

2016年，是CALIS新产品与新服务建设全面开展的一年。高职高专图书馆跨越式升级方案、基于产业链大数据整合的采编一体化平台、学科服务体系建设、中文期刊指南平台全部正式启动。

持续推进高校图书馆整体快速发展是CALIS的职责和使命。2016年，CALIS在继续支持建设"世界先进水平"学术图书馆、开展规模化共建共享、协同协作服务的基础上，也面向高职高专推出专项解决方案，推进职业教育图书馆现代化。通过系统建设、数据共享、人员培训、多维评估、标准规范、数据质量工程等一系列组合拳助力高职高专图书馆实现跨越式发展，并针对高职高专图书馆不同类型、不同发展阶段的现实定制差异化的发展路线图。2016年10月，正式启动示范馆项目申报，开始高职高专图书馆专项试点建设。

采编一体化项目将是对图书馆采编基础业务流程与工作模式的一次革命。它充分利用互联网思维，不是单纯将采编业务搬到网上，而是利用互联网将产业链上下游整合，彻底打通出版社、书商、成员馆三者之间的数据链，实现采访编目数据一体化，从而在基础数据、订单数据、馆藏数据、高水平业务人员等方面实现共享，彻底解决目前图书馆采编业务中存在的采访数据与专家缺失、采编业务外包导致的资源建设质量严重下降等一系列问题。

开展学科服务环境建设是CALIS 2016年度启动的重要规划。主动嵌入用户的科研、工作和学习过

程，开展学科服务已经成为高校图书馆发展的方向和趋势。CALIS以高校图书馆学科服务实践为基础，以业务协同与服务协作为出发点，以学科服务发展方向为遴选标准，开始选择性培育和构建面向未来的学科服务环境。2016年度已经推出的相关服务包括查收查引系统与一级学科评估平台。

作为实现彻底解决中文资源共享与服务总体战略的具体步骤，2016年，CALIS自筹经费全新研发"中文期刊指南"服务平台。平台揭示内地自新中国成立以来出版中文期刊的基本信息及历史沿革信息，展示我国出版中文期刊的发展全貌，同时辅之以全方位的中文期刊信息服务，为图书馆查阅、订购中文期刊，为学者查阅期刊和投稿，为期刊杂志社确定办刊方向、征集稿件提供全方位支持。

（三）CASHL的工作进展

2016年，中国高校人文社会科学中心（CASHL）在建设"国家人文社会科学信息资源平台"的总体目标下，以"全面统筹、整合资源、拓展服务、开放合作"为方针，以国家需求、教学科研需要为导向，加强资源内容建设，深入拓展服务，努力寻求多方面合作，继续推动全国范围的人文社科文献信息资源共建共享，扩大CASHL的社会影响，为用户提供高效率高水平的文献信息服务。

1. 资源建设

成立CASHL期刊采访协调工作组，科学合理调整2016年CASHL外文保障刊目录。为进一步做好CASHL全国中心馆和地区中心馆之间的期刊采访协调工作，经2016年CASHL中心馆馆长联席会议讨论通过，成立CASHL期刊采访协调工作组，工作组设组长1人，副组长2人，复旦大学图书馆为组长所在馆。自2016年起，CASHL纸本订单品种数量统计原则按照套订拆分后的数量统计，2016年共计2166种。

继续开展CASHL二次文献库建设。CASHL二次文献库数量持续增长，全年新增北京大学、华东师范大学、北京师范大学、南开大学、中山大学等5所高校图书馆新加工纸本期刊目次12万余条；新增其他渠道期刊目次104万余条；期刊目次总数达4000余万条。新增期刊1500余种，期刊总量达26400余种，其中包含新增的民国期刊文献7000余种。新增文科专款图书联合编目数据4万余条，图书总量达200余万种；新增大型特藏目次23种。

保持文科专款一般图书订发总量稳定。本年度全国70所高校通过"高校文科引进专款图书订购信息平台"共发出自主采购31670笔（比上年增加2868笔），学科协调订购24688笔（比上年增加340笔）。2016年到书总数，自主采购16859种册，协调采购14427种册，特藏1934种册。

外文图书回溯补藏持续增长。在我国国家建设和发展过程中，文科外文文献建设存在一段时期的断档，回溯补充断档期的文献十分必要。2016年通过协调采购回溯补藏11179种。通过Alibris二手书补藏1295种。

周边国家文献建设新发订1524种新书。为紧跟国家发展战略，促进区域战略研究，助力教学科研和拓展学生阅读范围，CASHL项目将中国周边国家文献保障纳入规划。2016年协调采购共发订1524种非西文小语种文献订单。新发订CASHL大型特藏文献15种，引进总量达187种。

保持7000多种民国文献馆藏。重点加强与华东南7家图书馆在民国文献方面的合作，共收录7000多种民国期刊数据，涵盖文学、语言文字、社会科学、历史地理、教育、经济、政治、法律、哲学、宗教、军事、体育、艺术、图书情报、新闻、自然科学、数理化、医药卫生、农业、工业、交通运输等门类。

继续保有260万余篇国家哲学社会科学中文期刊数据。继续与社科院图书馆国家哲学社会科学期刊项目组开展合作，保有国家全部哲学社会科学中文期刊数据。2016年收录中文学术核心期刊600多种，全文260余万篇。

2. 服务、推广与合作

服务的覆盖面进一步扩大。2016年，新增CASHL成员馆18家，总量达800家；新增CASHL服务馆3家，总数达34家；CASHL中心系统新增用户1.11万个，中心总用户数达12.08万个，通过800家成员馆一卡通的用户总量累计近千万个。

保持较高服务质与量。文献传递与馆际互借方面，截至2016年年底，CASHL可服务印本图书达200余万种，印本期刊达26400余种，共处理印本图书馆际互借7448笔，处理期刊文献传递78347笔，平均完成时间 2.13 天，满足率达 93.86%。电子资源服务方面，截至 2016 年年底，CASHL 可服务电子书达 41.7 万，CASHL 经费所购电子书 2016 年下载量 20.1670 万余次，累计达 277 万余次；CASHL 经费所购电子刊全年下载量达 209.6 万余次，累计下载次数达 2154 万余次。

与去年服务情况相比，2016 年 CASHL 的服务主要有以下特点：①馆际借书服务量继续增长；期刊或图书部分章节的传递服务量明显下降；代查代检服务虽然服务馆从去年的 6 家中心馆扩大到 17 家中心馆，但业务量却大幅下降；②CASHL 文献服务继续保持高满足率；③服务完成时间大部分中心馆都能达到较快的服务响应，但因个别中心馆的影响使得平均完成时间略有提高。

继续开展"特藏＋＋"深度服务。为进一步加强对特色文献内容的深度挖掘和广泛报道揭示，2016 年在 2015 年示范性项目的基础上继续开展"特藏＋＋"深度服务项目，分别对图书和缩微胶卷两种文献类型进行大规模数字化和大内容深度揭示与报道服务试点。

新媒体服务有序开展并扩大规模。2016 年 CASHL 新媒体（开世览文官方微博、微信）有序开展，并扩大成员规模。南京大学图书馆继续担任组长单位，复旦大学、武汉大学、中山大学、兰州大学、四川大学、北京师范大学、华东师范大学、东北师范大学、浙江大学等加入 CASHL 新媒体工作组。

继续开展为 CASHL 服务发展提供新思路的前瞻性研究。2016 年共有 9 个 2015 年服务前瞻性研究课题结项，这些课题对 CASHL 未来服务创新和发展提供了新思路、新方法，有的课题已经得到实际应用。全部前瞻性课题结项报告即将在 CASHL 主页发布，面向公众免费开放获取。开放获取后，国内外从事信息管理和信息服务相关研究人员均可从报告中受益。2016 年批准 7 个课题作为 CASHL 管理中心项目"新信息环境下 CASHL 资源与服务拓展设计研究"下的子课题。

宣传推广工作继续深化。2016 年各中心馆配合服务优惠活动，继续开展丰富多彩、形式多样的宣传推广活动。各中心馆通过下基层调研、带着 CASHL 串门、举办服务研讨会等形式走入其他兄弟院校；通过深入院系、现场宣讲、张贴海报、关注 CASHL 微信号发放小礼物等活动走近读者；同时采用传统媒体和新媒体相结合的全媒体宣传方式，有针对性地进行服务宣传，扩大 CASHL 文献传递服务在师生中的认知度。

持续助力 CASHL 成员馆馆员发展。2016 年，CASHL 推出"CASHL/汤森路透西部馆员"项目和"CASHL-Emerald 图书馆情报学国际出版项目"，持续助力 CASHL 成员馆馆员职业发展。其中"西部馆员"项目，共有来自兰州大学、内蒙古科技大学、新疆石河子大学、吉首大学的 4 位馆员参加北京大学、复旦大学基地培训并顺利结业；"国际出版项目"共遴选出 6 篇文献，帮助作者投稿，目前已有 1 篇在国际刊物上发表。

开展"高校图书馆服务新理念新实践研讨暨 2016 年 CASHL 服务培训"。11 月 9—12 日，"高校图书馆服务新理念新实践研讨暨 2016 年 CASHL 服务培训会"在云南师范大学图书馆召开。会议探讨高校图书馆服务的新理念新发展，并面向各成员馆的服务馆员进行 CASHL 服务规划、经验及流程相关内容的培训与交流。来自 60 多家高校馆的 120 位代表参加此次会议。

3. 运行管理

12 月，顺利完成 CASHL17 家中心馆的服务评估工作和拨款工作。扎实做好常规运行和管理，打造 CASHL 管理服务品牌，主要工作包括：编辑出版《CASHL 通讯》2 期；完成 2014—2015 年经费的固定资产清理和登记工作；根据活动需要，设计并印制 CASHL 各类宣传品；承办、主办多场与资源建设和服务相关会议和活动等。（教育部高等学校图书馆情报工作指导委员会　王波　吴汉华　宋姬芳　高冰洁　朱本军　朱强）

年度工作

普通高校图书馆

北京市

【概况】 2016年，北京地区高校图书馆以资源共建共享为核心，本着开放、包容、发展的原则，不断整合优质资源，深化和推广北京地区高校图书馆文献资源保障体系（BALIS）。同时拓展高校图书馆社会化服务功能，加强京津冀高校图书馆的交流与合作。

北京地区高校图书馆为读者搭建的全方位、纵横交错的文献资源保障体系初步建成。自2010年起，BALIS相继与CALIS、CASHL、国家图书馆、上海图书馆、首都图书馆合作开展服务。2016年，BALIS又与"国家科技图书文献中心（NSTL）"签订合作协议，读者可以通过BALIS原文传递方便、快捷、免费获取NSTL的科技类文献资源。

BALIS全年原文传递服务总量82791条，请求满足率为84.63%，发展成员馆80所，读者注册15117人次；BALIS馆际互借请求18504条，文献满足11683条，满足率63.84%，读者注册7717人次；BALIS非书资料成员馆58所，读者浏览量320072次，下载量48114次；BALIS数字资源联合采购平台注册供应商35家，成员馆40所，审核发布产品32个，其中4个为已经组团的数据库，分别是EPS全球统计数据/分析平台、高教网考研互动精品课程、Wiley-Blackwell文科经典馆藏在线参考工具书库(BRO)和全球案例发现系统；BALIS联合信息咨询中心成员馆44所，为高校师生及社会用户共提供科技查新、论文收录引用等各类服务共计6049项，为用户申报科技项目立项、鉴定、报奖及个人学术评价、职称评定等提供有力的材料支撑。BALIS购买Innography专利检索分析工具2015—2016的使用权，供委员馆共同使用，满足各高校馆专利信息服务资源需要，节约高校图书馆的服务成本，提高资源使用效率。BALIS开展的专利服务除针对本校的机构专利竞争力分析，机构科研分布状态分析，高价值专利评估及突出发明人的专利分析外，北京科技大学图书馆和中国农业大学图书馆还参加上级单位的专利分析课题，承担"农业与粮食安全""先进装备制造与智能制造""先进材料"等领域48个研究方向的专利分析任务，提交相关分析报告。2016年举办BALIS联合信息咨询中心专利信息服务专题研讨会、BALIS专利信息服务2016发展讨论会、BALIS联合信息咨询中心专利分析二期培训三次活动。进一步明确BALIS专利信息服务的方向，分析当前服务中面临的关键问题及馆员培训策略。通过专利二期培训增强馆员在专利信息服务方面的技能，提升馆员的业务能力。

北京地区高校图书馆积极开展培训活动，不断提高自身业务服务水平。4月20—21日，BALIS举办非图情学科背景馆员图情专业知识提升研讨班，北京地区47所高校图书馆和华北地区部分高校图书馆等校内外机构170余人参加；11月2日，举办北京地区高校图书馆"数字环境下美国高校图书馆实践进展"研讨会，北京地区40余所高校图书馆130余人参加。2016年，BALIS培训平台经过调研，完成招标工作，一个具有线下培训管理（通知发布、在线报名、统计管理）、在线培训（课程在线学习、在线考试、打印证书）、培训直播的新平台开始投入建设。

北京高校图书馆继续面向北京中小学开放，积极开展全民阅读活动，推进北京高校服务中小学进程，提高北京高校图书馆服务社会能力。开放日分为平时开放日和主题开放日，其中平时开放56所、主题开放35所。平时开放日采取集体预约方式，主题开放日是图书馆根据自身建设特色，打造适合中小学生参加的主题活动。2016年开放活动主题为"走进大学图书馆，让阅读点亮人生"。

2016年，华北地区高校图协第三十届学术年会在天津南开大学津南校区图书馆举办，会议的主题是"移动互联网环境下高校图书馆的创新服务"。北京市教委高教处副处长金红莲和北京高校图工委秘书长黄朴民以及北京高校图书馆馆长、馆员代表参加会议，共同探讨京津冀及周边地区的合作发展问题。

为响应全民健身运动增强高校图书馆员体质，增进高校图书馆之间的团结与合作，促进北京地区高校图书馆事业的蓬勃发展，10 月 15 日，“体立方杯”北京地区高校图书馆第十届运动会在首都体育学院田径场开幕，来自北京地区 51 所高校图书馆代表队的 1300 多人参加。（首都图书馆　张小野）

【区域联盟建设研讨会暨 2016 年北京地区高校图书馆馆长交流会在京召开】 1 月 8 日，创新·发展·共享——区域联盟建设研讨会暨 2016 年北京地区高校图书馆馆长交流会在京召开。研讨会由北京高校图工委主办，图工委委员、北京地区高等教育文献保障系统（BALIS）分中心主任、图研会专委会主任和北京地区高校馆馆长以及厂商代表共计 130 余人参加。北京市教委委员黄侃、市教委高教处处长邵文杰、高教处主任科员付兴峰出席会议。邵文杰宣读因人事变动新调整的第五届图工委委员会组织名单。北京高校图工委秘书长黄朴民做图工委 2015 年工作总结，归纳总结图工委组织的各项活动和 BALIS 管理中心及 5 个分中心、图研会及 8 个专业委员会一年的成绩和问题，并提出 2016 年工作方向。报告会后，馆长们围绕高校图工委活动的开展、BALIS 资源服务建设如何持续协调发展等问题分组讨论交流。（北京高校图工委　魏微）

【中央财经大学沙河校区图书馆开馆试运行】 3 月 6 日，中央财经大学沙河校区图书馆开馆试运行。该馆 2013 年 3 月开工建设，2015 年 11 月竣工。图书馆地上 5 层，地下 2 层，总建筑面积为 30501 平方米。设有阅览区、研讨室、多媒体视听室、报告厅、展厅和会议室等。拥有固定阅览座位 2513 个，休闲阅览座位 506 个，研讨座位 124 个，视听座位 128 个，学术报告厅座位 216 个。（北京高校图工委　魏微）

【《普通高校图书馆规程（修订）》解读暨“教育部高校图书馆事实数据库系统”培训会举办】 3 月 29 日，《普通高校图书馆规程（修订）》解读讲座和“教育部高校图书馆事实数据库系统”培训会在中国人民大学国学馆报告厅举办。培训由北京高校图工委联合北京高校网络图书馆主办，来自北京 58 所高校图书馆的馆领导和数据统计人员约 140 人参加。培训会由北京高校图工副秘书长、中国人民大学图书馆副馆长刘春鸿主持。教育部高校图工委主任、北京大学图书馆馆长朱强分析解读《普通高校图书馆规程（修订）》。为使北京地区高校图书馆普遍重视和准确填报“教育部高校图书馆事实数据库系统”，教育部高校图工委副秘书长王波讲解事实数据库系统。（北京高校图工委　魏微）

【清华大学图书馆北馆（李文正馆）落成典礼举行】 4 月 22 日，清华大学图书馆北馆（李文正馆）落成典礼在图书馆北侧广场举行。北馆捐赠方印度尼西亚华人企业家、力宝集团创始人、董事局主席李文正，国务院侨务办公室副主任王晓萍，清华大学校长邱勇、原校长顾秉林，中国工程院院士、建筑学院教授关肇邺，清华大学图书馆馆长邓景康等出席落成典礼。清华大学图书馆北馆（李文正馆）由李文正捐资建设，关肇邺领衔设计。该馆可藏书 60 万余册，建筑面积 1.5 万平方米，阅读座位 800 余个，集多种功能于一体，并与图书馆原来的三期工程连成一个整体，形成一个综合性、藏书丰富、多功能、现代化、一流的大学图书馆，共同组成清华大学图书馆体系中的总馆。北馆（李文正馆）建成以后，与逸夫馆形成整体，主要面向本科生、研究生教学服务，集中收藏中外文图书，提供借阅服务。北馆 1 层至 4 层和与其相连的逸夫馆 1 层至 3 层的阅览室将组成图书借阅藏一体的开放服务区。地面以上均为借、阅、藏一体的通透阅览空间。（清华大学图书馆办公室）

【2016 年北京高校图书馆面向中小学生开放活动启动】 5 月 4 日，“走进大学图书馆，让阅读点亮人生”——2016 年北京高校图书馆面向中小学生开放活动启动仪式在中央财经大学图书馆召开，活动由北京高校图书馆工作委员会举办。北京市教委、昌平区教委、北京高校图书馆工作委员会的领导和北京地区各高校图书馆代表参加大会，会上表彰 2015 年北京高校图书馆面向中小学开放日活动获奖单位。启动 2016 年度的开放活动，在图工委主页公布开放日时间表，其中平时开放 56 所、主题开放 35 所。（北京高校图工委　魏微）

【基于社交的图书馆知识空间建设学术研讨会召开】 5月19日，“基于社交的图书馆知识空间建设学术研讨会”在中国人民大学召开。会议由BALIS管理中心、中国人民大学图书馆联合北京超星集团举办，中国人民大学图书馆副馆长刘春鸿主持。会议探讨“互联网+”背景下如何建设新型数字图书馆管理和服务体系，提出以开辟主题阅读、专题服务为核心的图书馆推荐阅读新思路以及未来图书馆的知识空间建设与应用探索。上海交通大学图书馆馆长、中国人民大学、北京航空航天大学的专家教授以及超星公司董事长、副总经理及云舟产品经理发表讲话。来自图书馆业界人士及专家学者深入探讨与交流，提出基于社交空间的“知识服务空间”建设的新思路和新工具。（北京高校图工委　魏微）

【首届北京大学“数字人文论坛”举行】 5月21日，主题为“跨界与融合：全球视野下的数字人文”的首届北京大学“数字人文论坛”在北京大学图书馆学术报告厅举行。论坛由北京大学图书馆联合哈佛大学中国历代人物传记资料库（CBDB）项目和北京大学数字人文建设与发展研究课题组共同举办。来自国内外语言、文学、历史、艺术、信息技术、图书情报等多个领域的150多位专家学者及学生参加论坛。论坛由北京大学图书馆馆长朱强、副馆长聂华共同主持。报告讨论全球视野下数字人文相关概念、内涵与当下议题，回顾欧美国家和中国国内高校数字人文建设发展最新动态与经典案例。与会者围绕论坛主题，针对“语言学与文本处理、知识探索”“史学与大规模史料的深度挖掘”“数据可视化呈现与人文艺术”等数字人文专业研究领域展开讨论，从不同的学科角度出发，阐述数字人文研究范式演进、技术应用、合作机制和人才培养等方面的思考和观点，并对图书馆在馆藏数字化和文本化、数据挖掘与知识组织、促进多方合作和融合等方面所承担的责任与发挥的作用给予期待。（北京大学图书馆）

【“胡适与北大”专题展开展】 9月19—23日，“胡适与北大”专题展在北京大学图书馆展出。展览是北大人文社科研究院揭牌仪式的系列学术活动之一，由文研院联合图书馆共同主办。展览分“但开风气不为师”“北大革新的健将”“整理‘国故’的实绩”“北大‘中兴’期的领军人”“追寻大学的理想”5个主题，以图片、实物、投影等多种展示方式，展示胡适在北大3个时期的主要贡献和学术人生。展览以图书馆馆藏为主。此外，展览还得到校档案馆和中国社科院近代史所档案馆的支持，复制展出两馆的一些珍贵历史文献。本次展览展出展品140余件，丰富多样，精彩纷呈。展品的图书部分以胡适藏书为主，包括胡适的《红楼梦》《水经注》等珍贵版本收藏、胡适的重要学术著作，以及他与北京大学学人的往来赠书。此外，还展出胡适与蔡元培等人的往来书信、合影照片，胡适本人的珍贵留影、聘书，以及藏书章、藏书票等。（北京大学图书馆）

【推动信息服务发展创新高层论坛举行】 10月14—15日，北京科协第十九届北京科技学术月“推动信息服务发展创新高层论坛”在北京林业大学图书馆报告厅举行。此次论坛是北京市科协及所属团体组织首都地区科技工作者围绕一个共同主题，面向国家重大战略需求和首都经济建设主战场、面向科技前沿和学科发展、面向社会和公众开展的一系列国内外学术交流活动。与会专家做“互联网时代情报收集、分析与应用”“大数据关键技术与服务创新”“高校图书馆学科服务创新探索”“竞争情报与科技信息服务创新”“精准科技信息与服务”“数字图书馆发展与创新”等学术报告，推动北京高校科技信息服务的交流与创新。（北京高校图工委　魏微）

【全国建筑院校情报网第二十八届年会召开】 10月20日，全国建筑院校情报网第二十八届年会在北京建筑大学图书馆召开，来自全国15所建筑院校图书馆的正副馆长、北京高校图工委领导、北京科学技术情报研究所领导、中国建筑图书馆及北京地区高校图书馆相关人员、部分在京数据库公司代表共计60余人参加会议。会议结合“情报网资源共享平台建设”以及“图书馆学科服务”两个主题开展专题交流。全国建筑院校情报网成立于1981年，是由建筑院校及设置此类专业的大专院校组成的学术性协作组织，属住建部科技开发司领导，业务上接受住建部科技信息研究所的指导。该网的任务是：密切结合建筑专业的特点，面向社会主义建设，加强情报工作的理论探讨，交流信息与情报工作经验，组织协作和人员培训，提高各成员单位的情报业务水平，更好地为教学、科研、科技开发和领导决策服务。（北京建筑大学图书馆）

【“承接过去、面向未来：大学图书馆可持续发展战略”学术研讨会举行】 10月24日，“承接过去、面向未来：大学图书馆可持续发展战略”学术研讨会在清华大学图书馆北馆（李文正馆）举办。清华大学图书馆馆长邓景康以“薪火相传，砥砺前行”为题做主旨发言，介绍该馆的发展历史和现状。北京大学图书馆馆长朱强、上海交通大学图书馆馆长陈进、浙江大学图书馆副馆长黄晨、武汉大学图书馆馆长王新才、中山大学图书馆副馆长林明、东北师范大学图书馆馆长刘万国等也在会上做主题演讲。（清华大学图书馆办公室）

天津市

【概况】 截至2016年年底，天津市共有各类型高等学校59所，其中本科院校19所、高职高专院校25所、独立院校（三本）11所、军事院校4所。2016年，各系列高校图书馆在天津市教委和各校组织领导下，完成“十二五”工作结项与“十三五”工作立项工作。通过总结工作、研讨、制定高校图书馆发展规划，推动天津高校图书馆事业的全面发展。

5月3日，由天津市新闻出版局和天津市高等学校图书情报工作委员会主办的2016“书香天津”第二届大学生“悦读之星”决赛在天津国展中心举行，来自天津32所高校的选手参加比赛。经过激烈的角逐，评出天津市大学生“悦读之星”一等奖6名、二等奖11名、三等奖15名。本次大赛为推动天津市全民阅读、营造浓郁的“书香天津”“书香校园”氛围起到良好的作用，大赛得到多家媒体的全程录制和报道。

天津高等教育文献信息中心（TALIS）负责天津市高校图书馆的数字化建设。截至2016年12月底，利用天津市教育信息化建设项目投资，采取“TALIS买断”和“与成员馆联合引进”模式，共引进中外文数据库系统64个，子库达300多个，资源总量处于全国省中心首位，成为推动天津高校教学科研发展的重要保证。

2016年上半年，TALIS中心组织成员馆开展电子资源使用案例调查，旨在了解信息用户在资源与服务方面的深度需求，建立科学的资源配备体系，提升信息服务水平。共收到109份调查报告。成员馆及用户高度评价TALIS引进资源的数量与质量，认为资源配置合理，是促进教学科研重要支撑力量。

召开《普通高等学校图书馆规程》研讨会（以下简称《规程》）。2016年11月，由天津高校图工委和TALIS中心共同组织，研究解读新版《规程》，天津19所高校的馆长和书记与会，各位馆长结合图书馆实际及图书馆发展前沿理论，深入讨论《规程》的现实意义及对图书馆建设发展的指导作用。（天津市高等学校图书情报工作委员会　贯睿）

【天津师范大学图书馆获批全国古籍重点保护单位】 3月27日，国务院正式印发《关于公布第五批国家珍贵古籍名录和第五批全国古籍重点保护单位的通知》（国发〔2016〕22号），批准14家收藏机构成为全国古籍重点保护单位。天津师范大学图书馆经过多年努力，获此殊荣，标志着该馆的古籍工作迈上一个新的台阶。作为首批国家古籍保护人才培训基地单位之一，天津师范大学联合天津市图书馆、天津古籍保护中心、天津古籍出版社等多家单位，招收培养古籍修复与出版方向硕士研究生，探索理论与实践相结合的特色课程设置，力争为国家古籍保护事业发展培养出更多“基础厚、能力强、上手快”的后备人才力量。（天津师范大学图书馆）

【天津工业大学图书馆举办第七届读书节活动】 4月23日—5月22日，天津工业大学图书馆举办天津工业大学第七届读书节，期间开展丰富多彩的阅读推广活动。包括：校园“悦读之星”评选、系列数字资源宣传推介活动以及移动图书馆阅读达人的颁奖典礼，吸引大量在校生参加；与校友会联合举办“我为母校捐书”活动，通过校友赠书既丰富馆藏，又密切校友与母校的联系。（天津工业大学图书馆）

【天津医科大学图书馆签署“京津冀医学院校图书馆信息服务协同发展”协议】 6月，天津医科大学图书馆与北京大学医学部图书馆、首都医科大学图书馆、河北医科大学图书馆联合签署

"京津冀医学院校图书馆信息服务协同发展"协议。根据协议，4所院校图书馆建立"京津冀医学院校图书馆信息服务协同发展平台"，携手在资源共建共知共享、协同服务创新、现代图书馆技术、专业人才培养、事业发展规划等方面共同发展。（天津医科大学图书馆）

【统计与评价专委会成立暨第一次研讨会在天津财经大学图书馆召开】 7月2日，中国图书馆学会学术研究委员会统计与评价专业委员会成立暨第一次研讨会在天津财经大学逸夫图书馆召开，该专委会主任、副主任及委员近20余人参加会议。会议由专委会副主任、天津财经大学图书馆馆长唐承秀主持并致欢迎辞。专委会主任、南京大学信息管理学院图书档案系主任叶继元教授为每一位委员颁发聘书并合影留念。本次会议确定专委会的宗旨和任务，分析和总结目前国际国内图书情报学界统计与评价研究的现状。随后，委员们就新一届专委会的工作计划及思考进行交流。最后叶继元主任对各位委员的发言进行总结，并对专委会下一步的工作做出部署。（天津财经大学图书馆）

【中国民航大学新图书馆投入使用】 9月，中国民航大学新图书馆明德馆建成并投入使用。完成新、老图书馆文献资源的布局和典藏，104万册图书的搬迁、调整、分类、上架，完成RFID智能图书管理系统的二期工程，其中76万册图书进行精确排架。两所图书馆建筑总面积共3.4万平方米，建成双馆舍文献信息资源服务体系。（中国民航大学图书馆）

【华北地区高校图协第30届学术年会在南开大学举行】 9月22—25日，华北地区高校图协第30届学术年会在南开大学举行。年会的主题是"移动互联网环境下高校图书馆的创新服务"。来自北京、天津、河北、山西、内蒙古等华北地区的高校图书馆代表300多人与会，五省、市、区教育厅、教委高教处处长参加会议。复旦大学张计龙、南开大学李月琳两位专家分别做"大数据环境下高校数据管理与共享服务研究与实践""构建学术研究与图书馆实践的桥梁——以数字图书馆交互评估研究为例"的主题报告。另外，进行了"馆长论坛""优秀论文交流""小组讨论"等环节，评选出"2012—2016年度"先进个人、先进集体及优秀论文作者并进行表彰。组织代表参观天津大学、南开大学新校区新馆。最后依据惯例，天津高校图工委向下一届值年单位内蒙古自治区高校图工委传递"图协印章"，移交会旗，并宣布2017年第31届学术年会主题。（南开大学图书馆）

【"卓越联盟"高校图书馆馆长年会在天津大学图书馆召开】 11月15—16日，"卓越联盟"高校图书馆馆长年会在天津大学北洋园校区图书馆召开，来自同济大学、重庆大学、大连理工大学、东南大学、哈尔滨工业大学、北京理工大学、西北工业大学、华南理工大学、天津大学和湖南大学十所高校图书馆馆长参加会议。会议由天津大学图书馆馆长张琪昌、副馆长李文兰、孟兆熙分别主持。会议以"'双一流'目标下的图书馆空间重塑与服务转型创新"为主题，卓越联盟各图书馆馆长分别做"图书馆空间重塑与服务创新介绍""图书馆科研评价实践与展望""图书馆服务转型过程中的空间改造项目建设""'双一流'背景下图书馆空间再造和学科服务""以信息分析为核心的'双一流建设'学科服务""图书馆的机构改革与转型""现状与设想""转变思路，赢得未来"的专题报告，并就"卓越联盟"高校图书馆下一步发展进行深入探讨。会后，与会馆长们参观天津大学、南开大学新校区图书馆。（天津大学图书馆）

【天津财经大学图书馆举办天津地区信息素养教师培训班】 12月19—23日，"2016信息素养教师培训班（天津地区）"在天津财经大学图书馆举办。学员来自天津市各高校信息检索课教师以及后备师资。华东理工大学图书馆研究馆员吉久明、东北师范大学图书馆副研究馆员谢亚南受邀担任培训班主讲教师。此次培训以培养信息素养教师技能为目标，为学员系统教授包括教学设计、教学技巧、教学工具、教学评价、课堂管理等方面内容。经过教师讲解、学员小组讨论、上机实践、宣讲交流评价等多种教学环节，最终完成相应的培训项目。天津高等教育文献信息中心主任幸云、南开大学商学院信息资源管理系教授柯平、各高校图书馆馆长出席培训班结业式并为优秀学员颁发证书。（天津财经大学图书馆）

【天津中医药大学图书馆以资产清查为契机开展系列工作】 2016年，天津中医药大学图书馆以国有资产清查为契机，发动全馆力量对图书馆馆藏逐一清点，完成馆藏图书实物典藏工作，在此基础上，对馆藏库本图书进行数字化加工，实现图书馆馆藏医学图书纸电配套，并与图书馆OPAC系统无缝对接，形成特色数字资源馆藏。积极开展培训工作，图书馆培训纳入本科生第二课堂及学校教师继续教育学分认证体系。拓展服务范围，与学校“大学生创新创业训练计划”项目办公室达成合作意向，为“大创”“众创”项目提供信息支持服务。加大阅读推广力度，协办天津市“书香天津”“悦读之星”等阅读推广活动，培养大学生阅读习惯。（天津中医药大学图书馆）

河北省

【概况】 截至2016年年底，河北省共有各类高等学校图书馆114所。其中：普通本科高校图书馆49所（含民办12所），高职高专图书馆59所（含民办11所），成人高等学校图书馆6所。馆舍总建筑面积74.4万平方米，阅览座位共6.9万个。10月16日，河北大学图书馆新馆正式开馆，建筑面积3.88万平方米。华北理工大学、河北医科大学、燕山大学、河北工业大学、河北工程大学等5个图书馆的新馆正在建设中。文献总藏量5538万册。年度经费总投入1.93亿元。95%以上的高校图书馆建有网站。从业人员2059人，其中专业技术人员1646人，占80%。持证读者53万人。

2016年10月，河北省高等学校图书情报工作委员会完成换届。此届委员会由河北省教育厅副厅长王廷山任主任委员，河北大学副校长李军凯、杨学新任常务副主任委员，河北省教育厅高教处处长朱智国、科技处处长王兴达、财务处处长王红卫任副主任委员，河北大学图书馆馆长张如意任秘书长；河北大学、河北工业大学、燕山大学等24个高校图书馆的负责人担任常务委员。（河北省高校图工委）

【2016年度河北省高校图工委年会暨河北省高校图书馆馆长高峰论坛举办】 10月15—16日，河北省高等学校图书情报工作委员会2016年年会暨河北省高校图书馆馆长高峰论坛在河北大学召开。年会上，省高校图工委副秘书长高明宣读教育厅关于图工委换届的文件。省高校图工委秘书长张如意做图工委工作总结和2017年工作设想，介绍《河北省高等学校图书情报工作委员会章程》修改情况。此次会议各位专家代表进行充分交流和深入讨论，共同探讨、破解大学图书馆所面临的新问题，谋划未来发展的新思路，构建创新服务的新模式。（河北省高校图工委）

【2016年度河北省高校图书馆科学管理研究会年会暨第十五次学术研究会召开】 11月10—11日，2016年度河北省高等学校图书馆科学管理研究会年会暨第十五次学术研讨会在河北农业大学召开，主题为“互联网+”环境下高校图书馆内涵发展和服务创新研究，来自河北省38所院校的90名代表参加会议。河北省教育厅副厅长王廷山、河北农业大学校长申书兴、省教育厅高教处副处长高明、省高校图工委秘书长张如意等应邀出席会议。会议内容包括：河北省高等学校图书馆科学管理研究会第六届理事会第三次会议、专家报告和馆长论坛等。（河北省高校图工委）

【中国高等教育文献保障系统（CALIS）管理中心—河北大学合作框架协议签约】 6月20日下午，“京津冀信息服务协同创新中心”揭牌仪式暨中国高等教育文献保障系统（CALIS）管理中心—河北大学合作框架协议签约仪式在河北大学举行。“京津冀信息服务协同创新中心”旨在有效提升三地各类信息资源的共享水平和服务能力。河北省科技厅、教育厅表示全力支持该中心的建设与发展，在政策、资金等方面给予支持和帮助。北京大学图书馆馆长朱强与河北大学副校长李军凯代表双方签署合作框架协议。根据协议，双方将在人才培养、科学研究、成果转化等方面进行全面合作，建立长期、全面、紧密的战略合作关系。（河北大学图书馆）

【河北大学图书馆新馆开馆】 10月16日上午，河北大学新校区图书馆举行新馆开馆仪式。教育部高教司、河北省教育厅的领导以及来自省内各高校图书馆的馆长共70余人参加仪式。此次新馆开馆正值河北大学建校95周年之际，也是为河北大学95岁华诞准备的一份献礼。为庆祝新馆开馆，该馆在10月8—31日举行“新图书馆开馆服务宣传月”活动，活动内容包括：专家讲座，图书馆服务系列讲座，主题摄影、书法和征文比赛，荐书演讲，互动游戏等。（河北大学图书馆）

【燕山大学图书馆首届图书馆学生管理委员会组建】 9月21日，燕山大学组建首届图书馆学生管理委员会（以下简称图管会），5位学生干部通过公开竞聘。图管会旨在更好发挥图书馆在学校发展、学生进步方面的积极作用，促进图书馆与读者的良性互动，创造良好的学习氛围，培养文明的读书习惯，使读者更加便捷地使用图书馆各项资源，努力营造读书、爱书和自立、自主的校园文化气息。图管会包括主席团、秘书部、服务与宣传部和外联部等4个部门。（燕山大学图书馆）

山西省

【山西省高校图工委成立高校电子资源揭示平台】 3月22日，在山西省高校图工委秘书长会议上，参会秘书长达成共识，由图工委牵头组织各高校分别整理本校的电子资源，形成省内高校电子资源揭示平台，从而就近满足文献传递的请求，弥补各校资源的不足，以方便省内高校间电子资源的共知与共享。（山西大学图书馆　赵冬梅）

【山西省高校图书馆馆长会议召开】 4月29日，山西省高校图工委在中北大学图书馆组织召开山西省高校图书馆馆长会议，来自全省26所高校图书馆的38名图书馆馆长、副馆长出席会议。会议就2015年图工委工作进行总结，并通过2016年工作计划。会议还邀请宁波大学园区图书馆原馆长颜务林做题为“大学园区图书馆联盟与资源共享的实践与思考”的学术报告。（山西大学图书馆　赵冬梅）

【2016年山西省高校图工委高职高专图书馆馆长会议召开】 6月24日，2016年山西省高职高专图书馆馆长工作会议在晋城职业技术学院图书馆召开。来自全省各高职高专的30多名图书馆馆长参加会议。山西职业技术学院图书馆馆长赵振龙主持开幕式，晋城职业技术学院党委书记朱莉出席开幕式并致辞。赵振龙传达全国高职高专图书馆会议北京会议、哈尔滨会议的精神；临汾职业技术学院图书馆馆长张建平传达全国高职院校图书馆馆长杭州会议精神，山西建筑职业技术学院图书馆馆长吴富民传达山西省高校图书馆2016年图书馆馆长会议精神。晋城职业技术学院图书馆馆长王永革和大家交流高校图书馆与公共图书馆合作办馆、共建共享的经验。超星集团张黎做“新常态下高职高专图书馆服务创新”专题讲座。会议期间，与会馆长们还参观了晋城职业技术学院图书馆（晋城市图书馆），并进行了工作交流。（山西大学图书馆　赵冬梅）

【山西大学“百年大讲堂”正式开讲】 1月9日，山西大学图书馆邀请山西省社会科学院社会学研究所所长、研究员高专诚以“儒学大家谈——孔子和他的弟子们”为题开启2016山西大学“百年大讲堂”之首篇，再现孔子作为老师的伟大以及其弟子的优秀品格。“百年大讲堂”自开讲以来，邀请国内知名专家讲解国学、天文地理、科学与生活等内容，旨在传授知识，引导学生树立积极的人生观、价值观，启发思维创新理念。（山西大学图书馆　赵冬梅）

【山西大学图书馆成立“云舟山西大学图书馆学习圈”平台】 3月30日，山西大学图书馆学科咨询部建立“云舟山西大学图书馆学习圈”平台，根据读者的阅读兴趣，利用云舟知识空间中的小组功能，激发读者共同的兴趣点，形成目标用户群，为图书馆提供多角度、多层次服务搭建平台。同时，首次利用WOS、ESI、INCITES等分析工具，充分发挥图书馆员情报分析的优势，编撰《山西大学学科动态报告》，为学校的学科发展与科学决策提供依据。（山西大学图书馆　赵冬梅）

【山西大学图书馆成立图管会】 5月20日，山西大学图书馆成立学生管理委员会（简称“图管会”）。图管会设有秘书处、宣传部、活动部、编辑部、礼仪部、监管部以及流通部等7个部门，担负着配合图书馆面向读者宣传各类文献资源与服务、征求学生对图书馆工作的意见和建议等的重任，图管会为同学们发挥自己的特长与展现自己的能力提供实践的场所。（山西大学图书馆　赵冬梅）

【山西农业大学图书馆完成山西省第一次全国可移动文物普查项目】 2016年，山西农业大学图书馆完成省文物局组织的省内第一次全国可移动文物普查项目。对馆内清朝以前的古籍图书和民国文献进行普查，完成5024种、19371册图书的清理、登记、鉴定、测量等工作，共拍摄相片24786张。12月，获得“第一次全国文物普查先进集体”荣誉称号。（山西大学图书馆　赵冬梅）

内蒙古自治区

【概况】 截至2016年年底，内蒙古自治区共有高等学校41所（其中国家“211”工程院校1所），包括普通本科院校19所、高等职业院校22所。馆舍建筑面积在2万平方米以上的图书馆共19所，6万平方米以上1所，4万平方米以上3所，3万平方米以上3所，2万平方米以上12所。图书馆阅览座位数2000个以上有10所，3000个以上的7所，4000个以上的3所，5000个以上的1所。

近年来，各高校馆都积极应用互联网和信息技术建立图书馆自动化管理系统，大部分馆舍已实现无线网覆盖全馆，主要高校图书馆基本建成RFID管理系统，实现自助借还、座位预约、自助文印等服务功能。

截至2016年年底，馆藏印本文献总量150万册以上的高校图书馆7所，200万册以上2所，300万册以上1所。各高校馆在长期文献建设中都形成鲜明的特色，如内蒙古大学主要以蒙古学和生命科学学科为收藏重点，成立“国家教育部民族学科蒙古学文献信息中心”“内蒙古大学生命科学文献信息中心”“内蒙古高校外文文献信息中心”“内蒙古大学数学科学文献中心”等，形成具有鲜明的民族和地区特色的馆藏文献中心。内蒙古农业大学已形成以农业、畜牧为主的资源建设体系。内蒙古民族大学注重收藏蒙古文字类各类书籍，形成自己独具民族特色的藏书体系。内蒙古医学院图书馆建立“内蒙古自治区医学文献共享网络”，实现蒙医学文献的现代化。

随着数字文献资源的发展，各馆都建立印本和数字文献全面发展资源体系，数字资源的馆藏比例不断提高。2016年订购电子文献数据库在50个以上的高校图书馆有5所，其中内蒙古大学图书馆达到95个。各高校图书馆积极参加全国范围的共建、共享系统。加入中国高等教育文献保障系统（CALIS）的高校馆30余所。

内蒙古地区高校图书馆自建馆发展至今，其服务模式已从传统的以藏书为中心的封闭单一的手工模式转化为以读者为中心、服务多元化、开架性、自动化管理模式，实现藏、借、阅、查、寻一体化的服务模式。尤其是各高校图书馆开展的科技查新、代查代引服务，充分利用图书馆丰富的馆藏资源优势和情报、外语等各学科的人才优势，为高校科技立项、研究生论文开题、文献调研等需求提供高质量的服务。

在9月于南开大学召开的华北地区高校图协第30届学术年会上，内蒙古工业大学图书馆、内蒙古医科大学图书馆获得“华北地区高校图书馆2012—2016年度先进集体”荣誉称号，两馆各有3人获评“先进个人”。（内蒙古自治区图书馆学会　包格根）

【2016年CALIS全国农学文献信息中心（涉农高校图书馆联盟）业务交流暨学术报告会在呼和浩特召开】 7月8日上午，以“资源与服务、创新与发展”为主题的此次会议在内蒙古农业大学图书馆举行。中国农业出版社副社长孙玉田，上海交通大学图书馆专家黄镝，中国农业大学教授朱启臻，中国农业科学院研究员张学福，CALIS管理中心主任、北京大学图书馆馆长朱强，CALIS全国农学文献信息中心主任、中国农业大学图书馆馆长何秀荣，内蒙古农业大学副校长芒来出席开幕式并致辞。来自全国53所高校的130人和40位数据商参会。会议采取专家报告、成员馆交流以及数据商代表共同参与的形式进行。朱强、黄镝、朱启臻、张学福4位专家分别以高校图书馆数字阅读现状及发展、图书馆资源利用评估、互联网图书馆功能定位、农业科技信息共享发展与实践为题做报告。（内蒙古自治区图书馆学会　包格根）

【内蒙古医科大学图书馆承办CALIS全国高校医学图书馆2016学术年会】 此次会议于6月13—15日举行，由CALIS全国医学文献信息中心（北京大学医学图书馆主办）、内蒙古医科大学图书馆承办、美国Ovid Technologies Inc协办，150多人参会。会议内容包括当前医学图书馆领域研究热点报告、医学图书馆工作交流、

CALIS医学中心科研基金项目交流、生物医学电子资源展演。会议就医学图书馆在新的信息环境下的馆藏资源建设、服务创新、学术研究等问题进行讨论和交流。期间，还举行京津冀四校图书馆合作意向书签署仪式。（内蒙古自治区图书馆学会　包格根）

【内蒙古医科大学图书馆举办第四届读书月活动】 9月1日，内蒙古医科大学图书馆举办以“喜迎内医六十华诞　共建翰墨书香校园”为主题的第四届读书月活动。集中展示图书馆的新服务、新资源和新平台，内容包括“图书馆笑脸征集活动”“图书馆，我想对你说……”“SciFinder在医药学科中的应用”及“CNKI中国知网数字资源培训”数据库讲座、“青春共筑中国梦，我与内医共成长”征文活动、图书签售活动、特别还书日、图书捐赠，“十佳读者”及“图书馆服务明星”评选等活动。“你选书，我付费”体验是本次活动的一个亮点，吸引师生的广泛关注。（内蒙古自治区图书馆学会　包格根）

【内蒙古民族大学图书馆“文学经典阅览室”正式揭牌】 11月8日，内蒙古民族大学图书馆与文学院共建的“文学经典阅览室”正式揭牌。“文学经典阅览室”的创建是图书馆阅读推广活动进入学院、深化读者服务，提高文献资源利用率的创新举措，也是文学院针对专业培养目标，加强学生专业知识积累的有益尝试。经典阅览室建在学院，有利于充分发挥图书馆文献资源优势，集中展示专业经典文献，配合教学开展主题阅读活动，方便学生跟随课程阅读必读图书、加强专业知识积累。（内蒙古自治区图书馆学会　包格根）

辽宁省

【“东北地区高校图书馆阅读推广理论与实践交流研讨会”在沈阳师范大学召开】 3月23日，“东北地区高校图书馆阅读推广理论与实践交流研讨会”在沈阳师范大学召开。北京大学信息管理系教授王余光、南京大学徐雁教授、湖南大学图书馆馆长郑章飞、《大学图书馆学报》副主编王波等8位专家及东北三省高校近200名图书馆工作者参加研讨会。开幕式由沈阳师范大学图书馆馆长王宇主持，沈阳师范大学副校长夏敏教授出席开幕式并致辞。（沈阳师范大学图书馆）

【东北大学图书馆留言墙活动启动】 6月14日，“毕业时，我想对你说”——毕业生留言墙寄语活动在东北大学图书馆二楼中厅拉开帷幕，活动吸引大批毕业生驻足关注。留言墙上留下对母校及学弟学妹想说的话，承载了毕业生难舍的告别和对未来的美好期许。短短两三天的时间，留言墙上已晒满百余名毕业生们的感言和祝福。（东北大学图书馆）

【大连职业技术学院图书馆承办国家级论坛】 9月22日，教育部高等学校图书情报工作指导委员会高职高专分委员会年会暨2016全国高职院校图书馆馆长论坛在大连棒棰岛宾馆召开，大连职业技术学院图书馆承办此次论坛。来自全国各地高职高专院校以及大连各高校图书馆的近300位代表参加会议。会议围绕“高职高专院校图书馆在人才培养中的作用”以及图书馆今后如何更好地服务于学校教科研，积极参与学校人才培养、信息化建设和校园文化建设，发挥信息资源和专业服务优势，更好地服务于社会等主题展开为期2天的学术交流。（大连职业技术学院图书馆）

吉林省

【长春工业大学图书馆举办第二届“书香奖”颁奖仪式】 4月20日，长春工业大学图书馆在南湖校区图书馆一楼大厅举办第二届“书香奖”颁奖仪式。仪式开始前，应邀参加仪式的校长张会轩、副校长李占国等校领导在图书馆馆长李东风、党总支书记姜兰的陪同下参观图书馆主办的“文字之旅”主题展览，并就图书馆开展的新书品鉴和资源荐购等工作提出意见和建议。颁奖仪式开启后，李东风对学校2015年阅读推广活动进行简要总结回顾，姜兰宣读《关于表彰长春工业大学第二届“书香奖”获奖个人的决定》，张会轩、李占国为获奖者颁发证书和奖品，获奖教师代表和学生代表依次发言。李占国最后做总结。（长春工业大学图书馆　代言）

【长春工业大学图书馆举办“最为隽永是书香”女教授读书沙龙】 4月22日下午，长春工业大学2016读书月系列活动之“最为隽永是书香”女教授读书沙龙在图书馆四楼会议室举行。校工会主席、妇委会主任郑晓明，研究生院院长、校女教授协会会长林洁琼，图书馆馆长李东风出席活动。图书馆党总支书记姜兰主持沙龙活动。冉旭等8位嘉宾应邀来到活动现场，与部分女教工、女学生以及图书馆女馆员近百人一道分享她们的读书体会和感悟，同时，向全校的女同胞推荐她们认为有意义有价值的阅读书目。（长春工业大学图书馆　代言）

【北华大学图书馆开展读书宣传月系列活动】 4月22日—5月22日，北华大学图书馆举办“书香伴我成长，阅读成就梦想”读书宣传月系列活动。活动启动仪式上，青马书苑和北华大学信息资源管理与服务研究所揭牌成立；上业易享平台上线运行；“最美阅读瞬间”“北华大学图书借阅之星奖”“馆标、书签设计大赛”“读者借阅排行榜前10名”等活动获奖者受到表彰。活动月期间，还陆续开展了知网杯“春满校园，筑梦同行”活动、“读秀杯”第六届信息检索大赛、“品名师佳作，抒学子情怀”有奖阅读、吉林省首届“森途杯”就业创业知识竞赛、发现最美微春天——四月春光美“知识视界”带你发现世界、“书影之旅”哈利波特系列影片展播及影评、真人图书馆“红楼梦里的茶文化”“爱我图书馆，我来排书架”找宝灯等活动。（北华大学图书馆　张野）

【北华大学图书馆开展国学经典诵读宣传月活动】 10月，为纪念我国古代伟大的思想家、教育家、人类文化史上的巨匠孔子诞辰2567年，弘扬以儒家思想为代表的中华传统文化，北华大学图书馆牵手中国知网联合举办“传承国学经典，致敬万世师表”经典诵读宣传月系列活动。活动月期间，举办“国学·微时空之旅”微小说征集大赛、“声控世界，重读经典”主题配音大赛、“诵经典·品书香·塑人格”古诗文诵读比赛、国学经典阅读书目推荐、国学经典阅读专题书架、汉语角活动等。通过一系列轻松愉快的活动，传递中华传统文化的智慧精髓，在诵读中扩大学生的阅读量，提高文学素养，濡养具有深厚文化内涵的一代新人。（北华大学图书馆　齐海晶）

【北华大学图书馆开展数字资源推广宣传月系列活动】 11月1日，为期一个月的北华大学图书馆数字资源推广宣传月活动正式启动，主题为“宣传数字馆藏，助力教学科研”。活动启动当日，在东校区图书馆二楼大厅设置数字资源展示区，超星、CNKI、维普等近30家数据库商提供现场咨询，向读者介绍数字资源的特色和使用方法，零距离为读者答疑解惑。为了让全校师生更清楚地了解数字资源使用情况，图书馆还针对读者的不同需求，有针对性地开展超星云舟空间知识服务系统、CNKI使用技巧等系列专题培训讲座。（北华大学图书馆　张晶）

黑龙江省

【概况】 2016年，黑龙江省有高校图书馆82所，其中本科院校图书馆39所（含民办12所）、高职高专图书馆43所（含民办6所）。黑龙江省高校图书情报工作委员会成立5个专业委员会：学术研究专业委员会、阅读推广专业委员会、教育与培训专业委员会、信息技术与应用专业委员会、资源建设专业委员会，对事关黑龙江省高校图书馆发展的各个方面开展工作，促进事业协调发展。（黑龙江省图书馆学会秘书处）

【东北农业大学举办2016年CNKI杯经典阅读报告会暨读书月颁奖晚会】 5月31日，东北农业大学图书馆、校团委联合开展的“品味书香世界，悦读智慧人生”主题系列活动最后一项——“2016年CNKI杯经典阅读报告会暨读书月颁奖晚会”在图书馆一楼报告厅举行。经典阅读报告会是在“‘穿越古今经典，感受时代魅力’经典著作读后感征文”活动基础上，经专家初评，在47篇征文中筛选出10篇入围作品，进入到此次读书报告会的决赛，并在颁奖晚会上诵读演出，现场点评颁奖。（黑龙江省图书馆学会秘书处）

【黑龙江省高校图书馆第五届部主任研讨会暨职业院校图书馆服务创新研讨会召开】 6月29日，以“图书馆阅读推广与空间再造”为主题的此次研讨会在东北农业大学图书馆召开，来自省内50余所高校图书馆近300人参会。北京大学图书馆副研究馆员王波、中国人民大学图书馆副馆长刘春鸿分别做题为“高校图书馆阅读推广的现状与趋势”和“图书馆空间再造与服务融合”的专家报告。哈尔滨工业大学图书馆副馆长郭健民、东北林业大学图书馆业务推广部主任赵一霖以“哈工大图书馆服务转型过程中空间改造项目建设”“东北林业大学阅读推广工作与实践”为题做经验交流。在黑龙江省职业院校图书馆服务创新研讨会部分，哈尔滨铁道职业技术学院副院长邹德奎、同方知网职教事业部总经理匡惠华、辽宁交通高等专科学校图书馆馆长杨旭分别做题为“图书馆在高职院校专业建设中的思考”“面向人才培养的高职图书馆知识聚合服务策略”“辽宁交通高等专科学校图书馆服务创新思考”的学术报告(黑龙江省图书馆学会秘书处)

【黑龙江省高校图书馆“云舟杯”专题创建大赛举行】 11 月 29 日，黑龙江省高校图书馆“云舟杯”专题创建大赛决赛在东北农业大学图书馆举行。大赛由黑龙江省高校图工委与超星集团联合举办。来自哈尔滨工业大学、哈尔滨工程大学、黑龙江大学、佳木斯大学等省内 20 余所高校图书馆领导和馆员共 150 余人观摩比赛。决赛历时 4 个小时，35 位参赛选手分别上台展示自己富有特色和创意的专题作品，让与会者领略到各高校图书馆员扎实的专业基础、创新的服务理念和自信的精神风貌。经过 7 位专家的现场评审，5 个作品获得一等奖，10 个作品获得二等奖，20 个作品获得三等奖。东北农业大学图书馆获特别组织奖，哈尔滨工业大学等 8 所院校获最佳组织奖，牡丹江师范学院等 10 所院校获优秀组织奖。(黑龙江省图书馆学会秘书处)

【哈尔滨商业大学图书馆召开第二届管理与服务创新成果汇报及评审大会】 9 月 28 日，哈尔滨商业大学图书馆第二届管理与服务创新成果汇报及评审大会在图书馆学术报告厅举行，会议由该馆馆长陶颖主持。邀请黑龙江大学图书馆馆长赵桂荣、黑龙江中医药大学图书馆副馆长裴丽、哈尔滨商业大学纪检委副书记付林、哈尔滨商业大学计算机与信息工程学院院长赵志杰、哈尔滨商业大学图书馆副馆长孙明 5 名专家担任评委。经过专家认真、严肃的评审，从 7 个管理与服务项目中评选出前三名，分别是“商图视讯平台建设”“基于可视化分析的科研成果评价服务”“图书馆安全危机管理评价”。(黑龙江省图书馆学会秘书处)

上海市

【概况】 2016 年，上海市高校图书馆加强馆际合作交流，推进区域共享服务平台建设。举行各类研讨会议、学术论坛、文化交流活动等 20 余次，促进全市高校图书馆的协作共享；长三角高校图书馆联盟建设项目“长三角地区高校文献资源协作共享云服务平台”设立图书情报研究基金，共资助项目 28 个，牵头组织优质资源联合采购 6 项，资源共建共享成效显著。(上海市图书馆学会秘书处)

【丝绸之路文化研讨会】 3 月 3 日，研讨会在华东师范大学图书馆举行，这是华东师范大学首届“丝绸之路古道文化探索论坛”的系列活动之一。论坛由敦煌研究院和敦煌文化弘扬基金会联合主办，意大利威尼斯大学合办，华东师大图书馆承办。意大利驻沪总领事裴思泛、意大利威尼斯大学副校长李集雅、敦煌研究院副院长罗华庆、敦煌文化弘扬基金会创始人王胤以及华东师大党委副书记兼副校长任友群等国内外 20 余位专家学者出席此次研讨会。研讨会与论坛聚焦“丝绸之路”核心主题，通过专题讲座、嘉宾学者互动、多人学术论坛等多种形式探索丝绸之路古道文化。(上海市图书馆学会秘书处)

【《普通高等学校图书馆规程》研读暨高校图书馆“十三五”规划专家报告会举行】 3 月 17 日，由上海高校图书情报工作委员会主办的报告会在上海交通大学图书馆举行。邀请教育部高等学校图书情报工作指导委员会主任、北京大学图书馆馆长朱强做专题报告。首先对《普通高等学校图书馆规程》的缘起、修订过程、规程修订的主要内容等进行介绍，并就新《规程》与 2002 年版《规程》进行逐条对比研读，还就广大图书馆工作者关注的话题进行详细讲解。随后作高校图书馆“十三五”规划专题报告。(上海市图书馆学会秘书处)

【世纪梦想，不忘初心——李政道与上海交通大学特展举行】 4 月 8 日，该展览在李政道图书馆临展厅开幕，共展出 89 件展品，包括照片、信函、文稿、珍贵实物等历史资料。展览分为“风雨同进，本固枝荣”“发扬踔厉，共谱蓝图”和“爝火不熄，赓续传承”三大部分，主要展示李氏家族与上海交通大学三代人的世纪情谊、李政道的赤子之心和育人之志以及经由李政道图书馆所承载的科学精神和人文情怀。（上海市图书馆学会秘书处）

【思源阁(上海交通大学文库)落成】 4月5日，思源阁（上海交通大学文库）暨机构知识库服务系统正式上线。思源阁（上海交通大学文库）系统收藏并分批、动态展示上海交大人的代表性学术成果（专著、教材、论文等）。突破普遍将文库建成书库的局限，首次采用“库区＋展区”的文库模式，集收藏与展示于一体。其中，库区主要用于按院系保存上海交大人的学术成果；展区则分类展出上海交大人的杰出代表及其学术成果，动态展示历代校长、名师院士、杰出校友、优秀科研团队的代表性学术成果。（上海市图书馆学会秘书处）

【上海地区高校及科研院所科研服务研讨会举行】 5月5日，上海地区高校及科研院所科研服务研讨会在上海交通大学徐汇校区举行，由上海高校图书情报工作委员会主办。会议就如何发挥图书馆的资源与优势、提供更高质量的高水准科研服务，特别是服务重点学科建设等图书馆界热切讨论的问题进行交流。会议邀请上海交通大学图书馆学科馆员做题为“Scopus数据库在学科服务中的运用”和“资源助力发展——揭示高层次人才动向和高水平成果态势”的报告。同时爱思唯尔出版社也就出版社近年来的变革以及上海地区客户情况进行汇报。（上海市图书馆学会秘书处）

【2016年CALIS中文图书编目业务培训研讨会举行】 5月9日，由CALIS（中国高等教育文献保障系统）联机合作编目中心主办，上海视觉艺术学院图文信息中心承办的2016年CALIS中文图书编目业务培训研讨会开班，来自全国28个省、自治区、直辖市的高校馆员共同研讨编目业务。上海市高校图工委秘书长、上海交通大学图书馆馆长陈进做“把握空间　赢得未来”主题报告。（上海市图书馆学会秘书处）

【图书馆学实证研究专题研讨会举行】 5月19日，由上海高校图书情报委员会、《上海高校图书情报工作研究》编辑部主办的图书馆学实证研究专题研讨会在上海师范大学图书馆举行，来自复旦大学、上海交通大学、同济大学、华东师范大学等全市30余所高校图书馆的90多位馆员参加会议。南开大学信息资源管理系教授徐建华、《图书馆杂志》原常务副主编王宗义和上海师范大学天华学院图书馆馆长吴志荣分别做题为“图书馆学研究中的问卷调查方法”“图书馆活动原理的当代思考——若干基本概念的重新认识”和“谈谈实证研究方法——以藏书建设研究为例”的讲座。（上海市图书馆学会秘书处）

【王智量个人藏书、签名本及手稿本入藏华东师范大学图书馆】 6月21日，“致敬诗意栖居的童心教授——王智量个人藏书、签名本、手稿本特展暨捐赠仪式”在华东师范大学中北校区图书馆举行。作家王小鹰、复旦大学教授徐志啸以及相关方面的学者、企业家、出版界人士，王智量的学生、朋友等30余名嘉宾出席活动并参与学术座谈。王智量此次捐赠藏书2055种，签名本638种，手稿本9种，俄文书187种，西文书42种，个人著作35种。（上海市图书馆学会秘书处）

【复旦大学图书馆与加州大学圣地亚哥分校图书馆签署合作协议】 9月30日—10月10日，复旦大学图书馆党委书记兼常务副馆长严峰带队考察美国亨廷顿图书馆、加州大学圣地亚哥分校、斯坦福大学等图书馆的建筑及古籍保护情况。10月4日，与加州大学圣地亚哥分校图书馆签署《复旦—加州大学圣地亚哥分校图书馆合作项目谅解备忘录》。（上海市图书馆学会秘书处）

【2016年华东地区数图新服务应用研讨班举办】 10月25日，由上海高校图书情报工作委员会与北京万方数据有限公司联合主办的“2016年华东站数图新服务应用研讨班”在上海交通大学徐汇校区举办。上海高校图书情报工作委员会秘书长、上海交通大学图书馆馆长陈进做“泛科学化服务发展简史”的报告。中国人民大学图书馆副馆长宋姬芳做“图书馆学科知识服务能力建设与提升”的主题报告。北京大学图书馆副馆长

聂华针对机构知识库做“直面挑战，创见未来——大学图书馆可持续发展策略与实践”的主题报告。（上海市图书馆学会秘书处）

【“在图书馆发现敦煌”系列活动举行】 10月28日，活动在华东师范大学中北校区图书馆揭幕。此次活动利用图书馆人文学习空间，以敦煌为主线，举办丰富多彩的“子活动”。活动涵盖历史、地理、艺术、语言、文学、哲学、经济等学科领域，从10月中旬至12月上旬，历时近2个月。活动以“乐道尚艺”为实施方式，通过看展览、听讲座、主题书展、读书会、影视欣赏等模式让学生全方位了解敦煌及丝绸之路。在场阅读的方式为学生渐次揭开敦煌博大的历史文明与其承载的信仰精神。（上海市图书馆学会秘书处）

【第三届全球高校东亚图书馆国际论坛召开】 11月11日，论坛在复旦大学开幕。来自美国、加拿大、韩国等高校东亚图书馆，中国香港和内地部分高校图书馆的50多位图书馆馆长和馆员围绕“东亚文献的保护与修复”“东亚文献资源的数字化建设与共享”两大主题开展讨论。中国科学院院士、复旦大学中华古籍保护研究院院长杨玉良，南京大学图书馆馆长计秋枫围绕“东亚文献的保护与修复”，分别以“中华古籍的科学保护”“历史文献保护与修复”为题做主旨演讲。复旦大学社会发展与公共政策学院教授张乐天、哈佛大学燕京图书馆中文部主任马小鹤、匹兹堡大学东亚图书馆研究馆员张海惠围绕“东亚文献资源的数字化建设与共享”，分别以“中国当代社会生活资料的收集与价值”“美国哈佛大学哈佛燕京图书馆数码化文献”“中国留学生杂志数据库建设”为题做主旨演讲。论坛上还签署《当代中国社会生活资料共建共享倡议书》，呼吁为收集、保护和研究1949年以来非正式出版的有关中国社会生活资料成立合作联盟。（上海市图书馆学会秘书处）

【“回眸与展望：民国文献整理与研究”国际学术研讨会举行】 11月16—19日，研讨会在上海师范大学举行，来自美国、博茨瓦纳和中国的专家学者，图书馆、档案馆、出版社等业界同人120余人与会。会议由上海图书馆、国家图书馆出版社、上海师范大学共同主办，《图书馆杂志》社、上海师范大学图书馆承办。上海师范大学副校长刘晓敏代表主办方致欢迎辞，上海市高校图工委秘书长、上海交通大学图书馆馆长陈进，上海图书馆副馆长周德明，国家图书馆出版社副社长殷梦霞致大会开幕辞，上海师范大学图书馆馆长刘民钢主持开幕式。会议期间，与会专家学者就民国时期文献保护计划工作、民国文献原生性保护、民国文献出版、数字化整理以及民国史研究、民国文学文献、民国上海地方志等专题文献整理做大会主题及专题报告。大会共收到征文45篇，经专家评审，共有18篇论文分获优秀论文一、二、三等奖。

11月17日，由上海师范大学图书馆编撰的《上海师范大学图书馆藏民国文献珍本图录》在此次研讨会上首发。该图录共收录上海师范大学图书馆馆藏民国时期文献252种，主要对民国时期各学科文献的出版情况进行概括，并辅以书影，提高读者感受度，为全国范围内民国文献的普查和整理提供文献线索。（上海市图书馆学会秘书处）

江苏省

【概况】 2016年，江苏省共有普通高等院校142所，其中本科52所、高职高专院校90所、独立学院25所、成人高校8所。江苏省高校图书情报工作委员会积极发挥组织、协调和指导作用，组织大量学术业务交流活动，累计参加活动的人次达1000余人次。全省高校图书馆努力开拓服务空间，成果丰硕，在省内、国内取得很好的成绩。首届全国高校图书馆阅读推广案例大赛华东分赛区比赛中，南京航空航天大学图书馆、南京邮电大学图书馆取得一等奖，9所江苏高校图书馆获奖，占总数的三分之一。第二届全国高校图书馆服务创新案例，东南大学图书馆、南京中医药大学图书馆、中国矿业大学图书馆3个单位，入围决赛案例，南京理工大学、南京科技职业学院图书馆入围单项奖。由南京邮电大学图书馆提交的服务案例，在中国图书馆学会、韬奋基金会、中国出版集团公司、中国新华书店协会主办的“2016年出版界图书馆界全民阅读年会”获得全国二等奖。苏州大学图书馆荣膺“古籍保护工作先进单位”，是省内获奖单位中唯一的“211工程”学校。（江苏省图书馆学会　李浩　董莹　储兰）

【2016 江苏高校图书馆发展论坛召开】 10 月 31 日，2016 江苏高校图书馆发展论坛在南京大学仙林校区杜厦图书馆举行。来自江苏高校图书馆的近百位馆长与会。会议向“2013—2015 江苏高校图书馆先进集体”“2013—2015 江苏高校图书馆优秀馆长”“江苏高校图书馆杰出贡献奖”及“江苏省‘超星杯’大数据与图书馆创新服务征文活动优秀论文奖”的获奖单位和个人颁发奖牌和奖状。江苏省教育厅高教处处长袁靖宇，全国高校图工委秘书长、北京大学图书馆副馆长陈凌，江苏高校图工委秘书长、南京大学图书馆馆长计秋枫分别做“江苏省高等教育的过去与未来五年”“图书馆环境变化与转型发展”的主题报告及“江苏省高校图工委工作报告”。南京大学图书馆副馆长罗钧，江苏省高校图工委副主任、南京工业大学图书馆馆长赵乃瑄、南京农业大学图书馆馆长倪峰，南京大学图书馆副馆长邵波，南京理工大学馆长张小兵分别做“JALIS 综合门户系统建设”“心无届　行无疆”“JALIS 区域流通服务系统：从通用借书证到图书 O2O”“高校图书馆区域联盟资源建设合作模式探讨”“南京理工大学图书馆特色活动介绍——从大树法则说起”的专题交流报告。（江苏省图书馆学会）

【2016 年全国高校信息素养教育研讨会在江苏大学图书馆召开】 9 月 12—14 日，由教育部高等学校图书情报工作指导委员会信息素养教育工作组主办，江苏大学图书馆承办的 2016 年全国高校信息素养教育研讨会在镇江举行。来自全国 30 个省的 200 余所高校的近 350 名代表参加会议。清华大学教授邓景康、中山大学教授曹树金、南京大学教授华薇娜、北卡罗来纳大学图书情报系副教授诺拉·J. 伯德 4 位专家分别就《高校信息素养教育的指导意见》制定说明、从信息素养到数据素养的发展、国内外文献型数据库最新发展趋势与信息素养提升、工作场所信息素养等方面问题做专题报告。研讨会分享、交流各高校信息素养教育成果和经验，探讨新媒体与新技术背景下的高校信息素养教育模式。（江苏省图书馆学会）

【“镇江高专图书馆新生入馆教育培训及测试系统”获 2016 年江苏省高校图书馆新生入馆教育优秀案例评比优秀奖】 12 月 2 日，由江苏省高校图工委读者服务与阅读推广专业委员会、江苏省高校图工委队伍建设与职业素养专业委员会联合举办的“江苏省高等学校图书馆读者服务与队伍建设发展论坛”在南京农业大学、南京理工大学举行。镇江高等专科学校图书馆申报的“镇江高专图书馆新生入馆教育培训及测试系统”在 2016 江苏省高校图书馆新生入馆教育优秀案例评比中获优秀奖。此次评比共有 51 所图书馆参与，大会对获奖图书馆进行表彰并颁发荣誉证书。（镇江高等专科学校图书馆）

【常州工学院图书馆辽河路校区新馆建成开放】 10 月 6 日，常州工学院辽河路校区图书馆正式亮相。新馆外观气势雄伟，内部宽敞明亮，建筑面积达 39000 多平方米。新馆不仅设有报刊阅览区、自科阅览区、社科阅览区、特藏文献阅览区、工具书阅览区、外文书阅览区、过刊阅览区等，还新开辟捐赠图书阅览区、本校教师出版图书和本校学生优秀论文阅览区，面向社会开放的青少年阅览区、盲人阅览室，另外还设置 3 个室外朗读区，提供 14 个针对团体读者研讨需求的研究小间，大大拓展图书馆的服务功能，使图书馆真正成为学习阅读、研究讨论、修身养性的场所。（常州工学院图书馆　顾勇）

【苏州卫生职业技术学院荣获江苏省高职高专院校图书馆阅读大赛一等奖】 在 2016 年江苏省高职高专院校图书馆第二届“倡导全民阅读，构建书香校园”阅读大赛活动中，苏州卫生职业技术学院“校园阅读节专题活动”荣获一等奖。该校图文信息中心举办以“快乐阅读，健康成长”为主题的第十一届校园阅读节，开展内容丰富、形式多样的校园阅读推广系列活动，内容包括：“茶话姑苏”体验式阅读活动，“阅读经典·天天答题”知识竞赛，“大学生心智成长训练营”，“面朝书海　图书美拍”活动，“百部必读书目”阅读活动，编辑《书香卫院》读书报，开展“我读·我想·我感悟”征文、“走进经典，享受阅读”手抄报制作展评、“5.25 感恩读书会”、数字资源利用专题讲座、“爱心图书漂流”、争创“书香班级”、年度“阅读之星”评选等活动。（苏州卫生职业技术学院图文信息中心）

【西浦图书馆积极参与全球学术出版开放获

取周活动】 10月24日，西交利物浦大学举办首个开放获取日活动——推动开放获取发展会议2016，主题为“推动开放获取发展：来自业内专家、图书馆长、出版社和研究者的分享”。会议由西交利物浦大学图书馆主办，旨在提高开放获取（Open Access，“OA”）在国内的认知度，并为国内开放获取运动的资深专家和实践者、出版社的资深编辑、教授学者以及图书馆馆长等提供平台，分享他们对开放获取领域的新知、趋势、经验和最佳实践。此次活动亦是10月在全球开展的国际开放获取周活动的一部分。中国科学院文献情报中心教授张晓林做题为“开放获取：需求、发展与挑战”演讲。会议吸引来自西交利物浦大学、苏州大学、宁波诺丁汉大学、昆山杜克大学、常熟理工学院、浙江大学出版社、牛津大学出版社（上海）、世界图书出版上海有限公司等高校师生、图书馆同行、期刊出版社及行业公司近百人参加。（西交利物浦大学图书馆）

【江苏省高校图书馆“互联网＋”时代的文献资源建设工作研讨会举行】 11月9—11日，“互联网＋”时代的文献资源建设工作研讨会暨2016年江苏省高校图工委文献资源建设专业委员会年会在西交利物浦大学举行。江苏省高校图工委领导、有关专家学者、图书馆馆长及业内同行近150人参加交流学习和研讨。大会由江苏省高校图工委文献资源建设专业委员会主办，西交利物浦大学图书馆与南京师范大学图书馆共同承办。省高校图工委文献资源建设专业委会主任、南京师范大学图书馆馆长管红星对2017年江苏省高校图工委文献资源建设专业委员会工作计划进行说明。南昌航空大学副校长杨晓光、南京大学图书馆副馆长邵波以及中国科学院文献情报中心主任助理赵艳分别就当前文献资源建设工作的重点和热点问题做专题报告。参会代表分别围绕“互联网＋”时代的文献资源建设工作、馆藏合作与特色资源建设及文献资源绩效评估3个主题，共同探讨高校图书馆文献资源建设的创新方法，提出许多未来工作的新想法、新理念。（西交利物浦大学图书馆）

浙江省

【概况】 2016年，浙江省高校图书馆保持稳健发展。馆舍面积持续扩大，5所高校图书馆新馆正式投入使用，11所高校图书馆正在建新馆。经费投入保持稳定增长，根据75所高校图书馆填报的数据统计，全年总经费约3.80亿元，其中纸质文献购置费约1.85亿元、电子资源购置费约1.53亿元，纸质文献购置费和电子资源购置费相比2015年均稳中有升。

人才队伍素质进一步提升，高学历人数持续增长。各高校图书馆在编职工人数基本保持稳定，74所高校图书馆有正式在编工作人员2136人，其中，博士36人、硕士661人、第二学士学位21、本科1176人、大专284人；正高级职称77人、副高级职称415人、中级职称1278人、初级职称309人。

文献资源建设稳步发展。各高校图书馆根据学校发展与学科建设新要求，加强传统文献与电子资源采访工作，着力打造特色文献资源库。根据76所高校图书馆填报的数据统计，全年新增中文纸质图书约326.78万册，外文纸质图书16万余册，中文电子图书约137万余册，外文电子图书109.7万余册。截至2016年12月底，78所高校图书馆文献资源累积总量约2.36亿册。

读者服务工作正常有序开展，大部分高校图书馆保持每周98小时对外开放，网络数字化资源7×24小时对读者开放。在基础和特色服务工作方面，高校图书馆不断致力于服务创新，开展学科评估、情报分析等服务工作，取得了一定的成效。在文化建设方面，积极参与校园文化建设，打造有影响力的文化讲座和展览，提升图书馆文化品牌。还有些学校继续利用自身资源优势积极为地方经济建设和社会发展服务。

浙江省高等学校图书情报工作委员会（以下简称省高校图工委）积极发挥组织、协调和指导作用。定期召开全省高校图书馆馆长工作会议、高职高专院校图书馆馆长工作会议，对事关高校图书馆当前发展的重大问题进行研讨，促进图书馆事业协调发展；组织开展科研项目申报工作，获省教育厅专项课题立项15项；组织开展多形式、多层次的全省高校图书馆的业务协作、学术研讨以及业务培训；出版刊物《浙江高校图书情报工作》2期，与浙江图书馆主办的《图书馆研究与工作》合作出版1期。（浙江省高校图工委）

【2016年浙江省高校图书馆馆长工作会议在嘉兴召开】 4月28—29日，2016年浙江省高校

图书馆馆长工作会议在嘉兴学院召开。全省近90所高校图书馆的馆长、省高校图工委各专业委员会主任等120余人参加会议。会上，省高校图工委副主任兼秘书长章云兰做“浙江省高校图书情报工作委员会2016年工作报告”；香港中文大学（深圳）图书馆馆长张甲，省高校图工委副主任、宁波大学图书馆馆长刘柏嵩分别应邀做“大学图书馆的深度改革和发展”和“互联网+图书馆理念与实践”的专题报告。在“图书馆管理与服务创新论坛”环节，浙江工业大学图书馆党总支书记王诚、浙江大学图书馆副馆长田稷、浙江中医药大学图书馆馆长张永生等17名与会代表分别围绕图书馆科学管理、文化建设、服务创新等主题进行交流与探讨。（浙江省高校图工委）

【2016年新版《普通高等学校图书馆规程》专题研讨会在宁波召开】 5月20日，省高校图工委在宁波大学组织召开新版《普通高等学校图书馆规程》（以下简称《规程》）专题研讨会。研讨会由专家报告和圆桌论坛两部分组成。专家报告邀请《规程》修订工作组专家、西南交通大学图书馆馆长高凡做新版《规程》解读，邀请上海交通大学图书馆书记潘卫、电子科技大学图书馆馆长李泰峰做“高校图书馆转型发展中的队伍建设实践与思考”“规程背景下，图书馆服务工作创新”等报告；在圆桌论坛上，与会代表从不同视角对新规程的条文细节、馆员队伍建设等，或提出困惑之处，或提出建设意见，共同探讨新规程对高校图书馆未来建设的影响。（浙江省高校图工委）

【浙江省高校图书馆第五届青年论坛在杭州举办】 5月31日，省高校图工委学术委员会在杭州举办浙江省高校图书馆第五届青年学术论坛。来自高校、公共图书馆的80余名青年馆员与专家相聚一堂，围绕“新发展理念引领与高校图书馆服务拓展”主题进行深入的探讨和交流。论坛特别邀请省图书馆学会副理事长、浙江图书馆副馆长刘晓清，省高校图工委学术委员会主任、浙江大学宁波理工学院图书馆馆长赵继海做主题报告。12位论文作者分别在大会上展示最新研究成果，并与参会人员进行互动交流。（浙江省高校图工委）

【2016年浙江省高职高专院校图书馆馆长工作会议在千岛湖召开】 11月10—11日，由省高校图工委高职高专院校图书馆分委会主办、浙江旅游职业学院图书馆承办的2016年浙江省高职高专院校图书馆馆长工作会议在浙江旅游职业学院千岛湖校区举行，来自全省近40所高职高专院校的图书馆馆长及分委会委员参加会议。会议听取“高职分委会2016年工作情况和2017年工作计划”以及分委会副主任兼秘书长叶新明就图书馆工作心语的征集和评审过程的情况说明。在如何为教学服务专题中，浙江商业职业技术学院图书馆馆长陈笑缘、杭州万向职业技术学院图书馆馆长邵魁德和温州科技职业学院图书馆馆长金瑜雪分享相关经验。在青年馆员论新规程环节，有3位年轻馆员分享认识和体会。（浙江省高校图工委）

【教育部《普通高等学校图书馆规程》评价指标(高职高专)定稿会议在杭州召开】 11月29日，教育部《普通高等学校图书馆规程》评价指标（高职高专）定稿会议在浙江建设职业技术学院图书馆召开。来自教育部高校图工委高职分会主任、副主任等10余位委员和代表参加会议。会上各代表就《实施指南》、高职高专指标体系的详细内容展开讨论，结合当前高等职业院校图书馆的实际，针对指标体系的定位和分值确定等方面问题积极建言。（浙江省高校图工委）

安徽省

【安徽省高校研究生信息素养夏令营在中国科技大学举办】 7月11—15日，由安徽省教育厅主办、中国科技大学（以下简称中科大）图书馆承办，以“空间再造·未来学习”为主题的安徽省高校第四届研究生信息素养夏令营在中科大西区图书馆举办。国内高校图书情报学专家、全省26所院校和省外3所院校的200余名学生参加夏令营开幕式。夏令营期间，中科大邀请中科院院士、教育界专家以及图书馆业界专家做多场主题报告，并举办知识空间专题大赛、MOOC分享推广等活动。（安徽省图书馆学会　武巍泓）

【安徽医科大学图书馆在全省高校图书馆服务创新案例大赛中获得佳绩】 11月25—26日，由安徽省高等学校图书情报工作委员会主办，安徽农业大学图书馆承办的第二届安徽省高校图书馆服务创新案例大赛在安徽农业大学举行，共有32所高校的43个案例参与大赛。经过初评（网络评审），有30个案例进入决赛；经过激烈角逐，产生一等奖6名，二等奖9名，三等奖15名，优秀奖13名，单项荣誉奖5名。其中安徽医科大学图书馆获得一等奖1项、二等奖1项，同时获得“最佳团队奖”。（安徽省图书馆学会　武巍泓）

【安徽农业大学图书馆举办“院士与读者面对面”读书报告会】 10月19日下午，安徽农业大学图书馆邀请地球化学家、中国科学院院士、第三世界科学院院士、中国科技大学教授郑永飞做题为“院士与读者面对面：钱学森之问与中国教育科技”的读书报告会，200多名师生到场聆听。郑永飞从“东西方教育体系与专业人才培养、科学技术发展与企业生产经营、地球科学体系与知识创新实践、科教人才培养与管理体制改革”等4个方面求解钱学森之问，引经据典，理论与实际相结合。报告会后，郑院士与到场师生亲切互动，提问环节更是针对在场学生提出的问题进行辩证分析，充分展示中科院院士缜密的逻辑思维能力与学术造诣。到场师生纷纷表示受益颇丰。（安徽省图书馆学会　武巍泓）

【美国华人图书馆员协会主席阮炼博士应安徽师范大学图书馆之邀做学术报告】 10月25日下午，美国华人图书馆员协会主席阮炼博士应安徽师范大学图书馆之邀，到馆做题为“美国高校图书馆发展动态”的学术报告。报告介绍美国高校图书馆和伊利诺伊州高校图书馆的基本状况，同时结合美国高等教育变革的背景，介绍国际图联发展趋势报告（2013）及美国高校图书馆的发展趋势，重点介绍美国高校图书馆的数字资源和数据链，分析美国高校图书馆联盟卓越战略规划，并就美国大学与研究图书馆协会（ACRL）提出的高校图书馆价值、学生学习、研究和学术环境三大战略重点进行详细解析。最后，她分析《地平线报告》（2015年图书馆版）中高校图书馆发展趋势与挑战等相关内容，重点剖析如何在政策、领导力和实践三方面应对挑战，并提出学科馆员建设的六大趋势。（安徽省图书馆学会　武巍泓）

【新媒体环境下纸电资源深度融合发展研讨会在安徽水利水电学院召开】 12月16日，安徽省高校图工委主办的“新媒体环境下纸电资源深度融合发展研讨会”在安徽水利水电学院图书馆召开，来自全省40余所高校的90余位代表参会。会议特别邀请武汉大学信息管理学院教授肖希明做题为“图书馆资源建设的转型与变革”的专题报告，湖北三新文化传媒有限公司董事长宋旅黄做“新媒体环境下的智慧图书馆探索”主题发言。会议期间，与会代表围绕新媒体环境下纸质与电子资源的深度整合进行深入交流并参观了安徽水利水电学院RFID智能图书馆管理系统。（安徽省图书馆学会　武巍泓）

福建省

【概况】 2016年，福建省共有高等院校84所（不含独立学院），其中本科30所、高职高专51所、成教3所。全省高校图书馆（不含独立学院和院系资料室）馆舍总面积138多万平方米，在编人员总数约1700人，文献资源购置费27000多万元（其中电子资源购置费13000多万元），纸质文献总量7000多万册，外借书刊约600万册。（福建省高校图工委秘书处　郭毅）

【“互联网+”践行中的图书馆联盟知识空间高级研讨会在福州大学召开】 5月26日，由福建省高校数字图书馆（FULink）主办，福州大学图书馆承办的“互联网+”践行中的图书馆联盟知识空间高级研讨会在福州大学图书馆召开，来自北京、浙江、广东、广西及福建省的近200名图书馆同人参加会议。福建省高校数字图书馆协调工作小组组长、福州大学副校长范更华到会致辞，并为福建省高校数字图书馆（FULink）成员馆授牌。会议由福建省高校数字图书馆协调工作小组秘书长、福州大学图书馆馆长刘敏榕主持。会议以福建省高校数字图书馆（FULink）知识空间启动仪式和FULink成员馆授牌仪式拉开序幕。福州大学图书馆副研究馆员詹庆东等做主题报告。与会人员在听取报告后与各位报告专家进行现场交流，针对高校数字图书馆的发展展开讨论。（福建省高校图工委秘书处　郭毅）

【福建省高校数字图书馆（FULink）代表团参访浙江省、江苏省高校图书馆】 6月12—15日，以FULink协调工作小组秘书长、福州大学图书馆馆长刘敏榕为团长的福建省高校数字图书馆（FULinK）代表团一行22人赴杭州和南京，参访浙江大学、南京大学以及南京邮电大学图书馆，先后对浙江省高校数字图书馆（ZADL）和江苏省高校数字图书馆（JALIS）两省的高校图书馆联盟进行调研。浙江、江苏的同行向福建代表团介绍两省高校数字图书馆的管理架构、运行模式、经费投入以及取得的成果等情况，分享他们多年来在数字图书馆建设、省级高校资源共建、共享方面所做的努力以及具体做法。（福建省高校图工委秘书处　郭毅）

【福建省高校图书馆2016年读者工作研讨会在厦门大学（翔安校区）德旺图书馆召开】 12月16—17日，福建省高校图书馆2016年读者工作研讨会在厦门大学（翔安校区）德旺图书馆召开，主题为“阅读、创新与服务”。来自全省30多所高校图书馆的馆长、特邀报告的专家和应征论文作者及从事读者工作的代表共70余人参加会议。会议由福建省高校图工委读者工作专业委员会副主任谢明诠、林文清主持，厦门大学常务副馆长陈滨致欢迎辞，福建省高校图工委副主任兼秘书长郭毅致开幕辞。会议特邀厦门大学图书馆常务副馆长陈滨等4位专家做报告，还安排论文宣读与工作交流环节，福建省高校图工委读者工作专业委员会主任、厦门大学图书馆副馆长戴鹭涛做会议总结。（福建省高校图工委秘书处　郭毅）

【福州大学图书馆承办大数据时代图书情报人员新能力提升学术研讨会】 11月16—19日，由《图书情报工作》杂志社主办、福州大学图书馆承办的大数据时代图书情报人员新能力提升学术研讨会在福州市召开。福州大学副校长、FULink协调工作小组组长范更华教授到会致辞，福州大学经济与管理学院书记娄东生，福州大学图书馆馆长、FULink协调工作小组秘书长刘敏，以及来自全国各系统图书情报界近200名代表参加会议。中国科学院文献情报中心科技期刊与知识服务中心《图书情报工作》杂志社社长兼主编初景利、北京大学信息管理系教授李广建、武汉大学信息管理学院黄如花等8位专家主持并讲授“当前与未来图书情报人员新型能力体系”“大数据环境下情报分析的方法与技术”“专利情报分析与能力”等8个分主题。（福州大学图书馆）

【福建教育学院承办2016年福建省中小学示范图书馆馆长培训班】 6月20—24日，受福建省教育厅委托，福建教育学院承办福建省中小学示范图书馆馆长培训班。福建省教育装备管理办公室副主任郑武天、福建教育学院图书资料与网络管理中心主任范光基、副主任陈微出席开班式。培训班聘请原福建江夏学院图书馆副馆长、研究馆员詹仁锋，福建师范大学社会历史学院图书馆学系副教授傅文奇，福建省示范图书馆评估专家、福州屏东中学图书馆馆长倪慧，厦门湖里实验小学图书馆馆长马楠授课。参训馆长还参观考察福州八中三江口校区和福州群众路小学两所富有特色的福建省中小学示范图书馆。（福建教育学院图书馆）

江西省

【概况】 截至2016年年底，江西省共有普通高等学校、独立学院和成人高等学校106所，其中普通本科高校42所（含独立学院13所）、高等专科学校6所、职业学院50所、成人高校8所（其中成人本科3所）。

2016年，江西省高校数字图书馆项目建设取得稳定进展。1月完成江西省高校数字图书馆网站工信部备案工作。6月，进行江西省高校数字图书馆数字资源单一来源采购招投标工作，正式购买14种数字资源；10月完成数据库的合同签订；11月按照合同完成所有数据库的安装。设计、印制《江西省高校数字图书馆用户使用手册》6000份，发放给各成员馆进行宣传推广。截至12月15日，江西省高校数字图书馆共收到各类读者文献请求量155633篇（册），其中图书请求量是5056册。成员馆传递文献总量为26309篇。江西省高校数字图书馆平台总访问量达到2078605人次。（江西省图书馆学会　谢佳新）

【昌北高校图书馆联盟第六届“知网杯”搜索竞赛在南昌航空大学图书馆举行】 4月20日上午，由南昌航空大学图书馆承办、中国知网公司协办的第六届“知网杯”搜索知识竞赛在南昌航空大学图书馆举行，来自江西8所高校选拔的代表队共60余人参加。此次竞赛采用全程上机操作的模式，试题在开赛前1小时统一导入竞赛模块中，并由选手现场抽题。经过 1 个小时的紧张比赛及 1 个小时的集中阅卷，最终决出特等奖 1 名、一等奖 5 名、二等奖 10 名、三等奖 24 名。其中南昌大学图书馆选派的梁翀获得本次比赛的特等奖，南昌大学图书馆获得最佳组织奖。（江西省图书馆学会　谢佳新）

【华东交大图书馆国学阅览室成立】 4 月 30 日，华东交通大学图书馆国学阅览室暨孔目湖书院在图书馆 405 室正式揭牌成立，致力于打造弘扬传统文化的高端平台。共青团江西省委书记曾萍和校党委书记万明共同为孔目湖书院揭牌，尹建维代表恩悦书院赠孔目湖书院印章，省国学文化研究会为书院授予国学教育基地牌匾。揭牌仪式后的“孔目雅集”展示诗文歌吟、中华礼仪、太极拳等中华文化的独特魅力。名誉山长、滕王阁总指挥宗九奇的“楚调唐音——穿越千年的歌吟”，名誉山长、南昌大学国学研究院院长程水金的“国学就是读懂中国书”和山长尹建维讲解《大学》等专题讲座也吸引不少传统文化爱好者前来交流学习。（江西省图书馆学会　谢佳新）

【南昌大学“阅享人生”读书月系列活动暨颁奖晚会举行】 5 月 28 日，由南昌大学图书馆主办，南昌大学读者协会承办的“阅享人生”读书月系列活动结束。此次读书月系列活动得到全校广大同学的积极响应和互动、支持。其中，“书香校园　见微知著”微书评大赛、“最美瞬间　图书馆掠影”摄影比赛，共收到近 600 余件微书评和摄影作品，许多同学积极参与第三届图书漂流活动，评选出“读者之星”一、二、三等奖 18 名。28 日晚，南昌大学图书馆及读者协会在南昌大学艺术楼音乐厅举行颁奖典礼，表彰同学们在读书月系列活动中取得的成绩。（江西省图书馆学会　谢佳新）

【昌北高校图书馆联盟“中经网杯”第六届学术研讨会召开】 11 月 23 日，昌北高校图书馆联盟“中经网杯”第六届学术研讨会在江西财经大学图书馆举行，会议由昌北高校图书馆联盟主办，中经网协办，江西财经大学图书馆承办。来自南昌大学、江西财经大学、江西农业大学、华东交通大学、江西中医药大学、南昌航空大学、东华理工大学、江西科技师范大学等 8 所高校图书馆的嘉宾与代表们共 120 余人出席会议。南昌大学图书馆熊文龙书记做“河南高校图书馆考察调研报告”，分享昌北高校图书馆联盟 11 月考察的河南 5 所高校图书馆的建设情况。随后 6 位获奖论文作者就“高校图书馆学科服务平台设计”“大数据时代昌北高校图书馆联盟服务定位与拓展”“大学生信息素质教育改革”“新媒体助力阅读推广”等主题进行分享交流。（江西省图书馆学会　谢佳新）

【2016 年江西省高校图书馆业务创新培训举办】 11 月 24—25 日，由江西省高校图工委主办的 2016 江西省高校图书馆业务创新培训在景德镇陶瓷大学图书馆举办，来自全省 38 所高校近 70 位图书馆馆员参加此次培训。培训课上，北京理工大学图书馆副教授吕瑞花做题为“科学计量助力‘双一流’大学建设”报告，主要讲述图书馆如何做学科分析，为学校领导提供相关决策依据。景德镇陶瓷大学图书馆研究馆员鄢春根介绍目前高校专利信息和知识产权的现状以及存在的问题，详细讲解专利信息分析系统的使用和相关应用案例。赣南医学院图书馆蔡德清传授文献传递中的检索技巧与获取渠道。南昌航空大学图书馆拱洁凡分享高校图书馆微信平台运营相关经验。（江西省图书馆学会　谢佳新）

【2016 江西省高校图书馆馆长年会暨首次江西省高校数字图书馆成员馆大会召开】 12 月 30 日，2016 江西省高校图书馆馆长年会暨首次江西省高校数字图书馆成员馆大会在江西师范大学瑶湖校区白鹿会馆举行。江西师范大学副校长张艳国，省教育厅高教处副处调研员王景定，省图书馆学会理事长、省图书馆馆长周建文，湖南省高校图工委秘书长、湖南大学图书馆馆长郑章飞及全省高校图书馆 60 余位代表出席会议。省高校图工委秘书长许婕在大会上做“江西省高校图工委 2016 年工作报告”和“江西省高校图工委 2017 年工作计划”；江西理工大学图书馆馆长何桂春通报“江西省高校图工委 2016 年财务报告”；郑章飞做“《普通高等学校图书馆规程》解读”专题报告。代表们在大会审阅并通过《江西省高校数字图书馆章程（讨论稿）》和《江西省高校数字图书馆文献传递工作规范（讨论稿）》，并对《江西省高校数字图书馆公共标识》进行投票

遴选。（江西省图书馆学会　谢佳新）

山东省

【山东大学举行庞朴藏书、物品捐赠仪式暨庞朴图书室落成仪式】 在我国当代人文社科领域，庞朴先生堪为极具影响的一位大家。作为以中国传统文化为研究志趣的资深学者，庞朴先生在诸多文化领域都颇有独特建树。秉承先生生前遗志，庞朴先生的子女将先生全部藏书无偿捐献给山东大学。12月29日，庞朴藏书、物品捐赠仪式暨庞朴图书室落成仪式在中心校区图书馆举行。山东大学校长张荣出席仪式并讲话，副校长胡金焱主持仪式，图书馆馆长李剑峰、档案馆馆长赵爱国、庞朴先生之子庞龙分别发言。庞朴先生的子女，学校办公室、宣传部、人文社科研究院、图书馆、档案馆、校史办和儒学高等研究院的部分师生参加仪式。庞朴图书室设于中心校区图书馆4楼，面积120多平方米，以文献服务为主，辅以展示、宣传、教育等功能。庞朴先生捐赠的古籍，特别保存于善本古籍库，供读者日常使用。

山东大学此次共接收庞朴捐赠参数物品7922件，其中书刊等文献7331册（件），其他物品等591件。此外，还有会议文献、论文手稿复印本、论文抽印本、光盘、软盘、各种宣传资料等，外文书刊有英、俄、日、韩等语种，涵盖当代图书馆所有文献类型。（山东大学图书馆）

【中国海洋大学图书馆获CALIS联合目录数据库建设6项表彰】 中国高等教育文献保障系统（CALIS）官网发布2016年CALIS联合目录数据库建设年度排行榜。在全国参与联合目录项目建设的高校图书馆中，中国海洋大学图书馆在8项排行榜中上榜单6项。分别为馆藏数据上载量TOP50（25/50）、中文书目数据上载量TOP30（25/30）、西文书目数据上载量TOP20（16/20）、小语种书目数据上载量TOP10（7/10）；图书馆资源建设部齐晓晨、邵锦枫分别上榜“中文认证编目员书目数据上载量TOP30”（11/30）和“西文认证编目员书目数据上载量TOP20”（18/20）。（中国海洋大学图书馆）

【中国海洋大学图书馆阅读推广读物《阅海》获奖】 9月8日，在中国图书馆学会、韬奋基金会、中国出版集团公司、中国书刊发行业协会和中国新华书店协会联合举办的“出版界图书馆界全民阅读年会（2016）”上，中国海洋大学图书馆主办的《阅海》被评为2016年“阅读刊物的阅读推广实例”优秀奖。《阅海》是该校图书馆经过认真筹划与精心准备，于2016年第21个“世界读书日”之际推出的阅读推广读物。纸质刊物推出的同时，也通过图书馆主页、图书馆微信公众号等网络平台发布电子版，受到广大读者的好评。（中国海洋大学图书馆）

【山东财经大学图书馆智能化建设基本完成】 2016年，山东财经大学图书馆舜耕馆智能化建设与改造工作基本完成，标志着该校图书馆智能化、信息化建设迈上一个新台阶。该校图书馆建设历史悠久，馆舍及其设施陈旧，智能化、信息化程度低，管理模式与服务方式相对落后，这已成为制约该校图书馆发展的重要瓶颈。为此，该校自2015年起，开始图书馆智能化建设与改造项目的调研论证工作。在学校党委和行政的领导以及相关部门的大力支持下，该项目于2016年初正式立项并获得财政专项资金支持，同年6月由学校组织完成项目需求技术论证和公开招标采购工作，并于7月上旬开始施行。该项目的主要内容包括智能化设备的购进与安装、80万册图书资料的分拣与加工、原有馆舍的装修与改造等。通过开学以来的系统调试和试运行，焕然一新的舜耕馆正式对读者开放。改造后的舜耕馆智能化、信息化水平大大提高。采用RFID无线射频识别技术，实行大门禁、自助借还和自动分拣，简化流程，提高效率，实现图书馆管理与服务的现代化、智能化，优化、改善读者的借阅环境。（山东财经大学图书馆）

【日本和歌山大学代表团访问山东财经大学图书馆】 3月30日下午，日本和歌山大学副校长吴海元、图书馆馆长渡部幹雄访问该校图书馆，并做题为“University Library trends in Japan and Wakayama University Library Reform”的报告。报告在舜耕校区国际交流中心二楼会议室举行，由图书馆馆长尉雪波主持。报告中，渡部先生以他几十年的图书馆从业经验为立足点，阐述对图书馆未来发展方向、图书馆在深度融入教学科研、讲求服务细节和质量，并以信息技术手段全面提升服务等方面的理解。报告结束后，在场馆员与渡部先生就电子资源、参考服务、智慧图书馆、用户体验、馆藏格局等相关问题进行深入交流。（山东财经大学图书馆）

河南省

【图书馆转型变革战略及高校图书馆规程解读报告会在郑州举行】 4月8日上午，由河南省图书馆学会、河南省高校图工委组织的“图书馆转型变革战略及高校图书馆规程解读”在河南省图书馆研议厅举行。中国科学院文献情报中心科技期刊研究与培训中心主任、《图书情报工作》杂志社社长兼主编初景利做“从资源能力到服务能力——图书馆的转型变革战略”报告；教育部高校图书情报工作指导委员会委员、西南交通大学图书馆馆长高凡做“《普通高等学校图书馆规程》解读”报告；河南省图书馆图苑公司总经理田利做“图书馆智能荐购系统”报告。张怀涛副主任主持报告会。河南省高校图书馆60余位同人参加会议。（河南省图书馆学会　严真　马秀峰　伏琰）

【河南省高校图书馆2016年工作会议在郑州升达经贸管理学院召开】 4月27日，河南省高校图书馆2016年工作会议在郑州升达经贸管理学院召开。教育部高校图书情报工作指导委员会主任、北京大学图书馆馆长朱强，河南省教育厅高教处副处长岳德胜，郑州升达经贸管理学院院长郭爱先，常务副院长、省高校图工委主任崔慕岳，董事会执行董事王新奇，河南省图书馆学会秘书长、省图书馆副馆长申少春，省科技情报学会理事长、省科学技术信息研究院院长楚明超，省高校图工委副主任李景文、张怀涛、崔波、姚武，以及全省各高校图书馆馆长、书记、业务骨干、商家代表160余人参加会议。朱强作为新《普通高等学校图书馆规程》（以下简称《规程》）修订工作组组长，以“新《普通高等学校图书馆规程》解读”为题做报告，他还对北京大学图书馆在“十三五”期间改革和发展思路进行阐述；李景文做图工委2015年工作报告；姚武副主任宣读对在高校图书馆岗位工作30年（含30年）以上的在职职工进行表彰的文件，并对图工委2016年工作计划进行部署。与会代表分组对上述报告进行深入讨论和广泛的交流。省高校图工委副秘书长，郑州升达经贸管理学院图书馆馆长王槐深做“关于贯彻落实新《规程》的思考和建议”专题报告；商丘工学院图书馆馆长刘二灿馆长做“高校图书馆信息共享空间改造的经验和体会”专题报告。张怀涛在闭幕式上做会议总结，希望各馆结合本馆实际制定贯彻落实新《规程》的措施。（河南省图书馆学会　严真　马秀峰　伏琰）

【河南省数图新服务应用研讨班在郑州大学图书馆举办】 5月13日，以“大学图书馆可持续发展的延伸服务”为主题的研讨班在郑州大学图书馆举行，来自全省高校的100余位业务骨干参加会议。北京大学图书馆副馆长聂华做“未来的必然——高校图书馆聚焦于学者和科研的重新定位与创新服务”报告；北京科技大学图书馆馆长季淑娟做“图书馆服务高校学科发展与科研绩效评价的实践”报告；郑州大学图书馆系统部主任白广思做“图书馆大数据与郑州大学图书馆数字资源建设”报告；郑州大学信息管理学院副院长郭少友做“面向搜索引擎的网页标注技术”报告。通过研讨班的交流，参会人员明确高校图书馆目前在信息服务环境下面临的机遇，应重新定位、组织图书馆的服务，适应高校整体发展和学科、科研需求重新构建服务模式，开展新的信息服务。（河南省图书馆学会　严真　马秀峰　伏琰）

【河南高校采编主任业务交流研讨会在郑州召开】 5月27日，河南省图书馆学会交流与合作委员会、机械工业出版社、郑州日成图书有限公司联合举办“河南高校采编主任业务交流研讨会”，来自省内30多家高校图书馆采编主任参加研讨。会议围绕省内高校采访工作未来发展趋势、互联网+时代采访工作创新模式及馆际采访工作交流等内容开展研讨。来自清华大学图书馆吴冬曼与北京建筑大学图书馆袁伟峰分别做图书馆采编业务知识与经验交流的报告。此次会议使馆、社、店三方齐聚一堂，交流采编领域的前沿信息，针对图书馆采访工作中各流程业务创新及未来发展趋势开展研讨交流活动，共同讨论解决办法及相应策略。（河南省图书馆学会　严真　马秀峰　伏琰）

【河南高校图书馆阅读推广与服务创新学术

研讨会在郑州大学图书馆举办】 7月15—16日，河南省高校图工委在郑州大学图书馆举办“河南高校图书馆阅读推广与服务创新学术研讨会”。国家社科基金课题组4位主持人及主要成员近30人参会。会议由崔波主持。研讨会分4个阶段进行：张怀涛谈“青年馆员的读书与治学”；4个国家社科基金课题充分交流与碰撞；专家点评、高屋建瓴；与会成员热烈讨论，畅谈感想。此次研讨会既有专题报告交流，也有针对问题的解答；既有知名专家的引领，又有青年馆员孜孜的追求，让大家从不同角度、不同学科、不同领域去学习、思考和交流，能更加深刻地体会到科研的魅力，体会到阅读推广的丰富与多彩，感受到图书馆工作的活力与张力。（河南省图书馆学会　严真　马秀峰　伏琰）

【河南省科技创新高级培训班在郑州举办】 11月5—7日，由河南省高等学校图书情报工作委员会、河南科技期刊传媒集团有限公司主办的河南省科技创新高级培训班在郑州市召开。来自全省各大中专院校科研部门、图书馆、科技信息机构的近80名代表参加培训班。《创新科技》杂志主编肖瑞兰主持培训会。在培训班开幕式上，省高校图工委副主任兼秘书长崔波、副主任张怀涛先后讲话。周阳敏博士主讲“自贸区与临空区的科学问题与理论提炼”，岳修志研究馆员主讲“阅读推广活动的绩效评价”，刘永教授主讲“创新驱动城市国际化建设”，郭少友教授主讲“知识融合与知识库2.0建设”，崔波研究馆员主讲“广泛浸润经典提升文化自信”，肖瑞兰研究馆员主讲“学术论文的写作与技巧”，臧国全教授主讲“数字化资源的管理”，张怀涛研究馆员主讲“阅读疗法的若干理论支点”。通过8场专家报告，给参与培训的学员传递丰富的知识信息，有利于广大学员创新能力和业务水平的提升。（河南省图书馆学会　严真　马秀峰　伏琰）

【“互联网+”下的图书馆知识空间建设学术研讨会在河南财经政法大学图书馆召开】 11月18日，河南财经政法大学图书馆举办“互联网+”下的图书馆知识空间建设学术研讨会。此次会议邀请全省高校300余位代表及图书馆界知名专家参会。会议由河南财经政法大学图书馆馆长焦军普和超星集团副总经理张龙歧主持。河南财经政法大学副校长赵传海、超星集团副总经理杨庆刚先后致辞。中国索引学会副理事长叶艳鸣、原宁波大学园区图书馆馆长颜务林、超星集团域出版中心经理康明慧、郑州大学学报副主编乔学杰先后做“面向‘十三五’的图书馆知识空间建设”“期刊域出版平台汇报”“以智带栏：互联网时代综合性学术期刊域出版模式探新”专题报告，共同探讨新形势下图书馆虚拟空间服务系统、知识重构与分享平台建设、图书馆服务模式创新等。（河南省图书馆学会　严真　马秀峰　伏琰）

【全国首届大学生阅读推广高峰论坛在河南大学图书馆召开】 11月25—26日，全国首届大学生阅读推广高峰论坛在河南大学图书馆召开。此次论坛由中国图书馆学会阅读推广委员会主办，中国图书馆学会阅读推广委员会大学生阅读推广专业委员会和河南大学图书馆共同承办。来自全国22个省市的230余位专家学者齐聚开封，深入交流大学生阅读推广经验，推动大学生阅读推广工作的可持续发展。河南大学图书馆党总支书记郭鸿昌主持开幕式。河南大学党委常委、党委副书记王凌致欢迎词。中国图书馆学会阅读推广委员会秘书长、东莞图书馆副馆长冯玲，大学生阅读推广专业委员会主任、武汉大学图书馆副馆长黄鹏，河南省图书馆学会副理事长、河南高校图工委副主任兼秘书长崔波分别致辞。中国阅读学研究会常务副会长甘其勋、南京大学信息管理学院曹娟分别作“阅读孕育创造”“高校阅读推广研究进展与学术创新”报告。本次论坛内容包括6场学术报告、5场案例交流。专家学者们深入交流大学生阅读推广经验，共同探索新环境下高校图书馆阅读推广理念、形式及方法，谋划高校图书馆阅读推广工作的未来发展。（河南省图书馆学会　严真　马秀峰　伏琰）

【河南省高校图工委高职高专分委会召开首次工作会议】 12月16日上午，河南省图工委高职高专分委会第一次工作会议在河南经贸职业学院召开，会议由分委会副主任娄冰馆长主持，省高校图工委秘书长崔波莅会并做讲话。崔波秘书长指出，图工委一直都很关注高职高专图书馆的工作，2016年9月成立高职高专分委会的目的，就是要团结全省70多所高职高专院校图书馆开展针对性的工作。他还就高职高专图书馆的转型、服务、阅读推广、空间建设、文化建设等问题提出指导性建议。与会的 10 名委员围绕图书馆的“十三五”规划、数字化建设、文献资源建设、空间改造以及制约图书馆发展的瓶颈等问题，结合各校实际进行讨论，并对分委会明年的工作计划提出许多合理化建议。最后，分委员会副主任孙玉枝馆长对会议进行总结。（河南省图书馆学会　严真　马秀峰　伏琰）

湖南省

【湖南省高校图书馆馆长研修班在湖南大学举办】 12 月 5—8 日，由湖南省高等学校图书情报工作委员会组织主办的湖南省高校图书馆馆长研修班在湖南大学举办。来自全省 50 余所高校图书馆的 80 余名馆领导与馆长储备人才参加研修班。围绕大学图书馆管理、图书馆支撑大学“双一流”建设、图书馆转型与未来发展、服务创新、文献资源建设、新技术应用等专题进行研修与讨论。近年来，许多高校图书馆更换或新任命馆级领导。为帮助各馆领导了解先进办馆理念，熟悉管理业务，交流管理经验，提升馆长履职能力与决策水平，推动全省高校图书馆的整体建设，根据《普通高等学校图书馆规程》（教高〔2015〕14 号）精神，特举办此次研修班，这也是全省首次举办的高校图书馆馆长专门培训。（湖南大学　陈有志）

【湖南省高校图工委举办大学生经典阅读知识竞赛】 12 月 8 日，由湖南省高等学校图书情报工作委员会主办的“湖南省高校图书馆——大学生经典阅读知识竞赛”总决赛在湖南大学举行。10 支代表队伍同台竞技，最后吉首大学、湖南大学 2 支代表队获得团体一等奖；湖南科技大学王啸、湖南大学李柳情、吉首大学陈清宇获得决赛个人一等奖。此次活动从预赛、复赛到决赛，持续 40 天时间，全省共 47 所高校组建代表队参赛（包括 33 所普通高校和 14 所高职高专），不仅加强湖南省各高校图书馆之间、图书馆与大学生之间的交流与联系，也为师生们展现知识与才智提供一个良好的平台，营造高校的阅读氛围，扩大全民阅读的推动力和影响力。（湖南大学　李柳情）

【2016 年湖南省普通高校图书馆学术会议召开】 12 月 9 日，会议在湖南大学召开。湖南大学副校长曹一家等出席开幕式，省教育厅高等教育处派代表参加会议。全省 40 所普通高校图书馆 80 余名代表与会。大会表彰 2016 年“一校一书”阅读推广和第二届湖南省大学生英语口说大赛的先进单位与个人，对 2016 年全省普通高校图书馆的整体建设与发展进行总结。大会同时表彰 2016 年“优秀阅读推广人”和第二届湖南省大学生英语口说大赛的先进单位与个人。（湖南大学　陈有志）

【湖南省职成学会高职图书馆工作委员会换届成立暨 2016 年学术年会召开】 12 月 15—16 日，湖南省职成学会高职图书馆工作委员会换届成立暨 2016 年学术年会在长沙召开，来自全省 45 所高职院校 110 余位代表参加此次会议。经过换届，长沙商贸旅游职业技术学院校长刘国华任委员会主任、副校长贺华任委员会副主任，唐晓应任委员会秘书长，吴笑任副秘书长。在学术年会上，教育部高校图工委副主任、南京工业职业技术学院副院长卢兵教授，宁波大学园区图书馆原馆长颜务林教授分别做“落实图书馆工作规程，开拓图书馆工作思路”和“数字图书馆急需解决的两大核心问题”的专题讲座，常德职业技术学院图书馆主任陈平华、长沙商贸旅游职业技术学院科研处副处长周未分享图书管理工作的心得和体会。（长沙商贸旅游职业技术学院图书馆　唐晓应　毛静）

广东省

【华南师范大学图书馆创办“华南图书情报论坛”】 华南师范大学图书馆 2016 年创办“华南图书情报论坛”，论坛每期邀请业界知名专家举办专题讲座。中国科学院文献情报中心编辑出版中心主任初景利、中国人民大学信息资源管理学院信息构建研究中心主任周晓英、北京大学图书馆馆长朱强、中山大学图书馆馆长程焕文、北京大学信息管理系教授王余光等全国知名专家教授先后受邀开讲，分别做题为“学科服务的难点与破解”“变革时期高校图书馆的价值认知”“新《普通高等学校图书馆规程》解读”“大学图书馆的发展趋势”“高校图书馆的经典阅览室与经典教育”的学术报告。（华南师范大学图书馆）

【广东省高职高专与民办院校信息素养课程教学研讨会召开】 7月1—2日，广东省高等学校图书情报工作指导委员会在东莞职业技术学院图书馆二楼学术报告厅主办“广东省高职高专暨民办院校信息素养课程教学研讨会”。研讨会由东莞职业技术学院图书馆承办、深圳职业技术学院和北京超星数图信息技术有限公司支持。来自广州、深圳、珠海、佛山、惠州、清远、茂名等28个高职高专图书馆的48名图书馆业务骨干参与此次研讨会。（东莞职业技术学院图书馆）

【文献保护与修复方向图书情报专业硕士培养研讨会暨实践导师聘任仪式在中山大学举行】 6月21日，中山大学资讯管理学院举行文献保护与修复方向图书情报专业硕士培养研讨会暨实践导师聘任仪式。文化部原副部长、国家图书馆名誉馆长、全国图书情报专业学位研究生教学指导委员会主任委员周和平，中山大学党委副书记李萍出席并讲话。受邀参加会议的还有来自武汉大学、国家图书馆、上海图书馆等机构的全国文献修复与古籍整理方面的专家。中山大学资讯管理学院院长龙乐思（Miguel Nunes）、研究生院副院长龙波分别向沈津、赵嘉福、潘美娣、杜伟生等12位专家颁发聘书。这12位受聘导师都是目前国内古籍整理与文献保护业界最顶尖的专家，其中有1位国家级非物质文化遗产项目古籍修复技艺代表性传承人、5位国家级古籍修复技艺传习中心传习导师、1位为原哈佛大学哈佛燕京图书馆善本室主任。沈津先生代表各位受聘导师发言。聘任仪式后还召开专题培养研讨会。（中山大学资讯管理学院）

【2016古籍保护与修复国际学术研讨会在中山大学图书馆举行】 11月5—6日，由中山大学图书馆与中山大学资讯管理学院联合主办的“2016古籍保护与修复国际学术研讨会”在中山大学南校区图书馆举行。共有来自葡萄牙、德国、美国、日本、蒙古等国，以及中国内地和港澳地区168名代表出席研讨会。开幕式上，中山大学图书馆馆长程焕文、中山大学资讯管理学院院长龙乐思、香港歌德学院图书馆馆长鲍雅女士、广东省古籍保护中心副主任倪俊明先生分别致辞。（中山大学图书馆）

【暨南大学图书馆2016宣传月系列活动启动】 在暨南大学建校110周年之际，图书馆迎来为期一个月的“暨南书悦会”暨2016宣传月系列活动。宣传月继续以“书香暨南，悦享人生”为主题，于11月8日—12月8日在校本部及南校区同步举行，举办各类活动21项，除延续暨南书悦会品牌的悦讲、悦赏、悦读、悦享等子栏目外，在校庆之际特推出校庆专题活动，新技术·新设备·新体验、暨南少年书悦会等多项创新活动。此次活动为宣传图书馆资源与服务，营造校园阅读文化氛围发挥重要作用。（暨南大学图书馆）

【暨南大学“世界华侨华人文献馆”揭牌】 11月16日上午，适逢暨南大学110周年校庆之际，“世界华侨华人文献馆”在图书馆成立。来自省内外图书馆、华侨华人文献收藏机构的领导嘉宾，校领导胡军、刘洁生、宋献中、饶敏、张荣华、夏泉、洪岸，校长助理王志伟，相关学院/部处的80余人参加揭牌仪式。世界华侨华人文献馆占地约1700平方米，设置华侨华人、华文教育、华文文学、华语传媒4个文献专区以及华侨华人民间文献展示室。今后将设立“世界华侨华人文献馆建设发展基金”，打造最完备的涉侨信息智库。揭牌仪式后，同时举办“孙中山与华侨”“近代广东侨汇”展览及“华侨华人文献资源建设经验交流会”。（暨南大学图书馆）

【高校专利信息检索分析实务培训班在暨南大学图书馆举办】 11月21—25日，暨南大学图书馆联合知识产权学院、广州奥凯信息咨询有限公司举办的“高校专利信息检索分析实务培训班”在二楼读者培训室举办，来自全国27家相关单位的47名图书情报从业人员参加培训。培训班面向高校图书馆及情报机构，为期4天，课程涉及专利法基础、专利检索技能、高校知识产权服务实务、国外高校专利转移转化分析、基于WIPS及INNOGRAPHY的专利分析方法等。（暨南大学图书馆）

【广州大学城高校图书馆资源共享系统平台培训会在华南理工大学图书馆举行】 11月23日上午，广州大学城高校图书馆资源共享系统平台培训会在华南理工大学城校区图书馆二楼学术报告厅举行。此次培训会由广东省高校图工委信息技术委员会主办，华南理工大学图书馆承办。来自中山大学等广州大学城10所高校图书馆35位负责广州大学城高校图书馆资源共享项目业务和技术人员参加业务培训，为共享系统上线测试做准备。会上华南理工大学图书馆相关负责人做会议报告，并向与会单位通报该项目的工作进展情况。该系统上线使用后将为广州大学城十所高校的师生读者提供统一的文献检索服务、文献传递服务、馆际互借和通借通还服务等，方便师生读者使用大学城其他学校图书馆的资源，实现大学城10所高校图书馆资源的融合和共享。会后，参会人员参观华南理工大学图书馆RFID技术的应用情况。（华南理工大学图书馆）

广西壮族自治区

【2016年广西高校图书馆工作与学术年会召开】 5月15—17日，由广西高校图工委、广西高教学会图专委和CALIS广西中心共同主办，广西科技师范学院图书馆承办的“2016年广西高校图书馆工作与学术年会”在来宾召开。来自全区近60所高校的120位代表及29位企业界代表，共计149人参加会议。会上，对“广西高教学会图专委第25次学术年会”获奖论文作者进行表彰。年会共收到征文62篇，评出一等奖1篇，二等奖3篇，三等奖7篇，鼓励奖9篇；正式论文33篇。此外，年会邀请西南交通大学图书馆馆长高凡做题为“阅读　悦读　越读——高校图书馆经典阅读推广实践”的学术报告。会上通过广西高教学会图书馆专业委员会第八届理事会理事的部分人员更替。（广西图书馆学会）

【柳州市中华阅读推广联盟会工作会议在广西科技大学图书馆召开】 10月9日，柳州市中华阅读推广联盟会（以下简称“阅盟”）工作会议在广西科技大学图书馆召开，共商阅盟的发展及推进全民阅读大计。会议决定通过阅盟这个社团组织，搭建一个较高层次的文化平台，更多吸收高校图书馆、公共图书馆、中小学图书馆、新华书店等机构成员及民间书吧、读书会、书友会等各种民间组织，同时联合文促会茶盟、花盟、语言艺术学会等兄弟团队，携手合作开展一系列推动全民阅读，弘扬中华文化的活动。（广西图书馆学会）

【广西师范大学图书馆古籍阅读推广活动获得“2016高校图书馆发展论坛”应用案例二等奖】 6月16—18日，由中国图书馆学会高等学校图书馆分会主办的“2016年中国高校图书馆发展论坛”在宁夏银川召开。在此次论坛应用案例征集活动中，广西师范大学的“‘穿越千载　阅读古今’古籍文化推广案例”荣获二等奖。“穿越千载　阅读古今”古籍文化推广活动主要开展“字与纸的故事”——活字印刷、线装书装订体验、“我与中华古籍”摄影获奖作品展、古籍特藏展览、古籍修复实践课、古籍预约服务等系列活动。（广西图书馆学会）

海南省

【第八届海南书香节启动仪式在琼台书院举行】 4月23日上午，第八届海南书香节启动仪式在琼台书院举行。海南省委常委、宣传部长许俊，省人大常委会副主任康耀红，省政府副省长王路，省政协副主席林方略等相关领导，以及部分文学名家等出席开幕式。现场向海南省内的学校、农家书屋、社区书屋、监区、驻琼部队等赠送价值100万元的图书，为海南10户全国“书香之家”颁奖。著名出版家、作家、全民阅读发起人聂震宁做题为“全民阅读立法之后”的读书报告会。此次启动仪式由省委宣传部指导，省文化广电出版体育厅、省教育厅和省直机关工委联合主办，海南凤凰新华出版发行有限责任公司承办，琼台师范学院协办。（琼台师范学院图书馆）

【2016年海南省高校图书馆信息素养教育发展研讨会召开】 5月13日下午，2016年海南省高校图书馆信息素养教育发展研讨会在海南医学院图书馆召开。全省14所高校图书馆的领导及信息素养教育工作者40多人参会交流。会议由海南省高等学校图书情报工作委员会信息素养教育专业委员会主任于挽平、副主任胡爱民主持。会上，海南大学图书馆邓玲、海口经济学院图书馆李明分别交流2015年信息素质教育教学征文评比获奖论文。海南医学院、海南经贸学院，海南热带海洋学院、海南软件职业技术学院、海南职业技术学院等图书馆，结合各馆的工作实践，交流信息素养教育教学工作的经验与体会。会议解读《普通高等学校图书馆规程》，探讨图书馆信息素养教育队伍建设等有关问题，研讨海南省

高校图书馆“十三五”规划的相关内容及“十三五”期间海南高校图书馆信息素养教育的发展方向、建设目标，明确“十三五”期间省高校图工委信息素养教育专业委员会的工作任务与努力方向。省高校图工委主任、海南大学图书馆馆长王琦作总结、点评。（海南省高校图工委）

【首届海南省高校图书馆社会服务创新案例大赛举行】 12月8日，首届海南省高校图书馆社会服务创新案例大赛在海南职业技术学院举行，海南职业技术学院副校长梁栋、海南省教育厅高教处处长杨鹏、海南省高校图书情报工作委员会顾问詹长智等领导、嘉宾和全省17所高校图书馆的150多名代表出席比赛活动。大赛由海南省教育厅主办，海南省高校图书情报工作委员会和海南职业技术学院图书馆承办。此次社会服务创新案例大赛共有17个案例参加现场汇报和答辩，经9位省高校图书馆的专家评委评审，产生一等奖2名、二等奖4名、三等奖6名、优秀奖5名。海南师范大学图书馆的案例“助力文化遗产保护，拓展社会服务视界——中国历史文化名街：海口骑楼老街系列服务”和海南医学院图书馆的案例“发挥特色，服务地方”获得一等奖。省高校图工委主任、海南大学图书馆馆长王琦做总结点评。（海南省高校图工委）

【2016年高校图书馆发展论坛在海南师范大学图书馆举行】 12月22日下午，2016年高校图书馆发展论坛在海南师范大学图书馆举行。海南省12所高校图书馆的馆长和学术骨干150余人参加本次论坛。海南师范大学副校长李森致辞。北京师范大学图书馆馆长张奇伟做题为“馆员素质与图书馆的发展”的报告，从如何理解图书馆、馆员的使命和要求、如何提升馆员能力素质等三个方面阐述馆员素质与图书馆发展的关系。东北师范大学图书馆馆长刘万国做题为“世界级文献资源服务体系构建”的报告，从世界级文献资源服务体系构建的必要可行性、世界级文献资源服务体系架构、建设、各种工具应用及总结思考等五个方面介绍他在世界级文献资源服务体系构建方面的构想和实践。张奇伟、刘万国还与参加活动的图书馆同行互动交流，探讨图书馆的未来发展问题。（海南师范大学图书馆）

【海南省高校图书馆2016年学术年会召开】 12月23—24日，由海南省高等学校图书情报工作委员会主办、海南师范大学图书馆承办的海南省高校图书馆2016年学术年会在澄迈召开。海南省教育厅高教处、省图工委相关领导，北京师范大学、东北师范大学的图书馆馆长以及全省19所高校图书馆的代表170余人参加会议。海南师范大学副校长李森、北京师范大学图书馆馆长张奇伟、海南省教育厅高教处处长朱双平分别致辞。省高校图工委主任、海南大学图书馆馆长王琦做2016年省高校图工委工作总结报告。会议为荣获海南省高校图书馆社会服务创新案例大赛奖项的单位颁奖，并展示获一等奖的优秀案例。会上，海南师范大学图书馆与北京师范大学图书馆、东北师范大学图书馆签署馆际合作协议；启动海南省机构知识库发布仪式。东北师范大学图书馆馆长刘万国做题为“学术交流新生态与图书馆转型发展”的学术报告。（海南省高校图工委）

重庆市

【概况】 2016年，重庆市共有本科院校图书馆25所，高职院校图书馆40所，军队院校图书馆3所，成教学院图书馆4所。24所高校参与维普、EBSCO、SPRINGER等各种数字资源联合采购。CALIS重庆文献信息服务中心建立重庆市高校文献信息保障系统，面对全市高校图书馆开展馆际互借及文献传递工作，有效弥补各高校图书馆资源不足。面向全市科研院所及企业服务的重庆市数字信息资源服务体系，取得良好的社会效益。重庆市高校文献资源共建共享平台总访问量达到443.65万次。重庆市教委全年划拨经费290万元继续建设平台文献资源，全市参与平台共建共享的高校已增加到44所。2016年，全市高校图书馆在科学研究、阅读推广、对外交流及学科服务方面均有长足发展。（重庆市图书馆学会）

【重庆大学图书馆获得2016年全国高校信息素养教育案例大赛一等奖】 9月12—14日，全国高校信息素养教育大会在江苏省镇江市召开，会议由教育部高等学校图书情报工作指导委员会主办，来自全国30多个省份200多个高校近400名高校教师参加会议。大会以新媒体与新技术背景下的高校信息素养教育为主题，各高校分享、交流及研讨图书馆信息素养教育成果与经验。在会议举办的“全国信息素养教育研讨会案例大赛”中，重庆大学图书馆的案例“复合 8+8 研究生文检课教学新模式”获得一等奖。重庆大学图书馆副书记陈文应邀做大会交流发言。（重庆市图书馆学会）

【2016 年中国机构知识库学术研讨会在重庆大学举办】 9 月 21—22 日，第四届中国机构知识库学术研讨会及中国高校机构知识库联盟成立大会在重庆大学举行。大会讨论全球开放获取机构知识库发展趋势、区域性机构知识库发展态势、科学数据与机构知识库、中国机构知识库发展与建议等内容。会上，中科院文献情报中心主任黄向阳、国际开放知识库联盟(COAR)执行主席 Kathleen Shearer、国际电子图书馆联盟 OA 负责人 Iryna Kuchma 等 26 位专家围绕机构知识库做报告。北京大学图书馆馆长朱强宣布中国高校机构知识库联盟成立，中国人民大学图书馆副馆长宋姬芳代表联盟会员发言，北京大学图书馆副馆长陈凌和聂华分别介绍联盟概况和中国高校机构知识库的发展。该联盟由 CALIS 和 16 家高校馆发起成立，会前已经有 3 家单位决定加入联盟。会议期间召开 11 个会中会，其中 COAR 交流会、预印本平台 arXiv. org 交流会、机构知识库 CSpace 发布会与交流会三场小型会议吸引多位参会代表热烈参与，对相关主题进行更为深入详细的沟通理解。会议最后的知识竞赛环节也得到与会者积极参与。会场展示会前征集到的国内外 42 个科研院所及教育机构机构知识库案例展板，数量超过往届。（重庆市图书馆学会）

四川省

【概况】 四川省共有普通高等学校 109 所（含 9 所独立学院），其中：本科院校 51 所，高职（专科）院校 58 所。根据对四川省 65 所主要高校图书馆的统计，2016 年馆舍面积 160.98 万平方米，读者座位 16.3 万个。文献资源购置费 2.6 亿元，其中，电子资源购置费 1.2 亿元。文献累积总量 2.17 亿册。购置中文纸质图书 309.1 万册、外文纸质图书 2.8 万册，中文纸质报刊 9.8 万多份、外文纸质报刊 4167 份，中文电子图书 2377.64 万册、外文电子图书 82.42 万册，中文电子报刊 144.55 万份、外文电子报刊 55.65 万份。购置数据库 623 个，自建数据库 243 个。外借纸本书刊 861 万册次，电子资源下载量 8481.56 万册次。全省高校图书馆正式职工 2098 人，其中博士 50 人、硕士 466 人，本科以上学历的比例约占 72%，中高级职称比例达 62%。

2016 年，各馆认真学习贯彻教育部新颁布的《普通高等学校图书馆规程》，充分发挥图书馆在一流大学和一流学科建设中的作用，为全省高等教育人才培养、科学研究和学科建设提供优质高效的文献信息保障。高校文献信息资源共建共享工作持续推进，文献保障水平显著提高。四川省高校图工委、中国高等教育文献保障系统（CALIS）西南地区中心与四川省中心、中国高校人文社会科学文献中心（CASHL）西南中心积极服务，各馆不断加强协作协调，有效地推进全省高校教学资源共建共享。服务能力和服务水平大幅度提升，各馆利用数字图书馆新技术，通过移动图书馆、微信、微博等新媒体网络平台深入开展文献信息服务，使广大师生使用图书馆更加便利。开展阅读推广活动，举办各种读书节，对构建校园的书香氛围，建设优良学风起到积极作用。同时，许多高校图书馆还挖掘潜力面向社会开放，向本地区社会读者开展形式多样、内容丰富的阅读指导和推广活动，把全民阅读活动推广到社区，并为特殊人群、弱势群体、贫困地区提供智力支持，为地方社会经济建设提供文献信息支撑，增强高校的社会服务能力。四川省高校图工委及其下设的各协作组和专业组举办各种研讨会、工作会。同时，各馆积极开展学术研究，重视培养高层次的专业馆员，大力拓展图书馆员的学术眼界。高职院校图书馆和独立学院图书馆不断加强规范化、科学化建设，整体水平持续提升。（四川省高校图工委）

【2016 年四川省高校图书馆建设发展研讨会召开】 4 月 28—29 日，由四川省高校图工委主办、西南石油大学图书馆和四川大学图书馆承办的“2016 年四川省高校图书馆建设发展研讨会”在南充市西南石油大学举行。全省各类型高校图书馆代表 120 余人参加会议。会议特邀华中科技大学图书馆馆长李光玉、西南交通大学图书馆馆长高凡分别做题为“打造图书馆高端服务，

创造世界一流大学、一流学科”和“《普通高等学校图书馆规程（修订）》解读”的专题报告。另外，6位专家做专题发言，分别是：西华大学图书馆馆长吕先竞“政府采购视角下高校图书馆文献采购存在的问题与对策”，四川农业大学图书馆研究馆员杨长平“四川省高校信息素养教育现状的调查与分析”，西南石油大学图书馆馆长王良超“精细化文献信息服务探索”，电子科技大学图书馆馆长李泰峰“基于数据的图书馆服务创新”，四川文化产业职业技术学院图书馆馆长李远君“注重文化引领 促进内涵发展”和四川大学图书馆馆长马继刚“助学促研，提升价值”。（四川省高校图工委）

【川渝高校情报工作研究会第二十六次学术年会暨第二十六次常委会召开】 10月26—28日，由川渝高校情报工作研究会主办、西南医科大学图书馆承办的“川渝高校情报工作研究会第二十六次学术年会”在泸州市召开。来自川渝67所高校图书馆的167名代表参加会议。大会收到会议论文39篇，经专家评审，12篇论文获得一等奖。会议分主题报告和学术论坛两个板块。邀请清华大学图书馆馆长窦天芳和武汉大学信息管理学院管理学博士、副编审杨丹丹分别做题为“学者库建设思路与实践”“学术论文选题与写作规范”的主题发言。学术论坛板块包括专题报告7个、案例交流6个，分别由参会单位的代表作交流发言。此次年会对“互联网+”时代的智慧图书馆、学科化服务、阅读推广、信息素养教育等问题进行深度探讨。（四川省高校图工委）

【四川省高校图书馆第十二届“专家论坛”暨“数图应用新服务成都站研讨班”举办】 11月7日，四川省高校图书馆“第十二届专家论坛”暨“数图应用新服务成都站研讨班”在西南交通大学九里校区举行，近300人参会。会议主题为“大学图书馆可持续发展的延伸服务”。此次专家论坛邀请到多位海内外图书馆界的专家，香港中文大学（深圳）图书馆馆长张甲、南京大学图书馆副馆长邵波、复旦大学图书馆副馆长张计龙、电子科技大学图书馆馆长李泰峰分别做题为“融入读者生活的图书馆服务和空间规划”“资源、技术、服务的融合——重新审视高校数字图书馆服务系统”“大数据环境下高校数据管理与共享服务研究与实践”“互联网+背景下大学图书馆服务”的专题报告。（四川省高校图工委）

【四川省高校图工委高职高专协作组2016年年会暨“服务·创新·转型”研讨会召开】 12月8日，四川省高校图工委高职高专协作组2016年年会暨“服务·创新·转型”研讨会在成都市四川交通职业技术学院召开。全省近50所高职高专学校的图书馆馆长等120余人参加会议。四川省高校图工委秘书长、四川大学图书馆馆长马继刚发表讲话，并传达省教育厅及省高校图工委有关会议精神。西南交通大学图书馆馆长高凡做题为“图书馆‘服务·创新·转型’”的主题报告，四川大学图书馆张盛强主任、湖北三新集团宋旅黄博士、宜宾职业技术学院图书馆副馆长许小敏分别做题为“‘冷技术、热服务’——四川大学图书馆微信服务创新”“图书馆纸电同步融合及PDA采购模式探索”“打造创客空间 助力创客实践”的专题报告。围绕图书馆转型期的热点话题，会议还举行以“图书馆人文关怀与技术支持孰重”为主题的辩论赛。会上颁发四川省高职高专图书馆年度优秀案例奖。（四川省高校图工委）

【四川省本科院校协作组研讨会暨成都地区第45届高校图书馆馆长研讨会召开】 12月16日，四川省本科院校协作组研讨会暨成都地区第45届高校图书馆馆长研讨会在西南交通大学峨眉校区召开。全国高校图工委秘书长、CALIS中心副主任、北京大学图书馆副馆长陈凌，黑龙江大学信息管理学院院长马海群应邀出席会议。全省35所高校的60余位图书馆馆长以及40余位相关代表出席会议。会上，四川省高校图工委秘书长、四川大学图书馆馆长马继刚传达教育部高等学校图书情报工作指导委员会四届四次工作会议内容和精神。陈凌、马海群分别做题为“趋势、环境与转型——CALIS十三五规划与进展”“高校图书馆利用引文数据库参与学者学术影响力评价研究”的报告。西华大学、四川音乐学院、成都理工大学、内江师范学院等高校图书馆馆长分别做专题发言。最后，西南交通大学图书馆馆长高凡做题为“服务·创新·转型”的主题报告。（四川省高校图工委）

贵州省

【概况】 截至 2016 年年底，贵州省共有各类高等学校图书馆 69 所。其中：普通本科高校图书馆 20 所，本科独立学院 6 所，专科院校图书馆 42 所，党校图书馆 1 所。

办馆条件进一步改善（仅对贵州省教育厅“贵州省高等学校图书馆工作指导委员会”成员馆的统计）。到 2016 年年底，已有 20 所本科高校馆建新馆，21 所高校馆建筑总面积约为 56.4 万平方米，馆均面积约为 2.7 万平方米。其中贵州大学图书馆 8.9 万平方米，贵州师范大学图书馆 7.57 万平方米，贵州财经大学图书馆 6.36 万平方米。读者座位总数 48852 个，馆均 2326 个；纸质图书累积总量为 2062.57 万册，馆均 98.22 万册，当年纸质图书新增 117.6 万册。各馆文献资源建设经费有所上升，21 所高校馆纸质文献资源购置费总数约为 5204.24 万元，均值约为 247.82 万元；电子资源的总采购费用约为 2262.4 万元，平均值约为 107.7 万元。数字化设施全面普及，21 所高校馆共有服务器、电脑 4384 台，存储总容量 1447.37（TB）；服务器馆均 11.4 台，电脑馆均 197.3 台，存储容量馆均 68.9TB；有 7 个馆无线网络全覆盖，11 个馆无线网络部分覆盖，3 个图书馆未安装无线网络。

管理与服务效果提升。21 所高校馆共发放有效借书证 33.79 万个，与当年在校学生数成正比。各高校馆服务时间长（每周 78—104 小时），文献资源开架率高（95%以上的馆藏文献全开架提供读者借阅），自动化程度高、快捷（一卡通管理，多校区图书互借互还等）。纸质图书外借总册次为 227.5 万册，平均每个有效借书证年外借图书 6.7 册；数字资源下载总量为 2242.04 万篇，平均值为 106.76 万篇；共开设 19 门信息素质培训课程，有专、兼任教师 173 人，利用网络培训课件 54 件。

各高校馆充分发挥图书馆作为学校培养大学生信息素养主阵地作用，针对学生的培训教育多；以新技术的运用为切入点，加快推进网络化、数字化、信息化建设，加强本馆数字化信息资源建设和特色资源建设。重视服务创新与阅读推广，提升社会参与度，组织开展多种多样的读书活动，让学生享受到丰富的校园文化。充分利用互联网，加强文献资源共享协作。利用中国高等教育文献保障系统（CALIS）和中国高校人文社会科学文献中心（CASHL）平台，积极宣传，开展文献检索、文献传递、馆际互借等工作，提升文献支撑服务的能力。

专业人员队伍建设有所加强。21 所高校馆从业人员共 1489 人，其中在编人员 733 人，占总人数的 49.3%；非编制人员（含合同工、临时工）756 人，占总人数的 50.7%。在编人员中，男性馆员 247 人，占 33.7%；女性馆员 486 人，占 66.3%。在编人员中，有 11 位博士、158 位硕士，本科和硕士学历的馆员占在编馆员的 75.4%，硕士以上占 23%；专业技术人员占 83.8%，无专业技术职称者占 16.2%。在 612 名专业技术人员中，高级职称 216 人，占 29.5%；中级 262 人，占 35.7%；初级 136 人，占 18.6%。体现多数高校馆专业人员队伍建设得到重视，高学历专业人员、年轻馆员进馆，增加队伍活力，缓解队伍老化趋势。（贵州省高等学校图书馆工作指导委员会秘书处　张伟云）

【中国图书馆学会阅读史研究专业委员会在贵阳成立】 7 月 8 日，中国图书馆学会阅读推广委员会下设的第一届阅读史研究专业委员会在贵州民族大学图书馆召开成立会议，来自全国 15 个省（市、区）公共图书馆、高校、出版界等 20 名代表参会。贵州民族大学图书馆馆长卢云辉担任首届主任委员。（贵州省高等学校图书馆工作指导委员会秘书处　卢云辉）

【中国高教学会财经分会图书资料协作委员会 2016 年年会在贵阳召开】 10 月 13—14 日，中国高教学会财经分会图书资料协作委员会 2016 年年会在贵州财经大学图书馆召开，会议主题：“十三五”时期财经高校图书馆转型与升级。来自全国 38 所财经高校图书馆的馆长及业务骨干共计 120 余名参加会议。开幕式上，贵州财经大学副校长徐大佑教授致欢迎辞；财经分会图书资料协作委员会主任、浙江财经大学副校长励如孟教授对该委员会 2015 年工作做总结；与会领导为年会征文一等奖获奖者现场颁发获奖证书；举行全国 29 所财经院校合作编纂的《“十三五”高等财经院校图书馆的抉择——全国财经高校图书馆“十三五”发展规划汇编》新书发布和全国财经高校资源共建共享平台启动仪式，预示着全国财经高校图书馆在资源共建共享的工作上进入一个新的实质性发展阶段。年会分别举行专家主题报告、获奖征文作者发言和调研课题交流等活动。武汉大学信息管理学院肖希明教授就新环境下图书馆如何面对挑战，做题为“图书馆资源建设的转型与发展”的主题演讲。泰国苏兰拉里理工大学图书馆与媒体资源中心主任纳塔雅·彭普教授介绍该馆的发展现状，提出可能合作的内容。此次年会征文一等奖获得者在会上做论文交流。年会闭幕式上，浙江财经大学图书馆馆长吴利群做总结发言，对中国高教学会财经分会图书资料协作委员会十年的发展做回顾及展望。（贵州省高等学校图书馆工作指导委员会秘书处　杨帆）

【“青年馆员论坛——图书馆业务管理竞赛”在贵阳举办】 11月3—5日，贵州省高等学校图书馆工作指导委员会、贵州省图书馆学会联合举办“青年馆员论坛——图书馆业务管理竞赛”，共有28个图书馆组队参加，包括6个公共图书馆、22个高校图书馆。竞赛通过图书馆业务基础知识必答题、业务建设辩论题等环节展开，评委现场打分。高校参赛队中，贵州大学图书馆、贵州民族大学图书馆获一等奖，贵州师范大学图书馆等3个馆获二等奖，贵州广播电视大学图书馆等6个馆获三等奖；贵州财经大学图书馆获最佳海报设计奖。（贵州省高等学校图书馆工作指导委员会秘书处　张伟云）

【2016年中国索引学会年会暨学术研讨会在贵阳召开】 11月16日，由中国索引学会和复旦大学图书馆主办，贵州民族大学图书馆承办，贵州省图书馆学会和贵阳孔学堂数字图书馆协办的“2016年中国索引学会年会暨学术研讨会”在贵阳孔学堂召开，会议主题为“索引的未来，未来的索引”。来自全国16个省市、54个单位的80余名代表出席会议。贵州民族大学党委副书记张鹏程，中国索引学会副理事长、国家图书馆馆长助理兼研究院院长汪东波，贵州省教育厅高教处处长邸姜滔，贵州省图书馆学会副理事长、贵阳市图书馆馆长郭春先后致辞。中国索引学会常务副理事长兼秘书长、复旦大学图书馆副馆长杨光辉作理事会2016年度工作报告、财务报告以及来年的工作展望。在学术研讨会上，贵州民族大学副校长韦维、中央民族大学图书馆馆长李德龙、常熟理工学院研究馆员王雅戈、武汉大学信息管理学院教授邱均平等分别做专题发言。（贵州省高等学校图书馆工作指导委员会秘书处　卢云辉）

【编制《2015年贵州省普通本科院校图书馆事业发展报告》】 2016年，贵州省高校图工委编制完成《2015年贵州省普通本科院校图书馆事业发展报告》。该报告是贵州省第一份高校图书馆年度发展报告，通过对“教育部高校图书馆事实数据库”中2015年全省各高校馆文献资源购置费、文献资源建设、馆舍面积、人力资源、数字化资源等基本数据的统计，以及硬件设施、文献资源、服务效果、人力资源建设、学术交流、专业培训等内容的收集，并加以整理、分析的基础上撰写形成最终稿。该报告展示贵州省高校图书馆在“十二五”时期的建设发展现状，对“十三五”时期和未来发展有一定的借鉴意义。（贵州省高等学校图书馆工作指导委员会秘书处　张伟云）

【贵州师范大学图书馆与贵阳市南明区教育局校地合作开展培训】 6月2—7日，贵州师范大学图书馆工作人员为贵阳市南明区70余所中小学、10余所幼儿园共计96名图书管理教师进行图书馆基础专业培训。培训课程包括：“学前教育与教育版机器人”“如何搭建幼儿园图书室”“甄别优秀的绘本”“构建绘本课程模式”“中小学图书室建设与管理”“图书分类及排架”“图书编目与目录组织”“民谐图书管理软件的应用”等。培训期间，学员们还参观贵州师范大学图书馆“学前教育专题室”“幼儿园示范图书馆”“中学示范图书馆模型室”，并开展实践活动。（贵州省高等学校图书馆工作指导委员会秘书处　张伟云）

云南省

【云南财经大学图书馆就新《普通高等学校图书馆规程》对全馆职工进行培训】 教育部于2015年12月31日印发最新《普通高等学校图书馆规程》（以下简称《规程》），这是高校图书馆工作的指导性文件。云南财经大学图书馆馆长赵越第一时间将新《规程》传达到管理人员，并在新学期开学的2016年3月4日上午对全馆职工进行培训。职工人手一份《规程》，赵越着重就新版规程与旧版规程中的修改调整内容进行对比，逐条解读，还请老馆长、老书记从图书馆专业及新《规程》的法律效力等不同角度一起解读和分享学习体会，并将自己研读的思考与职工分享。与此同时，将新《规程》在图书馆网页、宣传栏上进行宣传。该馆是全省高校中第一所进行系统学习培训《规程》的图书馆。（云南财经大学图书馆）

陕西省

【概况】 2016年，陕西省66所高校图书馆平均馆舍面积为23198平方米，比上年的平均23121平方米增加77.4平方米。馆均在编职工37人，与上年持平。在编职工中，本科及以上学历者占74.24%，比上年的70.90%增长3.52%，其中博士占2.13%、硕士及第二学士学位占23.39%、本科占48.73%；中级及以上职称者占65.41%，其中正高级职称占5.48%、副高级职称占17.87%、中级职称占42.07%。馆均年度总经费503.6万元，比上年增加56.5万元（12.64%）。馆均文献资源购置费460.89万元，占年度总经费的91.52%，比上年增加2.38%；其中，馆均纸质资源购置费233.01万元，占文献资源购置费的50.56%，比上年减少2.97%；馆均电子资源购置费227.67万元，占文献资源购置费的49.40%，比上年增加2.97%。馆均年购中文纸质图书4.7万册，比上年减少1%；馆均年购外文纸质图书631册，比上年增加4.47%；馆均年购中文电子图书52.78万册，比上年增加25.23万册；馆均年购外文电子图书6.18万册，比上年增加4.86万册。馆均中文纸质图书累积量115.6万册，馆均外文纸质图书累积量5.51万册。

2016年，陕西省高校图工委召开八届一次常委会，确定文献资源建设工作组、信息技术应用工作组等6个专业工作组设置及各组组长单位，进一步完善新一届省高校图工委组织机构；组织召开2016年陕西省高等学校图书情报工作年会、高职院校图书馆馆长年会、古籍整理与保护工作研讨会等工作及专业会议；举办陕西省高校图书馆第四届“同方杯”羽毛球比赛；与省图书馆学会合作开展高校图书馆服务社会的相关工作。（西安交通大学图书馆　安嘉璐　张惠君）

【《普通高等学校图书馆规程》解读报告会召开】 4月29日，为推动新《普通高等学校图书馆规程》（以下简称《规程》）的学习和落实，陕西省高校图工委在西安理工大学组织召开《规程》解读报告会，邀请《规程》修订组成员、西北大学图书馆研究馆员雷震对《规程》修订的原则、修订的主要内容等进行解读。报告会由西安理工大学图书馆馆长、陕西省高校图工委常委、教育培训工作组组长王浩主持，来自全省高校图书馆的馆领导和业务骨干共100余人参加。（西安交通大学图书馆　安嘉璐　张惠君）

【新入职人员培训会举办】 10月10日，由陕西省高校图工委主办、西安欧亚学院图书馆承办的2016年高校图书馆新入职人员培训会在西安欧亚学院图书馆举行，来自省内23所高校的62名新馆员参加培训。培训安排3个专家讲座，研究馆员强自力、康万武、雷震分别讲授“图书馆专业知识概论”“一个老图书馆员的心声”“学习解读《普通高等学校图书馆规程》”，内容涵盖专业知识入门、职业精神弘扬和行业规程解读。省高校图工委秘书长张惠君最后做总结发言。（西安交通大学图书馆　安嘉璐　张惠君）

【古籍整理与保护工作研讨会召开】 11月15日，由陕西省高校图工委主办，古籍、特藏整理与保护工作组组长单位陕西师范大学图书馆和陕西理工大学图书馆承办的2016年陕西省高校图书馆古籍整理与保护工作研讨会在陕西师范大学长安校区举行。来自省内近30所高校图书馆的领导、古籍工作人员共60余人参加会议。陕西师范大学图书馆馆长李永明和省高校图工委秘书长张惠君分别致辞。省图书馆历史文献部主任、省古籍保护中心办公室主任杨居让，陕西师范大学历史文化学院教授贾二强分别做题为“陕西省古籍保护工作现状及趋势”和“古籍版本与珍贵古籍名录”的专题报告。会议期间，与会代表参观陕西师范大学图书馆馆藏古籍珍品。（西安交通大学图书馆　安嘉璐　张惠君）

【高职院校图书馆馆长年会召开】 11月25日，由陕西省高校图工委主办、西安铁路职业技术学院图书馆承办的2016陕西省高职高专院校图书馆馆长年会暨图书馆工作研讨会在西安铁路职业技术学院港务校区召开。来自全省30多所高职高专及相关院校的50余名馆领导、专家学者参加会议。西安铁路职业技术学院副院长邓耀斌出席会议，陕西高校图工委张惠君秘书长致开幕词。会议安排4个专题报告：宁波大学园区图书馆原馆长颜务林的“数字图书馆发展与创新”，西北大学图书馆研究馆员雷震的“《普通高等学校图书馆规程》解读”，西安电子科技大学图书馆副馆长黄小强的“新《规程》与‘十三五’规划”，陕西科技大学图书馆信息部主任周育红的“RFID技术在图书馆的实施及应用”。（西安交通大学图书馆　安嘉璐　张惠君）

【2016年陕西省高等学校图书情报工作会议召开】　12月9日，2016年陕西省高等学校图书情报工作会议在西北工业大学友谊校区召开。来自全省76所高校图书馆的120多位馆领导参会，会议主题为“以服务求生存，以创新求发展”。此次会议由陕西省高校图工委主办，西北工业大学图书馆承办。西北工业大学副校长张卫红教授出席会议并致辞。省高校图工委副主任委员、西安交通大学图书馆馆长王元教授代表省高校图工委做工作报告，对图工委2016年工作进行总结和回顾，通报2017年工作安排。会议邀请同济大学图书馆党委书记慎金花、浙江大学图书馆副馆长黄晨做题为“聘任、考核与激励——图书馆人力资源建设与管理”“从数字图书馆到知识空间——基于CADAL资源的数字人文合作”的专题报告。在服务与创新经验交流环节，西安交通大学图书馆馆长助理张惠君、陕西师范大学图书馆副馆长田向阳、宝鸡文理学院图书馆副馆长刘林魁、西北工业大学图书馆副馆长李辉分别做题为“高校图书馆主题空间建设实践与思考”“创新服务模式，助力学科建设”“在路上——宝鸡文理学院图书馆2016年工作经验交流”“以信息分析为核心的学科服务”的报告。省高校图工委副主任委员、西安电子科技大学图书馆馆长卢朝阳作大会总结。（西安交通大学图书馆　安嘉璐　张惠君）

【读者服务案例展示交流会举办】　12月15日，由陕西省高校图工委主办、陕西科技大学图书馆承办的第四届陕西高校图书馆馆员读者服务典型案例展示交流会在陕西科技大学图书馆举行，省内46家高校图书馆和部分公共图书馆的220名馆员参加。此次活动共收到28家图书馆的78个案例，经初评选出45个案例参加交流竞赛。根据提交案例的内容，比赛分为流通服务、为人找书、文献查找与参考咨询服务、特色服务、读者教育与学科服务、阅读推广等6个单元，依次进行。评奖采用专家投票方法。专家组由16位高校图书馆馆领导和资深专家共同组成，采用不记名投票方式，最终评选出26个优秀案例并颁发荣誉证书。西安交通大学图书馆副馆长、读者服务工作组组长强自力做会议总结。（西安交通大学图书馆　安嘉璐　张惠君）

甘肃省

【概况】　截至2016年年底，甘肃省共有各类高等学校图书馆44所，其中普通本科院校图书馆17所、独立院校图书馆4所、高职高专院校图书馆23所。馆舍面积持续扩大。陇南师范高等专科学校图书馆建成并投入使用，建筑面积2.7万平方米。甘肃中医药大学新校区图书馆、陇东学院、兰州工业学院、武威职业学院等4所图书馆的新馆正在建设中。17所图书馆馆舍总面积63.58万平方米，馆均面积3.74万平方米，馆舍面积接近或超过5万平方米的有兰州大学、西北民族大学、兰州财经大学3所图书馆。12所图书馆阅览座席35916个，馆均2993个。

人员素质不断提高。21所图书馆共有员工1231人。其中女员工859人，占总数的69.8%；男员工372人，占30.2%。在编员工709人，占57.6%；聘用员工占42.4%。年龄结构：30岁以下员工95人，占7.7%；30—39岁246人，占19.98%；40—49岁425人，占34.53%；50岁以上343人，占27.86%。40岁以上的员工合计占62.39%，整体年龄偏大。学历结构：博士14人，占1.14%；硕士212人，占17.22%；本科474人，占38.51%；大专205人，占16.65%；大专以下254人，占20.63%。本科学历员工是甘肃省高校图书馆的主力。职称结构：正高级27人，占2.19%；副高级187人，占15.19%；中级314人，占25.51%；初级394人，32.01%；有25.10%的行政和聘用人员没有专业技术职称。2011—2016年6年间，21所高校图书馆共新增员工279人，其中博士学位4人、硕士学位87人，两者合计占新增人数的32.6%，其他人员占67.4%；图书情报专业11人占3.9%，计算机信息科学专业20人占7.2%，与本校专业相关119人占42.7%，其他专业89人占31.9%。从上述结构可以看出，图书情报专业和副高级以上专业技术人员仍比较缺乏，外聘人员比例偏大。

图书馆科学研究能力不断提升。23所图书馆全年发表论文198篇，其中：期刊论文178篇，图书情报类论文149篇，会议论文18篇，核心期刊论文20篇，项目支持论文25篇。在研科研课题16项，其中国家级课题3项、厅局级1项、厅局级以下12项。完成结项的科研课题24项，其中省部级7项、厅局级3项、厅局级以下14项。出版专著18部。16所图书馆获得科研奖励40项，其中省部级2项、厅局级13项、厅局级以下25项。综合发表论文、在研课题、结项课题、著作出版和科研获奖等各项统计，科学研究综合实力排在前三位的依次是兰州大学图书馆、西北民族大学图书馆和甘肃省委党校图书馆。

文献资源保障能力稳步提升。21所图书馆文献总量3858.17万册（件），其中纸质文献2354.68万册、电子图书1557.5万册、数据库482个。馆藏文献总量西北民族大学以380.82万册（种）居第一，河西学院、兰州大学、甘肃民族师范学院、兰州理工大学、兰州交通大学分列第二至五位。纸质文献总量兰州大学以275.67万册位居第一，兰州交通大学、西北民族大学、兰州理工大学、河西学院、西北师范大学分列第二至五位。电子图书总量甘肃民族师范学院以265.5万册位居第一位。数据库总量兰州大学以86个居首位。在古籍图书、特色文献资源建设方面，21所图书馆中，有11所收藏古籍图书，有11所收藏特色文献。其中兰州大学、西北师范大学和西北民族大学的古籍收藏量较大，分别为13万册、9.33万册和8万册，入选《国家珍贵古籍名录》数量分别为3种、23种和23种。各馆依据地域和学科优势，都建设有比较鲜明的特色文献，如兰州大学的“兰大文库”“西北边疆文献”，兰州交通大学的“土木工程”“交通运输”，兰州理工大学的“材料工程”“机械工程”，甘肃农业大学的“农史文献”，西北民族大学的“藏文古籍”等。另外，作为民族高校，西北民族大学和甘肃民族师范学院收藏有较多的少数民族文字图书，分别为8.41万册和3.71万册。

文献保障经费逐年增加，但仍存在不平衡和总体投入不足的情况。从纸质图书购置费来看，兰州大学、西北民族大学和天水师范学院经费比较稳定，每年保持在400万元左右，甘肃政法学院2016年纸质图书购置费达到732万元，而其他高校投入较少，与教育部本科教学审核评估要求的生均图书100册和年购置新书4册的合格标准差距还很大。17所图书馆2016年新增中文图书74.83万册、外文图书8274册，电子图书80.63万册（种），数据库251个。兰州大学拥有中外文数据库86个，2016年用于数据库购置和维护729万元。10所图书馆没有外文数据库，1所图书馆没有数据库。

图书馆服务水平不断提升。8所图书馆累计发放有效借书证14.68万个，馆均1.835万个；全年接待读者514.13万人次，外借书刊133.19万册次；每周开馆时间合计757小时，馆均94.625小时，其中兰州大学、兰州财经大学、兰州文理学院、甘肃政法学院4所图书馆达到周开馆100小时以上；全年举办读者活动575场次，其中讲座、报告会212场次，其他读者活动363场次，参与读者40.51万人次。读者活动包括读书分享会、各种展览、图书馆宣传视频、阅读之星评选等以鼓励深阅读、精阅读为主的各类活动。这8所图书馆积极开展由甘肃省图书馆学会每年组织举办的“全民阅读活动”，其中兰州大学“书香兰大”阅读节已连续举办10届，2016年组织举办18项阅读节系列活动；甘肃民族师范学院从4月1日开始，组织举办为期60天的以“书香校园一起阅读”为主题的“大学生阅读情况问卷调查”“寻找校园最美的读书身影”等系列活动。在文献传递与参考咨询服务方面，7所图书馆年解答咨询8689条，检索课题411项，编写情报研究报告等二三次文献18种。在新媒体服务方面，通过短信、彩信、网站、APP客户端与微信等，以在线咨询、E-Mail咨询、电话咨询、面对面咨询等形式，解答有关查收查引、服务项目、数据库使用及文献检索等咨询业务，完成资源需求提供与信息互动。（甘肃省图书馆学会　董隽）

【甘肃省高等学校图书情报工作委员会概况】 2016年，甘肃省高等学校图书情报工作委员会（以下简称甘肃省高校图工委）有成员馆37所。4月26—28日，组织召开“2016年甘肃省高校图工委委员馆馆长工作会议”，来自全省30所高校图书馆的馆长、业务工作负责人及数据库商代表共计60余人参加会议，与会代表对《普通高等学校图书馆规程》进行研讨。12月16日，召开“甘肃省高校图工委2016年年会”，总结甘肃省高校图工委2016年工作，报告2017年工作思路，70余名代表参会。9月13—14日，联合举办“第十届甘、青、宁新书看样订货会”，汇集展出国内100余家知名出版社新版学术及专业图书6.5万余种，来自甘青宁地区30余所高校图书馆的代表参加会议。

推进3C（CALIS/CASHL/CADAL）工作与馆际合作。兰州大学图书馆获教育部批准，正式成为CASHL西北区域中心，成为CASHL全国七个区域中心之一。该馆作为CALIS甘肃省中心和CASHL西北区域中心，大力加强3C的宣传和服务工作。参加宁夏高校图工委会议宣传CASHL服务，同时对陕西省高校图书馆进行调研并开展资源与服务培训，在线开展CASHL服务于特色文献资源建设情况调查。联合厦门大学图书馆开展历史学、宗教学、地理环境学科CASHL西北区域优惠活动。开展3C服务区域行，先后深入在兰州的6所高校图书馆进行调研。开展CADAL书目审核工作，同时，协办“大数据环境下图书馆创新服务研讨会”“新东方多媒体学习库资源建设研讨会暨新产品发布会”，承办“数字资源深度利用研讨会暨CALIS第十四届引进数据库培训周”等会议。完成高校图书馆数字资源采购联盟委托的“CELL PRESS 2014—2016年续订方案”谈判工作。由于成绩突出，兰州大学图书馆荣获CASHL管理中心颁发的“优质服务二等奖”“学科服务组织奖”和“宣传推广奖”。（甘肃省图书馆学会　董隽）

【“数字资源深度利用研讨会暨CALIS第十四届引进数据库培训周”在兰州大学举办】 5月10—13日，由中国高等教育文献保障系统（CALIS）、高校图书馆数字资源采购联盟（DRAA）联合主办，兰州大学图书馆承办的“数字资源深度利用研讨会暨CALIS第十四届引进数据库培训周”在兰州举办。来自CALIS管理中心和DRAA理事会的领导、嘉宾30余人，全国高校、科研机构图书馆的近500名代表，以及100余名数据出版商代表和观察员参加此次会议。兰州大学副校长安黎哲致开幕辞。此次会议分为两个部分。第一部分为数字资源深度利用研讨会，围绕“数字资源深度利用”的主题，共举行12场主题学术报告和20场数据库商专题报告。第二部分为28场数据库使用培训活动，包括引进数据库用户培训和座谈两种形式，各数据库商对用户订购的数据库平台进行详细介绍和使用培训，同时也对各数据库的发展动态和新产品进行了展示，并与代表共同讨论高校引进数据库集团采购工作的现状和发展方向。184位学员通过培训考试，其中16位获得优秀学员证书。闭幕式上，DRAA理事长、CALIS管理中心副主任、北京大学图书馆馆长朱强作总结发言。（甘肃省图书馆学会　张毅宏）

【兰州大学图书馆正式成为CASHL西北区域中心】 2016年，兰州大学图书馆收到CASHL管理中心通知，获教育部批准正式成为CASHL西北区域中心。该馆于2004年成为CASHL管理中心下属的首批学科中心之一，按照CASHL中心要求，行使按学科特点规划、收藏民族学纸本及电子资源并提供相关服务之责。2006年开始受任西北区域中心（代行），协助CASHL管理中心进行资源的整体规划、建设和服务工作，收藏、保存民族学等学科印本期刊和电子资源，提供本校外文人文社科期刊馆藏数据，维护本地文献传递服务系统，以西北五省区和兰州大学为重点开展培训、宣传、文献检索和原文提供等服务，同时配合CASHL管理中心为全国高校提供服务并进行相关评估。该馆将以此为契机，不断提高CASHL服务能力，围绕国家“建设中国特色新型智库”和兰州大学人文社会科学优势特色学科建设，打造具有“丝绸之路和西北边疆文献中心”功能和提供全国服务保障的西北人文社会科学文献信息资源共享平台。（甘肃省图书馆学会　张毅宏）

【第六届全国高校科技查新研讨会在兰州大学召开】 6月23日，由吉林大学和兰州大学共同举办的第六届全国高校科技查新研讨会在兰州大学召开。教育部科技发展中心副主任周静，兰州大学副校长安黎哲，教育部资深查新专家、吉林大学科技查新中心主任张柏秋等多名专家出席会议，94 所高校的近 200 名查新工作人员参加此次研讨会。周静做题为“拓宽查新视野，助力创新发展”的报告。兰州大学、上海海事大学、北京交通大学、安徽医科大学、福州大学、宁波大学、盐城工学院等 7 所高校分别介绍各自查新站服务开展情况，探讨存在的问题。（甘肃省图书馆学会　张毅宏）

【兰州大学图书馆古籍保护工作取得阶段性成果】 2016 年 5 月，文化部公布第五批《国家珍贵古籍名录》，兰州大学图书馆有 2 部古籍入选，分别为明嘉靖刻本《鸟鼠山人小集十六卷》、明嘉靖二十八年（1549）文斗山堂刻本《唐雅八卷》（著者均为明代秦安籍士子胡缵宗）。至此，兰州大学图书馆共有 3 部古籍入选《国家珍贵古籍名录》，明隆庆五年（1571）刻本《续资治通鉴六十四卷》（明王宗沐撰）已于 2010 年入选第三批。2016 年 10 月，《兰州大学图书馆古籍普查登记目录》由国家图书馆出版社出版，书中著录图书馆及文学、历史两分馆所藏 1912 年（不含）以前古籍共 2885 部。依照相关出版规则，兰州大学、西北师范大学、甘肃农业大学和兰州文理学院 4 所高校的图书馆古籍普查登记目录合册出版，总书名为《甘肃省四家高校图书馆古籍普查登记目录》。（甘肃省图书馆学会　张毅宏）

青海省

【青海大学昆仑学院图书馆为大通县逊让乡麻什藏村捐赠图书】 6 月 4 日，青海大学昆仑学院图书馆组织开展“共享书香　爱心传递”图书捐赠活动。活动中，为青海省贫困地区大通县逊让乡麻什藏村捐赠图书 263 册，价值达 5700 元。此次捐赠活动，受到麻什藏村村民们的欢迎。捐赠仪式上，同学们献上自己精心编排的节目，以自己热忱的爱心带给村民们快乐。青海经视频道对此活动进行报道。（青海大学昆仑学院图书馆　蔡洪涛）

【青海师范大学图书馆为青海省农牧区县级图书馆和基层“农家书屋”开展培训服务】 2016 年，青海师范大学图书馆“三区”文化援助服务团队继续走进门源、祁连、大通县、西宁市城东区，为农（牧）家书屋管理员进行业务培训。通过文化援助活动，使受培训的中小学图书管理员、乡镇综合文化站管理员及农家书屋管理员较熟练地掌握图书馆（室）、农家书屋及文化站的业务工作流程和工作规范，提高他们的基本业务素质和实际操作能力，拓宽地方高校图书馆为基层图书馆服务的范围。（青海师范大学图书馆　王琳）

【青海民族大学图书馆走访慰问贫困户】 为使扶贫工作落到实处，4 月 11 日，青海民族大学图书馆馆长那成英带领班子成员及各部主任前往民和县甘沟乡东山村扶贫点，与村“两委”班子部分成员进行对接，深入调研详细了解相关情况，并逐一走访慰问了 9 家贫困户。通过询问交谈，了解贫困户的生活、家庭和致贫原因。经调查了解，9 家贫困户中，大部分因病致贫，其次是家中无劳动能力，因无水源，自然条件差，没有经济收入。此次调研，为下一步制订帮扶方案，实行定人、定责，建立工作基础台账，推动全体馆员开展认亲帮户奠定基础，确保精准扶贫工作落到实处。（青海民族大学图书馆　樊志峰）

【青海卫生职业技术学院图书馆开展对社会开放服务实践活动】 5 月 4 日起，青海卫生职业技术学院图书馆本着“服务管理双创新”的理念，发挥信息资源优势和专业服务优势，积极参与资源共建共享，调整图书馆服务策略，开展对社会开放服务实践活动。“对外开放”服务期间，图书馆吸引不少教职工、学生、离退休人员、师生家属及周边单位职工。连续一个月，图书馆可以用“人满为患”来形容。广大读者朋友纷纷来图书馆电子阅览室上网查资料、在移动数字图书馆上扫二维码下载电子图书、在报刊阅览室自习，尽享青海卫生职业技术学院图书馆的资源和服务。（青海卫生职业技术学院　赵青杏）

宁夏回族自治区

【宁夏大学举办“超星杯”《我眼中的图书馆》微视频大赛】 4 月 23 日“世界读书日”当天，宁夏大学“超星杯”《我眼中的图书馆》微视频大赛颁奖大会在文萃校区第二图书馆举行。此次大赛由宁夏大学图书馆与宁夏大学团委联合举办，共收到来自14个学院、中卫校区以及图书馆的微视频作品81部。大赛最终评出获奖作品18部，其中一等奖1部、二等奖7部、三等奖10部。馆长蔡永贵、书记李树泮、学校团委书记王彦庚、副馆长张红燕、门建新等参加了颁奖大会。颁奖大会上，蔡永贵做主题发言。王彦庚宣读微视频作品获奖名单。新闻传播学院的学生代表获奖者发表获奖感言。李树泮最后做总结发言。（宁夏大学图书馆）

【宁夏医科大学图书馆开展第21个"世界读书日"系列活动】 在第21个"世界读书日"期间，图书馆组织开展以"品读、感悟、探究、分享"为主题的征文、庆祝建党九十五周年与长征胜利八十周年专题书展以及新书推荐等系列活动。此次活动由征文活动拉开序幕，广大读者积极参与、踊跃来稿，读后感、散文、诗歌、评论等不同题材的佳作不断涌现。专题书展集中展出庆祝建党九十五周年与长征胜利八十周年的图书150余种、新书300余种，吸引大量读者参观。此次"世界读书日"系列活动，突出活动主题，采取贴近读者的方式，让读者在参与中感受阅读的魅力，分享读书与写作的乐趣。（宁夏医科大学图书馆）

【北方民族大学举办世界读书日系列活动】 4月中旬—5月，根据北方民族大学第九届校园文化艺术节组委会的统一安排和部署，校党委学工部、图书馆、校团委和校学生会联合举办"4·23"世界读书日系列活动。此次活动以"点燃读书激情，共建书香校园"为主题，包括读书报告会、"迷'图'知返"超期违规免罚、唤醒沉睡的借阅卡、民族类专题书展、数据库系列培训讲座、2015年度"优秀读者"评选、"4·23"世界读书日活动颁奖仪式暨读者座谈会、"爱我祖国、兴我中华"读书演讲比赛以及提高英语学习能力讲座等丰富内容。（北方民族大学图书馆）

【宁夏师范学院图书馆举办首届3E英语口语大赛】 6月23日，由宁夏师范学院图书馆联合外国语学院共同举办的"首届宁夏师范学院3E英语口语大赛"落下帷幕。此次活动历时一个月，共有300多名学生报名参赛，20名学生获奖。外国语学院和图书馆的领导参加颁奖仪式并为获奖学生颁奖。组织者依托3E第三代智能语音分析技术和互联网实时高效的特点，将比赛完全移植到互联网上，通过在线比赛做到实时评分，使比赛公平、公正。此次比赛的举行，推进"书香宁师"的建设，提升电子资源使用率，加强学生的英语口语表达能力，更好地展现新时代下数字化、网络化等图书馆新型服务方式。（宁夏师范学院图书馆）

新疆维吾尔自治区

【新疆大学图书馆概况】 新疆大学图书馆拥有校本部图书馆和南、北校区2个图书馆分馆，建筑总面积为5万多平方米。现有借阅厅、阅览室、自习厅共30个，阅览座位3000多个，3个校区图书馆各有1个电子阅览室，平均每周开放时间91小时。现有工作人员91人，分别由汉、维吾尔、哈萨克、乌孜别克、满等民族组成，其中正高级职称2人、副高级职称21人、中级职称33人。

截至2016年年底，各类馆藏文献资源总量达到346万余册，其中纸本200.2万册，中外文报刊13.6万册，电子文献132.8万册；数据库95个，其中订购数据库84个，自建数据库11个；建立学科导航10个。文献资源涵盖人文社会科学和理工科学的所有学科门类，覆盖新疆大学所有学科专业。馆藏文献中，现代版新疆少数民族文种（维吾尔文、哈萨克文、柯尔克孜文、乌孜别克文、蒙古文、满文等）文献1.69万余种16万余册；古籍文献25万册，其中明、清善本1.4万册；民国书刊4万册；新疆地方文献2万余册。古籍与民国线装书是该馆最重要的馆藏之一，总量达17万余册（其中善本古籍533种1.4万余册），名列新疆高校之首。2008年以来，馆藏元刻明弘治正德嘉靖递修本《资治通鉴》二百九十四卷、明成化九年（1473）内府刻本《资治通鉴纲目》五十九卷等19种古籍入选《国家珍贵古籍名录》。民文古籍300余种（包括察合台文、波斯文和阿拉伯文古籍），察合台文契约文书700余张，其中五卷本《诗（Xemse）》和四卷本《诗集（Chahar Divan）》等察合台文文献、契约文书以及用波斯文和阿拉伯文等文种抄写的古籍文献为该馆所特藏。

新疆大学图书馆设有自治区高校图书情报工

作指导委员会秘书处、CALIS（中国高等教育文献保障系统）新疆管理中心和文理工信息服务中心、教育部理工科科技查新工作站、自治区专利信息中心等部门。（新疆大学图书馆　韩延彬）

【阿不来提·阿不都热西提向新疆大学图书馆捐赠图书】 6月28日，原中共中央委员、全国政协原副主席阿不来提·阿不都热西提捐赠图书仪式在新疆大学图书馆举行。阿不来提·阿不都热西提将自己珍藏的2300余本珍贵图书捐赠给新疆大学图书馆，这批藏书品种丰富，兼顾文史、古今、中外，且部分图书还填补了馆藏空白。为更好地发挥捐赠图书的作用，该馆专门设立“特藏室”保存这批文献。（新疆大学图书馆　韩延彬）

【教育部副部长朱之文视察新疆师范大学图书馆】 9月11日，教育部副部长朱之文及相关司司长、处长等一行7人来到新疆师范大学温泉校区进行考察调研和指导工作。朱之文实地考察温泉校区图书馆现代化智能图书管理系统，了解图书馆运行情况。在黄文弼特藏馆，听取文学院负责同志的相关介绍，并对学校在各方面取得的成绩给予充分肯定，希望其再接再厉，为服务新疆的社会稳定和长治久安贡献更大力量。（新疆师范大学图书馆　林宏磊）

【新疆医科大学图书馆概况】 2016年，新疆医科大学图书馆全年接待到馆读者13万余人次，移动图书馆新增用户2844人，总点击量达1457万次，借还总量为22.3万册，其中电子图书借阅量6.45万余册，借阅率比去年提高8.28%，通借通还借阅总量比去年提高14%；数据库登录41.77万人次，下载及传递文献134.37万篇，比去年提高10%；举办馆内数据库推介讲座25场，开设不同主题图书专架7个；图书馆微信订阅号和微信服务号用户达9436余人，通过微信进行续借及常见问题回复4.55万人次，比去年增加52.98%；完成查新报告中外文500余篇，成果鉴定40余份，论文认定报告中外文6000余篇。

馆藏纸质图书162.2万余册，中文现刊1331种，报纸58种，工具书8183册，外文书5.37万册；已订购44个中、外文数据库（中文25个、外文19个）；订购中文电子期刊9614种（收藏年限可以追溯到1911年），外文电子期刊3485种（收藏年限可以追溯到1879年）；购置中文电子图书14.78万种，外文电子图书6919种；通过“超星读秀”“超星百链图书馆”及新疆医科大学移动数字图书馆，可获取5万余种期刊、330万种电子图书、400余种报纸及大量的视频、音频等资源。该馆还与CALIS新疆管理中心共建共享电子图书10.7万册、视频资源2108集。另外与相关院系（如维吾尔医学院等）、科室建立相应联系，发送书目供专业人员挑选，同时实地走访与“你选书、我买单”活动相结合，突出重点学科、特色学科文献资源建设。

教学方面，文献检索教研室挂靠在图书馆信息部，目前共开设3门课程：文献检索与文献分析、医学信息检索和信息组织，承担研究生及本科生约40个班级近2000学时的课程教学任务。（新疆医科大学图书馆　戴哲）

【CALIS全国高校医学图书馆2017年学术年会在新疆医科大学召开】 6月13日，本次会议在新疆医科大学图书馆举行。会议由CALIS全国医学中心（北京大学医学图书馆）主办，新疆医科大学图书馆承办，来自全国各地及天山南北的41所高校图书馆近100名馆长和部门负责人参加。会议围绕高校图书馆的转型与变革、学科服务与科研管理、科技创新评价与决策支持、资源建设与阅读推广、信息素养教育等内容，以专题报告和馆长论坛交流的方式展开，收效甚佳。（新疆医科大学图书馆　戴哲）

【新疆医科大学图书馆成立丝绸之路医学信息研究所】 6月15日，为更好地服务于国家“一带一路”战略构想，打造新疆特色医学信息智库，新疆医科大学图书馆成立“丝绸之路医学信息研究所”，并特地邀请中国医学科学院医学信息研究所副所长唐小利教授一行3人前来指导交流。此次交流研讨为后续医学信息服务工作奠定基础，从而更好地满足疆内读者服务需求，打造丝绸之路经济带上的医学信息服务中心。（新疆医科大学图书馆　戴哲）

【伊犁师范学院图书馆为喀什泽普县喀拉尤

勒滚村捐赠图书】 8月20日，伊犁师范学院图书馆直属党支部书记王皓代表学校向“访惠聚”工作组喀什地区泽普县依玛乡16村和12村捐赠价值13000余元的维吾尔语图书，内容涵盖农业技术、科普知识、文学类、少儿读物等方面。此次捐书活动旨在倡导村民多读书，读好书，通过读书丰富自身知识，达到扶贫先扶智的目的，同时学习和掌握适合农村经济发展的科学技术，助力脱贫。（新疆维吾尔自治区图书馆　赵燕）

【喀什大学图书馆概况】 喀什大学原名喀什师范学院，其图书馆是在1962年学校成立时从原新疆师范学院及新疆大学抽调部分工作人员和图书资料建立的。2015年，教育部批准将喀什师范学院更名为喀什大学。新疆维吾尔自治区主席雪克来提·扎克尔出席揭牌仪式，并寄语喀什大学：要为南疆地区乃至全疆培养“靠得住、下得去、用得上、留得住”的各类人才。经过50多年的发展，该馆现有新、老两馆，总建筑面积1.9万平方米，阅览座位2050个。馆藏各类图书114万册，电子图书30万种；订有中、外文报刊1266种，过刊合订本8万余册；订购CNKI、万方、Springer、EBSCO、维普等数据库15个。（新疆维吾尔自治区图书馆　赵燕）

党校图书馆

【中央党校图书馆概况】 中央党校图书馆的前身是1933年在江西省瑞金县建立的中央苏区马克思共产主义学校图书资料室。80多年来，随着党校教育事业的发展，已成为一个具有多学科、多层次、多功能的社会科学专业图书馆，主要收藏马克思主义理论文献、社会科学文献，是全国党校系统的文献信息中心。现有印刷型中外文图书、报刊合订本35万种、135万册（件）。其中，马克思列宁主义、哲学、中共党史、党的建设等重点学科文献和地方志文献的收藏居全国前列。

图书馆购买、获赠20多个大型数据库资源或网络使用权，拥有数字化中文图书220多万种（册），其中100万册可以直接阅读全文；数字化中文期刊5000余种、中文报纸600余种。可检索社科类中文数字全文文献2260多万篇，学位论文150万篇，会议论文80万篇；自建数据约20万条。这些数字资源在校园网内免费向中央党校学员和教研人员提供在线阅读和下载服务。2016年，紧扣“四大专题数据库”主题，购买24610册可镜像到本地并永久使用的电子图书（23410册中文电子书、1200册外文电子书），涵盖哲学、经济、政治、法律、科社、党史党建等主要相关学科。收集整理全年中央党校教师讲稿、中央党校案例教学、中央党校研讨式教学等材料940册，在确保保密的前提下完成数字化加工。制定数字资源共建共享的标准，统一加工数据和采购数据标准，着手数字资源共建共享平台建设。

结合党性教育主题，组织人员前往江西省委党校、井冈山干部学院、瑞金市委党校等地调研红色资源资料整理研究情况，编写《红色资料选编》第1—2期，于年底印发至全校学员和教员。组织编写《信仰——革命烈士诗文精选》一书，精选中国近现代史上著名革命烈士具有代表性和教育意义的文章、诗文、家书等，全书共计约26万字，拟于2017年年底由中央党校出版社出版。

逐步建立古籍普查、修复、保护、研究等多位一体的管理体系，做好文化传承工作。配合文化部全国古籍普查登记工作，抽调专人并招募相关专业研究生开展古籍普查登记。现已完成90%馆藏古籍的登记著录，共计6351部。参与全国可移动文物普查。按照国家文物局的工作要求，普查1949年前馆藏文献。现已完成部分馆藏中文旧号书、中华人民共和国成立前报刊、民国时期线装书等的数据采集，已登记上传可移动文物143449套/293155件。基于多方考察、调研和比较，策划起草中央党校图书馆古籍典藏保护方案，现已初步完成执行方案的制定和预算的编制。有计划、有针对性地对古籍书画开展抢救性修复。聘请故宫博物院专家组成修复团队，完成3幅破损严重古画的修复工作。

完成图书馆自动化系统从ilas系统向图创Interlib系统的更换。开通配套的微服务大厅，读者可在手机移动端上远程办理图书查询、预约、续借、读者证绑定与挂失、个人信息和借阅历史查询等手续。开通数字资源远程访问服务，读者可在中央党校局域网外通过网站或微信访问图书馆馆藏电子资源，为读者提供便利并切实提高资源使用率。截至2016年年底，读者在校外登录 4508 人次，资源点击 536068 次，资源下载量 43185.44MB。

全年编辑出版《党政干部参考》24 期，通过微信公众号、网站、展板等多种渠道加大宣传与发行力度，进一步扩大社会影响力。召开以"刊物转型:影响力扩大路径与展望"为主题的研讨会，邀请部分副省级以上党校杂志社的编辑部主任、主编代表参会，深入研讨传统党校纸媒的转型路径。深入推进与党校系统刊物的合作和交流，不断完善作者库，使党校刊物的业务交流成为常态。编辑《网文参阅》《网上动态》《中央党校舆情专报》3 个内刊，为领导提供内部资料参考。

优化组织机构设置，理顺工作职能划分。2016 年，按照"读者服务""数字资源建设"和"文化服务与创新"三大板块，由 10 个编制内处室和 1 个编制外内设机构精简至 7 个处室。正式在编工作人员 40 人，其中男 11 人、女 29 人；党员 31 人；行政人员 15 人，专业技术人员 25 人；正高职称 2 人，副高职称 14 人，中级职称 8 人。（中国图书馆学会党校图书馆分会　夏媛）

【召开全国党校系统图书馆工作会议】 7 月 19—20 日，全国党校系统图书馆工作会议在中央党校召开。此次会议旨在全面贯彻落实全国党校工作会议精神，凝聚全国党校图书馆发展共识，推动全国党校系统图书馆转型发展。中央党校常务副校长何毅亭出席会议并做"加快党校图书馆转型发展"重要讲话，副校长赵长茂就党校系统图书馆数字资源建设工作做"凝心聚力开拓创新"主题报告。会议为新时期下党校图书馆的事业发展指明方向。会议提出，党校图书馆要建成高举党校姓党旗帜、以读者为中心、以满足教学科研需要为目标、服务主业主课的现代图书馆，同时要在"十三五"时期建设"马克思主义理论教育专题数据库""习近平总书记系列重要讲话精神专题数据库""领导干部党性修养专题数据库""新型高端智库建设专题数据库"四大专题数据库。（中国图书馆学会党校图书馆分会　夏媛）

【召开西北地区党校图书馆工作协调推进会议暨甘肃省党校系统图书馆工作会议】 10 月 21—22 日，西北地区党校图书馆工作协调推进会议暨甘肃省党校系统图书馆工作会议在甘肃省委党校召开。中央党校图书馆馆长郝永平、甘肃省委党校常务副校长范鹏出席会议，来自西北地区各省级、副省级党校和甘肃省各市、州委党校分管图书馆工作的负责人共 60 余人参加会议。会议交流西北地区党校图书馆的基本情况、取得的成绩、存在的困难与问题，重点讨论西北地区党校图书馆贯彻落实全国党校系统图书馆工作会议精神的基本思路和具体措施；交流总结甘肃省党校系统图书馆建设、发展的基本情况，研究讨论全省党校系统图书馆数字资源共建共享的有关事宜。（中国图书馆学会党校图书馆分会　鲜鹏）

【中央党校图书馆完善图书馆顶层设计】 为指导全国党校系统图书馆更快转型、更好发展，中央党校图书馆根据党校事业发展的新形势新任务，设立专项课题组，起草《关于进一步发挥党校图书馆功能的若干意见》《全国党校系统图书馆数字资源建设规划（2016—2020 年）》，修订《党校图书馆工作规程》。其中，《若干意见》和《数字资源建设规划》分别以"中校发〔2016〕37 号""中校发〔2016〕38 号"印发，《党校图书馆工作规程》以"中校厅发〔2016〕17 号"印发全国副省级以上党校图书馆。3 个文件明确新形势下党校图书馆建设的基本定位与具体目标，对图书馆转型发展工作做整体规划与全面部署。（中国图书馆学会党校图书馆分会　夏媛）

【中央党校图书馆加强全国党校系统图书馆数字资源建设】 10 月 27 日，在天津市委党校召开"四大专题数据库"建设专题会议，研讨《全国党校系统图书馆"四大专题数据库"建设实施方案》和《全国党校系统数字资源建设技术标准规范》。其中的实施方案是根据《全国党校系统图书馆数字资源建设规划（2016—2020 年）》而进一步细化的实施细则，对数据库建设方式、经费、进度提出具体要求，对人员培训和考核工作做出整体部署。会议审议并通过这两个文件，明确"十三五"期间党校系统图书馆数字资源共建共享的任务书、路线图和时间表。此外，还相继制定印发《"四大专题数据库"标准规范应用及说明》《"四大专题数据库"数字化加工流程》《"四大专题数据库"图书及期刊类型、规格及加工要求》等技术指导性文件，明确统一的纸质资源加工规格、数字图书馆元数据应用规范、数字资源唯一标识规范，着力推进全国党校系统图书馆数字资源建设标准化、规范化、科学化。（中国图书馆学会党校图书馆分会　夏媛）

【中央党校图书馆完成“三大文库”评估验收】 2016年，完成全国党校“三大文库”评估、验收和表彰工作。秉持公平、公正、公开的原则，中央党校图书馆成立评估工作小组，制定详细的、精准的评估标准，先后召开两次专家评审会和数次评估工作小组会议，完成对全国党校系统图书馆承建“三大文库”子库、子课题项目的评估验收工作。评选出26个数字资源建设优秀成果奖、10个数字资源建设优秀组织奖、8个数字资源建设进步奖以及2个数字资源建设特别奖，表彰决定以“中校厅发〔2016〕18号”文件印发。（中国图书馆学会党校图书馆分会　夏媛）

【中央党校图书馆加强读者服务】 2016年，全年共接待读者约2.4万人次，借还图书、报刊2.8万册次。先后接待来访参观人员约60人。针对读者个性化需求，全面宣传推介服务内容。编印《中央党校图书馆利用与服务指南》；利用图书馆微信公众号推出栏目介绍，访问次数7.8万余次，关注公众号的读者人数已达2800余人；先后制作各类专题展板和文化活动宣传海报共33期，开展全方位、立体式宣传。

主动推荐文献资源。全年编制《新书通报》5期、《入藏新书推荐》1期，送各教研部、教务部、科研部、进修部、培训部等部门，便于学员和教员获知新书信息。调整期刊阅览室开放时间与管理模式。在原有基础上融入研究生自主管理方式，满足研究生对学习借阅的个性化需求。合理调整工作流程，确保文献采编及时、科学、高效。根据机构调整需要，调整文献采编流程。成立资源建设工作小组，加强文献采购的审核与把关。实行图书采编、流通、典藏一体化，开展图书编目的外包服务合作。

依据党和国家大政方针与社会焦点、党校教学布局安排和出版市场情况，结合读者建议与教师推荐，合理使用经费采购纸质文献和电子资源，全年共支出482万元。其中：采购中文图书4886种/13497册，订购中文报纸128种/167份、中文期刊1269种/2104份、外文报刊15种，购买电子图书24610册（中文电子书23410册、外文电子书1200册），续订和新购商业数据库10个。实施馆藏普查和借阅统计等多种措施，提高资源使用效益。（中国图书馆学会党校图书馆分会　夏媛）

【中央党校图书馆开展常态化舆情监测】 2016年，全面修订《网文参阅》《网上动态》和《中央党校舆情专报》3个内刊的编辑规范，进一步提升杂志编辑、审核、管理的制度化与科学化水平，努力为党校教学科研提供高质量、有价值的文献参考与信息服务。编辑《网上动态》20期，全面反映中央党校教师的言论观点。编辑《中央党校舆情专报》4期，反映外界关于中央党校的评论信息以及地方党校的重大情况等。改版《网文参阅》，增强选题的新颖性与实效性；全年编辑20期，每期都聚焦一个重大理论或现实问题，先后推送“G20峰会”“长征精神”“张林之争”“楼市调控”“十八届六中全会”“美国大选”“韩国政局”等专题信息资料；进一步扩大发放范围至直属单位领导班子成员、一级岗教授和七部两院教研室主任参阅，每期印发200份。（中国图书馆学会党校图书馆分会　夏媛）

【中央党校图书馆建设中国干部学习网】 2016年，坚持党校姓党原则，加强中国干部学习网内容建设的政治把关，规范合作监管。开创一系列内容有时效、形式有创新的专题栏目，包括“开启从严治党新局面——聚焦十八届六中全会”“复兴路　中国梦——纪念中国共产党成立95周年”“开好局　起好步——聚焦2016年全国两会”等专题；全年更新数据16万条，其中文章156049篇、视频397部、图片23500张、知识地图118部；发表原创文章343篇，多次被网信办全网转载。将“学习中国”APP内容扩至16板块，全年注册用户410万，用户下载量超过700万次，已成为创新党的理论宣传和学习方式的重要阵地。加强网站建设中存在的政治风险和对外合作风险的防控，要求做好各类重大公开活动的审批和备案工作；制定《中国干部学习网对外联系管理办法》，形成定期召开联席会议机制，对网站的对外合作进行严格审批、管理和监督。（中国图书馆学会党校图书馆分会　夏媛）

【中央党校图书馆协同推进文化展演活动】 2016年，全年举办文化展览和演出30场，取得良好效果，进一步提升校园文化活动的水平。文化展演工作呈现三个特点：一是主题鲜明、内涵深刻。围绕"两学一做"学习教育、学习贯彻习总书记系列重要讲话精神、宣传国家"一带一路"战略、庆祝重大纪念日、优秀传统文化展示等五个主题模块甄选好剧力作，并组织学员观看主题展演活动，提高意识形态宣传和党性教育成效。二是严格把关、优选精品。加强对文化展演活动质量和水平的把控，在组织的16场演出剧目中，获中国文化艺术政府奖"文华奖"剧目6部、"二十世纪华人舞蹈经典作品"1部、"二十世纪华人音乐经典作品"1部，文化部优秀保留剧目1部，入选2016"壹戏剧"大赏剧目1部，获国家艺术基金资助、国家级主创团队编创的剧目1部，反映国家级非物质文化遗产作品优秀1部，获奖剧目占全年演出总剧目的60%。三是形式多样、内容丰富。文艺演出中，有音乐情景剧、芭蕾舞剧、情境演唱会、大型声乐套曲、地方戏曲、音乐会各1场，歌剧、舞剧、电影各2场，话剧4场；文化展览中，命题展、邀请展各1次、主题展6次、个人展3次。（中国图书馆学会党校图书馆分会　夏媛）

【2016年华东地区省级(副省级)党校行政学院系统信息化和图书馆科学发展合作会在福建龙岩召开】 12月2日，2016年华东地区省级（副省级）党校行政学院系统信息化和图书馆科学发展合作会在龙岩古田召开。会议主题是贯彻落实全国党校工作会议精神和省第十次党代会精神，推进党校行政学院信息化和图书馆创新发展、建设"智慧校院"、助推"校院姓党"。中央党校图书馆副馆长张学森、信息中心副巡视员高立民和国家行政学院信息技术部副主任夏红应邀莅会指导，福建省委党校院副校院长姜华在开幕式上致辞并做会议总结讲话，副校院长杜丕谦主持开幕式和闭幕式并代表校院作大会交流发言，龙岩市委副书记、市委党校校长何明华出席并致辞。华东地区六省一市省级（副省级）党校行政学院分管信息化和图书馆工作的校院领导与信息技术部门、图书馆的负责人参加会议。会议期间，与会代表围绕会议主题进行深入的探讨和交流，从不同角度介绍各党校信息化建设和图书馆工作的现状、做法以及未来发展的思路。（福建省委党校图书馆）

【四川省委党校图书馆概况】 2016年，图书馆在加强纸质文献资源建设之外，着力于数字图书馆建设，现有外购及自建数据库20余个，新增中文在线电子图书数据库、Wind资讯数据库、中国共产党思想理论资源数据库。因在全国党校系统图书馆"三大文库"建设中表现突出，获得中央党校办公厅颁发的"数字资源建设优秀组织奖"；承担建设的"5·12汶川特大地震抗震救灾专题数据库"及"邓小平理论研究专题数据库"获得"数字资源建设优秀成果奖"。举办四川党校行政学院系统图书馆工作会议，凝聚全省党校图书馆共识，明确工作重点。举办"4·23"世界读书日活动，为书香校院建设贡献力量。与国家行政学院出版社共同建设的"国正书吧"在馆内正式投入使用，书吧充分考虑读者的休闲阅读及学术交流需求，实现使用率和好评率双高。（四川省委党校图书馆　施静）

【四川省委党校图书馆举办"4·23"世界读书日系列活动】 4月22—28日，图书馆策划举办以"共建书香校院，同享读书之乐"为主题的系列活动，包括悦读与成长、好书相随、最美读书人、建馆献言、数字图书馆知与用、看片品书、书吧新体验等子活动，800余人次参与。通过包括"4·23"活动在内的一系列阅读推广方法的持续发力，"人人都是读书人，天天都是读书日"已成为四川省委党校的新时尚。此次读书活动得到包括四川卫视、四川电视台经济频道、《四川日报》、新华网、今日头条、国际在线、四川在线、四川新闻网等众多省内外媒体的关注和报道，大大提升活动的辐射面和影响力，展示四川省委党校浓厚的读书氛围和读书文化。（四川省委党校图书馆　施静）

【2016年四川党校行政学院系统图书馆工作会议在广安召开】 11月30日，2016年四川党校行政学院系统图书馆工作会议在广安召开。四川省委党校行政学院副校院长李章忠在会上讲话。会议传达全国党校系统图书馆工作会议精神和中央党校发布的《中共中央党校关于进一步发挥党校图书馆功能的若干意见》《党校图书馆工

作规程》《全国党校系统图书馆数字资源建设规划（2016—2020年）》等3个文件精神；选举产生四川省图书馆学会党校系统分会新一届委员会，四川省委党校行政学院图书馆馆长邓卫国被推选为主任。（四川省委党校图书馆　施静）

【国家行政学院实地调研青海省行政学院图书馆】 9月5—9日，国家行政学院副院长陈立带领督查评估组一行12人，就青海省行政学院（省委党校）贯彻落实《行政学院工作条例》情况进行督查评估。督察组在对该校图书馆进行实地调研时，对图书馆基础设施建设、数字图书馆建设提出指导意见。（青海省委党校图书馆　曹有禄）

军队院校图书馆

【概况】 2016年，军队院校图书馆积极贯彻落实习主席关于深化国防和军队建设改革重要战略思想，聚焦强军目标，培养能打仗打胜仗的新型军事人才，牢固确立院校教育“面向战场、面向部队、面向未来”的根本要求，紧跟院校教育教学改革的步伐，找准职能定位，明确使命任务。以院校教学、部队训练、机关决策信息需求为导向，以联建共享为动力，发挥“全军院校一个馆”的整体优势，与时俱进地推进信息服务改革创新。

完成“2110工程”三期项目建设。2016年是军队院校实施“2110工程”三期项目建设的最后一年。全军院校图书馆围绕“2110工程”三期重点项目建设规划，围绕各院校重点学科、新兴学科建设，大力加强文献资源建设。采集近年来公开和内部出版的中外文图书、教材、教学参考书、研究报告、期刊论文、学位论文、会议论文等类型文献信息，分别建成各具院校专业特色的文献数据库及特色专题数据库。各院校组织专家依据《军队“2110工程”建设验收评估指标体系》，对图书馆承建的建设项目进行验收。国防大学图书馆承建的特色军事专题数据库、空军指挥学院图书馆承建的“2110工程重点学科文献中心”等重点建设项目均受到专家组的一致好评，在服务院校教学改革、培养联合作战指挥人才方面取得显著的建设效益。

开展经典阅读推广活动。各馆积极开展具有浓郁军校特色的阅读推广活动。国防大学图书馆率先在全军院校创立国防大学“图书推介日”，开展以军事类图书为重点的好书推荐活动，在全军院校图书馆中产生极大反响。为纪念红军长征胜利80周年，多家图书馆开展红色经典导读。石家庄地区军队院校图书馆组织书展、视频荐书、书评等活动，向广大读者推介长征历史，颂扬长征精神。国防科技大学图书馆参加“湖南省高校图书馆经典阅读知识竞赛”并取得第三名，荣获二等奖。

信息素质教育取得明显成效。为强化联合作战指挥人员信息素养，各馆利用多种方式对新入学学员实施信息素质教育。国防大学图书馆利用学校组织的新学员开学典礼，集中对新入学学员实施数字图书馆信息资源介绍及使用教育。火箭军指挥学院图书馆对新入学班次学员进行全方位全覆盖的“图书馆第一课”授课。空军预警学院图书馆开展“奔跑吧，战友”信息检索知识大赛，在传播阅读理念、宣传特色品牌、推荐资源利用，不断提升我军中高级指挥人员信息素养方面取得显著成效。各院校读者利用图书馆的特色资源比前两年有大幅提升，大大超过图书馆专项评估要求的人均80件次的指标。

稳步推进联建共享工程与数字资源联合服务。一是按照“全军院校一个馆”的建设目标，各馆积极推进军队院校图书馆信息管理系统（简称MALIS系统）的应用与功能完善，使系统成为各馆整体服务能力提升的倍增器，成为军队信息化建设的重要基础设施。二是以国防大学图书馆为牵头单位，开展2016年度军队院校图书馆通用数字资源统一采购谈判活动。三是以国防科技大学图书馆为牵头单位，积极发挥CALIS军队院校文献信息服务中心职能作用，探索军地院校联合保障机制，促进军地图书馆资源融合共赢。（军队院校图书馆分会秘书处）

【军队院校图书馆开办多个学术讲坛】 2016年，国防大学图书馆不断深化“周六讲坛”学术交流活动，围绕党和国家政治安全、金融安全、网络安全、周边安全，以及军队体制编制调整改革中的军官培养、战区建设、重要方向军事斗争准备等热点问题、难点问题，共举办19场“周六讲坛”活动，受众达5000余人，影响力辐射到军内外。火箭军指挥学院图书馆采取“请进来，走出去”的方式，邀请军内外专家学者作客“知行讲坛”，围绕周边局势、导弹研发、空军建设、核潜艇、海上安全、读书方法、心理科学、身体训练等内容举办9场“知行讲坛”；与湖北省社会科学界联合会携手举办“荆楚讲坛”首进军校活动，组织读者前往湖北省图书馆参加“长江讲坛”活动。海军指挥学院图书馆开展“真人图书馆”活动，举办“蓝盾行动——海军第20批护航行动”等多场讲座，让读者与“真人图书”平等对话、无碍沟通，分享人生经历、治学理念和人生感悟。丰富多彩的学术讲坛活动达到汇集思想、拓展视野、启迪思维的目的。（国防大学图书馆　李莉　火箭军指挥学院图书馆　曹国强　海军指挥学院图书馆　蔡彤霞）

【国防大学首创“图书推介日”】 以4月23日“世界读书日”为契机，国防大学在全军院校首创“图书推介日”，并由图书馆承办首届“图书推介日”宣传活动。在发动全校人员参与好书推荐活动的基础上，图书馆对收集到的1800部好书推荐目录进行汇总统计，以推荐军事图书为重点，以公认性、学术性、经典性为评选标准，发布包括《精神》《新版军事战略思维》《战争论》《孙子兵法军官读本》《超限战》《战斗力解析》《心胜》《粟裕回忆录》等排位前30名的好书推荐排行总榜，以及由校首长、名师、教授、将校学员分别推荐的好书，在学校掀起“崇尚读书、分享好书”的热潮。同时，也填补社会上各类好书推荐榜单缺少军事类图书的空白，在宣传优秀军事图书、弘扬先进军事文化方面取得显著社会效益。（国防大学图书馆　傅亮）

【国防科技大学图书馆发挥CALIS军校中心作用】 2016年，国防科技大学图书馆充分发挥“CALIS军队院校文献信息服务中心”（简称“CALIS军校中心”）作用，利用国家高等教育文献保障体系的建设成果，不断丰富完善面向全军的科技文献信息服务系统，为军队院校全面提高科技创新能力和国际科技竞争能力提供优质高效的文献信息保障。目前，该中心已向全军60余所院校开展文献传递服务，传递的文献类型包括期刊、图书部分章节、学位论文、会议论文、科技报告、标准、专利文献等复印件或原文传递，学科范围以自然科学、工程技术及军事科学为主，兼顾人文社科等其他学科领域，满足率达98%。（国防科技大学图书馆　刘春林）

【陆军航空兵学院图书馆举办“我与图书馆”征文活动】 在4月23日“世界读书日”到来之际，陆军航空兵学院图书馆开展“我与图书馆”为主题的征文活动。征文活动围绕“我与图书馆之间的故事”“我心目中的图书馆”“我在图书馆学习的感受和经历”“我与数字图书馆”等角度展开，发动读者记述在图书馆的点点滴滴，分享各种美好的阅读体验，交流彼此的心灵感悟，达到传递正能量、引领阅读新风尚的目的。征文活动历时两个月，涌现出众多的优秀作品，共评出一等奖6名、二等奖8名、三等奖9名。6月23日下午，在图书馆学术报告厅举办“我与图书馆”征文评比颁奖典礼。此次征文活动丰富校园生活，营造读书氛围，同时也拉近图书馆与读者之间的距离，实现良性互动。（陆军航空兵学院图书馆　刘迎风）

【西安政治学院图书馆举办纪念红军长征胜利80周年珍贵历史文献展】 10月19日，“纪念红军长征胜利80周年珍贵历史文献展”在西安政治学院图书馆开展。此次展览集中展出20世纪30至40年代出版的反映红军长征的珍贵历史文献资料，其中图书41册、地图1幅、宣传画19幅。为加深广大官兵对长征的认识，增强展览效果，图书馆还制作长征历史宣传展板，采集反映长征全貌的权威纪录片，采用文献、图文与视频资料相结合的形式，共同体现长征这一史无前例、雄伟壮丽的英雄史诗。展览吸引院内外许多专家学者前来参观。（西安政治学院图书馆　张少宏）

【军事经济学院图书馆开展优质服务月活动】 11月21日—12月21日，军事经济学院图书馆举办以“资源有限，服务无限”为主题的优质服务月系列活动。活动内容包括：组织馆员业务知识考核业务练兵，考核包括理论知识考核和上机实践检索两个部分，涵盖信息资源建设与使用情况、读者服务、知识和信息服务、信息技术、图书馆业务管理系统等内容；开展科学利用图书馆资源宣传活动，举办新学员入馆教育讲座、毕业论文写作与文献检索讲座；举办“走进军校”新学员专题图书推荐；组织召开读者座谈会；开展“送资源上门”活动，为各教研室配送最新的与学科专业相关期刊，教研、任职系列资料，新书荐读系列资料等，同时整理一批最新期刊送到各学员队供学员阅读。通过系列活动，达到让全院师生了解图书馆、科学利用图书馆、加强图书馆与读者的沟通、推动图书馆工作人员的业务水平和图书馆读者服务质量进一步提升的目的。（军事经济学院图书馆　果青）

【军械工程学院图书馆开展微视频荐书活动】 6月28日，军械工程学院图书馆开展的历时一个月的“微观视界·放牧心灵”微视频荐书活动落下帷幕。期间共收到以营、连为单位选送的微视频作品9部。这些作品选取不同的拍摄视角，将军校生活与阅读体验结合在一起，用“微视频”的方式推荐读者心目中的好书。所推荐的图书题材广泛，包括诗歌、散文、影视文学、史书等，令人耳目一新。最终，微视频《苦难辉煌——从苦难走向辉煌》经全院读者投票，摘得“最具人气奖”。微视频荐书活动一改以往的读书活动均由图书馆主办、读者被动接受的旧理念，让读者充分参与进来，拉近图书馆与读者之间的距离。读者一致反映，图书通过这样的形式进行推荐，既活泼有趣又记忆深刻，效果良好。（军械工程学院图书馆　孙德强）

【装甲兵工程学院图书馆建立“粟裕大将藏书陈列室”】 5月16日，粟裕大将藏书捐赠仪式在装甲兵工程学院举行。粟裕大将的长子、原北京军区副司令粟戎生中将向院长徐航赠送粟裕大将的部分珍贵藏书。为保证和发掘藏书的文物价值、史料价值与完整性，图书馆作为藏书管理部门，根据学院首长和机关的要求，按专藏方式建立“粟裕大将藏书陈列室”。目前，陈列室收藏图书、照片等资料共计1599种1821册，其中包括粟戎生中将捐赠图书877种1073册，以及图书馆为方便读者研究收集的与粟裕大将相关的图书662种718册（含电子图书429种），照片30张。“八一”节当天，陈列室正式向读者开放。（装甲兵工程学院图书馆　牛庆银）

【海军指挥学院图书馆举办“学科专家咨询日”】 2016年，海军指挥学院图书馆围绕学校教学科研，跟踪重点学科建设，积极开展“学科专家咨询日”活动，搭建学术交流平台，促进教学员间的沟通交流。先后举办“中国战区战略研究”“新型作战力量均衡极限训练问题探讨”“海战兵棋设计与推演”“战略与研究方法”“联合趋势下海军战略转型”等多场咨询日活动，邀请学校专家教授与学员进行研讨交流，达到激发教研人员学术创新、开拓学员学术视野的目的。（海军指挥学院图书馆　蔡彤霞）

【海军大连舰艇学院图书馆举办“休眠图书展”】 4月19—26日，在第21个“世界读书日”暨人民海军建军67周年到来之际，海军大连舰艇学院图书馆举办为期一周的“唤醒好书，知识流动——‘休眠图书’展”。该院图书馆运用数据分析手段，筛选出近三年来借阅率低甚至零借阅率的书籍，通过专家教授推荐、图书管理员试读等方式，把这些“休眠图书”进一步优化整理，让长期“休眠”的图书真正流动起来，焕发生机，受到官兵的欢迎。展出的休眠图书包括：《西奥多·罗斯福的海军外交》《中国发展海权战略研究》《甲午战争》《战争中的航空母舰》《无尽的海洋航程》《航海天文历》等涉及军事、社科、科技类图书150余种，不仅为广大读者搭建一个以书为伴、传播知识、流动共享的平台，而且对于宣传推荐馆藏文献，提高文献资源的利用率起到一定的推动作用。（海军大连舰艇学院图书馆　李叶霞）

【空军指挥学院图书馆开展面向全军的信息资源服务】 2016年，空军指挥学院图书馆承担的“全军军事通用文献信息资源集成与知识服务工程”取得新进展。新增对军事视频、军事图片等文献类型的系统集成，构建了包括军事书目、军事图书、军事期刊、军事报纸、军事视频、军事图片等多种类型的军事训练通用文献信息资源体系，并通过网络和建立镜像站点等方式，在全军机关、部队、院校、科研院所累计建立镜像服务站点156个（其中2016年新增11个），形成辐射全军的信息资源服务利用格局。“全军军事通用文献信息资源集成与知识服务工程”网站年利用量达1000万种（篇）次以上。（空军指挥学院图书馆　吴华）

【火箭军指挥学院图书馆组织武汉地区军队院校图书馆业务交流】 10月13日上午，火箭军指挥学院图书馆组织召开2016年武汉地区军队院校图书馆业务交流会。来自火箭军指挥学院、海军工程大学、空军预警学院、军事经济学院等武汉地区军队院校图书馆的馆长及图书馆文职人员骨干等60余人参加。会上，火箭军指挥学院图书馆馆长曹国强围绕“探讨人才队伍建设，提升馆员能力素质”交流主题，汇报该馆人才队伍培养情况，对存在的问题进行深入分析，并从“战略——做有远大目标的图书馆梦”“战役——做有丰富内涵的图书馆人”“战术——做有实际成效的图书馆事”三个层面提出对策措施。在分组交流座谈中，与会人员从管理、情报、资源等方面探讨工作实践中存在的问题和解决方法，并对火箭军指挥学院图书馆的文职人员值班制度、情报产品开发、学术研究成果、原生文献建设等方面工作给予高度评价。（火箭军指挥学院图书馆　曹国强）

专业图书馆

年度工作

科研院所图书馆

国家科技图书文献中心

【概况】 2016 年，国家科技图书文献中心（以下简称中心或 NSTL）全面完成各项基础任务，推动发展转型的创新工作取得明显成效，形成实施“十三五”发展规划的良好开局。

一、基础工作

1. 全面完成采购计划，稳定提供资源保障。2016 年度印本文献源采集工作继续加强文献质量分析和优化资源结构，发掘资源与需求的契合点。对已订购印本文献深化评估，重点对学术质量不高、利用情况差、多年不到货、推迟不出版及“关、停、并、转”品种进行优化调整。重点补充订购国家科技创新发展所需、尚未得到保障的中东欧国家的管理创新、制造业、高新技术、轨道交通、核电等学科领域的俄语、日语、德语文献。全年发订外文印本科技文献 24813 种，其中外文期刊 16711 种、外文会议录等文献 8102 种。完成各类数据库的续订和优化调整，保障全国科技机构核心用户需求。订购为全国开通的网络版电子外文期刊 680 种，外文事实型数据库 3 个；支持成员单位订购各类型数据库 145 个，开通网络电子外文期刊 21458 种、中文期刊 12000 种；与 CALIS 和中科院两个集团联合采购 AIP、APS 和 ACS 全文电子期刊 81 种；与农科院系统和 CALIS 农学集团联合采购 ProQuest 农业（250 种期刊）和生物学（330 种期刊）全文期刊数据 580 种。全年订购为全国开通的回溯期刊总量达到 3018 种，有效满足国内用户对重要历史文献的需求，补充我国对科技文献的历史性缺失。目前，中心还在就进一步购买国外重要的回溯期刊开展与国外有关科技文献出版机构的沟通、谈判。NSTL 以国家许可、集团联合、支持成员单位等多种方式购买的网络版电子资源使用量持续增长，全年电子文献的全文使用量达到 6723 万篇次。NSTL 订购为全国开通使用的拟南芥数据库 TAIR 受到国内广大科研用户的充分肯定，2016 年中国用户对 TAIR 数据库的使用量已超过美国，升为全球第一。

2. 完成数据加工任务，深化模式转型。各成员单位全年加工文摘类数据 330 万条、引文类数据 3261 万条。同时开展全面的数据质量检查，重点对中图公司配送元数据专项质检，并形成规范的引进代理公司配送元数据的工作流程。规范化、制度化的数据质量检查和监控，有效保证自主加工和引进元数据的质量，提升数据管理水平。2016 年，中心对原有的数据自主加工模式和流程继续转型调整，将引进的 Web of Science（简称 WoS）元数据融入数据加工流程，利用 WoS 期刊元数据加工新到馆文献占中心加工外文期刊数据量的 48.96%，有效提升数据加工效率和质量。引进元数据已覆盖 NSTL 订购期刊品种的 80%。

3. 强化网络安全管理，提升系统服务能力。提升中心城域网的安全监控能力，加强硬件设备维护，强化网络巡检、检测、漏洞扫描，系统安全达到国家二级安全要求，无故障运行率保持在 99.5%。信息安全咨询服务项目完成规划设计报告、规划设计拓扑图和投资预算，启动 NSTL 信息安全管理制度修订工作。完成三期系统的软件架构调整，搭建基于通用开源软件的网络服务系统。移动服务平台上线提供服务，系统知识产权保护相关功能持续增强，完成对新专利来源数据的检索引擎转换和相应接口开发，改造后的系统已形成服务能力。2016 年，网络服务系统各类数据总量达 41471 万条。

4. 拓展信息服务方式，持续提高服务成效。中心各成员单位全年以多种方式为用户提供文献 115 万篇。其中，中心网络服务系统完成原文提供 42 万篇，比上年增加 3.59%；各单位在中心网络服务系统之外，通过各自系统和途径为用户提供文献73万篇。拓展微信、APP移动服务，拓宽用户获取文献方式。细化服务管理，提高中文文献传递时效，完善著作权风险防范措施。探索与港、澳、台地区开展科技文献服务共享。

5. 专项服务持续深化。继续为科技部、财政部等部门提供关于人才、投入、国家重点实验室建设和经费管理体制等决策支持服务。为"核高基""集成电路装备"等12个重大科技专项和2个重点研发计划项目提供文献知识服务。为包括政府部门、科研单位、企业等团体或机构提供动态简报、专利分析报告、领域态势分析报告和个性化需求的系列知识服务产品等。继续深化面向国家三大战略的文献信息服务。与地方情报所合作搭建"丝绸之路经济带"信息服务平台、"一带一路"重点领域信息门户、"海上丝绸之路"专题服务平台，为企业技术输出、政府决策机构提供信息支持和情报决策。重点领域门户是从文献服务向知识化服务转型的重要支撑平台。

围绕国家"西部大开发战略"持续推进援疆援藏文献信息服务，加强西藏、新疆两区专题特色数据库和应用技术平台建设，提升数字化信息资源保障能力和服务水平。工作包括：援建西藏首个医学数字图书馆、"中国—南亚标准化研究中心"、能源装备产业情报平台、金属材料产业数据平台，完成西藏农牧珍贵历史资料数字化保存和服务。企业服务能力进一步提升，除继续巩固现有行业信息服务平台的更新和维护，还建设完成10个高新技术领域科技成果与科技文献知识化关联产业服务平台系统，在宝鸡、十堰、太原、南宁4个国家科技成果转化服务示范基地进行推广示范服务。

6. 强化人员业务培训，国际交流成效突显。2016年，先后组织"文献资源建设业务岗位培训""统一文献元数据标准发布会暨培训班"等多种形式的专业化培训；聘请美国雪城大学等国内外专家，举办"知识挖掘与科学数据管理研修班"系列培训。派出资源建设、数据库建设、网络系统建设相关人员组团分赴英国、荷兰、印度和马来西亚等国家合作交流，就数字出版、开放获取、数据管理、服务系统等方面进行交流；选派中信所、医科院2名年轻骨干赴美国医学图书馆、欧洲粒子中心进修学习；与其他单位联合主办"中国图书馆馆长与国际出版社高层对话论坛""中国图书馆学会专业图书馆分会2016年学术年会"等高级别学术交流会议。

二、重点工作

1. 加强管理，全面梳理规章制度。为进一步规范管理、提高效率，确保规章制度适应发展需求，2016年对中心和各业务部规章制度进行全面梳理。

2. 知识组织体系建设项目通过验收。2016年7月，中心承担的国家科技支撑计划重大项目"面向外文科技文献信息的知识组织体系建设与示范"通过科技部组织的验收。该项目的实施，填补外文大型集成词表建设的空白，提升我国在本领域的理论研究水平和实践应用能力。研究成果具有创新性，可移植性和推广应用价值，为我国开展科技知识组织体系建设和共享，为科技界用户提供知识服务奠定坚实基础。

3. 数字文献长期保存成果显著。2016年，中心牵头实施的国家数字科技文献资源长期保存系统建设取得新成果。中科院图书馆、中信所两个国家数字科技文献资源长期保存体系示范系统全年实现对20个出版社/集成商3393种外文期刊、8275种中文期刊、17684种外文图书的长期保存；新增部署北京大学图书馆保存节点建设。组织数字资源长期保存理论与实践研讨班，反响热烈。

11月，中心策划、指导、组织召开香山科学会议第576次学术讨论会。会议以"数字科技文献资源长期保存的前沿及重大问题研讨"为主题，围绕数字科技文献资源长期保存的挑战、需要解决的重大问题、我国的主要实践等进行深入探讨。最终形成专家共识：①数字科技文献在中国本土的长期保存和可持续利用十分重要，事关国家科技竞争力和战略安全；②建议国家尽早筹划，建设国家数字科技文献长期保存系统。会后向有关部门提交专门报告。

4. 完成NSTL统一文献元数据标准制定。经业内专家多次研讨评议，中心各单位相关人员多次讨论研究和修改完善，2016年完成《NSTL文献元数据制定指南》的编制，制定《NSTL统一文献元数据标准》，为NSTL建成国际一流的科技文献信息发现与知识发现系统，实现从信息服务向知识服务的转型，提供重要的基础数据标准规范。为有效推动和加快NSTL统一元数据标准的实施和应用，组织各单位近百人参加的

“NSTL统一文献元数据标准发布会暨培训班”。该标准已作为代理商配送元数据所依据的标准，并作为数据仓库系统建设的数据标准。

5. 开放资源建设成绩显著。开放资源建设已作为中心资源建设的组成部分，统一规划、统一管理、分布采集。在前期资源发现、质量评估、权益分析等方面开展研究、探索与实践的基础上，2016年完成“NSTL开放资源的遴选及评价方法”“NSTL开放资源描述元数据规范”等系列任务，基本形成NSTL开放资源采集工作流程和执行规范。

6. 元数据采集渠道进一步拓展。4月29日，中心与中国图书进出口（集团）总公司配送元数据合作正式签约。至此，中心元数据采集已形成数据集成商、出版商、国内代理商等多渠道模式。中心多途径获取的元数据已覆盖订购期刊品种的80%以上，大大丰富中心发现系统建成后可提供发现的文献资源。多渠道获取元数据的尝试，也有效提升数据加工的质量，提高数据加工效率。多渠道元数据的采集和利用将为NSTL下一步发展建立良好的数据支撑。

7. 服务站工作成果丰硕。2016年，来自服务站的原文请求占中心网络服务系统全部请求的54.07%。11月，中心在昆明组织召开2016年服务站工作交流会议，全国40个服务站和中心成员单位130多名代表参加，代表层次高、内容丰富、议题广泛。会议全面总结NSTL服务站工作，交流、分享科技文献服务的成绩和经验，讨论新形势下服务站面临的共性问题，分析如何适应数字环境下文献资源出版和用户行为习惯变化以及新常态下宣传推广服务的新模式，扩大服务站工作的协同合作。为落实省部会商精神，12月1日，中心依托单位甘肃省科技情报研究所在兰州建立NSTL兰白试验区服务站，标志着兰白试验区依托单位正式进入国家科技文献资源保障服务体系，实现国家科技资源和区域创新发展之间的有效对接，有效补充西部欠发达地区对紧缺外文资源的需求，全面提升对兰白试验区创新发展的支持水平。

8. 正式加入重要国际组织。2016年，为扩大中心在国际上的参与度和影响力，经科技部相关部门同意和理事长办公会批准，申请并正式加入国际图书馆协会联合会（IFLA）和国际科学技术信息联合会（ICSTI），同时选派两名业务骨干申请加入IFLA知识服务和信息技术专业委员会。加入国际组织，为中心与国际同行开展交流合作提供重要渠道，为锻炼培养具有国际视野的人才、培养专业化队伍提供重要平台。（国家科技图书文献中心）

【国家科技图书文献中心开通Wiley回溯期刊数据库】 2月25日，国家科技图书文献中心以国家许可方式购买Wiley出版社回溯期刊数据库全国开通仪式在北京举行。至此，Wiley回溯期刊数据库在NSTL的“外文回溯期刊全文数据库”平台正式开通并向全国用户提供服务。（国家科技图书文献中心）

【国家科技图书文献中心三届理事会三次会议召开】 4月18日，国家科技图书文献中心三届理事会三次会议在北京召开。会议审议通过《国家科技图书文献中心2015年工作总结与2016年工作安排》《国家科技图书文献中心2015年科技文献信息专项经费决算基本情况》《国家科技图书文献中心2016年科技文献信息专项经费预算调整方案》和《国家科技图书文献中心“十三五”发展规划》。（国家科技图书文献中心）

中国科学院文献情报中心

【概况】 2016年是“十三五”开局之年，也是中国科学院文献情报中心（以下简称文献情报中心）在新的定位下调整优化业务结构、探索工作创新发展机制的重要一年。围绕“十三五”规划目标和任务，全院文献情报系统重点建设面向适应数字开放科研时代的新型知识服务模式，在继续提升全院数字文献资源保障、不断夯实数字网络信息服务系统的同时，着力建设支撑科技决策的战略性前瞻性情报研究能力，着力建设嵌入研究过程和团队的知识化信息服务能力，着力建设支撑科技创新全谱段需求的集成综合知识基础设施，在国家科技文献平台建设、数字资源长期保存系统、科技信息资源开放共享等方面形成积极示范效应。

截至2016年年底，文献情报中心及挂靠单位共有在职人员458人（其中正高级专业技术人员44人、副高级专业技术人员109人）。设有图书情报与档案管理一级学科博士学位授予点与一级学科博士培养点，设有图书馆学、情报学博士后流动站，在读研究生 178 人。全中心职工平均年龄 38 岁。

继续夯实综合知识资源基础设施建设，全面开展综合知识资源体系建设。截至 2016 年年底，共引进数据库 171 个。外文期刊 16836 种，外文图书 112160 卷（册），外文工具书 31211 卷（册），外文会议录 45303 卷（册），外文学位论文 607946 篇，外文行业报告 1711835 篇；中文图书 353854 种（套）/382461 册，中文期刊 17201 种，中文学位论文 311057 篇。

持续执行印本资源采集规范，在资源采集过程中从用户需求出发，结合资源采集服务效益，优化光盘资源引进内容。共订购国外出版印本期刊 3554 种，中文图书 4779 种，西文图书/会议录 7487 种/7641 册，光盘数据库 8 种。

持续拓展重要数字科技文献资源的长期保存。截至 2016 年年底，实现对 18 种重要科技文献数据库的长期保存，覆盖电子期刊 17261 种（其中包括外文期刊 3261 种、中文期刊 14000 种）、电子图书 75022 种、论文 100 万篇、实验室指南 34000 种、预印本 999619 种。

情报服务实现战略情报、学科情报、产业情报多元发展态势。战略情报与智库咨询服务能力全面提升。加大对国家战略问题、科技体制改革和科技发展的深度支撑，紧密结合中科院“率先行动计划实施方案”高端科技智库建设需求，围绕文献情报系统“十三五”规划方向，面向决策一线，部署科技领域战略情报研究、宏观科技战略与政策情报研究；面向科研一线，部署面向研究所/四类机构的学科/技术情报协同服务体系，融入重大专项及学科领域智库的专题情报服务体系，领域科学家精准情报服务网络建设；面向产业/区域一线，部署面向区域发展的集成性科技情报服务体系建设，支持开放创新创业的信息服务网络与平台建设；科研影响力分析评价咨询情报服务体系和知识产权管理与技术转移转化情报服务。政务信息工作总分全院排名第一，对上专报中有 3 份报告获国家领导人批示。针对高端智库项目“构建以国家实验室为核心的新型国家科研体系”需求，对大科学装置整体分布情况、全面创新改革试验区科技力量布局情况、国家重大科技任务布局情况、国外国家实验室案例进行分析、研究与报告。

在政策研究方面，完成《关于国家实验室体系总体规划布局的建议》；为国家自然科学基金委、科技部、院各职能局、院科技战略咨询研究院等完成并提交《全球国家创新能力评估概述》《WIPO 全球创新指数报告 2016 解读简报》《国家创新能力的评价与解析综述报告》《生物制造国际发展态势分析 2015》《中国微生物资源发展报告》《中国生物工业投资分析报告 2016》《中国科学院成都分院 2025 创新发展规划》《2016 中国激光产业发展报告》《加强我国生物安全实验室装备研发的建议报告》。为《科技前沿快报》《科技政策与咨询》《全球近期重要科技进展速览》提供稿件约 123 篇，正式出版《CCS 重要技术知识产权分析》，参与编写并正式出版《国际科学技术前沿报告 2016》《科学发展报告 2016》，完成《全球标准化发展态势与战略》《页岩气：崛起中的新能源》等书稿。为院主管局开展相关工作提供支撑。

全国科学院联盟文献情报共享服务向区域战略和产业情报方向发展，编制《产业技术情报》24 期，联合省科院加强为省科院重大项目和重点领域提供情报服务。组织完成情报研究报告 16 份，涉及产业技术分析、技术路线分析、应用市场分析、学科态势分析、管理模式分析。开展产业规划与战略研究 2 份，开展科技评估 1 项，《创新驱动发展动态》9 期，开展情报服务平台建设 3 个；为黑龙江、北京、山东、河北等省科院，完成山东省科院海洋浮标国际发展态势研究，黑龙江省科院黑龙江省产业结构转型与技术竞争力分析蓝皮书，新疆农垦科学院监测平台重点领域；河南省科院开展《河南省科学院主攻方向科技创新能力评估》，北京市科学院调研开展“北京市科学技术情报研究所数据资源建设”项目研究；省科院文献情报共享服务已经从基础文献保障服务逐步转向区域发展与产业情报服务。

夯实基础服务同时，持续深化院所协同服务。全年共接待读者 264674 人次，借出图书 86023 册，上机读者 18531 人次。通过各种方式解答读者咨询 36690 人次。文献传递 132179 篇，满足率 94.3%。完成查新、引证检索、专题服务项目 8010 项。学科馆员累计开展培训 900 多场次，培训 3.5 万人次，服务用户 3.1 万余人次，提供各类咨询服务 5.9 万人次。

信息服务支撑能力显著提升，系列服务系统和工具投入使用。中国科学院科技论文预发布平台（ChinarXiv）公开发布，为全国科研人员提供本土领域的中英文科技论文预印本存缴和已发表科学论文的开放存档，创建并引领中国基于预印本的新型学术交流模式。科技决策知识服务平台开始提供服务，支撑科技态势跟踪分析、科技前沿遴选、技术可转移性分析、优秀科研人才发现、科技竞争力评估等方面决策需求。网络科技自动监测服务云平台成果显著，支持 50 多个团体用户对 174 个领域的监测服务。全院图书馆统一自动化系统新增研究所 12 家，书目数据量已达 170 万余条。“中国科讯” APP 正式发布，为科研用户提供基于 APP 的文献查询、远程获取，科技资讯、情报动态推送等，促进科技文献服务在移动、开放、互联环境下的转型。

持续发挥国家平台核心力量作用，开展国家重大科技信息政策研究，引领新型国家科技信息保障体系的建设。在 NSTL 支持下，文献情报中心作为核心力量承担国家科技资源战略保障工作。2016 年，外文印本期刊续订 2822 种，停订 45 种；光盘资源续订 8 种；非刊连续出版物续订 246 套/种，停订 21 套/种。积极促进国家保存体系可信赖建设，推动国家保存体系与国内外相关领域的高层次交流和联合行动，进一步推动保存资源新增拓展等方面取得有效进展。已初步建立起符合可信赖要求的数字文献资源长期保存系统，为建设国家数字科技文献资源长期保存体系打下良好基础。首次申报香山科学会议并成功获批，此次以“数字科技文献资源长期保存的前沿及重大问题研讨”为主题的香山科学会议第 576 次学术讨论会推动国家保存体系建设迈向新高度。

积极推动我国科技期刊发展，在国家科技期刊战略研究、政策出台中发挥的重要作用进一步凸显。主持国家新闻出版广电总局《关于推动学术期刊繁荣发展的意见》文件制定，承担《中国科协科技期刊发展报告》研究与出版工作，参与《中国学会发展报告》研究并负责“全国学会科技期刊建设与发展”专题研究。

承担院内多模式集中办刊重任。承担院期刊改革项目（《多模式集中办刊支持》《集中办刊出版生产系统建设》《期刊出版云服务平台及应用示范》《中科院文献情报中心期刊整合实施》等），并在部门 11 个期刊中的 6 个期刊先行试点，取得宝贵的探索经验与成果。积极推动中科院 30 种期刊加入院采编发平台，实现中科院多模式集中办刊历史性的突破。

积极推动科学传播工作。全年共组织和承接各类科学文化传播活动 260 余场，到馆受众超过 6 万人次，各类专题巡展观众超过 100 万人次，产生良好的科学文化传播效果和影响。组织“科学重器专题展”，展示中科院成果和形象，获得中央领导和各级各界的广泛好评；举办“中科院科技创新年度巡展 2016”，展示全院重大突破和标志性进展成果 25 大项，涉及具体成果近百项，展览受到各级领导和中小学生的欢迎和好评，已成为中科院的重要科普品牌。

文献情报中心是中国科学院档案馆、中国科学院现代化研究中心、全国科学技术名词审定委员会事务中心、中国图书馆学会专业图书馆分会、中国科学院自然科学期刊编辑研究会、中国科学院科学传播研究中心的挂靠单位。2016 年，主办的《图书情报工作》《现代图书情报工作》《化学进展》《电子政务》《数据与情报科学学科（英文刊）》等 17 种期刊继续保持良好发展势头，质量稳步提升。（中国科学院文献情报中心　刘峻明）

【“中国科讯”APP 发布】 4 月 28 日上午，“中国科讯” APP 公开试用发布会在文献情报中心举行，中科院副院长李静海代表中科院党组和院长白春礼到会祝贺。“中国科讯” APP 是文献情报中心打造的基于移动互联网的知识服务平台，支持 Android 和 IOS 两种移动客户端环境，主要功能包括文献检索、期刊浏览、权威发布、科技情报、学术新知、科研助手、电子图书与个人空间八大重要功能模块，旨在实现中科院自建、联建和引进的各类海量数字科技文献资源在移动端的整合，并集成重要科技进展报道以及其他科技情报产品和知识信息服务，支持科研人员、研究生、科技管理工作者等各类型用户随时随地阅读科研文献和科技资讯，致力打造“文献移动获取第一平台”。该平台突破过去物理形式的资源整合格局，开启面向“创新价值链”的资源与服务集成模式，有望牵引移动网络环境下的知识服务走向“主动推送”型、“大数据分析”型和“创新驱动”型的发展轨道，为建立理想的知识服务平台迈出关键一步。截至发布日当天，已有25家商业电子资源供应商与中科院达成移动应用合作共识。通过“中国科讯”平台，中科院用户能够移动阅读和随身获取外文期刊3601种、外文图书39854种、中文期刊14665种，可获取资源量分别占目前中科院引进商业外文电子期刊、外文电子图书和中文电子期刊总量的54%、38%和87%。（中国科学院文献情报中心）

【中国科学院科技论文预发布平台ChinarXiv发布】 6月13日，中国科学院科技论文预发布平台ChinarXiv发布会在文献情报中心举行，中科院副秘书长、发展规划局局长汪克强出席会议并讲话。ChinaXiv是由中科院科学传播局组织实施，发展规划局提供具体指导，文献情报中心联合相关研究所和相关科技期刊研制的国内第一个按国际通行模式规范运营的预发布平台。该平台面向全国科研人员接收中英文科学论文的预印本存缴和已发表科学论文的开放存档，致力于构建一种新型的学界自治的科研成果交流和共享平台，与传统的基于期刊成果发布方式形成有效互补，鼓励科研人员公平竞争，保障优秀科研成果首发权的认定，推动科研成果的开放获取，促进更大范围的学术交流。10月，文献情报中心在中国科学院大学举办“中科院科技论文预发布平台（ChinarXiv）功能和服务培训会”，培训该校师生约260人。（中国科学院文献情报中心）

【中国科学院文献情报中心举办首届“数据驱动知识发现”国际研讨会】 6月19—22日，首届“数据驱动知识发现：情报学与数据科学的交互与融汇”国际研讨会在文献情报中心召开。此次会议由文献情报中心主办，文献情报中心编辑出版中心的Journal of Data and Information Science（英文刊）承办。国际科学计量学前主席、比利时鲁汶大学教授鲁索，美国印第安纳大学计算与信息学系教授丁颖，文献情报中心研究员张晓林担任共同主席。来自美国、加拿大、荷兰、比利时、意大利以及中国大陆与台湾地区90余家机构的370多人参会。会议主要围绕基于大数据与关联数据的知识计算和情报分析的新方法新工具、支持复杂分析的知识组织基础设施建设、知识分析与计算驱动的科教管理服务实现合决策优化技术等主题进行研讨和交流。来自美国伊利诺伊大学芝加哥分校、华盛顿大学信息学院、印第安纳大学，荷兰莱顿大学科学科技研究中心等大学的外国专家以及文献情报中心、中国农科院农业信息研究所、北京大学、清华大学等国内单位的专家分别做学术报告。张晓林在会议总结时强调，数据科学、情报科学、计算机科学的融汇将有效促进数据驱动的知识发现，有力支撑数字科研、数字教育和知识化智能化生产与管理，作为新兴交叉领域有着广阔的发展前景；这次会议也对推动我国数据与情报科学学科建设具有重要意义。（中国科学院文献情报中心）

【中国科学院文献情报中心首次举办香山科学会议】 11月3—4日，文献情报中心与NSTL共同承办的香山科学会议第576次学术讨论会在北京香山饭店举行，这是该中心首次举办香山科学会议。此次会议主题为“数字科技文献资源长期保存的前沿及重大问题研讨”。会议执行主席分别由中国科学院物理研究所杨国桢院士、北京航空航天大学李未院士、中国科学院文献情报中心张晓林研究员、武汉大学陈传夫教授、北京大学李广建教授、中国科学院文献情报中心张智雄研究馆员担任。来自国内外科技界、信息技术界、图书馆界、科技数据界、科技规划领域等方面专家共49人参会。会议围绕数字科技文献资源长期保存的挑战、趋势和战略、我国数字科技文献资源长期保存需要解决的重大问题、我国数字科技文献资源长期保存的主要实践等几个议题进行深入的分析和探讨，并形成共识。（中国科学院文献情报中心）

【中国科学院文献情报中心成功申报“新闻出版业科技与标准重点实验室”】 2016年，为全面贯彻落实《新闻出版广播影视“十三五”科技发展规划》以及《关于加快新闻出版业实验室建设的指导意见》，逐步完善新闻出版业科技创新体系，提高新闻出版领域科技自主创新能力，加强前沿技术跟踪与应用研发，国家新闻出版广电总局启动首批新闻出版业科技与标准重点实验室申报评审工作。文献情报中心作为牵头单位，与共建单位北京万方数据股份有限公司、中国科学院软件研究所等一道攻坚克难，在12月经最终评审，成为国家新闻出版广电总局发布的首批重点实验室之一。此次申报的“学术期刊动态语义出版与知识服务重点实验室”拟以学术期刊动态语义出版为切入点，以学术期刊知识服务为着力点，以技术创新和产业支撑为目的，根据《新闻出版广播影视“十三五”发展规划》《新闻出版广播影视“十三五”科技发展规划》等提出的重大战略需求和部署，依托各参与单位在产学研用领域的优势，建成研发能力强、技术水平高、学科综合交叉的科技与标准重点实验室，重点解决在我国学术期刊出版的技术与标准方面存在的瓶颈问题，提升我国学术期刊的国际影响力与核心竞争能力。（中国科学院文献情报中心）

【中国科学院成都文献情报中心概况】 2016年，中国科学院成都文献情报中心（以下简称“中心”）有在职职工98人，其中高级职称39人。新世纪百千万人才工程国家级人才1人，四川省突出贡献优秀专家1人，全国专利信息领军人才1人，全国专利信息师资人才1人，博士生导师2人，硕士生导师13人。设有中国科学院大学图书馆学、情报学硕士培养点，情报学博士培养点，同时与四川大学合办有情报学和图书馆学硕士培养点。全年新增项目104项，新增子课题152个；发表论文50篇，其中国外期刊、会议论文10篇；出版专著3部；新增软件著作权4件。

截至2016年年底，已开通使用数据库104个，包括中外文全文电子期刊3.2万余种、外文学位论文41.5万篇、中文学位论文215万篇以及大量的网络版工具书、专利文献等，并通过网络共享NSTL丰富的科技文献资源。印本文献总量为220万册（件），较完整地收藏国际著名的会议文献SPIE、IEEE、LNCS等。

《天然产物研究与开发》全年出版正刊12期、增刊2期，共计530余万字；注重加强出版资源建设，组建新一届编委会，创建首届青年编委会，引进学术研究及经营管理型国家级专家各1名；推出移动端全文浏览服务。《世界科技研究与发展》全年出版6期，共计250万字。（中国科学院成都文献情报中心）

【中国科学院成都文献情报中心推进实施“一三五”战略规划】 “一三五”规划是中国科学院根据国家需求、进一步明确定位而实施的重大战略部署，要求各研究所围绕国家科技战略需求，明确本所未来5年的一个研发定位、三个重大突破和五个重点培育方向（简称“一三五”规划）。2016年，中心全面推进“一三五”规划的实施，确保圆满完成“十三五”开局之年的建设任务；同时贯彻中国科学院“率先行动”计划，对战略定位和重点突破进行完善。

在重点突破支撑重大科技决策的战略性前瞻性情报研究能力、建立可靠的战略情报服务体系方面，一是聚焦对上决策咨询服务与影响，多次获国务院办公厅、中科院办公厅邀稿，并与中科院管理决策部门和科研院所建立了长期服务机制，深度参与中科院相关领域的战略规划与发展服务，同时积极开拓对地方政府的决策支持服务；二是继续深化和拓展面向生物资源、生物技术与生物产业全创新链条的情报研究服务；三是加强智库型研究与服务创新能力建设，拓展在福建、山东、广州、西安等多地的知识产权服务影响；四是“中科院信息科技战略情报”“中科院生物科技战略情报（CAS BioInfo）”“中科院知识产权信息（casipr）”等多个科技资讯类公众号获得大众用户关注，被业界多家权威媒体长期关注和转载。在重点突破知识化服务能力、推动科研教育一线文献情报服务工作转型发展方面，继续加强夯实责任所和成都教育基地的普遍服务，在文献保障、信息素质教育、宣传调研和实时咨询等方面圆满完成任务。在重点突破区域发展创新服务能力、推进社会需求分析、信息平台建设等信息服务方面，一是结合地方政府需求开展发展规划决策咨询，包括四川省产业技术创新“十三五”发展规划研究、中科院成都分院2025创新发展规划研究等项目；二是面向区域产业及企业需求开展产业技术情报分析，包括德阳市高附加值石墨烯终端产品技术与市场分析、东方电气集团东方汽轮机公司的50MW重型燃机专利战略与专利布局研究项目等；三是围绕科技成果转化、技术转移等，建立协同创新信息平台与区域服务站网，包括四川省产业技术创新信息数据中心（联创通）、德阳中科产业技术创新信息中心等，强调联动协同创新的技术实现和机制保障，紧密掌握当地发展需求及科技信息需求，推动科技信息服务在当地的务实发展。（中国科学院成都文献情报中心）

【中国科学院成都文献情报中心加强向专业型科技智库方向转型升级】 2016年，中心在智库研究方面，创刊《智库理论与实践》并出版 6 期；发表《国际智库发展趋势特点与我国新型智库建设》《一流智库战略研究成果的质量管理机制》研究成果；做《一流智库高水平成果的质量管理机制》（“2016 新型智库核心能力高级研修班”）、《科技智库战略报告研究范式与关键支撑》（“2016 科技智库核心能力建设高级研修班”）、《创新研究方法工具，建设专业科技智库》（“2016 战略情报研究学术论坛”）等特邀学术报告；完成《中华智库影响力报告 2016》并发布。在智库建设与影响方面，全年共有 14 篇对上专报和领导参阅材料被国办、院办公厅采用，并获中科院领导批示 6 人次；参与完成的《中国微生物资源发展报告》在北京发布，央视等媒体给予报道；与福建省知识产权局签订《福建省知识产权智库战略合作框架协议》；在首届四川省直机关无党派人士理论研讨班上做“加快推进四川省知识产权智库建设”建议发言；向四川省知识产权局递交《关于成立“四川省知识产权智库”的建议》方案等。（中国科学院成都文献情报中心）

【中国科学院成都文献情报中心科技合作服务网络】 在全国科学院联盟框架下，中心为满足省科院科研和管理人员需求，继续加强文献保障基础服务，同时积极承担情报分析调研项目。联合科研院所创新单元，与四川省人民医院、九鼎公司、上海科学院、上海产业技术研究院、广西科学院联合共建查新服务站；建设特色阅览室，与成都飞机工业（集团）公司达成合作意向，与上海科学院、广西科学院、乐山高新区、乐山育成中心进一步洽谈合作事宜。知识产权战略研究与服务方面，与广州恒成智道信息科技有限公司、中国农科院农业信息研究所、中科院西安分院、山东省科学院等达成各种形式的合作，包括建立知识产权战略合作关系、达成实质性知识产权合作任务、指导对方的知识产权规划研究制定工作、应邀提供培训授课等。（中国科学院成都文献情报中心）

【中国科学院兰州文献情报中心概况】 截至 2016 年年底，该中心有工作人员 107 人。其中：大专学历 5 人，本科学历 35 人，硕士研究生以上学历 57 人。正高级专业技术人员 10 人，占人员总数的 9.35%；副高级 24 人，占 22.43%；中级 46 人，占 43%；助理馆员 7 人，占 6.54%。外籍访问学者 2 人。2 人获批中科院“西部之光”人才培养计划，1 人获批中科院“青年创新促进会”会员，1 人获“西部之光”人才培养计划后续资助。现有博导 2 人、硕导 9 人。招收情报学图书馆学博士、硕士生，并与西北师范大学共建有人文地理学博士学位点。全年共派出 8 人次到国外出访交流学习，其中 1 人参加 2016 中美低碳圆桌会议及北美低碳城市交流计划，受邀在美国国会做气候变化政策研究报告。全年公开发表各类学术论文 70 篇，其中以第一作者第一署名单位在核心期刊发表论文 50 篇；出版专（编）著 9 部、译著 1 部。获甘肃省第三届图书馆情报学学术成果一等奖 2 项、二等奖 4 项；获甘肃省科技情报学会科学技术奖二等奖 1 项。“产业动态信息监测展现和发布系统 V1.0”软件取得国家版权局计算机软件著作权登记证书。

科技文献信息资源保障能力得到进一步提升。截至 2016 年年底，馆藏纸质藏书总量 239.76 万册，其中图书 36.58 万册、报刊 131.45 万册、缩微文献 1.7 万件、视听文献 0.25 万件，电子文献 69.69 万种，外文书刊 107.18 万册。全年新入藏中文科技图书 4544 种 4669 册，订购中外文期刊 227 种、电子文献 5.64 万种。开通使用数据库 171 个，覆盖外文电子全文期刊 1.68 万种（含开放获取期刊 9451 种、通过国家平台引进开通期刊 684 种），外文图书 11.22 万种（册），外文工具书 3.12 万种（册），外文会议录 4.53 万卷（册），外文学位论文 60.79 万篇，外文行业报告 171.18 万篇；涵盖中文图书 35.39 万种 38.25 万册，中文期刊 1.72 万种，中文学位论文 311.11 万篇。另外，还有年鉴、产业经济统计资料数据库、产品与市场数据库、战略研究资源库和用户信息素质教育课件资料数据库等。

开放知识资源发现与组织建设工作取得新进展。“开放知识资源登记系统（IRSR）”全年新增资源 5 万余条，使得系统资源总量达到 20 万余条。“开放资源元数据集成服务系统”（OpenARE）持续对中国科学院文献情报中心建设的各类资源系统进行元数据的采集与集成组织，全年新增 4 万条，已累计集成开放资源 24.2

万条。全球科研项目知识库建设完成对全球重要国家和基金组织科研项目数据的采集与集成建设，已累计完成16个重点数据源的70万条项目数据的采集和加工建设。核心期刊名称规范库完成1.1万余条期刊数据有关影响因子数据的更新。启动开放科技报告服务系统的建设，筛选并确定28个重点采集数据源，已完成其中12个数据源的17万条数据（其中仅含元数据者9万条、含全文者8万条）的采集建设。启动“资源环境科技发展态势分析平台”建设，已完成基本知识组织体系构建及系统平台设计。启动“全球变化知识资源中心建设”和“干旱区生态环境知识资源中心建设”2个子项目。

机构知识库系统建设与推广工作稳步推进。建设的中国科学院机构知识库网络（CAS-IR Grid）规模持续增长，已有115家研究所建成IR；CAS-IR Grid收集各类科研成果数量达73.68万份（年新增4.28万份），其中包含全文成果55.23万份（年新增3.44万份）；全年新遴选登记资源5万余条，资源总量已达20万余条，基本覆盖全院重要学科领域的各类开放知识资源。

传统优势服务持续发展。全年接待读者1.75万人次，借还图书6280册，下载文献3.4万篇。通过各种方式解答读者咨询3809人次。办理新证188个，在册读者5871人。举办外文科技图书展览2场。CSDL原文传递系统接受文献传递请求2093篇，满足1939篇；其他途径请求数量735篇，满足691篇；接受CSDL返还型馆际互借请求56册，满足52册。NSTL原文传递系统接受文献传递请求11105篇，满足11100篇。原文传递总计接受请求14726篇，满足14519篇，满足率为98.6%。完成查新服务项目242项，引证服务项目730项，专题检索10余项，总量与上年基本持平，引证数量有较大增长。

面向区域创新发展的联合知识服务不断深入。完成“甘肃省级科技计划体系改革及管理模式研究”项目，项目成果《甘肃省科技计划管理改革实施方案》获得甘肃省领导批示；完成《白银国家高新技术产业开发区创新发展战略研究》《兰州新区产业科技需求分析》；承担《嘉峪关市“十三五”科技发展规划》《张掖市“十三五”科技发展规划》的研究与编制。配合区域重点产业“走出去”战略制定，组织承担“甘肃能源装备‘走出去’发展战略研究”项目，为甘肃省能源装备制造产业规划研究“走出去”路线图。在“丝绸之路经济带”情报支撑方面，年内编制《新丝路观察》快报10期并同步建设信息平台，有效支撑区域内相关单位参与一带一路建设。与兰州兰石能源装备工程研究院联合举办“能源装备制造产业发展态势年报系列2016发布会暨甘肃省高端装备制造业创新发展战略研讨会”，来自省内外的百余名领导专家参会，光明网、新华网、网易新闻、《甘肃日报》等国内多家知名媒体报道。

积极推进西部资源环境与区域发展智库建设，年内成立理事会和专家委员会，并召开第二届“环境与发展智库论坛”。在权威情报产品、智库产品、国际发展态势分析报告和重要专著等产品体系建设方面开展积极探索，策划完成资源环境和地球科学13个科技小领域的2016年度发展态势观察系列报告，推出《环境与发展智库专版》和《全球智库观点》两个系列产品，初步形成一套较为完善的产品体系。

面向宏观科技决策的战略情报咨询服务取得显著成效。提供有深度独立观点与解决方案的研究报告和咨询建议37篇。其中，《巴黎气候大会形势分析及我国前期行动的国际反响》《极寒天气对我国的影响及应对建议》等13篇咨询建议被《中国科学院专报信息》采纳；《NSF发布2015—2020年地球科学研究需求与前沿及其对我国的启示》等3篇咨询建议被领导参阅材料采用；《俄罗斯天然气出口战略及其对中国的启示》咨询建议被中办/国办信息采纳。

继续加强信息素质教育和用户发展工作。全年举办面向社会机构的各类集中培训59场次，参加培训2239人次，开展个别培训334人次；组织面向文献情报专业人员的专题学术研讨、学术论坛、专项能力培训、讲座等18场次，1167人次参加。

面向社会公众的科学文化传播工作取得新进展。在中心机构网站编发科普专题3期，发布科普文章41篇，图片5组，并上传到中国科学院文献情报中心科学文化传播网。参加甘肃省“科技活动周”、中科院“公众科学日”系列活动，在科学院中学、科学院小学举办“光耀世界”主题巡展和“我心中的南极”科普讲座。在“世界读书日”期间，举办“读书与实践”专题讲座、评选 10 名优秀读者并举行座谈、与科学院中学联合共建阅览室、组织同学们参加换书大集、在信息服务空间设立“公益书栈”等活动，使“全民悦读、书香科苑”这一品牌更加响亮。

在 2016 年中国图书馆年会上，中国科学院兰州文献情报中心被授予“2016 年最美基层图书馆”称号。（甘肃省图书馆学会　董隽）

【中国科学院兰州文献情报中心研究员曲建升参加国际会议并做报告】 4 月 20 日，亚太全球变化网络（Asia-Pacific Network for Global Change Research，APN）第 21 届政府间会议在郑州召开，曲建升参加此次大会有关“中国气候变化适应科技发展战略”（Climate Change Adaptation Strategy of Science and Technology Development in China）环节的研讨，并在会议上做题为“中国气候变化适应的数据、方法和理论发展战略”（Climate Change Adaptation Strategy of Data, Methods, and Theories in China）的学术报告。该报告是由科技部组织专家完成的《国家适应气候变化科技发展战略研究》成果之一，将于近期在科学出版社出版，曲建升为该著作“我国适应气候变化数据、方法和理论发展战略”部分的首席作者。11 月 14—17 日，受“中美气候圆桌会议”组织方邀请，曲建升在美国波士顿、华盛顿和底特律与相关机构进行有关中美气候政策的交流研讨，并在美国国会 Russell 参议院大楼做题为“The Trend of China's Nation-Wide Emission Reduction Policy in the Next 5 Year”的报告。（甘肃省图书馆学会　张毅宏）

【中国科学院兰州文献情报中心与甘肃省社会科学院签署合作协议】 6 月 23 日，中国科学院兰州文献情报中心与甘肃省社会科学院合作交流研讨会暨合作协议签署仪式在省社会科学院举行。甘肃省社会科学院院长王福生、兰州文献情报中心主持工作副主任曲建升等参加会议。双方签署战略合作框架协议。按照协议内容，未来三年双方将在文献信息资源共享与保障、特色信息资源共建共享、“西部资源环境与区域发展智库”建设、区域发展战略研究与咨询服务、交流平台共建、科技查新与检索服务、专业技术人才培养等方面开展全方位的深度合作，促进优势互补、协同发展，更好地为甘肃省经济社会发展服务。（甘肃省图书馆学会　张毅宏）

【中国科学院西北生态环境资源研究院（筹）兰州文献情报中心召开第二届环境与发展智库论坛】 9 月 12 日，由中国科学院西北生态资源环境研究院（筹）（简称西北研究院）兰州文献情报中心举办的第二届环境与发展智库论坛在兰州召开。来自政府部门、科研机构、高校、企业、国际组织和媒体代表等单位共 120 余人参加会议。中国科学院院士、西北研究院常务副院长、西部资源环境与区域发展智库副理事长赖远明主持会议。中国科学院院士程国栋，中国科学院兰州分院院长、西北研究院院长王涛，甘肃省人民政府研究室副主任王华存分别在开幕式上致辞。会上审议通过西部资源环境与区域发展智库章程和理事会、咨询专家委员会名单，成立由 22 家理事单位和 32 名理事组成的理事会，以及 35 名各个领域专家组成的咨询专家委员会。理事会和咨询专家委员会的成立，标志着西部资源环境与区域发展智库工作正式启动。（甘肃省图书馆学会　张毅宏）

【中国科学院所属上海地区专业图书馆概况】 2016 年，中国科学院所属上海地区研究所信息中心图书馆有从业人员 148 人，图书馆建筑面积 39754 平方米，读者座位 2524 个。年度文献购置费 4284.39 万元，其中数字资源购置费 3492.56 万元。累计馆藏文献 446.41 万册，其中外文期刊 4.36 万种。新增中文图书 9120 册，外文图书 2982 册；新办借书证 1967 张，读者总流通 4.5 万人次，书刊外借 1.62 万册。全年组织培训班 97 次，参加培训 5585 人次。文献传递 8.79 万篇次，参考咨询服务 1.76 万人次。中国科学院在上海地区所属的 10 个研究所图书馆及 1 个高校图书馆作为覆盖全国的分布式数字图书馆体系组成部分，可访问的数字文献资源包括：中外文数据库 100 多个；中文电子图书 18 万种、电子期刊 1.1 万种、中文博硕士论文 150 万篇；外文电子图书 3.9 万种、电子期刊 1.52 万种、外文博硕士论文 34 万篇。部分研究所还组团引进科睿唯安公司 Techsheet 标准数据库产品，初步形成满足科研一线需求的数字资源保障体系。

2016年，各馆围绕所属研究所“十三五”发展规划，制定各自的信息中心（图书馆）“十三五”发展规划及实施方案，围绕中国科学院“四项分类改革”“率先行动计划”要求，对数字资源保障体系变革和发展、服务内容拓展和延伸、情报智库能力建设等方面进行规划，并通过不断融入研究所学科发展，提供深入情报服务等方式获得各类项目支持。如中国科学院上海生命科学信息中心学科服务团队为“脑科学与智能技术卓越研究中心”的资源及服务体系进行规划，形成面向重点领域的资源及服务平台，并获得中国科学院文献情报中心“十三五”院所协同项目支持；中国科学院上海药物研究所情报团队成为该所新药创制方向的长期合作伙伴并获得课题支持；中国科学院上海技术物理研究所图书馆与中国科学院文献情报中心学科馆员团队一起协同开设面向该所研究生的信息素质教育学分课程等等。

上海科技大学图书馆于2016年9月正式开馆迎接新生入学。目前，图书馆人员配置和业务体系设置较为完整，在中国科学院文献情报中心及中国科学院上海生命科学信息中心的协同下，面向科研及教学需求的资源保障体系日臻完善，面向需求开展的多种形式学科服务成效显著。（上海市图书馆学会秘书处）

【《中华中医古籍珍稀稿抄本丛刊》（第一辑）出版发行】 8月22日，《中华中医古籍珍稀稿抄本丛刊》（第一辑）——《本草拔萃·附药性验方》出版发行首发座谈会在中国科学院上海生命科学信息中心（以下简称信息中心）召开，该书由信息中心图书馆与上海科学技术文献出版社共同编纂出版。中国科学院院士林其谁、王恩多，上海中医药大学教授段逸山等业界专家学者、出版单位领导共20人出席座谈会。信息中心是上海市古籍保护重点单位，馆藏中医古籍中有66种为国内孤本。《本草拔萃》2卷曾见于钱谦益《牧斋有学集》、丁祖荫《重修常昭合志》著录，而后百年来未现世间。此次经信息中心馆藏发现并整理，其后附《药性·验方合订》，字迹娟秀，栏线清晰，朱墨双色句读注释，是兼具重要文献价值和科学研究价值的珍稀孤抄本。座谈会上，专家学者就丛刊出版的重要性、对传承和保护中医古籍文化的价值与作用，对推动现代中医药发展乃至生命科学发展所能带来的影响以及在科学传播中的价值进行了研讨。（上海市图书馆学会秘书处）

【2016年中科院上海、江苏和安徽地区研究所文献情报工作交流会召开】 12月1日，会议在湖州召开，由中科院上海生命科学信息中心、中科院上海科技查新咨询中心湖州分中心共同举办，来自中科院11个研究所以及上海、湖北、海南几所高校的30余位文献情报工作人员参加会议。会议围绕“‘十三五’数字资源建设”主题，就各研究所在“十三五”期间面临的数字资源建设问题及挑战，探讨数字资源建设中的经费保障模式、对科研支撑作用以及与出版商合作共赢等问题。中科院合肥物质研究院信息中心张甫、中科院南京紫金山天文台图书馆馆长宋谊、中科院上海高等研究院综保处贾佳、中科院上海有机化学研究所图书馆馆长秦聿昌、中科院武汉文献情报中心周柏柱和中科院上海生命科学信息中心图书馆副馆长沈东婧做大会报告，分别就“用户需求引领数字资源建设”“数据驱动助力知识服务”“构建多学科交叉环境下的信息资源和知识服务体系”“有机所文献资源建设与挑战”“构建院所协同的领域情报服务新模式”以及“数字资源建设新需求和新问题”等方面进行交流。（上海市图书馆学会秘书处）

【中国科学院新疆分院文献信息中心概况】 2016年，中国科学院新疆分院文献信息中心在文献资源建设及其推介服务方面，投入文献资源建设经费总计119.8万元。新增印本图书828册，订购外文期刊31种，中文报刊46份；订购开通中外文数据库17个，共享数据库86个，试用库10个，分析工具TDA1套；分编各类文献828册，光盘1张；编制并在网上发布新书通报11期，通过E-mail推送到科研人员桌面；帮助本所博、硕士研究生做毕业论文分类标引30余篇。全年接待读者、参观者近2000余人次，书刊借还3261册。完成中心馆藏俄文图书和新增俄文书刊的网上书目揭示工作，作为中亚特色分馆，中心俄文书刊已对全国读者开放服务。新增及更新“随意通”\E-key服务账号约100人次。

数据库、学科信息平台、网络技术环境建设方面，完成网络、镜像资源更新与维护，对万方资源系统（镜像）、维普中文科技期刊数据库、国研网资源库等系统迁移与更新共计约2.2TB；网络建设与网络安全，随时监控、防范黑客非法入侵，基本做到重点设备日清日查；新建“中亚科技文献信息资源”与“中亚及俄罗斯原文科技文献”平台2个；IR、IIP系统平台建设与更新维护上传数据173条。

科技查新项目及代理成果申报的数量、质量方面取得较大进展，全年完成查新项目675项；收录与引用报告251项；受理成果鉴定材料的审查、指导、编写100项。组织专家到哈密、阿勒泰、伊犁、喀什等地进行55个项目的现场勘验工作，并协助专家编写现场勘验意见。

项目引进方面，对外争取中国科学院文献情报中心、自治区自然科学基金资助项目、自治区科技厅科技支撑项目等软科学、平台建设项目，共计引进项目经费90万元，全年实现文献信息服务创收130万元。项目研制方面，启动实施自治区科技基础条件平台建设项目——中亚科技文献信息资源集成共享平台；实施上合组织科技伙伴计划平台建设专项——中亚及俄罗斯原文科技文献资源集成共享系统建设；完成自治区自然科学基金项目“新疆2015年科技论文统计分析”；实施科技引领面向中亚农业国际合作对策研究（新疆科技计划软科学项目）；完成国际合作项目课题专项——中亚生态环境状况基本资料收集整理与编译；继续承担中国科学院文献情报中心中亚特色分馆建设。中国科学院新疆数字图书馆二期建设项目、自治区科技支撑软科学项目“自治区本级财政科技投入与产出分析及对策”、中国科学院新疆生态与地理研究所监测服务——中亚信息监测平台建设均已结题。

情报分析与研究方面，紧密结合中科院、研究所、新疆科研及决策需求，完成情报调研项目17个，主要包括伊塞克湖水文研究文献调研、中亚自然地理出版物调研、中亚五国与中国进出口贸易概况调研、墨西哥湾天然气水合物成藏概况及勘探技术等，取得较好成效。编辑《中亚科技信息监测快报》12期，18万余字。

国际交流和翻译方面，2016年12月单独组团赴俄罗斯科学院自然科学图书馆洽谈科技信息领域国际合作，双方签署远程传递、馆际互借等业务合作协议，联合实施“中亚及俄罗斯原文科技文献资源集成共享系统建设”；围绕研究所中亚生态环境研究，翻译《丝绸之路经济带框架下中哈科技合作与经济发展方向和潜力研究》《全球气候变化对天山山地生态系统的影响》等专著共计15万字；承担6次国际会议的翻译工作；担任相关科学考察、研究、国际合作等随同翻译，完成赴塔吉克斯坦开展生物资源考察和采样、哈萨克斯坦土壤所实验员培训翻译等出访任务4次，接待来华参加亚欧博览会塔吉克斯坦植物研究所代表等来访5次。

学术交流方面，在专业刊物上发表学术论文8篇，其中SCI非第一作者论文2篇、CSCD第一作者论文3篇；参加学术交流、培训19人次，其中包括赴俄罗斯洽谈“中亚及俄罗斯原文科技文献资源集成共享系统建设”合作、“中国—塔吉克斯坦科技合作”国际研讨会、2016中国科学院战略情报研究学术论坛、中国科学院第五届电子资源培训等。（中科院新疆分院文献信息中心　张小云）

【广东省科技图书馆“科普悦读进校园”项目获第二届全国图书馆未成年人服务优秀案例三等奖】 2016年，中国图书馆学会面向全国开展图书馆未成年人服务优秀案例征集活动。7月26日，第二届全国图书馆未成年人服务论坛案例评审会在国家图书馆举行。经评审会评议推荐，最终选定一等奖案例10名、二等奖案例15名、三等奖案例20名。广东省科技图书馆（广东省科技信息与发展战略研究所，以下简称粤科图）报送的“科普阅读进校园”荣获三等奖。“科普阅读进校园”是该馆自2013年5月至今一直在运作的项目，旨在通过活动带动阅读，培养学生的科学兴趣和阅读兴趣。目前，粤科图已与10余所学校签订合作协议，并指派专人协助开展各项工作。经过3年来的运行，已成为深受学校师生、家长欢迎的活动品牌，广东卫视、南方都市报等媒体对活动进行报道。（广东省科技图书馆　黄国强）

【全国科学院联盟文献情报分会2016年工作会议在广东省科技图书馆召开】 11月9—11日，由中国科学院科技促进发展局、中国科学院文献情报中心主办，广东省科学院承办的全国科学院联盟文献情报分会2016年工作会议在粤科图召开。来自中国科学院科技促进发展局、中国科学院文献情报中心（以下简称院中心）、兰州文献情报中心、成都文献情报中心、武汉文献情报中心和各省（级）科学院及其所属文献情报机构的负责人及相关工作人员 100 余人参会。此次会议是文献情报分会成立后召开的第 4 次年会，也是首次在广东举办。会议主题为“区域创新·决策咨询·智库服务”。分会秘书长、院中心用户服务与知识传播中心首席联盟官贾苹首先代表分会理事会作全国科学院联盟文献情报分会 2016 年工作总结与 2017 年计划，广东、贵州、上海、山东和江西等省市科学院依次介绍各地方科学院文献情报部门和机构开展科技成果转移转化、院地合作、智库建设和为地方、产业、企业提供文献情报服务与科技创新支撑的情况。在特邀专题报告会上，院中心研究员谭宗颖和中国科学院大学公共政策与管理学院教授霍国庆分别做题为“面向战略决策的科技创新评估研究与实践”和“我国科技成果转化的根本症结及解决方案”的学术报告。会议最后通过设立“智库服务工作委员会”的倡议，并宣布 2017 年工作会议将在黑龙江省哈尔滨市召开。（广东省科技图书馆　彭仁耀）

【首个国家知识产权局专利信息传播利用（广东）基地传播利用站点落户省科技图书馆】 11 月 24 日，由广东省知识产权研究与发展中心、粤科图、省科学技术情报学会联合举办的“广东省企事业单位专利竞争情报培训班暨传播利用站点授牌仪式”在粤科图举办，来自全省企事业单位共 120 余人参加此次活动。省知识产权研究与发展中心主任魏庆华、粤科图馆长魏东原等出席揭牌仪式。粤科图成为广东省设立的首个国家知识产权局专利信息传播利用站点。揭牌仪式后，会议邀请国家知识产权局专利局专利审查协作中心主任瞿超、广州开发区知识产权协会副会长白宝国分别围绕核心专利检索技巧及研判、企事业单位专利竞争情报分析及运用两个主题进行授课。（广东省科技图书馆　万晶晶）

【广西科技文献平台微信公众号正式上线】 12 月 16 日，由广西科技图书馆负责运营维护的“广西科技文献平台”微信公众订阅号正式上线。该公众号作为广西科技文献共享与服务平台的微信移动服务端，为广大用户提供平台主要工作动态和重大活动新闻，发布最新科技前沿情报，追踪最新专利信息，是用户获取科技文献相关服务信息的重要窗口。（广西科技图书馆）

【广西科技图书馆开展面向“海上丝绸之路”国家战略信息服务】 从 2016 年 1 月开始，广西科技图书馆与中国科技信息研究所合作开展面向“海上丝绸之路”国家战略信息服务。通过收集、分析中国与东盟/南亚科技产业合作战略、规划、政策、决策等情报，编辑《东盟产业最新情报》并向相关单位推送，一年来共完成《东盟产业最新情报》16 期，为我国与东盟科技发展提供战略研究及决策参考。合作期间，双方还于 12 月 29 日在南宁举办“面向‘一带一路’国家战略的信息服务支撑研讨会”，国家科技图书文献中心领导、面向“海上丝绸之路”国家战略信息服务的承担单位代表、“一带一路”战略研究专家学者、广西各地市科技情报所代表 80 余人参加会议。（广西科技图书馆）

中国社会科学院图书馆（调查与数据信息中心）

【概况】 2016 年是“十三五”规划的开局之年。中国社会科学院图书馆（以下简称“图书馆”）全力推进国家哲学社会科学文献中心建设和哲学社会科学海量数据库建设，加强信息化基础设施和网络建设，优化馆藏文献资源建设，提升读者服务水平，开展学术研究工作，为哲学社会科学创新工程、国家级高端智库建设和名优工程建设发挥重要作用，为马克思主义传播阵地建设做出积极贡献。

1. 落实中央战略部署，国家哲学社会科学文献中心建设初见成效。为贯彻落实习近平总书记“5·17”重要讲话精神，2016 年 9 月，中宣部部署由中国社会科学院牵头、教育部和国家新闻出版广电总局配合建设国家哲学社会科学文献中心。加快构建国家哲学社会科学文献中心是进一步繁荣发展哲学社会科学研究、建设国家级高端智库的重要保障，是党中央的重大战略决策。院党组高度重视此项工作，经研究决定由图书馆负责建设工作。图书馆将此项工作列为重中之重，由馆领导牵头成立项目组，组织调配精干力量，以最快的时间启动项目调研和方案论证工作。依托“一库”（即海量数据库，包括社会科学图书文献数据库、学术期刊数据库、古籍善本数据库、科研成果数据库、社会调查数据库、人文社会科学评价数据库、智库信息采集处理数据库、地方志数据库等专题库）、“一网”（即互联网）、“一平台”（即综合集成实验室研究平台），本着“合理规划、集中投入、联合共建、方便快捷、全国共享”的原则，全力以赴、加班加点推进建设工作。经过3个多月的建设，国家哲学社会科学文献中心网站于12月30日正式上线运行，免费向社会公众提供千种中文学术期刊，以及相关外文学术期刊、外文图书、古籍等文献数据约1000万条。

2. 加快推进院重大信息化项目国家哲学社会科学海量数据库（一期）建设工作。该项目已完成云平台、社会调查数据库、海量数据库整合平台、馆藏文献数据库和科研成果数据库等子库的初验工作，古籍数据库建设取得突破，国家哲学社会科学期刊库影响力进一步扩大。

一是云平台部署稳步推进。云平台为海量库提供底层架构支撑，已完成云平台部署实施及相关保障工作，包括到货验收、硬件安装、设备加电测试、设备联调、设备物理及网络环境部署、软件安装、应用部署、系统联调、功能测试等具体工作，并于11月中旬通过初验专家评审会，为海量库部署实施及验收相关工作提供基础保障。

二是调查数据库上线试运行。完成社会调查数据库网络调查系统、计算辅助面访系统和社会调查门户网站的需求说明书、需求确认单等相关文档的审阅、核验及项目评审工作；完成上述三个子系统的安装、调试和测试工作；配合做好海量数据库调查子库的初验及系统试运行工作。此外，紧跟调查技术发展前沿，开展云调查系统、社会科学数据管理与服务平台、GIS地图抽样系统等项目的前期调研工作。

三是科研成果数据库建设顺利。对收录的各项数据进行回溯补充和成果类型细分，完善元数据标准。截至2016年年底，该库收录成果数据约12.6万条、学者数据1万余条、机构数据726条，建立机构知识门户54个；完善《科研成果数据库科研成果类型数据标准》，启动数据加工工作；起草《科研成果数据库运行管理办法（暂行）》及作品使用授权系列文件；推动科研成果数据库开发，启动系统测试、初验工作。

四是古籍数据库建设取得突破。召开数字化加工平台和检索平台需求专家交流会，确定上述两个平台的专家需求；召开并通过古籍善本数据库数字化加工平台和检索平台需求规格说明书专家评审会；召开并通过古籍善本数据库数字化加工平台和检索平台概要设计说明书专家评审会。现已确定数字化加工车间场地，正在进行加工车间装修改造、开展古籍善本数据库存储设备进机房工作等。

五是国家哲学社会科学学术期刊数据库影响力进一步扩大。继续秉承国家级、开放型、公益性的建设理念开展建设，保持全球最大开放获取知识平台的态势，被国家新闻出版广电总局评为“全国报刊媒体融合创新案例20佳”，与人民日报社、南方报业传媒集团等共同跻身国内该领域第一方阵。截至2016年年底，该库收录期刊1000种并实现数据上线。现有个人用户注册数105410人、机构用户72家，较2015年新增个人用户24478人、新增机构用户16家；微信平台关注人数累计21617人，较2015年新增6498人，全年阅读量近26万次；新浪微博粉丝数为159437人，较2015年新增5157人，全年阅读数近400万次。该库上线以来，文献累计下载量近380万篇，全年下载量约100余万篇。

3. 有序开展综合集成实验室平台建设。2016年，图书馆密切联系院属27个实验室，稳步推进综合集成实验室建设工作。根据社科院名优建设工程协调会精神，起草上报《中国社会科学院综合集成实验室管理办法》（修订版）等系列文件。经实地走访和电话调研，汇总形成《院属27个实验室运行评估报告》，制定《关于综合集成实验室相关政策与运行机制调研计划》。实施综合集成实验室内容建设后期资助计划，组织召开相关专家评审会，城市信息综合集成与动态模拟实验室等4家实验室获得资助。编制《综合集成实验室内部通讯》。与中国舆情调查实验室举办新媒体与大数据沙龙等活动。

4. 加强基础设施和信息化建设，提供强有力信息技术保障服务。图书馆是全院信息化工作建设的主阵地，承担着向院属单位提供基础网络建设和运维保障服务的艰巨任务。2016年，图书馆启动实施一系列院级重大信息化项目，积极稳妥做好网络、网站、系统的安全运维和管理服务工作，推进全院信息化建设工作迈上新台阶。

一是启动实施多项院级重大信息化项目。全年新立项“国家哲学社会科学文献中心门户网站（一期）”“云平台网络连接安全防护”“社科网平台升级扩容”“社科网平台安全设备更新”“中国社会科学院租用新华联大厦网络建设”“中国社科院骨干网络系统升级改造工程”“数字资源服务器及配套设施更新扩容”“远程访问系统设备更新换代”等项目。继续实施上一年度“科研楼西段综合布线”“邮件扩容升级改造”等项目。

二是加强网络日常管理与维护，提升通信网络保障能力。图书馆承担全院网络链路租用、带宽扩容、专线迁移切割、网络综合布线、网络流控系统运维及流量监控、网络设备升级改造、网络安全检查、机房管理、服务器及相关设备日常维护管理等工作。同时为中国社会科学网网站和图书馆网站运行维护提供技术支持，还为全院年度工作会议、暑期工作会议等重要网络视频会议直播提供现场技术服务保障。

三是提高系统运行稳定性，做好软硬件维护工作。图书馆负责全院远程访问系统、全院邮件系统、图书馆自动化系统、资源发现系统、天宇全文检索平台等相关系统的用户管理、数据维护、安全巡检、故障排查和硬件设备维护工作，确保硬件使用正常，系统平稳运行。

5. 强化责任意识，推进全院文物古籍管理规范化建设。2016 年，为落实中央巡视组关于社科院文物古籍管理整改建议的要求，图书馆组织开展全院古籍资产核查工作，督办相关单位查找文物古籍管理中存在的问题，制定整改方案，完善规章制度；开展《中国社会科学院古籍管理规定》落实情况大检查，督办相关单位对本单位收藏的文物进行彻底清理核对，做到账实相符。起草《中国社会科学院可移动文物保护暂行规定》，有效推进社科院文物古籍管理的规范化建设。

6. 以科研需求为导向，不断提高文献资源建设水平。图书馆通过走访调研、收集文献推荐意见等多种方式，深入科研第一线，准确把握研究单位和科研人员关于使用文献资源的实际需求，开展纸本文献和数字资源建设，进一步提高文献信息保障能力。全年订购中文图书约 10000 册、外文图书约 6000 册；订购外文期刊 820 种、中文期刊 1368 种；对本院各研究单位提出的中外文数据库采购需求，委托院属人文公司本着长期、永久的原则梳理引进。通过馆际协作、文献传递、赠授图书等方式，补充现有馆藏资源。已与国家图书馆、上海图书馆和北京大学图书馆、清华大学图书馆等 30 家高校图书馆实施馆际互借；与国家图书馆、中国科学院文献情报中心（国家科学图书馆）、中国高校人文社会科学文献中心（CASHL）、国家科技图书文献中心（NSTL）开展文献传递服务；接收新疆、云南等地有关图书馆和出版社赠送的图书 1000 余册。此外，还向甘肃嘉峪关、江西上犹等地有关图书馆赠送图书 990 册。

7. 提高主动服务能力，为科研创新贡献力量。继续开展“图书馆服务年”活动，创新服务载体，拓展服务方式，提升服务水平，受到全院科研人员广泛好评。全年接待到馆借阅读者约 2.6 万人次，提供专题参考咨询服务 400 人次，提供送书上门服务 500 人次，为院属单位有关课题组、智库团队和科研人员免费提供代查代检、专题服务、项目跟踪、复印等服务；为院属有关单位提供视频剪辑、图形设计、光盘制作等服务；按月编制《中国社会科学院图书馆新书目录》，方便科研人员及时了解馆藏文献引进情况；推介国家图书馆等机构的相关信息产品等。

8. 开展课题研究和社会调查项目，提升在业界的影响力。一是承担相关研究课题。2016 年新立项课题包括：社科院登峰战略学科建设重点学科“信息资源管理”（蒋颖主持），研究所创新工程研究项目“文献信息研究与情报服务”（王岚代管），院级国情考察项目“新形势下的图书馆转型与发展”（王岚主持），所级国情调研基地“中国社会科学院图书馆甘肃敦煌市国情调研基地”（王岚主持），所级国情调研基地项目“‘一路一带’战略与敦煌市图书馆的功能与定位”（蒋颖主持）、“山东武城优秀传统文化保护与传承调研”（王玉巧主持）。二是承接社会调查项目，为院内外机构提供第一手调查数据。2016 年受相关单位委托新承接调查项目 4 项，分别是“中国公民的服务参与和表达参与问卷调查（2016）”“廉政调查项目（2016）”“2016 大学生就业、生活及价值观追踪调查（2016）”和“农村义务教育学校教师特设岗位计划”实施成效评估项目。同时，继续完成上一年度“中国社会状况综合调查”等 5 项调查项目。

9. 加强国际学术交流，推动社科成果“走出去”。图书馆作为哲学社会科学创新工程的重要学术传播平台，2016 年对外交流取得进一步发展。一是与韩国国会图书馆实现首次人员互访，进一步扩大与韩国的交流合作领域。二是与俄罗斯科学院社会科学信息研究所进行互访，研究明年举行中国社会科学图书展览等事宜。三是与蒙古国科学院中央研究图书馆签订意向备忘录，开展互利合作。四是继续代表社科院与 40 余家境外机构开展学术期刊交换工作。五是配合国务院新闻办公室“中国之窗”项目，推动学术外宣工作。

10. 发挥情报学会纽带作用，推动国内图情事业发展。9 月 22—23 日，中国社会科学情报学会 2016 年“文献情报学发展趋势与智库研究”主题学术年会暨学会成立 30 周年大会在北京隆重召开。30 年来，情报学会作为国内图书情报领域的重要学术社团之一，广泛团结社科系统、高校系统、党校系统、部队系统和新闻系统的会员单位和全国社会科学情报工作者，积极开展图书馆学、情报学和文献学的理论研究及实践发展，推动中国图书馆事业发展，为繁荣和发展哲学社会科学研究服务、推进新型智库建设等发挥积极作用。

11. 重视期刊管理工作，加快市场期刊转型。图书馆加强对《程序员》和《环球市场信息导报》两种刊物的管理。其中，为配合国家哲学社会科学文献中心建设工作，正在进行《程序员》由市场刊物向学术刊物的转型调研工作，目前已经完成转型方案，计划明年完成新刊创刊号出版发行工作。《环球市场信息导报》仍按照市场刊物进行出版发行。（中国社会科学院图书馆 魏进）

【国家哲学社会科学学术期刊数据库被评为“全国报刊媒体融合创新案例 20 佳”】 8 月 29—31 日，由国家新闻出版广电总局新闻报刊司主办的全国报刊媒体融合创新案例路演在北京举行。中国社会科学院图书馆承建的国家社科规划办重点委托项目“国家哲学社会科学学术期刊数据库”作为唯一的国家级公益性项目，获得 2016 年“全国报刊媒体融合创新案例 20 佳”。党委书记、馆长王岚代表中国社会科学院图书馆出席活动并接受国家新闻出版广电总局颁发的证书。此次路演以“融合引领发展创新成就未来”为主题，由国家新闻出版广电总局有关部门领导、媒体创新和业界领军人物、技术与投资界的著名专家学者组成路演评审团，现场点评 2015 年产生的全国报刊媒体融合创新 30 佳案例，最终评选出更具分类指导、更具行业示范意义的前 20 佳项目，形成全国报刊媒体融合创新案例的第一方阵。人民日报社、光明日报社等 30 家报刊出版单位参加此次活动。（中国社会科学院图书馆）

【国家哲学社会科学文献中心网站正式上线运行】 12 月 30 日，由中国社会科学院牵头承建、图书馆负责具体建设的国家哲学社会科学文献中心网站正式上线运行。中宣部、教育部、文化部、国家行政学院、中国社会科学院、求是杂志社、国家图书馆、北京大学、军事科学院等单位领导和专家学者出席上线仪式并共同见证文献中心上线运行。新上线的国家哲学社会科学文献中心主要开设有资讯、资源、专题、服务四个栏目，资源包括中文、外文学术期刊 7000 多种，还有外文图书、古籍等四类，上线文献数据超过 1000 万条，与国内 60 多家社会科学研究机构网站导航链接，初步形成国家哲学社会科学学术期刊数据库、外文学术期刊数据库、中国社会科学院科研成果数据库等特色资源数据库。该网站今后将不断完善，建成国家哲学社会科学综合服务平台，为全国哲学社会科学工作者提供开放型、公益性、权威性和学术性的文献保障与知识服务，成为交流学术信息、传播学术成果、展示我国哲学社会科学发展成就的重要窗口。（中国社会科学院图书馆）

【山西省社会科学院图书馆闭馆期间保证服务质量】 2016 年，山西省社会科学院图书馆在闭馆期间，由于不能开展对外图书流通借阅，无法满足科研人员的借阅需求，因此针对重点课题的图书资料需求，采用网上购书的方式，及时为科研人员采购所需图书。新书到馆登记后，直接交给科研人员使用，最大限度地满足特殊情况下科研工作的需要。在纸质图书打包入库无法借阅的情况下，为了满足科研需要，利用有限的经费，继续订购知网数据库和超星数据库，开展国研网试用工作，同时与超星公司合作开展电子图书网上浏览下载服务，盘活馆藏电子资源，扩大电子资源服务的范围，科研人员不仅能在网上搜索到馆藏资源，还可以享受超星公司近 30 万册的电子书服务，电子资源使用率有了较大提升。（山西省社会科学院图书馆　赵国良）

【山西省社会科学院图书馆谱牒收藏工作】 2016 年，山西省社会科学院图书馆继续加大谱牒收藏工作。全年完成 15 卷册纸质家谱资料、1 万余册电子家谱的收藏工作，丰富特色馆藏，为科研人员谱牒学研究以及寻根问祖奠定基础。自从家谱数字化建设启动以来，馆内由专人负责家谱数字化工作，系统地对馆藏谱牒进行整理、录入，逐步把谱牒学打造成省社科院的优势学科。（山西省社会科学院图书馆　赵国良）

【四川省社会科学院文献信息中心概况】 2016 年，四川省社会科学院文献信息中心共接待读者 16500 余人次，借还书 5316 册。除法定假日外，坚持天天开馆，星期一至星期天每天开馆 13.5 小时，保证科研和教学的需要。进一步加强图书资源的建设，向重点学科、优长学科倾斜。预订图书 3000 余册，编目新书数据 3000 余条，验收入库新书 3000 余册。收受赠书 443 册。加强电子资源建设，除完成已订购电子资源的续订工作，还开通北大法宝和中华书局古籍数据库等数据库的试用。加强报刊资源建设，不断调整报刊种类。全年验收登录新刊 11000 册，验收、编目过刊 6483 册；装订加工报刊 1980 册，入库上架过刊 6483 册。根据全院学科建设和教学科研需要，在多方征求意见的基础上完成 2017 年 107 种报纸、866 种中文期刊、14 种港台外文期刊的订购工作。

在社科专题咨询检索服务方面，全年推出《参阅资料》12 期、《参阅资料》（廉政专刊）6 期、《社会科学研究参考资料》12 期，共计 100 多万字。刊物特色鲜明，有思想、有深度，可读性强，社会影响力越来越大。

在网站建设方面，完成“四川社科在线”“院网”“英文网站”站点软硬件日常维护、监管和数据备份；负责网站“三网”的信息编辑、管理和协调工作，确保网站信息及时更新。全年发布信息 1 万余条，翻译稿件 118 篇。加强网站重点栏目和特色栏目和专题的建设，全年配合院重大科研活动、专题会议宣传，制作专题、页面 7 个。开展四川社会科学在线中文站点栏目和页面前期筹备、调研，计划开展全站技术性改版升级。

在学术研究方面，主研和参加多个课题，如贾玲“基于书目数据分析的信息资源建设策略研究——以四川省社会科学院文献信息中心为例”课题、杨雨霖“我国‘三农’信息化政策演进趋势研究——基于政策文本计量与分析”课题、刘用“智能化时代工匠精神的培育与弘扬研究”课题。多位同志参加《四川大百科全书》信息篇的撰写工作。刘用向“家规家风与廉洁文化”研讨会提交论文《社会转型与社会主义家风建设研究》。（四川省社会科学院文献信息中心）

中国医学科学院医学信息研究所（中国医学科学院图书馆）

【概况】 2016 年，中国医学科学院医学信息研究所/图书馆（以下简称医科院信息所图书馆或“所馆”）持续加强医学信息资源保障与创新服务，形成由资源建设、信息服务、信息研究和决策支持等多种功能互为支撑的服务体系。着重推动资源建设创新模式，资源利用效果显著。全年订购外文印本期刊 3547 种（其中续订 3504 种，停订 86 种，新增 43 种）；套订非刊文献 369 套 933 种（续订 367 套 926 种，停订 14 套 28 种，新增 2 套 7 种）；采选 ProQuest EBL 平台中 PDA 电子书 100 余种；新增数据库 8 个，数据库总量达到 93 个。编辑出版《国外医学新书评介》16 期，学科专集 3 期，获得出版商外文图书赠书 372 种（册）。加强科研人员对开放获取资源的认识，继续推广 BioMed Central（BMC）机构会员的影响。在生物医学领域开放获取资源整合利用的权益机制、信息揭示、技术平台、服务功能等相关研究基础上，制定所馆 OA 资源遴选、采集、元数据、编目、本地保存等一系列标准规范。全年本地采集保存 OA 期刊 734 种，元数据和全文数据 173128 条；会议录 208 种，元数据和全文数据 14297 条；科技报告 1904 种，元数据和全文 838 条。全年举办专业培训超过 26 场，内容涉及图书馆资源、数据库使用、如何投稿、如何使用 endnote、循证检索等用户最关心的主题，并同期录制培训视频。开展“馥郁书香悦读协和”读书周系列活动、CK

"聆听心声医路有你"、Ovid "信息资源下午茶"用户座谈会等活动，吸引用户关注图书馆、走进图书馆，一起探讨如何更好地宣传和利用图书馆资源。深入科研一线，提供定制培训服务。根据院所需求，定制培训内容，目前已在肿瘤医院、药植所等单位进行针对性培训和图书馆宣传，起到良好效果。有效利用多个社交网络，提升用户关注度。医科院图书馆微信公众号关注人数超过 3000 人；"医科院读者培训 QQ 群"，实时解答用户的提问，收到用户的赞扬；《书评》官方微信平台与"新浪微博"宣传平台相配合，提高《书评》的影响力。编制《医科院图书馆文献资源使用指南》2016 版。

拓展信息服务领域，全面做好文献信息服务工作。全年完成原文传递服务 38.5 万篇，国内外馆际互借 70 篇。完成委托检索 460 项，定题跟踪服务 23 项以及服务相关咨询 2300 余人次，并接受 NSTL 文献服务质量检查。按照 NSTL 中心的要求，设置 NSTL 文献服务岗位，按照 NSTL 文献服务规范与管理办法提高全文传递服务的质量和效率。应对学术资源出版形式变化带来的挑战，采取多种措施保障完成年初设定的服务量计划，改进文献查、找、扫的流程，并积极开展面向国家重大科技需求的集成式服务。全年完成各类成果评奖及课题申报等委托科技查新 346 项；完成国家自然科学基金杰出青年评选、拔尖人才、长江学者、申请评奖等委托文献收录与引用检索证明 467 项，专题检索证明 14 项。深入院校二级所院、"重大专项"课题组等开展专题培训讲座 7 场次，培训 850 人次。承担 NSTL "重点领域信息门户"服务管理以及重大新药创制、重大传染病防治两个重点门户建设与服务专项任务。经对 287 个信息源 462 个目录语料清查后，两个专项门户已累积监测信息源 300 个、目录 392 个，较去年同期分别增长 2.4%和 5.7%。因语料和监测机制优化调整，系统共监测到信息 87290 条，较去年减少 46.0%；经服务团队推荐与加工的热点主题 4573 条，编译报道 723 篇，动态快报 41 期，较去年同期分别增长 67.4%、-3.3%、17.1%，发展用户 300 余人。编写《新药研发动态》5 期、《精准医疗前沿》3 期和《传染病研究动态》4 期，共计 8 万字。利用重点学科领域平台推送新药发信息 70 条，传染病研究动态信息 80 条，推荐论文 150 条。完成《新药研发动态》和《传染病研究动态》两个微信公众号的实名认证，增加服务栏目，推送原创微信 80 条，关注用户达 2500 人，阅读 5000 次。受中国医学科学院科技管理处、国家卫计委科教司的委托，完成《中国医学科学院"十二五"专利产出分析报告》《院校 2016 年度科技竞争力监测与评估》《干细胞与转化医学创新态势研究报告》《基因检测的态势研究》《国内外医药卫生人才培养政策研究》《肿瘤免疫治疗创新态势研究报告》等 6 个咨询报告（共计 18 万字）；分别为中国药学微生物菌种保藏管理中心、中国药理学会、国家食品安全风险评估中心、北京疾病预防控制中心提供《微生物来源的药物品种》《2015 年中国\日本\美国药理学科研热点分析》《辐照食品安全性评价和风险评估策略分析》《空气污染与人群健康研究态势分析》等咨询报告，得到专业领域科研人员的认可；参与出版专著《中国实验室生物安全能力发展报告》。为落实国家医疗人才"组团式"援藏项目整体规划，所馆与西藏自治区人民医院建立深度合作关系，按照双方签署的援建实施方案，启动该院数字图书馆建设项目，为其建立较完善的数字信息资源保障平台。

医学信息、情报调研和卫生政策领域的研究与决策咨询取得新成绩。围绕国家医学科技创新重要任务，持续推进医学信息学理论与实践、信息技术、医学知识组织、医药科技战略、医学信息分析评价、重大疾病防治信息和公共卫生信息等研究，组织申报和实施"精准医学"重点研发计划"重大疾病精准医学数据库群"和"精准医学本体和语义网络的构建"，"医疗器械"国家重点研发计划项目"乳腺三维超声容积成像应用模式与标准研究"等相关课题。做好国家人口与健康科学数据共享平台工程技术中心各项工作，研究制定《资源评价指标体系》《科技资源标识符》等平台标准规范，开展协同工作系统应用培训及技术支持。稳步推进中国工程院中国工程科技知识中心医药卫生专业知识服务系统建设，为面向院士提供多元化的医药卫生知识服务提供理论与技术保障。受国家卫生计生委委托，建设医学研究登记备案信息系统并在国家干细胞研究管理中得到应用。参与编写《中国慢性呼吸病报告》《"十三五"人口健康信息化建设规划》《卫生与健康科技创新"十三五"规划》等重要报告和文件；编写出版《中国医学科技发展报告2016》；完成多份情报调研咨询报告。围绕国家卫生计生中心工作，积极推进卫生体系与政策、全球卫生、卫生经济、基层卫生与妇幼保健、卫生信息管理等研究。编写出版《中国医改发展报告（2015）》，得到上级领导、政府部门和专家学者的充分肯定，在引导社会舆论客观评价医改、形成推进医改社会氛围方面发挥积极作用。参加国务院妇儿工委组织的2011—2020年中国妇女儿童发展纲要中期评估、国家基本公共卫生服务项目管理信息平台设计等部委重点工作。继续做好卫生决策支持平台建设。完成多份调研报告。

教育培训、国际合作、编辑出版等工作不断发展。协助院校完成“图书馆情报与档案”“公共管理”两个一级学科的学科评估工作，参与“公共卫生与预防医学”一级学科的学科评估和本科教学评估资料填报工作。毕业研究生19名，录取21名。继续做好医学信息学、医学情报学、卫生管理学等12门课程的教学工作，以及各种学术交流活动、课题评审会议的组织工作。应邀出席亚太医学期刊编辑协会2016年大会及西太区医学索引与亚太医学期刊编辑协会联合会议、2016年国际生物医学科学数据审编会议等国际会议，赴荷兰、英国开展数字科技信息资源建设、网络系统建设学术交流，与德国国家医学图书馆、美国国立医学图书馆、美国国立卫生研究院、荷兰阿姆斯特丹自由大学等机构开展合作研究。全年办理因公出国（境）11人次，接待国（境）外来访5人次，1人获资助前往美国国立医学图书馆进修。完成世界卫生组织（WHO）和联合国儿基会等国际组织资助的课题研究，做好WHO卫生与生物医学合作中心与WHO在华合作中心协调办公室日常工作。加强刊物选题组稿和编辑队伍建设，《医学信息学杂志》《医学研究杂志》《中国卫生政策研究》《中国医药导报》和《中国现代医生》影响因子等质量指标排名均有提升。在2016年度委管出版物主题宣传激励活动中，《医学信息学杂志》荣获“最佳期刊”，《中国卫生政策研究》荣获“最佳期刊”和“最佳宣传作品”，《中国医药导报》荣获“最佳宣传作品”。5种刊物全年共出版108期，发行约12万册。（中国医学科学院医学信息研究所）

【2016中德国家医学图书馆学术交流论坛在北京举办】 2016年12月，德国国家医学图书馆馆长Ulrich Korwitz先生应邀来所馆开展学术交流，来自所内外的60余位青年骨干参加学习讨论。Ulrich Korwitz馆长讲座内容主要包括西方当代图书馆建筑与空间建设、图书馆评估与管理、图书馆资源建设以及信息服务的新发展，其中既包括具体的案例和做法，又不乏前沿理论思考，德国国家医学图书馆注重细节和人性化管理、重视医学信息研究并积极推动开放获取的做法值得借鉴。此次活动还邀请首都医科大学国际学院院长马路，中科院文献情报中心主任助理赵艳，医科院信息所主任李姣、任慧玲、栗文靖分别介绍医学学科评估指标、面向科研全过程的资源保障布局、基于本体的精准医学数据挖掘、信息资源价值评估和情报学研究方法等。（中国医学科学院医学信息研究所）

【2016年度中国医院科技影响力排行榜发布仪式举行】 12月20日，由中国医学科学院主办、医科院信息所承办的“2016年度中国医院科技影响力排行榜发布仪式”在中国医学科学院礼堂举行。科技部社会发展科技司司长吴远彬、国家卫生计生委科技教育司副司长吴沛新、中国医师协会常务副会长兼秘书长杨民等出席发布仪式。中国医学科学院院长、北京协和医学院院长曹雪涛院士在发布仪式上致辞。医科院信息所所长池慧介绍主要排名情况。2016年度中国医院科技综合影响力排名前100位的医院分布在19个省（区、市），北京、上海、广东分别有24家、18家、9家；按区域划分，东部、中部和西部地区分别有71家、13家和16家。与会领导和专家分别为科技综合影响力排名前10、学科影响力排名前3的医院代表颁发奖牌和证书。（中国医学科学院医学信息研究所）

中国中医科学院中医药信息研究所（中国中医科学院图书馆）

【概况】 2016年是中国中医科学院中医药信息研究所/中国中医科学院图书馆（以下简称信息所或图书馆）“十三五”规划的开局之年，在创新、协调、绿色、开放、共享的发展理念下，以中医药信息学科建设为主线，以中医药信息标准和知识库建设为重点，全面提高信息所中医药信息服务能力和水平，为继承好、发展好、利用好中医药，为推进中医药继承创新及健康中国建设做出应有的贡献。

科学规划“十三五”发展目标和任务。充分利用云技术、大数据、物联网等信息技术，推进“互联网＋中医药信息”融合发展，打造国家级中医药古籍保护与利用平台、综合统计信息服务平台、科技情报分析及评价平台、知识创新服务云平台、信息标准研究与推广平台，力争到2020年建立起与信息所功能定位相适应的、代表“国家队”的实力与规模的中医药信息与应用的科研院所，基本建成国家中医药（数字）图书馆。

以资源建设为重点，突出自建资源和特色资源建设。馆藏资源建设方面：新收集中医古籍电子图片资源26种；新增图书4639种18094册，其中中文图书3596种17013册、港台图书1043种1081册；2015度和2016年度现刊记到615种8683册，外文期刊2016年记到231种1074册；电子资源续购11种（中文8种，外文3种），新增3种，试用14种。现有中文图书8万余种20余万册，外文图书1.2万余种1.4万余册，中文期刊2650余种4.6万余册，外文期刊200多种2.7万余册，内部资料1506种2459册，民国图书1793种2000余册，民国期刊239种1231册。特色馆藏数字化建设方面：“中国中医科学院图书馆特色馆藏资源数字化建设研究”完成图书扫描16.41万页的加工任务及服务平台设计工作。自建资源建设方面：推进中医药数据库检索系统建设，中文中医药期刊文献数据库新增数据8.4万条，累计数据总量147.52万条；新增文献库标引数据1.06万条、中医经典古方数据库数据1.73万条、中医养生知识数据3万条；中医古籍文献知识库确定古籍书目450种，完成其中350种切图及250种校对工作，采集中医古籍知识术语8万余条；数字化古籍400种，筛选书目500种，数据库初步构建完成。

紧扣服务需求，创新信息所服务品牌。加强中医药知识平台建设，开通中医药知识服务平台（微信版），重点研发“中医医案知识服务与共享系统”和“嵌入式中医临床决策支持系统”，并在广东、北京等地的部分中医院试用。加强中医医案挖掘与利用，建设完成医案大数据分析系统并提供数据挖掘分析服务，发布中医医案知识服务与共享系统，实现数据库（疾病库、验案库、药理化学库、方剂库、名家库）间的共通检索、数据展示，实现数据共享，建设名老中医验案数据库。推进国家人口与健康科学数据共享平台——中医药学数据中心建设，完成中医药共建共享系统升级改造，实现数据库间互联互通，该平台全年访问138629人次、访问量191732次。推进古籍阅览系统建设与服务，开展系统升级改造。目前古籍阅览系统注册用户373人，累计在线阅读古籍1.18万种次。

创新服务模式，提高对外服务水平。中医药情报研究方面：完成《中国中医科学院近十年（2005—2014）最具影响力优秀论文摘编出版方案》《国家中医临床研究基地重点病种研究学术论文综合影响力评估办法（草案）》，开展中医药科技进步评价和中医科学院机构评价的探索研究。中医药统计分析方面：编纂《中医药季度统计资料》1—3期、2015年度《全国中医药统计摘编》；完成《2015年中医药事业发展统计提要报告》；更新中医药国际交流与合作平台信息4624条；完成含207个统计指标的中医药战略决策知识平台建设工作，录入中医药战略决策文献题录6869篇、中医药政策法规1020篇。中医药战略规划研究方面：作为主持研究单位完成《中医药发展战略规划纲要（2016—2030年）》《“一带一路”中医药发展战略规划》《中国的中医药》（白皮书）、《中国中医科学院发展“十三五”规划》的研究工作，得到中医药管理部门认可采纳，相关规划均已发布；参与《“健康中国2030”规划纲要》《关于加快中医药科技创新体系建设的若干意见》研究工作，相关文件均已发布；联合全国20家中医药机构和信息企业申报国家重点研发计划《大数据驱动的中医智能辅助诊断服务系统》。

加强基础性服务工作，拓展服务模式和方式。全年完成查新检索260项（加急70项）、引文41项（加急8项）、检索6项，提供对上快速反应资料23篇、国外调研资料32篇、专题调研报告26份、《中医药国际参考》12期。接待读者700余人次，阅览古籍200余函，电子资源检索875.25万次、下载89.94万篇（册）；接待国内外参观6次，150余人。摄影摄像26次，素材总量1530G，制作视频资料70部集、光盘221张、《2015年中医药事业发展新闻掠影》汇编一部。图书馆官方微信公众号发布219期、975条信息，3803人关注。

所属三种期刊《中国中医药信息杂志》《国际中医中药杂志》《中国中医药图书情报杂志》用稿率较上年同期有所减少，基金论文比略有提升。其中：《中国中医药信息杂志》编辑出版12期约340万字，刊载论文437篇，含基金论文328篇，基金论文比为0.75；《国际中医中药杂志》编辑出版12期约180万字，刊载论文342篇，含基金论文127篇，基金论文比为0.37；《中国中医药图书情报杂志》编辑出版6期约80万字，刊载论文99篇，含基金论文58篇，基金论文比为0.58。三刊微信公众号关注人数分别为7677人、4299人、1612人。

开展全国古籍保护中心与国家级古籍修复中心工作。其中：古籍保护中心完成“基于《中华医藏》的养生类古籍保护及知识挖掘示范研究”之37种养生类中医古籍数字化和3种内容提要的撰写，出版招标《养生珍本医籍丛刊》；收集“中医古籍书目数据核查和联合目录编纂”51家单位的4880条数据，修改100余条；初步设计、构建“医案类古籍知识库的构建方法与应用研究”的医案文献调研和数据库。古籍修复中心完善古籍阅览室、古籍书库、古籍修复管理制度、古籍修复中心职能和工作流程，并接受国家古籍修复中心督导检查；全年修复古籍64函、495册、28654叶；完成古籍数字化拆书规范和流程。

推进中医药标准研制工作。其中：中医药学主题词表网络版已正常发布运行，开通外网用户查询检索功能，目前申请试用账户18个；开展词表的推广与更新工作，研究形成“中医药新词发现工具”。中医临床术语系统完成重构工作，完善平台加工系统、管理系统并进行系统的测试与运行，全面整理和加工中医临床术语系统，研究中医临床术语系统的关系构建。同时，ISO/TC-249、ISO/TC-215等中医药国际标准的研究已进入投票或修改阶段。

科研及学科建设工作成果显著。科研课题：申报各级各类课题20项；立项各级各类课题15项，包括国家自然科学基金1项、国家中医药管理局5项、中国针灸学会1项、省部级4项、院级1项、所级自筹经费专项3项。科研成果：发表论文71篇，出版专著5部，获软件著作权5项，获中华中医药学会科技进步奖二等奖1项（成果名称：基于名老中医临床诊疗数据的知识发现方法学及应用示范）。重点研究室与教研室工作：完成国家中医药管理局重点研究室建设项目“中医药信息应用方法学研究室”2015年度评估总结工作并通过评估；申报编写及出版中国中医科学院研究生教材《中医药信息学》（上、下册）。学科建设及教育工作：“中医药信息学”隶属于中医学一级学科，参加全国第四轮学科评估工作；2016年度招收硕士研究生3名、博士研究生1名，2名硕士研究生及3名博士研究生毕业，博士后出入站及开题各1名；2013级博士朱彦荣获“2016年中国中医科学院优秀博士学位论文”三等奖、“2016年北京市普通高等学校优秀毕业生”及“中国中医科学院优秀毕业生”等荣誉；申报国家级继续教育项目4项。

加强对外交流与合作，促进科技成果的转化。开展从文献数据资源服务到知识库及知识平台建设的对外合作，签署横向合作23项，累计到位资金约248万元。

开展学术活动。挂靠信息所的学术组织有4个，即中华中医药学会中医药信息学分会、中国中医药信息研究会中医药信息数字化专业委员会、中西医结合学会信息专业委员会和世界中联信息专业委员会，2016年都开展了相关的学术活动。中华中医药学会中医药信息学分会于4月22—25日在广州召开成立大会暨第一次学术年会——健康中国·中医药信息学学科发展战略研讨会；中国中医药信息研究会中医药信息数字化专业委员会于8月19—22日在青海西宁举办2016年度学术会议暨中医药信息智能化发展论坛；中西医结合学会信息专业委员会于9月2—4日在江西婺源举办第七次全国中西医结合信息学术交流会“开放包容　中西汇通　促信息研究稳步发展”论坛；世界中联信息专业委员会于10月14—16日在上海召开第六届学术年会暨智慧中医服务人类健康学术交流会。（中国中医科学院中医药信息研究所/中国中医科学院图书馆）

中国农业科学院农业信息研究所（国家农业图书馆）

【概况】 2016年，中国农业科学院农业信息研究所积极做好农业信息科技创新和公益服务等两大主体任务，完成全所综合改革和全员竞聘工作，成立“农业发展研究、大数据与网络、农业信息技术、国家农业图书馆、农业传播与期刊出版”五大事业部，其中国家农业图书馆事业部下设数字图书馆建设部、文献资源发展部、文献信息服务部和学科咨询服务部（新设），通过优化资源采集、构建系统平台、创新服务模式和以丰硕的科研成果作支撑，不断提升国家农业图书馆的品质和质量。

资源建设和数据加工方面，共采集印本文献10000余种、30000余册，包括外文期刊2242种，外文会议录、科技丛书等文献1217册，中文报刊59种，中文图书7385册；通过与3个国外出版社的新书评介合作，共获得外文学术专著160余册，出版《国外农业科技新书评介》4期；电子文献资源建设持续新增，通过独立采购、全院直属机构共建等方式共引进中外文数据库76种，涵盖7000余种外文电子期刊，国外电子全文保障率达到85%，全院全年使用电子全文超过500万篇、利用文摘工具型数据库达到40万次；继续牵头组织全国农业科研系统国外电子资源集团采购工作，2016年集团采购国外数据库产品12个，参加集团采购的单位30家、124个馆次，集团采购费用约为580万元。完成1350种期刊、450种会议、4000册图书等开放出版资源的遴选评价，采集元数据和全文数据85万份；完成中外文数据加工430多万条，采集开放获取期刊、学位论文、图书等650多万条。

基础支撑环境运维管理方面，运维管理60多台（套）服务设备，虚拟化平台构建，安全监控，全面支撑图书馆自动化、数字化、网络化业务；完成移动科研设备农E通升级和数据迁移，接入40余个数据库，显著改善用户移动科研体验；完成图书馆自动化集成管理系统运维管理和Primo、SFX知识库维护。服务系统研究、构建与运维方面，构建全球农业大数据与信息服务联盟农业科技信息资源共建共享平台；运行维护NAIS平台，平台注册6579人，年访问量突破34万人次，比去年增加5%，微信关注用户2395人，比去年增加23%；完成农业专业知识服务系统建设与服务，资源总量达1160万余条，推广基于微信公众号的“农业知库”移动微服务；搭建新版中国农科院机构知识库IR网格，含研究所34个、研究处室417个，自主研发数据清洗工具完成中国农科院建院以来科研产出数据采集、清理9.53万条；研究构建农业科学家在线系统（eScientist），初步完成系统核心功能设计与开发，协助农业专家学者创建和管理唯一科研身份证号；完成创新团队学术关系网络系统本体模型设计、数据导入模板设计和工具开发测试，研发原型系统功能。开展国家科技图书文献中心（NSTL）的转基因重大专项知识服务系统、外文数据质量检查与监控预警、农业重点领域信息门户建设服务等多项专项工作。

信息服务方面，全年提供全文服务2.8万余篇，图书和期刊借阅约4万册；参考咨询服务1600次，定题服务50项，论文收引检索服务100项。安排培训1200多人次，参观讲解1600余次；持续开展为院士及其团队提供科技文献信息的服务；开展援疆援藏服务与西藏农牧科技联合专题服务；配合开展中国农业科学院作物功能基因组创新团队科研评价项目；开展资源环境学科、园艺学科等领域的学科竞争力分析与评价工作。构建国家农业图书馆信息共享空间（IC），重新规划图书馆的物理空间，配置先进的设备和管理系统，创造一个集学习、研讨、体验、交流、休闲于一体的一站式服务平台，以吸引更多读者进入国家农业图书馆，提高利用效率。

科研和学术交流方面，主持国家自然（社科）基金项目、北京市自然基金项目、农业部财政项目、国际合作项目等在研科研项目96项，新增科研立项79项；申请和获得发明专利7项、实用新型专利42项、软件著作权30项；参与制定国家标准2项；发表学术论文260篇，其中SCI/EI文章34篇，有2篇文章入选院选SCI期刊，中文核心期刊文章101篇。承办“2016中国农业展望大会”，发布中国农业展望报告（2016—2025年）及水稻、小麦、玉米、大豆等18个（种）品种展望报告，由来自国内外的专家围绕农业供给侧结构性改革、“互联网+农业”、农业电子商务、农业监测预警、全球农业数据、资源环境等主题进行专题报告，并交流农业展望、农业监测预警理论与方法的最新技术成果。

国际合作方面，全年共请进外宾8个团组、36人次；派出42个团组、61人次；招收2名国外留学生。与FAO、IFPRI、国际农业发展基金等国际组织和研究机构签署双边协议6个。举办

APEC智慧农业发展与应用研讨会、中国与东盟粮食安全生产信息管理与信息技术应用交流研讨会。全年执行国际合作项目10余项，进一步促进与FAO等国际组织与机构的合作研究。

期刊经营与管理方面，全所13种期刊全年共出版168期，约5070万字，为国内外农业科研工作者搭建了良好的学术交流平台，也为农业科研成果的传播做出应有的贡献。《中国农业科学》荣获“百种中国杰出学术期刊”“2016年期刊数字影响力100强”称号；《中国农业科学》和《农业科学学报》双双入选“2016中国最具国际影响力学术期刊”。《农业科学学报》首次获中国科协“国际影响力提升计划”和“登峰行动计划”的资助。《中国乳业》杂志承办“2016中国国际乳业合作大会暨第十四届中国国际奶业展览会”，促进国内外乳业交流合作；作为中国农垦乳业联盟主席和秘书处单位，主办“中国农垦乳业联盟主席联席会及农垦乳业发展峰会”和“2016中国农垦乳业联盟成员大会暨第五届中国乳业可持续发展论坛”，通过并实施《中国农垦生鲜乳生产和质量标准》，发布《中国农垦生鲜乳生产和质量报告（2016）》，有效推动农垦乳业“联合、联盟、联营”战略实施。（中国农业科学院农业信息研究所）

【国家农业图书馆举办“2016年中国农业科学院电子资源培训会”】 4月18—19日，中国农业科学院农业信息研究所在国家农业图书馆报告厅举办“2016年中国农业科学院电子资源培训会”，来自京内外30余个直属机构的400多位研究生和科研人员参加培训。此次培训以“一个平台、海量文献、全院服务”为主题，设立“中外文全文数据库”“工具分析型数据库”和“经济型数据库”3个专场，由来自国内外近30家知名数据库商的专业培训师，从资源内容特色、平台功能与使用技巧等全面讲解各资源特色。（中国农业科学院农业信息研究所）

【2016年农业科研系统电子资源共建共享新模式研讨暨第七届电子资源培训会在青海西宁举办】 8月24—25日，由中国农业科学院农业信息研究所文献资源发展部主办，青海省农林科学院协办的农业科研系统电子资源共建共享新模式研讨暨第七届电子资源培训会在青海西宁举办。来自全国27个省、自治区、直辖市36家机构的120余名代表参加会议。会议邀请中国农科院信息所所长孙坦、数字图书馆建设部主任赵瑞雪、中国水科院信息中心主任欧阳海鹰、中国医科院信息所文献资源建设部主任任慧玲等多位专家做专题报告。会后，与会代表针对国家农业大数据与知识服务创新联盟实施方案相关内容进行研讨。（中国农业科学院农业信息研究所）

【全球农业大数据与信息服务联盟正式成立】 11月16日，全球农业大数据与信息服务联盟成立大会在北京召开。为贯彻落实国家创新驱动发展战略，加快农业科技创新步伐，中国农业科学院农业信息研究所联合相关单位及企业在“国家农业科技创新联盟”框架下发起成立“全球农业大数据与信息服务联盟”，整合和激发存量科技资源活力，解决重大科学问题。中国农科院信息所所长孙坦发布国家农业科技创新联盟科技文献信息资源共建共享平台。截至2016年年底，该平台已整合农业及相关学科文献资源1300余万条，核心农业科学数据集603个，涵盖作物科学、畜牧科学、区划科学、草业科学、农业生物技术等12大类学科领域；实现资源在线下载或1小时快速原文传递服务，覆盖全国农科院系统33家单位；累计注册用户20341人，累计访问量90008人次；联盟单位文献请求量5877篇，申请满足率达99.98%。（中国农业科学院农业信息研究所）

中国林业科学研究院图书馆

【概况】 2016年是“十三五”开局之年。中国林业科学研究院（以下简称中国林科院）图书馆以“服务现代林业建设，服务林业科技创新”为总体方针，坚持“以读者为中心，以服务求发展”的服务理念，通过优化文献资源结构，加强资源建设与利用，完善信息管理环境，提升传统服务与网络服务的水平推进图书馆的发展，为驱动林业创新与林业现代化建设上新水平提供信息支撑。在资源建设与管理方面，通过申请专项资金，解决图书馆经费短缺的困难，保证已购买资源的更新与持续。承担国家科技基础条件平台子项目“国家林业科学数据平台—文献中心”的建设任务，维护和管理中国林业信息网、中国林业知识产权网等10多个网站，做好网站的日常维护和数据共享服务工作，保证网站的安全稳定运行。70 多个已建林业数据库新增入库信息 20 多万条，提高了网络平台的服务性能。在读者服务方面，图书馆为更好地发挥学习及科研服务职能，继 2014 年增加晚间开馆后，从 2016 年 4 月起又增加了周末（白天）开馆；安装门禁提示与查询系统，读者通过门禁进馆时可及时了解目前的借阅状态，同时提高图书馆安全管理水平和服务效率。全年共接待读者 13123 人次，其中晚间到馆 4063 人次，周末到馆 892 人次。在文献传递方面，图书馆的统一检索平台及移动图书馆得到更充分的使用，其中，统一检索平台文献传递量 7.07 万篇，移动图书馆文献传递量 2.75 万篇。全年完成鉴定、报奖和开题立项的查新项目 29 项，收录引证 49 份。（中国林业科学研究院图书馆　孙小满）

【开展资源配置读者调查】 为合理配置图书馆的国内外文献资源，满足全院科技人员的信息需求，完善网络环境下文献服务的各项功能，提高中国林科院学术资源的保障能力，图书馆于 2016 年 3 月在全院开展馆藏外文学术资源需求调查，征求各研究所和专家的意见和建议。根据各研究所和专家的反馈，图书馆在进行汇总和分析后形成《中国林科院图书馆外文学术资源建设报告》，为合理配置图书馆外文资源提供充分依据。（中国林业科学研究院图书馆　孙小满）

【林业专业知识服务系统开通试运行】 林业专业知识服务系统是图书馆承担的中国工程院中国工程科技知识中心建设项目，建设周期为 2015—2017 年。该项目围绕国家林业科技创新和科技发展战略需求，利用大数据、虚拟化、云计算、数据挖掘和可视化技术，开展林业信息资源组织、知识挖掘、关联打通和数据可视化等关键技术研究，以林业元数据知识仓储为基础，整合林业行业丰富的科学数据和信息资源，建成林业科技大数据平台；开发林业知识的深度搜索、学科导航、知识链接、大数据分析、知识图谱和可视化分析等服务功能，实现基于语义关联的知识发现服务，建成公益性、开放性的林业专业知识服务系统，提供全面、便捷、智能的多维度林业知识服务。2016，基于 Elastic Search 分布式搜索引擎技术和 Spring MVC 框架构建完成林业专业知识服务系统，开发网站界面、统一检索模块、可视化分析模块，知识发现模块、资源管理模块和森林资源特色知识应用模块；完成 22 个数据库 185 万条数据的规范化加工和数据审核任务。采取边建设边试运行的方式，林业专业知识服务系统开通试运行，并广泛征求用户的需求和改进建议，不断完善系统开发和服务功能。（中国林业科学研究院图书馆　孙小满）

【林业知识产权和专利情报分析研究成果丰硕】 2016 年，图书馆依托国家林业局知识产权研究中心平台，开展国内外林业知识产权相关政策研究，完成《阿根廷植物新品种保护概况报告》《澳大利亚遗传资源获取和惠益分享研究报告》和《智利林产品地理标志国家报告》。编印《林业知识产权动态》6 期，为国际履约和谈判提供技术支撑。对 2012—2014 年度国家林业局实施的 15 个林业专利产业化项目进行评估，完成《2012—2014 年林业专利产业化项目评估报告》。对三批 75 家全国林业知识产权试点单位的试点工作进行总结和评估，完成《全国林业知识产权试点工作评估报告》。开展林业重点产业和关键技术领域的数据统计与专利情报分析研究工作，建立林业专利预警分析系统、预警指标体系和应急机制，正式出版《木地板锁扣技术与采暖木地板技术专利分析报告》《人造板连续平压机专利分析报告》《2015 中国林业知识产权年度报告》和《中国林业植物授权新品种(2015)》4 本专著。获得“林业专业知识全文检索系统 V1.0”软件著作权登记（登记号：2016SR8314341）1 项，以第一完成单位获得梁希科学技术奖二等奖 1 项。（中国林业科学研究院图书馆　孙小满）

军事科学院军事图书资料馆

【概况】 2016 年，军事科学院军事图书资料馆（以下简称军事图书资料馆）坚持以习主席国防和军队建设重大战略思想为指导，按照政治建军、改革强军、依法治军的决策部署，以服务科研为主线，紧贴建设中国特色高端智库的迫切需要，按照“资源数字化、服务网络化、保障专业化”的建设思路，着力对信息保障体系架构、组织形态、资料布局、运行机制进行改革探索，突出抓服务、抓质量、抓管理、抓落实，努力探索军事科研信息保障的特点规律，全面推进馆藏文献资源体系建设、网络化信息服务体系建设以及重大科研项目信息保障建设。

以建设信息化数字图书馆为目标，探索以增强效能为核心的信息保障基础建设。按照高端学术信息资源库的标准，构建军事特色鲜明、学术水准高端、需求把握精准、采购渠道便捷的信息资料引进机制，高效履行科研保障职能。新增“中国共产党思想理论数据库”，共有资源 1.09 万种；“中文学术图书资源库”，共有图书 8.37 万册。新建“院硕博论文数据库”，论文制作、标引、入库 652 篇。建设完成“馆藏古籍信息服务系统”，已通过课题专家组鉴定并开通服务。“中文图书总库”新购电子图书 20 万册，更新报刊资料数据 1.7 万条，更新学术期刊全文、硕博论文、重要报纸、政报公报期刊文献、党建期刊文献等数据 218 万篇，标引军事论文题录数据 7.28 万条，军事期刊全文加工审核入库 6.75 万篇。在院办公网新建“图书荐购系统”，发布 6 期 1590 种图书书目供读者推荐。新建“港澳台军事舆情”专栏，发布信息 27 期。

以满足重大科研需求为导向，探索改革信息保障模式。确立“主动服务、伴随服务、交互服务”的理念，科学调配服务力量、拓展服务渠道、创新服务模式，在“保障精准化”上下功夫，变被动应招式保障为主动推送式保障，在课题立项、开题环节，积极主动与课题组密切对接，了解保障需求，确定保障人员，制订保障计划。在课题研究进行中，密切跟踪课题进度，与科研节奏同频共振，灵活机动进行伴随式服务保障。保持与课题组深入沟通、密切配合，以提供用得上、高价值的信息资源为宗旨，以精准服务提升保障水平、放大保障效能，取得良好效果。为“中国特色现代军事理论体系研究”“世界主要国家推进军事转型的经验及启示”等国家社科基金军事学项目和全军性重大重点课题提供全程跟踪保障服务，共提供论文题录及书目 2.81 万条，全文资料 1.63 万份，电子书 1800 本，查找报纸 3 万余版。为院领导、研究人员提供参考咨询服务 91 项。共提供论文题录及书目 2.02 万条、全文资料 1.13 万份、电子书 1360 本。编辑《综合信息》13 期、《军事期刊论文索引》6 期。（军事科学院军事图书资料馆　潘桂利　骆建成）

【馆藏古籍信息服务系统上线试运行】　军事图书资料馆负责建设的馆藏古籍信息服务系统是军事科学院立项课题，研制开发历时 2 年，于 2016 年 12 月 20 日通过军事科学院科研指导部组织的鉴定，并上线试运行。该系统包含馆藏古籍概况、馆藏古籍书目、镇馆之宝（入选《国家珍贵古籍名录》古籍善本）、馆藏兵书概览、战图阵图、兵书展厅等 6 个子系统。系统具有以下特色：一是栏目设置科学合理，突出军事特色，在古籍“经史子集”四分法的基础上，设计“馆藏古籍目录”“镇馆之宝”“馆藏兵书”“战图、阵图”“兵书展厅”等栏目，并按照军事专业要求进行科学的内容分类和主题标引，全面反映馆藏兵书古籍信息资源的特色；二是具备古籍信息资源分类浏览和多途径检索功能，构建集文字、图片、视频等为一体的多媒体古籍信息资源数据库，实现按类顺序导航阅览，以原版形式显示书影图像，提供题名、年代、作者、关键词等多途径检索方式，满足用户从不同角度和不同层次查询古籍信息资源的需求；三是系统技术先进可靠，运用 Microsoft. NET 技术，构建安全可靠的古籍信息资源组织、管理、发布平台，功能完善、检索高效、界面友好，符合古籍信息资源保护、使用的要求，信息资源组织规范、标准，方便用户检索使用。该系统的开发建设，科学、合理地解决馆藏古籍文献藏与用的矛盾，对于服务保障军事科研和教学，以及对外交流具有重要的现实意义和学术价值，是一项具有很高应用价值的科研成果。（军事科学院军事图书资料馆　潘桂利　初虹　骆建成）

【研发图书荐购系统】　2016 年，为创新图书采访工作、提高图书采购针对性，军事图书资料馆组织研发图书荐购系统，构建图书馆和读者的互动平台。该平台定期发布全国新书目录，读者可方便、快捷地了解最新、最全的全国新书出版情况，根据科研需求对所需图书进行推荐，同时可以推荐目录之外的图书，由被动使用变为主动参与。图书馆也可在第一时间掌握读者的推荐情况，有选择地进行图书采购，大大提高图书采购的针对性和馆藏的质量。系统主要包括数据库、后台管理、数据加载、交互网站等模块。（军事科学院军事图书资料馆　潘桂利　骆建成）

【推送港澳台一周军事舆情】 该栏目为军事图书资料馆与国家图书馆2016年合作建设项目。依托国家图书馆对港澳台报刊信息获取的便利性和对全球舆情监测的条件，根据军事科研需求，精选港澳台相关军事舆情，以专栏形式向军事科学院办公网推送。四个军事板块中每篇文章包含媒体名称、日期、版次、标题、正文等信息。每周一期，每期50条信息。（军事科学院军事图书资料馆　潘桂利　骆建成）

【研发科研新书系统】 为满足军事科研对图书资料服务保障的深层次需求，军事图书资料馆根据新阶段客观条件，启动图书数字化试点，筹建科研新书系统。在购入科研图书的同时，第一时间进行数字化，在院网“科研新书”栏目发布，所有图书采用双层PDF格式加工，图像层展现原版效果，文本层进行高精度识别、校对，保证万分之三以下错误率，文本可选择、复制、保存，支持在线浏览、下载，支持全书和全库全文检索。系统已完成开发、测试和试运行，将于2017年正式上线，以每天5本的速度推送数字化的科研新书。（军事科学院军事图书资料馆　潘桂利　骆建成）

中国科学技术信息研究所国家工程技术图书馆

【概况】 中国科学技术信息研究所国家工程技术图书馆（以下简称中信所）是国内最大的工程技术领域专业图书馆。2016年，采购国外工程技术领域科技期刊4231种，外文会议录等文献358套，美国政府科技报告2.5万篇，外文学位论文4万余份，中文学位论文29万册，订购和开通国内外文献数据库49种。完成馆文献文摘数据加工137万条，中外文期刊引文数据加工2191万条。全年提供全文传递服务16.8万份。中国科学技术信息研究所暨国家工程技术数字图书馆网站资源保持稳定增长，网站文摘数据总量达到1.2亿条，全文数据总量8000万篇；全年用户访问量达到80.5万次，页面浏览量访问4201万页，网站点击量6403万次。大力开展全国范围的资源与服务宣传推广和用户培训工作，在湖南、甘肃、天津、黑龙江、江苏等地开展用户培训20多场。申请并获得到2016年国家社会科学基金2项，博士后基金项目1项，其他各类课题14项。汉语主题词表（自然科学卷）建设基本完成，“十二五”国家科技支撑计划项目“面向外文科技文献信息的知识组织体系建设与应用示范”的“面向外文科技文献的超级科技词表和本体建设”和“汉语主题词表（工程技术版）与英文超级科技词表的映射研究”两个课题结题验收。全年申请软件著作权11项，获批发明专利1项。举办“2016年全国知识组织与知识链接学术交流会”“第一届全国信息与文献标准化研讨会”，参加知识组织、国际标准化组织2016年会（ISO TC46）、国际图联大会等国际学术交流活动。为研究生开设“信息组织”“数字图书馆概论”“知识聚合与知识图谱”4门课程。（中国科学技术信息研究所国家工程技术图书馆）

【院士著作馆建设】 院士著作馆是在科技部、中国科学院和中国工程院的联合倡议下，由中信所于2004年正式建成开馆，2006年成为北京市科普教育基地和爱国主义教育基地。截至2016年年底，该馆累计收藏中国科学院和中国工程院1100多位院士捐赠的著作5000多部，学术论文10万多篇，院士风采物品1000多件。全年举办陆汝钤、胡正寰等院士报告会8场，来自大学和科研院所的听众达1000多人次。完成院士著作馆改造工程，并获得“2016年全国先进科普集体”荣誉称号。（中国科学技术信息研究所国家工程技术图书馆）

【国家学术开放资源建设】 2016年，在国家科技图书文献中心的支持下，中信所作为牵头单位，与中科院文献情报中心、农科院信息研究所、医科院信息研究所一起开展“国家开放外文学术资源”建设。建设工作从开放资源元数据标准制定、遴选规范、数据采集流程方法、版权评估及风险等多个方面进行研究，并对6000中外文期刊、2000种外文会议、2万种课件、5万篇学位论文、2000册图书、500份报告等开放资源进行元数据及全文采集保存，即将上线服务。（中国科学技术信息研究所国家工程技术图书馆）

【文献大元数据仓储建设】 为适应大数据环境下，建立国家保障的资源发现系统的迫切需要，在国家科技图书文献中心的支持下，中信所于 2016 年启动多来源文献元数据获取渠道的拓展和谈判以及元数据集成整合工作。在原有自主元数据加工的基础上，与 Wiley、Taylor&Francis、Emerald 等出版社签署元数据获取协议，并与中国图书进出口集团（总）公司达成元数据合作协议，及时获取超过 2 万种最新出版期刊的元数据。通过自主建设的元数据集成管理系统对多来源的元数据进行集成整合，并加载入大元数据仓储。（中国科学技术信息研究所国家工程技术图书馆）

【编制《汉语主题词表》(自然科学版)】 中信所继 2014 年编制完成《汉语主题词表》（工程技术版）后，2016 年《汉语主题词表》（自然科学版）的编制也基本完成。该词表覆盖自然科学 12 个学科专业，收录正式主题词（叙词）约 7 万条，非正式主题词（入口词）13 万条。与老版《汉语主题词表》相比，等同率从 0.18 提高到 0.86，入族率从 68%提高到 97%，相关参照度从 0.38 提高到 0.81。词族层级平均为 4 级，每个词族平均有叙词 30 个。概念属性包括范畴、英文译称、同义词、上位词、下位词、族首词和注释。（中国科学技术信息研究所国家工程技术图书馆）

【开辟科技档案服务新模式】 2016 年，中信所信息资源中心以创新思路开拓“国家科技计划项目档案数字化及其保存”新业务。专门成立科技档案业务组，制定档案数字化加工标准和规范，开发档案整理数字化加工平台。年初与中国农村技术发展中心合作开展“科技项目档案整理及数字化加工与保存”，11 月又承接科技部重大专项办公室委托编制《国家科技重大专项项目档案管理工作方案》的工作任务，为 2020 年重大专项项目档案的全面验收提供实施方案。至年底已整理完成“863 计划”“支撑计划”等国家科技计划项目课题 9375 项，归档档案 13296 盒。（中国科学技术信息研究所国家工程技术图书馆）

【举办 2016 年全国知识组织与知识链接学术交流会】 9 月 19—20 日，由中信所、国家科技图书文献中心、中国科学技术情报学会和华中师范大学联合主办的 2016 年全国知识组织与知识链接学术交流会在武汉华中师范大学召开。中信所所长戴国强、华中师大党委副书记谢守成、国家科技图书馆文献中心主任彭以祺分别致辞，来自武汉大学、南京大学、北京大学、中科院文献情报中心、中国农科院农业信息研究所、南京理工大学、CALIS 管理中心、湖北省科技信息研究院、阿里云武汉分公司、百度时代网络技术（北京）有限公司等相关机构的专家学者做专题报告。相关行业领域的 150 余人出席会议。会议秉承一贯的研究主题，从知识组织、知识链接、知识评价和知识服务四个方面开展专题研讨，为研究人员、行业实践者提供分享和沟通平台。（中国科学技术信息研究所国家工程技术图书馆）

【召开第一届全国信息与文献标准化研讨会】 10 月 21 日，全国信息与文献标准化技术委员会、中国科学技术信息研究所、国家科技图书文献中心联合举办的第一届全国信息与文献标准化研讨会在北京召开。来自全国各信息中心、图书馆、博物馆以及情报、档案、出版等相关行业的专家、学者、标准化工作者和实践者共 160 余人参加研讨会。11 位专家做专题学术报告。此次研讨会促进信息与文献标准化相关行业的彼此交流和共同发展，集中宣传近年来信息与文献标准化成果。（中国科学技术信息研究所国家工程技术图书馆）

【建立 ISTIC-EBSCO 文献大数据发现实验室】 2016 年 8 月，中信所与美国 EBSCO 公司签署合作协议，联合建立“ISTIC-EBSCO 文献大数据发现服务联合实验室”。根据协议，双方就社交媒体影响力、用户行为分析、文献元数据知识发现等方面开展研究合作，并面向社会公开招募实习生及研究课题，来自 6 个科研机构的科研人员获得课题资助。双方还就 2015 年中国科研人员发表的 SCI 论文的国际社交媒体影响力开展分析研究，从地区、学科、人员、机构等角度对社交媒体与 SCI 引用之间的关系进行分析排名，并形成分析报告。（中国科学技术信息研究所国家工程技术图书馆）

中国地质图书馆（中国地质调查局地学文献中心）

【概况】 2016 年，中国地质图书馆（中国地质调查局地学文献中心）（以下简称地质图书馆）文献信息资源建设持续加强，文献资源采集经费1427万元。全年采购中外文图书7205册、中外文期刊1116种/9532册；采集维普、springerlink、AGU等数据库28个，全年下载量达到453万余篇。完成《2016年地学文献资源需求调研分析报告》《2016年电子资源使用情况统计分析报告》。完成包括图书、期刊、图件和非书资料等文献编目1.83万册。整理加工数字化馆藏文献资源，形成一体化的服务产品，中外文馆藏文献数字化12万卷（册）、期刊8万期、地图1500幅。数字图书馆平台建设方面，文献资源数据总量达120TB，自建数据库10个，外购中外文数据库31个，编辑标引加工中文文摘库数据12000条、英文文摘库数据4345条。个性化服务平台建设方面，自建访问系统和个人图书馆，用户通过系统获取文献资源，使用下载量达360万篇。遴选南海相关文献12种，复制再造后捐赠于南海博物馆。

文献服务方式持续改进。全年接待到馆读者14.91万人次，比去年减少41%；借还书9755人次，3.32万册次，比去年减少45%。接收新书4659种/6563册，接收中西文新刊6611种/9879册。为读者提供复印扫描服务3.45万页，为局系统各单位及行业单位提供外刊专项服务50万页，发刊1942册，办借书证3843张。为部局机关、发展中心、地科院提供流动上门服务95次，服务读者805人次。推介情报文献服务产品900余册。完成科技查新报告59份、文献引证报告168份，顾客满意度均达100%。

网站建设与服务平台日趋完善。搭建完成中文地学文献资源发现系统，该系统提升中文数字资源的查找与下载能力；完善微信服务平台，开展移动服务运营，移动地质图书馆APP累计下载1.2万余次，微信公众号关注人数超过4900人次；开展地学科研社区行业网站建设，开发用户积分、地学百科与问答、专家服务等模块，网站累计注册用户1万余个；持续开展基础技术环境保障和运营工作，数据安全保障能力不断加强。全年网站访问超过54万人次，页面访问量超过275万次。

全年完成3个公开出版期刊和5个内部期刊的组稿发行工作。其中，公开出版期刊《中国地质调查》6期90余万字、《国土资源科普与文化》6期60余万字、《中国地质文摘（英文版）》4期120万字；内部期刊《国外地学动态》12期26万字、《非常规能源信息》12期31.6万字、《国外地质调查管理》12期25万字，《海洋地质信息》12期29.2万字、《地调舆情》41期23万字。

注重青年科技人才的培养，每个二级项目和课题均配备1名45岁以下年轻人担任项目负责人（含副负责人）。全年开展政治理论培训1105人次，专业技术培训237人次，在职学历学位教育在读6人，党校培训2人。以第一作者公开发表论文43篇（其中国外SCI 1篇、EI科1篇，核心期刊12篇、一般期刊29篇），出版专著5部。2016年被国土资源部评为“十二五”国土资源科技与国际合作先进集体，3人被评为先进个人；1人获《全民科学素质行动计划纲要》“十二五”实施工作先进个人称号。（中国地质图书馆办公室　陈慧）

【举办建馆百年学术系列活动】 2016年是地质图书馆建馆100周年。11月10日，中国地质图书馆100年暨章鸿钊学术思想研讨会在北京召开，会议回顾、总结地质图书馆百年发展历程和经验，汇报业务成果并开展学术交流，同时举办中国地质图书馆百年发展史展览。为助力地质调查事业发展，该馆还以中国地质调查科技创新大会暨纪念中国地质调查百年系列活动为契机，依托资源优势，编写和出版《中国地质调查百年画卷》，制作《不忘初心　载梦前行——中国地质图书馆百年发展与未来展望》宣传片。全年还举办2016年地球科学与文化研讨会、章鸿钊专题展，参与中国地质调查百年“寻根”活动等一系列丰富多彩且极具自身特点的学术活动。（中国地质图书馆　陈慧）

【创新个性化服务模式】 2016年，启动特聘高级研究馆员服务模式：聘请海洋地质、地球物理勘探、地球化学勘探、矿床学及区域地质矿产调查领域专家，组织召开高级研究馆员学术报告，开辟“名师讲堂”视频栏目，搭建网络视频平台，传播相关学术信息，提供高水平的专题学科服务。选购“超星视频”中22个与地学相关的名师讲座共计151集，部署在馆网“名师讲堂”专题网页上，对外发布并为高端地质人才提供个性化专题服务。（中国地质图书馆　陈慧）

【开展准确定位的情报服务】 2016年，为服务海洋强国战略，动态跟踪国外海洋地质新情况，总结分析北美、欧洲、澳洲及我国周边国家的海洋区域地质调查历史和现状，提出我国海洋区域地质调查对策建议，形成系列情报产品。瞄准战略，关注铀矿资源，编写《国外铀矿资源形势及找矿案例》专辑和《铀锂矿产资源调查专题情报分析与综合研究》专刊。突出重点，推进国家非常规能源资源的发展，编写《美国典型盆地Green River组致密油藏的地质条件（一）》专辑，动态跟踪美国、俄罗斯、加拿大、英国等多个国家和地区在非常规能源上的新理论、新方法、资源情况、环境问题及国家政策等信息。围绕需求，跟进“一带一路”，编写《乌兹别克斯坦地质与矿产资源》《哈萨克斯坦地质矿业投资指南》专辑，系统跟踪梳理哈萨克斯坦矿产勘探开发现状和相关法律政策。（中国地质图书馆　陈慧）

【拓展地质调查成果科普宣传途径】 2016年，依托科普基地，拓展地调成果科普宣传途径，搜集、宣传和提供地质调查成果，创作“海马”号非载人遥控潜水器科普文章，转载量过万；利用世界地球日、土地日、科技活动周等时机，支持专家论坛等活动，对地质调查成果进行科普宣传，接待参观和普及人数4000余人次；推出“地学百科”科普产品，出版科普画册6本，发放科普宣传材料3000余份。改版“山海经——地学科普网站”，新增信息4000余条，逐步转型为局科普门户网站。（中国地质图书馆　陈慧）

【成果管理】 2016年，围绕建立地质科技奖励体系开展国内外奖励工作调研。开展国家科技奖励行业咨询，编制《中国地质调查局奖励工作指南》；组织开展2016届地质科技奖的评审，接受来自全国约200多家地调项目承担单位的电话和网络咨询任务，收录申报材料400余份，组织评审专家约180人次。组织编写《2015年度地质科技奖获奖成果》（中/英文版），并在2016年天津矿业大会上发布。组织完成2016年“国土资源科技奖”“国家科技奖”的申报工作。编写《“十二五”期间中国地质调查局专利成果》《美国地质调查局科普产品和服务架构及特点》等专题研究报告7个。（中国地质图书馆　陈慧）

中国计量科学研究院文献馆

【概况】 中国计量科学研究院文献馆（以下简称计量文献馆）作为国家科技图书文献中心（NSTL）的成员单位之一，是我国唯一全面收藏国内外计量科技文献的专业文献馆，已发展为国家计量科技文献资源中心，承担着国家计量科技图书文献资源建设的任务。其丰富的计量文献资源，为我国经济发展、科技进步和国防建设提供有力的科技文献战略保障作用。计量文献馆依托NSTL，全面收集国际一流计量机构出版物，特别是美国标准技术研究院（NIST）、英国国家物理实验室（NPL）、德国物理技术实验室（PTB）等国家级计量科学研究机构，国际计量局（BIPM）、国际法制计量局（OIML）、国际计量技术联合会（IMEKO）等国际计量组织的所有出版物，以及国内相关的计量学协会出版的计量文献。拥有计量科技图书、期刊、会议录、科研成果等近百万册，以及我国公开发行的所有计量检定规程、技术规范等国家计量技术法规。

2016年，继续围绕国家《质量发展纲要（2011—2020）》及《计量发展规划（2013—2020年）》，持续加强计量科技文献信息资源建设。依托NSTL网络服务平台，坚持以人为本、服务至上，继续实现7天不间断、24小时原文传递服务，为全国科研人员提供普惠、公益的计量科技文献信息服务。面对信息环境的变化和读者需求的变化，稳步推进服务模式有效转型，在计量科技信息、计量经济效益等方面开展多项国家层面的调研分析研究工作，搭建知识服务技术平台，为科技发展、政策制定等提供极具价值的大数据分析信息，对计量科研创新提供支撑保证。同时，面向国家重大需求持续开展文献信息服务，并建立相应的服务保障机制，为院士、计量重大科研团队、新疆、西藏等西部地区，以及全军提供高质量的计量科技文献信息服务。全年为读者提供国内外文献30余万篇次，文献馆网站访问量50余万人次。（中国计量科学研究院文献馆）

【开展NSTL计量科技文献服务与利用培训】 2016年3月，国家质量检验检疫系统2016年度基层技术骨干培训在国家质检总局南戴河质检培训中心举办，来自全国各省（区、市）计量、标准、检验检疫、特种设备等领域的近百名技术骨干参加培训。计量文献馆馆长应邀做了两场“NSTL 计量科技文献信息检索与利用”专题讲座，从读者的视角解析掌握获取知识的方法。学员通过培训并实践 NSTL 科技文献服务平台内容，产生浓厚的学习兴趣。此次培训以最直接的面对面的方式向质检基层科技人员宣传推广 NSTL 服务平台，扩大 NSTL 资源在质检领域的有效应用。目前，NSTL 计量科技文献服务与利用已成为国家质量检验检疫系统培训内容的基础课。（中国计量科学研究院文献馆）

【举办“书香计量　文化与科研同行”主题活动】 4 月 22 日，计量文献馆与 NSTL 在“世界读书日”之际联合举办“书香计量　文化与科研同行”活动。面向中国计量院“时间频率计量基准重点实验室”“电学量子计量基准重点实验室”等国家重点实验室的计量科研骨干，以及来自全国多个省计量院及质检系统的科技人员，举办科学家讲堂、论文质量奖发布、NSTL 文献阅读排名、NSTL 新资源推介、计量文化长廊、阅读+对话等宣传与文化交流活动，将传承人类文明的科技文献与悠久的计量历史相结合，让更多的计量科技人员认识 NSTL、走进 NSTL、利用 NSTL，更好地投入计量科技创新的各项研究工作中。计量文献馆多年来持续举办“世界读书日”活动，已成为中国计量科学研究院文化建设的亮点品牌。（中国计量科学研究院文献馆）

【新建计量文化特色大型图书馆】 2016 年，计量文献馆在昌平院区建立具有计量文化特色的大型图书馆，全力打造文化阅览空间，满足计量科研人员两地文化阅览需求。新图书馆既提供丰富的人文社科和自然科学图书资源、展示计量历史底蕴的计量史画展等，也举办科学家讲堂、文化与科研同行、科技文献阅读奖评选等亮点活动，丰富的文化资源与舒服宽敞的阅读环境，充分满足计量院科技人员对知识的追求，有效提升计量文化软实力。（中国计量科学研究院文献馆）

国家知识产权局专利局专利文献部

【概况】 国家知识产权局专利局专利文献部（以下简称专利文献部）是全国专利文献资源的建设、收藏、管理、服务和研究中心，致力于为专利审查工作提供全面、有效的文献资源保障，为社会公众提供方便快捷的专利信息服务，促进专利信息的广泛传播和有效利用，支撑国家创新驱动发展战略。下设文献收集处、信息传播处、知识产权图书馆、文献研究处等 10 个处室。现有职工 104 人，其中知识产权图书馆 15 人。知识产权图书馆负责面向社会公众的文献信息检索与咨询服务，宣传知识产权文化和专利制度、普及专利文献知识和技能。知识产权图书馆管理的馆室有专利文献馆、知识产权陈列馆、专利展示厅、检索室、培训室等。

2016 年，专利文献部着力优化文献资源保障与审查支撑，推动专利信息传播利用融入知识产权强国建设，打造知识产权强国建设服务窗口，提升文献信息国际合作话语权，夯实文献事业发展基础，深入推进文献本职工作，谋划拓展事业未来发展。截至 2016 年年底，拥有专利全文说明书、专利著录项目数据等各类型专利文献资源 420 种，包括全球 104 个国家（地区）或组织的专利文献，其中 370 余种馆藏资源可在国家知识产权局政府网站或专利文献馆检索及查阅。

打造知识产权强国建设窗口，提供高质量文献服务。专利文献馆全年共接待来馆读者 381 人次，比去年同期减少 23%；受理到馆或电话咨询 387 人次，同比减少 32%；受理委托检索 871 人次，提供各类专利文献 4830 件，同比分别减少 17%和 46%；政府网站文献咨询台答询 959 条，共计 28.4 万字，较去年同期分别增加 123%和 85%。

紧密合作、相互促进的大窗口服务格局初步形成。围绕“创新”这一新发展理念，在窗口服务中主动转变服务理念，转换角色定位，变被动等待读者上门为主动贴近社会需求，变被动受理业务为主动推送服务，变公益性基础性服务为开放性层次性服务。积极协调有关部门（单位）在窗口服务中形成合力，充分发挥窗口的平台作用，实现相互促进、共同提高，进一步提升窗口服务的形象、质量和水平。协调条法司等 13 个部门（单位）通过公益讲座窗口宣讲局中心工作以及专利法修改、专利运营等社会热点；协调专利管理司，就在知识产权强省建设中提升专利信息传播利用能力形成合作方案并组织落实。与中国科学院文献情报中心就专利信息工作达成合作，签订合作备忘录。围绕国家科技重大专项“极大规模集成电路制造技术及成套工艺项目”组织开展专利技术研究并推送研究成果，共同落实“专利信息大讲堂”等合作项目，服务科技创新。

“互联网 + 专利文献”的服务模式初步形成。通过网络课堂组织全国各省（区、市）同步参加公益讲座直播。建立“专利文献众享”微信公众号，在线提供文献服务。通过邮件列表，组织各远程教室和社会公众参加公益讲座。通过政府网站在线解答读者咨询，提供常用检索资源使用指南的下载和专利信息多媒体在线学习课程。通过电话及电子邮件受理委托检索任务，提供专利文献。通过互联网实现网络服务与馆室服务的无缝对接，利用政府网站、微信、邮件列表等在线提供文献服务，建立互动交流机制，形成馆室与网络结合、线上与线下互补、覆盖全国的“互联网 + 专利文献”的“立体化”的服务模式，窗口服务由过去的由局内向局外的单向输出，变为局内外双向互动、资源共享。

协调联动、程序内容规范的服务机制运转顺畅。在局内相关部门及全国各省（区、市）建立公益讲座联系人机制，收集公益讲座课程需求，登录公益讲座网络课堂，组织讲座报名并参加讲座，协调公益讲座授课教师等。完善公益讲座流程，从讲座需求征集到课程体系的建立、课程安排等，每一个环节都有专人负责并规范程序、内容和要求。制定微信公众号组织实施方案，“专利文献众享”微信公众号关注人数稳步增长，截至目前已超过 2500 余人，共发布信息 84 篇，内容包括最新讲座信息、文献基础知识、强国政策解读、研究成果共享等。在专利文献服务窗口实行首问负责制，为读者提供一站式服务。

区分对象层次、更具针对性的服务内容深受欢迎。将社会公众细分为大学生、企业、专利代理机构、科研人员等，针对不同服务对象的需求和特点，提供不同类型的服务。围绕中国科学院科技专项中的“可穿戴电子”等 7 个技术领域的科研需求，组织电学发明审查部等 7 个部门开展专利技术综述研究，完成专利技术综述 15 篇，将部分研究成果推送给中科院，服务科技创新。为广东省企业及专利代理机构 40 余人组织专利信息实训，提高其专利信息检索、分析及价值挖掘能力；面向中科院文献情报中心人员举办专利查新培训。企业等创新主体举办“利用专利文献提升专利申请质量”等系列公益讲座；面向大学生群体举办“创业就业与知识产权”公益讲座。

社会公众获取专利文献服务的方式渠道增加。利用微信平台及微信群等创新服务方式，开发在线式开放课程（MOOC），丰富移动学习资源。社会公众可利用手机等智能终端或电脑参加公益讲座直播；通过“专利文献众享”微信公众号，在线获取文献服务；通过政府网站进行在线咨询，下载常用检索资源使用指南，在线学习专利信息多媒体；通过电话及电子邮件提交委托检索任务并获得所需专利文献。

用户至上、耐心细致的服务态度得到公众肯定。结合“两学一做”学习教育，持续开展“党员先锋岗”创建活动，开展“三亮三比三评”（即亮标准、亮身份、亮承诺；比技能、比作风、比业绩；领导点评、党员互评、群众评议）。推行微笑服务、规范服务、高效服务、廉洁服务。在对待高龄读者时，特别强调耐心、细致、周到，不仅协助读者进行专利文献的查询、浏览和下载，而且为其提供力所能及的帮助。活动调动工作人员的积极性，知识产权图书馆被科技部、中宣部、中国科协评为“全国科普工作先进集体”，窗口服务得到局内外的肯定。

面向公众的公益讲座全面提升。公益讲座覆盖范围进一步扩大。通过网络课堂将参加公益讲座的副省级以上的省（区、市）由 2015 年的 15 个扩大至 47 个，公益讲座的受益范围进一步扩大。梳理公益讲座课程体系并在局内征求意见，将讲座内容由过去的知识性、普及性课程扩展至技能性、实务性课程，课程设计更加贴近社会需求。2016 年，面向企业、产业、专利代理机构、普通发明人等不同类型层次的社会公众，共组织举办“利用专利文献提升专利申请质量”“知识产权与产业创新发展”等 11 个专题的公益讲座 43 期。公益讲座组织方式更加系统和灵活，建立全国公益讲座交流微信群，通过电脑、手机、电话等多种终端指导公众参加讲座。细化公益讲座统计信息，及时掌握全国各省（区、市）、各远程教室参加公益讲座情况。贴近公众需求的课程安排，以及通过手机等移动终端就可以参加讲座带来的方便性，使得公众参加讲座的热情提高，参加人数稳步增长，每期讲座平均实际到课人数由年初的 60 人增至目前的 100 人，全年培训社会公众 6600 余人次，比 2015 年同期增长 74%。

服务产业、促进创新的专利情报研究稳步推进。继续开展全球专利创新活动研究，展现全球及我国的专利创新活动，预测专利创新方向及发展趋势，揭示专利布局，引导政府及市场的创新资源配置，引导专利布局，引导专利信息传播利用工作。围绕“雾霾防护用品”“可穿戴电子”“高速铁路机车动力系统”开展专利竞争情报研究，揭示技术发展路线、专利布局、重要专利及竞争策略等，服务技术创新和科技研发，助力企业“走出去”。

知识产权文化宣传取得新进展。围绕知识产权强国建设中加强知识产权宣传普及的目标任务，针对中小学生特点，在传统参观讲解的基础上，开展“走近知识产权　争当小小发明家”等主题宣讲，普及知识产权和专利意识。知识产权陈列馆全年接待国内外团体参观 34 批 1506 人次，参观人数较去年同期增加 1 倍。为缓解参观讲解人员紧缺的问题，在全局范围内招募、培训知识产权宣传讲解志愿者 22 名，承担参观讲解任务 18 人次。

扎实推进专利信息传播利用工程。专利信息传播利用宏观管理与业务指导进一步加强。编制《全国专利信息传播利用 2015》白皮书，强化对全国工作宏观管理。修订《企业专利信息利用工作指南（试行）》。

专利信息传播利用基地建设进一步深化和拓展。围绕知识产权强国建设，开展 12 项“专利信息传播利用基地工作项目”，从基地工作方案编制、工作站点规范研究及新增站点、实务人才及站点工作人员培训、基地人才管理及作用发挥等四方面加强基地能力建设。结合地方（或行业）需求，开展特色基地培育试点，扩大专利信息传播利用体系。

专利信息利用和帮扶工作进一步推进。在北京等 6 省（区、市）开展专利信息筛选及主动推送试点。为百余家企业开展专利信息技术筛选工作，推送知识化的信息服务成果，帮助企业避免重复研发、防范侵权风险。在天津等 4 省（市）开展专利信息助力创新创业试点工作。在 20 余个双创空间建立专利信息服务站，其中重庆通过试点服务为众创空间企业避免直接投资损失 1855 万元、避免专利侵权风险损失 500 余万元。在广东等 5 省开展企业专利信息利用能力建设试点，免费开放专利和非专利资源，结合贯标将专利信息利用融入试点企业生产流程。在贵州等 7 个省（区）深入推进西部省份专利信息帮扶项目。

专利信息人才体系工作不断扩展和加强。确定并公布第一期全国专利信息实务人才名单（共 605 人），启动第二期 400 人规模的实务人才选拔工作。此项工作扩大了专利信息人才队伍，进一步满足了地方经济发展对专利信息人才的需要。组织实施面向全国专利信息领军人才和师资人才专利信息人才作用发挥项目 10 项。

专利信息培训工作扎实开展。选择地方重点产业，完成 7 期（湖北、河南、四川、陕西、吉林、黑龙江、山西）专利信息助力创新能力提升培训班，培训学员 700 余人，为地方重点产业的发展提供人才支持。面向全国专利信息领军人才、师资人才举办完成 1 期全国专利信息高级培训班。继续开展专利信息传播利用课程体系研究，从“专利信息分析专业人员”能力素质角度，提出 4 维度、5 层次培训对象模式，并依维度和层次研究确定了相应课程内容，综合形成专利信息人才培训课程大纲。面向全国 400 余家企事业单位和专利信息服务机构，在 6 省（市）举办“知识产权强企建设中企业专利信息利用工作指南培训班”6 期，宣讲《专利文献信息服务指引（2016）》修订成果和《企业专利信息利用工作指南（试行）》修订进展。

不断深化文献信息国际合作工作。深度参与中美欧日韩世界五大知识产权局（简称“五局”）专利信息合作，就五局专利信息政策适用数据范围的调整事宜同各局达成一致意见，保障五局专利基础数据向社会公众的开放和无障碍传播。积极参与“金砖”国家知识产权合作，推动“金砖”国家在文献资源共享、专利数据交换和专利信息服务等方面的合作逐步深入。（*国家知识产权局专利局专利文献部*）

中国民族图书馆

【概况】 2016 年，中国民族图书馆有在编人员 28 人，包括汉、蒙古、藏、维吾尔、朝鲜、回、满、水、土家族等 9 个少数民族，少数民族职工人数占 54%。研究馆员 2 人，副研究馆员 10 人，中级职称 14 人，初级职称 2 人。研究生及以上学历13人，本科学历10人，大专学历5人，全馆本科及以上学历占总人数的82%。

全年共接待读者10858人次，借阅书刊3751册。采购图书1897种3806册；多渠道争取各方赠书1866册，其中包括古籍文献10册、水文书法作品4幅。抢救征集散藏于民间的水文古籍116册（种）。新添报纸25615份，期刊6476册。订购2017年度期刊748种、报纸186种。完成图书编目数据4824条，其中哈萨克文图书编目今年第一次实现计算机编目，累计已有蒙古文、藏文、维吾尔文、朝鲜文、哈萨克文5个少数民族文字图书实现计算机编目。完成报刊合订本编目6724册。全年入库新书12323册。编印《2016年新书通报》9期以及《2016年期刊目录》《2016年报纸目录》，并发送到国家民委各司局、民族文化宫各处室、国家民委下属事业单位、中国社会科学院民族学与人类学研究所等。编写《优秀图书推介》，每月通过网络及在办公楼公告栏张贴宣传。参加第六届“北京换书大集”活动，取得良好效果。

大力开展数字化建设，搜集数字文献，建设专题特色数据库建设。为丰富馆藏专题特色库，跟踪拍摄“《民族区域自治法》实施30周年系列成就展”以及展览举办的各类专题展览，图书馆举办的文献展览各项活动、展览内容等，收集展览电子大纲、视频及图片、文献资料等。开通中国民族图书馆微博和微信公众平台，每月浏览数约3万次，宣传效果明显。提高信息采集质量，图书馆网站采集及发布新闻、公告、新书介绍、赠书信息等86条。向民族文化宫信息中心报送信息75条，其中16条信息在国家民委网站转发。

作为“全国古籍重点保护单位”，古籍保护与开发利用工作是中国民族图书馆工作中的重点。2016年，完成“民国时期文献保护计划”和“国家第一次全国可移动文物（古籍）普查”馆藏民国时期汉文线装古籍普查工作，共完成编目数据1746条，3147函，16636册，上传书影10379张。馆藏11部民族文字古籍入选第五批《国家珍贵古籍名录》，包含藏文、蒙古文、察合台文、满文等少数民族文字，五批已累计85部古籍入选《国家珍贵古籍名录》。

2016年，《中华古籍总目》（水文卷）获得国家重点文化工程“中华古籍保护计划”项目立项，项目资金41万元。起草国家标准《中国少数民族文字古籍定级（草案）》。完成国家民委项目“推动少数民族文化‘走出去’研究”“傣族传统文化的传承与现代变迁研究——以云南西双版纳傣族自治州传统文化开发与保护为例”结项。参加北京市西城区科学技术委员会“城市管理与公共文化服务”项目，撰写论文《中央国家机关图书馆资源延伸及开发与利用》。出版成果4部，发表论文23篇。完成为展览需要将50部珍贵古籍进行高仿复制（展品）工作。

全年共组织举办各类民族文献（含古籍）专题展览14个，承办民族古籍全国巡展3个。其中：“民族遗珍　书香中国—中国少数民族古籍珍品暨保护成果展”先后在广西、新疆、云南三地巡展；启动“中国民族典籍文化展”进校园、进社区活动，先后在中国人民大学、北京师范大学、北京工业职业技术学院展出3场，在北京市东城区第二文化馆展出1场。通过这些展览，约有5500种（册）珍贵古籍和新书作为展品直接呈献给观众（读者），参观人数约8万多人次。少数民族文献展览让收藏在图书馆的民族文化典籍的精髓走向大众，让人们认识民族文献，阅读民族文献，了解少数民族文化，促进民族团结。通过展览宣传党和国家的民族政策，弘扬少数民族文化、历史。（中国民族图书馆　秦江月）

【第一至三届向全国推荐百种优秀民族图书展在民族文化宫展出】 4月1—10日，由民族文化宫、民族出版社、中共北京市西城区委宣传部联合主办，中国民族图书馆、民族文化宫展览馆等共同承办的“全民阅读　书香中国——第一至三届向全国推荐百种优秀民族图书展”在民族文化宫展出。此次展览首次将第一至三届“向全国推荐百种优秀民族图书”（以下简称“推荐图书”）1200余册进行集中展示。此前，国家新闻出版广电总局与国家民族事务委员会联合向中国民族图书馆捐赠第三届推荐图书100种作为此次展览用书。推荐图书活动自2011年开始，由国家新闻出版广电总局、国家民族事务委员会共同组织。活动每两年举办一届，至今已连续举办三届。入选图书包括汉文、蒙古文、藏文、维吾尔文、哈萨克文、朝鲜文、彝文、壮文、傣文、柯尔克孜文、苗文、侗文、纳西文、傈僳文、哈尼文、佤文、拉祜文、景颇文、白文等文种。（中

国民族图书馆　秦江月）

【《中华古籍总目》(水文卷)项目启动】 4月29日，中华古籍保护计划《中华古籍总目》（水文卷）项目启动工作会议在中国民族图书馆举行。该项目负责人、中国民族图书馆馆长吴贵飙就项目的立项背景、重要意义等进行说明，对项目实施进行具体部署。会议通过项目实施计划和进度安排，确定项目资金使用管理人员，明确项目资金的使用范围和要求等，与会者还集中学习《水文古籍著录规则》。《中华古籍总目》（水文卷）是国家重大文化工程“中华古籍保护计划”之《中华古籍总目》的少数民族文字卷项目，旨在加快推动全国水族水文古籍的抢救、保护、整理与研究。中国民族图书馆为项目承担单位、全国水文古籍收藏单位。8月、12月，课题组两次赴贵州省水族聚居地区和水书主要收藏单位调研，开展普查数据采集、数据著录以及督导项目进展等工作。（中国民族图书馆　秦江月）

【《中国民族图书馆古籍普查登记目录》正式出版】 2016年6月，《中国民族图书馆古籍普查登记目录》由国家图书馆出版社正式出版。该书系中国民族图书馆古籍普查登记目录，共收录馆藏汉文古籍数据5530条，凡宣统三年以前的写本、刻本、活字本、抄本、稿本，皆在收录之列。著录项目有普查编号、索书号、题名、卷数、著者、版本、册数等内容，目录后附书名笔画索引。自2010年开始，中国民族图书馆借助“全国古籍普查平台”启动古籍普查登记工作，目前已基本摸清1949年以前汉文古籍的收藏情况。（中国民族图书馆　秦江月）

【中国民族图书馆参加全国少数民族古籍“十三五”规划工作业务会】 7月26日，全国少数民族古籍“十三五”规划工作业务会在新疆维吾尔自治区乌鲁木齐市召开。国家民委副主任李昌平，民族文化宫党委书记、主任宫兆强出席会议。自治区民委副主任陆健发言。中国民族图书馆馆长吴贵飙、副馆长先巴和来自30个省（自治区、直辖市）负责少数民族古籍工作的部门代表参加会议。国家民委全国少数民族古籍整理研究室报告《“十三五”时期进一步做好少数民族古籍抢救保护工作发展规划（2016—2020年）》（讨论稿）和《“十三五”时期全国少数民族古籍重点项目出版规划（2016年—2020年）》（讨论稿）。会议讨论“十三五”时期全国少数民族古籍《抢救保护工作规划》及《重点项目出版规划》，并探讨新时期少数民族古籍工作发展思路。（中国民族图书馆　秦江月）

【第十四次全国民族地区图书馆学术研讨会在湖北恩施召开】 10月12—15日，第十四次全国民族地区图书馆学术研讨会在湖北省恩施土家族苗族自治州召开。此次会议由中国图书馆学会学术研究委员会少数民族图书馆专业委员会、民族文化宫、中国民族图书馆联合主办。会议主题为“地方特色数字资源建设与服务研究”，围绕区域、各少数民族地方文献特色数据建设与研究以及图书馆业务进行交流，共同探讨公共特色文化资源的建设与服务等问题。参加此次会议的代表分别来自北京、内蒙古、西藏、广西、宁夏等省（自治区、直辖市）的81个图书情报单位，包括20余个民族成分的专家学者和业务骨干共计160余人。会议共收到论文140篇，评选出获奖论文41篇，其中一等奖9篇、二等奖13篇、三等奖19篇。会前，由中国民族图书馆主编的会议论文集《民族图书馆学研究（八）》由辽宁民族出版社正式出版，共入选论文90篇，约68万字，作者涉及汉族、蒙古族、藏族、回族、维吾尔族、壮族、满族、朝鲜族、彝族、白族、苗族、土家族、瑶族13个民族。（中国民族图书馆　秦江月）

【举办2016年中国图书馆年会学术会议第20分会场】 10月25—28日，由中国图书馆学会学术研究委员会少数民族图书馆专业委员会主办的2016年中国图书馆年会学术会议第20分会场“少数民族图书馆服务创新：回顾‘十二五’与展望‘十三五’”在安徽省铜陵市体育中心会议室举行。中国图书馆学会常务理事、少数民族图书馆专业委员会主任、中国民族图书馆馆长吴贵飙研究馆员主持会议。新疆维吾尔自治区图书馆、广西壮族自治区图书馆、西藏自治区图书馆、海南省图书馆、贵州民族学院图书馆以及内蒙古通辽市图书馆的领导、专家和学者做专题报告。（中国民族图书馆　秦江月）

【向民族地区图书馆赠送图书】 12月15日，中国民族图书馆向内蒙古自治区通辽市扎鲁特旗鲁北镇毛都嘎查图书馆、新疆维吾尔自治区阿勒屯亚茹克图书馆和云南省玉龙纳西族自治县白沙完小校园图书馆寄赠汉文、蒙古文、维吾尔文等3个文种的图书196种310册，《民族画报》90种180册。这些图书主要包括民族文化宫、中国民族图书馆近年来的科研成果，党和国家的民族政策相关文献、民族知识宣传普及读物、少数民族文学作品以及与民族地区经济社会发展相关的其他图书。（中国民族图书馆　秦江月）

中国艺术研究院图书馆

【概况】 中国艺术研究院图书馆现有馆藏图书105万余册，报刊6万余册。馆藏特色资源包括古籍善本、音响音像档案、书画作品、中外乐器等，是国内集艺术类图书与实物资料为一体的颇具特色的艺术资源信息中心。

2016年，由于馆舍搬迁，中国艺术研究院图书馆在非常规条件下，在学术报告厅一层开设新阅览室两间，占地面积约200平方米，保证正常阅览服务，同时开展科研、教学、对外交流的文献检索和征询及各种各类参观、视察的展览、展示工作。全年接待读者1000余人次，图书流通2.5万余册次，科研专项服务提书2500余册次，接待包括中宣部部长刘奇葆、文化部部长雒树刚等领导同志参观60余人次。全年完成总额240万元图书资源采购任务，其中纸质图书110万元、电子资源及数据库更新120万元。接收捐赠图书211种298册，期刊28种56册，音像制品5种，书画作品4幅，名家藏品21件，其他3种，其中有文化艺术出版社捐赠《梅兰芳访美图谱》6册等。刘奇葆捐赠土著部落乐器迪吉里杜管1件，该乐器系刘部长访问澳大利亚期间，澳大利亚澳柒集团执行主席施嘉里所赠送。

图书馆音像中心组织申报的馆藏珍贵音响档案（古琴与阿炳传世乐曲）出版项目正式立项，经过对1700多首琴曲进行审听与筛选，选出276首拟出版琴曲，并完成与古琴出版工作相关的文献整理。全面开展馆藏老唱片的数字化采集工作，完善开盘带数字化采集工作并扫描保存馆藏开盘带的节目单，全年共扫描完成开盘带1450盘，节目单2380张。为全院举办的重要活动进行资料采集，包括拍摄图片资料3万多幅，录制视频资料近5000分钟。

图书馆现藏一大批珍贵戏曲纸本文献，其中包括傅惜华“碧蕖馆”藏书、梅兰芳“缀玉轩”藏书、程砚秋“玉霜簃”藏书、齐如山“百舍斋”藏书，以及近代戏曲研究家郑骞、路工、杜颖陶藏书，还有清代耿太监藏戏曲抄本、怀宁曹氏藏戏曲抄本，京都“百本张”“聚卷堂”众多书铺抄本刻本、两湖两广江浙一带书铺地方戏曲剧本刻本等，其中有大量的近代地方戏曲剧本纸本文献，而近代地方戏曲剧本集成丛刊性的出版物尚属空白。2016年，图书馆着手编纂《中国近代地方戏曲剧本丛刊》，目前已完成第一辑的申报、扫描、拼图、切割、著录、成册、核对等工作。6月，《傅惜华藏古本小说丛刊》（精装全300册）由学苑出版社正式出版，这是图书馆第一次独立承担院里重大科研出版项目取得的成果。傅惜华先生是我国著名的文学研究专家、藏书家，其“碧蕖馆”收藏的中国古代小说、戏曲蜚声中外，该丛刊从傅惜华先生说部类藏书中精选182种。（中国艺术研究院图书馆　蔡雨燕）

国家机关图书馆

【国家图书馆交通运输部分馆概况】 国家图书馆交通运输部分馆（以下简称“分馆”）于2009年12月26日正式成立。分馆由国家图书馆和交通运输部科技司联合建设，服务机构设在交通运输部科学研究院（原交通部科技信息研究所）。分馆秉承“资源共享、服务行业”的宗旨，面向交通运输政府部门、企事业单位提供书刊借阅、资源检索、科技咨询等信息服务。截至2016年12月，分馆馆藏交通科技文献资料（印本）近20万册，包括中外文献科技图书、科技期刊、科技报告、年鉴、交通专利、标准、统计资料等。其中：图书10万余册，中文期刊（现刊）300余种、外文期刊（现刊）150余种。

在交通运输部的支持下，依托分馆馆藏资源，开发利用交通科技管理资源，引进外部资源，分馆建立了开放式、网络化的交通运输科技资源服务系统——交通科技信息资源共享平台。该平台整合科技项目、科技成果、仪器设备、科技文献和科学数据五大类资源，建立30余个数据库，内容涵盖公路运输、水路运输、城市公共交通、民航、邮政、铁路以及经济、管理、通信、计算机等领域，面向行业和社会提供交通运输科技管理服务、科技信息资源服务、科技咨询服务和技术成果推广服务。

在提供基础信息服务的同时，分馆以“服务科研、服务职工文化生活”为核心，成立“交通人文读书会”，定期举办参观、沙龙、讲座等学术和文化交流活动，旨在搭建服务于行业的科技资源平台、学术交流平台和文化教育平台，促进提高交通人人文素养和综合素质。（国家图书馆交通运输部分馆）

【国家图书馆交通运输部分馆组织参观民航博物馆】 3月4日下午，分馆组织参观民航博物馆，交通运输部法制司、交通运输部离退休干部局、交通运输部公路科学研究院、交通运输部水运科学研究院、交通运输部规划研究院以及交通运输部科学研究院等单位130余人参与此次活动。通过参观展区以及在科普互动区体验模拟飞行，使大家详细了解我国民航业的发展进程，促进行业间的业务和文化交流。分馆在为行业提供交通科技信息服务的同时，定期组织学术讲堂和文化交流等活动，搭建服务于行业的科技资源平台、学术交流平台和文化教育平台。（国家图书馆交通运输部分馆）

【国家图书馆交通运输部分馆举办儿童图书捐赠与展览活动】 2016年6月，在国际儿童节到来之际，分馆组织开展“悦读伴我成长”儿童图书捐赠与展览活动。活动分为儿童图书捐赠与儿童读物展览两项内容，共收到来自职工捐赠的儿童图书百余册。分馆对收到的图书进行分类和筛选，并与购置的最新儿童读物一起举办儿童读物展览。此次活动受到在京单位职工的广泛好评。（国家图书馆交通运输部分馆）

【国家图书馆交通运输部分馆举办交通运输科技活动周】 5月16—23日，交通运输部办公厅印发《2016年交通运输科技活动周方案》。为加大科技宣传力度，分馆面向交通运输行业和社会公众组织开展以“创新引领　共享发展”为主题的丰富多彩的科技周活动。科技活动周全面贯彻落实创新驱动发展战略，大力推进全行业普及科技知识、弘扬科学精神、提高科学素养，营造“双创”良好环境，加快推动“四个交通”发展。活动内容分为宣传科技创新成果、开展特色科普活动、开放优质科技资源、倡导科学生活方式四个部分。活动期间，分馆组织举办交通科技讲堂、科普图书主题展、学术沙龙、交通科普视频展播等活动，宣传科技成果，为交通科技管理部门、科技工作者、相关企事业单位搭建学术交流平台。普及交通运输科学知识，提高科学素养，激发创新活力，调动行业内参与科普活动的积极性。（国家图书馆交通运输部分馆）

医院图书馆

【解放军医学图书馆概况】 2016年，解放军医学图书馆紧紧围绕军事医学科学院、解放军总医院和其他全军卫生单位的医学信息需求，不断提高军事医学特色信息资源保障服务能力，全年业务工作呈现出快速发展的良好局面。一是注重特色建馆，不断夯实知识资源保障体系。全面梳理军事医学特色资源的采集途径，向160多名专家征询资源采集建议意见，研究制订馆藏资源采集方案，新订“HST诺贝尔奖获得者演讲数据库”，升级“Primal pictures”数据库，新增Nature等出版社的47种高影响因子外文期刊，申请加入Bentham Science会员，全年采集各类文献数据库72种、外文期刊7945种、中文期刊7292种、中文图书2172种、外文图书280种、学位论文1229册。加强网站建设，在前期调研基础上拟制网站建设方案，初步形成领域知识服务平台建设方案。完成互联网门户网站内容管理系统、超星发现系统和百度发现系统的采购招标。系统调研中文分词工具，收集整理传染病相关主题词表，完成传染病学词表建设。推进全军卫生训练教材库改版工作，完成43本教材、100多个课件等资料整理加工。加快传染病疫情信息保障平台建设，采集加工有关国家地区和世卫组织、传染病研究机构以及埃博拉、艾滋病等传染病相关资料。完成“引文在线集成整合系统”（简称CITE）“中国生物医学引文数据库机构知识版”“中国生物医学文献数据库”（简称CMCC）系列数据库和“中国疾病知识总库”（简称CDD）产品内容更新数据共计272.83万条，CMCC产品库总数据达到802万条，参考文献总量1950万条，引用关系总量750万条。

二是着眼能力提升，不断拓展知识服务模

式。持续深化学科化服务，研究拟制学科化服务全馆化机制方案，加强全馆范围内的协同支持，学科馆员全年走访一线用户 200 余次，了解科研用户对资源及服务的需求和建议，提供特定领域文献调研和文献保障服务 200 余次，提供中外文文献 10000 余篇。加强面向研究室的重点服务，提供嵌入科研过程的信息保障和情报调研，完成《寨卡疫情态势研究及建议》《再生医学类创新医疗技术产业发展战略研究报告》等调研报告，受到上级好评。积极开展情报研究服务，完成 11 份有关病原体定量信息分析报告、《军事医学科学院 2015 年 SCI-E 收录科技论文的统计分析报告》《全军医学机构 2015 年文献和专利产出分析报告》和《佑安医院 39 种传染病影像学领域分析报告》等研究报告。做好面向军队和武警系统的科技查新和查收查引服务，全年完成科技查新 117 项，查收查引 120 项。强化用户信息素养教育，完善信息素养教育平台功能，新增“解放军医学图书馆微课程”，制作上传“Web of Science—引文检索”等 6 个视频课件。完成《相约图书馆》宣传册编纂，通过电子邮件、微信、展板等多种方式，开展学科资讯推送、图书馆改扩建问卷调查等宣传活动。组织举办以“阅读涵养创新、博学成就卓越”为主题的“世界读书日”系列活动，通过解放军医学图书馆建设发展主题展、“你选书、我买单”、虚拟现实新技术体验、“阅读之星”评选、掌上军图移动阅读推广、专利知识系列讲座等 8 大类 20 项活动，广泛宣传馆藏资源与服务，有效提高读者对图书馆的认知度，活动情况在中央电视台军事频道、中国网、中国军网、《解放军报》等多家新闻媒体宣传报道。根据 A 楼改扩建工程进度要求，组织完成馆藏搬迁 21505 箱，来馆读者服务和部分书刊馆藏迁移至 B 座展开服务。组织完成中医古籍搬迁工作，在国家图书馆古籍保护中心帮助下完成古籍编目与整理 1361 条。加强与国家级、地区级文献保障系统的协作共享，通过 CALIS、BALIS、CSDL 等多种途径为全军提供原文传递 8174 篇。全年接待读者 3.5 万人次，借还图书 1.56 万册。

三是开展服务研究，不断提高科研学术水平。强化科研项目全过程管理，申获国家和军队课题 3 项，其中全军军事科研计划课题暨国家社科基金军事学项目 1 项，军委科技委重点项目 1 项。完成全军“十二五”心理卫生专项课题《阅读对军人心理生理疾患的治疗研究》的结题验收。研究上报医学文献信息与分析实验室 2016 年建设项目论证报告，申获经费 1291 万元。完成“军事药学学科资料室”建设任务，组建资料室建设管理机构。组织举办中国图书馆学会医学图书馆分会 2016 年度学术年会、中华医学会继续教育项目“生物医疗大数据与精准医疗专题研讨会”、中华医学会医学信息学分会 2016 年度青年学术沙龙等学术活动，选派 139 人次参加军内外学术会议与业务培训，编撰专著 2 部，发表学术论文 35 篇。组织完成硕士生中期考核和毕业论文答辩工作，1 人遴选为院情报学专业硕导，2 名硕导通过考核。医学信息检索教研室年度教学任务圆满完成，被评为 2016 年院“先进教研室”。完成全军高等教育自学考试考区 33 门 311 人次的考务工作。开办同等学力英语培训班，参训学员 56 名。接收吉林大学、中国医科大学、滨州医学院、新乡医学院等地方院校医学信息系统与信息管理系学生 12 人来馆实习，得到校方一致肯定与认可。组织完成《中华医学图书情报杂志》第七届编委会换届选举工作，该刊第四次入选中国科技核心期刊（科技论文统计源期刊），被中科院 CSCD 推荐入选日本 JST 数据库，期刊影响力进一步提升。（解放军医学图书馆　郝继英　张利）

【盛京医院图书馆举办第一届国家级继续医学教育项目“医学信息素养与科研能力建设培训班”】 5 月 24—26 日，中国医科大学附属盛京医院图书馆在盛京医院本溪基地举办第一届国家级继续医学教育项目“医学信息素养与科研能力建设培训班”。来自全省医院的 40 余名学员参加培训，内容包括如何选择外文期刊投稿及查新选题、SCI 科研应用基本技巧、文献管理工具 EndNote、医学论文投稿、PubMed 检索方法与技巧、ESI 数据库应用、一站式检索应用等。（盛京医院图书馆　赵悦阳　杨　华）

【吉林大学附属第一医院图书馆举办第一届省内医务人员信息素养提升学习班】 7 月 28 日，受吉林省继续医学教育委员会委托，吉林大学附属第一医院图书馆与省图书馆学会医学图书馆分会联合举办第一届省内医务人员信息素养提升学习班。培训班安排“提升医务人员科研素养途径与方法”“中文知识检索及投稿指南”“PubMed及外文全文数据库检索方法与技巧”“SCI数据库检索方法与论文投稿指南”等授课内容，来自省内医疗系统20余家单位的70多位学员参加培训。（吉林大学附属第一医院图书馆 伦志军 高歌 李正红）

【2016年上海地区医院图书馆工作研讨会召开】 3月29日，“2016年上海地区医院图书馆工作研讨会”在上海交通大学医学院附属第一人民医院南院（松江）会议中心举办。上海交通大学医学图书馆联盟主任、医学院图书馆馆长王成和副馆长仇晓春，复旦大学图书馆副馆长应峻，上海交通大学和复旦大学两个院校医学图书馆联盟成员馆以及上海地区其他医院图书馆同人近50人参加会议。上海市第一人民医院科教处处长刘玮致欢迎辞并介绍医院图书馆的发展情况，之后与王成一起为新落成的公济图书馆正式成为联盟成员馆揭牌。王成、应峻分别做题为“图书馆空间建设的思考”“智慧图书馆发展概况”的专题报告。（上海交通大学医学院图书馆 仇晓春）

【浙江省医院图书馆业务骨干参观调研江苏省部分医院图书馆】 11月17—19日，浙江省医院图书馆业务骨干和青年馆员一行27人赴江苏省参观学习考察。考察组由浙江大学医学院附属第一医院图书馆馆长邢美园带队，参观考察南京军区南京总医院图书馆、南京鼓楼医院图书馆、扬州市图书馆和苏北人民医院图书馆的建设现状，研讨交流文献资源、信息服务和网站建设等有关内容，深入了解江苏省医院图书馆的先进服务经验与主要做法，开拓医院图书馆工作人员的业务视野。（浙江大学医学院附属第一医院图书馆 陈小萍）

【深圳市医院图书馆深入基层医院调研】 9月2日，深圳市人民医院图书馆组织全市医院图书馆同行，深入深圳市沙井人民医院图书馆调研基层医院图书馆现状。深圳市人民医院图书馆介绍该馆馆藏建设、人员结构、电子图书馆的创建以及远程图书馆建设情况，深圳市南山区人民医院图书馆分享三甲医院评审标准、住院医师培训基地创建要求等经验，沙井人民医院图书馆介绍图书馆未来发展设想——构建沙井人民医院数字图书馆远程访问服务系统平台。（深圳市人民医院图书馆 陈丽）

香港特别行政区

公共图书馆

【概况】 香港公共图书馆提供图书馆和信息服务，以满足市民在知识、信息、研究和消闲方面的需求，并借以支持终身学习。此外，香港公共图书馆还致力推广阅读风气和文学艺术，为不同年龄人士举办图书馆推广活动。香港公共图书馆一直积极应用信息科技和通过小区合作，加强服务、提升设施和丰富馆藏，借以实践把公共图书馆发展为信息枢纽及“无墙图书馆”的目标，并根据《联合国教育、科学及文化组织公共图书馆宣言》中的信念，扮演开启知识门户的角色，致力提供终身学习、独立思考、文化发展的环境，以满足社会各界人士对信息、知识、终身学习、研究及消闲的需求；同时作为社会的文化中心，推广阅读风气、文学艺术及相关研究。

公共图书馆系统内共有图书馆 82 个，包括固定的图书馆 70 个及流动图书馆（车）12 个。按图书馆的规模和服务性质，以中央图书馆、主要图书馆、分区图书馆、小型图书馆和流动图书馆五层架构组成香港公共图书馆体系。截至 2016 年年底，全港的公共图书馆藏有书籍及多媒体数据共 1435 万项，登记读者近 445 万人，外借书籍及其他图书馆数据超过 5050 万项。2016—2017 年度香港特别行政区政府公共图书馆的修订财政拨款为 11 亿 4190 万港元，较 2015—2016 年度的修订预算增加 7330 万港元。（香港公共图书馆　李景贤）

【推广活动与提倡阅读和文学艺术的工作】 为推广阅读风气和图书馆的馆藏，康乐及文化事务署举办多项全港推广活动，包括“4·23”世界阅读日创作比赛、“阅读缤纷月”大型活动及“运动盛会多面体”展览。18 区的公共图书馆也与不同地区团体合作，举办多项阅读活动以切合区内人士的需要。为推广文学艺术，康乐及文化事务署举办以“我想文学”为主题的“第十一届香港文学节”，向市民推广创意写作及文学欣赏。此外，香港中央图书馆继续与学者和专业团体合作举办专题讲座，涵盖不同范畴。2016 年度举办的图书馆推广活动共有 22396 项。（香港公共图书馆　李景贤）

【重置图书馆】 8 月，新的粉岭南公共图书馆全面投入服务。12 月起，新的圆洲角公共图书馆分阶段投入服务，使香港公共图书馆的固定图书馆总数增至 70 个。新启用的粉岭南公共图书馆为一所小型图书馆，面积 550 多平方米。设施及服务包括成人图书馆、儿童图书馆、报刊阅览部、推广活动室、互联网数码站、儿童互联网数码站、特快归还服务和自助外借及续借服务。新图书馆的馆藏约 5 万项，包括成人及儿童中、英文书籍，中、英文百科全书和字典等参考书籍及激光唱片等。报刊阅览部有约 100 多份本地及海外报刊和杂志，供不同年龄、职业及兴趣的市民阅读。此外，为推广及培养市民的阅读兴趣，该馆定期举办各类型的图书馆推广活动，如儿童故事时间及书籍展览等。图书馆亦欢迎学校及文教机构预约集体参观活动，让教学团体进一步了解馆内设施。（香港公共图书馆　李景贤）

【各区公共图书馆活动】 在 2015—2016 年度，香港公共图书馆继续与区议会合作，发展地区图书馆服务和筹办活动，以照顾区内人士的需要。有关工作年内已见成果，各区公共图书馆为推广阅读文化而举办的小区活动日益多元化，同时优化图书馆设施和阅读环境，活动种类也有增加。

2016 年，香港公共图书馆运用区议会的财政资助，举办 3500 余项定期推广活动和大型阅读活动，包括深水埗区的暑期阅读活动“‘埗埗’在线”、西贡区的“暑期阅读活动”“阅读看世界@黄大仙小区图书馆”、葵青区的“悦读乐满家”活动，以及离岛区的“悦读嘉年华@东涌”。这些推广活动大多由香港公共图书馆与地区组织合办，有助吸引更多市民使用公共图书馆和鼓励他们培养阅读习惯。为提高市民对地区历史及文化的兴趣，香港公共图书馆还与小区组织合办多项推广活动，例如“历史及文化足迹@观塘”“旧日足印——九龙城大发现”“一起走进从前的油尖旺”以及“西贡区历史及文化——旧相片征集及巡回展览”。

区议会一向积极优化图书馆设施和阅读环境，不但提出新工程计划，而且为有关工程提供财政资助。区议会在2015—2016年度开展并完成多项工程计划，其中包括：提升和更换空调设备、照明和闭路电视系统及视听和公众广播系统；更换室内陈设和壁画，以及为新流动图书馆服务站安装电箱。

香港公共图书馆与非营利地区组织携手合作，推行“便利图书站——小区图书馆伙伴计划”，提供以小区为本的图书馆服务。香港公共图书馆为有关组织提供集体借阅服务，并就这些组织为其服务对象设立小区图书馆的事宜提供专业意见。（香港公共图书馆　李景贤）

【提升参考和信息服务】 香港为市民提供参考和信息服务的图书馆，包括香港中央图书馆和其他6个主要图书馆（大会堂公共图书馆、九龙公共图书馆、屏山天水围公共图书馆、沙田公共图书馆、荃湾公共图书馆和屯门公共图书馆）。香港中央图书馆的参考图书馆设有6个专科参考部门，收藏超过100万项参考数据，并提供各类电子资源，以满足用户对参考、自修及终身学习的需要。此外，参考图书馆不断丰富馆藏的参考数据，并透过定期的“文献征集”活动征集文献资料。该馆也收存9个国际组织特藏。

香港中央图书馆的艺术资源中心、香港文学数据室和地图图书馆，以及大会堂公共图书馆的工商业图书馆、创造力及创新资源中心和基本法图书馆，均为市民提供专科参考服务。九龙公共图书馆的教育资源中心提供教育专科资源和服务；沙田公共图书馆设有“运动与健体”特藏及其网页；屯门公共图书馆设有“食物与营养”特藏，通过一站式平台为市民提供有关食物与营养的信息；荃湾公共图书馆主要设有“现代生活”特藏，以引发市民对环保、健康和时尚生活的兴趣。香港公共图书馆与教育局、学术界人士和相关范畴的非政府机构合作，透过工作坊、图书馆参观活动和专题讲座向市民推广多元化的参考数据及专题资源。香港中央图书馆还设有转介服务，让已登记的用户阅览香港大学图书馆的馆藏。香港公共图书馆全年共处理341万项数据查询。

香港公共图书馆备有63个电子数据库和22万册电子书。已登记的读者可通过香港公共图书馆入门网站的电子资源网页查阅在电子资源馆藏的所有电子书和21个电子数据库，其余42个电子数据库，可于图书馆的开放时间内在指定图书馆使用。所有公共图书馆均可连接一般电子数据库，至于专门电子数据库，则可在中央参考图书馆及其他主要公共图书馆的参考图书馆查阅。（香港公共图书馆　李景贤）

【开展信息科技新措施和数字图书馆服务】 新世代综合图书馆系统提供全面的自动化图书馆服务，包括全日24小时网上服务，可供检索目录、预约和续借图书。该系统增设新功能，方便读者在网上续借逾期图书，以及在网上缴付罚款及费用。为了增进流动装置用户的服务体验，新的公共图书馆手机版网站（www.hkpl.gov.hk），以及经由图书馆网站一站式登入多项网上电子服务的功能已于2016年推出。这些措施让流动装置用户更容易使用图书馆电子服务和查阅电子书及电子数据库。年内，“我的图书馆”流动应用程序的总下载次数超越186000次，足见该程序广受欢迎。除荣获“2015香港信息及通讯科技奖”的最佳生活时尚（学习·生活）金奖外，香港公共图书馆的“指尖上的图书馆”（包括“我的图书馆”流动应用程序、多媒体信息系统流动应用程序和电子资源服务）还荣获“2015亚太信息及通讯科技大奬”优异奖（政府及公共部门组别）。

各区图书馆安装了1900余台连接互联网的计算机工作站，以便用户更容易获取网上信息。这些计算机工作站大多备有自助打印设施及八达通付款选项。全港70个固定公共图书馆提供免费的政府Wi-Fi无线上网服务。

“多媒体信息系统”是香港公共图书馆的数字图书馆系统，为各图书馆提供多媒体服务。该系统是一个全日24小时运作的入门网站，配备一站式检索功能，用户可通过便于使用的版面阅览超过400万页数字化数据，包括香港旧报纸、照片、表演艺术的场刊和海报、地图、手稿、录音节目、电子书，以及电子数据库。使用者可经由互联网，或预约使用香港中央图书馆和其余69个固定图书馆的1200台工作站，浏览多媒体信息系统的馆藏。“多媒体信息”流动应用程序让读者可随时随地浏览系统中数量庞大的数字化数据，包括电子书、图像及影音数据。

“香港记忆”网站是一个对公众开放的多媒体数字平台，公众可以免费浏览有关香港历史和文化的数字化资料，包括文献、照片、海报、录音、电影及录像。截至2016年3月，“香港记忆”网站载有23个特藏、20项虚拟展览和100多个口述历史档案，供公众浏览。香港公共图书馆相关网站或网上服务的搜览数目，全年共录得超过2371万次。（香港公共图书馆　李景贤）

【书刊注册组】 书刊注册组为本地印制的书刊注册，协助保存香港的文献数据，并监察国际标准书号系统的有效应用。该组每季在《政府宪报》刊登《香港印刷书刊目录》，市民也可上网浏览有关目录。在2015—2016年度，该组共处理15285册书籍和9993份期刊的登记数据，以及948个国际标准书号的出版社识别代号。（香港公共图书馆　李景贤）

学校图书馆

【香港联校图书馆馆长咨询委员会(JULAC)共享图书馆服务平台】 2016年，香港学术图书馆界有一项重要改革：香港联校图书馆馆长咨询委员会(JULAC)属下8所学术图书馆决定将8个独立的图书馆系统更换到共享图书馆服务平台，以提供创新的馆藏建设和服务。8所成员图书馆包括香港中文大学图书馆、香港城市大学图书馆、香港教育大学图书馆、香港浸会大学图书馆、香港理工大学图书馆、香港科技大学图书馆、岭南大学图书馆和香港大学图书馆。8所图书馆选定Ex Libris Alma® 资源管理服务和Primo® 检测及发表解决方案，利用共享服务平台，来配合及促进JULAC深度协作的既定策略。

8所学术图书馆一向致力于学术信息资源和服务相关的深入合作。通过协同努力，JULAC希望可以建立一个学术资源收集、管理和共享的环境来提供创新服务，以促进香港特别行政区政府大学教育资助委员会（教资会）属下8所高等院校的学术事业。

撤换了8个独立系统，学术图书馆预期Alma在共同管理、建立和共享馆藏上将超越传统的图书馆功能，而Primo将可提高各大学学生、研究人员和教员的研究体验。JULAC图书馆预期新的云端方案可以统一各院校图书馆的工作流程及减少重复性的工序，以及提供共享印刷和电子资源的分析与管理。（香港大学图书馆　鲍国葆）

【学术图书管理员4——可持续学术图书馆：现在及其后(AL4会议)】 6月2—3日，为庆祝香港科技大学建校25周年，香港中文大学和香港科技大学图书馆共同主办“学术图书管理员4——可持续学术图书馆：现在及其后”（AL4会议）（Academic Librarian 4— Sustainable Academic Libraries: Now and Beyond, AL4 Conference）。两天的会议探讨有关学术图书馆可持续发展的4个议题：①可持续的环境主题：探索和突出生态友好型学术图书馆；②可持续资源主题：探索图书馆如何推动可持续增长与可持续的资源；③可持续的技术主题：集中探讨通过绿色信息技术如何可减少生态足迹，同时为使用者和工作人员提高效率的经验；④可持续服务主题：研究图书馆如何主动设计和提供相关性服务，以满足当前和未来图书馆用户的需求。（香港大学图书馆　鲍国葆）

【2016亚洲太平洋区域理事会议(APCR 2016)】 12月1—2日，亚洲太平洋区域议会联同香港大学图书馆在香港举办2016亚洲太平洋区域理事会议（APCR 2016）。来自世界各地的演讲者，与观众分享如何利用科技发展为图书馆用户以聪明和有意义的方式提供服务。会议就图书馆如何与他们的使用者保持联系、如何以数据为依据做出有关馆藏和空间方面的决策以及图书馆如何运用新兴及巧妙的方式来显示对用户的实用价值等议题进行探讨。（香港大学图书馆　鲍国葆）

图书馆协会

【图书馆教育及专业讲座】 1月23日，香港圣公会明华神学学院举办图书馆学习日，以“图书馆与学习人文科学”为主题。获邀发表演讲及参与座谈会的专家，分享有关图书馆的使用、电子学习、图书馆员与任教人文科学的学科老师的协作教学，以及印刷品修复等内容。超过80位图书馆专业人员参加此次活动。

4月7日，香港歌德学院与香港图书馆协会在香港中央图书馆举办讲座，由科隆公共图书馆总监Hannelore Vogt博士主讲，主题为“Geeks, Games and Gadgets-Innovative Services and the Transformation of Space”，科隆市图书馆曾于2015年赢得德国“Library of the Year”奖项。Hannelore Vogt博士在演讲中引进图书馆成为创客空间及小区中心的概念，她的演讲生动且充满互动性，深深吸引在场的图书馆人。

7月16日，香港图书馆协会针对专科图书馆的就业状况举办香港图书馆教育及职业讲座，邀请南华早报信息中心助理总监江永东先生介绍南华早报的信息管理及分享他在新闻采集、内容及版权销售与研究及资源管理3个领域的见解。（香港图书馆协会　马咏欣）

【香港图书馆协会与国际图书馆协会联盟的合作】 在协作主导的时代，香港图书馆协会珍惜与不同地方教育机构和国际专业组织合作的机会，例如跟国际图书馆协会联盟（IFLA）彼此的沟通、互动和协作，有助促进图书馆领域的持续发展。香港图书馆协会通过不同的媒体，包括面书Facebook及网页，向会员传播管理图书馆的最新策略和未来发展方向。国际图书馆协会联盟“为特殊需要人士提供图书馆服务组别”秘书长兰茜博女士Ms. Nancy Bolt接受邀请，为香港图书馆协会2016年8月号的会讯撰写指导性的文章，介绍图书馆服务上对特殊需要人士的支持。香港图书馆协会获得国际图书馆协会联盟的鼎力支持，打开香港图书馆协会与海外以至国际不同专业团体联盟的新局面，缔造携手推动业界发展的新里程。（香港图书馆协会　陈敏仪）

【香港图书馆协会网站资讯更新】 为了持续给予会员最新资讯，方便业界相互联系，香港图书馆协会在2016年重新更新协会网站内容，并得到香港大学专业进修学院的鼎力协助，由学院图书馆高级文凭课程学生负责更新900多个香港图书馆的联络资讯。学生们的义举在重建本地图书馆专业人员之间的联系上做出重大贡献。（香港图书馆协会　陈敏仪）

【香港图书馆教育和职业讲座2016举行】 7月16日，香港图书馆协会和香港中央图书馆联合主办的“香港图书馆教育及职业讲座2016”在香港中央图书馆演讲厅举行。讲座提供大学及大专院校不同类型图书馆的课程的资讯及职业前景，当天出席人数达100多人。7位杰出的图书界专家包括香港中文大学专业进修学院讲师郭远谋、香港大学专业进修学院高级计划主任余玲玲及香港大学教育学院讲师Mr. Peter Warning进行不同图书馆课程的讲座。岭南大学资讯科技总监及图书馆馆长郑瑞琼、香港公共图书馆图书馆高级图书馆长（湾仔区）冼耀顺、香港学校图书馆主任协会会长叶锦莲和南华早报资讯中心助理总监江颖东针对不同类型图书馆就业前景开展讲座。讲座内容具启发性，与会者皆投入讲座，在答问环节就多个项目做出热切的提问。另有一些对不同主题感兴趣的与会者利用小休时间继续与专家讨教。此次讲座得到香港大学专业进修学院图书馆高级文凭课程学生的义务协助以及图书馆主任的全力支持。（香港图书馆协会　陈敏仪）

【香港图书馆协会奖项】 10月27日，香港图书馆协会为了向会员提供全面的专业支持，在香港大学图书馆举行两个重要奖项的颁奖仪式。这两个重要奖项是：“香港图书馆协会双年展奖”（Hong Kong Library Association Biennial Award）及“海伦尼宁顿奖学金”（Heleni Linton Award），鼓励有志在业界发展的人士追求卓越，持续进修。评审团由香港图书馆协会副主席李智恒、教育及培训主任陈敏仪及学术图书馆联络主任鲍国葆组成，经评审团仔细考虑所有申请资料和申请者面谈表现，一致同意2016年“香港图书馆协会双年展奖”及“海伦尼宁顿奖学金”空缺。（香港图书馆协会　陈敏仪）

澳门特别行政区

【概况】 2016年，澳门共有图书馆303个，其中公共图书馆及阅书报室85个，为邻近地区图书馆密度最高的地区。学校图书馆103个、专门图书馆81个及高校与专科图书馆34个。其中公共图书馆方面，主要由澳门文化局、教育暨青年局，以及其他（包括其他政府部门、教会、私人机构及社团）所开办。依其主管部门可分类为政府开办有46个、社团开办有22个、教会开办有16个、私人机构有1个。在85个图书馆中，有55个是重点向市民提供阅览服务，其他只是依母体机构服务职能为主，附设图书馆服务而已。澳门公共图书馆的特色是以小区图书馆及阅览室、公园图书馆为主。其中部分图书馆馆舍设计相当有特色，讲求空间及阅读气氛的营造，在各类型图书馆中发展最快。

澳门的高校及专科学校图书馆和阅览室共34个，由政府及私人图书馆所组成，部分可以颁授学位的机构及课程并没有成立图书馆，也有部分是澳门大学的学院及书院图书馆。目前，高校图书馆藏书约100万册，图书馆员约有110人，半数以上是具有图书馆专业学位，在各类型图书馆中专业比例最高。学校图书馆有103个，总面积为12000平方米，阅览座位约有4400个。目前，澳门共有全职学校的图书馆员及阅读推广人员100多人，兼职人员为80人。在藏书方面，图书约92万册、期刊约2800种、报纸约380种、视听资料约20000种。其中妇联学校（新校部）图书馆、培正中学图书馆、圣德兰学校、广大中学中学部、鲍思高粤华小学图书馆及粤华中学图书馆均为对小区开放的学校图书馆。

澳门的专门图书馆主要为政府机关图书馆、医学图书馆、法律图书馆、经济图书馆、博物馆图书馆、工程图书馆、治安部门图书馆、宗教图书馆及专业社团图书馆等，共计81个。

2016年度计划兴建或搬迁的图书馆如下：公共图书馆方面，政府计划在新落成公屋设立适当数量的图书馆，如文化局的图书馆设于石排湾市政综合大楼6楼，可使用面积约2000平方米，预计2018年向公众开放；澳门新中央图书馆，预计2018年完成深化设计工作。学校图书馆方面，计划兴建的有圣若瑟教区中学第六校图书馆及慈幼中学图书馆。大专及专门图书馆方面，则有圣若瑟大学图书馆、圣经学院图书馆、澳门理工学院图书馆、澳门大学张坤仑书院。专门图书馆方面有海关图书馆及行政暨公职局新图书馆。

2016年度新开放或整修完成的图书馆有10个，包括沙梨头图书馆、圣罗撒中学小学部图书馆、澳门妇联学校新校部图书馆、圣若瑟教区中学第五校图书馆、镜平中学小学部图书馆、明爱特殊学校图书馆、粤华中学家教会图书馆、澳门大学法学院图书馆、澳门大学马万祺罗柏森书院图书馆及旅游学院氹仔校区图书馆。

合并的图书馆则有庇道学校小学及英文部搬回中学部的图书馆、圣玫瑰学校合并于玛大肋纳学校而成为该校的分校所设的图书馆，以及法律改革及国际法事务局图书馆合并为法务局图书馆。文化局青洲图书馆进行改善工程，预计2017年3月重新开放。联合国大学国际软件技术研究所图书馆于2016年度关闭。澳门民政总署辖下7所图书馆于2016年1月1日与文化局澳门中央图书馆合并为澳门公共图书馆。澳门文化局宣布其辖下红街市图书馆为配合区内居民不同生活的节奏，于10月7日起率先试行对外24小时全天开放的政策。

图书馆利用情况，根据2016年《澳门统计年鉴》中的“表6.2向公众开放的图书馆及阅书报室”的主要指标分析，2016年，主要对外开放的图书馆70个，馆藏书籍量为2118728册，较2015年增加24540册；期刊13805份，较2015年减少369份；多媒体数据（含电子书刊）2715384套，较2015年减少67072套。其中，电子书籍有2305288册，较2015年增加18450册；电子期刊有317726种，较2015年减少89163种。2016年总计有图书资源4847917册/种/套，较2015年减少42901册/种/套。本年度电子书刊在总量中占56%。

2016年向公众开放的图书馆及阅报室接待共5472499人次，按年增加446146人次。借书共801337册次，较2015年减少145521册次。全澳对外开放的图书馆面积增至835593平方呎，较2015增加13841平方呎。在阅览座位方面也随之有所增加，总计为8624个，较2015年增加444个。而提供可上网的计算机有989台，较2015年减少47台；计算机使用522908人次，较2015年增加11068人次。图书馆的购书经费为65973000澳门元，比2015年削减9239000澳门元。工作人员则为366人，比2015年减少25人。

2014—2016年澳门图书馆主要统计资料

	2014	2015	2016
主要图书馆及阅书报室(个)	66	70	70
总面积(平方呎)	794774	821752	835593
工作人员(人)	359	391	366
座位数目(个)	7581	8180	8624
购书总支出(千澳门元)	81813	75212	65973
藏书籍(册)	1908109	2094188	2118728
期刊杂志(份)	13107	14174	13805
多媒体数据(套)	2548149	2782456	2715384
电子书籍	2157183	2286838	2305288
电子期刊杂志	315568	406889	317726
提供予公众上网的计算机设备(台)	937	1036	989
接待人次	4756487	5026353	5472499
借书册次	706592	946858	801337
计算机使用人次	512658	511840	522908

资料来自《澳门统计年鉴：2016》。

【电子化服务及馆藏发展】 为适应未来发展及整理合并工作，优化图书馆的自动化服务，澳门公共图书馆于2015年耗资约500万元澳门币引进新图书馆自动化系统Sirsi Symphony并于3月21起正式启用。

为鼓励年长者善用网络资源，文化局澳门公共图书馆于6月20日起推出年长者版网页。澳门中央图书馆及氹仔图书馆自8月11日起增设24小时自助还书箱。

8月15日，澳门理工学院图书馆全面启用新的图书馆管理系统ExLibris公司的Aleph图书馆系统和Primo资源发展服务，取代其使用超过15年的TOTALS II图书馆系统和博彩教学暨研究中心图书馆的SLS图书馆系统，以提供更优质便捷的图书馆资源服务。

澳门图书馆暨信息管理协会向澳门基金会虚拟图书馆提供澳门图书书目系统，共收录1998—2014年间澳门出版品检索系统的书目11000多条，网址为http://www.macaudata.com/publication/publicationAction/publication? headType=11。

电子馆藏方面，澳门的公共图书馆馆购电子馆藏主要集中在文化局辖下的澳门公共图书馆，购置有约25个数据库及6个在线互动学习课程，并自建有“澳门出版物数据库”“中葡关系四百五十年数据库”等8个特藏及展览数据库。

澳门大学图书馆2016年9月与“大学数字图书馆国际合作计划(CADAL)”达成合作协议，澳大师生可免费阅读CADAL平台上250万册电子书刊。

在高校图书馆的电子馆藏方面，根据9个高校图书馆在其官网发布的数据库数量，共计有800多个数据库，以澳门大学图书馆、澳门科技大学图书馆及澳门理工学院图书馆投入的资源最多。

2016年，澳门大学图书馆开发的“澳门高校图书馆联盟电子资源中心平台”共购置12个数据库。此外，澳门高校图书馆联合目录及学位论文系统也在筹备中。

【赠书活动】 10月11日，国务院总理李克强考察澳门镜平中学，校长黎世祺介绍该校的办学理念，澳门教育暨青年局局长梁励向总理介绍澳门教育制度。总理为该校题字，最后接受学生的赠画。代表团向该校赠送图书15000册及若干乐器。澳门公共图书馆获香港“中国民族民间文化艺术交流协会”转赠《东巴经》1册，这册古籍已有二三百年历史，由一位香港收藏家于20世纪90年代购入。澳门公共图书馆向澳门大学图书馆赠书3330多册。同时，香港中文大学图书馆向澳门大学图书馆赠书约7400册、香港画家黄文龙赠书画合2000多件，以及澳门著名收藏家吴利勋先生赠100多件明清至民国时期的古契约文书等。

【社会义务】 澳门公共图书馆等单位于“2016澳门图书馆周”期间举办“逾期期刊义卖”活动。11月5—6日，明爱图书馆在南湾湖水上活动中心举办的第47届慈善园游会中，举行图书义卖活动。澳门图书馆暨信息管理协会继续向中山大学资讯管理学院提供每年5000元人民币的奖学金。

【学校图书馆经费】 澳门教育暨青年局资助每所学校的图书购置金额，以校部为资助单位，根据教育阶段、班级数目/学生数目订定资助金额。2016学年图书资助按校部的每个教育阶段计算，设有15班或以下为2.5万元，15班以上为5万元，年预算约为400万澳门元。此外，为了推动班级阅读，每学生每月有5元补贴期刊购买经费，每月预计支出40万元，有关图书及期刊资助可以合并使用，用于购买电子资源的资助不可多于资助金额的30%。

【阅读推广活动】 2016年，澳门图书馆开展形式多样的阅读推广活动，有书展、阅读比赛、演讲、利用教育、游戏、话剧、电影欣赏、故事会、图书交换、义工服务、参观交流等，还有每年一度的图书馆周、书香文化节、书市嘉年华、终身学习周系列活动等。3月25日—4月3日，由澳门出版协会和理工学院合办，体育发展局和澳门图书馆暨信息管理协会协办，星光书店统筹的“2016春季书香文化节”在塔石体育馆举行。本届书香文化节期间举办多场讲座和新书发布活动。4月23日，由澳门文化局、澳门公共图书馆、教育暨青年局及图书馆暨信息管理协会合办的2016图书馆周在南湾旧法院大楼举行启动式，以“等待被打开的书”为主题，推出“好书交换”“逾期期刊义卖”“书刊漂流”“名家讲堂”“馆藏交换”及“第六届全澳图书馆义工及工读生常识问答比赛”等6大焦点活动。7月8—17日，第19届澳门书市嘉年华在理工学院体育馆举行，主题是“阅读·关怀”，活动希望能动员及鼓励基层儿童善用社会资源，养成阅读习惯，扭转社会阶层局限。同时，以众筹方式捐书到贵州偏远地区小学，发扬“阅读改变命运”的信念。10月15—22日，澳门教青局、文化局、民政总署、澳门成人教育学会、澳门成人教育协会联合主办“2016终身学习周”，举办活动接近100项，内容包括职业技术教育、个人成长、家庭生活教育、身心保健及博雅教育等。形式有讲座、展览、课程及户外活动。多间教育机构和书店亦提供报读课程及购书折扣优惠，以促进不同阶层及年龄层的市民终身学习。11月5—13日，由澳门出版协会、台湾图书出版事业协会合办的“2016秋季书香文化节”举行，展销最新出版图书、影音、运动产品等，邀请海峡两岸暨港澳地区60多家参展商提供20余万册图书参展，入场人次、图书销量均较预期佳，人次较去年增长5%，集体采购数字虽与往年持平，但散客有约20%的增长。

【区域交流】 澳门圣若瑟大学与澳门利氏学社签署有关科研和学术活动方面合作协议，双方将合作进行澳门区域的历史研究，而利氏学社研究所图书馆将与圣大图书馆紧密合作，未来或将迁至圣大的新校舍。澳门科技大学图书馆馆长戴龙基一行到访澳门日报社，与社长陆波就平面媒体数字化等事宜交流。澳门图书馆暨信息管理协会拜访圣罗撒学校中文部图书馆及澳门镜湖护理学院，并受到院长尹一桥及图书馆主管梁建恒等接待。

【对外交流】 4月1—2日，澳门大学图书馆代表到西安参加西安交通大学图书馆举办的“大学图书馆发展趋势与服务创新论坛”。5月，澳门科技大学副校长庞川、图书馆馆长戴龙基、助理馆长杨迅凌一行前往北京和杭州，先后拜访北京大学、中国高等教育文献保障系统全国管理中心（CALIS）、清华大学、科技部国家科技图书文献中心（NSTL）、国家图书馆、浙江大学大学数字图书馆国际合作计划（CADAL）等多个机构，就加强澳门与内地高校及科技文献机构之间的合作，为澳门高等教育和科研提供全面的文献保障以及技术与服务创新进行探讨。6月1—3日，澳门大学图书馆代表到香港参加香港科技大学举办的研讨会，研讨会主题为：AcademicLibrarian 4-Sustainable Academic Libraries: Now and Beyond。10月25—28日，澳门图书馆暨信息管理协会参加在安徽铜陵市举行的“2016年中国图书馆年会”。11月21—25日，澳门9所高等院校图书馆组成的澳门高校图书馆联盟，在澳门高等教育辅助办公室的支持下，组织一行17人的代表团，前往上海、杭州及宁波等地考察。澳门文学节总监 Ricardo Pinto、执行总监 Hélder Beja 受邀出席第七届广州书墟，并于11月26日举办题为“在赌城举办文学节”的公众讲座。

【合作项目】 1月，旅游学院图书馆成功申请成为港澳台地区首间联合国世界旅游组织（UNWTO）出版物的寄存图书馆。在台北国际书展上，澳门基金会设“澳门馆”，澳门大学和理工学院赴台参加澳门文化广场并承办有关活动。7月20—26日，澳门文化局与澳门基金会在“香港书展”设立“澳门馆”，并与澳门理工学院及澳门文化广场有限公司联合参展。7月28—31日，在内蒙古包头举行的第26届全国图书交易博览会上，澳门文化局及澳门基金会合作设立“澳门馆”。9月，澳门大学图书馆与“大学数字图书馆国际合作计划（CADAL）”达成合作协议，以文献共建共享为原则，促进不同领域及不同地区知识的传播与普及。11月10日，澳门科技大学成立澳门科技文献服务中心，共享学术文献，以供电子查阅。

〔本部分由澳门图书馆暨资讯管理协会潘雅茵、王国强供稿。鸣谢(排名不分先后)澳门公共图书馆管理厅、教育暨青年局成人教育中心、明爱图书馆、各学校及专门图书馆、澳门科技大学图书馆、澳门理工学院图书馆、旅游学院图书馆、澳门护理学院图书馆、澳门城市大学图书馆、澳门圣若瑟大学图书馆、澳门大学图书馆等单位提供数据。〕

图书馆学会组织

中国图书馆学会

【概况】 2016年是“十三五”开局之年，中国图书馆学会在理事会的领导下，在中国科协、文化部和国家图书馆的大力支持下，团结带领全体会员和全国广大图书馆工作者，稳中求进，开拓创新，各项工作均取得较大成绩，多项工作有新突破、新亮点。

一、学术交流与编辑出版工作

1. 举办2016年中国图书馆年会。10月26—27日，2016年中国图书馆年会——中国图书馆学会年会·中国图书馆展览会在安徽铜陵召开，来自全国各级各类图书馆工作者、有关专家学者，文化部相关司局和直属单位，各省（区、市）文化厅（局）和公共文化处有关负责人，部分国家公共文化服务体系示范区创建城市市长和文化局长，以及企业代表和特邀嘉宾3200多人参加会议。年会以“创新中国：技术、社会与图书馆”为主题，由文化部指导，中国图书馆学会和铜陵市人民政府主办，国家图书馆（国家古籍保护中心）、文化部全国公共文化发展中心、中国古籍保护协会和安徽省文化厅协办，包括开闭幕活动、学术活动、展览会、文化之夜等重要内容。开幕活动中，学会理事长、国家图书馆馆长韩永进做题为“创造出中华文化新的辉煌”的嘉宾演讲。年会征集论文1131篇，举办3个工作论坛、4个主题论坛和25个学术分会场及4场卫星会议。

2. 举办第二届全国图书馆未成年人服务论坛。8月31日—9月1日，第二届全国图书馆未成年人服务论坛在河南郑州召开。本届论坛主题为“阅读与成长”，围绕主题，面向全国图书馆界开展了案例征集活动，设置专题发言、分会场和专家报告等环节。全国各地公共图书馆、少儿图书馆和中小学图书馆代表以及媒体代表和图书馆相关技术的企业代表近500人出席论坛。

3. 协调指导各分支机构开展学术活动，举办2016中国高校图书馆发展论坛、专业图书馆分会2016年学术年会、医学图书馆分会第24届学术研讨会暨2016年学术年会、第28届全国十五城市公共图书馆工作研讨会、第十四次全国民族地区图书馆学术研讨会、首届阅读推广青年论坛、学术出版与图书情报机构转型变革高层论坛等品牌学术活动。

4. 严格执行双向匿名审稿制度，编辑、出版、发行《中国图书馆学报》1—6期，完成英文年刊各项组稿和编辑工作。召开前沿论坛、青年学术论坛和“图书馆员论文撰写与投稿”开放论坛。策划理论性和前沿性选题，刊发具有前瞻性、战略性和思想性的学术成果。针对全国图书馆学术人才断层的现象，重视培养青年学者。图书情报学学术资源库建设取得新进展，已上传海外36种文献的介绍资料，引起国内学者的广泛关注。编辑《〈中国图书馆学报〉创刊六十周年文选》和《图书馆员论文撰写与投稿指南》，同时在学术期刊国际化方面取得新进展。

5. 编辑《中国图书馆年鉴2016》，编辑、出版《中国图书馆学会年会论文集（2016年卷）》和《全国公共图书馆评估上等级图书馆全集（第五次）》。

6. 完善会员管理与服务平台和官方微信等信息化平台，为会员参加学术交流、继续教育、奖项申报和成长成才提供更加便捷的服务。年会期间，3200多名代表通过平台提交论文、报名参会、下载资料等，学会官方微信发布56条报道，并同步直播开闭幕活动盛况，学会信息化水平和会员服务能力明显提升。

二、组织建设与评选表彰工作

1. 开展第九届理事会分支机构组建工作。经统筹规划、充分调研和征求意见，并经九届一次、三次常务理事会审议通过，完成第九届理事会分支机构组建工作，共组建分支机构17个，其中委员会5个、分会12个，吸引和凝聚一批专家学者和图书馆工作者参与学会分支机构管理，共同推动事业发展。

2. 探索建立务实高效、位阶有序的学会议事制度。学会负责人工作会议、常务理事会、理事会、秘书长联席会议在不同层面共同推进学会工作开展和事业发展。其中，审议通过《关于推荐韩永进同志为中国科学技术协会第九次全国代表大会代表及第九届全国委员会委员候选人的议案》《关于推荐李春明等同志为第七届“全国优秀科技工作者”候选人的议案》和《中国图书馆学会财务管理办法》《中国图书馆学会分支机构管理办法》《中国图书馆学会分支机构活动管理办法》等重要议案和文件。

3. 召开2016年秘书长联席会议。7月20—21日，中国图书馆学会2016年秘书长联席会议暨《中国图书馆年鉴》编纂工作会议在甘肃兰州召开，以“会员服务：精细化与宣传推广”为主题，对会员管理与服务工作进行专题报告和业务交流，并总结和部署年鉴编纂工作。

4. 开展单位会员(事业单位会员和企业单位会员)、个人会员的组织发展、收缴会费和颁发证书等工作。截至2016年年底，会员管理与服务平台登记在册的单位会员388家，个人会员11265名。

5. 严格按照《合同书》要求，认真落实中国科协学会创新和服务能力提升工程优秀科技社团项目的各项任务，顺利通过项目中期考核，拓展学会工作新领域，提升服务创新能力、服务社会和政府能力以及自身发展能力。同时，成功申报并积极开展中国科协创新驱动助力工程项目、“互联网＋”下创新会员管理和服务新模式、数字文化工程评估标准研制和县以上公共图书馆评估定级工作等项目。

6. 开展学会年检工作和中国科协交办的综合统计、学术交流、科学普及、继续教育、调研宣传等工作，年检结果“合格”，相关工作受到主管部门的好评。

7. 经文化部同意，组织开展“2016年最美基层图书馆”和“2016年中国图书馆榜样人物”风采展示活动。经推荐、资格审查、专家研议和公示等阶段，北京市西城区白云驿站阅读空间等25家单位进入“2016年最美基层图书馆”风采展示活动名单，天津图书馆天津市古籍保护中心办公室副主任万群等15名同志进入“2016年中国图书馆榜样人物”风采展示活动名单。

8. 举办2016年“书香城市（区县级）”发现活动。活动吸引56个城市（区县级）申报，通过材料审核和专家评议相结合的方式，兼顾地域特点，山东省青岛市、即墨市等19个城市进入发现活动名单。

9. 推荐李春明、陈锐和李俊国三位同志荣获第七届“全国优秀科技工作者”；开展韦棣华助学金评审工作，共计34名学生获得2016年韦棣华助学金51000元人民币；开展第四届青年人才奖评选工作，16位图书馆同人获选；开展李炳穆交流合作奖申报和评审工作，北京大学图书馆刘大军获奖。

三、行业协调与服务工作

1. 积极承接文化部县以上公共图书馆评估定级职能，组织行业力量开展标准研制，形成“服务效能、业务建设、保障条件”三位一体的评估指标体系。同时，在吉林、浙江、重庆、安徽和福建5省（市）8家单位开展试评估工作，对标准进行检验和完善，受到中国科协、政府部门和业界的一致好评，被中国科协列为全国学会试点工作典型案例，上报中央主管领导。

2. 积极参加文化部公共文化司“基层文化队伍培训县级示范性培训（全国县级图书馆馆长培训）”采购项目磋商谈判，并在竞争谈判中胜出，获准承接项目。2016年，在辽宁、四川和安徽三省开展“全国县级图书馆馆长培训”，共计培训604人，取得良好的社会效果。

3. 开展全国数字图书馆建设与服务联席会议工作。5月26日，第十七次会议在厦门大学（翔安校区）图书馆召开，重点讨论如何宣传数字阅读理念，交流数字阅读经验，提炼数字阅读成效，研讨数字阅读推广策略，发展数字阅读文化等。

4. 开展数字图书馆建设与服务宣传推广工作。推广活动包括举办高级研讨班、数字图书馆推广工程体验区等内容。2016年，“网络书香·数字图书馆建设与服务”宣传推广项目共完成云南站、广西站和新疆站系列活动，共计培训馆长和业务骨干510人。

5. 开展全国图书馆未成年人服务提升计划工作。2016年“提升计划”以“面向省级区域”和“面向全国，以省为基地”两种模式分别在浙江和河北举办，共计培训未成年人图书馆工作者526人。

6. 开展民国时期文献保护计划宣传推广工

作。采用全国性培训与地区深入推广相结合的方式，开展培训、展览、讲座等活动，培训专业人员 464 人。

7. 与国家古籍保护中心联合开展“我与中华古籍”创客大赛。大赛征集来自全国各级各类古籍收藏机构典藏的古籍创作元素 1000 余件，全国各地创客围绕创作元素进行自由创作，赛期共收到参赛作品 300 余件套。6 月 11 日，在第 11 个文化遗产日之际，举办“创客@图书馆——‘我与中华古籍’创客大赛”全国巡展。巡展活动陆续在 12 个省份 100 多家图书馆展出。年会期间，向获奖个人和优秀组织单位颁发证书，并展出获奖作品。

8. 开展国家珍贵古籍系列讲座活动。组建包括国家珍贵古籍研究方向的著名学者和从事图书馆古籍研究的中青年骨干在内的专家队伍，在全国 24 地开展面向社会公众的 38 场专题讲座。

9. 配合国家图书馆开展“同筑中国梦　共度书香年”春节系列活动，通过推送以楹联为主题的新春文化“大礼包”，丰富全国图书馆春节活动资源。据统计，全国约 700 家图书馆及有关单位承办本次展览活动，约 270 万名社会公众参观展览，并得到各地、各级新闻媒体的积极关注和报道。

10. 充分发挥学会继续教育职能，通过培训和研讨相结合的方式宣传推广《图书馆参考咨询服务规范》和《社区图书馆服务规范》等全国文化行业标准，策划“图书馆员在职专业培训”等继续教育项目，全国各级各类图书馆馆长及业务骨干 686 人次参加培训。

11. 举办“信息时代　数字未来——2016 年数字图书馆业务技能竞赛”。竞赛设立初赛、复赛和决赛三个阶段，采取网上竞赛与现场竞赛相结合的方式进行。共有来自全国 31 个省、自治区、直辖市 6500 余名图书馆从业人员参加竞赛。决赛于年会期间举行，决出一等奖 5 名、二等奖 10 名、三等奖 20 名。

四、科普与阅读工作

1. 在全国范围内下发 2016 年“全民阅读”工作的通知，联合全国各级各类图书馆，以“十三五”规划的启动为契机，围绕“阅读推广人”培育行动、书香城市（县级）、书香社区评选、“我与中华古籍”创客大赛等阅读推广活动，以少儿阅读为抓手，以数字图书馆推广工程为依托，重点主题活动与自主策划相结合的方式开展“全民阅读”活动。

2. 召开第十届全民阅读论坛。4 月 20—21 日，中国图书馆学会阅读推广委员会换届成立大会暨第十届“全民阅读论坛”在广东东莞召开，同时启动“4・23”世界读书日系列活动——“悦读在路上”。

3. 开展“全民阅读”年度评选和命名活动。本年度，共计命名 27 个单位为“全民阅读示范基地”称号，授予 16 个单位“2015 年全民阅读优秀组织奖”，授予 73 个单位“2015 年全民阅读先进单位奖”。

4. 开展 2016 年全国少年儿童阅读年活动。4 月 28 日，活动启动仪式在天津市少年儿童图书馆举办。活动以“红色记忆——优良传统代代相传”为主题，以连环画为载体，著名连环画艺术家王永扬、青年画家李云中分别以“连环画：一座一艺术长廊”“连环画：一座知识宝库，一座教育殿堂——讲述经典故事，展现中华气魄！”为题进行精彩讲演。本次活动安排 12 项丰富多彩的主旨活动，号召全国各地少年儿童图书馆、公共图书馆、中小学图书馆联合行动，引导广大少年儿童多读书、会读书、爱读书。

5. 开展“阅读推广人”培育行动。2016 年，在全国范围内全面实施培育行动，围绕少儿阅读推广、阅读推广基础工作、阅读推广基础理论、数字阅读推广和经典阅读推广等主题举办 5 期专题培训班，总参与人数 1401 人次。这将有助于提升阅读推广人的业务水平和能力，更加规范有效地开展阅读推广活动，促进我国全民阅读事业发展。

五、国际合作与交流工作

1. 为业界代表参加 2016 年美国图书馆协会年会及 2016 年国际图联大会提供专业信息咨询与服务，包括翻译相关会议文件、申请邀请函等相关工作。

2. 接待国际图联主席多纳・希德、秘书长杰拉德・莱特内一行来访。

3. 邀请并接待来自国际图联和美国、日本等国图书馆同行参加 2016 年中国图书馆年会。

（中国图书馆学会秘书处）

公共图书馆分会

【概况】 2016 年，中国图书馆学会第九届理事会公共图书馆分会（以下简称分会）正式成立，学会副理事长刘小琴担任分会主任。之后，分会积极提出并组织实施内设专业委员会方案，吸纳全国公共图书馆同行及合作单位代表共计280余人次参加机构建设，并于9月12日在北京召开第一次工作会议，就分会和专业委员会未来发展和重点工作进行深入交流。10月27日，分会承办2016年中国图书馆年会第二主题论坛“公共图书馆发展的新理念、新经验和新视野”，业内专家与300余位参会代表共同交流公共图书馆领域的新思想和新经验。

14个专业委员会基本完成机构组织建设，图书馆青年工作委员会、图书馆政策研究工作委员会、城市图书馆工作委员会、图书馆创新工作委员会、图书馆志愿服务工作委员会、图书馆社会化工作委员会、图书馆标准工作委员会、图书馆扶贫工作委员会先后召开第一次工作会议，商讨各个委员会当前及未来亟须重点开展的工作。城市图书馆工作委员会和标准化工作委员会还分别承办2016年中国图书馆年会“城市图书馆实践的最佳案例”“图书馆服务标准化”两个分会场，200余位代表到会交流；图书馆青年工作委员会参与举办2016年“未来城市图书馆发展理念与趋势”国际研讨会，来自海内外的200余位专家学者参会。（公共图书馆分会　孙慧明）

【公共图书馆分会正式成立】 2016年年初，中国图书馆学会九届一次常务理事会议和九届三次常务理事会议决定增设公共图书馆分会等分支机构。3月，公共图书馆分会及内设机构的组建工作基本完成。4月19日，学会下发《中国图书馆学会关于成立第九届理事会公共图书馆分会的批复》（中图函字〔2016〕8号），任命中国图书馆学会副理事长刘小琴为该分会主任，首都图书馆馆长常林、上海图书馆党委书记叶汝强、辽宁图书馆馆长王筱雯、重庆图书馆馆长任竞、湖北省图书馆馆长汤旭岩、福建省图书馆郑智明、浙江图书馆馆长徐晓军为副主任，并批准设立图书馆创新工作委员会等14个内设专业委员会，此举宣告公共图书馆分会正式成立。（公共图书馆分会　孙慧明）

【公共图书馆分会2016年工作会议在首都图书馆召开】 9月12日，中国图书馆学会公共图书馆分会2016年工作会议在首都图书馆召开。此次会议由中国图书馆学会主办，公共图书馆分会和首都图书馆承办，分会主任、副主任和委员代表，内设专业委员会主任、副主任和委员代表等60余人参加会议。北京市文化局副局长庞微、文化部公共文化司事业发展处处长王晓松、中国图书馆学会秘书长霍瑞娟等领导出席并致辞。分会主任刘小琴总结汇报前期工作，副主任郑智明宣读内设机构组成及委员名单提请大会审议。与会代表分为两组，就分会及各专业委员会未来发展和重点工作进行广泛深入的讨论。与会代表认为，分会应该在行业建设和事业发展中发挥重要作用，积极承担政府职能；要充分吸纳社会力量参与和支持图书馆的建设和发展，在今后工作中注重资源和成果共享；大家还就图书馆的信息公开、绩效评价、图书馆评估等业务工作和活动开展进行深入交流。（公共图书馆分会　孙慧明）

【承办2016年中国图书馆年会第二主题论坛】 10月27日，由分会承办的2016年中国图书馆年会第二主题论坛“公共图书馆发展的新理念、新经验和新视野”在铜陵市图书馆举行，来自全国各类型图书馆共300余名代表参会。论坛由上海图书馆党委书记叶汝强主持，上海市政府参事吴建中、福建省图书馆馆长郑智明、重庆图书馆馆长任竞、浙江图书馆馆长徐晓军、首都图书馆党委书记肖维平、广州图书馆馆长方家忠和分会主任刘小琴，分别从图书馆转型发展、图书馆与一带一路建设、图书馆与扶贫工作、公共图书馆服务质量提升、图书馆文化志愿服务发展、城市图书馆引领作用、事业整体发展等方面对公共图书馆领域的新思想、新经验、新视野进行深入阐释，并与参会代表互动交流。（公共图书馆分会　孙慧明）

【参与举办2016年“未来城市图书馆发展理念与趋势”国际研讨会】 10月31日，在分会图书馆青年工作委员会的指导下，由武汉市文化局、武汉图书馆和武汉市图书馆学会举办的2016年“未来城市图书馆发展理念与趋势”国际研讨会在“最美基层图书馆”武汉汤湖图书馆召开，来自海内外的12位专家学者、200余位图书馆界同人参加会议。上海市政府参事、中国图书馆学会副理事长吴建中，东南大学图书馆馆长、东南大学情报科学技术研究所所长顾建新，美国加州大学伯克利分校大学图书馆副馆长兼东亚图书馆馆长周欣平分别做题为“空间再造：拓展图书馆新功能”“图书馆建筑设计的新要求”“图书馆的设计与服务：融合二十一世纪图书馆新理念”的主旨报告，从不同角度探讨未来图书馆在服务功能、建筑要求、空间设计等方面的发展趋势。（公共图书馆分会　孙慧明）

高等学校图书馆分会

【概况】 2016 年，中国图书馆学会高等学校图书馆分会（以下简称高校分会）完成中图学会布置的相关工作。按照《中国图书馆学会关于开展第九届理事会分支机构组建工作的通知》要求，完成高校分会作为中图学会分支机构的确认工作，并向学会秘书处备案高校分会负责人及委员名单。配合学会秘书处完成新任馆长理事更换工作。2016 年高校图书馆馆长更换较多，相应承担的学会理事工作需要更换人选，高校分会主动配合相关工作，使理事更换工作及时、高效完成。组织高校图书馆申报 2016 年中国图书馆学会第四届青年人才奖，高校分会共推荐 3 名候选人参加评选。组织申报中国图书馆学会优秀会员及优秀学会工作者，高校分会共推荐优秀会员 5 名、优秀学会工作者 1 名。组织推选“2016 中国图书馆榜样人物和最美基层图书馆”，高校分会推荐的中山大学图书馆馆长程焕文入选 2016 年中国图书馆榜样人物。继续配合学会组织各高校开展 2016 年全民阅读活动，并在高校分会系统内推选全民阅读活动先进单位和全民阅读示范基地。首都师范大学图书馆、北京工商大学图书馆、北京农学院图书馆获得全民阅读活动先进单位，北京大学医学部图书馆、北京科技大学图书馆和中国人民大学图书馆被评为全民阅读示范基地。

举办 2016 年中国高校图书馆发展论坛，保持分会学术品牌。该论坛于 6 月 16—18 日在宁夏回族自治区银川市举行，由宁夏大学图书馆和中国教育装备网联合承办。会议主题是“机遇与挑战并存——大学图书馆可持续发展策略及实践”，下设图书馆战略发展规划、图书馆协同发展、科学研究数据管理与服务等分主题。来自国内外近 300 所高校图书馆以及相关公司的 550 余名代表参会，同时邀请美国图书馆界同行参加。论坛包括 2 场主论坛、6 场分论坛，共 46 人发表报告，内容涉及图书馆长远规划与协同发展、图书馆深层服务与拓展服务、空间再造及服务推广、图书馆服务能力建设及用户信息素质培养、大学图书馆经典案例分享、智库建设及网络信息安全与技术等。另外，论坛对所征集的学术论文和案例进行评审及颁奖，同期举办图书馆设备展览和产品演示活动。

举办全国高校图书馆新任馆长培训班。近年来，许多高校图书馆的馆长进行更换。为帮助新任馆长了解先进办馆理念，交流管理经验，高校分会、教育部高等学校图书情报工作指导委员会及北京大学图书馆联合举办“高等学校图书馆新任馆长高级研修班”。研修班聘请图书馆界著名专家学者授课，培训内容包括：图书馆的使命、职能和发展规划，高校图书馆资源建设和共享，高校图书馆服务创新，图书馆现代化及数字图书馆，高校图书馆人力资源建设等。培训按专题划分授课单元，采用专家理论授课、学员课堂交流、分组案例研讨、案例展示与提问等培训形式，收到较好培训效果，被称为“高校图书馆的黄埔军校”。2016 年的新馆长培训班由大连理工大学图书馆承办，共有 100 余名新任馆长参加培训。

加强与中图学会及其各分会、各专业委员会的合作，共同开展相关领域的研究。9 月 24—25 日，中国科学院文献情报中心、中国机构知识库推进工作组（CIRG）和中国高校机构知识库联盟（CHAIR）、中国图书馆学会专业图书馆分会、中国科学院自然科学期刊编辑研究会等联合举办“2016 中国机构知识库学术研讨会”，会议由重庆大学图书馆承办。

组织 2016 年中国图书馆年会分会场学术活动。10 月 26—27 日，2016 年中国图书馆年会在安徽铜陵召开，高校分会组织其中两场学术活动：“图书馆学科服务的创新与发展”主题论坛和“图书馆信息技术应用新进展”分会场。两场学术活动的选题切中业界研究和发展的热点及关注点，有 10 位专家在会上做学术报告，并针对图书馆学科服务及信息技术新应用展开热烈研讨，有 300 多名代表参与交流和研讨。

举办“研究数据管理与智能分析工具使用培训”。近年来，研究数据在科学研究中的重要性愈加凸显，越来越多的组织和机构开始着手进行研究数据管理的研究和实践工作。尤其图书馆开展研究数据服务，既是顺应大数据背景科学研究范式转变的时代要求，满足科学研究基金组织对数据管理的基本要求，也是科研人员数据管理的内在需求，以及图书馆学科服务和机构知识库转型升级的必然需要。鉴于此，高校分会于12月12—15日举办“研究数据管理与智能分析工具使用培训”。培训班由湖南大学图书馆和中国教育装备采购网联合承办，依托有关单位先进的技术应用和丰富的实践经验，聘请相关领域专家、学者授课，近百名图书馆技术馆员、数据馆员和相关领域专业人员参加培训。

进一步加强对外合作与交流。继续推进“中国图书馆馆员暑期培训班（美国伊利诺伊大学厄巴纳—香槟分校）”。此项活动已举办十多年，与会者相互探讨中美图书馆行业的经验和技术，开阔视野，累计参加人数已逾200人，在促进高校图书馆与国际接轨方面发挥积极作用。（高等学校图书馆分会）

专业图书馆分会

【概况】 2016年是“十三五”规划的启动年。专业图书馆分会继续坚持“知识服务能力建设”的工作主旨，围绕“十三五”规划及未来发展趋势，组织专业图书馆开展战略规划与积极实践的探索与思考，通过组织一系列形式多样的学术、培训、出版和交流活动，展示专业图书馆的发展理念和发展潜力，提升专业图书馆员的知识服务能力，促进专业图书情报事业的发展。全年开展有影响力的学术活动8次，1500多人次参加；完成面向业界、国家科技图书文献中心（NSTL）、中科院系统的专业培训项目10项，700多人次参加；举办会员公益讲座6次，600多人次参加；组织会员参访交流活动4次，200多人次参加。组织中科院、社科院、军科、医、农、林、工程、化工、冶金、机械、地质、标准、计量、专利等主要系统图情机构撰写《专业图书馆“十二五”期间事业发展报告》，扩大宣传专业图书馆的特色资源与优势服务；同步完成国家图书馆主编的《中国图书馆“十二五”期间事业发展蓝皮书》《中国图书馆年鉴2016》专业图书馆部分的组织撰稿工作。完成中国图书馆学会对分支机构的重新审核备案工作；组织完成2016中国图书馆榜样人物、最美基层图书馆中专业图书馆的参评工作，中科院兰州文献情报中心荣获2016年中国最美基层图书馆荣誉称号。（专业图书馆分会）

【联合举办第八届中国图书馆馆长与国际出版社高层对话论坛】 8月25日，专业分会继续联合中国图书进出口（集团）总公司、国家科技图书文献中心，共同主办第八届“中国图书馆馆长与国际出版社高层对话论坛”。论坛主题为：新型出版与图书馆，围绕新型出版模式（语义出版、新媒体出版、富内容出版、数据出版等）等热点话题展开讨论。与会嘉宾从数字技术对出版升级的引领、图书馆与未来学术交流、新型供应链的构建以及多渠道、多载体融合发展趋势等角度探讨和分析业界共同关心的课题。国家科技图书文献中心主任彭以祺、中国图书进出口（集团）总公司总经理张纪臣到会致辞。来自国内外近150家的200多名图书馆馆长、出版集团高层出席论坛。（专业图书馆分会）

【举办2016年中国图书馆年会第6分会场】 10月26—27日，2016年中国图书馆年会在安徽铜陵召开。由中国图书馆学会专业图书馆分会、中国图书馆学会数字图书馆专业委员会、国家科技图书文献中心联合主办的第6分会场“数据驱动现代文献情报服务”于26日下午在铜陵市体育中心举行。分会场由分会秘书长、中科院文献情报中心副主任刘细文主持，邀请来自专业图书馆、高校图书馆、公共图书馆的6名专家做发言。围绕会议主题，专家们从科技决策知识服务系统、数据驱动的环境健康知识服务、学科服务评价体系、大数据时代图书馆服务的拓展等方面，交流探讨大数据对现代文献情报服务的支撑和驱动作用。（专业图书馆分会）

【举办2016第二届专业图书馆青年创新论坛】 12月1日，第二届专业图书馆青年创新论坛在中科院文献情报中心举办。此次论坛主要交流青年专业图书馆员在创新、创业环境下，如何看待专业图书馆面临的各种机遇和挑战，年轻图书馆员开展科学研究、学术探索、业务实践等方面的创新点与成就。发言人都是35岁以下的青年专业图书馆员，分别来自于中科院、社科院、中信所、医科院、农科院、国防、军医图、地质、民族等系统图情机构。经专家评选，有4位发言人获“学术之星”称号，2人获“管理之星”称号，并颁发获奖证书。（专业图书馆分会）

【开展专业图书馆能力培训】 组织面向业界培训5项，共计25天，分别为：图书馆先进知识服务工具技能培训班、中国数据馆员培训班、科技情报研究新方法新工具应用培训班、科技态势监测与动态快报编制以及数字资源长期保存培训班，近400人参加培训。接受NSTL人才培养与培训项目委托，持续组织“2016知识挖掘与科学数据管理”研修班，完成“科研数据管理与服务”“数据挖掘与文本挖掘”“科学技术趋势分析工具及应用”3项、累计15天学时的培训任务，200多人次参加培训。接受中科院文献情报中心委托，承办“中科院文献情报系统及省级科学院、新疆两校一院2016年交换馆员”培训班、“2016年科技查新培训班”，70多人次参加培训。（专业图书馆分会）

医学图书馆分会

【概况】 2016年，中国图书馆学会医学图书馆分会在学术活动方面，继续围绕“医学图书馆服务创新与发展”的主题，组织举办“中国图书馆学会医学图书馆分会第24届学术研讨会暨2016年学术年会”，主办中国图书馆年会第8分会场“医学图书馆服务创新与实践专题研讨会”，参会人数240余人次，征集论文40余篇。同时，北京、天津、上海、浙江、吉林、辽宁、山西、广西、江苏、广东、河北、海南等地医院图书馆委员会（分会）分别召开各省市学术年会，围绕“区域医院图书馆资源共享共建”“大数据背景下的医学图书馆数字化建设”“互联网+、医院图书馆服务与创新”“医院图书馆的生存与发展及机构知识库建设”等主题，研讨交流学科领域的新进展、新实践和新趋势，参会人数1200余人次。

在科研工作方面，组织开展分会2015—2016年度科研项目中期检查，完成14个课题组阶段性研究进展总结汇报材料的初审和中期评审组专家现场评审等考核工作。此外，分会各成员单位积极开展图书馆学情报学研究，取得较为丰硕的科研成果，其中，解放军医学图书馆冯占英的“新时代军人个人行为大数据分析及信息泄露对策研究”获批全军军事科研计划课题暨国家社会科学基金军事学项目，获准经费8万元；解放军医学图书馆郝继英的“精准医学文本资源整合”“国防生物科技知识库建设”分别申获国家重点研发计划项目“精准医学文本知识网络的构建”分课题和军委科技委重点课题，分别获准经费202万元和60万元；解放军医学图书馆陈锐牵头的军队后勤“医学文献分析实验室”申获科研平台建设经费1291万元；吉林大学第一医院图书馆伦志军的“吉林大学第一医院医疗领域专利信息平台建设”申获吉林省科技厅科研项目，获准经费15万元。解放军医学图书馆程瑾的“军事医学人才信息素养评估与提升模式研究”荣获“第五届全国教育科学研究优秀成果奖”；江苏省淮安市第一人民医院图书馆李巧群的论文“阅读疗法在医院图书馆创新服务中的应用”被评为江苏省第五届图书馆学情报学学术成果论文二等奖。

在业务培训方面，北京、河北、山西、辽宁、吉林、上海、浙江、湖北等各地会员单位积极组织举办数字资源阅读推广、临床科研设计与统计分析培训、数字图书馆等主题的培训班及讲座。例如，解放军医学图书馆主办中华医学会继续教育项目“生物医疗大数据与精准医疗专题研讨班”，中国医科大学附属盛京医院图书馆主办第一届国家级继续医学教育项目“医学信息素养与科研能力建设培训班”，浙江省医学图书馆专业委员会主办国家级“医学科研产出评价与管理能力建设”继续教育项目，河北省医院图书馆委员会举办“医院图书馆文献检索培训班”，吉林大学附属第一医院图书馆举办“第一届省内医务人员信息素养提升学习班”，大连医科大学附属第一医院图书馆举办“信息互动”教育培训讲座，山西医科大学第二医院图书馆配合全省医学生规培建设工作举办“文献检索知识”讲座，辽宁省肿瘤医院图书馆承办以“我离科研近一步”为主题的第四届辽宁肿瘤医院青年沙龙等。

在业务宣传方面，解放军医学图书馆、重医大附一院图书馆、盛京医院图书馆，大连医科大学附一院图书馆、大连医科大学附二院图书馆、辽宁省肿瘤医院图书馆等单位举办“4·23”世界读书日系列活动，广受临床医疗人员和医学科研人员欢迎与肯定。解放军医学图书馆完成《相约图书馆》宣传册编纂，在信息素养教育平台上新增"Web of Science——引文检索"等6个视频课件，积极开展学科资讯推送等宣传活动。中国医科大学附属盛京医院图书馆编辑《信息编译》《医视天下》《图书馆信息简报》等电子刊物，向读者推介最新国际医学前沿、国际国内知名医院及国内医院新动态和图书馆工作动态等信息。沈阳军区总医院信息科编辑《医学简报》，提供最新医学动态。吉林大学第一医院图书馆编辑《现代医院参考信息简报》管理版和学科版、《国内医院动态》，得到省内外同行高度认可。广州市妇女儿童医疗中心图书馆编辑《医学信息》《中、外文妇产科、儿科医学杂志文摘》，广受中心医护人员的好评。

在组织建设方面，完成中国图书馆学会医学图书馆分会的组建及更名工作；按照《中国图书馆学会分支机构管理办法》的有关规定，完成更换分会副主任及委员的工作。开展中国图书馆学会个人会员发展与会员登记工作，组织会员申请注册"中国图书馆学会会员管理与服务平台"，截至2016年年底，注册用户303名，正式个人会员204名。扩大"医学图书馆之家"QQ群和"医图委"微信群的规模，实时开展业务交流和学术交流，有效推动医学图书馆同行间的信息共享与交流合作。继续推行网络通讯员制度，组织报道医学图书馆行业新闻动态、工作经验和学术研究进展，有效促进分会内部的联系与交流。

医学图书馆分会主任、解放军医学图书馆馆长陈锐获得2016年"全国优秀科技工作者"荣誉称号；中国医科大学附属盛京医院图书馆馆长杨华入选"2016年中国图书馆榜样人物"风采展示活动名单，并在2016年中国图书馆年会上受到表彰；解放军医学图书馆副研究馆员薛晓芳荣获"中国图书馆学会第四届青年人才奖"。（医学图书馆分会　郝继英　马红月　王伯秋）

【中国图书馆学会第九届理事会医学图书馆分会成立】 2016年，按照《中国图书馆学会关于开展第九届理事会分支机构组建工作的通知》精神，组织完成中国图书馆学会医学图书馆分会的组建及更名工作。4月，经中国图书馆学会九届一次常务理事会和九届三次常务理事会审议，同意中国图书馆学会医院图书馆委员会正式更名，同意成立中国图书馆学会第九届理事会医学图书馆分会；陈锐任主任，曹宪忠、尚武、陈励和、田新玉、仇晓春、邢美园任副主任，郝继英任秘书长；委员54名。（郝继英　马红月　王伯秋）

【举办医学图书馆分会第24届学术研讨会暨2016年学术年会】 9月19日，中国图书馆学会医学图书馆分会第24届学术研讨会暨2016年学术年会在浙江省嘉兴市召开，全国144家医学图书馆和其他医学信息机构190余名代表参会。会议主题为"医院图书馆服务创新：新模式、新理念、新技术"，征集论文30余篇，评选优秀论文一等奖3篇、二等奖2篇、三等奖3篇。会议安排专题报告、医院图书馆创新发展、图书馆新技术交流、论文交流等多个版块的内容。特邀上海社会科学院信息研究所教授王世伟、北京大学医学图书馆教授谢志耘、首都医科大学图书馆研究馆员马路、中国医学科学院图书馆研究馆员唐小利分别做"图书馆服务应从点的突破逐步迈向系统创新""机构知识库建设实践与体验""基于文献计量学的医学二级学科学术影响力评价研究""医学图书馆学科咨询服务创新发展的思考"专题学术报告。在医院图书馆发展创新交流中，解放军医学图书馆馆长陈锐、北京大学第三院图书馆馆长田新玉、浙大医学院一附院图书馆馆长邢美园、江苏省大丰市人民医院图书馆馆长包磊、浙江绍兴第二医院图书馆馆员夏丽芬、北京儿童医院图书馆馆长朱颖分别做交流发言；盛京医院图书馆方丽等5位优秀论文作者做大会论文交流；Springer Nature等6位出版机构和公司代表分别介绍"全球学术快报——CHKD移动服务"等最新技术与产品。（医学图书馆分会　郝继英　马红月　王伯秋）

【举办2016年中国图书馆年会第8分会场学术会议】 10月26日下午，分会在安徽省铜陵市体育中心一层第一会议室举办主题为"医学图书馆服务创新与实践"的第8分会场学术会议，来自全国60余名业界同行参会。解放军医学图书馆馆长陈锐、中国医学科学院医学信息研究所/图书馆副所馆长唐小利、大连医科大学图书馆馆长王虹菲、浙江大学医学院第一附属医院图书馆馆长邢美园和上海交通大学医学院图书馆副馆长仇晓春分别做"大数据对生物医学信息服务各环节的影响""医学科技创新评价与决策咨询服务的思考”“仰望星空，脚踏实地——医学图书馆创新服务实践与思考”“医院图书馆建设标准化和医院图书馆发展”“医学科研计量学评价新趋势与图情工作新使命”专题报告，与会人员就医学图书馆服务创新与实践相关问题进行深入交流和研讨。此次会议是医学图书馆分会首次申报中国图书馆年会分会场并取得圆满成功，宣传并扩大分会的影响，积累了经验。（医学图书馆分会　马红月　王天津）

军队院校图书馆分会

【概况】 2016 年，军队院校图书馆分会在中国图书馆学会及军委机关的指导下，按照“积极适应，主动作为；以转型求改变，以创新求发展”的总要求，认真履行职责，加强组织建设，深化合作交流，以联建共享为重点积极开展军地图书情报协作工作，在为军队院校教学科研与人才培养服务、为各级领导机关决策咨询服务、为部队教育训练服务、为国防建设服务等方面取得显著成绩。一是做好军队院校图书馆建设整体规划设计工作。组织各地区军队院校图书情报协作组召开年度工作会议，总结 2015 年度工作，对 2016 年度协作工作进行讨论部署。二是开展理论研究与经验交流活动。组织各地区军队院校图书情报协作组围绕“军队院校图书馆的变革、转型与超越”主题召开学术研讨会，开展服务创新经验交流活动，推动各地区军队院校图书馆创新发展。三是做好通用数字资源联合保障服务工作。开展 2016 年度军队院校图书馆通用数字资源统一采购谈判活动，提高军队院校图书馆通用数字资源联合保障服务能力。四是开展业务培训。依托南京政治学院军事信息管理系，开办全军院校图书馆各类专业人员培训班。各地区军队院校图书情报协作组依托地区资源优势，组织开展新技术新业务培训，提高图书馆为院校教学科研、部队教育训练与领导机关决策咨询服务的水平。五是开展军地学术交流活动。完成中国图书馆学会及军委机关赋予的各项任务，组织军队院校图书馆参加行业学术研讨活动，加强与地方行业协会的联系与交流，为创新军民融合新途径，创新资源共享协同建设提供交流平台。（军队院校图书馆分会秘书处）

【组织全军院校图书馆数字资源建设暨资源统采联采谈判专项会议】 11 月 21—23 日，全军院校图书馆数字资源建设暨资源统采联采谈判专项会议在国防大学图书馆召开。军委训练管理部主管领导和来自全军院校的 22 位专家、馆长参加会议。会议围绕数字图书馆资源建设展开热烈讨论，各位馆长根据新的发展形势和本馆特点，提出针对性强、集约高效、实践效果好，又有利于共享的数字资源建设意见。同时，严格按照程序对数据商提供的产品进行逐条逐项审查，确立新年度中文科技期刊全文数据库、人大复印报刊资料全文数据库、军队院校外文资源数据库、国防科技与军事信息资源库等 4 个统一采购项目，以及 56 个数字资源联采项目。（国防大学图书馆　李抒）

【开展业务培训】 2016 年，军队院校图书馆分会依托南京政治学院军事信息管理系，开办全军院校图书馆各类人员培训班。4—6 月，先后举办全军拟任中级专业技术职务图书岗位文职人员轮训班、全军院校图书馆专业人员轮训班；9—12 月，先后举办全军新聘图书档案与出版专业文职人员培训班、全军图书档案专业参谋任职培训班等。全年累积培训学员 105 人。（南京政治学院上海分院军事信息管理系　包冬梅）

【长春地区军队院校图书情报协作组组织开展军地学术交流】 2016 年，长春地区军队院校图书情报协作组组织长春地区军队院校图书馆馆长先后到石家庄地区军队院校、沈阳师范大学、沈阳农业大学、沈阳炮兵学院图书馆参观见学。为了解国内外高校图书馆研究和发展现状，把握新时期图书馆读者服务的针对性、时代性，促进军队院校图书馆建设水平提高，长春地区军队院校图书情报协作组还举办业务工作培训，聘请东北大学、辽宁大学、沈阳师范大学的专家做 3 场学术报告，分别是：“国外大学图书馆建设现状及对我国高校图书馆建设的启示”“高校图书馆读者服务与阅读推广的理论与实践”“现代图书馆热点问题研究”。通过与军地同行的交流，加强联系，开阔视野，进一步促进各馆的建设和发展。（海军大连舰艇学院图书馆　李叶霞）

【郑州地区军队院校图书情报协作组组织召开军地联合图书情报协作工作会】 11 月 11—12

日，郑州地区军队院校图书情报协作组组织 6 所军队综合大学与 7 所工信部部属院校召开 2016 年度图书情报工作会议。会议由信息工程大学图书馆主办，以“创新融合发展：图书馆的创新与变革”为主题，广泛深入地探讨军地高校图书馆的协同创新、军民融合和发展转型等策略，并围绕“互联网 +”“云服务”浪潮下的图书馆建设相关热点问题开展研讨和交流。北京航空航天大学姚仰平馆长、哈尔滨工业大学张广玉馆长及信息工程大学耿卫馆长等 8 位馆长围绕未来图书馆的服务创新与转型做专题报告。此次会议为创新军民融合新途径，加强国防高校图书馆联盟交流合作提供宽阔的服务平台。（信息工程大学图书馆　耿卫）

【武汉地区军队院校图书情报协作组推进军地高校图书馆信息资源共享合作】 2016 年，武汉地区军队院校图书情报协作组为推进军地高校图书馆信息资源共享合作开展如下工作：开展“7 + 7”军地高校图书馆使用通行证、文献传递、馆际互借、科研课题立项、参与业务工作组活动、参加省高校图书馆优秀单位评选等七项工作，达到资源共享、互利双赢的目的；更新武汉地区 9 所军队院校图书馆馆藏书目，实现资源共知；推进城域网条件下信息资源共享，发挥信息资源共享使用效益和经济效益；组织武汉地区军队院校图书馆参加“互联网 +”下的图书馆知识空间建设学术研讨会、2016 年度湖北省高校图书馆馆长工作会议暨图工委管理委员会会议、2016 年度“鲁豫皖赣新琼湘鄂”八省图书馆学会学术年会和“未来城市图书馆发展理念与趋势”国际研讨会议。（军事经济学院图书馆　果青）

【长沙地区军队院校图书情报协作组开展信息服务调研活动】 2016 年，长沙地区军队院校图书情报协作组积极开展信息服务调研活动。国防科技大学图书馆组织人员分赴部队科研院所和基地，了解文献信息需求，探讨合作共享事宜。空军空降兵学院图书馆组织人员赴上海、南京、南昌等地调研，走访陆军军官学院等军内 10 所院校图书馆，分别就强军战略、军队图书馆建设和发展价值等一系列热点问题进行探讨，强化图书情报的前沿理论和相关产业结合的交流，促进军队院校图书馆的业务联系。此外，协作组还积极组织长沙地区军队院校图书馆参加 2016 年中国图书馆年会、中南六省图书馆学会年会等会议，加强与地方高校图书馆及公共图书馆的交流合作。（国防科技大学图书馆　刘春林）

党校图书馆分会

【概况】 2016 年，分会加强全国党校系统图书馆的交流和业务指导。一是按照《中国图书馆学会分支机构管理办法》规定，将“全国党校文献情报学会”更名为“中国图书馆学会党校图书馆分会”，选举产生分会委员会主任、副主任、秘书处以及学术委员会、资源建设委员会、技术委员会、培训委员会等 4 个内设机构主任。二是创刊《中国图书馆学会党校图书馆分会学会通讯》，成立《学会通讯》编辑委员会。全年印发 4 期，刊登重要文件内容和重要讲话精神，介绍各地方党校图书馆在落实全国党校工作会议和全国党校系统图书馆工作会议精神方面的先进经验、积极举措和创新做法，在推动党校系统图书馆沟通信息、交流经验、互助互进方面发挥重要作用。三是参加全国党校系统相关会议，发挥业务指导作用。参加西北地区、华东地区、华北地区和北京市等 4 个地区性的党校系统图书馆工作会议并做主题报告，对地方党校图书馆发展中所遇到的问题提出具体的建设性意见，积极发挥对地方党校图书馆业务指导、统筹协调、带动全局的作用。（中国图书馆学会党校图书馆分会　夏媛）

各省、自治区、直辖市图书馆学会

北京市

【概况】 2016 年，北京市图书馆协会发展个人会员 966 人，团体会员 36 个。协会在北京市文化局、北京市社会科学界联合会及中国图书馆学会的支持与指导下，不断完善、健全各项规章制度，督导会员正确、合理参加与开展各项学术研究活动，积极组织会员举办面向读者的各具特色的阅读推广活动。全年举办各类阅读活动 5000 余次，20 余万人次参与其中。

北京市图书馆协会积极组织会员参加 2016 年中国图书馆学会年会及其各专业委员会的学术征文活动，22 名会员获奖，协会获得 2016 年中国图书馆学会年会征文组织奖。同时协调组织成员单位参加中国图书馆学会组织的“2016 全国少年儿童阅读年”“我与中华古籍创客大赛”“《社区图书馆服务规范》培训班”等活动。

全年开展形式多样的培训，既有为新入馆员工提供的上岗培训，为重点工程组织的专项业务培训，又有来自图书馆专家的经验介绍等。全年共举办各类培训 12 次，700 余人次参加。协会配合“一卡通”系统切换工作，参与组织“ALEPH500”图书馆集成管理系统培训，北京市各区县馆业务骨干和系统管理员共 100 余人参加培训。（北京市图书馆协会）

【召开海淀区图书馆新馆研讨会】 2 月，北京市图书馆协会在海淀区图书馆召开海淀区图书馆新馆建设（服务外包方案）研讨会。本次研讨会由首都图书馆副馆长邓菊英主持，与会专家学者围绕海淀区图书馆新馆服务外包方案进行研究和讨论。重点明晰服务外包的权责问题，量化服务外包的考核标准，细化服务外包的经费预算，为海淀区文化委下一步的服务外包招标工作提供参考依据。同时，北京市图书馆协会承办“海淀区图书馆新馆建设研究”课题，从新馆功能定位、技术应用、标识系统、开办项目等多方面为海淀区图书馆新馆建设提供智力支持。（北京市图书馆协会）

天津市

【概况】 2016 年，天津市图书馆学会共有个人会员 959 人，单位会员 69 个。学会积极贯彻党中央提出的“以人为本，构建和谐社会”的发展目标，积极推进学术理论研究与图书馆实践相结合，侧重探讨天津市公共、高校、科研三大系统图书馆的合作与资源共享，顺利完成学会制定的年度工作目标，1 人荣获“2016 年度中国图书馆榜样人物”殊荣，促进天津市图书馆事业的整体发展。

组建图书馆绩效评估工作委员会。2016 年，天津图书馆被中国图书馆学会公共图书馆分会选定为图书馆绩效评估工作委员会挂靠单位，市图书馆学会积极配合公共图书馆分会做好专业委员会组建工作，最终确定 20 名委员会建议人选，其中主任委员 1 名、副主任委员 3 名。图书馆绩效评估工作委员会成立后，将推动图书馆业务工作绩效评估标准化、规范化发展，鼓励各图书馆在业务工作中引入评价、竞争、激励机制，帮助培育第三方评估主体，有针对性地选取评估办法和评估程序，组织绩效评估活动。

承办“我与中华古籍”创客大赛全国巡展，展览展出后受到读者欢迎，日均参观人数超过 7000 人，国家图书馆常务副馆长陈力与天津图书馆馆长李培亲自参观展览，支持工作。《天津日报》《中老年时报》、中国新闻出版广电网、天津北方网、新华网、凤凰天津、天津广播电台等多家媒体对此次展览进行报道。此次活动中，天津市图书馆学会因组织有力，效果突出，获得中国图书馆学会颁发的“优秀组织奖”。

组织全市公共图书馆参加“信息时代　数字未来——2016 年数字图书馆业务技能竞赛”。全市近 400 人参加初赛，其中 39 人晋级复赛。天津市图书馆学会联合数字图书馆推广工程天津分中心和清华同方公司，针对竞赛的初赛、复赛、准备范围、答题技巧、答题策略等实际问题举办免费培训，来自全市的 20 余个公共图书馆、高校图书馆的 60 多位代表参与。最终，天津市有 1 人入选华北地区代表队，代表天津市参加全国总决赛，并最终获得团体三等奖的好成绩。天津市图书馆学会由于组织有力、成绩突出，获得中国图书馆学会颁发的“优秀组织奖”。

邀请专家对全市公共图书馆专业人员开展专项业务培训。7 月，市图书馆学会联合天津图书馆采编部共同举办文献标引培训班，邀请国家图书馆研究馆员曹玉强和国家图书馆副研究馆员王艳萍进行授课，来自天津图书馆、天津市少年儿童图书馆、各区图书馆及部分高校图书馆的近百名馆员参加此次培训。

办好刊物，构建学术交流平台。2016 年，市图书馆学会刊物《图书馆工作与研究》在市图书馆、市少儿馆、高校图工委的共同努力下，编辑部全体人员严把质量关，全年收文 3546 篇，刊发 327 篇，其中课题项目 130 篇。2016 年，刊物继续保持“全国中文核心期刊”“中国人文社会科学核心期刊”“天津市一级刊物”“天津市科协精品科技期刊”的地位。（天津市图书馆学会　刘良玉）

河北省

【概况】 2016 年，河北省学会按照章程继续大力吸引全省图书馆界优秀人才入会，新增会员 63 名，会员总数达到 1646 名。省学会开展“先进学会”“先进单位”“优秀会员”“优秀学会工作者”评选活动。2016 年中国图书馆年会上，沧州图书馆宋兆凯被评为“2016 年中国图书馆榜样人物”；廊坊市图书馆、邯郸市图书馆被中国图书馆学会授予全民阅读优秀组织奖，华北理工大学图书馆、石家庄学院图书馆、唐山市丰南区图书馆被评为全民阅读先进单位。沧州图书馆还获得“全国图书馆员少年儿童经典读物书评大赛”优秀组织奖。

鼓励学术研究，组织业务竞赛。6—11 月，省图书馆学会举办以“图书馆的发展与创新”为主题的学术征文活动，围绕这一主题，设置 7 个分主题。组织会员参加中图学会 2016 年度“创新中国：技术、社会与图书馆”学术征文、川苏冀桂吉五省（区）图书馆学会第十五届学术研讨会征文、首届全国公私藏书与经典阅读论坛学术征文等活动，共投稿近 170 篇，其中获奖优秀论文 78 篇。继续举办服务创新案例竞赛活动，共收到报送案例 55 项，根据案例的创新性、专业性、可实施性、意义价值等评出入围案例 22 项，并在年会期间举办全省图书馆服务创新案例总决赛和海报展览。在 2016 年度省学会课题申报工作中，收到全省各系统图书馆的申报课题 32 项，经评审立项课题 17 项。

强化业务培训，助力队伍建设。举办民国时期文献编目工作研修班，有力推进“民国时期文献保护计划”的实施。举办未成年人服务提升计划巡讲活动。首次举办全省图书馆员科研能力提升研修班及图书馆新入职馆员在线研修班。

开展阅读推广，培养阅读素养。继续开展全省燕赵少年读书系列活动，今年活动办公室共收到各市报送的主题诵读竞赛作品 481 部、诗经情景作文大赛作品 873 篇、诗配画书签制作大赛作品 788 件，特色读书活动案例 13 个，“穿越千年时光　感受诗经之美”主题知识竞赛成为今年读书活动的一大亮点。燕赵少年读书系列活动已经发展成为具有广泛社会影响的文化品牌。

参与、承接中图学会活动，积极提升影响力。参与中图学会分支机构建设，4 月在广东省东莞市举行的中图学会阅读推广委员会换届大会上，省学会学术委员会副主任赵俊玲被选为副主任委员。省图书馆继续成为阅读推广委员会经典阅读推广专业委员会挂靠单位，省学会副理事长顾玉青当选为主任委员，副理事长宋兆凯当选为副主任委员。9 月成立的中图学会公共图书馆分会中，省图书馆成为创意工作委员会挂靠单位，李勇馆长当选为主任委员。（河北省图书馆学会）

【河北省图书馆学会助力全省立法工作】 2016 年，受省人大委托，省学会联合河北大学管理学院，历经半年完成《河北省公共文化服务保障条例》的立法调研项目。另为全面总结河北省“十二五”期间公共图书馆事业发展成就，制订促进图书馆事业全面、协调、可持续发展的政策提供科学依据，省图书馆、省学会联合全省公共图书馆，启动《河北省公共图书馆“十二五”事业发展蓝皮书（2011—2015）》的编纂工作。（河北省图书馆学会）

【2016 年度燕赵少年读书系列活动在沧州启动】 4 月 23 日，以“穿越千年时光　感受诗经之美”为主题的 2016 年度燕赵少年读书系列活动启动仪式在沧州市图书馆举行。启动仪式上，公布由 29 种诗经主题优秀读物与《毛诗撷英——〈诗经〉经典篇目诵读》光盘组成的荐读资料目录，并向各市县图书馆代表赠送荐读图书及光盘。4—10 月期间，围绕主题开展“诗韵流芳——主题荐读”“沐浴诗风——主题诵读竞赛”“悠悠古风——诗经情景作文大赛”“丹青诗境——诗配画书签制作大赛”“诗风颂雅——诗经知识网络闯关”“穿越千年时光　感受诗经之美——主题知识竞赛”“诗乡览胜——文化体验夏令营”以及“书香燕赵拼图——特色读书活动”等丰富多彩的读书活动。沧州是我国毛诗文化的发祥地，从本届起，每年将选择部分活动项目由各市图书馆学会承办。（河北省图书馆学会）

【全国公私藏书与经典阅读论坛在石家庄举办】 5 月 26—27 日，全国公私藏书与经典阅读论坛在河北省图书馆举行，来自全国 22 个省、市、自治区的 150 余位公共图书馆、高校图书馆及出版界、新闻界、藏书界、读书界人士参加会议。此次论坛是首次国内大规模公藏与私藏对话交流论坛，在中图学会指导下，由中图学会阅读推广委员会主办，经典阅读推广委员会、河北省图书馆学会、省图书馆、《藏书报》共同承办。论坛自发起至召开历时两个多月，共举办主题征文、论坛会议和公私藏书联展三项活动。开幕式上，对主题征文活动进行总结并为获奖作者代表颁发证书。论坛期间举办的“积金萃玉　珠联璧合——2016 燕赵公私藏书联展”，由省图书馆和《藏书报》联手组织公藏单位及民间藏书人，将公藏中方志及地方人士著述、河北当代作家手稿、民间收藏中的特色古籍文献、地域特色突出的沧州文献等集聚在一起，共展出藏品近 300 件。（河北省图书馆学会）

【民国时期文献编目工作研修班在沧州举办】 7 月 7 日，由国家图书馆、中国图书馆学会、河北省文化厅主办，河北省图书馆学会、沧州市图书馆共同承办的“民国时期文献编目工作研修班”在沧州市图书馆开班。全国知名民国文献编目专家以及来自全国各级各类图书馆及相关机构从事民国时期文献编目工作的业务骨干共计 160 余人参加研修。在为期两天的研修班上，国家图书馆业务管理处处长毛雅君对“民国时期文献保护计划”概况做介绍；沧州区域文化研究所所长、南开大学社会史研究中心客座研究员孙建为做题为“民国文献里的家国情怀——以沧州地区为例”的民国历史文化讲座；国家图书馆刘小玲、朱芊、延卫平分别讲授“民国图书著录”“民国资料、图书标引”“全国联合编目系统民国时期图书联机上载与馆藏编制”等专业课程；学员们结合各馆民国时期文献保护工作实际进行交流。（河北省图书馆学会）

【河北省高职高专院校图书馆工作研究会工作交流暨学术研讨会召开】 8 月 8—11 日，省高职高专院校图书馆工作研究会第三届第一次工作交流暨学术研讨会在秦皇岛召开，会议由省图书馆学会高职高专院校图书馆工作研究会主办，河北对外经贸职业学院承办。河北省各高职高专院校图书馆馆长、中职中专院校图书馆馆长及馆员代表共 80 余人出席会议。会议围绕“图书馆在‘互联网＋’环境下的管理与服务实践经验分享”这一主题，进行广泛而深入的交流与探讨。教育部高等学校图书情报工作指导委员会主任、北京大学图书馆馆长朱强和超星集团副总裁叶艳鸣分别做题为“从《规程》谈高校图书馆馆员队伍建设”和“职业教育创新与校园阅读推广体系建设”的学术报告。唐山师范学院、邢台职业技术学院、石家庄工商职业学院、秦皇岛职业技术学院图书馆的 4 位馆长在大会上做工作经验交流发言。主题征文活动和服务创新案例大赛共产生 19 篇优秀论文和 14 个获奖案例。（河北省图书馆学会）

【河北省学会组织举办未成年人服务提升计划巡讲活动】 8 月 23—26 日，由国家图书馆、中国图书馆学会、河北省文化厅主办，河北省图书馆学会、河北省图书馆首次承办的“2016 年全国图书馆未成年人服务提升计划——河北站”在河北省图书馆举办。来自河北省及北京、天津、山西、内蒙古等四省区图书馆的学员近 200 人参加培训。中图学会向河北省图书馆颁发“全国图书馆未成年人服务提升计划示范基地”铭牌。培训班邀请华东师范大学信息管理系教授范并思、德国驻华大使馆学校图书馆部主任卡嘉·维斯多夫女士、湖南省少年儿童图书馆副馆长薛天和武汉大学信息管理学院副院长黄如花教授做专题报告。培训班还安排未成年人服务优秀案例展示，首都图书馆与河北省图书馆做经验分享。（河北省图书馆学会）

【2016 年度河北省公共图书馆馆长联席会议召开】 9 月 25—27 日，2016 年度河北省、市公共图书馆馆长联席会议在唐山市图书馆召开。文化厅巡视员梁扉副就公共图书馆如何正确履行职能、完善公共文化服务体系、新技术应用、做好延伸服务、提升人员素质以及新一轮公共图书馆评估定级工作做了指示，并对本次会议和全省的图书馆工作提出期望和要求。会议还特邀南开大学教授柯平以市级公共图书馆为例，介绍第六次公共图书馆评估标准的新变化、新要求，解答参会代表就评估标准提出的问题。会议还就 2015 年度馆长联席会议以来各馆的工作、全省公共图书馆十三五时期文化精准扶贫问题、省内公共图书馆文创产品开发等议题进行深入交流和探讨，并决定下年度会议由秦皇岛市图书馆承办。（河北省图书馆学会）

【全省新入职图书馆员在线研修班首次开班】 10 月 8 日，全省新入职图书馆员在线研修班启动仪式在河北师范大学图书馆举行。在线研修班由石家庄学院图书馆策划发起，省图书馆学会主办，河北师范大学图书馆、河北经贸大学图书馆、河北医科大学图书馆、石家庄学院图书馆承办，历时5个月，以网络为媒介，以实践学习、自主学习、研讨学习、在线学习为主要形式，分17个专题，全程免费，通过形式与内容的创新提高研修的实际效果，参训会员达到255人。（河北省图书馆学会）

【河北省图书馆员科研能力提升研修班首次开班】 10月12—14日，由河北省图书馆学会主办、河北大学管理学院和秦皇岛图书馆承办的全省“图书馆员科研能力提升研修班”在秦皇岛市举办，来自全省各级公共图书馆和高校图书馆的学员共140余人参加培训。培训班邀请《图书情报工作》杂志社社长初景利教授、南开大学徐建华教授、河北大学金胜勇教授等做专题报告。河北大学陈兰杰副教授和黄令贺副教授分别就文献计量方法和仿真实验方法在图情研究中的应用进行深入阐述，河北大学赵俊玲教授讲解内容分析法在图情研究中的应用原理和实例，并对省图书馆学会征文及课题申报常见问题进行分析和总结。（河北省图书馆学会）

【2016年度河北省图书馆学会年会召开】 12月15—16日，2016年度河北省图书馆学会年会在保定市召开。本次年会由河北省图书馆学会主办，河北大学管理学院、河北大学图书馆、保定市图书馆联合承办，来自全省各级各类图书馆的业界、学界同人共300余人参加会议。开幕式上对全省2016年度全民阅读活动、2016年度燕赵少年读书系列活动、2014—2016省学会先进集体和先进个人进行表彰。中国图书馆学会顾问詹福瑞教授、上海图书馆副馆长刘炜研究员分别做题为“中国古代读书人的传统”“从复合图书馆到智慧图书馆”的主旨报告，诠释本届年会主题“传承与创新”的意涵。围绕主题年会设置“开放与合作：推进图书馆创新与发展”“创新，让图书馆服务更生动、更专业”“悦读，阅经典——图书馆经典阅读推广的探索实践”“提升科研素养，助推事业发展”等四个分会场。省图书馆学会理事长李春来做“创新进取整体提升全面发展”的学会工作报告。年会期间，还举办图书馆创新服务案例展示活动、图书馆新技术展览，安排参观河北大学图书馆新馆。闭幕式上，对2016年学术活动和第三届全省图书馆服务创新案例大赛获奖单位进行表彰；公布根据现场投票结果评出的图书馆服务创新案例展示最佳海报；副理事长顾玉青发布2017年学会工作计划。年会前夕，还召开八届五次常务理事会议和八届四次理事会议。（河北省图书馆学会）

山西省

【概况】 1月26日，山西省图书馆学会召开五届十五次常务理事会。会议总结2015年工作，讨论2016年工作计划，审议2015年各项活动突出单位相关表彰决定。截至11月底，山西省图书馆学会注册团体会员62个，个人会员548人。4月28日，与山西省图书馆合办“全国公共文化巡讲暨山西省公共图书馆馆长和业务骨干培训班”。中国图书馆学会副理事长刘小琴等讲授“现代公共文化服务体系建设与图书馆发展”“公共图书馆宣传推广与阅读促进”等课程。共160余人参加培训。组织参加2016年中国图书馆学会年会征文、全国中小型公共图书馆联合会2016年研讨会征文、2016公私藏书与经典阅读论坛征文、“回眸与展望：民国文献整理与研究”国际学术研讨会征文等。组织省内业界同人参加由山西省科协等4家单位联合举办的第十八届山西省优秀论文评选动作，并有9人次获奖。组织会员及论文作者参加2016年中国图书馆年会，参加中国图书馆学会举办的“图书馆参考咨询服务规范”培训班。

组织全省包括太原市、吕梁市、大同市等市县公共图书馆和山西农业大学图书馆等高校图书馆在内37家图书馆参与“同筑中国梦，共度书香年”活动，并荣获由中国图书馆学会颁发的“优秀组织单位奖”荣誉证书。6月11日，全省14个市县（区）级公共图书馆参加由中国图书馆学会、国家古籍保护中心主办的“创客@图书馆——‘我与中华古籍’创客大赛”巡展活动，省学会荣获此次大赛“优秀组织单位奖”；选送的山西省图书馆刘鹏飞的作品在创客大赛多媒体类作品中获优秀奖。省学会获得由中国图书馆学会、国家图书馆颁发的《中国图书馆年鉴》2013—2015卷编纂工作优秀单位奖。全年组织协调，推荐多名团体和个人会员参加各类评选活动，清徐县图书馆荣获“全民阅读示范基地”称号；朔州市图书馆馆长张猛、省委党校图书馆馆长王齐刚入选“2016年中国图书馆榜样人物”；省学会组织全省开展的“2016年数字图书馆业务技能竞赛”中，共有11人进入决赛，其中吕梁市图书馆张婷婷作为队员参加中图年会的现场决赛并被评为优秀选手；山西省少儿图书馆在“2016全国少年儿童阅读年系列活动”中获得4项集体荣誉和11项个人荣誉。（山西省图书馆学会　武锦丽）

【山西省图书馆学会表彰2016年度全民阅读先进单位】 4月28日，在山西省委党校学术交流中心举办2016年度山西省全民阅读先进集体表彰活动，山西省文化厅公共文化处、山西省图书馆学会相关领导向获得表彰的30多家单位颁发荣誉证书，临猗县图书馆、隰县图书馆等5家获奖单位进行经验交流总结。会后进行专题培训。中国图书馆学会副理事长刘小琴、国家行政学院社会和文化教研部教授程萍、苏州图书馆研究馆员邱冠华和浙江大学信息资源管理系副教授李超平为参训学员分别做题为“现代公共文化服务体系建设与图书馆发展”“领导艺术与沟通协调”“公共图书馆宣传推广与阅读促进”和“公共图书馆管理实务”的专题讲座。（山西省图书馆学会　武锦丽）

内蒙古自治区

【概况】 2016年，内蒙古自治区图书馆学会顺利通过财务审计和登记管理机关的年检，并定期召开理事会和常务理事会。发展新会员120余人。完成内部连续性出版物《内蒙古图书馆工作》汉文版一年4期、蒙文版一年2期的组稿、编辑和出版工作。

开展课题立项研究工作，向中国图书馆学会、内蒙古自治区民族委员会、社会科学联合会、内蒙古哲学社会科学规划办公室等部门报送科研课题共计30余项，并制定课题管理办法和申报指南。发动并组织会员参加中国图书馆学会年会征文活动，共计10余篇论文获奖。年内在全区举办各类培训和学术研讨会6次。

重视科普工作，拓展教育职能。围绕科普周“社会科学工作者要为全面建成小康社会献智尽责”的主题，围绕“创新、协调、绿色、开放、共享”新发展理念，举办各具特色的宣传展览、北疆讲坛专题讲座等系列活动。

积极承接中国图书馆学会的各项工作任务，荣获由中国图书馆学会、国家古籍保护中心共同颁发的2016年“我与中华古籍”创客大赛优秀组织奖；荣获由中国图书馆学会颁发的“信息时代　数字未来——2016年数字图书馆业务技能竞赛”最佳组织奖等荣誉称号。（内蒙古自治区图书馆学会　包格根）

【“信息时代　数字未来——2016年数字图书馆业务技能竞赛”内蒙古分赛区初赛及复赛举办】 7月15日，“信息时代　数字未来——2016年数字图书馆业务技能竞赛”培训暨内蒙古赛区竞赛开赛仪式在内蒙古自治区呼和浩特市图书馆一楼报告厅举办。内蒙古自治区图书馆学会组织全区各级公共馆开展此次竞赛的初赛，共有500余名馆员参赛，其中32名馆员获得业务技能能手称号。来自鄂尔多斯市东胜区图书馆郝文祥、鄂尔多斯市图书馆韩美霞、乌日罕以复赛满分的成绩代表华北地区晋级全国总决赛，并与华东、华南、华中、东北、西北、西南共7个代表队参加2016年中国图书馆年会现场决赛，最终获得三等奖。自治区图书馆学会荣获此次大赛最佳组织奖。（内蒙古自治区图书馆学会　包格根）

【“互联网+”总分馆制交流研讨会在呼伦贝尔市召开】 8月7日，由内蒙古自治区图书馆学会主办，呼伦贝尔市图书馆、通辽市图书馆、兴安盟图书馆承办，同方知网（北京）技术有限公司内蒙古分公司协办的“互联网+”总分馆制交流研讨会在海拉尔召开。呼伦贝尔市文化新闻出版广播电影电视局副局长王迎春、内蒙古自治区图书馆学会秘书长乌兰格日勒、北京大学信息管理系教授王子舟以及内蒙古地区各旗县图书馆负责人等共计70余人参加此次会议。通过各位专家、学者们锦绣连篇的精彩报告，为大家日后总分馆制建设提供新的思路和指导，增强各图书馆间的交流和分享。（内蒙古自治区图书馆学会　包格根）

【全区公共图书馆民族地方文献工作经验交流座谈会在巴彦淖尔市临河区召开】 8月24日，全区公共图书馆民族地方文献工作经验交流座谈会在巴彦淖尔市临河区召开。会议由内蒙古自治区图书馆学会主办，巴彦淖尔市文化新闻出版广电局，巴彦淖尔市图书馆承办。内蒙古自治区图书馆原副馆长银志刚、内蒙古图书馆学会常务副理事长乌恩、内蒙古自治区图书馆地方文献专家，研究馆员忒莫勒、内蒙古大学图书馆蒙古文文献专家，研究馆员德力格尔、内蒙古自治区图书馆学会秘书长乌兰格日勒、巴彦淖尔市文化新闻出版广电局局长王瑞以及全区各盟市旗县区图书馆馆长、地方文献专家、蒙古文文献专家、地方文献数字资源建设技术人员等近百人出席。（内蒙古自治区图书馆学会　包格根）

【举办公共图书馆第六次评估定级研讨会】 9月12—13日，由内蒙古自治区图书馆学会主办，鄂尔多斯市图书馆学会、达拉特旗文化旅游广播电影电视局承办的内蒙古自治区“西部盟市、旗县两级公共图书馆第六次评估定级”培训研讨会在鄂尔多斯市达拉特旗召开。会议邀请中国图书馆学会第六次公共图书馆评估专家组成员陈昊琳、原宁波大学园区图书馆馆长颜务林、超星集团公共事业部艺术总监覃宇星三位专家分别做“县以上公共图书馆第六次评估标准”（征求意见稿）、“公共图书馆建设与发展”“互联网+数字图书馆”的专题报告。会议由内蒙古自治区图书馆学会秘书长乌兰主持，来自区内西部各盟市、旗县文化局分管局长、公共图书馆馆长以及各级图书馆评估小组成员共150人参加会议。会上，与会代表围绕第六次评估标准以及三位专家所做的报告进行认真学习和研讨。11月、12月，学会分别在赤峰市、呼和浩特市举办东部盟市、旗县两级和呼和浩特地区公共图书馆第六次评估定级培训研讨会，邀请陈昊琳解读各项评估指标，邀请内蒙古图书馆专家委员会成员崔正平讲解“全区公共图书馆协作协调工作”。（内蒙古自治区图书馆学会　包格根）

【启动首届“书香家庭”评选活动】 9月30日，由内蒙古自治区图书馆学会、内蒙古自治区图书馆举办的以“引领阅读风尚　点燃阅读激情”建设书香内蒙古为主题的全区“诺敏沙图书香家庭”评选活动正式启动。各盟市择优推选10个“书香家庭”参加全区评选。本次评选活动由内蒙古自治区图书馆学会、内蒙古图书馆“书香家庭”评选活动领导小组及相关专家组成评审委员会，评选工作坚持公开、公平、公正的原则，以好中选优，优中选优，最终评选出最优“书香家庭”。（内蒙古自治区图书馆学会　包格根）

辽宁省

【概况】 2016年，辽宁省图书馆学会召开第八次会员代表大会，选举产生新一届理事会领导机构，完成换届选举工作。召开2016年辽宁省图书馆学会学术年会，组织会员积极参加中国图书馆学会学术年会。完成《图书馆学刊》全年12期的编辑出版工作。配合辽宁省文化厅做好2013—2015年度公共图书馆优秀服务成果奖及图书馆应用科研成果奖评审工作。报送省社科联立项课题68项，其中12项被确定为立项课题。申报省社科联学术活动月学术成果40项，其中10项获奖。向省科协报送2016年自然科学成果42项，其中16篇论文和2部著作获奖。推荐的大连市甘井子区图书馆被评为最美基层图书馆，大连金普新区获评书香城市。在全民阅读活动中，省学会推荐的大连市图书馆学会获优秀组织奖，朝阳市图书馆、海城市图书馆、鞍山市铁东区图书馆获评先进单位。承办中国图书馆学会“同筑中国梦，共度书香年”新春活动、“创客@图书馆——‘我与中华古籍’创客大赛”巡展、“民国时期文献保护计划”宣传推广活动——辽宁站、“国家珍贵古籍系列讲座”等大型活动，协办“2016年全国基层文化队伍示范性培训——全国县级图书馆馆长培训班”。

2016年，辽宁省图书馆学会在学术交流、科学普及、阅读推广等方面做了大量工作。因在各项工作中表现突出，先后获“同筑中国梦　共度书香年”春节主题表现突出单位、《中国图书馆年鉴》2013—2015卷编撰工作优秀单位、中国图书馆学会“第二届全国图书馆未成年人服务论坛案例征集组织奖”、中国图书馆学会“我与中华古籍”创客大赛优秀组织单位、“信息时代数字未来——2016年数字图书馆业务技能竞赛”活动“最佳组织奖”、2016年中国图书馆学会年会征文组织奖。（辽宁省图书馆　刘芳）

【全国县级图书馆馆长培训班在沈阳举办】 8月1—5日，由文化部公共文化司主办、中国图书馆学会承办、辽宁省图书馆学会协办的2016年全国基层文化队伍示范性培训——全国县级图书馆馆长培训班在沈阳开班。文化部公共文化司副司长陈向红，中国图书馆学会副理事长、国家图书馆常务副馆长陈力，辽宁省文化厅党组成员、副厅长杨世涛出席开幕式并致辞。辽宁省图书馆学会理事长、辽宁省图书馆馆长王筱雯主持开幕式，来自东北地区、华北地区及全国各地的200余名县级图书馆馆长参加培训。（辽宁省图书馆　刘芳）

【“民国时期文献保护计划”宣传推广活动——辽宁站系列活动举办】 9月21—22日，辽宁省图书馆学会承办“民国时期文献保护计划”宣传推广活动——辽宁站系列活动。来自全省各系统图书馆的近90名业务骨干参加系列活动。在启动仪式上，国家图书馆业务管理处处长毛雅君，辽宁省图书馆馆长、辽宁省图书馆学会理事长王筱雯先后致辞，毛雅君代表中国图书馆学会分别向辽宁省图书馆和辽宁省图书馆学会颁发“感谢状”，启动仪式由辽宁省图书馆副馆长、辽宁省图书馆学会副理事长、秘书长杜希林主持。“民国时期文献保护计划”宣传推广系列活动包括：“民国时期文献保护计划”展览、“历史的审判——远东国际军事法庭庭审记录”视频播放、民国时期文献编目工作研修班3部分。（辽宁省图书馆　刘芳）

【辽宁省公共图书馆中文图书数据审校与应用培训班举办】 12月7—8日，辽宁省图书馆学会举办“辽宁省公共图书馆中文图书数据审校与应用培训班”，来自全省106家公共图书馆、少儿图书馆的业务人员123人参加培训。此次培训由省图书馆采编部派出3位资深业务骨干，向学员做“中文图书书目数据共建共享中的规范著录”“全国联合编目中心辽宁分中心书目数据下载基本操作”“中文图书套录数据分类标引实例解析”专题授课，学员们还就一些具体业务问题进行交流。（辽宁省图书馆　刘芳）

【辽宁省图书馆学会第八次会员代表大会暨2016年学术年会召开】 12月26—27日，辽宁省图书馆学会第八次会员代表大会暨2016年学术年会在沈阳召开。辽宁省文化厅副厅长杨世涛出席此次会议并致开幕辞。辽宁省科学技术协会副主席朱玉宏，辽宁省社会科学界联合会学会部部长郗婧，辽宁省社会组织执法监察局局长谷正贤，以及来自省内各系统图书馆馆长和会员代表140余人参加开幕式。大会审议通过《辽宁省图书馆学会第七届理事会工作报告》《辽宁省图书馆学会章程修改说明》和《辽宁省图书馆学会会员会费管理办法及标准》。选举产生第八届理事会，召开八届一次常务理事会议，对八届理事会分支机构内设机构设置进行讨论，通过辽宁省图书馆学会专业委员会主任委员名单。会议特邀辽宁社会科学院产业经济研究所所长张天维在学术年会上做专家讲座。辽阳市图书馆馆长刘志扬等4位论文作者进行交流发言。辽宁省图书馆学会副理事长、沈阳师范大学图书馆馆长王宇对2016年学术年会的论文进行点评。在本次会议上，省图书馆学会对2014—2016年度优秀学会、优秀学会工作者和优秀会员、学术年会优秀论文等进行表彰。（辽宁省图书馆　刘芳）

吉林省

【吉林省图书馆学会八届四次常务理事(扩大)会召开】 3月31日，吉林省图书馆学会八届四次常务理事（扩大）会议在省图书馆召开，47名学会常务理事、地区馆长和部分高校馆长参加会议。会议由学会秘书长马慧艳主持。会议从学会组织建设、学术活动、培训辅导、承接上级部门工作以及协作协调等多方面全面总结学会2015年工作；结合学会2016年工作计划着重部署成立专业工作委员会、举办五省区学术研讨会、组织专业课题立项及评审等重点工作；通过增补20名馆长为新任理事的人事任免提案并颁发聘书；壮大会员队伍，批准长春理工大学光电信息学院图书馆等3个单位加入学会；审议通过取消单位会员的个人会费、对学术科研项目给予资助的会费管理办法；在充分讨论的基础上，提出筹建14个专业工作委员会的工作方案。（吉林省图书馆学会秘书处）

【吉林省公共文化服务体系建设暨公共图书馆馆长培训班在长春召开】 5月24日，吉林省公共文化服务体系建设暨公共图书馆馆长培训班在长春举行。吉林省文化厅副厅长张辰源，中国图书馆学会秘书长霍瑞娟，吉林省社会科学界联合会学会工作处处长王峰，省图书馆学会理事长、省图书馆馆长赵瑞军出席开幕式。来自全省各市（州）、县（市、区）及强县扩权试点县的文广新局主管局长、公共图书馆馆长170多人参加培训。培训分专家讲座和经验交流发言两种形式。会议邀请中图学会秘书长霍瑞娟、中国索引学会副理事长叶艳鸣、长春师范大学政法学院教授刘宝瑞3位专家分别以图书馆评估与公共图书馆事业发展、全民阅读体系建设、智能时代图书馆人的社会责任为主题，为与会代表做深度解读。延边州图书馆党总支副书记朴长浩、抚松县图书馆馆长李炳艳先后交流各自在创建公共文化服务体系示范区和总分馆制建设中的经验和所取得的成效。（吉林省图书馆学会秘书处）

【吉林省图书馆学会医学图书馆分会召开2016年学术年会】 5月27日下午，吉林省图书馆学会医学图书馆分会2016年学术年会在吉林大学第一医院召开。来自全省10个市34家医院共计70余名科教和图书馆工作者参加会议。会议由吉林大学第一医院副院长刘彬、吉林省图书馆学会秘书长马慧艳致欢迎辞和开幕辞。参照中国图书馆学会的做法，吉林省图书馆学会批准医院图书馆工作委员会提出的更名为“吉林省图书馆学会医学图书馆分会”的申请。吉林大学第一医院科教部副主任、图书馆馆长伦志军公布医学图书馆分会更名通知和新增常委名单。会议特邀南京鼓楼医院图书馆原馆长侯艳欣向与会同行介绍鼓楼医院软硬件设施建设及“互联网+”与图书馆的完美整合。伦志军和吉林大学中日联谊医院图书馆馆长金愉和吉林市人民医院图书馆馆长王玉玲分别做学术讲座。在学术交流环节，与会人员围绕区域医院图书馆资源共享共建、借用大数据建立医院数字图书馆、地区和专科图书馆工作介绍、医学学科馆员与医学信息服务进行交流与讨论。（吉林省图书馆学会秘书处）

【吉林省开展图书馆试评估工作】 8月7—9日，由公共图书馆评估定级标准研制专业组组长、中国图书馆学会学术研究委员会副主任、南开大学信息资源管理系教授柯平任组长，辽宁省图书馆馆长王筱雯、黑龙江省图书馆学会秘书长闻德锋、东北师大信息管理系讲师陈昊琳为成员的试评估专家组，在中国图书馆学会秘书处和信息化平台开发方相关人员配合下，先后赴龙井市图书馆和吉林省图书馆开展试评估工作。吉林省文化厅和龙井市文广新局对试评估工作高度重视，专门成立试评估领导小组，多次召开筹备会，研究标准，制订计划，明确分工，准备材料，在信息化平台上完成填报、自评打分和提交自评报告。考察期间，试评估工作组一行以听取汇报、实地参观、查对资料、询问相关人员、微信扫码现场随机进行读者满意度调查、召开反馈会等形式，分别对龙井市图书馆和吉林省图书馆进行综合评估，并就评估标准、信息化平台和评估机制等方面进行深入交流和沟通。此次在吉林省开展的试评估工作，作为标准研制和配套信息化建设阶段性成果的验证，将为2017年第六次全国县以上公共图书馆评估定级工作的顺利开展奠定基础。（吉林省图书馆学会秘书处）

【川苏冀桂吉五省（区）图书馆学会第十五届学术研讨会在长春召开】 8月17—18日，由川苏冀桂吉五省（区）图书馆学会联合主办，吉林省图书馆学会和吉林省图书馆承办的五省（区）图书馆学会第十五届学术研讨会在长春召开。来自四川、江苏、河北、广西、吉林五省（区）的图书馆学专家学者和获奖论文代表200余人参会。吉林省文化厅副厅长张辰源、公共文化处处长王勇，吉林省社科联学会处处长王峰应邀出席开幕式。此次研讨会的主题是“创新中国：技术、社会与图书馆”，共收到论文339篇，经过专家评委的认真评议，189篇论文分获一二三等奖。盐城市图书馆学会、邯郸市图书馆、广西壮族自治区图书馆、吉林省图书馆等12家单位获得征文优秀组织奖。（吉林省图书馆学会秘书处）

【“民国时期文献保护计划”宣传推广活动在吉林举办】 9月7—8日，由文化部公共文化司指导，国家图书馆、中国图书馆学会、吉林省文化厅主办，吉林省图书馆、省图书馆学会承办的“民国时期文献保护计划”宣传推广活动——吉林站系列活动在长春举行。启动仪式上，国家图书馆业务管理处副处长孙伯阳代表主办方向吉林省图书馆和省图书馆学会颁发感谢状。启动仪式结束后，与会人员移步省图书馆展厅，观看“民国时期文献保护计划”系列展览和“历史的审判——远东国际军事法庭庭审记录”视频展播。为期2天的培训，孙伯阳介绍“民国时期文献保护计划”概况；东北师范大学博士生导师曲晓范教授做“民国时期的吉林文化”讲座；国家图书馆专家刘小玲、朱芊、延卫平分别讲授“民国图书著录”“民国资料、图书标引”“全国联合编目系统民国时期图书联机上载与馆藏编制”等专业课程。来自省内公共图书馆、高校图书馆80多名业务骨干参加培训。配合吉林站活动的开展，“民国时期文献保护计划”和“海上丝绸之路”图片展在省图书馆同步展出，省图书馆官方网站还进行线上展览。（吉林省图书馆学会秘书处）

【吉林省图书馆界在2016年中国图书馆年会上荣获多项荣誉】 10月26—27日，吉林省图书馆学会组织全省近80人参加在安徽铜陵召开的2016年中国图书馆年会。省图书馆学会因组织得力，获得中国图书馆学会年会征文组织奖。与此同时，年会期间进行的2016年数字图书馆业务技能竞赛总决赛上，东北赛区喜获一等奖；省图书馆学会荣获竞赛最佳组织奖。抚松县图书馆荣获“2016最美基层图书馆”称号，成为吉林省第一个获此殊荣的图书馆。长春市少年儿童图书馆、北华大学图书馆因在开展全民阅读活动中表现突出，富有创意，分别获得“2015年全国阅读优秀组织奖”和“2015年全民阅读先进单位奖”。集安市图书馆的作品“中国古籍/世界的智慧”、吉林大学图书馆的作品《大宋茶》分别荣获2016年“我与中华古籍”创客大赛海报类金奖和文化产品类银奖。（吉林省图书馆学会秘书处）

黑龙江省

【2016年全省图书馆业务辅导暨学会秘书长工作会议召开】 8月5日，2016年全省图书馆业务辅导暨学会秘书长工作会议在黑龙江省图书馆召开。来自公共、高校、党校和医院系统学会秘书长、市(地)图书馆辅导部主任共21人参加会议。会议由黑龙江省图书馆学会秘书长闻德锋主持。省图书馆学会理事长、省图书馆馆长高文华，省学会副理事长、东北农业大学图书馆馆长刘世英分别讲话。闻德锋传达中国图书馆学会2016年秘书长联席会议精神，通报省学会荣获《中国图书馆年鉴》2013—2015卷编纂工作优秀单位（共15个）、2016年“同筑中国梦 共度书香年”春节主题活动优秀组织单位（共8个）2个奖项；从省学会的组织建设工作、学术活动、培训工作、阅读推广及科普宣传活动等5个方面总结省学会2015年的工作；安排布置2016年省学会工作任务。（黑龙江省图书馆学会秘书处）

【黑龙江省图书馆学会、齐齐哈尔市图书馆学会暨齐齐哈尔医学院图书馆学术交流会议召开】 8月20—21日，黑龙江省图书馆学会、齐齐哈尔市图书馆学会暨齐齐哈尔医学院图书馆学术交流会议在齐齐哈尔医学院图书馆举行，80余名代表参加会议。会议的主题为“提升图书馆员的服务能力和职业精神，深入开展嵌入式学科服务”，齐齐哈尔医学院副院长丛明宇致辞；中国科学院文献情报中心《图书情报工作》杂志社社长、主编初景利教授做“高校图书馆学科的难点与破解”的报告；黑龙江大学信息管理学院院长马海群教授做“图书馆人的职业精神、核心价值与核心能力”的报告；黑龙江省图书馆学会秘书长闻德锋做“龙江讲坛的正向文化传播作用”的报告。（黑龙江省图书馆学会秘书处）

【东北赛区代表队荣获2016年数字图书馆业务技能竞赛第一名】 10月26日，2016年数字图书馆业务技能竞赛决赛在中国图书馆年会展览会现场（安徽省铜陵）举行。经过全国范围的网上初赛、复赛，最终，35名精英选手代表七个赛区参加总决赛。现场邀请国家图书馆副馆长陈力，中国图书馆学会副理事长、上海市政府参事吴建中，国家图书馆数字资源部主任曹宁，武汉大学图书馆学系主任司莉，同方知网教育与文化与知识管理公司总经理徐海庚等出席并进行现场评审。最终由高大龙、王蕊（黑龙江省大庆市图书馆）、苗林（吉林省长春市图书馆）、许迎霞（辽宁省鞍山市图书馆）、李世民（辽宁省普兰店市图书馆）5位选手组成的东北赛区代表队以总分315的高分获得一等奖。黑龙江省图书馆学会、大庆市图书馆等15个单位荣获“最佳组织奖”。（黑龙江省图书馆学会秘书处）

【东三省“图书馆新型服务能力建设”学术研讨会召开】 11月5日，由东北三省高等学校图书情报工作委员会与《图书情报工作》杂志社联合主办，北京福卡斯特信息技术有限公司承办的东三省“图书馆新型服务能力建设”学术研讨会在吉林省延吉市召开，东北三省100余位高校图书馆馆长与代表出席会议。会议由延边大学图书馆馆长玄英哲主持。吉林省高校图工委秘书长王剑代表吉林省高校图工委，辽宁省高校图工委副秘书长范艳芬代表辽宁省高校图工委，黑龙江省高校图工委秘书长刘世英代表黑龙江省高校图工委分别致辞。报告阶段，哈尔滨工程大学图书馆副馆长胡乃志做“高校图书馆提升服务能力的实践探索”主题报告。北京福卡斯特信息技术有限公司副总经理齐小明做“大数据时代下的数据服务模式——EPS 知识服务平台在实证研究中的作用”主题报告。东北大学图书馆副馆长姜宇飞做“几点图书馆发展的思考”主题报告。吉林大学图书馆馆长王剑做“从资源优势到服务优势”主题报告。齐小明宣读 EPS 杯“图书馆新型服务能力建设”主题征文获奖名单，并颁发证书。最后，3 位获奖作者代表分别发言。（黑龙江省图书馆秘书处）

【哈尔滨市中小学图书馆(室)管理人员培训班举办】 11 月 22—24 日，黑龙江省图书馆学会与哈尔滨市教育局勤工俭学技术装备处共同举办哈尔滨市中小学图书馆（室）管理人员培训班，100 余名学校图书管理员参加学习。黑龙江大学信息管理学院副院长蒋永福，省图书馆副馆长毕红秋、辅导培训部主任闻德锋等 5 位授课老师，结合中小学图书馆的管理与服务特点，从“图书馆人的职业人生与学术人生”“图书馆基础知识与服务”“文献资源组织与管理”“图书馆阅读推广”“图书馆现代化技术应用”5 门课程入手，对该市中小学图书馆（室）管理人员进行图书馆员职业素养与职业技能培训。（黑龙江省图书馆学会秘书处）

【黑龙江省图书馆学会召开十届八次常务理事会议】 12 月 20 日，黑龙江省图书馆学会十届八次常务理事会议在省图书馆召开。常务理事 12 人出席。省学会理事长高文华主持会议，秘书长闻德锋做工作报告，从组织建设、学术活动、教育培训、阅读推广、编辑出版方面等，全面总结 2016 年省图书馆学会工作。会议讨论并通过 2017 年省图书馆学会工作计划，尤其对图书馆法律与知识产权研究专委员会学术会议、中图年会、东三省学术讨论会等重点工作做详尽的安排部署。会议还进行人事调整。省图书馆学会秘书长闻德锋因工作变动，无法正常履行秘书长职责，根据《黑龙江省图书馆学会章程》规定，省图书馆提议由现任省图书馆辅导培训部主任、省图书馆学会副秘书长邓小姣担任秘书长职务，与会常务理事审议并全票通过，同意召开理事会议履行选举程序，提交理事会选举表决。（黑龙江省图书馆学会秘书处）

上海市

【概况】 2016 年，上海市图书馆学会在各工作委员会、各会员单位图书馆的积极支持配合下，积极进取，开拓创新，各项工作均取得了新的成绩。荣获国家图书馆、中国图书馆学会颁发的 2016“同筑中国梦　共度书香年”主题活动优秀组织单位奖，2013—2015 年度《中国图书馆年鉴》编撰工作优秀单位；继续保持上海市科协“二星级”学会称号。召开第九次会员代表大会，完成新一届理事会换届选举。全年累计共举办各类型国内外、全国性、区域性和全市性学术会议、年会、论坛、报告、讲座、征文、培训、科研课题申报等活动 30 余次，其中参与协办第八届上海国际图书馆论坛、首届“民国文献整理与研究国际研讨会”，主办第十届中日国际图书馆学研讨会等，2016 年会员年人均参与学术活动达到 3.8 次；学会网站完成新架构设计开发，网站年访问量达 1480110 人次；学会会刊《图书馆杂志》年度出版发行达 6.6 万份、数字机构用户达 5000 余个，刊登发表各类学术论文 256 余篇。获由国家新闻出版广电总局审核通过的上海市首批学术期刊认定，荣获上海市新闻出版局 2015 年“上海市期刊编校质量检查”优秀奖。（上海市图书馆学会秘书处）

【举办“同筑中国梦　共度书香年”新春专题展览】 由国家图书馆主办，中国图书馆学会协办，上海图书馆、上海市图书馆学会等承办的“同筑中国梦　共度书香年”新春专题展览于 2 月 1 日在上海图书馆开幕。这次展览包括“中华传统楹联文化展”和“上海图书馆 2015 年度借阅热榜”两大内容，将国家图书馆的优质资源惠及上海市民的同时，揭示并推荐 2015 年度上海图书馆读者借阅率高的近百本好书。此次活动推送以楹联为主题的新春文化“大礼包”到全市各级各类图书馆和相关机构，共同开展线上线下丰

富多彩的文化活动。在大年初一还举行楹联书法表演，向到馆读者赠送现场书写的楹联。（上海市图书馆学会秘书处）

【举办 2016 长三角地区公共图书馆读者服务学术交流会】 5 月 19 日，2016 年长三角公共图书馆读者服务学术交流会在上海市宝山区图书馆举行，此次会议由上海市图书馆学会、江苏省图书馆学会、浙江省图书馆学会共同主办，上海市宝山区图书馆承办。中国图书馆学会副理事长、上海市图书馆行业协会会长、上海图书馆馆长吴建中，上海市图书馆学会理事长、上海图书馆副馆长周德明，上海市图书馆学会秘书长、上海图书馆副馆长刘炜，宝山区副区长陶夏芳，上海市文化广播影视管理局公共文化处处长杨庆红，江苏省图书馆学会常务副理事长、南京图书馆副馆长全勤，浙江省图书馆学会副理事长、学术委员会主任、浙江图书馆副馆长刘晓清等领导出席本次活动。上海市、江苏省、浙江省图书馆学会专家及三地公共图书馆代表、宝山区街镇图书馆代表、宝山区各中小学校图书馆代表共 200 余人参加交流活动。此次学术交流会围绕“互联网＋：图书馆的传承与变革”的主题，共同探讨在“互联网＋图书馆”的大环境下，围绕公共图书馆的服务理念、公共图书馆的功能创新以及公共图书馆联盟等方面，如何为读者提供多方位深层次的服务，满足人民群众日益增长的精神文化需求。吴建中馆长、南京大学图书馆副馆长邵波、宁波大学图书馆与信息中心馆长、主任刘柏嵩分别做“关于第三代图书馆的思考”“互联网＋时代下智慧图书馆服务实践与展望”“互联网＋图书馆：理念与实践”的大会主旨报告，来自江浙沪三地的 6 个公共图书馆以实践案例分享，从不同的视角与观点阐述“互联网＋”时代下图书馆事业的发展趋势。会议征文共收到论文 162 篇，经专家评审和评优，最终遴选出 55 篇征文入选《论文集》。（上海市图书馆学会秘书处）

【举办 2016 年中国高校研究数据管理暨图书馆前沿技术论坛（IT4L）】 5 月 20 日，由中国高校研究数据管理推进工作组、上海市图书馆学会与中国图书馆学会数字图书馆委员会共同发起主办，上海外国语大学图书馆、复旦大学图书馆承办 IT4L 会议，在上海外国语大学虹口校区会议中心召开。此次会议是继“云计算”“关联数据”“移动应用”“大数据”“资源发现”“数字人文”和“资源服务”之后的第八届 IT4L 会议。主题为“治理数据，启迪智能”，聚焦研究数据管理与数字人文的融合，突出图书馆前沿技术应用，将大数据、关联数据、机器智能、语义网络、深度学习、公众科学等引入研究数据治理之中，探寻启迪数据智能、获取数据价值和驱动科研创新的有效途径。研讨采用专题报告、专家点评、案例分享与讨论交流等多种形式，特邀请来自“中国高校研究数据管理推进工作组”成员单位（包括北京大学、清华大学、复旦大学、上海交通大学、同济大学、浙江大学、武汉大学、北京理工大学、上海外国语大学图书馆）和上海图书馆、上海市图书馆学会、国内其他单位的领域专家及技术人员等 100 多名参会代表共同研讨。（上海市图书馆学会秘书处）

【上海市公共图书馆联合高校图书馆共同开展馆员精读活动】 在上海市图书馆学会阅读推广委员会的指导下，公共图书馆阅读推广委员会、大学生阅读推广委员会、青浦区图书馆、上海财经大学图书馆联合策划开展上海市图书馆学会首届“尚读，Open Library 馆员精读”征集暨“优秀书香园地”评选活动，全市各区公共图书馆以及各大高校图书馆馆员积极参加此次活动。活动于 2016 年 7 月起至 11 月底共计收到投稿 200 余篇，参与投稿的精读书籍涉及小说、生活艺术、心理、励志、历史研究、文学评论、国学古籍、自然科学等多个领域。经过专家评审，共遴选出 60 篇推荐编入作品集《2016 年度馆员精读优秀作品集》，其中 10 篇获“十佳精读奖”，同时评选出青浦图书馆、华东理工大学图书馆等 10 家图书馆获首届上海市图书馆学会“优秀书香园地”单位。（上海市图书馆学会秘书处）

【举办 2016 上海民办高校图书馆馆长论坛】 9 月 29 日，由上海市图书馆学会主办的“2016 上海民办高校图书馆馆长论坛”，在上海视觉艺术学院图文信息中心召开，14 所上海地区民办院校和 3 所江苏地区民办院校图书馆代表参会。论坛特别邀请上海工商外国语学院图书馆馆长王松林做“从信息素养能力标准到信息素养框架——民办高校图书馆信息素养教育探讨”的报告；上海师范大学天华学院图书馆馆长吴志荣做“关于对民办高校图书馆文献建设观念的探讨”的报告。与会代表就保存书库、特藏文献、核心图书、图书的甄选、采访、信息素养教育课程设置、图书馆职称评定等工作进行提问与交流。此次论坛是第一届上海民办高校图书馆馆长论坛，为民办高校图书馆搭建一个学术和业务交流的平台，加强各民办高校图书馆之间的沟通联系，开辟今后业务合作的途径。（上海市图书馆学会秘书处）

【举办第十三届数字图书馆前沿问题高级研讨班（ADLS2016）】 12月4日，研讨班在上海图书馆召开，由中国图书馆学会高等学校图书馆分会、数字图书馆分会和上海图书馆、上海市图书馆学会、文化部公共文化研究上海图书馆基地联合举办。会议以“数字学术与公众科学：数字图书馆新生态”为主题，重点探讨“数字学术与数字人文”“公民科学与大众参与”“关联数据与语义技术”和“开放数据和开放知识”等四个分主题。这些主题为首倡于1994年的“数字图书馆”概念带来新的内容和新的热点，给当今处于“复合型图书馆”阶段的图书馆实践带来新的动力，并指明发展方向。在短短两天的研讨时间里，会议组织26个发言，还举办头脑风暴和专家问答专场，原计划150人的研讨班吸引240余位关注前沿的同行与会。“数字图书馆前沿问题高级研讨班（ADLS）”已在国内十多个城市举办了十二届，打造国内独具特色的品牌会议，其专注前沿而应用性极强，引介技术而不忘服务为本，引领学术兼顾普及知识，成为我国图书馆界全面了解国外数字图书馆发展状况、获得新信息和新技术的重要渠道，对我国各类型图书馆开展数字服务建设数字图书馆起到了良好的促进和推动作用，也为与会人员提供交流与沟通的平台。（上海市图书馆学会秘书处）

【召开上海市图书馆学会第九次会员代表大会】 12月22日，上海市图书馆学会第九次会员代表大会在上海图书馆多功能厅召开。学会业务主管单位上海市科协副主席陆檩，学会挂靠单位上海图书馆、上海科学技术情报研究所党委书记叶汝强等领导应邀出席并讲话。来自本市公共、高校、科研、党校、学校、医院、工会等学会各系统推选的共计204名会员代表参加大会。大会由上海市图书馆学会第八届理事会副理事长、上海市高校图工委秘书长、上海交通大学图书馆馆长陈进主持，第八届理事会理事长周德明做“新理念　新格局　新成就　努力促进上海市图书馆事业全面繁荣发展”工作报告，全面总结学会八届理事会的工作，提出今后四年工作的建议。大会表决通过学会第八届理事会副理事长于建荣所做的《上海市图书馆学会章程》修改说明，及学会第八届理事会秘书长刘炜、副秘书长林皓明分别所做的财务报告和关于会费标准及管理办法的修改说明。最后，大会代表在表决通过《上海市图书馆学会第九次会员代表大会理事会选举办法》和《上海市图书馆学会第九届理事会选举总监票人、监票人名单》后，以等额选举无记名投票方式选举产生新一届理事会。大会结束后召开上海市图书馆学会第九届理事会第一次会议，采用等额、无记名投票方式民主选举产生上海市图书馆学会第九届理事会常务理事会和理事会领导，周德明当选为第九届理事会理事长，于建荣、刘炜、陈进、陈思和、金波当选为副理事长，金晓明当选为秘书长。（上海市图书馆学会秘书处）

【召开上海市图书馆学会2016年学术年会】 12月23日，上海市图书馆学会2016年学术年会在中国科学院上海生命科学信息中心召开。年会围绕“融新汇智　阅往知来”主题，就图书馆“深剖数据，驱动服务”“阅读推广理论与实践：聚焦·专业·引领”“新一代海派图书馆学者的激荡与交融”“阅读，因你而精彩”等分主题展开研讨。来自全市各系统图书馆及企业团体单位约350名代表与会。大会开幕仪式上宣布“上海市图书馆学会关于表彰2016年度‘优秀学术活动组织特别贡献奖’和‘优秀学术活动组织奖’”的决定，中国科学院上海生命科学信息中心荣获“上海市图书馆学会2016年度优秀学术活动组织特别贡献奖”。此次年会还进行首届“上海市信息资源管理优秀成果奖”和首届“‘尚读，Open Library馆员精读’征集暨2016‘优秀书香园地’评选活动”颁奖仪式。大会邀请上海市市政府参事、上海市图书馆学会名誉理事长、上海市图书馆行业协会会长吴建中，上海市图书馆学会副理事长、复旦大学图书馆馆长陈思和分别做题为“图书馆转型：挑战与机遇”“以科研服务为中心——高校图书馆发展的设想”的主旨报告。围绕年会主题还分别举行4个分会场共20个学术报告的研讨交流活动，展现上海图书馆学界2016年的理论研究与实践进展风采。（上海市图书馆学会秘书处）

江苏省

【概况】 2016年，全年发展省学会个人会员64名、单位会员8家，目前在册省学会个人会员1746名，单位会员104家。中图学会开通网上会员管理系统后重新注册中图会员397名，发展单位会员5家，目前在册中图会员785名，单位会员12家。召开省学会七届一次常务理事会议暨七届二次理事会议，总结2015年学会工作，部署2016年工作，表决通过省学会负责人的更换、增补等。9月，根据工作需要，更换省学会秘书长。

加强宣传出版，传播业界信息，扩大了省学会的影响力。编辑出版发行省学会会刊《新世纪图书馆》12期，全年收到稿件2099篇，刊登论文255篇，每期印发2400份。完成6期《江苏图书馆之窗》（双月刊）刊物的编辑出版和发行任务。每期印发1800份。发挥网站信息整合和发布功能，做好学会网站信息的稿件撰写和及时更新发布工作，全年共撰写、更新发布通知公告类信息42条，学会快讯22条。

举办学术活动，加强合作与交流，进一步浓厚学术氛围。与省高校图工委、超星公司合作，共同策划开展全省图书馆超星杯“大数据与图书馆服务创新”征文评奖活动，收到稿件132篇，评出一等奖13篇、二等奖25篇、三等奖40篇。协助中图学会组织发动全省开展2016年中国图书馆年会征文活动，江苏地区共提交论文140篇，其中56篇获奖，包括一等奖16篇、二等奖19篇、三等奖21篇，一等奖数量超过全国五分之一，省学会获“年会征文组织奖”。协助策划“川、吉、苏、冀、桂五省（区）图书馆学会第十五届学术研讨会”，组织全省开展研讨会征文评奖活动，共收到论文106篇，其中一等奖10篇、二等奖17篇、三等奖24篇，盐城市图书馆学会、扬州市图书馆学会、南通市图书馆学会、盐城市大丰区图书馆、高邮市图书馆获得优秀组织奖。与上海、浙江学会合作，组织开展长三角城市图书馆发展论坛专题研讨会征文评奖活动，全省共获得一等奖1篇、二等奖2篇、三等奖3篇。协助策划组织“2016长三角地区公共图书馆读者服务学术交流会”，该省50多名代表赴上海市宝山区图书馆参加会议。推动学术研究，形成一批研究成果。组织开展省学会2014年度课题结项和2016年度课题申报工作。经专家评审鉴定，省学会2014年度课题共有34项课题准予结项。对结项课题颁发结项证书，并对优秀课题进行一定的经费奖励。组织开展2016—2017江苏省图书馆学会学术年会及其征文活动。配合省文化厅完成全省第五届图书馆学情报学学术成果申报评奖活动，共收到来自公共、高校、科研等图书馆工作者提交的著作18部、学术论文223篇。经专家评审委员会初审、复审、终审决定和网上公示，共有10部著作、96篇论文获奖。

4月中旬，举办为期4天的全省文献主题标引业务培训班，以专题报告和课程讲授的形式进行，来自全省各地各类型图书馆的近120名学员参加培训。积极组织参加中图学会“信息时代 数字未来——2016年数字图书馆业务技能竞赛”活动，全省共有各级各类图书馆从业者1046人参加初赛。为提高竞赛能力和水平，7月组织举办全省数字图书馆业务技能竞赛培训班，130多人受训。在8月下旬举办的“2016年数字图书馆业务技能能手”暨复赛中，共有98名选手被评为“2016年数字图书馆业务技能能手”。组织发动全省图书馆参与第二届全国图书馆未成年人服务论坛案例征集活动，全省共有20家图书馆提交31个服务案例，其中4个案例分获一、二、三等奖。配合中图学会开展2016年全民阅读工作，全省共14家图书馆获得相关荣誉称号，是近年来获此奖项数量最多的一次，并呈逐年上升的趋势，其中1家获“全民阅读示范基地”称号、3家获“优秀组织奖”、10家获“先进单位奖”。协助中图学会宣传动员全省各地参与“我与中华古籍”创客大赛活动，征集创意设计作品；组织全省32家市、县图书馆联名申办由中国图书馆学会和国家古籍保护中心联合主办的“创客@图书馆——‘我与中华古籍’”展览活动；全国巡展在江苏22家图书馆展出，参与馆数排名全国第一。发动全省县区级图书馆开展中图学会发现“书香城市”活动，共有14家图书馆申报“书香城市”，张家港市、常熟市、苏州市吴江区、江阴市4个城市被评为2016年“书香城市（区县级）”荣誉称号。（江苏省图书馆学会　李浩　董莹　储兰）

【召开七届一次常务理事会议暨七届二次理事会议】 4月28日，江苏省图书馆学会七届一次常务理事会议暨七届二次理事会议在南京图书馆召开，省文化厅党组成员、副厅长裴旭，省文化厅党组成员、副厅长方标军，南京图书馆党委书记韩显红，省学会七届理事会理事、常务理事，各市学会秘书长共109人出席会议。会议由方标军主持。会议表决通过七届理事会理事、常务理事和学会负责人的更换和增补。会议增补裴旭为江苏省图书馆学会七届理事会理事长，增补全勤为常务副理事长，计秋枫、管红星、叶志锋、董群、周晓明等5位同志更换为学会副理事长。会议还审议通过《2015年学会工作报告》讨论稿和《江苏省图书馆学会会员会费标准及管理办法》修订草案，表决通过省学会副秘书长建议名单和分支机构主要负责人建议名单，通报2015年学会收支情况。（江苏省图书馆学会　李浩　董莹　储兰）

【举办“信息时代　数字未来——2016年数字图书馆业务技能竞赛”培训班】 7月28日，由江苏省图书馆学会、南京图书馆共同主办、同方知网江苏分公司协办的“信息时代数字未来——2016年数字图书馆业务技能竞赛”培训班在南京举办。来自全省各地图书馆的130名学员冒着高温酷暑参加培训。江苏省文化厅党组成员、副厅长、江苏省图书馆学会理事长裴旭，南京图书馆党委书记韩显红出席开班仪式。培训班特邀竞赛专家组成员、中国图书馆学会图书馆学教育委员会副主任、武汉大学信息管理学院图书馆学系主任司莉，竞赛专家组成员、国家图书馆数字资源部主任曹宁以及同方知网的专家们讲授公共图书馆知识管理与服务创新、数字图书馆资源建设、图书馆营销与公共关系、数字图书馆业务技能竞赛参加指南等内容。专家们紧扣图书馆实际工作，内容全面，观点新颖，受到学员的广泛好评。（江苏省图书馆学会　李浩　董莹　储兰）

【江苏省14家图书馆获得2015年全民阅读相关荣誉称号】 9月2日，中国图书馆学会公布了《关于命名全民阅读示范基地、表彰2015年全民阅读优秀组织奖和先进单位奖获奖单位的决定》，江苏省14家图书馆获得相关荣誉称号。本次评比是近年来该省获此相关奖项数量最多的一次，呈逐年上升的趋势，比去年增加6家，其中，南京市溧水区儿童图书馆获“全民阅读示范基地”称号；淮安市图书馆、南京市高淳区图书馆、南京市六合区第二图书馆获“优秀组织奖”；昆山市图书馆、连云港市图书馆、南京工业大学图书馆、南京理工大学图书馆、南京邮电大学图书馆、南通开放大学图书馆、泰州市图书馆、无锡高新区(新吴区)图书馆、张家港市少年儿童图书馆、镇江市图书馆获“先进单位奖”。（江苏省图书馆学会　李浩　董莹　储兰）

浙江省

【全国图书馆未成年人服务提升计划——浙江站暨“少儿阅读推广人”培育行动(基础级)在绍兴举行】 5月18—20日，由国家图书馆、中国图书馆学会、浙江省文化厅主办，浙江省图书馆学会、绍兴图书馆承办的2016年全国图书馆未成年人服务提升计划——浙江站暨开展“少儿阅读推广人”培育行动（基础级）在绍兴图书馆举办，来自全国图书馆行业400余人参加培训。培训会特邀范并思、薛天、席居哲、王志庚、新月、李世娟等6位阅读推广工作专家授课，课程涵盖未成年人服务理论和少儿图书馆工作的实践。（浙江省图书馆学会秘书处）

【中国图书馆学会阅读推广委员会藏书与阅读推广专业委员会成立大会暨2016年第一次工作会议在台州举行】 8月16—18日，中国图书馆学会阅读推广委员会藏书与阅读推广专业委员会成立大会暨2016年第一次工作会议在台州市举行。中图学会藏书与阅读推广专业委员会指导专家徐雁、副主任邱冠华及来自全国各公共图书馆、高校和出版社的专家代表等17人参加了会议。徐雁主任做题为“为书找读者，为读者找书——全民阅读时代语境中的图书馆藏书方略与读物推广”的报告，邱冠华主任从图书馆专业性角度谈了图书馆阅读推广工作的重要性。最后，各委员介绍本馆阅读推广情况，提出对本专业委员会本届任期工作建议，计划2017年工作重点。与会代表参观路桥区金大田村文化礼堂，并举行“藏书建设与全国公共文化服务体系示范区创建”主题研讨会。（浙江省图书馆学会秘书处）

【“跨界，浙思享（2016）——移动互联环境下的图书馆新生态探讨”学术会议召开】 9月23日，浙江省图书馆学会主办、上海万方数据有限公司协办的“跨界，浙思享（2016）——移动互联环境下的图书馆新生态探讨”学术研讨会在杭州召开。参加本次研讨会的有省学会学术委员会成员、部分图书馆馆长和业务骨干，以及IT行业精英共45人。复旦大学图书馆副馆长张计龙先生、上海图书馆副馆长刘炜先生分别做了题为“大数据环境下高校数据管理与共享服务研究与实践”“大数据与图书馆智慧服务”的学术报告。MediCool医库软件公司董事长的“移动互联时代知识获取与分享的方式”报告、上海万方数据有限公司总经理、GUT中文版编辑部主任周轶雷先生的“让我们谈谈未来”，以及原百度移动搜索高级经理、Backus科技网络创始人李伟刚的“我对移动互联网时代的理解”，三位IT界的演讲嘉宾，则从移动互联网知识获取的发展历程和趋势，探讨了未来图书馆可能的发展方向。会上，浙江图书馆信息技术部主任朱晔琛从基本情况、数据处理、结果呈现、几点思考四方面详细解读了“浙江省公共图书馆年度阅读报告（2015）”。六位嘉宾在简要表述了各自对新形势下图书馆发展的观点后，与全体代表展开了热烈的交流互动。（浙江省图书馆学会秘书处）

【国家珍贵古籍系列讲座在浙江开讲】 7—9月，国家图书馆和中国图书馆学会联合举办国家珍贵古籍系列讲座，由国家珍贵古籍研究方向的著名学者和图书馆古籍研究中青年骨干组成的专家队伍，围绕国家珍贵古籍，一部或多部一讲，在全国24家单位面向社会公众举办37场讲座。浙江省图书馆学会与浙江图书馆联合承办了其中3场，分别是国家图书馆赵大莹的“西学知识的会通与译传——从《矿冶全书》（*De Re Metallica*）到《坤舆格致》”、郑小悠的“其人与笔两风流——袁枚和他的《随园诗稿》”和李际宁的“雕版印刷的瑰宝——介绍三件早期雕版印刷典籍”。（浙江省图书馆学会秘书处）

【“互联网+环境下图书馆知识空间建设学术研讨会”举办】 11月14日，由浙江省图书馆学会主办、杭州慕课教育有限公司协办的“互联网+环境下图书馆知识空间建设学术研讨会”在杭州召开，200多名来自全省各系统图书馆的代表参加了会议。研讨会包括主题演讲和分组论坛。主题报告有上海交通大学图书馆馆长陈进“拓展空间，创新服务”，著名教育学者、21世纪教育研究院副院长熊丙奇的“中国教育改革与学生阅读”，超星集团副总经理张慧敏的“新一代知识空间服务体系建设”，超星集团期刊域出版中心主任陈曦的“期刊域出版知识服务空间平台”，以及浙江大学出版社期刊出版中心副主任翟自洋的“从浙大学报新媒体实践看域出版”。分组讨论包括“图书馆实体空间与虚拟空间的发展和改造”（学校组）、“知识空间的服务创新”（公共组）和“智慧课堂的建设和应用”（中职与基础教育组）3个小组论坛，分别针对各自图书馆服务用户当下需求、如何构建和重塑互联网+环境下图书馆知识空间进行热烈交流与探讨。（浙江省图书馆学会秘书处）

安徽省

【2016年全省图书资料专业技术人员继续教育培训班在合肥举办】 3月13—19日，安徽省图书馆暨全省图书资料专业技术人员继续教育培训基地举办2016全省图书资料专业技术人员继续教育培训班，来自全省各系统图书馆的170余名从业人员参加培训班的学习。培训班主要开设图书馆工作概论、信息组织、信息检索等专业课及公需课程。教学过程中，任课老师围绕教材并结合工作实例，为学员进行深入浅出的系统讲解。（安徽省图书馆学会　武巍泓）

【2016年全国基层文化队伍示范性培训第三期全国县级图书馆馆长培训班在合肥举办】 10月30日—11月5日，由文化部公共文化司主办，中国图书馆学会承办，安徽省图书馆学会、合肥市图书馆学会协办的2016年全国基层文化队伍示范性培训——第三期全国县级图书馆馆长培训班在安徽省图书馆举办。中国图书馆学会副理事长、国家图书馆常务副馆长陈力，安徽省文化厅党组成员、副厅长丁光清等领导出席开班仪式并致辞，来自华东地区及全国各地的190名县级图

书馆馆长参加培训。中国图书馆学会副理事长、国家图书馆常务副馆长陈力，中国图书馆学会副理事长、文化部公共文化司原巡视员刘小琴，南开大学信息资源管理系教授柯平，上海市图书馆副馆长周德明，上海市政府参事、中国图书馆学会副理事长吴建中，北京大学信息管理系教授王余光，东莞图书馆馆长李东来共 7 位专家授课，解读“公共文化政策法规、县级图书馆资源建设、服务体系及总分馆制建设、管理创新与服务、阅读推广、数字阅读”等领域的话题，着重从基层图书馆服务理论到管理建设实践等多个层次，实现县级图书馆馆长在学识上的积淀、视野上的拓展和理念上的提升。除专家授课，培训班还设计座谈研讨、现场教学、学员论坛等形式，通过案例分享与研讨引导学员主动学习和自主学习。（安徽省图书馆学会　武巍泓）

福建省

【承办“同筑中国梦共度书香年”春节主题活动】 1 月，福建省图书馆学会承办由国家图书馆主办的“同筑中国梦共度书香年”主题活动。福建省图书馆、厦门市图书馆等 34 家单位参与。展览时间从 1 月 28 日持续至 3 月中旬，受众人数达 18 万余人。活动邀请《东南早报》《福州日报》《福州晚报》《泉州晚报》《湄洲日报》《莆田晚报》《闽南日报》《闽侯乡音报》、中国文明网、光明网、新华网、闽南网、泉州文艺网、洛江新闻网、莆田新闻网、莆田电视台、建瓯电视台、闽侯电视台、长泰县电视台等众多社会公众媒体进行宣传报道。（福建省图书馆学会秘书处）

【承办“创客@图书馆——‘我与中华古籍’创客大赛”优秀作品展暨第十一个文化遗产日系列活动】 6 月，福建省图书馆学会、福建省图书馆承办由中国图书馆学会和国家古籍保护中心联合主办的“创客@图书馆——‘我与中华古籍’创客大赛”优秀作品展，共有 36 家承办单位，40 个巡展站点。展览资源除中国图书馆学会提供的展板外，还增加福建省入选古籍元素和福建省古籍创客参赛作品。展览时间从 6 月持续至 10 月。除举办展览外，各图书馆还围绕“让文化遗产融入现代生活”主题，开展其他活动，以引导公众进一步了解文化遗产，激励公众自觉参与文化遗产保护实践。活动吸引《福建日报》《福州日报》、晋江电视台、福建新闻频道等众多社会公众媒体的多次报道，中国社会科学网、凤凰网、新华网等知名媒体转载相关报道。（福建省图书馆学会秘书处）

【福建省图书馆学会 2016 年学术年会在晋江召开】 10 月 19—21 日，福建省图书馆学会 2016 年学术年会在晋江市召开。福建省文化厅副厅长陈吉出席大会开幕式并讲话。来自全省图书馆系统和美国俄勒冈州图书馆界、浙江省图书馆界等 250 名代表出席会议。本次年会的主题为“创新中国：技术、社会与图书馆”。大会表彰省内获中图学会 2015 年全民阅读优秀组织奖、“全民阅读示范基地”“2015 年全民阅读先进单位奖”的单位、2016 年中图学会年会征文获奖论文作者、2016 年省图学会学术年会征文获奖作者及省图学会第十二届（2013—2014 年度）优秀论文评奖获奖作者。学术交流环节，特邀北京大学刘兹恒教授做主旨报告，美国俄勒冈州立图书馆玫琳凯·达尔格林馆长、王周若龄教授做专题报告。在年会的分论坛——第二届闽浙论坛中，闽浙两省图书馆同仁围绕“地方特色文化资源建设与服务”主题，介绍各自丰富的地方特色文化资源以及建设情况和取得的成绩，并展开互动探讨。年会期间，还同时举办全省首届阅读推广案例评选总决赛。（福建省图书馆学会秘书处）

【首届海峡两岸图书馆馆长交流季论坛在晋江市开幕】 12 月 21 日，由中国图书馆学会、海峡两岸出版交流中心、福建省图书馆学会、福建省图书馆、台湾古籍保护学会、台北市出版商业同业公会主办，厦门市图书馆学会、厦门市图书馆、晋江市图书馆承办的首届海峡两岸图书馆馆长交流季论坛在福建省晋江市开幕。中国图书馆学会副理事长张晓林，国台办海峡两岸出版交流中心秘书长张万兴，中国图书馆学会公共图书馆分会副主任、福建省图书馆馆长郑智明，广东省立中山图书馆馆长刘洪辉，晋江市委常委、宣传部长林惠玲，台湾大学图书馆前任馆长陈雪华，台湾古籍保护学会会长林登昱，中国图书馆学会阅读推广委员会主任、东莞图书馆馆长李东来，华东师范大学信息管理系教授范并思等嘉宾及领导出席会议。来自全国图书馆界和相关业界的图书馆工作者代表，以及媒体代表和图书馆相关技术的企业代表200余人参会。现场举行海峡两岸地方文献互赠仪式。论坛为期2天，以“海峡两岸图书馆文献资源建设与阅读推广”为主题，有阅读推广创新论坛，也有阅读推广创新案例分享。22日，论坛移师厦门开展“文献资源共建共享论坛”主题研讨，两地学者上台分享地方文献的收集与研究、电子资源库的建设、电子资源的共建共享等方面的交流，展示海峡两岸文献资源建设的成果及经验。（福建省图书馆学会秘书处）

江西省

【概况】 截至2016年年底，江西省图书馆学会共有省图学会会员739名，中国图书馆学会（以下简称中图学会）会员430名。认真组织各市区学会会员注册登录中图学会“学会会员管理与服务平台”，会员管理工作正规完善。

构建交流平台，促进学术繁荣。组织参加2016年中图学会征文。推动鲁豫赣皖新琼湘鄂8省学术交流，组织开展征文评选活动，江西省提交的征文共获得一等奖5篇、二等奖9篇、三等奖17篇。组织江西省图书馆学会年会征文活动，全省共有86篇论文参选，经专家评选出一等奖5篇、二等奖8篇、三等奖12篇，并将获奖论文结集付印。组织会员参与《江西省社会科学“十三五”（2016年）规划项目》的申报，申报项目2项。组织参与文化厅江西省艺术科学规划项目，申报项目12项。

广开交往渠道，推进馆际合作。江西省图书馆学会继续深化湘鄂赣皖四省联盟工作，加强联盟的合作与交流，四省联盟开展一系列活动，例如“梨园雅韵——湘鄂赣皖地方戏曲文化解读”系列4省的巡回讲座；“中部地区公共图书馆事业发展论坛”等。

制定规划，引领全省图书馆事业发展。起草制定江西省公共图书馆“十三五”发展规划（草案）。规划在公共文化服务体系建设、数字图书馆服务、主题图书馆建设、古籍普查与保护、全省公共图书馆业务交流等方面总结“十二五”期间全省公共图书馆的发展情况和工作亮点，对“十三五”期间全省公共图书馆事业的发展方向、总体思路和重点任务进行规划。（江西省图书馆学会　谢佳新）

【江西省图书馆学会荣获“省级示范学会”称号】 江西省科学技术协会根据《江西省科协学会能力建设考核办法》的规定，从服务科技创新、服务政府与社会、服务科技工作者（会员）、学会自我发展和社会评价等5个方面，对全省各类学会进行全面、综合考核。经过审查、专家评审、实地抽查以及公示等环节，江西省图书馆学会荣获“省级示范学会”称号，成为江西省6家获得此项荣誉的学会之一。（江西省图书馆学会　谢佳新）

【2016年江西省总分馆体系建设及数字图书馆业务培训班在赣州市崇义县举办】 8月24日下午，为期2天的2016年总分馆体系建设及数字图书馆业务培训班在赣州市崇义县结束。培训班由江西省图书馆学会、赣州市文广新局主办，赣州市图书馆、崇义县文广新局承办，崇义县图书馆协办，来自全省设区市和省直管县的公共图书馆及部分高校图书馆近百人参加培训。培训班邀请宁波市图书馆馆长徐益波、东莞市图书馆副馆长冯玲、宁波大学园区图书馆原馆长颜务林等专家前来授课，分别做“宁波地区公共馆运作模式与数字图书馆建设”“东莞市图书馆总分馆体系建设与服务”“数字图书馆发展与创新”专题授课，详细介绍发达地区公共图书馆发展模式，传授总分馆体系及数字图书馆建设的先进经验。（江西省图书馆学会　谢佳新）

【2016年中国图书馆年会会前会（江西）在景德镇召开】 10月23—25日，由中国图书馆学会主办，江西省图书馆学会承办，景德镇市图书馆协办的2016中国图书馆年会会前会（江西）暨构建现代公共文化服务体系进程中的主题图书馆建设研讨会在江西省景德镇市召开。此次会议共吸引业界代表150余人参会。大会由江西省图书馆学会理事长、省图书馆馆长周建文主持，新疆图书馆馆长历力和海南省图书馆馆长李彤在大会做专题演讲，重点介绍开展特色主题图书馆建设的情况。景德镇市图书馆馆长徐田华在大会做经验交流，介绍景德镇市图书馆主题图书馆建设的成果和宝贵经验。会议专门邀请原宁波大学园区图书馆馆长、研究馆员颜务林和中国索引学会副理事长、研究馆员叶艳鸣两位专家做主题演讲，他们从时代发展的角度，探讨主题图书馆建

设是图书馆建设发展的必然趋势。（江西省图书馆学会　谢佳新）

【2016 江西图书馆年会在南昌召开】 12 月 23 日上午，由江西省文化厅指导，江西省图书馆学会主办的第四届江西省科协学术年会第三十一分会场暨 2016 江西图书馆年会在南昌召开。省图书馆学会理事、全省各设区市、县级公共图书馆馆长，院校系统图书馆馆长及部分年会征文获奖代表等 200 余人参加本次会议。年会由江西省图书馆学会理事长、江西省图书馆馆长周建文主持。会议围绕“创新中国：技术、社会与图书馆”的主题，针对图书馆如何在倡导全民阅读、构建书香赣鄱中更好地发挥作用进行深入研讨和广泛交流。会上，江西省图书馆学会副理事长兼秘书长程春焱做 2016 年学会工作报告，全面总结一年工作，并通报 2017 年学会工作计划。年会还对 2016 年全省最美基层图书馆、2016 年全省图书馆榜样人物、2016 年全民阅读先进单位、2016 省图学会年会征文获奖单位和个人进行表彰。（江西省图书馆学会　谢佳新）

山东省

【概况】 2016 年，山东省图书馆学会加强学会科学管理，完善学会组织建设，坚持民主办会等方面取得新的进展。本年度中国图书馆学会有效会员总数达到 234 人。注册更新省学会有效会员 830 人，会费的收缴工作完成情况良好。协助中图学会发展团体会员，目前已发展山东省图书馆、烟台图书馆、威海市文登区图书馆、济南市图书馆。3 月，完成中国图书馆学会各专业委员会委员建议人选的推选工作。5 月，按照中图学会要求，组建公共图书馆分会基层图书馆工作委员会。6 月 24 日，在济南召开山东省图书馆学会第六次会员代表大会，成立第六届理事会，选举产生理事 53 名、常务理事 25 名；山东省图书馆馆长冯庆东当选为理事长。

定期召开、参加有关会议、培训。全年参加全省社科联工作会议、全省社会科学普及工作会议、省科协宣传信息工作培训会议、省科协“纪念建党 95 周年”暨“两学一做”第二次集中学习、中国图书馆学会 2016 年秘书长联席会议暨《中国图书馆年鉴》编纂工作会议、2016 年中国图书馆年会——中国图书馆学会年会—中国图书馆展览会等。

举办“山东省图书馆学会第二十三次科学讨论会”，研讨主题为：扩展与演变——面向未来的图书馆，共征文 202 篇。联合安徽、河南等 8 省图书馆学（协）会举办 2016 学术年会征文活动，征文主题：图书馆新形态与服务创新。省学会从省内选送部分优秀论文 100 余篇参加 2016 年中国图书馆学会年会征文，其中 30 余篇论文分获一、二、三等奖。组织全省公共图书馆参加中图学会全民阅读先进评选的申报工作。组织各地市图书馆学会、图书馆参加中国图书馆学会 2016 年会发现“书香城市（区县级）”评选活动，最终由省学会推荐的即墨市图书馆等 3 家单位荣获“书香城市”称号。

携手省内知名书法家举办“庆新年　迎新春”送春联活动、“全省图书馆职工迎新春书画优秀作品展”“百年掠影”山东近代建筑集萃展等。省图书馆尼山书院推出“新六艺”民俗文化体验周活动。组织动员全省 48 家市县级公共图书馆参加中图学会“同筑中国梦，共度书香年”春节主题活动，启动“网络书香过大年”专题活动；2 月 18 日，开展春节拥军活动，为山东公安边防总队赠送新版图书 160 余册，文化网络电视播出终端 4 台，便携式听书郎 6 台。

2016 年，文化精准帮扶“大众讲坛”巡讲先后走进泰安岱岳区中学、德州齐河县住建局等，以弘扬优秀传统文化为主旨，开展定题讲座。连续举办以“国术”“京剧”等为主题的讲座，其中还包含部分少儿公益国学讲座。举办各种公益性展览，如：不忘初心　励志抒怀——“2016 纪念建党 95 周年和红军长征胜利 80 周年”读者书画作品征集展览活动、纪念红军长征胜利 80 周年摄影展首展。

2016 年全国图书馆服务宣传周暨“六一”国际儿童节期间，山东省图书馆学会在全省范围内发出倡议，号召各级各类图书馆结合读者需求，充分利用馆藏资源、馆舍优势，开展多种形式的宣传活动。4 月 23—24 日，在济南组织举办“第十一届全省读书朗诵大赛总决赛”暨大赛颁奖仪式，首届“奎虚图书奖——我最喜爱的鲁版书”颁奖典礼同步举行。

全年陆续在全省各地举办各类培训班，如“第二届全省图书馆新媒体、新技术、新服务展示交流会”“全省图书馆基础业务知识培训班”

"全省图书馆数字化创新服务研讨会暨2016数字图书馆业务技能竞赛培训班""全省数字资源联建暨公共图书馆评估定级培训班"等。

编辑出版山东省图书馆学会第二十三次科学讨论会获奖论文专辑。编发学会内部刊物《山东图书馆信息》6期。（山东省图书馆学会　王玮）

【山东省图书馆学会第六次会员代表大会在济南召开】 6月24日，山东省图书馆学会第六次会员代表大会在济南召开。山东省文化厅、山东省民政厅、山东省社会科学界联合会、山东省科学技术协会等有关单位领导出席开幕式。山东省图书馆馆长冯庆东主持开幕式。来自全省公共、高校、科研、医院、党校、油田等各级各类图书馆的代表，共100余人出席大会。开幕式上，刘显世处长代表省文化厅发表讲话，省社科联副主席孙淑娜、省科协部长夏庆刚致辞。安徽、河南、江西、福建、黑龙江、陕西等兄弟省市图书馆学会也为大会发来贺信。大会表彰山东省图书馆学会2010—2015年度9个先进市级学会、45名优秀会员和10名先进学会工作者，并为先进集体和优秀个人颁发荣誉证书。第一次全体会议审议通过《山东省图书馆学会第五届理事会工作报告》《山东省图书馆学会第五届理事会财务收支情况报告》和《山东省图书馆学会章程（草案）》的修改说明。部分代表对《山东省图书馆学会章程（草案）》提出中肯的建议和意见。第二次全体会议通过等额选举、无记名投票的方式选举产生第六届理事会。山东省图书馆馆长冯庆东当选为理事长，山东省图书馆副馆长李西宁、山东省图书馆副馆长周玉山、山东省高校图工委秘书长韩子军、山东大学图书馆馆长李剑峰、山东大学齐鲁医院党委书记曹宪忠当选为副理事长，山东省图书馆研究辅导部主任陶嘉今当选为秘书长。大会选举产生理事53名、常务理事25名。（山东省图书馆学会　王玮）

【全省图书馆基础业务知识培训班在济南开班】 6月27日—7月1日，由山东省图书馆学会、山东省图书馆主办，文化部全国基层文化队伍培训基地（山东大学）承办的"2016年全省图书馆基础业务知识培训班"在山东大学中心校区开班，来自全省各个地市、县图书馆的业务人员近170人参加培训。北京大学信息管理系副教授张广钦做"公共图书馆基本原理""公共图书馆资源建设与服务""公共图书馆信息技术应用"以及"公共图书馆管理实务"等主题讲座。南京大学信息管理学院教授徐雁为学员做"'学习型馆员'与全民阅读推广"和"阅读推广的文创策划与操作实施"的专题讲座。（山东省图书馆学会　王玮）

【数字图书馆推广工程·参考咨询专题研讨班在德州举办】 11月13—16日，为推进数字图书馆推广工程，提升全省公共图书馆参考咨询服务能力与水平，山东省图书馆学会、山东省图书馆在德州市成功举办"数字图书馆推广工程·参考咨询工作专题研讨班"。全省各市、县（区）公共图书馆业务骨干百余人参加此次研讨班。研讨班特邀国家图书馆参考咨询部研究馆员赵红、副研究馆员张立江和姜虹、省图书馆参考咨询部主任于青等专家授课。内容包括"参考咨询工作与图书馆服务效能提升""公共图书馆微博、微信建设与分析""全省联合参考咨询协作网与咨询服务平台的使用技巧""文献检索方法与案例分析""从综合咨询到专题服务——国家图书馆参考咨询服务举要"5个专题。省图书馆研究辅导部主任陶嘉今对培训班进行总结。（山东省图书馆学会　王玮）

河南省

【河南省图书馆学会九届第三次理事会在郑州召开】 5月27日，在郑州召开河南省图书馆学会九届第三次理事会会议，来自全省各系统图书馆界的100余名理事参会。副厅长康洁对2015年河南省图书馆学会工作给予高度的评价和肯定。理事长孔德超对2015年河南省图书馆学会的工作进行总结，并提出2016年学会的工作思路。常务副秘书长严真做"河南省图书馆学会2015年度财务工作报告"。副理事长李景文宣读"河南省图书馆学会关于表彰2015年度'全民阅读'先进单位的通知"，安阳市图书馆、洛阳理工大学图书馆等73个单位受到表彰。副理事长崔慕岳通报"中国图书馆学会2016年工作计划"，副理事长楚明超宣读调整、增补九届理事会理事名单。（河南省图书馆学会　严真　马秀峰　伏琰）

【开展第七届河南省图书情报学术成果评审工作】 5月30日，河南省图书馆学会、河南省科学技术情报学会及河南省高等学校图书情报工作委员会三家学会联合下发关于开展第七届"河南省图书情报学术成果"评审工作的通知，共收到申报学术成果263项，根据《河南省图书情报优秀学术成果评选办法》，经评委会评定，评出一等奖94项、二等奖111项，为会员开展学术研究创造了良好的氛围，有力地推动业内学术研究的深入开展。（河南省图书馆学会　严真　马秀峰　伏琰）

【举办科研项目申报与论文写作培训班】 6月24日，河南省图书馆学会、河南省高等学校图书情报工作委员会、河南省科学技术情报学会联合在河南省图书馆学术报告厅举办"科研项目申报与论文写作培训班"，来自全省各系统的图书馆员近253人参加培训。培训班上，张怀涛研究馆员、周九常教授分别做题为"图书馆学术研究与论文写作""国家社科基金项目申报的战略与战术"的专题讲座。此次培训的目的是提高图书情报专业技术人员科研水平，掌握图书馆学情报学研究方法和论文写作技巧，了解科研项目申报和报告撰写的基本知识，了解图书情报类期刊投稿的要求，加强作者与编者之间的沟通和交流。（河南省图书馆学会　严真　马秀峰　伏琰）

【2016年图书馆员素质提升培训班在南阳市图书馆举办】 9月19—20日，河南省图书馆学会联合南阳图书馆学会在南阳市图书馆举办"2016年图书馆员素质提升培训班"。来自南阳市图书馆界的22个单位，共计92人参加培训。河南省图书馆副馆长申少春、河南师范大学图书馆馆长苏全有、安阳市图书馆副馆长刘燕分别做题为"现代公共文化服务体系与图书馆建设""未来图书馆的新趋向""图书馆文明礼仪与服务"的专题讲座。专家们从宏观处着眼，从微观处着手，既引领、启发学员们站在公共文化事业发展的战略高度感悟、认识到图书馆员担负着图书馆事业发展的使命，又使学员们学习到图书馆工作的新理念、新方法。（河南省图书馆学会　严真　马秀峰　伏琰）

【2016鲁豫皖赣新琼湘鄂八省（区）图书馆学（协）会学术年会在郑州召开】 10月18—19日，由河南省图书馆学会和省图书馆主办的"2016鲁豫皖赣新琼湘鄂八省（区）图书馆学（协）会学术年会"在郑州召开，来自八省（区）图书馆的194名代表参会。河南省文化厅副厅长、省图书馆学会名誉理事长康洁出席会议并致辞。年会共收到论文432篇，评出一等奖47篇、二等奖106篇、三等奖136篇、优秀奖31篇，评出优秀组织奖15家。黑龙江大学信息管理学院院长马海群应邀做题为"国内近期图书馆学研究进展与发展动向"的主旨报告；来自八省（区）学（协）会的8位代表分别在会上交流最新学术研究成果。河南省图书馆学会副理事长崔波做总结发言。（河南省图书馆学会　严真　马秀峰　伏琰）

湖南省

【开展湖南省公共图书馆服务成果评奖活动】 由湖南省文化厅主办，湖南省图书馆学会承办的湖南省公共图书馆服务成果评奖活动历时4个月，于10月结束，共评审出特等奖2项、一等奖10项、二等奖18项、三等奖32项、组织奖8个。此次活动根据湖南省文化厅《关于开展湖南省公共图书馆服务成果评奖活动的通知》（湘文公共〔2016〕85号）要求，全省各级公共图书馆积极参与申报，共有12个市（州）66个公共图书馆申报106项服务成果参加评奖。材料内容翔实，案例具有一定的典型性，服务成果讲求社会效益，充分体现近年来公共图书馆在努力创建公共文化服务体系建设中所获得的进步与成绩。（湖南图书馆　段蓓虹）

广东省

【概况】 截至2016年年底，广东省学会注册会员4336人。2016年，评审确定2015年广东省图书馆科研课题立项名单，课题立项47项。划拨2015年广东省图书馆科研课题资助经费共99000元。《2016年广东省图书馆科研课题指南》（附申报须知）正式挂网接受全省会员申报课题，收到申报材料111份。修订《广东省图书馆科研课题管理办法》《广东省图书馆科研课题专项资金筹集办法》《广东省图书馆科研课题结项须知》。

召开广东图书馆学会2016年学术年会。承办中国图书馆学会《图书馆参考咨询服务规范》

和《社区图书馆服务规范》两个培训班。邀请德国科隆公共图书馆馆长汉内洛尔·福格特博士（Dr. Hannelore Vogt）到广东省立中山图书馆做题为“极客、游戏和工具——创新服务与空间转换”的学术报告会。

举办第六届图书馆杯广东全民英语口语大赛、广东省第五届英语电影配音大赛、全省首届“知行合一　网罗天下”全民信息检索大赛、“首届全省图书馆阅读推广案例大赛”。

全年编辑出版《广东图书馆园地》4 期，每期印制 3000 册。（广东图书馆学会）

【《社区图书馆服务规范》培训班在广东省立中山图书馆举行】 6 月 15—17 日，由中国图书馆学会主办，广东图书馆学会、广东省立中山图书馆承办的《社区图书馆服务规范》培训班在广东省立中山图书馆一号报告厅举行。2016 年 3 月，文化部发布的全国文化行业标准——《社区图书馆服务规范》（WH/T 73—2016），于 2016 年 5 月 1 日起开始实施，由深圳图书馆牵头，联合东莞图书馆、深圳市罗湖区图书馆、深圳市福田区图书馆、深圳市南山区图书馆、深圳市龙岗区图书馆，贵州省图书馆、全国中小型公共图书馆联合会共同研制。（广东图书馆学会）

【专家组巡回指导广东省县域总分馆建设试点工作】 7 月初，广东省文化厅下发《广东省文化厅关于开展图书馆总分馆试点巡回指导工作的通知》（粤文公〔2016〕102 号）。受厅委托，广东图书馆学会组织 4 个专家组，以广东省立中山图书馆副馆长倪俊明、吴昊、李毅萍及广州图书馆馆长方家忠分别任组长，分组奔赴第一批 13 个试点县（市/区）图书馆开展总分馆巡回指导工作，行程约 4000 公里。专家组深入各试点县（市、区）的基层镇、村了解情况，现场指导总分馆建设。7 月 29 日，各专家组完成巡回指导工作，学会秘书处汇总各专家组巡回指导意见，8 月形成巡回指导总报告上报省文化厅。（广东图书馆学会）

【广东省图书馆信息技术应用与服务培训班在肇庆市开班】 7 月 6—7 日，由广东省中心图书馆委员会、广东图书馆学会主办，广东省立中山图书馆承办，肇庆市图书馆协办的“广东省图书馆信息技术应用与服务培训班”在肇庆市开班。来自全省 44 所地级市图书馆、高职院校图书馆、科技情报单位约 100 名分管技术的副馆长、技术部门主任和技术骨干参加培训。广东省立中山图书馆副馆长吴昊在培训班开班仪式上致辞。围绕大数据与图书馆发展、应用与服务，此次培训设置“新时期图书馆数字资源协同服务”“大数据时代的图书馆：挑战、机遇与对策”“大数据与图书馆建设融合”等课程，聘请中山大学图书馆副馆长罗春荣等图书馆界信息技术方面的专家或业务骨干担任讲师。7 日下午，学员们参观肇庆市图书馆，通过实地考察学习交流工作经验。（广东省立中山图书馆）

【2016 年“阅读推广青年论坛”暨“富媒体环境下的阅读推广创新研讨会”在东莞举行】 9 月 26—28 日，由中国图书馆学会阅读推广委员会、广东图书馆学会共同主办，东莞图书馆承办，超星集团支持的 2016 年“阅读推广青年论坛”暨“富媒体环境下的阅读推广创新研讨会”在东莞市会展国际大酒店举行。来自全国各地的专家学者、馆长以及青年馆员共 400 多人参会。大会开幕式由东莞市图书馆副馆长冯玲主持。中国图书馆学会副理事长、国家图书馆常务副馆长陈力，广东图书馆学会理事长、广东省立中山图书馆馆长刘洪辉，东莞市文化广电新闻出版局副局长王旭辉先后致辞。东莞市图书馆馆长李东来对“扫码看书，百城公益”活动进行推介，并播放“阅读推广我们一直在努力”阅读宣传视频。中国图书馆学会副理事长、中山大学图书馆馆长程焕文和陈力为 2016 年“阅读推广青年论坛”获奖论文、创意作品颁发获奖证书。此次活动共评出获奖论文 42 篇，获奖创意作品 44 件。

专题报告环节，程焕文首先做题为“青年是阅读推广的未来”的报告。随后，陕西师范大学历史文化学院教授、博士生导师于赓哲，中国索引协会副理事长叶艳鸣，超星集团移动事业部总经理翟东亮分别做题为“新媒体与历史经典阅读”“移动服务与阅读推广”“互联网 + 下的移动图书馆服务”的专题报告。下午，两场分会场活动同时举行。2016 年“阅读推广青年论坛”分会场进行最佳微文案、优秀论文、最佳海报、最佳音视频展示，各位获奖的青年馆员纷纷上台进行经验交流与互动分享。由广东图书馆学会主办，东莞图书馆和超星集团共同协办的"总分馆建设"馆长专题研讨会分会场首先分别由东北师范大学陈昊琳和叶艳鸣分别做题为"第六次公共图书馆评估定级标准解读"和"评估定级与数字图书馆建设"的专题报告。随后广州少年儿童图书馆副馆长吴翠红，汕头市图书馆馆长郑良光，佛山市禅城区图书馆馆长田碧分别做题为"广州图书馆之城规划与探索""汕头一卡通项目建设""佛山联合图书馆——禅城地区总分馆"的专题报告。广东省立中山图书馆副馆长吴昊、广州图书馆馆长方家忠、佛山市图书馆馆长屈义华三位专家进行点评。会议最后由刘洪辉做会议小结。（广东图书馆学会）

【广东图书馆学会 2016 年学术年会在黄埔区图书馆召开】 12 月 8—9 日，以"图书馆：创新 智慧 规范 体验"为主题的广东图书馆学会 2016 年学术年会，在广州市黄埔区图书馆新馆召开。本次会议由广东图书馆学会主办，广州黄埔区图书馆承办，14 家国内图书馆技术、设备服务商协办。来自全省各类型图书馆 500 多位代表参会，超历届年会规模。在开幕式上，黄埔区人民政府副区长黄东、广东省文化厅副厅长陈杭、广东图书馆学会理事长刘洪辉先后致辞。陈杭向为我国图书馆事业做出突出贡献的中山大学资讯管理学院教授、图书馆馆长程焕文博士颁发"杰出贡献奖"奖牌。在第二届"寻找广东最美图书馆员"风采展示环节，现场会员领略到最美馆员的风采，卜雪敏等来自全省各系统共 10 位馆员获此殊荣。

方家忠、程焕文两位图书馆学界专家分别做"关于我国公共图书馆发展若干问题的思考"和"《公共文化服务保障法》与公共图书馆的可持续发展"的主旨报告。4 个分会场分别以"业务创新""服务智慧""管理规范""读者体验"为主题进行讨论和交流。本次年会共入选论文 54 篇，其中一等奖 4 篇、二等奖 11 篇、三等奖 13 篇，并在闭幕式上进行颁奖。

同时举办"首届广东全民信息检索大赛""首届全省图书馆阅读推广案例大赛"两项大赛的总决赛。信息检索大赛共吸引来自广东 21 个地区的 1280 余名图书馆工作人员与 2500 余名读者参加，来自 6 个赛区的 18 名优秀馆员选手进入决赛。最终由中山市华侨中学图书馆与江门五邑图书馆组成"真相大白队"获得一等奖。阅读推广案例大赛共收到全省各系统 31 个单位选送的 41 个案例，最终 12 个案例入围总决赛。经现场多轮激烈 PK，广东省立中山图书馆"21 天阅读挑战书"荣获一等奖和最佳人气案例。

年会期间，同时举办"那些年，那些事，启程十三五图片展""广东省图书馆应用技术设备展览会"和"第二届最美图书馆员风采展"。（广东图书馆学会）

【"创客空间：图书馆里的创造力——人人参与的创客空间"国际学术研讨会在广州图书馆举办】 11 月 20—23 日，由广东图书馆学会对外交流委员会指导，广州图书馆、广州市图书馆学会、中山大学图书馆、青树教育基金会、中国青树乡村图书馆服务中心联合主办的"创客空间：图书馆里的创造力——人人参与的创客空间"国际学术研讨会在广州图书馆举办。来自中国、美国、英国等国家和地区的海内外专家学者、创客爱好者共 620 余人出席。开幕活动由广州图书馆馆长方家忠主持。青树教育基金会主席赵耀渝（Faith Chao）女士，中山大学校长助理、中山大学图书馆馆长程焕文，广东图书馆学会理事长刘洪辉先后致辞。

学术会议以"人人参与的创客空间"为主题，分为主题演讲、TIE 演讲、工作坊交流以及专题讨论四个环节进行。主题演讲共 4 场，分别是：丹麦奥尔胡斯图书馆馆长罗尔夫·哈佩尔（Rolf Hapel）做题为"图书馆作为网络社会中开放的非正式学习中心"报告；新加坡国家图书馆管理局副总裁郑爱清（Ai Cheng Tay）女士做题为"通过创制来突破：降低障碍，培育社区"的演讲；中国图书馆学会副理事长吴建中强调图书馆作为第三空间的作用，未来图书馆将成为知识中心、学习中心和交流中心；旧金山公共图书馆馆长路易斯·赫雷拉（Luis Herrera）做题为"图书馆新构想：创造性学习的创客空间"的演讲。TIE 演讲分为"大学创客空间"和"创客空间与创客教育"两个主题。美国卡耐基梅隆大学图书馆馆长基思·韦伯斯特（Keith Webster）、西南交通大学工程训练中心创新部部长李君和香港理工大学设计学院助理教授蔡诗赞（Clifford Choy）3 位高校嘉宾分别做"创客空间和图书馆——社区服务的新形式""创客空间：民主式创新的乐园”和“学校如何融合创客文化”报告，阐述大学创客空间构建的意义和创客教育模式。广州图书馆副主任张江顺以广州图书馆为例，阐述城市的创造空间与创新平台的背景、理念、规划、实践。上海蘑菇云创客空间负责人夏青做“创客，改变世界”报告。6场工作坊分别是“为社区服务的发明创造”“设计思维”“服务社区的高校图书馆创客空间”“历史创客教学”“创客教育案例分享——火星派的实践”“少儿编程——00后的创客必备技能”。在“创客空间与社区教育”专题讨论中，长沙图书馆副馆长龙耀华、芝加哥公共图书馆馆长布瑞恩·班农（Brian Bannon）、德克萨斯州州立大学阿灵顿分校图书馆馆长丽贝卡·比歇尔（Rebecca Bichel）、同济大学设计创意学院 Fablab O 实验室主任丁俊峰、广州海珠区少年宫科技部部长刘建荣、英国信息和数字访问网络资深顾问罗伯特·戴维斯（Rob Davies）等纷纷上台分享相关经验。（广州图书馆）

广西壮族自治区

【“网络书香·数字图书馆建设与服务”宣传推广项目（广西站）系列活动在南宁举办】 5月11日上午，由国家文化部公共文化司指导，国家图书馆、中国图书馆学会、广西壮族自治区文化厅主办，广西壮族自治区图书馆、广西图书馆学会承办的“网络书香·数字图书馆建设与服务”宣传推广项目（广西站）系列活动启动仪式在广西壮族自治区图书馆举行。自治区文化厅副厅长严霜在仪式上致辞。中国图书馆学会副秘书长仲岩代表主办方致辞，并代表中国图书馆学会分别向广西壮族自治区图书馆和广西图书馆学会颁发“感谢状”。来自区内各级各类图书馆馆长及业务骨干共150人参加启动仪式，随后代表们参观数字图书馆推广工程体验区，并参加图书馆馆长及业务骨干高级研讨班。研讨班上，国家图书馆业务管理处副处长谢强、中科院文献情报中心副主任孙坦、浙江图书馆副馆长刘晓清、国家图书馆数字资源部副主任李春明分别进行授课。广西图书馆副馆长曾红辉在5月12日下午举办的研讨班结业仪式作总结发言。中国图书馆学会向参加研讨班的学员颁发《结业证书》。除专业培训外，本次活动还与普通读者分享国家数字图书馆建设的成果，开辟数字服务展示体验区。（广西图书馆学会）

【广西图书馆学会2016年年会暨第34次科学讨论会在南宁召开】 11月29日，广西图书馆学会2016年年会暨第34次科学讨论会在南宁召开。开幕式由广西图书馆学会副理事长、广西壮族自治区图书馆副馆长秦小燕主持，广西图书馆学会副理事长、广西壮族自治区桂林图书馆馆长钟琼致开幕辞。来自全区公共、高校、科研系统图书馆及部分企业代表共249人参会。广西图书馆学会理事长、广西壮族自治区图书馆馆长韦江做“广西图书馆学会2016年工作报告”。中国图书馆学会副理事长、中国图书馆学会学术研究委员会主任吴建中先生做“第三代图书馆：探索与实践”的主旨报告。成都电子科技大学图书馆馆长李泰峰做“互联网+下图书馆的服务创新”学术报告。闭幕式由广西图书馆学会副理事长、广西壮族自治区图书馆副馆长秦小燕主持。韦江、钟琼等学会领导先后颁发广西图书馆学会2016年年会优秀论文奖、广西图书馆学会2016年年会征文活动组织奖。2016年年会征文总主题：“图书馆创新与发展”。本次年会收到参评论文54篇，评出正式论文43篇、交流论文7篇，并评选出一等奖1篇、二等奖2篇、三等奖3篇。随后，广西图书馆学会学术工作委员会原副主任、《图书馆界》原主编陈大广对被评为“中国知网CNKI”杯《图书馆界》2016年度优秀论文的两篇论文进行点评，同方知网（北京）技术有限公司广西分公司总经理刘剑为论文作者颁奖。大会还对参加中国图书馆学会2016年数字图书馆业务技能大赛的获奖人员进行表彰。最后，广西图书馆学会理事长、广西壮族自治区图书馆馆长韦江致闭幕词。（广西图书馆学会）

【广西图书馆学会第十次会员代表大会在南宁召开】 11月28日下午，广西图书馆学会第十次会员代表大会在南宁召开。广西科学技术协会副主席方芳，广西图书馆学会理事长韦江，广西图书馆学会副理事长钟琼、林智荣出席开幕式。开幕式由广西图书馆学会秘书长贾莹主持。林智荣致开幕辞。方芳做重要讲话。理事长韦江做“求真务实创佳绩，学会工作结硕果——广西图书馆学会第九届理事会工作报告”和“广西图书馆学会第九届理事会财务报告”。大会还审议通过《广西图书馆学会章程（审议稿）》和会费标准说明。大会还进行新一届理事会理事的选举。112 名到会代表通过无记名投票、等额选举的方式对 83 名理事候选人进行投票。广西图书馆学会第十届理事会随之产生。随后，第十届理事会全体理事又举行十届一次全体理事会议，选举产生第十届理事会常务理事以及理事长等领导组成，并审议通过广西图书馆学会第十届工作委员会负责人名单及《图书馆界》编辑委员会主编人选。韦江当选为理事长，钟琼、徐尚进、周长山、林智荣、秦小燕为副理事长，贾莹为秘书长，曹旻、庞蓓、董惠霖为副秘书长。最后，韦江理事长致闭幕词。（广西图书馆学会）

【桂林市图书馆学会 2016 年年会暨第 33 次科学讨论会】 12 月 9 日，桂林市图书馆学会 2016 年年会暨第 33 次科学讨论会在桂林理工大学屏风校区召开，来自全市图书馆界近 230 名会员、代表及图书馆工作者参加会议。会议由桂林理工大学图书馆馆长张雄主持，桂林理工大学副厅级调研员张劲松致开幕词，桂林市科学技术协会副主席彭友萍讲话。广西桂林图书馆馆长钟琼代表桂林市图书馆学会理事会做“桂林市图书馆学会 2016 年工作报告”。桂林市图书馆学会副理事长、桂林理工大学图书馆馆长张兴旺对 2016 年年会论文的征集情况做评审总结。本次年会共收到论文 27 篇，经专家评审，评出了一等奖 1 篇、二等奖 4 篇、三等奖 6 篇。会上还对“品味书香”系列活动优秀案例、年会优秀论文、征文活动先进单位进行表彰。在此次年会期间，桂林市图书馆学会举办首届图书馆员业务技能竞赛，大赛由图书打包、图书排架、入库找书三个项目组成，全方位考察图书馆员的合作能力、协调能力和基础业务能力。来自全市 28 个成员馆组成的 14 支代表队参赛。经过激烈的角逐，广西桂林图书馆获团体一等奖、图书打包项目第一名、图书拆包、排序、上架项目第二名。（广西图书馆学会）

海南省

【开展 2016 最美图书馆、最美图书馆人评选工作】 2 月 29 日—7 月 31 日，海南省图书馆协会开展“2016 最美图书馆、最美图书馆人”评选活动，收到 10 家图书馆、书屋和 10 位图书馆人的申报材料。经由省图书馆协会常务理事、理事及全省各类图书馆代表共同组成的评审委员会严格评审，评出 5 家“最美图书馆”和 5 位“最美图书馆人”。荣获“2016 最美图书馆”的是保亭县图书馆、昌江县图书馆、山椒社区多校村知海书屋、光大银行海口和风江岸社区图书馆、海口经济学院图书馆；荣获“2016 最美图书馆人”的是保亭县图书馆梁惜文、山椒社区多校村知海书屋孙衍吾、昌江县图书馆郭玉光、海南外国语职业学院图书馆张聪红和海南软件职业技术学院图书馆胡国杰。（海南省图书馆协会　文一叶）

【开展图书资料系列业绩成果鉴定工作】 8 月 19 日，海南省图书馆协会开展图书资料系列业绩成果鉴定工作，收到海南省图书馆、保亭县图书馆、五指山市图书馆的工作者申报业绩成果鉴定 8 项。省图书馆协会秘书处严格按照《海南省图书资料系列业绩成果申报说明》和《申报海南省图书资料系列业绩成果评审办法（试行）》（下面简称《评审办法》）的规定，对申报材料进行审核，将符合申报条件的材料提交本次业绩成果评审专家组审阅。9 月 14 日，在省图书馆召开图书资料系列业绩成果鉴定评审会，专家组依据《评审办法》的规定和申报者介绍项目成果创新点、应用效果及答辩情况，进行评定，签署专家意见。省图书馆协会秘书处将评审情况汇报、专家组意见、各申报项目总结报告报送海南省文化广电出版体育厅。省文体厅召开图书资料系列业绩成果鉴定终评会议，做出最终的评审意见，确定 6 项通过评审，2 项不通过评审，并将评审结果在省文体厅网站和省图书馆网站上公示。（海南省图书馆协会　文一叶）

【举办 2016 海南图书馆员在职专业培训】 11 月 8—11 日，海南省图书馆协会在省图书馆举办“2016 海南图书馆员在职专业培训”，全省公共图书馆、高校图书馆、科研院所图书馆、中小学业图书馆、医院图书馆、文化站等 59 家单位的馆长和图书馆员 240 余人参加培训。在历时 3 天的培训中，重庆大学图书馆馆长杨新涯、海南大学图书馆副馆长王小会、华南师范大学经济与管理学院教授束漫、海南省高等学校图书情报工作委员会顾问安邦建、省图书馆馆长李彤分别讲授“数字图书馆技术与发展”“阅读推广策略”“图书馆服务创新理念与实践——多元、积极与包容”“图书馆基本原理——理论与实践”和“公共图书馆服务创新模式”等专题内容。此次培训，既有系统的理论知识学习，又有丰富的案例交流，更有专家老师平时在图书馆工作中实践经验的传授。在培训班结业式上，省图书馆协会会长、省图书馆馆长李彤代表主办单位做培训总结，并为学员代表颁发结业证书。（海南省图书馆协会　文一叶）

【召开海南省图书馆协会 2016 年学术年会】 12 月 30 日，在省图书馆召开海南省图书馆协会 2016 年学术年会。省图书馆协会领导、会员代表、年会征文获奖作者、“2016 最美图书馆、最美图书馆人”获奖者 190 余人参加会议。此次年会的主题是“迈向权利保障时代——图书馆发展与海南实践”。省图书馆馆长、省图书馆协会会长李彤做 2016 年省图书馆协会工作报告。省图书馆副馆长、省图书馆协会秘书长张蕊主持会议，并通报“2016 年度最美图书馆、最美图书馆人”评选情况。会上展示“最美图书馆”和“最美图书馆人”的形象图片。海南省人民医院图书馆馆长、省图书馆协会副会长赵金华宣读年会征文获奖名单。大会为荣获“2016 年度最美图书馆”的单位颁发荣誉证书和牌匾，获“2016 年度最美图书馆人”的个人及年会征文一、二、三等奖的作者颁发荣誉证书，推荐获奖作者宣读论文，作大会交流。南开大学商学院信息资源管理系教授、博士生导师徐建华，为与会代表做“图书馆职业特征与图书馆员职业生涯规划”的专题报告。（海南省图书馆协会　文一叶）

重庆市

【概况】 2016 年，重庆市图书馆学会荣获中国图书馆学会“同筑中国梦　共度书香年”活动优秀组织单位奖及“信息时代　数字未来——2016 年数字图书馆业务技能竞赛”最佳组织奖。云阳县图书馆馆长方宗建跻身“2016 中国图书馆榜样人物”，北碚图书馆、南岸区图书馆荣获中国图书馆学会“2015 年全民阅读先进单位奖”。举办重庆市公共图书馆学术交流会，重庆市公共图书馆馆长工作交流座谈会，“阅读推广人”培育行动——阅读推广基础理论专题培训班（重庆站），数字资源建设重庆市公共图书馆馆长培训会，重庆市公共图书馆业务协作协调培训班，重庆市公共数字文化管理与服务培训班。承担中国图书馆学会公共图书馆分会图书馆扶贫工作委员会秘书处日常工作，举行扶贫工作委员会第一次工作会议。组织专家参与 2016 年重庆市区县（自治县）“三馆一站”免费开放绩效评价工作。学会单位会员 37 个，会员 419 人。学会刊物《重庆图情》复刊并出版 2 期，平均每期收录通讯、论文等文章 99 篇。（重庆市图书馆学会）

【“阅读推广人”培育行动——阅读推广基础理论专题培训班（重庆站）举行】 6 月 21—23 日，由中国图书馆学会和重庆市文化委员会主办，重庆市图书馆学会与重庆图书馆承办的 2016 年“阅读推广人”培育行动——阅读推广基础理论专题培训班（重庆站）在重庆图书馆举行。来自全国 28 个省、自治区、直辖市各类图书馆从事阅读推广相关工作 300 余人参加培训。中国图书馆学会理事、阅读推广理论研究专业委员会主任、华东师范大学信息管理系教授范并思，中国图书馆学会阅读推广委员会委员、上海图书馆《图书馆杂志》原常务副主编王宗义，中国图书馆学会阅读推广委员会阅读与心理健康委员会主任、《大学图书馆学报》副主编王波，中国图书馆学会阅读推广委员会副秘书长、清华大学图书馆信息参考部副主任王媛，中国图书馆学会阅读推广委员会阅读史分委会副主任、上海大学图书情报档案系讲师熊静，深圳图书馆博士蔡箐，分别从图书馆阅读推广中的基础理论问题、图书馆阅读推广的深化路径与专业提炼、图书馆阅读推广中的营销学原理与方法、阅读疗法研究、中国的阅读传统、全球视野下的阅读立法研究等角度，结合自身的研究领域和工作实践，系统阐述阅读推广工作的基础理论和专题研究。培训课程结束后，培训班学员观摩重庆图书馆少儿快乐阅读体验课。（重庆市图书馆学会）

【2016 年重庆市公共图书馆学术交流会举行】 11 月 17 日，2016 年重庆市公共图书馆学术交流会在合川区举行，活动由重庆市文化委指导，重庆市图书馆学会、重庆图书馆主办，合川区图书馆协办，北京世纪超星信息技术发展有限责任公司技术支持，以“社会、阅读与图书馆”为主题，包括馆长工作交流座谈、专家主题讲

座、获奖论文作者交流发言、重庆市公共图书馆业务协作协调及数字文化管理与服务培训等内容，上百名业界代表参会，是重庆市公共图书馆学术交流的重要平台，也成为2016年重庆市公共图书馆界的年度盛会。成都理工大学图书馆原副馆长、研究馆员叶艳鸣，超星集团移动事业部总经理翟东亮分别以“评估与数字图书馆建设”“互联网+下的移动图书馆服务”为题进行大会主题发言。此次学术交流会共收到征文84篇，评出一等奖5篇、二等奖10篇、三等奖15篇。在征文活动中表现突出的涪陵区图书馆、合川区图书馆获得征文组织奖。（重庆市图书馆学会）

【中图学会公共图书馆分会图书馆扶贫工作委员会第一次工作会议举行】 12月8日，中国图书馆学会公共图书馆分会图书馆扶贫工作委员会第一次工作会议在重庆图书馆举行。中图学会副理事长、公共图书馆分会主任刘小琴出席会议，参会委员17人，特邀上海点击书、五洲世纪、希卓科技三家文化企业代表列席，以引入社会力量共同推动文化扶贫。会议回顾委员会成立历程，加深对目前文化扶贫形势、必要性和重要意义的认识，反映本地基层文化建设困境和扶贫工作进展难点，围绕委员会工作制度草案和今后具体工作计划展开讨论。

2016年年初，中图学会公共图书馆分会图书馆扶贫工作委员会经中图学会九届一次常务理事会和九届三次常务理事会审议通过，挂靠重庆图书馆，旨在落实党和国家对于扶贫工作的系列指示精神，加强对贫困地区图书馆事业发展的指导帮助和资源倾斜力度，开展帮扶活动，以精准扶贫方式着力提升贫困地区群众获取信息资源的获得感。目前委员19人，来自全国18个省、自治区、直辖市的公共图书馆及高校。重庆市图书馆学会秘书处承担图书馆扶贫工作委员会秘书处日常工作。（重庆市图书馆学会）

四川省

【概况】 2016年，四川省图书馆学会组织开展省文化厅“图书情报学与文献学规划项目”第二期（2013年度项目）的结题验收工作以及第三期（2016年度项目）的申报立项工作；组织川吉苏冀桂五省（区）第十五届图书馆学术研讨会四川地区的征文评比工作和2016年中国图书馆学会年会征文活动及其他行业相关的各种学术成果评比活动等；如期出版《四川图书馆学报》《川图导报》。同时，各市（州）图书馆学会相继成立，并积极开展业务和学术交流活动，如成都市图书馆学会举办2016年成都市公共图书馆学术年会。学会老牌公益讲座“巴蜀讲坛”全年举办40场，每场讲座平均听众约350人；同时开通线上讲座的同步直播，共计直播3次，线上点播约30万人次。“周末艺术鉴赏会”是学会新创立的服务品牌，已举办40场，线下接待2万余人次，线上同步直播首次点播约6万人次。（四川省图书馆学会秘书处）

【2016年全国基层文化队伍示范性培训——全国县级图书馆馆长培训班（第二期）在成都举行】 9月5—9日，由文化部公共文化司主办，中国图书馆学会承办，四川省图书馆、四川省图书馆学会协办的“全国基层文化队伍示范性培训——全国县级图书馆馆长培训班”（第二期）在成都举行。此次培训旨在“加强基层文化管理干部队伍建设，提高县级图书馆馆长的综合素质和履职能力”，来自全国各地200多个县级图书馆馆长参加培训。文化部公共文化司副司长陈彬斌，中国图书馆学会副理事长、国家图书馆常务副馆长陈力，四川省文化厅副巡视员卢锋等出席开幕式并发表讲话。此次培训还特别邀请南开大学信息资源管理系图书馆学博士生导师柯平，佛山市图书馆馆长屈义华，广东省立中山图书馆馆长刘洪辉，苏州图书馆原馆长、研究员邱冠华，东莞图书馆馆长李东来，四川省图书馆学会副理事长王嘉陵分别就公共文化政策理论、公共图书馆业务能力建设、领导能力与团队建设等方面内容作专题讲座。培训还设置“学员论坛”环节，参加培训的馆长们从工作经验、成果和问题等方面展开热烈的交流讨论。（四川省图书馆学会秘书处）

【四川省图书馆学会第八次会员代表大会召开】 5月25日，四川省图书馆学会第八次会员代表大会在省图书馆召开。省图书馆、成都图书馆及各市（州）学会、各系统委员会会员代表总计153人出席大会。会议审议通过《四川省图书馆学会第七次理事会工作报告》《四川省图书馆学会工作规划》《四川省图书馆学会第八次会员代表大会筹备工作报告》和《学会章程修改说明》。代表们通过民主程序，选举产生第八届理事会、常务理事以及以何光伦为理事长的新一届学会领导班子，同时组成新一届工作机构、学术委员会和专业委员会。（四川省图书馆学会秘书处）

贵州省

【概况】 2016 年，贵州省图书馆学会完善中国图书馆学会会员、省级会员管理平台新会员资料，开展各种培训及活动提高会员业务水平的同时丰富会员业余生活。本年度共发展省图学会新会员 88 人，中图学会新会员 16 人。在地级市新建贵阳市图书馆学会、遵义市图书馆学会等 6 个分支学会。

全年累计参加各种会议 30 余次，公益活动 5 次。参加科协组织的三下乡活动 3 次，科技周 2 次，赠送科普读物 2000 余册，总码洋约 12 万元，受到社会一致好评。完成中图学会组织的“2015 年度全民阅读推广先进单位”评选，贵州省民族大学图书馆、贵阳市乌当区图书馆获此奖项。贵州大方县图书馆获得全国“最美基层图书馆”荣誉称号。组织会员积极参加 2016 中国图书馆年会和中图学会各专业委员会学术研讨会。在 2016 年中国图书馆年会征文中，获得 4 个一等奖项、2 个二等奖项和 1 个三等奖的好成绩，也是贵州省参加年会征文以来获得一等奖最多的一次。召开会议筹备“2017 年中国西部公共图书馆第四届联合会年会暨学术研讨会”征文事宜。5 月、11 月，与省图书馆合办两期为期一个月的“2016 年贵州省公共图书馆基层业务培训班”，培训学员 93 人；11 月，在凯里学院举办黔东南州公共图书馆“古籍保护及地方文献高级研讨班”，培训当地学员 95 人。

协助各分支机构开展活动。春节前期，主办以“同筑中国梦　共度书香年”的春节主题活动，由各分支机构承办，全省共有 36 家图书馆积极参与，活动内容丰富多彩，和全省市民一起过个书香年。邀请省外知名专家到各分支机构举办专题讲座，把专业最前沿知识及时传送给基层各馆。

省学会主编的《贵图学苑》作为全省唯一的图书馆专业期刊，为保证刊物的质量，编辑委员会除对每期稿件进行集中评审外，还对录用论文进行学术不端检测。此外，还向基层图书馆的会员免费寄发。（贵州省图书馆学会秘书处　王霞）

【举办贵州省公共图书馆总分管制建设培训会议】 5 月 19—20 日，贵州省文化厅公共文化处委托省图书馆学会在省图书馆召开全省公共图书馆总分管制建设培训会议，各公共馆馆长及分馆相关领导共 240 人参加此次培训。特邀苏州图书馆原馆长邱冠华做“总分馆制专题报告”。省文化厅副厅长黎盛翔对全省公共图书馆总分馆建设提出建设性部署。（贵州省图书馆学会秘书处　王霞）

【《贵州省公共图书馆条例》立法调研工作启动】 6 月，省文化厅下发《〈贵州省全民阅读促进条例〉暨〈贵州省公共图书馆条例〉立法调研工作领导小组的通知》，明确将两个条例的立法调研工作委托贵州省图书馆学会承办。9 月，《贵州省全民阅读促进条例》和《贵州省公共图书馆条例》立法调研工作正式启动。（贵州省图书馆学会秘书处　王霞）

【举办 2016 年中国图书馆年会第 14 分会场】 10 月 27 日，由中图学会阅读推广理论研究专业委员会、贵州省图书馆、贵州省图书馆学会、图书馆报联合举办的中国图书馆年会第 14 分会场——“阅读推广的理论引领与服务创新”在安徽铜陵举办。来自阅读推广领域的专家、贵州省文化厅等单位领导及参会代表 200 余人参会。中图学会阅读推广委员会主任、东莞图书馆馆长李东来在会上发布《图书馆阅读推广理论进展：2005—2015》研究报告，报告对过去十年的阅读推广研究进行系统梳理。华东师范大学信息管理系教授范并思、香港中文大学新亚书院钱穆图书馆及联合书院胡忠多媒体图书馆主任马辉洪、贵州省图书馆副主任周琦、重庆大学图书馆馆长杨新涯先生分别做题为“图书馆阅读推广的历史方位”“阅读·考察·写作——‘轻松散步学中文’计划”“阅读推广视野中的文化志愿服务创新”“读书会虚拟化的创新探索”的学术报告。李东来，中图学会阅读推广委员会副主任、国家图书馆社会教育部主任汤更生，贵州省图书馆副馆长钟海珍，《图书馆报》副社长李晓为在会上交流的欠发达地区阅读推广案例做点评。整场会议内容触及理论最前沿和实践第一线，亮点纷

呈，受到业界好评。（贵州省图书馆学会秘书处 王霞）

云南省

【云南省图书馆学会第七次会员代表大会召开】 4月12—15日，云南省图书馆学会第七次会员代表大会在省图书馆召开，来自全省各级公共图书馆和高等院校、科研及其他系统图书馆的200余名学会代表参加会议。云南省社科联学会部主任吴绍斌、省民政厅民间组织管理三处副处长彭文全、省文化厅公共文化处副处长朱洪兵等领导出席会议并讲话。省图书馆馆长王水乔主持大会并做第六届学会工作报告。会议审议通过学会财务报告、筹备工作报告和《〈云南省图书馆学会章程〉修订情况说明》；选举产生新一届学会理事长、副理事长、秘书长，王水乔任理事长。大会还表彰5个优秀学会、12个先进集体和64名优秀会员。（云南省图书馆学会）

【"网络书香·数字图书馆建设与服务"宣传推广项目(云南站)系列活动举行】 4月13—17日，由文化部公共文化司指导，国家图书馆、中国图书馆学会、云南省文化厅主办，省图书馆、省图书馆学会承办的"网络书香·数字图书馆建设与服务"宣传推广项目（云南站）系列活动在省馆举行。活动主要包括图书馆馆长及业务骨干高级研讨班、数字图书馆体验活动等两方面的内容。来自全省各级公共图书馆和部分高校、科研图书馆的馆长及业务骨干约230余人参加研讨和培训。在为期两天的研讨班上，中国农业科学院农业信息研究所所长孙坦、国家图书馆数字资源部副主任李春明、浙江图书馆副馆长刘晓清、国家图书馆信息技术部总工程师王乐春等国内知名专家、学者为学员讲授有关数字图书馆资源建设、软硬件建设、管理服务等方面的课程。在数字图书馆体验区，与会人员和广大读者共同分享数字图书馆建设成果，实地体验电视图书馆、移动阅读平台、少儿数字图书馆、残疾人数字图书馆、盲人图书馆以及中国政府公开信息整合服务平台等先进、新颖、丰富的数字资源、技术和服务，进一步深入了解数字图书馆建设工作，亲身体会到"网络书香"的魅力。（云南省图书馆学会）

陕西省

【概况】 2016年，陕西省图书馆学会开展的活动有全国性的、西北地区的、全省性的，有面向全体会员的，更有面向基层公共图书馆的。如举办"我与中华古籍"创客大赛，"同筑中国梦　共度书香年"活动，"国家珍贵古籍系列讲座""信息时代　数字未来——2016年数字图书馆业务技能竞赛"；与省图书馆联合举办"2016年西北地区少儿阅读推广基础理论专题培训班"，与省高校图工委联合开展"高校图书馆藏书建设的困境和对策"主题沙龙活动，继续推进高校图书馆与基层公共图书馆的结对帮扶工作等，使学会在引领行业发展的同时开创多赢的局面。学会自身的工作水准、号召力、组织力、凝聚力和影响力都有所提高，得到业界的普遍认同和参与。

组织动员全省图书馆参与中国图书馆学会举办的"同筑中国梦　共度书香年"图书馆春节主题活动，专题展览在全省39家图书馆巡展，观众达20多万人次，省学会作为全国8家优秀组织单位之一获得中图学会的通报表扬。组织陕西各类型图书馆工作者90余人参加在安徽铜陵举办的2016年中国图书馆年会。在此次年会上，陕西参加征文投稿的30名作者中有11人获奖（一等奖2名、二等奖4名、三等奖5名）；省学会因组织动员全省众多图书馆参与中图学会主办的"信息时代　数字未来——2016年数字图书馆业务技能竞赛"（共有195人参加初赛，20人进入复赛），荣获此项竞赛活动的最佳组织奖，西北赛区（陕西省、甘肃省、宁夏回族自治区）作为全国决赛7个赛区之一荣获四等奖；省学会同时获得"我与中华古籍"创客大赛优秀组织奖；韩城市司马迁图书馆荣获"2016年最美基层图书馆"称号。（陕西省图书馆学会　霍彩玲）

【开展结对帮扶县区基层图书馆专题调研】 2016年，陕西省图书馆学会联合省高校图工委，组织高校图书馆开展结对帮扶县区基层图书馆活动。6月27日，省图书馆学会协作协调委员会副主任委员、第四军医大学图书馆馆长孙艳，委员会委员、西北大学图书馆副馆长贾希鸣等高校馆代表一行19人赴石泉县专题调研结队帮扶开展情况。作为帮扶对子，陕西师范大学图书馆向石泉县图书馆捐赠计算机10台、图书期刊10包。在座谈交流环节，石泉县图书馆介绍该馆近年来的发展情况及存在困难，与会者据此提出针对性的建议和意见。11 月 1 日，西安科技大学图书馆副馆长冯永财等赴西安市长安区图书馆开展结对帮扶上门送书活动。冯永财代表西安科技大学图书馆向长安区图书馆赠送图书 200 余册；双方就两馆开展业务交流、人员培训、技术指导、共同举办阅读推广活动等提出建设性意见。帮扶人员还前往长安区杜回村、香积寺村农家书屋开展现场帮扶活动。11 月 9 日，西北大学图书馆馆长杨乐生、副馆长贾希鸣，协作协调委员会委员、陕西师范大学图书馆副馆长田向阳及省图书馆学会秘书处刘延莉等一行前往洛南县图书馆开展结对帮扶专题调研。自 2010 年结对以来，西北大学图书馆共计到馆 3 次，捐赠图书 3000 余册；在业务技术指导方面通过电话等方式联络咨询多次。通过结对帮扶，使洛南县图书馆服务水平和业务技能得到很好的提升，为今后工作更好地开展打下坚实基础。（陕西省图书馆学会　霍彩玲）

【召开 2014 年课题结项及 2016 年课题立项评审会议】 7 月 5 日，陕西省图书馆学会课题评审委员会召开会议，对 2014 年课题结项和 2016 年课题立项进行评审。2014 年，学会准予立项课题 24 项，其中 A 类课题 10 项、B 类课题 14 项，研究周期为 15 个月，至 2016 年 6 月研究期满。经评审委员会评审，准予结项 9 项，建议延期半年结题 1 项；对 13 项延期的课题准予在半年内提交结项材料。2016 年，学会共收到 12 家单位申报的 A 类课题 21 项，4 家单位申报的 B 类课题 4 项。经评审，会议准予立项 A 类课题 12 项，建议转为 B 类课题研究 7 项；B 类课题准予立项 3 项，建议转为 A 类课题研究 1 项；不予立项 2 项。（陕西省图书馆学会　霍彩玲）

【举办高校图书馆藏书建设的困境和对策学术沙龙】 6 月 28 日下午，由陕西省图书馆学会和陕西省高等学校图书情报工作委员会联合主办，西北大学图书馆承办的主题学术沙龙“高校图书馆藏书建设的困境和对策”在西北大学长安校区图书馆举办。20 多位来自省内本科高校图书馆的领导和专家参加。解放军西安政治学院研究馆员王春生从馆藏建设一体化和读者深度参与采访两个角度阐述他的见解，西安电子科技大学图书馆副馆长黄小强介绍该馆“十三五”期间的馆藏建设，西安交通大学图书馆副馆长陈斌重点介绍该馆近年的藏书建设情况，西安外国语大学图书馆副馆长谭立君介绍同国外出版社直接谈判和订购图书的经验。省高校图工委秘书长张惠君、西藏民族大学图书馆岳凤芝、西北工业大学图书馆刘东燕、陕西师范大学图书馆周勇、西安科技大学图书馆贾国柱、西安工业大学图书馆周蔚等分别做主题发言。与会代表就当前高校图书馆藏书建设的困境与对策这一会议主题进行讨论和交流。省图书馆学会学术委员会主任强自力在最后总结发言中，从自身工作经验出发，谈到高校图书馆的馆藏压力问题和书库的承重问题。（陕西省图书馆学会　霍彩玲）

【举办 2016 年西北地区少儿阅读推广基础理论专题培训班(基础级)】 9 月 27—29 日，由陕西省图书馆学会和省图书馆主办的“2016 年西北地区少儿阅读推广基础理论专题培训班（基础级）”在省图书馆报告厅举办。西北地区各级各类图书馆以及各相关行业、机构共计 187 人参会，其中包括陕西省基层图书馆馆员 69 人、省外图书馆馆员 20 人、社会机构自由阅读推广人 98 人。此次培训课程设置主要针对少儿阅读推广工作中的基础工作和要点，既有儿童阅读推广的基本概念等理论层面的课程，也有儿童绘本的选择与运用等实践应用课程。湖南省少年儿童图书馆副馆长薛天做题为“儿童阅读推广的基本理论、概念、程序与方法”的讲座；华东师范大学心理与认知科学学院副教授席居哲讲授“儿童心理学在阅读推广中的应用”；著名媒体人、散文作家袁秋乡教授介绍“幼儿科普阅读推广”；武汉广播电视台青少年广播总监助理、《新月读书会》栏目主持人新月通过讲授“儿童绘本的选择与运用”以及“怎样讲好一个故事——阅读推广技巧”，面授具体的实际技能方法，让学员们对儿童阅读推广有了更为具体的认识和了解；陕西省图书馆少儿部主任孙红侠介绍该馆未成年人服务的有关情况。省图书馆学会秘书长解虹在培训班结业式上致辞，对未来一年全省的少儿阅读推广工作提出设想，以求建立更大范围内少儿阅读推广的合作。此次培训是“十三五”期间省图书馆学会首次面向西北五省业内馆员开展的“少儿阅读推广”专题培训活动，也是首次面向社会开展的阅读推广人公益培训。（陕西省图书馆学会

霍彩玲）

甘肃省

【概况】 截至2016年年底，甘肃省图书馆学会拥有个人会员649人，中图个人会员完成注册93人；单位会员64家，理事102人，常务理事31人。分设图书馆学理论专业委员会、文献资源建设与共享专业委员会、地方文献专业委员会、古籍保护与研究专业委员会、公共图书馆工作委员会、高校图书馆工作委员会、科研系统图书馆工作委员会、少儿图书馆工作委员会等8个分支机构。召开“甘肃省图书馆学会2015年度理事会议（七届八次理事会议暨七届十次常务理事会议）”，审议并通过省学会2015年工作报告、2016年工作要点等4个文件，通报并交流各分支机构工作，公布省学会表彰2010—2015年度优秀会员、优秀学会工作者的决定并为获奖单位和个人代表颁奖。省学会被评为2016年度“全国社科联先进学会”。

在学术交流方面。召开“2016甘肃省图书馆学会年会”，共收到征文136篇，评出获奖论文85篇，其中一等奖10篇、二等奖27篇、三等奖48篇，11家单位被评为征文“优秀组织奖”。学会组织会员撰文参加“2016年中国图书馆学会年会”的征文，共提交论文33篇，获奖7篇，其中一等奖2篇，省学会获得年会征文组织奖。合作召开“西北五省（区）图书馆第十三次科学讨论会”，甘肃在此次会议上无论是提交还是获奖论文数量都是五省（区）最多的，提交论文78篇，获奖45篇，其中一等奖9篇、二等奖13篇、三等奖23篇，入编论文集23篇，省学会获得此次讨论会论文优秀组织奖。在“甘肃省第十四次哲学社会科学优秀成果评奖”中，省学会有7项成果获奖，其中一等奖1项、三等奖6项，获奖数量为历次之最。组织开展“甘肃省第三届图书馆学情报学学术成果评奖”工作，共收到申报成果59项，评选出获奖成果37项，其中一等奖6项、二等奖12项、三等奖19项。

在工作交流方面，合作召开“西北五省（区）图书馆馆长学会理事长、秘书长2016年联席会议”，会议商定“西北五省（区）图书馆第四次峰会”和“西北五省（区）图书馆十四次科学讨论会”分别于2017年、2018年在宁夏举行。与甘肃省图书馆、兰州书立方文化传播公司联合举办“甘肃省第四届图书馆出版社文化论坛及新书现采会”。组织开展“同筑中国梦，共度书香年”甘肃楹联文化展活动。组织承办“2016国家珍贵古籍系列讲座”甘肃站讲座3场。借2016年中国图书馆年会召开之际，举办“赴安徽浙江上海地区图书馆学习交流培训班”，组织来自全省各级公共图书馆的业务主管领导和骨干等59人到铜陵市图书馆、温州市图书馆、上海市少儿图书馆等9个图书馆参观交流。

在教育培训方面，为由嘉峪关市文广新局主办、嘉峪关市图书馆承办的“嘉峪关市文化专（兼）职干部暨文化志愿者培训班”讲授“乡镇图书馆与农家书屋管理”课程，组织举办“全省图书馆基础业务知识暨图书馆员继续教育培训班”“《公共图书馆服务规范》暨《图书馆参考咨询服务规范》培训班”“全省图书馆阅读推广培训研讨班”等。全年举办各类培训班、研讨班、辅导班、报告会等9期，培训学员1045人次。

在行业协调方面与服务方面，组织开展甘肃省2016年度全民阅读活动，并做好活动的总结表彰与引导工作，命名2个“甘肃省全民阅读基地”，授予14个图书馆先进单位奖；首次设立全民阅读先进个人奖项，表彰2015—2016年度全民阅读活动先进个人23名。省学会因组织工作突出，被中国图书馆学会授予“2015年全民阅读优秀组织奖”，金昌市图书馆、敦煌市图书馆、张掖市甘州区图书馆被授予“2015年全民阅读先进单位奖”。全年先后对嘉峪关市图书馆、金昌市少儿图书馆、金川区三角城乡和双湾镇两个综合文化站等9个馆站进行业务辅导，完成辅导任务10人次。做好“甘肃图书情报界讲座展览联盟”的相关工作，组织召开2016年度工作会议。

在编辑出版与网络宣传方面，会刊《图书与情报》继续保持核心期刊地位，2016年共收稿3099篇，6期共刊发文章125篇，其中包括国家自科基金项目文章17篇、国家社科基金项目文章33篇、教育部基金项目文章8篇。编印工作通讯《甘肃图书馆工作》6期。编辑出版2016年甘肃省图书馆学会论文集——《甘肃图书馆阅读推广服务与创新》，由甘肃民族出版社出版，收录论文48篇，计25万余字。完成《中国图书馆年鉴2016》甘肃省稿件。更新维护省学会网站，及时报道国内图书馆界和甘肃图书情报界的信息动态。

在中国图书馆学会举办的“信息时代数字未来——2016年数字图书馆业务技能竞赛”中，来自甘肃省图书馆的李娜晋级决赛并获得三等奖，同时获得“2016年数字图书馆业务技能菁英”称号；尹玉霞晋级复赛，获得“2016年数字图书馆业务技能能手”称号。（甘肃省图书馆学会　董隽）

【举办甘肃省第四届图书馆出版社文化论坛及新书现采会】 3月24日，由甘肃省图书馆学会主办，甘肃省图书馆、兰州书立方文化传播有限公司承办，国家图书馆出版社协办的“甘肃省第四届图书馆出版社文化论坛及新书现采会”开幕式在省图书馆二楼报告厅举行。来自全国各地的120家出版社的代表，来自甘肃、青海近80家公共、科研、高校图书馆的140余代表等共计260余人参加开幕式。会议特邀国家图书馆出版社副社长、高级编审殷梦霞做“互联网＋环境下的馆藏资源建设和开发——以国家图书馆出版社为例”主题演讲。此届现采会各图书馆现场采集图书4.6万多种，采购码洋达900多万元。无论是展会规模还是成交量，均高于往届。（甘肃省图书馆学会　张毅宏）

【开展“甘肃省第三届图书馆学情报学学术成果评奖”活动】 2016年是两年一次的甘肃省图书馆学情报学学术成果评奖年份。学会办公室4月启动各项组织评审工作，拟定《甘肃省图书馆学情报学学术成果评奖办法》和《甘肃省第三届图书馆学情报学学术成果评奖实施细则》，向省文化厅上报举办此次评奖活动的申请。在接到省文化厅以正式文件形式下发的《甘肃省文化厅关于举办“第三届图书馆学情报学学术成果评奖”的通知》（甘文厅发〔2016〕90号）后，及时向理事和会员单位转发此通知，要求各分支机构、各理事及会员单位、各图书馆按照通知要求认真做好评奖的组织申报工作。截至5月30日，共收到申报成果59项，其中论文29篇、研究报告10篇、专著10部、数据库10个。8月至9月，组织召开初评、终评两次评审会议，评选出获奖成果37项，并对获奖成果进行公示，其中一等奖6项、二等奖12项、三等奖19项。（甘肃省图书馆学会　董隽　张毅宏）

【召开2016甘肃省图书馆学会年会】 9月21日，2016甘肃省图书馆学会年会在兰州召开。省文化厅党组成员、省图书馆馆长、学会会长郭向东，广东东莞图书馆馆长、中国图书馆学会阅读推广委员会主任李东来，西北民族大学图书馆馆长、学会副会长陈自仁，省文化厅公共文化处副处长薛占平，中科院兰州文献情报中心副主任高峰，甘肃农业大学图书馆调研员、学会副会长刘喜，省图书馆副馆长陈军等领导出席开幕式。来自全省14个市州公共、高校和科研图书馆的代表130余人参加会议。李东来受邀做题为“聚焦‘阅读推广’”的学术报告。在学术交流阶段，5位获奖论文作者代表做大会交流发言。在工作交流阶段，5位发言人分享其所在图书馆在全民阅读活动工作中的做法和经验。会议举行“甘肃省第三届图书馆学情报学学术成果评奖”“甘肃省全民阅读基地”“2015—2016年度全民阅读先进单位”和“先进个人”以及年会征文“优秀组织奖”、获奖论文作者的颁奖表彰仪式。（甘肃省图书馆学会　张毅宏）

【甘肃省图书馆学会申报的多项成果获得省第十四次哲学社会科学优秀成果奖】 自3月省社科联下发《甘肃省第十四次哲学社会科学优秀成果奖评奖实施细则》之后，省学会即组织全省图书馆开展申报工作。截至4月30日，收到申报成果19项。6月4日，召开由5名省内知名专家组成的初评小组初评会，对申报成果逐项进行评议和综合打分，推荐其中10项成果参加复评。9月，获奖名单正式公布，省学会推荐的7项成果获奖，获奖数量为历次之最。其中：兰州大学图书馆沙勇忠的专著《公共危机信息管理》获得一等奖；省图书馆董隽的专著《图书馆与图书馆学简论》、省图书馆陈军的论文《西部地区图书馆馆藏发展政策分析——基于少数民族文献的讨论》、中科院兰州文献情报中心张志强的论文《论科技情报研究新范式》、庆阳市图书馆宋廷旺的论文《信息共享空间中用户只是利用行为实证研究》、省图书馆魏志鹏的论文《双城记：中国西部贫困地区学校图书馆如何服务社会》、省图书馆李芬林的研究报告《四库全书研究资源数据库建设》获得三等奖。（甘肃省图书馆学会

张毅宏）

青海省

【青海代表参加新疆“西北五省（区）图书馆第十三次科学讨论会”】 9月27—29日，“西北五省（区）图书馆第十三次科学讨论会”在新疆乌鲁木齐举办。青海省图书馆学会组织15位会员参加本次会议。会上，青海省2篇论文获一等奖、3篇论文获二等奖、5篇论文获三等奖。并有6篇论文入选公开出版的论文集。（青海省图书馆学会　李盛福）

【举办“书香青海·阅读照亮中国梦——阅读与生活”论坛】 12月29日，青海省图书馆改扩建新馆开馆之际，由青海省文化和新闻出版厅主办，在青海省图书馆、青海省图书馆学会承办的“书香青海·阅读照亮中国梦——阅读与生活”论坛在青海省图书馆举办。论坛上，国家图书馆副馆长、国家古籍保护中心副主任张志清，上海市人民政府参事、上海图书馆名誉馆长吴建中，四川省图书馆馆长何光伦，内蒙古图书馆计算机网络部主任张树杰，分别做题为“落其实者思其树、饮其流者思其源——让古籍中的文字活起来”“新环境下的学习技能思考”“数字媒体时代公共图书馆服务创新与探索”“社会大阅读体系建设”的主旨报告。来自全省三大系统图书馆工作者和各行各业的读者代表共300余人参加论坛。（青海省图书馆学会　李盛福）

新疆维吾尔自治区

【概况】 2016年，学会积极开展各项工作。现发展会员615位，理事单位49个，常务理事单位20个，并下设学会（汉、维吾尔文）编辑出版委员会、学会合作交流委员会、学会宣传教育委员会、学会科普与阅读指导委员会、学术研究委员会五个专业委员会机构。召开学会第六届常务理事扩大会议，总结2015年学会工作，交流、讨论今后发展目标。

学术交流与研讨方面呈现良好发展态势。学会积极联络和组织安排会员先后参加9月28日在新疆乌鲁木齐举办的“西北五省（区）第十三次科学讨论会”、10月17—20日在郑州举办的2016年鲁豫皖赣新湘鄂八省图书馆学会年会以及10月26—27日在安徽铜陵举办的2016年中国图书馆年会。全疆地州（县市）公共图书馆、高校及科研图书馆的59位图书馆工作者参加了学术会议，共征得学术论文72篇，其中有56篇论文在年会中获得奖项。与2015年相比，投稿比例明显有所增加，且高校、专业系统图书馆投稿也显著增多。此外，在新疆医科大学成立60周年之际，与新疆高校图工委、新疆医科大学图书馆、人天书店有限公司、同方知网技术有限公司联合主办“人天书店新疆书展暨图书馆发展论坛”——创新·服务研讨会，此次会议对新疆地区大学图书馆事业发展具有重要的现实与指导意义。

专业研究与网络宣传方面，2016年编辑出版《西域图书馆论坛》（汉文）、《图书论坛》（维吾尔文）各4期，刊登图书馆专业学术论文（汉文、维吾尔文）140余篇，结合新疆图书馆事业发展目标，对两刊进行改版，通过调整完善，提升办刊品质；编辑出版《新疆图书馆学会通讯》4期；定期维护新图讲坛网页，发挥网站的阵地与传播作用，通过这个平台，激励新疆各地州、县市图书馆工作主观能动性发挥。

讲坛工作方面，辐射面扩大，惠及大众。推出“昆仑讲坛下基层”——进学校、进社区、进军营等系列公益讲座11场次，听众达4300余人。同时，学会进一步筹划修改讲座、展览联盟协议，为基层图书馆开办讲座、展览提供支持，全年分别向昌吉州图书馆、阿勒泰地区图书馆、阿克苏地区图书馆等单位推荐讲座10余场次，向各地州县图书馆提供展览30余场次。

业务培训方面，侧重下基层专业辅导，提升专业队伍素质。先后举办“2016年度图书·资料专业技术人员继续教育培训班”“2016年全疆图书馆、文化馆馆长培训班”“网络书香·数字图书馆建设与服务”宣传推广项目（新疆站）系列活动——全疆图书馆馆长及业务骨干高级研讨班、“书香新疆与科技创新——新疆图书馆事业发展论坛”暨“解读公共图书馆第六次评估定级文件”培训班等。同时，根据会员单位业务需要，全年分别向喀什地区、阿勒泰地区、阿克苏地区、克州等地图书馆举办基层业务培训8次，培训人员近1000人次；青少年科技活动1场次，培训人次600余人。

科协资助项目申报方面，自治区图书馆学会根据自治区科协《关于申报自治区科协重点学术交流项目及“百会万人下基层”系列科技服务活动项目资助》的相关通知，充分发挥自身资源优势，积极对“西北五省（区）图书馆第十三次科学讨论会”及“昆仑讲坛”下基层活动两个项目进行申报，并成功获批，于年底顺利结项。

行业协调与服务方面，组织开展2016年全民阅读活动，积极打造“书香新疆·全民阅读”品牌，并做好活动的总结表彰和总结工作，其中，阿勒泰地区图书馆被授“2015年全民阅读优秀组织奖”，库尔勒市图书馆被授“2015年全民阅读先进单位奖”；积极配合科协、社科联等社团管理部门工作，参与《新疆科协年鉴·2016》《新疆社科联年鉴·2016》的编辑撰写；配合完成科协关于2016年全疆学会的评估工作；联系地州（市）馆组织参加“创客@图书馆——‘我与中华古籍’创客大赛”活动，并荣获中国图书馆学会授予的优秀组织奖。（新疆维吾尔自治区图书馆学会　赵燕）

【举办2016年“图书·资料专业技术人员继续教育培训班”】 3月20日，由新疆维吾尔自治区文化厅主办，自治区图书馆学会承办的2016年度“图书·资料专业技术人员继续教育培训班”顺利结业。此次培训从3月11日开班，历时10天，来自全疆各地州市县的公共、高校、科研系统85人参加此次培训。培训工作设置11个专题讲座，共计80个学时，来自图书馆行业的11名资深专家承担授课任务，力求在课程中为学员补充新知识、新理念。答辩环节由图书系列的6名专家担任评委，重点从答辩人员回答问题是否切中要点、阐述是否全面、图书馆业务工作等方面独立进行评分。通过培训，学员们通过专业答辩，并取得合格成绩。（新疆维吾尔自治区图书馆学会　赵燕）

【开展基层业务培训】 2016年，为加强自治区、地州、县市三级图书馆纵向联动，实施资源共享，学会先后组织图书馆业务骨干赴喀什、阿克苏、阿勒泰、克州等地开展图书馆业务辅导和培训工作，参训人员达1000余人。4月25—27日，赴喀什地区开展地区公共图书馆工作人员业务能力提升培训班，对提升基层公共图书馆工作人员的综合能力提供切实有效的帮助，同时还赠送4TB的数字资源；5月25—27日，赴阿勒泰地区青河县图书馆举办基层图书馆业务培训班，此次培训课程设置具有较强的针对性，理论联系实际，紧紧贴近基层图书馆业务发展需要与基层业务开展的薄弱点，从基础业务到深层开发，在一定程度上提升基层图书馆业务人员的业务能力和水平；11月7—10日，赴阿克苏地区开展县市图书馆馆长及业务骨干培训班，以提升地区基层图书馆工作人员业务素质和管理水平，促进地区公共文化事业快速发展；11月28日—12月1日，赴克州图书馆举办乡镇文化站（社区）公共电子阅览室培训班，采取双语授课形式，对提高克州图书馆专业团队整体素质发挥积极作用。（新疆维吾尔自治区图书馆学会　赵燕）

【举办新疆书展暨图书馆发展论坛】 6月17日，由自治区图书馆学会、自治区高校图工委等联合主办的新疆图书馆发展论坛在新疆医科大学图书馆召开，来自全疆各地州、县市及公共、高校和科研的图书馆工作者近120余人参加此次论坛。论坛是公共图书馆、高校图书馆与馆配商及数字资源供应商的一次横向大联动，是“互联网+”图书馆事业发展的必然趋势。此次论坛以“创新·服务”为主题，邀请武汉大学图书馆馆长王新才、西南交通大学图书馆馆长高凡作“高校图书馆服务创新”与“对大学图书馆转型与战略规划的思考”主题报告。此外还有10名工作在图书馆、人天公司和同方知网第一线的专业人员做大会交流发言。此前的4月22日，由自治区新闻出版广电局主办，自治区新华书店、自治区图书馆学会共同承办的“第二届新疆版图书展示交易暨馆配图书订货会”在乌鲁木齐市举办，全国136家出版单位代表，区内外200余家图书馆工作人员，全区各级新华书店代表，以及新闻出版广电局机关和出版发行单位的各族干部职工参加开幕式。（新疆维吾尔自治区图书馆学会　赵燕）

【“西北五省（区）图书馆第十三次科学讨论会”在新疆召开】 10月27—29日，会议在乌鲁木齐市召开，来自陕西、甘肃、青海、宁夏、新疆五省（区）图书馆的140余名代表出席本次大会。开幕式由新疆维吾尔自治区图书馆党委书记、自治区图书馆学会常务理事艾尔肯·买买提主持，自治区文化厅公共文化处处长李强，自治区社科联学会部部长巴达，自治区科协学会部副部长刘志红等领导及专家到会。会议安排6个专题报告，即：宁夏图书馆馆长韩彬“宁夏图书馆2018年西北五省（区）图书馆讨论会办会构想”，新疆维吾尔自治区图书馆馆长厉力“服务新平台，宣传新视窗”，陕西省图书馆常务副馆长李振杰“携手并进，务实合作，开创西北五省（区）图书馆发展的新局面”，甘肃省图书馆党委书记魏孔俊“肩负发展责任，合作开辟未来”，青海省图书馆学会秘书长李盛福“青海省图书馆新馆建设概括及未来发展与合作”，特邀贵州省图书馆馆长刘梅做“贵州数字图书馆的建设与服务”的专题报告，这就预示着未来也可能是联合整个西部图书馆的合作与交流。此次会议共征集论文228篇，其中陕西53篇、甘肃78篇、宁夏34篇、新疆40篇、青海23篇；获奖论文中，陕西26篇、甘肃45篇、宁夏17篇、新疆29篇、青海10篇，内容涉及少数民族文献资源保障体系建设等20多个分主题，于2016年年底结集出版。安排陕西省图书馆张革联、甘肃省河西图书馆张国栋、青海省委党校图书馆李秀东、宁夏科学院张玉梅、新疆维吾尔自治区图书馆丛冬梅5位一等奖论文作者做大会交流。（新疆维吾尔自治区图书馆学会　赵燕）

学术研究与活动

大学图书馆发展趋势与服务创新论坛

4月1日，大学图书馆馆长高峰论坛暨“大学图书馆发展趋势与服务创新论坛”在西安交通大学钱学森图书馆召开。

教育部高等教育司副巡视员张爱龙、陕西省教育厅副巡视员席建中、西安交通大学校长王树国、副校长郑庆华等出席论坛，国内外图书馆和教育领域的100余名专家与会，聚焦大学图书馆发展趋势。清华大学、香港科技大学、上海交通大学、新竹交通大学、西安交通大学、日本国立和歌山大学、澳门大学、香港中文大学深圳分校、北京大学和台湾大学图书馆代表在会上依次作专题报告。各位代表就新学术环境和技术环境下图书馆变革与发展的相关问题从不同角度进行充分交流、深入讨论，共同探讨大学图书馆所面临的新问题、谋划未来发展的新思路、构建创新服务的新模式，畅想大学图书馆事业的美好未来。（摘编自西安交通大学图书馆网站）

2016中国数字阅读大会在杭州举行

4月13日，2016中国数字阅读大会在中国第一个加入联合国教科文组织“全球学习型城市网络”的城市——浙江杭州正式拉开序幕。

本次大会由中国音像与数字出版协会、浙江省新闻出版广电局、杭州市文化创意产业办公室主办，由中国音像与数字出版协会数字阅读工作委员会、杭州市西湖区人民政府、咪咕数字传媒有限公司共同承办。大会以“创新·共享·绿色”为主题，是在“互联网+”和“大众创业，万众创新”背景下的一场数字阅读领域的高层次交流盛会。

国家新闻出版广电总局党组成员、副局长、中国音像与数字出版协会理事长孙寿山，全国政协委员、原新闻出版总署副署长、中国新闻文化促进会会长李东东，浙江省委常委、常务副省长、省政府党组副书记袁家军等出席并致辞。

国家新闻出版广电总局数字出版司司长、中国音像与数字出版协会副理事长张毅君首度发布2015中国数字阅读白皮书，从“产业”和“用户”两个视角全方位归纳分析数字阅读产业近年来的发展和变化，聚焦当下产业内全版权运营、粉丝经济、青少年阅读等热门话题，对用户群体进行详细划分，对数字阅读行业的未来发展给予具体提示。

同时，大会还评选揭晓“悦读中国”四大年度奖项，宣布成立青少年绿色数字阅读联盟，发布“希望工程数字图书室”项目、咪咕中信书店项目、光华基金和掌阅科技公益项目、“榕树下”文学网站与《江南》杂志社战略合作项目、咪咕—京东书城项目等数字阅读企业战略合作项目，并启动“2016悦读中国年”。

除主论坛外，大会还以“呵护下一代，数字阅读助力青少年健康成长”“数字阅读的未来”“网络文学与泛娱乐IP”“教育·互联·未来”为主题举行了4场峰会，共同探讨青少年数字阅读、数字阅读的未来、网络文学、在线教育等细分领域的发展大势，吸引数字出版、文化产业和互联网相关企业的700多位业内人士参加，从行业纵深、转型发展、跨界合作等方面全方位聚焦数字阅读的行业潜能。（摘编自新闻出版广电总局网站）

中国图书馆学会阅读推广委员会换届成立大会暨第十届“全民阅读论坛”

4月20—21日，中国图书馆学会阅读推广委员会换届成立大会暨第十届“全民阅读论坛”在东莞举办。本次会议由中国图书馆学会主办，中国图书馆学会阅读推广委员会、东莞读书节工作协调小组办公室、东莞图书馆承办。来自全国各地公共图书馆、高校图书馆的专家、学者、专业人士80余人参加会议。

20日，中国图书馆学会阅读推广委员会换届成立大会在东莞图书馆举行，并为阅读推广委员会副主任颁发聘书。大会同时启动“4·23”世界读书日系列活动——“悦读在路上”。活动启动后，第十届“全民阅读论坛”在东莞图书馆报告厅开讲。论坛由阅读推广委员会副主任、南京大学教授徐雁主持。北京大学中文系教授陈平原做题为“读书读图与读博”的讲座，来自全国各地的专家学者、学生代表、读者代表等300余人参加讲座。

随后，中国图书馆学会阅读推广委员会召开工作会议。会议由阅读推广委员会副主任、深圳图书馆馆长张岩主持。中国图书馆学会秘书处科普阅读项目主管傅翩鹏对学会工作情况做介绍，中国图书馆学会副理事长程焕文做讲话，数字阅读推广专业委员会主任、上海图书馆副馆长刘炜做“媒体融合环境下图书馆阅读服务新思考”专题报告，李东来主任做阅读推广委员会工作报告，21个专业委员会汇报2016年各专业委员会的工作计划。之后分组就中国图书馆学会阅读推广委员会组织规则、阅读推广委员会工作规程、阅读推广委员会网站管理工作规程、阅读推广委员会2016年工作计划、阅读推广委员会内设机构职责、阅读推广委员会荣誉体系设计草案以及阅读推广委员会出版物标志规范等6方面的内容进行广泛而深入的讨论。王新才副主任作会议总结报告。（摘编自中国图书馆学会网站）

2016全国少年儿童阅读年活动

4月28日，由中国图书馆学会主办，中国图书馆学会未成年人图书馆分会承办的“2016全国少年儿童阅读年”系列活动启动仪式在天津市少年儿童图书馆举办。来自全国图书馆界、出版界、教育界的专家学者及少年儿童代表近200人参加本次活动。

启动仪式结束后，随即举行中国图书馆学会未成年人图书馆分会成立大会。之后，召开“2016全国少年儿童阅读年”系列活动主旨活动工作会议。与会人员就“2016全国少年儿童阅读年”系列活动的工作进展、活动实施、协作协调等情况进行商讨并达成共识，确保“2016全国少年儿童阅读年”系列活动规范而有序进行。

2016年活动以“红色记忆——优良传统代代相传”为主题，按照统一部署、总分结合、馆际互动的原则组织广大少年儿童参与活动，全国14个少年儿童图书馆共同承办全国亲子绘本阅读推广月、全国少年儿童红色记忆主题摄影大赛、“爱国情　中国梦”全国少年儿童诵读大赛、第二届“全国少年儿童名著新编短剧大赛”、全国少年儿童红色经典阅读绘画大赛等12项主旨活动。（摘编自中国图书馆学会网站）

县以上公共图书馆第六次评估定级标准研讨会

5月31日，由文化部公共文化司召集，县以上公共图书馆第六次评估定级标准研讨会在国家图书馆召开。

文化部公共文化司副司长陈彬斌、监督管理处副处长朱春雷，中国图书馆学会副理事长、国家图书馆常务副馆长陈力，中国图书馆学会副理事长、国家公共文化服务体系建设专家委员会副主任委员、上海图书馆馆长吴建中，中国图书馆学会秘书长霍瑞娟，标准研制专家组组长、中国图书馆学会学术研究委员会副主任、南开大学信息资源管理系教授柯平以及来自省级、市级、县级公共图书馆和少儿图书馆的专家共18人出席会议。会议由陈彬斌副司长主持，与会专家围绕标准研制的各个方面进行研讨，并对评估定级工作安排提出建议。（摘编自中国图书馆学会网站）

2016年中国高校图书馆发展论坛

6月16—17日，由中国图书馆学会高等学校图书馆分会主办，宁夏大学图书馆、中国教育装备采购网承办的“2016年中国高校图书馆发展论坛”在宁夏银川召开。论坛以“机遇与挑战并存——大学图书馆可持续发展策略及实践”为主题，吸引来自国内外近300所高校图书馆及相关机构的代表550余人参会。

为期两天的论坛包括2场主论坛、6场分论坛，共46位业界专家做报告。主题涉及图书馆长远规划与协同发展、图书馆深层服务与拓展服务、空间再造及服务推广、图书馆服务能力建设及用户信息素质培养、大学图书馆经典案例分享、智库建设及网络信息安全与技术等。

在主论坛上，加利福尼亚大学洛杉矶分校常务副馆长Susan E. Parker、北京大学信息管理系主任李广建、中国农业科学院农业信息研究所所长孙坦分别做主旨报告，并结合工作实际探讨和分析国内外高校图书馆发展的战略规划、数字图书馆的现状和挑战、创新方向与途径等多方面内容，新颖的观点、丰富的案例让与会者受益匪浅，对我国高校图书馆可持续发展大有裨益。

闭幕式上，从专家报告到“头脑风暴”进一步诠释论坛主题。北京大学图书馆馆长、高校分会主任朱强做题为“网络环境下的用户隐私保护”的报告。朱强强调，基于网络信息技术，图书馆致力于提高服务质量的前提下，还要重视读者隐私权的保护，以加强读者和图书馆之间的信任。在“头脑风暴”论坛上，与会专家的新颖观点让大家耳目一新。

此外，还对本次论坛获奖的178篇论文和案例进行表彰。中国图书馆学会高校图书馆分会副主任、重庆大学图书馆书记彭晓东对论坛进行全面总结。（摘编自宁夏大学网站）

首届U21图书馆联盟馆长峰会暨高校图书馆先锋研讨会

7月4—5日，由上海交通大学图书馆主办的以“张开臂膀，拥抱全球”为主题的首届U21图书馆联盟馆长峰会暨高校图书馆先锋研讨会在图书信息大楼举办。来自英国、澳大利亚、加拿大、瑞典、荷兰、新西兰、新加坡、马来西亚和中国等 63 所高校的 84 位图书馆馆长及专家学者参加会议。

7 月 4 日，首届 U21 图书馆联盟馆长峰会举行。来自墨尔本大学、伯明翰大学、新加坡国立大学、不列颠哥伦比亚大学等 14 所大学图书馆的 23 位代表针对 U21 图书馆联盟章程（草案）的若干条目如联盟使命、合作框架、执行委员会、秘书处等进行讨论。经过集体商议，参会代表一致同意上海交通大学继续担任联盟执行委员会主席单位，并且决定下届峰会由英国诺丁汉大学图书馆承办。

7 月 5 日，高校图书馆先锋研讨会举行。上海交通大学党委副书记朱健致开幕辞。随后，留学生发展中心主任许敏宣读 U21 图书馆联盟秘书长 Jane Usherwood 发来的贺信。北京大学图书馆馆长朱强、墨尔本大学图书馆馆长 Philip Kent 分别作为国内外高校图书馆代表发言。

之后，大会进入报告环节。上海科技大学图书信息中心主任、中国科学院文献情报中心原主任张晓林作以“开放和超越——开放获取颠覆图书馆”为题，对开放获取最新发展进程、推进过程中面临的挑战、图书馆如何跳出已有的思维禁锢和未来展望几个方面做论述。斯坦福大学教育学院教授 John Willinsky 通过 2 个案例展开论述，分析在大数据的驱动下，学术资源开放获取的重大发展，认为开放获取是未来发展的大势所趋，为更好地传播学术资源，高校图书馆应与学院加强合作，共同推进开放获取的进程。加拿大不列颠哥伦比亚大学图书馆副馆长 Lea Starr 做题为“科研数据管理——加拿大概况”的报告，介绍加拿大在科研数据管理领域的进展，Compute Canada Services、Portage Network、CARL（加拿大研究图书馆协会）等机构已经在科研数据管理架构、工具、平台等方面进行探索并取得一定成果，现在正在通过合作，希望在国家级的层次来开展后续研究。来自香港大学图书馆的 Antonia Yiu 介绍集出版者、科研人员、专利数据、经费管理等多种元素于一体的香港大学新一代机构知识库 Scholars Hub，并且展示港大学术库的建设驱动力、丰富功能及近期规划。墨尔本大学图书馆馆长 Philip Kent 做“21 世纪，谁为学术交流与出版买单”报告，表示应通过开放同行评审、加强规范管理及开放获取等方式，实现有价值的学术交流与出版。最后，陈进代表大会组委会作闭幕发言。（摘编自上海交通大学网站）

中国图书馆学会专业图书馆分会 2016 年学术年会

7 月 4—7 日，中国图书馆学会专业图书馆分会 2016 年学术年会在内蒙古自治区呼伦贝尔市海拉尔区举办。本次年会继续围绕知识服务展开，聚焦于“数据驱动的文献情报服务”，重点交流探讨文献信息机构的“十三五”发展规划以及情报服务与知识服务创新实践。大会吸引来自全国专业、高校、公共等类型图情机构，涵盖中央部委、科学院、社科院、军队以及省市科技情报所、企业等系统 90 多家机构的 190 名同仁参会。

本届年会以知识服务为主题，与历届年会既一脉相承，又重点突出，着重以数据驱动的知识服务为主线，交流“十三五”期间专业图书馆机构的趋势、目标与行动。大会设立战略与规划、最佳实践与探索、论文交流 3 个板块，邀请 29 位专家学者通过理论探讨、趋势预测、工具开发、角色定位、探索实践等不同侧面，全面展示图书情报机构研究与实践的新成果。（摘编自中国图书馆学会专业图书馆分会网站）

第八届上海国际图书馆论坛（SILF 2016）

7 月 6—8 日，以“图书馆：社会发展的助推器”为主题的第八届上海国际图书馆论坛（SILF 2016）在上海图书馆召开。来自全球 27 个国家和地区逾 300 位代表出席论坛。

上海图书馆馆长吴建中、文化部公共文化司副司长陈彬斌、中共上海市委副秘书长、市委宣传部副部长朱咏雷分别致辞。国际图联主席唐纳·谢德尔、中国国家图书馆馆长韩永进、上海图书馆理事会理事长余秋雨分别做题为“图书馆：呼吁采取行动”“变革与创新——关于中国图书馆事业未来发展的思考”“图书馆与文化传承”的主旨报告。上海图书馆副馆长刘炜、丹麦罗斯基勒图书馆馆长 M. 维斯特加德、爱尔兰科克大学图书馆馆长 C. 麦肯娜、加拿大麦吉尔大学图书馆馆长 C. 柯克、墨西哥哈里斯科州州立图书馆馆长杜兰·华雷斯先后做大会发言。

随后召开专题交流会。论坛设立“智慧型图书馆建设”“互联融合的图书馆：会聚、跨界”“公共数字文化服务”“大数据时代图馆的‘互联网＋’服务”“空间与服务的包容性设计”“图书馆资源建设知识组织”等 6 个副主题，4 个分会场，37 场分报告进行专题交流。本届论坛共收到来自 19 个国家和地区的论文 100 多篇，收入论文集的论文共 70 篇，组委会选择其中 45 篇论文进行交流。

闭幕式上，来自武汉大学、日本图书馆协会、罗马尼亚康斯坦察“安德烈·沙古纳”大学的 3 位与会代表分别发言。上海图书馆副馆长何毅致闭幕词，他提出上海图书馆要继续秉持开放合作理念，进一步加强与国际同仁的交流与合作，把上海国际图书馆论坛办得更好。（摘编自上海图书馆网站）

中国图书馆学会第二届全国图书馆未成年人服务论坛

8 月 31 日，由中国图书馆学会和河南省文化厅主办，中国图书馆学会未成年人图书馆分会、河南省图书馆学会、河南省少年儿童图书馆和《图书馆》报承办的中国图书馆学会第二届全国图书馆未成年人服务论坛在郑州举行。论坛主题为“阅读与成长”。来自全国各省、自治区、直辖市公共图书馆、少儿图书馆和中小学图书馆的代表，以及媒体代表和图书馆相关技术的企业代表近 500 人出席论坛。

论坛开幕式由河南省少年儿童图书馆馆长崔喜梅和中国图书馆学会秘书长霍瑞娟共同主持，中国图书馆学会副理事长、文化部公共文化司原巡视员刘小琴和河南省文化厅副厅长康洁先后致辞，中国图书馆学会学术研究委员会图书馆员研究专业委员会副主任、浙江大学公共管理学院副教授李超平对案例征集活动进行学术点评，并举行颁奖仪式。本次论坛征集 214 个有效案例，覆盖 26 个省、自治区、直辖市 100 余家单位，最终选定一等奖案例 10 名，二等奖案例 15 名，三等奖案例 20 名以及 6 个优秀组织奖。

开幕活动后，德国驻华大使馆学校图书馆部主任卡嘉·维斯多夫博士做题为“德国未成年人图书馆服务——分年龄段阅读”的主旨报告。随后，论坛举办包括未成年人特色活动和未成年人分级阅读在内的 6 个分会场。其中，未成年人特色活动分会场又分为“少儿图书馆服务空间——布局与设计”“图书馆特色服务——科创阅读”“2016 全国少儿阅读峰会——绘本阅读与少儿成长”3 个会场；未成年人分级阅读分会场又分为“婴幼儿阅读服务：爱·阅读——成长的起点”“小学生阅读服务：儿童黄金阅读期的图书馆服务”“中学生阅读服务：快乐阅读　健康成长”3 个会场。同期，还举办小型主题展览会，将图书馆未成年人服务优秀案例和为图书馆服务的企业推广有机结合起来。（摘编自中国图书馆学会网站）

出版界图书馆界全民阅读年会（2016）

9月8—9日，由中国图书馆学会、韬奋基金会、中国出版集团公司、中国书刊发行业协会、中国新华书店协会主办，中国图书馆学会阅读推广委员会、《图书馆报》、宁夏图书馆承办的2016年“出版界图书馆界全民阅读年会”在宁夏图书馆举行。本届年会以“全民阅读与社会进步”为主题，参会人员就阅读推广方面的探索实践、经验以及在资源建设中提供的内容服务、技术服务等进行探讨交流。韬奋基金会理事长聂震宁，中国出版集团公司党组成员、中国出版传媒股份有限公司董事、副总经理樊希安，中国图书馆学会副理事长兼公共图书馆分会主任刘小琴，宁夏文化厅副巡视员陈有满，中国图书馆学会副秘书长仲岩，宁夏图书馆馆长韩彬等来自全国图书馆界、出版界的工作者共计200多人参加会议。

会上，韬奋基金会向宁夏图书馆捐赠价值6万元的图书；公布出版界图书馆界全民阅读年会50种重点推荐书目（2015—2016）名单和2016全民阅读优秀案例一等奖获奖名单，并对12位好书获奖单位代表及10位优秀案例一等奖获奖代表进行颁奖。

一点资讯副总裁金治做题为“阅读推动社会进步”的全民阅读兴趣报告，介绍面对移动互联网时代，一点资讯如何为用户提供私人定制的精准资讯，以及如何通过“兴趣搜索＋订阅”引导深度阅读行为。聂震宁以“阅读史上的好风景”为题，提出在社会转型期，政府要进一步落实全民阅读政策并长期坚持，开展阅读活动要更好地符合阅读规律。刘小琴的报告题目是“图书馆发展新理念与新实践”，介绍图书馆在实现公共文化服务标准化、均等化过程中，做出的建立法人治理结构，开展总分馆制建设，实行多元化、特色化、数字化、智能化的服务等探索实践及成果与特点。中国图书馆学会阅读推广委员会主任、东莞图书馆馆长李东来在题为“聚焦‘阅读·推广’”的报告中，解释“阅读”与“阅读推广”、“全民阅读”与“阅读推广”之间的区别，从阵地、活动、机制等3个层面讲解阅读推广工作，介绍图书馆当前实施阅读推广的策略、方法。（摘编自中国图书馆学会网站）

中国社会科学情报学会2016年学术年会暨学会成立三十周年大会

9月22—23日，以“文献情报学发展趋势与智库研究”为主题的中国社会科学情报学会2016年学术年会暨学会成立三十周年大会在北京召开。此次会议由中国社会科学情报学会主办，中国社会科学院图书馆承办。来自学会五大系统，包括社科院系统、高校系统、党校系统、军队院校系统和新闻系统的100余位文献情报工作者参会。

会议主要内容有三项。一是纪念中国社会科学情报学会成立三十周年。在9月22日上午举行的大会开幕式上，中国社会科学院科研局副局长王子豪、中国社会科学院图书馆常务副馆长何涛分别致辞，中国社会科学情报学会常务副理事长兼秘书长、中国社会科学院图书馆副馆长蒋颖作“中国社会科学情报学会三十周年回顾”的主题报告，学会各个系统的代表分别就各系统三十年的建设与发展做发言。二是进行学术专题研讨与交流。学会副理事长、中山大学资讯管理学院教授曹树金，学会副理事长、北京大学信息管理系主任李广建，学会副理事长、上海社科院信息所王世伟，学会副理事长、中国社会科学院中国社会科学评价中心主任荆林波，学会副秘书长、中国人民大学信息资源管理学院周晓英，国家图书馆立法决策服务部副主任田贺龙分别就资源聚合单位的元数据研究、大数据环境下情报学应该注意的几个问题以及智库等热点问题作主题学术报告；中国社会科学院图书馆王卡、孔青青分别就国家哲学社会科学学术期刊数据库建设、社会调查业务创新与探索作业务报告。三是召开常务理事会，通报学会一年来的主要工作，讨论学会未来发展及明年学术年会的选题、地点等问题。中国社会科学情报学会名誉理事长、中国社科院学部委员黄长著在大会闭幕式上回顾了学会三十年来发展历程，总结了图书馆学情报学学科和事业三十年的发展变化及未来发展。与会嘉宾为2016年学术年会征文获奖作者代表颁发获奖证书。此次征文共评出获奖论文55篇，包括一等奖4篇、二等奖15篇、三等奖36篇。上述获奖论文将于大会结束后正式结集出版。

通过两天的会议，与会代表回顾学会成立三十年来走过的光辉历程，交流图书馆学情报学最新的学术成果，研讨在国家新型智库建设中社科情报学应承担的历史使命，展望学会转型发展及学科建设的光明未来。（摘编自中国社会科学院图书馆网站）

全国“中部地区公共图书馆事业发展论坛”

9月23日，全国“中部地区公共图书馆事业发展论坛”在湖南图书馆召开，本次会议由湖南省文化厅主办，湖南图书馆和省图书馆学会承办，湘鄂赣皖四省图书馆联盟协办。来自江西、河南、湖南、湖北、安徽等中部地区公共图书馆领导、图书情报界和期刊界的100余位专家学者代表参会。论坛以“中部地区公共图书馆事业发展”为主题，共同探讨促进中部地区公共图书馆发展的相关事宜，主要分为报告发布、圆桌论坛、专题发言3部分。

文化部国家公共文化服务体系建设专家委员会主任、北京大学信息管理系教授李国新做题为“推动公共图书馆事业‘中部崛起’”的主旨报告，报告以大量数据论证公共图书馆发展的“中部洼地”现象的突出表现，呼吁政府、业界及全社会对这一问题的重视，从而让公共图书馆服务普遍均等、惠及全民的理念真正变为现实。湖南图书馆副馆长、《图书馆》执行主编王旭明随后发布“中部地区公共图书馆事业发展数据分析报告”，该报告以数据说话，详细说明并论证在当前中部地区公共图书馆面临的困难与问题，指出图书馆事业的进一步发展需要业界同人更多的奋斗与热情。

圆桌论坛由南开大学信息资源管理系教授柯平主持。李国新、《中国图书馆学报》常务副主编卓连营、湖南省文化厅公共文化处副处长金铁龙、武汉大学教授肖希明、华东师范大学教授范并思、湖南图书馆馆长张勇等分别从专家学者、政府官员与图书馆从业人员这三个不同角度，对公共图书馆与公共文化服务体系建设、公共图书馆的发展路径与手段等多个层面进行研讨，就中部地区公共图书馆发展对策作深入交流。

专题发言部分，邀请6位来自高等院校、科学院及公共图书馆的代表作学术报告，从不同层面分析中部地区图书馆的发展。卓连营，肖希明，湖南图书馆副馆长、研究馆员邹序明，河南省图书馆馆长、研究馆员孔德超，柯平，范并思分别对发言做针对性点评。

会议发布本次大会的政策建议成果——《促进中部地区公共图书馆发展长沙共识》，呼吁党和政府、业内外共同努力，为推进公共图书馆事业均衡化发展、可持续发展共同努力。（摘编自湖南图书馆网站）

第九届全国图书馆管理与服务创新论坛

9月28日，第九届全国图书馆管理与服务创新论坛在河南大学图书馆开幕。本次论坛由教育部高等学校图书情报工作指导委员会、中国图书馆学会高等学校图书馆分会和上海交通大学图书馆主办，河南大学图书馆承办。来自全国图书馆界200多位专家学者与会。论坛的主题为“图书馆未来发展”，内容包括专家报告、大会主题发言、互动交流发言、馆际交流、大会优秀征文主题报告交流等。

河南大学图书馆馆长李景文主持开幕式。河南大学校党委常委、副校长张宝明，河南省高校图工委副主任兼秘书长崔波，上海交通大学图书馆馆长陈进分别致辞。北京大学教授刘兹恒做题为“解读图书馆发展的十大方向”的报告。

随后，武汉大学图书馆馆长王新才主持“擘划未来”主题发言。刘兹恒、柯平、黄如花、陈进、清华大学图书馆馆长邓景康、香港理工大学图书馆馆长黄朝荣分别就美国图书馆发展的启示、图书馆未来五年的发展规划、深化学科服务、图书馆管理和人才培养等方面进行发言。

在两天时间内，专家们广泛探讨图书馆管理与服务创新的新理念和新探索，为图书馆未来的发展擘划未来，贡献智慧。（摘编自河南大学网站）

第28届全国十五城市公共图书馆工作研讨会

10月13日，由中国图书馆学会主办，济南市图书馆、济南图书馆学会承办的第28届全国十五城市公共图书馆工作研讨会在济南市召开。来自杭州图书馆、广州图书馆、厦门图书馆、深圳图书馆、济南市图书馆等十五家副省级城市公共图书馆的30余名代表出席会议。

文化部公共文化司副司长陈彬斌、中国国家图书馆常务副馆长陈力、济南市委宣传部副部长伊沛扬、山东省图书馆馆长冯庆东、济南市文广新局党委书记、局长孙法星、济南市文广新局巡视员鲍立军出席开幕仪式并致辞。

本次研讨会前期共征集到55篇参评论文，开幕仪式上对获奖的会议征文作者进行颁奖表彰。武汉大学信息管理学院副院长、博士生导师、教授黄如花在会上做题为“我国城市图书馆发展对策：基于国内外图书馆评估的思考”专题学术报告。随后，与会代表进行专题讨论，进一步探讨城市图书馆的创新与发展。会后参观济南市图书馆新馆。（摘编自济南市图书馆主页）

第二届全国高校图书馆服务案例创新大赛暨研讨会

11月3—4日，第二届全国高校图书馆服务案例创新大赛暨研讨会在北京师范大学图书馆召开。本次大赛由教育部高等学校图书情报工作指导委员会读者服务创新与推广工作组主办，上海交通大学图书馆和北京师范大学图书馆承办，旨在深入推进高校图书馆读者服务工作创新，促进高校图书馆在服务创新的理念、内容、方法、手段和经验等方面的交流与分享。北京师范大学党委副书记刘利，教育部高校图工委副主任委员、上海交通大学图书馆馆长陈进，北京师范大学图书馆馆长张奇伟、副馆长黄燕云出席开幕式，来自全国百余所高校图书馆的200余名图书馆员参加会议。

本次大赛于2016年5月底启动，组委会对来自全国各省、自治区、直辖市的近百所高校图书馆提交的服务创新案例申报材料进行了网上评审，最终共30个案例进入全国总决赛。来自30所高校图书馆的馆员团队及个人在决赛环节展示、交流了他们的研究成果。经激烈角逐，本次大赛共产生一等奖5名，二等奖10名，三等奖15名，单项奖10名。南开大学信息资源管理系教授柯平对优秀案例进行点评和总结。台湾师范大学图书馆馆长、教授柯皓仁，《图书情报工作》杂志社社长、主编初景利教授分别做题为“以用户为中心的图书馆服务创新设计”和“以用户为中心的图书馆服务创新设计”的专题报告。（摘编自北京师范大学网站）

2016年高校图书馆信息技术应用研讨会

11月4日，2016年高校图书馆信息技术应用研讨会在西安电子科技大学图书馆举办。会议由陕西省高等学校图书情报工作委员会主办，西安电子科技大学图书馆、西北工业大学图书馆承办，来自59个省内图书馆、17个外省图书馆的200余人参会。

会议开幕式由西安电子科技大学图书馆副馆长李文兴主持。西安电子科技大学党委副书记、纪委书记蒋舜浩和陕西省图工委秘书长张惠君先后致辞。

专题交流的两个阶段分别由西安电子科技大学图书馆副馆长黄小强和西北工业大学图书馆副馆长李辉主持。来自陕西省6个高校图书馆的代表做专题报告，分享信息技术在各自图书馆建设中的应用和工作经验。西安交通大学图书馆馆长助理、研究馆员闫晓弟做题为“信息技术应用于图书馆空间改造”的报告；西北工业大学图书馆信息技术部主任黄辉做题为“Beacon技术在图书馆的应用”的报告；长安大学图书馆技术部主任史敏鸽做题为“图书馆视频监控系统升级改造及其他”的报告；陕西科技大学图书馆信息部主任周育红做题为“RFID技术在陕西科技大学图书馆的实施及应用”的报告；西安外事学院图书馆技术与培训部主任黄文娟做题为“利用微信平台提升图书馆的服务”的报告；西安电子科技大学图书馆副馆长黄小强做“结合O2O的RFID技术提升图书馆的传统服务”的报告。另外，北京掌图科技有限公司技术总监包亚做题为“新一代信息技术融合应用解决方案——书蜗图书馆O2O服务平台”的报告。最后，西安电子科技大学图书馆馆长卢朝阳对本次会议做总结发言。（摘编自西安电子科技大学图书馆网站）

2016年中文古籍整理与版本目录学国际学术研讨会

11月8—9日，2016年中文古籍整理与版本目录学国际学术研讨会在中山大学图书馆召开。中山大学副校长颜光美，国家图书馆副馆长、国家古籍保护中心副主任张志清，教育部高校图工委主任委员、北京大学图书馆馆长朱强，教育部全国高等院校古籍整理研究工作委员会主任、北京大学中文系教授安平秋，中山大学校长助理、图书馆馆长程焕文，资讯管理学院院长龙乐思（Miguel Nunes）等以及美国、加拿大、日本等海内外专家学者共计160余人出席会议。

在主旨报告部分，教育部全国高等院校古籍整理研究工作委员会主任、北京大学中文系教授安平秋报告了我国当前古籍工作体系的构成与人才培养计划，强调人才培养对于古籍收藏与保护、整理与研究、出版与规划等古籍工作的重要性，并就海外汉籍的定义、范围、流传与回归等问题做具体阐述。张志清做“保护古籍、传承文明、服务社会——‘中华古籍保护计划’的回顾与展望”主旨演讲，就“中华古籍保护计划”的设立、成果、问题及未来发展规划等方面做详细的报告。

在随后两天的会议专题报告中，与会专家学者围绕中文古籍整理与版本鉴定、中文古籍善本书志及其编撰研究、中文古籍与特色历史文献数字典藏与数字人文研究、海外中文古籍的收藏、整理与利用、《广州大典》与广州历史文化等议题报告了各自最新的研究成果，并展开热烈的交流和讨论。会议闭幕式由中山大学图书馆特聘专家沈津作会议总结，程焕文致闭幕词。本次国际学术研讨会期间还举办“中山大学图书馆藏容庚捐赠拓片撷珍”“王德私人藏书展”“赵俊杰私人藏书展”3个特藏展览。（摘编自中山大学网站）

2016 中国农业图书馆学术年会
暨开放数据与农业技术共享研讨会

11月10—11日，由中国农学会农业图书馆分会主办、中国农业科学院农业信息研究所承办的“2016中国农学会农业图书馆分会学术年会暨开放数据与农业技术共享研讨会”在北京中国农业科学院国家农业图书馆召开。中国农业科学院农业信息研究所副所长周国民致欢迎词，中国农学会农业图书馆分会理事长孟宪学致开幕词，国家科技基础条件平台中心副主任王瑞丹应邀出席大会并讲话，中国农业科学院农业信息研究所知识工程研究室主任张学福主持开幕式。来自全国各省、直辖市、自治区农业科研单位、高等院校从事农业图书情报工作的120多位专家、学者参加此次学术研讨会。

研讨会上，周国民做“国家农业科学数据共享实践与思考”主题报告，从科学数据的内涵、科学数据共享实践以及科学数据共享工作的思考三个方面进行了阐述。联合国粮农组织官员 Johannes Keizer、全球农业与营养开放数据组织(GODAN)秘书处 Ruthie Musker、CABI 成员国事务主任张巧巧分别就开放数据带来的机遇与挑战、农业技术与成果方面可获得的开放数据集、CABI 在开放数据领域的承诺与行动等内容做大会报告。会议期间，学会还组织举办“全球农业大数据与信息服务联盟”学科馆员培训活动。中国农业科学院农业信息研究所王玉芹、王晶静分别就“国家农业科技创新联盟农业科技信息资源共建共享平台”“联盟共建共享平台协同服务与宣传培训”做相关报告，并就联盟学科馆员服务内容、服务方式、工作机制、奖励机制等方面的问题进行研讨。

孟宪学做会议总结，他认为，资源数据的开放是一个趋势，符合新形势下科研工作的需求，开放科学需要开放数据，数据的分析和应用非常重要，通过文献计量等方法，对数据进行更好地挖掘，更好地分析，得出更有价值、有意义的结果，支撑农业科研和决策。（摘编自中国农业科学院农业信息研究所网站）

中国—南亚图书馆管理与服务高级研修班

11月12—20日，受文化部委托，国家图书馆举办中国—南亚图书馆管理与服务高级研修班。研修班以“互联网时代的图书馆新发展”为主题，共有14名中外学员参加。其中3名中国学员分别来自云南省、青海省、新疆维吾尔自治区，11名外国学员分别来自阿富汗、孟加拉国、马尔代夫、尼泊尔、巴基斯坦、斯里兰卡国家图书馆。

国家图书馆馆长韩永进、副馆长孙一钢、文化部外联局局长助理王晨、外联局亚洲处副处长赵歆等出席开班仪式，国家图书馆常务副馆长陈力、副馆长魏大威、孙一钢以及来自美国、英国、丹麦等国的专家学者为学员授课。学员还参观国家典籍博物馆、天津图书馆、故宫博物院等。

此次研修班旨在进一步加强中国与南亚各国图书馆的交流，深化务实合作，推动建立亚洲图书馆对话合作机制，共同促进亚洲图书馆事业的繁荣发展。（摘编自国家图书馆网站）

京津冀图书馆合作发展研讨会

12月9日，为进一步落实《京津冀协同发展规划纲要》和《京津冀三地文化领域协同发展战略框架协议》，推动京津冀图书馆联盟持续有序发展，京津冀图书馆发展合作研讨会在首都图书馆召开。国家图书馆馆长助理、研究院院长汪东波，北京市图书馆协会理事长倪晓建，北京大学信息管理系主任李广建以及首都图书馆、天津图书馆、河北省图书馆和三省市相关代表40余人参加会议。

首都图书馆党委书记肖维平回顾京津冀图书馆联盟成立以来的主要工作进展，天津图书馆馆长李培、河北省图书馆馆长李勇、首都图书馆副馆长邓菊英分别汇报各馆的“十三五”规划，并结合馆情特色就京津冀图书馆联盟2017年重点工作给出规划和意见。随后，北京市东城区第一图书馆馆长肖佐刚、朝阳区图书馆馆长李凯、通州区图书馆馆长杨兰英分别汇报各馆在京津冀合作框架下的相关工作进展，并就联盟未来发展提出建议。

在本次会议的研讨环节里，倪晓建、汪东波和李广建一致认为京津冀图书馆联盟是国家重大战略背景下的联盟，它的建设发展应该为服务区域经济社会发展为主要目标。三位专家积极出谋划策，提出了许多切实可行的意见和建议。随后各馆就京津冀图书馆联盟合作发展模式和2017年的重点工作进行研讨，就议事规则、联盟秘书处组建、2017年年会活动举办等事项原则上达成一致意见，下一步将就具体合作内容和合作事项展开磋商。（摘编自首都图书馆网站）

法律法规与政策性文件

法律法规与政策性文件综述

2016年，图书馆政策法规建设取得实质性进展，《中华人民共和国公共文化服务保障法》正式出台，促进图书馆事业均等化发展的政策文件进一步完善，公共文化志愿服务管理制度出台。

一、《中华人民共和国公共文化服务保障法》顺利出台

2016年12月25日，十二届全国人大常委会第二十五次会议表决通过《中华人民共和国公共文化服务保障法》，自2017年3月1日起施行。从2014年4月启动到发布实施，前后不到3年时间，速度快，力度大，充分说明该法立法的迫切性、重要性，以及党和国家对公共文化事业的高度重视。这部法律是文化领域的基础性、全局性、基本性重要法律，这部法律的出台，落实了宪法精神，同时将党中央、国务院制定的公共文化服务的一些政策方针等法制化，以全面的、法律的形式保障广大人民群众的基本文化权益。《中华人民共和国公共文化服务保障法》共分总则、公共文化设施建设与管理、公共文化服务提供、保障措施、法律责任、附则6章，共65条。主要内容包括以下几个方面：一是对公共文化服务的概念和范围做出明确界定；二是提出了公共文化服务应当遵循的主要原则；三是明确了公共文化服务体系建设的若干重要制度，如公共文化服务体系建设综合协调机制、公共文化服务标准化制度、公共文化设施免费开放制度等；四是规定了政府在公共文化服务体系建设中的重要责任，如经费保障、人才保障、监督管理等；五是规定了公共文化设施建设与管理的有关法律程序和提供公共文化服务的主要内容、形式和管理责任等。此外，还对违法行为的法律责任等作了相应规定。《公共文化服务保障法》有五大亮点：一是科技助力公共文化服务，该法提出，国家鼓励和支持发挥科技在公共文化服务中的作用，推动运用现代信息技术和传播技术，提高公众的科学素养和公共文化服务水平；二是互联网+公共文化服务，该法提出，基层综合性文化服务中心应当加强资源整合，建立完善公共文化服务网络，充分发挥统筹服务功能，为公众提供书报阅读、影视观赏、戏曲表演、普法教育、艺术普及、科学普及、广播播送、互联网上网和群众性文化体育活动等公共文化服务，并根据其功能特点，因地制宜提供其他公共服务；三是公共文化设施免费或优惠开放，该法明确规定公共文化设施应当根据其功能、特点，按照国家有关规定，向公众免费或者优惠开放；四是重点扶助贫困地区开展公共文化服务，该法明确国务院和省、自治区、直辖市人民政府应当增加投入，通过转移支付等方式，重点扶助革命老区、民族地区、边疆地区、贫困地区开展公共文化服务；国家鼓励和支持经济发达地区对革命老区、民族地区、边疆地区、贫困地区的公共文化服务提供援助；五是违法必究。

二、全力推进公共文化服务均等化发展

为推进公共文化服务均等化，国家以及地方重点从以下两个方面给予了政策保障。一是推进城乡均等，2016年12月，文化部、国家新闻出版广电总局、国家体育总局、国家发展和改革委员会、财政部五部门印发《关于推进县级文化馆图书馆总分馆制建设的指导意见》，该文件是在目前县级文化馆图书馆服务能力不强、县域内公共文化资源缺乏整合、城乡公共文化服务发展不均衡的背景下制定的。文件提出，到2020年，全国具备条件的地区因地制宜建立起上下联通、服务优质、有效覆盖的县级文化馆、图书馆总分馆制，广大基层群众享受的基本公共文化服务内容更加丰富，途径更加便捷，质量显著提升，均等化水平稳步提高。各地为推进基层公共文化服务均等化，也出台了一些地方性政策，如北京市文化局印发了《北京市基层图书服务资源整合实施管理办法》、廊坊市人民政府办公室印发了《关于推进基层综合性文化服务中心建设的实施意见》、湖北省人民政府办公厅、海南省人民政府办公厅印发的《关于推进基层综合性文化服务中心建设的实施意见》等政策文件。二是推进群体均等，各地将老年人、未成年人、残疾人、农民工、农村留守妇女儿童、生活困难群众作为公共文化服务的重点对象，重点保障这些特殊群体的基本文化权益。文化部、国务院农民工工作领导小组办公室、全国总工会发布《关于进一步做好为农民工文化服务工作的意见》，中国残联、文化部、国家新闻出版广电总局、国家体育总局发布《关于印发残疾人

文化体育工作"十三五"实施方案的通知》,在各地制定的保障老年人、妇女、少年儿童等特殊人群权益的政策文件中,也强调了公共文化服务的内容,如上海市老年人权益保障条例、杭州市人民政府关于印发杭州市妇女发展"十三五"规划和杭州市儿童发展"十三五"规划的通知等。

三、文化志愿服务进一步规范

文化志愿服务是社会志愿服务的重要组成部分,是文化共享和普惠的一种途径。为做好文化志愿服务工作,培养文化志愿服务团队,打造文化志愿服务品牌,2016 年 3 月,文化部联合中央文明办发布了《文化部、中央文明办关于开展 2016 年文化志愿服务工作的通知》,为推动文化志愿服务常态化、规范化、制度化,2016 年 7 月文化部制定并发布了《文化志愿服务管理办法》,该文件明确了文化志愿服务的范围、应享有的权利和履行的义务,同时规定了文化志愿服务组织单位应履行的职责。有的地区结合本地具体情况,也制定了相应的文件,如山东省文化厅印发的《山东省文化志愿服务实施办法》。在 2016 年出台的《中华人民共和国公共文化服务保障法》中,也设单条对文化志愿服务的内容予以规定,明确提出公共文化设施管理单位应当建立文化志愿服务机制,组织开展文化志愿服务活动,县级以上地方人民政府有关部门应当对文化志愿活动给予必要的指导和支持,并建立管理评价、教育培训和激励保障机制。

四、图书馆"十三五"发展规划文本陆续发布

2016 年是"十三五"时期的开局之年,多个地区发布了文化事业"十三五"发展规划,在总结分析"十二五"事业发展成就和问题的基础上,部署安排"十三五"事业发展重点,如山西、重庆、蒙古、上海、武汉、佛山、常州、鄂尔多斯等省市都制定了文化事业或公共文化服务体系的"十三五"发展规划,其中都对未来五年图书馆事业发展给出了方向,如山西省人民政府印发的《山西省"十三五"文化强省规划》中,对图书馆的设施建设、数字图书馆建设、流动图书馆建设、图书馆免费开放、图书馆理事会制度建设以及图书馆事业法制化建设等都做出了相应部署。此外,在全国或各地的教育"十三五"规划、科技发展"十三五"规划、特殊人群服务"十三五"规划等政策文件中,都涉及图书馆事业发展。

（国家图书馆　王秀香）

法律法规与政策性文件全文

文化部关于印发《文化志愿服务管理办法》的通知
(2016年7月14日,文公共发〔2016〕15号)

各省、自治区、直辖市文化厅（局），新疆生产建设兵团文化广播电视局，本部各直属单位：

为深入贯彻落实《中共中央办公厅　国务院办公厅关于加快构建现代公共文化服务体系的意见》，推动文化志愿服务规范化、制度化，构建参与广泛、内容丰富、形式多样、机制健全的文化志愿服务体系，文化部制定了《文化志愿服务管理办法》，现印发给你们，请结合实际贯彻执行。

特此通知。

文化部

2016年7月14日

文化志愿服务管理办法

第一章　总则

第一条　为发挥文化志愿服务在构建现代公共文化服务体系中的积极作用,鼓励和引导文化志愿服务活动广泛深入开展,推动文化志愿服务常态化、规范化、制度化,根据文化志愿服务特点,制定本办法。

第二条　本办法所称文化志愿者,是指利用自己的时间、知识、技能等,自愿、无偿为社会或他人提供公益性文化服务的个人。

本办法所称文化志愿服务组织单位,是指组织开展文化志愿服务的文化行政部门、文化单位。

本办法所称文化志愿服务组织,是指以开展文化志愿服务为宗旨的非营利性社会组织。

第三条　文化志愿服务应弘扬奉献、友爱、互助、进步的志愿精神,遵循自愿、无偿、利他、平等的原则。

第二章　文化志愿者

第四条　文化志愿者应热心文化事业,具有一定的文化艺术才能和相应的民事行为能力。

鼓励有意愿、有能力的人成为文化志愿者。

鼓励老年人在自愿和量力的情况下参加文化志愿服务活动。

未成年人经其监护人同意或由其监护人陪同,可参加与其年龄、身心状况相适应的文化志愿服务活动。

第五条　文化志愿者可向文化志愿服务组织单位申请实名注册。注册时,应提供真实身份信息、服务技能、服务时间、联系方式等个人基本信息。

第六条　文化志愿者享有下列权利:

(一)根据自己的意愿、时间和能力提供文化志愿服务;

(二)获得文化志愿服务活动真实、准确、完整的信息;

(三)参加文化志愿服务培训;

(四)获得开展文化志愿服务必要的工作条件;

(五)要求文化志愿服务组织单位如实记录参与文化志愿服务的有关信息;

(六)请求文化志愿服务组织单位帮助解决在文化志愿服务过程中遇到的实际困难;

(七)对文化志愿服务工作提出意见和建议;

(八)相关法律、法规及规章制度规定的其他权利。

第七条　文化志愿者履行下列义务:

(一)自觉维护文化志愿者的形象与声誉;

(二)遵守文化志愿服务管理制度;

(三)履行文化志愿服务承诺或协议,完成文化志愿服务组织单位安排的志愿服务任务;

(四)尊重服务对象的意愿、人格和隐私,不得向其收取或者变相收取报酬;

(五)因故不能参加或完成预先约定的文化志愿服务活动时,履行合理告知的义务;

(六)相关法律、法规及规章制度规定的其他义务。

第三章　文化志愿服务组织单位

第八条　文化志愿服务组织单位履行下列职责:

(一)制定文化志愿服务计划;

(二)依法筹集、管理和使用文化志愿服务经费、物资;

（三）组织开展文化志愿服务活动；

（四）负责文化志愿者的招募、注册、培训、服务记录、绩效考核等工作；

（五）为文化志愿者开展文化志愿服务提供必要的工作条件，帮助解决文化志愿服务过程中遇到的实际困难；

（六）根据文化志愿者的要求和相关管理规定，出具文化志愿服务相关证明；

（七）开展文化志愿服务宣传、交流与合作；

（八）履行相关法律、法规规定的其他职责。

第九条　文化志愿服务组织单位可根据实际需求制定招募计划，定向招募或面向社会公开招募文化志愿者。

招募文化志愿者，应当明确公告文化志愿服务项目和文化志愿者的条件、数量、服务内容、保障条件以及可能发生的风险等信息。

第十条　文化志愿服务组织单位应依据文化志愿者本人申请，对于符合条件的予以注册并发放注册服务证，如实记录文化志愿者个人基本信息和服务开展情况。

未经文化志愿者本人同意，文化志愿服务组织单位不得公开或泄露其有关信息。

第十一条　文化志愿服务组织单位应按照专业技能、服务对象等对文化志愿者进行分类管理。

第十二条　文化志愿服务组织单位应定期对文化志愿者开展业务知识、技能培训和安全教育。

第十三条　文化志愿服务组织单位应定期对文化志愿者服务情况进行绩效考核。对未遵守相关规定、不履行本办法第七条规定义务的文化志愿者，建立退出机制。

第四章　文化志愿服务

第十四条　文化志愿服务的范围主要包括：

（一）在公共图书馆、文化馆（站）、博物馆、美术馆等公共文化设施和场所开展公益性文化服务；

（二）深入城乡基层开展文艺演出、辅导培训、展览展示、阅读推广等公益性文化服务；

（三）为老年人、未成年人、残疾人、农民工和生活困难群众等提供公益性文化服务；

（四）参与基层文化设施的管理和群众文化活动的组织等工作；

（五）参与文化行政部门和文化单位开展的文化遗产保护、文化市场监督等工作；

（六）开展其他公益性文化服务。

第十五条　文化志愿服务组织单位应根据工作需要和自身职责开展文化志愿服务，也可根据有文化志愿服务需要的单位或个人的申请提供文化志愿服务。

第十六条　开展文化志愿服务，文化志愿服务组织单位、文化志愿者、文化志愿服务需求方应就文化志愿服务内容、权利义务和法律责任等协商一致，必要时应签订书面协议。

第十七条　有下列情形之一的，文化志愿服务组织单位与文化志愿者、文化志愿服务组织单位与文化志愿服务需求方之间应签订书面协议：

（一）任何一方要求签订书面协议的；

（二）对人身安全、身心健康有较高风险的；

（三）为大型公益文化活动提供文化志愿服务的；

（四）法律、法规规定应签订书面协议的。

第十八条　文化志愿服务协议应包括以下内容：

（一）文化志愿服务的内容、时间、地点；

（二）当事人的权利、义务；

（三）风险保障措施；

（四）协议的变更和解除；

（五）法律责任及争议解决方式；

（六）需要明确的其他事项。

第十九条　开展文化志愿服务，文化志愿服务组织单位应根据实际情况为文化志愿者办理人身意外伤害保险。

第二十条　开展文化志愿服务应使用统一的标识。

第五章　激励和保障

第二十一条　文化志愿服务组织单位应结合实际建立文化志愿服务激励回馈制度。

有良好服务记录的文化志愿者可获得艺术观摩与培训、文化艺术消费、公益性文化服务等方面的优惠待遇。

文化行政部门应推动文化志愿者在用工、教育、社会保障等方面享受本地区关于志愿者的优惠奖励政策。

第二十二条　文化志愿服务组织单位应建立文化志愿服务嘉许制度。对服务时间较长、业绩突出、社会影响较大的文化志愿者、文化志愿服务团队和文化志愿服务项目给予褒扬。

第二十三条　文化志愿服务组织单位应为文化志愿服务开展提供必要的经费支持。

文化志愿服务经费应主要用于文化志愿服务开展过程中涉及的场地租用、物品制作、人员培训、后勤保障、宣传推广等方面。

文化志愿服务经费使用应严格遵守有关财务制度，接受有关部门的监督。

第二十四条　鼓励和支持社会力量通过捐助设施设备、赞助等方式参与文化志愿服务。

第二十五条　鼓励以政府购买公共文化服务的方式吸引符合条件的文化志愿服务组织参与公共文化服务项目或活动。

第二十六条　文化志愿服务组织单位、文化志愿者开展文化志愿服务，造成对文化志愿服务对象或其他相关人员合法权益损害的，按照法律法规及有关规定承担相应责任。

第六章　附则

第二十七条　各地文化行政部门可根据本办法制定具体的实施办法。

第二十八条　本办法自公布之日起施行。

中华人民共和国公共文化服务保障法
（2016年12月25日第十二届全国人民代表大会常务委员会第二十五次会议通过）

目　录

第一章　总　则

第一条　为了加强公共文化服务体系建设，丰富人民群众精神文化生活，传承中华优秀传统文化，弘扬社会主义核心价值观，增强文化自信，促进中国特色社会主义文化繁荣发展，提高全民族文明素质，制定本法。

第二条　本法所称公共文化服务，是指由政府主导、社会力量参与，以满足公民基本文化需求为主要目的而提供的公共文化设施、文化产品、文化活动以及其他相关服务。

第三条　公共文化服务应当坚持社会主义先进文化前进方向，坚持以人民为中心，坚持以社会主义核心价值观为引领；应当按照“百花齐放、百家争鸣”的方针，支持优秀公共文化产品的创作生产，丰富公共文化服务内容。

第四条　县级以上人民政府应当将公共文化服务纳入本级国民经济和社会发展规划，按照公益性、基本性、均等性、便利性的要求，加强公共文化设施建设，完善公共文化服务体系，提高公共文化服务效能。

第五条　国务院根据公民基本文化需求和经济社会发展水平，制定并调整国家基本公共文化服务指导标准。

省、自治区、直辖市人民政府根据国家基本公共文化服务指导标准，结合当地实际需求、财政能力和文化特色，制定并调整本行政区域的基本公共文化服务实施标准。

第六条　国务院建立公共文化服务综合协调机制，指导、协调、推动全国公共文化服务工作。国务院文化主管部门承担综合协调具体职责。

地方各级人民政府应当加强对公共文化服务的统筹协调，推动实现共建共享。

第七条　国务院文化主管部门、新闻出版广电主管部门依照本法和国务院规定的职责负责全国的公共文化服务工作；国务院其他有关部门在各自职责范围内负责相关公共文化服务工作。

县级以上地方人民政府文化、新闻出版广电主管部门根据其职责负责本行政区域内的公共文化服务工作；县级以上地方人民政府其他有关部门在各自职责范围内负责相关公共文化服务工作。

第八条　国家扶助革命老区、民族地区、边疆地区、贫困地区的公共文化服务，促进公共文化服务均衡协调发展。

第九条　各级人民政府应当根据未成年人、老年人、残疾人和流动人口等群体的特点与需求，提供相应的公共文化服务。

第十条　国家鼓励和支持公共文化服务与学校教育相结合，充分发挥公共文化服务的社会教育功能，提高青少年思想道德和科学文化素质。

第十一条　国家鼓励和支持发挥科技在公共文化服务中的作用，推动运用现代信息技术和传播技术，提高公众的科学素养和公共文化服务水平。

第十二条　国家鼓励和支持在公共文化服务领域开展国际合作与交流。

第十三条　国家鼓励和支持公民、法人和其他组织参与公共文化服务。

对在公共文化服务中做出突出贡献的公民、法人和其他组织，依法给予表彰和奖励。

第二章　公共文化设施建设与管理

第十四条　本法所称公共文化设施是指用于提供公共文化服务的建筑物、场地和设备，主要包括图书馆、博物馆、文化馆（站）、美术馆、科技馆、纪念馆、体育场馆、工人文化宫、青少年宫、妇女儿童活动中心、老年人活动中心、乡镇（街道）和村（社区）基层综合性文化服务中心、农家（职工）书屋、公共阅报栏（屏）、广播电视播出传输覆盖设施、公共数字文化服务点等。

县级以上地方人民政府应当将本行政区域内的公共文化设施目录及有关信息予以公布。

第十五条　县级以上地方人民政府应当将公共文化设施建设纳入本级城乡规划，根据国家基本公共文化服务指导标准、省级基本公共文化服务实施标准，结合当地经济社会发展水平、人口状况、环境条件、文化特色，合理确定公共文化设施的种类、数量、规模以及布局，形成场馆服务、流动服务和数字服务相结合的公共文化设施网络。

公共文化设施的选址，应当征求公众意见，符合公共文化设施的功能和特点，有利于发挥其作用。

第十六条　公共文化设施的建设用地，应当符合土地利用总体规划和城乡规划，并依照法定程序审批。

任何单位和个人不得侵占公共文化设施建设用地或者擅自改变其用途。因特殊情况需要调整公共文化设施建设用地的，应当重新确定建设用地。调整后的公共文化设施建设用地不得少于原有面积。

新建、改建、扩建居民住宅区，应当按照有关规定、标准，规划和建设配套的公共文化设施。

第十七条　公共文化设施的设计和建设，应当符合实用、安全、科学、美观、环保、节约的要求和国家规定的标准，并配置无障碍设施设备。

第十八条　地方各级人民政府可以采取新建、改建、扩建、合建、租赁、利用现有公共设施等多种方式，加强乡镇（街道）、村（社区）基层综合性文化服务中心建设，推动基层有关公共设施的统一管理、综合利用，并保障其正常运行。

第十九条　任何单位和个人不得擅自拆除公共文化设施，不得擅自改变公共文化设施的功能、用途或者妨碍其正常运行，不得侵占、挪用公共文化设施，不得将公共文化设施用于与公共文化服务无关的商业经营活动。

因城乡建设确需拆除公共文化设施，或者改变其功能、用途的，应当依照有关法律、行政法规的规定重建、改建，并坚持先建设后拆除或者建设拆除同时进行的原则。重建、改建的公共文化设施的设施配置标准、建筑面积等不得降低。

第二十条　公共文化设施管理单位应当按照国家规定的标准，配置和更新必需的服务内容和设备，加强公共文化设施经常性维护管理工作，保障公共文化设施的正常使用和运转。

第二十一条　公共文化设施管理单位应当建立健全管理制度和服务规范，建立公共文化设施资产统计报告制度和公共文化服务开展情况的年报制度。

第二十二条　公共文化设施管理单位应当建立健全安全管理制度，开展公共文化设施及公众活动的安全评价，依法配备安全保护设备和人员，保障公共文化设施和公众活动安全。

第二十三条　各级人民政府应当建立有公众参与的公共文化设施使用效能考核评价制度，公共文化设施管理单位应当根据评价结果改进工作，提高服务质量。

第二十四条　国家推动公共图书馆、博物馆、文化馆等公共文化设施管理单位根据其功能定位建立健全法人治理结构，吸收有关方面代表、专业人士和公众参与管理。

第二十五条　国家鼓励和支持公民、法人和其他组织兴建、捐建或者与政府部门合作建设公共文化设施，鼓励公民、法人和其他组织依法参与公共文化设施的运营和管理。

第二十六条　公众在使用公共文化设施时，应当遵守公共秩序，爱护公共设施，不得损坏公共设施设备和物品。

第三章　公共文化服务提供

第二十七条　各级人民政府应当充分利用公

共文化设施，促进优秀公共文化产品的提供和传播，支持开展全民阅读、全民普法、全民健身、全民科普和艺术普及、优秀传统文化传承活动。

第二十八条　设区的市级、县级地方人民政府应当根据国家基本公共文化服务指导标准和省、自治区、直辖市基本公共文化服务实施标准，结合当地实际，制定公布本行政区域公共文化服务目录并组织实施。

第二十九条　公益性文化单位应当完善服务项目、丰富服务内容，创造条件向公众提供免费或者优惠的文艺演出、陈列展览、电影放映、广播电视节目收听收看、阅读服务、艺术培训等，并为公众开展文化活动提供支持和帮助。

国家鼓励经营性文化单位提供免费或者优惠的公共文化产品和文化活动。

第三十条　基层综合性文化服务中心应当加强资源整合，建立完善公共文化服务网络，充分发挥统筹服务功能，为公众提供书报阅读、影视观赏、戏曲表演、普法教育、艺术普及、科学普及、广播播送、互联网上网和群众性文化体育活动等公共文化服务，并根据其功能特点，因地制宜提供其他公共服务。

第三十一条　公共文化设施应当根据其功能、特点，按照国家有关规定，向公众免费或者优惠开放。

公共文化设施开放收取费用的，应当每月定期向中小学生免费开放。

公共文化设施开放或者提供培训服务等收取费用的，应当报经县级以上人民政府有关部门批准；收取的费用，应当用于公共文化设施的维护、管理和事业发展，不得挪作他用。

公共文化设施管理单位应当公示服务项目和开放时间；临时停止开放的，应当及时公告。

第三十二条　国家鼓励和支持机关、学校、企业事业单位的文化体育设施向公众开放。

第三十三条　国家统筹规划公共数字文化建设，构建标准统一、互联互通的公共数字文化服务网络，建设公共文化信息资源库，实现基层网络服务共建共享。

国家支持开发数字文化产品，推动利用宽带互联网、移动互联网、广播电视网和卫星网络提供公共文化服务。

地方各级人民政府应当加强基层公共文化设施的数字化和网络建设，提高数字化和网络服务能力。

第三十四条　地方各级人民政府应当采取多种方式，因地制宜提供流动文化服务。

第三十五条　国家重点增加农村地区图书、报刊、戏曲、电影、广播电视节目、网络信息内容、节庆活动、体育健身活动等公共文化产品供给，促进城乡公共文化服务均等化。

面向农村提供的图书、报刊、电影等公共文化产品应当符合农村特点和需求，提高针对性和时效性。

第三十六条　地方各级人民政府应当根据当地实际情况，在人员流动量较大的公共场所、务工人员较为集中的区域以及留守妇女儿童较为集中的农村地区，配备必要的设施，采取多种形式，提供便利可及的公共文化服务。

第三十七条　国家鼓励公民主动参与公共文化服务，自主开展健康文明的群众性文化体育活动；地方各级人民政府应当给予必要的指导、支持和帮助。

居民委员会、村民委员会应当根据居民的需求开展群众性文化体育活动，并协助当地人民政府有关部门开展公共文化服务相关工作。

国家机关、社会组织、企业事业单位应当结合自身特点和需要，组织开展群众性文化体育活动，丰富职工文化生活。

第三十八条　地方各级人民政府应当加强面向在校学生的公共文化服务，支持学校开展适合在校学生特点的文化体育活动，促进德智体美教育。

第三十九条　地方各级人民政府应当支持军队基层文化建设，丰富军营文化体育活动，加强军民文化融合。

第四十条　国家加强民族语言文字文化产品的供给，加强优秀公共文化产品的民族语言文字译制及其在民族地区的传播，鼓励和扶助民族文化产品的创作生产，支持开展具有民族特色的群众性文化体育活动。

第四十一条　国务院和省、自治区、直辖市人民政府制定政府购买公共文化服务的指导性意见和目录。国务院有关部门和县级以上地方人民政府应当根据指导性意见和目录，结合实际情况，确定购买的具体项目和内容，及时向社会公布。

第四十二条　国家鼓励和支持公民、法人和

其他组织通过兴办实体、资助项目、赞助活动、提供设施、捐赠产品等方式，参与提供公共文化服务。

第四十三条　国家倡导和鼓励公民、法人和其他组织参与文化志愿服务。

公共文化设施管理单位应当建立文化志愿服务机制，组织开展文化志愿服务活动。

县级以上地方人民政府有关部门应当对文化志愿活动给予必要的指导和支持，并建立管理评价、教育培训和激励保障机制。

第四十四条　任何组织和个人不得利用公共文化设施、文化产品、文化活动以及其他相关服务，从事危害国家安全、损害社会公共利益和其他违反法律法规的活动。

第四章　保障措施

第四十五条　国务院和地方各级人民政府应当根据公共文化服务的事权和支出责任，将公共文化服务经费纳入本级预算，安排公共文化服务所需资金。

第四十六条　国务院和省、自治区、直辖市人民政府应当增加投入，通过转移支付等方式，重点扶助革命老区、民族地区、边疆地区、贫困地区开展公共文化服务。

国家鼓励和支持经济发达地区对革命老区、民族地区、边疆地区、贫困地区的公共文化服务提供援助。

第四十七条　免费或者优惠开放的公共文化设施，按照国家规定享受补助。

第四十八条　国家鼓励社会资本依法投入公共文化服务，拓宽公共文化服务资金来源渠道。

第四十九条　国家采取政府购买服务等措施，支持公民、法人和其他组织参与提供公共文化服务。

第五十条　公民、法人和其他组织通过公益性社会团体或者县级以上人民政府及其部门，捐赠财产用于公共文化服务的，依法享受税收优惠。

国家鼓励通过捐赠等方式设立公共文化服务基金，专门用于公共文化服务。

第五十一条　地方各级人民政府应当按照公共文化设施的功能、任务和服务人口规模，合理设置公共文化服务岗位，配备相应专业人员。

第五十二条　国家鼓励和支持文化专业人员、高校毕业生和志愿者到基层从事公共文化服务工作。

第五十三条　国家鼓励和支持公民、法人和其他组织依法成立公共文化服务领域的社会组织，推动公共文化服务社会化、专业化发展。

第五十四条　国家支持公共文化服务理论研究，加强多层次专业人才教育和培训。

第五十五条　县级以上人民政府应当建立健全公共文化服务资金使用的监督和统计公告制度，加强绩效考评，确保资金用于公共文化服务。任何单位和个人不得侵占、挪用公共文化服务资金。

审计机关应当依法加强对公共文化服务资金的审计监督。

第五十六条　各级人民政府应当加强对公共文化服务工作的监督检查，建立反映公众文化需求的征询反馈制度和有公众参与的公共文化服务考核评价制度，并将考核评价结果作为确定补贴或者奖励的依据。

第五十七条　各级人民政府及有关部门应当及时公开公共文化服务信息，主动接受社会监督。

新闻媒体应当积极开展公共文化服务的宣传报道，并加强舆论监督。

第五章　法律责任

第五十八条　违反本法规定，地方各级人民政府和县级以上人民政府有关部门未履行公共文化服务保障职责的，由其上级机关或者监察机关责令限期改正；情节严重的，对直接负责的主管人员和其他直接责任人员依法给予处分。

第五十九条　违反本法规定，地方各级人民政府和县级以上人民政府有关部门，有下列行为之一的，由其上级机关或者监察机关责令限期改正；情节严重的，对直接负责的主管人员和其他直接责任人员依法给予处分：

（一）侵占、挪用公共文化服务资金的；

（二）擅自拆除、侵占、挪用公共文化设施，或者改变其功能、用途，或者妨碍其正常运行的；

（三）未依照本法规定重建公共文化设施的；

（四）滥用职权、玩忽职守、徇私舞弊的。

第六十条　违反本法规定，侵占公共文化设施的建设用地或者擅自改变其用途的，由县级以上地方人民政府土地主管部门、城乡规划主管部门依据各自职责责令限期改正；逾期不改正的，由做出决定的机关依法强制执行，或者依法申请人民法院强制执行。

第六十一条　违反本法规定，公共文化设施管理单位有下列情形之一的，由其主管部门责令限期改正；造成严重后果的，对直接负责的主管人员和其他直接责任人员，依法给予处分：

（一）未按照规定对公众开放的；

（二）未公示服务项目、开放时间等事项的；

（三）未建立安全管理制度的；

（四）因管理不善造成损失的。

第六十二条　违反本法规定，公共文化设施管理单位有下列行为之一的，由其主管部门或者价格主管部门责令限期改正，没收违法所得，违法所得五千元以上的，并处违法所得两倍以上五倍以下罚款；没有违法所得或者违法所得五千元以下的，可以处一万元以下的罚款；对直接负责的主管人员和其他直接责任人员，依法给予处分：

（一）开展与公共文化设施功能、用途不符的服务活动的；

（二）对应当免费开放的公共文化设施收费或者变相收费的；

（三）收取费用未用于公共文化设施的维护、管理和事业发展，挪作他用的。

第六十三条　违反本法规定，损害他人民事权益的，依法承担民事责任；构成违反治安管理行为的，由公安机关依法给予治安管理处罚；构成犯罪的，依法追究刑事责任。

第六章　附　则

第六十四条　境外自然人、法人和其他组织在中国境内从事公共文化服务的，应当符合相关法律、行政法规的规定。

第六十五条　本法自 2017 年 3 月 1 日起施行。

关于印发《全民阅读“十三五”时期发展规划》的通知
（2016 年 12 月 27 日　新广出发〔2016〕80 号）

各省、自治区、直辖市新闻出版广电局，新疆生产建设兵团新闻出版广电局，中央军委政治工作部宣传局，中央和国家机关各部委、各民主党派、各人民团体出版单位主管部门，中国出版集团公司、中国教育出版传媒集团有限公司、中国科技出版传媒集团有限公司，总局直属各单位：

《全民阅读“十三五”时期发展规划》已经总局党组会议审议通过，现印发给你们，请认真贯彻执行。规划执行过程中的重大问题，请及时向总局报告。

国家新闻出版广电总局

2016 年 12 月 17 日

全民阅读“十三五”时期发展规划

为深入贯彻落实党中央、国务院关于开展全民阅读的重要部署，提升国民素质和社会文明程度，共同建设书香社会，根据《中共中央关于制定国民经济和社会发展第十三个五年规划的建议》《中华人民共和国国民经济和社会发展第十三个五年规划纲要》和《国家“十三五”时期文化改革发展规划纲要》，编制本规划。

序　言

阅读是人类获取知识、增长智慧的重要方式，是一个国家、一个民族精神发育、文明传承的重要途径。中华民族有着优良的读书传统，崇尚读书、诗书继世之风绵延数千年。

党的十八大以来，以习近平同志为核心的党中央高度重视全民阅读。2012 年 11 月，党的十八大报告提出“开展全民阅读活动”。2014 年以来，“倡导全民阅读”连续 3 年写入国务院政府工作报告。《中华人民共和国国民经济和社会发展第十三个五年规划纲要》要求“推动全民阅读”，并将全民阅读工程列为“十三五”时期文化重大工程之一，将全民阅读提升到国家战略高度。

“十三五”时期，是全面建成小康社会的决胜阶段，是实现“两个一百年”宏伟目标、实现中华民族伟大复兴中国梦的关键时期。在新的历史条件下，深入开展全民阅读对于提高公民的思想道德素质和科学文化素质，培育和践行社会主义核心价值观，传承中华优秀传统文化，满足人民群众日益增长的精神文化需求，都具有重大而深远的意义。

一、指导思想、基本原则和主要目标

（一）指导思想

高举中国特色社会主义伟大旗帜，以邓小平

理论、“三个代表”重要思想、科学发展观为指导，全面贯彻党的十八大和十八届三中、四中、五中、六中全会精神，深入贯彻习近平总书记系列重要讲话精神和治国理政新理念新思想新战略，紧紧围绕“五位一体”总体布局和“四个全面”战略布局，牢牢把握“两个巩固”根本任务，按照全面建成小康社会的总体要求，以满足人民群众精神文化需求为出发点和落脚点，完善体制机制，创新方式方法，将丰富阅读活动内容与提升思想文化内涵相结合，将出版精品与推荐精品相结合，将公益活动和市场推广相结合，将传统阅读与数字阅读相结合，将服务与管理相结合，全面提升全民阅读质量和水平，推动国民素质和社会文明程度显著提高，为实现“两个一百年”奋斗目标和中华民族伟大复兴中国梦提供强大的精神动力和文化支撑。

（二）基本原则

——坚持政府主导，社会参与。全民阅读功在当代、利在千秋。必须强化政府责任，完善机制，健全制度，加强宏观指导和政策推动。开展全民阅读，每个人既是参与者，也是推动者。必须充分调动社会各界的积极性、主动性和创造性，鼓励、动员和引导社会力量共同参与，加强理念创新、制度创新、方式创新，推动全民阅读长期深入开展。

——坚持重在内容，提升质量。全民阅读的核心是阅读内容。必须加强优秀作品的创作生产，进一步完善创作出版扶持和激励机制，加强对精品力作的宣传推广，拓宽传播渠道，为全民阅读提供更多优质阅读内容，充分发挥引领示范作用，不断提升全民阅读的质量和水平。加强对数字化阅读的规范和引导，推动传统阅读和数字阅读相融合。

——坚持少儿优先，保障重点。少儿阅读是全民阅读的基础。必须将保障和促进少年儿童阅读作为全民阅读工作的重点，从小培育阅读兴趣、阅读习惯、阅读能力。要着力保障农村留守儿童、城市流动儿童和贫困家庭儿童的基本阅读需求。要着力保障残疾人、进城务工人员等困难群体、特殊群体的基本阅读需求。

——坚持公益普惠，深入基层。全民阅读具有典型的公益性。必须加快推进全民阅读推广服务体系城乡一体化建设，坚持公益性、基本性、均等性和便利性相统一，面向基层、面向群众，保障全民平等享有基本阅读权益。

（三）主要目标

本规划期限为2016年到2020年。主要目标是：各类全民阅读活动蓬勃开展，全民阅读氛围更加浓厚，全民阅读理念更加深入人心，优质阅读内容供给能力显著提升，全民阅读基础设施建设更加完善，阅读推广人队伍更加壮大，各类阅读推广机构不断涌现，全民阅读法制化建设取得积极进展，全民阅读工作体制机制更加健全，基本形成与全面建成小康社会发展要求相适应的以人为本、面向基层、惠及群众、兼顾重点的全民阅读推广服务体系，推动国民素质和社会文明程度显著提高。

二、重点任务

（一）举办重大全民阅读活动

开展全国范围的“书香中国”系列活动，动员各方力量，加强品牌建设，办好各类读书节、读书周、读书月、读书季等全民阅读活动，提升群众参与度、平台辐射面和品牌号召力。

在世界读书日、“六一”儿童节及其他重要节庆期间开展内容丰富、形式多样的全民阅读活动，各级领导干部带头参加，引领示范，不断扩大全民阅读的社会影响力。

围绕党和国家工作大局和重大节庆活动，组织开展主题演讲、经典诵读、读书征文、知识竞赛等丰富多彩的主题阅读活动，弘扬主旋律、传播正能量。

办好全国书博会、书展、书市等各种行业展会，通过论坛讲座、评书荐书、名家签售等人民群众喜闻乐见的形式，将之打造成为连接作者、读者、出版者和书店、媒体的阅读桥梁，充分发挥其推动全民阅读的功能和作用。

专栏1　全民阅读品牌活动

（一）“书香中国”系列活动

打造“书香中国”系列活动品牌，培育和巩固“书香中国·北京阅读季”、“书香江苏”、“书香荆楚·文化湖北”、“书香中国·上海周”、“书香岭南”、“书香湖南”、“书香八闽”、“书香辽宁”、“书香龙江”、“海南书香节”、“书香八桂”、“书香燕赵”、“书香赣鄱”、“三秦书月”、“书香安徽阅读季”、“书香天府”、“书香齐鲁”、“书香陇原”、“书香天津”、“书香天山”、“书香宁夏”、“书香青海”以及“深圳读书月”、“苏州读书节”等全国各地书香活动品牌。到2020年，所有省（自治区、直辖市）、计划单列市、地级市都有品牌活动，80%以上的县（区）有品牌活动。

（二）举办主题读书活动

结合传承和弘扬中华优秀传统文化、加强

中国特色社会主义和中国梦宣传教育、弘扬社会主义核心价值观、民族团结进步、迎接党的十九大召开、庆祝建军 90 周年、纪念改革开放 40 周年、新中国成立 70 周年、全面建成小康社会、中国共产党成立 100 周年等重大主题，广泛开展各类主题读书活动。

（三）行业展会服务全民阅读

充分发挥全国图书交易博览会、北京国际图书博览会等行业展会推广全民阅读的重要功能，举办"读者大会"等全民阅读活动。

（二）加强优质阅读内容供给

完善创作出版扶持引导机制，引导广大作者和出版者自觉践行社会主义核心价值观，传承和弘扬中华优秀传统文化。发挥国家出版基金的积极作用，实施重大出版工程等，出版更多在文化传承上有新的突破、学术水平上有新的超越的精品力作。充分发挥"五个一工程"奖、中国出版政府奖、中华优秀出版物奖等奖项的导向作用。

进一步完善针对不同读者群体的优秀出版物推荐机制，提升推荐出版物的权威性和影响力。坚持价值导向、专家意见、市场表现、群众口碑、质量标准相统一的原则，向读者推荐更多思想精深、艺术精湛、制作精良的优秀出版物。继续开展面向青少年、老年人、少数民族等不同群体的优秀出版物推荐活动，推动精品出版物宣传推介常态化、制度化。加强和改进书评机制，加强图书评论工作，加强对各类图书排行榜的引导和管理。

专栏 2　全民阅读优质内容建设工程

（一）重点出版物出版工程

"十三五"时期推出重点主题出版物、重大出版工程、文艺原创精品、未成年人出版物、少数民族文字出版物、古籍、辞书、社会科学与人文科学出版物、自然科学与工程技术出版物等 3000 种左右。

（二）优秀出版物推荐工程

进一步完善推荐机制，做好"中国好书"、"向全国青少年推荐百种优秀出版物"、"优秀老年人出版物"、"大众喜爱的 50 种图书"、"优秀民族图书"、"中华优秀传统文化普及图书"、"优秀少儿报刊"、"精品文学期刊"、"优秀网络文学原创作品"等推荐工作。

（三）推动全民阅读深入基层、深入群众

大力推进全民阅读进农村、进社区、进家庭、进学校、进机关、进企业、进军营，使阅读活动真正深入基层、深入群众。倡导党员干部带头读书，建立和完善党员干部读书学习制度，激发广大党员干部读书学习的热情，带领本单位、本系统、本地区大兴读书之风。倡导在高校大学生和中青年人群中建立读书会，开展读书活动。充分利用农家书屋、社区书屋、职工书屋等各类阅读设施，开展各种形式的基层读书活动。开展书香军营活动，服务强军建设。完善"书香之家"、"书香之乡（镇、街道）"等的推荐机制，发挥典型榜样的引领示范作用，展现基层群众的读书传统和读书风采。

强化公益性文化单位在全民阅读工作中的重要作用，文化馆（站）、公共图书馆、科技馆、工人文化宫、青少年宫、妇女儿童活动中心等各级公益性文化单位要常年开展主题读书活动、荐书送书活动、读书交流会等。鼓励政府机关、社会组织和企事业单位开展公益性阅读活动。实施市民阅读发放计划。完善全民阅读示范单位、先进个人和优秀项目推荐机制。

专栏 3　全民阅读"七进"工程

（一）"书香之家"、"书香之村（社区）"、"书香之乡（镇、街道）"、书香企业、书香机关推荐活动

"十三五"期间推荐 3000 家"书香之家"、500 个"书香之村（社区）"、200 个"书香之乡（镇、街道）"、1000 个"书香企业"、500 个"书香机关"，向全社会展现基层群众读书风采，引领阅读风尚。

（二）开展"书香中国·全民阅读大讲堂"、"强素质·作表率"读书讲坛

邀请文化名家、社会名人深入群众，引导党员干部和群众认真读书学习、开阔文化视野、全面增强素质，有效推动学习型党组织建设、学习型社会建设。

（三）"书香军营"系列活动

组织一批文化界、艺术界的名家大家深入基层部队，举办"书香军营"讲坛，并广泛开展"主题读书日"、"月读一书"、"名家荐书"、"军营读书节"等活动，营造浓厚的军营阅读氛围。

（四）大力促进少年儿童阅读

大力倡导家庭阅读、亲子阅读，发挥父母和未成年人监护人言传身教的重要作用，推动全社会共同创造、维护少年儿童良好阅读环境。鼓励幼儿园开展与学龄前儿童的年龄和心理状况相适应的阅读活动，着力培养阅读兴趣、阅读习惯。

加强中小学书香校园文化建设，完善中小学图书馆等校园阅读设施，开展多种形式的校园阅读活动。充分利用少年儿童图书馆、农家书屋、职工书屋、社区书屋、基层综合性文化服务中心以及青少年活动中心、少年宫等青少年活动场所，支持和帮助中小学生参加校外阅读活动，开展少儿阅读推广活动。

加强对少儿阅读规律的研究和运用，科学研究不同年龄、不同群体、不同性别少年儿童的智力、心理、认知能力和特点，借鉴国外阅读能力测试、分级阅读等科学方法，探索建立中国儿童阶梯阅读体系，加快提高我国少年儿童的整体阅读水平。

重点保障农村留守儿童、城市流动儿童、贫困家庭儿童等儿童群体的基本阅读需求。鼓励学校、全民阅读设施管理单位、阅读推广人及阅读推广机构等对其进行定期阅读指导和服务。将本行政区域内的外来务工人员随居子女纳入当地全民阅读服务保障范围。有条件的地方可以积极探索开展农村地区学龄前儿童基础阅读促进工作。

专栏4　少年儿童阅读工程

（一）家庭阅读·亲子阅读工程

开展丰富多彩、喜闻乐见的亲子阅读活动，通过推荐优秀读物、开展阅读指导、开展爱心捐赠、阅读推广展示等，传递家庭教育科学理念，引领亲子阅读风尚，营造书香氛围，培育良好家风，促进儿童健康成长。

（二）少儿阶梯阅读推广

建立符合中国儿童特点的阶梯阅读体系，开展我国少儿阶梯阅读工程的研发及推广应用工作。开展我国少儿阅读能力测试项目的研发工作，建设少儿阅读能力监测体系，科学推动整体提高少儿阅读能力。

（三）“书香校园”建设

通过创造浓郁的阅读氛围，整合丰富的阅读资源，开展多彩的读书活动，让阅读成为师生最日常的生活方式，进而推动书香校园的形成。

（四）“少儿报刊阅读季”活动

广泛开展各种内容丰富、形式多样的少儿报刊阅读活动，充分利用“4·23世界读书日”、“六一”国际儿童节等重要时间节点，开展组织捐赠优秀少儿报刊、“好报刊伴我成长”等专题宣传推广活动。

（五）保障困难群体、特殊群体的基本阅读需求

切实加强针对残障人士、外来务工人员、贫困地区居民等困难群体、特殊群体的阅读服务，保障其基本阅读需求。加快将进城务工人员阅读服务纳入常住地全民阅读服务体系，鼓励以社会文化机构、用工企业等为主体，满足进城务工人员的基本阅读需求，继续扩大“书香中国e阅读”工程的覆盖范围。

鼓励全民阅读设施管理单位及阅读推广人等进行定期阅读指导和服务，有针对性地向残疾人提供盲文出版物、有声读物等阅读资源、设施与服务。各类全民阅读设施应加强无障碍设施建设。建立和完善社会各界为特殊群体、困难群体开展志愿者助读、发放购书券、组织出版物捐赠等捐助和服务的渠道。

专栏5　重点群体阅读促进工程

（一）盲文出版物出版与阅读推广工程

加强盲文出版基地建设，实施盲文出版工程，支持有声读物开发，扩大各类盲人读物有效供给，完善盲文出版物、有声出版物邮寄借阅平台，推动各级图书馆开设视障阅览室，面向视力障碍人群，提供阅读服务。

（二）“书香中国e阅读”推广工程

以政府购买服务的方式，定期向全国进城务工人员、边疆民族地区手机用户推送国家新闻出版广电总局组织推荐的各类优秀图书、报刊等。2016年覆盖人群1000万人，到2020年覆盖5000万人。

（六）完善全民阅读基础设施和服务体系

统筹规划，合理布局，进一步加大城乡基层全民阅读设施建设力度。制定和完善公共图书馆、基层综合性文化服务中心、农家书屋等公共文化服务设施建设标准和资源配置标准，推进全民阅读公共文化设施建设的规范化、标准化。

加快促进城乡基本公共文化服务均等化，实

现农村、城市社区公共文化服务资源整合和互联互通，以创新管理机制、提升服务效能为重点，探索长效管理机制。充分发挥各级各类图书馆在阅读推广中的重要作用。加强出版物发行网点建设，特别是农村和社区网点建设，支持实体书店、书报亭、高校书店等各类阅读设施的发展，发挥其促进全民阅读的公益功能。在充分利用现有设施基础上，统筹建设社区阅读中心、数字农家书屋、公共数字阅读终端等设施。

专栏6　全民阅读设施建设重点工程
（一）农家书屋提升工程 建立健全农家书屋管理员队伍，完善出版物补充机制，加大少年儿童出版物配备比例，推动数字（卫星）农家书屋建设，推动农家书屋和基层图书馆、基层综合性文化服务中心资源整合，培育“我的书屋·我的梦”农村少年儿童阅读活动品牌，更好发挥农家书屋作为农村阅读活动和阅读服务主阵地的作用。 （二）支持实体书店发展 坚持改革创新，发挥市场作用，加强政府引导，注重统筹协调，推动实体书店与社会经济协调发展，到2020年，基本形成布局合理、功能完善、主业突出、多元经营的实体书店发展格局。 （三）城乡阅报栏（屏）建设工程 在车站、商场、广场、社区、学校、医院等人流密集地点新增建设一批阅报栏（屏）和全民阅读数字触摸屏，完善数字阅读屏维护更新机制。

（七）提高数字化阅读的质量和水平

适应数字化新趋势，充分利用数字技术，大力推进数字化阅读发展，建立全民阅读数字资源平台，推进数字化阅读服务。建立内容丰富的数字阅读资源库群，加强公共电子阅览室建设计划和全国文化信息资源共享工程网络建设，加强数字图书馆建设。形成覆盖全国的全民阅读数字服务网络。

加快推进传统出版单位数字化转型升级，通过制订配套政策、专项资金资助、推介示范单位等多种方式，推动出版与科技融合发展。实施网络文艺精品创作和传播计划，加强网络文学出版传播的管理和引导，推出更多网络原创精品力作。加强数字出版内容投送平台建设和管理，改善数字出版内容消费服务方式，提升公众数字阅读消费满意度。深入探索读者阅读行为和阅读习惯的数字化转型，提供更便捷、人性化的数字化阅读技术服务，全面推进全民阅读的多媒体、多平台融合。

专栏7　数字化阅读建设重点工程
（一）全民数字化阅读推广工程 组织开展系列专题数字化阅读活动，大力提升全民数字化阅读率；支持建设一批数字化阅读服务平台，助力全民阅读普及，提升数字出版在公共文化服务体系建设中的支撑能力。 （二）国家全民阅读数字化平台建设 建设3至4家国家级公益性数字化阅读推广、优质阅读内容数字化传播、移动阅读数字化传播平台，与各类图书馆、农家书屋等终端联网，向读者提供数字化阅读服务。 （三）网络文学精品出版工程 用3至5年时间，使创作导向更加健康，创作质量明显提升，推出一批思想精深、艺术精湛、制作精良、深受群众喜爱的原创网络文学精品，在网络内容建设和文艺创新中的作用更加突出。

（八）组织引导社会各方力量共同参与

鼓励和吸引社会力量建设全民阅读公共设施、提供全民阅读服务。充分发挥热心阅读推广的社会名人、文化名家的阅读引领作用。鼓励和支持公务员、教师、新闻出版工作者、大学生等加入阅读推广人队伍，定期培训，提升阅读推广人队伍的整体素质和服务能力。鼓励和支持文化团体、教育机构和其他社会组织开展阅读推广并提供公益阅读服务。成立各级全民阅读促进协会。鼓励和支持高等院校和科研单位进行阅读研究，鼓励从跨学科的角度研究阅读理论，创新研究方法，加强阅读学学科建设，促进全民阅读工作的开展。

专栏8　社会力量参与机制
（一）建立阅读推广人队伍 制定阅读推广人培养方案及管理办法，建立基层全民阅读工作者队伍培训机制，对全国各级全民阅读工作人员、图书馆馆员、农家书屋管理员、阅读推广人等进行系统培训，提高全民阅读推广能力，支持开展各类基层读书活动。 （二）培育阅读推广机构 充分发挥各类绘本馆、阅读空间、读书会等的重要作用，提升阅读推广专业性、阅读服务规

范性，培育一批在社会上具有广泛影响力的阅读推广机构。

（三）成立全民阅读促进协会

汇聚相关部门、群团组织、阅读推广机构、出版发行单位、公共图书馆、基层阅读组织、知名作家学者以及其他热心全民阅读推广的社会人士，组建各级全民阅读促进协会，开展全民阅读推广工作。到2020年，全国所有省（自治区、直辖市）都应成立全民阅读促进协会，50%的地级市应成立全民阅读促进协会。

（九）加强全民阅读宣传推广

重视和发挥中央媒体和地方媒体、传统媒体和新兴媒体、主流媒体和各类媒体的重要作用，形成强大宣传合力，营造全民阅读的良好氛围。进一步做好理念创新、手段创新、载体创新，把创新的重心放在基层一线，从围绕相关节庆、重点事件报道向常态化、持续化发展，从书评、书摘、书讯等传统栏目向典型报道、深度报道、专题报道、系列报道扩展，从报刊读书栏目、广播电视读书节目向公益广告、户外传媒、新媒体等全媒介多元化发展。

鼓励和支持各类媒体、组织全民阅读媒体联盟和全民阅读百网联盟成员单位深入街道、社区和乡镇、农村等基层，抓取第一手新闻素材，把鲜活读书故事、先进读书人物传递给广大读者。要充分发挥正面宣传鼓舞人、激励人的作用，多宣传读书陶冶情操、读书改变命运、读书成就人生等感人故事，让全民阅读理念春风化雨，润物无声。

专栏9　全民阅读宣传推广

（一）全民阅读媒体联盟和全民阅读百网联盟

充分发挥各类媒体的特点，适应分众化、差异化传播趋势，实现传统宣传推广形式与新媒体宣传推广形式深度融合，以全民阅读官方网站和全民阅读工作网站为平台和纽带，利用官方微博、微信公众号和新闻客户端“两微一端”，资源共享、信息互通、资讯互联，形成合力，共同向广大读者宣传推广全民阅读。

（二）书香中国万里行

组织全民阅读媒体联盟、全民阅读百网联盟成员单位深入街道、社区和乡镇、农村等基层，宣传报道全民阅读先进典型和感人事迹，营造开展全民阅读的良好氛围。

三、加强组织领导和统筹实施

加强全民阅读工作的组织领导和统筹协调，建立相关部门共同参与的协商推进机制，形成合力，共同承担全民阅读工作的职责。加强全民阅读法制建设，制订发布《全民阅读促进条例》，鼓励和推动地方开展全民阅读立法工作。

建立书香社会指标体系，定期评估和发布。鼓励将全民阅读指数纳入社会发展指标体系，纳入创建文明城市指标体系，将工作情况纳入目标管理和考核体系。

专栏10　全民阅读长效机制建设工程

（一）制订《全民阅读促进条例》

将全民阅读纳入法制化轨道，规范政府责任，保障公民基本阅读权利，促进全民阅读服务体系建设。推动地方全民阅读立法工作。到2020年，推动全国所有省（自治区、直辖市）出台本地的全民阅读地方性法规、地方政府规章及政策性文件等。

（二）建立全民阅读指导委员会

建立国家全民阅读指导委员会和地方各级全民阅读指导委员会，形成各部门综合协调机制，共同研究全民阅读工作中的重大问题，制订全民阅读公共服务基本标准，协调全民阅读基础设施建设与资源配置，促进阅读相关机构和组织合作。

（三）书香社会指标体系

定期开展全国国民阅读调查，建设全民阅读监测体系，监测全民阅读发展水平、阅读服务公众满意度、阅读服务标准实现程度；对全民阅读活动、工程效果进行第三方测评，收集群众反馈意见，对活动进行科学评估。

文化部　新闻出版广电总局　体育总局　发展改革委　财政部
关于印发《关于推进县级文化馆图书馆总分馆制建设的指导意见》的通知
(2016年12月29日,文公共发〔2016〕38号)

各省、自治区、直辖市文化厅（局）、新闻出版广电局、体育局、发展改革委、财政厅（局），新疆生产建设兵团文化广播电视局、新闻出版局、体育局、发展改革委、财务局：

经国务院同意，现将《关于推进县级文化馆图书馆总分馆制建设的指导意见》印发给你们，请结合实际认真贯彻执行。

特此通知。

文化部　新闻出版广电总局
体育总局　发展改革委　财政部
2016年12月29日

关于推进县级文化馆图书馆总分馆制建设的指导意见

推进以县级文化馆、图书馆为中心的总分馆制建设,是构建现代公共文化服务体系的重要任务,对于有效整合公共文化资源、提高公共文化服务效能、促进优质资源向基层倾斜和延伸具有重要的推动作用。近年来,地方各级人民政府和有关部门加大政策支持和资金投入力度,文化馆(站)、公共图书馆(室)设施网络不断完善,服务条件显著改善,但仍存在县级馆服务能力不强、县域内公共文化资源缺乏整合、城乡公共文化服务发展不均衡等突出问题。为推进县域公共文化资源共建共享和服务效能提升,促进县级文化馆、图书馆总分馆制建设,经国务院同意,现提出如下意见。

一、指导思想

全面贯彻落实党的十八大和十八届三中、四中、五中、六中全会精神,深入贯彻习近平总书记系列重要讲话精神和治国理政新理念新思想新战略,认真落实党中央、国务院决策部署,坚持以社会主义核心价值观为引领,坚持以人民为中心,以县为基本单位,以乡村为重点,以统筹发展、提高效能、促进均等为原则,推动具备条件的地方因地制宜推进县级文化馆、图书馆总分馆制建设,发挥县级总馆在县域公共文化建设中的中枢作用,通过分馆把优质公共文化服务延伸到基层农村,增加公共文化产品和服务供给,为更好地满足广大群众基本文化需求创造良好条件,提供有力保障。

二、基本原则

政府主导,统筹实施。发挥县级人民政府在总分馆制建设规划、组织和推进方面的统筹作用,优化县域公共文化资源配置,完善配套措施,鼓励社会参与,确保有序推进。

改革创新,提升效能。围绕建、管、用等关键环节,创新管理体制和运行机制,实现文化资源在县域内联动共享,做到物尽其用、人尽其才,发挥整体优势,提升综合效益。

强化基层,促进均等。以乡村两级为重点,以需求为导向,促进公共文化资源向基层特别是农村倾斜,增加基层公共文化资源总量,保障城乡群众普遍均等地享有基本公共文化服务。

实事求是,分类推进。坚持因地制宜、试点先行,根据东中西地区实际,稳步推进、分类指导,及时总结建设经验,发挥典型示范作用,探索具有不同区域特点的总分馆制。

三、工作目标

到2020年,全国具备条件的地区因地制宜建立起上下联通、服务优质、有效覆盖的县级文化馆、图书馆总分馆制,广大基层群众享受的基本公共文化服务内容更加丰富,途径更加便捷,质量显著提升,均等化水平稳步提高。

四、主要措施

(一)把总分馆制建设纳入现代公共文化服务体系。坚持政府主导,科学规划,由省级文化行政部门牵头,有关部门参与,统筹制定本地实施方案和建设规划,由县级人民政府具体组织实施。各地根据实际,综合考虑当地经济社会发展水平、自然条件、人口分布和文化基础等因素,合理确定总分馆的布局、规模和标准。已经实施总分馆制的地方,重在总结经验、完善制度和宣传推广;尚未实施但具备条件的地方,要借鉴成功经验,坚持试点先行,积极探索和选择适合本地实际的总分馆建设模式;暂不具备建设条件的地方,要采取有力措施,尽快达到建设总分馆制的基本要求。

(二)明确功能与运行机制。通过县级文化馆总分馆制,整合县域内群众文化艺术资源,加强对县域内文化活动、文艺创作、文艺辅导、送戏下乡、队伍培训以及演出器材设备调配等方面的统筹。通过县级图书馆总分馆制，整合县域内的公共阅读资源，实行总馆主导下的文献资源统一采购、统一编目、统一配送、通借通还和人员的统一培训。总馆对分馆的管理重在业务指导和资源调配。分馆按照总馆的工作安排和服务标准，面向基层群众提供与总馆水平相当的基本服务。有条件的地方可以探索总馆统一管理或参与管理各分馆人财物。

（三）因地制宜推进总分馆制建设。根据地方实际情况，在试点的基础上积极稳妥推进，主要依托县级文化馆、图书馆和乡镇（街道）综合文化站、村（社区）综合性文化服务中心等进行建设，符合条件的县级馆为总馆，在乡村两级基层综合性文化服务中心设置分馆。推动农家书屋与县级图书馆资源整合和互联互通，符合条件的农家书屋成为图书馆分馆。没有成为分馆的其他基层公共文化设施可以设立基层服务点，作为总分馆服务的补充和延伸。

（四）创新服务方式和手段。总馆和分馆要积极畅通群众文化需求反馈渠道，采取“订单”服务方式，实现供需有效对接。充分发挥互联网等现代信息技术优势，利用国家公共数字文化工程和资源，打造县域公共数字文化服务平台。充分利用流动舞台车、流动图书车等设施和手段，广泛开展流动文化服务，扩大公共文化服务的有效覆盖。

（五）引导社会力量参与总分馆制建设。鼓励具备条件的学校、科研机构、企业等的图书馆（室）、职工书屋、文化室等根据自身职能特点，在自愿原则下成为县级文化馆或图书馆的分馆。鼓励符合条件、具有资质的上网服务场所成为总分馆的基层服务点。鼓励企业、社会组织和其他社会力量，通过直接投资、赞助活动、提供产品和服务，以及采取公益创投、公益众筹等方式，依法依规有序参与总分馆制建设。有条件的地方可探索引入社会专业机构，采取委托管理或连锁运营的方式，通过专业化服务、科学化管理，做好总分馆日常管理运行。大力推进文化志愿服务，动员社会专业人士参与总分馆制管理运行。

（六）进一步健全城乡基层公共文化设施网络。按照填平补齐原则，继续推进县、乡、村三级公共文化设施网络建设。没有县级文化馆、图书馆或设施未达标的县级人民政府，根据实际需要进行必要的新建或改扩建，鼓励充分利用现有设施和资源进行改造。基层综合性文化服务中心建设和运营管理，要主动纳入县级文化馆、图书馆总分馆制统筹推进，优化资源配置，提高服务效能，推动县域内公共文化设施实现有效联通和全覆盖。

五、组织保障

（一）明确工作责任。各地要把建立县级文化馆、图书馆总分馆制作为加快构建现代公共文化服务体系的重要内容，纳入政府重要议事日程，明确时间表、路线图，加快推进实施。各级文化行政部门要加强与有关部门的统筹协调，推动工作开展，形成工作合力。各有关部门要积极配合，加强基层文化资源的共建共享。省级和设区的市级文化馆、图书馆要大力支持县级文化馆、图书馆总分馆制建设，加强业务指导。

（二）提供投入保障。各地要对本地区基本的公共文化设施建设给予支持，完善设施网络，为实施总分馆制提供必要的基础设施条件。地方各级财政部门要通过现有资金渠道，为总分馆制建设和运营中属于公共财政支持范围的事项提供必要的资金支持。鼓励县级文化馆、图书馆总馆在符合有关规定前提下，统筹利用有关资金渠道，按照规划目标统一采购、调配资源。各省（区、市）要对率先开展试点工作并取得积极成果的县（市、区）给予一定支持。

（三）加强队伍建设。各有关部门要在现有编制总量内，落实《国家基本公共文化服务指导标准》（2015—2020年）规定的乡镇（街道）综合文化站编制政策。根据总分馆的规模、服务人口和服务方式，统筹总馆、分馆的人员配置。加强对总分馆工作人员的培训、考核、管理。有条件的地区可通过政府购买服务方式，解决总分馆人员不足的问题。

（四）完善评估机制。地方各级人民政府要把县级文化馆、图书馆总分馆制建设情况纳入公共文化服务考核指标。县级文化行政部门负责对本县总分馆制建设和运行情况进行日常评估和考核，并积极推动考核结果与相关单位预算安排、收入分配和负责人奖惩挂钩。有条件的地方可引入第三方对总分馆服务效能开展公众满意度测评。

东莞市公共图书馆管理办法
（2016年12月30日，东莞市人民政府令第146号）

第一章　总则

第一条　为了促进公共图书馆事业的发展，满足公众对知识、信息及相关文化活动的需求，实现与保障公众的基本文化权益，根据有关法律、法规的规定，结合本市实际，制定本办法。

第二条　本办法适用于本市行政区域内的公共图书馆的设立、管理与服务等活动。

本办法所称公共图书馆，是指市、镇人民政府（街道办事处、园区管委会）兴办，面向社会公众开放的，收集、整理、保存、研究和利用文献信息资源的公益性服务机构和社会教育设施。

前款所称文献信息资源包括图书、报纸、期刊、缩微制品、音像制品、电子出版物、数字信息资源等。

第三条　市文化行政主管部门负责全市公共图书馆事业的管理工作，并组织实施本办法。

各镇人民政府（街道办事处、园区管委会）负责本行政区域内公共图书馆事业的管理工作。

市发展和改革、财政、教育、城乡规划、国土资源、人力资源、住房和城乡建设、交通运输等行政管理部门根据各自职责，协同实施本办法。

第四条　市、镇人民政府（街道办事处、园区管委会）应当将公共图书馆事业纳入国民经济和社会发展规划和年度计划，将所需经费列入本级财政预算，使财政投入与经济社会发展和公共图书馆的服务人口、服务范围、服务需求、服务功能等相适应。公共图书馆的经费应当根据国民经济和公共图书馆事业的发展，逐年有所增加。

公共图书馆经费包括设施、设备、人员、文献信息资源、图书馆运行与维护等方面的费用。

公共图书馆经费应当专款专用，不得挪作他用。

第五条　鼓励和支持自然人、法人或者其他组织以捐赠资金、文献、设施、设备或者其他形式支持公共图书馆的发展。

鼓励和支持自然人、法人或者其他组织兴办公益性图书馆，与公共图书馆合作提供或者单独提供公益性阅读服务。

自然人、法人或者其他组织按照本条第一款、第二款规定的方式参与图书馆建设或者提供公益性阅读服务的，依照有关法律、法规的规定，享受税收等方面的优惠。公共图书馆可以以捐赠人的名字命名或者以其他适当方式给予捐赠人相应荣誉。

第六条　市、镇人民政府（街道办事处、园区管委会）可以依法发起设立公共图书馆发展社会基金。

鼓励自然人、法人或者其他组织依法设立公共图书馆发展社会基金，或者向公共图书馆发展社会基金进行捐赠。

公共图书馆发展社会基金的设立、运作和管理依照有关法律、法规的规定执行。

第七条　市、镇人民政府（街道办事处、园区管委会）应当推动公共图书馆建立和运行法人治理机制，建立和完善理事会等法人治理机构。理事会由文化行政主管部门、有关行政管理部门、公共图书馆、专业人士、市民等有关方面代表组成。

第八条　市、镇人民政府（街道办事处、园区管委会）应当对为繁荣发展公共图书馆事业和公众阅读做出突出贡献的组织和个人，按照国家有关规定予以表扬或者奖励。

第九条　文化行政主管部门、公共图书馆等单位应当通过各种形式组织开展全民阅读推广活动，每年举办东莞读书节。

第二章　公共图书馆的设立与管理

第十条　市、镇人民政府（街道办事处、园区管委会）应当根据本地区服务人口分布情况和经济、社会、文化发展的需要，按照普遍均等的原则，统筹规划、合理布局，建立覆盖城乡的公共图书馆服务体系。

市文化行政主管部门应当根据国民经济和社会发展规划、城乡总体规划以及土地利用总体规划编制公共图书馆事业发展规划，经市发展和改革、城乡规划、国土资源等行政管理部门审查后，报市人民政府审批。

第十一条　市文化行政主管部门组织成立公共图书馆专家委员会。对公共图书馆的发展规划、业务规范和涉及公共图书馆事业发展的其他重大事项，市文化行政主管部门应征询公共图书馆专家委员会的意见。

第十二条　公共图书馆选址应当位于人口相对集中、交通便利、配套设施良好的区域，符合安全、卫生、环保标准和服务半径合理的要求。

本办法实施前已经建成或者已经开工建设的公共图书馆选址不符合前款规定的，属地镇人民政府（街道办事处、园区管委会）应当逐步完善公共图书馆的配套公共交通、市政设施，并按照有关标准改善公共图书馆周边的安全、卫生和环境状况。

第十三条　市、镇人民政府（街道办事处、园区管委会）应当设立本级公共图书馆，建立市、镇（街）、村（社区）三级架构的公共图书馆总分馆体系。

市人民政府设立的东莞图书馆为全市公共图书馆总分馆体系的总馆，市总馆可以根据公共图书馆发展规划和实际需要，按规定设立直属综合性分馆或者专业性分馆。

镇人民政府（街道办事处、园区管委会）设立的公共图书馆为全市公共图书馆总分馆体系的镇（街）分馆。

镇人民政府（街道办事处、园区管委会）应当统筹本行政区域内村（社区）图书馆（室）或者服务网点的建设，可以在学校、企业、地铁站、火车站、汽车站等人口密集区域设立图书馆（室）或者服务网点。市、镇（街）公共图书馆所在地的村（社区）可以不设立图书馆（室）。

有关单位应当根据实际情况为图书馆（室）或者服务网点建设在场地、配套设施设备等方面提供必要支持。

第十四条　市人民政府设立的少年儿童图书馆为市总馆的专业性分馆。

市、镇（街）公共图书馆应当设置少年儿童服务区域，村（社区）图书馆（室）原则上应当设置少年儿童服务区域。

第十五条　市、镇（街）公共图书馆馆舍应当相对独立建设。村（社区）图书馆（室）可以与其他文化设施合建，或者利用其他现有建筑建设。

公共图书馆（室）与其他文化设施合建的，应当满足图书馆（室）的使用功能和环境要求，自成一区，设置单独出入口。

第十六条　公共图书馆建设应当遵循公共图书馆建设标准和图书馆建筑设计规范。公共图书馆的建筑面积依据服务范围内的常住人口数量并适当考虑人口增长因素确定。公共图书馆每千人建筑面积应当符合下列要求：

（一）市级公共图书馆达到十平方米以上；

（二）镇（街）公共图书馆与村（社区）图书馆（室）合计达到三十平方米以上，市级公共图书馆所在地的镇（街）可以适当低于上述标准。

市、镇（街）公共图书馆的建筑面积不得低于国家最低标准。

公共图书馆的少年儿童阅览区域面积应当不低于全馆借阅服务区域面积的百分之二十。

第十七条　任何单位和个人不得擅自拆除公共图书馆（室）或者改变其使用功能、用途。

经批准拆除公共图书馆（室）或者改变其功能、用途的，应当依照有关法律、法规和规章完善相关手续后，根据本办法的规定原址重建或者迁建。原址重建或者迁建的公共图书馆（室）应当符合规划要求，并不得小于原有规模。公共图书馆（室）迁建应当在新馆（室）建成后再拆除旧馆（室）。

第十八条　全市公共图书馆实行统一标志，并纳入路标、路牌、公共交通等城市标志系统。

第十九条　市总馆应当履行下列职责：

（一）负责全市公共图书馆业务的统筹、指导、管理和协调；

（二）根据市文化行政主管部门编制的公共图书馆事业发展规划，负责制订全市公共图书馆的具体发展目标和年度工作计划；

（三）负责制定和组织实施全市公共图书馆统一的业务标准和服务规范；

（四）负责统筹全市公共图书馆通借通还服务网络、信息化管理系统和数字图书馆建设，实现全市的信息资源共享；

（五）负责组织全市公共图书馆工作人员专业培训工作；

（六）开展公共图书馆领域的国内外业务交流与学术合作。

第二十条　镇（街）分馆在市总馆的业务指导下，履行下列职责：

（一）负责本馆和村（社区）图书馆（室）或服务网点的统一管理；

（二）按照全市统一的业务标准，负责本馆

和村（社区）图书馆（室）或服务网点文献信息资源的采购、编目和物流配送；

（三）按照全市统一的服务规范，负责组织开展本馆和村（社区）图书馆（室）或服务网点的服务工作；

（四）负责本馆和村（社区）图书馆（室）或服务网点工作人员的统筹调配。

第二十一条　公共图书馆应当加强数字信息资源共建共享。市总馆应当建立全市统一的数字信息资源管理与服务平台，对数字信息资源与传统载体资源进行整合，为全市公共图书馆用户提供数字化、网络化服务。

在数字信息资源建设中应当注重信息技术的应用，根据数字信息资源的用途，确定相应的加工级别和保存期，优秀文化遗产应当长期保存。

公共图书馆应当加强数字信息资源管理与服务，实现对数字信息资源的科学管理，加强知识产权保护，保证数字信息资源的合法使用。

第二十二条　公共图书馆的藏书总量应当高于国家标准。以公共图书馆服务范围内常住人口为基数计算，全市人均图书藏书量达到1.6册以上，各级公共图书馆应达到下列要求：

（一）市级公共图书馆人均图书藏书量达到0.6册以上；

（二）镇（街）公共图书馆与村（社区）图书馆（室）人均图书藏书量合计达到1册以上。

第二十三条　公共图书馆应当不断完善、丰富馆藏信息资源，保证图书馆年入藏文献逐年增长。以公共图书馆服务范围内常住人口为基数计算，全市公共图书馆年人均入藏文献应当不少于0.06册，各级公共图书馆应达到下列要求：

（一）市级公共图书馆年人均入藏文献不少于0.02册；

（二）镇（街）公共图书馆与村（社区）图书馆（室）年人均入藏文献合计不少于0.04册。

公共图书馆应当制定馆藏发展目标和年度采购计划，逐步构建科学合理的馆藏文献信息资源体系。

第二十四条　公共图书馆应当提高图书馆空间和馆藏文献的利用率，定期对馆藏文献进行清点，对于有利用价值但利用率相对较低的文献，可以在图书馆之间调配使用，或者建立贮存图书馆进行收藏；对于破损严重或者陈旧等原因而无法使用的馆藏文献可以根据有关程序予以剔除。

公共图书馆应当制定与本馆馆藏发展需要相适应的文献剔除规定，报文化行政主管部门批准后执行。

第二十五条　公共图书馆应当做好文献信息资源的保存和保护工作，配备防火、防盗、防潮、防有害生物、消毒等必要设施，建立应急预案，落实有关的安全管理制度。

市总馆应当做好容灾备份工作，保证全市公共图书馆服务的正常运行。

第二十六条　公共图书馆应当遵守国家知识产权保护的法律法规，依法保护和合理使用各种类型的信息资源。

第二十七条　公共图书馆应当加强对地方文献的搜集、整理和保护，逐步形成资料齐全、体系完整、具有地方特色的馆藏体系或者专题系列。

第二十八条　公共图书馆是地方文献资料呈缴本的收藏单位和政府信息公开的重要渠道。

市、镇人民政府（街道办事处、园区管委会）以及有关部门编印的主动公开的资料性出版物，应当在编印之日起六十日内，向本级公共图书馆呈缴四册（件）作为资料保存。

鼓励自然人、法人或者其他组织通过各种方式向公共图书馆捐赠其出版或者编印的各类出版物和资料。

受缴、受赠公共图书馆应当向出版、编印单位出具接受呈缴或者捐赠凭证，定期编制呈缴本、受赠本目录并向社会公布，免费向公众提供利用。

第二十九条　市级公共图书馆按照有关规定与国内外图书馆或文献资源单位开展文献信息资源的交换业务。

第三十条　市、镇人民政府（街道办事处、园区管委会）应当根据服务时间、馆舍规模、馆藏资源数量、用户服务量等因素，结合实际工作情况并参考国家、省、市相关规范合理配备公共图书馆工作人员。工作人员可以多形式、多类型配备。

公共图书馆新进管理人员和专业技术人员应当具备相应学历和与工作岗位相适应的专业知识与技能，市级图书馆要求具备大学本科以上学历，镇（街）公共图书馆要求具备大专以上学历，并按照相关规定实行公开招聘，具体要求由市文化行政主管部门另行规定并向社会公布。

公共图书馆应当根据图书馆事业发展和业务要求，建立和健全工作人员业务培训和继续教育制度。

第三十一条　公共图书馆实行馆长负责制。

市级公共图书馆的馆长应当具有相应专业的正高级专业技术职称或者具有五年以上图书馆工作经验的相应专业副高级专业技术职称。

镇（街）公共图书馆的馆长应当具有相应专业中级以上专业技术职称或者具有三年以上图书馆工作经验。

第三十二条　公共图书馆应当建立常态化志愿服务机制，加强与志愿服务组织的合作，根据需要组织志愿者参与公共图书馆的日常运行和服务工作。

第三十三条　市文化行政主管部门应当制定公共图书馆考核标准，建立第三方评估机制。

市文化行政主管部门应当定期组织对公共图书馆的设立、管理与服务情况进行考核。

第三十四条　鼓励建立公共图书馆行业组织，支持行业组织发挥行业自律、行业代表、行业服务、行业指导和行业协调作用。

公共图书馆行业组织的职责、议事规则等由其章程规定。

第三章　公共图书馆服务与用户权益

第三十五条　公共图书馆应当坚持普遍、平等、免费、开放和便利的服务原则。

第三十六条　公共图书馆应当免费为公众提供下列基本服务：

（一）文献信息资源的阅览、外借、查询、参考咨询等服务；

（二）政府公开信息的查询服务；

（三）开展全民阅读推广活动和信息素养教育，举办公益讲座、展览、培训等社会教育活动，为公众终身学习提供条件和支持；

（四）提供学习、交流和相关公共文化活动的空间、平台；

（五）其他基本服务。

第三十七条　公共图书馆提供文献复制、文本打印、即时付费数据库检索、科技查新、专题信息服务、文献信息资源开发等服务时，应坚持成本服务的原则，按照有关规定和收费标准向用户收取成本费用，不得收取其他费用。

第三十八条　公共图书馆除按照本办法第三十六条规定提供基本服务外，还应当根据自身的业务能力提供下列专项服务：

（一）为公众提供专题信息服务；

（二）为政府部门以及其他机构提供信息服务；

（三）为开展地方文献与地方历史文化研究提供服务。

第三十九条　公共图书馆应当利用信息技术和各种媒体，通过新型公共电子阅览室、创意空间等为用户提供必要的数字公共空间服务和设施设备。

第四十条　公共图书馆应当制定全民阅读计划，通过组织阅读活动、推荐优秀读物、开展阅读辅导等多种形式，向公众宣传和推荐优秀作品，开展阅读推广，最大限度地吸引公众利用图书馆。

公共图书馆应当为未成年人提供阅读辅导服务，培养其阅读兴趣和阅读习惯。

第四十一条　公共图书馆应当通过通借通还，以及服务点、图书流动车、自助图书馆与图书自助服务站等服务方式，为不能到馆的用户提供延伸服务，为公众提供快捷、便利的服务。

第四十二条　公共图书馆应当为老年人士、残障人士等特殊群体提供设施、设备、文献信息资源等方面的便利服务。

市级图书馆应当设置视障人士阅览室和残障人士专座，鼓励符合条件的镇（街）和村（社区）图书馆（室）设置视障人士阅览室和残障人士专座。

第四十三条　除国家规定禁止公开传播的文献信息资源外，公共图书馆不得限制文献信息资源的利用。

对于古籍和其他珍贵、易损文献，应当按照法律、法规的规定采取保护措施，提供保护性使用。对于其他不宜外借的文献，用户可以在馆内阅览。

第四十四条　公共图书馆不得将馆内场地提供给第三方举办与公共图书馆功能和服务无关的商业性活动。经公共图书馆同意举办相关活动的，不得影响用户对公共图书馆的正常使用。

第四十五条　市级公共图书馆每周的开放时间不少于七十二小时，镇（街）公共图书馆每周的开放时间不少于五十六小时，村（社区）图书馆（室）每周的开放时间不少于三十六小时。

少年儿童图书馆（室）每周的开放时间不少

于四十八小时，在学校寒暑假期间，每天开放时间应当适当延长。

在国家法定节假日，公共图书馆可以根据实际情况调整开放时间。

第四十六条　公共图书馆应当将本馆的服务范围、服务指南、开放时间等服务事项进行公示。除不可抗力和意外事件外，因故变更开放时间或者闭馆的，应提前七天公示。

第四十七条　公共图书馆应当通过组建图书馆联盟或者其他方式，加强与其他类型图书馆的交流与合作，实现资源共享与联合服务。

镇（街）公共图书馆与少年儿童图书馆应当推进与中小学校图书馆的合作，通过服务点、图书流动车等方式向中小学生提供服务。

鼓励学校图书馆、科学与专业图书馆及其他类型图书馆参与设立公共图书馆（室），提供公益性服务。

第四十八条　公共图书馆可以向社会购买服务，吸纳社会力量参与公共图书馆的运营与管理。

公共图书馆购买服务应当有助于提升服务效能。

第四十九条　公共图书馆用户享有下列权利：

（一）平等获取信息和知识；

（二）免费获得公共图书馆基本服务；

（三）向公共图书馆或者文化行政主管部门提出建议和意见，并及时获得回复；

（四）依照有关规定获得公共图书馆提供的其他专项服务。

第五十条　公共图书馆用户应当遵守下列规定：

（一）自觉遵守公共图书馆有关维护公共秩序的各项制度；

（二）合理利用并爱护公共图书馆的文献信息资源、公共设施设备；

（三）妥善保管并按规定日期归还所借文献信息资源。

第五十一条　公共图书馆应当依法保护和使用用户信息，未经用户同意，不得擅自向第三方披露或者泄露。

第五十二条　公共图书馆应当在馆舍显著位置设立用户意见箱（簿），公开监督电话，开设网上投诉通道，组建社会监督员队伍，定期召开用户座谈会。

公共图书馆应当自收到意见或者投诉之日起五个工作日内将答复意见或者处理情况向提出意见的人员或者投诉人反馈。

第四章　法律责任

第五十三条　文化行政主管部门和相关行政管理部门及其工作人员有下列行为之一的，由上级行政机关或者监察机关责令改正、通报批评；情节严重的，对直接负责的主管人员和其他直接责任人员依法给予处分；构成犯罪的，依法追究刑事责任：

（一）违反本办法第四条第三款规定，挪用公共图书馆经费的；

（二）违反本办法第十条第二款规定，未按规定编制公共图书馆事业发展规划的；

（三）违反本办法第三十三条规定，未制定考核标准，未定期对公共图书馆进行考核，或者未进行第三方评估的；

（四）其他违反本办法规定的行为。

第五十四条　公共图书馆及其工作人员有下列行为之一的，由文化行政主管部门责令限期改正；情节严重的，由文化行政主管部门对负有直接责任的主管人员和其他直接责任人员依法给予处分：

（一）违反本办法第二十五条规定，未按照规定做好文献信息资源的保存和保护工作，导致信息资源损毁或者灭失的；

（二）违反本办法第四十三条规定，未按规定向用户开放或者任意限定借阅范围的；

（三）违反本办法第四十四条规定，将馆内场地提供给第三方举办与公共图书馆功能和服务无关的商业性活动的；

（四）违反本办法第四十六条规定，未按规定将有关事项进行公示的；

（五）违反本办法第五十一条规定，未按规定保护用户个人隐私的；

（六）其他不履行图书馆服务要求或者损害用户权益的。

公共图书馆及其工作人员违反本办法第三十七条，擅自向用户收取本办法规定以外费用的，由价格行政主管部门依法查处。

第五十五条　用户违反本办法第五十条第（二）项规定，损毁公共图书馆文献信息资源、公共设施设备的，应当依法赔偿；违反治安管理规定的，由公安机关依法给予治安管理处罚；构成犯罪的，依法追究刑事责任。

用户违反本办法第五十条第（三）项规定，逾期未归还所借文献信息资源的，公共图书馆按照规定收取滞还费；经公共图书馆催告后仍不归还的，公共图书馆可以暂停其读者证的使用权限，并记入个人信用记录；丢失所借文献信息资源的，应当依法赔偿。

第五十六条　违反本办法第十七条规定，自然人、法人或者其他组织未经批准擅自拆除公共图书馆（室）或者改变其使用功能、用途，或者未按规定原址重建或者迁建公共图书馆（室）的，根据有关法律法规的规定处理；构成犯罪的，依法追究刑事责任。

第五章　附则

第五十七条　本办法自 2017 年 3 月 1 日起施行。

图书馆相关法律法规及政策性文件目录

主题	标题	文号	发布与实施时间
综合性法律法规	海南省教育厅关于落实《普通高等学校图书馆规程》的通知	琼教高〔2016〕10 号	2016 年 1 月 20 日发布并实施
	上海市教育委员会、上海市文化广播影视管理局、上海市新闻出版局关于进一步加强中小学图书馆工作的指导意见	沪教委基〔2015〕91 号	2016 年 1 月 25 日发布并实施
	天津市图书报刊管理条例(2016 修正)	天津市人民代表大会常务委员会公告第 43 号	2005 年 5 月 25 日实施，2016 年 3 月 30 日修正
	上海市教育委员会关于印发《2016 年度上海市中小学、幼儿园图书馆(室)图书配置推荐目录》的通知	沪教委基〔2016〕29 号	2016 年 3 月 22 日发布并实施
	内蒙古自治区教育厅关于开展内蒙古自治区高等学校图书馆资源普查的通知	内教技函〔2016〕49 号	2016 年 5 月 6 日发布并实施
	镇江市人民政府办公室印发关于构建全市图书馆服务体系工作方案的通知	镇政办发〔2016〕133 号	2016 年 7 月 29 日发布并实施
	国家文物局关于和顺图书馆旧址三期修缮工程立项的批复	文物保函〔2016〕1509 号	2016 年 8 月 26 日发布并实施
	上海市教育委员会关于印发《上海市普通中小学图书馆规程》的通知	沪教委基〔2016〕55 号	2016 年 9 月 8 日发布并实施
	福建省财政厅关于提前下达 2017 年中央公共美术馆图书馆文化馆(站)免费开放专项资金(奖励经费)的通知	闽财教指〔2016〕182 号	2016 年 12 月 13 日发布并实施
	福建省财政厅关于预拨 2017 年公共美术馆图书馆文化馆(站)免费开放专项资金(奖励经费)的通知	闽财教指〔2016〕176 号	2017 年 12 月 13 日发布并实施
	海南省教育厅关于印发《海南省高等学校图书馆“十三五”发展规划》的通知	琼教高〔2016〕242 号	2016 年 12 月 15 日发布并实施
	国家新闻出版广电总局关于印发《全民阅读“十三五”时期发展规划》的通知	新广出发〔2016〕80 号	2016 年 12 月 17 日发布并实施
	海南省教育厅关于公布首届海南省高校图书馆社会服务创新案例大赛结果的通知	琼教高〔2016〕252 号	2016 年 12 月 22 日发布并实施
	文化部、新闻出版广电总局、体育总局等关于印发《关于推进县级文化馆图书馆总分馆制建设的指导意见》的通知	文公共发〔2016〕38 号	2016 年 12 月 26 日发布并实施
	北京市文化局关于印发《北京市基层图书服务资源整合实施管理办法》的通知	京文公共发〔2016〕468 号	2016 年 12 月 28 日发布并实施
	东莞市公共图书馆管理办法	东莞市人民政府令(第 146 号)	2016 年 12 月 30 日发布，2017 年 3 月 1 日实施

续表

主题	标题	文号	发布与实施时间
文化建设	国家新闻出版广电总局关于开展2016年全民阅读工作的通知	新广出发〔2016〕1号	2016年1月5日发布并实施
	中华人民共和国文物保护法实施条例(2016修订)	国务院令第666号	2003年7月1日实施,2016年2月6日修订
	出版管理条例(2016修订)	国务院令第666号	2002年2月1日实施,2016年2月6日修订
	音像制品管理条例(2016修订)	国务院令第666号	2002年2月1日实施,2016年2月6日修订
	娱乐场所管理条例(2016修订)	国务院令第666号	2006年3月1日实施,2016年2月6日修订
	文化部、中央文明办关于开展2016年文化志愿服务工作的通知	文公共函〔2016〕152号	2016年3月1日发布并实施
	文化部办公厅关于印发《2016年全国基层文化队伍培训工作计划》的通知	办公共函〔2016〕67号	2016年3月10日发布并实施
	国务院办公厅转发文化部等部门关于推动文化文物单位文化创意产品开发若干意见的通知	国办发〔2016〕36号	2016年5月11日发布并实施
	文化部关于印发《文化志愿服务管理办法》的通知	文公共发〔2016〕15号	2016年7月14日发布并实施
	广西壮族自治区旅游条例(2016修订)	广西壮族自治区人大常委会公告12届第56号	2016年7月21日发布,2016年10月1日实施
	中共中央宣传部、中央文明办、民政部等关于支持和发展志愿服务组织的意见	——	2016年7月发布并实施
	廊坊市人民政府办公室关于推进基层综合性文化服务中心建设的实施意见	廊政办〔2016〕57号	2016年10月12日发布并实施
	民政部、中央组织部、中央综治办等关于印发《城乡社区服务体系建设规划(2016—2020年)》的通知	民发〔2016〕191号	2016年10月28日发布并实施
	厦门市人民政府办公厅转发市文广新局等部门关于政府向社会力量购买公共文化服务实施办法的通知	厦府办〔2016〕168号	2016年10月28日发布,2017年1月1日实施
	中华人民共和国档案法(2016修正)	主席令第57号	2016年11月7日发布并实施
	佛山市人民政府办公室关于印发佛山市文化事业发展"十三五"规划的通知	佛府办函〔2016〕783号	2016年11月8日发布并实施
	铜陵市人民政府办公室关于印发铜陵市推进基层综合性文化服务中心建设实施方案的通知	办〔2016〕135号	2016年11月16日发布并实施
	山东省旅游条例(2016)	山东省人民代表大会常务委员会公告第159号	2016年11月16日发布,2017年1月1日实施
	海南省财政厅、海南省文化广电出版体育厅关于印发《海南省公共文化服务体系建设专项资金管理办法》的通知	琼财教〔2016〕1787号	2016年11月17日发布并实施
	国务院办公厅关于进一步扩大旅游文化体育健康养老教育培训等领域消费的意见	国办发〔2016〕85号	2016年11月20日发布并实施

续表

主题	标题	文号	发布与实施时间
	常州市政府办公室关于印发《常州市“十三五”基本公共服务体系建设规划》的通知	常政办发〔2016〕155 号	2016 年 11 月 21 发布并实施
	山西省人民政府关于印发山西省“十三五”文化强省规划的通知	晋政发〔2016〕60 号	2016 年 11 月 23 日发布并实施
	鄂尔多斯市人民政府关于印发“十三五”时期文化发展规划纲要的通知	鄂府发〔2016〕242 号	2016 年 11 月 23 日发布并实施
	湖北省人民政府办公厅关于推进基层综合性文化服务中心建设的实施意见	鄂政办发〔2016〕98 号	2016 年 11 月 28 日发布并实施
	海南省人民政府办公厅关于推进基层综合性文化服务中心建设的实施意见	琼府办〔2016〕290 号	2016 年 11 月 28 日发布并实施
	重庆市人民政府办公厅关于印发重庆市文化发展“十三五”规划的通知	渝府办发〔2016〕249 号	2016 年 11 月 28 日发布并实施
	中宣部、中央文明办、教育部、民政部、文化部、国家文物局、中国科协关于公共文化设施开展学雷锋志愿服务的实施意见	——	2016 年 12 月发布并实施
	山东省文化厅关于印发《山东省文化志愿服务实施办法》的通知	鲁文群〔2016〕3 号	2016 年 12 月 5 日发布，2017 年 1 月 5 日实施
	辽宁省人民政府办公厅关于印发辽宁省文化领域供给侧结构性改革实施方案的通知	辽政办发〔2016〕153 号	2016 年 12 月 20 日发布并实施
	上海市人民政府关于印发《上海市基本公共服务体系“十三五”规划》的通知	沪府发〔2016〕104 号	2016 年 12 月 21 日发布并实施
	中华人民共和国公共文化服务保障法	主席令第 60 号	2016 年 12 月 25 日发布，2017 年 3 月 1 日实施
	文化部关于印发《文化部“一带一路”文化发展行动计划(2016—2020 年)》的通知	文外发〔2016〕40 号	2016 年 12 月 29 日发布并实施
	乌兰察布市人民政府办公厅关于印发《乌兰察布市基层性综合文化服务中心改革方案》和《关于加快构建现代化公共文化服务体系的实施意见》的通知	乌政办字〔2016〕217 号	2016 年 12 月 29 日发布并实施
	国务院关于印发“十三五”国家知识产权保护和运用规划的通知	国发〔2016〕86 号	2016 年 12 月 30 日发布并实施
	包头市人民政府办公厅关于印发包头市公共文化服务体系建设评价考核办法(试行)的通知	包府办发〔2016〕286 号	2016 年 12 月 30 日发布并实施
	兰州市人民政府办公厅关于印发兰州“1+百千万”文化惠民工程实施意见的通知	兰政办发〔2016〕318 号	2016 年 12 月 30 日发布并实施
	武汉市人民政府关于印发武汉市文化产业发展“十三五”规划的通知	武政〔2016〕57 号	2016 年 12 月 31 日发布并实施
	内蒙古自治区人民政府办公厅关于印发《内蒙古自治区“十三五”文化改革发展规划》的通知	内政办发〔2016〕207 号	2016 年 12 月 31 日发布并实施

续表

主题	标题	文号	发布与实施时间
文化遗产保护	山东省文物保护条例(2016修正)	山东省人民代表大会常务委员会公告第131号	2010年12月1日实施,2016年3月30日修正
	江西省文物保护条例(2016修正)	江西省人民代表大会常务委员会公告第99号	2007年1月1日实施,2016年4月1日修正
	国家新闻出版广电总局、全国古籍整理出版规划领导小组关于调整《2011—2020年国家古籍整理出版规划》的通知	新出广发〔2016〕34号	2016年5月5日发布并实施
	黑龙江省非物质文化遗产条例	黑龙江省第十二届人民代表大会常务委员会公告第37号	2016年8月19日发布,2016年10月1日实施
	科技部、文化部、国家文物局关于印发《国家"十三五"文化遗产保护与公共文化服务科技创新规划》的通知	国科发社〔2016〕374号	2016年12月7日发布并实施
	民政部关于进一步加强地名文化遗产保护工作的通知	民函〔2016〕344号	2016年12月30日发布并实施
教育事业	教育部关于办好开放大学的意见	教职成〔2016〕2号	2016年1月16日发布并实施
	国务院办公厅关于印发全民科学素质行动计划纲要实施方案(2016—2020年)的通知	国办发〔2016〕10号	2016年2月25日发布并实施
	杭州市教育局、杭州市文化广电新闻出版局关于公布杭州少年儿童图书馆阅读服务网点第四批试点学校名单的通知	杭教宣〔2016〕4号	2016年4月25日发布并实施
	国务院办公厅关于加快中西部教育发展的指导意见	国办发〔2016〕37号	2016年5月11日发布并实施
	教育部办公厅关于开展第三届"礼敬中华优秀传统文化"系列活动的通知	教思政厅函〔2016〕16号	2016年5月11日发布并实施
	教育部等九部门关于进一步推进社区教育发展的意见	教职成〔2016〕4号	2016年6月28日发布并实施
	教育部、司法部、全国普法办关于印发《青少年法治教育大纲》的通知	教政法〔2016〕13号	2016年6月28日发布并实施
	教育部关于新形势下进一步做好普通中小学装备工作的意见	教基一〔2016〕3号	2016年7月13日发布并实施
	教育部办公厅关于举办2016年全民终身学习活动周的通知	教职成厅函〔2016〕33号	2016年7月22日发布并实施
	江苏省社会科学普及促进条例	江苏省人大常委会公告第46号	2016年7月29日发布,2016年9月1日实施
	青海省社会科学普及条例	青海省人民代表大会常务委员会公告第38号	2016年9月23日发布,2016年12月1日实施
	工业和信息化部、财政部关于印发《工业和信息化部部属高校中央财政投资建设项目管理办法》的通知	工信部联规〔2016〕303号	2016年11月10日发布并实施

续表

主题	标题	文号	发布与实施时间
	教育部办公厅关于深入开展安全生产大检查切实加强岁末年初学校安全工作的通知	教发厅函〔2016〕129 号	2016 年 11 月 11 日发布并实施
	河南省社会科学普及条例	河南省人民代表大会常务委员会公告(12 届)第 66 号	2016 年 11 月 18 日发布，2016 年 12 月 1 日实施
	国务院学位委员会、教育部、国家保密局关于印发《涉密研究生与涉密学位论文管理办法》的通知	学位〔2016〕27 号	2016 年 11 月 25 日发布并实施
	湖北省人民政府关于印发湖北省教育事业发展“十三五”规划的通知	鄂政发〔2016〕70 号	2016 年 12 月 16 日发布并实施
特殊人群保护	安徽省实施《中华人民共和国老年人权益保障法》办法(2016 修订)	安徽省人民代表大会常务委员会公告第 39 号	2016 年 1 月 15 日发布，2016 年 3 月 1 日实施
	上海市老年人权益保障条例(2016)	上海市人民代表大会公告第 15 号	2016 年 1 月 29 日发布，2016 年 5 月 1 日实施
	中共中央办公厅、国务院办公厅印发《关于加大脱贫攻坚力度支持革命老区开发建设的指导意见》	——	2016 年 2 月 1 日发布并实施
	文化部、国务院农民工工作领导小组办公室、全国总工会关于进一步做好为农民工文化服务工作的意见	文公共发〔2016〕2 号	2016 年 3 月 17 日发布并实施
	浙江省少数民族权益保障条例(2016 修订)	浙江省人大常委会公告第 42 号	2016 年 5 月 27 日发布，2016 年 7 月 1 日实施
	浙江省未成年人保护条例(2016 修正)	省人大常委会公告第 51 号	2010 年 6 月 1 实施，2016 年 12 月 1 日修正
	吉林省无障碍环境建设管理办法	吉林省人民政府令第 257 号	2016 年 6 月 12 日发布，2016 年 8 月 1 日实施
	全国老龄工作委员会关于开展 2016 年全国“敬老月”活动的通知	全国老龄委发〔2016〕5 号	2016 年 7 月 20 日发布并实施
	海南省实施《中华人民共和国残疾人保障法》办法(2016 修正)	海南省人民代表大会常务委员会公告第 73 号	2011 年 1 月 1 日实施，2016 年 7 月 29 日修正
	国务院关于印发“十三五”加快残疾人小康进程规划纲要的通知	国发〔2016〕47 号	2016 年 8 月 3 日发布并实施
	中国残联、文化部、国家新闻出版广电总局、国家体育总局关于印发残疾人文化体育工作“十三五”实施方案的通知	——	2016 年 9 月 21 日发布并实施
	山东省预防未成年人犯罪条例	山东省人民代表大会常务委员会公告第 152 号	2016 年 9 月 23 日发布，2016 年 12 月 1 日实施
	山西省实施《中华人民共和国老年人权益保障法》办法(2016 修订)	山西省人民代表大会常务委员会公告第 37 号	2016 年 9 月 30 日发布，2017 年 1 月 1 日实施
	国务院办公厅关于印发老年教育发展规划(2016—2020 年)的通知	国办发〔2016〕74 号	2016 年 10 月 5 日发布并实施
	全国老龄办、国家发展改革委、教育部等关于推进老年宜居环境建设的指导意见	全国老龄办发〔2016〕73 号	2016 年 10 月 9 日发布并实施

续表

主题	标题	文号	发布与实施时间
	中国残联、国家发展改革委、民政部等关于印发《基层残疾人综合服务能力建设“十三五”实施方案》的通知	残联发〔2016〕53 号	2016 年 10 月 12 日发布并实施
	深圳经济特区实施《中华人民共和国残疾人保障法》办法	深圳市第六届人民代表大会常务委员会公告第 36 号	2016 年 10 月 26 日发布，2017 年 1 月 1 日实施
	贵州省老年人权益保障条例	贵州省第十二届人民代表大会常务委员会公告 2016 第 20 号	2016 年 11 月 24 日发布，2017 年 1 月 1 日实施
	广东省无障碍环境建设管理规定(2016 修订)	广东省人民政府令第 229 号	2016 年 12 月 2 日发布，2017 年 2 月 1 日实施
	国务院关于印发“十三五”促进民族地区和人口较少民族发展规划的通知	国发〔2016〕79 号	2016 年 12 月 24 日发布并实施
	杭州市人民政府关于印发杭州市妇女发展“十三五”规划和杭州市儿童发展“十三五”规划的通知	杭政函〔2016〕197 号	2016 年 12 月 30 日发布并实施
政府信息公开	公安部关于印发《公安机关办理政府信息公开行政复议案件若干问题的规定》的通知	公通字〔2016〕2 号	2016 年 1 月 21 日发布并实施
科技发展	国务院关于印发“十三五”国家战略性新兴产业发展规划的通知	国发〔2016〕67 号	2016 年 11 月 29 日发布并实施
	国务院关于印发“十三五”国家信息化规划的通知	国发〔2016〕73 号	2016 年 12 月 15 日发布并实施
政府工作	中共中央、国务院印发《关于进一步加强城市规划建设管理工作的若干意见》	——	2016 年 2 月 6 日发布并实施
	辽宁省文化厅关于评选 2013—2015 年度公共图书馆优秀服务成果奖和图书馆应用科研成果奖的通知	辽文办发〔2016〕9 号	2016 年 2 月 18 日发布
	福建省财政厅关于福建农林大学逸夫图书馆 RFID 相关设备采购项目的处理决定	闽财购〔2016〕10 号	2016 年 2 月 26 日发布并实施
	国家统计局关于 2015 年国民经济和社会发展统计的公报	——	2016 年 2 月 29 日发布并实施
	全民海洋意识宣传教育和文化建设“十三五”规划	——	2016 年 3 月 8 日发布并实施
	国务院办公厅关于印发国务院 2016 年立法工作计划的通知	国办发〔2016〕16 号	2016 年 3 月 17 日发布
	宁夏回族自治区农村扶贫开发条例	宁夏回族自治区人民代表大会常务委员会公告第 37 号	2016 年 3 月 24 日发布，2016 年 5 月 1 日实施
	环境保护部、中宣部、中央文明办等关于印发《全国环境宣传教育工作纲要(2016—2020 年)》的通知	环宣教〔2016〕38 号	2016 年 3 月 30 日发布并实施
	全民科学素质纲要实施工作办公室关于印发《2016 年全民科学素质行动工作要点》的通知	纲要办发〔2016〕1 号	2016 年 4 月 1 日发布并实施

续表

主题	标题	文号	发布与实施时间
	浙江省文化厅关于表彰浙江省从事图书馆工作三十年及以上人员的通知	浙文公共〔2016〕16 号	2016 年 4 月 20 日发布并实施
	国务院关于"六五"普法决议执行情况的报告	——	2016 年 4 月 25 日发布并实施
	湖北省农村扶贫条例(2016 修正)	湖北省人民代表大会常务委员会公告第 196 号	2010 年 2 月 1 日实施,2016 年 5 月 26 日修正
	吉林省农村扶贫开发条例	吉林省第十二届人民代表大会常务委员会公告第 63 号	2016 年 5 月 27 日发布并实施
	河北省农村扶贫开发条例	河北省第十二届人民代表大会常务委员会公告第 91 号	2016 年 7 月 29 日发布,2016 年 9 月 1 日实施
	南昌市教育局关于成立南昌市中小学图书馆管理等七个学科组的通知	洪教技字〔2016〕25 号	2016 年 8 月 30 日发布并实施
	国家发展改革委、人民银行、共青团中央等关于印发《关于实施优秀青年志愿者守信联合激励加快推进青年信用体系建设的行动计划》的通知	发改财金〔2016〕2012 号	2016 年 9 月 19 日发布并实施
	贵州省大扶贫条例	贵州省第 12 届人民代表大会常务委员会公告 2016 第 16 号	2016 年 9 月 30 日发布,2016 年 11 月 1 日实施
	重庆市人民政府关于印发重庆市社会事业发展"十三五"规划的通知	渝府发〔2016〕55 号	2016 年 11 月 11 日发布并实施
	北京市人大常委会关于修改部分地方性法规的决定(2016)	北京市人民代表大会常务委员会公告[14 届]第 28 号	2016 年 11 月 25 日发布并实施
	海南经济特区公共信息标志标准化管理规定	海南省人民代表大会常务委员会公告第 81 号	2016 年 11 月 30 日发布,2017 年 3 月 1 日实施
	江苏省政府办公厅关于推进众创社区建设的实施意见	苏政办发〔2016〕150 号	2016 年 12 月 21 日发布并实施
安全卫生	公共场所卫生管理条例(2016 修订)	国务院令第 666 号	1987 年 4 月 1 日实施,2016 年 2 月 6 日修订
	中国地震局关于印发《国家防震减灾科普示范学校建设指南》的通知	中震防发〔2016〕70 号	2016 年 12 月 9 日发布并实施

(国家图书馆　王秀香整理编辑)

专业文献

2016年部分院校图书馆学情报学博士学位论文摘要

[中文题名]美国图书馆志愿者研究

[英文题名]Research on Library Volunteers in America

[论文作者]白兴勇

[指导老师]吴慰慈

[学位授予单位]北京大学

[内容摘要]近年来，随着国内图书馆志愿者活动日益活跃，在志愿者活动组织和管理过程中出现许多问题。美国图书馆志愿者历史悠久、制度健全。论文旨在通过对美国图书馆志愿者的研究，扩大国内图书馆管理者的视野，丰富图书馆志愿者研究理论，为我国图书馆志愿者实践探索带来启示。

论文在系统梳理美国图书馆志愿者研究成果基础上，分析美国图书馆志愿者发展的历史时期及社会环境，调查其现实状况，分析、总结其工作和管理情况，最后对其未来发展做出预测。论文主要采用文献分析法、实证调研法、案例分析法等理论研究与实证分析相结合的研究方法，从五方面加以研究：一是在概述美国志愿者及图书馆发展简史的基础上，将美国图书馆志愿者的历史分为雏形、发展、成熟及现代化管理4个时期，分别论述各时期的发展概况及特点；二是对美国图书馆志愿者发展的社会环境进行整体考察；三是通过网络抽样调查232所美国公共图书馆志愿者的数量、岗位、管理机构等情况，并对加利福尼亚州公共图书馆2010—2012财年志愿者数据进行分析；四是对美国图书馆志愿者的管理情况进行概括总结，并以伊利诺伊州图书馆知识素养志愿项目为例进行分析和说明；五是从“婴儿潮”一代图书馆志愿者的蓬勃发展、对学生图书馆志愿者的持续关注以及虚拟图书馆志愿者的兴起三方面，对美国图书馆志愿者的发展趋势进行预测。

[中文题名]基于政策网络的智库核心能力研究

[英文题名]Study on Think Tanks' Core Capacities via Policy Networks

[论文作者]黄开木

[指导老师]栗琳

[学位授予单位]北京大学

[内容摘要]智库建设和研究面临着重大机遇和巨大挑战。本研究围绕“智库核心能力怎么界定、分析和培育”这一核心问题，首先界定智库核心能力的概念，梳理其研究现状，分析其与政策网络的关系，构建基于政策网络的智库核心能力分析框架。其次，通过分析美国国家安全智库核心能力，进行实证检验；基于知识管理，构建智库核心能力的培育模型，论述知识管理关键流程培育智库核心能力的机理；利用分析框架，对中美智库核心能力进行分析比较。最后，针对我国智库核心能力现状进行对策研究。

研究主要结论为：一是智库核心能力是智库根据其独特资源创造的、在参与政策研究和决策咨询过程中不断积累的、能使智库获得持续竞争优势的、动态发展的知识系统；二是基于政策网络的智库核心能力分析框架包括网络环境分析、网络节点分析、网络互动分析和核心能力分析4个过程；三是基于知识管理的智库核心能力培育模型主要包括知识学习提升智库核心能力价值、知识整合增强智库核心能力的特色、知识共享促进智库核心能力发挥持续影响以及知识创新推动智库核心能力周期演进螺旋上升4个方面作用机理；四是通过对比分析中美智库，发现我国智库存在人才知识结构简单、政策参与形式单调等问题。建议从更新决策理念、创新决策体制、完善决策机制三方面优化智库外部环境，拓宽智库筹资渠道，丰富智库政策参与形式；同时，从营造与知识管理相适应的智库文化、加强知识学习、建立整合体系、强化知识共享、加速知识创新5个方面，提升智库自身优势，提高思想创新能力。

[中文题名]英国公共图书馆立法研究

[英文题名]Study on the Legislation of Public Library Law in Great Britain

[论文作者]柳英

[**指导老师**]李国新

[**学位授予单位**]北京大学

[**内容摘要**]英国是世界上最早颁布公共图书馆法的国家，且已经形成较为完备和成熟的公共图书馆法律体系。研究英国的公共图书馆立法对我国当前的公共图书馆立法具有较大借鉴意义。

纵观英国公共图书馆立法的发展历程，《公共图书馆法1850》《公共图书馆法1919》《公共图书馆与博物馆法1964》三部法案具有阶段性历史意义。英国公共图书馆法的主要内容为公共图书馆的设置、管理和保障条件。其中明确以人口为依据的设置原则和以地方政府为主的设置主体，细化公共图书馆在监管与审查、规划与指导、管理与运营、协作与联合中的主体责任，并对公共图书馆建设用地、设施使用、资金配备等方面做出具体规定。

英国政府通过调整法律和建立新规范对公共图书馆事业发展中面临的一些新问题做出回应，主要包括公共图书馆免费与收费、图书馆咨询委员会的废止和公共图书馆服务的审查与评价等。

英国公共图书馆领域的中央立法与地方立法在侧重点上明显不同。苏格兰、威尔士、北爱尔兰地区的地方性立法具有多种发展路径。

英国的公共图书馆相关法体系完备。除国家图书馆法、公共借阅权法、版权法和法定呈缴制度等专门法外，宪法、地方政府法、税法、劳动法、残疾人保护法基本法中也有许多与公共图书馆相关的内容。

结合英国公共图书馆立法的经验教训，我国公共图书馆法的立法和修订中应重点解决出版物呈缴制度的基本内容、节假日开放时间、参考咨询是否免费、馆藏资源审查、法人治理的推行途径、相关法的立法、中央立法与地方立法的侧重点、保障制度专项立法等问题。

[**中文题名**]国防科技情报研究思维过程模型研究

[**英文题名**]Research on the Thought Process Model of Defense Technology Intelligence

[**论文作者**]汤珊红

[**指导老师**]赖茂生

[**学位授予单位**]北京大学

[**内容摘要**]国防科技情报研究是我国国防科技发展和武器装备建设工作不可缺少的重要组成部分，是国防科技情报的支柱性工作。情报产品的实现过程决定着产品的最终质量，而情报产品的实现过程又由情报研究过程决定。情报研究不仅有其工作活动规律，也有着思维活动规律。情报分析的核心功能是思维能力，尤其是在大数据环境下，情报工作不只是强调数据共享，更关键的是情报分析人员面对数据洪流时的智力活动，即思维活动才是决定情报质量的关键。为此，本研究主要定位在情报研究思维过程，并将这一问题主要分解为以下三方面：一是情报研究过程是什么？情报研究活动中情报研究思维过程是什么？二是对照典型的情报研究过程模型，如何构建出相应的思维过程模型？三是情报研究思维过程模型应用实施所需要的环境条件及相应支撑平台如何设计？

研究首先通过相关文献述评和理论梳理，建立研究起点。其次，通过划分国防科技情报研究类型，分析当前采用的国防科技情报研究过程，梳理出情报研究人员开展情报分析时的思维活动规律，提出情报研究思维过程假设，厘清每个阶段应当思考什么和怎样思考、分析什么和怎样分析，以及各阶段之间的相互关系，并将各阶段的思维活动固化成相应的思维过程模型。再次，通过专家调查法和实际情报案例对思维过程模型进行验证。最后，提出模型应用的支撑平台构想。

[**中文题名**]企业内部虚拟社区知识共享影响因素实证研究

[**英文题名**]Empirical Research on Factors Influencing Knowledge-sharing in Virtual Communities in Enterprise's Internal

[**论文作者**]赵雪

[**指导老师**]周庆山

[**学位授予单位**]北京大学

[**内容摘要**]信息网络时代，企业员工在工作场合常常通过企业内部虚拟社区进行沟通交流和知识共享。它不同于企业外部的公共虚拟社区，更加强调服务于企业发展、工作需要和员工需求。为了解决其建设中存在的问题、促进员工知识共享，必须根据其特点，辨识影响员工知识共享的主要因素及作用机理，把握企业内部虚拟社区知识共享规律。

本研究遵循社区“能不能”、员工“愿不愿”、管理“需什么”的基本思路，采用定性和定量研究相结合的方法，对企业内部虚拟社区知识共享影响因素进行实证研究。首先，分析相关理论，阐述企业内部虚拟社区知识共享影响因素的特征与形式，分析知识共享过程与障碍。其次，构建基于社会认知理论的企业内部虚拟社区知识共享影响因素整合分析模型，用定性和定量两种方法对模型进行检验。再次，在研究基础上提出改进策略，包括加强员工虚拟社区知识共享认知教育，健全共享行为激励机制，拓展企业内部虚拟社区技术优势，营造有利于知识共享的企业内部虚拟社区文化。最后，总结研究，对后续研究提出建议。

论文主要创新点为：第一，对企业内部虚拟社区中的知识共享进行较为系统、深入的差异化研究，对实际工作具有更强的针对性。第二，构建并验证企业内部虚拟社区知识共享影响因素的整合分析模型，模型中将“社区趣味性”纳入考量，是对以往研究成果的一种补充。第三，结合实证研究结果，对企业内部虚拟社区管理提出一些改进策略，使研究工作更加深入、研究成果更趋可信。

[中文题名]政务社交媒体用户使用行为影响因素的实证研究

[英文题名]Empirical Research on Factors Influencing Users' Behavior of Social Media of Government Agencies

[论文作者]谢丽娜

[指导老师]周庆山

[学位授予单位]北京大学

[内容摘要]随着移动互联网的发展，社交媒体也渗入人们生活的方方面面。各国政府机构也纷纷开通社交媒体账号，发布权威信息，引导网络舆论，提供在线服务，加强政民互动。目前，国内外关于政务社交媒体用户使用行为的研究并不多，因而对政务社交媒体的用户使用行为及影响因素进行深入系统的研究十分必要。

本研究在借鉴用户行为理论和国内外相关研究成果的基础上，结合政务社交媒体的特点，构建了一个政务社交媒体用户使用行为及影响因素的研究模型。该模型主要从两个维度来考虑政务社交媒体的用户使用行为及其影响因素：一是从用户对政务社交媒体的关注情况和使用时间，通过问卷调查法和深度访谈法对假设因素进行验证；二是从用户对政务社交媒体的具体使用活动来看，通过案例分析法和内容分析法对假设因素进行验证。

研究表明：①用户对政务社交媒体的使用意愿直接决定其采纳情况，而用户所感知到的政务社交媒体的有用性、易用性、相对优势等对其使用意愿有明显的正向影响，用户对其的信任程度取决于对网络和政府的信任。②用户使用政务社交媒体的满意度通过用户的持续使用意愿对用户的使用行为产生显著影响，满意度越高，使用意愿越强。③政务社交媒体的议题设置对用户的使用行为有显著影响，用户对不同议题的使用行为存在明显不同。④政务社交媒体发布信息的形式特点对用户的使用行为有显著影响，例如信息发布形式、发布类型、文字长短都会对使用产生影响。

[中文题名]美国图书馆学教育思想研究（1883—1957）

[英文题名]Study on the Educational Thought of American Library Science（1883—1957）

[论文作者]周亚

[指导老师]王子舟

[学位授予单位]北京大学

[内容摘要]美国是最早开设图书馆学正式教育的国家，研究其图书馆学教育思想史，可为我国图书馆学教育的未来发展提供借鉴。研究选取1883—1957年这一时期为研究对象。前者是杜威在哥伦比亚大学提出开办图书馆经营学院设想的一年，后者是美国图书馆协会采用1951年认证标准对图书馆学院完成认证，使一年制硕士课程成为美国图书馆学教育主体的一年。

论文第一章主要介绍研究缘起与意义、国内外相关研究述评、研究思路与方法。第二章为美国图书馆学教育思想分期，将1883到1957年的教育思想分为杜威时期的实用主义教育思想、“百家争鸣”时期教育思想的分化与补充、威廉姆森时期教育的制度化思想、“芝加哥学派”时期图书馆学科学化思想和新模式重塑时期的教育思想这5个时期。第三至七章分别论述这5个时期的教育思想。第八章总结美国图书馆学教育思想的发展脉络及历史贡献，在此基础上讨论图书馆学教育发展。

论文主要创新之处有：一是分5个时期对这

一阶段的美国图书馆学教育思想进行了系统梳理，并采用鱼骨分析法绘制了教育思想发展脉络图。二是获得了两个发现：图书馆学教育思想发展的历史是图书馆职业专业化发展历史的组成部分，与图书馆实践和社会发展存在着动态的互动关系；图书馆学教育思想发展的历史是人文性、科学性、技术性三种力量不断推动和取得平衡的过程。三是提出图书馆学教育未来发展的建议，包括探索专门化特色化的发展路径、提高图书馆学专业在大学中的"可见度"等。

[中文题名]图书馆员职业化研究

[英文题名]Study on the Professionalization of Librarian

[论文作者]周佳贵

[指导老师]刘兹恒

[学位授予单位]北京大学

[内容摘要]我国图书馆学已经开始关注图书馆员职业的研究，但图书馆员职业化建设的力度稍欠。从世界范围来看，由于职业理论基础薄弱，图书馆员的职业地位曾遭质疑。图书馆学天然地为图书馆员职业服务，不存在面向学科与职业的分歧，其知识体系分为图书馆哲学、图书馆学应用理论和图书馆学应用技术 3 个层次。

图书馆员职业竞争力是保持或扩张职业管辖范围的动力，具有复合性、动态性等特征。根据北美地区图书馆员职业能力声明文件，图书馆员职业竞争力可归纳为 10 个方面。从就业、需求和职场竞争来看，我国图书馆员的职业竞争力有待加强，主要表现为职业伦理教育的缺失、学科知识背景的缺乏和信息技术能力不强。美英两国的图书馆员职业协会专门负责图书馆学教育的审查，制定了规范的标准和流程，形成各具特色的职业资格认证制度，为我国图书馆员职业化发展提供了很多启示。

当前，我国图书馆员职业化面临缺乏政府支持、职业组织弱小等多种障碍，需要采取相应的策略去克服。为配合职业的发展，图书馆在内部管理方面要区分职业岗位和非职业岗位，实施合理的馆员评价制度，保障馆员的职业自主权。

[中文题名]美国儿童图书馆学教育研究：2000—2015

[英文题名]Study on the Education for Library Service to Youth in American：2000—2015

[论文作者]李芙蓉

[指导老师]李常庆

[学位授予单位]北京大学

[内容摘要]本研究以 21 世纪以来美国儿童图书馆学教育为研究内容，运用文献研究法、内容分析法和案例分析法，对与美国儿童图书馆学教育相关的教育形式、课程体系和认证制度进行研究。

其中，教育形式指实现儿童图书馆学教育的硕士教育和继续教育。研究发现，硕士教育是培养少儿图书馆员的标准教育模式。儿童图书馆学专业主要由少儿服务专业和学校图书馆专业构成。继续教育作为硕士教育的延续，在促进少儿图书馆员终身学习方面发挥重要作用。课程体系部分研究了儿童图书馆学硕士课程体系。美国儿童图书馆学课程体系主要由图书情报学基础课程、儿童图书馆学课程和其他相关课程组成。其中儿童图书馆学课程所授的五分之四知识内容集中在文献资源和服务两方面，占比最多的是儿童文献资源类课程。认证制度是保障美国儿童图书馆学教育质量、设立从业门槛的关键。通过对认证制度的研究发现，美国儿童图书馆学教育采用第三方认证制度，由美国图书馆协会负责执行。而少儿图书馆员资格认证综合采用学历认证、等级认证和考试认证三种方式。

在案例分析部分，以北卡罗来纳大学教堂山分校图情学院为分析对象，考察自 1904 年以来该学院在儿童图书馆学教育领域所进行的探索。

最后总结美国当代儿童图书馆学教育的特点、成就和面临的挑战。通过系统分析美国儿童图书馆学教育的形式、课程和认证制度，为我国开展此类教育提供借鉴，同时也充实了儿童图书馆学理论研究体系。

[中文题名]出版家赵家璧研究

[英文题名]Study on Publisher Zhao Jiabi

[论文作者]李天英

[指导老师]王余光

[学位授予单位]北京大学

[内容摘要]赵家璧是我国著名出版家，曾在良友公司、晨光公司、上海美术出版社和上海文艺出版社任职。赵家璧卓有成就的出版实践活动为我国出版事业做出重大贡献，其出版思想系统

完整，在现代出版史上有重要影响。

论文首先从赵家璧的背景入手，研究其家庭环境、所受教育、社会和文化背景，以及 20 世纪 20 年代末 30 年代初赵家璧进入中国出版业时整个行业的发展状况。他前期的出版实践可分为良友时期和晨光时期。良友时期是赵家璧编辑出版事业的开始，也是最辉煌的时期。主持文艺图书工作近二十年，编辑出版“一角丛书”“良友文学丛书”、《中国新文学大系》等著名丛书，一手创下良友文艺图书品牌。1946 年和老舍合资开办晨光公司，这一时期赵家璧以老舍作品为根基，出版《四世同堂》《围城》等不少声名显赫的文学作品。赵家璧出版活动的后期，是在上海美术出版社和上海文艺出版社，主要从事画集和摄影类图书出版。退休之后，他撰写了大量回忆录，为出版史和文学史留下非常宝贵的史料。

论文最后系统研究赵家璧的出版思想，从出版家成功的内因入手，分析个人素养、个性品行、与学者作家的关系等因素对于其编辑出版事业的影响；从选题策划、装帧设计、宣传营销、出版经营等编辑出版的具体环节逐一系统研究赵家璧的出版理念；总结赵家璧在出版学和出版史研究上的理论贡献。

[中文题名]魏晋南北朝阅读文化研究

[英文题名]Study on Reading Culture in Wei-Jin, South and North Dynasties

[论文作者]何官峰

[指导老师]王余光

[学位授予单位]北京大学

[内容摘要]本研究以魏晋南北朝时期的阅读文化发展为研究对象，从 3 个层面建构魏晋南北朝阅读文化发展的研究框架，即阅读与社会环境研究、阅读与思想文化研究、阅读主体与价值观念研究。

绪论部分主要阐述论文的选题背景、意义、研究对象、研究方法、研究内容等。

第二至五章为阅读与社会环境层面。首先，阐述魏晋南北朝的社会历史背景及特征。其次，分别从物质与技术、语言文字、观念和制度、行为等 4 个层面解析魏晋南北朝出版文化状况与阅读的关系。再次，分析魏晋南北朝文献集藏和文献传播与阅读的关系。最后，分析魏晋南北朝教育与阅读的关系，主要阐述教育模式和教学内容对阅读产生的深刻影响。

第六至八章为阅读与思想文化层面。主要分析魏晋南北朝学术发展与阅读的关系，文学发展与阅读的关系以及清谈与阅读的关系。

第九、十章为阅读主体与价值观念层面。首先，分析魏晋南北朝主流阅读群体的形成和阅读群体的细分。其次，阐述魏晋南北朝时期的阅读典故及其中蕴含的阅读精神。再次，论述魏晋南北朝阅读理论与方法的突出成就和贡献，主要包括刘勰的阅读知音论、钟嵘的阅读滋味说和颜之推等人的阅读功能论，以及一些具有时代特色的读书方法等内容。

最后，回顾和总结研究的整体工作与内容，归纳魏晋南北朝阅读文化的基本特征。

[中文题名]产学研协同创新团队内部知识转移影响机理研究

[英文题名]Study on the Influence Mechanism of Internal Knowledge Transfer in the Industry-University-Research Collaborative Innovation Team

[论文作者]刘春艳

[指导老师]王伟

[学位授予单位]吉林大学

[内容摘要]本研究基于知识协同、复杂性科学、团队效能等理论和思想，采用结构方程建模的研究方法，以产学研协同创新团队为研究对象，系统研究团队内部知识转移的影响机理，丰富和发展产学研协同创新团队内部知识转移活动的理论与观点，对产学研协同创新团队内部知识转移的实践提供建议和参考。

本文的主要学术贡献：一是基于耗散结构理论构建产学研协同创新团队内部知识转移过程模型，揭示产学研协同创新团队内部知识转移的实质；二是基于团队效能理论和复杂性科学的思想构建产学研协同创新团队内部知识转移影响机理的理论模型，分析知识转移系统中各输入要素是如何通过知识转移过程中团队互动的中介作用来影响知识转移效能的，并运用 PLS 结构方程建模方法实证检验沟通质量、创新支持在产学研协同创新团队内部知识转移影响机理中的中介作用，发现沟通质量、创新支持对知识转移发挥更大作用的条件；基于实证研究结论，提出产学研协同创新团队内部知识转移效能的优化策略。

[中文题名]基于本体的云服务语义检索模型研究

[英文题名]Research on Ontology-based Semantic Retrieval Model for Cloud Services

[论文作者]唐守利

[指导老师]徐宝祥

[学位授予单位]吉林大学

[内容摘要]互联网技术的飞速发展使得云服务激增，进而产生云服务发现和选择的相关问题。云服务语义检索技术采取语义分析和信息融合等方法提高检索效率，能够在庞杂无序的海量信息中快速定位用户的云服务检索请求，提高云服务检索的查全率和查准率。因为本体能够表现概念、属性的层次结构和语义模型，所以云服务语义检索技术结合本体技术能够保证检索内容准确性和一致性，实现用户发现和选择云服务。由于云服务数量增长与用户需求的多样化，应用本体描述云服务越来越困难，而本体的不断变化可能导致云服务语义标注的不一致，因此如何将本体的变化正确传递给云服务语义标注，如何解决这些云服务语义标注的不一致性成为一个重要问题。本研究根据本体变化与云服务语义标注之间的演进关系，构建基于本体的云服务语义标注演进模型，并在分析变化成因基础上，对变化进行适当表示，提出本体演进与云服务语义标注演进的策略和方法，并建立一系列基于本体的云服务语义标注演进的一致性约束条件与不一致性检测规则，最终通过修正规则实现云服务语义标注的一致性。

研究得出，基于本体的云服务语义检索模型特别适用于非结构化信息的检索，但需要保持本体与语义变化的一致性。该模型能够语义化标注云服务，实现已标注云服务语义检索，提高云服务语义检索能力。研究还提出基于本体的云服务语义检索模型实现的原理：一方面利用标注技术实现云服务语义标注，另一方面基于检索词实现云服务语义检索。

[中文题名]医学图书馆嵌入式服务研究

[英文题名]Research on the Embedded Service in the Medical Library

[论文作者]文丽

[指导老师]王萍

[学位授予单位]吉林大学

[内容摘要]随着互联网技术的快速发展，各类医学图书馆在高等医学教育的改革和教育信息化、医疗信息化的进程中，面临着前所未有的机遇和挑战，嵌入式服务逐渐成为图书馆积极尝试的创新服务模式。

本论文通过文献法、网站调查法、比较研究法、专家访谈法、问卷调查法、案例研究法等研究方法，对医学图书馆嵌入式服务进行深入细致的研究。通过对国内外医学图书馆嵌入式服务情况的调研、分析和整理，梳理出医学图书馆嵌入式服务的相关概念和基本理论，系统论述医学图书馆嵌入式服务的基本原理、创新服务模式、运行机制、保障体系等内容，结合国内外医学图书馆服务现状调研，分析医学图书馆开展嵌入式服务的必要性与可行性，并从嵌入式服务框架、嵌入式服务核心内容及馆员角色定位等方面探讨如何构建医学图书馆嵌入式服务体系，旨在将嵌入式图书馆服务理论引入我国医学图书馆领域，为我国医学图书馆开展嵌入式服务提供理论依据和实用性的运行机制，以此促进我国医学图书馆服务转型和创新发展。

研究得出 3 个层次的结论：一是医学图书馆嵌入式服务模式是基于需求产生和发展的，具有较高的必要性和可行性。二是医学图书馆嵌入式服务是图书馆各构成要素高度融合、整合后的知识服务，是图书馆传统服务的升级和完善。三是个性化的嵌入式服务模式是未来图书馆服务的趋势，图书馆在用户服务方面的主动性得到增强，标志着图书馆服务能力和服务价值的提高。

[中文题名]贫困山区村庄公共文化传播模式研究

[英文题名]A Study of the Public Culture Communication Model

[论文作者]何颖芳

[指导老师]柯平

[学位授予单位]南开大学

[内容摘要]本论文的研究目的是建构贫困山区村庄公共文化传播模式，阐释贫困山区村庄公共文化传播过程。针对这一研究目的，在研究背景阐述的基础上提出 3 个研究问题，分别是：构成贫困山区村庄公共文化传播过程的要素，贫困山区村庄公共文化传播的具体过程及建构贫困山区村庄公共文化传播模式，贫困山区村庄公共文

化传播效果。研究采用田野调查法进行资料调查和收集，通过文本分析法、比较研究法进行资料分析。以文化传播理论、大传统与小传统结构理论为研究理论视角，对场域、公共文化、公共文化传播、公共文化传播模式 4 个核心概念及其所涉范畴做出界定。研究选择国家重点扶持的集中连片特困山区的一个村庄 G 村作为长期田野调查地点，还选择 Y 自然寨作为短期的实地调研地点。最后，从贫困山区村庄公共文化传播视角，提出完善贫困山区村庄公共文化服务的政策建议：加强对各类公共文化机构及相关部门人员的专业技能培训；充分发挥村庄场域内本土公共文化传播者的作用；要以贫困山区村庄人们能够理解的方式提供公共文化服务；提升公共文化服务人员在村庄人们心目中的形象；将贫困山区村庄公共文化服务纳入到整个扶贫格局中去。

[中文题名]生态文明视角下的图书馆可持续发展研究

[英文题名]Sustainability of Libraries: An Ecological Civilization Perspective

[论文作者]亢琦

[指导老师]徐建华

[学位授予单位]南开大学

[内容摘要]经济、社会和环境维度是可持续发展的“三大支柱”。图书馆不仅要追求发展的速度，更要强调发展的科学性和可持续性。因此，论文把生态文明与可持续发展理念融入图书馆学科，将图书馆服务与可持续发展的三大支柱有机联系起来，探讨如何在不影响图书馆信息服务的经济、容易、普遍、均等、自由的前提下，在绿色业务流程和绿色信息服务的整个生命周期中，从采集、加工、存储、检索、访问、利用和长期保存过程以及图书馆运行与服务过程最大限度地减少温室气体的排放，降低数字信息服务对环境的影响，推动图书馆绿色发展。研究的创新之处在于：第一，研究视角的创新性。把可持续发展和生态文明理论用于分析图书馆事业的可持续发展，并把环境维度纳入图书馆学研究。第二，理论与实践指导的创新性。提出图书馆具有环境保护这一社会职能，数字阅读不是低碳的，环境评价指标集成到现有图书馆评估体系中，图书馆环境责任、绿色信息行为等一系列新的理论，能为图书馆管理者制定绿色发展计划、改善管理及如何减少相关利益者自身的碳足迹提供指导。第三，思路的创新性。以往多数同类研究都试图从经济、社会维度入手，探讨图书馆可持续发展道路，本研究力图通过调研选择的图书馆，评估图书馆在运行和服务过程中与用户数字信息的获取、利用、生产和分享过程的环境影响，最大限度地唤起图书馆相关利益者对环境的重视，谋求图书馆的科学与持久发展。

[中文题名]阅读态度和行为对初中生人格发展影响研究

[英文题名]One Impact Study of Reading Attitudes and Behaviors on the Junior Middle School Students' Personality Development

[论文作者]张文彦

[指导老师]徐建华

[学位授予单位]南开大学

[内容摘要]本研究主要探讨中国发达城市中初中生的人格心理发展状况、阅读态度和行为的总体状况，及其所受人口学和社会经济因素的影响。研究采用问卷调查法、素质测评法与统计技术，利用心理学的未成年人五因素人格量表和自拟题项，对天津、大连、杭州、广州和武汉 5 个经济发展水平进入发达地区标准的城市中的 1350 位中学生开展社会问卷调研，调查地点分布在初中班级和城市少年儿童图书馆（包括公共图书馆少儿部）两类场所。在分析初中生人口学、社会经济状况和人格五维度，以及他们阅读态度和行为数据的基础上，研究发现初中生人格五维度特质存在性别和家庭背景间发展不均衡的现象，开放性和宜人性水平总体较低且情绪稳定度非常不够，基础教育求学生涯还使其开放性和宜人性指标水平有进一步的衰减。在阅读领域发现大多数初中生参与者传统阅读状况和习惯（特别是图书馆阅读）不佳。当前都市初中生的阅读动机以个人兴趣和获取信息知识为主，学习和升学等功利目的退居其次。研究认为，人格五维度与所有主体的阅读态度和行为变量都存在显著的关联关系，但这种关联的维度和强度又灵活多样，可能与态度和行为变量的侧重点，以及阅读活动的专指性和学科规定性有关。

[中文题名]互联网企业战略行为中竞争情报作用研究

[**英文题名**]Research on the Role of Competitive Intelligence in the Strategic Behavior of Internet Companies

[**论文作者**]王嵩

[**指导老师**]赵蓉英

[**学位授予单位**]武汉大学

[**内容摘要**]作为互联网经济的主体，互联网企业在其中的作用举足轻重。互联网企业的战略行为是互联网企业应对动态、复杂的竞争环境变化而采取战略决策和战略执行的过程，战略行为的成败将直接影响互联网企业的战略绩效，甚至关乎企业的发展与存亡。传统的企业战略行为注重从产业结构、情景因素、企业自身特征以及企业战略管理者等角度展开相关研究，却忽视了竞争情报在企业战略行为中的作用，而竞争情报是企业战略行为的基础。本研究综合运用竞争情报、战略管理、信息融合、管理学及组织行为学等学科领域的交叉方法，力图从竞争情报视角出发，厘清互联企业竞争情报的特性；从竞争情报视角分析互联网企业战略行为对竞争情报的需求，以及竞争情报对互联网企业战略行为的作用，探索它们之间的作用因素和作用关系。研究力求通过竞争情报对竞争环境的综合分析，来分析互联网企业战略行为在新的互联网竞争环境下的影响因素与特性，以此来完善企业战略行为，为企业战略管理理论和多学科领域的交叉方法提供有益的探索。本文遵循“归纳—演绎”的研究路径，始自理论基础研究与影响因素归纳，从需求分析、作用因素、作用实现等多角度，系统性地进行互联网企业战略行为中的竞争情报作用研究。

（国家图书馆　杨凡整理）

2016年部分院校图书馆学情报学硕士学位论文目录

题目	作者	学校	导师	学科专业
安徽省高校图书馆阅读推广活动调查与分析	严素霞	安徽大学	陆和建	图书馆学
安徽省基层公共图书馆社会化管理研究	周乃泉	安徽大学	陆和建	图书馆学
我国独立建制少年儿童图书馆的数字化建设研究	郭婷婷	安徽大学	陆和建	图书馆学
差错管理文化对个人差错报告影响的实证研究	剧晓红	安徽大学	谢阳群	情报学
合肥地区本科高校信息公开研究	朱处处	安徽大学	谢阳群	情报学
合肥市区公共图书馆为信息弱势群体服务的研究	舒婷	安徽大学	谢阳群	情报学
在线购物过程中的消费者个人信息安全及其感知研究	王玉杰	安徽大学	谢阳群	情报学
合肥市政府应对突发事件情报管理研究	李善圆	安徽大学	储节旺	情报学
社会化网络、情境因素与知识协同的关系研究——基于安徽大学在校生的调研	徐咖	安徽大学	储节旺	情报学
自媒体环境下突发网络舆情及其应对研究	吴泽	安徽大学	储节旺	情报学
基于层次分析法的高校图书馆微信公众平台评价研究——以安徽省高校图书馆微信公众平台为例	李仕棋	安徽大学	周瑛	情报学
基于层次分析方法的政府门户网站评价体系研究——以安徽省16个地级市为例	牛浏	安徽大学	周瑛	情报学
兴趣型虚拟社区知识共享绩效评价研究	彭圣清	安徽大学	周瑛	情报学
科技型小微企业开放式创新与创新绩效关系研究	刘倩倩	安徽大学	肖志雄	情报学
知识型员工隐性知识共享意愿研究——基于心理所有权视角	谷静	安徽大学	肖志雄	情报学
我国省级公共图书馆微博服务现状分析与发展策略研究	王运	安徽大学	严贝妮	图书馆学
政务微信公众平台信息服务及其质量评价研究	郭笑	安徽大学	李德华	情报学
2000年以来《西游记》在中国大陆地区的传播研究（2000年—2015年）	李嘉欣	北京大学	许欢	编辑出版学
20世纪80年代中国诗歌民刊出版研究	王东宁	北京大学	李常庆	编辑出版学
MOOC学习效果预测的特征选择方法研究	卢晓彤	北京大学	陈文广	情报学
军事装备命名实体属性关系抽取研究	徐钢	北京大学	陈文广	情报学
P2P网络借贷产品用户购买意愿影响因素研究	吴素平	北京大学	王益明	情报学
网络文学网站盈利模式研究	曾显越	北京大学	王益明	情报学
微信公众平台信息传播效果影响因素模型研究	翟佳璐	北京大学	王益明	情报学
大学生信息素养测评工具研究	张越	北京大学	张久珍	图书馆学
大众本体研究——以知乎话题结构为例	苏杰	北京大学	张久珍	图书馆学
高校图书馆读者数据跨界整合与阅读推荐优化研究	吴亚平	北京大学	王继民	情报学
国内大学排名指标体系敏感性分析研究	武群芳	北京大学	王继民	情报学
国内外高校机构库网络影响力评价研究	陈迪	北京大学	王继民	情报学
公共图书馆总体服务外包资金测算研究	缪欢	北京大学	张广钦	图书馆学
管理咨询业战略联盟发展研究	冷玥	北京大学	申静	情报学

续表

题目	作者	学校	导师	学科专业
中国互联网金融服务的风险管理研究	周青	北京大学	申静	情报学
金敏甫图书馆学思想研究	李诗苗	北京大学	王余光	编辑出版学
明清常熟派藏书理论与方法研究	刘刈青	北京大学	王余光	编辑出版学
四角号码检字法研究	李美慧	北京大学	王余光	编辑出版学
开源图书馆自动化系统 Koha 的本土化及其应用研究	王强	北京大学	徐扬	情报学
同主题文献内容的差异度计算及差异点识别	王昊贤	北京大学	李广建	情报学
中国高校投入研究资源及产出专利效益之研究	詹沂蓁	北京大学	李广建	情报学
图书馆创客空间研究	汪聪	北京大学	李国新	图书馆学
图书馆慕课服务研究	黄佩	北京大学	刘兹恒	图书馆学
我国 985 高校图书馆宣传推广研究	孟晨霞	北京大学	刘兹恒	图书馆学
《图书馆学季刊》研究	刘玉洁	北京大学	王子舟	图书馆学
文化政策变迁对公共图书馆发展的影响(2002—2015)	叶颖	北京大学	王子舟	图书馆学
新能源汽车技术预测系统分析模型研究	刘菲	北京大学	王延飞	情报学
严肃游戏之教育游戏设计过程与评价模型	陈培仁	北京大学	张浩达	情报学
移动社交媒体隐私声明的实证研究	山姗	北京大学	周庆山	情报学
用户隐私关注视角下的社交媒体接受行为与持续使用意向研究	刘济群	北京大学	周庆山	情报学
移动用户使用 APPs 偏好组合的研究	吴家辉	北京大学	王军	情报学
在线商品评论特征及有用性研究——以 9 类商品为例	黄梦婷	北京大学	王军	情报学
个人健康记录系统的结构化信息模型构建	陈文洁	北京协和医学院	阮学平	情报学
基于 SEM 的医学领域国际合著与论文质量的相关性研究	倪萍	北京协和医学院	安新颖	情报学
我国移动医疗应用软件监管范围研究	唐圆圆	北京协和医学院	池慧	情报学
医学图书馆面向公众健康的延伸服务模式研究	李尧	北京协和医学院	任慧玲	情报学
中国儿童恶性肿瘤防控体系研究	周艳玲	北京协和医学院	田玲	情报学
戴志骞图书馆学思想研究	董玥	东北师范大学	徐跃权	图书馆学
基于大数据的图书馆管理的研究	赵婷婷	东北师范大学	徐跃权	图书馆学
论数字图书馆学的构建	贾思洋	东北师范大学	徐跃权	图书馆学
论图书馆学理论的方法论属性	陈璐	东北师范大学	徐跃权	图书馆学
我国图书馆微博的现况、问题与对策	周静	东北师范大学	徐跃权	图书馆学
电子商务系统接受影响因素及实证研究	孙林	东北师范大学	王姣	情报学
基于 ISO 27001:2013 构建高校图书馆信息安全管理体系研究	霍明月	东北师范大学	刘万国	图书馆学
基于关联数据的科研关系揭示研究	李柏炀	东北师范大学	王翠萍	图书馆学
学术网站的互联网影响力评价研究	李梦	东北师范大学	王翠萍	图书馆学
基于数据挖掘的高校大学生读者阅读趋向研究	姜云龙	东北师范大学	徐宽	情报学
我国军事院校阅读推广问题的调查研究——以三所军事院校图书馆阅读推广活动为例	王薇	东北师范大学	徐宽	情报学
我国信息安全领域研究的社会网络分析	秦民杰	东北师范大学	徐宽	情报学
自媒体资源长期保存的评价体系构建研究	赵文菲	东北师范大学	徐宽	情报学
数字资源长期保存研究的知识图谱分析	蔡健威	东北师范大学	王战林	图书馆学

续表

题目	作者	学校	导师	学科专业
我国高校图书馆实体空间再造策略研究	白茹玉	东北师范大学	王战林	图书馆学
图书馆书目数据社会化应用的服务创新研究	刘骁	东北师范大学	魏来	图书馆学
专利相关主体交叉合作研究	高霏霏	东北师范大学	魏来	情报学
我国地市级公共图书馆馆员职业能力建设研究	马宇明	东北师范大学	孙成江	图书馆学
我国省级公共图书馆决策咨询服务能力评价研究	赵新宇	东北师范大学	孙成江	图书馆学
我国数字出版业竞争情报模式研究	邹惠	东北师范大学	孔庆杰	情报学
大数据时代图书馆用户个人信息保护研究	田淑娴	福建师范大学	许春漫	图书馆学
高校图书馆网站服务质量评价研究——以福州5所高校为例	郑琳	福建师范大学	孟雪梅	图书馆学
美国儿童图书馆服务协会研究	邱维	福建师范大学	孟雪梅	情报学
《文献通考・乐考》史料价值研究	丁赟	福建师范大学	方宝川	图书馆学
《燕京大学图书馆报》(1931—1939)研究	何婷婷	福建师范大学	陈林	图书馆学
高校移动图书馆用户信息行为与服务研究——以广西民族大学为例	李璇	广西民族大学	苏瑞竹	图书馆学
互联网+环境下广西高校图书馆学科服务研究——以广西医科大学图书馆为例	黄浩波	广西民族大学	苏瑞竹	图书馆学
基于信息觅食理论的高校数字图书馆学科服务模式研究	邵迪	广西民族大学	苏瑞竹	图书馆学
公共数字文化信息生态系统的构建及优化研究	刘筱月	广西民族大学	麻新纯	情报学
信息链视角下民族文化信息资源研究	赵浩然	广西民族大学	罗贤春	情报学
政务信息资源价值实现的区域比较研究——以北部湾和长株潭为例	赵兴	广西民族大学	罗贤春	情报学
政务信息资源凭证性价值的AHP测度	李伶思	广西民族大学	罗贤春	情报学
河北省科技型中小企业专利战略研究	闫亚青	河北大学	李振奇	情报学
美国信息产业发展分析及对我国的启示研究	王卉	河北大学	杨秀丹	情报学
石家庄信息产业与新型城镇化发展互动关系研究	李超	河北大学	杨秀丹	情报学
欧美地区图书馆电子书借阅模式研究	王卉	河北大学	张长安	图书馆学
我国高校图书馆职业资格制度实现路径研究	刘一萱	河北大学	顾潇华	图书馆学
研究生网络信息获取行为的差异研究	王会景	河北大学	宇文姝丽	情报学
移动环境下微博学生用户持续使用行为研究	杨雅静	河北大学	宇文姝丽	情报学
我国网络购物消费者个人信息安全保护研究	赵凌	河北大学	宛玲	情报学
我国电子商务信息政策法规文本分析	李鹏飞	河北大学	宛玲;赵俊玲	情报学
我国民间读书会功能研究	仝愔	河北大学	赵俊玲;宛玲	情报学
中印图书情报学基础理论发展比较研究	张吻秋	河北大学	金胜勇;宛玲	图书馆学
碑帖拓本收藏研究	刘旭青	河北大学	张社列;金胜勇	情报学
产学研联盟内部知识转移效果评价研究	师慧	黑龙江大学	刘春艳	情报学

续表

题目	作者	学校	导师	学科专业
大数据环境下我国开放数据政策模型构建研究	蒲攀	黑龙江大学	马海群	情报学
我国政府开放数据政策评价研究	石岱	黑龙江大学	马海群	情报学
俄罗斯西伯利亚远东地区图书馆立法研究	李晓娜	黑龙江大学	王迎胜	情报学
黑龙江省民办高校图书馆服务现状及改进策略研究	于淼	黑龙江大学	王迎胜	情报学
普通高校图书馆读者阅读动机调查及其培养对策研究	马金跃	黑龙江大学	王迎胜	情报学
公共文化服务体系视阈下的高校图书馆社会化服务研究	孟繁晶	黑龙江大学	贺延辉	图书馆学
公益性数字图书馆的版权问题及应对策略研究	周桐	黑龙江大学	牛晓宏	情报学
基于位置服务的个人隐私信息安全研究	丁苗苗	黑龙江大学	马小琪	情报学
美国《爱国者法案》对图书馆的影响及其思考	马红	黑龙江大学	蒋永福	图书馆学
我国图书馆弱势群体服务研究主题分布及其优化对策研究	王丹	黑龙江大学	蒋永福	图书馆学
我国图书馆学研究若干新兴主题分布与趋势分析	丁淼	黑龙江大学	蒋永福	图书馆学
内蒙古地方文献的集藏与整理利用研究	肖小娟	黑龙江大学	傅荣贤	图书馆学
中国古代《通志》系列政书目录研究	刘晓胥	黑龙江大学	傅荣贤	图书馆学
图书馆信息资源共享与版权保护的博弈双赢研究	汪宏帅	黑龙江大学	孙瑞英	图书馆学
影响情报分析过程的非智力因素研究	宋腾飞	黑龙江大学	刘甲学	情报学
中日机构知识库建设比较研究	魏巍	黑龙江大学	黄丽霞	图书馆学
高校图书馆实体空间拓展实证研究——以华东师范大学为例	肖梅林	华东师范大学	金武刚	情报学
基于多源 UGC 数据的健康领域知识图谱构建	金碧漪	华东师范大学	许鑫	情报学
网络 UGC 健康信息质量评价研究	姜雯	华东师范大学	许鑫	情报学
基于“贸易—投资—货币”三维视角的国家竞争力测度与提升策略研究	周露	华东师范大学	侯经川	情报学
战略性信息产业的代表性企业竞争力分析	吴媛媛	华东师范大学	侯经川	情报学
International Students' Mobile Resource Use in University Libraries	Masinde Johnson Mulongo	华中师范大学	陈静	情报学
O2O 电子商务平台面向消费者的服务优化策略	方圣	华中师范大学	娄策群	情报学
电子商务生态链风险管理研究	范朋显	华中师范大学	娄策群	情报学
电子商务信息生态系统动态平衡研究	宋文绩	华中师范大学	娄策群	情报学
O2O 模式下商家平台用户三方互利共生机制研究	李珈	华中师范大学	夏南强	情报学
基于用户需求的医院图书馆知识服务研究	陈银红	华中师范大学	夏南强	情报学
美国图书馆创客空间建设及其借鉴研究	乔峤	华中师范大学	夏南强	图书馆学
高校图书馆馆藏图书个性化推荐研究	夏红玉	华中师范大学	李玉海	情报学
湖北省企业 TRIZ 理论应用效果评价研究	兰海燕	华中师范大学	汪少敏	情报学
“互联网+”时代我国高校图书馆创客空间构建研究	曹芬芳	华中师范大学	桂学文	情报学
基于行业结构的中国电子商务服务业职业分类研究	吴小兰	华中师范大学	桂学文	情报学
我国石材行业电子商务竞争格局与发展战略研究	孙华	华中师范大学	桂学文	情报学
基于 DDAG-SVM 的在线商品评论可信度预测研究	陈燕方	华中师范大学	夏立新	情报学
基于 SOLOMO 的高校馆藏资源推荐模式研究	曾纪君	华中师范大学	夏立新	情报学
基于关联标签的非遗数字资源主题发现研究	白阳	华中师范大学	夏立新	情报学

续表

题目	作者	学校	导师	学科专业
基于微信公众平台的体育院校图书馆信息推荐研究——以武汉体育学院为例	王晨绫	华中师范大学	夏立新	情报学
面向弱势群体的公共图书馆智慧信息服务模式研究	马婷	华中师范大学	夏立新	情报学
民俗舞蹈奉化布龙数字化保护及传承对策研究	刘婷婷	华中师范大学	夏立新	情报学
新浪微博话题流行度预测研究	谭荧	华中师范大学	夏立新	情报学
基于地理坐标的微博事件检测与分析研究	安仲杰	华中师范大学	李进华	情报学
基于关联数据的旅游信息服务模型研究	白璐	华中师范大学	高劲松	情报学
基于国家科技进步奖获奖项目的科研机构合作机理研究	李思佳	华中师范大学	谭春辉	情报学
基于普惠金融服务对象的P2P网络用户借贷行为影响研究	刘静	华中师范大学	陈菁华	情报学
基于需求层次理论的互联网企业竞争情报服务体系研究	王毅	华中师范大学	易明	情报学
基于专利视角的战略性新兴产业创新网络研究——以武汉市信息技术产业为例	汪园	华中师范大学	王学东	情报学
微信信息传播模式研究	武冲	华中师范大学	段尧清	情报学
我国高校移动图书馆信息资源建设研究	曹义	华中师范大学	张自然	情报学
信息素质教育游戏“游戏空间”分析与设计	张斯婷	华中师范大学	吴建华	图书馆学
以用户体验为中心的信息素质教育游戏网站的设计与实现	陈雅楠	华中师范大学	吴建华	图书馆学
学科信息聚合服务平台设计与实现	刘礼	华中师范大学	曹高辉	情报学
大数据背景下网络信息安全控制机制与评价研究	董梦林	吉林大学	郑荣	情报学
大数据环境下开放信息资源共享平台构建研究	马铭苑	吉林大学	郑荣	情报学
公共信息服务机构主导的竞争情报服务联盟构建研究	肖雪婷	吉林大学	郑荣	情报学
大数据环境下车联网个性化信息服务模式研究	孙笑宇	吉林大学	张向先	情报学
电子商务用户在线评论信息质量研究	徐嘉徽	吉林大学	张向先	情报学
基于CiteSpace的移动图书馆知识图谱构建研究	王一	吉林大学	刘佳	图书馆学
基于SNA的馆藏数字资源知识聚合可视化研究	李洁	吉林大学	毕强	图书馆学
基于XML的个人电子交易数据的规范化导出与整合方案	孟静	吉林大学	窦平安	情报学
基于信息生态理论的网络医疗信息服务平台的构建研究	尹慧子	吉林大学	张海涛	情报学
商务网络信息生态链价值协同创造机理研究	魏毓璟	吉林大学	张海涛	情报学
网络舆情语义识别的技术分析及识别流程构建	张耀之	吉林大学	黄微	情报学
移动环境下网络舆情信息传播特征及路径研究	邢云菲	吉林大学	王晰巍	情报学
政府大数据质量评价体系构建研究	马一鸣	吉林大学	李贺	情报学
大学图书馆数字学习服务研究——以“985工程”大学图书馆为例	韩芳琳	辽宁大学	崔海兰	图书馆学
基于MOOC模式的高校图书馆知识社区构建	李应孝	辽宁大学	王晓红	图书馆学
基于熵权法与TOPSIS模型的高校图书馆电子资源绩效评价实证研究	刘爽	辽宁大学	范艳芬	图书馆学
基于新媒体时代读者阅读行为变化的高校图书馆服务研究——以辽宁大学硕士研究生为例	方丝雨	辽宁大学	刘澜	图书馆学
滴滴专车平台的竞争策略分析	周换换	南京大学	沈固朝	情报学
非传统安全领域情报学教育和培训研究	遇妍	南京大学	沈固朝	情报学

续表

题目	作者	学校	导师	学科专业
基于 Spark 的突发事件检测实现研究	卓可秋	南京大学	虞为	情报学
基于 TextRank 算法的单文档自动文摘研究	曹洋	南京大学	成颖	情报学
基于课程主题的图书情报教育模式识别与比较研究	汪茹	南京大学	裴雷	情报学
基于文献计量学的国家社科项目的分析与评价——以世界历史学科为例	费益佳	南京大学	苏新宁	情报学
南海维权历史文献的关联数据研究	秦东	南京大学	卢明欣	情报学
信息素养教育游戏的评价指标体系构建及应用研究	鲍雪莹	南京大学	朱庆华	情报学
众筹平台中的个性化推荐算法研究	陈贡	南京大学	朱庆华	情报学
移动图书馆用户使用意愿影响因素的实证研究	宋文杰	南京大学	朱学芳	情报学
动态社会网络中的行为扩散机制研究	陶琳玲（Lynn Tao）	南京理工大学	岑咏华	情报学
基于信息采样理论的个体认知偏见机制研究	王晓书	南京理工大学	岑咏华	情报学
多语言微博 Hashtag 生成及其应用研究	邵健	南京理工大学	章成志	情报学
基于 SOAR 模型的网络舆情演变过程中群体行为分析与仿真	高庆宁	南京理工大学	吴鹏	情报学
基于案例推理的城市轨道交通应急系统研究	肖连杰	南京理工大学	哈进兵	情报学
基于微博的突发事件检测研究	李红梅	南京理工大学	丁晟春	情报学
面向政府决策支持的社会舆情信息采集及组织研究	邢梦婷	南京理工大学	王曰芬	情报学
面向专题情报服务的英文科技文献深度加工与主题演化研究	吴洋	南京理工大学	薛春香	情报学
网络外部性下 B2B 电子中介技术投资仿真研究	石巧生	南京理工大学	李莉	情报学
移动电子商务消费者购买决策偏好影响机理研究	伍薇	南京理工大学	朱鹏	情报学
电视图书馆构建研究	段珊珊	南开大学	柯平	图书馆学
公共图书馆数字阅读推广模式研究	黄娜	南开大学	柯平	图书馆学
我国公共图书馆理事会制度研究	贾子文	南开大学	柯平	图书馆学
基于互联网搜索数据的流感预警模型比较	王若佳	南开大学	李培	情报学
基于用户视角的社交类手机 APP 可用性	姜悦	南开大学	李月琳	情报学
任务驱动的信息搜索行为研究	张丽冰	南开大学	李月琳	情报学
社交媒体在移动数字图书馆建设中的应用研究	张言	南开大学	徐建华	图书馆学
我国海疆地区基本公共文化服务均等化研究	孙晓琳	南开大学	徐建华	图书馆学
转企改制后中小型高校出版社发展路径研究	李盛楠	南开大学	徐建华	图书馆学
网络社区用户生成内容的动因研究	孙阳	南开大学	李颖	情报学
医药上市企业知识搜索行为影响因素的研究	张瑞霄	南开大学	李颖	情报学
大学生社会化阅读行为影响因素实证研究	师衍辉	曲阜师范大学	马秀峰	图书馆学
高校图书馆社会化知识服务模式研究	丁志健	曲阜师范大学	王焕景	图书馆学
基于差分进化的彩色图像数字版权保护算法研究	牛钰莹	曲阜师范大学	崔新春	图书馆学
基于引文网络的知识扩散研究——以知识管理主题领域为例	韩牧哲	曲阜师范大学	李秀霞	图书馆学
耦合分析及其在知识分析中的应用研究	张艺蔓	曲阜师范大学	李秀霞	图书馆学

续表

题目	作者	学校	导师	学科专业
基于UTAUT模型的图书馆移动信息服务研究	翟艳萍	山东大学	张辉	图书馆学
基于生态位理论的公共图书馆服务能力评价	李剑英	山东大学	郭砚常	图书馆学
基于研究水平的单篇学术论文创新力评价研究	杨京	山东理工大学	王效岳；白如江	情报学
我国高校机构知识库服务策略研究	陈美华	山东理工大学	刘文云	情报学
山西高校图书馆微信公众平台服务现状分析及对策研究	刘雯	山西财经大学	韩雅鸣	情报学
微信支付用户使用意愿影响因素研究	王英迪	山西财经大学	韩雅鸣	情报学
山西生鲜农产品敏捷物流影响因素分析与研究	来瑶媛	山西财经大学	尚成国	情报学
图书情报机构对国家智库建设的支持研究	党岗	山西财经大学	王红	情报学
移动社交网络位置服务用户使用意愿影响因素分析	李璇	山西财经大学	贾伟	情报学
中国开放资源建设及发展策略研究	韩进文	山西财经大学	白才进	情报学
高校图书馆知识服务及其能力提升研究	武超	山西大学	李景峰	图书馆学
国外图书馆联盟信息资源建设制度研究	温芳芳	山西大学	裴成发	图书馆学
中文古籍书目数据的关联数据化研究	白林林	山西大学	裴成发	图书馆学
基于QFD-Kano模型的高校图书馆移动服务用户需求研究	徐瑞芳	山西大学	齐向华	图书馆学
受控词表互操作质量分析	赵洁	山西大学	贾君枝	情报学
中文个人名称规范文档共享研究及语义化探索	石燕青	山西大学	贾君枝	情报学
信息贫困形成的经济学机理及其援助制度的设计	牛丽慧	山西大学	相丽玲	情报学
1980年以来我国档案学理论研究进展评析——基于对关键学者发表文献的分析	李静娴	天津师范大学	蒋冠	情报学
数字档案资源安全保障体系构建研究	谭大方	天津师范大学	蒋冠	情报学
基于形成过程的图书转化为档案的机理研究	贺云路	天津师范大学	桑毓域	情报学
基于知识管理的企业档案价值研究	霍燕	天津师范大学	桑毓域	情报学
民营企业档案监管问题研究	张琪	天津师范大学	桑毓域	情报学
加拿大电子文件真实性永久保障研究——InterPARES视角	王彦彬	天津师范大学	李福君	情报学
大数据环境下情报学发展与变革研究	季元魁	武汉大学	邱均平	情报学
大数据环境下我国专利信息服务发展策略研究	郭丽琳	武汉大学	邱均平	情报学
社会化问答社区用户信息行为特征及其转化机理研究	陈晓宇	武汉大学	邱均平	情报学
新环境下报业核心竞争力评价研究——以省级都市报为例	杨强	武汉大学	邱均平	情报学
大学生科研团队中的协同搜索式学习研究	余文婷	武汉大学	吴丹	图书馆学
多语机器翻译系统功能及翻译效果对比与优化研究——以Google翻译、Bing、有道翻译为例	刘剑楠	武汉大学	司莉	图书馆学
基于本体的跨语言信息检索模型研究——以数字出版领域为例	陈雨雪	武汉大学	司莉	图书馆学
高水平作者识别与合作关系研究	郑彬彬	武汉大学	李纲	情报学
基于合著网络的作者相似性研究	李岚凤	武汉大学	李纲	情报学
社交网站用户隐私信息披露意愿实证研究	王丹丹	武汉大学	李纲	情报学
高校图书馆微信用户持续使用行为研究	黄维	武汉大学	胡昌平	情报学

续表

题目	作者	学校	导师	学科专业
互动问答平台用户知识贡献行为影响因素分析	管弦	武汉大学	胡昌平	情报学
在线学习平台用户采纳研究	潘淑如	武汉大学	胡昌平	情报学
公共数字文化资源整合管理体制创新研究	沈妍	武汉大学	肖希明	图书馆学
基于 ESI 的国内知名高校科研产出分析与评价	郭雨橙	武汉大学	寇继虹	情报学
基于 LDA 和语义词典的微博查询扩展研究	陈馥怡	武汉大学	唐晓波	情报学
基于 TTF 和 ECM-ISC 模型的移动图书馆 APP 用户持续使用意向影响因素研究	郭晴	武汉大学	查先进	情报学
移动互联网环境下大学生日常生活信息源选择研究	徐承欢	武汉大学	查先进	情报学
在线学术社区内容贡献和社区参与行为影响因素研究	赵鹏	武汉大学	查先进	情报学
基于补充计量学的开源软件影响力评价研究	汪少震	武汉大学	赵蓉英	情报学
竞争情报视角下我国互联网企业发展与策略研究	杨永美	武汉大学	赵蓉英	情报学
基于词汇功能识别的研究问题及方法推荐	刘兴帮	武汉大学	陆伟	情报学
学术文本检索结果多样化研究	冯晓华	武汉大学	陆伟	情报学
基于关键事件问卷法的信息偶遇过程研究	范水香	武汉大学	姜婷婷	情报学
在线信息偶遇影响因素研究	王淼	武汉大学	姜婷婷	情报学
基于心理学的信息需求和信息信任的研究	陈诗阳	武汉大学	陈传夫	图书馆学
我国科技成果信息发布的政策优化研究	王甜甜	武汉大学	陈传夫	图书馆学
基于知识图谱的中美图书馆学比较研究	李莎	武汉大学	冉从敬	图书馆学
跨国企业的专利预警模式研究	柳杨	武汉大学	冉从敬	图书馆学
美国图书馆动漫资源建设与服务研究	饶雪瑜	武汉大学	黄如花	图书馆学
日本图书馆动漫资源建设与服务研究	李英子	武汉大学	黄如花	图书馆学
面向读者社会关系网络的数字图书馆阅读推广服务研究	张嘉宝	武汉大学	吴志强	图书馆学
民国档案资源开发利用策略研究——以湖北省档案馆为例	许小燕	武汉大学	李明杰	图书馆学
网络评论观点主题挖掘模型研究——基于 LDA 提出的 TSOT 模型	何帆	武汉大学	宋恩梅	情报学
移动阅读应用服务质量测评研究——基于 ANP—模糊综合评价法	王博雅	武汉大学	邓仲华	情报学
公共图书馆翻转创新的对策研究	吴琼	西北大学	杨九龙	图书馆学
经济欠发达地区县域公共图书馆服务体系建设研究——以陕西省为例	王茜	西北大学	杨玉麟	图书馆学
新疆少数民族古籍文献开发研究	索帅	西北大学	崔旭	图书馆学
大学生用户在线文档分享平台利用沉浸体验与归因研究	刘海鹏	西南大学	张敏	情报学
高校本科生的数据素养指标体系构建	李红	西南大学	韩毅	情报学
合作信息查寻与检索中知识共享的博弈学习机制研究	王瀚	西南大学	韩毅	情报学
用户对购物网站信息推荐服务的心理抗拒研究	赵冲	西南大学	李健	情报学
中学教师基于教学任务的信息查寻行为研究	龚珏萍	西南大学	黄敏	图书馆学
不确定性视角下连锁超市供应链绩效评价研究	周娜	湘潭大学	唐毅	情报学
大数据时代公共图书馆咨询知识库研究	宫春梅	湘潭大学	周永红	情报学
公共图书馆微信服务研究	张丹丹	湘潭大学	陈能华	图书馆学

续表

题目	作者	学校	导师	学科专业
基于BP神经网络的智慧城市发展潜力评价研究	包明林	湘潭大学	邹凯	情报学
我国政务微博公共信息服务绩效评价研究	路明	湘潭大学	邹凯	情报学
基于美国影响的民国图书馆事业研究	陈英	湘潭大学	龚蛟腾	图书馆学
美国高校图书馆创客空间实践及启示研究	周晴怡	湘潭大学	周淑云	图书馆学
面向创新型湖南建设的信息资源协同配置研究	甘雨	湘潭大学	刘昆雄	情报学
图书馆儿童阅读推广服务模式研究	陈姣	湘潭大学	汪全莉	图书馆学
网络群体性事件的生成机制及其应对策略——基于情报学视角	杨春英	湘潭大学	龙朝阳	情报学
校务信息公开绩效评价研究	刘希悦	湘潭大学	毛太田	情报学
移动数字出版产品用户阅读体验研究	段娟娟	湘潭大学	王丙炎	图书馆学
中印韩图情领域学者的国际合著情况比较研究	曹慧	湘潭大学	杨思洛	情报学
大数据时代图书馆数字资源融合研究	李维	湘潭大学	文庭孝；毛太田	情报学
顾客满意度视角下的零售供应链协同绩效评价研究	薛飞	湘潭大学	谭旭；毛太田	情报学
政府信息增值服务模式研究	关影	湘潭大学	汤曼；杨思洛	情报学
保险业信息不对称现象中投保者行为研究	庞雅彬	云南大学	王晓珠	情报学
昆明市公共图书馆少儿信息服务调查研究	李常菁	云南大学	甘友庆	情报学
面向新型智库的信息服务机制改革的思考	左武娟	云南大学	杨勇	情报学
我国公共图书馆理事会的章程研究	陈晶晶	云南大学	赵益民	图书馆学
信息扶贫视域下沧源佤族地区信息传播研究	陈雪涛	云南大学	马自坤	情报学
云南楚雄彝族自治州高中教师信息行为研究	闫卉	云南大学	胡立耘	图书馆学
综合性大学学科导航建设研究	王雅楠	云南大学	侯明昌	图书馆学
开放存取对期刊影响因子的影响——基于因果推论的研究	许维潇	浙江大学	李江	情报学
我国人口学领域数据引用评价研究	潘有能	浙江大学	潘有能	情报学
电子图书长期保存的困扰	闫励	郑州大学	臧国全	情报学
电子邮件长期保存的困扰	张晓彤	郑州大学	臧国全	情报学
泛在网络中基于内容聚合的信息组织机制研究	许大辰	郑州大学	王娜	情报学
高校图书馆用户权利政策比较研究——以985高校为例	邓敬萍	郑州大学	付立宏	情报学
高职高专图书馆信息咨询服务研究	张雪莉	郑州大学	张怀涛	图书馆学
河南省高校图书馆阅读推广满意度提升研究	杨佳鸣	郑州大学	王平	图书馆学
基于BIBFRAME的书目信息关联数据化研究	常桢	郑州大学	郭少友	情报学
基于RDA的中文编目规则改进研究	窦畅	郑州大学	郭少友	情报学
基于CNKI的我国LIS学科博硕论文文献计量实证研究	周首领	郑州大学	周春雷	情报学
基于层次分析法的协同内容创建系统质量评价体系研究	周婷	郑州大学	金燕	情报学
协同创新网络知识增长模型构建研究	齐俊景	郑州大学	金燕	情报学
基于电子病历的医疗诊断辅助系统的设计与实现	王茜	郑州大学	周拴龙	图书馆学
我国智慧图书馆建设研究	郭晓柯	郑州大学	周拴龙	图书馆学

续表

题目	作者	学校	导师	学科专业
媒体融合背景下数字图书馆资源建设策略研究	张芮	郑州大学	尚新丽	情报学
智慧城市智库联盟组织及运行模式研究	周文迪	郑州大学	刘永	情报学
重大网络舆情事件信息化解策略研究	周瑞杰	郑州大学	刘焕成	情报学
大数据环境下农业数字资源存储与分析技术研究	杨洪磊	中国农业科学院	赵瑞雪	情报学
国内外主要农业科研机构作物科学重点研究领域对比分析	陈露	中国农业科学院	颜蕴	情报学
面向农业领域知识库构建的数据清洗方法优化研究	盛丹丹	中国农业科学院	张学福	情报学
农技云平台知识地图的分析与设计	王亮	中国农业科学院	李秀峰；孙志国	情报学
人痘接种术的文献研究	张一鸣	中国中医科学院	牛亚华	情报学
中医养生古籍知识概念语义网络的构建研究	安欢	中国中医科学院	张华敏；李兵	情报学

（国家图书馆　杨凡整理）

2016 年出版图书馆学情报学著作目录

（按责任者姓名汉语拼音排序）

序号	书名	责任者	出版社	ISBN
1	读屏时代：数字世界里我们阅读的意义	（美）Naomi S. Baron 著；庞洋，周凯译	电子工业出版社	978-7-121-29233-0
2	深入理解 ElasticSearch	（美）拉斐尔·酷奇（Rafal Kuc），（美）马雷克·罗戈任斯基（Marek Rogozinski）著；张世武，余洪淼，商旦译	机械工业出版社	978-7-111-52416-8
3	阅读危机：在文学中认识自我和世界	（美）罗伯特·P. 韦克斯勒著；李睿智，吴文智译	江苏凤凰教育出版社	978-7-5499-5611-1
4	极简图书史	（英）罗德里克·凯夫，（英）萨拉·阿亚德著；戚昕，潘肖蔷译	电子工业出版社	978-7-121-29814-1
5	读书为上：五百年图书发现史	（英）玛格丽特·威尔斯（Margaret Willes）著；康慨译	浙江大学出版社	978-7-308-15041-5
6	书语者：如何激发孩子的阅读潜能	（美）唐娜琳·米勒（Donalyn Miller）著；关睿，石东译	新疆青少年出版社	978-7-5515-9250-5
7	传承文明的图书	（英）亚历克斯·伍尔夫，（英）大卫·安契姆图著；肖维青译	安徽科学技术出版社	978-7-5337-6781-5
8	以书为友	（日）永江朗著；（日）武马绘；烨伊译	新星出版社	978-7-5133-2082-5
9	广川书跋	（宋）董逌著	浙江人民美术出版社	978-7-5340-5105-0
10	书林清话：外一种	（清）叶德辉等著	浙江人民美术出版社	978-7-5340-5113-5
11	古籍研究. 总第 63 卷	《古籍研究》编辑委员会编	凤凰出版社	978-7-5506-2429-0
12	缅怀英模先烈，做守法小公民：2015 年江苏省读书活动征文大赛获奖作品选	《缅怀英模先烈，做守法小公民》编委会编	江苏凤凰文艺出版社	978-7-5399-9007-1
13	图书馆发展战略规划与趋势	《图书情报工作》杂志社编	海洋出版社	978-7-5027-9351-7
14	新环境下图书馆用户信息行为	《图书情报工作》杂志社编	海洋出版社	978-7-5027-9352-4
15	专利情报研究与服务	《图书情报工作》杂志社编	海洋出版社	978-7-5027-9353-1
16	文津学志. 第九辑	《文津学志》编委会编	国家图书馆出版社	978-7-5013-5885-4
17	新时代，新思维，新挑战：“互联网＋”背景下数字图书馆的战略规划与创新发展学术研讨会论文集	《新时代，新思维，新挑战——“互联网＋”背景下数字图书馆的战略规划与创新发展学术研讨会论文集》编委会编	国家图书馆出版社	978-7-5013-5895-3
18	中国绘本阅读地图	《中国绘本阅读地图》编委会编	未来出版社	978-7-5417-5888-1

续表

序号	书名	责任者	出版社	ISBN
19	中国索引.第一辑	《中国索引》编辑部编	复旦大学出版社	978-7-309-12595-5
20	图书馆中的设计思维:以用户为中心的设计工具包:中文版	IDEO公司著;广州图书馆译	广州出版社	978-7-5462-2463-3
21	内蒙古大学图书馆大事典:1956—2014年	鲍玉来编著	内蒙古人民出版社	978-7-204-13896-8
22	文澜旧影	本社编	杭州出版社	978-7-5565-0476-3(线装)
23	历史文献论坛.第二辑	本书编委会编	国家图书馆出版社	978-7-5013-5854-0
24	高校数字图书馆发展模式	蔡洪齐著	吉林文史出版社	978-7-5472-3203-3
25	基于中美大学图书馆比较分析的LDSA创新体系研究	蔡丽静,鄂丽君等著	海洋出版社	978-7-5027-9350-0
26	玩转绘本创意读写	曹爱卫著	浙江少年儿童出版社	978-7-5342-9520-1
27	图书馆管理创新研究	曹银平,徐培德,王卫军著	德宏民族出版社	978-7-5558-0427-7
28	浦东古旧书经眼录续集	柴志光编著	上海远东出版社	978-7-5476-1140-1
29	图书馆管理学基础	常琤,朱颖主编	吉林大学出版社	978-7-5677-5116-3
30	图书馆文献采访与招标实务	晁行国等编著	湖北科学技术出版社	978-7-5352-8822-6
31	信息资源建设研究	陈戴主编	上海科学技术文献出版社	978-7-5439-6295-8
32	化工文献检索实用教程	陈红冲,吴明珠主编	吉林大学出版社	978-7-5677-7435-3
33	最是书香	陈华文著	商务印书馆	978-7-100-11928-3
34	曲靖市公共图书馆发展战略	陈昆琼著	云南科技出版社	978-7-5416-9848-4
35	归来拂尘集:陈力自选集	陈力著	上海科学技术文献出版社	978-7-5439-7138-7
36	英汉学术书评评价模式对比研究	陈令君著	郑州大学出版社	978-7-5645-2860-7
37	数据库技术及其在数字图书馆中的应用	陈庆标编著	内蒙古科学技术出版社	978-7-5380-2656-6
38	贞石诠唐	陈尚君著	复旦大学出版社	978-7-309-11996-1
39	信息检索与利用	陈小玲,倪梅主编	哈尔滨工程大学出版社	978-7-5661-1271-2
40	文献信息检索、分析与应用	陈振标著	海洋出版社	978-7-5027-9366-1
41	医学信息检索实践指导	程鸿,周凤岐主编	北京大学医学出版社	978-7-5659-1313-6
42	程焕文之问:数据商凭什么如此狼?	程焕文,刘洪辉,刘洪编	国家图书馆出版社	978-7-5013-5844-1
43	信息资源共享·2版	程焕文,潘燕桃主编	高等教育出版社	978-7-04-045288-4
44	图书馆家园,博雅服务研习项目	程焕文,周旖主编	广东人民出版社	978-7-218-10847-6
45	图书馆家园,援助图书馆人计划	程焕文主编	广东人民出版社	978-7-218-10836-0
46	图书馆核心竞争力研究	程娟著	国家图书馆出版社	978-7-5013-5851-9
47	图书馆学会工作概论	程远著	江西科学技术出版社	978-7-5390-5699-9
48	图书馆推广阅读理论与实践	程远著	江西人民出版社	978-7-210-08517-1
49	城市图书馆研究.第四卷第一辑	褚树青主编	国家图书馆出版社	978-7-5013-5605-8
50	公共图书馆绩效与价值评价研究	褚树青主编	国家图书馆出版社	978-7-5013-5829-8
51	网络信息检索实用教程	笪佐领,沈逸君主编	南京大学出版社	978-7-305-16738-6
52	电子科技大学图书馆馆史:1956—2015	电子科技大学图书馆主编	电子科技大学出版社	978-7-5647-3736-8

续表

序号	书名	责任者	出版社	ISBN
53	图书馆管理及读者服务	丁红艳著	德宏民族出版社	978-7-5558-0489-5
54	图书馆规范管理工作手册	东莞图书馆编	国家图书馆出版社	978-7-5013-5783-3
55	农业文献及其检索利用研究	董华,陆峻波,李强著	吉林大学出版社	978-7-5677-6227-5
56	图书馆数字资源保护与服务研究	董晓莉著	中国书籍出版社	978-7-5068-5414-6
57	信息时代高校图书馆读者素质培养	董振平主编	吉林文史出版社	978-7-5472-3164-7
58	大学信息检索实用教程	杜少霞编著	吉林大学出版社	978-7-5677-5498-0
59	信息检索·2版	杜伟主编	科学出版社	978-7-03-047444-5
60	问津书韵:第十三届全国读书年会文集	杜鱼编	天津古籍出版社	978-7-5528-0412-6
61	20世纪西方与中国的图书馆学:基于德尔斐法测评的理论史纲	范并思等编著	国家图书馆出版社	978-7-5013-5913-4
62	20世纪西方与中国的图书馆学:基于德尔斐法测评的理论史纲	范并思等编著	国家图书馆出版社	978-7-5013-5930-1（精装）
63	科技网站信息质量评价模型与实证研究	范佳佳著	上海社会科学院出版社	978-7-5520-1548-5
64	现代文献检索概论·2版	方松屏编著	东北林业大学出版社	978-7-5674-0803-6
65	艺术信息资源发现与利用	房宝金主编	上海科学技术文献出版社	978-7-5439-7070-0
66	图书馆社会服务治理理论与实践	冯媛著	江西高校出版社	978-7-5493-4323-2
67	清末民初小说版本经眼录·民初小说卷	付建舟著	中国致公出版社	978-7-5145-0637-2
68	清末民初小说版本经眼录·清末小说卷	付建舟著	中国致公出版社	978-7-5145-0473-6
69	信息检索	付玲,陈焱主编	高等教育出版社	978-7-04-046292-0
70	图书馆移动阅读服务策略研究	付跃安著	社会科学文献出版社	978-7-5097-9540-8
71	中国古代图书馆学思想史	傅荣贤著	黄山书社	978-7-5461-5560-9
72	专利信息利用的实践:国家级专利信息传播利用基地专利信息分析报告集	甘绍宁主编	知识产权出版社	978-7-5130-4024-2
73	大数据搜索与日志挖掘及可视化方案:ELK Stack:Elasticsearch、Logstash、Kibana·2版	高凯等编著	清华大学出版社	978-7-302-43328-6
74	信息与调研	高林亚著	人民日报出版社	978-7-5115-4122-2
75	高校图书馆资源整合与开放存取研究	高玉平,赵明霞,张立滨著	吉林文史出版社	978-7-5472-3314-6
76	实用网络信息检索·4版	葛敬民主编	高等教育出版社	978-7-04-044983-9
77	藏书家.第20辑	宫晓卫主编	齐鲁书社	978-7-5333-3431-4
78	城镇化进程中基层公共图书馆建设研究	龚蛟腾著	知识产权出版社	978-7-5130-3841-6
79	数字图书馆新媒体服务研究	龚娅君著	国家图书馆出版社	978-7-5013-5784-0
80	比菲尔德学术搜索引擎(BASE)简介	顾立平编	科学技术文献出版社	978-7-5189-1881-2
81	开放获取知识库联盟(COAR)简介	顾立平编	科学技术文献出版社	978-7-5189-1879-9
82	科学数据开放获取的政策研究	顾立平编著	科学技术文献出版社	978-7-5189-0967-4

续表

序号	书名	责任者	出版社	ISBN
83	开放获取与信息服务	顾立平著	科学技术文献出版社	978-7-5189-0966-7
84	图书馆合作创新与发展. 2016 年卷	广州市图书馆学会等主编	暨南大学出版社	978-7-5668-1974-1
85	网络应用与综合信息检索·3 版	郭爱章,张洁主编	清华大学出版社	978-7-302-42979-1
86	网络信息采集·2 版	郭春燕,李桂芝编	中央广播电视大学出版社	978-7-304-07648-1
87	书卷多情似故人:优秀征文作品选	国家古籍保护中心办公室编	国家图书馆出版社	978-7-5013-5729-1
88	国家图书馆年鉴. 2016	国家图书馆编	国家图书馆出版社	978-7-5013-5846-5
89	交流与创新:外文文献资源建设与组织学术论文集	国家图书馆外文采编部编	国家图书馆出版社	978-7-5013-5889-2
90	数字时代文献资源建设新思路:第六届全国文献采访工作研讨会论文集	国家图书馆外文采编部编	国家图书馆出版社	978-7-5013-5792-5
91	书香淄电幸福家园:国网山东省电力公司淄博供电公司职工文集	国网山东省电力公司淄博供电公司编	中国电力出版社	978-7-5123-8946-5
92	宁夏图书馆馆藏精品集萃	韩彬主编	阳光出版社	978-7-5525-2527-4
93	图书馆信息资源建设与管理新探	韩丽华,吴瑞杰著	吉林大学出版社	978-7-5677-5983-1
94	数字阅读产品设计与开发	韩帅,赵宁编著	中国传媒大学出版社	978-7-5657-1571-6
95	中国图书馆事业发展报告·农村图书馆卷	韩永进主编	国家图书馆出版社	978-7-5013-5712-3
96	基层图书馆杂谈	郝敏著	崇文书局	978-7-5403-4216-6
97	药学信息检索与利用	何华主编	人民卫生出版社	978-7-117-22125-2
98	闽人要籍评鉴	何少川主编;福建省炎黄文化研究会,福建省文学艺术界联合会编	海峡文艺出版社	978-7-5550-0654-1
99	独立学院图书馆服务与管理研究	何秀梅著	东北师范大学出版社	978-7-5681-0371-8
100	静水流深:河南省电力女职工优秀读书心得. Ⅶ	河南省电力工会编	中国电力出版社	978-7-5123-8958-8
101	图书馆保障弱势群体公共信息获取权益的对策研究	洪伟达,王政著	知识产权出版社	978-7-5130-4540-7
102	立人读书沙龙. 2015 年卷	胡建文主编	西南交通大学出版社	978-7-5643-4985-1
103	数字图书馆建设与发展研究	胡秀丽著	吉林大学出版社	978-7-5677-7086-7
104	档案学视野下的东巴古籍文献遗产保护研究	胡莹著	中国社会科学出版社	978-7-5161-8046-4
105	数字图书馆社区知识聚合与推送服务研究	胡媛著	经济科学出版社	978-7-5141-7273-7
106	《文献检索与利用》案例集锦	花芳,战玉华著	清华大学出版社	978-7-302-41647-0
107	庐山藏书史	滑红彬著	江西人民出版社	978-7-210-08488-4
108	基层图书馆建设与服务创新	霍瑞娟,刘锦山主编	国家图书馆出版社	978-7-5013-5879-3
109	风雨六十年:上海市中医文献馆馆史:1956—2015	季伟苹主编	广西师范大学出版社	978-7-5495-7231-1
110	情报分析案例选	季正明,马晓娟等著	金城出版社	978-7-5155-1381-2
111	公开源情报分析	贾志城编著	兰州大学出版社	978-7-311-04900-3

续表

序号	书名	责任者	出版社	ISBN
112	图书馆学基础	江汉玲，张云洋主编	四川大学出版社	978-7-5614-9881-1
113	互联网时代的阅读产业	蒋多，杨矞著	知识产权出版社	978-7-5130-3913-0
114	中医古籍与藏书文化	金芒君主编	中国中医药出版社	978-7-5132-3206-7
115	现代图书馆管理理论与实践探究	靳惠著	吉林大学出版社	978-7-5677-6972-4
116	图书馆移动服务模式研究	李菲著	科学出版社	978-7-03-047651-7
117	信息素养与信息检索教程	李贵成，张金刚主编	华中科技大学出版社	978-7-5680-1527-1
118	社会阅读资源共享研究	李国朋，郝哲著	中州古籍出版社	978-7-5348-6274-8
119	图书馆管理与服务研究	李奎斌，李忠锋，耿晓伟编著	吉林科学技术出版社	978-7-5578-0918-8
120	古典文献学术论丛. 第五辑	李铁范，王政，邱瑰华主编	黄山书社	978-7-5461-5590-6
121	海南全民阅读推广的探索与实践	李彤著	中国文联出版社	978-7-5190-1486-5
122	书眉集：图书馆的传承与变革	李西宁著	上海科学技术文献出版社	978-7-5439-7110-3
123	Internet 信息检索理论与技术	李心颖，李太君著	北京邮电大学出版社	978-7-5635-4587-2
124	化学化工文献信息检索・2版	李一梅[等]编著	中国科学技术大学出版社	978-7-312-04047-4
125	教育、服务与创新：北京语言大学图书馆论文集	李易宁主编	北京语言大学出版社	978-7-5619-4344-1
126	信息检索	李永主编	中央广播电视大学出版社	978-7-304-07913-0
127	文献检索与论文写作	李振华主编	清华大学出版社	978-7-302-41577-0
128	古书真伪常识	梁启超演讲；周传儒等笔记	中华书局	978-7-101-11856-8
129	大数据环境下图书馆业务创新研究	辽宁大学图书馆组编	辽宁大学出版社	978-7-5610-8257-7
130	显微阐幽：古典文献的探故与求新	廖名春主编	汕头大学出版社	978-7-5658-2420-3
131	中医药文献信息检索与利用	林丹红主编	中国中医药出版社	978-7-5132-2870-1
132	古书里的宝藏	林满秋著	安徽少年儿童出版社	978-7-5397-8808-1
133	古书里的秘密	林满秋著	安徽少年儿童出版社	978-7-5397-8807-4
134	高校图书馆资源建设与管理研究	林水秀著	吉林大学出版社	978-7-5677-6731-7
135	文献检索与毕业论文写作	林义华，吴英华编著	中国石化出版社	978-7-5114-4247-5
136	沂蒙放歌	临沂市总工会编	中国工人出版社	978-7-5008-6310-6
137	公共图书馆与阅读推广	蔺丽英著	光明日报出版社	978-7-5112-9863-8
138	我的读书故事征文获奖作品集. 第三辑	刘宝书主编	河北教育出版社	978-7-5545-2648-4
139	数字资源评价研究	刘春鸿，胡宁主编	首都师范大学出版社	978-7-5656-2949-5
140	现代大学图书馆的技术与服务：华北地区高校图协第二十八届学术年会论文集	刘春鸿主编	北京邮电大学出版社	978-7-5635-4565-0
141	实用医学文献管理与应用	刘大文著	天津科学技术出版社	978-7-5576-0840-8
142	医学信息检索	刘丹丹主编	人民卫生出版社	978-7-117-22045-3
143	图书馆文献资源建设研究	刘芳，高岩编著	辽宁人民出版社	978-7-205-08576-6
144	文献信息检索教程・3版	刘富霞主编	机械工业出版社	978-7-111-54701-3
145	社会网络环境下用户参与的图书馆数字信息资源建设模式研究	刘磊等著	中国社会科学出版社	978-7-5161-7952-9
146	数字图书馆发展趋势研究报告	刘小琴，吴建中主编	上海科学技术文献出版社	978-7-5439-7029-8

续表

序号	书名	责任者	出版社	ISBN
147	绘本之美	刘绪源著	明天出版社	978-7-5332-8929-4
148	思索与沉淀	刘雪香著	中国言实出版社	978-7-5171-1997-5
149	中国地质图书馆史：1916—2016	刘延明主编	地质出版社	978-7-116-10027-5
150	仪式文献研究	刘永华主编	社会科学文献出版社	978-7-5097-9404-3
151	ISO、IFLA 图书馆标准规范体系研究	刘兹恒主编	国家图书馆出版社	978-7-5013-5824-3
152	钱学森情报思想及其应用研究	卢胜军，栗琳著	航空工业出版社	978-7-5165-1039-1
153	藏书小识	陆昕著	文津出版社	978-7-80554-591-2
154	发现海坛：平潭综合实验区挂职干部读书征文作品集	陆永建主编	福建人民出版社	978-7-211-07487-7
155	多媒体情报处理技术	栾悉道，谢毓湘，老松杨著	国防工业出版社	978-7-118-10669-5
156	解密搜索引擎技术实战：Lucene & Java 精华版·3 版	罗刚等编著	电子工业出版社	978-7-121-28111-2
157	图书与报刊	罗剑平编著	黑龙江美术出版社	978-7-5318-8994-6
158	天一阁杂识	骆兆平著	上海古籍出版社	978-7-5325-8124-5
159	信息资源检索与利用实用教程	马春晖主编	国家图书馆出版社	978-7-5013-5903-5
160	地学文献中文著录释疑	马翠凤等编著	地质出版社	978-7-116-06640-3
161	学术型大学图书馆的建设与发展	马继刚主编	四川大学出版社	978-7-5614-9569-8
162	计算机检索与情报检索的独立与融合	马倩著	中国原子能出版社	978-7-5022-7223-4
163	竞争情报理论、方法与应用	马自坤，吉利编著	中国社会科学出版社	978-7-5161-7068-7
164	毛春翔文集(影印本)	毛春翔著；浙江图书馆编	国家图书馆出版社	978-7-5013-5887-8
165	移动互联网用户阅读行为研究	茆意宏著	中国社会科学出版社	978-7-5161-8007-5
166	见证：中国馆配行业十年	茅院生主编	华文出版社	978-7-5075-4469-5
167	药历书写与药学信息	梅丹，赵志刚主编	高等教育出版社	978-7-04-044132-1
168	泛在知识环境下高校图书馆信息服务研究	孟立辉，于洋，赵维达编著	黑龙江教育出版社	978-7-5316-8758-0
169	现代图书馆管理创新研究	苗苗著	科学技术文献出版社	978-7-5189-1474-6
170	张琪玉情报语言学思想研讨会论文集	南京政治学院军事信息管理系编	国家图书馆出版社	978-7-5013-5816-8
171	战略情报分析：方法与实践	牛新春著	时事出版社	978-7-80232-980-5
172	中国图书三千年	潘美月著	中信出版社	978-7-5086-5802-5
173	CADAL 项目标准规范汇编. 四	潘云鹤主编	浙江大学出版社	978-7-308-15805-3
174	CADAL 项目标准规范汇编. 五	潘云鹤主编	浙江大学出版社	978-7-308-16050-6
175	七十二沽书脉长	彭博编	天津人民出版社	978-7-201-10287-0
176	川大史学. 第二辑·历史文献学卷	彭裕商，舒大刚主编	四川大学出版社	978-7-5614-9858-3
177	SEO 深度解析：全面挖掘搜索引擎优化的核心秘密·2 版	痞子瑞等编著	电子工业出版社	978-7-121-28950-7
178	高校图书馆采编工作理论与实践	祁瑞著	东北师范大学出版社	978-7-5681-2162-0
179	钱基博著作两种	钱基博著	知识产权出版社	978-7-5130-1774-9
180	百人千书：1898—1949，无锡近代教育著作书影选编	钱江主编	江苏凤凰教育出版社	978-7-5499-5530-5

续表

序号	书名	责任者	出版社	ISBN
181	临安市基层公共图书馆服务体系创新研究	钱新峰著	天津大学出版社	978-7-5618-5517-1
182	赵万里文存	清华大学国学研究院主编；付佳选编	江苏人民出版社	978-7-214-19158-8
183	“十三五”：高等财经院校图书馆的抉择：全国财经高校图书馆“十三五”发展规划汇编	全国财经高校图书资料协作委员会编	中国财政经济出版社	978-7-5095-6955-9
184	现代文献检索与利用·2版	饶宗政主编	机械工业出版社	978-7-111-53320-7
185	书人遐思：文献资源建设实践与思考	任国祥著	上海书店出版社	978-7-5458-1277-0
186	开放环境下高校图书馆的信息资源建设和服务创新	任民锋著	吉林文史出版社	978-7-5472-3702-1
187	整装勘查区实物地质资料信息集成技术方法研究与应用	任香爱等著	地质出版社	978-7-116-09834-3
188	公共图书馆中文元数据仓储的规范控制研究	萨蕾，梁蕙玮编著	中国书籍出版社	978-7-5068-5580-8
189	上海市公共图书馆流通分析报告：2014年度	上海图书馆编	上海科学技术文献出版社	978-7-5439-6927-8
190	图书馆：社会发展的助推器：第八届上海国际图书馆论坛论文集	上海图书馆编	上海科学技术文献出版社	978-7-5439-7063-2
191	图书文献与学术理论研究	沈大明等著	上海社会科学院出版社	978-7-5520-1398-6
192	信息获取与利用研究	沈思等编著	陕西科学技术出版社	978-7-5369-6811-0
193	中文普通图书CNMARC格式实用图例·修订版	沈阳市图书馆编	国家图书馆出版社	978-7-5013-5793-2
194	青少年阅读书	沈志冲，陶国良主编	江苏人民出版社	978-7-214-18903-5
195	沈祖荣文集	沈祖荣著	武汉大学出版社	978-7-307-17435-1
196	图书馆职业发展与制度建设	盛小平著	科学出版社	978-7-03-048286-0
197	医院图书馆的管理与服务	石红岭著	天津科学技术出版社	978-7-5576-0843-9
198	悦读的艺术：中国小说读者学片面观	石钟扬，郭春萍著	江苏凤凰文艺出版社	978-7-5399-8993-8
199	计算机技术与图书馆信息管理	时涛，郭晓玲，孙晓霞主编	吉林文史出版社	978-7-5472-3297-2
200	嬗变与形塑：新时期青少年网络阅读研究	史雯著	中国广播影视出版社	978-7-5043-7657-2
201	网络信息检索实例分析与操作训练·2版	宋诚英，时东晓主编	电子工业出版社	978-7-121-29008-4
202	本体评价与本体不一致诊断	宋丹辉著	郑州大学出版社	978-7-5645-2951-2
203	外文电子资源采访工作指南	宋仁霞主编	国家图书馆出版社	978-7-5013-5894-6
204	全国图书馆地方文献建设学术研讨会论文集	苏全有，李丛束主编	中州古籍出版社	978-7-5348-6277-9
205	图书馆信息研究	孙洁编著	科学技术文献出版社	978-7-5189-1029-8
206	医学文献检索	孙思琴主编	中国医药科技出版社	978-7-5067-8216-6
207	数字图书馆的发展研究	孙仙阁著	电子科技大学出版社	978-7-5647-3914-0

续表

序号	书名	责任者	出版社	ISBN
208	图书馆学情报学档案学编辑出版学投稿指南	谭理编著	湖北科学技术出版社	978-7-5352-8303-0
209	互联网＋：图书馆的传承与变革：2015年长三角地区公共图书馆读者服务研讨会论文集	唐铭杰，江晔主编	上海辞书出版社	978-7-5326-4563-3
210	民国图书馆学资料分类汇编：法律法规卷	滕静静，张珊珊主编	国家图书馆出版社	978-7-5013-5906-6
211	农家书屋的建设与管理	田野编著	辽宁民族出版社	978-7-5497-1298-4
212	数字图书馆网络信息资源整合研究	王东亮著	延边大学出版社	978-7-5688-0605-3
213	彝文古籍选读	王海滨编	民族出版社	978-7-105-14323-8
214	交流·合作·发展：中国西部公共图书馆联合会第三届年会暨学术讨论会论文集	王海山主编	朝华出版社	978-7-5054-3841-5
215	假如这样生活：走近佛教	王践著	新星出版社	978-7-5133-2308-6
216	高校图书馆信息化及文化建设探究	王杰峰著	吉林大学出版社	978-7-5677-6353-1
217	创新服务融合：图书馆建设发展研究论文集	王净，周建彩主编	中国海洋大学出版社	978-7-5670-1180-9
218	大数据下图书馆信息服务模式研究	王军光，马芳，冯宏宇著	吉林文史出版社	978-7-5472-3603-1
219	大众传媒视域下中俄两国健康类科普期刊研究	王丽著	中国社会科学出版社	978-7-5161-7991-8
220	医学信息技术应用	王梅，何敏主编	中国水利水电出版社	978-7-5170-4104-7
221	化学化工信息及网络资源的检索与利用·4版	王荣民主编	化学工业出版社	978-7-122-27500-4
222	走进图书馆：辽宁公共图书馆概览	王筱雯主编	国家图书馆出版社	978-7-5013-5837-3
223	文献学讲义	王欣夫述；徐鹏整理	上海古籍出版社	978-7-5325-8179-5
224	移动图书馆知识服务	王雪编著	东北林业大学出版社	978-7-5674-0761-9
225	全民阅读新常态发展策略探索	王宇，丁振伟，张艳伟主编	海洋出版社	978-7-5027-9369-2
226	全民阅读从创新发展中走来	王宇，张艳伟主编	中国社会科学出版社	978-7-5161-7698-6
227	信息检索教程	王玉香主编	机械工业出版社	978-7-111-54829-4
228	科技文献信息检索	魏振枢，史子木等编著	化学工业出版社	978-7-122-25419-1
229	信息描述实验教程	吴丹编著	武汉大学出版社	978-7-307-16869-5
230	21世纪图书馆新论·3版	吴建中著	上海科学技术文献出版社	978-7-5439-6977-3
231	地方档案与文献研究. 第二辑	吴佩林，蔡东洲主编	社会科学文献出版社	978-7-5097-8654-3
232	西安交通大学图书馆馆史	西安交通大学图书馆编	西安交通大学出版社	978-7-5605-8302-0
233	高校图书馆电子资源绩效评价研究	奚永旺著	吉林大学出版社	978-7-5677-6570-2
234	颠覆式SEO	夏易营销著	电子工业出版社	978-7-121-28138-9
235	SEO搜索引擎优化教程	夏治坤，支侃买主编	上海交通大学出版社	978-7-313-15288-6
236	老年人的阅读图景与公共图书馆服务创新	肖雪著	国家图书馆出版社	978-7-5013-5828-1

续表

序号	书名	责任者	出版社	ISBN
237	城市图书馆发展模式研究:以铜陵市图书馆为例	徐常宁,刘锦山主编	国家图书馆出版社	978-7-5013-5916-5
238	图书馆绩效评估	徐华洋著	中国建材工业出版社	978-7-5160-1559-9
239	中国古代法律文献研究.第十辑	徐世虹主编;中国政法大学法律古籍整理研究所编	社会科学文献出版社	978-7-5097-9956-7
240	京口书史	徐苏著;镇江市历史文化名城研究会编	江苏大学出版社	978-7-5684-0162-3
241	高校图书馆门户网站建设	徐婷编著	上海社会科学院出版社	978-7-5520-1338-2
242	全民阅读知识导航	徐雁,李海燕主编	南京大学出版社	978-7-305-16874-1
243	文献学管窥	徐有富著	凤凰出版社	978-7-5506-1744-5
244	数据库检索技巧·2版	许婷婷等主编	东北林业大学出版社	978-7-5674-0821-0
245	中医文献学	严季澜,陈仁寿主编	人民卫生出版社	978-7-117-23299-9
246	公共图书馆与全民阅读	杨丹丹,贺森林著	辽宁人民出版社	978-7-205-08631-2
247	品味书香:书香文化研究	杨东铭著	江西人民出版社	978-7-210-08408-2
248	本体映射关键技术研究	杨峰著	延边大学出版社	978-7-5634-9706-5
249	书香中国·石大阅读季:2015～2016	杨辉主编	中国石油大学出版社	978-7-5636-5371-3
250	地学文献西文著录释疑	杨莉,蔡秀华,苏研编著	地质出版社	978-7-116-09905-0
251	图书馆服务共享	杨新涯著	知识产权出版社	978-7-5130-4557-5
252	信息素养教育·2版	姚建东主编;张桂英,王翠茹,李海柱编著	清华大学出版社	978-7-302-44794-8
253	CADAL项目标准规范汇编.三	叶杭庆主编	浙江大学出版社	978-7-308-15632-5
254	风雨同行基业长青:全国高等学校图书馆期刊工作研究会成立二十五周年(1989—2014)纪念文集	叶继元,谢欢主编	南京大学出版社	978-7-305-17652-4
255	过云楼	叶建成著	江苏人民出版社	978-7-214-17682-0
256	Internet网络信息资源检索·2版	叶青等主编	东北林业大学出版社	978-7-5674-0814-2
257	深圳全民阅读发展报告.2016	尹昌龙主编	海天出版社	978-7-5507-1591-2
258	文化深圳从阅读开始	尹昌龙主编	中国社会科学出版社	978-7-5161-8582-7
259	图书馆情报学概论	于良芝著	国家图书馆出版社	978-7-5013-5883-0
260	高校图书馆创新服务	于亚秀,汪志莉,张毅著	上海社会科学院出版社	978-7-5520-1219-4
261	现代图书馆管理体系研究·2版	于瑛主编	东北林业大学出版社	978-7-5674-0806-7
262	图书馆信息服务与网络安全探析	于振磊著	中国广播影视出版社	978-7-5043-7692-3
263	古籍版本目录学论著精编(影印本)	余川编	线装书局	978-7-5120-2098-6
264	学科馆员概论	余昭芬著	湖北科学技术出版社	978-7-5352-8832-5
265	藏书家.第21辑	昝亮主编	齐鲁书社	978-7-5333-3516-8
266	化学文献检索与运用	曾桂生,汤爱萍,钟劲茅编著	冶金工业出版社	978-7-5024-7275-7
267	信息资源检索策略分析	曾历博著	天津科学技术出版社	978-7-5576-1592-5
268	中文知识组织系统:语义描述、共建及共享服务	曾新红等著	化学工业出版社	978-7-122-27171-6
269	大学城图书馆联盟建设新模式研究	詹庆东著	海洋出版社	978-7-5027-9365-4

续表

序号	书名	责任者	出版社	ISBN
270	信息检索与利用	张波主编	陕西师范大学出版总社	978-7-5613-8487-9
271	图书馆新生培训手册	张春红,张久珍,王波主编	海洋出版社	978-7-5027-9509-2
272	现代图书馆管理的理论创新与管理模式探究	张帆,寿艳华主编	九州出版社	978-7-5108-4755-4
273	竞争情报分析	张福俊,徐建国,刘荫明编著	中国书籍出版社	978-7-5068-5370-5
274	纸日月	张冠生著	海豚出版社	978-7-5110-3392-5
275	图说媒介故事.4·图书	张海波,何薇主编	广东教育出版社	978-7-5548-0968-6
276	信息检索简编	张怀涛,岳修志,刘巧英主编	武汉大学出版社	978-7-307-17778-9
277	中药文献学/3 版	张丽主编	科学出版社	978-7-03-049539-6
278	京津冀一体化下高校图书馆参考咨询服务的创新与发展研究	张瑞贤著	东北师范大学出版社	978-7-5681-2315-0
279	公共图书馆组织文化诊断:模型与方法	张文亮著	海洋出版社	978-7-5027-9238-1
280	高校图书馆读者服务的创新研究	张燕,高玉洁,杨靖著	吉林大学出版社	978-7-5677-7108-6
281	信息检索与利用/2 版	张永忠主编	复旦大学出版社	978-7-309-12413-2
282	华夏书香校园论集	张永洲主编	南京师范大学出版社	978-7-5651-2698-7
283	华夏书香校园论集	张永洲主编	南京师范大学出版社	978-7-5651-2699-4
284	中华古文明探源:童蒙猜想	张云鹏著	中国广播电视出版社	978-7-5043-7541-4
285	民国版本收藏断想及其他	张泽贤著	上海远东出版社	978-7-5476-1143-2
286	种瓜得豆:清末民初的阅读文化与接受政治	张仲民著	社会科学文献出版社	978-7-5097-9876-8
287	文史工具书概述	赵国璋,王长恭,江庆柏著	江苏教育出版社	978-7-5499-5595-4
288	高校图书馆社会化服务概论	赵国忠,张创军著	国家图书馆出版社	978-7-5013-5943-1
289	高校图书馆文献采访理论与实践探索	赵洁,王维秋主编	中国农业大学出版社	978-7-5655-1509-5
290	琢石成玉	赵艳莲著	中国言实出版社	978-7-5171-1994-4
291	古书奇遇记	哲也著	安徽少年儿童出版社	978-7-5397-8810-4
292	在浙之滨:浙江大学古籍研究所建所三十周年纪念文集	浙江大学古籍研究所编	中华书局	978-7-101-12151-3
293	基层图书馆特色建设与创新服务	郑君平著	国家图书馆出版社	978-7-5013-5843-4
294	高校图书馆社会化服务策略研究	郑志军,高建新,吴卫华著	吉林人民出版社	978-7-206-12447-1
295	指尖上的书屋:卫星数字农家书屋应用与发展	郑铸东,李宝宁主编	宁夏人民出版社	978-7-227-06299-8
296	让阅读成为一种生活方式	中共四川省委宣传部,四川省新闻出版广电局,四川省全民阅读活动指导委员会办公室组织编写	四川人民出版社	978-7-220-09991-5
297	图书馆学学科发展报告:2014—2015	中国科学技术协会主编;中国图书馆学会编著	中国科学技术出版社	978-7-5046-7056-4

续表

序号	书名	责任者	出版社	ISBN
298	甲子辉煌：中国科学技术信息研究所成立60周年纪念：1956—2016	中国科学技术信息研究所编	科学技术文献出版社	978-7-5189-1991-8
299	中国高被引分析报告. 2013	中国科学技术信息研究所编著	科学技术文献出版社	978-7-5189-0826-4
300	以书润心共享阅读：民航女职工读书心得	中国民航工会编	中国民航出版社	978-7-5128-0335-0
301	中国图书馆年鉴. 2015	中国图书馆学会，国家图书馆编	国家图书馆出版社	978-7-5013-5782-6
302	中国图书馆学会年会论文集. 2016年卷	中国图书馆学会编	国家图书馆出版社	978-7-5013-5942-4
303	WH/T74—2016 图书馆行业条码	中华人民共和国文化部发布	国家图书馆出版社	978-7-5013-5941-7
304	数字对象唯一标识符规范	中华人民共和国文化部发布	国家图书馆出版社	978-7-5013-5732-1
305	图书馆数字资源长期保存信息包封装规范	中华人民共和国文化部发布	国家图书馆出版社	978-7-5013-5749-9
306	图书馆数字资源长期保存元数据规范	中华人民共和国文化部发布	国家图书馆出版社	978-7-5013-5731-4
307	图像元数据规范	中华人民共和国文化部发布	国家图书馆出版社	978-7-5013-5734-5
308	乡镇图书馆统计指南	中华人民共和国文化部发布	国家图书馆出版社	978-7-5013-5755-0
309	音频资源元数据规范	中华人民共和国文化部发布	国家图书馆出版社	978-7-5013-5733-8
310	科技信息服务探索与实践	周爱莲，蔡志勇，寇远涛主编	中国农业科学技术出版社	978-7-5116-2416-1
311	碎片化阅读的影响因素及对策研究	周海霞著	河南人民出版社	978-7-215-10445-7
312	谈图书馆与文化工作	周和平著	上海科学技术文献出版社	978-7-5439-7201-8
313	图书馆社会形象定位与发展	周九常等著	武汉大学出版社	978-7-307-18772-6
314	信息检索实践教程	周明君主编	东北大学出版社	978-7-5517-1257-6
315	医学信息资源检索教程	周毅华编著	南京大学出版社	978-7-305-16242-8
316	国内外专利信息检索与利用	朱江岭主编	海洋出版社	978-7-5027-9221-3
317	世界各国图书馆数字资源发展政策精要	朱硕峰编	国家图书馆出版社	978-7-5013-5821-2
318	文渊阁：文人的骨头	祝勇著	海豚出版社	978-7-5110-2973-7
319	2014"相聚上海"读书征文集		外文出版社	978-7-119-09377-2
320	北京大学中国古文献研究中心集刊. 第十五辑		北京大学出版社	978-7-301-27696-9
321	古典文献研究. 第十八辑. 下卷		凤凰出版社	978-7-5506-2381-1
322	图书馆杂志. 2015年合订本		上海科学技术文献出版社	978-7-5439-7064-9

（国家图书馆中文采编部）

统计资料

2016 年全国公共图书馆事业统计

按年份全国公共图书馆经费收支及设施情况

年份	收入合计(万元)	财政拨款	支出合计(万元)	新增藏量购置费	新购图书(万册)	实际使用房屋建筑面积(万平方米)	书库	阅览室	阅览室座席数(万个)
1979年	5040	5040	5206	2163		86.6	38.1	21.1	
1980年	5476	5476	5486	2273		92.0	42.1	23.5	
1985年	15272	15272	13393	4164	1343	172.0	64.1	46.1	23.1
1986年	19891	19070	17242	5300	1359	210.2	73.0	53.4	33.7
1990年	32328	29292	30271	8474	895	326.0	98.4	76.1	32.1
1991年	36764	32593	34388	8927	771	349.1	104.3	80.0	34.0
1992年	45354	39010	41132	9916	740	363.6	105.3	84.3	34.4
1993年	50917	42975	48211	10698	631	368.0	108.0	85.0	34.3
1994年	74586	60639	63295	9252	556	409.1	113.6	85.7	34.8
1995年	79685	65829	74080	16788	551	415.5	117.8	88.3	35.2
1996年	93235	76582	88963	19626	577	441.4	120.8	94.0	35.6
1997年	114004	93177	113927	25527	680	471.5	124.9	98.0	37.4
1998年	129082	107521	127032	28067	700	492.5	131.7	101.8	39.9
1999年	137430	115830	135826	30473	678	506.0	137.4	105.7	41.6
2000年	163799	139321	157173	37141	692	598.2	139.0	109.7	41.6
2001年	183368	152732	187661	36489	819	561.8	146.4	114.4	43.7
2002年	213322	176882	208929	41853	946	582.8	151.6	122.6	43.9
2003年	242188	205252	235819	44407	1049	588.6	156.0	129.7	46.1
2004年	281234	238141	275034	50780	1228	625.1	158.4	138.6	47.2
2005年	325880	277848	312571	59781	1535	677.0	170.0	150.0	48.0
2006年	366089	319479	344076	66095	1686	718.9	175.5	159.0	50.0
2007年	450512	395441	431326	78262	1871	741.4	181.6	169.2	52.7
2008年	531926	477616	519841	83832	2071	780.0	183.5	179.3	55.4
2009年	613175	550808	606630	104404	2939	850.3	194.7	203.5	60.2
2010年	646085	583685	643629	111093	2956	900.4	204.5	220.6	63.1
2011年	813232	756357	794778	141477	3985	994.9	212.9	245.3	68.1
2012年	1002068	934890	977556	147785	5826	1058.4	230.1	281.9	73.5
2013年	1151163	1070575	1130035	165959	4865	1158.5	240.2	318.9	81.0
2014年	1212979	1137210	1163583	170133	4742	1231.6	252.4	331.8	85.6
2015年	1358370	1270354	1340481	197468	5151	1301.5	268.4	358.0	91.1
2016年	1494998	1415668	1451469	216020	6275	1424.3	281.9	398.2	98.6

按年份全国公共图书馆主要业务活动情况

年　份	机构数（个）	从业人员（人）	总藏量（万册、件）	总流通人次（万人次）	外借人次	书刊、文献外借册次（万册次）	书架单层总长度（万米）	发放借书证数（万个）	本年新购藏量（万册）
1979年	1651		18353	7787		9625			
1980年	1732		19904	9045		11830			
1985年	2344	29350	25573	11614		18942			1343
1986年	2406	31849	26133	11722		16205	504	523	1359
1990年	2527	40247	29064	12435		20242	772	603	895
1991年	2535	42037	30614	20496	7949	13325	758	631	771
1992年	2558	43051	31175	18495	7653	12625	748	563	740
1993年	2572	44656	31410	16973	6970	11685	797	562	631
1994年	2589	44367	32332	14451	7232	11852	776	552	556
1995年	2615	45323	32850	14142	7160	11814	899	540	551
1996年	2620	46457	33686	14793	7731	13544	967	527	577
1997年	2628	47882	37549	16114	8561	15685	817	556	680
1998年	2662	48313	38514	17058	8910	15422	873	582	700
1999年	2669	48792	39539	18040	9075	16290	934	596	678
2000年	2675	51342	40953	18854	9600	16913	978	623	692
2001年	2696	48579	42130	20757	9829	17559	945	792	819
2002年	2697	48447	42683	21950	10428	20021	995	918	946
2003年	2709	49646	43776	21440	10666	18775	1035	943	1049
2004年	2720	49069	46152	22095	10140	18536	1247	1056	1228
2005年	2762	50423	48056	23332	10821	20269	1320	1062	1535
2006年	2778	51311	50024	25218	11408	21039	1413	1160	1686
2007年	2799	51650	52053	26103	11454	21319	1318	1273	1871
2008年	2820	52021	55064	28141	12251	23129	1112	1454	2071
2009年	2850	52688	58521	32167	13277	25857	1216	1749	2939
2010年	2884	53564	61726	32823	13934	26392	1200	2020	2956
2011年	2952	54475	63896	37423	15316	28452	1218	2214	3985
2012年	3076	54997	68827	43437	17402	33191	1216	2485	5826
2013年	3112	56320	74896	49232	20552	40868	1191	2877	4865
2014年	3117	56071	79092	53036	22737	46734	1210	3944	4742
2015年	3139	56422	83844	58892	23085	50896	1262	5721	5151
2016年	3153	57208	90163	66037	24892	54725	1335	5593	6275

按年份各地区公共图书馆机构数

单位：个

地　区	1995年	2000年	2005年	2010年	2014年	2015年	2016年
总　计	**2615**	**2675**	**2762**	**2884**	**3117**	**3139**	**3153**
北　京	22	24	25	24	24	24	24
天　津	31	31	32	31	31	31	31
河　北	134	145	153	165	172	172	172
山　西	119	121	122	126	126	126	127
内蒙古	107	108	110	113	116	117	117
辽　宁	127	128	126	128	129	129	130
吉　林	51	60	63	65	66	66	66
黑龙江	96	97	96	107	107	107	108
上　海	31	31	28	28	25	25	24
江　苏	94	101	103	111	114	114	114
浙　江	81	83	90	97	98	100	102
安　徽	83	84	88	88	113	122	123
福　建	78	81	84	86	88	90	90
江　西	104	104	104	108	114	114	113
山　东	130	133	145	149	153	154	154
河　南	132	134	136	142	157	158	158
湖　北	100	103	102	107	112	112	112
湖　南	116	115	120	124	136	137	137
广　东	114	124	129	132	138	140	142
广　西	99	94	95	108	112	112	114
海　南	19	19	20	20	21	21	23
重　庆		42	43	43	43	43	43
四　川	166	129	141	161	198	203	203
贵　州	87	89	91	93	95	96	98
云　南	148	148	149	150	151	151	151
西　藏	18	1	4	4	78	79	81
陕　西	114	114	111	112	114	110	110
甘　肃	86	91	92	94	103	103	103
青　海	41	38	43	44	49	49	49
宁　夏	20	22	20	20	26	26	26
新　疆	66	80	96	103	107	107	107

按年份各地区公共图书馆从业人员

单位：人

地区	1995年	2000年	2005年	2010年	2014年	2015年	2016年
总计	**45323**	**51342**	**50423**	**53564**	**56071**	**56422**	**57208**
北京	886	1080	1219	1307	1278	1263	1249
天津	1084	1111	1057	1077	1217	1189	969
河北	1592	1711	1690	1789	1899	1855	1875
山西	1370	1527	1631	1575	1593	1554	1676
内蒙古	2015	1833	1776	1804	1964	1942	1944
辽宁	2859	4916	2888	3152	2932	2805	2761
吉林	1596	1724	1783	1661	1642	1628	1620
黑龙江	2014	1846	1669	1846	1697	1693	1664
上海	1686	2513	2597	2180	2104	2113	2091
江苏	1953	2092	2363	2838	3034	3183	3439
浙江	1565	1936	2122	3040	3483	3577	3616
安徽	1168	1241	1217	1239	1410	1510	1559
福建	1077	1172	1110	1190	1278	1330	1409
江西	1386	1462	1373	1406	1390	1395	1379
山东	2318	2506	2690	2680	2730	2750	2828
河南	2352	2626	2742	2762	2934	2949	2955
湖北	2054	2299	2253	2151	2231	2212	2198
湖南	1733	1925	1963	1993	2106	2092	2094
广东	2355	2837	3252	3761	4047	4159	4360
广西	1335	1540	1459	1509	1508	1509	1589
海南	252	250	250	374	327	325	323
重庆		785	755	854	869	874	920
四川	2415	1719	1869	1972	2152	2261	2371
贵州	869	876	905	937	1015	1046	1078
云南	1429	1571	1661	1760	1804	1826	1874
西藏	50	42	62	64	113	187	189
陕西	1317	1572	1691	1988	2167	2121	2123
甘肃	979	1110	1179	1306	1458	1443	1450
青海	400	378	365	398	370	411	425
宁夏	498	537	509	543	536	558	555
新疆	770	907	951	978	1061	1083	1092

按年份各地区公共图书馆总藏量

单位：万册件

地　区	1995年	2000年	2005年	2010年	2014年	2015年	2016年
总　计	**32850**	**40953**	**48056**	**61726**	**79092**	**83844**	**90163**
北　京	670	767	1121	1715	2223	2425	2594
天　津	677	786	869	1258	1598	1697	1806
河　北	845	1081	1307	1611	2105	2200	2340
山　西	777	867	963	1208	1472	1548	1727
内蒙古	621	683	744	940	1449	1513	1704
辽　宁	1786	1970	2326	2953	3563	3736	3929
吉　林	921	1030	1202	1380	1662	1768	1862
黑龙江	1094	1186	1291	1644	1721	1827	1926
上　海	1586	5500	6049	6809	7363	7568	7676
江　苏	2420	2669	3179	4370	6280	6847	7602
浙　江	1511	1715	2324	3761	5634	6250	6969
安　徽	752	787	847	1236	1753	1942	2162
福　建	902	985	1274	1682	2660	2821	3051
江　西	1070	1122	1282	1520	2127	2159	2178
山　东	1724	1989	2746	3636	4480	4727	5065
河　南	1062	1239	1429	1837	2312	2472	2646
湖　北	1445	1678	1923	2361	2822	3003	3318
湖　南	1362	1514	1667	1961	2422	2555	2833
广　东	1651	2316	3119	4615	6367	7008	7900
广　西	1243	1312	1491	1881	2482	2606	2720
海　南	137	154	184	285	412	424	458
重　庆		811	768	1031	1242	1304	1442
四　川	2356	1722	2002	2599	3162	3328	3518
贵　州	616	681	764	812	1217	1221	1258
云　南	1104	1254	1371	1566	1864	1944	2091
西　藏	51	60	42	53	125	162	177
陕　西	733	837	887	1127	1514	1506	1626
甘　肃	670	745	860	1042	1307	1340	1394
青　海	280	286	324	358	394	415	451
宁　夏	338	380	378	462	690	706	687
新　疆	489	579	817	1113	1292	1303	1418

按年份各地区人均拥有公共图书馆藏量

单位：册/件

地　区	1995年	2000年	2005年	2010年	2014年	2015年	2016年
全　国	**0.27**	**0.32**	**0.37**	**0.46**	**0.58**	**0.61**	**0.65**
北　京	0.54	0.55	0.73	0.87	1.03	1.12	1.19
天　津	0.72	0.79	0.83	0.97	1.05	1.10	1.16
河　北	0.13	0.16	0.19	0.22	0.29	0.30	0.31
山　西	0.25	0.26	0.29	0.34	0.40	0.42	0.47
内 蒙 古	0.27	0.29	0.31	0.38	0.58	0.60	0.68
辽　宁	0.44	0.46	0.55	0.68	0.81	0.85	0.90
吉　林	0.36	0.38	0.44	0.50	0.60	0.64	0.68
黑 龙 江	0.30	0.32	0.34	0.43	0.45	0.48	0.51
上　海	1.12	3.29	3.40	2.96	3.04	3.13	3.17
江　苏	0.34	0.36	0.43	0.56	0.79	0.86	0.95
浙　江	0.35	0.37	0.47	0.69	1.02	1.13	1.25
安　徽	0.13	0.13	0.14	0.21	0.29	0.32	0.35
福　建	0.28	0.28	0.36	0.46	0.70	0.73	0.79
江　西	0.26	0.27	0.30	0.34	0.47	0.47	0.47
山　东	0.20	0.22	0.30	0.38	0.46	0.48	0.51
河　南	0.12	0.13	0.15	0.20	0.25	0.26	0.28
湖　北	0.25	0.28	0.34	0.41	0.49	0.51	0.56
湖　南	0.21	0.24	0.26	0.30	0.36	0.38	0.42
广　东	0.24	0.27	0.34	0.44	0.59	0.65	0.72
广　西	0.27	0.29	0.32	0.41	0.52	0.54	0.56
海　南	0.19	0.20	0.22	0.33	0.46	0.47	0.50
重　庆		0.26	0.27	0.36	0.42	0.43	0.47
四　川	0.21	0.21	0.24	0.32	0.39	0.41	0.43
贵　州	0.18	0.19	0.20	0.23	0.35	0.35	0.35
云　南	0.28	0.29	0.31	0.34	0.40	0.41	0.44
西　藏	0.21	0.23	0.15	0.18	0.39	0.50	0.53
陕　西	0.21	0.23	0.24	0.30	0.40	0.40	0.43
甘　肃	0.27	0.29	0.33	0.41	0.50	0.52	0.53
青　海	0.58	0.55	0.60	0.64	0.67	0.70	0.76
宁　夏	0.66	0.68	0.63	0.73	1.04	1.06	1.02
新　疆	0.29	0.30	0.41	0.51	0.56	0.55	0.59

按年份各地区公共图书馆总流通人次

单位：万人次

地　区	1995年	2000年	2005年	2010年	2014年	2015年	2016年
总　计	**14142**	**18854**	**23332**	**32823**	**53036**	**58892**	**66037**
北　京	272	320	715	775	1146	1264	1402
天　津	265	461	483	606	681	789	851
河　北	473	736	635	736	1210	1428	1622
山　西	227	261	256	374	676	830	981
内蒙古	282	270	380	312	621	649	743
辽　宁	829	1184	1133	1457	1892	2068	2313
吉　林	385	409	505	503	599	732	806
黑龙江	631	608	505	622	893	968	986
上　海	687	1225	1249	1853	3961	3931	4170
江　苏	883	1227	1735	3006	5425	6001	6489
浙　江	555	1140	1398	3454	5480	7942	9788
安　徽	372	561	461	760	1546	1739	1994
福　建	466	647	734	1193	2052	2396	2604
江　西	413	485	534	639	1213	1258	1375
山　东	509	795	1422	1717	2558	2729	3644
河　南	650	713	828	1026	1968	2233	2539
湖　北	559	714	1145	1516	1868	1955	2082
湖　南	618	808	787	1028	1570	1617	1955
广　东	1447	2235	3543	4540	7657	7855	8335
广　西	809	927	896	1343	1998	2065	2067
海　南	94	121	115	172	268	445	377
重　庆		266	595	621	1221	1235	1309
四　川	776	554	766	1168	1867	2010	2358
贵　州	462	228	187	369	525	594	604
云　南	559	654	735	907	1210	1223	1381
西　藏		2	2	3	17	20	25
陕　西	242	275	365	519	927	982	1156
甘　肃	225	185	317	468	658	678	724
青　海	39	58	68	89	120	112	111
宁　夏	140	142	167	163	266	282	319
新　疆	140	263	212	350	544	474	529

按年份各地区公共图书馆图书外借册次

单位：万册次

地　区	1995年	2000年	2005年	2010年	2014年	2015年	2016年
总　计	**11814**	**16913**	**20269**	**26392**	**46734**	**50896**	**54725**
北　京	283	442	678	804	953	940	1026
天　津	237	274	380	572	779	859	876
河　北	379	673	469	493	838	972	1054
山　西	204	207	272	282	446	547	650
内蒙古	239	233	243	312	571	574	705
辽　宁	856	1119	1173	1456	1623	1708	1795
吉　林	332	387	794	412	608	748	737
黑龙江	500	527	789	479	631	688	647
上　海	507	970	1028	1461	7854	8681	8624
江　苏	967	1269	1494	2542	4481	4980	5088
浙　江	550	1054	1233	2924	4936	5727	6520
安　徽	343	455	341	683	1394	1481	1682
福　建	517	779	729	1097	2118	2465	2659
江　西	383	543	723	562	1059	1119	1302
山　东	573	718	1379	1514	2623	2331	2810
河　南	517	695	647	915	1569	1676	1862
湖　北	543	769	927	1846	1755	1816	1882
湖　南	562	735	801	1059	1476	1540	1701
广　东	687	1192	2037	2267	3848	4377	5219
广　西	528	688	761	733	1099	1155	1142
海　南	49	64	28	86	188	222	247
重　庆		435	472	706	990	949	1026
四　川	691	564	651	924	1536	1617	1751
贵　州	133	189	118	222	384	476	493
云　南	529	680	701	702	892	1072	973
西　藏		11	4	4	9	7	8
陕　西	238	305	264	305	635	681	707
甘　肃	173	153	261	345	537	588	619
青　海	51	52	58	42	105	91	81
宁　夏	125	265	212	182	282	302	295
新　疆	91	251	175	317	407	440	486

按年份各地区公共图书馆财政拨款

单位:万元

地　区	1995年	2000年	2005年	2010年	2014年	2015年	2016年
总　计	**65829**	**139321**	**277848**	**583685**	**1137210**	**1270354**	**1415668**
北　京	1683	8734	15554	32746	48865	58565	59955
天　津	1295	2751	10980	18500	32511	37294	39120
河　北	1827	2980	6717	10034	23133	28569	30381
山　西	1184	2150	4862	9838	21442	22710	35281
内蒙古	1432	2452	5086	17898	34286	38852	35753
辽　宁	3737	6822	15446	31121	45545	48542	50897
吉　林	1707	3364	5861	12385	24904	28732	30517
黑龙江	2088	3104	7752	13616	27689	28784	33679
上　海	5558	22870	30636	56345	81398	85027	100740
江　苏	3620	6729	16075	34240	70529	82558	99159
浙　江	2356	6509	20316	43536	77398	94626	106823
安　徽	1165	2054	5436	10008	24603	24786	28176
福　建	1778	3681	6579	14975	28712	35015	37536
江　西	1184	2022	3780	9726	21956	24660	26095
山　东	2814	6129	12039	22996	44553	54919	58850
河　南	1766	3591	5987	12252	27240	33275	34813
湖　北	1649	2896	6498	29240	42970	47629	50865
湖　南	1816	2550	5376	12154	27136	29914	39260
广　东	6110	11868	28592	58296	114011	127501	156204
广　西	1563	2851	5469	12191	23347	32734	29939
海　南	378	322	631	3373	9482	9758	12639
重　庆		1491	2957	7650	21418	23778	27377
四　川	2591	2877	7229	16955	53587	64020	53607
贵　州	746	1259	3401	5939	14746	15290	18763
云　南	2178	5134	6096	11763	23372	24864	33464
西　藏	72	111	336	1145	1820	6932	6095
陕　西	934	2038	3973	11547	23455	25922	32442
甘　肃	985	1752	4438	9648	24556	22858	27324
青　海	724	678	1237	3096	6259	9340	12580
宁　夏	408	786	1504	5067	13063	12731	10483
新　疆	1062	1476	3360	8089	22540	21635	30234

按年份各地区公共图书馆总支出

单位：万元

地　区	1995年	2000年	2005年	2010年	2014年	2015年	2016年
总　计	**74080**	**157173**	**312571**	**643629**	**1163583**	**1340481**	**1451469**
北　京	1851	5326	16840	26706	51957	59616	61590
天　津	2128	3074	7548	20119	31586	35517	37285
河　北	2044	3458	7208	11062	24241	28024	30458
山　西	1170	2270	5085	10787	19983	23050	33899
内蒙古	1458	2536	4959	15124	34172	39865	36627
辽　宁	4392	7783	16225	32183	45707	49577	51013
吉　林	1835	3520	6295	12613	26839	29390	30474
黑龙江	2139	3409	8602	13500	23907	31318	34794
上　海	7021	24425	36757	63728	92027	93556	104749
江　苏	4046	8400	20630	37964	72937	86604	103891
浙　江	3082	8500	22905	47316	83152	100338	108932
安　徽	1384	2641	5767	11788	22278	26927	30155
福　建	1710	3916	7446	15517	29969	34971	41040
江　西	1323	2343	4343	10432	20575	25599	24551
山　东	2968	6881	13242	23206	42755	56509	60983
河　南	2140	3902	6377	13452	28727	32060	35681
湖　北	2372	3952	8120	31444	45054	50295	49833
湖　南	2329	3399	6431	13378	26457	30504	36364
广　东	6807	14597	33777	61294	118424	134518	156094
广　西	1769	3077	6288	13369	26425	35915	32947
海　南	369	355	658	4320	9147	9808	10830
重　庆		2026	3856	9335	21923	24115	27796
四　川	3245	3462	8218	17841	41581	59960	51872
贵　州	810	1428	3497	6736	15178	17210	18010
云　南	2234	3928	6786	12632	24196	27661	35625
西　藏	61	110	336	689	2175	5146	6262
陕　西	951	2263	4405	11820	22627	27944	34020
甘　肃	1011	1799	4399	9592	22997	25254	26657
青　海	424	780	1315	3155	6877	9074	10825
宁　夏	430	783	1574	5786	12571	12828	13422
新　疆	1119	1677	3999	8890	22792	26944	29828

按年份各地区公共图书馆新增藏量购置费

单位：万元

地　区	1995年	2000年	2005年	2010年	2014年	2015年	2016年
总　计	**16788**	**37141**	**59781**	**111093**	**170133**	**197468**	**216020**
北　京	251	914	3413	4483	7204	8392	8889
天　津	318	563	1527	3267	4140	4870	4688
河　北	302	428	677	1524	3337	4063	3636
山　西	131	292	385	1482	2705	2466	4811
内蒙古	86	166	169	939	2640	3209	3261
辽　宁	768	948	2027	5165	5754	6801	5073
吉　林	250	459	777	1312	3061	3877	3727
黑龙江	235	395	410	1584	1829	2436	2256
上　海	2204	11210	10342	14950	18598	19127	18595
江　苏	732	1780	3739	8279	14827	15421	18287
浙　江	578	1577	3994	10908	14955	17781	19658
安　徽	262	297	619	1454	3859	4634	4818
福　建	311	716	1599	2801	5294	6229	7781
江　西	99	302	646	1299	2468	2624	3239
山　东	506	978	1868	4000	6986	7665	10248
河　南	255	413	655	1449	2212	4166	4342
湖　北	299	699	1296	1847	7366	8752	8634
湖　南	207	415	900	1672	2978	3933	4956
广　东	1186	2832	7394	12506	18703	23670	29651
广　西	291	520	674	1863	2851	5043	4537
海　南	59	41	92	874	1243	873	656
重　庆		330	569	1626	2814	3230	3958
四　川	431	485	1095	2129	4383	4912	5201
贵　州	100	166	301	682	1407	1446	1962
云　南	441	538	720	1700	2639	2699	3001
西　藏	14	16	43	119	176	1176	265
陕　西	104	117	701	1527	2909	3270	3749
甘　肃	170	289	594	1177	3520	2382	2599
青　海	33	54	72	153	517	785	1298
宁　夏	41	68	136	501	763	1355	1068
新　疆	91	136	347	925	2066	1480	3465

按年份各地区公共图书馆人均购书费

单位：元

地　区	1995年	2000年	2005年	2010年	2014年	2015年	2016年
全　国	**0.139**	**0.293**	**0.457**	**0.829**	**1.244**	**1.434**	**1.562**
北　京	0.201	0.661	2.219	2.286	3.348	3.866	4.091
天　津	0.338	0.562	1.464	2.525	2.729	3.148	3.001
河　北	0.047	0.063	0.099	0.212	0.452	0.547	0.487
山　西	0.043	0.089	0.115	0.415	0.742	0.673	1.306
内蒙古	0.039	0.070	0.071	0.380	1.054	1.278	1.294
辽　宁	0.188	0.224	0.480	1.181	1.310	1.552	1.159
吉　林	0.096	0.168	0.286	0.478	1.112	1.408	1.364
黑龙江	0.063	0.107	0.107	0.414	0.477	0.639	0.594
上　海	1.558	6.697	5.817	6.494	7.667	7.919	7.684
江　苏	0.104	0.239	0.500	1.052	1.863	1.933	2.286
浙　江	0.134	0.337	0.815	2.004	2.715	3.210	3.517
安　徽	0.044	0.050	0.101	0.244	0.634	0.754	0.778
福　建	0.096	0.206	0.452	0.759	1.391	1.623	2.009
江　西	0.024	0.073	0.150	0.291	0.543	0.575	0.705
山　东	0.058	0.108	0.202	0.418	0.714	0.778	1.030
河　南	0.028	0.045	0.070	0.154	0.234	0.439	0.456
湖　北	0.052	0.116	0.227	0.323	1.267	1.496	1.467
湖　南	0.032	0.064	0.142	0.254	0.442	0.580	0.726
广　东	0.173	0.328	0.804	1.199	1.744	2.182	2.696
广　西	0.064	0.116	0.145	0.405	0.600	1.051	0.938
海　南	0.081	0.052	0.111	1.008	1.376	0.538	0.716
重　庆		0.107	0.203	0.564	0.941	1.071	1.299
四　川	0.038	0.058	0.133	0.265	0.538	0.599	0.630
贵　州	0.029	0.047	0.081	0.196	0.401	0.410	0.552
云　南	0.111	0.125	0.162	0.370	0.560	0.569	0.629
西　藏	0.058	0.061	0.155	0.396	0.555	3.629	0.802
陕　西	0.030	0.032	0.188	0.409	0.771	0.862	0.983
甘　肃	0.070	0.113	0.229	0.460	1.359	0.916	0.996
青　海	0.069	0.104	0.133	0.271	0.885	1.334	2.188
宁　夏	0.080	0.121	0.228	0.796	1.154	2.029	1.582
新　疆	0.055	0.071	0.173	0.424	0.899	0.627	1.445

按年份各地区公共图书馆购书费支出占总支出的比重

单位：%

地　区	1995年	2000年	2005年	2010年	2014年	2015年	2016年
全　国	**22.7**	**23.6**	**19.1**	**17.3**	**14.6**	**14.7**	**14.9**
北　京	13.6	17.2	20.3	16.8	13.9	14.1	14.4
天　津	14.9	18.3	20.2	16.2	13.1	13.7	12.6
河　北	14.8	12.4	9.4	13.8	13.8	14.5	11.9
山　西	11.2	12.9	7.6	13.7	13.5	10.7	14.2
内蒙古	5.9	6.5	3.4	6.2	7.7	8.0	8.9
辽　宁	17.5	12.2	12.5	16.0	12.6	13.7	9.9
吉　林	13.6	13.0	12.3	10.4	11.4	13.2	12.2
黑龙江	11.0	11.6	4.8	11.7	7.6	7.8	6.5
上　海	31.4	45.9	28.1	23.5	20.2	20.4	17.8
江　苏	18.1	21.2	18.1	21.8	20.3	17.8	17.6
浙　江	18.8	18.6	17.4	23.1	18.0	17.7	18.0
安　徽	18.9	11.2	10.7	12.3	17.3	17.2	16.0
福　建	18.2	18.3	21.5	18.0	17.7	17.8	19.0
江　西	7.5	12.9	14.9	12.4	12.0	10.3	13.2
山　东	17.0	14.2	14.1	17.2	16.3	13.6	16.8
河　南	11.9	10.6	10.3	10.8	7.7	13.0	12.2
湖　北	12.6	17.7	16.0	5.9	16.3	17.4	17.3
湖　南	8.9	12.2	14.0	12.5	11.3	12.9	13.6
广　东	17.4	19.4	21.9	20.4	15.8	17.6	19.0
广　西	16.4	16.9	10.7	13.9	10.8	14.0	13.8
海　南	16.0	11.5	14.0	20.2	13.6	8.9	6.1
重　庆		16.3	14.8	17.4	12.8	13.4	14.2
四　川	13.3	14.0	13.3	11.9	10.5	8.2	10.0
贵　州	12.3	11.6	8.6	10.1	9.3	8.4	10.9
云　南	19.7	13.7	10.6	13.5	10.9	9.8	8.4
西　藏	23.0	14.5	12.8	17.2	8.1	22.8	4.2
陕　西	10.9	5.2	15.9	12.9	12.9	11.7	11.0
甘　肃	16.8	16.1	13.5	12.3	15.3	9.4	9.8
青　海	7.8	6.9	5.5	4.8	7.5	8.7	12.0
宁　夏	9.5	8.7	8.6	8.7	6.1	10.6	8.0
新　疆	8.1	8.1	8.7	10.4	9.1	5.5	11.6

按年份各地区公共图书馆新购图书册数

单位：万册

地　区	1995年	2000年	2005年	2010年	2014年	2015年	2016年
总　计	**551**	**692**	**1535**	**2956**	**4742**	**5151**	**6275**
北　京	11	33	114	125	114	196	226
天　津	12	17	35	74	122	102	110
河　北	26	15	33	68	128	122	159
山　西	7	12	17	45	72	81	126
内蒙古	7	11	8	67	112	68	154
辽　宁	41	39	72	157	194	179	183
吉　林	14	14	32	52	122	96	94
黑龙江	17	17	26	71	135	88	127
上　海	44	67	100	176	221	242	151
江　苏	41	57	106	259	361	478	584
浙　江	33	54	142	337	436	643	711
安　徽	9	11	23	61	170	191	228
福　建	18	25	71	103	206	211	244
江　西	9	15	26	65	78	91	127
山　东	23	32	64	133	227	259	327
河　南	16	21	30	95	104	124	160
湖　北	23	28	43	60	161	185	296
湖　南	19	24	54	80	117	134	273
广　东	69	77	316	368	601	557	886
广　西	16	20	26	56	143	149	132
海　南	6	3	3	25	36	27	35
重　庆		12	23	52	119	104	153
四　川	25	21	47	95	164	211	202
贵　州	5	8	7	27	70	61	58
云　南	22	15	26	43	95	93	112
西　藏			2	2	36	39	18
陕　西	5	6	25	43	79	79	108
甘　肃	7	7	12	26	55	55	61
青　海	1	2	3	6	12	19	16
宁　夏	2	3	5	31	26	33	27
新　疆	6	5	15	32	95	93	58

按年份各地区公共图书馆阅览室座席数

单位：万个

地区	1995年	2000年	2005年	2010年	2014年	2015年	2016年
总计	**35.2**	**41.6**	**48.0**	**63.1**	**85.6**	**91.1**	**98.6**
北京	0.5	0.8	1.1	1.3	1.6	1.5	1.7
天津	0.5	0.7	1.0	0.9	1.4	1.5	1.5
河北	1.4	1.8	2.0	2.2	3.2	3.3	3.8
山西	0.9	1.1	1.2	1.6	2.6	2.7	3.2
内蒙古	1.2	1.3	1.4	1.7	2.6	2.6	2.8
辽宁	1.7	2.0	2.3	3.0	3.1	3.5	3.8
吉林	0.9	1.2	1.2	1.4	1.9	1.9	2.1
黑龙江	1.1	1.1	1.3	1.8	2.3	2.3	2.3
上海	1.2	1.5	1.5	1.9	2.2	2.2	2.2
江苏	1.8	2.2	2.5	3.9	4.5	5.1	5.4
浙江	1.2	1.6	2.5	3.5	5.1	6.1	6.5
安徽	0.9	0.8	1.0	1.6	2.9	3.3	3.6
福建	1.3	1.3	1.7	2.5	3.0	3.2	3.3
江西	1.6	1.6	1.7	2.2	3.2	3.1	3.5
山东	1.4	2.0	2.7	3.7	5.0	5.6	6.1
河南	1.2	1.6	1.7	2.4	4.1	4.2	4.9
湖北	2.1	2.1	2.4	2.7	3.7	3.7	4.3
湖南	2.2	2.5	2.3	3.0	3.1	3.3	3.6
广东	2.6	3.0	4.0	5.9	8.1	9.0	9.4
广西	1.8	2.0	1.8	2.5	2.7	2.8	2.9
海南	0.3	0.3	0.3	0.4	0.5	0.6	0.6
重庆		0.8	0.8	1.4	1.9	2.1	2.5
四川	2.2	2.1	2.3	2.6	4.2	4.6	5.0
贵州	0.8	1.0	1.1	1.2	2.0	2.0	2.1
云南	1.5	1.9	1.9	2.1	2.7	2.6	2.7
西藏					0.2	0.3	0.3
陕西	0.9	0.9	1.3	1.4	1.9	2.0	2.2
甘肃	0.7	0.8	1.0	1.3	1.9	1.9	2.0
青海	0.2	0.2	0.2	0.3	0.3	0.4	0.4
宁夏	0.4	0.4	0.5	0.5	0.8	0.9	0.9
新疆	0.5	0.7	1.0	1.4	2.2	2.3	2.4

按年份各地区每万人公共图书馆建筑面积

单位：平方米

地　区	1995年	2000年	2005年	2010年	2014年	2015年	2016年
全　国	**34.3**	**47.3**	**51.8**	**67.2**	**90.0**	**94.7**	**103.0**
北　京	56.7	75.3	99.5	86.6	115.7	113.6	126.4
天　津	81.6	99.9	162.0	103.1	169.4	167.4	168.8
河　北	26.9	33.5	38.5	34.6	65.3	59.2	63.2
山　西	27.6	34.3	45.0	67.8	111.8	114.3	129.9
内蒙古	46.0	53.0	65.8	90.4	137.0	135.5	154.3
辽　宁	53.8	61.6	81.3	100.8	112.6	126.7	128.3
吉　林	35.5	39.6	50.1	53.3	89.6	98.9	101.6
黑龙江	33.6	36.6	48.2	65.0	75.7	76.6	78.0
上　海	85.8	132.6	137.2	160.9	170.8	173.2	173.2
江　苏	30.3	35.5	57.9	83.1	119.4	129.3	145.2
浙　江	34.8	57.7	83.7	106.7	155.9	171.7	189.0
安　徽	14.6	15.9	23.9	37.0	60.6	65.0	71.7
福　建	42.2	47.5	65.9	117.1	98.5	99.1	102.6
江　西	38.6	39.9	47.6	61.1	80.7	80.1	80.5
山　东	22.6	26.9	42.3	49.7	74.7	83.8	106.6
河　南	21.6	25.9	27.2	34.5	57.8	57.9	64.1
湖　北	35.1	39.3	49.9	57.3	91.1	91.9	118.9
湖　南	33.6	38.7	39.7	54.9	56.7	61.1	63.1
广　东	43.2	132.1	57.8	80.6	105.2	115.9	117.2
广　西	38.1	46.8	45.1	55.8	70.3	72.0	80.8
海　南	36.0	41.9	53.1	98.2	89.7	88.5	90.6
重　庆		37.5	47.2	70.8	88.0	97.6	101.6
四　川	22.6	27.3	34.2	42.1	61.4	68.5	72.3
贵　州	23.9	39.7	35.7	44.5	62.3	63.7	64.6
云　南	44.6	48.5	78.4	65.5	72.6	75.1	77.1
西　藏	52.1	61.1	104.7	89.6	134.2	156.2	163.1
陕　西	32.8	33.8	52.7	53.5	65.4	64.4	71.7
甘　肃	34.5	43.7	41.6	63.2	81.0	84.3	102.6
青　海	60.5	73.4	68.1	78.9	77.8	105.9	107.8
宁　夏	78.2	78.3	68.8	133.9	167.1	158.8	183.0
新　疆	43.1	44.7	54.7	82.0	97.5	100.6	105.2

	机构数(个)	从业人员(人)				
			专业技术人才			
				正高级职称	副高级职称	中级职称
总　计	**3153**	**57208**	**41099**	**812**	**5341**	**18699**
其中：少儿图书馆	122	2510	1878	50	298	814
按隶属关系分：						
中央				67	399	717
省、区、市	39	7760	6554	297	1258	2823
地、市	369	15070	11773	305	1836	5531
县、市、区	2744	32845	21316	143	1848	9628
县图书馆	1596	15176	10039	57	781	4607

续表 1

	其他	在藏量中		电子图书(万册)		
		开架书刊	少儿文献		本馆自建	本馆外购
总　计	**5826.06**	**41409.18**	**8597.04**	**88797.59**	**1787.21**	**62792.32**
其中：少儿图书馆	111.58	2068.60	2014.69	1539.26	18.00	917.04
按隶属关系分：						
中央	381.88	159.77	9.16	424.64	74.78	349.86
省、区、市	2634.31	4823.15	930.88	6543.92	44.63	5217.16
地、市	955.84	12855.84	3215.29	45979.58	289.95	40455.54
县、市、区	1854.03	23570.42	4441.71	35849.45	1377.85	16769.76
县图书馆	721.24	7749.48	1529.38	13059.13	489.28	6474.79

图书馆基本情况

总藏量(万册)	图书	盲文图书	古籍	善本	报刊	视听文献	缩微制品
90162.74	**69785.59**	**89.72**	**2701.16**	**276.53**	**8769.02**	**1604.83**	**1476.07**
4230.94	3724.82	2.32	44.28	6.38	200.29	147.29	2.68
3634.98	1332.19	0.13	194.86	28.25	1530.58	33.53	161.94
20183.77	12606.56	8.67	1346.60	167.02	1984.37	327.34	1284.60
24106.08	19883.15	24.05	675.25	40.02	1976.21	608.13	7.51
42237.92	35963.70	56.88	484.46	41.23	3277.87	635.85	22.03
16199.83	13256.24	25.87	241.08	22.77	1809.59	158.09	13.59

从其他机构免费共享	书架单层总长度(米)	本年新增藏量(万册)	本年新增电子图书(万册)	当年购买的报刊种类(种)	有效借书证数(个)	总流通人次(万人次)	书刊文献外借人次
24218.05	**13348203**	**6275.24**	**11043.17**	**1117762**	**55928124**	**66037.04**	**24891.53**
604.23	378219	340.90	192.87	41736	3396484	2815.72	1117.00
		127.85	1.80	16942	3193084	397.56	38.08
1282.13	2789608	736.23	572.56	147506	7462423	9515.68	2867.87
5234.09	4640149	1836.37	3651.27	328598	21231847	20053.52	7394.75
17701.84	5918446	3574.79	6817.55	624716	24040770	36070.28	14590.84
6095.06	2492371	1131.44	1728.37	267768	7404630	11608.16	5498.74

续表 2

	书刊文献外借册次(万册次)	为读者举办各种活动				
		组织各类讲座次数(次)	参加人次(万人次)	举办展览(个)	参加人次(万人次)	举办培训班(个)
总　　计	**54724.55**	**69308**	**1057.30**	**26588**	**5782.66**	**44137**
其中：少儿图书馆	3346.90	5933	66.04	980	302.83	3242
按隶属关系分：						
中央	56.50	542	7.20	18	38.12	2006
省、区、市	10944.25	5610	135.44	5294	1184.10	5978
地、市	16030.57	19174	292.95	5288	1891.65	10707
县、市、区	27693.23	43982	621.72	15988	2668.79	25446
县图书馆	9332.18	16611	257.34	7731	960.15	9677

续表 3

	本年收入合计(千元)					
	购书专项经费	上级补助收入	事业收入	经营收入	附属单位上缴收入	其他收入
总　　计	**1904920**	**221082**	**338517**	**37380**	**1580**	**194748**
其中：少儿图书馆	88018	11241	12113	1262		3376
按隶属关系分：						
中央	140000		173857	9682		17560
省、区、市	623916	12222	114040	13974		40433
地、市	538779	44952	20787	4498	380	68566
县、市、区	602225	163908	29833	9226	1200	68189
县图书馆	174665	90032	11581	525	226	27191

培训人次(万人次)	开展基层培训辅导人次(万人次)	本单位受训人次(万人次)	计算机(台)	供读者使用电子阅览室终端数	图书馆网站访问量(页次)	本年收入合计(千元)	财政补贴收入
298.19	**112.09**	**28.50**	**211574**	**134888**	**2152421450**	**14949984**	**14156677**
14.98	2.88	2.00	7839	4259	18047391	698967	670975
24.13	5.46	0.07	3603	700	1312395000	867270	666171
45.89	30.06	7.83	20033	8635	402090642	3458278	3277609
67.70	14.88	8.90	48332	28870	274678755	4363853	4224670
160.48	61.69	11.70	139606	96683	163257053	6260583	5988227
70.92	34.79	4.64	69108	49723	81044190	2211306	2081751

本年支出合计(千元)	基本支出	项目支出	经营支出	在支出合计中：工资福利支出	商品和服务支出	差旅费
14514687	**8169919**	**6312445**	**22112**	**4947173**	**3839184**	**84587**
684751	369558	313947	1246	228186	161085	3887
849630	400395	447925	1310	202303	309645	3129
3187096	1398520	1776563	12013	847142	1025085	19022
4329361	2362664	1963591	3106	1404330	1032893	24394
6148600	4008340	2124366	5683	2493398	1471561	38042
2140179	1550486	582654	1584	978681	398647	20733

续表 4

	劳务费	福利费	各种税金支出	对个人和家庭补助支出	抚恤金和生活补助	其他资本性支出
总　计	**284500**	**44836**	**27375**	**1601737**	**64394**	**3943500**
其中：少儿图书馆	15141	2089	1127	80229	4733	215209
按隶属关系分：						
中央	9578	438	1198	136602	1581	196699
省、区、市	53258	9205	5417	305598	17426	897799
地、市	83594	11314	8163	510955	16729	1370880
县、市、区	138070	23879	12597	648582	28658	1478122
县图书馆	34582	6555	2147	230684	13716	528028

续表 5

	阅览室面积(万平方米)	书刊阅览室面积	电子阅览室面积	实际拥有产权面积(万平方米)	阅览室座席数(个)	少儿阅览室座席数
总　计	**398.22**	**290.24**	**60.08**	**828.45**	**985968**	**242156**
其中：少儿图书馆	14.02	11.30	1.67	24.36	36125	26567
按隶属关系分：						
中央	3.70	3.59	0.11	27.81	5303	300
省、区、市	48.39	42.13	3.06	104.89	74953	10795
地、市	119.53	95.70	13.94	219.91	261422	57686
县、市、区	226.60	148.81	42.98	475.85	644290	173375
县图书馆	92.06	56.96	21.43	221.12	287650	86035

各种设备、交通工具、图书购置费	新增藏量购置费	新增数字资源购置费	资产总计(千元)	固定资产原值	实际使用公用房屋建筑面积(万平方米)	书库面积
2956216	**1750704**	**409493**	**53517626**	**42722850**	**1424.26**	**281.89**
164361	83620	27323	2056216	1599673	42.76	7.37
187864	147619	29480	5829961	3389345	27.81	5.93
780959	454982	148383	16019281	11672876	176.97	39.22
893747	492754	138705	13907858	11764480	420.60	81.68
1093646	655349	92925	17760526	15896149	798.89	155.06
340136	202021	26300	7660367	6921405	321.86	68.43

盲人阅览室座席数	志愿者服务队伍数(个)	志愿者服务队伍人数(人)	图书馆延伸服务情况			
			流动图书车数(辆)	流动服务书刊借阅人次(万人次)	流动图书馆车书刊借阅册次(万册次)	分馆数量(个)
23882	**7103**	**275307**	**1850**	**2978.98**	**5025.82**	**14807**
702	497	28219	32	317.80	705.22	836
12	4	308				34
963	930	92419	23	289.32	375.07	1321
5288	1308	65598	381	1052.53	1856.84	3358
17619	4861	116982	1446	1637.13	2793.91	10094
8800	2387	29590	987	810.08	1175.41	3159

地区	机构数(个)	从业人员(人)	专业技术人才	正高级职称	副高级职称	中级职称	总藏量(万册)	图书
总计	**3153**	**57208**	**41098**	**812**	**5341**	**18699**	**90162.74**	**69785.59**
北京	24	1249	1050	13	82	372	2594.38	2324.55
天津	31	969	887	16	138	362	1806.09	1600.11
河北	172	1875	1286	48	209	562	2339.93	1912.57
山西	127	1676	1079	15	83	453	1727.14	1354.79
内蒙古	117	1944	1600	14	307	699	1703.87	1432.82
辽宁	130	2761	2166	74	289	1195	3928.70	3165.18
吉林	66	1620	1327	46	267	587	1861.74	1534.63
黑龙江	108	1664	1374	76	288	682	1926.02	1574.37
上海	24	2091	1735	48	151	727	7676.41	3408.69
江苏	114	3439	2347	48	307	1038	7601.50	6664.76
浙江	102	3616	2156	52	289	995	6969.15	6058.87
安徽	123	1559	1036	6	94	417	2162.48	1766.76
福建	90	1409	996	7	92	468	3051.02	2413.96
江西	113	1379	878	17	93	389	2177.81	1676.65
山东	154	2828	2358	50	368	1113	5065.12	4150.02
河南	158	2955	1641	17	164	741	2645.81	2169.14
湖北	112	2198	1711	23	192	922	3317.93	2752.14
湖南	137	2094	1520	9	133	747	2833.19	2274.23
广东	142	4360	2848	51	238	1362	7899.85	6675.80
广西	114	1589	1230	11	109	542	2719.55	1867.25
海南	23	323	246		5	85	458.41	415.27
重庆	43	920	582	24	86	234	1441.83	1177.02
四川	203	2371	1402	12	123	548	3517.57	2864.95
贵州	98	1078	811	12	108	292	1258.02	1000.34
云南	151	1874	1651	12	365	815	2091.23	1572.17
西藏	81	189	91	2	12	17	177.32	138.17
陕西	110	2123	1237	10	73	565	1626.01	1351.23
甘肃	103	1450	817	11	83	358	1393.95	1060.02
青海	49	425	305	6	39	134	450.64	371.50
宁夏	26	555	418	5	50	182	687.46	555.19
新疆	107	1092	858	10	105	379	1417.63	1170.24

盲文图书	古籍	善本	报刊	视听文献	缩微制品	其他	在藏量中：	
							开架书刊	少儿文献
89.72	**2701.16**	**276.53**	**8769.02**	**1604.83**	**1476.07**	**5826.06**	**41409.18**	**8597.04**
0.39	46.80	7.01	77.70	86.56	0.09	58.69	1363.78	311.77
1.02	58.63	10.58	96.21	29.25	0.99	20.90	860.11	188.59
4.24	57.70	2.60	199.75	38.32	7.44	124.15	1266.14	192.47
3.23	75.31	10.97	227.89	29.72	1.51	37.93	745.45	119.66
3.60	35.77	2.80	134.89	13.24	0.85	86.30	795.00	101.26
2.38	135.38	16.07	279.07	86.50	1.52	261.05	1985.12	449.04
1.27	44.80	6.52	167.31	31.35	2.90	80.75	692.50	198.30
1.32	44.17	2.15	226.18	42.33	25.27	13.71	819.87	114.99
1.60	201.84	20.43	382.93	131.52	1235.94	2315.50	2088.31	318.56
5.39	345.58	27.30	425.53	112.05	5.69	47.89	3749.31	785.06
4.82	192.95	21.78	429.69	220.00	0.55	67.09	4056.97	920.40
6.26	62.63	4.42	173.53	45.33	0.93	113.30	874.11	218.98
1.62	47.87	4.47	243.67	68.76	2.44	274.32	1509.96	453.43
6.03	77.71	7.63	278.35	20.15	0.95	124.02	850.90	199.17
7.52	142.01	25.12	455.35	43.90	4.45	269.39	2692.50	448.64
2.35	110.89	8.41	310.86	21.01	1.09	32.83	1221.51	232.20
3.73	97.60	8.77	324.80	51.91	7.26	84.21	1672.03	274.69
7.89	117.13	8.88	312.44	60.10	1.34	67.97	1410.84	350.38
3.56	81.43	5.29	471.69	228.72	3.48	438.73	4453.29	1351.83
0.81	43.38	2.53	424.22	32.12	1.07	351.52	973.42	199.02
0.37	1.23	0.43	36.31	4.15	0.02	1.43	250.28	38.16
4.10	71.93	9.32	112.67	24.32	1.14	54.76	831.83	182.83
4.93	158.56	10.46	357.91	50.70	2.99	82.47	1609.50	320.56
2.08	17.90	1.35	172.46	14.38	0.85	52.08	802.98	94.17
2.84	94.04	5.30	298.29	21.38	1.30	104.05	1024.43	149.90
0.12	1.13	0.12	17.71	0.70	0.35	19.26	20.87	7.88
2.18	56.88	5.38	153.53	15.85	0.39	48.12	760.61	101.51
1.75	52.09	9.67	203.04	11.19	0.41	67.20	722.58	82.14
0.50	15.17	1.27	34.13	2.91	0.34	26.59	118.10	24.06
0.71	5.35	0.95	48.71	17.52	0.19	60.49	353.50	56.60
0.98	12.46	0.28	161.63	15.40	0.43	57.48	673.65	101.61

地区	电子图书（万册）	本馆自建	本馆外购	免费共享	书架单层总长度（米）	本年新增藏量（万册）	本年新增电子图书（万册）
总计	**88797.59**	**1787.21**	**62792.32**	**24218.05**	**13348203**	**6275.238**	**11043.173**
北京	3880.95	8.87	594.04	3278.04	274290	226.117	1025.74
天津	911.40	16.44	603.45	291.51	186592	109.999	198.735
河北	1191.58	73.23	952.84	165.52	493271	159.449	549.602
山西	677.13	60.83	357.27	259.03	206189	126.362	95.533
内蒙古	855.82	66.43	521.08	268.31	303744	154.341	106.238
辽宁	1083.46	21.99	770.13	291.34	476998	183.412	186.305
吉林	3071.51	70.47	2760.46	240.58	270701	93.684	169.137
黑龙江	841.49	17.00	481.42	343.07	394577	127.048	30.353
上海	698.68	3.87	577.69	117.12	525317	151.115	59.335
江苏	5863.25	88.38	3853.81	1921.06	1309359	584.297	1256.059
浙江	34178.84	259.50	30084.31	3835.03	827538	710.71	2964.51
安徽	3819.53	63.73	3313.08	442.73	296093	227.756	500.599
福建	2151.60	89.36	1424.49	637.74	382476	243.859	332.848
江西	1242.04	15.15	926.92	299.96	216093	127.215	275.936
山东	2070.30	38.21	1638.63	393.46	791818	326.993	181.438
河南	1509.47	53.52	1068.19	387.77	365594	160.205	61.53
湖北	3132.50	99.39	1135.09	1898.02	561799	296.15	489.441
湖南	1131.07	120.46	576.70	433.91	415860	273.451	211.519
广东	5288.29	191.79	3125.38	1971.12	1263087	886.251	782.647
广西	2114.36	7.92	1441.37	665.07	335276	131.558	159.269
海南	925.48	17.40	834.14	73.95	67573	34.528	65.472
重庆	1092.38	63.95	675.13	353.30	310690	152.505	178.527
四川	2261.72	48.94	1530.05	682.72	1586401	202.353	364.591
贵州	1092.30	16.49	856.51	219.30	202108	57.611	324.226
云南	2115.85	21.59	1053.44	1040.82	484189	112.329	240.54
西藏	36.03	1.01	16.38	18.64	33206	18.168	7.008
陕西	3829.19	104.69	379.01	3345.48	273162	107.627	127.492
甘肃	243.03	4.46	201.79	36.79	156990	61.44	34
青海	148.08	8.40	128.68	11.00	85458	16.431	21.203
宁夏	223.02	0.60	115.32	107.10	101660	26.889	17.767
新疆	692.63	58.35	445.70	188.58	150094	57.538	23.778

当年购买的报刊种类（种）	有效借书证数（个）	总流通人次（万人次）		书刊文献外借册次（万册次）	为读者举办各种活动			
			书刊文献外借人次		组织各类讲座次数（次）	参加人次（万人次）	举办展览（个）	参加人次（万人次）
1117762	**55928124**	**66037.04**	**24891.53**	**54724.55**	**69308**	**1057.30**	**26588**	**5782.66**
23974	1052788	1401.90	510.53	1025.66	1634	15.27	356	162.59
11929	806567	851.48	311.48	875.77	1433	17.03	480	114.60
32727	1047337	1622.17	585.22	1054.14	2460	32.48	797	256.08
17930	1092227	981.36	361.46	650.25	1982	32.91	468	81.37
33414	430368	742.75	295.76	705.24	1433	19.59	388	44.05
50213	1377291	2313.13	718.15	1795.01	2534	27.22	791	237.51
21954	1029329	806.09	356.79	736.91	858	13.26	273	99.37
25670	696089	985.98	309.72	646.78	1191	14.71	638	98.07
49828	2044999	4170.42	1981.72	8624.24	2905	31.41	388	93.59
78781	11001088	6488.59	2887.51	5088.06	3393	64.54	1237	384.34
83976	8447385	9788.47	2705.86	6520.17	4403	67.78	2199	556.32
33063	1195867	1994.37	938.17	1681.85	2137	34.35	757	113.92
36075	2050471	2603.50	1219.54	2658.77	3384	41.56	836	173.81
28827	1050805	1374.51	739.47	1302.18	1586	34.33	1172	219.77
62320	3592381	3643.59	1713.06	2809.93	5441	81.58	1357	212.54
38703	1175758	2538.70	1228.37	1862.43	3342	47.67	1209	123.44
37009	1666947	2081.98	1027.93	1882.10	2429	44.17	856	178.03
36433	1459104	1955.37	832.53	1701.13	3103	54.78	618	282.93
94814	6202406	8334.84	1954.11	5218.65	8443	104.77	5329	1108.77
45902	764540	2066.99	526.80	1141.78	1748	33.48	792	184.22
8953	166512	377.00	77.81	247.17	259	3.79	104	18.49
25578	728960	1308.50	471.33	1026.17	1535	27.19	806	221.91
55108	1335552	2358.03	995.34	1751.29	3525	84.02	1111	300.73
20886	441857	604.41	314.29	492.62	1383	16.95	416	45.83
38963	503989	1380.78	534.04	972.72	1896	37.56	944	163.85
5502	30798	25.38	5.22	7.72	74	0.67	76	3.88
33569	394360	1155.63	411.06	707.49	1694	22.68	899	115.18
17652	359783	724.30	352.62	618.83	1118	22.02	387	50.68
7321	140020	111.23	67.59	81.49	175	1.69	57	7.40
8791	183574	318.61	160.10	295.06	311	4.28	70	5.50
34955	265888	529.45	259.88	486.48	957	16.36	759	85.81

续表 2

地区	举办培训班(个)		开展基层培训辅导人次(万人次)	本单位受训人次(万人次)	计算机(台)		图书馆网站访问量(页次)
		培训人次(万人次)				供读者使用电子阅览室终端数	
总计	**44137**	**298.19**	**112.09**	**28.50**	**211574**	**134888**	**2152421450**
北京	972	5.56	2.30	0.41	4394	1967	31486171
天津	585	2.97	2.41	0.73	3639	2010	12049013
河北	899	6.05	2.58	0.67	7696	5087	20941846
山西	658	5.52	4.11	1.41	6503	4653	3358443
内蒙古	460	3.23	1.66	0.67	6474	4468	13844204
辽宁	2031	10.38	2.28	1.72	9282	5154	43531107
吉林	472	2.66	1.73	0.38	4779	2744	4154307
黑龙江	856	4.47	1.43	0.40	5946	3837	12619685
上海	1173	6.97	0.37	0.72	6170	2758	74794083
江苏	2086	10.37	11.35	1.84	10586	6009	50159356
浙江	4752	16.79	3.39	1.54	11590	7063	64039296
安徽	775	6.47	2.57	0.40	7549	5514	27662663
福建	1368	11.87	1.12	1.28	6725	4390	69874203
江西	691	6.13	2.39	0.18	6959	4780	65266456
山东	2202	16.09	4.03	1.26	11622	7664	23636897
河南	1751	16.58	3.06	1.61	9444	6327	11706792
湖北	1589	11.01	5.06	4.05	7315	4935	33075209
湖南	1970	19.73	3.12	1.90	6969	4736	52461616
广东	6505	28.01	4.08	2.55	16163	9723	39900387
广西	1945	11.37	3.63	1.08	6439	4344	9202277
海南	269	11.66	0.41	0.12	1496	949	32612322
重庆	2038	8.91	2.56	0.14	4455	3306	12098355
四川	1476	13.13	13.10	0.70	10733	7438	39501086
贵州	601	4.57	3.05	1.03	5112	3406	29975418
云南	1350	13.86	4.74	0.60	7542	5336	10472001
西藏	39	0.24	0.78	0.01	1416	1047	142939
陕西	1278	8.56	14.78	0.41	5836	4129	45999655
甘肃	376	2.93	1.54	0.20	5175	3320	2780242
青海	142	1.05	0.39	0.05	2190	1417	416756
宁夏	149	1.08	0.36	0.12	2251	1553	488823
新疆	673	5.84	2.26	0.27	5521	4124	1774842

本年收入合计(千元)	财政补贴收入	购书专项经费	上级补助收入	事业收入	经营收入	附属单位上缴收入	其他收入	本年支出合计(千元)
14949984	**14156677**	**1904920**	**221082**	**338517**	**37380**	**1580**	**194748**	**14514687**
610899	599547	67788	484	9701	598		569	615903
402716	391196	49722	228	8038			3254	372850
306657	303810	28814	826	1040	95		886	304577
352858	352811	38592	20		8		19	338987
360029	357530	20448	645				1854	366273
528258	508970	57369	8353	10593			342	510126
308100	305167	34265	295		167		2471	304744
347566	336791	21283	1099	1846			7830	347942
1099779	1007399	214294	892	80149	1892	844	8603	1047488
1027476	991586	153757	6598	6282	8660		14350	1038911
1127678	1068232	180343	18380	6665	1850		32551	1089320
300884	281757	45170	10002	2664		5	6456	301552
411011	375364	63526	20858	4096	2303		8390	410402
272444	260949	27546	5772	2365	1	102	3255	245509
600155	588501	63672	8044	220			3390	609825
358994	348132	38693	2661	346	1454	5	6396	356811
530704	508649	97399	9470	2345		59	10181	498330
415441	392599	44024	11891	3223	2838	50	4840	363636
1605697	1562044	271431	25285	4614			13754	1560938
332146	299386	37521	25932	876	2333	4	3615	329465
128072	126393	7777	955	20			704	108301
287940	273766	38751	5003	7538	120	90	1423	277963
548755	536074	47052	9246	701			2734	518720
200964	187630	12921	9740	1808		376	1410	180096
360636	334637	22327	11897	10	3544	10	10538	356248
64980	60952	4645	3612	253		20	143	62618
341434	324423	31275	8044	80	534		8353	340199
284139	273235	20916	3829	3946	1296		1833	266571
130552	125800	3480	4170	208	5	5	364	108248
123149	104833	8392	3750	4831			9735	134221
312601	302343	11727	3101	202		10	6945	298283

地　区	基本支出	项目支出	经营支出	在支出合计中：			
				工资福利支出	商品和服务支出	差旅费	劳务费
总　计	**8169919**	**6312445**	**22112**	**4947173**	**3839184**	**84587**	**284500**
北　京	302575	311931	396	172685	230810	473	2430
天　津	283089	89761		124589	91209	363	4430
河　北	222072	82373	92	119665	77617	2008	9568
山　西	144059	194183	370	101397	55768	1828	4203
内蒙古	281703	84444	126	154962	93964	3654	7079
辽　宁	368895	141221	10	207043	137578	2167	5865
吉　林	193850	110699	195	107004	75658	1867	5061
黑龙江	211545	136274	123	111524	54408	2076	3109
上　海	590028	456142	1314	407834	370160	2391	13730
江　苏	560917	475485	2509	327483	249628	6403	24496
浙　江	539027	548443	1850	386184	306721	4237	41974
安　徽	182752	118006	632	100485	65064	2496	4378
福　建	205508	202038	1436	135103	107876	2210	12319
江　西	174881	68691	188	92777	49456	2629	3742
山　东	377158	232653	14	240431	102481	2075	9718
河　南	244290	111008	1513	148359	76413	2196	8835
湖　北	271761	226567	2	166985	132564	2126	9817
湖　南	232817	127579	2749	145393	77401	2565	7105
广　东	738870	821982	86	431047	446560	3925	36002
广　西	168655	158957	264	116529	59887	3933	2219
海　南	35615	72456	230	27013	45442	1001	1657
重　庆	132135	145688	140	74401	74744	8740	12825
四　川	260575	258110	39	195110	164171	6401	19824
贵　州	126150	51609	150	78208	34309	1857	2140
云　南	230725	121665	3629	160753	79229	2600	5858
西　藏	43747	18015	122	15267	4008	426	114
陕　西	193130	145711	1158	127406	57850	2397	3848
甘　肃	158137	107157	1277	89961	84301	2261	4988
青　海	61136	47068	10	37232	15289	1135	1680
宁　夏	85403	48768	50	50318	23081	604	1605
新　疆	148319	149836	128	91722	85892	2414	4303

福利费	各种税金支出	对个人和家庭补助支出	抚恤金和生活补助	其他资本性支出	各种设备购置费	新增藏量购置费	新增数字资源购置费	资产总计（千元）
44836	**27375**	**1601737**	**64394**	**3943500**	**2956216**	**1750704**	**409493**	**53517626**
3010	2066	62588	1416	145714	121971	70244	18643	2664323
1749	1038	62732	634	71281	63893	33127	13750	1012666
637		35174	5765	72081	54159	31970	4391	779402
587	39	23730	594	154579	64300	35368	12737	890995
946	13	57597	3307	59750	50845	26291	6323	1366462
621	853	88857	7758	76248	63991	41021	9711	1543613
223	2165	57385	2752	64691	56169	28963	8306	728458
373	24	59890	1644	121169	50532	17731	4832	843952
6500	1494	24170	3008	245324	227389	156069	29884	5224228
1749	1183	122912	2109	338888	229178	156256	26614	3653798
10876	640	63769	998	329497	266283	163451	33132	3427718
619		38440	1159	96551	69371	41811	6368	1004482
892	4530	27240	847	136233	118182	60998	16812	1257008
1680	188	49507	2387	53557	41801	24767	7620	656619
439	70	71850	2337	193924	142082	85707	16771	1769420
1060	310	37214	1926	94625	75004	35817	7605	1020319
1375	1130	60027	1222	138754	112371	79476	6868	2230562
1666	557	34141	1696	104871	80869	43911	5645	1707216
3486	6907	185029	2749	487397	351444	234755	61753	6861272
646	454	41825	1622	93950	75804	37572	7794	1001181
10	37	3759	39	30548	22157	5669	893	219047
702	78	37850	2694	84872	60104	28611	10970	691893
1094	155	29589	1348	129558	78623	40905	11105	1599415
348	28	32608	1441	34693	23412	14945	4679	770472
1144	1531	39290	1882	73228	60717	22773	7239	1131066
28	5	1640	220	41469	20886	2634	19	346263
439	49	29067	4399	61590	52449	31770	5724	932026
609	146	39012	1144	50500	36014	20173	5819	1032033
83	77	10716	512	43845	20871	4666	8309	182768
22	30	13746	1741	47166	28062	9398	1282	380898
785	380	23781	1463	70248	49419	16236	18415	758090

地　区	固定资产原值	实际使用公用房屋建筑面积(万平方米)	书库面积	阅览室面积	书刊阅览室面积	电子阅览室面积	实际拥有产权面积(万平方米)
总　计	**42722850**	**1424.26**	**281.89**	**398.22**	**290.24**	**60.08**	**828.45**
北　京	1898710	27.46	5.58	7.23	6.07	0.76	7.04
天　津	785563	26.37	5.88	8.55	5.26	1.03	4.28
河　北	667300	47.19	9.38	14.40	10.92	2.15	32.28
山　西	744269	47.83	8.32	15.05	10.25	2.62	43.98
内蒙古	1078558	38.89	5.80	11.24	8.11	2.25	17.45
辽　宁	1355041	56.19	9.99	15.61	11.72	2.18	21.33
吉　林	607107	27.76	4.80	8.19	6.34	1.06	14.60
黑龙江	787583	29.63	5.49	8.29	5.72	1.56	11.49
上　海	4702720	41.90	9.35	10.54	8.97	0.88	28.07
江　苏	3117346	116.18	16.54	29.15	19.85	2.72	61.81
浙　江	2735367	105.64	18.01	29.29	20.04	3.55	47.50
安　徽	886335	44.43	7.87	13.74	10.26	2.11	29.78
福　建	981967	39.73	9.61	12.68	10.24	1.40	28.18
江　西	511896	36.95	9.99	12.10	8.30	1.93	22.08
山　东	1572863	106.00	20.85	24.88	17.57	3.58	47.63
河　南	859607	61.08	13.60	15.84	11.95	2.91	41.51
湖　北	1162225	70.00	16.08	20.12	14.30	3.79	51.06
湖　南	1529043	43.06	12.36	11.35	8.18	2.32	34.34
广　东	6459786	128.88	20.91	37.82	31.29	5.02	59.96
广　西	748685	39.07	8.75	9.72	6.89	1.70	21.39
海　南	191714	8.30	1.90	2.34	1.83	0.33	7.31
重　庆	577033	30.97	6.04	8.62	5.86	1.14	20.15
四　川	1103810	59.76	12.45	19.61	14.72	3.38	40.31
贵　州	591758	22.95	6.25	7.21	4.71	1.27	19.43
云　南	1007805	36.77	8.79	9.46	6.14	2.44	25.59
西　藏	315131	5.40	1.41	1.20	0.71	0.37	4.06
陕　西	707033	27.33	5.78	8.90	6.57	1.62	17.75
甘　肃	761706	26.77	5.08	6.62	4.55	1.26	17.34
青　海	125507	6.39	1.36	2.49	1.82	0.41	2.97
宁　夏	319555	12.36	2.64	3.54	2.56	0.62	9.71
新　疆	440482	25.22	5.12	8.75	4.95	1.66	10.28

阅览室座席数（个）			志愿者服务队伍数（个）	志愿者服务队伍人数（人）	图书馆延伸服务情况			
	少儿阅览室座席数	盲人阅览室座席数			流动图书车数（辆）	流动服务书刊借阅人次（万人次）	流动图书馆车书刊借阅册次（万册次）	分馆数量（个）
985968	**242156**	**23882**	**7103**	**275307**	**1850**	**2978.98**	**5025.82**	**14807**
17316	4265	223	69	5451	22	8.63	64.45	341
14805	2817	267	135	3408	10	21.74	52.81	39
38424	8203	813	214	7294	69	36.13	53.73	116
31719	5993	1027	92	2872	156	69.15	96.56	419
28315	6986	720	39	2337	33	47.35	86.12	227
37772	8018	857	174	15048	49	237.65	637.43	819
20836	3926	482	68	2065	20	85.81	127.45	295
23447	6126	384	96	2376	37	83.01	135.97	422
22217	4525	220	277	17219	5	77.27	123.31	715
54037	14936	1399	246	15441	39	171.65	257.01	2252
64909	16146	1340	313	27267	66	312.96	622.13	1128
35580	9447	1375	125	4394	28	75.25	112.93	1433
32602	9596	523	170	13407	20	207.69	227.99	773
34806	9832	1619	169	32675	37	138.93	157.87	261
61482	13106	1931	359	9553	38	103.02	165.80	861
49112	12733	1398	161	3135	63	91.29	130.40	357
43357	11318	922	762	5031	100	169.24	251.07	392
35727	11172	717	1817	30113	44	58.79	96.02	369
93915	21706	941	547	40256	289	287.92	454.18	1284
29414	8594	478	197	5528	46	76.89	162.05	114
5570	1379	71	23	1154	6	9.21	15.80	15
24575	6203	698	96	5032	44	83.24	158.56	453
49983	11427	1559	261	9875	122	140.41	242.08	342
21266	5632	935	125	1783	67	52.09	74.57	194
27489	7257	942	189	1605	99	123.85	198.81	240
3011	353	39	45	713	76	1.67	1.14	1
21703	5435	690	106	3499	97	62.25	89.51	565
20158	5336	562	82	1328	59	38.89	58.62	24
4171	799	77	5	128	47	22.87	29.49	4
8707	1868	293	14	485	10	34.67	69.82	36
24240	6722	368	123	4527	52	49.47	72.11	282

2016年各地区少儿

地　区	机构数（个）	从业人员（人）	专业技术人才	正高级职称	副高级职称	中级职称	总藏量（万册）	图书
总　计	**122**	**2510**	**1877**	**50**	**298**	**814**	**4230.94**	**3724.82**
北　京	4	104	67	2	3	22	115.75	100.94
天　津	11	179	162	1	21	54	286.47	269.33
河　北	1	7	6		2	2	29.02	29.02
山　西	1	10	9	1		4	12.58	9.91
内蒙古	1	12	10		2	4	16.05	13.91
辽　宁	16	274	223	8	38	125	448.61	411.42
吉　林	5	332	233	15	68	86	575.93	470.48
黑龙江	1	11	11	1	1	6	4.43	2.60
上　海	4	69	54		6	27	207.21	176.53
江　苏	7	102	52	3	10	18	139.75	127.56
浙　江	5	198	132	5	18	61	341.04	282.74
安　徽	11	80	56		3	22	82.81	73.28
福　建	5	85	66		9	23	170.39	152.99
江　西								
山　东	1	59	55		9	15	59.64	59.20
河　南	7	120	90		6	36	88.44	79.34
湖　北	4	62	48	1	6	25	173.70	143.07
湖　南	7	127	102	1	15	56	194.17	172.43
广　东	5	220	135	2	20	73	648.82	614.52
广　西	3	57	55		8	31	124.86	100.42
海　南	1							
重　庆	2	102	70	4	13	29	135.88	123.07
四　川	3	18	12		3	8	11.68	10.30
贵　州	2	9	8			1	13.48	10.09
云　南	4	72	70	1	17	35	90.87	74.74
西　藏	1	8	8				16.68	16.49
陕　西	3	35	30		2	15	28.83	25.12
甘　肃	6	70	39		2	8	42.41	39.64
青　海	1	88	74	5	16	28	171.47	135.69
宁　夏								
新　疆								

盲文图书	古　籍		报刊	视听文献	缩微制品	其他	在藏量中:	
		善本					开架书刊	少儿文献
2.32	**44.28**	**6.38**	**200.29**	**147.29**	**2.68**	**111.58**	**2068.60**	**2014.69**
			1.23	13.59			86.10	85.52
0.16			3.09	3.97	0.05	10.02	208.60	136.19
							19.38	19.38
			2.67				12.58	9.55
			1.81	0.14		0.20	1.80	
0.12	0.72	0.02	8.65	18.18		9.64	261.24	195.89
0.34	23.00	4.76	60.74	4.54	2.58	14.59	160.14	110.63
			1.15	0.05		0.63	3.75	4.43
0.08			1.60	29.08			120.58	127.81
0.08	0.11		5.08	3.58		3.42	118.58	99.57
0.09	0.08	0.00	13.82	17.37		27.03	193.22	91.37
0.07			7.04	2.07		0.42	49.85	40.40
0.40			15.34	2.05			87.19	143.47
0.06	0.21	0.11	0.11	0.12		0.01	12.00	6.00
0.05	0.50	0.10	8.40			0.20	78.45	67.05
0.37	3.89	0.34	4.13	3.40		19.20	88.38	7.62
0.02	0.08		13.71	6.79	0.01	1.15	180.53	157.75
0.21			1.64	32.58		0.08	131.14	590.78
0.01			6.17	1.86		16.41	78.44	41.14
	1.25	0.02	6.14	4.63		0.80	60.12	53.60
0.02	0.01		0.51	0.16		0.70	4.55	6.72
			0.84	1.62		0.92	1.76	1.26
0.00	1.05	0.00	10.80	0.77		3.52	36.71	7.38
0.10	0.01	0.01	0.01	0.02		0.15	8.50	
0.02	1.43	0.02	2.02	0.16		0.09	13.34	6.80
0.06	0.46		1.71	0.09		0.51	18.15	2.96
0.08	11.48	1.00	21.89	0.47	0.05	1.89	33.54	1.44

地　区	电子图书（万册）	本馆自建	本馆外购	免费共享	书架单层总长度（米）	本年新增藏量（万册）	本年新增电子图书（万册）
总　计	**1539.26**	**18.00**	**917.04**	**604.23**	**378219**	**340.90**	**192.87**
北　京	80.50	0.04	70.77	9.69	10248	6.53	0.78
天　津	9.58	0.02	9.56		8704	18.36	6.61
河　北	0.05	0.05			1237	4.53	0.05
山　西					900	0.51	
内蒙古					2045	0.25	
辽　宁	82.17	2.51	79.66		33602	28.31	8.15
吉　林	171.70		169.18	2.52	107396	23.95	0.30
黑龙江	4.43		4.43		399	1.19	
上　海	28.62		28.62	0.00	13883	8.54	0.85
江　苏	8.66		7.46	1.20	18994	16.50	0.46
浙　江	399.49	0.85	9.11	389.53	18202	30.51	22.86
安　徽	143.25	12.59	127.47	3.20	4997	24.78	106.19
福　建	27.18	0.20	16.98	10.00	8154	18.65	5.20
江　西							
山　东	22.20		7.20	15.00	5600	11.83	
河　南	22.80	0.30	22.50		5892	15.60	0.24
湖　北	53.40	0.19	37.73	15.48	8476	6.44	20.10
湖　南	10.87	0.70	10.17		15161	30.39	0.40
广　东	253.14		253.14		25384	46.17	0.86
广　西	65.10		20.80	44.30	8307	22.92	15.77
海　南	0.30		0.30				0.18
重　庆	31.75	0.30	31.45		7522	9.59	2.19
四　川	0.49		0.49		294	0.96	
贵　州	1.16	0.26	0.90	0.01	4824	2.21	0.89
云　南	6.58		6.58		12226	4.53	
西　藏	0.20		0.20		1	0.21	0.20
陕　西	112.46		0.20	112.26	3466	0.97	0.06
甘　肃	2.20		1.16	1.04	4245	4.27	0.56
青　海	1.00		1.00		48060	2.23	
宁　夏							
新　疆							

当年购买的报刊种类(种)	有效借书证数(个)	总流通人次(万人次)		书刊文献外借册次(万册次)	为读者举办各种活动			
			书刊文献外借人次		组织各类讲座次数(次)	参加人次(万人次)	举办展览(个)	参加人次(万人次)
41736	**3396484**	**2815.72**	**1117.00**	**3346.90**	**5933**	**66.04**	**980**	**302.83**
1254	87300	71.55	49.86	97.07	128	1.46	29	14.61
2162	58466	135.19	70.28	161.03	233	1.64	106	5.96
200	20000	57.00	6.47	27.08	55	0.11	16	10.00
63	5321	7.23	7.23	7.23				
	2010	2.50	0.25	0.35			6	0.04
3338	240582	284.76	117.25	312.38	397	5.71	104	12.59
5483	190630	190.78	86.21	170.65	106	1.35	30	30.58
61	99	0.53	0.24	1.08				
1743	36835	79.83	52.12	271.18	157	0.81	22	5.09
1796	103841	171.01	108.06	179.45	88	2.57	41	8.09
3198	595075	461.91	153.98	455.03	893	12.64	53	23.92
1871	61996	131.54	71.65	106.54	343	5.19	56	4.66
2865	977833	181.95	70.51	309.25	555	11.85	73	11.82
1110	22000	31.50	20.10	30.00	20	0.50	18	0.40
1642	88572	203.97	73.49	164.31	533	4.18	171	16.77
1085	39737	96.46	20.36	97.56	186	0.87	39	10.35
2288	152034	110.51	36.30	122.20	94	1.59	29	6.16
3428	502601	282.73	78.10	620.12	1875	12.34	56	128.30
1579	56845	111.45	31.05	66.31	68	0.62	46	3.47
1661	29867	78.50	21.40	65.99	44	0.35	13	1.27
232	13492	29.12	6.93	12.66	42	0.79	19	3.65
132	19652	6.33	2.95	7.84	11	0.04	6	0.13
1234	25890	39.53	10.40	28.10	4	0.11	14	1.25
487		3.34	0.23	0.28	1	0.02	3	0.10
345	5103	20.45	11.32	20.51	26	0.39	19	1.45
1015	11761	25.71	10.21	12.57	52	0.49	10	0.18
1464	48942	0.37	0.06	0.12	22	0.45	1	2.00

续表 2

地区	举办培训班（个）	培训人次（万人次）	开展基层培训辅导人次（万人次）	本单位受训人次（万人次）	计算机（台）	供读者使用电子阅览室终端数	图书馆网站访问量（页次）
总　计	**3242**	**14.98**	**2.88**	**2.00**	**7839**	**4259**	**18047391**
北　京	67	0.14	0.13	0.11	371	167	57
天　津	101	0.89	0.93	0.04	533	332	218075
河　北	20	0.05			11	6	
山　西					31	20	
内蒙古	3	0.02	0.00	0.00	10	10	
辽　宁	748	1.67	0.07	0.13	741	402	1046865
吉　林	54	0.09	0.43	0.01	1047	539	1663280
黑龙江				0.00	35	25	
上　海	123	0.34	0.04	0.03	403	149	2122035
江　苏	72	0.24	0.09	0.12	329	214	828712
浙　江	232	1.07	0.35	0.30	435	178	5432125
安　徽	127	0.70	0.03	0.02	319	254	341566
福　建	64	0.29	0.02	0.00	641	423	457044
江　西							
山　东		0.06		0.40	120	60	
河　南	645	4.77	0.14	0.02	354	217	59859
湖　北	313	0.25	0.04	0.01	130	75	326603
湖　南	115	0.97	0.03	0.43	248	100	366488
广　东	250	2.31	0.24	0.30	668	229	3271524
广　西	53	0.26	0.14	0.05	220	143	326029
海　南							
重　庆	177	0.43	0.06	0.01	213	87	1346347
四　川	14	0.10			101	93	36801
贵　州	2	0.02		0.00	74	45	1400
云　南	3	0.05	0.06	0.00	187	130	145600
西　藏	2	0.01			75	50	
陕　西	28	0.13	0.01	0.01	135	101	36281
甘　肃	14	0.09	0.02	0.00	218	110	20700
青　海	15	0.04	0.03	0.01	190	100	
宁　夏							
新　疆							

本年收入合计(千元)	财政补贴收入	购书专项经费	上级补助收入	事业收入	经营收入	附属单位上缴收入	其他收入	本年支出合计(千元)
698967	**670975**	**88018**	**11241**	**12113**	**1262**		**3376**	**684751**
26674	26566	1297	22	73			13	32770
55169	54751	1466		383			35	61243
1333	1333	678						1333
2239	2239	45						2159
2154	2154	60						2154
73392	56259	7840	7673	9457			3	61340
80759	80019	15640			167		573	76310
1543	1543	45						1441
30410	29375	4960		1020			15	34127
40173	39400	3420					773	38057
46958	46251	5638		269			438	48130
14881	14852	3829	29					14940
26902	26375	3840	153				374	27563
9011	9003	3531					8	14117
33070	32595	8553	100				375	30086
19782	19123	2520	518				141	19435
25272	23763	3320	198	77	1095		139	23204
95512	95497	14910					15	95498
9889	8806	1080	960				123	9279
21346	20912	2200		434				19723
2211	2211	178						2209
1868	1868	130						1817
24672	24015	1400	306				351	26674
962	962							697
3767	3567	138	200					3714
7024	6521	100	103	400				8318
41994	41015	1200	979					28413

地区	基本支出	项目支出	经营支出	在支出合计中：工资福利支出	商品和服务支出	差旅费	劳务费
总计	**369558**	**313947**	**1246**	**228186**	**161085**	**3887**	**15141**
北京	18167	14603		11685	7329	48	217
天津	46046	15197		19777	12681	69	281
河北	655	678		655			
山西	2159			705	94	37	17
内蒙古	2120	34		1117	314		
辽宁	38441	22899		22692	13524	389	1490
吉林	36474	39669	167	19720	25161	579	2184
黑龙江	1248	193		1084	79	15	64
上海	18300	15827		12980	8791	30	92
江苏	8556	29501		5161	8198	390	2025
浙江	30528	17602		23220	13598	242	3070
安徽	8598	6324	18	5080	3753	145	152
福建	12424	15139		9637	8110	174	338
江西							
山东	7132	6985		4467	1695	32	472
河南	10223	19863		6935	8691	202	941
湖北	13242	6193		6465	7042	164	367
湖南	15509	6689	1006	9755	5753	173	404
广东	42494	53004		29441	19410	230	411
广西	5863	3416		4062	1877	74	145
海南							
重庆	14050	5673		8741	3246	93	928
四川	1775	434		1007	398	14	103
贵州	447	1370		403	903		7
云南	10410	16264		6608	3406	79	407
西藏	471	226		383	272	9	41
陕西	3235	479		2159	809	95	80
甘肃	5114	3149	55	3726	1889	317	88
青海	15877	12536		10521	4062	287	817
宁夏							
新疆							

福利费	各种税金支出	对个人和家庭补助支出	抚恤金和生活补助	其他资本性支出	各种设备购置费	新增藏量购置费	新增数字资源购置费	资产总计(千元)
2089	**1127**	**80229**	**4733**	**215209**	**164361**	**83620**	**27323**	**2056216**
78	4	4439	104	9317	3699	1611	626	76374
331	28	9932	28	18853	18173	8093	3623	169618
				678	678	678		2138
		973		387	387	95		2138
		663		60	60	60		1173
12	830	10709	1576	14415	9793	5254	616	177320
23		12579	749	18850	18757	12526	3016	208231
		41	41	237	45	45		2094
172		952	354	11404	9104	3135	1948	59450
115	37	1041		23657	8187	3130	285	110890
641		4769		6543	6329	5331	187	384933
19		894		5213	4990	3346	777	49511
		2972	3	6844	5067	3797	719	61141
7		1778	9	6177	6177	3350	181	16571
52		610	15	13850	9999	6586	2283	49698
5	6	3035	144	2893	2757	1990	500	41887
115	190	2847	132	4849	4710	3221	1035	51737
251	18	7987	2	38660	25312	14940	193	312527
2		1806	46	1534	1230	1020	210	25977
		3739	1366	3997	2868	1468	756	48912
		7		797	486	218		7185
		20		491	180	145	35	1983
250		3140	10	13520	13508	1449	2059	62630
13		356	21	390	385	290	5	4777
		485		2218	2106	642	95	21806
3	14	4455	133	9375	9374	1200	8174	105515

地区	固定资产原值	实际使用公用房屋建筑面积(万平方米)	书库面积	阅览室面积	书刊阅览室面积	电子阅览室面积	实际拥有产权面积(万平方米)
总　计	**1599673**	**42.76**	**7.37**	**14.02**	**11.30**	**1.67**	**24.36**
北　京	69470	1.36	0.20	0.51	0.44	0.03	0.57
天　津	146738	2.13	0.48	0.96	0.78	0.09	0.35
河　北	2138	0.12		0.10	0.09	0.01	
山　西	1608	0.08	0.06	0.02	0.01	0.00	0.08
内蒙古	1002	0.14	0.13	0.01		0.01	
辽　宁	136347	2.83	0.37	0.62	0.47	0.10	1.78
吉　林	172944	7.44	1.16	2.49	2.21	0.11	1.86
黑龙江	2094	0.05	0.03	0.01		0.01	0.05
上　海	56080	1.29	0.19	0.40	0.33	0.07	0.48
江　苏	58368	2.76	0.58	0.77	0.47	0.08	1.53
浙　江	271317	3.63	0.67	1.39	1.16	0.20	1.51
安　徽	46337	1.44	0.21	0.63	0.37	0.16	1.01
福　建	40357	1.63	0.45	0.48	0.39	0.09	2.36
江　西							
山　东	16571	1.98	0.08	0.15	0.13	0.02	1.98
河　南	42494	2.04	0.25	1.08	0.99	0.09	0.26
湖　北	33651	0.84	0.19	0.13	0.06	0.03	0.46
湖　南	37205	1.93	0.52	0.54	0.46	0.08	1.55
广　东	275781	4.18	0.33	1.18	1.11	0.07	2.66
广　西	23675	0.98	0.21	0.50	0.31	0.05	0.97
海　南		0.20					
重　庆	45480	0.91	0.38	0.40	0.34	0.07	1.11
四　川	6845	0.54	0.13	0.38	0.23	0.15	0.54
贵　州	1903	0.36	0.04	0.08	0.07	0.01	0.32
云　南	28268	0.86	0.30	0.26	0.23	0.02	0.86
西　藏		0.47	0.02	0.11	0.09	0.02	
陕　西	4733	0.38	0.04	0.13	0.11	0.02	0.47
甘　肃	19005	0.75	0.15	0.25	0.11	0.06	0.17
青　海	59262	1.43	0.22	0.45	0.35	0.04	1.43
宁　夏							
新　疆							

阅览室座席数（个）	少儿阅览室座席数	盲人阅览室座席数	志愿者服务队伍数（个）	志愿者服务队伍人数（人）	图书馆延伸服务情况			
					流动图书车数（辆）	流动服务书刊借阅人次（万人次）	流动图书馆车书刊借阅册次（万册次）	分馆数量（个）
36125	**26567**	**702**	**497**	**28219**	**32**	**317.80**	**705.22**	**836**
1452	1422		4	178	2	3.41	11.15	26
1825	1678	52	17	1405		3.05	10.47	7
180	180		1	30				
35	35							
50	50							2
2537	1878	46	42	881	1	154.70	423.06	172
3988	796	16	19	720	1	50.02	69.01	40
90			1	11		0.16	0.48	6
1562	1237	17	8	840				
2305	2114	41	10	555	1	6.01	9.75	36
3251	2351	12	19	1801	5	33.18	41.30	58
1894	1738	86	10	550	1	1.18	2.00	13
1758	1710	38	58	7814	2	29.28	43.18	281
500	100	20						
2046	1990	56	6	75	3	17.69	35.21	14
924	665	9	8	214	2	1.36	1.92	14
1978	1942	36	8	462		1.09	2.20	61
3076	2776	32	262	10813	1	3.12	15.82	48
1337	1212	25	6	230	2	8.97	32.56	10
824	778	12	3	949	2	0.26	0.78	21
470	220	25	1	30				5
572	472	100	3	17	1	0.38	0.16	1
789	189	10	1	10				5
358	38	4	1	356				
322	244		3	108	5	3.61	5.70	16
850	620	42	4	121	2	0.32	0.47	
1152	132	23	2	49	1			

2016年各地区省级公共

地区	机构数(个)	从业人员(人)	专业技术人才	正高级职称	副高级职称	中级职称	总藏量(万册)	图书
总计	**39**	**7760**	**6554**	**297**	**1258**	**2823**	**20183.77**	**12606.56**
北京	1	351	333	10	40	135	808.32	664.21
天津	2	342	332	13	68	138	1002.29	863.10
河北	1	187	126	13	41	55	300.72	239.60
山西	1	230	214	7	33	57	329.49	206.74
内蒙古	1	158	150	3	48	47	358.24	268.39
辽宁	1	229	209	17	54	93	654.15	528.30
吉林	1	242	156	11	46	56	458.37	366.48
黑龙江	1	193	165	16	32	92	371.03	291.66
上海	2	787	698	45	103	351	5669.90	1545.49
江苏	1	531	487	18	82	169	1138.73	823.46
浙江	1	343	264	14	51	125	673.44	489.25
安徽	1	180	138	3	27	58	328.00	258.40
福建	2	233	211	2	31	99	405.13	325.75
江西	1	140	131	7	30	77	364.30	239.62
山东	1	220	211	15	39	100	829.51	532.60
河南	2	220	174	9	39	70	368.34	283.97
湖北	1	289	272	12	52	76	761.36	613.22
湖南	2	305	289	5	40	129	583.64	421.38
广东	1	302	269	9	49	120	836.17	641.44
广西	3	328	328	10	57	140	676.67	539.59
海南	1	105	90		5	50	151.53	145.33
重庆	2	309	226	15	39	87	434.49	299.07
四川	1	307	183	3	37	56	529.99	367.08
贵州	1	149	115	5	35	56	200.46	151.20
云南	1	188	181	3	71	90	335.05	201.03
西藏	1	51	21	1	11	9	48.37	38.87
陕西	1	336	162	7	18	93	486.37	380.78
甘肃	1	194	147	9	25	81	436.97	339.97
青海	1	88	74	5	16	28	171.47	135.69
宁夏	1	130	115	4	23	42	228.30	203.08
新疆	1	93	83	6	16	44	242.97	201.83

图书馆基本情况

盲文图书	古籍		报刊	视听文献	缩微制品	其他	在藏量中：	
		善本					开架书刊	少儿文献
8.67	**1346.60**	**167.02**	**1984.37**	**327.34**	**1284.60**	**2634.31**	**4823.15**	**930.88**
0.08	41.69	6.71	44.41	45.73	0.03	12.26	129.37	127.03
0.08	54.13	10.35	56.60	20.12	0.94	7.41	468.58	127.12
0.38	7.92	0.56	38.20	11.92	2.80	0.28	98.33	12.24
0.36	29.69	5.02	88.18	2.73	0.40	1.76	173.55	24.11
0.67	22.00	2.00	15.21	1.06	0.49	51.10	77.54	6.96
0.28	45.99	12.22	55.98	8.20	0.57	15.12	51.22	25.67
0.15	23.00	4.76	52.45	1.93	2.58	11.94	52.03	11.68
0.14	13.37	0.66	36.83	4.19	24.98		71.77	6.50
0.54	192.23	19.24	349.12	39.59	1235.93	2307.54	774.32	74.53
0.22	160.00	14.00	107.67	30.11	4.21	13.28	90.00	12.10
0.48	82.24	15.01	90.77	10.86	0.31	0.01	155.88	0.51
0.07	35.51	3.27	32.66	0.94	0.45	0.04		
0.36	25.19	2.06	40.19	12.70	1.31		138.90	84.16
0.01	37.00	3.00	38.24	1.07	0.13	48.23	121.42	9.97
0.26	75.35	20.00	114.79	7.78	0.70	98.29	436.84	39.51
0.04	50.66	3.00	30.71	2.76	0.24		78.79	30.08
0.37	46.18	5.87	64.30	25.76	3.51	8.38	187.42	36.00
0.86	62.11	5.00	66.01	30.68	0.46	3.01	244.31	127.77
0.19	44.01	3.25	136.12	11.78	2.45	0.38	283.29	25.01
0.12	26.65	1.65	93.95	15.20	0.16	1.12	78.61	20.82
0.19	0.02	0.01	5.09	1.09			90.65	22.16
1.28	45.26	6.99	54.11	7.35	1.03	27.68	123.56	39.59
0.14	65.00	6.07	93.16	4.44	0.32	0.01	60.68	3.27
0.42	11.14	0.50	37.08	0.85	0.11	0.08	189.32	3.62
0.10	59.59	3.30	69.85	4.40	0.13	0.06	55.35	4.12
	0.11		7.85	0.04		1.50	0.79	1.05
0.19	32.84	4.37	59.30	5.92	0.03	7.50	145.83	23.92
0.59	31.76	6.78	60.92	3.64	0.23	0.46	229.56	8.09
0.08	11.48	1.00	21.89	0.47	0.05	1.89	33.54	1.44
0.03	3.29	0.12	7.85	14.00	0.08		181.70	6.86
	11.23	0.26	14.90		0.01	15.00		15.00

续表 1

地　区	电子图书（万册）	本馆自建	本馆外购	免费共享	书架单层总长度（米）	本年新增藏量（万册）	本年新增电子图书（万册）
总　计	**6543.92**	**44.63**	**5217.16**	**1282.13**	**2789608**	**736.23**	**572.56**
北　京	272.88	0.45	169.43	103.00	100467	36.85	1.50
天　津	33.80	16.40	17.40		85621	53.30	3.04
河　北	280.01	0.01	280.00		71800	36.95	200.01
山　西	55.58	0.15	55.43		36505	9.40	0.73
内蒙古	246.84	0.06	243.21	3.57	85196	79.58	23.42
辽　宁	255.16	3.79	66.07	185.30	157878	20.87	6.29
吉　林	130.20		130.20		101196	15.83	
黑龙江	117.29		117.29		54067	19.95	10.00
上　海	195.44		195.03	0.41	318619	24.51	4.07
江　苏	145.12	8.80	136.32		260000	46.31	0.50
浙　江	174.82	0.51	174.31		111491	26.45	14.17
安　徽	106.38		56.19	50.20	60168	13.42	14.17
福　建	208.01	0.05	203.96	4.00	55413	22.98	22.96
江　西	134.33	0.02	134.31		2200	19.42	3.01
山　东	84.56		84.56		154116	32.20	10.84
河　南	202.10	0.30	201.80		46016	10.55	0.24
湖　北	334.72		334.72		163732	51.12	53.09
湖　南	339.97	0.70	174.27	165.00	84405	23.13	
广　东	184.16		24.16	160.00	262119	38.07	0.01
广　西	901.00	0.21	852.79	48.00	20342	47.07	111.95
海　南	559.62	3.38	556.24		33947	14.19	11.98
重　庆	237.72	8.46	227.77	1.49	44300	18.75	34.51
四　川	114.20	0.01	103.03	11.16	41571	11.77	3.43
贵　州	300.00		300.00		62906	7.78	
云　南	164.56	0.52	54.04	110.00	129035	7.80	3.64
西　藏	0.53		0.53		22708	1.41	
陕　西	467.00		127.00	340.00	115656	22.05	19.34
甘　肃	61.93		61.93		6000	12.61	4.66
青　海	1.00		1.00		48060	2.23	
宁　夏	135.00		35.00	100.00	44896	5.00	5.00
新　疆	100.00	0.82	99.18		9178	4.70	10.00

当年购买的报刊种类（种）	有效借书证数（个）	总流通人次（万人次）		书刊文献外借册次（万册次）	为读者举办各种活动			
			书刊文献外借人次		组织各类讲座次数（次）	参加人次（万人次）	举办展览（个）	参加人次（万人次）
147506	**7462423**	**9515.68**	**2867.87**	**10944.25**	**5610**	**135.44**	**5294**	**1184.10**
7207	473821	525.23	53.74	235.33	111	1.50	76	74.34
702	537225	326.28	85.77	375.09	130	2.62	62	74.76
5312	299886	250.14	45.15	123.54	254	3.62	37	35.40
342	262374	310.54	67.85	206.85	176	7.06	16	29.24
5679	60045	55.85	38.04	152.15	202	4.04	41	3.43
5435	67671	242.08	30.25	117.99	76	1.63	43	76.16
4678	153997	131.14	37.48	91.42	65	0.90	20	30.00
2394	228403	220.20	34.07	103.12	231	1.95	141	21.45
16748	884656	1561.53	1378.91	6417.14	174	5.51	104	21.70
6044	607756	362.70	124.53	152.62	107	3.08	61	117.85
8135	72369	334.34	39.66	159.64	230	3.55	61	23.21
3051	211046	143.19	37.45	159.74	63	1.19	45	14.82
5571	989306	321.72	56.28	401.06	504	13.08	94	49.00
4584	272913	132.60	70.63	96.59	57	11.60	269	134.00
5744	60017	124.56	44.36	103.20	401	3.83	39	3.41
3391	120041	254.38	92.56	179.85	62	1.27	145	13.04
5673	266986	266.10	76.78	220.32	115	4.54	46	47.02
2940	342422	376.00	60.69	283.45	723	11.13	57	11.88
8264	338829	1416.62	135.61	312.16	953	6.29	3654	144.46
9079	203747	474.56	58.24	188.36	176	2.92	66	98.28
3186	111039	226.61	32.67	155.23	73	0.63	4	0.38
4845	312530	345.12	39.81	153.02	135	1.45	77	38.50
4825	53447	189.01	9.99	39.40	89	30.07	24	70.00
3118	75438	47.00	16.85	37.04	56	1.60	10	1.30
4080	115120	286.52	43.90	87.81	122	3.92	25	6.00
1263	5893	3.00	0.50	0.60	4	0.06	2	0.08
5100	96382	347.61	71.21	219.92	171	3.54	40	31.01
4074	134339	156.77	31.51	94.52	91	1.91	25	10.62
1464	48942	0.37	0.06	0.12	22	0.45	1	2.00
1800	54923	67.00	41.33	59.00	26	0.32	6	0.40
2778	860	16.90	12.00	18.00	11	0.18	3	0.38

续表 2

地区	举办培训班（个）		开展基层培训辅导人次（万人次）	本单位受训人次（万人次）	计算机（台）		图书馆网站访问量（页次）
		培训人次（万人次）				供读者使用电子阅览室终端数	
总　计	**5978**	**45.89**	**30.06**	**7.83**	**20033**	**8635**	**402090642**
北　京	17	0.08	1.01	0.01	785	317	24868476
天　津	54	0.78	0.64	0.20	1314	466	2897369
河　北	33	0.55	0.57	0.28	580	153	8840000
山　西	60	0.32	0.34	0.04	600	121	300000
内蒙古	16	0.30	0.26	0.01	521	394	11389173
辽　宁	238	0.68	0.15	0.69	731	404	16439805
吉　林	2	0.02	0.42	0.01	792	405	1312980
黑龙江	308	0.90	0.34	0.11	697	348	5930370
上　海	104	2.89	0.03	0.02	2328	678	55272884
江　苏	430	0.30	5.50	0.10	1163	360	21286452
浙　江	36	0.05	0.28	0.00	708	333	19544042
安　徽	17	0.22	0.22	0.05	365	249	14099412
福　建	246	1.47	0.15	0.29	1137	662	23400405
江　西	52	0.83	0.15	0.01	314	100	9520341
山　东	185	0.68	0.06	0.02	589	300	7900000
河　南	627	6.10	0.01	0.01	328	184	529859
湖　北	63	0.32	0.34	3.31	974	536	18013786
湖　南	277	7.83	0.06	1.47	507	103	37933670
广　东	2452	2.07	0.15	0.44	999	211	7186271
广　西	122	1.12	0.22	0.30	736	428	6272638
海　南	200	11.10	0.05	0.07	300	95	31718732
重　庆	196	0.64	0.07	0.01	740	542	8500470
四　川	30	2.97	2.59	0.01	450	200	1167965
贵　州	15	0.30	2.10	0.05	336	181	22990000
云　南	42	1.98	1.88	0.10	328	157	129389
西　藏	2	0.03			127	74	91000
陕　西	98	0.97	12.22	0.14	563	300	43346153
甘　肃	17	0.12	0.06	0.03	551	154	1100000
青　海	15	0.04	0.03	0.01	190	100	
宁　夏	4	0.05	0.09	0.01	190	80	63000
新　疆	20	0.16	0.08	0.04	90		46000

本年收入合计(千元)	财政补贴收入		上级补助收入	事业收入	经营收入	其他收入	本年支出合计(千元)
		购书专项经费					
3458278	**3277609**	**623916**	**12222**	**114040**	**13974**	**40433**	**3187096**
229423	222834	47283		6076	202	311	214774
178002	169029	33120	35	5942		2996	154278
51680	51617	10000				63	51799
85273	85273	8000					73832
51233	50374	8819				859	50714
82529	81187	12100		1042		300	86446
67910	67561	13500			167	182	61330
63571	61901	5500		1629		41	59481
539169	459201	143032		74833	1892	3243	498509
163652	156817	45000		2913	480	3442	181286
125323	117700	34210		3888	1850	1885	117866
44470	44041	6600		410		19	46318
85754	74233	12000	9748	1123		650	83746
62660	62660	8000					55341
97833	96364	1380		201		1268	96566
59477	57734	11750			1444	299	62170
154020	154020	50000					128219
115514	109902	9500		2436	2776	400	72125
197597	183629	70930	510	2999		10459	163131
124990	120610	19300	950	519		2911	128283
84065	83701	4793				364	63541
98371	89812	11700		7304		1255	94879
143050	142218	14499		701		131	111523
58341	58302	4000				39	38212
51557	47220	7500			3544	793	51311
34500	34500	2000					34779
98893	91156	10000			523	7214	119900
125143	121904	12000		2024	1096	119	107416
41994	41015	1200	979				28413
46233	45522	3000				711	55419
96051	95572	3200				479	95489

地区	基本支出	项目支出	经营支出	在支出合计中：工资福利支出	商品和服务支出	差旅费	劳务费
总计	**1398520**	**1776563**	**12013**	**847142**	**1025085**	**19022**	**53258**
北京	102631	112143		49109	101361	238	377
天津	136627	17651		44412	50619	192	702
河北	21121	30678		13063	21664	725	3483
山西	31435	42397		18873	24957	550	1811
内蒙古	18634	32080		12792	20143	404	3488
辽宁	55937	30509		18930	44076	419	316
吉林	25364	35799	167	12689	23730	527	2182
黑龙江	30000	29481		13445	19248	789	1519
上海	243945	253250	1314	178141	189881	1924	6897
江苏	78727	102559		53568	41747	390	2357
浙江	56952	59064	1850	43677	28107	491	1814
安徽	24991	21327		12738	11527	912	1174
福建	32173	51573		26691	26230	573	2515
江西	24740	30601		10639	11205	457	1619
山东	43673	52893		23691	26110	335	2156
河南	26387	34339	1444	18479	16779	283	1060
湖北	42442	85777		27315	42000	404	6172
湖南	37731	31707	2687	28068	19625	327	2551
广东	62130	101001		32847	41388	455	1279
广西	32206	96077		30685	19713	989	411
海南	12811	50730		9252	35583	475	773
重庆	47798	47081		26872	24528	3091	2082
四川	31742	79781		30499	30356	840	1451
贵州	17006	21206		11749	15753	771	37
云南	23124	24643	3544	21266	22669	370	808
西藏	25852	8927		7259	1255	123	
陕西	29838	89539	523	20317	13395	253	230
甘肃	26614	80318	484	13113	60180	583	2492
青海	15877	12536		10521	4062	287	817
宁夏	27433	27986		16929	10420	284	259
新疆	12579	82910		9513	26774	561	426

福利费	各种税金支出	对个人和家庭补助支出	抚恤金和生活补助	其他资本性支出	各种设备购置费	新增藏量购置费	新增数字资源购置费	资产总计(千元)
9205	**5417**	**305598**	**17426**	**897799**	**780959**	**454982**	**148383**	**16019281**
1016	469	13821	482	49142	49142	34170	13088	1510557
822	176	23413	128	35834	35834	17604	7464	675118
145		7618	4556	9454	8853	6414		156766
420		8499	122	21503	15503	2420	6998	201868
38		5267	90	12512	12512	8116	703	346882
	20	11743	643	11697	11697	7853	2653	448756
20		9068	143	15843	15843	10484	3016	170106
		12639	152	14149	14149		1900	319725
2513	1293	11863	2145	118624	115320	101022	11053	3098144
161	99	26834	575	59137	58207	33355	10112	1138178
1567	137	6279	160	39803	38248	22918	11658	643486
28		11588	135	10465	10465	5250	194	232537
	278	5254	30	25571	24043	10629	6958	337995
222		16966	1225	16531	16531	7876	4433	176263
21	2	16593	218	30172	29680	19694	6824	475521
277	228	4955	210	21957	18994	7655	4095	198499
660	491	13378	32	45526	39847	36732	1484	1176733
	341	5086	210	17664	17525	9105	920	244954
	785	27955	242	60941	50660	40454	10206	1119731
371	67	12291	374	48555	41045	18425	4972	452648
	25	882		17824	14480	950		70455
83	57	11767	1422	31712	23906	7108	4616	261598
167	39	3779	149	46889	22837	9840	3500	504917
		5568	119	5142	5142	4000	350	117330
	896	2024		5352	4402	4136		284600
		1000		25265	7507	400		72605
246		7128	2096	14775	13775	10008	1995	509191
206		10514	327	23124	18919	10149	4017	513393
3	14	4455	133	9375	9374	1200	8174	105515
		4914	934	23156	16030	3815		117161
219		2457	374	30105	20489	3200	17000	338049

地区	固定资产原值	实际使用公用房屋建筑面积(万平方米)	书库面积	阅览室面积	书刊阅览室面积	电子阅览室面积	实际拥有产权面积(万平方米)
总　计	**11672876**	**176.97**	**39.22**	**48.39**	**42.13**	**3.06**	**104.89**
北　京	857072	9.40	1.32	2.67	2.49	0.18	
天　津	513526	12.78	2.03	5.04	2.64	0.25	0.14
河　北	119579	5.06	1.12	0.93	0.86	0.07	5.06
山　西	125947	8.03	1.29	1.71	1.67	0.04	8.03
内蒙古	201658	3.50	0.58	1.56	1.28	0.28	3.50
辽　宁	427364	10.32	1.74	3.81	3.32	0.49	
吉　林	141849	6.32	1.02	2.11	2.05	0.06	1.40
黑龙江	319725	3.39	0.34	0.90	0.80	0.10	3.05
上　海	2784306	13.05	6.07	1.36	1.30	0.03	12.11
江　苏	1012107	10.30	1.03	1.80	1.69	0.10	3.40
浙　江	539294	5.70	1.78	1.13	1.09	0.04	5.17
安　徽	210131	3.69	0.77	0.90	0.75	0.06	3.69
福　建	259568	2.97	0.78	0.96	0.75	0.07	6.00
江　西	130960	2.25	1.52	0.72	0.70	0.03	
山　东	447004	4.49	1.80	1.50	1.47	0.03	3.84
河　南	175148	3.89	1.04	1.46	1.38	0.08	2.95
湖　北	277512	10.23	1.80	4.20	3.90	0.30	10.23
湖　南	167606	4.40	1.36	1.23	1.19	0.04	4.29
广　东	1033415	9.03	1.88	1.53	1.49	0.04	0.90
广　西	296074	11.00	1.81	2.28	2.09	0.11	5.12
海　南	70455	2.79	0.57	1.31	1.13	0.06	2.79
重　庆	209618	5.62	1.07	1.47	1.05	0.08	0.60
四　川	129153	5.19	0.52	1.45	1.38	0.07	5.19
贵　州	76848	2.52	1.66	0.86	0.83	0.03	2.74
云　南	258983	3.04	0.75	0.82	0.75	0.08	3.04
西　藏	44616	1.75	0.42	0.34	0.26	0.07	2.97
陕　西	332581	4.98	1.03	1.72	1.62	0.10	
甘　肃	266816	6.52	1.04	0.86	0.64	0.06	3.92
青　海	59262	1.43	0.22	0.45	0.35	0.04	1.43
宁　夏	83162	3.32	0.90	1.33	1.24	0.10	3.32
新　疆	101537						

阅览室座席数(个)			志愿者服务队伍数(个)	志愿者服务队伍人数(人)	图书馆延伸服务情况			
	少儿阅览室座席数	盲人阅览室座席数			流动图书车数(辆)	流动服务书刊借阅人次(万人次)	流动图书馆车书刊借阅册次(万册次)	分馆数量(个)
74953	**10795**	**963**	**930**	**92419**	**23**	**289.32**	**375.07**	**1321**
2995	535	41	49	4785	2	0.05	2.30	18
4717	418	44	80	1916				1
3070	280	22	6	3800	3	4.80	6.50	2
3237	212	212	21	1132				164
1972	598	96	1	421				34
5862	390	40	7	4000	3	12.15	18.70	144
3244	120	8	14	620		24.22	37.98	1
1782	290	40	8	71		16.69	10.44	73
2316	448	14	97	1403	1	2.18	5.99	275
2747	440	17	1	200		25.12	18.85	60
1359	38	42	3	623				24
1659	278	24	1	53		9.48	7.78	6
2122	1056	33	57	7827	2	92.20	62.89	152
1411	160	20	11	30000	1	39.60	52.40	54
1884	160	20	32	2300		4.92	9.10	2
2074	932		7	227				9
5293	750	24	1	83	1	3.60	8.10	43
2400	1064	24	472	22057		0.12	0.49	51
7812	410	10	4	1552				90
2365	112	26	4	2301	2	22.89	55.01	3
1670	380	9	14	420		0.62	1.97	
2379	755	26	7	3348	2	2.48	7.12	20
2033	140	8	1	1900	1	1.65	4.25	13
1071	95	20	2	210		5.22	7.64	25
1324	70	50	4	130		10.37	39.00	18
300	45				1	0.50		
1927	252	15	20	805	1	6.64	10.94	25
1576	150	30	3	176	1	3.63	7.26	4
1152	132	23	2	49	1			
1200	85	25	1	10				2
					1	0.20	0.35	8

地区	机构数(个)	从业人员(人)	专业技术人才	正高级职称	副高级职称	中级职称	总藏量(万册)	图书
总计	**369**	**15070**	**11773**	**305**	**1836**	**5531**	**24106.08**	**19883.15**
北京								
天津								
河北	12	512	445	27	94	176	866.83	644.21
山西	8	422	207	7	29	97	388.35	314.72
内蒙古	12	550	497	3	126	238	486.26	424.40
辽宁	23	1211	1018	42	158	522	1983.95	1533.46
吉林	10	542	469	28	128	187	781.88	657.73
黑龙江	11	518	413	38	77	198	803.76	610.74
上海								
江苏	16	992	737	19	113	363	2170.78	1878.58
浙江	14	1090	700	22	119	318	2063.09	1749.28
安徽	21	545	378	3	38	162	771.65	593.48
福建	12	433	332	4	37	148	860.72	658.57
江西	11	355	269	2	37	120	579.80	473.71
山东	17	880	741	28	134	337	1430.73	1215.55
河南	18	778	629	7	93	250	978.48	803.43
湖北	16	671	588	11	99	323	1148.72	973.74
湖南	16	541	416	3	56	213	756.57	661.72
广东	27	1735	1431	34	135	733	3689.13	3322.43
广西	15	505	380	1	39	200	860.92	481.92
海南	4	71	55			16	116.76	103.64
重庆								
四川	22	687	456	7	61	219	1148.10	963.49
贵州	10	303	269	4	46	102	299.81	248.72
云南	18	520	444	7	90	210	536.51	408.28
西藏	6	34	18			6	45.55	34.85
陕西	7	298	213	1	33	92	325.89	295.29
甘肃	17	324	205	1	23	95	291.48	232.73
青海	7	122	84	1	14	38	106.40	100.00
宁夏	5	144	122	1	17	49	192.03	127.79
新疆	14	287	257	4	40	119	421.93	370.72

盲文图书	古籍		报刊	视听文献	缩微制品	其他	在藏量中：	
		善本					开架书刊	少儿文献
24.05	**675.25**	**40.02**	**1976.21**	**608.13**	**7.51**	**955.84**	**12855.84**	**3215.29**
1.72	43.50	1.55	84.35	18.52	4.31	71.95	534.02	84.20
1.64	16.47	1.44	33.44	20.09		3.63	148.57	34.63
2.39	10.52	0.33	38.76	5.84	0.00	6.75	239.12	30.13
0.72	84.94	2.91	180.39	48.81	0.22	136.14	1174.02	233.14
0.44	20.76	1.72	72.25	19.18	0.14	11.83	256.33	100.84
0.50	29.29	1.49	126.46	33.15	0.05	4.07	331.68	53.49
1.11	131.26	9.71	120.68	38.15	1.05	1.07	1214.64	276.66
1.12	56.86	4.24	115.08	125.86	0.01	15.99	1160.42	310.49
1.85	15.18	0.73	64.44	17.30		81.25	395.18	107.10
0.49	10.13	0.64	80.16	19.40	0.03	92.43	441.79	173.84
0.84	16.69	1.75	60.60	9.01	0.04	19.76	220.72	61.63
0.99	40.64	2.08	124.10	10.23	0.52	39.70	907.55	148.47
1.14	45.09	4.22	117.38	7.93	0.59	4.06	516.45	99.44
1.63	36.02	1.19	99.54	13.74	0.13	25.55	694.10	79.70
0.53	15.32	0.56	59.18	17.29	0.14	2.92	463.86	80.28
1.84	24.71	1.10	172.54	139.72	0.17	29.56	1996.34	944.43
0.33	8.44	0.72	96.46	9.61	0.00	264.49	366.40	99.14
0.15	0.58	0.01	10.41	2.07	0.01	0.06	83.74	9.14
1.94	45.97	2.06	96.69	31.79	0.08	10.10	559.04	132.95
0.41	2.13		42.24	4.44		2.29	178.49	23.69
0.47	6.50	0.04	74.21	5.49	0.00	42.03	216.43	36.06
0.10	0.11	0.01	2.43	0.04		8.13	11.74	1.49
0.40	4.70	0.22	18.67	2.61		4.62	213.11	15.79
0.56	7.83	1.03	26.70	1.68	0.01	22.53	164.52	20.75
0.18	0.73	0.08	2.73	0.43	0.02	2.49	36.03	9.78
0.18	0.21	0.20	11.17	0.44		52.42	60.61	14.08
0.38	0.69	0.00	45.18	5.30		0.05	270.96	33.96

地　区	电子图书(万册)	本馆自建	本馆外购	免费共享	书架单层总长度(米)	本年新增藏量(万册)	本年新增电子图书(万册)
总　计	**45979.58**	**289.95**	**40455.54**	**5234.09**	**4640149**	**1836.37**	**3651.27**
北　京							
天　津							
河　北	340.26	10.56	308.30	21.40	134670	53.24	37.72
山　西	405.45	21.01	129.61	254.84	57978	49.54	29.04
内蒙古	266.17	0.03	95.30	170.84	72625	17.36	50.81
辽　宁	500.69	6.85	435.34	58.51	172542	95.14	169.19
吉　林	2619.98	4.95	2504.28	110.76	83088	43.51	6.51
黑龙江	390.81	14.28	336.75	39.78	242305	51.57	8.35
上　海							
江　苏	1643.51	1.09	1311.41	331.01	613041	170.26	58.67
浙　江	28045.38	9.47	27624.88	411.03	278334	162.90	1913.26
安　徽	1216.81	2.75	1166.56	47.50	122767	114.70	180.29
福　建	559.61	31.86	517.72	10.03	117469	82.76	84.85
江　西	646.58	0.01	486.46	160.11	47550	29.22	171.48
山　东	1223.14	0.18	1090.13	132.84	292030	121.92	72.94
河　南	473.79	0.11	283.28	190.40	132173	65.18	16.12
湖　北	1633.99	6.67	362.65	1264.67	189255	55.43	211.45
湖　南	265.61	107.11	87.50	71.00	92281	128.97	51.26
广　东	2105.64	41.97	1583.83	479.84	554209	325.23	138.06
广　西	988.10	0.01	427.14	560.95	111093	41.73	42.10
海　南	57.52		27.12	30.40	6931	10.63	3.70
重　庆							
四　川	829.59	3.15	671.72	154.72	984866	85.39	241.93
贵　州	213.53		123.13	90.40	29125	14.72	80.82
云　南	899.94	0.33	450.57	449.05	114775	46.95	32.64
西　藏	23.65	1.00	14.65	8.00	1733	1.59	6.10
陕　西	236.07	0.01	105.06	131.00	62055	20.80	17.55
甘　肃	67.20	1.00	50.69	15.51	54234	19.01	7.54
青　海	89.70	0.70	81.00	8.00	9941	5.76	18.23
宁　夏	68.50		68.50		21830	5.37	0.46
新　疆	168.33	24.85	111.97	31.51	41249	17.48	0.22

当年购买的报刊种类（种）	有效借书证数（个）	总流通人次（万人次）		书刊文献外借册次（万册次）	为读者举办各种活动			
			书刊文献外借人次		组织各类讲座次数（次）	参加人次（万人次）	举办展览（个）	参加人次（万人次）
328598	**21231847**	**20053.52**	**7394.75**	**16030.57**	**19174**	**292.95**	**5288**	**1891.65**
10789	421984	754.11	235.79	415.97	961	11.16	171	84.60
5544	593432	234.31	86.04	124.95	405	5.30	45	5.86
8377	176480	328.38	86.02	197.28	315	5.36	79	15.76
24571	698462	1215.11	349.95	901.58	1171	11.36	298	89.68
8482	663479	317.55	142.77	326.36	416	5.83	90	20.61
10448	277049	397.58	114.08	235.43	210	2.33	140	44.29
22262	6682701	2446.38	879.10	1824.28	1011	24.05	367	83.48
23788	2205459	2292.93	879.45	2022.65	1449	21.85	614	157.21
13594	538738	718.73	316.00	609.05	948	17.12	261	37.40
9836	534209	854.89	512.12	876.53	1340	8.09	180	42.14
7326	344260	431.34	219.50	450.42	342	7.13	177	20.88
20592	1448914	1730.75	607.32	1042.80	1429	23.77	371	101.92
15270	515687	1098.36	431.31	704.30	1419	15.87	323	48.90
12679	708372	838.53	368.39	771.46	831	16.11	148	32.76
10397	526746	590.41	176.93	483.33	608	14.50	116	219.43
46433	3282927	3045.24	875.71	2897.12	3015	38.55	742	676.51
16679	285377	567.55	140.38	288.90	444	9.40	223	38.52
2029	35998	84.70	18.16	40.10	99	2.13	25	12.39
13106	548690	726.74	324.27	639.05	930	16.50	241	58.77
5265	95911	147.07	94.85	139.45	156	2.86	93	6.92
9306	159417	326.65	121.02	259.40	473	11.13	191	39.54
1246	3336	11.51	1.19	2.24	36	0.28	18	0.95
6241	128012	313.80	97.69	153.40	369	5.20	107	23.22
5641	68664	211.40	125.30	242.11	345	10.18	67	4.53
1923	71764	62.11	38.93	47.26	70	0.31	16	1.74
2655	75361	109.03	54.52	120.32	80	0.80	18	2.50
14119	140418	198.37	97.99	214.84	302	5.81	167	21.14

地区	举办培训班（个）	培训人次（万人次）	开展基层培训辅导人次（万人次）	本单位受训人次（万人次）	计算机（台）	供读者使用电子阅览室终端数	图书馆网站访问量（页次）
总计	**10707**	**67.698**	**14.878**	**8.9**	**48332**	**28870**	**274678755**
北京							
天津							
河北	244	1.34	0.159	0.249	1764	1013	3889214
山西	118	0.977	0.097	0.815	1404	1025	2398147
内蒙古	46	0.668	0.359	0.074	1838	1171	1676379
辽宁	1235	4.535	0.351	0.761	3220	1760	25788875
吉林	222	0.908	0.141	0.207	1311	648	1994623
黑龙江	123	1.307	0.407	0.075	1481	907	6493573
上海							
江苏	306	1.838	1.539	0.965	2823	1503	8094205
浙江	1880	4.695	0.461	0.259	2841	1537	27932290
安徽	172	0.968	0.205	0.144	2383	1531	9013220
福建	384	6.059	0.174	0.748	1644	1079	31325640
江西	136	0.626	0.663	0.058	1207	662	54689040
山东	682	5.584	0.345	0.73	3184	1879	12129922
河南	259	3.079	0.532	0.858	2781	1762	9576478
湖北	719	5.051	0.342	0.27	1642	951	10870870
湖南	493	4.234	0.247	0.238	1571	1060	6512015
广东	2264	14.904	2.027	1.29	6155	3378	22600406
广西	463	1.684	1.169	0.461	1525	920	2400546
海南	6	0.091	0.033	0.008	328	180	284961
重庆							
四川	264	2.302	4.023	0.195	2251	1377	26901777
贵州	22	0.142	0.098	0.134	681	393	4055778
云南	319	3.142	0.412	0.159	1981	1325	3596693
西藏	3	0.016	0.006	0.001	255	216	45585
陕西	82	0.618	0.302	0.079	648	318	745690
甘肃	26	0.328	0.117	0.024	885	514	753388
青海	38	0.361	0.197	0.022	464	358	383936
宁夏	15	0.141	0.037	0.02	633	425	397574
新疆	186	2.101	0.436	0.059	1432	978	127930

本年收入合计(千元)	财政补贴收入		上级补助收入	事业收入	经营收入	附属单位上缴收入	其他收入	本年支出合计(千元)
		购书专项经费						
4363853	**4224670**	**538779**	**44952**	**20787**	**4498**	**380**	**68566**	**4329361**
121948	121539	12538	211	100			98	135005
127608	127563	17123	20		8		17	130322
126237	125697	7662					540	134244
276383	259227	35203	7673	9457			26	252481
113168	111339	12594					1829	126004
120823	113177	6700		46			7600	128610
426040	415087	49690	2245	101			8607	426266
366305	355990	58854	100	1126			9089	364607
134566	128523	29017	956	317			4770	135153
161042	146188	27061	5521	1928	2303		5102	151168
84962	83810	8800	640	475			37	75710
250069	247699	36761	1800				570	259472
148932	143079	16986	652	20			5181	146518
166121	155126	21895	3630	1318			6047	164224
107661	105299	10660	215	233			1914	101876
825071	821650	128590	2140	556			725	836441
104054	93233	10523	8261	23	2187	4	346	99377
17098	16895	80					203	19430
146667	144606	15454	996				1065	149817
63059	61633	4390	1005			376	45	63762
121129	116271	7481	1832				3026	127927
14194	13794	310	400					13929
87921	85597	9372	1850				474	57756
53208	50783	4130	665	1200			560	54285
58685	56163	312	2502				20	50578
39824	28490	1557	803	3697			6834	35915
101078	96212	5036	835	190			3841	88484

地区	基本支出	项目支出	经营支出	在支出合计中：工资福利支出	商品和服务支出	差旅费	劳务费
总计	**2362664**	**1963591**	**3106**	**1404330**	**1032893**	**24394**	**83594**
北京							
天津							
河北	100940	34063	2	43030	38589	747	4660
山西	26807	103145	370	22656	12352	434	871
内蒙古	94921	39323		50179	43814	1373	1534
辽宁	168331	84150		96586	64864	1096	3169
吉林	80976	45028		42833	31353	683	1945
黑龙江	87325	41285		39871	22264	447	690
上海							
江苏	199911	226355		111879	106318	4021	17413
浙江	175924	188683		127257	91548	1788	11703
安徽	70872	64081	200	38933	28790	477	1648
福建	72748	77034	1386	51088	34410	654	2407
江西	49658	26052		28874	16537	574	953
山东	136858	122614		89259	34272	617	4925
河南	88366	58152		51025	34209	873	5977
湖北	99790	64434		58504	48127	709	1829
湖南	71289	30587		41281	22770	730	2658
广东	403589	432822	30	239047	215307	1842	5945
广西	55823	43336	218	37698	20894	1104	638
海南	7705	11725		6894	5277	83	524
重庆							
四川	78200	71617		57570	51902	2106	6405
贵州	48387	15375		26041	8291	492	612
云南	71804	56123		47643	23018	1194	2499
西藏	5503	8426		2026	1362	118	41
陕西	32284	25172	300	20781	14919	362	858
甘肃	41584	12101	600	19844	9471	404	673
青海	22237	28341		11888	8074	484	747
宁夏	22526	13389		14619	7432	156	417
新疆	48306	40178		27024	36729	826	1853

福利费	各种税金支出	对个人和家庭补助支出	抚恤金和生活补助	其他资本性支出	各种设备购置费	新增藏量购置费	新增数字资源购置费	资产总计（千元）
11314	**8163**	**510955**	**16729**	**1370880**	**893747**	**492754**	**138705**	**13907858**
274		16147	311	37239	26098	13392	3054	350464
89		5157	84	86812	23042	17683	4343	227223
417	5	18748	2145	21503	16604	9787	4195	722074
55	830	47741	5794	43290	36517	22449	6123	764485
90	25	24463	1409	27355	25304	11411	4872	384148
213		25965	352	40510	22060	7421	2203	295657
596	710	42830	513	165239	79479	52197	5565	1165243
4062	104	24317	167	118428	85788	48436	13183	1350682
114		10300	70	57130	35599	22266	4566	431939
192	66	9951	317	55272	48619	23067	7377	398110
146	77	13771	60	16528	10676	7544	1708	208953
320	68	30953	1063	104988	63898	37544	7754	790714
395	11	17430	598	43854	31629	15526	2359	424994
289	184	22972	438	34621	33048	16085	3848	604208
492	61	15578	600	22247	17871	9684	2240	252454
1379	5718	91189	231	290898	191574	121814	43316	3484923
107	134	14433	166	26352	20701	10678	2455	302948
4	10	1689		5570	2047	1325		71436
403	54	8130	420	32105	24525	11772	4708	417792
242	26	17081	524	12349	8487	4656	3317	122194
807	5	16480	128	40496	38951	8151	6522	280333
		420		10079	8520	720		29556
64		5742	109	16314	14440	7248	1959	198159
201		12586	340	10534	7505	3840	1043	252956
		4506	360	24948	3845	1780	125	44396
3		4514	240	9350	5579	1448	697	155802
360	75	7862	290	16869	11341	4830	1173	176015

地　区		固定资产原值	实际使用公用房屋建筑面积（万平方米）	书库面积	阅览室面积	书刊阅览室面积	电子阅览室面积	实际拥有产权面积（万平方米）
总　计		**11764480**	**420.60**	**81.68**	**119.53**	**95.70**	**13.94**	**219.91**
北　京								
天　津								
河　北		289611	14.96	2.30	4.23	3.89	0.29	9.91
山　西		210822	12.77	1.66	4.74	3.12	0.77	8.58
内蒙古		597878	14.13	2.01	3.41	2.74	0.49	5.15
辽　宁		636802	23.11	4.15	5.82	3.84	0.66	11.42
吉　林		320492	10.90	1.83	2.62	1.86	0.23	6.10
黑龙江		265204	11.51	2.27	2.71	2.26	0.34	2.69
上　海								
江　苏		887685	33.51	6.36	8.85	7.59	0.56	14.11
浙　江		1062098	27.95	4.90	7.16	6.21	0.62	11.65
安　徽		400295	19.18	3.41	6.87	5.57	0.60	12.51
福　建		263097	10.56	2.13	4.21	3.76	0.31	4.04
江　西		166278	12.22	2.91	4.24	3.19	0.43	5.60
山　东		669634	36.33	7.89	9.78	7.52	0.94	20.52
河　南		312898	26.66	6.19	6.57	5.30	1.07	20.79
湖　北		488144	30.04	7.48	7.65	5.40	1.57	15.26
湖　南		211885	12.68	4.26	3.42	2.75	0.58	9.16
广　东		3264503	55.28	7.17	17.44	15.57	1.79	19.18
广　西		256347	11.16	2.12	2.63	1.84	0.35	3.61
海　南		51260	1.70	0.51	0.33	0.25	0.06	2.04
重　庆								
四　川		365624	14.72	3.52	4.34	3.61	0.46	11.30
贵　州		95630	4.34	1.25	1.66	1.13	0.17	4.20
云　南		223048	9.51	2.19	2.66	1.81	0.62	5.41
西　藏		28066	1.46	0.17	0.26	0.14	0.08	0.44
陕　西		175954	4.76	1.06	1.67	1.58	0.10	5.67
甘　肃		238249	6.27	1.42	2.26	1.85	0.30	4.15
青　海		34607	2.31	0.41	1.16	0.96	0.14	0.89
宁　夏		139873	4.23	0.69	0.80	0.50	0.13	2.46
新　疆		108496	8.34	1.46	2.06	1.49	0.30	3.09

阅览室座席数（个）	少儿阅览室座席数	盲人阅览室座席数	志愿者服务队伍数（个）	志愿者服务队伍人数（人）	图书馆延伸服务情况			
					流动图书车数（辆）	流动服务书刊借阅人次（万人次）	流动图书馆车书刊借阅册次（万册次）	分馆数量（个）
261422	**57686**	**5288**	**1308**	**65598**	**381**	**1052.53**	**1856.84**	**3358**
9716	1684	155	26	2136	2	7.74	14.99	53
8099	885	109	8	695	6	11.91	20.92	53
8814	1403	169	9	995	1	14.55	30.97	40
12593	2992	243	75	6928	2	194.98	543.17	350
6671	802	128	15	531	3	31.84	35.29	35
6558	917	65	15	1380	3	29.72	58.19	170
16257	4305	244	79	4415	13	53.18	69.84	287
14728	4681	223	72	9838	17	100.40	149.92	193
14886	3426	392	35	2294	4	18.70	33.42	222
9062	2713	129	18	800	4	53.58	66.94	283
10089	2398	391	15	1470	3	50.59	54.37	41
19590	3698	376	34	2210	8	36.06	48.08	213
18198	3315	552	29	1265	9	43.34	65.14	70
12390	2633	219	54	1519	17	65.39	106.57	171
8313	2058	102	39	2330	3	8.51	17.59	161
32848	8653	256	441	19589	246	156.20	218.53	439
7916	2442	155	77	1386	4	20.56	52.58	71
1108	290	18	6	671	2	2.16	4.03	2
10820	2240	367	86	2274	10	34.82	70.56	106
4406	773	160	32	221	2	8.81	15.89	16
7088	1421	381	109	657		30.97	40.94	41
808	82	14	1	359	1	0.10	0.08	
3795	520	74	5	657	4	14.45	24.74	61
5626	1245	153	6	110		6.70	15.61	1
1276	298	34	2	67	7	14.24	19.63	1
2244	512	54	5	112	3	23.91	48.51	28
7523	1300	125	15	689	7	19.13	30.36	250

2016年各地区县市级

地区	机构数(个)	从业人员(人)	专业技术人才	正高级职称	副高级职称	中级职称	总藏量(万册)	图书
总计	**2744**	**32845**	**21316**	**143**	**1848**	**9628**	**42237.92**	**35963.70**
北京	23	898	717	3	42	237	1786.06	1660.34
天津	29	627	555	3	70	224	803.80	737.01
河北	159	1176	715	8	74	331	1172.38	1028.77
山西	118	1024	658	1	21	299	1009.30	833.33
内蒙古	104	1236	953	8	133	414	859.37	740.03
辽宁	106	1321	939	15	77	580	1290.60	1103.43
吉林	55	836	702	7	93	344	621.49	510.42
黑龙江	96	953	796	22	179	392	751.24	671.98
上海	22	1304	1037	3	48	376	2006.51	1863.20
江苏	97	1916	1123	11	112	506	4291.99	3962.72
浙江	87	2183	1192	16	119	552	4232.62	3820.33
安徽	101	834	520		29	197	1062.83	914.88
福建	76	743	453	1	24	221	1785.17	1429.64
江西	101	884	478	8	26	192	1233.72	963.33
山东	136	1728	1406	7	195	676	2804.89	2401.88
河南	138	1957	838	1	32	421	1298.99	1081.73
湖北	95	1238	851		41	523	1407.84	1165.19
湖南	119	1248	815	1	37	405	1492.99	1191.13
广东	114	2323	1148	8	54	509	3374.55	2711.94
广西	96	756	522		13	202	1181.96	845.75
海南	18	147	101			19	190.12	166.30
重庆	41	611	356	9	47	147	1007.35	877.95
四川	180	1377	763	2	25	273	1839.48	1534.38
贵州	87	626	427	3	27	134	757.75	600.42
云南	132	1166	1026	2	204	515	1219.67	962.87
西藏	74	104	52	1	1	2	83.40	64.45
陕西	102	1489	862	2	22	380	813.75	675.16
甘肃	85	932	465	1	35	182	665.50	487.32
青海	41	215	147		9	68	172.77	135.81
宁夏	20	281	181		10	91	267.13	224.32
新疆	92	712	518		49	216	752.73	597.69

盲文图书	古　籍	善本	报刊	视听文献	缩微制品	其他	在藏量中：开架书刊	少儿文献
56.88	**484.46**	**41.23**	**3277.87**	**635.85**	**22.03**	**1854.03**	**23570.42**	**4441.71**
0.32	5.11	0.31	33.30	40.82	0.06	46.43	1234.40	184.75
0.94	4.50	0.23	39.61	9.13	0.05	13.49	391.53	61.47
2.14	6.29	0.48	77.20	7.88	0.33	51.92	633.79	96.03
1.23	29.16	4.51	106.27	6.90	1.11	32.55	423.33	60.92
0.55	3.26	0.47	80.93	6.34	0.36	28.45	478.34	64.18
1.38	4.45	0.94	42.70	29.49	0.74	109.79	759.88	190.23
0.67	1.05	0.04	42.61	10.24	0.19	56.98	384.15	85.78
0.67	1.50		62.88	4.99	0.24	9.65	416.42	55.01
1.06	9.61	1.19	33.80	91.92	0.01	7.96	1313.99	244.03
4.07	54.32	3.59	197.18	43.79	0.43	33.55	2444.67	496.29
3.21	53.85	2.54	223.84	83.28	0.24	51.09	2740.68	609.41
4.34	11.95	0.42	76.43	27.09	0.48	32.01	478.92	111.88
0.77	12.56	1.78	123.33	36.65	1.11	181.89	929.27	195.43
5.17	24.02	2.89	179.51	10.06	0.77	56.03	508.76	127.57
6.27	26.02	3.03	216.47	25.89	3.23	131.41	1348.10	260.67
1.16	15.14	1.18	162.78	10.32	0.25	28.77	626.26	102.68
1.73	15.39	1.72	160.96	12.41	3.62	50.28	790.52	158.99
6.51	39.71	3.32	187.25	12.12	0.74	62.04	702.67	142.33
1.53	12.71	0.94	163.03	77.23	0.85	408.79	2173.67	382.39
0.37	8.29	0.17	233.81	7.30	0.91	85.91	528.41	79.07
0.03	0.64	0.42	20.81	0.99	0.01	1.37	75.89	6.86
2.83	26.68	2.33	58.56	16.97	0.11	27.08	708.27	143.24
2.86	47.59	2.33	168.06	14.48	2.60	72.37	989.78	184.34
1.26	4.63	0.85	93.14	9.09	0.74	49.72	435.17	66.86
2.27	27.95	1.96	154.24	11.48	1.17	61.96	752.65	109.73
0.03	0.91	0.10	7.44	0.62	0.35	9.64	8.35	5.35
1.59	19.35	0.79	75.56	7.32	0.36	36.00	401.67	61.79
0.60	12.50	1.86	115.42	5.87	0.18	44.21	328.50	53.30
0.24	2.96	0.19	9.51	2.01	0.28	22.21	48.53	12.84
0.51	1.85	0.63	29.69	3.08	0.11	8.08	111.19	35.66
0.60	0.54	0.02	101.55	10.10	0.42	42.43	402.70	52.65

地　区	电子图书(万册)	本馆自建	本馆外购	免费共享	书架单层总长度(米)	本年新增藏量(万册)	本年新增电子图书(万册)
总　计	**35849.45**	**1377.85**	**16769.76**	**17701.84**	**5918446**	**3574.79**	**6817.55**
北　京	3608.07	8.42	424.61	3175.04	173823	189.27	1024.24
天　津	877.60	0.04	586.05	291.51	100971	56.70	195.70
河　北	571.31	62.65	364.54	144.12	286801	69.27	311.87
山　西	216.10	39.68	172.24	4.19	111706	67.42	65.76
内蒙古	342.80	66.35	182.56	93.90	145923	57.40	32.01
辽　宁	327.61	11.36	268.72	47.54	146578	67.40	10.83
吉　林	321.32	65.52	125.98	129.82	86417	34.35	162.63
黑龙江	333.39	2.72	27.38	303.29	98205	55.54	12.00
上　海	503.24	3.87	382.66	116.71	206698	126.61	55.27
江　苏	4074.62	78.50	2406.08	1590.05	436318	367.72	1196.89
浙　江	5958.64	249.52	2285.12	3424.00	437713	521.36	1037.08
安　徽	2496.33	60.97	2090.33	345.03	113158	99.63	306.14
福　建	1383.99	57.45	702.82	623.72	209594	138.12	225.04
江　西	461.13	15.13	306.15	139.85	166343	78.58	101.44
山　东	762.59	38.03	463.94	260.62	345672	172.87	97.67
河　南	833.58	53.11	583.10	197.37	187405	84.48	45.18
湖　北	1163.79	92.72	437.71	633.36	208812	189.60	224.90
湖　南	525.49	12.65	314.93	197.91	239174	121.35	160.26
广　东	2998.48	149.82	1517.39	1331.28	446759	522.95	644.58
广　西	225.26	7.70	161.44	56.12	203841	42.76	5.23
海　南	308.34	14.01	250.78	43.55	26695	9.70	49.79
重　庆	854.67	55.49	447.37	351.81	266390	133.75	144.02
四　川	1317.93	45.79	755.30	516.84	559964	105.19	119.23
贵　州	578.76	16.49	433.37	128.90	110077	35.12	243.41
云　南	1051.36	20.75	548.83	481.78	240379	57.58	204.25
西　藏	11.85	0.01	1.20	10.64	8765	15.17	0.91
陕　西	3126.11	104.68	146.95	2874.48	95451	64.78	90.60
甘　肃	113.90	3.46	89.17	21.27	96756	29.82	21.80
青　海	57.38	7.70	46.67	3.00	27457	8.44	2.97
宁　夏	19.51	0.60	11.81	7.10	34934	16.52	12.31
新　疆	424.30	32.68	234.55	157.06	99667	35.35	13.56

当年购买的报刊种类（种）	有效借书证数（个）	总流通人次（万人次）		书刊文献外借册次（万册次）	为读者举办各种活动			
			书刊文献外借人次		组织各类讲座次数（次）	参加人次（万人次）	举办展览（个）	参加人次（万人次）
624716	**24040770**	**36070.28**	**14590.84**	**27693.23**	**43982**	**621.72**	**15988**	**2668.79**
16767	578967	876.66	456.79	790.33	1523	13.77	280	88.25
11227	269342	525.20	225.71	500.68	1303	14.41	418	39.84
16626	325467	617.92	304.29	514.62	1245	17.71	589	136.08
12044	236421	436.50	207.56	318.45	1401	20.56	407	46.27
19358	193843	358.52	171.70	355.82	916	10.20	268	24.86
20207	611158	855.94	337.96	775.45	1287	14.24	450	71.67
8794	211853	357.39	176.54	319.13	377	6.53	163	48.75
12828	190637	368.19	161.57	308.23	750	10.43	357	32.34
33080	1160343	2608.89	602.82	2207.10	2731	25.91	284	71.90
50475	3710631	3679.50	1883.88	3111.16	2275	37.42	809	183.01
52053	6169557	7161.20	1786.76	4337.88	2724	42.38	1524	375.90
16418	446083	1132.44	584.72	913.07	1126	16.04	451	61.70
20668	526956	1426.89	651.14	1381.18	1540	20.39	562	82.67
16917	433632	810.57	449.35	755.17	1187	15.59	726	64.89
35984	2083450	1788.29	1061.38	1663.93	3611	53.98	947	107.21
20042	540030	1185.95	704.50	978.28	1861	30.53	741	61.50
18657	691589	977.35	582.76	890.33	1483	23.53	662	98.25
23096	589936	988.96	594.92	934.35	1772	29.16	445	51.62
40117	2580650	3872.99	942.79	2009.37	4475	59.94	933	287.80
20144	275416	1024.89	328.18	664.52	1128	21.15	503	47.42
3738	19475	65.69	26.98	51.83	87	1.03	75	5.71
20733	416430	963.39	431.53	873.14	1400	25.74	729	183.41
37177	733415	1442.28	661.09	1072.84	2506	37.46	846	171.96
12503	270508	410.34	202.59	316.13	1171	12.50	313	37.61
25577	229452	767.61	369.12	625.52	1301	22.50	728	118.31
2993	21569	10.87	3.54	4.87	34	0.34	56	2.85
22228	169966	494.22	242.16	334.16	1154	13.94	752	60.94
7937	156780	356.13	195.81	282.20	682	9.94	295	35.53
3934	19314	48.75	28.60	34.10	83	0.93	40	3.65
4336	53290	142.58	64.25	115.74	205	3.16	46	2.60
18058	124610	314.18	149.90	253.64	644	10.37	589	64.29

地　区	举办培训班（个）	培训人次（万人次）	开展基层培训辅导人次（万人次）	本单位受训人次（万人次）	计算机（台）	供读者使用电子阅览室终端数	图书馆网站访问量（页次）
总　计	**25446**	**160.48**	**61.69**	**11.70**	**139606**	**96683**	**163257053**
北　京	955	5.48	1.30	0.40	3609	1650	6617695
天　津	531	2.20	1.78	0.54	2325	1544	9151644
河　北	622	4.16	1.86	0.15	5352	3921	8212632
山　西	480	4.23	3.67	0.55	4499	3507	660296
内蒙古	398	2.26	1.04	0.59	4115	2903	778652
辽　宁	558	5.16	1.78	0.27	5331	2990	1302427
吉　林	248	1.73	1.17	0.16	2676	1691	846704
黑龙江	425	2.26	0.68	0.21	3768	2582	195742
上　海	1069	4.08	0.34	0.70	3842	2080	19521199
江　苏	1350	8.24	4.31	0.77	6600	4146	20778699
浙　江	2836	12.04	2.65	1.28	8041	5193	16562964
安　徽	586	5.28	2.15	0.21	4801	3734	4550031
福　建	738	4.34	0.80	0.25	3944	2649	15148158
江　西	503	4.68	1.57	0.11	5438	4018	1057075
山　东	1335	9.82	3.64	0.52	7849	5485	3606975
河　南	865	7.40	2.52	0.74	6335	4381	1600455
湖　北	807	5.64	4.38	0.47	4699	3448	4190553
湖　南	1200	7.66	2.81	0.19	4891	3573	8015931
广　东	1789	11.04	1.90	0.82	9009	6134	10113710
广　西	1360	8.57	2.23	0.32	4178	2996	529093
海　南	63	0.47	0.32	0.05	868	674	608629
重　庆	1842	8.27	2.49	0.13	3715	2764	3597885
四　川	1182	7.86	6.48	0.49	8032	5861	11431344
贵　州	564	4.13	0.85	0.85	4095	2832	2929640
云　南	989	8.74	2.44	0.34	5233	3854	6745919
西　藏	34	0.19	0.77	0.01	1034	757	6354
陕　西	1098	6.97	2.26	0.19	4625	3511	1907812
甘　肃	333	2.47	1.37	0.14	3739	2652	926854
青　海	89	0.66	0.16	0.02	1536	959	32820
宁　夏	130	0.89	0.23	0.09	1428	1048	28249
新　疆	467	3.58	1.74	0.17	3999	3146	1600912

本年收入合计（千元）	财政补贴收入	购书专项经费	上级补助收入	事业收入	经营收入	附属单位上缴收入	其他收入	本年支出合计（千元）
6260583	**5988227**	**602225**	**163908**	**29833**	**9226**	**1200**	**68189**	**6148600**
381476	376713	20505	484	3625	396		258	401129
224714	222167	16602	193	2096			258	218572
133029	130654	6276	615	940	95		725	117773
139977	139975	13469					2	134833
182559	181459	3967	645				455	181315
169346	168556	10066	680	94			16	171199
127022	126267	8171	295				460	117410
163172	161713	9083	1099	171			189	159851
560610	548198	71262	892	5316		844	5360	548979
437784	419682	59067	4353	3268	8180		2301	431359
636050	594542	87279	18280	1651			21577	606847
121848	109193	9553	9046	1937		5	1667	120081
164215	154943	24465	5589	1045			2638	175488
124822	114479	10746	5132	1890	1	102	3218	114458
252253	244438	25531	6244	19			1552	253787
150585	147319	9957	2009	326	10	5	916	148123
210563	199503	25504	5840	1027		59	4134	205887
192266	177398	23864	11676	554	62	50	2526	189635
583029	556765	71911	22635	1059			2570	561366
103102	85543	7698	16721	334	146		358	101805
26909	25797	2904	955	20			137	25330
189569	183954	27051	5003	234	120	90	168	183084
259038	249250	17099	8250				1538	257380
79564	67695	4531	8735	1808			1326	78122
187950	171146	7346	10065	10		10	6719	177010
16286	12658	2335	3212	253		20	143	13910
154620	147670	11903	6194	80	11		665	162543
105788	100548	4786	3164	722	200		1154	104870
29873	28622	1968	689	208	5	5	344	29257
37092	30821	3835	2947	1134			2190	42887
115472	110559	3491	2266	12		10	2625	114310

地区	基本支出	项目支出	经营支出	在支出合计中：工资福利支出	商品和服务支出	差旅费	劳务费
总计	**4008340**	**2124366**	**5683**	**2493398**	**1471561**	**38042**	**138070**
北京	199944	199788	396	123576	129449	235	2053
天津	146462	72110		80177	40590	171	3728
河北	100011	17632	90	63572	17364	536	1425
山西	85817	48641		59868	18459	844	1521
内蒙古	168148	13041	126	91991	30007	1877	2057
辽宁	144627	26562	10	91527	28638	652	2380
吉林	87510	29872	28	51482	20575	657	934
黑龙江	94220	65508	123	58208	12896	840	900
上海	346083	202892		229693	180279	467	6833
江苏	282279	146571	2509	162036	101563	1992	4726
浙江	306151	300696		215250	187066	1958	28457
安徽	86889	32598	432	48814	24747	1107	1556
福建	100587	73431	50	57324	47236	983	7397
江西	100483	12038	188	53264	21714	1598	1170
山东	196627	57146	14	127481	42099	1123	2637
河南	129537	18517	69	78855	25425	1040	1798
湖北	129529	76356	2	81166	42437	1013	1816
湖南	123797	65285	62	76044	35006	1508	1896
广东	273151	288159	56	159153	189865	1628	28778
广西	80626	19544	46	48146	19280	1840	1170
海南	15099	10001	230	10867	4582	443	360
重庆	84337	98607	140	47529	50216	5649	10743
四川	150633	106712	39	107041	81913	3455	11968
贵州	60757	15028	150	40418	10265	594	1491
云南	135797	40899	85	91844	33542	1036	2551
西藏	12392	662	122	5982	1391	185	73
陕西	131008	31000	335	86308	29536	1782	2760
甘肃	89939	14738	193	57004	14650	1274	1823
青海	23022	6191	10	14823	3153	364	116
宁夏	35444	7393	50	18770	5229	164	929
新疆	87434	26748	128	55185	22389	1027	2024

福利费	各种税金支出	对个人和家庭补助支出	抚恤金和生活补助	其他资本性支出	各种设备购置费	新增藏量购置费	新增数字资源购置费	资产总计（千元）
23879	**12597**	**648582**	**28658**	**1478122**	**1093646**	**655349**	**92925**	**17760526**
1994	1597	48767	934	96572	72829	36074	5555	1153766
927	862	39319	506	35447	28059	15523	6286	337548
218		11409	898	25388	19208	12164	1337	272172
78	39	10074	388	46264	25755	15265	1396	461904
491	8	33582	1072	25735	21729	8388	1425	297506
566	3	29373	1321	21261	15777	10719	935	330372
113	2140	23854	1200	21493	15022	7068	418	174204
160	24	21286	1140	66510	14323	10310	729	228570
3987	201	12307	863	126700	112069	55047	18831	2126084
992	374	53248	1021	114512	91492	70704	10937	1350377
5247	399	33173	671	171266	142247	92097	8291	1433550
477		16552	954	28956	23307	14295	1608	340006
700	4186	12035	500	55390	45520	27302	2477	520903
1312	111	18770	1102	20498	14594	9347	1479	271403
98		24304	1056	58764	48504	28469	2193	503185
388	71	14829	1118	28814	24381	12636	1151	396826
426	455	23677	752	58607	39476	26659	1536	449621
1174	155	13477	886	64960	45473	25122	2485	1209808
2107	404	65885	2276	135558	109210	72487	8231	2256618
168	253	15101	1082	19043	14058	8469	367	245585
6	2	1188	39	7154	5630	3394	893	77156
619	21	26083	1272	53160	36198	21503	6354	430295
524	62	17680	779	50564	31261	19293	2897	676706
106	2	9959	798	17202	9783	6289	1012	530948
337	630	20786	1754	27380	17364	10486	717	566133
28	5	220	220	6125	4859	1514	19	244102
129	49	16197	2194	30501	24234	14514	1770	224676
202	146	15912	477	16842	9590	6184	759	265684
80	63	1755	19	9522	7652	1686	10	32857
19	30	4318	567	14660	6453	4135	585	107935
206	305	13462	799	23274	17589	8206	242	244026

地　区	固定资产原值	实际使用公用房屋建筑面积（万平方米）	书库面积	阅览室面积	书刊阅览室面积	电子阅览室面积	实际拥有产权面积（万平方米）
总　计	**15896149**	**798.89**	**155.06**	**226.60**	**148.81**	**42.98**	**475.85**
北　京	1041638	18.06	4.26	4.56	3.59	0.58	7.04
天　津	272037	13.59	3.85	3.51	2.63	0.77	4.14
河　北	258110	27.17	5.97	9.25	6.17	1.79	17.31
山　西	407500	27.03	5.37	8.61	5.47	1.81	27.37
内蒙古	279022	21.26	3.21	6.28	4.08	1.49	8.80
辽　宁	290875	22.76	4.11	5.98	4.56	1.03	9.91
吉　林	144766	10.55	1.96	3.46	2.43	0.77	7.09
黑龙江	202654	14.73	2.89	4.68	2.66	1.11	5.76
上　海	1918414	28.85	3.28	9.18	7.67	0.85	15.97
江　苏	1217554	72.37	9.16	18.50	10.57	2.07	44.29
浙　江	1133975	71.99	11.34	20.99	12.75	2.89	30.67
安　徽	275909	21.57	3.69	5.98	3.95	1.45	13.59
福　建	459302	26.20	6.70	7.52	5.73	1.02	18.15
江　西	214658	22.48	5.56	7.14	4.42	1.47	16.49
山　东	456225	65.18	11.16	13.60	8.59	2.61	23.27
河　南	371561	30.53	6.37	7.81	5.27	1.76	17.78
湖　北	396569	29.73	6.80	8.27	5.01	1.91	25.58
湖　南	1149552	25.98	6.74	6.70	4.24	1.71	20.88
广　东	2161868	64.57	11.87	18.85	14.23	3.19	39.87
广　西	196264	16.92	4.82	4.81	2.96	1.23	12.66
海　南	69999	3.82	0.82	0.70	0.45	0.21	2.48
重　庆	367415	25.35	4.97	7.15	4.81	1.06	19.55
四　川	609033	39.85	8.41	13.82	9.73	2.85	23.82
贵　州	419280	16.09	3.35	4.69	2.75	1.07	12.49
云　南	525774	24.22	5.85	5.99	3.59	1.74	17.14
西　藏	242449	2.19	0.82	0.60	0.31	0.22	0.64
陕　西	198498	17.59	3.69	5.50	3.37	1.43	12.07
甘　肃	256641	13.97	2.63	3.50	2.05	0.89	9.27
青　海	31638	2.66	0.72	0.88	0.51	0.24	0.66
宁　夏	96520	4.80	1.04	1.41	0.81	0.40	3.92
新　疆	230449	16.88	3.65	6.69	3.46	1.36	7.19

阅览室座席数（个）			志愿者服务队伍数（个）	志愿者服务队伍人数（人）	图书馆延伸服务情况			
	少儿阅览室座席数	盲人阅览室座席数			流动图书车数（辆）	流动服务书刊借阅人次（万人次）	流动图书馆车书刊借阅册次（万册次）	分馆数量（个）
644290	**173375**	**17619**	**4861**	**116982**	**1446**	**1637.13**	**2793.91**	**10094**
14321	3730	182	20	666	20	8.58	62.15	323
10088	2399	223	55	1492	10	21.74	52.81	38
25638	6239	636	182	1358	64	23.59	32.24	61
20383	4896	706	63	1045	150	57.25	75.64	202
17529	4985	455	29	921	32	32.80	55.15	153
19317	4636	574	92	4120	44	30.52	75.56	325
10921	3004	346	39	914	17	29.75	54.18	259
15107	4919	279	73	925	34	36.60	67.35	179
19901	4077	206	180	15816	4	75.10	117.32	440
35033	10191	1138	166	10826	26	93.35	168.33	1905
48822	11427	1075	238	16806	49	212.56	472.21	911
19035	5743	959	89	2047	24	47.07	71.73	1205
21418	5827	361	95	4780	14	61.91	98.16	338
23306	7274	1208	143	1205	33	48.73	51.10	166
40008	9248	1535	293	5043	30	62.04	108.62	646
28840	8486	846	125	1643	54	47.95	65.26	278
25674	7935	679	707	3429	82	100.25	136.40	178
25014	8050	591	1306	5726	41	50.16	77.94	157
53255	12643	675	102	19115	43	131.72	235.65	755
19133	6040	297	116	1841	40	33.45	54.46	40
2792	709	44	3	63	4	6.43	9.80	13
22196	5448	672	89	1684	42	80.76	151.44	433
37130	9047	1184	174	5701	111	103.94	167.27	223
15789	4764	755	91	1352	65	38.07	51.04	153
19077	5766	511	76	818	99	82.51	118.87	181
1903	226	25	44	354	74	1.08	1.07	1
15981	4663	601	81	2037	92	41.15	53.84	479
12956	3941	379	73	1042	58	28.55	35.75	19
1743	369	20	1	12	39	8.63	9.86	3
5263	1271	214	8	363	7	10.75	21.31	6
16717	5422	243	108	3838	44	30.13	41.40	24

主要统计指标解释

1．**藏量**：指本馆已编目的古籍、图书、期刊和报纸的合订本、小册子、手稿，以及缩微制品、录像带、录音带、光盘等视听文献资料数量之和。

对同一书名，但分若干册（卷）的图书，按每一册（卷）作为一册统计。期刊和报纸均以每一合订本为一册统计。至填报本表时，尚未装订成册编目的期刊和报纸不应统计在内。

2．**图书**：指装订成册，不少于49页，并在“古籍”范围以外的纸介质图书。装订成册但不足49页的，按小册子统计到“其他”类中。

3．**盲文图书**：指供盲人读者阅读的图书。

4．**报刊**：指刊登当前事件的专题或综合新闻，每周至少出版一张并按年、月、日顺序或按编号排列的连续出版物。或者是同一刊名下，按顺序号或按年、月、日出版的定期或不定期的一种连续出版物。包括报纸和期刊。

5．**古籍、善本**：实际成书和出版年代在1911年（含1911年）以前的线装、卷轴装、经折装、蝴蝶装、包背装等书籍为古籍。其中清乾隆六十年即1795年（含1795年）以前的古籍为善本，1795年至1911年间的具有历史文献性、学术资料性和印刷装帧艺术代表性的也归为善本。

6．**视听文献**：包括各类型声频文献（唱片、录音带、盒式磁带等）、视频文献（例如幻灯片、透明正片等）和声频与视频混合文献（例如有声电影、录像片等）。

7．**缩微文献**：指所有经过缩微处理制成缩微胶卷和缩微平片，使用时需要放大的文献资料。

8．**其他**：指馆藏文献资源中，不在以上任何一类文献中的内容。

9．**开架书刊**：指图书馆总藏量中已上架并可用于外借或馆内阅读的图书、报刊等。

10．**少儿文献**：是指供少儿阅读的文献，包括图书、绘本、画册、连环画等，不论其是否装订成册，或页数是否达到49页，均按1个“册件”计算在内。“少儿文献”不纳入“总藏量”加总计算，在图书、报刊、视听文献、缩微制品中，涉及少儿文献的，仍然分别统计在内。

11．**电子图书**：指本馆通过购买方式取得当前使用权的电子图书，以及本馆自建或与其他机构合作建设的电子图书。

本馆自建电子图书：指本馆通过数字化加工、网络采集、依法保存等方式获得，并在本地存储和保管的电子图书。

本馆外购电子图书：指本馆付费获得使用权不少于12个月的电子图书。

从其他机构免费共享的电子图书：指其他机构通过VPN共享、本地镜像或硬存储等方式免费授权给本馆使用的电子图书。

12．**书架单层总长度**：指馆藏实际占用书架、书柜单层单面长度之和。

13．**本年度新购藏量**：是指本年度内，通过购买、征集、竞拍等各种方式新入藏的各类型文献资源总量（不包括电子图书）。

14．**新增电子图书**：指图书馆本年度通过自建、购买（获得使用权不少于12个月）的电子图书总量。

15．**当年购买的报刊种类**：指图书馆当年购买的期刊和报纸种类之和。其计量原则同图书。

16．**有效借书证数**：是指由本馆或本馆所在总分馆体系中其他图书馆发放，并在当年内在本馆、本馆下辖分馆或本馆派出各类馆外服务设施中使用过至少一次的借书证数。

17. **总流通人次**：指本年度内到图书馆场馆接受图书馆服务的总人次，包括借阅书刊、咨询问题，以及参加各类读者活动等。

18. **书刊文献外借人次**：指通过本馆或本馆所辖分馆以及本馆派出的馆外服务设施将本馆各类型文献资源借出阅读的读者人次。

19. **书刊文献外借册次**：指读者通过由本馆或本馆所辖分馆以及本馆派出的馆外服务设施借出阅读的本馆各类型文献册次。

20. **组织各类讲座次数、参加人次**：指由本馆举办或与外机构联合举办的各类讲座次数及参加这些讲座的人次。

21. **举办展览个数、参观人次**：指本馆举办或与外机构联合举办的在馆内或馆外展览的展览个数及参观人次。个数按展览的内容计算。同一内容的展览不论在哪些地点展出和展出时间多久，只计算一个。

22. **举办训练班班次、培训人次**：指本馆举办或与外机构联合举办的各种科普、文化、艺术等训练班，按截止到年底办完的班数及培训人数分别计算班次及培训人次。截止到年底未办完的班数和人数均在下一年度统计。

23. **为少儿举办的专场活动**：是指专门以少年儿童为受众组织的展览、讲座、读书、培训等活动，含亲子阅读类活动。

24. **图书馆网站访问量**：指本年度中图书馆网站中所有网页（含文件及动态网页）被访客浏览的总次数。图书馆网站指有独立域名的 Web 站点，其中包括 cn 和通用顶级域名下的 Web 站点。

25. **计算机台数**：指图书馆内列入固定资产管理并正在使用的计算机终端台数。

26. **供读者使用的终端数**：指图书馆内放置可供读者使用的计算机台数。

27. **新增藏量购置费**：指本馆本年购进图书、报刊、缩微制品、视听文献等藏品所用经费之和。

28. **新增电子图书购置费**：指图书馆本年度专门用于自建、购买电子图书的经费。

29. **少儿阅览室座席数**：指图书馆中专门提供给少年儿童使用的座位数。

30. **盲人阅览室座席数**：指图书馆中专门提供给盲人使用，并配置有专门的辅助阅读、视听设备的座位数。

31. **流动服务书刊借阅人次/册次**：是指图书馆利用流动服务方式开展书刊借阅服务的读者人次和册次。

32. **分馆数量**：是指在以本馆为中心馆的总分馆体系中，接受本馆统一管理，具有独立馆舍、一定数量的馆藏、专职管理人员的图书馆数量。总馆对分馆负有业务指导关系，并且总、分馆之间实现文献资源共建共享、通借通还。

（本统计资料由文化部财务司规划统计处提供）

2016 年全国高校图书馆统计数据

2016 年 860 所高校图书馆在编职工人数统计表

序号	图书馆名称	在编职工(人)	序号	图书馆名称	在编职工(人)
1	武汉大学图书馆	265	36	长江大学图书馆	115
2	中山大学图书馆	257	37	江苏师范大学图书馆	114
3	上海交通大学图书馆	211	38	江苏大学图书馆	112
4	山东大学图书馆	206	39	南京农业大学图书馆	109
5	四川大学图书馆	187	40	黑龙江大学图书馆	109
6	华中科技大学图书馆	179	41	兰州大学图书馆	108
7	浙江大学图书馆	176	42	安徽大学图书馆	107
8	武汉理工大学图书馆	174	43	上海师范大学图书馆	107
9	复旦大学图书馆	168	44	福州大学图书馆	106
10	厦门大学图书馆	162	45	湖南师范大学图书馆	106
11	郑州大学图书馆	161	46	大连理工大学图书馆	105
12	中南大学图书馆	156	47	临沂大学图书馆	105
13	苏州大学图书馆	151	48	西南交通大学图书馆	103
14	上海大学图书馆	150	49	深圳大学城图书馆	102
15	北京大学图书馆	149	50	浙江师范大学图书馆	102
16	同济大学图书馆	149	51	福建师范大学图书馆	101
17	河南大学图书馆	148	52	暨南大学图书馆	100
18	扬州大学图书馆	148	53	集美大学图书馆	100
19	西安交通大学图书馆	136	54	长安大学图书馆	99
20	西北农林科技大学图书馆	136	55	河南理工大学图书馆	99
21	深圳大学图书馆	132	56	中南财经政法大学图书馆	98
22	南昌大学图书馆	131	57	长沙理工大学图书馆	98
23	南开大学图书馆	128	58	河北师范大学图书馆	97
24	湖南大学图书馆	127	59	青岛科技大学图书馆	96
25	华东师范大学图书馆	125	60	天津大学图书馆	95
26	南京大学图书馆	125	61	东北林业大学图书馆	94
27	东北师范大学图书馆	125	62	潍坊学院图书馆	94
28	河南科技大学图书馆	125	63	浙江工业大学图书馆	94
29	哈尔滨师范大学图书馆	124	64	宁夏大学图书馆	93
30	华南理工大学图书馆	123	65	电子科技大学图书馆	92
31	东南大学图书馆	122	66	江汉大学图书馆	92
32	重庆大学图书馆	122	67	兰州理工大学图书馆	92
33	清华大学图书馆	120	68	天津师范大学图书馆	92
34	九江学院图书馆	119	69	温州大学图书馆	92
35	南京师范大学图书馆	115	70	新疆大学图书馆	91

续表

序号	图书馆名称	在编职工(人)	序号	图书馆名称	在编职工(人)
71	海南大学图书馆	90	111	湖南科技大学图书馆	77
72	中国海洋大学图书馆	89	112	云南师范大学图书馆	77
73	华东理工大学图书馆	87	113	南京理工大学图书馆	76
74	江南大学图书馆	87	114	三峡大学图书馆	76
75	广州大学图书馆	87	115	中国科学技术大学图书馆	75
76	宁波大学图书馆	87	116	大连海事大学图书馆	74
77	山东师范大学图书馆	87	117	陕西师范大学图书馆	74
78	华南师范大学图书馆	86	118	湖南工业大学图书馆	74
79	华南农业大学图书馆	86	119	西安建筑科技大学图书馆	74
80	华北电力大学图书馆	85	120	河南牧业经济学院图书馆	74
81	南京航空航天大学图书馆	85	121	北华大学图书馆	73
82	广东外语外贸大学图书馆	85	122	西北工业大学图书馆	72
83	昆明理工大学图书馆	85	123	内蒙古医学院图书馆	71
84	四川师范大学图书馆	85	124	西南民族大学图书馆	71
85	江苏科技大学图书馆	84	125	内蒙古民族大学图书馆	70
86	中南林业科技大学图书馆	84	126	吉首大学图书馆	69
87	武汉纺织大学图书馆	83	127	西北民族大学图书馆	69
88	武汉科技大学图书馆	83	128	井冈山大学图书馆	68
89	南华大学图书馆	82	129	辽宁石油化工大学图书馆	68
90	内蒙古师范大学图书馆	82	130	西华师范大学图书馆	68
91	山东农业大学图书馆	82	131	华中师范大学图书馆	67
92	东北财经大学图书馆	81	132	西南财经大学图书馆	67
93	齐齐哈尔大学图书馆	81	133	南京工业大学图书馆	67
94	辽宁大学图书馆	80	134	北京交通大学图书馆	66
95	安徽理工大学图书馆	80	135	西北大学图书馆	66
96	安徽师范大学图书馆	80	136	成都大学图书馆	66
97	内蒙古农业大学图书馆	80	137	湖北工业大学图书馆	66
98	贵州大学图书馆	79	138	西安财经学院图书馆	66
99	哈尔滨工程大学图书馆	79	139	北京邮电大学图书馆	65
100	内蒙古大学图书馆	79	140	沈阳师范大学图书馆	65
101	广东工业大学图书馆	79	141	郑州轻工业学院图书馆	65
102	贵州师范大学图书馆	79	142	河北工业大学图书馆	64
103	湖北大学图书馆	79	143	成都理工大学图书馆	64
104	东北大学图书馆	78	144	淮北师范大学图书馆	64
105	合肥工业大学图书馆	78	145	哈尔滨商业大学图书馆	64
106	首都师范大学图书馆	78	146	石家庄学院图书馆	64
107	湖北工程学院图书馆	78	147	山西大学图书馆	64
108	江西师范大学图书馆	78	148	天津外国语大学图书馆	64
109	内蒙古工业大学图书馆	78	149	岭南师范学院图书馆	63
110	广东海洋大学图书馆	77	150	西南政法大学图书馆	63

续表

序号	图书馆名称	在编职工(人)	序号	图书馆名称	在编职工(人)
151	浙江工商大学图书馆	63	190	广东财经大学图书馆	55
152	上海财经大学图书馆	62	191	广东技术师范学院图书馆	55
153	中国矿业大学图书馆	62	192	赣南师范学院图书馆	55
154	福建农林大学图书馆	62	193	湖北民族学院图书馆	55
155	湖北水利水电大学图书馆	62	194	江西理工大学图书馆	55
156	吉林师范大学图书馆	62	195	西南石油大学图书馆	55
157	辽宁师范大学图书馆	62	196	南京林业大学图书馆	54
158	南阳师范学院图书馆	61	197	咸阳师范学院图书馆	54
159	重庆文理学院图书馆	61	198	长春工程学院图书馆	54
160	湖北第二师范学院图书馆	61	199	滨州学院图书馆	54
161	华中农业大学图书馆	60	200	黄淮学院图书馆	54
162	大连大学图书馆	60	201	东北农业大学图书馆	53
163	福建工程学院图书馆	60	202	四川工商学院(原四川师范大学成都学院)图书馆	53
164	湖南理工学院图书馆	60	203	上海中医药大学图书馆	53
165	闽南师范大学图书馆	60	204	苏州科技大学图书馆	53
166	台州学院图书馆	60	205	中国计量大学图书馆	53
167	西安科技大学图书馆	60	206	广东药科大学图书馆	52
168	中原工学院图书馆	60	207	贵州财经大学图书馆	52
169	大理大学图书馆	59	208	华东政法大学图书馆	52
170	山西财经大学图书馆	59	209	河南工业大学图书馆	52
171	邵阳学院图书馆	59	210	江西科技师范大学图书馆	52
172	长春理工大学图书馆	59	211	嘉兴学院图书馆	52
173	北京工业大学图书馆	58	212	兰州交通大学图书馆	52
174	杭州电子科技大学图书馆	58	213	天津商业大学图书馆	52
175	东华大学图书馆	57	214	温州医科大学图书馆	52
176	辽宁科技大学图书馆	57	215	成都中医药大学图书馆	51
177	上海应用技术大学图书馆	57	216	常州工学院图书馆	51
178	沈阳理工大学图书馆	57	217	湖北经济学院图书馆	51
179	天津理工大学图书馆	57	218	河南工程学院图书馆	51
180	太原师范学院图书馆	57	219	韩山师范学院图书馆	51
181	西安翻译学院图书馆	57	220	南昌航空大学图书馆	51
182	西安工程大学图书馆	57	221	四川理工学院图书馆	51
183	西安理工大学图书馆	57	222	陕西科技大学图书馆	51
184	深圳职业技术学院图书馆	57	223	西北政法大学图书馆	51
185	四川农业大学图书馆	56	224	长春工业大学图书馆	51
186	北京工商大学图书馆	56	225	中央民族大学图书馆	50
187	西华大学图书馆	56	226	北京科技大学图书馆	50
188	中国政法大学图书馆	55	227	西安电子科技大学图书馆	50
189	内蒙古科技大学(原包头钢铁学院)图书馆	55	228	贵州民族大学图书馆	50

续表

序号	图书馆名称	在编职工(人)	序号	图书馆名称	在编职工(人)
229	黑龙江中医药大学图书馆	50	269	西安文理学院图书馆	46
230	平顶山学院图书馆	50	270	遵义师范学院图书馆	46
231	四川外国语大学图书馆	50	271	包头师范学院图书馆	45
232	上海理工大学图书馆	50	272	赤峰学院图书馆	45
233	天津财经大学图书馆	50	273	贵州工程应用技术学院图书馆	45
234	西安外事学院图书馆	50	274	莆田学院图书馆	45
235	西昌学院图书馆	50	275	海南热带海洋学院(琼州学院)图书馆	45
236	西南科技大学图书馆	50	276	武汉工程大学图书馆	45
237	云南民族大学图书馆	50	277	武汉华夏理工学院图书馆	45
238	吉林财经大学(原长春税务学院)图书馆	50	278	西安石油大学图书馆	45
239	浙江理工大学图书馆	50	279	内江师范学院图书馆	44
240	中南民族大学图书馆	50	280	西安工业大学图书馆	44
241	北方民族大学图书馆	49	281	浙江大学城市学院图书馆	44
242	昆明学院图书馆	49	282	广东石油化工学院图书馆	43
243	上海海事大学图书馆	49	283	金陵科技学院图书馆	43
244	许昌学院图书馆	49	284	兰州财经大学图书馆	43
245	宜春学院图书馆	49	285	泉州师范学院图书馆	43
246	中国医科大学图书馆	49	286	绍兴文理学院图书馆	43
247	浙江财经大学图书馆	49	287	沈阳农业大学图书馆	43
248	宝鸡文理学院图书馆	48	288	武昌首义学院图书馆	43
249	洛阳理工学院图书馆	48	289	盐城师范学院图书馆	43
250	青岛农业大学图书馆	48	290	扬州职业大学图书馆	43
251	徐州工程学院图书馆	48	291	阜阳师范学院图书馆	42
252	云南财经大学图书馆	48	292	河南农业大学图书馆	42
253	东北石油大学图书馆	47	293	黄山学院图书馆	42
254	东华理工大学图书馆	47	294	贺州学院图书馆	42
255	河北北方学院图书馆	47	295	闽江学院图书馆	42
256	湖南科技学院图书馆	47	296	韶关学院图书馆	42
257	河西学院图书馆	47	297	陕西理工大学图书馆	42
258	湖州师范学院图书馆	47	298	新乡学院图书馆	42
259	丽水学院图书馆	47	299	新乡医学院图书馆	42
260	南京医科大学图书馆	47	300	忻州师范学院图书馆	42
261	陕西学前师范学院图书馆	47	301	浙江传媒学院图书馆	42
262	西安外国语大学图书馆	47	302	浙江科技学院图书馆	42
263	盐城工学院图书馆	47	303	广西科技大学(原广西工学院)图书馆	41
264	浙江海洋大学图书馆	47	304	河套学院图书馆	41
265	东北电力大学图书馆	46	305	首都医科大学图书馆	41
266	湖南文理学院图书馆	46	306	延安大学图书馆	41
267	昆明医学院图书馆	46	307	成都信息工程大学图书馆	40
268	辽宁工程技术大学图书馆	46	308	华东交通大学图书馆	40

续表

序号	图书馆名称	在编职工(人)	序号	图书馆名称	在编职工(人)
309	济宁学院图书馆	40	349	江西中医药大学图书馆	35
310	洛阳师范学院图书馆	40	350	龙岩学院图书馆	35
311	上海电力学院图书馆	40	351	中国美术学院图书馆	35
312	商丘师范学院图书馆	40	352	湖南警察学院图书馆	35
313	皖西学院图书馆	40	353	贵州师范学院图书馆	34
314	云南农业大学图书馆	40	354	兰州城市学院图书馆	34
315	长江师范学院图书馆	40	355	攀枝花学院图书馆	34
316	衢州职业技术学院图书馆	40	356	宜宾学院图书馆	34
317	延安职业技术学院图书馆	40	357	遵义医学院图书馆	34
318	大庆师范学院图书馆	39	358	贵州医科大学图书馆	33
319	沈阳工业大学图书馆	39	359	淮南师范学院图书馆	33
320	沈阳航空航天大学图书馆	39	360	凯里学院图书馆	33
321	甘肃农业大学图书馆	38	361	三明学院图书馆	33
322	江西农业大学图书馆	38	362	西南林学院图书馆	33
323	锦州医科大学图书馆	38	363	成都纺织高等专科学校图书馆	33
324	辽宁工业大学图书馆	38	364	达州职业技术学院图书馆	33
325	南京审计大学图书馆	38	365	大连海洋大学图书馆	32
326	上饶师范学院图书馆	38	366	惠州学院图书馆	32
327	武汉东湖学院图书馆	38	367	南方医科大学图书馆	32
328	大连职业技术学院图书馆	38	368	上海对外经贸大学图书馆	32
329	川北医学院图书馆	37	369	上海海洋大学图书馆	32
330	海口经济学院图书馆	37	370	沈阳化工大学图书馆	32
331	湖南财政经济学院图书馆	37	371	铜仁学院图书馆	32
332	景德镇陶瓷大学图书馆	37	372	五邑大学图书馆	32
333	青海师范大学图书馆	37	373	西安欧亚学院图书馆	32
334	上海工程技术大学图书馆	37	374	西安思源学院图书馆	32
335	渭南师范学院图书馆	37	375	焦作大学图书馆	32
336	西藏民族大学图书馆	37	376	陕西工业职业技术学院图书馆	32
337	中国人民公安大学图书馆	37	377	赣南医学院图书馆	31
338	白城师范学院图书馆	36	378	泸州医学院图书馆	31
339	绵阳师范学院图书馆	36	379	南昌大学科技学院图书馆	31
340	青海民族大学图书馆	36	380	南昌师范学院图书馆	31
341	沈阳工程学院图书馆	36	381	呼和浩特民族学院图书馆	31
342	武汉工商学院图书馆	36	382	天津城建大学图书馆	31
343	西交利物浦大学图书馆	36	383	西安医学院图书馆	31
344	中国民用航空飞行学院图书馆	36	384	福建医科大学图书馆	30
345	浙江农林大学图书馆	36	385	贵阳学院图书馆	30
346	顺德职业技术学院图书馆	36	386	湖南医药学院图书馆	30
347	苏州职业大学图书馆	36	387	萍乡学院(原萍乡高等专科学校)图书馆	30
348	楚雄师范学院图书馆	35	388	石家庄铁道大学图书馆	30

续表

序号	图书馆名称	在编职工(人)	序号	图书馆名称	在编职工(人)
389	商洛学院图书馆	30	428	呼和浩特职业学院图书馆	27
390	武夷学院图书馆	30	429	河源职业技术学院图书馆	27
391	西安体育学院图书馆	30	430	汕头职业技术学院图书馆	27
392	西安邮电大学图书馆	30	431	北京中医药大学图书馆	26
393	信阳农林学院图书馆	30	432	北京师范大学珠海分校图书馆	26
394	浙江中医药大学图书馆	30	433	福建江夏学院图书馆	26
395	河南工业职业技术学院图书馆	30	434	吉林农业科技学院图书馆	26
396	盘锦职业技术学院图书馆	30	435	乐山师范学院图书馆	26
397	温州职业技术学院图书馆	30	436	宁德师范学院图书馆	26
398	许昌职业技术学院图书馆	30	437	黔南民族师范学院图书馆	26
399	红河学院图书馆	29	438	山东警察学院图书馆	26
400	六盘水师范学院图书馆	29	439	上海政法学院图书馆	26
401	兰州文理学院图书馆	29	440	天水师范学院图书馆	26
402	汕头大学图书馆	29	441	西京学院图书馆	26
403	武汉科技大学城市学院图书馆	29	442	浙江外国语学院图书馆	26
404	西北大学现代学院图书馆	29	443	湖北工业职业技术学院图书馆	26
405	广州工商学院图书馆	29	444	四川工程职业技术学院图书馆	26
406	福建中医药大学图书馆	28	445	甘肃政法学院图书馆	25
407	合肥师范学院图书馆	28	446	贵阳中医学院图书馆	25
408	湖南女子学院图书馆	28	447	牡丹江师范学院图书馆	25
409	宁波大红鹰学院图书馆	28	448	南京体育学院图书馆	25
410	沈阳体育学院图书馆	28	449	南京艺术学院图书馆	25
411	武汉体育学院图书馆	28	450	四川文理学院图书馆	25
412	西北工业大学明德学院图书馆	28	451	四川音乐学院图书馆	25
413	长春中医学院图书馆	28	452	上海健康医学院图书馆	25
414	四川交通职业技术学院图书馆	28	453	宿迁学院图书馆	25
415	商洛职业技术学院图书馆	28	454	西安航空学院图书馆	25
416	安徽工程大学图书馆	27	455	鄂州职业大学图书馆	25
417	包头医学院图书馆	27	456	哈尔滨职业技术学院图书馆	25
418	池州学院图书馆	27	457	安顺学院图书馆	24
419	东北师范大学人文学院图书馆	27	458	成都体育学院图书馆	24
420	广州医科大学图书馆	27	459	巢湖学院图书馆	24
421	广州中医药大学图书馆	27	460	贵州理工学院图书馆	24
422	宁夏师范学院图书馆	27	461	吉林华侨外国语学院图书馆	24
423	曲靖师范学院图书馆	27	462	宁波工程学院图书馆	24
424	玉溪师范学院图书馆	27	463	南方科技大学图书馆	24
425	浙江越秀外国语学院图书馆	27	464	上海机电学院图书馆	24
426	昭通学院(原昭通师范高等专科学校)图书馆	27	465	汉江师范学院(原郧阳师范高等专科学校)图书馆	24
427	包头轻工职业技术学院图书馆	27	466	长春建筑学院图书馆	24

序号	图书馆名称	在编职工(人)	序号	图书馆名称	在编职工(人)
467	成都工业职业技术学院图书馆	24	507	常州轻工职业技术学院图书馆	21
468	广东岭南职业技术学院图书馆	24	508	东莞职业技术学院图书馆	21
469	鹤壁职业技术学院图书馆	24	509	德州职业技术学院图书馆	21
470	海南软件职业技术学院图书馆	24	510	金华职业技术学院图书馆	21
471	九江职业技术学院图书馆	24	511	闽西职业技术学院图书馆	21
472	辽宁交通高等专科学校图书馆	24	512	内江职业技术学院图书馆	21
473	连云港职业技术学院图书馆	24	513	南昌职业学院图书馆	21
474	宁波职业技术学院图书馆	24	514	武汉铁路职业技术学院图书馆	21
475	四川建筑职业技术学院图书馆	24	515	西安电力高等专科学校图书馆	21
476	咸阳职业技术学院图书馆	24	516	甘肃民族师范学院图书馆	20
477	营口职业技术学院图书馆	24	517	哈尔滨金融学院图书馆	20
478	杨凌职业技术学院图书馆	24	518	吉林建筑大学城建学院图书馆	20
479	浙江医学高等专科学校图书馆	24	519	江西服装学院图书馆	20
480	蚌埠学院图书馆	23	520	上海杉达学院图书馆	20
481	湖南财经工业职业技术学院图书馆	23	521	西安交通大学城市学院图书馆	20
482	南京工业职业技术学院图书馆	23	522	白城医学高等专科学校图书馆	20
483	内蒙古化工职业学院图书馆	23	523	厦门城市职业学院图书馆	20
484	四川职业技术学院图书馆	23	524	温州科技职业学院图书馆	20
485	西安航空职业技术学院图书馆	23	525	云南交通职业技术学院图书馆	20
486	长春职业技术学院图书馆	23	526	东华理工大学长江学院图书馆	19
487	东莞理工学院图书馆	22	527	电子科技大学中山学院图书馆	19
488	合肥学院图书馆	22	528	广东警官学院图书馆	19
489	山东政法学院图书馆	22	529	甘肃中医药大学图书馆	19
490	上海音乐学院图书馆	22	530	沈阳医学院图书馆	19
491	厦门理工学院图书馆	22	531	西安美术学院图书馆	19
492	陕西中医药大学图书馆	22	532	仰恩大学图书馆	19
493	云南中医学院图书馆	22	533	云南艺术学院图书馆	19
494	长春光华学院图书馆	22	534	浙江水利水电学院图书馆	19
495	包头职业技术学院图书馆	22	535	广东司法警官职业学院图书馆	19
496	广州城市职业学院图书馆	22	536	广东省外语艺术职业学院图书馆	19
497	江西旅游商贸职业学院图书馆	22	537	广州商学院图书馆	19
498	绵阳职业技术学院图书馆	22	538	黄冈职业技术学院图书馆	19
499	成都师范学院图书馆	21	539	揭阳职业技术学院图书馆	19
500	聊城大学东昌学院图书馆	21	540	黎明职业大学图书馆	19
501	四川民族学院图书馆	21	541	南通职业大学图书馆	19
502	上海第二工业大学图书馆	21	542	浙江纺织服装职业技术学院图书馆	19
503	上海师范大学天华学院图书馆	21	543	中山火炬职业技术学院图书馆	19
504	陕西国际商贸学院图书馆	21	544	成都工业学院图书馆	18
505	通化师范学院图书馆	21	545	福州外语外贸学院图书馆	18
506	兴义民族师范学院图书馆	21	546	华东交通大学理工学院图书馆	18

续表

序号	图书馆名称	在编职工(人)	序号	图书馆名称	在编职工(人)
547	江西警察学院图书馆	18	587	首都体育学院图书馆	16
548	民办黑龙江东方学院图书馆	18	588	厦门华夏学院图书馆	16
549	四川旅游学院图书馆	18	589	天津体育学院图书馆	16
550	天津大学仁爱学院图书馆	18	590	武汉晴川学院图书馆	16
551	武汉工程科技学院图书馆	18	591	西安交通工程学院图书馆	16
552	西安培华学院图书馆	18	592	阳光学院图书馆	16
553	延安大学西安创新学院图书馆	18	593	榆林学院图书馆	16
554	云南开放大学图书馆	18	594	长春科技学院图书馆	16
555	长春财经学院图书馆	18	595	德宏师范高等专科学校图书馆	16
556	仲恺农业工程学院图书馆	18	596	福建船政交通职业学院图书馆	16
557	佛山职业技术学院图书馆	18	597	福建信息职业技术学院图书馆	16
558	广安职业技术学院图书馆	18	598	广东工程职业技术学院图书馆	16
559	广东交通职业技术学院图书馆	18	599	广东机电职业技术学院图书馆	16
560	共青科技职业学院图书馆	18	600	江西科技职业学院图书馆	16
561	赣州师范高等专科学校图书馆	18	601	黔南民族医学高等专科学校图书馆	16
562	广州涉外经济职业技术学院图书馆	18	602	四川中医药高等专科学校图书馆	16
563	湖北三峡职业技术学院图书馆	18	603	云南国土资源职业学院图书馆	16
564	南京科技职业学院图书馆	18	604	浙江国际海运职业技术学院图书馆	16
565	内蒙古电子信息职业技术学院图书馆	18	605	浙江医药高等专科学校图书馆	16
566	清远职业技术学院图书馆	18	606	福建警察学院图书馆	15
567	四川水利职业技术学院图书馆	18	607	辽宁对外经贸学院图书馆	15
568	思茅师范高等专科学校图书馆	18	608	闽南理工学院图书馆	15
569	随州职业技术学院图书馆	18	609	陕西服装工程学院图书馆	15
570	浙江经贸职业技术学院图书馆	18	610	安徽警官职业学院图书馆	15
571	浙江金融职业学院图书馆	18	611	成都职业技术学院图书馆	15
572	浙江交通职业技术学院图书馆	18	612	杭州科技职业技术学院图书馆	15
573	中山职业技术学院图书馆	18	613	惠州卫生职业技术学院图书馆	15
574	华南农业大学珠江学院图书馆	17	614	江西电力职业技术学院图书馆	15
575	武汉音乐学院图书馆	17	615	泸州职业技术学院图书馆	15
576	宝鸡职业技术学院图书馆	17	616	广东南华工商职业学院图书馆	15
577	成都航空职业技术学院图书馆	17	617	湄洲湾职业技术学院图书馆	15
578	广东轻工职业技术学院图书馆	17	618	山东传媒职业学院图书馆	15
579	广东舞蹈戏剧职业学院图书馆	17	619	私立华联学院图书馆	15
580	惠州经济职业技术学院图书馆	17	620	威海职业学院图书馆	15
581	九江职业大学图书馆	17	621	浙江工贸职业技术学院图书馆	15
582	辽宁农业职业技术学院图书馆	17	622	郑州旅游职业学院图书馆	15
583	长江职业学院图书馆	17	623	湖北美术学院图书馆	14
584	广东财经大学华商学院图书馆	16	624	哈尔滨石油学院图书馆	14
585	贵州商学院图书馆	16	625	天津美术学院图书馆	14
586	四川警察学院图书馆	16	626	西安科技大学高新学院图书馆	14

续表

序号	图书馆名称	在编职工(人)	序号	图书馆名称	在编职工(人)
627	西安音乐学院图书馆	14	667	齐齐哈尔工程学院图书馆	12
628	云南警官学院图书馆	14	668	广东水利电力职业技术学院图书馆	12
629	浙江警察学院图书馆	14	669	湖州职业技术学院图书馆	12
630	安庆医药高等专科学校图书馆	14	670	江门职业技术学院图书馆	12
631	恩施职业技术学院图书馆	14	671	江西工业贸易职业技术学院图书馆	12
632	广东科学技术职业学院图书馆	14	672	江西信息应用职业技术学院图书馆	12
633	广东农工商职业技术学院图书馆	14	673	江西应用工程职业学院图书馆	12
634	广东邮电职业技术学院图书馆	14	674	宁波卫生职业技术学院图书馆	12
635	湖南中医药高等专科学校图书馆	14	675	泉州经贸职业技术学院图书馆	12
636	兰州职业技术学院图书馆	14	676	泉州幼儿师范高等专科学校图书馆	12
637	闽江师范高等专科学校图书馆	14	677	四川托普信息技术职业学院图书馆	12
638	南充职业技术学院图书馆	14	678	山东城市建设职业学院图书馆	12
639	厦门南洋职业学院图书馆	14	679	山东中医药高等专科学校图书馆	12
640	西安铁路职业技术学院图书馆	14	680	上海出版印刷高等专科学校图书馆	12
641	浙江商业职业技术学院图书馆	14	681	上海电子信息职业技术学院图书馆	12
642	漳州职业技术学院图书馆	14	682	上海工商外国语职业学院图书馆	12
643	成都医学院图书馆	13	683	汕尾职业技术学院图书馆	12
644	江西财经大学现代经济管理学院图书馆	13	684	浙江旅游职业学院图书馆	12
645	浙江财经大学东方学院图书馆	13	685	浙江长征职业技术学院图书馆	12
646	安徽机电职业技术学院图书馆	13	686	漳州城市职业学院图书馆	12
647	安徽水利水电职业技术学院图书馆	13	687	哈尔滨远东理工学院图书馆	11
648	北京工业职业技术学院图书馆	13	688	江西经济管理干部学院图书馆	11
649	广东工贸职业技术学院图书馆	13	689	浙江大学宁波理工学院图书馆	11
650	广东食品药品职业学院图书馆	13	690	中山大学南方学院图书馆	11
651	广州城建职业学院图书馆	13	691	华南理工大学广州学院图书馆	11
652	江西工程职业学院图书馆	13	692	安徽职业技术学院图书馆	11
653	江西交通职业技术学院图书馆	13	693	安徽中医药高等专科学校图书馆	11
654	江西师范高等专科学校图书馆	13	694	广东理工职业学院图书馆	11
655	南昌师范高等专科学校图书馆	13	695	广东青年职业学院图书馆	11
656	宁夏工商职业技术学院图书馆	13	696	江西生物科技职业学院图书馆	11
657	上海旅游高等专科学校图书馆	13	697	四川航天职业技术学院图书馆	11
658	陕西交通职业技术学院图书馆	13	698	四川卫生康复职业学院图书馆	11
659	陕西青年职业学院图书馆	13	699	上饶职业技术学院图书馆	11
660	深圳信息职业技术学院图书馆	13	700	陕西财经职业技术学院图书馆	11
661	无锡职业技术学院图书馆	13	701	陕西警官职业学院图书馆	11
662	宜春职业技术学院图书馆	13	702	陕西铁路工程职业技术学院图书馆	11
663	浙江机电职业技术学院图书馆	13	703	陕西职业技术学院图书馆	11
664	阿坝师范学院图书馆	12	704	桐城师范高等专科学校图书馆	11
665	福建商学院图书馆	12	705	天津电子信息职业技术学院图书馆	11
666	甘肃医学院图书馆	12	706	西藏职业技术学院图书馆	11

续表

序号	图书馆名称	在编职工(人)	序号	图书馆名称	在编职工(人)
707	云南机电职业技术学院图书馆	11	747	上海济光职业技术学院图书馆	9
708	玉溪农业职业技术学院图书馆	11	748	厦门海洋职业技术学院图书馆	9
709	浙江东方职业技术学院图书馆	11	749	山西水利职业技术学院图书馆	9
710	漳州卫生职业学院图书馆	11	750	台州科技职业学院图书馆	9
711	福州理工学院图书馆	10	751	云南司法警官职业学院图书馆	9
712	江苏第二师范学院图书馆	10	752	烟台黄金职业学院图书馆	9
713	上海视觉艺术学院图书馆	10	753	浙江建设职业技术学院图书馆	9
714	渤海船舶职业学院图书馆	10	754	安徽外国语学院图书馆	8
715	滇西科技师范学院图书馆	10	755	上海公安学院图书馆	8
716	福建卫生职业技术学院图书馆	10	756	保山中医药高等专科学校图书馆	8
717	广东创新科技职业学院图书馆	10	757	巴中职业技术学院图书馆	8
718	广东建设职业技术学院图书馆	10	758	德宏职业学院图书馆	8
719	广东女子职业技术学院图书馆	10	759	福建华南女子职业学院图书馆	8
720	广州南洋理工职业学院图书馆	10	760	抚州职业技术学院图书馆	8
721	湖北水利水电职业技术学院图书馆	10	761	广东文理职业学院图书馆	8
722	黑龙江民族职业学院图书馆	10	762	广州番禺职业技术学院图书馆	8
723	杭州职业技术学院图书馆	10	763	广州体育职业技术学院图书馆	8
724	江西先锋软件职业技术学院图书馆	10	764	湖北城市建设职业技术学院图书馆	8
725	江西医学高等专科学校图书馆	10	765	江西卫生职业学院图书馆	8
726	健雄职业技术学院图书馆	10	766	江西外语外贸职业学院图书馆	8
727	嘉兴职业技术学院图书馆	10	767	丽水职业技术学院图书馆	8
728	茂名职业技术学院图书馆	10	768	宁夏民族职业技术学院图书馆	8
729	四川商务职业学院图书馆	10	769	四川工商职业技术学院图书馆	8
730	上海东海职业技术学院图书馆	10	770	四川邮电职业技术学院图书馆	8
731	上海震旦职业学院图书馆	10	771	四川幼儿师范高等专科学校图书馆	8
732	陕西国防工业职业技术学院图书馆	10	772	四川艺术职业学院图书馆	8
733	义乌工商职业技术学院图书馆	10	773	上海民航职业技术学院图书馆	8
734	珠海城市职业技术学院图书馆	10	774	上海农林职业技术学院图书馆	8
735	浙江同济科技职业学院图书馆	10	775	浙江工业职业技术学院图书馆	8
736	浙江体育职业技术学院图书馆	10	776	浙江经济职业技术学院图书馆	8
737	浙江育英职业技术学院图书馆	10	777	重庆三峡医药高等专科学校图书馆	8
738	上海商学院图书馆	9	778	上海科技大学图书馆	7
739	广东环境保护工程职业学院图书馆	9	779	厦门医学院图书馆	7
740	赣南卫生健康职业学院图书馆	9	780	广东科贸职业学院图书馆	7
741	江西工业职业技术学院图书馆	9	781	广东生态工程职业学院图书馆	7
742	江西建设职业技术学院图书馆	9	782	广州科技贸易职业学院图书馆	7
743	江西农业工程职业学院图书馆	9	783	广州铁路职业技术学院图书馆	7
744	江西制造职业技术学院图书馆	9	784	吉安职业技术学院图书馆	7
745	宁夏财经职业技术学院图书馆	9	785	江西青年职业学院图书馆	7
746	四川司法警官职业学院图书馆	9	786	江西司法警官职业学院图书馆	7

续表

序号	图书馆名称	在编职工(人)	序号	图书馆名称	在编职工(人)
787	江西现代职业技术学院图书馆	7	824	四川文化产业职业学院图书馆	5
788	青海卫生职业技术学院图书馆	7	825	三明职业技术学院图书馆	5
789	上海工商职业技术学院图书馆	7	826	广东技术师范学院天河学院图书馆	4
790	天津滨海职业学院图书馆	7	827	川北幼儿师范高等专科学校图书馆	4
791	天津艺术职业学院图书馆	7	828	福建体育职业技术学院图书馆	4
792	武汉警官职业学院图书馆	7	829	赣西科技职业学院图书馆	4
793	榆林职业技术学院图书馆	7	830	广州工程技术职业学院图书馆	4
794	浙江工商职业技术学院图书馆	7	831	江西传媒职业学院图书馆	4
795	浙江艺术职业学院图书馆	7	832	江西工商职业技术学院图书馆	4
796	赣南师范学院科技学院图书馆	6	833	江西工业工程职业技术学院图书馆	4
797	西安财经学院知行学院图书馆	6	834	江西航空职业技术学院图书馆	4
798	安徽工商职业学院图书馆	6	835	江西陶瓷工艺美术职业技术学院图书馆	4
799	川南幼儿师范高等专科学校图书馆	6	836	眉山职业技术学院图书馆	4
800	福建电力职业技术学院图书馆	6	837	泉州纺织服装职业学院图书馆	4
801	甘肃交通职业技术学院图书馆	6	838	泉州华光职业学院图书馆	4
802	广州华南商贸职业学院图书馆	6	839	泉州理工职业学院图书馆	4
803	广州现代信息工程职业技术学院图书馆	6	840	上海思博职业技术学院图书馆	4
804	湖北交通职业技术学院图书馆	6	841	厦门安防科技职业学院图书馆	4
805	金华教育学院图书馆	6	842	珠海艺术职业学院图书馆	4
806	江西财经职业学院图书馆	6	843	安徽广播影视职业技术学院图书馆	3
807	昆明工业职业技术学院图书馆	6	844	福建艺术职业学院图书馆	3
808	泉州轻工职业学院图书馆	6	845	广东行政职业学院图书馆	3
809	厦门兴才职业技术学院图书馆	6	846	广东亚视演艺职业学院图书馆	3
810	宜春幼儿师范高等专科学校图书馆	6	847	湖北青年职业学院图书馆	3
811	云南外事外语职业学院图书馆	6	848	江西枫林涉外经贸职业学院图书馆	3
812	漳州科技职业学院图书馆	6	849	江西新能源科技学院图书馆	3
813	安徽审计职业学院图书馆	5	850	泉州工艺美术职业学院图书馆	3
814	安徽医学高等专科学校图书馆	5	851	上海科学技术职业学院图书馆	3
815	广州松田职业学院图书馆	5	852	上海行健职业学院图书馆	3
816	湖北民族学院科技学院图书馆	5	853	云南锡业职业技术学院图书馆	3
817	湖北生物科技职业学院图书馆	5	854	江西中医药大学科技学院图书馆	2
818	江西环境工程职业学院图书馆	5	855	浙江理工大学科技与艺术学院图书馆	2
819	江西洪州职业学院图书馆	5	856	福州英华职业学院图书馆	2
820	江西水利职业学院图书馆	5	857	杭州万向职业技术学院图书馆	2
821	江西冶金职业技术学院图书馆	5	858	景德镇陶瓷职业技术学院图书馆	2
822	江西中医药高等专科学校图书馆	5	859	武夷山职业学院图书馆	2
823	辽源职业技术学院图书馆	5	860	厦门演艺职业学院图书馆	1

2016年792所高校图书馆馆舍面积统计表

序号	图书馆名称	馆舍总面积(平方米)	序号	图书馆名称	馆舍总面积(平方米)
1	中山大学图书馆	116660.0	39	上海交通大学图书馆	61695.6
2	厦门大学图书馆	102858.0	40	华侨大学图书馆	61637.0
3	河南科技大学图书馆	89346.7	41	云南师范大学图书馆	61600.0
4	浙江大学图书馆	86376.0	42	安徽工业大学图书馆	61071.0
5	大连理工大学图书馆	83000.0	43	长沙理工大学图书馆	60562.0
6	贵州大学图书馆	82628.0	44	中国矿业大学图书馆	60000.0
7	华南师范大学图书馆	82000.0	45	西安电子科技大学图书馆	59700.0
8	暨南大学图书馆	81632.5	46	江西师范大学图书馆	59466.0
9	苏州大学图书馆	79850.0	47	西南交通大学图书馆	59316.0
10	武汉理工大学图书馆	79594.0	48	南昌大学图书馆	59003.0
11	武汉大学图书馆	77389.0	49	兰州大学图书馆	59000.0
12	贵州师范大学图书馆	75656.0	50	广州大学图书馆	59000.0
13	扬州大学图书馆	75177.0	51	北京大学图书馆	58530.0
14	福建农林大学图书馆	74927.2	52	浙江工商大学图书馆	57800.0
15	杭州师范大学图书馆	74361.0	53	陕西师范大学图书馆	57578.0
16	广东工业大学图书馆	74004.0	54	长江大学图书馆	56700.0
17	中南大学图书馆	73289.7	55	洛阳理工学院图书馆	56000.0
18	南京大学图书馆	73100.0	56	福建师范大学图书馆	55571.0
19	临沂大学图书馆	71835.0	57	九江学院图书馆	54800.0
20	南开大学图书馆	71610.0	58	广东药科大学图书馆	54641.0
21	清华大学图书馆	70647.0	59	长安大学图书馆	54372.0
22	天津大学图书馆	69000.0	60	武汉科技大学图书馆	54300.0
23	山东大学图书馆	67060.0	61	上海大学图书馆	53900.0
24	电子科技大学图书馆	66974.0	62	武汉纺织大学图书馆	53826.6
25	东南大学图书馆	66900.0	63	广东财经大学图书馆	53185.0
26	复旦大学图书馆	66696.0	64	华东师范大学图书馆	53087.0
27	同济大学图书馆	66040.0	65	浙江师范大学图书馆	52819.6
28	青岛科技大学图书馆	65997.0	66	西北大学图书馆	52661.0
29	河南大学图书馆	65248.0	67	温州大学图书馆	52229.0
30	华中科技大学图书馆	64581.0	68	江南大学图书馆	52217.0
31	重庆大学图书馆	64410.0	69	西安石油大学图书馆	51980.0
32	山东师范大学图书馆	64400.0	70	福州大学图书馆	51481.0
33	东北大学图书馆	64210.0	71	成都理工大学图书馆	51007.0
34	安徽大学图书馆	64045.0	72	哈尔滨师范大学图书馆	50600.0
35	贵州财经大学图书馆	63578.0	73	新疆大学图书馆	50000.0
36	四川大学图书馆	63100.0	74	西南财经大学图书馆	50000.0
37	浙江工业大学图书馆	62317.0	75	广东外语外贸大学图书馆	50000.0
38	呼和浩特职业学院图书馆	62000.0	76	兰州财经大学图书馆	49933.2

续表

序号	图书馆名称	馆舍总面积(平方米)	序号	图书馆名称	馆舍总面积(平方米)
77	西北民族大学图书馆	49808.0	116	常州工学院图书馆	43835.0
78	苏州科技大学图书馆	49581.0	117	湖北经济学院图书馆	43717.0
79	兰州交通大学图书馆	49463.0	118	湖南工业大学图书馆	43620.0
80	江苏大学图书馆	49403.0	119	华南理工大学图书馆	43155.0
81	西南民族大学图书馆	49144.0	120	三峡大学图书馆	42605.3
82	湖北工业大学图书馆	48600.0	121	江西理工大学图书馆	42490.0
83	西安外国语大学图书馆	48589.2	122	深圳职业技术学院图书馆	42300.0
84	云南民族大学图书馆	48509.0	123	浙江传媒学院图书馆	42029.0
85	湖北第二师范学院图书馆	48486.0	124	中国海洋大学图书馆	42000.0
86	深圳大学图书馆	48441.0	125	南京航空航天大学图书馆	42000.0
87	安徽师范大学图书馆	48150.0	126	中国科学技术大学图书馆	41783.0
88	天津师范大学图书馆	48000.0	127	东北电力大学图书馆	41700.0
89	南昌航空大学图书馆	47683.5	128	合肥学院图书馆	41400.0
90	金华职业技术学院图书馆	47455.0	129	广东创新科技职业学院图书馆	41093.7
91	湖北大学图书馆	47251.0	130	金陵科技学院图书馆	41056.0
92	华东理工大学图书馆	46766.0	131	辽宁师范大学图书馆	41000.0
93	上海海事大学图书馆	46425.0	132	集美大学图书馆	40950.0
94	中南民族大学图书馆	46217.0	133	内蒙古科技大学(原包头钢铁学院)图书馆	40800.0
95	西北工业大学图书馆	46161.0	134	绵阳师范学院图书馆	40500.0
96	哈尔滨商业大学图书馆	46106.0	135	湖州师范学院图书馆	40300.0
97	天津理工大学图书馆	46000.0	136	河西学院图书馆	40261.1
98	中南财经政法大学图书馆	45827.0	137	昆明学院图书馆	40093.0
99	河南工业大学图书馆	45693.0	138	深圳大学城图书馆	40000.0
100	许昌学院图书馆	45498.0	139	四川师范大学图书馆	39406.7
101	海南大学图书馆	45396.7	140	济宁学院图书馆	39300.0
102	东莞理工学院图书馆	45020.0	141	中国计量大学图书馆	39254.0
103	合肥工业大学图书馆	45001.4	142	沈阳理工大学图书馆	39180.0
104	东北石油大学图书馆	45000.0	143	南京师范大学图书馆	39105.0
105	遵义师范学院图书馆	44997.0	144	西安财经学院图书馆	39016.8
106	海南热带海洋学院(琼州学院)图书馆	44792.0	145	湖北工程学院图书馆	39000.0
107	徐州工程学院图书馆	44701.0	146	河南工业职业技术学院图书馆	38874.0
108	南方医科大学图书馆	44661.0	147	安徽理工大学图书馆	38804.4
109	四川农业大学图书馆	44607.0	148	成都中医药大学图书馆	38500.0
110	潍坊学院图书馆	44254.0	149	山西大学图书馆	38455.7
111	内蒙古大学图书馆	44000.0	150	西南石油大学图书馆	38346.0
112	黑龙江大学图书馆	44000.0	151	东华理工大学图书馆	38329.0
113	中国人民公安大学图书馆	44000.0	152	东北师范大学图书馆	38300.0
114	西安工业大学图书馆	43907.0	153	邵阳学院图书馆	38041.0
115	广东警官学院图书馆	43860.0	154	杭州电子科技大学图书馆	37913.0

续表

序号	图书馆名称	馆舍总面积(平方米)	序号	图书馆名称	馆舍总面积(平方米)
155	西南政法大学图书馆	37684.0	193	华北电力大学图书馆	33874.0
156	南昌职业学院图书馆	37500.0	194	长春科技学院图书馆	33800.0
157	辽宁大学图书馆	37470.0	195	上海财经大学图书馆	33712.0
158	淮南师范学院图书馆	37300.0	196	华南农业大学图书馆	33702.0
159	阜阳师范学院图书馆	37000.0	197	广东科学技术职业学院图书馆	33656.0
160	湖南科技大学图书馆	36744.0	198	天津商业大学图书馆	33621.0
161	宁夏大学图书馆	36718.0	199	苏州职业大学图书馆	33443.0
162	南京理工大学图书馆	36662.0	200	广州中医药大学图书馆	33350.0
163	青岛农业大学图书馆	36500.0	201	西安工程大学图书馆	33337.0
164	西南科技大学图书馆	36475.0	202	北华大学图书馆	33185.0
165	延安大学图书馆	36448.0	203	辽宁石油化工大学图书馆	33078.0
166	西安交通大学图书馆	36394.0	204	四川理工学院图书馆	32900.0
167	郑州轻工业学院图书馆	36200.0	205	北京师范大学珠海分校图书馆	32844.0
168	哈尔滨金融学院图书馆	36000.0	206	闽南师范大学图书馆	32779.0
169	南阳师范学院图书馆	36000.0	207	长春理工大学图书馆	32720.0
170	天津科技大学图书馆	36000.0	208	武夷学院图书馆	32600.0
171	浙江理工大学图书馆	36000.0	209	浙江海洋大学图书馆	32566.0
172	山东协和职业技术学院图书馆	36000.0	210	广东轻工职业技术学院图书馆	32255.0
173	四川工商学院(原四川师范大学成都学院)图书馆	35877.0	211	宝鸡文理学院图书馆	32200.0
174	海口经济学院图书馆	35787.2	212	大连大学图书馆	32150.0
175	河南工程学院图书馆	35671.5	213	西北农林科技大学图书馆	32104.3
176	长江师范学院图书馆	35264.0	214	南京农业大学图书馆	32000.0
177	南京审计大学图书馆	35257.0	215	南京工业大学图书馆	32000.0
178	福州外语外贸学院图书馆	35158.5	216	内蒙古民族大学图书馆	32000.0
179	浙江财经大学图书馆	35053.0	217	齐齐哈尔大学图书馆	32000.0
180	江西现代职业技术学院图书馆	35000.0	218	沈阳航空航天大学图书馆	32000.0
181	西京学院图书馆	34980.0	219	武汉工商学院图书馆	32000.0
182	广西科技大学(原广西工学院)图书馆	34723.0	220	西安医学院图书馆	32000.0
183	沈阳工业大学图书馆	34700.0	221	汉江师范学院(原郧阳师范高等专科学校)图书馆	31913.5
184	贵州医科大学图书馆	34643.1	222	中南林业科技大学图书馆	31722.4
185	顺德职业技术学院图书馆	34630.8	223	成都信息工程大学图书馆	31687.3
186	陕西科技大学图书馆	34600.0	224	衢州职业技术学院图书馆	31687.3
187	宿州学院图书馆	34600.0	225	西南林学院图书馆	31594.0
188	西华大学图书馆	34576.0	226	岭南师范学院图书馆	31543.0
189	北京师范大学图书馆	34438.0	227	黄山学院图书馆	31480.0
190	西北政法大学图书馆	34400.0	228	内蒙古师范大学图书馆	31327.0
191	东华大学图书馆	34266.0	229	中央民族大学图书馆	31200.0
192	西华师范大学图书馆	34000.0	230	西安邮电大学图书馆	31125.0

续表

序号	图书馆名称	馆舍总面积(平方米)	序号	图书馆名称	馆舍总面积(平方米)
231	江汉大学图书馆	31041.5	270	浙江农林大学图书馆	28558.0
232	许昌职业技术学院图书馆	31006.0	271	嘉兴学院图书馆	28316.0
233	广州番禺职业技术学院图书馆	30993.0	272	首都师范大学图书馆	28243.0
234	湖南文理学院图书馆	30800.0	273	西安外事学院图书馆	28116.1
235	宿迁学院图书馆	30703.0	274	福建工程学院图书馆	28000.0
236	渭南师范学院图书馆	30681.0	275	河南理工大学图书馆	28000.0
237	成都工业学院图书馆	30674.0	276	广州城建职业学院图书馆	28000.0
238	中山火炬职业技术学院图书馆	30674.0	277	河源职业技术学院图书馆	28000.0
239	青海大学图书馆	30600.0	278	广州医科大学图书馆	27992.0
240	湖南大学图书馆	30497.9	279	成都师范学院图书馆	27982.0
241	上海应用技术大学图书馆	30300.0	280	宁波大红鹰学院图书馆	27800.0
242	陕西理工大学图书馆	30300.0	281	凯里学院图书馆	27703.0
243	咸阳师范学院图书馆	30290.0	282	上海机电学院图书馆	27559.2
244	西安理工大学图书馆	30078.0	283	中国医科大学图书馆	27500.0
245	巢湖学院图书馆	30000.0	284	内蒙古工业大学图书馆	27374.7
246	韩山师范学院图书馆	30000.0	285	泸州医学院图书馆	27289.0
247	南华大学图书馆	30000.0	286	长春工程学院图书馆	27224.0
248	铜仁学院图书馆	30000.0	287	扬州职业大学图书馆	27210.0
249	武汉东湖学院图书馆	30000.0	288	兴义民族师范学院图书馆	27189.2
250	宜宾学院图书馆	30000.0	289	兰州文理学院图书馆	27173.0
251	安徽水利水电职业技术学院图书馆	30000.0	290	长春财经学院图书馆	27017.0
252	浙江科技学院图书馆	29800.0	291	辽宁工程技术大学图书馆	27000.0
253	温州医科大学图书馆	29798.0	292	上海工程技术大学图书馆	27000.0
254	西安交通工程学院图书馆	29736.0	293	吉安职业技术学院图书馆	27000.0
255	广东岭南职业技术学院图书馆	29700.0	294	焦作大学图书馆	27000.0
256	浙江大学城市学院图书馆	29610.0	295	清远职业技术学院图书馆	27000.0
257	河北北方学院图书馆	29575.9	296	延安职业技术学院图书馆	27000.0
258	浙江万里学院图书馆	29530.0	297	武汉工程大学图书馆	26859.0
259	韶关学院图书馆	29426.0	298	沈阳师范大学图书馆	26800.0
260	云南财经大学图书馆	29337.4	299	西昌学院图书馆	26684.0
261	广东财经大学华商学院图书馆	29070.0	300	合肥师范学院图书馆	26599.0
262	赤峰学院图书馆	29000.0	301	浙江财经大学东方学院图书馆	26544.0
263	洛阳师范学院图书馆	29000.0	302	广东海洋大学图书馆	26511.0
264	兰州城市学院图书馆	28900.0	303	重庆文理学院图书馆	26417.0
265	甘肃民族师范学院图书馆	28879.0	304	赣南师范学院图书馆	26348.0
266	陕西国防工业职业技术学院图书馆	28876.0	305	吉林财经大学(原长春税务学院)图书馆	26111.0
267	吉林师范大学图书馆	28858.0	306	闽南理工学院图书馆	26082.3
268	浙江越秀外国语学院图书馆	28814.0	307	江苏科技大学图书馆	26055.0
269	吉林建筑大学城建学院图书馆	28657.8	308	辽宁工业大学图书馆	26000.0

续表

序号	图书馆名称	馆舍总面积(平方米)	序号	图书馆名称	馆舍总面积(平方米)
309	萍乡学院(原萍乡高等专科学校)图书馆	26000.0	347	广东食品药品职业学院图书馆	24000.0
310	四川外国语大学图书馆	26000.0	348	九江职业大学图书馆	24000.0
311	昭通学院(原昭通师范高等专科学校)图书馆	26000.0	349	无锡职业技术学院图书馆	24000.0
312	江西中医药大学图书馆	25896.0	350	西安科技大学图书馆	23700.0
313	平顶山学院图书馆	25800.0	351	广东南华工商职业学院图书馆	23582.5
314	天水师范学院图书馆	25800.0	352	丽水学院图书馆	23532.0
315	北京工商大学图书馆	25793.1	353	长春工业大学图书馆	23483.3
316	西安培华学院图书馆	25780.0	354	泉州师范学院图书馆	23395.0
317	辽宁科技大学图书馆	25600.0	355	皖西学院图书馆	23300.0
318	淮北师范大学图书馆	25459.0	356	西安建筑科技大学图书馆	23286.4
319	包头师范学院图书馆	25414.0	357	威海职业学院图书馆	23208.0
320	东北财经大学图书馆	25400.0	358	长春中医学院图书馆	23000.0
321	宁德师范学院图书馆	25210.0	359	广东农工商职业技术学院图书馆	23000.0
322	吉林农业科技学院图书馆	25152.6	360	四川职业技术学院图书馆	23000.0
323	西安翻译学院图书馆	25083.4	361	浙江工业职业技术学院图书馆	22845.0
324	宁波大学图书馆	25070.0	362	肇庆学院图书馆	22820.0
325	浙江中医药大学图书馆	25033.0	363	江西应用科技学院图书馆	22800.0
326	宁波工程学院图书馆	25000.0	364	西北大学现代学院图书馆	22600.0
327	陕西学前师范学院图书馆	25000.0	365	佛山职业技术学院图书馆	22600.0
328	沈阳化工大学图书馆	25000.0	366	江西农业大学图书馆	22597.0
329	北方民族大学图书馆	24961.0	367	乐山师范学院图书馆	22574.0
330	内蒙古电子信息职业技术学院图书馆	24891.0	368	华东政法大学图书馆	22541.0
331	东北农业大学图书馆	24870.0	369	湖南财政经济学院图书馆	22359.0
332	广东机电职业技术学院图书馆	24850.0	370	天津外国语大学图书馆	22338.0
333	内蒙古农业大学图书馆	24844.0	371	思茅师范高等专科学校图书馆	22323.0
334	连云港职业技术学院图书馆	24711.0	372	浙江经贸职业技术学院图书馆	22300.0
335	福建船政交通职业学院图书馆	24650.0	373	白城师范学院图书馆	22003.0
336	上海理工大学图书馆	24600.0	374	贵阳中医学院图书馆	22000.0
337	山东农业大学图书馆	24597.3	375	贵州民族大学图书馆	22000.0
338	五邑大学图书馆	24438.0	376	南京医科大学图书馆	22000.0
339	武汉华夏理工学院图书馆	24278.0	377	西交利物浦大学图书馆	22000.0
340	大连海事大学图书馆	24132.0	378	安徽广播影视职业技术学院图书馆	22000.0
341	中国政法大学图书馆	24050.0	379	广安职业技术学院图书馆	22000.0
342	杭州科技职业技术学院图书馆	24046.0	380	莆田学院图书馆	21876.0
343	北京科技大学图书馆	24006.0	381	江西警察学院图书馆	21861.0
344	贵州商学院图书馆	24000.0	382	包头医学院图书馆	21800.0
345	上海杉达学院图书馆	24000.0	383	包头轻工职业技术学院图书馆	21800.0
346	鄂州职业大学图书馆	24000.0	384	贵阳学院图书馆	21700.0

续表

序号	图书馆名称	馆舍总面积(平方米)	序号	图书馆名称	馆舍总面积(平方米)
385	安徽工程大学图书馆	21567.0	424	成都医学院图书馆	20195.0
386	三明学院图书馆	21553.0	425	河南农业大学图书馆	20171.0
387	东莞职业技术学院图书馆	21450.0	426	锦州医科大学图书馆	20100.0
388	温州职业技术学院图书馆	21409.0	427	赣州师范高等专科学校图书馆	20014.0
389	汕头职业技术学院图书馆	21373.0	428	滇西科技师范学院图书馆	20007.0
390	辽宁对外经贸学院图书馆	21320.0	429	内蒙古化工职业学院图书馆	20000.9
391	广州工商学院图书馆	21302.0	430	河北师范大学图书馆	20000.0
392	陕西国际商贸学院图书馆	21300.0	431	兰州理工大学图书馆	20000.0
393	汕头大学图书馆	21245.0	432	上海海洋大学图书馆	20000.0
394	江西工业贸易职业技术学院图书馆	21200.0	433	上海科技大学图书馆	20000.0
395	浙江大学宁波理工学院图书馆	21159.0	434	长春建筑学院图书馆	20000.0
396	湖北民族学院图书馆	21022.5	435	安徽中医药高等专科学校图书馆	20000.0
397	广东石油化工学院图书馆	21000.0	436	常州轻工职业技术学院图书馆	20000.0
398	黑龙江中医药大学图书馆	21000.0	437	商洛职业技术学院图书馆	20000.0
399	惠州学院图书馆	21000.0	438	安徽医学高等专科学校图书馆	19911.8
400	景德镇陶瓷大学图书馆	21000.0	439	浙江工商职业技术学院图书馆	19763.0
401	江苏师范大学图书馆	21000.0	440	四川民族学院图书馆	19564.4
402	阳光学院图书馆	21000.0	441	商丘师范学院图书馆	19521.0
403	滨州学院图书馆	21000.0	442	武昌首义学院图书馆	19500.0
404	成都纺织高等专科学校图书馆	21000.0	443	贵州师范学院图书馆	19490.0
405	宜春幼儿师范高等专科学校图书馆	21000.0	444	泸州职业技术学院图书馆	19336.7
406	云南中医学院图书馆	20767.0	445	广州商学院图书馆	19278.8
407	西安思源学院图书馆	20740.0	446	辽宁交通高等专科学校图书馆	19270.0
408	曲靖师范学院图书馆	20734.0	447	大连职业技术学院图书馆	19100.0
409	宁波职业技术学院图书馆	20723.8	448	安徽职业技术学院图书馆	19080.0
410	北京工业大学图书馆	20713.0	449	上海电力学院图书馆	19043.0
411	沈阳工程学院图书馆	20700.0	450	杭州职业技术学院图书馆	19041.0
412	池州学院图书馆	20639.0	451	随州职业技术学院图书馆	18900.0
413	江西服装学院图书馆	20567.0	452	广东培正学院图书馆	18830.0
414	咸阳职业技术学院图书馆	20558.0	453	四川建筑职业技术学院图书馆	18829.7
415	蚌埠学院图书馆	20500.0	454	西安航空学院图书馆	18818.0
416	仰恩大学图书馆	20500.0	455	福建江夏学院图书馆	18795.0
417	河套学院图书馆	20433.0	456	龙岩学院图书馆	18760.0
418	牡丹江师范学院图书馆	20300.0	457	盐城工学院图书馆	18700.0
419	山东城市建设职业学院图书馆	20300.0	458	通化师范学院图书馆	18600.0
420	台州学院图书馆	20260.0	459	山西财经大学图书馆	18564.0
421	江西财经大学现代经济管理学院图书馆	20201.4	460	广东工程职业技术学院图书馆	18525.0
422	长春光华学院图书馆	20200.0	461	华东交通大学图书馆	18443.0
423	云南国土资源职业学院图书馆	20200.0	462	楚雄师范学院图书馆	18297.0

续表

序号	图书馆名称	馆舍总面积(平方米)	序号	图书馆名称	馆舍总面积(平方米)
463	四川工程职业技术学院图书馆	18200.0	503	西安文理学院图书馆	16000.0
464	黔南民族师范学院图书馆	18163.6	504	江西工业工程职业技术学院图书馆	16000.0
465	甘肃医学院图书馆	18126.0	505	上海出版印刷高等专科学校图书馆	15900.0
466	厦门南洋职业学院图书馆	18000.0	506	商洛学院图书馆	15860.0
467	厦门海洋职业技术学院图书馆	17990.0	507	西北工业大学明德学院图书馆	15800.0
468	绍兴文理学院图书馆	17940.0	508	湖北水利水电职业技术学院图书馆	15773.1
469	台州科技职业学院图书馆	17910.0	509	六盘水师范学院图书馆	15750.0
470	九江职业技术学院图书馆	17807.0	510	西安欧亚学院图书馆	15700.0
471	中国民用航空飞行学院图书馆	17735.0	511	贺州学院图书馆	15680.0
472	江西中医药高等专科学校图书馆	17628.0	512	温州科技职业学院图书馆	15635.0
473	宜春学院图书馆	17500.0	513	太原师范学院图书馆	15504.3
474	黄冈职业技术学院图书馆	17500.0	514	上海政法学院图书馆	15500.0
475	山东政法学院图书馆	17475.0	515	泉州理工职业学院图书馆	15446.0
476	浙江商业职业技术学院图书馆	17392.0	516	浙江水利水电学院图书馆	15404.0
477	湖北水利水电大学图书馆	17390.0	517	云南交通职业技术学院图书馆	15380.0
478	广东青年职业学院图书馆	17300.0	518	哈尔滨职业技术学院图书馆	15200.0
479	贵州工程应用技术学院图书馆	17203.0	519	湖南女子学院图书馆	15036.9
480	厦门华夏学院图书馆	17072.7	520	东北师范大学人文学院图书馆	15000.0
481	湖北工业职业技术学院图书馆	16960.0	521	江西经济管理干部学院图书馆	15000.0
482	攀枝花学院图书馆	16889.0	522	南京艺术学院图书馆	15000.0
483	上海对外经贸大学图书馆	16877.0	523	华南理工大学广州学院图书馆	15000.0
484	福建中医药大学图书馆	16800.0	524	昆明工业职业技术学院图书馆	15000.0
485	湖北汽车工业学院图书馆	16800.0	525	四川水利职业技术学院图书馆	15000.0
486	青海民族大学图书馆	16766.0	526	长江职业学院图书馆	15000.0
487	南京科技职业学院图书馆	16764.0	527	忻州师范学院图书馆	14892.0
488	漳州职业技术学院图书馆	16676.0	528	沈阳体育学院图书馆	14878.0
489	德州职业技术学院图书馆	16608.0	529	赣南医学院图书馆	14830.7
490	电子科技大学中山学院图书馆	16589.0	530	西藏民族大学图书馆	14821.0
491	广东省外语艺术职业学院图书馆	16587.0	531	惠州经济职业技术学院图书馆	14800.0
492	北京邮电大学图书馆	16556.0	532	甘肃政法学院图书馆	14700.0
493	宁夏师范学院图书馆	16488.0	533	成都大学图书馆	14684.0
494	闽江学院图书馆	16400.0	534	河北工业大学图书馆	14600.0
495	石家庄学院图书馆	16396.1	535	湖南警察学院图书馆	14543.0
496	大庆师范学院图书馆	16360.0	536	天津城建大学图书馆	14400.0
497	玉溪师范学院图书馆	16330.5	537	广东交通职业技术学院图书馆	14390.0
498	天津财经大学图书馆	16268.0	538	浙江国际海运职业技术学院图书馆	14325.0
499	福州理工学院图书馆	16232.0	539	漳州卫生职业学院图书馆	14325.0
500	江西旅游商贸职业学院图书馆	16227.0	540	浙江金融职业学院图书馆	14300.0
501	四川音乐学院图书馆	16000.0	541	广东水利电力职业技术学院图书馆	14063.0
502	厦门理工学院图书馆	16000.0	542	嘉兴职业技术学院图书馆	14045.4

续表

序号	图书馆名称	馆舍总面积(平方米)	序号	图书馆名称	馆舍总面积(平方米)
543	四川托普信息技术职业学院图书馆	14042.0	583	湖北三峡职业技术学院图书馆	12533.0
544	安徽外国语学院图书馆	14000.0	584	陕西警官职业学院图书馆	12518.0
545	湖南财经工业职业技术学院图书馆	14000.0	585	内江师范学院图书馆	12500.0
546	浙江旅游职业学院图书馆	14000.0	586	上海师范大学天华学院图书馆	12500.0
547	赣南卫生健康职业学院图书馆	13990.0	587	陕西服装工程学院图书馆	12500.0
548	陕西铁路工程职业技术学院图书馆	13954.1	588	呼和浩特民族学院图书馆	12464.0
549	中国美术学院图书馆	13900.0	589	辽宁农业职业技术学院图书馆	12430.0
550	北京交通大学图书馆	13887.9	590	江西中医药大学科技学院图书馆	12410.0
551	首都医科大学图书馆	13800.0	591	武汉科技大学城市学院图书馆	12372.0
552	四川工商职业技术学院图书馆	13630.0	592	健雄职业技术学院图书馆	12300.0
553	成都航空职业技术学院图书馆	13600.0	593	天津大学仁爱学院图书馆	12256.0
554	湖北民族学院科技学院图书馆	13348.0	594	杭州万向职业技术学院图书馆	12200.0
555	井冈山大学图书馆	13340.0	595	广东司法警官职业学院图书馆	12100.0
556	北京中医药大学图书馆	13171.0	596	广州南洋理工职业学院图书馆	12096.0
557	青海师范大学图书馆	13167.6	597	江苏第二师范学院图书馆	12080.0
558	杨凌职业技术学院图书馆	13125.0	598	南昌师范学院图书馆	12000.0
559	华东交通大学理工学院图书馆	13100.0	599	四川警察学院图书馆	12000.0
560	四川文理学院图书馆	13074.7	600	保山中医药高等专科学校图书馆	12000.0
561	安顺学院图书馆	13073.9	601	四川旅游学院图书馆	11998.2
562	新乡医学院图书馆	13057.0	602	浙江长征职业技术学院图书馆	11969.0
563	南京林业大学图书馆	13039.0	603	上海中医药大学图书馆	11854.0
564	西安科技大学高新学院图书馆	13000.0	604	江西工业职业技术学院图书馆	11844.0
565	安庆医药高等专科学校图书馆	13000.0	605	长春职业技术学院图书馆	11604.0
566	江西交通职业技术学院图书馆	13000.0	606	川北医学院图书馆	11552.2
567	厦门安防科技职业学院图书馆	13000.0	607	江西先锋软件职业技术学院图书馆	11529.0
568	陕西工业职业技术学院图书馆	13000.0	608	中山职业技术学院图书馆	11500.0
569	广东技术师范学院图书馆	12949.7	609	湖南医药学院图书馆	11484.0
570	丽水职业技术学院图书馆	12913.0	610	四川航天职业技术学院图书馆	11278.5
571	湖州职业技术学院图书馆	12900.0	611	广州城市职业学院图书馆	11224.0
572	闽西职业技术学院图书馆	12863.0	612	江西财经职业学院图书馆	11200.0
573	遵义医学院图书馆	12820.1	613	义乌工商职业技术学院图书馆	11200.0
574	榆林学院图书馆	12800.0	614	福建信息职业技术学院图书馆	11150.0
575	江西科技职业学院图书馆	12800.0	615	浙江交通职业技术学院图书馆	11130.0
576	厦门医学院图书馆	12735.0	616	浙江医学高等专科学校图书馆	11052.5
577	南通职业大学图书馆	12700.0	617	湖北交通职业技术学院图书馆	11019.0
578	吉林华侨外国语学院图书馆	12641.0	618	浙江理工大学科技与艺术学院图书馆	11000.0
579	石家庄铁道大学图书馆	12639.0	619	江西电力职业技术学院图书馆	11000.0
580	沈阳医学院图书馆	12616.0	620	四川邮电职业技术学院图书馆	10991.0
581	宁夏民族职业技术学院图书馆	12560.0	621	南方科技大学图书馆	10727.0
582	陕西中医药大学图书馆	12538.0	622	惠州卫生职业技术学院图书馆	10485.0

续表

序号	图书馆名称	馆舍总面积(平方米)	序号	图书馆名称	馆舍总面积(平方米)
623	宁波卫生职业技术学院图书馆	10435.5	662	江西外语外贸职业学院图书馆	8000.0
624	内江职业技术学院图书馆	10351.1	663	绵阳职业技术学院图书馆	8000.0
625	黎明职业大学图书馆	10200.0	664	陕西职业技术学院图书馆	8000.0
626	广东技术师范学院天河学院图书馆	10126.6	665	广东环境保护工程职业学院图书馆	7898.7
627	福建卫生职业技术学院图书馆	10112.8	666	湄洲湾职业技术学院图书馆	7888.0
628	北京工业职业技术学院图书馆	10000.0	667	共青科技职业学院图书馆	7852.0
629	厦门城市职业学院图书馆	10000.0	668	江西制造职业技术学院图书馆	7834.3
630	泉州轻工职业学院图书馆	9978.0	669	天津电子信息职业技术学院图书馆	7815.0
631	广东工贸职业技术学院图书馆	9920.0	670	天津体育学院图书馆	7800.0
632	泉州经贸职业技术学院图书馆	9917.0	671	上海电子信息职业技术学院图书馆	7800.0
633	浙江纺织服装职业技术学院图书馆	9872.0	672	成都职业技术学院图书馆	7704.0
634	云南外事外语职业学院图书馆	9832.1	673	安徽机电职业技术学院图书馆	7500.0
635	浙江机电职业技术学院图书馆	9728.5	674	川南幼儿师范高等专科学校图书馆	7457.0
636	盘锦职业技术学院图书馆	9622.0	675	四川交通职业技术学院图书馆	7402.0
637	广东文理职业学院图书馆	9500.0	676	上海农林职业技术学院图书馆	7386.0
638	福建华南女子职业学院图书馆	9490.0	677	玉溪农业职业技术学院图书馆	7379.0
639	揭阳职业技术学院图书馆	9487.0	678	达州职业技术学院图书馆	7372.0
640	华南农业大学珠江学院图书馆	9356.0	679	广州科技贸易职业学院图书馆	7361.0
641	福建警察学院图书馆	9200.0	680	渤海船舶职业学院图书馆	7344.0
642	上海商学院图书馆	9200.0	681	仲恺农业工程学院图书馆	7200.0
643	武汉体育学院图书馆	9200.0	682	浙江警察学院图书馆	7050.0
644	漳州城市职业学院图书馆	9029.0	683	西安铁路职业技术学院图书馆	7031.5
645	东华理工大学长江学院图书馆	9000.0	684	浙江东方职业技术学院图书馆	7002.0
646	闽江师范高等专科学校图书馆	8953.0	685	安徽警官职业学院图书馆	7000.0
647	江西陶瓷工艺美术职业技术学院图书馆	8927.0	686	江西生物科技职业学院图书馆	7000.0
648	安徽审计职业学院图书馆	8800.0	687	泉州工艺美术职业学院图书馆	7000.0
649	浙江外国语学院图书馆	8700.0	688	四川司法警官职业学院图书馆	7000.0
650	宝鸡职业技术学院图书馆	8676.0	689	山东警察学院图书馆	6857.7
651	赣西科技职业学院图书馆	8500.0	690	西安航空职业技术学院图书馆	6852.0
652	江西医学高等专科学校图书馆	8446.8	691	天津滨海职业学院图书馆	6592.0
653	重庆三峡医药高等专科学校图书馆	8400.0	692	桐城师范高等专科学校图书馆	6560.0
654	广州涉外经济职业技术学院图书馆	8335.0	693	广州体育职业技术学院图书馆	6457.5
655	天津美术学院图书馆	8220.0	694	西安体育学院图书馆	6351.0
656	江西建设职业技术学院图书馆	8200.0	695	福建商学院图书馆	6340.0
657	安徽工商职业学院图书馆	8195.6	696	云南开放大学图书馆	6310.0
658	广东科贸职业学院图书馆	8131.0	697	西安美术学院图书馆	6152.0
659	上海工商外国语职业学院图书馆	8052.0	698	广东舞蹈戏剧职业学院图书馆	6148.9
660	成都体育学院图书馆	8033.0	699	漳州科技职业学院图书馆	6133.7
661	泉州幼儿师范高等专科学校图书馆	8026.0	700	上海旅游高等专科学校图书馆	6130.0

续表

序号	图书馆名称	馆舍总面积(平方米)	序号	图书馆名称	馆舍总面积(平方米)
701	首都体育学院图书馆	6122.0	739	江西水利职业学院图书馆	4174.0
702	眉山职业技术学院图书馆	6100.0	740	浙江艺术职业学院图书馆	4112.0
703	北京师范大学—香港浸会大学联合国际学院图书馆	6088.0	741	武汉晴川学院图书馆	4000.0
704	宜春职业技术学院图书馆	6054.0	742	福建艺术职业学院图书馆	4000.0
705	四川商务职业学院图书馆	6049.0	743	广东理工职业学院图书馆	4000.0
706	白城医学高等专科学校图书馆	6020.0	744	上海科学技术职业学院图书馆	4000.0
707	广州现代信息工程职业技术学院图书馆	6000.0	745	上海思博职业技术学院图书馆	4000.0
708	四川中医药高等专科学校图书馆	6000.0	746	广州铁路职业技术学院图书馆	3777.0
709	浙江同济科技职业学院图书馆	6000.0	747	泉州华光职业学院图书馆	3753.7
710	贵州理工学院图书馆	5915.0	748	江西农业工程职业学院图书馆	3709.0
711	南充职业技术学院图书馆	5867.0	749	江西航空职业技术学院图书馆	3648.0
712	云南机电职业技术学院图书馆	5855.7	750	私立华联学院图书馆	3480.0
713	上海行健职业学院图书馆	5600.0	751	山东中医药高等专科学校图书馆	3384.4
714	湖北美术学院图书馆	5282.0	752	江西传媒职业学院图书馆	3360.0
715	广州工程技术职业学院图书馆	5247.0	753	黔南民族医学高等专科学校图书馆	3296.0
716	南京体育学院图书馆	5100.0	754	福建体育职业技术学院图书馆	3283.0
717	西安财经学院知行学院图书馆	5068.0	755	包头职业技术学院图书馆	3266.0
718	上海公安学院图书馆	5061.0	756	延安大学西安创新学院图书馆	3250.0
719	上海健康医学院图书馆	5000.0	757	江西应用工程职业学院图书馆	3200.0
720	武汉音乐学院图书馆	5000.0	758	陕西财经职业技术学院图书馆	3200.0
721	湖北生物科技职业学院图书馆	5000.0	759	抚州职业技术学院图书馆	3179.6
722	茂名职业技术学院图书馆	5000.0	760	江西工程职业学院图书馆	3140.0
723	漳州理工职业学院图书馆	4830.0	761	广东邮电职业技术学院图书馆	3106.5
724	陕西交通职业技术学院图书馆	4797.0	762	西安音乐学院图书馆	3048.0
725	广州华南商贸职业学院图书馆	4795.0	763	厦门兴才职业技术学院图书馆	3041.0
726	广东行政职业学院图书馆	4790.0	764	西安电力高等专科学校图书馆	3000.0
727	湖南中医药高等专科学校图书馆	4742.0	765	浙江体育职业技术学院图书馆	3000.0
728	郑州旅游职业学院图书馆	4500.0	766	福建电力职业技术学院图书馆	2860.0
729	四川艺术职业学院图书馆	4449.5	767	鹤壁职业技术学院图书馆	2800.0
730	营口职业技术学院图书馆	4421.0	768	四川卫生康复职业学院图书馆	2600.0
731	江西信息应用职业技术学院图书馆	4390.0	769	云南司法警官职业学院图书馆	2500.0
732	上海工商职业技术学院图书馆	4364.0	770	江西环境工程职业学院图书馆	2370.0
733	西安交通大学城市学院图书馆	4347.0	771	上海震旦职业学院图书馆	2295.0
734	聊城大学东昌学院图书馆	4330.0	772	江西工商职业技术学院图书馆	2274.0
735	汕尾职业技术学院图书馆	4280.0	773	三明职业技术学院图书馆	2256.0
736	上海民航职业技术学院图书馆	4236.0	774	上海济光职业技术学院图书馆	2232.0
737	珠海城市职业技术学院图书馆	4231.0	775	武夷山职业学院图书馆	2015.9
738	陕西青年职业学院图书馆	4227.0	776	山西水利职业技术学院图书馆	2013.0

续表

序号	图书馆名称	馆舍总面积(平方米)	序号	图书馆名称	馆舍总面积(平方米)
777	甘肃交通职业技术学院图书馆	2000.0	785	广东生态工程职业学院图书馆	1513.0
778	上海音乐学院图书馆	1998.0	786	武汉警官职业学院图书馆	1190.0
779	榆林职业技术学院图书馆	1980.0	787	闽北职业技术学院图书馆	1080.0
780	广州松田职业学院图书馆	1901.0	788	景德镇陶瓷职业技术学院图书馆	1020.0
781	金华教育学院图书馆	1850.0	789	泉州纺织服装职业学院图书馆	800.0
782	江西青年职业学院图书馆	1767.0	790	齐齐哈尔工程学院图书馆	715.8
783	厦门演艺职业学院图书馆	1753.0	791	江西卫生职业学院图书馆	500.0
784	天津艺术职业学院图书馆	1550.0	792	珠海艺术职业学院图书馆	440.0

2016年762所高校图书馆电子资源购置费统计表

序号	图书馆名称	购电子资源(元)	序号	图书馆名称	购电子资源(元)
1	北京大学图书馆	41691209.5	39	西北工业大学图书馆	12182310.0
2	华中科技大学图书馆	33822167.0	40	兰州大学图书馆	12160953.0
3	清华大学图书馆	33463395.0	41	北京科技大学图书馆	11952956.0
4	武汉大学图书馆	32537089.1	42	北京工业大学图书馆	11924351.0
5	浙江大学图书馆	25735771.5	43	福州大学图书馆	11872238.0
6	同济大学图书馆	23999853.8	44	南京理工大学图书馆	11823155.0
7	厦门大学图书馆	23789227.7	45	西南交通大学图书馆	11758847.9
8	上海交通大学图书馆	22743766.0	46	广东工业大学图书馆	11470185.8
9	中山大学图书馆	22629227.6	47	东南大学图书馆	11454585.2
10	深圳大学城图书馆	21717063.9	48	电子科技大学图书馆	11030870.0
11	首都师范大学图书馆	21471200.0	49	西北农林科技大学图书馆	10914020.9
12	西安交通大学图书馆	19503131.0	50	山西大学图书馆	10791187.8
13	重庆大学图书馆	19383400.0	51	华南农业大学图书馆	10658654.7
14	中国科学技术大学图书馆	18890000.0	52	浙江工业大学图书馆	10468246.0
15	中南大学图书馆	18863703.0	53	合肥工业大学图书馆	10450964.6
16	北京师范大学图书馆	18280185.1	54	武汉理工大学图书馆	10250246.2
17	复旦大学图书馆	16998525.3	55	南昌大学图书馆	10047800.0
18	大连理工大学图书馆	16369663.9	56	河南大学图书馆	9888919.0
19	西北大学图书馆	16145995.0	57	南京农业大学图书馆	9887976.1
20	华东师范大学图书馆	15588546.0	58	中国海洋大学图书馆	9854000.0
21	天津大学图书馆	15481226.5	59	昆明理工大学图书馆	9607326.6
22	暨南大学图书馆	15344099.9	60	成都理工大学图书馆	9529060.0
23	华南师范大学图书馆	15170000.0	61	江南大学图书馆	9376790.4
24	华中师范大学图书馆	15021737.5	62	宁夏大学图书馆	9262500.0
25	南京师范大学图书馆	14607582.0	63	苏州大学图书馆	9090122.4
26	广东外语外贸大学图书馆	14517795.0	64	南京大学图书馆	9026155.0
27	西南财经大学图书馆	14083949.0	65	上海财经大学图书馆	8996774.8
28	湖南大学图书馆	13874881.9	66	宁波大学图书馆	8763490.0
29	华南理工大学图书馆	13505432.0	67	广州大学图书馆	8648945.0
30	华东理工大学图书馆	13348000.0	68	陕西师范大学图书馆	8576399.6
31	南方科技大学图书馆	13344546.1	69	海南大学图书馆	8502254.8
32	东北大学图书馆	13322708.5	70	扬州大学图书馆	8501296.0
33	深圳大学图书馆	13008644.1	71	贵州大学图书馆	8500000.0
34	山东大学图书馆	13000091.8	72	北方民族大学图书馆	8469839.0
35	西交利物浦大学图书馆	12706804.0	73	江苏大学图书馆	8466461.0
36	杭州师范大学图书馆	12340310.5	74	浙江师范大学图书馆	8433143.0
37	东北师范大学图书馆	12272161.0	75	中国矿业大学图书馆	8398491.6
38	上海大学图书馆	12229625.8	76	安徽师范大学图书馆	8307384.0

续表

序号	图书馆名称	购电子资源(元)	序号	图书馆名称	购电子资源(元)
77	首都医科大学图书馆	8291468.0	117	陕西科技大学图书馆	5733515.0
78	福建师范大学图书馆	8230346.0	118	西北民族大学图书馆	5669000.0
79	上海科技大学图书馆	8188537.5	119	南华大学图书馆	5593493.0
80	江苏师范大学图书馆	7981034.0	120	河北师范大学图书馆	5530644.8
81	南京航空航天大学图书馆	7923247.0	121	广西科技大学(原广西工学院)图书馆	5501020.7
82	北京交通大学图书馆	7791434.8	122	南京医科大学图书馆	5413876.0
83	北京工商大学图书馆	7731510.0	123	湖北大学图书馆	5361814.0
84	内蒙古工业大学图书馆	7663506.0	124	天水师范学院图书馆	5320000.0
85	华中农业大学图书馆	7623989.0	125	山东师范大学图书馆	5287050.0
86	西安电子科技大学图书馆	7607400.0	126	安徽大学图书馆	5284241.0
87	中南财经政法大学图书馆	7347097.0	127	上海中医药大学图书馆	5231249.0
88	华侨大学图书馆	7326751.0	128	西南石油大学图书馆	5217629.0
89	西南科技大学图书馆	7260039.0	129	东北财经大学图书馆	5214377.9
90	郑州轻工业学院图书馆	7184019.0	130	上海海事大学图书馆	5181003.2
91	上海健康医学院图书馆	7146220.0	131	辽宁大学图书馆	5158253.0
92	东北林业大学图书馆	7140000.0	132	长沙理工大学图书馆	5113200.0
93	河南农业大学图书馆	7067174.0	133	河北工业大学图书馆	5096901.6
94	青海民族大学图书馆	7000000.0	134	成都中医药大学图书馆	5066603.4
95	南方医科大学图书馆	6844474.0	135	兰州理工大学图书馆	5006300.0
96	华东政法大学图书馆	6665386.0	136	上海电力学院图书馆	5002101.0
97	武汉科技大学图书馆	6662600.0	137	浙江财经大学图书馆	5000000.0
98	中央民族大学图书馆	6623589.0	138	江西师范大学图书馆	4982600.0
99	新疆大学图书馆	6542000.0	139	黑龙江大学图书馆	4961841.0
100	中国医科大学图书馆	6524343.0	140	中国计量大学图书馆	4959931.0
101	福建农林大学图书馆	6469626.0	141	西南民族大学图书馆	4873558.0
102	汕头大学图书馆	6448334.0	142	江汉大学图书馆	4838148.0
103	华北电力大学图书馆	6409634.0	143	长江大学图书馆	4788002.0
104	杭州电子科技大学图书馆	6331400.0	144	四川大学图书馆	4757843.6
105	温州大学图书馆	6281268.0	145	西华师范大学图书馆	4694467.0
106	四川理工学院图书馆	6113054.0	146	四川师范大学图书馆	4688875.0
107	长安大学图书馆	6048125.0	147	河南工程学院图书馆	4676000.0
108	上海理工大学图书馆	6014300.0	148	四川农业大学图书馆	4632757.0
109	临沂大学图书馆	6000000.0	149	广州医科大学图书馆	4584160.7
110	大连海事大学图书馆	5999924.1	150	大连大学图书馆	4518000.0
111	南京林业大学图书馆	5981265.6	151	江苏科技大学图书馆	4486146.0
112	河南科技大学图书馆	5978829.0	152	浙江理工大学图书馆	4448690.0
113	河南理工大学图书馆	5971204.0	153	湖南工业大学图书馆	4420000.0
114	南京工业大学图书馆	5950234.3	154	三峡大学图书馆	4371767.0
115	山东农业大学图书馆	5913524.0	155	深圳职业技术学院图书馆	4364500.0
116	上海工程技术大学图书馆	5875999.0	156	兰州交通大学图书馆	4363956.0

续表

序号	图书馆名称	购电子资源(元)	序号	图书馆名称	购电子资源(元)
157	中南民族大学图书馆	4342654.0	196	广东海洋大学图书馆	3380000.0
158	湖南师范大学图书馆	4333000.0	197	广东药科大学图书馆	3350422.0
159	集美大学图书馆	4322473.0	198	上饶师范学院图书馆	3342795.0
160	安徽工业大学图书馆	4319020.0	199	上海对外经贸大学图书馆	3320088.7
161	南昌航空大学图书馆	4273200.0	200	上海商学院图书馆	3287000.0
162	广州中医药大学图书馆	4243283.4	201	内蒙古大学图书馆	3284000.0
163	上海应用技术大学图书馆	4213986.3	202	内蒙古农业大学图书馆	3284000.0
164	湖北水利水电大学图书馆	4200000.0	203	北京师范大学—香港浸会大学联合国际学院图书馆	3268033.0
165	顺德职业技术学院图书馆	4180600.0	204	江西科技师范大学图书馆	3255529.0
166	北京邮电大学图书馆	4176372.0	205	河南工业大学图书馆	3237353.0
167	西安理工大学图书馆	4164847.9	206	太原师范学院图书馆	3166566.0
168	西安工程大学图书馆	4154719.0	207	西安邮电大学图书馆	3145734.0
169	东北农业大学图书馆	4148983.9	208	闽南师范大学图书馆	3134939.0
170	山西财经大学图书馆	4053700.0	209	福建工程学院图书馆	3124383.5
171	浙江工商大学图书馆	4016103.0	210	宝鸡文理学院图书馆	3086000.0
172	石家庄铁道大学图书馆	3891800.0	211	上海电子信息职业技术学院图书馆	3048586.0
173	盐城工学院图书馆	3880083.0	212	陕西理工大学图书馆	2988500.0
174	上海海洋大学图书馆	3878400.0	213	吉首大学图书馆	2966600.0
175	江西理工大学图书馆	3827900.0	214	淮北师范大学图书馆	2963480.0
176	天津理工大学图书馆	3825999.0	215	华东交通大学图书馆	2943800.0
177	苏州科技大学图书馆	3808941.0	216	湖北工业大学图书馆	2940765.0
178	云南农业大学图书馆	3805072.0	217	东北电力大学图书馆	2938828.0
179	东莞理工学院图书馆	3800000.0	218	中国人民公安大学图书馆	2886500.0
180	西华大学图书馆	3726257.0	219	西昌学院图书馆	2876700.0
181	西安科技大学图书馆	3707144.0	220	沈阳航空航天大学图书馆	2863389.0
182	九江学院图书馆	3700553.0	221	五邑大学图书馆	2839834.0
183	云南财经大学图书馆	3670000.0	222	浙江海洋大学图书馆	2830000.0
184	温州医科大学图书馆	3644071.0	223	武汉纺织大学图书馆	2807413.0
185	浙江农林大学图书馆	3628824.4	224	厦门理工学院图书馆	2800000.0
186	嘉兴学院图书馆	3573731.0	225	泉州师范学院图书馆	2781300.0
187	南阳师范学院图书馆	3546500.0	226	北华大学图书馆	2749590.0
188	西南政法大学图书馆	3518617.0	227	岭南师范学院图书馆	2725292.2
189	景德镇陶瓷大学图书馆	3491773.0	228	闽江学院图书馆	2720000.0
190	中南林业科技大学图书馆	3476449.0	229	锦州医科大学图书馆	2699398.0
191	成都大学图书馆	3449547.0	230	绍兴文理学院图书馆	2698535.0
192	广东财经大学图书馆	3442225.0	231	长春中医学院图书馆	2642000.0
193	通化师范学院图书馆	3434000.0	232	长春理工大学图书馆	2620908.0
194	西安建筑科技大学图书馆	3396885.5	233	赣南师范学院图书馆	2596220.0
195	沈阳师范大学图书馆	3384137.0	234	齐齐哈尔大学图书馆	2594516.0

续表

序号	图书馆名称	购电子资源(元)	序号	图书馆名称	购电子资源(元)
235	昆明医学院图书馆	2519408.0	274	宜春学院图书馆	1908400.0
236	内蒙古民族大学图书馆	2500000.0	275	宁波工程学院图书馆	1905450.0
237	皖西学院图书馆	2496750.0	276	江西中医药大学图书馆	1892900.0
238	天津财经大学图书馆	2477885.0	277	西安医学院图书馆	1875056.0
239	河北北方学院图书馆	2429000.0	278	广东石油化工学院图书馆	1866849.0
240	上海政法学院图书馆	2423500.0	279	贵州医科大学图书馆	1864114.7
241	四川音乐学院图书馆	2411500.0	280	中国民用航空飞行学院图书馆	1851771.1
242	成都信息工程大学图书馆	2408161.0	281	安庆医药高等专科学校图书馆	1851771.1
243	井冈山大学图书馆	2401802.0	282	湖北经济学院图书馆	1800000.0
244	长春工程学院图书馆	2401300.0	283	台州学院图书馆	1798378.0
245	乐山师范学院图书馆	2400000.0	284	上海机电学院图书馆	1790000.0
246	呼和浩特职业学院图书馆	2388300.0	285	北京师范大学珠海分校图书馆	1787191.9
247	浙江科技学院图书馆	2386830.0	286	吉林财经大学(原长春税务学院)图书馆	1738400.0
248	天津师范大学图书馆	2354273.0	287	武汉工商学院图书馆	1738000.0
249	武汉工程大学图书馆	2340000.0	288	兰州财经大学图书馆	1733300.0
250	阜阳师范学院图书馆	2332150.0	289	南京审计大学图书馆	1731466.0
251	包头师范学院图书馆	2320000.0	290	泸州医学院图书馆	1713000.0
252	西安工业大学图书馆	2318700.0	291	浙江警察学院图书馆	1709752.0
253	莆田学院图书馆	2295600.0	292	辽宁石油化工大学图书馆	1703692.0
254	福建中医药大学图书馆	2278444.0	293	宜宾学院图书馆	1695600.0
255	沈阳工业大学图书馆	2275076.0	294	渭南师范学院图书馆	1680000.0
256	哈尔滨师范大学图书馆	2193000.0	295	徐州工程学院图书馆	1677020.0
257	天津商业大学图书馆	2155500.0	296	川北医学院图书馆	1674802.0
258	合肥学院图书馆	2094300.0	297	浙江商业职业技术学院图书馆	1671000.0
259	湖北民族学院图书馆	2085400.0	298	中国政法大学图书馆	1648893.0
260	平顶山学院图书馆	2079000.0	299	延安大学图书馆	1648850.0
261	贵州民族大学图书馆	2074500.0	300	吉林师范大学图书馆	1643000.0
262	吉林农业科技学院图书馆	2068500.0	301	洛阳师范学院图书馆	1633945.0
263	江西农业大学图书馆	2020000.0	302	赣南医学院图书馆	1612900.0
264	滨州学院图书馆	2010000.0	303	甘肃中医药大学图书馆	1582700.0
265	河西学院图书馆	2002800.0	304	惠州学院图书馆	1582025.0
266	贵州师范大学图书馆	2002500.0	305	首都体育学院图书馆	1578246.0
267	哈尔滨商业大学图书馆	2000116.0	306	贵阳学院图书馆	1561672.0
268	西藏民族大学图书馆	1996000.0	307	沈阳农业大学图书馆	1560000.0
269	辽宁科技大学图书馆	1964665.0	308	四川警察学院图书馆	1554200.0
270	内江师范学院图书馆	1962000.0	309	贵州财经大学图书馆	1537563.0
271	浙江中医药大学图书馆	1959676.0	310	青岛科技大学图书馆	1518803.0
272	东华理工大学图书馆	1916600.0	311	西安航空学院图书馆	1511800.0
273	内蒙古师范大学图书馆	1914000.0	312	辽宁工程技术大学图书馆	1509743.0

续表

序号	图书馆名称	购电子资源(元)	序号	图书馆名称	购电子资源(元)
313	陕西服装工程学院图书馆	1500000.0	353	杨凌职业技术学院图书馆	1223800.0
314	浙江传媒学院图书馆	1498000.0	354	广东省外语艺术职业学院图书馆	1214800.0
315	青海师范大学图书馆	1496900.0	355	辽宁师范大学图书馆	1212263.0
316	沈阳化工大学图书馆	1492000.0	356	东莞职业技术学院图书馆	1200000.0
317	仲恺农业工程学院图书馆	1479000.0	357	云南民族大学图书馆	1197800.0
318	商丘师范学院图书馆	1474200.0	358	广州番禺职业技术学院图书馆	1197000.0
319	成都医学院图书馆	1462200.0	359	赤峰学院图书馆	1190000.0
320	商洛学院图书馆	1456000.0	360	白城师范学院图书馆	1181000.0
321	西安欧亚学院图书馆	1454500.0	361	许昌学院图书馆	1169000.0
322	遵义医学院图书馆	1452151.0	362	西安石油大学图书馆	1159908.0
323	青岛农业大学图书馆	1449958.0	363	浙江工商职业技术学院图书馆	1156300.0
324	湖南财政经济学院图书馆	1444200.0	364	淮南师范学院图书馆	1100000.0
325	西安财经学院图书馆	1438707.0	365	沈阳理工大学图书馆	1099605.0
326	广东轻工职业技术学院图书馆	1434600.0	366	洛阳理工学院图书馆	1099372.0
327	天津城建大学图书馆	1432477.0	367	湖北第二师范学院图书馆	1098590.0
328	韶关学院图书馆	1428600.0	368	石家庄学院图书馆	1097013.0
329	福州外语外贸学院图书馆	1419564.0	369	宁波大红鹰学院图书馆	1084164.0
330	浙江越秀外国语学院图书馆	1414793.0	370	遵义师范学院图书馆	1070769.0
331	福建医科大学图书馆	1413475.5	371	宁德师范学院图书馆	1069145.0
332	湖州师范学院图书馆	1407331.0	372	湖南文理学院图书馆	1060000.0
333	云南中医学院图书馆	1405520.0	373	牡丹江师范学院图书馆	1056752.0
334	曲靖师范学院图书馆	1405000.0	374	长江师范学院图书馆	1039400.0
335	北京工业职业技术学院图书馆	1401000.0	375	咸阳师范学院图书馆	1037247.0
336	武夷学院图书馆	1400345.0	376	浙江万里学院图书馆	1003400.0
337	肇庆学院图书馆	1399500.0	377	兰州城市学院图书馆	1000000.0
338	浙江金融职业学院图书馆	1385746.1	378	贵阳中医学院图书馆	991700.0
339	潍坊学院图书馆	1380000.0	379	天津外国语大学图书馆	987549.0
340	西安外国语大学图书馆	1377496.0	380	上海公安学院图书馆	986175.0
341	陕西中医药大学图书馆	1364900.0	381	广东行政职业学院图书馆	965600.0
342	合肥师范学院图书馆	1362250.0	382	安顺学院图书馆	958000.0
343	广东技术师范学院图书馆	1357788.0	383	湖南科技学院图书馆	948000.0
344	新乡医学院图书馆	1350000.0	384	楚雄师范学院图书馆	946570.0
345	宿州学院图书馆	1349600.0	385	东北石油大学图书馆	940000.0
346	榆林职业技术学院图书馆	1343600.0	386	陕西学前师范学院图书馆	923600.0
347	龙岩学院图书馆	1310750.0	387	丽水学院图书馆	907182.0
348	南京艺术学院图书馆	1304500.0	388	宁波职业技术学院图书馆	894400.0
349	陕西国际商贸学院图书馆	1280000.0	389	电子科技大学中山学院图书馆	891700.0
350	贵州理工学院图书馆	1279000.0	390	湖南理工学院图书馆	890000.0
351	巢湖学院图书馆	1264181.0	391	山东政法学院图书馆	874200.0
352	榆林学院图书馆	1254000.0	392	福建信息职业技术学院图书馆	860000.0

续表

序号	图书馆名称	购电子资源(元)	序号	图书馆名称	购电子资源(元)
393	西京学院图书馆	854000.0	433	衢州职业技术学院图书馆	659328.0
394	广州工程技术职业学院图书馆	853500.0	434	西南林学院图书馆	652800.0
395	西北政法大学图书馆	848500.0	435	广东工贸职业技术学院图书馆	650000.0
396	常州工学院图书馆	840241.0	436	山东警察学院图书馆	639400.0
397	包头医学院图书馆	836200.0	437	河套学院图书馆	637500.0
398	忻州师范学院图书馆	832000.0	438	安徽工商职业学院图书馆	635080.0
399	韩山师范学院图书馆	823000.0	439	黔南民族师范学院图书馆	635000.0
400	南昌师范学院图书馆	809490.0	440	湖北工程学院图书馆	613841.0
401	长春工业大学图书馆	809400.0	441	广东培正学院图书馆	607003.0
402	重庆文理学院图书馆	809184.3	442	中国美术学院图书馆	604800.0
403	成都体育学院图书馆	808285.0	443	沈阳医学院图书馆	603500.0
404	攀枝花学院图书馆	800000.0	444	江西警察学院图书馆	600150.0
405	江西工程职业学院图书馆	800000.0	445	蚌埠学院图书馆	600000.0
406	宁夏师范学院图书馆	789800.0	446	宿迁学院图书馆	600000.0
407	浙江纺织服装职业技术学院图书馆	786917.0	447	安徽中医药高等专科学校图书馆	600000.0
408	金华职业技术学院图书馆	774869.0	448	西安文理学院图书馆	599179.0
409	四川交通职业技术学院图书馆	772000.0	449	西安铁路职业技术学院图书馆	599080.0
410	昆明学院图书馆	771200.0	450	西安外事学院图书馆	591000.0
411	广州城市职业学院图书馆	762200.0	451	玉溪师范学院图书馆	590700.0
412	四川民族学院图书馆	753000.0	452	吉安职业技术学院图书馆	590000.0
413	亳州学院图书馆	746000.0	453	贵州商学院图书馆	577000.0
414	四川文理学院图书馆	746000.0	454	南京工业职业技术学院图书馆	575531.0
415	武汉体育学院图书馆	740900.0	455	湖南女子学院图书馆	565000.0
416	苏州职业大学图书馆	735685.0	456	延安大学西安创新学院图书馆	560000.0
417	成都工业学院图书馆	732900.0	457	青海大学图书馆	558500.0
418	广州铁路职业技术学院图书馆	730000.0	458	吉林华侨外国语学院图书馆	552643.0
419	浙江水利水电学院图书馆	725000.0	459	山东城市建设职业学院图书馆	550000.0
420	辽宁对外经贸学院图书馆	706500.0	460	浙江旅游职业学院图书馆	541500.0
421	西安美术学院图书馆	702511.0	461	长江职业学院图书馆	537655.0
422	浙江经贸职业技术学院图书馆	694842.0	462	陕西铁路工程职业技术学院图书馆	528004.0
423	江西外语外贸职业学院图书馆	694030.0	463	东北师范大学人文学院图书馆	527500.0
424	甘肃民族师范学院图书馆	684000.0	464	漳州卫生职业学院图书馆	524000.0
425	广东科学技术职业学院图书馆	680000.0	465	福建商学院图书馆	514000.0
426	三明学院图书馆	679000.0	466	海口经济学院图书馆	511000.0
427	上海民航职业技术学院图书馆	669800.0	467	黄冈职业技术学院图书馆	500000.0
428	西安培华学院图书馆	667300.0	468	厦门城市职业学院图书馆	500000.0
429	武汉音乐学院图书馆	663611.7	469	浙江医学高等专科学校图书馆	497921.0
430	凯里学院图书馆	662000.0	470	四川工程职业技术学院图书馆	490000.0
431	厦门医学院图书馆	661245.0	471	铜仁学院图书馆	488950.0
432	广东交通职业技术学院图书馆	660200.0	472	广东女子职业技术学院图书馆	488000.0

续表

序号	图书馆名称	购电子资源(元)	序号	图书馆名称	购电子资源(元)
473	浙江同济科技职业学院图书馆	485000.0	512	江西旅游商贸职业学院图书馆	395990.0
474	常州轻工职业技术学院图书馆	484184.0	513	广东岭南职业技术学院图书馆	393000.0
475	西安翻译学院图书馆	477950.0	514	浙江外国语学院图书馆	391916.0
476	江西经济管理干部学院图书馆	477000.0	515	中山火炬职业技术学院图书馆	385000.0
477	中山职业技术学院图书馆	477000.0	516	甘肃医学院图书馆	381171.0
478	红河学院图书馆	475546.0	517	宝鸡职业技术学院图书馆	380000.0
479	温州科技职业学院图书馆	475173.0	518	广东水利电力职业技术学院图书馆	377510.0
480	成都职业技术学院图书馆	470000.0	519	白城医学高等专科学校图书馆	375000.0
481	广东工程职业技术学院图书馆	463000.0	520	营口职业技术学院图书馆	375000.0
482	广东理工职业学院图书馆	463000.0	521	南京体育学院图书馆	373283.0
483	陕西工业职业技术学院图书馆	460800.0	522	华南理工大学广州学院图书馆	370000.0
484	成都工业职业技术学院图书馆	460000.0	523	武汉铁路职业技术学院图书馆	369257.0
485	福建船政交通职业学院图书馆	457000.0	524	内蒙古化工职业学院图书馆	365000.0
486	贵州工程应用技术学院图书馆	452000.0	525	重庆三峡医药高等专科学校图书馆	365000.0
487	西北工业大学明德学院图书馆	451073.0	526	黎明职业大学图书馆	363000.0
488	江西现代职业技术学院图书馆	450000.0	527	广东食品药品职业学院图书馆	360000.0
489	西安航空职业技术学院图书馆	450000.0	528	沈阳工程学院图书馆	359010.0
490	浙江经济职业技术学院图书馆	447734.0	529	浙江医药高等专科学校图书馆	356372.0
491	武昌首义学院图书馆	444578.0	530	西安音乐学院图书馆	354200.0
492	湖北汽车工业学院图书馆	436000.0	531	江西师范高等专科学校图书馆	353000.0
493	信阳农林学院图书馆	433000.0	532	大庆师范学院图书馆	351101.0
494	成都航空职业技术学院图书馆	432780.0	533	聊城大学东昌学院图书馆	350000.0
495	安徽机电职业技术学院图书馆	432000.0	534	呼和浩特民族学院图书馆	350000.0
496	安徽水利水电职业技术学院图书馆	430000.0	535	郑州旅游职业学院图书馆	350000.0
497	云南交通职业技术学院图书馆	430000.0	536	泸州职业技术学院图书馆	347600.0
498	广州商学院图书馆	428923.0	537	江西中医药大学科技学院图书馆	339276.0
499	武汉工程科技学院图书馆	424219.0	538	台州科技职业学院图书馆	338366.0
500	沈阳体育学院图书馆	422627.0	539	陕西国防工业职业技术学院图书馆	338000.0
501	包头轻工职业技术学院图书馆	420000.0	540	浙江工贸职业技术学院图书馆	337128.0
502	上海师范大学天华学院图书馆	418000.0	541	桐城师范高等专科学校图书馆	336000.0
503	浙江交通职业技术学院图书馆	417000.0	542	昭通学院(原昭通师范高等专科学校)图书馆	331800.0
504	无锡职业技术学院图书馆	416000.0	543	云南开放大学图书馆	330000.0
505	池州学院图书馆	411800.0	544	陕西警官职业学院图书馆	325000.0
506	杭州职业技术学院图书馆	410000.0	545	浙江大学城市学院图书馆	322000.0
507	浙江工业职业技术学院图书馆	408000.0	546	西安财经学院知行学院图书馆	321000.0
508	闽江师范高等专科学校图书馆	406000.0	547	广州南洋理工职业学院图书馆	317500.0
509	六盘水师范学院图书馆	405000.0	548	湖北美术学院图书馆	316000.0
510	成都纺织高等专科学校图书馆	400000.0	549	上海旅游高等专科学校图书馆	312996.0
511	江西财经职业学院图书馆	400000.0	550	嘉兴职业技术学院图书馆	312478.0

续表

序号	图书馆名称	购电子资源(元)	序号	图书馆名称	购电子资源(元)
551	辽宁交通高等专科学校图书馆	310000.0	590	西藏职业技术学院图书馆	250000.0
552	南昌职业学院图书馆	310000.0	591	延安职业技术学院图书馆	250000.0
553	四川水利职业技术学院图书馆	310000.0	592	浙江机电职业技术学院图书馆	250000.0
554	上海思博职业技术学院图书馆	306909.0	593	烟台黄金职业学院图书馆	248612.0
555	成都师范学院图书馆	300000.0	594	滇西科技师范学院图书馆	248000.0
556	湖北三峡职业技术学院图书馆	300000.0	595	揭阳职业技术学院图书馆	248000.0
557	河源职业技术学院图书馆	300000.0	596	广东科贸职业学院图书馆	245000.0
558	宁夏民族职业技术学院图书馆	300000.0	597	广安职业技术学院图书馆	240000.0
559	山东中医药高等专科学校图书馆	300000.0	598	广州涉外经济职业技术学院图书馆	238000.0
560	珠海城市职业技术学院图书馆	300000.0	599	焦作大学图书馆	236000.0
561	威海职业学院图书馆	299800.0	600	江西环境工程职业学院图书馆	235000.0
562	广东警官学院图书馆	299157.0	601	湖北水利水电职业技术学院图书馆	230000.0
563	清远职业技术学院图书馆	299000.0	602	湖南中医药高等专科学校图书馆	230000.0
564	湖南警察学院图书馆	298500.0	603	安徽医学高等专科学校图书馆	228800.0
565	泉州经贸职业技术学院图书馆	294000.0	604	四川邮电职业技术学院图书馆	228360.0
566	四川工商学院(原四川师范大学成都学院)图书馆	290000.0	605	达州职业技术学院图书馆	226000.0
567	长春职业技术学院图书馆	290000.0	606	鹤壁职业技术学院图书馆	225000.0
568	内蒙古电子信息职业技术学院图书馆	287000.0	607	浙江国际海运职业技术学院图书馆	224304.0
569	东华理工大学长江学院图书馆	285190.0	608	四川卫生康复职业学院图书馆	222000.0
570	温州职业技术学院图书馆	285040.0	609	绵阳职业技术学院图书馆	220008.0
571	九江职业技术学院图书馆	285000.0	610	江西信息应用职业技术学院图书馆	220000.0
572	安徽外国语学院图书馆	281000.0	611	湄洲湾职业技术学院图书馆	220000.0
573	四川建筑职业技术学院图书馆	277820.0	612	扬州职业大学图书馆	215001.0
574	义乌工商职业技术学院图书馆	275248.0	613	抚州职业技术学院图书馆	215000.0
575	鄂州职业大学图书馆	274600.0	614	厦门海洋职业技术学院图书馆	211000.0
576	广东环境保护工程职业学院图书馆	274000.0	615	宁夏工商职业技术学院图书馆	210000.0
577	漳州职业技术学院图书馆	269000.0	616	长春建筑学院图书馆	205000.0
578	辽源职业技术学院图书馆	267000.0	617	长春科技学院图书馆	203000.0
579	哈尔滨职业技术学院图书馆	266000.0	618	武汉东湖学院图书馆	202000.0
580	闽西职业技术学院图书馆	262950.0	619	仰恩大学图书馆	200000.0
581	天津体育学院图书馆	260544.0	620	杭州万向职业技术学院图书馆	200000.0
582	江苏第二师范学院图书馆	260000.0	621	厦门南洋职业学院图书馆	200000.0
583	渤海船舶职业学院图书馆	260000.0	622	广州城建职业学院图书馆	199898.0
584	漳州科技职业学院图书馆	260000.0	623	兰州文理学院图书馆	199000.0
585	四川旅游学院图书馆	258000.0	624	四川司法警官职业学院图书馆	198000.0
586	四川职业技术学院图书馆	256000.0	625	云南林业职业技术学院图书馆	198000.0
587	南通职业大学图书馆	254267.0	626	上海农林职业技术学院图书馆	197300.0
588	四川幼儿师范高等专科学校图书馆	251800.0	627	南充职业技术学院图书馆	196650.0
589	南京科技职业学院图书馆	251184.0	628	湖南财经工业职业技术学院图书馆	194600.0

续表

序号	图书馆名称	购电子资源(元)	序号	图书馆名称	购电子资源(元)
629	河南工业职业技术学院图书馆	193000.0	667	西安电力高等专科学校图书馆	141000.0
630	湖州职业技术学院图书馆	192572.0	668	江西医学高等专科学校图书馆	140000.0
631	茂名职业技术学院图书馆	191000.0	669	江西中医药高等专科学校图书馆	140000.0
632	阿坝师范学院图书馆	190000.0	670	西安科技大学高新学院图书馆	139800.0
633	上海视觉艺术学院图书馆	190000.0	671	哈尔滨金融学院图书馆	133760.2
634	四川工商职业技术学院图书馆	190000.0	672	西安思源学院图书馆	130000.0
635	天津大学仁爱学院图书馆	188000.0	673	思茅师范高等专科学校图书馆	130000.0
636	三明职业技术学院图书馆	186000.0	674	江西水利职业学院图书馆	126000.0
637	山东协和职业技术学院图书馆	180000.0	675	江西工业工程职业技术学院图书馆	125000.0
638	西安交通大学城市学院图书馆	176000.0	676	齐齐哈尔工程学院图书馆	120000.0
639	云南艺术学院图书馆	170000.0	677	赣州师范高等专科学校图书馆	120000.0
640	江西生物科技职业学院图书馆	169700.0	678	赣南卫生健康职业学院图书馆	119350.0
641	四川商务职业学院图书馆	168000.0	679	惠州卫生职业技术学院图书馆	118000.0
642	上海出版印刷高等专科学校图书馆	165000.0	680	福建电力职业技术学院图书馆	117000.0
643	汉江师范学院(原郧阳师范高等专科学校)图书馆	163000.0	681	安徽审计职业学院图书馆	116800.0
644	上海音乐学院图书馆	162717.5	682	泉州幼儿师范高等专科学校图书馆	115000.0
645	江西制造职业技术学院图书馆	162230.0	683	上海济光职业技术学院图书馆	115000.0
646	华南农业大学珠江学院图书馆	160000.0	684	厦门华夏学院图书馆	112980.0
647	长春财经学院图书馆	160000.0	685	武汉科技大学城市学院图书馆	110000.0
648	安徽职业技术学院图书馆	160000.0	686	惠州经济职业技术学院图书馆	110000.0
649	盘锦职业技术学院图书馆	160000.0	687	萍乡学院(原萍乡高等专科学校)图书馆	100000.0
650	天津美术学院图书馆	159519.0	688	西安交通工程学院图书馆	100000.0
651	华东交通大学理工学院图书馆	158850.0	689	湖北城市建设职业技术学院图书馆	100000.0
652	黑龙江外国语学院图书馆	158000.0	690	湖北交通职业技术学院图书馆	100000.0
653	上海行健职业学院图书馆	157000.0	691	湖北生物科技职业学院图书馆	100000.0
654	浙江东方职业技术学院图书馆	155850.0	692	江门职业技术学院图书馆	100000.0
655	陕西交通职业技术学院图书馆	155000.0	693	江西工商职业技术学院图书馆	100000.0
656	中山大学南方学院图书馆	154000.0	694	浙江体育职业技术学院图书馆	100000.0
657	浙江艺术职业学院图书馆	153400.0	695	江西工业贸易职业技术学院图书馆	99200.0
658	湖北工业职业技术学院图书馆	150500.0	696	辽宁农业职业技术学院图书馆	98000.0
659	广东财经大学华商学院图书馆	150000.0	697	云南财经职业学院图书馆	97355.0
660	广东司法警官职业学院图书馆	150000.0	698	天津滨海职业学院图书馆	96666.0
661	四川航天职业技术学院图书馆	150000.0	699	天津电子信息职业技术学院图书馆	96600.0
662	许昌职业技术学院图书馆	150000.0	700	哈尔滨石油学院图书馆	89306.0
663	川南幼儿师范高等专科学校图书馆	149980.0	701	漳州城市职业学院图书馆	86900.0
664	陕西财经职业技术学院图书馆	146800.0	702	共青科技职业学院图书馆	86345.0
665	黄山学院图书馆	145500.0	703	江西传媒职业学院图书馆	84000.0
666	商洛职业技术学院图书馆	145000.0	704	西北大学现代学院图书馆	80000.0

续表

序号	图书馆名称	购电子资源(元)	序号	图书馆名称	购电子资源(元)
705	江西建设职业技术学院图书馆	80000.0	734	咸阳职业技术学院图书馆	50000.0
706	江西先锋软件职业技术学院图书馆	80000.0	735	江西交通职业技术学院图书馆	49800.0
707	云南司法警官职业学院图书馆	80000.0	736	兴义民族师范学院图书馆	48000.0
708	福州理工学院图书馆	77000.0	737	云南外事外语职业学院图书馆	46000.0
709	广东机电职业技术学院图书馆	75000.0	738	南昌大学科技学院图书馆	45000.0
710	江西服装学院图书馆	72000.0	739	厦门兴才职业技术学院图书馆	43000.0
711	宁波卫生职业技术学院图书馆	70750.0	740	陕西职业技术学院图书馆	41000.0
712	吉林建筑大学城建学院图书馆	70000.0	741	广东南华工商职业学院图书馆	40645.0
713	江西工业职业技术学院图书馆	70000.0	742	保山中医药高等专科学校图书馆	40500.0
714	眉山职业技术学院图书馆	70000.0	743	上海科学技术职业学院图书馆	40000.0
715	江西卫生职业学院图书馆	69000.0	744	汕头职业技术学院图书馆	38000.0
716	德州职业技术学院图书馆	68000.0	745	黑龙江民族职业学院图书馆	35000.0
717	昆明工业职业技术学院图书馆	66000.0	746	内江职业技术学院图书馆	35000.0
718	上海震旦职业学院图书馆	65000.0	747	青海卫生职业技术学院图书馆	32000.0
719	云南锡业职业技术学院图书馆	63000.0	748	北京中医药大学图书馆	30000.0
720	广东技术师范学院天河学院图书馆	60000.0	749	福建华南女子职业学院图书馆	30000.0
721	广东邮电职业技术学院图书馆	55000.0	750	广东创新科技职业学院图书馆	30000.0
722	四川托普信息技术职业学院图书馆	55000.0	751	广东文理职业学院图书馆	30000.0
723	浙江财经大学东方学院图书馆	53000.0	752	上海工商外国语职业学院图书馆	30000.0
724	丽水职业技术学院图书馆	52800.0	753	黔南民族医学高等专科学校图书馆	20000.0
725	闽南理工学院图书馆	50000.0	754	汕尾职业技术学院图书馆	20000.0
726	巴中职业技术学院图书馆	50000.0	755	宜春幼儿师范高等专科学校图书馆	20000.0
727	广州华南商贸职业学院图书馆	50000.0	756	海南软件职业技术学院图书馆	15000.0
728	广州体育职业技术学院图书馆	50000.0	757	兰州职业技术学院图书馆	15000.0
729	金华教育学院图书馆	50000.0	758	上海工商职业技术学院图书馆	15000.0
730	江西电力职业技术学院图书馆	50000.0	759	私立华联学院图书馆	15000.0
731	江西青年职业学院图书馆	50000.0	760	广州现代信息工程职业技术学院图书馆	10000.0
732	江西冶金职业技术学院图书馆	50000.0	761	上饶职业技术学院图书馆	10000.0
733	江西应用工程职业学院图书馆	50000.0	762	武汉警官职业学院图书馆	7641.0

2016年830所高校图书馆纸质资源购置费统计表

序号	图书馆名称	纸质资源购置费(元)	序号	图书馆名称	纸质资源购置费(元)
1	中山大学图书馆	48297700.0	37	南开大学图书馆	8390000.0
2	武汉大学图书馆	32239799.1	38	西南交通大学图书馆	8383671.6
3	浙江大学图书馆	28613209.9	39	甘肃政法学院图书馆	8293428.1
4	南京大学图书馆	21591682.0	40	贵州大学图书馆	8200000.0
5	北京大学图书馆	21434033.2	41	厦门大学图书馆	8184422.4
6	复旦大学图书馆	21261727.1	42	赣南医学院图书馆	8077921.8
7	安徽大学图书馆	20231092.4	43	华侨大学图书馆	7890538.2
8	北京师范大学图书馆	17158936.5	44	西交利物浦大学图书馆	7823000.0
9	华中科技大学图书馆	16128430.3	45	广东创新科技职业学院图书馆	7657027.0
10	华东师范大学图书馆	14832463.4	46	吉安职业技术学院图书馆	7550000.0
11	忻州师范学院图书馆	14531978.8	47	南京师范大学图书馆	7397289.5
12	清华大学图书馆	14117712.0	48	天津大学图书馆	7334863.0
13	山东大学图书馆	13334600.9	49	宁波大学图书馆	7236510.0
14	四川大学图书馆	13253308.7	50	杭州师范大学图书馆	7177087.7
15	深圳大学城图书馆	13187382.5	51	长春师范学院图书馆	7050000.0
16	东南大学图书馆	13136946.5	52	西南林学院图书馆	6700410.1
17	华南师范大学图书馆	12580032.4	53	河南工业大学图书馆	6654696.6
18	河南大学图书馆	11949896.0	54	大连理工大学图书馆	6530453.1
19	西南民族大学图书馆	11853554.9	55	中南财经政法大学图书馆	6475667.5
20	上海交通大学图书馆	11219069.6	56	上海大学图书馆	6450568.0
21	西安外国语大学图书馆	10476223.0	57	北京科技大学图书馆	6406701.6
22	华中师范大学图书馆	10402172.2	58	重庆三峡医药高等专科学校图书馆	6400000.0
23	浙江工业大学图书馆	10347358.7	59	深圳大学图书馆	6399189.9
24	东北大学图书馆	9920451.4	60	厦门理工学院图书馆	6350000.0
25	武汉理工大学图书馆	9594247.5	61	景德镇陶瓷大学图书馆	6311343.0
26	中南大学图书馆	9457748.1	62	江西师范大学图书馆	6288312.0
27	福建师范大学图书馆	9209279.3	63	贵州财经大学图书馆	6259745.6
28	中国海洋大学图书馆	9170000.0	64	合肥工业大学图书馆	6229045.0
29	汉江师范学院(原郧阳师范高等专科学校)图书馆	9109774.9	65	南京农业大学图书馆	6185730.5
30	西北工业大学图书馆	8932473.0	66	华南农业大学图书馆	6077600.6
31	兰州大学图书馆	8905733.7	67	青岛科技大学图书馆	6052559.8
32	西南财经大学图书馆	8886834.3	68	华东政法大学图书馆	6041194.0
33	暨南大学图书馆	8822781.0	69	南京航空航天大学图书馆	5942314.6
34	重庆大学图书馆	8752254.0	70	西安科技大学图书馆	5923959.8
35	西安交通大学图书馆	8602921.1	71	北京交通大学图书馆	5901156.2
36	北京师范大学—香港浸会大学联合国际学院图书馆	8558070.0	72	同济大学图书馆	5856889.0

续表

序号	图书馆名称	纸质资源购置费(元)	序号	图书馆名称	纸质资源购置费(元)
73	中国美术学院图书馆	5846000.0	112	大理大学图书馆	4600000.0
74	河南理工大学图书馆	5814464.4	113	闽南师范大学图书馆	4557078.3
75	江南大学图书馆	5669817.0	114	山东师范大学图书馆	4550000.0
76	福建工程学院图书馆	5580254.2	115	四川理工学院图书馆	4531899.9
77	南昌大学图书馆	5536035.0	116	南华大学图书馆	4528304.4
78	中国政法大学图书馆	5497351.0	117	成都大学图书馆	4525232.7
79	上海财经大学图书馆	5462328.7	118	成都理工大学图书馆	4448954.0
80	华南理工大学图书馆	5436213.0	119	安徽师范大学图书馆	4440000.0
81	扬州大学图书馆	5429998.7	120	南方科技大学图书馆	4436194.5
82	东北师范大学图书馆	5415284.6	121	广西科技大学(原广西工学院)图书馆	4408039.3
83	西北农林科技大学图书馆	5393379.8	122	广东工业大学图书馆	4407573.2
84	惠州卫生职业技术学院图书馆	5338633.6	123	云南中医学院图书馆	4406204.5
85	西南科技大学图书馆	5330252.4	124	江苏师范大学图书馆	4396860.0
86	湖北水利水电大学图书馆	5300745.9	125	长安大学图书馆	4396525.0
87	上海师范大学图书馆	5279829.0	126	华北电力大学图书馆	4385728.0
88	广东外语外贸大学图书馆	5271261.9	127	中南林业科技大学图书馆	4380345.6
89	苏州大学图书馆	5265371.6	128	四川工商学院(原四川师范大学成都学院)图书馆	4374967.7
90	江苏大学图书馆	5263753.3	129	南京林业大学图书馆	4357424.8
91	宝鸡文理学院图书馆	5187593.3	130	四川师范大学图书馆	4352174.4
92	西北民族大学图书馆	5183500.0	131	韶关学院图书馆	4337627.7
93	内蒙古师范大学图书馆	5178398.7	132	许昌学院图书馆	4323484.0
94	浙江海洋大学图书馆	5171020.0	133	河北工业大学图书馆	4277899.2
95	浙江农林大学图书馆	5165136.0	134	广东岭南职业技术学院图书馆	4257067.7
96	广东财经大学华商学院图书馆	5143031.4	135	三明学院图书馆	4240463.9
97	华东理工大学图书馆	5124990.1	136	肇庆学院图书馆	4237196.0
98	广东海洋大学图书馆	5100000.0	137	中国计量大学图书馆	4215129.0
99	泸州医学院图书馆	5081117.4	138	首都师范大学图书馆	4200000.0
100	陕西师范大学图书馆	4961307.9	139	新乡医学院图书馆	4190000.0
101	中国科学技术大学图书馆	4940632.0	140	西安航空学院图书馆	4127175.8
102	湖南大学图书馆	4911156.3	141	西安电子科技大学图书馆	4113272.9
103	江西中医药高等专科学校图书馆	4900000.0	142	潍坊学院图书馆	4104704.5
104	四川农业大学图书馆	4847837.4	143	江西师范高等专科学校图书馆	4081240.9
105	河北师范大学图书馆	4837019.2	144	电子科技大学图书馆	3992596.3
106	海南大学图书馆	4804509.6	145	浙江工商大学图书馆	3976428.8
107	福州大学图书馆	4741374.0	146	陕西学前师范学院图书馆	3976169.5
108	韩山师范学院图书馆	4738256.9	147	大连海事大学图书馆	3970000.0
109	浙江财经大学图书馆	4700000.0	148	淮北师范大学图书馆	3926100.0
110	江西理工大学图书馆	4681286.3	149	宁夏大学图书馆	3922711.1
111	成都中医药大学图书馆	4633601.4	150	广东财经大学图书馆	3900000.0

续表

序号	图书馆名称	纸质资源购置费(元)	序号	图书馆名称	纸质资源购置费(元)
151	集美大学图书馆	3896304.9	191	中央民族大学图书馆	3376411.0
152	河西学院图书馆	3891673.9	192	内蒙古工业大学图书馆	3370000.0
153	南京工业大学图书馆	3885541.7	193	兰州交通大学图书馆	3361489.0
154	合肥学院图书馆	3872083.3	194	合肥师范学院图书馆	3330017.4
155	通化师范学院图书馆	3871054.4	195	华东交通大学图书馆	3321436.0
156	湖北民族学院图书馆	3867132.3	196	南阳师范学院图书馆	3309049.6
157	巴中职业技术学院图书馆	3852362.5	197	武汉纺织大学图书馆	3299947.4
158	昆明理工大学图书馆	3773356.9	198	岭南师范学院图书馆	3275902.7
159	西华师范大学图书馆	3767861.1	199	贵州理工学院图书馆	3270000.0
160	西藏民族大学图书馆	3748011.7	200	长江大学图书馆	3268834.3
161	上海海事大学图书馆	3740101.5	201	北京师范大学珠海分校图书馆	3268657.8
162	南京医科大学图书馆	3731199.0	202	湖北美术学院图书馆	3235810.2
163	临沂大学图书馆	3731080.3	203	浙江理工大学图书馆	3233880.7
164	南京理工大学图书馆	3710468.2	204	广州大学图书馆	3230000.0
165	河南科技大学图书馆	3701112.0	205	阜阳师范学院图书馆	3221330.6
166	西南政法大学图书馆	3689244.1	206	辽宁科技大学图书馆	3215486.6
167	天津财经大学图书馆	3682752.6	207	天水师范学院图书馆	3210000.0
168	广东技术师范学院图书馆	3680544.0	208	川北医学院图书馆	3204324.9
169	绍兴文理学院图书馆	3661762.0	209	江苏科技大学图书馆	3202762.3
170	深圳职业技术学院图书馆	3616000.0	210	福建医科大学图书馆	3201998.0
171	浙江传媒学院图书馆	3608319.1	211	惠州学院图书馆	3201642.5
172	上海对外经贸大学图书馆	3584394.7	212	广东省外语艺术职业学院图书馆	3193026.6
173	新疆大学图书馆	3582000.0	213	安徽工业大学图书馆	3180980.0
174	哈尔滨工业大学图书馆	3578015.7	214	中南民族大学图书馆	3167123.8
175	东北石油大学图书馆	3575000.0	215	陕西科技大学图书馆	3163604.2
176	西安工程大学图书馆	3551228.7	216	黔南民族师范学院图书馆	3144421.6
177	广州番禺职业技术学院图书馆	3544816.3	217	北京理工大学珠海学院图书馆	3142828.4
178	温州医科大学图书馆	3540971.0	218	浙江大学城市学院图书馆	3141831.7
179	福建农林大学图书馆	3531829.6	219	浙江越秀外国语学院图书馆	3133693.9
180	金华职业技术学院图书馆	3519819.0	220	江西中医药大学图书馆	3117246.4
181	云南财经大学图书馆	3500000.0	221	兰州财经大学图书馆	3107932.1
182	成都医学院图书馆	3497376.4	222	长春建筑学院图书馆	3105593.7
183	浙江师范大学图书馆	3493566.9	223	贵州医科大学图书馆	3094286.6
184	陕西服装工程学院图书馆	3488910.0	224	天津商业大学图书馆	3069151.0
185	东北林业大学图书馆	3462000.0	225	长沙理工大学图书馆	3040940.9
186	北方民族大学图书馆	3445666.2	226	河南农业大学图书馆	3035250.0
187	苏州科技大学图书馆	3438078.7	227	东北师范大学人文学院图书馆	3002118.5
188	长春工程学院图书馆	3410019.5	228	泉州师范学院图书馆	2999300.0
189	广东石油化工学院图书馆	3388387.4	229	贵州师范大学图书馆	2965023.7
190	上海工程技术大学图书馆	3385798.6	230	江西科技师范大学图书馆	2957206.8

续表

序号	图书馆名称	纸质资源购置费(元)	序号	图书馆名称	纸质资源购置费(元)
231	上海理工大学图书馆	2953619.0	270	浙江外国语学院图书馆	2644069.0
232	上饶师范学院图书馆	2949525.1	271	长江师范学院图书馆	2640255.6
233	西安建筑科技大学图书馆	2945042.3	272	山东城市建设职业学院图书馆	2637499.8
234	广东食品药品职业学院图书馆	2910000.0	273	江汉大学图书馆	2637001.5
235	青岛农业大学图书馆	2907778.7	274	兰州理工大学图书馆	2636006.2
236	乐山师范学院图书馆	2903158.0	275	内江师范学院图书馆	2625223.6
237	北京中医药大学图书馆	2888785.0	276	福建江夏学院图书馆	2622951.4
238	北京工商大学图书馆	2874000.0	277	湖南师范大学图书馆	2620824.8
239	河南工程学院图书馆	2855000.0	278	巢湖学院图书馆	2620000.0
240	昆明医学院图书馆	2808725.4	279	黑龙江科技大学图书馆	2614700.0
241	内蒙古民族大学图书馆	2800000.0	280	浙江科技学院图书馆	2609994.0
242	辽宁大学图书馆	2779125.3	281	郑州轻工业学院图书馆	2609658.0
243	华中农业大学图书馆	2774736.0	282	淮南师范学院图书馆	2608900.0
244	上海师范大学天华学院图书馆	2761324.6	283	上海海洋大学图书馆	2596644.9
245	咸阳师范学院图书馆	2756384.3	284	吉林财经大学(原长春税务学院)图书馆	2587369.1
246	玉溪师范学院图书馆	2755550.0	285	南京审计大学图书馆	2561871.5
247	湖南科技大学图书馆	2750000.0	286	榆林学院图书馆	2560000.0
248	温州大学图书馆	2736903.4	287	广东轻工职业技术学院图书馆	2551315.1
249	东华理工大学图书馆	2734370.1	288	哈尔滨师范大学图书馆	2550808.2
250	西北政法大学图书馆	2725052.4	289	汕头大学图书馆	2550575.9
251	西安理工大学图书馆	2724344.1	290	山西财经大学图书馆	2544395.0
252	西安培华学院图书馆	2717974.5	291	哈尔滨商业大学图书馆	2529552.3
253	山东农业大学图书馆	2716970.9	292	杭州电子科技大学图书馆	2528764.9
254	山西大学图书馆	2711457.7	293	广州医科大学图书馆	2528287.5
255	四川音乐学院图书馆	2705883.1	294	闽江学院图书馆	2527405.2
256	皖西学院图书馆	2700000.0	295	宁波大红鹰学院图书馆	2492204.0
257	中国民用航空飞行学院图书馆	2697297.5	296	上海机电学院图书馆	2475929.4
258	安庆医药高等专科学校图书馆	2697297.5	297	广东培正学院图书馆	2473504.6
259	甘肃民族师范学院图书馆	2680709.1	298	浙江旅游职业学院图书馆	2464218.2
260	西安石油大学图书馆	2670094.3	299	遵义师范学院图书馆	2461097.3
261	长春工业大学图书馆	2665856.1	300	三峡大学图书馆	2455873.2
262	顺德职业技术学院图书馆	2665624.0	301	湖北工业大学图书馆	2452740.7
263	九江学院图书馆	2665275.0	302	中山职业技术学院图书馆	2450000.0
264	青海民族大学图书馆	2660788.5	303	北京邮电大学图书馆	2442000.0
265	西北大学现代学院图书馆	2660105.3	304	苏州职业大学图书馆	2440019.2
266	莆田学院图书馆	2651000.0	305	井冈山大学图书馆	2435002.0
267	贵州民族大学图书馆	2649641.8	306	上海政法学院图书馆	2432387.4
268	西安翻译学院图书馆	2649431.2	307	西北大学图书馆	2422366.0
269	上海健康医学院图书馆	2647458.2	308	武汉工商学院图书馆	2421582.8

续表

序号	图书馆名称	纸质资源购置费(元)	序号	图书馆名称	纸质资源购置费(元)
309	赣南师范学院图书馆	2400000.0	348	内蒙古农业大学图书馆	2068289.8
310	广东机电职业技术学院图书馆	2400000.0	349	渭南师范学院图书馆	2064599.0
311	滨州学院图书馆	2390000.0	350	黑龙江大学图书馆	2048514.0
312	厦门医学院图书馆	2380000.0	351	武汉科技大学图书馆	2048077.0
313	思茅师范高等专科学校图书馆	2370000.0	352	武汉科技大学城市学院图书馆	2042727.1
314	遵义医学院图书馆	2357936.2	353	兰州城市学院图书馆	2030258.1
315	西安财经学院图书馆	2353272.7	354	安徽外国语学院图书馆	2029867.9
316	武昌首义学院图书馆	2341105.3	355	西安医学院图书馆	2021135.8
317	浙江大学宁波理工学院图书馆	2324448.1	356	宁波职业技术学院图书馆	2014174.4
318	福州外语外贸学院图书馆	2321469.4	357	东北财经大学图书馆	2006585.7
319	辽宁对外经贸学院图书馆	2317440.3	358	兰州文理学院图书馆	2001000.0
320	宜春学院图书馆	2305162.0	359	河套学院图书馆	2000000.0
321	包头医学院图书馆	2304914.5	360	西安欧亚学院图书馆	2000000.0
322	陕西国际商贸学院图书馆	2301290.5	361	西南石油大学图书馆	1981798.6
323	电子科技大学中山学院图书馆	2282832.4	362	西安工业大学图书馆	1980233.7
324	广州商学院图书馆	2280654.2	363	平顶山学院图书馆	1970000.0
325	上海电子信息职业技术学院图书馆	2278314.7	364	江西现代职业技术学院图书馆	1968895.6
326	湖北大学图书馆	2269804.0	365	中国人民公安大学图书馆	1966501.2
327	成都工业学院图书馆	2256253.1	366	成都信息工程大学图书馆	1962653.7
328	宜宾学院图书馆	2239201.0	367	宁夏师范学院图书馆	1960006.5
329	浙江财经大学东方学院图书馆	2239000.0	368	天津外国语大学图书馆	1954187.7
330	天津理工大学图书馆	2231593.2	369	牡丹江师范学院图书馆	1937563.2
331	宿迁学院图书馆	2230000.0	370	安徽水利水电职业技术学院图书馆	1900000.0
332	中国医科大学图书馆	2226143.0	371	石家庄铁道大学图书馆	1897700.0
333	山东中医药高等专科学校图书馆	2200000.0	372	湖北第二师范学院图书馆	1895391.3
334	长春中医学院图书馆	2197243.5	373	湖南工业大学图书馆	1890000.0
335	上海杉达学院图书馆	2187911.3	374	湖南文理学院图书馆	1885000.0
336	常州轻工职业技术学院图书馆	2185565.6	375	吉林师范大学图书馆	1883213.2
337	龙岩学院图书馆	2157669.9	376	南昌师范高等专科学校图书馆	1882263.0
338	陕西理工大学图书馆	2142236.9	377	贵州师范学院图书馆	1873392.4
339	大连大学图书馆	2134864.9	378	广东药科大学图书馆	1871000.0
340	泉州幼儿师范高等专科学校图书馆	2134165.8	379	贵阳学院图书馆	1870000.0
341	福建商学院图书馆	2104878.0	380	成都航空职业技术学院图书馆	1869080.4
342	贵阳中医学院图书馆	2101976.0	381	湖州师范学院图书馆	1852898.9
343	上海电力学院图书馆	2090801.9	382	贵州商学院图书馆	1850020.1
344	长春财经学院图书馆	2084003.9	383	广州中医药大学图书馆	1850000.0
345	陕西中医药大学图书馆	2077473.2	384	昭通学院(原昭通师范高等专科学校)图书馆	1849999.7
346	浙江中医药大学图书馆	2070491.7	385	云南民族大学图书馆	1849251.2
347	内蒙古大学图书馆	2068289.8	386	西安美术学院图书馆	1831060.0

序号	图书馆名称	纸质资源购置费(元)	序号	图书馆名称	纸质资源购置费(元)
387	广东农工商职业技术学院图书馆	1829800.0	427	上海中医药大学图书馆	1639157.7
388	宁波工程学院图书馆	1812627.7	428	西昌学院图书馆	1623839.2
389	江苏第二师范学院图书馆	1811307.7	429	宁德师范学院图书馆	1617744.1
390	西京学院图书馆	1801594.0	430	温州职业技术学院图书馆	1602526.2
391	武汉东湖学院图书馆	1796536.3	431	成都纺织高等专科学校图书馆	1600000.0
392	南京艺术学院图书馆	1794672.5	432	黑龙江中医药大学图书馆	1599999.4
393	四川文理学院图书馆	1788893.7	433	辽宁师范大学图书馆	1592127.5
394	惠州经济职业技术学院图书馆	1786047.7	434	九江职业技术学院图书馆	1590257.8
395	沈阳医学院图书馆	1779361.1	435	武夷学院图书馆	1588904.9
396	首都医科大学图书馆	1777750.0	436	广州城建职业学院图书馆	1588887.3
397	烟台黄金职业学院图书馆	1775633.7	437	上海视觉艺术学院图书馆	1580000.0
398	福建中医药大学图书馆	1772660.9	438	攀枝花学院图书馆	1579639.5
399	广州工商学院图书馆	1765600.0	439	云南艺术学院图书馆	1575066.4
400	武汉音乐学院图书馆	1762125.0	440	天津城建大学图书馆	1572020.6
401	北京工业大学图书馆	1758849.4	441	延安大学图书馆	1566562.6
402	白城师范学院图书馆	1757000.0	442	浙江工业职业技术学院图书馆	1560000.0
403	重庆文理学院图书馆	1756837.6	443	四川民族学院图书馆	1556276.9
404	哈尔滨金融学院图书馆	1748014.7	444	楚雄师范学院图书馆	1553430.0
405	西华大学图书馆	1747183.1	445	广东环境保护工程职业学院图书馆	1553380.5
406	厦门南洋职业学院图书馆	1742526.8	446	上海应用技术大学图书馆	1552730.8
407	湖南女子学院图书馆	1740000.0	447	盐城工学院图书馆	1534081.3
408	华东交通大学理工学院图书馆	1736250.0	448	红河学院图书馆	1525000.0
409	嘉兴学院图书馆	1733861.7	449	山东协和职业技术学院图书馆	1518000.0
410	闽南理工学院图书馆	1729565.0	450	武汉工程大学图书馆	1510000.0
411	江西服装学院图书馆	1728127.4	451	广东科学技术职业学院图书馆	1500000.0
412	安徽职业技术学院图书馆	1721650.0	452	厦门城市职业学院图书馆	1500000.0
413	浙江万里学院图书馆	1712925.0	453	沈阳师范大学图书馆	1499061.5
414	大庆师范学院图书馆	1712646.0	454	江西农业大学图书馆	1491670.4
415	沈阳农业大学图书馆	1700000.0	455	西安财经学院知行学院图书馆	1477570.1
416	河北北方学院图书馆	1689435.4	456	浙江理工大学科技与艺术学院图书馆	1471609.7
417	许昌职业技术学院图书馆	1684000.0	457	江西应用科技学院图书馆	1464602.4
418	河源职业技术学院图书馆	1680000.0	458	金陵科技学院图书馆	1463834.0
419	赤峰学院图书馆	1670000.0	459	山东政法学院图书馆	1458209.1
420	四川卫生康复职业学院图书馆	1664000.0	460	浙江同济科技职业学院图书馆	1453006.2
421	铜仁学院图书馆	1661621.9	461	漳州职业技术学院图书馆	1450563.5
422	扬州职业大学图书馆	1658692.1	462	成都工业职业技术学院图书馆	1450000.0
423	哈尔滨职业技术学院图书馆	1657782.6	463	景德镇陶瓷职业技术学院图书馆	1443256.2
424	杨凌职业技术学院图书馆	1654623.4	464	赣州师范高等专科学校图书馆	1440000.0
425	呼和浩特职业学院图书馆	1641436.8	465	南京科技职业学院图书馆	1439164.9
426	广东文理职业学院图书馆	1640203.8	466	吉首大学图书馆	1429779.5

续表

序号	图书馆名称	纸质资源购置费(元)	序号	图书馆名称	纸质资源购置费(元)
467	长春理工大学图书馆	1428402.9	507	丽水学院图书馆	1213262.5
468	台州学院图书馆	1417086.6	508	广东行政职业学院图书馆	1212691.0
469	浙江经贸职业技术学院图书馆	1412968.0	509	南昌航空大学图书馆	1210000.0
470	西安科技大学高新学院图书馆	1410964.0	510	池州学院图书馆	1200168.9
471	安徽中医药高等专科学校图书馆	1410000.0	511	大连职业技术学院图书馆	1200000.0
472	四川水利职业技术学院图书馆	1409000.0	512	郑州旅游职业学院图书馆	1200000.0
473	武汉铁路职业技术学院图书馆	1406378.9	513	天津大学仁爱学院图书馆	1196167.7
474	齐齐哈尔大学图书馆	1405483.9	514	广东交通职业技术学院图书馆	1191731.6
475	首都体育学院图书馆	1400000.0	515	商丘师范学院图书馆	1184053.1
476	广东司法警官职业学院图书馆	1400000.0	516	上海公安学院图书馆	1181896.4
477	广州城市职业学院图书馆	1400000.0	517	西安邮电大学图书馆	1178183.7
478	华南理工大学广州学院图书馆	1398800.0	518	云南交通职业技术学院图书馆	1170000.0
479	江西财经职业学院图书馆	1388932.0	519	亳州学院图书馆	1168218.0
480	湖北工程学院图书馆	1378854.2	520	滇西科技师范学院图书馆	1164342.0
481	江西建设职业技术学院图书馆	1365000.0	521	上海民航职业技术学院图书馆	1162602.4
482	东莞职业技术学院图书馆	1362244.9	522	武汉体育学院图书馆	1162336.0
483	广州南洋理工职业学院图书馆	1356350.3	523	陕西国防工业职业技术学院图书馆	1157209.4
484	西北工业大学明德学院图书馆	1350048.5	524	沈阳工业大学图书馆	1154036.5
485	无锡职业技术学院图书馆	1349809.3	525	江西经济管理干部学院图书馆	1150000.0
486	浙江金融职业学院图书馆	1346497.1	526	仲恺农业工程学院图书馆	1150000.0
487	四川旅游学院图书馆	1340688.0	527	昆明工业职业技术学院图书馆	1150000.0
488	曲靖师范学院图书馆	1331858.0	528	成都师范学院图书馆	1144850.4
489	上海商学院图书馆	1325592.9	529	北京工业职业技术学院图书馆	1143765.8
490	浙江医药高等专科学校图书馆	1324857.2	530	青海大学图书馆	1140000.0
491	广东警官学院图书馆	1322796.4	531	沈阳航空航天大学图书馆	1135660.9
492	西安思源学院图书馆	1321600.0	532	绵阳师范学院图书馆	1129295.0
493	浙江纺织服装职业技术学院图书馆	1319291.2	533	福建船政交通职业学院图书馆	1125497.2
494	南昌师范学院图书馆	1300000.0	534	辽宁石油化工大学图书馆	1124301.8
495	厦门海洋职业技术学院图书馆	1295056.2	535	浙江工贸职业技术学院图书馆	1100320.8
496	常州工学院图书馆	1287221.3	536	黄山学院图书馆	1100000.0
497	东北电力大学图书馆	1285002.9	537	江西警察学院图书馆	1099000.0
498	天津师范大学图书馆	1284622.7	538	陕西工业职业技术学院图书馆	1096435.6
499	湖南财政经济学院图书馆	1280674.3	539	广东工程职业技术学院图书馆	1096340.9
500	宿州学院图书馆	1270000.0	540	南京工业职业技术学院图书馆	1093578.3
501	湖北经济学院图书馆	1269000.0	541	浙江医学高等专科学校图书馆	1092713.6
502	浙江育英职业技术学院图书馆	1256618.7	542	福建卫生职业技术学院图书馆	1085188.1
503	南昌职业学院图书馆	1245939.7	543	聊城大学东昌学院图书馆	1080000.0
504	上海科技大学图书馆	1238708.4	544	湖北水利水电职业技术学院图书馆	1080000.0
505	成都职业技术学院图书馆	1230000.0	545	浙江水利水电学院图书馆	1076294.0
506	湖州职业技术学院图书馆	1223836.7	546	湖北交通职业技术学院图书馆	1070000.0

续表

序号	图书馆名称	纸质资源购置费(元)	序号	图书馆名称	纸质资源购置费(元)
547	吉林华侨外国语学院图书馆	1062751.7	587	南充职业技术学院图书馆	888008.5
548	南京体育学院图书馆	1061600.0	588	内蒙古化工职业学院图书馆	887801.0
549	沈阳化工大学图书馆	1058699.9	589	清远职业技术学院图书馆	878000.0
550	佛山职业技术学院图书馆	1057499.6	590	泸州职业技术学院图书馆	873700.0
551	四川警察学院图书馆	1055356.0	591	中山火炬职业技术学院图书馆	870000.0
552	宜春幼儿师范高等专科学校图书馆	1048840.0	592	温州科技职业学院图书馆	869781.9
553	西安文理学院图书馆	1039748.5	593	黑龙江外国语学院图书馆	866956.9
554	四川工程职业技术学院图书馆	1038867.0	594	漳州理工职业学院图书馆	866855.6
555	渤海船舶职业学院图书馆	1033800.0	595	山东警察学院图书馆	865207.6
556	江西外语外贸职业学院图书馆	1022794.8	596	安顺学院图书馆	863868.1
557	广东工贸职业技术学院图书馆	1020000.0	597	洛阳理工学院图书馆	861584.0
558	云南农业大学图书馆	1009693.7	598	宁波卫生职业技术学院图书馆	858673.8
559	义乌工商职业技术学院图书馆	1002460.5	599	商洛职业技术学院图书馆	858424.0
560	蚌埠学院图书馆	1000000.0	600	湖北城市建设职业技术学院图书馆	850000.0
561	辽宁农业职业技术学院图书馆	1000000.0	601	焦作大学图书馆	850000.0
562	浙江经济职业技术学院图书馆	1000000.0	602	南方医科大学图书馆	835000.0
563	天津体育学院图书馆	998185.4	603	上海出版印刷高等专科学校图书馆	834896.7
564	浙江商业职业技术学院图书馆	990770.5	604	四川托普信息技术职业学院图书馆	832307.3
565	青海师范大学图书馆	989144.6	605	天津滨海职业学院图书馆	822305.9
566	西安外事学院图书馆	987514.9	606	湖北民族学院科技学院图书馆	820180.1
567	辽宁工程技术大学图书馆	985581.6	607	包头师范学院图书馆	820000.0
568	沈阳工程学院图书馆	979536.0	608	广东理工职业学院图书馆	818240.0
569	浙江艺术职业学院图书馆	975785.4	609	南通职业大学图书馆	815150.6
570	共青科技职业学院图书馆	966095.6	610	台州科技职业学院图书馆	812423.0
571	西安体育学院图书馆	965762.8	611	四川交通职业技术学院图书馆	812116.0
572	湖南警察学院图书馆	963806.0	612	黄冈职业技术学院图书馆	810000.0
573	达州职业技术学院图书馆	959000.0	613	锦州医科大学图书馆	809878.3
574	江门职业技术学院图书馆	951138.0	614	江西医学高等专科学校图书馆	806736.7
575	西安航空职业技术学院图书馆	950000.0	615	西安交通大学城市学院图书馆	802225.3
576	黎明职业大学图书馆	948044.0	616	广东水利电力职业技术学院图书馆	798489.5
577	商洛学院图书馆	945083.9	617	上海思博职业技术学院图书馆	796587.6
578	广东南华工商职业学院图书馆	940046.2	618	河南工业职业技术学院图书馆	795000.0
579	安徽机电职业技术学院图书馆	919407.0	619	浙江警察学院图书馆	792640.4
580	浙江工商职业技术学院图书馆	918976.0	620	上海音乐学院图书馆	792633.1
581	吉林农业科技学院图书馆	918584.0	621	甘肃医学院图书馆	790030.0
582	沈阳理工大学图书馆	900000.0	622	内蒙古电子信息职业技术学院图书馆	790000.0
583	江西旅游商贸职业学院图书馆	900000.0	623	四川建筑职业技术学院图书馆	789947.8
584	湖南理工学院图书馆	897742.0	624	安徽医学高等专科学校图书馆	787909.2
585	凯里学院图书馆	895543.5	625	仰恩大学图书馆	785656.0
586	广州工程技术职业学院图书馆	894987.8	626	湖南中医药高等专科学校图书馆	773953.8

续表

序号	图书馆名称	纸质资源购置费(元)	序号	图书馆名称	纸质资源购置费(元)
627	威海职业学院图书馆	772439.5	666	西藏职业技术学院图书馆	630000.0
628	延安大学西安创新学院图书馆	771564.4	667	湖北汽车工业学院图书馆	625216.3
629	德州职业技术学院图书馆	767902.9	668	内江职业技术学院图书馆	622032.0
630	徐州工程学院图书馆	761055.2	669	广东技术师范学院天河学院图书馆	621994.3
631	东莞理工学院图书馆	760000.0	670	天津电子信息职业技术学院图书馆	620345.5
632	广州涉外经济职业技术学院图书馆	759518.1	671	云南开放大学图书馆	620000.0
633	安徽工商职业学院图书馆	758560.0	672	四川商务职业学院图书馆	620000.0
634	广东邮电职业技术学院图书馆	757951.3	673	四川航天职业技术学院图书馆	616685.4
635	丽水职业技术学院图书馆	753913.8	674	云南国土资源职业学院图书馆	615000.0
636	云南机电职业技术学院图书馆	750000.0	675	厦门华夏学院图书馆	613624.1
637	浙江机电职业技术学院图书馆	750000.0	676	白城医学高等专科学校图书馆	613250.1
638	江西财经大学现代经济管理学院图书馆	745432.9	677	长江职业学院图书馆	600011.0
639	中山大学南方学院图书馆	744369.5	678	安徽广播影视职业技术学院图书馆	600000.0
640	辽宁交通高等专科学校图书馆	740000.0	679	甘肃交通职业技术学院图书馆	600000.0
641	上海旅游高等专科学校图书馆	731832.4	680	贵州工程应用技术学院图书馆	597508.3
642	沈阳体育学院图书馆	730624.7	681	浙江长征职业技术学院图书馆	589953.9
643	广州铁路职业技术学院图书馆	730000.0	682	西安铁路职业技术学院图书馆	588996.7
644	珠海城市职业技术学院图书馆	721000.0	683	陕西财经职业技术学院图书馆	586104.3
645	信阳农林学院图书馆	720000.0	684	赣南卫生健康职业学院图书馆	581000.0
646	北华大学图书馆	719932.3	685	广东女子职业技术学院图书馆	580000.0
647	咸阳职业技术学院图书馆	708942.9	686	江西司法警官职业学院图书馆	580000.0
648	五邑大学图书馆	704854.4	687	浙江国际海运职业技术学院图书馆	579961.3
649	广东科贸职业学院图书馆	700000.0	688	陕西警官职业学院图书馆	577612.8
650	江西工业职业技术学院图书馆	700000.0	689	陕西铁路工程职业技术学院图书馆	574125.6
651	阳光学院图书馆	693264.9	690	连云港职业技术学院图书馆	571779.0
652	长春光华学院图书馆	690719.0	691	陕西青年职业学院图书馆	570000.0
653	湖南财经工业职业技术学院图书馆	689995.9	692	上海工商外国语职业学院图书馆	567436.7
654	陕西交通职业技术学院图书馆	689080.5	693	长春科技学院图书馆	563235.1
655	湖南科技学院图书馆	683633.7	694	上海科学技术职业学院图书馆	557280.0
656	健雄职业技术学院图书馆	682300.0	695	江西工程职业学院图书馆	550000.0
657	衢州职业技术学院图书馆	674050.9	696	湖北工业职业技术学院图书馆	549984.3
658	四川艺术职业学院图书馆	673548.0	697	宁夏财经职业技术学院图书馆	549382.6
659	江西水利职业学院图书馆	667700.0	698	赣西科技职业学院图书馆	546202.0
660	汕尾职业技术学院图书馆	658620.0	699	鹤壁职业技术学院图书馆	541585.0
661	漳州科技职业学院图书馆	657000.0	700	绵阳职业技术学院图书馆	540000.0
662	陕西职业技术学院图书馆	646445.8	701	浙江交通职业技术学院图书馆	540000.0
663	安徽理工大学图书馆	641956.2	702	延安职业技术学院图书馆	532000.5
664	福州理工学院图书馆	639161.0	703	广安职业技术学院图书馆	529127.2
665	海南软件职业技术学院图书馆	633000.0	704	江西先锋软件职业技术学院图书馆	529100.0

续表

序号	图书馆名称	纸质资源购置费(元)	序号	图书馆名称	纸质资源购置费(元)
705	海口经济学院图书馆	526258.0	744	江西青年职业学院图书馆	398527.4
706	安徽审计职业学院图书馆	523108.7	745	福建华南女子职业学院图书馆	395315.5
707	四川司法警官职业学院图书馆	520000.0	746	宝鸡职业技术学院图书馆	390000.0
708	江西工业工程职业技术学院图书馆	510129.0	747	杭州职业技术学院图书馆	390000.0
709	哈尔滨石油学院图书馆	509825.4	748	洛阳师范学院图书馆	381032.6
710	太原师范学院图书馆	505720.8	749	上海农林职业技术学院图书馆	378793.1
711	江西信息应用职业技术学院图书馆	500043.8	750	江西卫生职业学院图书馆	376930.8
712	杭州万向职业技术学院图书馆	500000.0	751	江西工商职业技术学院图书馆	370000.0
713	汕头职业技术学院图书馆	500000.0	752	泉州经贸职业技术学院图书馆	370000.0
714	成都体育学院图书馆	499853.5	753	江西交通职业技术学院图书馆	369000.0
715	东华理工大学长江学院图书馆	498803.4	754	四川幼儿师范高等专科学校图书馆	368006.8
716	浙江东方职业技术学院图书馆	495907.6	755	浙江体育职业技术学院图书馆	365000.0
717	嘉兴职业技术学院图书馆	495319.6	756	川南幼儿师范高等专科学校图书馆	352000.0
718	福建信息职业技术学院图书馆	490911.4	757	江西陶瓷工艺美术职业技术学院图书馆	350000.0
719	江西环境工程职业学院图书馆	490000.0	758	桐城师范高等专科学校图书馆	350000.0
720	四川外国语大学图书馆	484983.4	759	江西生物科技职业学院图书馆	340000.0
721	泉州轻工职业学院图书馆	481134.0	760	抚州职业技术学院图书馆	338502.6
722	包头轻工职业技术学院图书馆	480000.0	761	广州华南商贸职业学院图书馆	337542.3
723	厦门兴才职业技术学院图书馆	480000.0	762	兰州职业技术学院图书馆	330000.0
724	闽江师范高等专科学校图书馆	466000.0	763	上饶职业技术学院图书馆	322308.7
725	漳州城市职业学院图书馆	464700.0	764	湖北生物科技职业学院图书馆	321000.0
726	宁夏工商职业技术学院图书馆	460800.0	765	珠海艺术职业学院图书馆	318333.0
727	云南外事外语职业学院图书馆	455900.0	766	广东舞蹈戏剧职业学院图书馆	315771.0
728	四川工商职业技术学院图书馆	453000.0	767	天津美术学院图书馆	300312.1
729	广州体育职业技术学院图书馆	450000.0	768	云南林业职业技术学院图书馆	300008.0
730	盘锦职业技术学院图书馆	449000.0	769	山西水利职业技术学院图书馆	289292.7
731	鄂州职业大学图书馆	448789.7	770	长春职业技术学院图书馆	287710.8
732	江西科技职业学院图书馆	445000.0	771	上海济光职业技术学院图书馆	285000.5
733	西安音乐学院图书馆	444737.2	772	呼和浩特民族学院图书馆	280000.0
734	宁夏民族职业技术学院图书馆	442372.0	773	江西工业贸易职业技术学院图书馆	278933.9
735	吉林建筑大学城建学院图书馆	430655.0	774	上海工商职业技术学院图书馆	274302.5
736	杭州科技职业技术学院图书馆	430000.0	775	营口职业技术学院图书馆	273000.0
737	福建电力职业技术学院图书馆	427423.2	776	南昌大学科技学院图书馆	260411.2
738	四川邮电职业技术学院图书馆	423434.7	777	四川职业技术学院图书馆	259229.3
739	上海行健职业学院图书馆	414239.2	778	包头职业技术学院图书馆	250000.0
740	江西制造职业技术学院图书馆	411245.6	779	青海卫生职业技术学院图书馆	244545.1
741	黔南民族医学高等专科学校图书馆	401923.1	780	闽西职业技术学院图书馆	242604.2
742	东北农业大学图书馆	400471.4	781	黑龙江民族职业学院图书馆	242000.0
743	湖北三峡职业技术学院图书馆	400008.0	782	福建艺术职业学院图书馆	241853.5

续表

序号	图书馆名称	纸质资源购置费(元)	序号	图书馆名称	纸质资源购置费(元)
783	私立华联学院图书馆	237336.9	807	江西传媒职业学院图书馆	100000.0
784	江西农业工程职业学院图书馆	222987.0	808	泉州工艺美术职业学院图书馆	100000.0
785	西安电力高等专科学校图书馆	214578.0	809	泉州华光职业学院图书馆	100000.0
786	云南司法警官职业学院图书馆	208000.0	810	湖北青年职业学院图书馆	95986.8
787	江西电力职业技术学院图书馆	206000.0	811	华南农业大学珠江学院图书馆	92748.2
788	江西航空职业技术学院图书馆	200000.0	812	武夷山职业学院图书馆	91905.9
789	广东亚视演艺职业学院图书馆	195780.0	813	德宏职业学院图书馆	87981.7
790	广州现代信息工程职业技术学院图书馆	191539.1	814	金华教育学院图书馆	87796.0
791	六盘水师范学院图书馆	183468.1	815	上海震旦职业学院图书馆	87597.1
792	江西中医药大学科技学院图书馆	177940.4	816	漳州卫生职业学院图书馆	86490.6
793	云南锡业职业技术学院图书馆	177502.0	817	茂名职业技术学院图书馆	84994.6
794	辽源职业技术学院图书馆	165000.0	818	眉山职业技术学院图书馆	77000.0
795	江西新能源科技学院图书馆	164115.2	819	湄洲湾职业技术学院图书馆	70094.0
796	江西洪州职业学院图书馆	164100.0	820	随州职业技术学院图书馆	61660.3
797	西安交通工程学院图书馆	154266.9	821	云南财经职业学院图书馆	55024.64
798	江西冶金职业技术学院图书馆	150000.0	822	天津艺术职业学院图书馆	43274.0
799	武汉警官职业学院图书馆	142409.6	823	厦门演艺职业学院图书馆	28629.4
800	榆林职业技术学院图书馆	132258.0	824	广州松田职业学院图书馆	25520.7
801	兴义民族师范学院图书馆	130747.2	825	泉州纺织服装职业学院图书馆	24476.4
802	保山中医药高等专科学校图书馆	130000.0	826	萍乡学院(原萍乡高等专科学校)图书馆	20000.0
803	石家庄学院图书馆	115009.6	827	厦门安防科技职业学院图书馆	17192.9
804	揭阳职业技术学院图书馆	114374.5	828	武汉晴川学院图书馆	10582.0
805	江西应用工程职业学院图书馆	109187.2	829	广州科技贸易职业学院图书馆	10000.0
806	三明职业技术学院图书馆	106930.0	830	四川中医药高等专科学校图书馆	7000.0

2016 年 830 所高校图书馆文献资源购置费统计表

序号	图书馆名称	文献资源购置费(元)	序号	图书馆名称	文献资源购置费(元)
1	中山大学图书馆	70926927.6	39	杭州师范大学图书馆	19523670.8
2	武汉大学图书馆	64877929.0	40	深圳大学图书馆	19407834.0
3	北京大学图书馆	63922516.5	41	湖南大学图书馆	19149959.5
4	浙江大学图书馆	54735528.6	42	中国海洋大学图书馆	19024000.0
5	华中科技大学图书馆	49992478.7	43	华南理工大学图书馆	18945645.0
6	清华大学图书馆	48102344.8	44	上海大学图书馆	18693245.4
7	复旦大学图书馆	38384870.6	45	西北大学图书馆	18604028.6
8	北京师范大学图书馆	36791336.6	46	华东理工大学图书馆	18484899.3
9	深圳大学城图书馆	34948515.3	47	北京科技大学图书馆	18360873.2
10	上海交通大学图书馆	34105309.0	48	四川大学图书馆	18347300.3
11	厦门大学图书馆	32160263.5	49	南方科技大学图书馆	17809319.6
12	华东师范大学图书馆	30813883.6	50	东北师范大学图书馆	17787445.6
13	南京大学图书馆	30622089.1	51	福建师范大学图书馆	17459448.8
14	同济大学图书馆	29938133.0	52	合肥工业大学图书馆	17369509.6
15	中南大学图书馆	28324421.1	53	西南民族大学图书馆	16997112.9
16	重庆大学图书馆	28135654.0	54	华南农业大学图书馆	16762472.2
17	西安交通大学图书馆	28106052.0	55	贵州大学图书馆	16700000.0
18	华南师范大学图书馆	27750032.4	56	福州大学图书馆	16613612.0
19	山东大学图书馆	26334692.7	57	西北农林科技大学图书馆	16307400.7
20	首都师范大学图书馆	25686152.5	58	南京农业大学图书馆	16098706.5
21	安徽大学图书馆	25515333.4	59	宁波大学图书馆	16000000.0
22	华中师范大学图书馆	25423909.7	60	广东工业大学图书馆	15878284.8
23	东南大学图书馆	24611531.7	61	南昌大学图书馆	15583835.0
24	暨南大学图书馆	24166880.9	62	南京理工大学图书馆	15535923.2
25	中国科学技术大学图书馆	23833362.0	63	忻州师范学院图书馆	15364978.8
26	东北大学图书馆	23243159.9	64	华侨大学图书馆	15217289.2
27	天津大学图书馆	23009380.0	65	江南大学图书馆	15081424.4
28	西南财经大学图书馆	22973998.3	66	电子科技大学图书馆	15054086.3
29	大连理工大学图书馆	22900116.9	67	上海财经大学图书馆	14464126.5
30	南京师范大学图书馆	22055200.0	68	苏州大学图书馆	14364222.0
31	河南大学图书馆	21840815.0	69	成都理工大学图书馆	13980409.5
32	西北工业大学图书馆	21114783.0	70	扬州大学图书馆	13931294.7
33	兰州大学图书馆	21098187.7	71	南京航空航天大学图书馆	13878749.3
34	浙江工业大学图书馆	20815604.7	72	中南财经政法大学图书馆	13832812.5
35	西交利物浦大学图书馆	20559804.0	73	江苏大学图书馆	13730214.3
36	西南交通大学图书馆	20173472.7	74	北京交通大学图书馆	13692591.0
37	武汉理工大学图书馆	19844493.8	75	北京工业大学图书馆	13683700.4
38	广东外语外贸大学图书馆	19815211.3	76	陕西师范大学图书馆	13545240.4

续表

序号	图书馆名称	文献资源购置费(元)	序号	图书馆名称	文献资源购置费(元)
77	山西大学图书馆	13513755.5	116	上海健康医学院图书馆	9793678.2
78	昆明理工大学图书馆	13380683.5	117	青海民族大学图书馆	9757994.5
79	海南大学图书馆	13306764.4	118	临沂大学图书馆	9731080.3
80	宁夏大学图书馆	13185211.1	119	成都中医药大学图书馆	9704904.8
81	安徽师范大学图书馆	12747384.0	120	浙江财经大学图书馆	9700000.0
82	华东政法大学图书馆	12722580.0	121	赣南医学院图书馆	9692821.8
83	西南科技大学图书馆	12590914.4	122	河南科技大学图书馆	9679941.0
84	江苏师范大学图书馆	12416116.0	123	西安科技大学图书馆	9647103.8
85	浙江师范大学图书馆	11931079.3	124	湖北水利水电大学图书馆	9500745.9
86	北方民族大学图书馆	11915505.2	125	四川农业大学图书馆	9487594.4
87	广州大学图书馆	11878945.0	126	上海科技大学图书馆	9427245.9
88	西安外国语大学图书馆	11854618.9	127	河北工业大学图书馆	9398300.8
89	北京师范大学—香港浸会大学联合国际学院图书馆	11826103.0	128	汉江师范学院(原郧阳师范高等专科学校)图书馆	9272774.9
90	河南理工大学图书馆	11785668.4	129	上海工程技术大学图书馆	9261797.6
91	首都医科大学图书馆	11769218.0	130	中国计量大学图书馆	9182964.7
92	西安电子科技大学图书馆	11726989.0	131	厦门理工学院图书馆	9150000.0
93	江西师范大学图书馆	11270912.0	132	南京医科大学图书馆	9148075.0
94	内蒙古工业大学图书馆	11033506.0	133	汕头大学图书馆	9139032.3
95	西北民族大学图书馆	10852500.0	134	四川师范大学图书馆	9041049.4
96	华北电力大学图书馆	10797055.0	135	温州大学图书馆	9033763.8
97	四川理工学院图书馆	10645553.9	136	上海理工大学图书馆	8981120.0
98	北京工商大学图书馆	10605510.0	137	上海海事大学图书馆	8929051.7
99	东北林业大学图书馆	10602000.0	138	陕西科技大学图书馆	8905477.6
100	长安大学图书馆	10444850.0	139	杭州电子科技大学图书馆	8870490.1
101	华中农业大学图书馆	10398725.0	140	浙江农林大学图书馆	8797260.4
102	河北师范大学图书馆	10372787.8	141	中国医科大学图书馆	8770486.0
103	南京林业大学图书馆	10338690.3	142	武汉科技大学图书馆	8710677.0
104	河南农业大学图书馆	10128044.0	143	福建工程学院图书馆	8704637.7
105	新疆大学图书馆	10124000.0	144	南开大学图书馆	8641000.0
106	南华大学图书馆	10121797.4	145	山东农业大学图书馆	8630494.9
107	福建农林大学图书馆	10009955.6	146	天水师范学院图书馆	8530000.0
108	中央民族大学图书馆	10000000.0	147	江西理工大学图书馆	8509186.3
109	大连海事大学图书馆	9969924.1	148	广东海洋大学图书馆	8483000.0
110	广西科技大学(原广西工学院)图书馆	9909482.8	149	西华师范大学图书馆	8464004.1
111	河南工业大学图书馆	9892049.6	150	中国矿业大学图书馆	8398491.6
112	山东师范大学图书馆	9837050.0	151	长沙理工大学图书馆	8306840.9
113	南京工业大学图书馆	9835776.0	152	甘肃政法学院图书馆	8293428.1
114	郑州轻工业学院图书馆	9822677.0	153	宝鸡文理学院图书馆	8274729.6
115	景德镇陶瓷大学图书馆	9803116.0	154	集美大学图书馆	8219509.8

续表

序号	图书馆名称	文献资源购置费(元)	序号	图书馆名称	文献资源购置费(元)
155	吉安职业技术学院图书馆	8140000.0	195	上海对外经贸大学图书馆	6905695.9
156	长江大学图书馆	8056836.3	196	淮北师范大学图书馆	6889580.0
157	浙江海洋大学图书馆	8001020.0	197	西安理工大学图书馆	6889455.0
158	浙江工商大学图书馆	7997531.8	198	上海中医药大学图书馆	6870906.7
159	成都大学图书馆	7984779.7	199	南阳师范学院图书馆	6855549.6
160	深圳职业技术学院图书馆	7980500.0	200	顺德职业技术学院图书馆	6846224.0
161	中南林业科技大学图书馆	7978794.6	201	三峡大学图书馆	6827640.2
162	辽宁大学图书馆	7937378.3	202	泸州医学院图书馆	6794117.4
163	贵州财经大学图书馆	7807308.6	203	重庆三峡医药高等专科学校图书馆	6765000.0
164	兰州交通大学图书馆	7745445.0	204	山西财经大学图书馆	6678595.0
165	南方医科大学图书馆	7714474.0	205	大连大学图书馆	6652864.9
166	西安工程大学图书馆	7707367.7	206	北京邮电大学图书馆	6618372.0
167	闽南师范大学图书馆	7703015.0	207	中国美术学院图书馆	6490300.0
168	江苏科技大学图书馆	7688908.3	208	绍兴文理学院图书馆	6370963.5
169	广东创新科技职业学院图书馆	7687027.0	209	九江学院图书馆	6366228.0
170	浙江理工大学图书馆	7682570.7	210	西安建筑科技大学图书馆	6344640.2
171	兰州理工大学图书馆	7642306.2	211	湖南工业大学图书馆	6310000.0
172	湖北大学图书馆	7636949.0	212	上饶师范学院图书馆	6292320.2
173	青岛科技大学图书馆	7571362.8	213	华东交通大学图书馆	6265236.0
174	河南工程学院图书馆	7531000.0	214	江西科技师范大学图书馆	6212735.8
175	中南民族大学图书馆	7514777.8	215	天津财经大学图书馆	6161437.6
176	安徽工业大学图书馆	7500000.0	216	广州中医药大学图书馆	6133283.4
177	江汉大学图书馆	7479957.5	217	武汉纺织大学图书馆	6107360.4
178	西南林学院图书馆	7355210.1	218	天津理工大学图书馆	6057592.2
179	广东财经大学图书馆	7342225.0	219	岭南师范学院图书馆	6002194.9
180	通化师范学院图书馆	7305354.4	220	合肥学院图书馆	5966383.3
181	苏州科技大学图书馆	7247019.7	221	湖北民族学院图书馆	5952532.3
182	东北财经大学图书馆	7221665.4	222	河西学院图书馆	5894598.9
183	西南政法大学图书馆	7212361.1	223	云南中医学院图书馆	5811724.5
184	西南石油大学图书馆	7201217.7	224	长春工程学院图书馆	5811319.5
185	温州医科大学图书馆	7193842.0	225	上海应用技术大学图书馆	5789717.1
186	云南财经大学图书馆	7171500.0	226	石家庄铁道大学图书馆	5789500.0
187	中国政法大学图书馆	7146244.0	227	泉州师范学院图书馆	5780600.0
188	湖南师范大学图书馆	7133824.8	228	韶关学院图书馆	5766227.7
189	广州医科大学图书馆	7112448.2	229	西藏民族大学图书馆	5752401.7
190	上海电力学院图书馆	7092902.9	230	西安航空学院图书馆	5639795.8
191	内蒙古师范大学图书馆	7092398.7	231	肇庆学院图书馆	5636696.0
192	长春师范学院图书馆	7050000.0	232	韩山师范学院图书馆	5561256.9
193	黑龙江大学图书馆	7010355.0	233	阜阳师范学院图书馆	5553480.6
194	上海海洋大学图书馆	6913179.2	234	新乡医学院图书馆	5540000.0

续表

序号	图书馆名称	文献资源购置费(元)	序号	图书馆名称	文献资源购置费(元)
235	西华大学图书馆	5537640.1	273	沈阳师范大学图书馆	4883198.5
236	许昌学院图书馆	5492484.0	274	川北医学院图书馆	4880021.9
237	潍坊学院图书馆	5487704.5	275	上海政法学院图书馆	4856587.4
238	南昌航空大学图书馆	5484200.0	276	中国人民公安大学图书馆	4853001.2
239	惠州卫生职业技术学院图书馆	5456633.6	277	兰州财经大学图书馆	4841322.1
240	四川音乐学院图书馆	5455495.3	278	长春中医学院图书馆	4839243.5
241	盐城工学院图书馆	5414164.3	279	井冈山大学图书馆	4836804.0
242	湖北工业大学图书馆	5404505.7	280	云南农业大学图书馆	4814765.7
243	内蒙古大学图书馆	5354889.8	281	惠州学院图书馆	4783667.5
244	内蒙古农业大学图书馆	5354889.8	282	贵州民族大学图书馆	4775341.8
245	昆明医学院图书馆	5328133.4	283	广州番禺职业技术学院图书馆	4741816.3
246	上海电子信息职业技术学院图书馆	5326900.7	284	合肥师范学院图书馆	4692267.4
247	嘉兴学院图书馆	5311592.7	285	广东岭南职业技术学院图书馆	4675368.7
248	乐山师范学院图书馆	5303158.0	286	东华理工大学图书馆	4670970.1
249	内蒙古民族大学图书馆	5300000.0	287	四川工商学院(原四川师范大学成都学院)图书馆	4664967.7
250	广东财经大学华商学院图书馆	5293031.4	288	福建医科大学图书馆	4615473.5
251	闽江学院图书馆	5280550.4	289	上海商学院图书馆	4612592.9
252	上海师范大学图书馆	5279829.0	290	大理大学图书馆	4600000.0
253	广东石油化工学院图书馆	5255236.4	291	内江师范学院图书馆	4587223.6
254	天津商业大学图书馆	5224651.0	292	东莞理工学院图书馆	4560000.0
255	广东药科大学图书馆	5221422.0	293	贵州理工学院图书馆	4559000.0
256	皖西学院图书馆	5196750.0	294	东北农业大学图书馆	4553155.3
257	辽宁科技大学图书馆	5180151.6	295	中国民用航空飞行学院图书馆	4549940.8
258	陕西理工大学图书馆	5131486.9	296	安庆医药高等专科学校图书馆	4549940.8
259	浙江传媒学院图书馆	5106319.1	297	浙江越秀外国语学院图书馆	4548486.86
260	北京师范大学珠海分校图书馆	5055849.7	298	哈尔滨商业大学图书馆	4529668.3
261	江西中医药高等专科学校图书馆	5040000.0	299	东北石油大学图书馆	4515000.0
262	广东技术师范学院图书馆	5038332.0	300	西昌学院图书馆	4500539.2
263	江西中医药大学图书馆	5010146.4	301	江西师范高等专科学校图书馆	4434240.9
264	浙江科技学院图书馆	4996824.0	302	广东省外语艺术职业学院图书馆	4407826.6
265	赣南师范学院图书馆	4996220.0	303	滨州学院图书馆	4400000.0
266	陕西服装工程学院图书馆	4988910.0	304	吉首大学图书馆	4396379.5
267	贵州师范大学图书馆	4978023.7	305	成都信息工程大学图书馆	4370814.7
268	成都医学院图书馆	4960576.4	306	青岛农业大学图书馆	4357736.7
269	贵州医科大学图书馆	4960401.3	307	吉林财经大学(原长春税务学院)图书馆	4325769.1
270	莆田学院图书馆	4948600.0	308	西安邮电大学图书馆	4324417.7
271	三明学院图书馆	4921027.9	309	西安工业大学图书馆	4299833.7
272	陕西学前师范学院图书馆	4899769.5	310	金华职业技术学院图书馆	4294688.0

序号	图书馆名称	文献资源购置费(元)	序号	图书馆名称	文献资源购置费(元)
311	南京审计大学图书馆	4293337.5	351	东北师范大学人文学院图书馆	3529618.5
312	上海机电学院图书馆	4265929.4	352	江西农业大学图书馆	3511670.4
313	东北电力大学图书馆	4223830.9	353	锦州医科大学图书馆	3509276.3
314	宜春学院图书馆	4220562.0	354	长春工业大学图书馆	3489056.1
315	武汉工商学院图书馆	4159582.8	355	北华大学图书馆	3479522.3
316	河北北方学院图书馆	4118435.4	356	西安欧亚学院图书馆	3470300.0
317	长春理工大学图书馆	4098460.1	357	龙岩学院图书馆	3468419.9
318	福建中医药大学图书馆	4051104.9	358	浙江大学城市学院图书馆	3463831.7
319	平顶山学院图书馆	4049000.0	359	陕西中医药大学图书馆	3443657.2
320	浙江中医药大学图书馆	4039167.7	360	贵阳学院图书馆	3431672.0
321	呼和浩特职业学院图书馆	4029736.8	361	沈阳工业大学图书馆	3429112.5
322	齐齐哈尔大学图书馆	3999999.9	362	西安培华学院图书馆	3385304.5
323	沈阳航空航天大学图书馆	3999049.9	363	甘肃民族师范学院图书馆	3364709.1
324	广东轻工职业技术学院图书馆	3985915.1	364	玉溪师范学院图书馆	3347050.0
325	宜宾学院图书馆	3934801.0	365	长春建筑学院图书馆	3310593.7
326	巴中职业技术学院图书馆	3902362.5	366	广东食品药品职业学院图书馆	3270000.0
327	西安医学院图书馆	3898686.8	367	湖州师范学院图书馆	3261029.9
328	巢湖学院图书馆	3884181.0	368	沈阳农业大学图书馆	3260000.0
329	武汉工程大学图书馆	3850000.0	369	台州学院图书馆	3220510.4
330	西安石油大学图书馆	3830902.3	370	延安大学图书馆	3216112.6
331	榆林学院图书馆	3814000.0	371	山东城市建设职业学院图书馆	3187499.8
332	遵义医学院图书馆	3810087.2	372	上海师范大学天华学院图书馆	3179324.6
333	咸阳师范学院图书馆	3793631.3	373	苏州职业大学图书馆	3175704.2
334	西安财经学院图书馆	3791979.7	374	电子科技大学中山学院图书馆	3174532.4
335	黔南民族师范学院图书馆	3779421.6	375	北京理工大学珠海学院图书馆	3142828.4
336	福州外语外贸学院图书馆	3746477.0	376	包头医学院图书馆	3142614.5
337	渭南师范学院图书馆	3744599.0	377	包头师范学院图书馆	3140500.0
338	宁波工程学院图书馆	3721577.7	378	西安翻译学院图书馆	3128111.2
339	淮南师范学院图书馆	3708900.0	379	南京艺术学院图书馆	3099172.5
340	长江师范学院图书馆	3699655.6	380	贵阳中医学院图书馆	3093676.0
341	太原师范学院图书馆	3672286.8	381	广东培正学院图书馆	3080507.6
342	天津师范大学图书馆	3638895.7	382	湖北经济学院图书馆	3069000.0
343	吉林师范大学图书馆	3626607.8	383	云南民族大学图书馆	3049051.2
344	陕西国际商贸学院图书馆	3581740.5	384	厦门医学院图书馆	3041245.0
345	哈尔滨工业大学图书馆	3578015.7	385	浙江外国语学院图书馆	3037043.2
346	宁波大红鹰学院图书馆	3577168.0	386	兰州城市学院图书馆	3030258.1
347	西北政法大学图书馆	3574972.4	387	辽宁对外经贸学院图书馆	3023940.3
348	湖北美术学院图书馆	3551810.2	388	浙江旅游职业学院图书馆	3005718.2
349	五邑大学图书馆	3549248.4	389	天津城建大学图书馆	3005665.6
350	遵义师范学院图书馆	3531866.3	390	首都体育学院图书馆	2998246.0

续表

序号	图书馆名称	文献资源购置费(元)	序号	图书馆名称	文献资源购置费(元)
391	牡丹江师范学院图书馆	2994315.2	430	沈阳化工大学图书馆	2551799.9
392	湖北第二师范学院图书馆	2993981.3	431	哈尔滨师范大学图书馆	2550808.2
393	武夷学院图书馆	2990958.2	432	北京工业职业技术学院图书馆	2544765.8
394	成都工业学院图书馆	2989153.1	433	西安美术学院图书馆	2535071.0
395	吉林农业科技学院图书馆	2987384.0	434	四川文理学院图书馆	2534893.7
396	湖南文理学院图书馆	2945000.0	435	浙江警察学院图书馆	2503192.4
397	天津外国语大学图书馆	2943290.7	436	楚雄师范学院图书馆	2501000.0
398	白城师范学院图书馆	2938000.0	437	山东中医药高等专科学校图书馆	2500000.0
399	中山职业技术学院图书馆	2927000.0	438	思茅师范高等专科学校图书馆	2500000.0
400	北京中医药大学图书馆	2918785.0	439	辽宁工程技术大学图书馆	2495324.6
401	宁波职业技术学院图书馆	2908574.4	440	青海师范大学图书馆	2486044.6
402	杨凌职业技术学院图书馆	2878423.4	441	广东机电职业技术学院图书馆	2475000.0
403	浙江万里学院图书馆	2876625.0	442	徐州工程学院图书馆	2438075.2
404	赤峰学院图书馆	2860000.0	443	贵州商学院图书馆	2428220.1
405	宿迁学院图书馆	2840000.0	444	武汉音乐学院图书馆	2425736.7
406	辽宁石油化工大学图书馆	2827993.8	445	江西现代职业技术学院图书馆	2418895.6
407	辽宁师范大学图书馆	2804390.5	446	商洛学院图书馆	2401133.9
408	武昌首义学院图书馆	2787183.3	447	沈阳医学院图书馆	2382861.1
409	湖南科技大学图书馆	2750000.0	448	攀枝花学院图书馆	2379639.5
410	宁夏师范学院图书馆	2749806.5	449	湖南科技学院图书馆	2333633.7
411	西北大学现代学院图书馆	2740525.3	450	山东政法学院图书馆	2332409.1
412	曲靖师范学院图书馆	2738658.0	451	安徽水利水电职业技术学院图书馆	2330000.0
413	浙江金融职业学院图书馆	2732243.2	452	浙江大学宁波理工学院图书馆	2324448.1
414	湖南财政经济学院图书馆	2724874.3	453	安徽外国语学院图书馆	2310867.9
415	广州商学院图书馆	2709577.2	454	四川民族学院图书馆	2310124.9
416	宁德师范学院图书馆	2686889.1	455	湖南女子学院图书馆	2309000.0
417	常州轻工职业技术学院图书馆	2669749.6	456	成都航空职业技术学院图书馆	2301860.4
418	浙江商业职业技术学院图书馆	2661770.5	457	浙江财经大学东方学院图书馆	2292800.0
419	商丘师范学院图书馆	2658253.1	458	泉州幼儿师范高等专科学校图书馆	2249165.8
420	西京学院图书馆	2656424.0	459	长春财经学院图书馆	2244003.9
421	河套学院图书馆	2637500.0	460	兰州文理学院图书馆	2200000.0
422	仲恺农业工程学院图书馆	2629000.0	461	上海杉达学院图书馆	2187911.3
423	福建江夏学院图书馆	2622951.4	462	昭通学院(原昭通师范高等专科学校)图书馆	2181799.7
424	宿州学院图书馆	2619600.0	463	广东科学技术职业学院图书馆	2180000.0
425	福建商学院图书馆	2618878.0	464	广东行政职业学院图书馆	2178291.0
426	黑龙江科技大学图书馆	2614700.0	465	上海公安学院图书馆	2174871.4
427	四川警察学院图书馆	2610556.0	466	广州城市职业学院图书馆	2162200.0
428	重庆文理学院图书馆	2591021.8	467	武汉科技大学城市学院图书馆	2152727.1
429	东莞职业技术学院图书馆	2562244.9	468	铜仁学院图书馆	2151849.1

序号	图书馆名称	文献资源购置费(元)	序号	图书馆名称	文献资源购置费(元)
469	常州工学院图书馆	2137462.3	509	广东环境保护工程职业学院图书馆	1827380.5
470	丽水学院图书馆	2123244.5	510	安顺学院图书馆	1822968.1
471	南昌师范学院图书馆	2109490.0	511	浙江水利水电学院图书馆	1803594.0
472	浙江经贸职业技术学院图书馆	2107810.0	512	西北工业大学明德学院图书馆	1801971.5
473	浙江纺织服装职业技术学院图书馆	2106208.2	513	江西服装学院图书馆	1800127.4
474	浙江工商职业技术学院图书馆	2075276.0	514	西安财经学院知行学院图书馆	1799170.1
475	江苏第二师范学院图书馆	2072807.7	515	江西财经职业学院图书馆	1788932.0
476	大庆师范学院图书馆	2063747.0	516	广州城建职业学院图书馆	1788785.3
477	烟台黄金职业学院图书馆	2024245.7	517	湖南理工学院图书馆	1787742.0
478	洛阳师范学院图书馆	2014977.6	518	闽南理工学院图书馆	1782565.0
479	安徽中医药高等专科学校图书馆	2010000.0	519	上海视觉艺术学院图书馆	1776000.0
480	红河学院图书馆	2000546.0	520	武汉铁路职业技术学院图书馆	1775635.9
481	成都纺织高等专科学校图书馆	2000000.0	521	华南理工大学广州学院图书馆	1768800.0
482	厦门城市职业学院图书馆	2000000.0	522	无锡职业技术学院图书馆	1765809.3
483	沈阳理工大学图书馆	1999605.0	523	广州工商学院图书馆	1765600.0
484	武汉东湖学院图书馆	1999225.0	524	广州工程技术职业学院图书馆	1748487.8
485	湖北工程学院图书馆	1992695.2	525	云南艺术学院图书馆	1746066.4
486	河源职业技术学院图书馆	1980000.0	526	漳州职业技术学院图书馆	1719563.5
487	浙江工业职业技术学院图书馆	1968000.0	527	四川水利职业技术学院图书馆	1719000.0
488	洛阳理工学院图书馆	1960956.0	528	江西外语外贸职业学院图书馆	1718824.8
489	厦门南洋职业学院图书馆	1942526.8	529	成都职业技术学院图书馆	1700000.0
490	浙江同济科技职业学院图书馆	1938006.2	530	江西警察学院图书馆	1699150.0
491	哈尔滨职业技术学院图书馆	1932562.8	531	青海大学图书馆	1698500.0
492	亳州学院图书馆	1914218.0	532	山东协和职业技术学院图书馆	1698000.0
493	成都工业职业技术学院图书馆	1910000.0	533	南京科技职业学院图书馆	1690348.9
494	武汉体育学院图书馆	1903236.0	534	浙江医药高等专科学校图书馆	1681229.2
495	惠州经济职业技术学院图书馆	1896047.7	535	广州南洋理工职业学院图书馆	1673850.3
496	华东交通大学理工学院图书馆	1895100.0	536	广东文理职业学院图书馆	1670203.8
497	温州职业技术学院图书馆	1887566.2	537	广东工贸职业技术学院图书馆	1670000.0
498	四川卫生康复职业学院图书馆	1886000.0	538	南京工业职业技术学院图书馆	1669109.3
499	南昌师范高等专科学校图书馆	1882263.0	539	西安文理学院图书馆	1640527.5
500	哈尔滨金融学院图书馆	1881774.9	540	池州学院图书馆	1627153.3
501	安徽职业技术学院图书馆	1881650.0	541	江西经济管理干部学院图书馆	1627000.0
502	九江职业技术学院图书馆	1875257.8	542	广东警官学院图书馆	1621953.4
503	扬州职业大学图书馆	1873693.1	543	吉林华侨外国语学院图书馆	1615694.7
504	贵州师范学院图书馆	1873392.4	544	黑龙江中医药大学图书馆	1602199.4
505	广东交通职业技术学院图书馆	1851931.6	545	蚌埠学院图书馆	1600000.0
506	许昌职业技术学院图书馆	1834000.0	546	云南交通职业技术学院图书馆	1600000.0
507	上海民航职业技术学院图书馆	1832402.4	547	四川旅游学院图书馆	1598688.0
508	广东农工商职业技术学院图书馆	1829800.0	548	浙江医学高等专科学校图书馆	1590634.6

续表

序号	图书馆名称	文献资源购置费(元)	序号	图书馆名称	文献资源购置费(元)
549	四川交通职业技术学院图书馆	1584116.0	589	成都体育学院图书馆	1328138.5
550	甘肃中医药大学图书馆	1582700.0	590	湖南警察学院图书馆	1312306.0
551	福建船政交通职业学院图书馆	1582497.2	591	黎明职业大学图书馆	1311044.0
552	西安外事学院图书馆	1578614.9	592	湖北水利水电职业技术学院图书馆	1310000.0
553	赣州师范高等专科学校图书馆	1560000.0	593	黄冈职业技术学院图书馆	1310000.0
554	广东工程职业技术学院图书馆	1559340.9	594	江西旅游商贸职业学院图书馆	1295990.0
555	凯里学院图书馆	1559024.1	595	渤海船舶职业学院图书馆	1293800.0
556	陕西工业职业技术学院图书馆	1557435.6	596	广东理工职业学院图书馆	1281240.0
557	南昌职业学院图书馆	1555939.7	597	义乌工商职业技术学院图书馆	1278739.2
558	西安科技大学高新学院图书馆	1551164.0	598	天津体育学院图书馆	1258729.4
559	广东司法警官职业学院图书馆	1550000.0	599	浙江育英职业技术学院图书馆	1256618.7
560	郑州旅游职业学院图书馆	1550000.0	600	中山火炬职业技术学院图书馆	1255000.0
561	四川工程职业技术学院图书馆	1528867.0	601	内蒙古化工职业学院图书馆	1252801.0
562	厦门海洋职业技术学院图书馆	1506056.2	602	黄山学院图书馆	1245500.0
563	山东警察学院图书馆	1504607.6	603	泸州职业技术学院图书馆	1221300.0
564	陕西国防工业职业技术学院图书馆	1495209.4	604	昆明工业职业技术学院图书馆	1216000.0
565	榆林职业技术学院图书馆	1475858.0	605	石家庄学院图书馆	1212022.6
566	浙江理工大学科技与艺术学院图书馆	1471609.7	606	大连职业技术学院图书馆	1200000.0
567	江西应用科技学院图书馆	1464602.4	607	西安铁路职业技术学院图书馆	1189576.7
568	金陵科技学院图书馆	1463834.0	608	达州职业技术学院图书馆	1185000.0
569	广州铁路职业技术学院图书馆	1460000.0	609	清远职业技术学院图书馆	1177000.0
570	西安思源学院图书馆	1451600.0	610	广东水利电力职业技术学院图书馆	1175999.5
571	浙江经济职业技术学院图书馆	1447734.0	611	甘肃医学院图书馆	1171201.0
572	南京体育学院图书馆	1446883.0	612	湖北交通职业技术学院图书馆	1170000.0
573	江西建设职业技术学院图书馆	1445000.0	613	沈阳体育学院图书馆	1153251.7
574	成都师范学院图书馆	1444850.4	614	信阳农林学院图书馆	1153000.0
575	景德镇陶瓷职业技术学院图书馆	1443256.2	615	台州科技职业学院图书馆	1150789.0
576	聊城大学东昌学院图书馆	1430000.0	616	长江职业学院图书馆	1137666.0
577	湖州职业技术学院图书馆	1417908.7	617	绵阳师范学院图书馆	1129295.0
578	滇西科技师范学院图书馆	1412342.0	618	浙江艺术职业学院图书馆	1129185.4
579	西安航空职业技术学院图书馆	1400000.0	619	上海思博职业技术学院图书馆	1103496.6
580	安徽工商职业学院图书馆	1393640.0	620	陕西铁路工程职业技术学院图书馆	1102379.6
581	天津大学仁爱学院图书馆	1384167.7	621	辽宁农业职业技术学院图书馆	1098000.0
582	安徽机电职业技术学院图书馆	1351407.0	622	焦作大学图书馆	1086000.0
583	福建信息职业技术学院图书馆	1350911.4	623	福建卫生职业技术学院图书馆	1085188.1
584	江西工程职业学院图书馆	1350000.0	624	南充职业技术学院图书馆	1084658.5
585	温州科技职业学院图书馆	1344954.9	625	内蒙古电子信息职业技术学院图书馆	1077000.0
586	沈阳工程学院图书馆	1338846.0	626	威海职业学院图书馆	1072239.5
587	衢州职业技术学院图书馆	1333378.9	627	南通职业大学图书馆	1069417.6
588	延安大学西安创新学院图书馆	1331564.4	628	宜春幼儿师范高等专科学校图书馆	1068840.0

续表

序号	图书馆名称	文献资源购置费(元)	序号	图书馆名称	文献资源购置费(元)
629	广东女子职业技术学院图书馆	1068000.0	668	闽江师范高等专科学校图书馆	872000.0
630	四川建筑职业技术学院图书馆	1067767.8	669	漳州理工职业学院图书馆	866855.6
631	湖北汽车工业学院图书馆	1062339.3	670	陕西交通职业技术学院图书馆	844280.5
632	海口经济学院图书馆	1060958.0	671	德州职业技术学院图书馆	835902.9
633	佛山职业技术学院图书馆	1057499.6	672	湖北民族学院科技学院图书馆	820180.1
634	共青科技职业学院图书馆	1052440.6	673	嘉兴职业技术学院图书馆	818327.6
635	江门职业技术学院图书馆	1051138.0	674	广东邮电职业技术学院图书馆	812951.3
636	贵州工程应用技术学院图书馆	1050308.3	675	丽水职业技术学院图书馆	806713.8
637	辽宁交通高等专科学校图书馆	1050000.0	676	浙江国际海运职业技术学院图书馆	804265.3
638	上海旅游高等专科学校图书馆	1044828.4	677	杭州职业技术学院图书馆	802200.0
639	上海音乐学院图书馆	1033528.3	678	西安音乐学院图书馆	798937.2
640	黑龙江外国语学院图书馆	1025456.9	679	江西水利职业学院图书馆	793700.0
641	珠海城市职业技术学院图书馆	1021000.0	680	四川商务职业学院图书馆	788000.0
642	安徽医学高等专科学校图书馆	1016709.2	681	东华理工大学长江学院图书馆	783993.4
643	湖南中医药高等专科学校图书馆	1003953.8	682	延安职业技术学院图书馆	782000.5
644	商洛职业技术学院图书馆	1003624.0	683	宝鸡职业技术学院图书馆	770000.0
645	浙江机电职业技术学院图书馆	1000000.0	684	江西工业职业技术学院图书馆	770000.0
646	上海出版印刷高等专科学校图书馆	999896.7	685	广安职业技术学院图书馆	769127.2
647	广州涉外经济职业技术学院图书馆	997518.1	686	四川航天职业技术学院图书馆	766685.4
648	白城医学高等专科学校图书馆	988250.1	687	鹤壁职业技术学院图书馆	766585.0
649	河南工业职业技术学院图书馆	988000.0	688	长春科技学院图书馆	766235.1
650	仰恩大学图书馆	985656.0	689	绵阳职业技术学院图书馆	760008.0
651	广东南华工商职业学院图书馆	980691.2	690	咸阳职业技术学院图书馆	759442.9
652	西安交通大学城市学院图书馆	978825.3	691	云南机电职业技术学院图书馆	750000.0
653	西安体育学院图书馆	965762.8	692	江西财经大学现代经济管理学院图书馆	745432.9
654	浙江交通职业技术学院图书馆	959800.0	693	宁夏民族职业技术学院图书馆	742372.0
655	云南开放大学图书馆	950800.0	694	陕西财经职业技术学院图书馆	733104.3
656	湖北城市建设职业技术学院图书馆	950000.0	695	厦门华夏学院图书馆	729266.8
657	江西医学高等专科学校图书馆	946736.7	696	江西环境工程职业学院图书馆	725000.0
658	广东科贸职业学院图书馆	945000.0	697	鄂州职业大学图书馆	723389.7
659	宁波卫生职业技术学院图书馆	929423.8	698	江西信息应用职业技术学院图书馆	720043.8
660	天津滨海职业学院图书馆	918971.9	699	四川司法警官职业学院图书馆	718000.0
661	漳州科技职业学院图书馆	917000.0	700	天津电子信息职业技术学院图书馆	716945.5
662	陕西警官职业学院图书馆	912612.8	701	福州理工学院图书馆	716161.0
663	包头轻工职业技术学院图书馆	900000.0	702	湖北工业职业技术学院图书馆	700484.3
664	中山大学南方学院图书馆	898369.5	703	赣南卫生健康职业学院图书馆	700350.0
665	四川托普信息技术职业学院图书馆	887307.3	704	湖北三峡职业技术学院图书馆	700008.0
666	湖南财经工业职业技术学院图书馆	884595.9	705	杭州万向职业技术学院图书馆	700000.0
667	西藏职业技术学院图书馆	880000.0	706	阳光学院图书馆	693264.9

续表

序号	图书馆名称	文献资源购置费(元)	序号	图书馆名称	文献资源购置费(元)
707	长春光华学院图书馆	691319.0	746	宁夏财经职业技术学院图书馆	549382.6
708	陕西职业技术学院图书馆	687745.8	747	赣西科技职业学院图书馆	546202.0
709	桐城师范高等专科学校图书馆	686000.0	748	福建电力职业技术学院图书馆	544423.2
710	健雄职业技术学院图书馆	682300.0	749	汕头职业技术学院图书馆	538000.0
711	广东技术师范学院天河学院图书馆	681994.3	750	厦门兴才职业技术学院图书馆	523000.0
712	汕尾职业技术学院图书馆	678620.0	751	江西中医药大学科技学院图书馆	518016.4
713	四川艺术职业学院图书馆	673548.0	752	四川职业技术学院图书馆	515229.3
714	宁夏工商职业技术学院图书馆	670800.0	753	江西生物科技职业学院图书馆	509700.0
715	泉州经贸职业技术学院图书馆	664000.0	754	闽西职业技术学院图书馆	505554.2
716	内江职业技术学院图书馆	657032.0	755	川南幼儿师范高等专科学校图书馆	501980.0
717	四川邮电职业技术学院图书馆	651794.7	756	云南外事外语职业学院图书馆	501900.0
718	浙江东方职业技术学院图书馆	651757.6	757	吉林建筑大学城建学院图书馆	500955.0
719	海南软件职业技术学院图书馆	648000.0	758	广州体育职业技术学院图书馆	500000.0
720	营口职业技术学院图书馆	648000.0	759	云南林业职业技术学院图书馆	498008.0
721	四川工商职业技术学院图书馆	643000.0	760	四川外国语大学图书馆	486483.4
722	安徽理工大学图书馆	641956.2	761	泉州轻工职业学院图书馆	481134.0
723	呼和浩特民族学院图书馆	640000.0	762	江西工商职业技术学院图书馆	470000.0
724	安徽审计职业学院图书馆	639908.7	763	浙江体育职业技术学院图书馆	465000.0
725	江西工业工程职业技术学院图书馆	635129.0	764	天津美术学院图书馆	459831.1
726	四川幼儿师范高等专科学校图书馆	619806.8	765	江西青年职业学院图书馆	448527.4
727	云南国土资源职业学院图书馆	615000.0	766	江西卫生职业学院图书馆	445930.8
728	漳州卫生职业学院图书馆	610490.6	767	江西科技职业学院图书馆	445000.0
729	江西先锋软件职业技术学院图书馆	609100.0	768	辽源职业技术学院图书馆	432000.0
730	盘锦职业技术学院图书馆	609000.0	769	杭州科技职业技术学院图书馆	430000.0
731	安徽广播影视职业技术学院图书馆	600000.0	770	福建华南女子职业学院图书馆	425315.5
732	甘肃交通职业技术学院图书馆	600000.0	771	黔南民族医学高等专科学校图书馆	421923.1
733	上海工商外国语职业学院图书馆	597436.7	772	湖北生物科技职业学院图书馆	421000.0
734	上海科学技术职业学院图书馆	597280.0	773	江西交通职业技术学院图书馆	418800.0
735	浙江长征职业技术学院图书馆	589953.9	774	上海济光职业技术学院图书馆	400000.5
736	六盘水师范学院图书馆	588468.1	775	广州华南商贸职业学院图书馆	387542.3
737	江西司法警官职业学院图书馆	580000.0	776	江西工业贸易职业技术学院图书馆	378133.9
738	长春职业技术学院图书馆	577710.8	777	揭阳职业技术学院图书馆	362374.5
739	上海农林职业技术学院图书馆	576093.1	778	西安电力高等专科学校图书馆	355978.0
740	江西制造职业技术学院图书馆	573475.6	779	江西陶瓷工艺美术职业技术学院图书馆	350000.0
741	连云港职业技术学院图书馆	571791.0	780	兰州职业技术学院图书馆	345000.0
742	上海行健职业学院图书馆	571239.2	781	上饶职业技术学院图书馆	332308.7
743	陕西青年职业学院图书馆	570250.0	782	珠海艺术职业学院图书馆	318333.0
744	抚州职业技术学院图书馆	553502.6	783	广东舞蹈戏剧职业学院图书馆	315771.0
745	漳州城市职业学院图书馆	551600.0	784	南昌大学科技学院图书馆	305411.2

续表

序号	图书馆名称	文献资源购置费(元)	序号	图书馆名称	文献资源购置费(元)
785	三明职业技术学院图书馆	292930.0	808	江西新能源科技学院图书馆	164115.2
786	湄洲湾职业技术学院图书馆	290094.0	809	江西洪州职业学院图书馆	164100.0
787	上海工商职业技术学院图书馆	289302.5	810	江西应用工程职业学院图书馆	159187.2
788	山西水利职业技术学院图书馆	289292.7	811	上海震旦职业学院图书馆	152597.1
789	云南司法警官职业学院图书馆	288000.0	812	云南财经职业学院图书馆	152379.6
790	黑龙江民族职业学院图书馆	277000.0	813	武汉警官职业学院图书馆	150050.6
791	青海卫生职业技术学院图书馆	276545.1	814	眉山职业技术学院图书馆	147000.0
792	茂名职业技术学院图书馆	275994.6	815	金华教育学院图书馆	137796.0
793	江西电力职业技术学院图书馆	256000.0	816	萍乡学院(原萍乡高等专科学校)图书馆	120000.0
794	西安交通工程学院图书馆	254966.9	817	泉州工艺美术职业学院图书馆	100000.0
795	华南农业大学珠江学院图书馆	252748.2	818	泉州华光职业学院图书馆	100000.0
796	私立华联学院图书馆	252336.9	819	湖北青年职业学院图书馆	95986.8
797	包头职业技术学院图书馆	250000.0	820	武夷山职业学院图书馆	91905.9
798	福建艺术职业学院图书馆	241853.5	821	德宏职业学院图书馆	87981.7
799	云南锡业职业技术学院图书馆	240502.0	822	随州职业技术学院图书馆	61660.3
800	江西农业工程职业学院图书馆	222987.0	823	天津艺术职业学院图书馆	43274.0
801	广州现代信息工程职业技术学院图书馆	201539.1	824	厦门演艺职业学院图书馆	28629.4
802	江西航空职业技术学院图书馆	200000.0	825	广州松田职业学院图书馆	25520.7
803	江西冶金职业技术学院图书馆	200000.0	826	泉州纺织服装职业学院图书馆	24476.4
804	广东亚视演艺职业学院图书馆	195780.0	827	厦门安防科技职业学院图书馆	17192.9
805	江西传媒职业学院图书馆	184000.0	828	武汉晴川学院图书馆	10582.0
806	兴义民族师范学院图书馆	178747.2	829	广州科技贸易职业学院图书馆	10000.0
807	保山中医药高等专科学校图书馆	170500.0	830	四川中医药高等专科学校图书馆	7000.0

2016年835所高校图书馆年度总经费统计表

序号	图书馆名称	年度经费情况(元)	序号	图书馆名称	年度经费情况(元)
1	北京大学图书馆	83712048.8	39	西北工业大学图书馆	22575225.0
2	武汉大学图书馆	76112750.0	40	西交利物浦大学图书馆	22237804.0
3	中山大学图书馆	76095232.6	41	南京师范大学图书馆	22066827.2
4	浙江大学图书馆	55713884.6	42	南开大学图书馆	21941000.0
5	华中科技大学图书馆	53342823.3	43	四川大学图书馆	21821474.4
6	清华大学图书馆	48124552.8	44	兰州大学图书馆	21665553.7
7	复旦大学图书馆	44218592.4	45	北京交通大学图书馆	21401305.6
8	北京师范大学图书馆	41243890.7	46	深圳大学图书馆	21317534.0
9	上海交通大学图书馆	37958391.1	47	华东理工大学图书馆	20998956.3
10	厦门大学图书馆	37830399.8	48	安徽师范大学图书馆	20992384.0
11	南京大学图书馆	35289634.6	49	中国海洋大学图书馆	20709120.4
12	深圳大学城图书馆	35088748.3	50	福建师范大学图书馆	20682638.6
13	华东师范大学图书馆	32741615.7	51	西南交通大学图书馆	20348102.3
14	华南师范大学图书馆	32512688.3	52	北京科技大学图书馆	20036554.2
15	东北师范大学图书馆	31487350.6	53	上海大学图书馆	19844080.9
16	同济大学图书馆	31391708.3	54	杭州师范大学图书馆	19578670.8
17	首都体育学院图书馆	31220712.1	55	江苏师范大学图书馆	19219503.0
18	山东大学图书馆	30879915.2	56	福建农林大学图书馆	19195217.9
19	重庆大学图书馆	30675154.0	57	西南民族大学图书馆	19041228.9
20	中南大学图书馆	30448824.6	58	西北大学图书馆	18966242.6
21	华南理工大学图书馆	30357285.0	59	华南农业大学图书馆	18792704.5
22	西安交通大学图书馆	29916771.4	60	合肥工业大学图书馆	18704971.6
23	首都师范大学图书馆	29117148.0	61	电子科技大学图书馆	18528759.5
24	东南大学图书馆	28874864.6	62	南方科技大学图书馆	18213379.9
25	天津大学图书馆	28540085.2	63	贵州大学图书馆	17965849.5
26	安徽大学图书馆	27171479.6	64	西北农林科技大学图书馆	17824300.4
27	华中师范大学图书馆	25609583.3	65	中南民族大学图书馆	17719778.6
28	大连理工大学图书馆	24870162.8	66	江苏大学图书馆	17692913.4
29	南京农业大学图书馆	24671205.7	67	成都理工大学图书馆	17439635.5
30	广东外语外贸大学图书馆	24490018.3	68	华东政法大学图书馆	17397560.0
31	中国科学技术大学图书馆	24453837.5	69	福州大学图书馆	17233612.0
32	暨南大学图书馆	24166880.9	70	海南大学图书馆	17038564.6
33	西南财经大学图书馆	24052109.2	71	北方民族大学图书馆	16919029.8
34	河南大学图书馆	23350815.0	72	广东工业大学图书馆	16645740.4
35	武汉理工大学图书馆	23286570.8	73	江南大学图书馆	16531738.9
36	东北大学图书馆	23243159.9	74	宁波大学图书馆	16426000.0
37	湖南大学图书馆	22719000.0	75	苏州大学图书馆	16405636.2
38	浙江工业大学图书馆	22648146.5	76	南昌大学图书馆	16392057.5

序号	图书馆名称	年度经费情况(元)	序号	图书馆名称	年度经费情况(元)
77	山西大学图书馆	16202992.5	115	新疆大学图书馆	11558863.7
78	上海财经大学图书馆	16090190.4	116	山东师范大学图书馆	11491050.0
79	南京理工大学图书馆	15551830.4	117	四川师范大学图书馆	11270863.8
80	华侨大学图书馆	15470151.2	118	南方医科大学图书馆	11216880.0
81	忻州师范学院图书馆	15435278.8	119	中南林业科技大学图书馆	11187249.6
82	西安电子科技大学图书馆	14856889.0	120	温州大学图书馆	11117180.8
83	华北电力大学图书馆	14848588.0	121	东北林业大学图书馆	11102000.0
84	扬州大学图书馆	14730648.4	122	内蒙古工业大学图书馆	11033506.0
85	吉安职业技术学院图书馆	14727400.0	123	天津师范大学图书馆	10900006.7
86	陕西师范大学图书馆	14682570.0	124	浙江财经大学图书馆	10877389.0
87	中南财经政法大学图书馆	14328659.9	125	南华大学图书馆	10799723.4
88	南京航空航天大学图书馆	14104554.3	126	青海师范大学图书馆	10694514.6
89	北京工业大学图书馆	14018380.4	127	河北师范大学图书馆	10663006.8
90	天水师范学院图书馆	13874000.0	128	中国计量大学图书馆	10647915.0
91	甘肃政法学院图书馆	13817412.1	129	河南农业大学图书馆	10596434.0
92	三峡大学图书馆	13790757.2	130	深圳职业技术学院图书馆	10521800.0
93	宁夏大学图书馆	13681193.1	131	四川农业大学图书馆	10447594.4
94	北京师范大学—香港浸会大学联合国际学院图书馆	13665003.0	132	大连海事大学图书馆	10402924.1
95	长安大学图书馆	13437824.5	133	华中农业大学图书馆	10398725.0
96	昆明理工大学图书馆	13380683.5	134	景德镇陶瓷大学图书馆	10353116.0
97	临沂大学图书馆	13375352.0	135	陕西科技大学图书馆	10319477.6
98	广州大学图书馆	13253245.0	136	青海民族大学图书馆	10317867.0
99	西北民族大学图书馆	13148903.0	137	湖北水利水电大学图书馆	10168093.3
100	西南科技大学图书馆	12842821.3	138	中央民族大学图书馆	10000000.0
101	广西科技大学(原广西工学院)图书馆	12811999.1	139	河南科技大学图书馆	9999941.0
102	江西科技师范大学图书馆	12722735.8	140	上海健康医学院图书馆	9991678.2
103	江西师范大学图书馆	12621131.0	141	南京工业大学图书馆	9975776.0
104	北京工商大学图书馆	12599626.0	142	青岛科技大学图书馆	9975772.8
105	河南工业大学图书馆	12583354.6	143	成都中医药大学图书馆	9972121.4
106	郑州轻工业学院图书馆	12470384.0	144	赣南医学院图书馆	9913953.8
107	浙江师范大学图书馆	12470029.0	145	南京医科大学图书馆	9876281.0
108	贵州师范大学图书馆	12295508.7	146	西安科技大学图书馆	9874129.5
109	西安外国语大学图书馆	12066528.9	147	浙江农林大学图书馆	9805554.1
110	四川理工学院图书馆	12039499.4	148	铜仁学院图书馆	9803700.5
111	南京林业大学图书馆	11938690.3	149	广东海洋大学图书馆	9787000.0
112	首都医科大学图书馆	11842066.0	150	汉江师范学院(原郧阳师范高等专科学校)图书馆	9773892.9
113	河南理工大学图书馆	11785668.4	151	上海工程技术大学图书馆	9760525.1
114	广东文理职业学院图书馆	11783577.0	152	厦门理工学院图书馆	9652564.5

续表

序号	图书馆名称	年度经费情况(元)	序号	图书馆名称	年度经费情况(元)
153	杭州电子科技大学图书馆	9643200.0	193	浙江理工大学图书馆	7940493.4
154	汕头大学图书馆	9618184.3	194	辽宁大学图书馆	7937378.3
155	河北工业大学图书馆	9616999.8	195	广州中医药大学图书馆	7932235.4
156	河南工程学院图书馆	9551424.0	196	广东财经大学图书馆	7822225.0
157	贵州民族大学图书馆	9498436.2	197	内蒙古师范大学图书馆	7805676.4
158	上海理工大学图书馆	9494994.0	198	江汉大学图书馆	7748668.8
159	上海科技大学图书馆	9427245.9	199	绍兴文理学院图书馆	7743433.6
160	上海海事大学图书馆	9427078.9	200	肇庆学院图书馆	7741696.0
161	山东农业大学图书馆	9388670.6	201	淮北师范大学图书馆	7716025.0
162	浙江工商大学图书馆	9146201.8	202	东北财经大学图书馆	7685665.4
163	西华师范大学图书馆	9101397.6	203	西南石油大学图书馆	7662086.3
164	武汉科技大学图书馆	9032524.3	204	黑龙江大学图书馆	7612355.0
165	中国医科大学图书馆	8955486.0	205	中国政法大学图书馆	7596837.0
166	贵州财经大学图书馆	8946308.6	206	贵阳学院图书馆	7532396.0
167	福建工程学院图书馆	8941654.0	207	通化师范学院图书馆	7504518.4
168	湖北大学图书馆	8928554.0	208	安徽工业大学图书馆	7500000.0
169	广州医科大学图书馆	8879333.0	209	湖南师范大学图书馆	7481692.8
170	遵义师范学院图书馆	8815266.3	210	温州医科大学图书馆	7430710.4
171	西安工程大学图书馆	8783968.3	211	西南林学院图书馆	7405210.1
172	江西理工大学图书馆	8720597.3	212	云南财经大学图书馆	7381500.0
173	集美大学图书馆	8689062.9	213	潍坊学院图书馆	7339413.6
174	宝鸡文理学院图书馆	8675309.6	214	上海电力学院图书馆	7331904.8
175	长沙理工大学图书馆	8574698.9	215	苏州科技大学图书馆	7272253.7
176	长江大学图书馆	8543751.3	216	天津理工大学图书馆	7248811.9
177	上海对外经贸大学图书馆	8541040.7	217	山西财经大学图书馆	7175440.0
178	浙江海洋大学图书馆	8499020.0	218	北京邮电大学图书馆	7175108.0
179	中国矿业大学图书馆	8398491.6	219	上海政法学院图书馆	7171357.4
180	湖州师范学院图书馆	8372993.9	220	西安理工大学图书馆	7156584.1
181	上饶师范学院图书馆	8368643.6	221	上海应用技术大学图书馆	7139340.2
182	闽南师范大学图书馆	8314287.0	222	大连大学图书馆	7106253.5
183	阜阳师范学院图书馆	8310795.1	223	长春师范学院图书馆	7050000.0
184	皖西学院图书馆	8200750.0	224	湖北工业大学图书馆	7033005.7
185	成都大学图书馆	8148420.4	225	天津财经大学图书馆	7001437.6
186	广东创新科技职业学院图书馆	8130256.3	226	中国美术学院图书馆	6999964.0
187	江苏科技大学图书馆	8077988.3	227	南阳师范学院图书馆	6999955.0
188	顺德职业技术学院图书馆	8069894.0	228	上海中医药大学图书馆	6992795.7
189	西南政法大学图书馆	8025641.0	229	西安建筑科技大学图书馆	6984094.3
190	兰州理工大学图书馆	7988551.9	230	中国人民公安大学图书馆	6979001.2
191	兰州交通大学图书馆	7976069.1	231	上海海洋大学图书馆	6919504.2
192	九江学院图书馆	7972430.0	232	重庆三峡医药高等专科学校图书馆	6893000.0

续表

序号	图书馆名称	年度经费情况(元)	序号	图书馆名称	年度经费情况(元)
233	泸州医学院图书馆	6863082.7	272	四川音乐学院图书馆	5563878.9
234	湖南工业大学图书馆	6790000.0	273	成都医学院图书馆	5548736.4
235	湖北民族学院图书馆	6710532.3	274	上海师范大学天华学院图书馆	5539268.7
236	贵阳中医学院图书馆	6693953.5	275	川北医学院图书馆	5489021.9
237	岭南师范学院图书馆	6565633.9	276	闽江学院图书馆	5483241.1
238	东莞理工学院图书馆	6506448.0	277	惠州卫生职业技术学院图书馆	5471633.6
239	华东交通大学图书馆	6500861.0	278	广东药科大学图书馆	5458793.6
240	内蒙古农业大学图书馆	6385689.8	279	辽宁科技大学图书馆	5450551.6
241	江西警察学院图书馆	6369227.0	280	广州番禺职业技术学院图书馆	5435010.27
242	长春理工大学图书馆	6346828.8	281	赣南师范学院图书馆	5415394.0
243	莆田学院图书馆	6287600.0	282	盐城工学院图书馆	5414164.3
244	武汉纺织大学图书馆	6247360.4	283	昆明医学院图书馆	5410640.2
245	嘉兴学院图书馆	6203875.9	284	内蒙古民族大学图书馆	5400000.0
246	南昌航空大学图书馆	6194200.0	285	四川工商学院(原四川师范大学成都学院)图书馆	5358901.1
247	内蒙古大学图书馆	6147944.2	286	广东技术师范学院图书馆	5354012.0
248	新乡医学院图书馆	6142500.0	287	北京师范大学珠海分校图书馆	5317801.3
249	合肥学院图书馆	6106383.3	288	武汉工商学院图书馆	5317490.0
250	石家庄铁道大学图书馆	6018167.7	289	井冈山大学图书馆	5314604.0
251	西藏民族大学图书馆	5968283.8	290	浙江传媒学院图书馆	5309260.1
252	韶关学院图书馆	5953340.1	291	东华理工大学图书馆	5305815.1
253	广东省外语艺术职业学院图书馆	5898126.6	292	乐山师范学院图书馆	5305158.0
254	河西学院图书馆	5894963.1	293	广东石油化工学院图书馆	5295298.4
255	青海大学图书馆	5863500.0	294	广东财经大学华商学院图书馆	5293031.4
256	云南中医学院图书馆	5817196.5	295	贵州医科大学图书馆	5284443.7
257	长春工程学院图书馆	5811319.5	296	上海师范大学图书馆	5279829.0
258	三明学院图书馆	5801285.6	297	哈尔滨商业大学图书馆	5263528.3
259	泉州师范学院图书馆	5780600.0	298	天津商业大学图书馆	5256943.0
260	西安航空学院图书馆	5770675.8	299	沈阳航空航天大学图书馆	5255546.2
261	上海电子信息职业技术学院图书馆	5751500.7	300	合肥师范学院图书馆	5237609.8
262	许昌学院图书馆	5742484.0	301	内江师范学院图书馆	5194537.6
263	韩山师范学院图书馆	5727256.9	302	江西中医药大学图书馆	5186372.4
264	长江师范学院图书馆	5698751.6	303	江西中医药高等专科学校图书馆	5120000.0
265	西华大学图书馆	5680640.1	304	浙江科技学院图书馆	5049219.0
266	兰州财经大学图书馆	5671073.1	305	陕西服装工程学院图书馆	5009740.0
267	陕西理工大学图书馆	5618486.9	306	陕西学前师范学院图书馆	4999769.5
268	云南农业大学图书馆	5584754.6	307	浙江万里学院图书馆	4978224.1
269	武汉音乐学院图书馆	5577239.8	308	长春中医学院图书馆	4940135.5
270	惠州学院图书馆	5572243.6	309	巢湖学院图书馆	4931181.0
271	吉林师范大学图书馆	5571675.1	310	浙江中医药大学图书馆	4915334.4

续表

序号	图书馆名称	年度经费情况(元)	序号	图书馆名称	年度经费情况(元)
311	湖南财政经济学院图书馆	4914977.3	350	遵义医学院图书馆	4187763.7
312	上海商学院图书馆	4902450.5	351	呼和浩特职业学院图书馆	4133936.8
313	中国民用航空飞行学院图书馆	4889010.6	352	连云港职业技术学院图书馆	4113831.0
314	安庆医药高等专科学校图书馆	4889010.6	353	宿迁学院图书馆	4080000.0
315	沈阳师范大学图书馆	4886703.5	354	齐齐哈尔大学图书馆	4064999.9
316	浙江越秀外国语学院图书馆	4818105.3	355	福建中医药大学图书馆	4051104.9
317	广东轻工职业技术学院图书馆	4771769.5	356	东莞职业技术学院图书馆	4031254.3
318	东北农业大学图书馆	4755339.3	357	西安石油大学图书馆	4013529.3
319	广东岭南职业技术学院图书馆	4724762.2	358	西安医学院图书馆	4010152.2
320	河北北方学院图书馆	4696368.4	359	东北师范大学人文学院图书馆	4000218.5
321	贵州理工学院图书馆	4687312.7	360	宜宾学院图书馆	3994801.0
322	西安工业大学图书馆	4681909.9	361	榆林学院图书馆	3928400.0
323	福建医科大学图书馆	4653382.8	362	淮南师范学院图书馆	3924400.0
324	滨州学院图书馆	4652000.0	363	包头师范学院图书馆	3920500.0
325	成都信息工程大学图书馆	4600014.7	364	渭南师范学院图书馆	3911086.5
326	大理大学图书馆	4600000.0	365	浙江外国语学院图书馆	3909527.2
327	东北石油大学图书馆	4591000.0	366	黔南民族师范学院图书馆	3902821.6
328	西昌学院图书馆	4572319.2	367	宁波工程学院图书馆	3891398.2
329	成都工业学院图书馆	4562880.8	368	四川文理学院图书馆	3829543.7
330	亳州学院图书馆	4504218.0	369	西安财经学院图书馆	3817215.7
331	吉首大学图书馆	4492379.5	370	西北政法大学图书馆	3816635.0
332	南京审计大学图书馆	4489545.0	371	玉溪师范学院图书馆	3806099.0
333	西安邮电大学图书馆	4466442.7	372	长春建筑学院图书馆	3793019.7
334	陕西中医药大学图书馆	4463757.2	373	攀枝花学院图书馆	3769381.5
335	西安翻译学院图书馆	4454094.1	374	福州外语外贸学院图书馆	3764672.8
336	宜春学院图书馆	4446562.0	375	包头医学院图书馆	3739542.3
337	江西师范高等专科学校图书馆	4437240.9	376	上海出版印刷高等专科学校图书馆	3738496.7
338	山东城市建设职业学院图书馆	4411099.8	377	江西农业大学图书馆	3711670.4
339	吉林财经大学(原长春税务学院)图书馆	4389893.1	378	五邑大学图书馆	3693198.4
340	东北电力大学图书馆	4359430.9	379	太原师范学院图书馆	3691915.2
341	青岛农业大学图书馆	4357736.7	380	九江职业技术学院图书馆	3687548.4
342	武汉工程大学图书馆	4352375.0	381	宁波大红鹰学院图书馆	3677168.0
343	浙江警察学院图书馆	4350694.4	382	宁夏师范学院图书馆	3662726.5
344	金华职业技术学院图书馆	4341543.0	383	北华大学图书馆	3649522.0
345	上海机电学院图书馆	4335593.1	384	江西服装学院图书馆	3639769.2
346	平顶山学院图书馆	4256000.0	385	浙江大学城市学院图书馆	3617767.7
347	咸阳师范学院图书馆	4236901.3	386	龙岩学院图书馆	3597819.9
348	苏州职业大学图书馆	4225994.3	387	锦州医科大学图书馆	3587076.3
349	巴中职业技术学院图书馆	4205022.5	388	陕西国际商贸学院图书馆	3586625.3

续表

序号	图书馆名称	年度经费情况(元)	序号	图书馆名称	年度经费情况(元)
389	哈尔滨工业大学图书馆	3578015.7	429	浙江经贸职业技术学院图书馆	3028845.0
390	沈阳工业大学图书馆	3565305.5	430	广东科学技术职业学院图书馆	3010300.0
391	湖北美术学院图书馆	3557738.2	431	凯里学院图书馆	2996997.4
392	长春工业大学图书馆	3553356.1	432	武夷学院图书馆	2990958.2
393	电子科技大学中山学院图书馆	3539427.6	433	白城师范学院图书馆	2948000.0
394	甘肃民族师范学院图书馆	3511909.1	434	辽宁石油化工大学图书馆	2944888.8
395	湖北经济学院图书馆	3507117.5	435	沈阳化工大学图书馆	2935695.8
396	西安欧亚学院图书馆	3493860.0	436	杨凌职业技术学院图书馆	2934607.4
397	烟台黄金职业学院图书馆	3449660.7	437	绵阳师范学院图书馆	2929295.0
398	广东食品药品职业学院图书馆	3430000.0	438	武昌首义学院图书馆	2923186.3
399	云南民族大学图书馆	3412352.0	439	广州商学院图书馆	2919577.2
400	西安培华学院图书馆	3405704.5	440	辽宁师范大学图书馆	2912243.2
401	南京艺术学院图书馆	3399152.6	441	四川警察学院图书馆	2907556.0
402	台州学院图书馆	3362159.4	442	赤峰学院图书馆	2900000.0
403	丽水学院图书馆	3357490.3	443	曲靖师范学院图书馆	2892658.0
404	天津外国语大学图书馆	3349632.7	444	广东行政职业学院图书馆	2883197.0
405	兰州城市学院图书馆	3347776.1	445	西京学院图书馆	2878917.6
406	延安大学图书馆	3336468.6	446	泸州职业技术学院图书馆	2861800.0
407	浙江金融职业学院图书馆	3321243.2	447	浙江大学宁波理工学院图书馆	2813464.1
408	吉林农业科技学院图书馆	3311511.6	448	重庆文理学院图书馆	2811021.8
409	湖北第二师范学院图书馆	3263981.3	449	广州城市职业学院图书馆	2784650.0
410	北京中医药大学图书馆	3262881.0	450	华东交通大学理工学院图书馆	2768126.0
411	沈阳农业大学图书馆	3260000.0	451	湖南科技大学图书馆	2750000.0
412	徐州工程学院图书馆	3217707.2	452	西安美术学院图书馆	2740967.0
413	中山职业技术学院图书馆	3185000.0	453	宿州学院图书馆	2740843.7
414	浙江旅游职业学院图书馆	3183718.2	454	西北大学现代学院图书馆	2740525.3
415	广东培正学院图书馆	3167553.1	455	北京工业职业技术学院图书馆	2738069.8
416	湖南文理学院图书馆	3160870.0	456	安徽水利水电职业技术学院图书馆	2729231.0
417	北京理工大学珠海学院图书馆	3142828.4	457	成都航空职业技术学院图书馆	2721967.4
418	西安铁路职业技术学院图书馆	3138120.7	458	商洛学院图书馆	2696996.9
419	广东交通职业技术学院图书馆	3131931.3	459	常州轻工职业技术学院图书馆	2689249.6
420	沈阳工程学院图书馆	3131374.0	460	楚雄师范学院图书馆	2680900.0
421	辽宁对外经贸学院图书馆	3113940.3	461	河套学院图书馆	2680000.0
422	牡丹江师范学院图书馆	3104065.2	462	仲恺农业工程学院图书馆	2629000.0
423	天津城建大学图书馆	3092876.1	463	共青科技职业学院图书馆	2627240.6
424	黄山学院图书馆	3058994.0	464	四川民族学院图书馆	2624736.9
425	商丘师范学院图书馆	3056228.1	465	福建江夏学院图书馆	2622951.4
426	宁波职业技术学院图书馆	3055574.4	466	武汉体育学院图书馆	2621420.0
427	厦门医学院图书馆	3041245.0	467	福建商学院图书馆	2618878.0
428	宁德师范学院图书馆	3035994.3	468	黑龙江科技大学图书馆	2614700.0

续表

序号	图书馆名称	年度经费情况(元)	序号	图书馆名称	年度经费情况(元)
469	思茅师范高等专科学校图书馆	2600000.0	508	西北工业大学明德学院图书馆	2177255.6
470	浙江医学高等专科学校图书馆	2595034.6	509	河源职业技术学院图书馆	2160000.0
471	江西现代职业技术学院图书馆	2589695.6	510	浙江纺织服装职业技术学院图书馆	2156016.2
472	哈尔滨师范大学图书馆	2550808.2	511	湖北工程学院图书馆	2154155.2
473	贵州商学院图书馆	2541220.1	512	滇西科技师范学院图书馆	2137157.0
474	广东机电职业技术学院图书馆	2540800.0	513	四川卫生康复职业学院图书馆	2136000.0
475	浙江水利水电学院图书馆	2516323.6	514	安徽中医药高等专科学校图书馆	2120000.0
476	山东中医药高等专科学校图书馆	2500000.0	515	成都纺织高等专科学校图书馆	2117000.0
477	武汉东湖学院图书馆	2497225.0	516	沈阳理工大学图书馆	2114605.0
478	辽宁工程技术大学图书馆	2495324.6	517	哈尔滨金融学院图书馆	2108274.9
479	哈尔滨职业技术学院图书馆	2492562.8	518	大庆师范学院图书馆	2081396.1
480	宜春幼儿师范高等专科学校图书馆	2481240.0	519	嘉兴职业技术学院图书馆	2058907.1
481	常州工学院图书馆	2462911.3	520	广州工程技术职业学院图书馆	2038487.8
482	浙江财经大学东方学院图书馆	2459052.0	521	上海民航职业技术学院图书馆	2038402.4
483	厦门南洋职业学院图书馆	2433351.8	522	安顺学院图书馆	2038340.3
484	上海公安学院图书馆	2412871.4	523	红河学院图书馆	2006006.0
485	山东政法学院图书馆	2408409.1	524	广东农工商职业技术学院图书馆	2002800.0
486	沈阳医学院图书馆	2404181.1	525	厦门城市职业学院图书馆	2000000.0
487	湖南女子学院图书馆	2384800.0	526	浙江商业职业技术学院图书馆	1989557.2
488	安徽职业技术学院图书馆	2381650.0	527	温州职业技术学院图书馆	1987579.2
489	浙江工业职业技术学院图书馆	2376000.0	528	惠州经济职业技术学院图书馆	1956047.7
490	兰州文理学院图书馆	2373660.0	529	浙江同济科技职业学院图书馆	1946006.2
491	泉州幼儿师范高等专科学校图书馆	2357765.8	530	四川水利职业技术学院图书馆	1939000.0
492	浙江工商职业技术学院图书馆	2355276.0	531	成都工业职业技术学院图书馆	1929000.0
493	湖南科技学院图书馆	2342633.7	532	湖南理工学院图书馆	1928058.3
494	江苏第二师范学院图书馆	2327516.2	533	广东环境保护工程职业学院图书馆	1924480.5
495	安徽外国语学院图书馆	2324691.9	534	广州城建职业学院图书馆	1919771.3
496	闽南理工学院图书馆	2323805.0	535	贵州师范学院图书馆	1916392.4
497	许昌职业技术学院图书馆	2294000.0	536	浙江国际海运职业技术学院图书馆	1914765.3
498	厦门海洋职业技术学院图书馆	2293756.2	537	吉林华侨外国语学院图书馆	1910962.6
499	江西外语外贸职业学院图书馆	2280724.8	538	南昌师范高等专科学校图书馆	1903656.4
500	长春财经学院图书馆	2268254.4	539	江西财经职业学院图书馆	1900932.0
501	上海杉达学院图书馆	2267911.3	540	西安思源学院图书馆	1889600.0
502	洛阳师范学院图书馆	2244977.6	541	西安外事学院图书馆	1886770.3
503	南昌师范学院图书馆	2237190.0	542	浙江医药高等专科学校图书馆	1886639.2
504	扬州职业大学图书馆	2226676.1	543	西安文理学院图书馆	1851527.5
505	武汉科技大学城市学院图书馆	2204726.1	544	四川交通职业技术学院图书馆	1851496.0
506	昭通学院(原昭通师范高等专科学校)图书馆	2181799.7	545	云南艺术学院图书馆	1842342.4
507	洛阳理工学院图书馆	2178956.0	546	江西经济管理干部学院图书馆	1838400.0

序号	图书馆名称	年度经费情况(元)	序号	图书馆名称	年度经费情况(元)
547	成都职业技术学院图书馆	1835000.0	587	西安科技大学高新学院图书馆	1584344.0
548	漳州职业技术学院图书馆	1832092.5	588	甘肃中医药大学图书馆	1582700.0
549	宁波卫生职业技术学院图书馆	1830574.6	589	赣州师范高等专科学校图书馆	1580000.0
550	上海视觉艺术学院图书馆	1821000.0	590	温州科技职业学院图书馆	1578138.9
551	榆林职业技术学院图书馆	1816190.0	591	南昌职业学院图书馆	1577939.7
552	无锡职业技术学院图书馆	1810809.3	592	石家庄学院图书馆	1565652.1
553	山东警察学院图书馆	1810431.6	593	贵州工程应用技术学院图书馆	1559308.3
554	西安财经学院知行学院图书馆	1808145.1	594	江西应用科技学院图书馆	1551488.1
555	南京科技职业学院图书馆	1807668.9	595	南京体育学院图书馆	1527383.0
556	四川工程职业技术学院图书馆	1800867.0	596	成都师范学院图书馆	1515850.4
557	武汉铁路职业技术学院图书馆	1800635.9	597	金陵科技学院图书馆	1513239.4
558	广州南洋理工职业学院图书馆	1794855.0	598	广州铁路职业技术学院图书馆	1510000.0
559	四川旅游学院图书馆	1792508.0	599	陕西国防工业职业技术学院图书馆	1509674.9
560	浙江理工大学科技与艺术学院图书馆	1791671.4	600	聊城大学东昌学院图书馆	1508000.0
561	天津大学仁爱学院图书馆	1774137.7	601	辽宁交通高等专科学校图书馆	1500000.0
562	义乌工商职业技术学院图书馆	1772652.9	602	海南软件职业技术学院图书馆	1482000.0
563	华南理工大学广州学院图书馆	1768800.0	603	浙江艺术职业学院图书馆	1472484.5
564	广州工商学院图书馆	1765600.0	604	黄冈职业技术学院图书馆	1470000.0
565	黎明职业大学图书馆	1755044.0	605	呼和浩特民族学院图书馆	1453400.0
566	江西建设职业技术学院图书馆	1753600.0	606	浙江经济职业技术学院图书馆	1447734.0
567	湖州职业技术学院图书馆	1742908.7	607	湖北民族学院科技学院图书馆	1440563.1
568	黑龙江中医药大学图书馆	1739717.7	608	中山大学南方学院图书馆	1436656.5
569	池州学院图书馆	1704337.7	609	衢州职业技术学院图书馆	1406378.9
570	郑州旅游职业学院图书馆	1700000.0	610	西安航空职业技术学院图书馆	1400000.0
571	山东协和职业技术学院图书馆	1698000.0	611	安徽工商职业学院图书馆	1393640.0
572	福建船政交通职业学院图书馆	1681497.2	612	陕西警官职业学院图书馆	1383492.8
573	广东工贸职业技术学院图书馆	1680000.0	613	福建卫生职业技术学院图书馆	1381675.9
574	渤海船舶职业学院图书馆	1670000.0	614	南通职业大学图书馆	1380615.6
575	南京工业职业技术学院图书馆	1669109.3	615	安徽机电职业技术学院图书馆	1372908.4
576	内蒙古化工职业学院图书馆	1649801.0	616	湖南警察学院图书馆	1365906.0
577	闽江师范高等专科学校图书馆	1647600.0	617	甘肃医学院图书馆	1362323.0
578	蚌埠学院图书馆	1647400.0	618	南充职业技术学院图书馆	1354858.5
579	成都体育学院图书馆	1622771.5	619	福建信息职业技术学院图书馆	1350924.4
580	广东警官学院图书馆	1621953.4	620	四川托普信息技术职业学院图书馆	1337633.1
581	云南交通职业技术学院图书馆	1611605.0	621	江西旅游商贸职业学院图书馆	1336990.0
582	广东司法警官职业学院图书馆	1610000.0	622	台州科技职业学院图书馆	1336589.0
583	陕西工业职业技术学院图书馆	1607435.6	623	延安大学西安创新学院图书馆	1331564.4
584	广东工程职业技术学院图书馆	1603823.9	624	长江职业学院图书馆	1322666.0
585	景德镇陶瓷职业技术学院图书馆	1600872.2	625	广东理工职业学院图书馆	1322040.0
586	江西工程职业学院图书馆	1600000.0	626	中山火炬职业技术学院图书馆	1315000.0

续表

序号	图书馆名称	年度经费情况(元)	序号	图书馆名称	年度经费情况(元)
627	湖北水利水电职业技术学院图书馆	1310000.0	667	白城医学高等专科学校图书馆	1049250.1
628	天津体育学院图书馆	1304142.9	668	广安职业技术学院图书馆	1049127.2
629	江门职业技术学院图书馆	1294325.0	669	珠海城市职业技术学院图书馆	1039600.0
630	安徽医学高等专科学校图书馆	1293109.2	670	东华理工大学长江学院图书馆	1028713.4
631	达州职业技术学院图书馆	1285000.0	671	江西医学高等专科学校图书馆	1028504.7
632	湖北交通职业技术学院图书馆	1280000.0	672	湖南中医药高等专科学校图书馆	1024953.8
633	焦作大学图书馆	1276000.0	673	四川职业技术学院图书馆	1021029.3
634	陕西铁路工程职业技术学院图书馆	1261883.6	674	西安交通大学城市学院图书馆	1013696.5
635	浙江育英职业技术学院图书馆	1261618.7	675	包头轻工职业技术学院图书馆	1012000.0
636	昆明工业职业技术学院图书馆	1246000.0	676	河南工业职业技术学院图书馆	1010000.0
637	四川建筑职业技术学院图书馆	1245821.1	677	云南开放大学图书馆	1004800.0
638	清远职业技术学院图书馆	1237800.0	678	西藏职业技术学院图书馆	1000000.0
639	大连职业技术学院图书馆	1221000.0	679	广东南华工商职业学院图书馆	991191.2
640	信阳农林学院图书馆	1213000.0	680	仰恩大学图书馆	985656.0
641	湖北汽车工业学院图书馆	1210367.3	681	鄂州职业大学图书馆	985155.7
642	广州涉外经济职业技术学院图书馆	1204765.2	682	广东科贸职业学院图书馆	971000.0
643	海口经济学院图书馆	1200658.0	683	云南机电职业技术学院图书馆	967000.0
644	陕西交通职业技术学院图书馆	1192081.5	684	天津滨海职业学院图书馆	922971.9
645	沈阳体育学院图书馆	1186161.7	685	杭州职业技术学院图书馆	922873.0
646	广东水利电力职业技术学院图书馆	1179999.5	686	保山中医药高等专科学校图书馆	907300.0
647	辽宁农业职业技术学院图书馆	1158000.0	687	赣南卫生健康职业学院图书馆	887622.0
648	宜春职业技术学院图书馆	1154460.1	688	广东邮电职业技术学院图书馆	880052.8
649	上海音乐学院图书馆	1152528.3	689	漳州理工职业学院图书馆	876605.6
650	威海职业学院图书馆	1145254.5	690	桐城师范高等专科学校图书馆	871000.0
651	上海思博职业技术学院图书馆	1144086.6	691	浙江东方职业技术学院图书馆	865103.8
652	四川航天职业技术学院图书馆	1124670.2	692	绵阳职业技术学院图书馆	858008.0
653	漳州科技职业学院图书馆	1119000.0	693	丽水职业技术学院图书馆	849995.2
654	浙江机电职业技术学院图书馆	1092089.1	694	德州职业技术学院图书馆	847902.9
655	上海旅游高等专科学校图书馆	1089990.4	695	四川中医药高等专科学校图书馆	847015.0
656	商洛职业技术学院图书馆	1081840.0	696	宝鸡职业技术学院图书馆	842000.0
657	浙江交通职业技术学院图书馆	1078800.0	697	江西水利职业学院图书馆	840500.0
658	内蒙古电子信息职业技术学院图书馆	1077000.0	698	咸阳职业技术学院图书馆	839238.9
659	福州理工学院图书馆	1076756.7	699	西安音乐学院图书馆	837853.7
660	吉林建筑大学城建学院图书馆	1075820.0	700	上海农林职业技术学院图书馆	837693.1
661	湖南财经工业职业技术学院图书馆	1073695.9	701	江西工业工程职业技术学院图书馆	835129.0
662	广东女子职业技术学院图书馆	1068000.0	702	湄洲湾职业技术学院图书馆	830044.0
663	西安体育学院图书馆	1065541.8	703	延安职业技术学院图书馆	826500.5
664	佛山职业技术学院图书馆	1057499.6	704	江西工业职业技术学院图书馆	826000.0
665	黑龙江外国语学院图书馆	1056416.9	705	四川商务职业学院图书馆	819500.0
666	湖北城市建设职业技术学院图书馆	1050000.0	706	陕西职业技术学院图书馆	795665.8

续表

序号	图书馆名称	年度经费情况(元)	序号	图书馆名称	年度经费情况(元)
707	江西环境工程职业学院图书馆	795000.0	746	江西制造职业技术学院图书馆	612075.6
708	陕西财经职业技术学院图书馆	788604.3	747	漳州卫生职业学院图书馆	610490.6
709	健雄职业技术学院图书馆	785300.0	748	上海工商外国语职业学院图书馆	607436.7
710	云南外事外语职业学院图书馆	776605.0	749	厦门兴才职业技术学院图书馆	606000.0
711	鹤壁职业技术学院图书馆	766585.0	750	六盘水师范学院图书馆	600343.1
712	长春科技学院图书馆	766235.1	751	甘肃交通职业技术学院图书馆	600000.0
713	宁夏民族职业技术学院图书馆	760892.0	752	浙江长征职业技术学院图书馆	599953.9
714	江西信息应用职业技术学院图书馆	754965.2	753	泉州轻工职业学院图书馆	591134.0
715	汕尾职业技术学院图书馆	749870.0	754	江西司法警官职业学院图书馆	582000.0
716	江西财经大学现代经济管理学院图书馆	745432.9	755	抚州职业技术学院图书馆	580662.6
717	湖北三峡职业技术学院图书馆	740008.0	756	上海行健职业学院图书馆	571239.2
718	杭州万向职业技术学院图书馆	738000.0	757	四川外国语大学图书馆	566983.4
719	厦门华夏学院图书馆	735480.7	758	闽西职业技术学院图书馆	558515.0
720	云南国土资源职业学院图书馆	734370.0	759	江西卫生职业学院图书馆	557450.8
721	长春职业技术学院图书馆	731574.4	760	江西中医药大学科技学院图书馆	554185.4
722	盘锦职业技术学院图书馆	730400.0	761	漳州城市职业学院图书馆	551600.0
723	四川司法警官职业学院图书馆	727000.0	762	汕头职业技术学院图书馆	550700.0
724	天津电子信息职业技术学院图书馆	724945.5	763	揭阳职业技术学院图书馆	549964.5
725	江西交通职业技术学院图书馆	724081.0	764	宁夏财经职业技术学院图书馆	549382.6
726	陕西青年职业学院图书馆	701778.0	765	福建电力职业技术学院图书馆	547423.2
727	湖北工业职业技术学院图书馆	700484.3	766	赣西科技职业学院图书馆	546202.0
728	四川邮电职业技术学院图书馆	696794.7	767	广州体育职业技术学院图书馆	532000.0
729	泉州经贸职业技术学院图书馆	696000.0	768	川南幼儿师范高等专科学校图书馆	515480.0
730	浙江体育职业技术学院图书馆	695000.0	769	三明职业技术学院图书馆	512930.0
731	阳光学院图书馆	693264.9	770	江西工商职业技术学院图书馆	509000.0
732	长春光华学院图书馆	691319.0	771	天津美术学院图书馆	495631.1
733	广东技术师范学院天河学院图书馆	686994.3	772	黔南民族医学高等专科学校图书馆	470712.1
734	营口职业技术学院图书馆	678000.0	773	江西青年职业学院图书馆	470380.7
735	四川艺术职业学院图书馆	673548.0	774	广东舞蹈戏剧职业学院图书馆	463973.9
736	宁夏工商职业技术学院图书馆	670800.0	775	福建华南女子职业学院图书馆	455535.3
737	江西先锋软件职业技术学院图书馆	670100.0	776	江西科技职业学院图书馆	445000.0
738	江西生物科技职业学院图书馆	668500.0	777	湖北生物科技职业学院图书馆	441313.0
739	安徽理工大学图书馆	664276.2	778	上海济光职业技术学院图书馆	440000.5
740	内江职业技术学院图书馆	661032.0	779	江西工业贸易职业技术学院图书馆	432027.4
741	上海科学技术职业学院图书馆	657280.0	780	辽源职业技术学院图书馆	432000.0
742	四川工商职业技术学院图书馆	649746.0	781	杭州科技职业技术学院图书馆	430000.0
743	安徽审计职业学院图书馆	639908.7	782	江西农业工程职业学院图书馆	406987.0
744	四川幼儿师范高等专科学校图书馆	624806.8	783	云南师范大学图书馆	400000.0
745	云南林业职业技术学院图书馆	622008.0	784	广州华南商贸职业学院图书馆	399542.3

续表

序号	图书馆名称	年度经费情况(元)	序号	图书馆名称	年度经费情况(元)
785	华南农业大学珠江学院图书馆	396395.7	811	江西洪州职业学院图书馆	194100.0
786	山西水利职业技术学院图书馆	356392.7	812	江西传媒职业学院图书馆	184000.0
787	西安电力高等专科学校图书馆	355978.0	813	江西应用工程职业学院图书馆	174187.2
788	兰州职业技术学院图书馆	353000.0	814	江西新能源科技学院图书馆	164115.2
789	海南热带海洋学院(原琼州学院)图书馆	350000.0	815	武汉警官职业学院图书馆	163821.3
790	江西陶瓷工艺美术职业技术学院图书馆	350000.0	816	上海震旦职业学院图书馆	160392.1
791	甘肃农业大学图书馆	348000.0	817	云南财经职业学院图书馆	154419.6
792	上饶职业技术学院图书馆	332308.7	818	眉山职业技术学院图书馆	154000.0
793	私立华联学院图书馆	330136.9	819	金华教育学院图书馆	137796.0
794	珠海艺术职业学院图书馆	327133.0	820	泉州工艺美术职业学院图书馆	127000.0
795	南昌大学科技学院图书馆	318411.2	821	泉州华光职业学院图书馆	127000.0
796	青海卫生职业技术学院图书馆	299545.1	822	萍乡学院(原萍乡高等专科学校)图书馆	120000.0
797	上海工商职业技术学院图书馆	290102.5	823	武夷山职业学院图书馆	100905.9
798	云南司法警官职业学院图书馆	288000.0	824	湖北青年职业学院图书馆	96823.8
799	西安交通工程学院图书馆	284655.9	825	德宏职业学院图书馆	87981.7
800	茂名职业技术学院图书馆	281994.6	826	随州职业技术学院图书馆	61660.3
801	黑龙江民族职业学院图书馆	280396.0	827	天津艺术职业学院图书馆	43274.0
802	包头职业技术学院图书馆	279900.0	828	玉溪农业职业技术学院图书馆	35328.8
803	兴义民族师范学院图书馆	275704.6	829	厦门演艺职业学院图书馆	28629.4
804	江西电力职业技术学院图书馆	270000.0	830	广州松田职业学院图书馆	27520.7
805	云南锡业职业技术学院图书馆	250502.0	831	泉州纺织服装职业学院图书馆	24476.4
806	福建艺术职业学院图书馆	241853.5	832	武汉晴川学院图书馆	18382.0
807	广东亚视演艺职业学院图书馆	211180.0	833	厦门安防科技职业学院图书馆	17192.9
808	广州现代信息工程职业技术学院图书馆	201539.1	834	广州科技贸易职业学院图书馆	14000.0
809	江西航空职业技术学院图书馆	200000.0	835	广东文艺职业学院图书馆	7057.0
810	江西冶金职业技术学院图书馆	200000.0			

2016 年国家图书馆馆情数据统计表

<table>
<tr><th colspan="2">类别</th><th>项目</th><th>数据</th></tr>
<tr><td colspan="2" rowspan="4">面积</td><td>总建筑面积</td><td>28 万平方米</td></tr>
<tr><td>总馆南区</td><td>17 万平方米</td></tr>
<tr><td>总馆北区</td><td>8 万平方米</td></tr>
<tr><td>古籍馆</td><td>3 万平方米</td></tr>
<tr><td colspan="2" rowspan="5">机构</td><td>处级机构总数</td><td>29 个</td></tr>
<tr><td>职能部门</td><td>12 个</td></tr>
<tr><td>业务部门</td><td>16 个</td></tr>
<tr><td>后勤服务部门</td><td>1 个</td></tr>
<tr><td>科组总数</td><td>102 个</td></tr>
<tr><td rowspan="11">人员结构</td><td>在编人员总数</td><td>在编人员</td><td>1529 人</td></tr>
<tr><td rowspan="5">学历结构</td><td>博士</td><td>86 人</td></tr>
<tr><td>硕士</td><td>741 人</td></tr>
<tr><td>本科</td><td>492 人</td></tr>
<tr><td>大专</td><td>109 人</td></tr>
<tr><td>大专以下学历</td><td>101 人</td></tr>
<tr><td rowspan="4">专业技术人员职称结构</td><td>专业技术人员</td><td>1415 人</td></tr>
<tr><td>高级专业技术人员</td><td>463 人</td></tr>
<tr><td>中级专业技术人员</td><td>717 人</td></tr>
<tr><td>初级专业技术人员</td><td>235 人</td></tr>
<tr><td>离退休人员总数</td><td>离退休人员</td><td>1077 人</td></tr>
<tr><td colspan="2" rowspan="3">经费</td><td>财政拨款总数</td><td>66613.13 万元</td></tr>
<tr><td>购书经费</td><td>14000 万元</td></tr>
<tr><td>事业经费</td><td>19888.13 万元</td></tr>
<tr><td colspan="2" rowspan="2">资产</td><td>资产总额</td><td>583001.42 万元</td></tr>
<tr><td>固定资产总额</td><td>338939.53 万元</td></tr>
<tr><td colspan="2" rowspan="8">馆藏</td><td>馆藏文献总量</td><td>3646 万册(件)</td></tr>
<tr><td>中文文献总量</td><td>2460.17 万册(件)</td></tr>
<tr><td>外文文献总量</td><td>1185.83 万册(件)</td></tr>
<tr><td>善本古籍总量</td><td>340198 册(件)</td></tr>
<tr><td>普通古籍总量</td><td>1658656 册(件)</td></tr>
<tr><td>善本特藏(不含古籍)</td><td>911784 册(件)</td></tr>
<tr><td>数字资源总量</td><td>1323.35TB(网络资源 114.73TB,自建资源 1059.69TB)</td></tr>
<tr><td>外购数据库</td><td>253 个(中文数据库 126 个,外文数据库 127 个)</td></tr>
</table>

续表

类别	项目		数据
服务	开馆时间	总馆南区	周一至周日 9:00—17:00
		总馆北区	周一至周五 9:00—21:00 周六至周日 9:00—17:00
		古籍馆	周一至周五 9:00—17:00
		少年儿童馆	周一至周日 9:00—17:00
		典籍博物馆	周二至周日 9:00—17:00(周一闭馆)
	阅览室		23个(总馆南区13个,总馆北区8个,古籍馆2个)
	阅览座位		5303个(总馆南区2155个,总馆北区3020个,古籍馆128个)
	到馆读者		563.99万人次
	流通书刊		2475.61万册次
	各类咨询		104.46万件
	网站点击量		13.12亿次
	办理读者证卡		50.76万个(实体证卡23.41万个,网络实名注册27.35万个)
	公益讲座		542场
	公益展览		18场
	公开课现场录制		38场
	馆际互借		688家文献信息单位
	国际互借		63个国家和地区的530家图书馆
	部委分馆		16家
	全国图书馆联合编目中心	分中心	28家
		成员馆	2150家
		数据用户	2722家
国际交流	国际交换		117个国家和地区的552家机构
	建立人员交流与合作关系(不含港澳台地区)		50个国家图书馆
	国际图联相关机构任职人员		13名

（国家图书馆）

2016年全国图书馆标准化技术委员会立项标准化工作项目统计

2016年国家标准制订计划项目

项目名称	牵头承担单位
公共图书馆聋人服务指南	国家图书馆
公共图书馆读写障碍人士服务规范	国家图书馆

2016年文化行业标准制定项目

项目名称	牵头承担单位
汉语文古籍文字认同描述规范	国家图书馆
公共图书馆总分馆业务规范	国家图书馆
古籍文献虫霉防治指南	中国古籍保护协会
古籍保护修复档案记录规范	国家图书馆
中国古今地名数据描述规范	国家图书馆
省级公共图书馆业务规范	国家图书馆
市级公共图书馆业务规范	上海图书馆
县级公共图书馆业务规范	首都图书馆

2016年文化行业标准化研究项目

项目名称	承担单位
图书馆阅读推广标准调研及标准体系框架研究	东莞图书馆
文献修复用纸选配标准研究	国家图书馆

截至2016年年底，全国图书馆标准化技术委员会归口管理国家标准24项，文化行业标准制定项目43项，文化行业标准化研究项目16项。

（国家图书馆　田颖整理）

2016 年图书馆界获得各类基金资助项目统计

2016 年国家社会科学基金资助项目

项目名称	负责人	工作单位	项目类别	预期成果	批准号
公共信息服务的社会共治及其法治化研究	周毅	苏州大学	重点项目	论文集　研究报告	16ATQ001
网络时代开放教育资源引进与利用中的知识产权问题研究	张立彬	南开大学	重点项目	论文集	16ATQ002
学术图书馆参与数字出版的角色和模式研究	刘兹恒	北京大学	重点项目	论文集	16ATQ003
中国古代图书馆学研究	蒋永福	黑龙江大学	重点项目	专著	16ATQ004
全媒体环境下复合阅读行为及阅读推广对策研究	李桂华	四川大学	重点项目	专著	16ATQ005
重大突发事件社会舆情演化规律及应对策略研究	何振	湘潭大学	重点项目	专著	16ATQ006
面向决策支持的科技管理数据深度挖掘研究	赵捧未	西安电子科技大学	重点项目	专著　研究报告	16ATQ007
面向企业技术创新的专利大数据挖掘与分析研究	文庭孝	中南大学	重点项目	专著　论文集	16ATQ008
高等院校校园阅读氛围危机干预研究	徐雁	南京大学	一般项目	论文集　研究报告	16BTQ001
基于内容营销的深度数字阅读推广研究	茆意宏	南京农业大学	一般项目	研究报告	16BTQ002
“互联网+”背景下数字图书馆发展与创新研究	过仕明	哈尔滨师范大学	一般项目	论文集　研究报告	16BTQ003
“互联网+”思维下面向万众创新的图书馆服务创新研究	卢章平	江苏大学	一般项目	研究报告　论文集	16BTQ004
“质量效益”视阈下图书馆服务创新动力及常态化发展模式研究	郭晶	上海交通大学	一般项目	专著	16BTQ005
高校图书馆移动信息素养教育的实践研究	郭劲赤	华东师范大学	一般项目	研究报告　电脑软件	16BTQ006
基于知识挖掘和推荐系统的图书馆智慧服务模式研究	王颖纯	天津理工大学	一般项目	专著　论文集	16BTQ007
“超越存取”推广行动背景下图书馆社会影响力研究	杨晓农	郑州大学	一般项目	研究报告	16BTQ008
“互联网+”背景下数字图书馆的著作权利益保障研究	吉宇宽	河南大学	一般项目	论文集　研究报告	16BTQ009
《马拉喀什条约》框架下便利残障者使用版权作品的体制机制创新研究	贾小龙	兰州理工大学	一般项目	专著	16BTQ010
城镇化背景下的农家书屋转型发展实证研究	龚景兴	湖州师范学院	一般项目	论文集　研究报告	16BTQ011
基于文献信息生产传播的数字出版与数字图书馆融合、互构研究	李德升	北京印刷学院	一般项目	研究报告　专著	16BTQ012
社会资本视角下未成年人整体信息援助研究	王平	郑州大学	一般项目	研究报告	16BTQ013
文献信息机构服务智库功能与能力研究	刘伟东	黑龙江省社科院	一般项目	专著	16BTQ014
新疆现代报刊史研究	庞海音	新疆大学	一般项目	研究报告	16BTQ015
大众健康信息服务体系中公共图书馆参与研究	石艳霞	山西大学	一般项目	论文集　研究报告	16BTQ016

续表

项目名称	负责人	工作单位	项目类别	预期成果	批准号
泛在知识环境下校园经典阅读推广体系构建研究	钱军	南京邮电大学	一般项目	论文集 研究报告	16BTQ017
公共图书馆残疾人服务标准研究	陈艳伟	深圳图书馆	一般项目	研究报告	16BTQ018
基于成熟度模型的图书馆组织文化建设与创新机制研究	刘青	华南师范大学	一般项目	研究报告	16BTQ019
基于用户满意度视角的阅读推广服务质量管理研究	张泸月	四川师范大学	一般项目	论文集 研究报告	16BTQ020
内源驱动的基层图书馆可持续发展机制研究	张勇	湖南图书馆	一般项目	专著 论文集	16BTQ021
政府购买基层图书馆运营管理服务研究	易斌	宜春学院	一般项目	专著 论文集	16BTQ022
“一带一路”战略的东盟信息资源支撑及开发策略研究	苏瑞竹	广西民族大学	一般项目	专著	16BTQ023
高校图书馆空间再造模式与策略研究	顾建新	东南大学	一般项目	论文集 研究报告	16BTQ024
基于开放获取学术期刊的资源深度整合与揭示研究	赵华茗	中国科学院	一般项目	论文集 电脑软件	16BTQ025
基于数据驱动的图书馆资源发现平台研究	王仁武	华东师范大学	一般项目	论文集 研究报告	16BTQ026
中美电子资源国家标准比较研究	肖珑	北京大学	一般项目	译著 论文集	16BTQ027
“一带一路”下西北地区图书馆延伸服务体系研究	包海燕	北方民族大学	一般项目	研究报告	16BTQ028
高校图书馆深度嵌入专利运营研究	吴红	山东理工大学	一般项目	研究报告 论文集	16BTQ029
基于大数据分析的数字图书馆个性化服务模式创新研究	李树青	南京财经大学	一般项目	专著 论文集	16BTQ030
数字图书馆资源与服务绩效影响因素及评价体系研究	陈凌	北京大学	一般项目	论文集 研究报告	16BTQ031
协同创新环境下跨学科文献保障研究	王新才	武汉大学	一般项目	专著 研究报告	16BTQ032
新信息环境下高校图书馆共生学科服务的路径预设与实现策略研究	杨小华	广西师范大学	一般项目	专著 论文集	16BTQ033
晚清、民国时期地方志中图书馆史料的整理和研究	马春晖	北京工商大学	一般项目	专著	16BTQ034
哈佛燕京图书馆藏善本方志舆图整理与研究	张英聘	中国社科院	一般项目	其他	16BTQ035
汲古阁刊刻集部书籍研究	封树芬	南通大学	一般项目	论文集	16BTQ036
面向全信息检索的藏文古籍数据库建设研究	胡建	西南民族大学	一般项目	专著 电脑软件	16BTQ037
民国警察史料整理与研究	刘莉	江苏警官学院	一般项目	专著 电脑软件	16BTQ038
宋代笔记医药文献整理与研究	周云逸	河北大学	一般项目	专著	16BTQ039
唐宋社会文化转型与目录学演进研究	白金	河南大学	一般项目	专著	16BTQ040
戏曲版本的特殊性研究	杨宝春	青岛大学	一般项目	专著	16BTQ041
藏文伏藏文献和掘藏师分类研究	还克加	西藏大学	一般项目	专著	16BTQ042
敦煌写本医籍与日本汉文医籍比较研究	王亚丽	贵州民族大学	一般项目	专著	16BTQ043
基于海丝文化的福建地方文献整理与开发研究	孟雪梅	福建师范大学	一般项目	专著	16BTQ044
清代彝事汉文硃批档案文献汇编、整理与数字化建设	许巧云	西南民族大学	一般项目	专著 电脑软件	16BTQ045

续表

项目名称	负责人	工作单位	项目类别	预期成果	批准号
桐城派稀见文献整理与研究	张秀玉	安徽大学	一般项目	专著	16BTQ046
土家族濒危口述史料的征编与研究	彭燕	吉首大学	一般项目	专著	16BTQ047
晚清民国时期广东地方关于南海诸岛问题的史料整理及研究	邢照华	广州市社科院	一般项目	专著	16BTQ048
中缅跨境民族口承文化资料整理及其数据库建设	赵青	楚雄师范学院	一般项目	研究报告　其他	16BTQ049
江南科举世家藏书文化研究	丁辉	嘉兴学院	一般项目	专著	16BTQ050
青海地区藏医药古籍文献收集、整理与数字化研究	季拥政	青海大学	一般项目	论文集　研究报告	16BTQ051
青海省非物质文化遗产数字化建设研究	李继晓	青海师范大学	一般项目	论文集　其他	16BTQ052
创新驱动发展的知识情报作用机制及保障体系研究	储节旺	安徽大学	一般项目	论文集　研究报告	16BTQ053
信息技术与信息服务融合发展中的用户隐私安全管理研究	宛玲	河北大学	一般项目	专著	16BTQ054
中国学者国际学术论文影响力评价研究	赵蓉英	武汉大学	一般项目	研究报告	16BTQ055
“一带一路”倡议的信息资源支撑及开发策略研究	丁波涛	上海社科院	一般项目	研究报告	16BTQ056
“一带一路”沿线国家互联互通水平综合评价研究	王继民	北京大学	一般项目	论文集　研究报告	16BTQ057
创新驱动战略的情报保障研究	王延飞	北京大学	一般项目	专著　研究报告	16BTQ058
公众选择导向的政府信息公开渠道管理创新研究	朱红灿	湘潭大学	一般项目	专著	16BTQ059
科学数据开放政策分析与评估研究	姜鑫	黑龙江大学	一般项目	研究报告	16BTQ060
图书开放获取模式与政策体系研究	牛晓宏	黑龙江大学	一般项目	专著	16BTQ061
政府数据开放和利用的创新效用评价及其优化机制研究	李平	中共上海市委党校	一般项目	论文集　研究报告	16BTQ062
“互联网+”背景下面向产业链的行业信息服务融合研究	胡潜	华中师范大学	一般项目	专著　研究报告	16BTQ063
大数据背景下中国反恐情报预警体系研究	刘硕	中国刑事警察学院	一般项目	专著　研究报告	16BTQ064
大数据环境下突发事件多源情报融合研究	李兵	对外经济贸易大学	一般项目	论文集	16BTQ065
大数据环境下突发事件应急管理情报能力建设研究	郭春侠	安徽大学	一般项目	论文集　研究报告	16BTQ066
基于SAO语义结构的专利技术演化与预测研究	孙巍	中国农业科学院	一般项目	研究报告　电脑软件	16BTQ067
基于信息生态的微博信息管理机理研究	崔金栋	东北电力大学	一般项目	论文集　研究报告	16BTQ068
社交媒体信息可信度自动评估与实证研究	王一华	郑州大学	一般项目	研究报告	16BTQ069
网络舆情危机的回应策略及其效果研究	唐雪梅	西南政法大学	一般项目	论文集　研究报告	16BTQ070
基于文本挖掘的科技文献知识发现研究	奉国和	华南师范大学	一般项目	研究报告	16BTQ071
基于用户交互的网络社区知识聚合组织和服务研究	梁孟华	上海师范大学	一般项目	论文集　研究报告	16BTQ072
基于语义识别的引文分析理论、方法与应用研究	肖明	北京师范大学	一般项目	研究报告　论文集	16BTQ073

续表

项目名称	负责人	工作单位	项目类别	预期成果	批准号
文献内容分析与引文分析融合的知识挖掘与发现研究	李秀霞	曲阜师范大学	一般项目	专著　论文集	16BTQ074
大数据环境下数据资产确权机制研究	赵海军	广东财经大学	一般项目	研究报告	16BTQ075
基于人类动力学的社交网络信息交流行为研究	易明	华中师范大学	一般项目	论文集　研究报告	16BTQ076
国内外主要学科分类体系的集成映射实证研究	苏成	中国科学技术信息研究所	一般项目	研究报告	16BTQ077
基于量化与质性数据的跨学科合作行为研究	李长玲	山东理工大学	一般项目	研究报告	16BTQ078
基于知识组织的科研项目评审专家发现研究	宋培彦	中国科学技术信息研究所	一般项目	研究报告　电脑软件	16BTQ079
开放式创新环境下组织间知识协同效应测度及作用机制研究	王文华	常州大学	一般项目	论文集　研究报告	16BTQ080
人文社会科学学术专著知识库构建及评价模式研究	白云	南京大学	一般项目	专著　电脑软件	16BTQ081
社交媒体环境下学术论文的影响指数与计量管理系统研究	叶建华	深圳大学	一般项目	论文集	16BTQ082
未来新兴科学研究前沿识别研究	白如江	山东理工大学	一般项目	研究报告	16BTQ083
移动设备知识传播的情景感知服务机制及运行实证研究	李浩君	浙江工业大学	一般项目	论文集　研究报告	16BTQ084
大数据环境下移动社交网络用户个性化隐私保护模型研究	王平水	安徽财经大学	一般项目	研究报告	16BTQ085
大数据环境下基于人流轨迹挖掘的突发事件预警研究	朱旭东	浙江工商大学	一般项目	论文集　研究报告	16BTQ086
面向知识组织系统的新术语抽取研究	刘伟	中国科学技术信息研究所	一般项目	研究报告	16BTQ087
档案信息资源的集中与分布式共享整合模式研究	曹航	上海大学	一般项目	研究报告	16BTQ088
非结构化电子文件管理研究	王志宇	辽宁大学	一般项目	专著	16BTQ089
非物质文化遗产项目及传承人建档保护策略研究	王云庆	山东大学	一般项目	专著　研究报告	16BTQ090
基于信息治理视阈的档案服务质量优化控制研究	周林兴	南昌大学	一般项目	研究报告	16BTQ091
民族记忆传承视阈下的西部国家综合档案馆民族档案文献遗产资源共建研究	华林	云南大学	一般项目	研究报告	16BTQ092
社交媒体文件的归档与管理标准体系研究	黄新荣	西北大学	一般项目	研究报告	16BTQ093
声像档案抢救"复杂性障碍"及信息保护机制与对策研究	张美芳	中国人民大学	一般项目	论文集　研究报告	16BTQ094
中国文书及文书工作的近代转型研究	沈蕾	北京联合大学	一般项目	研究报告	16BTQ095
"互联网+"环境下档案信息服务研究	郝伟斌	郑州航空工业管理学院	一般项目	研究报告	16BTQ096

续表

项目名称	负责人	工作单位	项目类别	预期成果	批准号
互联网线上线下融合的文献收藏机构展览研究	周婧景	复旦大学	青年项目	论文集　研究报告	16CTQ001
学术专著开放获取的实现路径研究	魏蕊	河北大学	青年项目	专著	16CTQ002
“互联网+”时代公共数字文化工程的服务模式转变研究	温泉	国家图书馆	青年项目	研究报告	16CTQ003
公共图书馆线上线下服务融合研究	童忠勇	国家图书馆	青年项目	研究报告	16CTQ004
社会力量参与公共数字文化服务的机制研究	唐义	武汉大学	青年项目	专著　论文集	16CTQ005
面向网络纠纷事件的数字遗产管理机制研究	耿伟杰	中原工学院	青年项目	研究报告	16CTQ006
农民身份转型中的图书馆信息服务策略研究	陈丽丽	黑龙江省图书馆	青年项目	研究报告	16CTQ007
信息行为视阈下的高校图书馆移动阅读服务满意度测评研究	赵文军	湖南商学院	青年项目	论文集　研究报告	16CTQ008
中国古代阅读理论与方法研究	何官峰	西南大学	青年项目	专著	16CTQ009
基于多维动态数据的移动图书馆用户接受行为及其实证研究	明均仁	武汉工程大学	青年项目	专著　论文集	16CTQ010
宋金元伤寒著述版本研究与辑佚	逯铭昕	山东师范大学	青年项目	专著	16CTQ011
小学文献学研究	张宪荣	山西大学	青年项目	专著　论文集	16CTQ012
中古写本文献缀合资料数据库建设与应用研究	刘郝霞	四川大学	青年项目	研究报告	16CTQ013
18—19世纪太平洋航海日志中的亚洲形象研究	杜辉	西南民族大学	青年项目	专著	16CTQ014
巴蜀佛教碑文辑校汇考	李薛妃	西华师范大学	青年项目	专著	16CTQ015
宏佛塔天宫装藏西夏文木雕版的整理与研究	王荣飞	北方民族大学	青年项目	专著	16CTQ016
丝绸之路出土汉文刻本研究	秦桦林	浙江大学	青年项目	专著	16CTQ017
水书《正七卷》各抄本的整理和比较研究	王炳江	贵州民族大学	青年项目	专著	16CTQ018
大数据环境下政府数据资产可持续运营评估研究	范佳佳	上海社科院	青年项目	专著　研究报告	16CTQ019
混合式学习环境下教学资源应用的信息伦理问题研究	王英	湖北大学	青年项目	论文集　其他	16CTQ020
决策失误防范中的情报保障体系研究	胡雅萍	南京邮电大学	青年项目	研究报告　论文集	16CTQ021
大数据环境下突发事件应急决策多源情报融合研究	刘丹	武汉理工大学	青年项目	研究报告	16CTQ022
基于形式概念分析的社会化标注系统语义发现与语义映射研究	张云中	上海大学	青年项目	专著	16CTQ023
领域分析视角下的科技词汇语义挖掘与知识演化研究	陈果	南京理工大学	青年项目	研究报告	16CTQ024
学术型网络社区多元关联挖掘与知识聚合研究	肖璐	南京大学	青年项目	研究报告	16CTQ025
品牌依恋驱动下的用户在线评论信息生成机制研究	毕达宇	中南民族大学	青年项目	研究报告　论文集	16CTQ026
突发事件情境下社交媒体用户情感表达行为的特征与驱动因素研究	纪雪梅	山东理工大学	青年项目	研究报告	16CTQ027
新媒体视阈下个人信息管理行为研究	占南	河南科技大学	青年项目	专著	16CTQ028
在线健康社区用户交互行为及其对用户健康效用影响研究	董伟	天津大学	青年项目	研究报告	16CTQ029

续表

项目名称	负责人	工作单位	项目类别	预期成果	批准号
WIKI 环境中信息质量演进机理及提升策略研究	黄令贺	河北大学	青年项目	专著	16CTQ030
迈向知识时代的数字档案馆顶层设计与需求研究	张茜	解放军南京政治学院	青年项目	专著 研究报告	16CTQ031
社交媒体环境下公共档案资源知识聚合与服务研究	魏扣	中国人民大学	青年项目	专著 论文集	16CTQ032
公共文化服务背景下我国非物质文化遗产档案信息传播研究	戴旸	安徽大学	青年项目	论文集 研究报告	16CTQ033
基于范式论视阈的档案学科与档案职业协同发展研究	孙大东	郑州大学	青年项目	专著	16CTQ034
文化哲学视阈下当代中国档案文化研究	任越	黑龙江大学	青年项目	专著	16CTQ035
新型城镇化背景下农民工档案管理机制研究	马林青	中国人民大学	青年项目	研究报告	16CTQ036

2016 年国家社会科学基金重大项目

课题名称	首席专家	责任单位	批准号
非物质文化遗产数字信息资源管理研究——以分类存储和语义检索为中心	程焕文	中山大学	16ZDA223
面向知识创新服务的数据科学理论与方法研究	王曰芬	南京理工大学	16ZDA224

2016 年国家社会科学基金西部项目

项目名称	负责人	工作单位	预期成果	批准号
新型城镇化进程中公共信息服务保障问题研究	李桂荣	中共青海省委党校	研究报告	16XTQ001
武陵山连片特困区精准扶贫中的用户信息消费能力研究	卢明芳	吉首大学	专题论文集	16XTQ002
西部民族地区数字时代阅读行为与阅读推广机制构建研究	张晋平	甘肃省社会科学院	专著 研究报告	16XTQ003
濒危撒拉族语言与口头文学数字化资源库的建设	李安强	青海师范大学	研究报告 电脑软件	16XTQ004
蒙古文互联网信息资源采集及推送服务模式研究	木仁	内蒙古社会科学院	电脑软件 研究报告	16XTQ005
三峡地区旧志文献整理与研究	郭作飞	重庆三峡学院	研究报告 其他	16XTQ006
抗战时期岭南地区古籍抢救保护史料整理和研究	唐咸明	广西师范大学	专题论文集 其他	16XTQ007
西南彝族口述历史资料搜集整理及其有声数据库建设	高建辉	楚雄师范学院	研究报告 电脑软件	16XTQ008
《新疆乡土志稿》整理与研究	王安芝	中国人民解放军乌鲁木齐民族干部学院	专著	16XTQ009
藏族口述文献开发利用及数字化研究	韩卫红	青海大学	研究报告	16XTQ010

续表

项目名称	负责人	工作单位	预期成果	批准号
国家安全视角下网络涉军舆情引导策略研究	何一	中国人民解放军西安通信学院	研究报告	16XTQ011
基于移动互联网的健康信息传播路径与扩散模式研究	黄成	重庆医科大学	研究报告	16XTQ012

2016年国家社会科学基金后期资助项目

项目名称	申请人	工作单位	项目批准号
唐代秘书省研究	郭伟玲	浙江传媒学院	16FTQ001
新中国雕版印书研究	秦嘉杭	南京财经大学	16FTQ002
“17年”图书馆事业与学术思想史研究	吴稌年	江南大学	16FTQ003
政府门户网站公众满意度概念模型研究	李海涛	中山大学	16FXW010

2016年国家自然科学基金资助项目

项目名称	项目负责人	依托单位	项目类别	项目批准号
新媒体发展管理理论与政策研究	谢新洲	北京大学	重点项目	71633001
基于数据挖掘的跨区域网络情报智能分析研究——以东盟十国为例	陈璟浩	广西大学	地区科学基金项目	71663005
互联网+环境下图书馆云服务质量的管理研究	黎春兰	广西师范大学	地区科学基金项目	71663009
大数据环境下应急信息质量与信源可信度双路径作用机理研究	刘春年	南昌大学	地区科学基金项目	71663038
知识社区在线协作动态研究:构成、因素与演变	张鹏翼	北京大学	青年科学基金项目	71603012
弱信号生命周期视角下的供应链风险信号识别研究	董尹	合肥学院	青年科学基金项目	71603069
面向个人用户的云存储服务使用行为机理及安全风险控制研究	程慧平	湖北工业大学	青年科学基金项目	71603075
大数据驱动的突发事件情报感知及快速响应研究	唐明伟	南京大学	青年科学基金项目	71603114
海量低被引论文的科学价值评估与预测研究	胡泽文	南京信息工程大学	青年科学基金项目	71603128
突发公共卫生事件社交媒体信息主题演化与影响力建模	安璐	武汉大学	青年科学基金项目	71603189
科学知识扩散网络的语义增强型多重路径识别研究	董克	武汉大学	青年科学基金项目	71603195
我国政府开放数据的质量保障机制研究	莫祖英	郑州航空工业管理学院	青年科学基金项目	71603244
基于HSM的移动互联网用户信息搜索行为研究	陈明红	中山大学	青年科学基金项目	71603295

续表

项目名称	项目负责人	依托单位	项目类别	项目批准号
专利引证网络中创新节点的浮现与长期演化研究	刘向	华中师范大学	面上项目	71673106
信息生态视角下新媒体信息消费行为机理及服务模式创新研究	王晰巍	吉林大学	面上项目	71673108
多元交互视角下网络信息可信度的场景性测度研究	李保珍	江苏科技大学	面上项目	71673122
多层异构信息网络的h型测度及动态演化研究	叶鹰	南京大学	面上项目	71673131
基于典籍引得的句法级汉英平行语料库构建及人文计算研究	王东波	南京农业大学	面上项目	71673143
云环境下智慧图书馆移动视觉搜索模型与实现研究	曾子明	武汉大学	面上项目	71673203
多设备融合的用户网络搜索行为建模与技术实现研究	吴丹	武汉大学	面上项目	71673204
基于文本逻辑主题结构的数字出版内容重组研究	袁小群	武汉大学	面上项目	71673208
基于文本和Web语义分析的智能咨询服务研究	唐晓波	武汉大学	面上项目	71673209
基于多语义信息融合的学术文献引文推荐研究	陆伟	武汉大学	面上项目	71673211
文摘创新点挖掘的语义识别与关联发现方法研究	温浩	西安建筑科技大学	面上项目	71673213
数字保存的风险型元数据与风险监控研究	臧国全	郑州大学	面上项目	71673255
2016年大数据驱动的管理与决策研究学术研讨会	马费成	武汉大学	国际(地区)合作与交流项目	71681260411
面向政府决策的大数据资源共享与治理机制研究	洪学海	中国科学院计算技术研究所	重大研究计划	91646127
提升我国科技期刊国际影响力的发展战略研究	林鹏	中国科技出版传媒股份有限公司	应急管理项目	71640010

2016年文化部文化艺术研究项目

项目名称	项目负责人	项目批准号	项目负责人所在单位
贫困地区公共图书馆服务体系研究	肖红凌	16DH70	黑龙江省图书馆
新常态下社会力量参与公共图书馆建设绩效评价研究	王祝康	16DH75	重庆图书馆

2016年教育部人文社会科学研究规划基金、青年基金、自筹经费项目

项目名称	项目类别	项目批准号	申请人	单位名称
大数据时代档案信息资源共享平台构建的研究	规划基金项目	16YJA870001	卞咸杰	盐城师范学院
版印昌盛、尊重士人与图书普及:宋代阅读文化研究	规划基金项目	16YJA870002	郎杰斌	中国计量学院
客家原乡文献在南中国周边及海外的传播研究	规划基金项目	16YJA870003	李玲	嘉应学院
民国图书馆学教育史料编纂整理	规划基金项目	16YJA870004	李明杰	武汉大学
民国巡回文库文化服务研究	规划基金项目	16YJA870005	秦亚欧	长春师范大学
清代民国版本学学术史研究——以"范式"形成为中心	规划基金项目	16YJA870006	石祥	天津师范大学
南洋华裔族群谱牒资料整理与研究	规划基金项目	16YJA870007	苏黎明	泉州师范学院
宋儒黄榦《勉斋先生黄文肃公文集》整理与研究	规划基金项目	16YJA870008	王志双	厦门大学
面向移动互联网的图书馆用户行为大数据分析与服务创新研究	规划基金项目	16YJA870009	吴丹	武汉大学
"互联网+"环境下图书馆信息互动服务模式研究	规划基金项目	16YJA870010	熊太纯	江苏理工学院
中国学者发表国际论文的学术影响计量分析与综合评价研究	规划基金项目	16YJA870011	杨思洛	湘潭大学
以利用需求为导向的档案征集政策评价和设计	规划基金项目	16YJA870012	张敏	北京联合大学
大数据环境下警务情报多源共享融合研究	规划基金项目	16YJA870013	周西平	中国人民公安大学
高校出版社"走出去"模式研究	规划基金项目	16YJA870014	左健	南京大学
突发公共卫生事件情境下社交媒体信息影响力模型与预测研究	青年基金项目	16YJC870001	安璐	武汉大学
社会化问答社区与图书馆数字参考咨询服务研究	青年基金项目	16YJC870002	韩娟娟	河南理工大学
数字图书馆馆藏资源多粒度层级主题分割研究	青年基金项目	16YJC870003	黄京	武汉职业技术学院
傅斯年图书馆藏敦煌遗书校录整理	青年基金项目	16YJC870004	贾娟	浙江越秀外国语学院
大数据环境下人文社会科学学术创新力多层次测度模型构建及实证研究	青年基金项目	16YJC870005	蒋伟伟	南京财经大学
面向论文评审专家推荐的兴趣变化挖掘与回避机制生成的研究	青年基金项目	16YJC870006	靳健	北京师范大学
新型城镇化进程中公共信息一体化服务模式研究	青年基金项目	16YJC870007	经渊	浙江理工大学
基于引文内容分析的科技创新路径识别研究	青年基金项目	16YJC870008	廖君华	山东理工大学
汉文—回鹘文《大唐大慈恩寺三藏法师传》整理校勘研究	青年基金项目	16YJC870009	乃比江·艾比布拉	新疆大学
学术社交网络服务用户参与动因与激励机制设计研究	青年基金项目	16YJC870010	孙霄凌	南京邮电大学
开放式协同编辑平台中的用户知识整合机制研究	青年基金项目	16YJC870011	孙永强	武汉大学

续表

项目名称	项目类别	项目批准号	申请人	单位名称
超网络中舆情传播动力学及引导机制研究	青年基金项目	16YJC870012	索琪	青岛科技大学
“互联网+”时代城市图书馆跨界合作服务模式研究	青年基金项目	16YJC870013	唐虹	湖南工学院
高校图书馆数字资源使用成效评估研究	青年基金项目	16YJC870014	唐琼	中山大学
移动图书馆促进返乡农民工职业发展的研究与实践	青年基金项目	16YJC870015	唐章蔚	渤海大学
基于R语言数据挖掘技术下中医医案类古籍文献的研究	青年基金项目	16YJC870016	王蕾	天津中医药大学
互联网+时代公共图书馆数字阅读推广的多元主体协同模式与实施策略研究	青年基金项目	16YJC870017	严贝妮	安徽大学
大数据时代下的图书馆个性化安全检索服务与隐私保护研究	青年基金项目	16YJC870018	杨铮	重庆理工大学
隐性知识流转网的成员合作机制及网络结构优化研究	青年基金项目	16YJC870019	张宝生	哈尔滨师范大学
图像阅读:民国画报与图书馆事业研究	青年基金项目	16YJC870020	张静	河南大学
数字公共图书馆著作权限制研究	青年基金项目	16YJC870021	赵力	天津科技大学
高校图书馆推进家庭阅读创新模式研究	自筹经费项目	16YJE870001	陈刚	淄博职业学院
基于社交媒体评论内容的替代计量学研究	自筹经费项目	16YJE870002	刘烜贞	南京医科大学

2016年度教育部人文社会科学研究西部和边疆地区项目

项目名称	项目类别	项目批准号	申请人	学校名称
中国北方达斡尔、鄂温克、鄂伦春、俄罗斯、布里亚特蒙古族音视频文献数据库	规划基金项目	16XJA870001	付亚平	呼伦贝尔学院
秦巴山区公共信息扶贫联动机制研究	规划基金项目	16XJA870002	李静	陕西理工学院
行为网格框架下学术用户移动搜索行为演化研究	青年基金项目	16XJC870001	胡蓉	西南大学
声像遗产的社会记忆传承研究	青年基金项目	16XJC870002	王雪飞	云南大学

2016年度教育部人文社会科学研究西藏项目

项目名称	项目类别	项目批准号	申请人	学校名称
藏文文献传承保护及其数字化现状研究	规划基金项目	16XZJA870001	阿贵	西藏大学

（国家图书馆　马祥涛整理）

2016年国内图书馆学专业硕士、博士学位授予单位名录

2016年国内图书馆学专业硕士学位授予单位名录

序号	单位名称	序号	单位名称
1	北京大学信息管理系	31	西安电子科技大学经济管理学院
2	中国人民大学信息资源管理学院	32	西北大学公共管理学院
3	北京师范大学政府管理学院	33	山西大学经济与管理学院
4	中国农业大学图书馆	34	山东大学管理学院
5	北京协和医学院信息所	35	曲阜师范大学信息技术与传播学院
6	中国科学院文献情报中心	36	河北大学管理学院
7	中国科学院研究生院	37	郑州大学信息管理系
8	中国科学技术信息研究所	38	河南科技大学图书馆
9	中国中医科学院中医药信息研究所	39	安徽大学管理学院
10	南开大学商学院	40	四川大学公共管理学院
11	天津工业大学图书馆	41	中科院成都文献情报中心
12	天津师范大学管理学院	42	重庆大学经济与工商管理学院
13	吉林大学管理学院	43	西南大学计算机信息与科学学院
14	东北师范大学传媒科学学院	44	云南大学情报与档案学院
15	黑龙江大学信息管理学院	45	湘潭大学管理学院
16	辽宁师范大学管理学院	46	中南大学信息安全与大数据研究院
17	辽宁大学历史文化学院	47	武汉大学信息管理学院
18	复旦大学文献信息中心	48	华中师范大学信息管理系
19	上海大学图书情报档案系	49	华中科技大学医药卫生管理学院
20	第二军医大学训练部	50	第四军医大学图书馆
21	空军政治学院	51	福建师范大学社会历史学院(社会发展学院)
22	南京政治学院上海分院军事信息管理系	52	中山大学资讯管理学院
23	南京大学信息管理学院	53	华南师范大学经济管理学院
24	东南大学情报科学技术研究所	54	广西民族大学管理学院
25	南京理工大学经济管理学院	55	华东师范大学商学院
26	南京农业大学信息科学技术学院	56	兰州大学管理学院
27	苏州大学社会学院	57	南昌大学管理学院
28	江苏大学科技信息研究所	58	浙江大学公共管理学院
29	南昌大学人文学院	59	贵州财经大学信息学院
30	西安交通大学公共政策与管理学院		

2016年国内图书馆学专业博士学位授予单位名录

序号	单位名称	序号	单位名称
1	北京大学信息管理系	6	南京政治学院上海分院军事信息管理系
2	中国人民大学信息资源管理学院	7	南京大学信息管理学院
3	中国科学院文献情报中心	8	吉林大学管理学院
4	武汉大学信息管理学院	9	中山大学资讯管理学院
5	南开大学商学院		

（国家图书馆　杨凡整理）

年度大事记

2016年中国图书馆大事记

1月

1月5日，由北京大学国家现代公共文化研究中心、文化部公共文化研究基地、中国图书馆学会图书馆法律与知识产权研究专业委员会等单位联合主办的“《公共图书馆法（征求意见稿）》研讨会”在北京举行。

1月11日，国家新闻出版广电总局公布2016年全民阅读“十大重点”。

1月12日，由广东省佛山市图书馆自主创新建设的国内首个RFID移动智能图书馆正式投入使用，迎来开通服务后的首批读者。

2月

2月17日，拥有全国首家智能集成书库、项目总投资估算为4.8亿元的苏州第二图书馆破土动工。

2月24日，《中华古籍保护计划“十三五”时期规划纲要》编制审议会议在国家图书馆召开。

2月25日，贵州省首个专属未成年人的图书馆——贵阳市少年儿童图书馆正式开馆。

3月

3月1日，浙江省文化厅召开新闻发布会，正式启动浙江省公共图书馆全民阅读节系列活动。

3月4日，江西省出版集团与江西省图书馆共建赣版出版物样书库合作协议签约仪式在江西省图书馆举行。

3月7日，数字图书馆推广工程建设与发展巡展在国家图书馆拉开序幕。

3月9—11日，第24届亚洲及大洋洲地区国家图书馆馆长会议（CDNLAO）在新西兰国家图书馆召开，中国国家图书馆馆长助理汪东波率中国国家图书馆代表团参会并顺访新西兰国家图书馆和惠灵顿市立公共图书馆。会上，中国国家图书馆被推选为2017年亚洲及大洋洲地区国家图书馆馆长会议主办馆。

3月11日，《社区图书馆服务规范》（标准号WH/T 73—2016）正式发布。

3月14—17日，由国家图书馆主办、中央文化管理干部学院承办的数字图书馆推广工程新媒体培训班在北京召开。

3月16日，古籍保护学科建设研讨会在南京艺术学院图书馆召开。

3月17日，由山东省图书馆学会、山东省图书馆主办，淄博市图书馆承办的2016年山东省公共图书馆馆长联席会议在淄博市召开。

3月18—20日，由山东省图书馆学会、山东省图书馆主办的“第二届山东省图书馆新媒体、新技术、新服务展示交流会”在淄博市图书馆召开。

3月24日，主题为“互联网+时代的馆藏资源建设”的甘肃省第四届图书馆出版社文化论坛及新书现采会在甘肃省图书馆举办。

3月24日，由中国图书馆学会主办、广东图书馆学会和广东省立中山图书馆承办的《图书馆参考咨询服务规范》培训班在广东省立中山图书馆举办，来自全国各级各类图书馆的350名学员参加培训。

3月27日，国务院正式印发《关于公布第五批国家珍贵古籍名录和第五批全国古籍重点保护单位的通知》（国发〔2016〕22号），批准颁布第五批《国家珍贵古籍名录》古籍899部和“全国古籍重点保护单位”14家。

3月28—30日，由国家图书馆主办、云南省图书馆承办的2016年全国省级及副省级市公共图书馆参考咨询工作会议在云南省图书馆召开。

3月31日，“2016年民国时期文献整理出版申报项目专家评审会”在国家图书馆召开。

3月31日，国务院法制办公室公布《全民阅读促进条例（征求意见稿）》，征求社会各界意见。

4月

4月1日，大学图书馆馆长高峰论坛暨“大学图书馆发展趋势与服务创新论坛”在西安交大钱学森图书馆召开。

4 月 7 日，由中图学会主办、四川省图书馆学会和成都市图书馆学会承办、超星集团支持的“2016 年数字时代全民阅读峰会”在成都召开。

4 月 12 日，“全国讲座资料中心”在湖北省图书馆揭牌，成为国内首个旨在保存陈列讲座资料并供专家学者、讲座同行、讲座爱好者学习、参观、借阅相关资料的专门场所。

4 月 12—13 日，由国家图书馆和中国图书进出口（集团）总公司联合主办的第六届全国文献采访工作研讨会在湖北省武汉市召开，主题为“数字时代文献资源建设新思路”。

4 月 12—13 日，由江西省图书馆学会主办、赣州市图书馆承办的 2016 年江西省设区市公共图书馆馆长联席会议在赣州市召开。

4 月 13 日，2016 中国数字阅读大会在杭州正式拉开序幕。

4 月 13 日，国家古籍保护中心与中国图书馆学会共同主办的“我与中华古籍”全国图书馆界首次创客大赛在北京正式启动。

4 月 14 日，中国图书馆学会九届三次常务理事会在国家图书馆召开。

4 月 15 日，“永远的怀念——任继愈先生百年诞辰纪念展”在北京国家图书馆开幕。文化部部长雒树刚在开幕式上讲话。文化部部长助理于群、国家图书馆名誉馆长周和平与任继愈先生的家属等出席开幕式。

4 月 19 日，2016 年创新驱动助力工程项目古籍保护专题培训——国家珍贵古籍系列讲座活动启动仪式在河北省保定市新莲池书院举办。

4 月 20—21 日，中国图书馆学会阅读推广委员会换届成立大会暨第十届“全民阅读论坛”在东莞举办。

4 月 23 日，国家图书馆联合全国图书馆共同开展图书馆公开课世界读书日专题活动。

4 月 23 日，四川省图书馆新馆正式对外开放。

4 月 23 日，《上海市公共图书馆 2015 阅读报告》发布。

4 月 26 日，由渝北区法院与重庆图书馆合作建立的全国第一家专题图书馆——重庆图书馆知识产权法律分馆正式开馆。

4 月 28 日，由中国图书馆学会主办的“2016 全国少年儿童阅读年”系列活动启动仪式暨未成年人图书馆分会成立大会在天津市少年儿童图书馆举办，活动主题为“红色记忆——优良传统代代相传”。

5 月

5 月 6 日，中国图书馆学会第九届理事会学术研究委员会成立大会在上海图书馆举行。

5 月 6 日，中国古籍保护协会一届二次理事会在北京举行。

5 月 9 日—6 月 10 日，由国家古籍保护中心主办，重庆图书馆、重庆市古籍保护中心承办的“第二期全国碑帖编目与鉴定研修班”在重庆图书馆开班。

5 月 11—12 日，“2016 年全国公共图书馆技术部主任会议”在国家图书馆召开，来自全国图书馆文献缩微复制中心 20 余家成员馆的文献缩微工作负责同志参加会议。

5 月 16—18 日，“河北省公共图书馆专题文献建设研讨会”在河北省图书馆举办。

5 月 17 日，国家图书馆与河北省承德县人民政府签订“国家文献战略储备库”项目战略合作意向书，这是国家级重大文化工程走出北京落户津冀的第一个项目。

5 月 17—19 日，2016 年广东省公共图书馆馆长培训班在广东省立中山图书馆举办。

5 月 18 日，“青少年中华传统文化教育基地”授牌仪式在国家典籍博物馆举行。中国关心下一代工作委员会事业发展中心向国家典籍博物馆颁发此牌匾。

5 月 19 日，由上海市图书馆学会、江苏省图书馆学会、浙江省图书馆学会共同主办的“2016 长三角地区公共图书馆读者服务学术交流会”在上海市宝山区图书馆举行，主题为“互联网 +：图书馆的传承与变革”。

5 月 20 日，职业院校图书馆服务创新论坛（2016）暨中国图书馆学会高职院校图书馆分会成立大会在京举行。

5 月 24—26 日，由中国图书馆学会主办的 2016 年“阅读推广人”培育行动——阅读推广基础工作专题培训班在苏州图书馆举办。

5 月 24 日，文化部正式公布第五批《国家珍贵古籍名录》和“全国古籍重点保护单位”。

5 月 24 日，第二期全国传拓技术高级培训班开班仪式在上海图书馆（上海科学技术情报研究所）举行。

5 月 24 日，吉林省公共文化服务体系建设暨公共图书馆馆长培训班在长春举行。

5 月 25 日，四川省图书馆学会第八次会员代表大会在四川省图书馆召开。

5 月 25—27 日，2016 浙江省公共图书馆馆长培训班在镇海召开。

5 月 26—27 日，由中国图书馆学会阅读推广委员会、河北省图书馆学会、河北省图书馆、《藏书报》等联合举办的“2016 全国公私藏书与经典阅读论坛”在河北省图书馆举行。

5 月 30—31 日，“学术出版与图书情报机构转型变革”高层论坛暨《图书情报工作》创刊 60 周年学术研讨会在徐州召开。此次会议由中国图书馆学会用户研究与服务专业委员会和《图书情报工作》杂志社共同主办，由江苏省高校图书情报工作委员会和江苏师范大学图书馆承办。

5 月 31 日，2016 年全国优秀少儿报刊推荐新闻发布会在国家图书馆举行。国家新闻出版广电总局宣布在国家图书馆建立全国少儿报刊阅读基地。

5 月 31 日，由文化部公共文化司召集的“县以上公共图书馆第六次评估定级标准研讨会”在国家图书馆召开。

6 月

6 月 1 日，由国家图书馆联合全国各级公共图书馆共同举办的“童音诵古韵，经典有新声”2016 年全国少儿诗词在线诵读活动正式启动。

6 月 8 日，北京市公共图书馆基层图书服务资源整合工作专题会在首都图书馆召开。

6 月 11 日，由中国图书馆学会和国家古籍保护中心联合主办的“创客@图书馆——‘我与中华古籍’创客大赛”全国巡展在天津图书馆正式拉开帷幕。

6 月 16—17 日，由中国图书馆学会高等学校图书馆分会主办，宁夏大学图书馆、中国教育装备采购网承办的“2016 年中国高校图书馆发展论坛”在银川召开，主题为“机遇与挑战并存——大学图书馆可持续发展策略及实践”。

6 月 17 日，“民国文献保护和整理研究”学术报告会暨广州大典研究中心与国家图书馆（国家古籍保护中心）、复旦大学、中山大学古籍脱酸及加固技术研发、开化纸研究项目合作以及共建签约仪式在广州图书馆举行。

6 月 21 日，由文化部、国家文物局联合主办，国家图书馆（国家古籍保护中心、国家典籍博物馆）承办的“民族记忆　精神家园——国家珍贵古籍特展”在国家图书馆正式开幕。

6 月 21—23 日，由教育部高校图书情报工作指导委员会人力资源建设工作组主办、大连理工大学图书馆承办的“2016 年全国高校图书馆人力资源建设学术研讨会”在大连召开，主题为“加强馆员能力建设，迎接新的挑战”。

6 月 21—24 日，由上海图书馆主办、上海市嘉定区图书馆承办的“新媒体　新阅读——第三届图书馆微服务经验交流会”召开。全国各地近 80 家图书馆 120 多名图书馆同人共同探讨“微时代”现代公共文化服务体系建设的成功经验。

6 月 24 日，山东省图书馆学会第六次会员代表大会在济南召开。

6 月 27 日，内蒙古图书馆“彩云服务”获“美国图书馆主席国际创新奖”。

6 月 29—30 日，“海峡两岸家谱研究与服务”学术交流活动在广州图书馆举办。

7 月

7 月 2 日，中国图书馆学会学术研究委员会统计与评价专委会成立大会暨首次研讨会在天津财经大学图书馆召开。

7 月 4—5 日，由上海交通大学图书馆主办的以“张开臂膀，拥抱全球”为主题的“首届 U21 图书馆联盟馆长峰会暨高校图书馆先锋研讨会”召开。来自英国、澳大利亚、加拿大、瑞典、荷兰、新西兰、新加坡、马来西亚和中国等 63 所高校的 84 位图书馆馆长及专家学者参加会议。

7 月 4—7 日，中国图书馆学会专业图书馆分会 2016 年学术年会暨知识服务研讨班在呼伦贝尔市海拉尔区举办，主题为“知识服务 2016：打造文献情报工作新引擎”。

7 月 6—8 日，以“图书馆：社会发展的助推器”为主题的第八届上海国际图书馆论坛（SILF 2016）在上海图书馆召开，来自全球 27 个国家和地区逾 300 位代表出席论坛。

7 月 7 日，由国家图书馆、中国图书馆学会、河北省文化厅主办，河北省图书馆学会、沧州市图书馆共同承办的“民国时期文献编目工作研修班”在沧州市图书馆拉开帷幕。

7 月 8 日，中国图书馆学会阅读推广委员会阅读史研究专业委员会在贵州民族大学图书馆召开工作会议。

7 月 15 日，由中国图书馆学会主办，各省、自治区、直辖市图书馆学（协）会协办，同方知网（北京）技术有限公司提供支持的“2016 年数字图书馆业务技能竞赛”初赛正式启动。

7 月 19 日，全国文献影像技术标准化委员第六届委员会成立大会在北京召开。

7 月 19—21 日，中国图书馆学会 2016 年秘书长联席会议暨《中国图书馆年鉴》编纂工作会议在甘肃兰州召开。

7 月 20—21 日，由中国西部公共图书馆联合会和西宁市文化广播电视局主办、青海省西宁市图书馆承办的中国西部公共图书馆联合会第三届（2016）年会暨学术讨论会在西宁举办。

7 月 21 日，由中国图书馆学会学术研究委员会、中国图书馆学会阅读推广委员会主办，用户研究与服务专业委员会、民族文献阅读推广专业委员会、赤峰市图书馆承办的“2016 民族图书馆用户服务创新与阅读推广学术研讨会暨用户研究与服务专委会、民族文献阅读推广专委会成立大会”在内蒙古赤峰市召开。

7 月 21 日，2016 数字出版年会“图书馆数字化资源共享”分论坛在京召开，会议议题为“用户至上：数字产品建设与图书馆服务”。年会由社会科学文献出版社、国家图书馆出版社和电子工业出版社共同主办。

7 月 21—22 日，第四届教育部高等学校图书情报工作指导委员会第四次工作会议在四川省成都市召开。

8 月

8 月 1—5 日，由文化部公共文化司主办、中国图书馆学会承办、辽宁省图书馆学会协办的 2016 年全国基层文化队伍示范性培训——全国县级图书馆馆长培训班在沈阳举办。

8 月 4—6 日，中国图书馆学会阅读推广委员会社区与乡村专业委员会在江苏省张家港市召开工作会议。

8 月 10 日，由甘肃省古籍保护中心、省古籍文献整理编译中心、省图书馆学会、省高等学校图书情报工作指导委员会联合主办的“全国公共与高校图书馆古籍数据库建设研讨会”在兰州召开。

8 月 11 日，国家级古籍修复技艺传习中心四川传习所在四川省图书馆揭牌。

8 月 12 日，中国图书馆学会中小学图书馆分会工作会议在山东省济南市召开。

8 月 12 日，“全国古籍普查登记工作调研会议”在京举办。

8 月 17—18 日，由川苏冀桂吉五省（区）图书馆学会联合主办、吉林省图书馆学会和吉林省图书馆承办的第十五届五省（区）图书馆学会学术研讨会在长春市召开。

8 月 17—20 日，由“图情期刊联盟网”主办，《图书情报工作》杂志社和《图书馆建设》编辑部承办的“2016 图书馆学情报学研究热点与前沿暨图情期刊论坛”在哈尔滨市召开。

8 月 19—21 日，中国图书馆学会第九届理事会阅读推广委员会图书馆与社会阅读专业委员会在广东省东莞市召开首次年度工作会议。

8 月 21—24 日，由全国图书馆文献缩微复制中心主办，中国文献影像技术协会和辽宁省图书馆联合承办的“2016 年全国公共图书馆缩微技术培训班”在沈阳市举办。

8 月 23 日，由国家图书馆主办，全国图书馆文献缩微复制中心、四川省图书馆承办，缩微中心各成员馆协办的“传承文明服务社会——全国图书馆文献缩微工作成果展”在四川省图书馆开展。

8 月 29 日，国家标准化管理委员会发布《图书馆馆藏资源数字化加工规范第 5 部分：视频资源》（GB/T31219.5—2016）。

8 月 31 日—9 月 1 日，由中国图书馆学会和河南省文化厅主办，中国图书馆学会未成年人图书馆分会、河南省图书馆学会、省少年儿童图书馆和《图书馆报》承办的中国图书馆学会第二届全国图书馆未成年人服务论坛在郑州举行，论坛主题为“阅读与成长”。

9 月

9 月 2 日，由文化部、国家宗教事务局主办，国家古籍保护中心、中国佛教协会承办的“第一期全国佛教古籍保护管理研修班”在北京灵光寺开班。

9 月 5 日，由中国佛教协会、国家古籍保护中心主办的佛教古籍保护与利用研讨会在北京龙泉寺召开。

9 月 5—9 日，由文化部公共文化司主办、中国图书馆学会承办、四川省图书馆学会协办的“全国基层文化队伍示范性培训——全国县级图书馆馆长培训班”（第二期）在成都举行。

9 月 7 日，由国家图书馆、中国图书馆学会、吉林省文化厅联合主办，吉林省图书馆和吉林省图书馆学会承办的“民国时期文献编目工作研修班”在吉林省图书馆开课。

9月8—9日，由中国图书馆学会、韬奋基金会、中国出版集团公司、中国书刊发行业协会、中国新华书店协会主办，中国图书馆学会阅读推广委员会、《图书馆报》、宁夏图书馆承办的2016年“出版界图书馆界全民阅读年会”在宁夏图书馆举行。本届年会以“全民阅读与社会进步”为主题。

9月12日，中国图书馆学会公共图书馆分会2016年工作会议在首都图书馆召开。

9月12日，文化部公布会同发展改革委等相关部门研究起草的《关于推进县级文化馆、图书馆总分馆制建设的指导意见（征求意见稿）》向社会公开征求意见。

9月12—14日，由教育部高等学校图书情报工作指导委员会信息素养教育工作组主办、江苏大学图书馆承办的“全国高校信息素养教育研讨会”在镇江举行。

9月18—21日，由中国图书馆学会医学图书馆分会主办、解放军医学图书馆承办的“中国图书馆学会医学图书馆分会第24届学术研讨会暨2016年学术年会”在浙江省嘉兴市举办，主题为“医院图书馆服务创新：新模式、新理念、新技术”。

9月18—21日，由清华大学图书馆、武汉大学图书馆和同方知网数字出版集团共同主办，由同方知网（北京）技术有限公司承办的“2016年高校图书馆知识服务与创新应用高级研修班”在长沙举办。

9月20—23日，第四届中国机构知识库学术研讨会及中国高校机构知识库联盟成立大会在重庆大学举行。

9月21—22日，由教育部高等学校图书情报工作指导委员会文献资源建设工作组主办、东北师范大学图书馆承办的第十二届全国高校图书馆文献资源建设研讨会在长春举办，主题为：“学术交流新生态下的高校图书馆资源建设”。

9月21日，2016甘肃省图书馆学会年会在兰州召开。

9月22—23日，以“文献情报学发展趋势与智库研究”为主题的中国社会科学情报学会2016年学术年会暨学会成立三十周年大会在北京召开。

9月22—24日，中国图书馆学会阅读推广委员会大学生阅读推广专业委员会在武汉大学图书馆召开成立大会。

9月23日，由湖南省文化厅主办、湖南图书馆和省图书馆学会承办、湘鄂赣皖四省图书馆联盟协办的全国“中部地区公共图书馆事业发展论坛”在长沙召开。

9月25—26日，中国图书馆学会阅读推广委员会、科普阅读推广专业委员会工作会议暨科普阅读推广优秀案例评选活动在呼和浩特市图书馆召开。

9月25—30日，由国家科技图书文献中心主办，中国科学院文献情报中心、中国图书馆学会专业图书馆分会联合承办的“数字资源长期保存理论与实践研讨班”在苏州独墅湖图书馆举办。

9月25—27日，2016年度河北省、市公共图书馆馆长联席会议在唐山市召开。

9月26日，长征七号运载火箭首飞搭载中华典籍交接仪式在国家图书馆举行。

9月26—28日，由中国图书馆学会阅读推广委员会、广东图书馆学会联合主办，东莞图书馆承办的2016年“阅读推广青年论坛”暨“富媒体环境下的阅读推广创新”研讨会在东莞举行。

9月28日，“全国古籍普查登记基本数据库”和“中华古籍资源库”由国家图书馆（国家古籍保护中心）正式发布。

9月28—29日，第九届全国图书馆管理与服务创新论坛在河南大学举办。本次论坛由教育部高等学校图书情报工作指导委员会、中国图书馆学会高等学校图书馆分会和上海交通大学图书馆主办，河南大学图书馆承办。

10月

10月12—14日，全国图书馆联合编目中心2016年工作年会在江苏盐城召开。

10月12—15日，由中国图书馆学会学术研究委员会少数民族图书馆专业委员会、民族文化宫、中国民族图书馆联合主办，恩施土家族苗族自治州图书馆、中国知网湖北分公司承办的“第十四次全国民族地区图书馆学术研讨会”在湖北恩施举行。

10月13日，由中国图书馆学会主办，济南市图书馆、市图书馆学会承办的“第28届全国十五城市公共图书馆工作研讨会”在济南市召开，主题为“城市图书馆：创新与发展”。

10月14—18日，由重庆第三军医大学图书馆和中山大学图书馆共同承办的“第一届图书馆史学术研讨会”在重庆召开。

10月17日，中国图书馆学会学术研究委员会数字图书馆研究与建设专业委员会工作会议在国家图书馆召开。

10月17—18日，第五届中国开放获取推介周在北京举办。

10月18—19日，由河南省图书馆、省图书馆学会主办的鲁豫皖赣新琼湘鄂八省图书馆学（协）会学术年会在郑州召开。

10月19—21日，福建省图书馆学会2016年学术年会在晋江市召开。

10月23—25日，由中国图书馆学会主办、江西省图书馆学会承办、景德镇市图书馆协办的“2016中国图书馆年会会前会（江西）暨构建现代公共文化服务体系进程中的主题图书馆建设研讨会”在江西省景德镇市召开。

10月24日，重庆市图书馆学会、重庆市高校图工委第七届学术研讨会在璧山举行。

10月25日，中国图书馆学会第九届理事会学术研究委员会资源建设与共享专业委员会成立会议在安徽省铜陵市图书馆召开。

10月25—26日，由“中文文献资源共建共享合作会议”理事会主办、澳门特别行政区政府文化局公共图书馆管理厅承办、澳门图书馆暨资讯管理协会协办的“第十一次中文文献资源共建共享合作会议”在澳门召开。

10月26日，2016年中国图书馆年会——中国图书馆学会年会·中国图书馆展览会在铜陵市体育中心开幕。本次年会主题为“创新中国：技术、社会与图书馆”。

10月26日，全国公共图书馆文化创意产品开发试点培训班暨主题论坛在安徽铜陵举行。

10月27—29日，西北五省（区）图书馆第十三次科学讨论会在新疆乌鲁木齐市举行。

11月

11月3日，数字图书馆推广工程版权管理理论与实务培训班在国家图书馆举办。

11月3—4日，第二届全国高校图书馆服务案例创新大赛暨研讨会在北京师范大学图书馆召开。

11月4日，2016年高校图书馆信息技术应用研讨会在西安电子科技大学举办。

11月8—9日，中文古籍整理与版本目录学国际学术研讨会在中山大学图书馆召开。

11月9日，“互联网＋”时代的文献资源建设工作研讨会暨江苏省高校图工委文献资源建设专业委员会2016年年会在西交利物浦大学举办。

11月9日，《中华古籍保护计划“十三五”时期规划纲要（征求意见稿）》专家审议会在国家图书馆召开。

11月9—11日，2016中国农学会农业图书馆分会学术年会暨开放数据与农业技术共享研讨会在北京国家农业图书馆召开。

11月10日，“图书馆学科馆员推广服务研究”全国学术研讨会在广州大学召开。

11月10—11日，“2016年北京高校数字图书馆年会”在中国科学院举行，主题为“数据、关联、智慧、创新：新信息环境下数字图书馆服务思变”。

11月12—20日，受文化部委托、国家图书馆举办的“中国—南亚图书馆管理与服务高级研修班”在京举行。

11月16日，由文化部、国家宗教局指导，国家古籍保护中心、中国道教协会主办的“第一期全国道教古籍保护管理研修班”开班仪式在湖北武当山道教学院举行。

11月16日，由中国索引学会、复旦大学图书馆主办，贵州民族大学图书馆承办，贵州省图书馆学会、贵阳孔学堂数字图书馆协办的“2016年中国索引学会年会暨学术研讨会”在孔学堂举行。

11月16—19日，“回眸与展望：民国文献整理与研究”国际学术研讨会在上海师范大学举行，来自美国、博茨瓦纳和中国20余个省及上海本地的专家学者，图书馆、档案馆、出版社等业界同人120余人与会。

11月18日，国家古籍保护中心中华优秀传统文化实践基地挂牌暨国家图书馆（国家古籍保护中心）与曲阜市文物局战略合作框架协议书签约仪式在山东曲阜举行。

11月20日，每两年一届的全球图书馆盛会——ITIE“信息技术与教育”国际学术研讨会在深圳大学城图书馆举行，本届主题为“创新者与设计者的创客空间”。

11月22日，由中国文献影像技术协会、全国文献影像技术标准化技术委员会主办的“中国文影协、全国文影标2016年年会暨学术研讨会”在国家图书馆召开。

11月23—24日，由重庆市高校图工委主办的第二十一届西南地区高校图工委联席会议在重庆大学召开。

11月25日，中国图书馆学会编译出版委员会2016年工作会议暨成立活动在北京举行。

11月26日，由中国图书馆学会学术研究委员会地方文献研究专业委员会主办，湖南图书馆、省图书馆学会承办的“现代公共文化服务体系下的地方文献工作研讨会”在长沙召开。

11月27日，2016年湖南省市（州）公共图书馆（中心馆）馆长联席会议在湖南图书馆召开。

11月28—30日，广西图书馆学会2016年年会暨第34次科学讨论会在南宁市召开。

11月30日，合肥市图书馆、深圳市盐田区图书馆、金陵图书馆、浦东图书馆、杭州图书馆、宁波市图书馆、扬州市图书馆、镇江市图书馆、连云港市图书馆、铜陵市图书馆、舟山市图书馆等十余家图书馆在深圳签署《“一带一路”公共图书馆之深圳·长三角地区联盟倡议》。

12月

12月1—3日，中南六省（区）高校图书馆2016年学术年会在广东韶关举行。

12月5日，第十三届数字图书馆前沿问题高级研讨班在上海图书馆举行。

12月7日，北京市公共图书馆馆长工作会议在首都图书馆召开，首都图书馆、各区图书馆馆长及相关人员共计60余人参加会议。

12月7—9日，以“图书馆：创新　智慧　规范　体验”为主题的广东图书馆学会2016年学术年会在广州市黄埔区图书馆新馆召开。

12月8日，全国公共图书馆扶贫工作委员会在渝成立。

12月8—9日，湘鄂赣皖四省公共图书馆联盟工作会议在安徽安庆市召开。

12月9日，京津冀图书馆发展合作研讨会在首都图书馆召开。

12月10—11日，第二十六届浙江省市级公共图书馆馆长联席会议在杭州召开。

12月12日，中国图书馆学会编译出版委员会数字出版与推广委员会成立暨第一次工作会议在重庆大学召开。

12月12—15日，由中国图书馆学会高等学校图书馆分会主办、湖南大学图书馆和中国教育装备采购网联合承办的“研究数据管理与智能分析工具使用培训”举办。

12月13日，东莞市人民政府十五届第166次常务会议审议通过《东莞市公共图书馆管理办法》。

12月14日，中国图书馆学会古籍整理与文献保护专业委员会工作会议在国家图书馆召开。

12月14日，2016年湖北省图书馆学会年会在随州举行。

12月15—16日，2016河北省图书馆学会年会在保定市召开。

12月17日，国家新闻出版广电总局正式印发《全民阅读“十三五”时期发展规划》（新广出发〔2016〕80号）。

12月21日，由中国图书馆学会、海峡两岸出版交流中心、福建省图书馆学会、福建省图书馆、台湾古籍保护学会、台北市出版商业同业公会主办，厦门市图书馆学会、厦门市图书馆、晋江市图书馆承办的首届海峡两岸图书馆馆长交流季论坛在福建省晋江市开幕。

12月23日，江西省图书馆学会主办的“第四届江西省科协学术年会第三十一分会场暨2016江西图书馆年会”在南昌召开。

12月23日，上海市图书馆学会2016年学术年会在中国科学院上海生命科学院召开，主题为“融新汇智　阅往知来”。

12月25日，十二届全国人大常委会第二十五次会议表决通过了《中华人民共和国公共文化服务保障法》。

12月26—27日，辽宁省图书馆学会第八次会员代表大会暨2016年学术年会在沈阳召开。

12月29日，文化部、国家新闻出版广电总局、国家体育总局、国家发展和改革委员会、财政部五部门联合印发《关于推进县级文化馆图书馆总分馆制建设的指导意见》（文公共发〔2016〕38号）。

12月29日，“中国文化中心数字图书馆”在北京正式上线提供服务。

12月30日，2016年海南省图书馆协会学术年会在省图书馆召开，主题为“迈向权力保障时代——图书馆发展与海南实践”。

（国家图书馆　罗欢）

综合索引

A

B

C

D

E

F

G

H

J

K

L

M

P

Q

R

S

W

X

Y

Z

(衡中青编制)